요한 볼프강 폰 괴테(1749~1832)

▲신성로마제국 황제 요제
프 2세 대관식   1764년 4
월 3일 프랑크푸르트 암마
인 성 바르톨로메오 교회

15세의 괴테는 귀족 가문
자격으로 화려한 대관식
에 이어 축하연도 지켜보
았다. 괴테는 이 감격을
《시와 진실》에서 꿈처럼
아름다운 장면으로 가장
상세히 묘사했다.

◀요제프 2세(1741~1790,
재위 1765~1790)

샤를로테 폰 슈타인 부인(1742~1827) 바이마르 대공 어머니의 시녀장
1775년 바이마르에 부임한 괴테는, 일곱 아이의 어머니인 그녀에게 열렬한 사랑을 바친다. 괴테는 그녀와의 사랑을 통해 정신적인 불안을 극복하여 내면의 평정심을 갖게 된다. 《타우리스섬의 이피게니아》에서 그녀의 모습을 볼 수 있다.

요한 페터 에커만(1792~1854) 독일의 문필가
괴테에게 보낸 논문이 인연이 되어 이 노시인이 죽을 때까지 9년 동안을 비서로 함께 지냈다. 에커만의 저서 《괴테와 의 대화》(전3권)는 괴테 연구에 중요문헌이 되고 있다.

Johann Wolfgang von Goethe

# DICHTUNG UND WAHRHEIT

# 시와 진실

요한 볼프강 폰 괴테/최은희 옮김

동서문화사

# 머리글

    어쩌면 이 책은 나의 어떤 작품보다도 머리말이 더 필요할 듯한데, 내 친구의 편지[1]로 머리말을 대신하고자 한다. 그 이유는 자서전을 쓴다는, 결코 쉽지 않은 시도가 바로 이 친구의 편지로 말미암은 바가 크기 때문이다.

    "이번에 우리는 12권[2]으로 정리된 형의 문학 작품을 모두 입수하였습니다. 이 책들을 읽어보면 이미 알려진 것도 있고, 아직 알려지지 않은 것도 있음을 알 수가 있습니다. 그중에는 이미 잊었다가 이 전집을 통해서 기억이 새로워진 것도 있습니다. 같은 장정으로 우리들 눈앞에 놓인 이 12권을 우리들은 하나의 전체로 생각하지 않을 수가 없고, 또 이로써 저자의 모습과 재능에 대하여 생각해 보고 싶은 생각이 들기도 합니다. 그런데 저자가 작가로서의 생애를 시작했을 무렵의 화려함과, 그 뒤 오랜 세월의 흐름을 생각하면, 12권으로는 너무나 적다는 느낌이 드는 것을 부정할 수가 없습니다.

    작품들 하나하나를 살펴보면 그것들이 특별한 동기에 의해 쓰였고, 일정한 외적 대상이나 내적인 결정적 교양의 단계를 거기서 엿볼 수 있으며, 그때그때의 도덕적·미적 기준이나 확신이 작품들을 지배하고 있다는 것을 분명하게 알 수 있습니다. 그러나 전체적으로 볼 때, 이 작품들은 서로 어떠한 연관도 없어 보입니다. 오히려 때로는 이 작품들을 한 작가가 썼다고는 믿어지지 않을 때도 있습니다. 그렇다고 해서 형의 친구들이 탐구를 포기한 것은 아닙니다. 형의 일상생활과 사고방식을 잘 알고 있는 사람으로서, 많은 수수께끼를 살피고 많은 문제들을 해명하려고 노력하고 있습니다. 게다가 형에 대한 오랜 우정이나 오랜 세월의 친분 관계에 힘입어, 새롭게 발생하는 어려움조차도 그 나름대로의

---

1) 괴테가 쓴 것으로 여겨짐. 그 내용은 구두 또는 편지로 괴테가 들었던 것임.
2) 1806~08. 슈튜트가르트에서 간행.

매력을 느끼고 있습니다. 그리고 이따금이나마 형의 도움을 받을 수 있다면 우리는 크나큰 기쁨을 느낄 것이며, 우리의 우정에 비추어 볼 때 형도 그것을 결코 거절하지 않으리라 믿습니다.

그래서 맨 먼저 부탁드리고 싶은 것은, 새로운 전집에서 일정한 내적 관련에 따라 정리되어 있는 작품들을 연대순으로 다시 배열하고, 작품의 소재가 되고 있는 생활 상태나 심경, 그리고 형에게 영향을 미친 선인(先人)들의 작품, 더 나아가서는 형이 믿고 지켰던 이론적 원칙들을 어느 정도 관련지어 명백히 해 줄 수 없는가 하는 것입니다. 얼마 안 되는 친구들을 위해 이러한 노력을 해 주신다면, 많은 사람들에게도 기쁘고 유익한 그 무엇인가가 거기에서 생겨나지 않을까요?

작가는 제아무리 나이가 들어도, 또 자신에게 애정을 느끼는 사람들과 멀리 떨어져 있더라도, 즐겁게 이야기를 나눈다는 특권을 포기해서는 안 됩니다. 나이가 지긋해졌을 때 뜻하지 않은 감명 깊은 작품을 써서 새롭게 등장한다는 것은 누구나 다 할 수 있는 일은 아닐 것입니다. 그러나 인식과 의식이 한층 완전해지고 명료해졌을 때에, 지난날 쓴 작품을 다시 소재로 삼아 최종적인 작품으로 완성하는 일은, 즐겁기도 하고 또 신선한 활력을 불어넣어 주는 일이라 하겠습니다. 이 작품이 완성되어, 그것이 이제까지 작가와 함께, 그리고 작가를 통해 교양을 쌓았던 독자들에게 새로운 마음의 양식이 될 수 있기를 바라마지 않습니다."

이와 같은 매우 간곡한 편지를 읽고 나는 곧 이 친구의 요청을 받아들이기로 하였다. 왜냐하면 젊었을 때에는 열정적으로 자기만의 길을 걷고, 또 길을 벗어나지 않으려는 마음에서 타인의 요구를 성급하게 뿌리치는 법이지만, 나이가 들면, 남들이 보이는 관심은 우리들을 분발하게 하고, 호의를 가지고 새로운 활동으로 나아가도록 격려하여 주기 때문이다. 이것은 매우 바람직한 일이다. 그래서 나는 곧 12권 안에 수록되어 있는 크고 작은 여러 작품을 선별해 연대순으로 정리하는 일에 착수하였다. 그런데 얼마 지나지 않아 이 일은 곤란한 작업이 되었다.

이미 공표된 것의 앞뒤에 있는 공백을 메꾸기 위해서는 자상한 보고와 설명이 필요했기 때문이다. 그리고 무엇보다도 내가 초기에 습작했던 작품들이 하나도 남아 있지가 않았다. 시작만 해놓고 완성하지 못한 작품들도 이미 없어진 것이 몇 개 있다. 더욱이 완성은 되었지만 그 뒤 완전히 개작하여 다른 작품이 되어 버린, 이미 애초의 모습을 잃어버린 것도 있다. 그 밖에도 내가 과학이나 문학 이외의 다른 예술 분야에서 노력해 온 일에 대해서, 또는 언뜻 보기에 문학과는 관련이 없는 이들 분야에서, 내가 혼자 또는 친구들과 공동으로, 남몰래 시도해 보거나 세상에 공표한 것에 대해서도 말해야 할 일들이 남아 있던 것이다.

나에게 호의를 보내주는 사람들의 만족을 얻기 위해, 나는 이와 같은 일들을 모두 차례로 기록하려고 마음먹었다. 그런데 이런 노력을 하고 이것저것 생각하고 있는 동안에 내가 해야 할 일은 점점 더 늘어만 갔다. 왜냐하면 배려가 잘된 그 요망에 보답하고자, 내 안에 내재된 충동이나, 외부에서 주어진 영향, 또는 내가 걸어온 이론적·실천적 과정을 순서에 따라 기술하려고 노력하는 동안에 나는 좁은 사적인 생활에서 넓은 세계로 떠밀려나가게 되었고, 가까운 사람, 알지 못하는 사람을 불문하고 나에게 영향을 준 수많은 잊을 수 없는 사람들의 모습이 내 눈앞에 떠올랐기 때문이다.

더욱이 나에게나, 같은 시대의 많은 사람들에게 매우 큰 영향을 끼친, 일반적·정치적인 세계의 변천에도 주의를 돌리지 않을 수 없었다. 인간을 그 시대와의 관련 속에서 묘사하고, 시대가 얼마나 그를 절망케 했으며 또는 얼마나 그에게 유리하게 작용했는지, 그리고 시대 속에서 그가 어떻게 세계관과 인생관을 형성했으며, 또 그가 예술가나 시인, 작가인 경우에는 이를 어떤 식으로 다시 외부에 반영시켰는가, 이것을 드러내는 것이야말로 전기가 마땅히 지녀야 할 역할이라고 믿었기 때문이다.

그러나 이를 위해서는 전기를 쓰려고 하는 사람은 자기와 자기가 살아온 시대를 알아야 한다는, 도저히 힘이 미치지 않는 일이 요구되는 것이다. 즉 자기가 어떤 처지에 놓여 있어도 어느 정도 변치 않고 있을 수 있었을까를 알아야 한다. 10년 일찍 태어났거나 늦게 태어나는 데 따라 자신의 교양과 외부에 미치는 영향이 전혀 다른 것이 되었을지도 모른다고 말할 수 있을 정도로, 원하는 사람이나 원하지 않는 사람이나 다 함께 흘려보내고 결정하고 형성해 가는 시대라는 것을 알지 않으면 안 된다는 요구인 것이다.

이렇게 해서, 즉 이와 같은 고찰과 기도에서, 또 이와 같은 회상과 숙고에서 이 글이 나오게 되었다. 이와 같은 성립의 유래를 염두에 둔다면 이 책을 보다 즐겁게 읽을 수 있고, 보다 공정하게 비평할 수 있을 것이다. 그리고 특히 반은 시적이고 반은 역사적인 기술 방법에 대해서도 몇 가지 언급하고 싶지만, 이와 같은 점에 대해서는 이야기를 전개해 나가면서 언급할 기회가 얼마든지 있을 것이다.

# 시와 진실
## 차례

머리글

# 제1부

## 고통을 맛보게 하지 않는 교육은 없다
(메난드로스(BC 342~BC 291 : 그리스 작가)의 희극에 나오는 말)

# 제1장
# 나의 고향 프랑크푸르트

1749년 8월 28일, 정오를 알리는 종소리와 함께 나는 프랑크푸르트암마인에서 태어났다. 나의 탄생 별자리는 아주 좋았다. 태양은 처녀궁 자리에 위치하여, 그날의 정점에 이르고 있었다. 목성과 금성은 다정스럽게 태양을 바라보고 있었고, 수성도 반감을 드러내지 않고 있었다. 토성과 화성은 무관심한 태도를 취하고 있었다. 때마침 만월이었던 달만은 동시에 행성시(行星時)[1]에 들어가 있었으므로 한층 충위(衝位)[2]의 힘을 발휘하고 있었다. 때문에 달이 방해하여, 이 시각이 지날 때까지 나의 탄생은 끝나지 않았다.

이 경사스러운 성좌는 뒷날 점성가들이 나를 위해서 높이 평가를 해 주었던 것인데, 내가 목숨을 건진 것도 이 성좌 덕분이었다. 왜냐하면 산파의 기술 부족으로 사산아로 태어났던 나는, 주위 사람들이 이런저런 손을 쓰고 애를 쓴 덕분에 비로소 세상의 밝은 빛을 볼 수 있었기 때문이다.

그러나 나의 가족들을 큰 슬픔 속에 빠뜨렸던 이 사정은 프랑크푸르트 시민들에게는 오히려 이익을 가져왔다. 프랑크푸르트 시장이자 내 외조부인 요한 볼프강 텍스토르[3]는 이 일을 계기로 산부인과 의사를 임명하여 산파들에게 교육을 실시하고 제도를 개혁했기 때문이다. 이러한 일은 그 뒤에 태어난 많은 아기들에게 크게 도움을 준 것 같다.

사람들이 아주 어렸을 때 있었던 일을 떠올릴 때, 다른 사람에게서 들은 사실과 자신이 직접 보고 경험해서 얻은 사실을 혼동하는 것은 흔히 있을 수 있

---

1) 달이 모든 생물에 대하여 특별한 지배력을 미치는 시간. 목요일 낮 11시~12시.

2) 지상에 사는 것의 운명에 작용하는 빛.

3) 1693~1771. 1748년에서 70년까지 프랑크푸르트 시장. 이 책에서 Schultheiß로서의 시장은 괴테 외조부 한 사람이다.

는 일이다. 따라서 이 점에 대해 속속들이 따지고 들어가 보았자 별 소용이 없을 듯하니 그만두기로 한다.

내 기억에 의하면 우리 가족들은 두 채의 집 벽을 헐어 만든 낡은 집에서 살고 있었다. 탑 속과 같은 가파른 층계가 서로 연결되어 있지 않은 여러 방으로 통해 있었고, 각 층의 고르지 못한 높이의 차이는 층계를 만들어 조정하고 있었다. 아이들, 즉 누이동생과 내가 가장 좋아하는 장소는 아래층에 있는 널따란 현관이었다. 거기에는 출입문 옆에 커다란 목제 격자창이 있었고, 이 창문을 통해 바로 거리를 내다볼 수가 있었다.

대부분의 집에 만들어져 있는 이런 새장 같은 방을 게렘스[4]라고 불렀다. 여자들은 이곳에 앉아서 바느질과 뜨개질을 했고, 가정부들은 야채를 다듬고, 이웃 여자들은 게렘스 너머로 얼굴을 마주보면서 수다를 떨곤 했다. 이 때문에 거리는, 날씨가 좋은 계절에는 남국과 같은 풍경을 자아냈다. 이렇게 해서 사람들은 바깥세상과 친분을 쌓으면서 자유로움을 맛보았다. 아이들도 이 게렘스를 통해 이웃 아이들과 사귀었다.

이미 작고한 전(前) 시장의 세 아들로, 건너편에 살고 있던 폰 옥센슈타인 삼형제[5]는 나를 무척 귀여워해 주었고, 나랑 재미있게 놀아 주기도 하고 나를 놀리기도 했다.

이 형제들은 여느 때는 착실하고 조용했으나, 나를 보면 부추겨서 이런저런 장난을 치게 했다. 우리 가족들도 이를 재미있게 여겨 자주 화제에 올리곤 했다. 여기서는 이런 장난들 중 하나를 들어 보기로 한다. 때는 도자기 시장이 선 날이었다. 식구들은 당장 부엌에서 필요한 식기용 도자기 그릇과 함께 우리가 소꿉놀이를 할 때 필요한 몇 가지 작은 그릇들도 사다 주었다. 날씨가 맑게 개인 어느 날, 집 안에 사람이 없어 아주 조용했을 때, 나는 게렘스에서 소꿉놀이용 접시와 단지들을 가지고 혼자서 놀고 있었다.

이윽고 나는 그것에 싫증이 나서, 접시 한 장을 길 위로 내던지고는 요란한 소리를 내며 깨지는 접시를 보고 즐거워했다. 그때, 좋아서 손뼉을 치는 내 모

---

4) 격자창이 달린 방.
5) 첫째 요한 세바스찬(1700~56), 둘째 하인리히 빌헬름(1702~51), 막내 하인리히 크리스토프 (1715~73).

습을 옥센슈타인 형제들이 보고, "더 해라" 하고 소리쳤다. 그래서 나는 곧바로 작은 단지를 집어던졌다. 형제들이 연이어 "더 해라" 하고 외치는 바람에 나는 접시와 냄비, 주전자 등 가지고 있던 것을 모조리 길 위로 내던져 깨뜨려 버렸다.

건너편의 옥센슈타인 형제들은 계속해서 박수갈채를 보내며 환호해 주었으므로, 나는 그들을 기쁘게 한 것이 더할 나위 없이 즐거웠다. 그러나 가지고 있는 것을 다 던진 뒤에도 그들이 계속해서 "더 해라" 하고 외쳐대는 바람에 나는 부리나케 주방으로 뛰어들어가 접시를 몇 장 더 가지고 나왔다. 이 접시들은 내 소꿉놀이용 접시보다 깨질 때 한층 더 요란한 소리를 냈으므로 나는 더욱 신이 났다. 그래서 주방과 게렘스를 왔다 갔다 하며 찬장에 있는 접시 가운데 내 손에 닿는 것은 모조리 꺼내다가 깨뜨려 버렸다. 그런데도 아무도 말리는 사람이 없었으므로 나는 꺼내올 수 있는 식기는 모조리 꺼내왔다. 마침내 누군가가 와서 말렸을 때는 시간이 한참 지나 있었고, 일은 이미 저질러진 뒤였다. 그러나 이렇게 많은 그릇들을 깨뜨린 대가로 추억거리가 하나 생겼고, 특히 이 사건의 장본인들은 죽을 때까지 이 이야기를 즐겨 입에 올리곤 했다.

우리가 살던 집은 본래 친할머니[6] 소유로, 할머니 방은 현관 바로 안쪽의 넓은 방이었다. 우리는 늘 할머니가 앉아 있는 의자 주위에서 놀았고, 병환으로 누워 계실 때는 침대 옆에서 놀았다. 할머니는 마치 아름답고 가냘픈 요정 같았고, 늘 깨끗하고 하얀 옷을 입고 있었다. 그리고 부드럽고 다정하며 마음씨 고운 분으로 내 기억 속에 남아 있다.

우리 집이 있던 거리는 '사슴 해자(垓字)'라고 불리고 있었다. 그 거리 어디에도 해자와 사슴을 찾아볼 수 없어 우리는 그 이름의 유래를 알고 싶어했다. 사람들의 이야기에 의하면, 우리 집이 있는 곳은 전에는 시의 교외였으며, 현재 이 거리가 된 자리에는 예전에는 해자가 있었고 상당히 많은 사슴이 사육되고 있었다고 한다. 이렇듯 사슴을 이곳에서 사육한 까닭은 예로부터 내려오는 관습에 따른 것으로, 시 평의회는 매년 마을 축제 때 사슴 한 마리를 식탁에 내놓기로 되어 있었는데, 영주나 기사가 시 교외에서 사냥을 금지 또는 방해하는

---

6) 코르넬리아 괴테(1668~1754). 예전의 성은 바르타.

경우에도, 또 적에 의해 시가 봉쇄되거나 포위되었을 경우에도 축제를 위해 이곳 해자에서 항상 사슴을 입수할 수 있도록 해 두었기 때문이다. 우리들은 이 이야기가 매우 마음에 들었다. 그리고 우리들은 그와 같은 얌전한 짐승의 사냥터를 지금도 볼 수 있었으면 하고 생각했다.

우리 집 뒤쪽, 특히 높은 층에서는 성벽까지 펼쳐져 있는 매우 넓은 이웃집들의 정원을 한눈에 내다볼 수 있어 전망이 아주 좋았다. 그러나 안타깝게도 여기에 있었던 공유지가 사유지로 바뀌면서 우리 집과 거리 모퉁이에 있던 몇몇 집들은 큰 불이익을 당하게 되었다. 로스마르크트에서 우리 집 쪽으로 있는 집들은 넓은 뒤채와 큰 정원을 가지고 있었는데, 우리 집 뒤뜰을 둘러싼 상당히 높은 담벼락 때문에 바로 가까이에 있는 이 멋진 풍경들을 우리는 볼 수가 없었기 때문이다.

우리 집 3층에는 식구들이 '정원의 방'이라고 부르는 방이 있었다. 이 방 창가에 화분을 놓아 비좁은 정원을 보충하려고 했기 때문이다. 나는 점차 성장함에 따라 이 방을 가장 좋아하게 되었고, 슬프다고까지 말할 수는 없지만, 여하튼 동경을 유발하는 장소가 되었다.

이곳에서는 앞에서 언급했던 이웃집들의 정원과, 성벽 너머로 멀리 비탈진 곳까지 이어지는 아름답고 비옥한 평야를 볼 수 있었다. 여름에는 언제나 이 방에서 공부를 했고, 천둥이 치고 비가 내리기를 기다렸으며, 창문이 서쪽으로 나 있는 덕분에 석양을 마음껏 감상할 수가 있었다. 동시에 이웃 사람들이 정원을 거닐거나 화초를 가꾸고 있는 모습을 볼 수 있었으며, 놀고 있는 어린아이들과, 모여서 웃고 떠드는 사람들의 모습도 보였다. 그리고 구주(九柱) 놀이의 공이 구르고 핀이 쓰러지는 소리도 들려왔다.

이런 정경들이 일찍부터 내 마음속에 고독과, 그 고독에서 피어나는 일종의 동경을 품게 했다. 이런 감정은 선천적으로 고지식하고 예민한 내 성격과 잘 맞아 나는 쉽게 그 영향을 받게 되었고, 날이 갈수록 이런 성격은 더욱 분명해졌다.

구석지고 어두침침한 곳이 많은 낡은 집 구조는 아이들에게 공포심을 느끼게 하기 쉽도록 되어 있었다. 불행하게도 아이들의 마음속에 기분 나쁜 일이나 눈에 보이지 않는 것에 대한 공포심을 없애고 무서움에 익숙해지도록 하는 교육 방침이 여전히 남아 있었다.

그래서 아이들은 아이들끼리 자지 않으면 안 되었다. 무서워서 도저히 잘 수 없을 때는 몰래 침대에서 일어나 하인이나 하녀를 찾아가곤 했지만, 가는 길에 귀신처럼 잠옷을 뒤집어쓰고 우리를 놀라게 하는 아버지[7] 때문에 우리는 혼비백산해 방으로 되돌아올 수밖에 없었다. 이런 공포심이 어린애게 미치는 악영향이 어떤 것인지는 누구나 생각할 수 있을 것이다. 이중(二重)의 공포에 휩싸인 아이는 어떻게 공포에서 벗어날 수 있을까?

언제나 밝고 쾌활하며, 다른 아이들도 그러기를 바라는 나의 어머니[8]는 무서움을 이기는, 보다 훌륭한 교육 방법을 생각해 냈다. 이는 바로 상을 주는 방법으로, 어머니는 이를 통해 당신의 목적을 달성할 수 있었다. 마침 그때는 복숭아가 익어가는 계절이었으므로 만일 우리가 밤에 무서움을 잘 참아 낸다면 아침마다 복숭아를 많이 주겠다고 어머니는 약속했다. 그리고 이 방법은 성공을 거둬 어머니와 우리들 모두 만족스러운 결과를 얻을 수 있었다.

집 안에 있는 장식물 중 가장 내 흥미를 끌었던 것은 아버지가 현관에 장식해 놓은 일련의 로마 풍경화들이었다. 이 동판화들은 피라네지[9]의 선배에 해당하는 몇 사람의 숙달된 화가들에 의해서 제작된 것이었는데, 이들은 건축 이론과 원근법에 통달해 그 필치는 매우 명확하고도 존중할 만한 것이었다.

나는 매일같이 여기서 피아차 델 포포로나 코리제오, 페테르 광장, 페테르 교회의 내외, 성(聖)안젤로성, 그 밖에도 많은 것들을 보았다. 이 풍경들은 나에게 깊은 인상을 주었다. 평소 말수가 적은 아버지도 때때로 그림에 묘사된 풍경을 우리에게 설명해 주기도 했다. 이탈리아어와 이탈리아와 관련된 모든 것들에 대한 아버지의 애착은 대단했으며, 이따금 이탈리아에서 가져온 대리석과 광물 등 수집품 몇 점을 우리에게도 보여 주곤 했다.

아버지는 이탈리아어로 쓰인 여행기를 손수 정서하거나 편집하고 분책해서 꼼꼼하게 마무리하는 데 대부분의 시간을 보냈다. 늙고 쾌활한 이탈리아인 어학 교사 지오비나치가 이 일을 돕고 있었다. 그는 노래를 잘해 어머니는 매일

---

7) 요한 가스파르 괴테(1710~82). 법학박사, 궁정 고문관.
8) 카탈리나 엘리자베타 괴테(1731~1808).
9) 조반니 바티스타(1707 또는 1720~78). 이탈리아의 동판화가.

피아노로 지오비나치의 노래 반주를 하면서 자신도 함께 부르며 즐거워했다. 덕분에 나도 '쓸쓸하고 어두운 숲'이란 노래를 알게 되었고 가사의 뜻도 알기 전에 외워 버리고 말았다.

아버지는 원래 남을 가르치는 것을 좋아하는 성격이어서, 직업을 그만두고 나서는 자신이 알고 있는 것과 할 수 있는 것들을 사람들에게 가르쳐 주고 싶어했다. 그래서 신혼 때 어머니에게 열심히 글을 짓고 피아노와 노래 연습을 하게 하였다. 이와 동시에 어머니는 아버지의 권유에 의해 이탈리아어도 필요할 때 다소나마 사용할 수 있도록 익혀 두어야 했다.

시간이 나면 우리는 언제나 할머니 곁에서 보냈다. 할머니 방은 넓어서 놀기에 좋았고, 할머니는 여러 가지 장난감과 맛있는 간식을 주어 우리를 기쁘게 했다. 그러나 할머니가 우리들에게 보여준 호의 중에서 가장 좋았던 것은, 어느 해 크리스마스 날 밤에 인형극을 상연시켜, 이 낡고 오래된 집에 새로운 세계를 열어준 일이었다. 미처 생각지도 못했던 이 인형극은 어린 우리의 마음을 매혹시켰다. 특히 그것은 나에게 강렬한 인상을 주었고 오랫동안 큰 영향을 끼쳤다.

말을 하지 않는 인물들로 구성된 이 작은 무대를, 우리는 처음에는 단지 구경만 했으나 나중에는 직접 연습하고 연출하게 되었다. 이 무대는 상냥한 할머니의 마지막 선물이었던 만큼 우리들에게는 한층 귀중한 것이었다. 그 후 얼마 지나지 않아 병세가 악화되어, 할머니는 처음으로 우리의 눈앞에서 멀어졌고 마침내 영영 우리 곁을 떠나가 버렸다. 할머니의 죽음은, 그 후 집 안 모습이 많이 변한 것만으로도 우리 가족들에게는 더욱 큰 의미를 지니고 있었다.

할머니가 살아 계시는 동안에 아버지는 집 안을 조금이라도 바꾸거나 수리하는 것을 자제하고 있었다. 하지만 집안 사람들은 모두 아버지가 대대적인 개축을 준비하고 있다는 사실을 잘 알고 있었으며, 할머니가 돌아가신 뒤에 그것은 곧 실행에 옮겨졌다.

다른 옛 도시들과 마찬가지로 프랑크푸르트에서도 목조 건물을 건축할 때, 장소를 넓게 확보하기 위해 2층뿐만 아니라 그 윗부분도 조금씩 돌출되도록 지었다. 이 때문에, 거리가 협소한 경우에는 그늘이 져 음산하고 불안한 느낌을 주었다. 그래서 신축하는 건물은 2층만은 기초 부분으로부터 돌출되게 지어도 무방하나 그보다 위층의 경우는 기초면과 수직이 되도록 건축해야 한다는 법령이 만들어졌다. 그러나 아버지는 3층에 있는 돌출된 공간을 없애고 싶어하지 않았으며, 건축 외관에는 별로 개의치 않은 채 내부 설비만 편하게 꾸미려고 신경을 썼다.

그래서 아버지는 전에 몇몇 사람이 했던 방식을 따라서, 상부를 아래에서 받쳐 놓고 밑에서부터 위로 순서대로 하나하나 빼서 새로운 것으로 끼워 넣는, 법에 저촉되지 않는 편법을 이용했다. 이런 편법을 사용하게 되면 옛것은 하나도 남아 있지 않은 신축 건물이 되지만, 그래도 수리로 간주되었던 것이다. 이렇듯 해체와 개축이 차츰차츰 진행되어 나가자, 아버지는 집을 비우지 않고 공사 진행 상황을 지켜볼 수 있도록 공사 중에도 계속 머무르기로 마음먹었다. 이는 아버지가 건축 기술에 대해서도 매우 조예가 깊기도 했지만, 또한 가족들이 자신의 곁에서 떠나는 것을 싫어했기 때문이다. 이 새로운 시기는 아이들에게는 매우 놀랍고 신기로웠다. 틀어박혀서 재미없는 공부와 숙제를 하느라 힘들었던 방들, 누이동생과 둘이서 놀던 복도, 전에는 그렇게도 주의해서 청결과 보존에 신경을 썼던 벽들, 이 모든 것이 미장이의 흙손과 목수의 도끼에 의해 밑에서부터 점점 위로 무너져가는 것을 우리는 지켜보았다.

그리고 공사가 진행되는 동안에 우리 가족들은 마치 공중에 떠 있는 듯 받쳐 놓은 대들보 위에서 생활해야 했고, 전과 다름없이 정해진 숙제와 공부를 계속해야 했다. 이런 모순된 일들이 나와 내 누이동생의 머릿속을 혼란시켰으며, 이런 혼란은 회복되는 데 시간이 꽤 걸렸다. 하지만 이런 경험이 우리에게는 결코 싫지만은 않았다. 전보다 놀 장소가 많아졌고 대들보에서 그네를 타기도 하고 판자에 올라타 시소를 할 수도 있었기 때문이었다.

처음 얼마 동안 아버지는 공사 중에도 계속 집에 머무르겠다는 계획을 굳게 지키려고 했다. 하지만 지붕의 일부를 헐고, 그 헐어 낸 자리에 뜯어낸 벽지를 이용하여 초를 입힌 기름천으로 위를 가렸음에도 불구하고 비가 새서 아이들의 침대까지 적시는 사태가 발생하자, 어쩔 수 없이 아버지는 전부터 미리 부탁해 놓았던 친구들에게 우리를 얼마 동안 맡기고 공립학교에 보낼 결심을 하였다.

이와 같은 생활의 변화에 따라 이러저러한 불쾌한 일들이 뒤따랐다. 지금까지 집안이라는 울타리 안에서 엄격하나마 꼼꼼하고 품위 있게 자라던 우리는 별안간 어린 동년배의 난폭한 무리 속으로 내몰려, 야비하고 난폭하며 어떤 때는 파렴치하기까지 한 일들로 인해 고통을 당했다. 게다가 우리는 이를 방어할 아무런 무기도 능력도 가지고 있지 않았다.

바로 이 시기에 나는 내가 태어난 도시를 처음으로 구경하게 되었다. 나는 혼자서 때로는 친구들과 함께 마음이 내키는 대로 자유롭게 시내의 이곳저곳을 돌아다녔다. 위엄과 품위를 갖춘 프랑크푸르트 시내의 정경이 나에게 준 인상을 조금이나마 독자 여러분에게 전하려면 여기서 먼저 이 도시 이곳저곳의 풍경이 내 눈앞에서 어떻게 펼쳐졌는지부터 기술해야 옳을 듯하다.

나는 마인강 대교를 거니는 것을 무척 좋아했는데, 이 다리는 그 길이와 견고함, 그리고 훌륭한 외관이라는 면에서 매우 뛰어난 예술적 가치를 지닌 건조물이었다. 또한 이 다리는 시 당국의 시민을 위한 배려이자 앞 세대로부터 내려오는 거의 유일한 기념물이기도 했다. 다리 아래로 흘러가는 아름다운 마인강의 물결에서 나는 눈을 뗄 수 없었으며, 다리의 십자가 위에 조각된 황금색 닭이 햇빛을 받아 반짝거리는 모습은 언제 보아도 즐겁기만 했다. 언제나 나는 마인강 대교를 건너 작센하우젠을 지나 산보했으며, 그 후 뱃삯으로 1크로이처를 내고 강 건너는 것을 즐겼다. 그리고 바인마르크트로 가서 짐을 부리는 기중기의 모습에 감탄하곤 하였다.

무엇보다도 우리를 즐겁게 했던 구경거리는 화물을 가득 실은 배가 도착하는 모습이었다. 여러 가지 화물들과, 때로는 신기한 모습의 사람들이 배에서 내리는 모습을 볼 수 있었다. 거기서 시내로 들어갈 때면 카를 대제[10]와 그의 후예들이 살던 성이 있었다고 전해지는 장소에 서 있는 잘호프에 공손하게 경의를 표하고 지나갔다.

그러고는 상가 지역으로 들어가서, 특히 장날이면 바르톨로메우스 교회 주변에 모여드는 인파 속을 헤치며 돌아다녔다. 오래전부터 이곳은 수많은 상인들과 소매상들이 이곳저곳에 가게를 차린 탓에 근래에 와서는 널찍하고 밝은 가게 터를 구하기란 그리 쉬운 일이 아니었다.

아이들에게는 이른바 파르아이젠 노점의 존재가 매우 흥미를 끌었으며, 금

---

10) 카를 1세(742~814). 768년, 프랑켄 왕, 800년, 로마 황제.

빛 동물들이 인쇄된 색종이를 사려고 동전을 들고 그곳으로 찾아가곤 했다. 그러나 비좁고 사람들이 몰려 있는 너저분한 마르크트 광장을 통과하고 싶은 생각은 좀처럼 들지 않았다. 거기에 서로 인접해서 나란히 서 있는 협소하고 불결해 보이는 푸줏간을 보면 언제나 으스스한 생각이 들어 도망쳐 나온 것을 기억하고 있다.

그런 까닭에 나에게는 레마베르크가 훨씬 기분 좋은 산책 장소였다. 새로 생긴 크레메가를 통해서 새로운 시가로 가는 길은 언제나 상쾌하고 즐거웠다. 단지 성모 마리아 교회 옆에는 차이레로 통하는 길이 없어서, 늘 하젠 골목이나 카타리나 문을 통해 멀리 돌아가야 했던 것이 무척 불만스러울 뿐이었다.

그러나 다른 그 무엇보다도 내 흥미를 끌었던 것은, 시(市) 안에 또 수많은 시가 있고, 성새(城塞 : 성과 요새) 안에 또 몇 개의 성새가 있다는 사실이었다. 즉 담으로 둘러싸인 수도원이나, 여러 세기 이전부터 남아 있는 성곽풍의 장소, 예를 들면 뉘른베르거 호프, 콤포스텔, 브라운펠스, 폰 슈타르부르크가(家)의 본가, 그리고 후대에 와서 주택이나 창고로 개조된 여러 성새들은 내 마음에 꼭 드는 장소들이었다.

건축상 뛰어난 건물은 당시의 프랑크푸르트암마인에서는 볼 수가 없었다. 모든 것이 먼 옛날에 이 도시가 겪었던 매우 소란했던 시대를 나타내고 있었다. 구시가지의 경계선을 나타내는 문과 탑, 거기서 다시 더 가면 신시가지를 둘러싼 문·탑·벽·다리·제방·호수 등, 이 모든 시설들은 불안했던 시대에 시민의 안전을 도모하기 위해 만들어졌다는 것과, 광장이나 거리, 그것도 넓고 아름답고 새로 만들어진 것들까지도 모두가 우연하게, 혹은 자의적으로 생긴 것이지 결코 계획적 정신에 의해 이루어진 것이 아니라는 것을 너무나 분명하게 말해 주고 있었다.

이 시기에는 내 마음속에 옛것에 대한 일종의 애착심이 뿌리를 내리고 있었는데, 이와 같은 애착심은 특히 옛 연대기와 목판화, 예를 들면 한스 그라베[11]의 《프랑크푸르트 포위》[12]와 같은 목판화를 통해 양성된 것이었다. 동시에 내게

---

11) 한스(1565 사거). 네덜란드 목판화가.
12) 프랑크푸르트는 1552년에 신교도에 의해 포위되었다. 그라베의 판화는 그즈음 모습을 그린 콘라트 파브리 그림에 바탕한 것이다.

는 이익이나 아름다움에 대한 요구를 떠나 인간의 다양성과 현실성 속에서 있는 그대로의 인간의 모습을 파악해 보고 싶은 또 다른 욕망도 생겨났다. 그런 이유로 성벽 안쪽 길은 나와 친구들이 가장 좋아하는 산책로였으며, 따라서 우리는 이 길을 산책할 기회를 1년에 두서너 차례 정도는 가지려고 노력했다.

정원·안뜰·뒤채 등이 성벽과 시가 사이의 공터에까지 뻗어 있어, 이 길을 따라 걷노라면 폐쇄되고 감추어진 수많은 사람들의 집 안 모습까지 엿볼 수가 있었다. 부잣집에서 관상용으로 만든 화려한 정원에서, 실익을 고려한 시민들을 위한 과수원에 이르기까지, 또 공장이나 천 표백장, 그와 비슷한 시설들과 나아가 묘지에 이르기까지—시 안에는 또 하나의 작은 세계가 있었다—걸음을 옮길 때마다 바뀌는 다양하고 신기한 풍경들을 이 산책로를 통해 다 볼 수 있었으므로, 이 산책로는 나와 친구들의 호기심을 하나도 남김없이 충족시켜 주었다.

친구를 위해 한밤중에 마드리드에 있는 집들의 지붕을 벗겨 보였다는 저 유명한 절름발이 악마[13]조차도 여기 우리 눈앞의 밝은 햇빛 속에 펼쳐진 풍경보다 더 좋은 구경거리를 친구에게 보여 주지는 못했을 것이다. 산책로 도중에 있는 여러 탑과 계단, 작은 문들을 통과하기 위해서는 열쇠가 필요했는데, 이 열쇠는 병기 창고 담당자가 가지고 있어서 우리는 그 담당자의 말단 직원에게 잘 보이기 위해 아양을 떨곤 했다.

보다 중요하고 또 다른 의미에서 유익했던 장소는 뢰마라고 하는 시청사였다. 우리는 그 내부에 있는 아치풍의 회랑을 아주 흥미롭게 구경하며 돌아다녔고, 넓고 매우 검소한 대회의실도 견학할 수 있었다. 대회의실은 일정한 높이까지 나무로 벽판을 댔으며, 그 밖의 벽과 둥근 천장은 모두 흰색이었고 그림이나 조각과 같은 장식물은 그림자도 찾아볼 수 없었다. 다만 중앙에 있는 벽 위에 다음과 같은 간략한 격언이 적혀 있었다.

한 사람의 의견은
그 누구의 의견도 아니다.

---

13) 르사주(1668~1747)의 소설 《절름발이 악마(1707)》에 나온다.

둘의 의견을 공평히 들어야 한다.

　예부터 내려오는 양식에 맞춰 회의석은 나무 벽판을 따라 둥글게 놓여 있었고 바닥보다 한 단 높게 만들어져 있었다. 거기서 우리는 좌석에 따라 시의원의 계급이 어떻게 구분되는지를 쉽게 알 수 있었다. 좌측 문에서 맞은편 구석까지는 제1석으로 배심원들이 앉았고, 바로 그 옆 모퉁이 자리에는 시장이 앉는 좌석이 있었는데 그 앞에만 작은 탁자 하나가 놓여 있었다. 이 시장석 좌측부터 창가까지 의원들이 앉는 제2석이 있었고, 창가에는 수공업자들이 앉는 제3석이 놓여 있었다. 그리고 회의실 중앙에는 기록계가 쓰는 탁자가 있었다.

　우리는 뢰마를 방문할 때마다, 시장을 만나기 위해 기다리는 인파 속으로 스며들곤 했다. 그러나 우리들의 관심을 끈 것은 황제의 선거와 대관식과 관련된 것들이었다. 수위 아저씨와 친해진 우리는 평상시에는 철창으로 잠겨 있어 들어갈 수 없었던 프레스코화(畵)로 장식된 황제 층계로 올라갈 수 있는 허락을 받았다. 그리고 새빨간 벽포(壁布)와, 색다른 당초무늬의 금줄로 장식된 황제 선거실은 우리들로 하여금 경외심을 불러일으켰다.

　황제의 제복을 입고 황실 보물[14]로 장식한 아주 이상한 모습을 한 어린아이들, 또는 천사들이 그려진 문 위의 그림들을 우리는 열심히 들여다보았고, 언젠가는 꼭 내 눈으로 직접 황제의 대관식을 보고야 말리라는 생각을 했다.

　우리는 일단 황제 선거실에 발을 들여놓는 데 성공한 다음에는 좀처럼 이곳에서 나가려 들지 않았고 수위 아저씨는 우리를 쫓아내느라 꽤나 애를 먹었다. 벽 위에 걸려 있는 역대 황제들의 초상화 아래서 그들의 업적에 대해 설명해 주는 사람이라도 만나게 되면 우리는 그를 최고의 친구로 여겼다.

　카를 대제에 대해서는 여러 가지 옛날이야기 같은 것을 들었다. 그러나 우리에게 역사적으로 흥미있는 이야기는, 용감하게 대혼란을 종식시킨 루돌프 폰 합스부르크[15]로부터 시작되었다. 또한, 카를 4세[16]도 우리들의 관심을 끌었다. 우리들은 이미 금인칙서(金印勅書)와 형사 소송법에 대해서 알고 있었고, 또 그

---

14) 구(舊)독일제국 통치자의 권위의 상징. 왕관, 왕홀(王笏), 보검, 지구의(地球儀) 등.
15) 1218~91. 1273년, 독일 왕.
16) 1316~78. 1334년, 베멘 왕. 1346년, 신성 로마 황제.

의 대립 황제인 군터 폰 슈바르츠부르크[17]의 편을 들었는데도 불구하고 보복 행위를 하지 않았다는 이야기도 이미 알고 있었기 때문이다.

막시밀리안[18]은 인류와 시민의 벗으로 칭송을 받았으나 그가 독일 황실에서 배출하는 최후의 황제가 될 것이라고 예언했다는 이야기도 들었다. 이 예언은 불행히도 적중하여 그가 죽은 후 황제는 스페인의 카를 5세[19]와 프랑스 왕 프란츠 1세[20] 사이에서만 선출되게 되었다.

이 이야기를 해 준 이는 조심스럽게 덧붙여 말하기를, 지금 이와 같은 예언 또는 조짐이 다시 나타나고 있다고 하면서 그 근거로 황제의 초상을 걸 자리가 하나밖에 남지 않았다는 사실을 들었다. 그는 이는 마치 우연의 일치처럼 보이지만 애국자들을 몹시 근심에 빠지게 하고 있다고 말했다.

이렇듯 우리가 시내를 활보하고 다닐 때에는 반드시 대사원에 가서, 자기편은 물론이고 적에게까지도 존경을 받았던 훌륭한 군터 왕[21]의 묘지를 탐방하는 것도 빼놓지 않았다. 이전에는 묘 위에 놓여 있었던 기이한 모양의 비석은 지금은 교회 내부로 옮겨져 있었다. 그 옆에는 바로 교황 선거실로 통하는 문이 있었는데, 이 문은 오랫동안 잠겨 있어서 들어갈 수가 없었다. 그러나 드디어 우리는 윗사람의 도움을 받아 매우 중요한 이 장소를 견학할 기회를 얻을 수 있었다.

하지만 우리로서는 차라리 예전처럼 그저 상상을 통해 이곳 내부를 그려 보던 쪽이 훨씬 나을 뻔했다. 왜냐하면 이 방은 세력 있는 군주들이 중대한 행사를 집행하기 위해 모였던, 독일 역사상의 중요한 장소임에도 불구하고 그에 걸맞은 장식이 하나도 없었을 뿐만 아니라, 각목, 발판 및 그 외에 눈앞에서 치워 버리고 싶은 장해물들로 무용지물이 되어 있었기 때문이다. 그런 만큼, 그 후 얼마 지나지 않아 시청사에서 외국 귀빈 두서너 명에게 금인칙서를 관람할 수 있도록 마련한 자리에 우리도 참관 허가를 받았을 때가 훨씬 더 우리의 상상

---

17) 1304~49. 1349년, 카를 4세의 대립(對立) 황제(일반적으로는 인정되지 않는 황제).
18) 1459~1519. 1493년 신성 로마 황제.
19) 1500~58. 1519~56년 신성 로마 황제.
20) 1494~1547. 1515년 프랑스 왕.
21) 앞서 나온 군터 폰 슈바르츠부르크를 가리킨다.

력을 부채질했고, 흥분으로 가슴이 설레었다.

그다음으로 내가 왕성한 호기심을 가지고 귀를 기울였던 이야기는 최근 잇따라 거행되었던 대관식 이야기였다. 이는 집안사람들과 나이 든 친척 및 지인들이 되풀이해서 들려주었다. 프랑크푸르트 시민 가운데 상당한 연배에 속한 사람들은 누구나 이 두 차례의 대관식과 이에 수반한 행사들을 자기 일생의 최대 사건으로 꼽고 있었다.

그중 카를 7세의 대관식[22]은 특히 프랑스 사절이 비용과 장식을 아끼지 않고 화려한 연회까지 베풀어 더할 나위 없이 화려했다고 하는데, 그런 만큼 그 후의 일의 진행은 저 선량한 황제에게는 한층 딱한 일이라 아니할 수 없었다. 그는 자기의 수도인 뮌헨에서 살지 못하고, 말하자면 자유시(自由市)인 프랑크푸르트 시민의 호의에 의존하지 않으면 안 되었던 것이다.

프란츠 1세의 대관식[23]은 카를 7세만큼 화려하지는 않았지만 황후 마리아 테레지아가 임석함으로 더욱 빛을 발했다. 황후의 미모는 카를 7세의 위엄 있고 품위 있는 풍채와 푸른 눈동자가 뭇 여성들에게 주었던 강한 인상과 맞먹을 정도로 뭇 남성들에게 깊은 인상을 주었던 것 같다.

이야기를 들려주던 어른들은 열심히 귀를 기울이며 듣고 있는 나에게 마치 경쟁하다시피 이 두 인물의 인품에 대해 될 수 있는 한 좋은 인상을 심어 주려고 애썼다. 이러한 묘사나 이야기는 모두 밝고 침착한 분위기 속에서 이루어졌다. 왜냐하면 아헨 화평 조약(1748년)이 체결됨으로써 당분간은 모든 불화가 종식되었기 때문이었다. 지나간 전쟁도 데팅겐의 전투(1743년 6월 27일)도, 그 외의 최근 수년간 일어났던 사건들도 마치 대관식 이야기를 할 때처럼 마음 편하게 화제에 올릴 수 있게 된 것이다. 제아무리 중대하고 위험한 일도 평화조약이 체결된 다음에는 늘 그랬던 것처럼, 모든 것이 행복하고 아무런 걱정이 없는 사람들에게 화젯거리를 제공하기 위해 일어난 것처럼 여겨졌다.

이같이 좁은 애국적인 분위기 속에서 반년도 채 지나지 않아 어느덧 다시 대목 장날이 돌아왔다. 늘 그러했듯이 이 올해의 연시(年市)도 믿을 수 없으리만치 엄청난 흥분을 아이들에게 안겨 주었다. 시내에 많은 상점이 생겨났고, 순식

---

22) 1742년. 카를 7세(1697~1745)는 1742~44, 프랑크푸르트에 거주.
23) 1745년. 프란츠 1세(1708~65).

간에 새로운 거리가 형성되었다. 인파로 인한 혼잡과 소음, 그리고 상품을 하역하고 풀고 하는 모습들은 철이 들고부터 참을 수 없을 정도로 왕성해진 호기심과, 어린아이 같은 소유욕으로 인한 끝없는 욕망을 부채질했다.

하지만 점차 성장함에 따라 나는 이 소유욕을 빈약한 내 돈지갑이 허용하는 범위 내에서 여러 가지 방법을 통해 충족시키려고 애를 썼다. 그러나 이와 동시에 세계가 무엇을 생산하고 무엇을 필요로 하며 세계 각지의 사람들은 상호간에 무엇을 교환하고 있는지에 대한 개념을 배울 수가 있었다.

봄과 가을이 되면 평소에는 볼 수 없었던 진기한 행사가 개최되어 계절이 도래했음을 알려주었는데, 이 행사는 옛 시대의 모습과, 예부터 현재까지 전해오는 전통을 생생하게 보여 주는 만큼, 한층 더 가치 있는 것으로 여겨졌다. 경호일(警護日)이 되면 시 전체가 활기를 띠었으며 온 시민이 파르갓세나 큰다리, 작센하우젠 맞은편까지 구경하러 몰려나왔다.

낮 동안에는 별다른 행사가 없었는데도 불구하고 창이란 창은 모두 사람들로 메워진 상태였다. 군중들은 그저 서로 밀고 밀치기 위해 그곳에 모여 있는 것 같았고, 구경꾼들도 사람 구경하기 위해 나온 듯했는데, 이는 밤이 되어야 진짜 볼거리가 있었으며, 그것도 사람이 너무 많아서 직접 눈으로 봤다기보다는 본 것 같다는 수준에 불과한 것이었다.

제멋대로 부정을 저지르고 무턱대고 권리를 주장하던 그 옛날의 어지러웠던 시대에는, 프랑크푸르트를 찾아오는 상인들은 신분의 높낮이를 가리지 않고 습격해 오는 노상강도들 때문에 골머리를 썩였다. 이에 군주들과 권력 계급층의 인사들은 기사들에게 자기 영내의 상인들을 프랑크푸르트까지 호위하게 했다. 그러나 프랑크푸르트 시민들은 자신의 권리와 영토가 침해당하는 것을 달가워하지 않았으므로 도착하는 상인들을 맞으러 나갔다. 그래서 호위병들은 어디까지 프랑크푸르트에 가까이 올 수 있는가, 더 나아가서 도대체 프랑크푸르트에 들어올 수 있는 권리가 있는지의 여부를 둘러싸고 자주 분쟁이 일어나곤 했다.

이와 같은 분쟁은 물물거래와 연시 때만이 아니라, 전시와 평화시에도, 특히 황제 선거일에 고위층 인사가 시를 방문할 때에도 일어났다. 게다가 시에 들어오도록 허가를 받지 못한 시종들이 자기 주인을 따라 막무가내로 들어오려 할 경우 종종 완력 행사로까지 번지곤 했다. 따라서 이의 해결을 위해 지금까지 여러 차례 교섭이 있었고, 늘 보류 조항을 남겨놓긴 했지만 쌍방간에 많은 협정들이 체결되었다. 이 때문에 사람들은 오랫동안 분쟁거리였던 이 호위 제도가 불필요하다고 여기는 날이 올 것이며, 그렇게 되면 수백 년 동안 계속되어 온 이 분쟁도 언젠가는 끝날 것이라는 희망을 버리지 않았다.

그건 그렇다 치고, 경호일 당일이 되면 시민 기병대들은 지휘관을 선두로 여러 부대로 나뉘어 사방으로 난 문을 지나 시외로 나갔다. 그리고 호위를 받을 자격이 있는 제국 의회 의원들을 호위하는 기병 및 경기병들과 정해진 장소에서 만나, 지휘관과 더불어 그들을 환영하고 잔치를 베풀었다. 그들은 저녁때까지 그곳에 있다가, 기다리고 있는 군중들의 눈에 너무 띄지 않도록 주의하면서 시내로 돌아왔다. 이는 시민 기병대들 가운데에는 말을 잘 타지 못하는 사람들도 끼어 있었기 때문이다. 가장 인원수가 많은 부대는 브뤼켄 문으로 들어왔다. 그 때문에 이를 구경하기 위한 인파로 인하여 이쪽 지역의 혼잡이 가장 극심했다.

마지막으로 해가 완전히 저물면, 그날의 마지막을 장식하는 행사로 뉘른베르크시의 역마차가 시민 기병대의 호위를 받으며 도착했다. 그리고 사람들은 관례에 따라 역마차 안에는 늙은 여인이 한 사람 타고 있다는 소문을 퍼뜨리고 다녔다. 그래서 마차가 도착할 때는 이미 어두워져서 마차에 타고 있는 사람들의 얼굴을 더 이상 알아보기 힘든 지경이었음에도 불구하고, 장난치기 좋아하는 악동(惡童)들은 으레 소리 높여 함성을 내지르곤 했다. 이 순간 역마차의 뒤를 따라 브뤼켄 문으로 몰려드는 군중의 수는 믿을 수 없을 정도로 엄청나서 눈을 의심할 지경이었다. 따라서 브뤼켄 문 근방의 집들은 구경꾼들이 가장 선호하는 장소였다.

이보다 훨씬 볼거리가 많은 행사는 악사(樂士) 재판이었는데 이는 낮에 행해졌으며 군중들을 열광시켰다. 이 행사는 주요 상업 도시들이, 상공업의 번영과 함께 점점 증가하는 관세를 면제받지는 못하더라도 최소한 줄여줄 것을 요구하던 시대를 상기시켜 주었다. 이들 상업 도시를 필요로 했던 황제는 능력이 미치는 범위 내에서 그들에게 그러한 특전을 주었다. 그러나 그것은 일반적으로 1년 한도로 주어졌기 때문에 해마다 갱신하지 않으면 안 되었다. 그리고 이 갱신은 상징적인 예물을 통해 이루어졌으며, 때로는 수세(收稅) 장관을 겸하고 있는 황제가 임명한 시장이 바르톨로메우스의 연시가 열리기 전에, 그것도 위엄을 갖추기 위해 배심원들과 함께 법정에 출석했을 때 거행되었다.

그 뒤 황제의 임명이 아닌, 시에서 직접 시장을 선출하게 되었을 때에도 시장은 이 같은 특권을 계속 누렸으며, 바름스·뉘른베르크·알트 밤베르크의 조세상의 특전뿐만 아니라, 이들 도시의 사절이 예부터 내려온 은전(恩典)을 감사하는 의식도 오늘날까지 전해지고 있었다.

성모 강림제 전날에 공개 개정일(開廷日)이 공포되었다. 널따란 황제실의 일부에 목책을 둘러 한층 높게 만든 곳에 배심원들이 앉았고, 그보다 더 높은 자리에 시장이 앉았다. 당사자들로부터 전권을 위임받은 대리인들이 그 아래 오른쪽에 자리잡았다. 이날을 위해 보류하고 있었던 주요한 판결들을 서기가 큰 소리로 낭독하기 시작했다. 대리인들은 복사본을 청구하거나 항소하거나 기타 필요한 일들을 처리했다.

이때 갑자기 이상한 음악이 울려퍼졌는데, 이것은 말하자면 지나간 세기의 도래를 알리는 것이었다. 연주자들은 3명의 악사들로, 그중의 하나는 고대의 목적(木笛)을, 다음은 바스 플루트를, 셋째 번 사람은 포머 혹은 오보에를 불었다. 악사들은 금테를 두른 푸른색 망토를 걸치고 있었으며, 소매에 악보를 고정시키고 머리에는 모자를 쓰고 있었다. 그들은 이 같은 복장을 갖추고, 사신과 수행원들을 이끌고 정각 10시에 숙소를 출발해 시민들과 외지에서 구경 온 사람들의 감탄 어린 시선을 받으며 황제실로 입장했다. 그 순간 재판은 잠시 중지되었고 악사들과 수행원들은 목책 앞까지 가서 발을 멈추고, 사절은 목책 안으로 들어가 시장과 마주섰다.

철저하게 예부터 내려온 관습을 좇아 마련된 예물은, 보통 이를 증정하는 도시가 주로 취급하는 상품일 경우가 많았다. 후추는 소위 모든 상품을 대용할 수 있는 가치 있는 것으로 인식되고 있어서, 이번에도 사신은 아름다운 녹로 세공을 한 받침대 달린 나무그릇에 후추를 담아서 가지고 왔다. 후추 위에는 명주실로 테를 두르고 술을 단 한 켤레의 장갑이 허락해 준 감사의 증표로 놓여 있었다. 경우에 따라서 황제 스스로도 장갑을 이와 같은 의미로 사용했던 것이다. 바로 그 옆에는 작고 하얀 재판봉이 있었는데, 이는 재판상의 심리에 없어서는 안 되는 물건이었다. 그리고 은전 몇 푼도 같이 놓여 있었다. 보름스시에서 온 사절은 낡은 펠트 모자를 가지고 왔는데 이 모자는 언제나 다시 되돌려받았으므로, 이 모자야말로 수년 동안 이 의식을 지켜본 증인이라 할 수 있었다.

사절은 인사말을 마치고 난 뒤에, 가지고 온 예물을 바치고 시장으로부터 황제의 은전이 지속될 것이라는 약속을 받아낸 다음 목책 바깥으로 나갔다. 그러자 악사들은 악기를 연주했고 행렬은 도착했을 때와 똑같은 식으로 그곳을 떠났다. 법정은 두 번째와 세 번째 사절이 입장할 때까지 심리를 계속했다. 이는 두 번째와 세 번째 사절이 어느 정도 시간의 간격을 두고 입장했기 때문인데, 이는 한편으로는 구경꾼들의 즐거움을 조금이나마 연장시켜 주려는 배려 때문이었고, 다른 한편으로는 고용된 악사들이 모두 같은 인물이어서 사절들이 들어올 때마다 악사 역할을 담당해야 했기 때문이다. 이 연주자들은 뉘른베르크시가 시 자체와 이웃 도시를 위해 고용해 두었다가, 해마다 필요할 때에 불러서 일을 맡기고 있었던 것이다.

나와 내 누이동생이 특히 이 의식에 흥미를 느꼈던 이유는 외할아버지가 그 영광스러운 자리에 앉아 있는 모습을 보는 것이 자랑스러웠기 때문이며, 의식이 끝난 뒤 집안 식구들이 외할아버지 댁을 찾아가면 외할머니가 후추를 양념통에 쏟아 넣은 다음 예물로 받은 받침대 달린 나무그릇과 재판봉, 장갑, 옛날 은전 등을 우리들에게 나눠주었기 때문이다. 이런 상징적인, 그리고 마법으로 옛 시대를 불러낸 듯한 의식에 대한 설명을 들으면 우리는 마치 과거로 되돌아간 듯한 착각에 빠졌다. 그리고 현재에 되살아난 악사들과 사절에 의해, 더구나 손으로 만질 수 있고 자신의 것이 된 예물들을 통해 신기하리만큼 생생하게 떠오르는 선조들의 풍속·관습·사고방식을 묻지 않을 수 없었다.

이 같은 전통적인 예식이 끝나고 날씨가 화창한 계절이 찾아오면 우리와 같은 아이들에게는 아주 신나는 축제들이 교외의 푸른 하늘 아래서 펼쳐졌다. 마인강 오른쪽 기슭에서 약 30분 정도 내려간 곳에 유황 온천이 있었는데, 이 온천은 깨끗한 담으로 둘러싸여 있었고 그 주위에 오래된 보리수들이 서 있었다. 거기서 얼마 떨어지지 않은 곳에 예전에 이 온천을 위해 병원으로 지었던 '선량한 사람들의 집'이라고 하는 집이 한 채 있었다. 그리고 온천 주변에 있는 공동 목장에서는 1년에 한 번씩 날을 정해 인근에 있는 소를 모아놓고 목동들과 그 연인들이 춤을 추고 노래하며, 여러 가지 오락을 즐기면서 마음껏 시골 축제를 만끽했다. 도시 반대편에도 좀더 크긴 하지만 이와 비슷한 공동 목장이 있었고, 여기에도 아름다운 보리수로 둘러싸인 온천이 있었다.

성령 강림절이 되면 양떼들을 공동 목장에 몰아넣었고, 해쓱하게 야위어 안색이 좋지 않은 불쌍한 고아들도 외출이 허락되었다. 언젠가는 거친 세상을 자신의 힘으로 극복해 나가야 하는 고아들을 비참한 상태로 가두어 두기보다는 일찍부터 세상과 접하게 하고, 일을 하면서 정신적으로나 육체적으로 단련시킬 필요가 있다는 사실을 나는 나중에서야 깨닫게 되었다. 시간이 나면 늘 외출하고 싶어했던 유모와 하녀들은 아침 일찍부터 우리를 축제에 빼놓지 않고 데리고 다녔고, 그 덕분에 시골 축제는 나에게 결코 잊을 수 없는 추억이 되었다.

그러는 동안에 집수리가 끝났다. 모든 일을 철저히 생각해 준비하고, 필요한 비용도 마련되어 있었으므로 단시일 안에 완성되었다. 나는 가족들이 다시 모여 살게 되어 무척 기뻤다. 시간을 두고 깊이 생각한 다음에 세운 계획이 실현되었을 때는, 그 목적을 달성하기 위해 사용된 수단에 다소 불쾌한 점이 있더라도 모두 잊게 마련이다. 새 집은 개인 주택으로서는 아주 넓었으며, 모든 곳이 밝고 깨끗했다. 또한 층계가 넓었고, 각 계단 어귀에 있는 별실들은 우리를 즐겁게 해 주었으며, 창문 밖으로 내다보이는 정원의 전망도 기분 좋게 즐길 수 있었다. 내부를 꾸미고 완성하는 일들은 서서히 진행되었는데 이는 하나의 일인 동시에 즐거움이기도 했다.

가장 먼저 정리해야 할 것은 아버지의 책들이었는데, 송아지 통가죽과 등가죽으로 장정된 고급 장서들은 사무실 겸 서재의 벽을 장식하게끔 되어 있었다. 아버지는 라틴 작가의 화려한 네덜란드 출판본을 가지고 있었으며, 이 책들을 외관상의 조화를 위해 전부 4절판 크기로 수집하려고 애썼다. 또한 고대 로마의 미술품과 고상한 법률학에 관한 서적들도 있었다.

아버지의 장서 중에는 이탈리아 최고 시인들의 작품도 포함돼 있었는데 아버지는 특히 타소[24]의 작품을 무척 좋아했다. 그리고 최근에 발간된 훌륭한 여

---

24) 토르가토(1544~95). 이탈리아의 시인. 주저 《엘살렘 해방(1575)》.

행기들도 있었으며 아버지는 케이슬러나 네마이츠[25]의 작품들을 정정하고 보충하는 일을 낙으로 삼고 있었다. 그 밖에도 필요한 참고 서적들, 각국어의 사전, 백과사전들을 손닿는 곳에 배치해 필요할 때 언제든지 참고할 수 있도록 했으며, 실용서와 오락을 위한 책들도 몇 권 구비되어 있었다.

매우 아름다운 표제가 적힌 양피지로 장정한 장서들 가운데 일부는 특별히 다락방에 진열되었다. 아버지는 신간 서적의 구입과 이 책들의 장정과 배열을 아주 천천히 그리고 질서 정연하게 했다. 각종 책들의 장점을 해설해 놓은 '학예 통신'은 아버지가 책을 구입할 때에 많은 영향을 끼쳤고, 법률에 관한 학위 논문도 매년 두세 권씩 늘어갔다.

다음으로 정리한 것은 그림이었다. 옛집에서는 무질서하게 여기저기 걸어 놓았던 그림을 이번에는 한데 모아서 금테 두른 검은 액자에 넣어 서재 옆방의 벽에 서로 조화를 이루도록 걸었다. 아버지는 사후 평가에 선입관이 섞여 있을 가능성이 높은 타계한 화가보다 생존해 있는 화가들을 더욱 높이 평가했으며, 때때로 열렬한 어조로 이를 이야기하곤 했다. 아버지는 그림은 라인산(産) 포도주와 같다고 생각했다. 훌륭한 포도주는 대개가 오래 묵은 것이긴 하나, 해마다 지난해 못지않은 훌륭한 포도주가 나올 수 있다는 것이었다. 또한 세월이 흘러 새 포도주도 오래되고 가치를 지니게 되며, 경우에 따라서는 보다 훌륭한 포도주가 되는 경우도 있다는 논리였다.

이와 같은 논리를 증명하기 위해 아버지는 주로 다음과 같은 논법을 사용했다. 즉 옛 그림들은 주로 때 묻고 변색된 덕분에 차분한 색조가 나타나는데 이것 때문에 애호가들에게 큰 가치가 있는 것으로 인식된다는 것이었다. 아버지는 또한 새로운 그림 역시 언젠가는 때 묻고 변색되겠지만 그 때문에 그림의 가치가 높아진다는 점은 인정할 수 없다고 단언했다.

이런 생각 때문에 아버지는 수년 동안 프랑크푸르트에 있는 모든 화가들에게 그림을 그리도록 했다. 그들은 떡갈나무와 너도밤나무 숲, 가축들을 배경으로 한 전원 풍경화를 잘 그렸던 화가 히르트[26]를 본받아 실내의 등불과 그 반

---

25) 요한 게오르크 케이슬러(1693~1743), 요아힘 크리스토프 네마이츠(1679~1753). 모두 기행문 작가.
26) 프리드리히 빌헬름(1721~72). 그가 그린 숲의 풍경화 두 장이 프랑크푸르트의 괴테 박물관에 있다.

사 및 불꽃을 효과적으로 묘사하는 데 탁월한 사람들로서, 렘브란트의 그림과 짝을 이루는 그림을 그리도록 의뢰를 받았던 트라우트만,[27] 자흐틀레벤[28]의 화법을 본받아 라인 지방의 풍경화를 열심히 그렸던 슈츠,[29] 네덜란드의 화가들의 선례를 따라 화초·과실·정물 및 조용히 일을 하고 있는 인물들을 매우 솜씨 있게 묘사한 융커[30] 등이었다.

이제 집도 어느 정도 정돈되었고 방들도 이전보다 훨씬 사용하기 편리해지면서, 훌륭한 화가와도 친분을 쌓게 된 아버지의 그림에 대한 애착은 다시금 불붙게 되었다. 그 화가는 브링크만[31]의 제자이며 다름슈타트의 궁중 화가인 제카츠[32]였다. 그의 재능과 인품에 대해서는 차차 자세히 설명하기로 하겠다.

이렇게 해서 나머지 방들도 그 용도에 맞춰 차차 완성되어 갔다. 집은 전체적으로 청결했고 질서 정연했는데, 특히 창에 크고 두꺼운 유리를 끼운 덕분에 집안이 아주 환해졌다. 이전에는 여러 가지 원인이 있었겠지만 창이 작고 원형인 탓에 다소 채광이 부족했던 것이다. 아버지는 모든 일들이 순조롭게 진척되자 무척 기분 좋아했다. 때때로 인부들이 아버지의 요구대로 일을 하지 않아 기분이 언짢아지는 경우를 제외하고는 우리 가족들은 더할 나위 없이 행복했으며, 특히 여러 가지 경사스러운 일이 어떤 것은 가족 내부에서, 어떤 것은 외부에서 흘러들어왔기 때문에 더욱 그러했다.

그러나 갑자기 세계적 규모의 재난이 일어나 내 마음의 평정은 태어나서 처음으로 그 밑바닥부터 흔들리게 되었다. 1755년 11월 1일에 리스본에서 지진이 발생해 오랫동안 평화와 안락함 속에 젖어 있었던 세계를 큰 충격의 도가니 속으로 몰아넣었다. 포르투갈의 큰 상업도시이자 항만도시인 수도 리스본이

---

27) 요한 게오르크(1713~69). 그가 그린 '불타는 트로이아' 및 요셉 이야기를 바탕으로 그린 몇 장의 그림이 괴테 박물관에 있다.

28) 헤르만(1609~85). 네덜란드의 화가, 동판화가.

29) 크리스챤 게오르크(1718~91). 그가 그린 몇 장의 풍경화가 괴테 박물관에 있다.

30) 유스투스(1703~67). 그가 그린 몇 장의 그림이 괴테 박물관에 있다. 그중 제4장에 나오는 두 장의 정물화도 있다.

31) 필립 히에로니무스(1709~61). 만하임의 풍경화가, 역사화가.

32) 요한 콘라트(1719~68). 그의 그림도 괴테 박물관에 있다. 이상의 화가에 대해서는 제3장에 자세히 기술되어 있다.

느닷없이 끔찍한 불행을 당한 것이다. 땅이 진동하고 바다가 끓어오르고 배들이 부서졌으며, 집들이 무너지고 교회와 탑들이 쓰러졌다. 바닷물이 궁정의 일부를 삼켰고, 갈라진 대지는 마치 화염을 토하는 듯이 보였다. 폐허로 변해 버린 이곳저곳에서 연기가 피어올랐고 화염이 일어났다.

얼마 전까지만 해도 평화롭고 안락했던 6만 명의 사람들이 일시에 죽어버렸다. 그러나 그 사망자들 중에서 이런 끔찍한 참변을 느낄 새도 없이 죽은 사람들은 그나마 행복한 사람이라고 말할 수 있을 정도였다. 화염은 계속해서 맹위를 떨쳤고 그와 함께 이제껏 숨어 있었던, 또는 이 참변으로 인해 해방된 범죄자들의 무리가 광란하기 시작했다. 살아남은 사람들은 약탈과 살인, 모든 폭력의 위험 속에 내맡겨졌다. 이렇듯 자연은 모든 면에서 끝없는 횡포를 부리고 있었다.

지진이 발생했다는 소식이 전해지기 전에 이미 광범위한 지역에서 그 전조가 보였다. 여러 지역에서 미약한 진동을 느낄 수 있었고, 온천들, 특히 약효가 있는 것으로 알려진 온천에서는 전례 없이 온천물이 솟아나지 않았다. 그런 만큼 실제로 지진 발생 소식이 전해졌을 때의 놀라움은 더욱 컸다. 처음에 이 소식은 그저 일반적인 지진 발생 소식에 지나지 않는 듯했지만 뒤이어 자세하고 끔찍한 소식이 급속도로 퍼져갔다.

이 참변에 대해 지식인들은 자신의 생각을 말했고 철학자들은 위안거리를 찾았으며, 종교인들은 설교를 했다. 이처럼 세계의 모든 이목은 리스본의 지진에 집중되어 있었다. 타인의 불행으로 동요되었던 사람들은 이 지진으로 인한 막대한 피해에 대해 이곳저곳에서 더 많고 자세한 소식이 전해지자, 이번에는 자신과 가족에 대한 걱정으로 더욱 불안해하였다. 검은 공포의 손길이 이처럼 신속하고 강력하게 세상을 전율시킨 적은 한 번도 없었을 것이다.

이 모든 끔찍한 일을 몇 번이고 들어야 했던 소년의 마음은 적잖이 동요되었다. 신앙 제1조의 설명에 따르면, 현명하고 자비로운 존재로 소개되었던 천지의 창조자이자 수호자이신 신이, 선량한 자와 그렇지 않은 자를 똑같이 파멸의 구렁텅이 속에 빠뜨림으로써 만물의 아버지로서의 모습을 보여 주지 않았기 때문이다. 소년은 이런 생각을 떨쳐버릴 수가 없었으며, 하물며 철학자와 신학자들조차 이 참변을 어떻게 이해해야 할지에 대해 의견의 일치를 보지 못하고 있었으므로, 이런 생각에서 벗어난다는 것은 더더욱 불가능한 일이었다.

다음 해 여름에는 구약성서에서 자주 언급되는 신의 분노를 직접 느낄 수 있는 사건이 있었다. 돌연 우박을 동반한 폭풍이 몰아치더니 집 뒷면에 있는 서편 유리창이 뇌성과 번갯불에 무참하게 깨졌고, 그 바람에 새 가구들이 파손되고 귀중한 서적 몇 권과 기타 값비싼 물건들이 못쓰게 되었다. 완전히 얼이 나간 하인들은 캄캄한 복도로 나와 내 누이동생을 데리고 가서는, 무릎을 꿇고 신의 노여움을 가라앉히기 위해 큰 소리로 기도를 올려 우리를 더욱 겁에 질리게 만들었다.

하지만 그때 유일하게 침착성을 잃지 않고 있었던 아버지는 창을 열고 창문을 창틀에서 떼어 놓았다. 이런 아버지의 행동으로 유리창들은 깨지지 않고 무사했지만, 우박에 이어 내린 폭우가 열려진 창문으로 들이닥치는 바람에 우리가 가까스로 정신을 차렸을 때는 복도와 층계가 온통 물바다였다.

이 사건으로 아버지가 우리를 위해 계획했던 수업 진행에 차질이 빚어졌지만 수업이 중단되는 일은 거의 없었다. 아버지는 학창 시절을 코부르크의 고등학교에서 보냈는데, 이 학교는 독일 학교 중에서 일류에 속했다. 그는 거기서 어학과 기타 학문 교육에 필요한 기초를 탄탄하게 닦았으며, 졸업 후 라이프치히 대학에서 법률학을 공부하고 마지막에 기센 대학에서 학위를 받았다. 열의를 가지고 저술한 아버지의 학위 논문 《상속분(相續分)의 선택에 관해서》는 지금까지도 법률학자들에게 칭송을 받고 있으며 자주 인용되고 있다.

자신이 이루지 못한 꿈을 자식으로 하여금 이루게 하려는 것은 모든 아버지들의 간절한 바람일 것이다. 이는 다시 태어난다면 지난 생애의 경험을 이번에야말로 제대로 활용해 보겠다는 심리와 비슷하다. 학식에 대한 자부심과 인내력에 대한 확신, 그리고 그 당시 교사에 대한 불신으로 아버지는 자신의 아이들은 스스로 교육시키겠다고 생각했으며, 필요할 때에만 두세 과목 정도를 권위 있는 교사로 하여금 가르치도록 하겠다고 작정했다.

당시에는 이와 같은 교육관이 이미 일반화되기 시작했는데, 그 주된 원인은 공립학교 교사들의 편협성과 음침한 성격 때문이었다. 그러나 사람들은 누구나 더 나은 교육을 자식에게 시키고 싶어하지만, 비전문가가 행하는 교육에 얼마나 많은 문제가 있는지에 대해서는 망각하고 있었다. 아버지는 지금까지 자신의 인생길을 어느 정도는 바라던 대로 걸어왔으며, 나 역시 같은 길을 걷게 하되 그 길이 자신보다 더 편하고 나은 것이기를 바랐다. 그리고 나의 천부적인 재능을 아주 높이 평가하였는데, 그 이유는 아버지의 경우는 모든 것을 자신의 끊임없는 노력과 인내로써 이루어 냈을 뿐 별다른 재능이 없었기 때문이었다.

아버지는 곧잘 나에게 농담 반 진담 반으로 당신이 나와 같은 재능을 가지고 있었다면 지금과는 전혀 다른 삶을 살았을 것이며, 지금의 나처럼 그 아까운 재능을 허비하고 있지는 않았을 것이라고 말했다. 그런데 이해가 빠르고 잘 소화해 내며 기억력이 뛰어났던 나는 얼마 지나지 않아 아버지와 다른 교사들이 가르쳐 주는 공부에 미흡함을 느끼게 되었다.

그렇다고 탄탄한 기초를 쌓은 것도 아니었다. 문법은 제멋대로 만들어진 법칙으로만 여겨져 마음에 들지 않았으며 그 규칙들은 우스꽝스럽게만 느껴졌다. 문법 규칙들은 수많은 예외 규칙들이 있었고, 나는 그 예외 규칙들을 하나하나 암기해야 되었기 때문이었다. 만일 압운(押韻)이 있는 라틴어 입문서가 없었다면 나는 어찌할 바를 몰라 했을 것이다. 그 책의 시구에 박자를 맞춰 혼자서 흥얼거렸다. 집에는 이와 같이 기억하기 쉽도록 운문으로 기록된 지리책도 있었는데, 이는 매우 조잡했지만 암기 사항을 쉽게 암기하는 데는 아주 적절했다. 예를 들면 다음과 같았다.

바이셀 너머에는 습지가 많아
좋은 토지를 쓸모없게 만든다네.

나는 어형이나 어법은 쉽사리 습득했다. 따라서 또 사물의 개념 속에 포함되어 있는 것도 이내 파악할 수 있게 되었다. 문법상의 실수로 남에게 뒤지는 일은 종종 있긴 했지만, 수사학적인 문제와 과제 작문 등에서는 그 누구도 나를 따라오지 못했다. 이와 같은 작문은 아버지를 유달리 기쁘게 만들어, 어린아이에게는 큰 액수라 할 수 있는 돈을 상으로 받곤 했다.

내가 첼라리우스[33]를 암기할 때, 같은 방에서 아버지는 누이동생에게 이탈

---

33) 크리스토프(1638~1707). 할레의 수사학, 역사학 교수.

리아어를 가르치고 있었다. 과제를 빨리 끝마쳐도 조용히 앉아 있어야 했던 나는 책에서 눈을 떼고 한눈을 팔면서 이탈리아어에 귀를 기울였으며, 이 이탈리아어가 라틴어의 재미있는 변형으로 느껴져 매우 빠르게 익힐 수 있었다.

어려서부터 신동으로 불리는 아이들이 있다. 기억력과 종합 판단력의 면에서 내 재능은 가히 신동이라 부를 만했다. 그래서 아버지는 내가 대학에 입학하게 될 때까지 도저히 기다릴 수 없어 했고, 일찍부터 내게 당신이 애착을 가지고 있는 라이프치히 대학에서 아버지와 같은 법학을 공부하고 그다음에 다른 대학으로 옮겨 학위를 받아야 한다고 말하였다. 그리고 내가 가야 할 두 번째 대학은 내가 어떤 대학을 고르든 상관하지 않겠다고 하였다. 다만 이유는 모르지만 아버지는 괴팅겐 대학만큼은 일종의 반감을 가지고 있었는데, 나는 바로 이 대학에 큰 신뢰와 기대를 걸고 있었기 때문에 그 점이 매우 유감스러웠다.

그뿐 아니라 아버지는 나에게 베츨러, 레겐스부르크와 빈에 가서 거기서 다시 이탈리아로 가야 한다고 말하였다. 그러면서도 나에게 파리를 먼저 보아야지, 이탈리아를 보고 나서 파리를 보면 시시하다고 몇 번이고 거듭 말하였다.

나를 기다리고 있는 미래의, 이런 꿈같은 이야기가 되풀이될 때마다 나는 기뻐하며 열심히 들었다. 특히 이야기가 이탈리아에 관한 내용으로 변하여 마지막에 가서는 나폴리에 대한 설명으로 끝날 때는 매우 즐거워했다. 이런 이야기를 할 때는 평소 근엄하기만 하던 아버지의 얼굴에도 생기가 도는 것 같았고, 우리의 마음속에도 이런 낙원으로 가고 싶다는 강렬한 욕망이 생겨났다.

개인 교수 시간은 점점 늘어났고 나는 이웃 아이들과 함께 수업을 들었는데, 이 합동 수업은 나에게 전혀 도움이 되지 않았다. 수업 방식은 구태의연했으며, 아이들의 무례한 태도와 때때로 저지르는 질 나쁜 장난들이 가뜩이나 시시한 수업을 엉망으로 만들어 버렸다. 수업을 재미있고 변화무쌍하게 만드는 명문집은 아직 우리의 수업에서는 사용되지 않았다.

소년들에게는 무미건조한 코르넬리우스 네포스,[34] 너무 평이한 데다 설교와 종교 교육으로 인해 진부해져 버린 신약성서, 첼라리우스와 파조르[35]들은 우리에게 아무런 흥미도 주지 못했다. 그러나 이와 반대로 당시의 독일 시인들의

----

34) BC 1세기의 로마의 역사가.

35) 게오르크(1570~1637). 헤르보른의 신학 교수.

작품을 읽음으로써 생긴 운문과 시구에 대한 일종의 열광이 우리를 사로잡았다. 사실 그보다 앞서 과제를 수사학적으로 다루다가 시가적으로 다루게 되면서부터, 이를 흥미롭다고 느꼈던 그 순간부터 나는 이런 열광에 사로잡혀 있었던 것이다.

나와 친구들은 일요일마다 모임을 가졌고, 그 모임에서 자신이 직접 쓴 시를 발표하기로 했다. 이를 통해 나는 어떤 묘한 경험을 하게 되었는데, 이는 오랫동안 나를 불안하게 만들었다.

나는 내 시는 어떤 장르이건 다른 아이들의 시보다 훌륭하다고 생각했는데, 다른 아이들도 자신들이 쓴 작품이 그처럼 졸작임에도 불구하고 나와 똑같이 생각하고 있다는 것을 나는 곧 깨닫게 되었다. 그뿐 아니라 더욱 이상하게 여겨졌던 것은, 이런 시짓기에 전혀 소질이 없지만 마음씨가 착해서 내가 호의를 품고 있었던 어떤 친구는, 가정 교사를 시켜 시를 짓게 하고는 이 시를 가장 우수한 것으로 여길 뿐만 아니라 마치 자기 자신이 지은 것으로 착각하고 있었던 것이다. 그는 나와 친했으므로 늘 나에게 이런 사실을 숨김없이 털어놓았다.

이와 같은 잘못과 망상을 나는 내 눈앞에서 직접 보았기 때문에 혹시 나 자신도 그들과 같지 않을까, 또 나에게 그들이 어리석게 보이듯이 그들에게도 나 자신이 그렇게 보이는 것은 아닐까 하는 생각이, 어느 날 머릿속에 떠올랐다.

이 같은 생각은 오랫동안 나를 몹시 불안하게 만들었는데, 나는 이에 대한 진실을 파악할 수 있는 명백한 근거를 찾아낼 수 없었기 때문이다. 나는 시를 짓는 것도 그만두게 되었다. 그런데 내 시에 대한 자부심과, 우리의 시짓기 활동을 알게 된 선생님과 부모들이 우리들에게 즉석에서 시를 지어 보게 했다. 나는 이 시험에서 훌륭하게 합격하여 모두의 칭찬을 얻었고, 결국 이런 불안에서 헤어날 수 있게 되었다.

그 당시에는 아직 소년들을 위한 문고는 없었다. 기성 세대들 자신이 아직 유치한 사고를 지니고 있었고 자신들의 교양을 후손에게 전승해 주는 것만으로 충분하다고 생각하고 있었던 것이다. 아모스 코메니우스[36]의 《그림으로 보는 세계》이외에는 이런 종류의 책은 한 권도 볼 수 없었다. 그러나 우리는 메리

---

36) 1592~1670. 교육학자.

안[37]의 동판화가 들어 있는 두꺼운 대형 성서는 자주 들추어 보았다. 같은 화가의 동판화가 들어 있는 고트프리트[38]의 《연대기》를 통해 우리는 세계 역사상의 중요한 사건을 배울 수 있었으며, 《언어 향기의 작은 상자》[39]를 통해 여러 가지 우화·신화·기담 등을 배울 수 있었다. 그리고 얼마 지나지 않아, 오비디우스[40]의 《변신 이야기》를 읽게 되었고, 특히 책의 첫 부분을 열심히 연구했기 때문에 어린 내 머릿속은 순식간에 많은 형상들과 사건들, 중요하고도 놀라운 인물들과 그 행적들로 가득 차게 되었다. 나는 이렇게 얻은 지식들을 손질하고 반복하여 재현해 보느라 조금도 지루할 틈이 없었다.

이 시기에 질이 낮은 옛날이야기보다 더욱 경건하고 도덕적인 영향을 나에게 준 작품이 페늘롱[41]의 《텔레마크》였다. 나는 이 작품을 처음에는 노이키르히[42]의 번역본으로 읽었는데, 매우 엉성한 번역에도 불구하고 내게는 매우 재미있었으며 유익했다. 그 뒤로 《로빈슨 크루소》와 《펠젠부르크섬》[43]을 읽게 된 것도 흐름상 당연한 결과라고 볼 수 있을 것이다.

앤슨 경[44]의 《세계 유람기》는 진리의 존엄성과 동화 속 환상의 세계를 모두 갖추고 있어 우리는 이 멋진 항해자와 함께 여행하며 드넓은 세계로 나아갈 수 있었으며, 지구본을 손가락으로 따라가며 그의 뒤를 좇으려 애썼다. 마침내 나는 수많은 책들을 접하면서 풍부한 지식을 쌓을 수 있게 되었다. 이 책들은 외형상으로는 그다지 우수한 것이라고 볼 수 없지만 그 내용은 전 시대의 많은 업적을 소박한 형태로 우리에게 쉽게 전해 주는 역할을 담당했다.

나중에 '통속서', '민중서'라는 이름으로 알려져 유명해진 그 책들의 출판사

---

37) 마테우스 데아 에르테레(1593~1650). 바젤 출신의 동판화가.

38) 요한 루트비히(1635경 사거). 역사가. 번역가. 편찬자. 본명 요한 필립 아베린.

39) 짧게 정리한 고전 시대의 이야기 100편을 모은 것. 저자 페터라우렌베르크(1585~1639)는 함부르크의 물리학 교수. 로스토크의 시학 교수.

40) 나조 프브리우스(BC 43~AD 약17). 로마의 시인. 《변신(變身) 이야기》는 주로 그리스의 이상한 변신 이야기 약 200편을 모은 이야기 시집이다.

41) 프랑수와 드(1651~1715). 프랑스의 성직자. 《텔레마크의 모험(1699)》은 왕손(王孫) 교육의 교재로 쓰여졌으나 루이 14세의 비위에 거슬렸다.

42) 벤야민(1665~1729). 안스바흐의 황태자 가정 교사.

43) 로빈슨 크루소를 모방한 소설의 하나. 작자는 요한 고트프리트 슈나베르(1690경~1750경).

44) 조지(1697~1762). 영국의 제독(提督). 1740~44년, 세계 일주 여행을 시도했다.

혹은 인쇄소는 바로 프랑크푸르트에 있었다. 이 책들은 많이 팔기 위해 납활자로 조잡한 선화지에 인쇄한 것이어서 읽기가 힘들었다. 그러나 다행히도 우리는 헌책방 문 앞에 놓여진 탁자 위에서 귀중한 중세의 유물을 매일같이 발견하고 2~3크로이처의 값으로 소유할 수 있는 기쁨을 맛볼 수 있었다.

《오이렌슈피겔》, 《하이몬의 네 아이들》, 《아름다운 멜루지네》, 《옥타비안 황제》, 《아름다운 마게로네》, 《포르투나투스》, 마지막으로 《방황하는 유대인》에 이르기까지, 군것질로 써 버릴 돈으로 이런 책을 갖고 싶다고 마음만 먹으면 얼마든지 손에 넣을 수 있었다. 그리고 무엇보다 좋은 점은 만일에 책을 잃어버리거나 혹은 찢어졌다 하더라도 곧 다시 구입해 새롭게 탐독할 수 있다는 점이었다.

여름철에 가족끼리 소풍을 갔는데 갑작스럽게 천둥과 번개를 동반한 비가 내려서, 유쾌했던 기분이 일시에 불쾌한 기분으로 바뀌어 버리듯이, 뜻하지 않은 돌림병이 어린 시절 가장 아름다운 계절에 갑작스럽게 덮쳐 오는 일이 있다. 나 역시 예외는 아니었다. 표지에 조그만 자루와 마술 모자가 그려진 《포르투나투스》를 샀을 때, 갑자기 속이 안 좋고 열이 나기 시작했다. 이것은 바로 천연두의 전조(괴테가 천연두에 걸린 것은 1758년)였다.

그 당시 독일에서는 아직도 종두법의 효과를 의심하고 있었다. 이미 계몽주의자들이 사람들에게 종두법을 이해하기 쉽게, 그리고 열심히 장려했지만 독일 의사들은 이를 자연의 섭리를 어기는 것으로 생각하고 머뭇거리고 있었다. 그래서 선견지명이 있는 영국인들은 대륙으로 건너와, 종두에 편견을 가지고 있지 않은 부잣집 자제들에게 종두를 시행해 주고 막대한 대가를 챙겼다. 그러나 대다수의 집에서는 여전히 옛날부터 내려오는 이 질병 앞에 무방비 상태로 노출되어 있었다. 병마는 각 가정을 휩쓸고 지나가 많은 어린아이들을 죽이고 얼굴을 흉하게 만들었다.

이런 상황에서 이미 수많은 성공 사례에 의해 효과가 있는 것으로 증명되었는데도, 감히 종두를 써보려는 부모는 그리 많지 않았다.

드디어 불행은 우리 집에도 닥쳐왔으며, 내 증세는 특히 심해서 온몸에 발진이 일어났고 얼굴 일부도 두창으로 덮쳤다. 나는 며칠 동안 눈도 뜨지 못한 채 극심한 고통 속에서 누워 있었다. 가족들은 될 수 있는 대로 나의 고통을 덜어주려고 애썼고, 내가 비비거나 긁어서 병세를 악화시키지만 않는다면 무엇이든지 사 주겠다고 약속했다. 나는 고통을 꾹 참았다. 그러나 가족들은 널리 알려져 있던 민간요법에 따라 나를 될 수 있는 대로 따뜻하게 해 주려 했는데, 그 때문에 병세는 더욱 악화되기만 했다.

겨우 이 끔찍했던 시기가 지나가고 가면이 벗겨지듯 천연두 딱지가 얼굴에서 떨어져 나갔으며 더 이상 눈에 띌 정도의 흉터는 피부에 남아 있지 않았다. 그렇지만 내 얼굴은 한눈에 봐도 알 수 있을 정도로 변해 있었다. 나 자신은 다시 햇빛을 볼 수 있고 피부의 반점도 차차 옅어져 갔으므로 만족하고 있었지만, 주위 사람들은 무자비하게도 때때로 나로 하여금 지난날의 모습을 떠올리게 했다. 그중에서도 특히 전에는 나를 우상처럼 여기고 있었던 아주 활발한 고모는 시간이 많이 지난 후에도 나를 볼 때마다 소리쳤다.

"세상에! 이 애가 어쩌다 이렇게 보기 흉하게 됐냐."

그리고 지금까지 나를 얼마나 자랑스럽게 여겼는지, 나를 데리고 다닐 때마다 사람들이 얼마나 쳐다보았는지를 자상하게 이야기하는 것이었다. 나는 이 일을 통해 일찍부터, 인간이란 매우 자주, 우리들이 그들에게 준 기쁨에 대해 뼈아픈 보상을 받는다는 것을 배웠다.

홍역도 수두도, 그 밖의 그 어떤 돌림병도 나를 그냥 내버려 두지 않았다. 그럴 때마다 우리 집 식구들은 이제 평생 동안 다시는 이 병에 걸리지 않으니 얼마나 다행이냐고 했다. 그러나 분하게도 다른 병이 벌써부터 등 뒤에 숨어서 살며시 다가오는 것이었다.

이런 모든 일들이 나의 명상적인 경향을 더욱 강하게 했다. 나는 초조한 고통에서 벗어나기 위해 이미 너무 자주 인내의 훈련을 했기 때문에, 스토아학파의 장점으로 칭송을 받는 덕목은 매우 본받을 만한 가치가 있다고 생각했다. 그리스도교의 인내와 복종의 가르침도 같은 것을 적극 권했으므로 더더욱 나에게 그렇게 생각되는 것이었다.

가족을 덮친 이러한 괴로움을 말하게 된 참에 나는 여기서 내 동생[45]에 대해서도 말해 두고자 한다. 그는 나보다 3살 아래였는데 마찬가지로 그 병에 걸려서 큰 고생을 했다. 그는 부드러운 성격에 얌전하기는 했지만 고집이 아주 센

---

45) 헤르만 야코프 괴테(1752~59).

아이였다. 우리는 서로 형제다운 감정을 느낀 적은 한 번도 없었다. 또 그는 아직 어렸을 때 죽고 말았다. 마찬가지로 어렸을 때 죽은 몇몇 동생들(모두 6남매였다) 가운데는 매우 예쁘고 귀여웠던 누이동생 하나만을 기억한다. 이 아이도 얼마 안 있어 죽고 말았다. 이렇게 몇 년인가 지나는 동안에 나와 여동생[46]만 남겨졌으므로 더더욱 우리는 긴밀하고 깊은 애정으로 결속되었다.

이들 병과 그 밖의 불쾌한 장해는 결과적으로 이중으로 성가신 일이 되었다. 아버지는 교육과 수업의 계획표 같은 것을 만들어 놓았던 모양으로, 뒤처진 부분을 즉각 메우려 했기 때문에, 병을 앓고 난 우리에게 2배의 과업을 강요했다. 이 과업을 소화하는 것은 나에게는 그다지 힘든 일은 아니었지만, 이미 결정적인 방향으로 접어들기 시작한 나의 내적인 발전을 방해했고, 경우에 따라서는 후퇴하게도 했던 만큼 고통스럽게 여겨졌다.

교육의 이러한 무거운 짐을 견딜 수 없게 되자, 우리는 늘 외조부모 댁으로 도망치곤 했다. 외조부모[47] 댁은 프리트베르거 갓세에 있었는데, 전엔 성새였던 것 같았다. 왜냐하면 가까이에서 보면 뾰족뾰족한 벽이 있는 커다란 문만 보일 뿐, 그 문의 양옆에 잇닿아 이웃집이 늘어서 있었기 때문이다. 문으로 들어서면 좁은 통로가 있었고, 그곳을 지나면 꽤 넓은 안뜰이 나왔다. 주위에 고르지 않은 건물이 몇 채 있었는데 지금은 모두 정돈되어 하나의 집을 이루고 있다.

보통 우리는 곧장 건물 뒤에 펼쳐져 있는 길고 널찍한, 손질이 잘된 정원으로 내달았다. 통로의 거의 대부분이 포도덩굴로 뒤덮여 있었고, 정원 한쪽에는 야채가, 그 밖의 곳에는 꽃이 심어져 있었다. 꽃은 봄부터 여름에 걸쳐 다채로운 변화를 주면서 활짝 피어 꽃밭을 장식했다.

남쪽으로 길게 뻗은 담장은 잘 자란 복숭아나무의 받침 역할을 하고 있었다. 그 복숭아나무들에는 우리에게는 금지되어 있는, 무척이나 맛있어 보이는 복숭아가 여름 내내 열려 있었다. 그러나 여기서는 우리의 식욕을 채울 수가 없었으므로, 우리는 이쪽을 피해 반대 방향으로 발길을 돌렸다. 그곳에는 지나가기가 힘들 정도로 요하네스 딸기와 가시딸기 관목이 늘어서 있어, 가을이 깊어질

---

46) 코르넬리아 프리데리카 크리스티아나 괴테(1750~77). 1773년, J.G. 슐로서와 결혼.

47) 외할아버지는 앞서 나왔고, 외할머니는 안나 마르가레타 텍스토르(1711~83). 옛 성은 린트하이머.

때까지 계속해서 열매가 열리므로 우리는 그것을 실컷 따먹을 수가 있었다.

이에 못지않게 우리가 중요하게 생각했던 것은 가지를 높이 뻗고 있는 늙은 뽕나무였다. 그것은 그 열매 때문이기도 했지만, 누에가 그 잎을 먹고 자란다고 들었기 때문이기도 했다.

이 평화로운 곳에서 저녁나절이 되면 힘든 일은 늘 정원사에게 맡기고 외할아버지는 손수 과일이나 꽃을 섬세하게 보살피는 데 정성을 쏟았다. 외할아버지는 카네이션을 예쁘고 활짝 피게 하는 데 필요한 온갖 수고를 결코 마다하지 않았다. 복숭아가 많이, 그리고 순조롭게 맺도록 외할아버지는 가지를 일일이 부채 모양으로 담장에 매어주었다. 튤립이나 히야신스, 그 밖에 이런 종류의 꽃의 알뿌리를 선별, 또는 보존해 두는 일을 결코 다른 사람에게 맡기지 않았다.

지금도 나는 여러 종류의 장미 가지를 열심히 접붙이던 외할아버지의 모습이 떠오른다. 그럴 때는 가시에 찔리지 않도록 외할아버지는 고풍스런 가죽 장갑을 끼었다. 이것은 악사 법정에서 해마다 세 켤레씩 선물했으므로 외할아버지에겐 이 장갑이 궁한 적이 결코 없었다. 또 외할아버지는 항상 법관복 같은 실내복을 입고, 머리에는 주름이 있는 비로드 모자를 썼기 때문에 왠지 알키노스[48]와 라엘테스[49]의 중간쯤 되는 인물로 보였다.

외할아버지는 이러한 모든 정원일을 그의 공무와 똑같게, 매우 규칙적이고 성실하게 해 나갔다. 외할아버지는 늘 정원으로 내려오기 전에 다음 날 의사(議事)를 제안할 사람의 명단을 정리하고 서류를 검토했다. 마찬가지로 매일 아침이면 규칙적으로 시청에 나갔다가 집으로 돌아와 점심 식사를 한 다음 커다란 안락의자에 기대어 낮잠을 잤다. 이렇게 모든 것이 매일처럼 변함없이 지나갔다. 외할아버지는 말수가 적었고, 성미 급한 모습은 조금도 없었다. 외할아버지가 화를 내는 것을 본 기억도 나에게는 없다. 외할아버지 주위에 있는 것은 모두가 구식이었다. 아랫부분에 판자를 댄 외할아버지의 방 안의 무엇인가가 새롭게 바뀌는 것을 본 적이 없다. 외할아버지의 장서는 법률서 외에는 훌륭한 여행기나 항해기, 땅을 발견한 기록뿐이었다. 요컨대 외할아버지를 둘러싼 상

---

48) 《오디세이아》에 나오는 인물. 파이아케스의 왕. 넓고 화려한 정원을 갖고 있었다.
49) 오디세우스의 아버지. 오디세우스가 출정한 동안 시골로 은퇴하여 농사를 지었다. 가시에 찔리지 않기 위해 장갑을 끼었다.

황만큼 변하지 않는 평화와 영원의 계속이란 느낌을 주는 것을 나는 달리 떠올릴 수가 없다.

그러나 우리가 이 기품 있는 노인에게 품었던 존경의 마음을 최고의 높이까지 높인 것은 이 노인이 예견(豫見)의 재능을, 특히 그 자신과 그의 운명에 관한 사항에 있어서 예견의 재능을 가졌다는 확신이었다. 확실히 외할아버지는 당신의 의중을 외할머니 말고는 아무에게도 명확하게 또 상세하게 털어놓는 일은 없었지만, 그러나 우리는 모두 외할아버지가 뜻깊은 꿈에 의해 당신의 신상에 일어나는 일을 미리 알게 된다는 것을 알고 있었다.

예를 들면 그가 아직 젊은 시참사회 회원이었던 시절에 요다음 배심원에 결원이 나면 자신이 그 자리에 앉게 될 것이라고 아내에게 단언했다. 그 뒤 얼마 안 있어 실제로 배심원 중에 하나가 뇌졸중으로 사망했을 때, 그는 선거가 있던 날, 집에서 축하 손님을 맞을 만반의 채비를 하도록 은밀히 명했다. 그리고 마지막 후보를 결정하는 황금 구슬은 정말로 외할아버지를 위해 꺼내진 것이었다. 외할아버지에게 이 일을 가르쳐 준 간단한 꿈에 대해 그는 외할머니에게 다음과 같이 털어놓았다. 외할아버지는 언제나처럼 시참사회의 회의에 출석해 있었고, 모든 것이 평소 하던 대로 진행되고 있었다. 그런데 이번에 죽은 배심원이 느닷없이 자리를 차고 일어나더니 외할아버지에게 정중하게 인사를 하면서 빈자리에 당신더러 앉아 달라고 하더니 문밖으로 나갔다는 것이었다.

시장이 죽었을 때에도 비슷한 일이 일어났다. 이런 경우에는, 시장을 임명하는 옛 권리를 황제가 언제 다시 끄집어낼지 모른다는 걱정이 항상 있었으므로, 지체 없이 시장 자리를 메우지 않으면 안 되었다. 그날 밤, 다음 날 아침에 긴급회의가 열린다는 통지를 들고 재판소 직원이 급히 달려왔다. 그때 그는 제등(提燈)의 불이 곧 꺼질 것 같은데, 아직 갈 곳이 더 있으므로 초가 있으면 여분으로 하나 더 달라고 말했다.

"새것을 하나 주어라. 이 사람은 나를 위해 애를 쓰고 있으니까."

외할아버지는 여자들에게 말했다. 결과는 그 말대로 되어 정말로 외할아버지는 시장이 되었다. 이 결정이 나던 때의 사정도 참으로 신기했다. 외할아버지의 대리인은 결선의 구슬을 마지막 세 번째에 꺼내기로 되어 있었는데, 처음에 은구슬이 두 개 나왔기 때문에 당연히 금구슬은 그를 위해 자루 바닥에 남아 있었던 것이다.

우리가 아는 그 밖의 꿈도 매우 산문적이고 단순해서 환상적이라거나 신비로운 점은 조금도 없었다. 나아가 내가 소년이던 시절에 외할아버지의 책이나 비망록을 뒤적이다가 그 안에서 원예에 관한 메모 사이에 '어젯밤 모씨가 와서 말했다……'고 쓰여 있는 것을 발견했던 일을 기억한다. 이름과 꿈의 계시는 암호로 적혀 있었다. 또 마찬가지로 '어젯밤에 나는 보았다……'고 기록되어 있는 것도 있었다. 그다음은 다시 암호로 적혀 있어서 나머지는 접속사와 무슨 얘긴지 전혀 짐작도 가지 않는 말들뿐이었다.

이와 관련해서 꼭 짚어두어야 할 것은, 이제까지 예감의 능력 같은 것은 전혀 보인 적이 없던 사람들이 외할아버지와 교제함으로써, 일시적으로 멀리 떨어진 곳에서 일어난 병이나 죽음 같은 사건을, 감각적인 징후에 의해 동시에 예감하는 능력을 얻었다는 것이다. 그러나 당신의 아들이나 손자들에게는 이런 능력을 물려주지 않았다. 오히려 그들 대부분은 활동적인 사람들로 삶을 즐기고, 현실적인 일에만 눈을 돌리고 있었다.

이참에 나는 소년 시절에 많은 호의를 보여 주었던 사람들에 대해 감사의 마음을 담아서 상기해 보고자 한다. 예를 들면 약종상 메르버에게 시집간 외할아버지의 둘째 딸인 이모[50]가 있었는데, 내가 찾아가면 이모는 여러 가지 방법으로 나를 즐겁게 놀도록 해 주었다. 이모 집과 가게는 시장 안에 있었는데 시에서 가장 활기 있는 번화가였다.

우리는 여기서 한데 섞이는 것이 두려울 정도의 인파와 번잡한 거리를 창밖으로 내다보며 즐거워했다. 처음에 우리는 이 가게의 각종 다양한 상품 가운데 감초와 그것으로 만든 각인(刻印)이 있는 갈색의 알약에만 유독 흥미가 끌렸는데, 차츰 이 약품 가게에서 매매되는 다양한 상품을 알게 되었다.

이모는 자매들 중에서 가장 활발한 분이었다. 나의 어머니는 처녀 적에는 산뜻한 옷차림에 상냥하고 여자다운 일을 하거나 책읽기를 좋아했지만, 이 이모는 근처를 돌아다니면서, 나에게 한동안 그랬던 것처럼, 돌보아 줄 사람이 없는 아이들을 돌보거나 머리를 빗기거나 안아주기도 했다.

---

50) 마리아 야코베아 메르버(1734~1813). 옛 성은 텍스토르. 첫째 딸은 괴테의 어머니.

대관식 같은 공적인 행사가 있을 때는 이모는 집 안에 가만히 들어앉아 있지 못했다. 그녀는 아주 어렸을 적부터 이런 행사 때 뿌려지는 돈을 주우러 나갔었다고 한다. 한번은 이런 일도 있었다고 한다. 언젠가 그녀는 상당한 액수의 돈을 주워 모아 그것을 손바닥에 올려놓고 자랑스럽게 바라보고 있었다. 그런데 누군가가 그 손을 툭 치는 바람에 힘들여 모은 돈이 단번에 흩어져버렸다는 것이다.

또 그녀가 몹시도 자랑스럽게 여긴 일은 황제 카를 7세의 행렬을 지켜보던 군중이 순간 숨을 죽이고 조용해졌을 때, 보도의 경계석 위에 올라서서 마차를 향해 힘차게 만세를 외친 일이었다. 그 소리를 듣고 황송하게도 황제는 그녀를 향해 모자를 벗고 그 용감무쌍한 인사에 고마워했다고 한다.

이모의 집에서도 그녀의 주변은 모든 것이 활기에 넘쳤고 유쾌하고 생기를 띠었다. 이모 덕분에 우리 같은 아이들은 즐거운 시간을 실컷 보낼 수가 있었다.

성 카타리나 교회 소속의 목사 야콥 슈타르크(1730~?)에게 시집간 둘째 이모[51]는 그녀의 성격에 딱 어울리는 조용한 환경에서 살았다. 그녀의 남편도 그의 성격이나 신분에 어울리는 매우 온화하고 조용한 사람이었고 또한 훌륭한 장서를 갖고 있었다.

나는 여기서 처음으로 호메로스를 알았다. 더구나 그것은 폰 론[52]이 편찬한 《가장 주목할만한 신기행총서》의 제7권에 들어 있는, 프랑스극풍의 동판화로 장식된 《호메로스의 트로이아 왕국 정복기》라는 제목의 산문 번역본이었다. 이 책의 삽화들은 나의 상상력을 부채질했으므로, 나는 오랫동안 호메로스의 주인공들을 머릿속에 그릴 때 이 그림에 그려져 있는 모습을 떠올렸다. 내용 자체는 무척 마음에 들었다. 그러나 이 작품이 트로이아 정복에 대해서는 아무 언급도 없이, 헥토르의 죽음으로 밑도 끝도 없이 허무하게 끝나버린 것은 두고두고 불만이었다.

내가 이 불만을 털어놓았더니 이모부는 베르길리우스[53]를 읽으라고 권해 주

---

51) 안나 마리아 슈타르크(1738~94). 옛 성은 텍스토르.

52) 1694~1776. 법률가 저작가. 괴테의 큰할아버지.

53) 로마로 푸블리우스(BC 70~19). 고대 로마 최대의 시인. 아우구스투스 시대에 이른바 로마 문학의 황금기의 최고봉에 위치한다. 대표작은 서사시 《아이네이스(BC 30~19)》.

었다. 그리고 베르길리우스는 나의 욕구를 완전하게 충족시켜 주었다.

어린 우리가 기타의 수업과 병행하여 차츰 수준이 높아지는 종교 수업을 받았던 것은 말할 필요도 없다. 그러나 우리가 배운 교회의 신교는 사실은 무미건조한 일종의 도덕일 뿐, 재치 넘치는 이야기와는 비교도 되지 않았다. 종교상의 가르침은 우리의 영혼에도 마음에도 호소하는 바가 없었다. 때문에 공인된 교회로부터 매우 여러 개의 분파가 생겨났다. 분리파·경건파·헤른후트파와 '국내에 사는 조용한 사람들' 등, 그 밖의 다양한 명칭으로 불리는 분파가 생겼다. 그러나 그것들은 특히 그리스도를 통해, 공인된 종교의 형태로는 도저히 가능할 것 같지 않을 정도로 신에게 가까이 다가가려는 의도를 가졌었다는 점에서는 모두가 똑같았다.

목사나 일반인이나 찬반 양론으로 나뉘어 있었기 때문에, 여러 가지 의견을 나는 들었다. 교회에서 분리된 사람의 숫자는 언제나 소수였지만, 이 사람들의 사고는 독자성·진솔함·참을성·자립성 등으로 인해 사람의 마음을 끄는 것이었다.

이러한 장점과 그들이 하는 말에 대해서는 수많은 얘기가 전해지고 있었다. 특히 동업자 하나가 창피를 주려고 "너의 죄를 듣고 용서해 주는 사람은 대체 누구냐"고 물었을 때의, 그 경건한 양철집 주인의 대답이 널리 알려져 있었다. 그는 명랑하게, 또 자신의 정당함을 확신하고서 "나에게는 대단히 고귀한 고해승이 있다. 그것은 다름 아닌 다윗왕[54]의 고해승이다"라고 대답했다는 것이었다.

이런 일들이 나에게 깊은 인상을 주었고, 그것에 자극을 받아 나도 역시 같은 신념을 갖기에 이르렀으리라. 요컨대 나는 이 세상의 아름다움과, 이 세상에서 우리에게 주어진 많은 선한 일을 위해, 이전의 신의 노여움은 이미 깡그리 잊었지만, 자연의 위대한 신, 하늘과 땅의 창조자이자 수호자인 신에게 직접 다가가고 싶다는 생각을 품게 되었다. 그러나 그러기 위해서 내가 선택한 길은 참으로 기묘한 것이었다.

---

54) BC 1050년 무렵. 이스라엘의 왕. 이스라엘의 최고 번성기를 이루었다. 다윗왕의 고해승이란 하느님을 말한다.

내가 정신적 지주로 삼았던 것은 첫 번째 신앙 조항[55]이었다. 자연과 직접 결부되고, 자연을 자기의 창조물로서 인정하고 사랑하는 신, 이것이 바로 참된 신이고, 이 신은 다른 모든 것과 마찬가지로 인간과도 보다 긴밀한 관계에 설 수 있으며, 별들의 운행, 나날의 시간, 계절, 식물, 동물에게와 마찬가지로 인간에 대해서도 마음을 써줄 것이 틀림없다고 나는 믿었다.

복음서 중의 몇몇 구절[56]도 이것을 명백하게 기술하고 있었다. 그러나 나는 이 신에게 일정한 형태를 부여할 수가 없었다. 그래서 나는 신의 창조물 가운데서 신의 형상을 찾아, 구약성서처럼 신을 위해 제단을 쌓기로 마음먹었다. 자연의 산물로 세계를 상징적으로 구현한 다음에 불을 피우고, 창조주를 동경하는 인간의 마음을 보이기로 했다.

그래서 나는 전부터 집에 있었지만 아무 짝에도 쓸모없이 홀대를 당하던 수집 광물 가운데서 가장 훌륭해 보이는 것과 표본을 골라냈다. 그러나 이번에는 그것을 어떻게 쌓고, 어떤 형태로 만들 것인지가 어려운 문제였다.

아버지는 붉은 옻칠에 금으로 꽃무늬를 새긴 아름다운 보면대(譜面臺)를 가지고 있었다. 그것은 네 개의 면을 가진 피라미드 모양이었고, 몇 개의 층이 나 있어서, 사중주 때는 매우 중요한 역할을 했지만, 최근엔 거의 사용한 적이 없었다. 그것을 꺼내다가 내가 뽑은 자연의 대표자들을 층마다 쌓아올렸더니 한 편으론 겸연쩍기도 했지만, 동시에 꽤 그럴듯하게 보이는 것이었다. 그래서 어느 날 아침 일찍 일출과 동시에 첫 예배를 거행하기로 했다.

그러나 어린 사제는 불을 지핌과 동시에 향이 감돌게 하려면 어떻게 해야 하는지를 결정하기 어려웠다. 마침내 그는 그 두 가지를 동시에 해결할 방법을 생각해 냈다. 불꽃은 나지 않지만 붉게 연기를 내면서 매우 좋은 향기를 내뿜는 향초를 그는 갖고 있었다. 더욱이 그 희미하게 타오르면서 연기를 피워 올리는 쪽이 시뻘겋게 타는 불꽃보다도 마음속에서 요동하고 있는 것을 나타내기에는 안성맞춤이라고 생각했다.

해는 이미 떠 있었지만 동쪽 창은 아직 이웃집에 가려져 있었다. 이윽고 해가 지붕 위로 나타났다. 나는 곧바로 집광 렌즈를 통해, 아름다운 도자기 접시

---

55) 나는 아버지이신 신, 전능한 창조주를 믿는다.
56) 〈마태복음〉 6장 25~30 및 〈누가복음〉 12장 24~28절을 말하는 듯함.

에 담아서 보면대 꼭대기에 올려놓은 향초에 불을 붙였다. 모든 일이 순조롭게 진행되어 예배는 더할 나위 없었다. 제단은, 새 집 안에서 내 전용이라고 할 방의 특별한 장식으로 남겨졌다. 그것은 누가 보아도 정성껏 장식한 광물 표본으로밖에는 보이지 않았다. 나 혼자만의 아무에게도 밝힐 수 없는 깊은 의미를 간직하고 있었다.

나는 그 예배를 다시 거행하고 싶었다. 해가 마침 딱 좋은 시간에 올라왔을 때 공교롭게도 도자기 접시가 가까이에 없었다. 그래서 나는 보면대 위의 평평한 곳에 향초를 세우고 불을 붙였다. 예배가 너무도 정중하게 진행되는 바람에 사제는 자기가 제물로 바친 불이 얼마만한 손해를 일으키고 있는지를, 더 이상 어떻게 손을 쓸 수가 없을 정도가 될 때까지도 알아채지 못했다. 초가 다 타서 붉은 옻칠과 아름다운 금꽃을 심하게 그을리는 바람에, 마치 악마가 지워지지 않는 시커먼 발자국을 남기고 사라진 것처럼 되어 버린 것이다. 어린 사제는 허둥지둥 어쩔 줄을 몰라했다. 타버린 자국은 가장 크고 훌륭한 광물 덩어리로 가릴 수가 있었지만, 다시금 제물의 불을 피워 올릴 마음은 깨끗이 사라지고 없었다. 이 우연한 해프닝은 이와 같은 방법으로 신에게 다가가려 하는 것이 우리에게 얼마나 위험한가 하는 암시이자 경고라고 생각해도 무리는 없을 것이다.

# 제2장
## 유년의 기억

이제까지 말한 것은 모두 오랫동안 평화가 계속되어 나라들이 행복하고 평안한 상태에 있었음을 보여준다. 그러나 법률에 따라 살아가고, 수많은 시민이 살 수 있을 만한 넓이를 지니고, 또 상거래에 의해 재화를 축적하기에 적합한 위치를 차지한 도시들만큼, 이처럼 근사한 시대를 즐기고 누릴 수 있었던 곳은 없었을 것이다. 타지에서 온 사람은 자유롭게 드나들 편의를 얻었지만, 이득을 보려면 또한 이득을 가져오지 않으면 안 되었다. 이들 도시가 지배하는 지역은 넓지는 않았지만, 그렇기 때문에 한층 도시 내부를 풍요롭게 할 수가 있었다. 대외 관계를 위해 돈이 드는 일을 꾀하거나, 또는 뭔가에 관여하거나 할 의무를 갖지 않았기 때문이다.

이렇게 해서 프랑크푸르트 시민들은 나의 유년 시절 내내 여러 해에 걸쳐 행복한 세월을 보냈던 것이다. 그러나 1756년 8월 28일, 내가 7살 되던 해가 지나자마자 그 유명한 전쟁[1]이 발발해, 그 뒤 7년이란 세월 동안 나에게 커다란 영향을 끼쳤다. 프로이센 왕 프리드리히 2세[2]는 6만 명의 병사를 이끌고 작센으로 쳐들어와, 미리 선전 포고를 하는 대신에 손수 기초했다고 전해지는 선언문을 발표했다.

선언문에는, 그로 하여금 이와 같은 비상수단을 취하게 한, 또 그에게 그래야만 하는 권리를 부여한 근거가 기술되어 있었다. 방관자였을 뿐만 아니라 또한 심판자여야 했던 세상은 이내 두 개의 당파로 나뉘었다. 그래서 우리 가족은 혼란스러운 세상의 축소판이 되었다.

프랑크푸르트의 배심원으로서, 대관식 때 프란츠 1세의 머리 위에 천개(天

---

1) 7년 전쟁(1756~63).
2) 1712~86. 프리드리히 대왕.

蓋)를 바쳤고, 황후에게서 초상화가 새겨진 무거운 금사슬을 하사받은 외할아버지는 몇몇 사위들, 딸들과 함께 오스트리아 편에 섰다. 카를 7세에 의해 황실 고문관에 임명되고, 또 이 불행한 국왕의 운명에 동정하던 아버지는 몇 안 되는 나머지 사람들과 함께 프로이센 편으로 기울었다. 오랫동안 일요일마다 열리던 친척 모임은 어느새 불편한 자리가 되고 말았다. 친척 간에 생기기 쉬운 불화가 지금 비로소 명백한 형태를 띠고 나타났다. 누구나 말다툼을 했고, 사이가 나빠졌으며, 침묵을 하고 격분했다. 평소 밝고 조용하며 느긋했던 외할아버지도 자주 화를 냈다. 여자들은 황급히 불을 밟아 끄려 했다. 불쾌한 장면이 몇 차례 계속된 다음에, 먼저 나의 아버지가 모임에 얼굴을 내밀지 않게 되었다.

우리는 이제 아무의 눈치도 보지 않고 우리 집에서 프로이센의 승리를 기뻐했다. 이 소식을 환호성을 지르며 가져다준 것은 언제나 그렇듯 그 정열적인 이모였다. 이 전쟁 앞에서 다른 관심사는 모두 뒤로 밀렸다. 우리는 이해의 남은 시간들을 끊임없는 흥분 속에서 보냈다. 드레스덴 점령, 변함없이 침착한 프로이센 왕의 모습, 로보지츠 근방에서의 승리, 느리기는 하지만 착실한 전진, 작센인이 포로가 된 일, 그 하나하나가 우리 당에게는 승리였다. 적의 우세를 전하는 소식은 모두 부정되거나 트집이 잡혔다. 반대당에 선 사람들도 똑같이 행동했으므로 그들과 길거리에서 마주치거나 하면 마치 《로미오와 줄리엣》에서 보는 것 같은 다툼이 벌어졌다.

이리하여 나도 또한 프로이센 편, 정확히 말하면 프리츠 편이었다. 프로이센 따위는 우리에겐 아무 상관도 없었기 때문이다. 모든 사람들의 마음에 감동을 준 것은 위대한 왕의 인품이었다. 나는 아버지와 함께 우리의 승리를 기뻐하고, 기꺼이 승리의 노래를 따라 불렀다. 특히 기꺼운 마음으로 부른 것은 적에 대한 조롱의 노래였다. 가사의 잘 되고 못 됨은 문제가 아니었다.

나는 장손인 데다가 세례를 받은 아이이기도 했으므로 어릴 적부터 매주 일요일이면 외조부모와 함께 식사를 하기로 되어 있었다. 이것이 일주일 가운데 나의 가장 즐거운 시간이었다. 그러나 지금은 무엇을 먹어도 전혀 맛이 없고 즐겁지 않았다. 우리의 영웅이 지저분한 욕을 먹는 것을 듣고 있어야만 하기 때문이었다. 그곳에선 우리 집과는 다른 바람이 불고, 다른 분위기가 감돌고 있었다. 외조부모에 대한 애정은커녕 존경심조차도 옅어지고 말았다. 양친과 함께 있을 때는 나는 이에 대해 아무 말도 할 수가 없었다. 내가 그렇게 하지 않았던 것은, 내 기분이 그래서이기도 했지만, 어머니가 그런 말을 하지 않도록 나에게 주의를 주었기 때문이기도 했다.

이러한 일들로 인해 나는 철이 든 것 같은 생각이 들었다. 6세 때, 리스본의 지진이 있은 뒤에 신의 선의에 다소 의심스런 생각이 들었던 것과 마찬가지로, 지금 나는 프리드리히 2세 때문에 세상 사람들의 공정성을 의심하기 시작했다. 나의 타고난 기질에는, 항상 다른 사람을 존경하는 데가 있어서, 어지간한 충격이 아니면 존경할 가치가 있는 것에 대한 나의 신념이 흔들리는 일은 없었다. 유감스럽게도 훌륭한 예의범절이나 단정한 태도는 그 자체를 위해서보다는 세상의 평판 때문에 장려되고 있었다. 항상 나오는 얘기는, 세상 사람은 무엇이라고 말할 것인가 하는 것이었다. 그래서 나는 세상 사람들은 옳은 사람들임이 틀림없으며, 또 모든 일을 정당하게 평가해 주리라고 믿었다.

그랬던 내가 그와는 반대의 일을 체험했던 것이다. 매우 위대한, 누가 보아도 명백한 공적이 폄하되고 혹평을 받으며, 가장 숭고한 행위가, 부정까지는 아니더라도 적어도 왜곡되고 경시당했다. 그리고 이런 비겁한 부정이 동시대의 어떤 사람보다도 훌륭했던 오직 한 인물, 그 뛰어난 능력이 명백하게 증명되어 있는 인물에 대해 행하여진 것이다. 더욱이 그렇게 한 것은, 쓸모없는 사람들이 아니라, 내가 훌륭한 사람이라고 믿었던 나의 외할아버지나 외삼촌들이었던 것이다. 당파라는 것이 있다는 것과, 더구나 나 자신이 그 당파의 일원이라는 것 따위는 소년인 나에게는 전혀 생각지도 않던 일이었다.

나나 나와 뜻을 같이하는 사람들은, 마리아 테레지아의 미모와 그 밖의 훌륭한 성격을 충분히 인정하고 있었고, 프란츠 황제의 보석이나 금전에 대한 애착도 별달리 나쁜 건 아니라고 믿었다. 그랬던 만큼 더더욱 우리 편이 옳으며, 내 생각이 훌륭하다고 단언해도 지장이 없으리라고 굳게 믿었다. 다운 백작[3]은 종종 '바보'라고 불리기는 했지만 그 사람에겐 그 사람 나름의 할 말이 있으리라고 나는 생각했다.

---

3) 레오폴드 요제프(1705~66). 오스트리아의 원수.

그러나 지금 그런 일들을 생각해 보면, 나의 대중 경시, 아니 대중 멸시의 싹은 여기에 있었던 것 같다. 이것은 일생 동안 줄곧 나를 따라다녔고, 세월이 한참 흘러서야 겨우 식견과 교양에 의해 극복할 수가 있었다. 요컨대 당파적 불공정성을 깨달은 것은 당시 소년이던 나에게도 꽤 불쾌한 일이었다. 아니 오히려 사랑하고 존경하는 사람들에게서 차츰 멀어져야만 했던 것으로 인해 유해한 일마저 있었다. 줄줄이 일어난 전투와 사건 때문에 모든 당파 사람들도 심적으로 쉴 새가 없었다. 자신이 그렇다고 믿고 있을 뿐인 불행이나, 까닭 없는 언쟁을 끊임없이 새롭게 불러일으키고는 그것을 즐거워하는 이상한 사람들도 있었다. 이렇게 우리는 계속 서로를 괴롭히고 있었으나, 마침내 2, 3년 뒤에는 프랑스인이 프랑크푸르트를 점령해 진짜 재앙이 우리 집안에 들어닥치게 되었다.

대개의 사람들은, 먼 곳에서 일어난 이 중대한 사건을 이야깃거리로 삼았을 따름이었지만, 개중에는 시국의 중대함을 간파하고, 프랑스가 전쟁에 참가함으로써 전쟁의 무대가 우리 지역으로도 확대될지 모른다며 두려워하는 사람들도 있었다. 가족들은 어린 우리를 집에 있게 하는 시간이 전보다도 훨씬 많아졌다. 그들은 여러 재미난 일들로 우리를 즐겁게 해주려고 애썼고, 덕분에 할머니의 애장품이었던 인형극을 자주 볼 수 있었다. 구경꾼들은 나의 다락방에 앉았고, 연출을 하거나 감독을 하는 사람이나 무대들은 옆방에 자리 잡도록 마련되었다.

특별 허가에 의해 오늘은 이 아이, 다음은 저 아이 식으로 구경꾼이 바뀌었기 때문에, 처음에는 나는 많은 친구가 생겼다. 그러나 아이들은 누구나 그렇듯, 가만히 있질 못하고 오랫동안 얌전하게 구경할 만큼의 끈기가 없었다. 그들은 연극에 방해가 되었다. 그래서 우리는 여차하면 유모나 하녀의 손으로 얌전히 만들 수 있는, 보다 어린 구경꾼을 찾지 않으면 안 되었다.

원래 한 조로 된 이 인형은, 이 인형극단을 위해 쓰인 어떤 희곡을 상연하도록 만들어졌으므로, 우리는 그 희곡을 외워서 처음에는 오로지 그것만 상연했다. 그러나 마침내 그것도 질려서 의상과 무대 장치를 바꿔 다양한 희곡의 상연을 시도했지만, 지금까지와 달리 그것들은 이 작은 무대에서는 분에 넘치는 작품이었다. 이와 같은 불손한 일을 꾀한 덕분에, 경우에 따라서는 어떤 성과를 올렸을 것이 분명했건만, 우리는 그것을 잃고 결국은 몽땅 허사가 되게 하고 말았다.

그렇지만 이러한 어린이다운 즐거움과 기획은 매우 다양한 방식으로 우리의 사고력이나 연출 능력, 상상력, 나아가서는 어떤 종류의 기술을 익히게 하고 키워 주었다. 이것은 다른 방법으로는 그처럼 짧은 기간에, 그 좁다란 장소와 적은 비용으로는 도저히 생각할 수 없을 일이었다.

나는 일찍이 컴퍼스와 자의 사용법을 익혀서, 기하 수업 시간에 배운 것을 뭐든지 곧장 실제로 응용하느라 두꺼운 종이 공작에 매우 열중했다. 그러나 기하학적인 물건이나 작은 상자류를 만드는 일에도 곧 흥미를 잃고, 이리저리 궁리하다가 벽기둥과 옥외 계단이 있는 편평한 지붕의 둥근 정자를 몇 개 만들어 보았다. 그러나 끝까지 완성한 것은 거의 없었다.

이에 비해 훨씬 끈기 있게 한 일은, 직업적 재단사인 우리 집 하인의 도움을 받아서 우리의 희곡과 비극에 쓸 소도구를 마련하는 일이었다. 우리는 인형극으로는 부족함을 느끼고 있었으므로 이들 극을 우리가 직접 상연하려 마음먹었던 것이다. 나의 놀이 친구도 그런 소도구를 만들고, 내 것 못지않게 아름답고 훌륭한 것을 생각하고 있었다. 그러나 나는 한 사람의 등장인물에게 필요한 것만 만드는 데 그치지 않고, 우리의 작은 극단의 몇몇 등장인물을 위해서도 여러 가지 소도구를 만들어 주었으므로, 나는 우리 소그룹의 구성원에게 차츰 없어서는 안 될 존재가 되어 갔다.

이런 놀이가 편가르기나 헐뜯기, 치고받기의 불씨가 되고, 화를 내며 싸우고 헤어지는 볼썽사나운 결과로 끝나는 것은 흔히 있는 일이었다. 그런 경우에는 멤버가 자주 바뀌기도 했지만, 대개는 정해진 몇 명의 놀이 친구가 내 편에 서고, 나머지가 상대의 편을 들었다. 가명으로 필라데스라고 부르기로 하겠는데, 그는 다른 아이들이 닦아세우는 바람에 꼭 한 번 내 편에서 이탈한 적이 있지만, 단 1분도 나에게 적대하지는 못했다. 우리는 눈물을 흘리며 화해한 뒤로 오랫동안 충실한 친구로 지냈다.

이 소년과 그 밖에 나에게 호의를 가진 친구들은 나에게서 얘기를 듣는 것을 대단히 즐거워했다. 특히 그들은 내가 1인칭으로 이야기하는 것을 좋아했고, 자기들의 친구인 내가 그런 신기한 일을 겪은 것을 매우 기뻐했다. 그리고 그들은 내가 하는 일이나 드나드는 장소에 대해 꽤 잘 아는데도, 그런 모험을 위한 시간과 장소를 내가 어떻게 찾아낼 수 있었는지에 대해 별다른 의심도 하지 않았다. 또한 그와 같은 사건에 맞닥뜨리려면, 다른 세계까지는 아니더라도 다른 지방에 가 보았어야 했지만, 모든 것이 이 도시에서 어제나 오늘 막 일어난 일인 양 이야기했다. 따라서 내가 그들을 속일 수가 있었다기보다는 그들이 스스로 속았다고 말해야 옳다. 나는 차츰 이들 가공 인물과 엉터리로 지어낸 이야기를 예술적인 표현으로 완성해 가는 방법을 익혔는데, 그러지 않았더라면 나의 창작을 이처럼 황당무계한 이야기로 시작한 것은 어쩌면 나를 위해 나쁜 결과를 남겼을 것이 분명하다.

이러한 충동을 자세하게 고찰해 보면, 시인이 사실로 생각할 수 없는 것을 매우 그럴듯한 것처럼 이야기하고, 창작자 자신에게만 어떤 의미에서 진실로 여겨지는 것을, 모든 사람이 현실로 간주해 주도록 요구하는 그 불손함을 이 충동 속에서 인정할 수 있는 것처럼 여겨진다.

그러나 여기에 일반적으로 하나의 고찰로서만 기술된 일이, 실제로 견본을 보임으로써 한층 즐겁고 또 명료하게 할 수가 있을 것이다. 그래서 나는 그런 동화 하나를 여기에 싣도록 하겠다. 이 이야기는 친구들에게 수도 없이 이야기해 주었기 때문에 지금껏 잊지 않고 마치 어제의 일처럼 기억해낼 수가 있었다.

## 신(新) 파리스[4]
—소년 동화—

나는 얼마 전, 성령 강림제 일요일 전날 밤에 거울 앞에 서서 축제를 위해 부모님이 만들어 주신 새 여름옷을 입고 있는 꿈을 꾸었다. 그때의 내 복장은 너희도 알다시피 커다란 은제 죔쇠가 달린 깨끗한 가죽신과 멋진 목면 양말, 검

---

4) 그리스 신화에 나오는 트로이아의 왕자. 펠레우스와 테티스의 결혼식 때, 다툼의 여신 에리스는 가장 아름다운 여인에게 주라면서 황금 사과를 신들에게 던진다. 그 때문에 헤라, 아테나, 아프로디테의 사이에 다툼이 생겼다. 제우스는 파리스에게 명령해 그것을 판정하게 했다. 파리스는 이 세상에서 가장 아름다운 여인인 헬레네를 아내로 주겠다고 약속한 아프로디테를 선택했다. 파리스는 스파르타로 가서 아프로디테의 도움으로 메넬라오스 왕의 아내 헬레네를 유혹해 트로이로 데리고 돌아왔는데 이것이 트로이아 전쟁의 원인이 되었다.

정 모직 바지와 단춧구멍을 금실로 수놓은 초록색 저고리였다. 조끼는 아버지가 결혼식 때 입었던 것을 수선한 금란지(金襴地)로 된 것이었다. 나는 머리를 빗고 머리분을 뿌렸는데 곱슬머리가 머리 양옆으로 날개처럼 비어져 나와 있었다. 게다가 나는 지금껏 혼자서 옷을 입지 못했다. 항상 옷을 잘못 입거나, 다음 것을 입으려고 하면 먼저 입은 것이 몸에서 흘러내리곤 했기 때문이다.

내가 그처럼 괴로움을 겪고 있는 차에 어디선가 아름다운 한 청년이 나타나 내게로 다가와서 너무나도 친절하게 나에게 인사를 하는 것이었다. 내가 말했다.

"참 잘 오셨습니다. 이런 곳에서 뵙다니 대단히 기쁘게 생각하는 바입니다."

그 청년은 미소를 띠면서 물었다.

"저를 아십니까?"

나도 마찬가지로 미소를 보이면서 대답했다.

"알고말고요. 당신은 메르쿠르 님입니다. 저는 그림에서 당신을 여러 번 뵈었습니다."

"그렇습니다. 나는 메르쿠르입니다. 나는 신들에게서 중요한 임무를 띠고 당신에게 왔습니다. 이 세 개의 사과를 보십시오."

그는 그렇게 말하면서 손을 내밀어 나에게 세 개의 사과를 보여 주었다. 그 사과는 한 손으로는 다 들 수 없을 정도로 놀라우리만큼 크고 아름다웠다. 더구나 하나는 빨강, 또 하나는 노랑, 세 번째의 것은 초록색이었다. 아무리 보아도 그것은 사과 모양을 한 보석으로밖에 생각되지 않았다. 내가 그것을 쥐려 하자 그는 손을 오므리면서 이렇게 말했다.

"먼저 당신은 이것이 당신의 것이 아님을 알아야만 합니다. 당신은 이것을 마을에서 가장 아름다운 세 명의 청년에게 건네십시오. 그리하면 세 명 모두 운명에 따라 자신들이 바라던 아내를 얻을 수 있게 됩니다. 자, 이것을 받으십시오. 그리고 당신의 임무를 훌륭하게 해내십시오."

헤어질 때 그는 그렇게 말하면서 사과를 내 손바닥에 올려놓았다. 사과는 전보다도 커진 것 같았다. 들어올려 빛에 비춰 보니 속이 완전하게 투명했다. 이윽고 그것은 가늘고 길게 위로 늘어나, 인형만한 크기의 너무나도 아름다운 세 명의 여인이 되었다. 그녀들이 입고 있는 옷은 원래의 사과 색깔과 똑같았다.

그녀들은 내 손가락을 살며시 미끄러지듯이 올라갔다. 내가 그중 한 명이라도 잡으려고 손을 내밀었으나, 그녀들은 이미 아주 높이, 손이 닿지 않는 곳에 떠 있어서 나는 그저 멍하니 바라볼 수밖에 없었다.

나는 너무 놀라서 돌처럼 굳은 채로 서 있었다. 두 손은 아직 위로 펼친 채였으나 뭔가 보이는 듯한 느낌이 들어 내 손가락을 들여다보았다. 그런데 이게 웬일인가. 지금껏 본 적이 없는 귀여운 여자아이가 내 손가락 끝에서 춤을 추고 있는 것이 아닌가. 아까 그 처녀들보다는 작았지만 정말로 귀엽고 쾌활한 여자아이였다. 그 아이는 날아가지 않고 이쪽 손가락에서 저쪽 손가락으로, 내 손가락 끝에서 춤추고 돌아다녔다. 나는 놀라서 한동안 그 아이를 바라보기만 했다.

나는 그 아이가 너무나 마음에 들었고, 이번에야말로 꼭 잡아야겠다고 마음먹었다. 그러나 그 순간, 무언가에 세게 머리를 얻어맞은 듯한 느낌이 들면서 나는 정신을 잃고 쓰러지고 말았다. 다시 정신을 차렸을 때는 이미 옷을 갈아입고 교회에 갈 시간이 되어 있었다.

교회에서 기도를 하는 동안에도, 외조부모와 함께 점심을 먹을 때에도 줄곧 그 세 명의 처녀와 귀여운 여자아이 생각을 했다. 오후가 되면 나는 두서너 명의 친구네 집을 찾아갈 생각이었다. 새 옷을 입고 모자를 옆에 끼고, 칼 찬 모습을 보여주고 싶었고, 또 어쨌든 한 번은 그들을 찾아가야 할 필요가 있었기 때문이다.

친구들을 찾아갔으나 한 사람도 집에 없었다. 모두 교외의 뜰로 나갔다는 말을 듣고 나도 그들이 간 곳으로 가서 오후를 재미나게 보내고 싶었다. 나는 성벽을 따라 나 있는 공터를 지나갔는데, 지나갈 때마다 왠지 항상 꺼림칙한 느낌이 드는 곳으로 왔다. 이곳이 '불길한 벽'이라고 불리는 것도 그만한 까닭이 있다는 생각이 들었다. 나는 천천히 걸으면서 그 세 명의 여신을, 특히 그 작은 님프 생각을 했다. 나는 몇 번이고 손을 하늘에 비춰 보면서 그 아이가 다시 그 아름다운 모습으로 손가락 끝에서 춤추어 주지 않을까 하고 생각했다.

그런 생각을 하면서 걷다가 왼쪽 벽에 여태껏 단 한 번도 본 기억이 없는 작은 문을 보았다. 언뜻 보니 낮은 문인 것 같았지만 위쪽의 끝이 뾰족한 아치 모양이어서 아무리 키가 큰 사람이라도 지나갈 수 있을 것 같았다. 아치와 벽에는 석공과 조각가에 의해 매우 우아하고 아름다운 조각이 새겨져 있었다.

하지만 가장 내 눈길을 끈 것은 문이었다. 거의 장식이 없는 갈색의 낡은 나무문으로, 돋을새김과 음각으로 조각된 폭이 넓은 청동판이 박혀 있었다. 마치 살아 있는 새가 앉아 있는 듯한 나뭇잎 부분은 아무리 쳐다보아도 싫증이 나지 않을 정도였다. 그러나 더욱 기묘한 것은, 그 문에는 열쇠구멍이 없고 손잡이나 빗장도 찾아볼 수가 없다는 것이었다. 그래서 나는 이 문은 안에서만 열게 되어 있는가 보다고 생각했다.

과연 내가 생각했던 대로여서, 문으로 다가가 그 장식을 만져보려고 했더니 문은 안으로 열렸고 안에는 길고 풍성한, 이상한 옷을 입은 한 노인이 서 있었다. 게다가 그 사람은 턱 둘레에 멋진 수염을 기르고 있었기 때문에 무심코 나는 그 사람을 유대인으로 여겼을 정도였다. 그러나 그 사람은 내가 무슨 생각을 하는지 알기라도 한다는 듯이 성호를 그어 자기가 분명한 가톨릭교도임을 내게 보여 주었다.

"소년이여, 어떻게 이곳에 오셨습니까? 거기서 무엇을 하고 계셨는지요?"

그 사람은 친절한 목소리와 몸짓으로 말했다.

"이 문의 조각에 감탄하여 바라보고 있었습니다. 나는 이렇게 근사한 것은 지금껏 본 적이 없습니다. 애호가의 소장품 가운데 작은 공예품에서 본 적이 있을 따름입니다."

나는 대답했다. 그랬더니 그 사람은 말했다.

"이런 것을 좋아하신다니 기쁜 일입니다. 문 안쪽은 더욱 아름답답니다. 괜찮으시다면 들어오십시오."

이 말을 듣고 나는 기분이 약간 나빠졌다. 그 문지기의 기묘한 옷과, 인기척 없는 적막한 주변 분위기, 게다가 왠지는 모르겠지만 뭔가가 허공에 감도는 것 같아서 나는 가슴이 옥죄는 듯한 느낌이 들었다.

그래서 나는 바깥쪽을 조금 더 보고 싶다는 핑계를 대면서 그곳을 떠나지 않았다. 그러면서 나는 내 앞에 펼쳐져 있는 정원 안을 살짝 들여다보았다. 문 바로 뒤에는 나무 그늘이 진 널따란 곳이었다. 일정한 간격으로 늘어서 있는 오래된 보리수가 이리저리 가지를 뻗어서 그곳을 완전히 뒤덮고 있었기 때문에 햇볕이 따가울 때, 상당히 많은 사람들이 그 밑에서 쉴 수 있을 정도였다.

나는 어느새 문턱을 넘어 발을 내딛고 있었다. 그러자 그 노인은 나를 한 걸음 한 걸음 안으로 인도하려 했다. 나도 거기에 거역할 마음은 없었다. 왜냐하면 나는 항상, 왕자나 술탄은 이런 경우에 '위험하지는 않으냐' 하고 물어서는 결코 안 된다고 들었기 때문이다. 게다가 나는 옆구리에 칼을 차고 있기도 했으므로 노인이 허튼수작을 하면 단박에 해치울 생각도 했기 때문이다. 그렇게 생각하자 한결 마음이 가벼워져서 안으로 들어갔다.

그가 문을 닫았지만 문은 소리도 없이 닫혔기 때문에 알아채지 못할 정도였다. 그러더니 그는 안쪽의 작품을 보여 주었다. 그가 말한 것처럼 그것은 바깥쪽의 것보다 훨씬 정교하게 만들어져 있었다. 그가 설명해 주었는데 그 모습에는 특별한 호의가 담겨 있었다. 그래서 나는 차츰 마음을 놓고, 안내하는 대로 벽 옆의 그늘진 곳으로 따라갔다.

벽은 활처럼 휘어져 있었는데 그곳에는 놀랄만한 것들이 여러 가지 있었다. 조개껍데기와 산호, 금속으로 정교하게 상감(象嵌)된 것이 많았고, 트리톤[5]의 입을 통해 많은 양의 물이 대리석 물받이로 쏟아지고 있었다.

벽의 상감과 상감 사이에는 새둥지와 우리가 마련되어 있었고, 우리 안에서는 다람쥐와 생쥐들이 팔짝거리며 뛰어다니고 있었다. 그 밖에도 갖가지 귀여운 동물들이 보였다.

우리가 걸어가니 새들이 우리를 향해 지저귀거나 외쳐댔다. 그중에서도 찌르레기가 가장 어이없는 말을 외쳐대고 있었다. 한 마리는 쉴 새 없이 '파리스, 파리스'라고 외쳤고, 다른 한 마리는 '나르시스,[6] 나르시스'라고 외치고 있었다. 그것은 마치 초등학생이 떠들어 대는 듯한 말투였다.

노인은 새들이 그렇게 외치는 동안 내내 진지한 표정으로 나를 물끄러미 쳐다보았다. 그러나 나는 아무것도 알아듣지 못한 척했다. 게다가 사실상 노인에게 신경을 쓸 겨를이 없기도 했다. 나는 우리가 걷고 있는 길이 동그라미를 그리고 있다는 것, 이 그늘진 곳은 원래 커다란 원을 이루고 있어서 안쪽에 있는 훨씬 중요한 다른 하나의 원을 둘러싸고 있음을 깨달았기 때문이다.

생각했던 대로 우리는 다시 아까의 그 작은 문이 있는 곳에 다다랐다. 노인

---

5) 그리스 신화. 반은 사람, 반은 물고기의 모습으로 바다를 가라앉게 하는 신.
6) 그리스 신화. 그리스어로는 나르키소스. 물에 비친 자기 모습에 사랑을 느낀 미소년.

은 나를 밖으로 내보내고 싶어하는 눈치였다. 그러나 나는 이 신기한 정원의 중앙을 둘러싸고 있는 듯이 보이는 금빛 격자(格子)를 물끄러미 보고 있었다. 우리가 걸어가는 동안에 노인은 나를 줄곧 벽 쪽으로 걷게 했고, 정원의 중앙에서 조금이라도 떨어지게 하기는 했지만 내게는 그 격자 담을 관찰할 기회는 충분히 있었다. 노인이 작은 문 쪽으로 걸어가려 할 때, 나는 고개를 숙여 인사를 하면서 말했다.

"당신은 내게 무척 친절하게 해 주셨기 때문에 헤어지기 전에 저는 한 가지 더 부탁하고 싶은 게 있습니다. 커다란 원을 그리며 정원의 중앙을 둘러싸고 있는 듯 보이는 금빛 격자 담을 좀더 가까이서 보았으면 합니다만."

그러자 노인은 대답했다.

"좋고말고요. 그러나 그러려면 당신은 두서너 가지 조건을 지키지 않으면 안 됩니다."

"어떤 조건입니까?"

나는 성급히 물었다.

"당신은 모자와 칼을 여기에 내려놓고, 내가 안내하는 동안 내게서 떨어져서는 안 됩니다."

"알겠습니다."

나는 대답을 한 다음 모자와 칼을 옆의 돌 벤치에 놓았다. 그러자 노인은 곧바로 오른손으로 나의 왼손을 잡더니 슬며시 힘을 주고는 나를 곧장 앞쪽으로 데리고 갔다. 우리가 격자 담 가까이에 왔을 때, 호기심이 들던 내 마음은 놀라움으로 바뀌었다.

그런 것은 지금껏 단 한 번도 본 적이 없었다. 높다란 대리석 대 위에 수많은 창과 삼지창이 널려 있고, 기묘한 장식이 있는 창끝이 모여서 완전한 동그라미를 이루고 있었다.

그 틈새로 들여다보니 바로 발밑에선 조용히 물이 흐르고 있었다. 그 물줄기는 양쪽이 대리석으로 되어 있고, 맑은 물에는 셀 수 없을 정도의 금빛, 은빛 물고기가 보였다. 어떤 것은 천천히, 어떤 것은 재빠르게, 또 어떤 것은 외따로, 어떤 것은 무리지어서 헤엄쳐 다니고 있었다. 나는 이번엔 정원의 중심부가 어떻게 생겼는지 궁금해서 물줄기의 맞은편을 보고 싶었다.

그러나 유감스럽게도 물줄기의 맞은편에도 마찬가지로 매우 정교하게 만들어진 격자 담이 쳐져 있었다. 몸을 아무리 비비 꼬아보아도 이쪽의 틈새로는 창이나 삼지창만 보일 뿐, 갖가지 장식에 가려져 중심부가 전혀 보이지가 않았다. 더구나 노인이 내내 내 손을 꽉 붙잡고 있어서 자유롭지가 못해 나는 마음껏 움직일 수가 없었다.

그러고 있는 동안에도 내가 본 것에 대한 호기심은 차츰 높아져만 갔다. 그래서 나는 용기를 내어 물줄기 저편으로 가 볼 수가 있겠느냐고 노인에게 물었다.

"되고말고요. 그러나 거기에는 새로운 조건이 있습니다."

노인이 대답했다. 조건이 뭐냐고 물었더니 노인은 내가 옷을 갈아입어야만 한다고 했다. 나는 받아들였다. 노인은 나를 다시 벽 쪽으로 데려가더니 작고 아담한 방으로 안내했다.

그곳 벽에는 여러 가지 옷이 걸려 있었는데, 모두가 동양풍의 의상인 것 같았다. 나는 서둘러 옷을 갈아입었다. 노인은 가루 뿌린 내 머리를 난폭하게 느낄 정도로 세게 털어내어 나를 놀라게 하더니 머리에 화려한 색깔의 망을 씌웠다. 거울을 들여다보니 달라진 내 모습이 너무 멋지게 보였고, 불편하고 꼭 끼는 나들이옷을 입었을 때보다 훨씬 근사한 것 같았다.

나는 연시(年市) 때의 소극장에서 본 광대 흉내를 내어 몸짓 발짓을 해 보았다. 그러다가 나는 우연히 거울 속에 내 뒤에 있는 벽이 비치는 것을 보았다. 그 하얀 벽에는 초록색 줄이 세 가닥 걸려 있었고, 모두가 독특한 매듭 방식으로 묶여 있었는데 너무 멀어서 어떻게 매듭지어 있는지는 잘 알아볼 수가 없었다. 그래서 나는 황급히 돌아보면서 노인에게 저 줄은 뭐냐고 물었다. 노인은 흔쾌히 그중 한 가닥을 걷어서 나에게 보여 주었다.

그것은 손에 쥐기 딱 알맞은 굵기의 초록색 비단 줄이었는데 양쪽 끝은 두 줄의 초록 가죽으로 묶여 있었다. 언뜻 보기에 뭔가 좋지 않은 목적을 위한 도구인 것 같았다. 나는 그것이 아무래도 수상한 물건인 것 같아서 무엇에 쓰는 거냐고 노인에게 물었다. 노인은 매우 차분하게, 게다가 붙임성 있게 이것은 우리가 여기서 호의를 가지고 보여준 신뢰를 저버린 자에게 쓰는 것이라고 대답했다. 그는 줄을 원래의 자리에 걸면서 나더러 곧장 따라오라고 했다. 왜냐하면 이번엔 그는 내 손을 잡고 있지 않았기 때문이다. 그래서 나는 기꺼이 그의 옆을 따라서 걸어갔다.

이제 나의 최대 관심사는 격자 담을 지나, 물줄기를 가로지르는 문과 다리가 어디에 있느냐 하는 것이었다. 지금까지는 그와 비슷한 것조차도 보지 못했기 때문이다. 그래서 나는 금빛 울타리 쪽으로 종종걸음으로 다가갔을 때, 눈을 가느다랗게 뜨고 그것을 바라보았다. 그러나 바로 그 순간, 뜻밖에도 창과 투창, 삼지창과 십자창이 일제히 요동치기 시작하는 바람에 나는 눈앞이 캄캄해졌다.

그 기묘한 움직임이 끝나자, 마치 창으로 무장한 두 개의 고대 군단이 상대편을 향해 돌진하려는 듯한 태세를 취하고 있는 것처럼 양쪽의 창끝이 모두 수평으로 내려와 있었다. 눈에 보이는 혼란과 귀로 들리는 시끄러운 소리는 도저히 참고 있을 수 없을 정도였다. 그러나 창끝이 완전히 바닥으로 내려오고, 둥근 모양으로 흐르는 물줄기를 뒤덮은, 상상도 하지 못할 만큼 멋진 다리가 눈앞에 나타났을 때는, 그저 더욱 놀라기만 할 수밖에 다른 도리가 없었다.

내 눈앞에는 그보다 더할 수 없을 정도로 찬란한 색깔의 꽃밭이 가로놓여 있었다. 그것은 몇 개의 꽃밭으로 다시 나뉘어 있어서 전체를 둘러보니 마치 장식 미로처럼 보였다. 어느 꽃밭에나 지금껏 본 적이 없는 키 작은 솜털 같은 식물로 초록빛 둘레가 쳐져 있었다. 꽃밭에는 모두 꽃이 심어져 있었는데, 꽃밭마다 색이 다 달랐다. 그러나 꽃은 모두 키가 작아서 땅을 기다시피 나 있었으므로, 이 꽃밭을 위해 그린 설계도를 손쉽게 더듬을 수가 있었다.

밝은 햇빛을 담뿍 받고 있는 이 아름다운 조망에 내 눈은 완전히 팔려 있었다. 하지만 나는 어디로 발을 들여놓아야 할지 몰라 갈팡질팡했다. 왜냐하면 그곳의 굽이굽이 나 있는 길에는 말로는 표현하지 못할 만큼 깨끗하고 파란 모래가 깔려 있어서 어두운 하늘이나, 아니면 물에 비친 하늘을 지상에 그려 놓은 것처럼 보였기 때문이었다.

그래서 나는 눈을 지면으로 향한 채 한동안 안내하는 노인 옆을 걸어가다가 마침내, 둥글게 이어져 있는 화단의 한가운데서 측백나무와 포플러들이 커다란 원을 그리면서 서 있는 것을 보았다. 그 나무들의 맨 아래 가지는 지면에서 솟아나 있는 듯이 나 있었기 때문에 나무 사이로 그 너머를 볼 수는 없었다.

노인은 나를 가장 가까운 길로 가게 하지 않고, 나무가 서 있는 그 한가운데를 향해서 똑바로 나를 데리고 갔다.

나는 키가 큰 나무의 동그라미 속으로 발을 들여놓았고, 얼마 뒤 근사한 정자의 주랑(柱廊)과 마주했을 때는 완전히 놀라고 말았다. 이 건물은 어느 쪽에서 보아도 똑같이 보이고, 똑같이 생긴 입구가 있는 게 틀림없다는 생각이 들었다. 그러나 이 건축술의 모범과도 같은 건물보다도 더욱 내 마음을 사로잡은 것은 이 건물 안에서 들려오는, 이 세상의 것이 아닌 듯한 음악이었다. 그것은 류트(Lute)처럼, 또는 하프처럼, 또 어느 때는 치터(Zither)처럼, 그러다가는 또 이들 세 악기와는 전혀 다른, 작은 방울소리처럼 들려오는 것이었다.

우리가 향한 문은 노인이 가볍게 밀자 이내 열렸다. 그러나 그곳에 나와 있던 현관지기 소녀가 꿈속에서 내 손가락 위에서 춤추던 그 귀여운 소녀와 똑같이 생긴 것을 보고 나는 거의 까무러칠 뻔했다.

그녀는 우리가 이미 서로 아는 사이라는 듯이 내게 인사하더니 안으로 들어오라고 했다. 노인은 뒤에 남았다. 나는 그녀와 함께 천장이 둥글고 벽이 아름답게 장식된 짧은 복도를 지나서 중앙의 널찍한 방으로 들어갔다. 그곳에 들어갔을 때, 돔처럼 천장이 높은 그 방의 훌륭한 아름다움이 나의 눈을 빼앗고, 또 나를 놀라게 했다.

그러나 언제까지나 그 방의 아름다움에 넋이 나가 있을 수만은 없었다. 보다 매력이 있는 광경에 현혹되었기 때문이다. 둥근 천장의 중앙 바로 밑에 세 여인이 삼각형으로, 각기 다른 색깔의 옷을 입고 카펫 위에 앉아 있었다. 한 명은 빨강, 한 명은 노랑, 또 한 명은 초록빛 옷을 입고 있었다. 의자는 금색이고, 카펫은 꽃밭을 그대로 옮겨놓은 것 같았다. 그녀들은 내가 밖에서 들은 듯한 세 가지의 악기를 손에 들고 있었다. 내가 들어와서 방해가 되었는지 그녀들은 하던 연주를 멈추었다.

"잘 오셨습니다."

첫 번째 빨강 옷을 입고 문을 향해 앉아 있던, 하프를 든 아가씨가 말했다.

"음악이 마음에 드신다면 아렐테 옆에 앉아서 들으세요."

그 말에 나는 비로소 대각선으로 내 앞에 꽤 큰 긴 의자가 있다는 것을 알았다. 그 위에는 만돌린이 놓여 있었다. 아렐테라고 불린 그 아름다운 현관지기 소녀가 만돌린을 들고 그곳에 앉더니 나를 옆에 앉게 했다.

　이어서 내 오른쪽에 앉아 있는 두 번째의 아가씨를 관찰했다. 그녀는 노랑 옷을 입고 치터를 들고 있었다. 하프를 연주하던 아가씨는 몸매가 매우 훌륭하고 얼굴에 기품이 흐르며, 태도에도 위엄이 있었지만, 치터를 연주하는 아가씨는 애교 있고 쾌활하고 명랑한 것 같았다. 그녀는 날씬한 몸매에 금발이고, 앞의 아가씨의 머리칼은 짙은 갈색이었다.

　그녀들의 매우 조화되고 다채로운 음색에 귀를 빼앗기면서도 나는 초록빛 옷을 입은 세 번째의 아가씨에게도 눈을 돌리지 않을 수 없었다. 그녀가 연주하는 류트에는 어딘지 나의 마음을 움직이게 하는 것이 있었고 동시에 뭔가 색다른 데가 있었다. 세 명 가운데 이 아가씨가 가장 나의 관심을 끌었고, 마치 나를 위해 연주하는 것 같았다. 그러나 그녀가 표정과 연주의 가락을 바꿀 때마다 어느 때는 상냥한 여자처럼, 어느 때는 변덕스런 여자처럼, 또 어느 때는 마음씨가 고운 여자처럼, 또 어느 때는 매우 고집스런 여자처럼 보여서 나는 도저히 이 아가씨를 가늠할 수가 없었다. 또 이 아가씨는 내 마음을 움직이게 하려는 것 같다가도 그것은 나를 놀리는 것처럼 보이기도 했다.

　그러나 그녀가 어떤 태도를 보이든 나는 그녀에게 이끌리지 않았다. 왜냐하면 나에게 딱 달라붙듯이 앉아 있는 그 귀여운 소녀에게 나는 푹 빠져 있었기 때문이다. 세 명의 아가씨들이 내가 꿈속에서 보았던 공기의 요정들로, 그 사과와 똑같은 색깔의 옷을 입고 있다는 것을 분명히 알았지만, 결코 그녀들을 붙잡을 수는 없다는 것 역시도 나는 알고 있었다.

　나는 꿈속에서 받은 충격을 다시 떠올리기조차 싫었기 때문에 옆에 있는 귀여운 소녀만큼은 어떻게든 붙잡고 싶었다. 그때까지 그녀는 만돌린을 손에 들고 조용히 앉아 있었는데, 그녀의 주인인 세 명의 아가씨들이 연주를 멈추더니 소녀에게 뭔가 경쾌한 곡을 연주하여 나를 즐겁게 하라고 명령했다.

　그녀는 어깨가 들썩일 듯한 댄스곡을 연주하기 시작하는가 싶더니 느닷없이 벌떡 일어났다. 나도 마찬가지로 따라 일어섰다. 그녀는 악기를 연주하면서 춤을 추었다. 나도 그녀에게 이끌려서 그녀의 보조에 맞춰서 춤을 추었다. 우리는 짧은 발레 같은 춤을 추었는데, 세 명의 아가씨들은 그것에 만족한 것 같았다. 그래서 우리가 춤추기를 마치자마자 그녀들은 소녀에게 저녁 식사가 올 때까지 가벼운 간식을 내놓아 나를 대접하라고 일렀다.

물론 나는 이 낙원 외에 아직 뭔가 다른 것이 이 세상에 있다는 것을 깡그리 잊고 있었다. 아렐테는 곧 아까 내가 지나 온 복도로 나를 데리고 나갔다. 복도 옆에 그녀는 훌륭한 방을 두 개 가지고 있었다. 그녀가 거실로 쓰는 방에서 그녀는 나에게 오렌지와 무화과, 복숭아, 포도를 내놓았다. 나는 그 외국의 과일과 햇과일을 엄청난 식욕과 함께 맛보았다. 단것도 많이 있었다. 게다가 그녀는 컷글라스의 컵에 거품이 이는 포도주를 따라 주었다. 그러나 나는 과일로 배가 잔뜩 불러서 그것을 마시고 싶지는 않았다.

"그렇다면 무슨 놀이를 하면서 놀까요?"

그녀는 이렇게 묻더니 나를 다른 방으로 데리고 갔다. 그곳은 마치 크리스마스 때의 시장 같았다. 그러나 그곳에 있는 것은 크리스마스 때의 노점에서는 본 적이 없는 듯한, 값비싸고 근사한 것들뿐이었다.

갖가지 인형, 인형 옷, 인형 도구, 부엌, 거실, 가게, 그 밖에 자질구레한 완구가 셀 수 없을 정도로 많았다. 그녀는 정교한 세공으로 만들어진 장난감들이 잔뜩 들어 있는 유리문 장식장을 죄다 보여 주었다. 그러나 처음 몇몇 장식장은 곧바로 닫아버리면서 그녀가 말했다.

"이것은 당신에게 이로운 것이 못 됩니다. 저는 그것을 잘 압니다."

"이곳엔 벽과 탑, 궁전, 교회 같은 건축 자재가 들어 있습니다. 이것을 써서 커다란 마을을 만들 수 있지요. 하지만 이것은 저한텐 재미가 없어요. 다른 것을 하면서 놀아요. 당신에게도, 또 나에게도 재미가 있는."

그렇게 말한 그녀는 상자를 몇 개 끄집어 내왔다. 그 안에는 작은 병정들이 차곡차곡 들어 있었는데 나는 그것을 보자마자 이렇게 훌륭한 것은 지금껏 단 한 번도 본 적이 없다고 실토하지 않을 수 없었다. 그녀는 내가 그것을 하나씩 자세히 살펴볼 틈을 주지 않고 상자를 옆구리에 끼었다. 나도 어쩔 수 없이 다른 상자 하나를 집어 들었다. 그녀가 말했다.

"금다리께로 가실까요? 그곳이 병정놀이하기에는 딱이랍니다. 창의 방향을 따라 놓으면 군대를 이내 마주보게 늘어놓을 수가 있어요."

우리는 흔들거리는 다리 위로 나아갔다. 내가 대열을 정비하려고 쪼그리고 있으려니까 발밑에서 물이 졸졸 흐르고, 물고기가 펄떡이는 소리가 들려왔다.

자세히 보니 나의 병대는 기병뿐이었다. 그녀는 자기는 여군 지휘관으로, 아마존 여왕을 갖고 있다며 자랑했다. 그에 비해 나는 아킬레우스와 무척이나 당당한 그리스 기병대가 있었다. 두 군대가 마주 섰다. 그 광경은 한번 보면 지나칠 수 없을 만큼 근사한 것이었다. 우리가 갖고 노는 납작한 납 기병이 아니라 군인과 말이 모두 모양을 갖췄고, 놀랄 만큼 정교하게 만들어져 있었다. 게다가 그들은 발 받침대도 없이 홀로 서 있었는데 어떻게 균형을 잡는지는 알 수가 없었다.

우리는 둘 다 무척이나 자신만만하게 자기의 군대를 바라보고 있었다. 그때, 그녀가 전투 개시를 선언했다. 잘 다듬어진 마노(瑪瑙) 탄환이 가득 담긴 상자가 옆에 있었는데 그것이 우리의 탄환이었다. 우리는 서로 일정한 거리를 두고 이 탄환을 써서 싸우기로 했는데, 다만 인형이 다치지 않도록 인형을 쓰러뜨리는 데 필요한 만큼의 힘만 주어서 던져야 한다는 엄중한 조건이 붙어 있었다.

이윽고 양쪽에서 포격이 시작되었다. 마지막까지 쓰러지지 않고 남아 있는 병사의 수로 승부를 정하기로 했는데, 처음에는 양쪽 다 만족스런 결과였다. 그러나 소녀는 내 탄환이 너무 잘 맞아서 결국은 내가 이기리란 것을 알아차리고 내게로 바짝 다가왔다. 그 덕분에 여자인 그녀의 팔로 던진 탄환으로도 상당한 성과를 올리기 시작했다. 그녀는 나의 정예부대를 꽤 많이 쓰러뜨렸다. 그리고 내가 항의를 하면 할수록 그녀는 더욱 열심히 던졌다. 나도 끝내는 화가 나서 나도 똑같이 하겠다고 선언했다. 나는 바짝 다가가기만 한 것이 아니라 화가 나 있었기 때문에 전보다도 훨씬 세게 던졌다.

얼마 안 있어 그녀의 전사 두셋이 산산조각으로 부서졌다. 그녀는 전투에 푹 빠져 있었기 때문에 그것을 금방 알아채지 못했다. 그런데 산산조각이 난 인형들이 저절로 붙어서 아마존도 말도 모두 원래의 모습이 되고, 동시에 인형들이 살아 있는 전사로 바뀌어 금빛 다리에서 보리수 아래로 뛰어가는 것이었다. 그들은 전속력으로 주위를 뛰어 돌아다니다가 벽 쪽을 향해 가더니, 어떻게 된 일인지는 모르지만 갑자기 사라져 버렸다. 나는 그만 놀라서 돌처럼 뻣뻣하게 굳어버렸다.

그러자 아름다운 소녀는 대성통곡하고 울부짖으면서, 내가 자기에게 말로 형언할 수 없을 만큼 커다란, 도저히 회복 불가능한 손해를 끼쳤다고 외쳤다.

그러나 나는 이미 너무도 화가 나 있었기 때문에 그녀를 더욱 슬프게 하려고 손에 남아 있던 마노 탄환을 무턱대고 그녀의 군대를 향해 내던졌다. 그런데 운수 사납게도 내 탄환은, 이 놀이의 약속으로 이제까지 탄환을 던지지 않기로 되어 있었던 여왕을 맞히고 말았다.

여왕은 콩가루처럼 부서져서 산산이 흩어졌다. 여왕의 곁에 있던 부관도 부서졌다. 그러자 그들은 순식간에 원상태로 돌아와 아까의 인형들과 마찬가지로 도망치기 시작해, 보리수 밑을 즐거운 듯이 전속력으로 뛰어 돌아다니다가 벽 쪽으로 향해 가더니 사라져 버렸다.

소녀는 째지는 듯한 소리를 지르면서 내게 욕을 퍼부었다. 그러나 나는 이미 멈출 수가 없어서 금빛 창들 사이로 뒹굴러다니는 마노 탄환을 주우려고 허리를 숙였다. 나는 화가 난 김에 그녀의 군대를 하나도 남김없이 쓰러뜨리겠다고 마음먹고 있었다. 그러나 그녀도 어느새 내게로 달려와 고개가 홱 돌아갈 정도로 세차게 나의 따귀를 때렸다. 나는 소녀에게 따귀를 맞았을 때는 거칠게 키스를 해 주는 것이 좋다고 종종 들었기 때문에, 그녀의 귀를 붙잡고 몇 번이나 키스를 해 주었다. 그러나 그녀가 놀라 자빠질 정도로 날카로운 비명을 지르는 바람에 나는 그녀를 놔주고 말았다.

그러나 그것은 내게는 행운이었다. 왜냐하면 그 순간 내 몸에 무슨 일이 일어났다는 것을 알아차릴 수 있었기 때문이다. 발밑에서 대지가 우릉우릉 소리를 내면서 흔들리기 시작했다. 나는 즉각 격자(格子)가 다시 운동을 시작했음을 알았다. 그러나 줄행랑을 칠 수도 없었다. 곤두선 창과 삼지창으로 이미 내 옷은 갈가리 찢겨 있었기 때문에 당장에라도 찔리지는 않을까 하고 걱정했다. 어쨌거나 나는 무슨 일이 일어난 것인지 도대체 알 수가 없었다.

나는 들을 수도 볼 수도 없게 되고 말았다. 가까스로 정신을 차리고 공포에서 벗어났을 때는 나는 튀어오르는 격자에 의해 내동댕이쳐져서 보리수의 뿌리께에 널부러져 있었다. 제정신이 들고 보니 나는 다시 화가 나기 시작했다. 담저편에서 그 소녀가 내 욕을 하는, 또 비웃는 소리가 들려오자 나의 분노는 점점 더 끓어올랐다. 그녀도 나보다는 약간은 부드럽게 맞은편 지면으로 내동댕이쳐진 것 같았다.

주위를 둘러보니, 튀어오르는 격자에 의해 나와 함께 내동댕이쳐진 작은 군대와 아킬레우스가 내 주위에 흩어져 있는 것이 보였다. 나는 벌떡 일어나서, 우선 아킬레우스를 집어 들고 나무에 내던졌다. 그가 다시 제 모습으로 돌아와 줄행랑을 치는 모습은 나를 두 배나 즐겁게 했다. 남에게 상처를 입히고 즐거워하는 기쁨과, 유별나게 근사한 광경이 하나가 되어 있었기 때문이다.

마침내 내가 아킬레우스에 이어서 그리스 군대를 하나도 남김없이 내던졌을 때, 돌연 사방팔방에서 돌과 벽과 지면, 그리고 가지에서 소리를 내면서 물이 뿜어져 나와 내가 어떤 방향으로 몸을 틀어도 가로세로로 나를 향해 덤비기 시작했다. 나의 얇은 옷은 순식간에 흥건히 젖고 말았다. 내 옷은 이미 찢겨져 있기도 했으므로 나는 망설이지 않고 그것을 벗어 버렸다. 구두도 벗어던졌다. 이리하여 나는 입고 있던 것을 전부 벗어 버렸다.

끝내 나는 이런 따뜻한 날에 샤워하는 것처럼 물을 맞는 것이 즐거워지기 시작했다. 나는 알몸이 되어서 이 기분 좋은 물속을 유유히 돌아다녔다. 그리고 언제까지나 이런 유쾌한 기분으로 있었으면 좋겠다는 생각을 했다. 노여움이 가라앉자, 그 귀여운 소녀와 화해하여야겠다는 것밖엔 아무 생각도 들지 않았다.

그러자 불현듯 물이 멈추는 바람에 나는 온통 젖은 채로 물을 뚝뚝 떨어뜨리면서 땅에 서 있었다. 그때 생각지도 않던 그 노인이 내 앞에 나타난 것은 내게는 그다지 기분 좋은 일은 아니었다. 어디 숨지는 못하더라도 하다못해 뭔가로 몸을 가리고 싶었다. 창피함과 몸 떨림, 조금이나마 몸을 숨기려는 노력 때문에 나는 매우 처참한 꼴이 되었다. 노인은 그 기회를 놓치지 않고 대단한 기세로 나를 나무랐다.

"그 초록 줄을 가져와서 당신의 목을 조르진 않더라도 등을 후려치는 정도는 할 수 있어요."

나는 그의 위협에 무척 화가 나서 외쳤다.

"그런 말을 하다니, 아니 그런 생각을 하다니 조심하는 게 좋을 거요. 그렇지 않으면 당신과 당신의 주인도 모두 끝장이고요."

"말버릇하고는, 너는 대체 누구냐?"

그는 오만한 태도로 물었다.

"신들의 아낌을 받는 자다."

나는 말했다.

"그 여인들이 훌륭한 남편을 찾아서 행복하게 살지, 아니면 마법의 수도원 안에서 향수에 젖어서 늙어 갈지는 이 몸의 생각에 달렸지."

노인은 두서너 발짝 뒷걸음을 쳤다.

"누가 너에게 그런 것을 발설했지?"

그는 놀라면서 의아하다는 듯 물었다. 나는 대답했다.

"3개의 사과, 3개의 보석."

"무엇을 바라는 거냐?"

"무엇보다 나를 이렇게 비참한 꼴을 당하게 한 그 귀여운 소녀다."

노인은 지면이 아직도 젖어 곤죽이 되어 있는 것도 전혀 개의치 않고 내 앞에 엎드렸다. 그러더니 젖은 흔적도 없이 일어나서 부드럽게 내 손을 잡고 그 방으로 데려가더니 재빨리 옷을 갈아입혔다. 얼마 안 있어 나는 다시 전처럼, 일요일의 나들이옷을 입고 머리를 말쑥하게 빗고 있었다. 이후 문지기 노인은 단 한 마디 말도 하지 않았다. 그러나 나를 밖으로 내보내기 전에 나를 붙잡고, 맞은편 벽 끝에 보이는 것을 몇 가지 가리키더니 돌아보면서 예의 그 작은 문을 가리켰다.

나는 그의 생각을 알 수 있었다. 그는 나에게 그것들을 잘 기억하게 해서 다음에 왔을 때, 그 작은 문을 쉽사리 찾게 하려고 했던 것이다. 작은 문은 소리도 없이 내 뒤에서 닫혔다. 나는 내 맞은편에 있는 것을 매우 주의 깊게 바라보았다. 높은 벽 위에 늙은 호두나무가 솟아 있고, 가지를 이쪽으로 내밀어 벽의 상단 일부를 뒤덮고 있었다. 가지는 아래에 비문이 새겨진 돌판에까지 닿아 있었다. 돌판의 테두리 장식은 잘 보이기는 했지만 비문은 읽을 수가 없었다. 그 돌판은 벽감(壁龕) 위에 있었는데, 그 벽감 안에는 정교하게 세공된 분수가 있었다. 물받이는 여러 층으로 되어 있어서 물은 아래의 수조로 떨어져 작은 연못을 이루었다가 그곳에서 땅속으로 사라지고 있었다. 분수, 비문, 호두나무 등은 모두 수직으로 위치해 있었다. 나는 내가 본 것들을 그림으로 그려놓고 싶었다.

그날 밤과 그다음의 며칠을 내가 어떻게 보냈는지, 나 스스로도 믿어지지 않는 이런 사건들을 내가 얼마나 거듭해서 생각했는지 쉽게 상상할 수 있으리

라. 기회만 닿으면 곧장 나는 다시 그 '불길한 벽'으로 가서 하다못해 그때 보았던 것의 기억을 새롭게 하고, 그 멋진 작은 문을 보려고 생각했다. 그러나 모든 것이 다 변해 있어서 나는 완전히 혼란스러워지고 말았다. 분명 호두나무는 벽 위로 뻗어 있었지만, 착 달라붙어 있지는 않았다. 돌판도 벽에 끼워져 있기는 했지만 나무에서 한참 떨어진 오른쪽에 있었고, 테두리 장식은 없지만 비문은 제대로 읽을 수가 있었다. 샘이 있는 벽감은 훨씬 왼쪽에 있고, 더구나 내가 본 것하고는 전혀 딴판이었다.

그래서 나는 내가 경험한 제2의 모험은 최초의 것과 마찬가지로 꿈이었나보다고 다시금 생각하지 않을 수 없었다. 왜냐하면 그 작은 문 같은 것은 그림자는 물론 형체도 없었기 때문이다. 단 한 가지 위로가 되는 것은, 보았던 세 가지 표시의 위치가 줄곧 바뀌는 것을 알았다는 사실이다.

내가 그곳을 찾아갈 때마다 호두나무의 간격은 조금씩 좁아져 있었고, 또 돌판도 샘도 마찬가지로 가까워진 것 같았다. 어쩌면 그 세 가지가 다시 수직이 되었을 때, 그 문도 다시 나타날지 모른다. 그때는 그 모험의 뒤를 잇기 위해 나는 할 수 있는 모든 일을 할 참이다. 그 뒤로 내가 겪을 일에 대해 아이들에게 말해 줄 수가 있을지, 엄중히 말을 못하게 되어 있을지 그것은 뭐라고 말할 수가 없다.


이 동화는 엄청난 박수갈채를 받았다. 그리고 나의 놀이 친구들은 이 이야기가 사실임을 확인하려고 혈안이 되어 찾아다녔다. 그들은 각기 혼자서, 나나 다른 친구들이 알지 못하게, 이야기 속에 나오는 장소에 가서 호두나무와 돌판, 샘을 찾아냈다. 그러나 그 세 가지는 항상 멀리 동떨어져 있었다. 그 나이 때는 언제까지나 비밀을 지키는 것은 불가능하기 때문에 결국 그들은 자신들이 발견한 것을 털어놓고 말았다. 그래서 다툼이 일어났다.

첫 번째 아이는 그 세 가지가 장소를 옮기지 않고 서로 항상 똑같은 거리를 유지하고 있다고 잘라 말했다. 두 번째 아이는 세 가지 다 움직이고 있으며, 차츰 멀어지고 있다고 주장했다. 세 번째 아이는 이동하고 있다는 점에 대해서는 두 번째 아이와 같은 의견이었지만, 호두나무와 돌판과 샘은 서로 근접하고 있는 것으로 생각했다. 네 번째 아이는 한층 기묘한 것을 알아냈다고 고백했다.

즉 호두나무는 분명히 한가운데에 있지만, 돌판과 샘은 내가 말했던 것과는 반대쪽에 있다는 것이었다.

작은 문의 흔적에 대해서도 의견이 분분했다. 이리하여 나는 어릴 적부터 그들이 보인 실질적인 예에 의해, 인간은 매우 간단하고 쉽게 설명할 수 있는 것에 대해서도 지극히 다양한 의견을 가지고 주장할 수가 있다는 것을 깨달았다. 이 동화의 뒷이야기를 하는 것을 내가 고집스럽게 마다했기 때문에, 그들은 이 첫 부분을 계속 반복해서 이야기해 달라고 했다. 나는 세세한 점들이 그다지 바뀌지 않도록 조심하면서 이야기의 중심 내용이 항상 같도록 정리했기 때문에, 청중의 마음에 이 지어낸 이야기를 진실로 생각하게 할 수가 있었다.

그렇다고 내가 거짓말이나 속임수를 좋아한 것은 아니거니와 결코 경박한 편도 아니었다. 오히려 어릴 적부터, 내가 나 자신이나 세상을 바라볼 때의 내적인 성실함이 나의 외모에도 나타나 있어서, 내가 보인 어떤 종류의 높은 품위를 사람들이 호의로 받아들이기도 했다. 그러나 이따금 비웃음거리가 되기도 했다. 왜냐하면 내게도 훌륭하고 뛰어난 친구가 없었던 것은 아니지만, 난폭한 장난을 치고 좋아하는 사람들에 비하면 그런 친구는 언제나 소수였기 때문이다. 말할 필요도 없이 그들은, 내가 생각해 내고, 내 친구들이 청중이 되어 진심으로 즐겼던 그 동화적이고 자유분방한 꿈을 가끔 사정없이 망가뜨렸다. 그래서 우리는 또다시 유약한 일이나 공상적인 만족에만 빠져 있지 말고, 오히려 피하기 어려운 악에 견디거나 이에 저항하기 위해서 스스로를 단련해야 할 충분한 까닭이 있다는 것을 알았다.

그래서 내가 어린아이의 힘이 미치는 한도 내에서 진지하게 수행했던, 스스로를 이겨내기 위한 훈련의 하나는 육체적인 고통을 참고 견디는 일이었다. 우리의 선생님들은 종종 큰 소리로 야단치거나 때리면서 우리를 매우 난폭하게, 또는 부당하게 다루었다. 그러나 그것에 반항하거나 맞서거나 하는 것은 강하게 금지되어 있었기 때문에, 우리는 그런 체벌에 대해 차츰 무감각해져 갔다. 소년의 놀이에도 이러한 인내 경쟁을 위주로 한 것이 무척이나 많았다.

예를 들면 두 개의 손가락, 또는 손바닥으로 팔다리가 저릴 정도로 교대로 두들겨댄다든지, 어떤 놀이에서 벌로 맞아야 할 때는 어떻게든 태연함을 가장하고 그것에 견딘다든지, 말다툼이나 주먹다짐을 할 때, 질 것 같은 상대에게 꼬집힘을 당하더라도 겁내지 않는다든지, 놀림감이 된 고통을 참는다든지, 또는 아이들이 곧잘 하는 마주 꼬집기나 간질이기를 할 때 아무렇지도 않은 척한다든가 하는 것이었다. 그에 의해 우리는 쉽사리 남에게 빼앗기지 않는 유리한 고지에 설 수가 있는 것이다.

그러나 나는 이와 같은 참을성 겨루기를, 말하자면 전문가나 되는 듯이 하고 있었기 때문에 다른 아이들은 차츰 뻔뻔스러워지기 시작했다. 그리고 난폭한 잔인함에는 한계가 없기 마련이어서 점점 더 참을 수가 없는 수위로 올라갔다. 여기서는 많은 예 가운데서 하나만 들도록 하겠다.

어느 수업 시간에 선생님이 오지 않은 적이 있었다. 아이들이 모두 모여 있는 동안은 우리는 얌전하게 이야기를 나누었다. 그러나 한참을 기다린 끝에 나에게 호의를 갖고 있는 아이들이 다 나가 버리고, 사이가 좋지 않은 세 명의 소년과 나만 남게 되었을 때, 그들은 나를 아프게 해서 창피를 주고 쫓아내기로 모의했다. 그들은 잠깐 동안 나를 교실에 남겨놓고, 급히 서둘러 빗자루를 풀어서 만든 회초리를 들고 돌아왔다. 나는 그들이 무슨 생각을 하는지 단박에 알았다.

그러나 나는 수업 시간이 곧 끝날 것 같아서 그 자리에서 종이 울릴 때까지는 저항하지 않기로 마음먹었다. 이내 그들은 사정없이 내 다리와 장딴지를 있는 힘을 다해 후려치기 시작했다. 나는 미동도 하지 않았다. 그러나 나는 곧 내가 착각을 했으며, 이런 고통은 시간을 매우 길게 느끼게 한다는 것을 알았다. 참는 것에 비례해서 나의 분노가 점점 커져 갔다.

첫 번째 종이 울림과 동시에 나는 가장 방심하고 있던 아이의 뒷머리를 붙잡고 순식간에 바닥에 쓰러뜨린 다음 무릎으로 등을 찍어 눌렀다. 뒤에서 달라붙은 나보다 나이가 아래인 겁쟁이 소년은 내 머리를 팔로 두르고는 졸라 죽일 듯이 내 몸을 압박했다. 아직 한 명이 더 남아 있고, 더구나 그 아이가 가장 겁쟁이라고 할 수는 없지만, 나에게는 스스로를 방어하기에는 왼손밖에 남아있질 않았다. 그러나 나는 그의 옷을 거머쥐고 솜씨 좋게 몸을 뒤치면서 그가 당황한 틈을 타서 그를 덮친 다음 얼굴을 바닥에 대고 눌렀다. 그들은 물어뜯거나 소리치고, 아니면 발로 차거나 했다. 그러나 내 마음속에도, 또 몸속에도 그저 복수심만이 있을 따름이었다.

나는 내가 처해 있는 유리한 형세를 이용해 여러 차례 그들의 머리와 머리를 부딪쳐 주었다. 마침내 그들은 무시무시한 비명을 지르기 시작했고, 어느새 우리는 건물 안의 사람들에게 둘러싸여 있었다. 주위에 흩어져 있는 회초리와, 양말을 벗어서 내 종아리에 난 멍자국을 보여줌으로써 내게 잘못이 없음을 증명했다. 그들은 벌은 주지 않고 나를 집으로 돌아가게 했다. 그러나 나는 앞으로 조금이라도 나를 모욕하는 일이 있으면 어떤 녀석이든, 목을 졸라 죽이지는 않더라도 눈알을 뽑고 귀를 찢어 주겠다고 선언했다.

이 사건은, 아이들 세계가 늘 그렇기 마련이듯 어느새 잊히고 웃고 넘어가게 되었다. 그러나 이것이 원인이 되어 공동 수업은 차츰 줄다가 결국은 완전히 사라지게 되었다. 때문에 나는 다시 예전처럼 집에 틀어박히는 일이 많아졌고, 한 살 아래인 누이동생 코르넬리아가 점점 더 마음이 통하는 친구가 되었다.

그러나 나는 이 제목으로 글을 마치기 전에 친구들에 의해 갖가지 불유쾌한 일을 겪었던 이야기를 앞으로 두세 가지 더 하려 한다. 왜냐하면 인간이, 타인에게 무슨 일이 일어나고 또 자신이 인생에서 무엇을 기대해야 하는지를 알고, 그리고 무슨 일이 일어나든 그것은 인간으로서 경험하는 것이고, 그렇기 때문에 자신이 각별히 행복한 사람도 아니지만 각별히 불행한 인간도 아니라고 생각해 보는 것, 이것이야말로 이러한 도덕적인 화제의 교훈적인 부분이기 때문이다. 이와 같은 지식은 재난을 피하는 데는 그다지 도움이 되지 않더라도, 그러나 우리가 처한 경우에 순응하고, 그것에 견디고, 나아가서는 그것을 극복하는 것을 배우는 데는 크게 도움이 된다.

여기서 한 가지 더 일반적인 고찰을 적어 두는 것은 시의적절한 일이라고 본다. 즉 가정 교육이 엄격한 집안에서 자란 아이가 성장함에 따라서 거기에 매우 커다란 모순이 생겨난다는 것이다. 내가 생각하는 모순이란 다음과 같은 것이다. 아이들은 부모나 교사로부터 절도(節度)를 가지고 사려 있고 분별 있는 행동을 하라든가, 자기중심적이거나 제멋대로 행동해 타인에게 불쾌한 생각이 들게 해서는 안 된다든가, 마음에 맺힌 증오심은 억눌러야 한다는 등의 가르침과 지도를 받는다. 그런데 어린아이들의 입장에서 보면, 엄격하게 금지되어 있는 것을 자기들이 하면 꾸중을 듣지만, 타인이 행한 경우에는 참아야만 한다는 모순이 생긴다. 그 결과, 가련한 아이들은 자연 상태와 문명 상태 사이에 끼어 매우 참담한 생각을 하게 되고, 한동안은 그것을 견지하다가도 각자의 성격에 따라 교활해지거나 또는 매우 성질 급한 사람이 되는 것이다.

폭력은 오히려 폭력으로 물리쳐야 한다. 그러나 마음씨가 곱고 사랑과 동정심이 가득한 아이는 비웃음이나 악의에는 대응하지 못한다. 나는 친구들의 폭력은 어떻게든 막을 수가 있었지만, 그들의 빈정거림이나 욕지거리에 대해서는 어떻게 해 볼 도리가 없었다. 이런 경우 변명을 하려 드는 사람은 반드시 패배하기 때문이다. 그래서 나는 이런 종류의 공격도 도저히 참을 수 없을 경우에는 완력을 써서 물리쳤지만, 그렇지 못할 때는 그것은 내 마음속에 어떤 기묘한 고찰을 불러일으키고, 그것은 그것대로 길게 꼬리를 끌지 않을 수 없었다.

나에게 악의를 가진 친구들이 내가 가진 이점 가운데서도 특히 샘을 냈던 것은, 나의 외할아버지가 시장을 맡은 데서 생기는 우리 가족의 유리한 입장을 내가 자랑스럽게 생각한다는 것이었다. 왜냐하면 외할아버지는 동료 중에서도 가장 높은 지위에 있어 이것이 가족들에게도 적잖은 영향을 미쳤기 때문이다.

언젠가 내가 '악사 법정'이 열린 뒤에 배심원 한가운데의 가장 높은 자리, 황제의 초상화 바로 밑에 앉아 있는 외할아버지가 마치 용상에 앉아 있는 것처럼 보였다고 다소 자랑스레 말했을 때, 아이들 중 하나가, 공작새가 자기 다리를 쳐다보듯, 여관 바이덴호프의 주인으로 용상이나 왕관 따윈 꿈조차 꾸지 못했던 친할아버지[7]를 생각해 보라고 비웃듯이 말했다.

그에 대해 나는 조금도 부끄럽게 생각하지 않는다. 왜냐하면 모든 시민이 평등하게 살아갈 수 있고, 누구나 각자 맡은 바에 따라 일하면 그것이 이익도 되고 명예도 된다는 것, 즉 그것이 이 도시의 뛰어난 점이기 때문이다. 다만 유감인 것은 그 뛰어난 분이 이미 훨씬 전에 돌아가셨다는 사실이다. 나도 그분을 뵐 수가 있었으면 하고 자주 생각하곤 했다. 나는 수도 없이 그분의 초상화를 바라보거나, 또는 묘지를 찾아가 하다못해 검소한 묘비의 비문을 읽으면서 나를 이 세상에 태어나게 해 주신, 지금은 돌아가신 분의 생애를 기쁘게 생각해 보았다고 대답했다.

그랬더니 친구 가운데 가장 교활하고 내게 악의를 품은 다른 한 소년이 먼

---

7) 프리드리히 게오르그 괴테. 1657~1730.

저의 소년을 한쪽으로 데려가더니, 조롱하는 듯한 눈길로 줄곧 내 쪽을 쳐다보면서 귀에 대고 뭔가 속삭였다. 이미 붉으락푸르락해진 나는 좀더 큰 소리로 말하라고 했다. 그러자 그 소년이 말했다.

"흥, 그게 대체 어쨌다는 거지? 정 알고 싶으면 가르쳐 주지. 네가 할아버지를 만나려면 오랫동안 걸어 돌아다니면서 찾지 않으면 안 될 거라고 이 아이가 말했어."

그래서 나는 좀더 분명하게 설명하지 않으면 그냥 두지 않겠다고 한층 거세게 위협했다. 이에 대해 그들은 양친이 하는 말을 들었다면서 꾸며낸 이야기를 했다. 나의 아버지는 어떤 신분 있는 사람의 아들이었는데, 그 선량한 시민은 표면적인 아버지 역할을 떠맡을 것을 승낙했다는 것이다. 그들은 뻔뻔스럽게도 여러 가지 증거를 끄집어냈다.

예를 들면 우리 집 재산은 친할머니에게서 물려받은 것들뿐이며, 그 밖의 친가 친척은 프리트베르크에 사는 사람이나, 다른 곳에 사는 사람이나 모두 재산이 없다는 따위의 논거를 댔는데, 그것들은 모두 악의를 가지고 바라볼 때에만 의미를 가질 수 있을 만한 것들이었다. 나는 그들이 생각하고 있던 것보다 훨씬 냉정하게 그들의 이야기를 들었다. 그들은 내가 그들의 머리칼을 움켜쥘 기미를 보이면 당장에라도 도망칠 준비를 하고 있었다. 그러나 나는 꾹 참고 침착하게 이야기를 들었는데, 돌이켜보면 아주 잘한 일이었다.

인생은 아름다운 것이고, 그 생명을 누구에게서 받았든 그것은 아무래도 상관없다고 할 수 있다. 모든 것이 결국은 신에게서 온 것이거니와, '신 앞에서는 우리는 모두 평등하기 때문이다'라고 대답했다. 그들은 자기들이 꾀한 일이 아무 효과를 발휘하지 못하자, 이 문제는 한쪽으로 제쳐놓고 한데 어울려 놀기 시작했다. 한데 어울려 놀았다는 것은 아이들 세계에서는 언제나 변하지 않는 확실한 화해의 수단인 것이다.

그러나 나는 이 악의적인 말에 의해 일종의 정신적 병을 얻었고, 그것은 내 안에서 은밀하게 진행되었다. 합법적인 것은 아니라 하더라도 누군가 신분 있는 사람의 자손이라는 것은 나에게는 결코 불쾌한 일은 아니었다. 나는 날카롭게 그 말의 사실 여부를 캐내려 했다. 나의 상상력은 자극되고, 통찰력은 활발히 움직이기 시작했다. 나는 그 소년들이 말한 문제를 조사하기 시작했고,

그것이 사실일 것으로 여겨지는 새로운 논거를 발견하거나 생각해내기도 했다. 나는 친할아버지에 대해서 이야기하는 것을 별로 들은 적이 없다. 그의 초상이 친할머니의 초상과 함께 낡은 집의 객실에 걸려 있었지만, 집의 개조가 끝난 뒤에는 모두 위층의 한 방에 보관되었다.

할머니는 아름다운 분으로 할아버지와 비슷한 나이였음이 분명하다. 또 나는 할머니의 방에서 제복을 입고 별 모양 훈장을 단 잘생긴 남자의 작은 초상화를 본 기억이 있다. 그것은 할머니가 돌아가신 뒤에 집을 개조하느라 어수선한 참에 다른 자질구레한 도구들과 함께 없어져 버렸다. 그런 것들을 다른 몇 가지의 일들과 함께 유치한 머릿속에서 조합해서, 일찍부터 나는 그 현대풍의 시적 재능을 발동시켰다. 그것은 인간의 삶의 다양한 의미가 있음직한 상황을 대담하게 결합시킴으로써, 교양 계급에 속하는 모든 사람들의 관심을 모으는 방법을 터득한, 그런 시적 재능을 말하는 것이다.

그러나 나는 이런 일들을 아무에게도 흘리지 않았고, 또 멀리 에둘러서 묻거나 하지도 않았다. 나는 남몰래 탐색의 노력을 계속해서 가능한 한 문제의 진상에 다가가려 했다. 나는 아들이 아버지나 할아버지를 쏙 빼닮는 경우가 있다는 것을 확신을 가지고 주장하는 말을 듣고 있었다.

우리 집과 교제가 있었던 몇몇 친구, 그중에서도 특히 친한 사이였던 시참사 회원 슈나이더[8]는 가까운 이웃의 여러 왕후나 귀족과 업무상의 관계가 있었다. 그리고 이들 왕후와 귀족들은 본가와 분가 사람들을 포함해서 라인강과 마인 강 연안에, 또는 두 강 사이의 땅에 영지를 갖고 있는 사람이 적지 않았다. 그래서 그들은 특별한 호의에서 그들의 충실한 업무 대리인에게 때때로 자기의 초상화를 주는 경우가 있었다.

벽에 걸려 있는 그런 초상화들을 나는 어린 시절부터 자주 보아 오기는 했지만, 지금은 한층 주의 깊게 그것들을 바라보면서, 나의 아버지와 내가 닮은 구석을 찾을 수 있지 않을까 꼼꼼히 살폈다. 그러나 그럴듯하게 보이는 것이 너무 많아서 조금이나마 확신을 가질 수 있는 점에 다다를 수가 없었다. 왜냐하면 때로는 어떤 사람의 눈이, 때로는 어떤 사람의 코가 어떤 유사점을 나타내

---

8) 요한 가스파르 (1712~86). 프랑크푸르트의 상인.

고 있는 것처럼 생각되었기 때문이다. 이들 특징에 현혹되어 나는 끊임없는 동요를 거듭해야 했다.

그 뒤 얼마 안 있어 나는 그 험담이 아무런 근거도 없이 지어낸 이야기라고 결론짓지 않을 수 없었지만, 그 인상은 오래도록 남아서, 그 초상화가 너무도 선명하게 기억에 남아 있는 그 귀족들을 이따금 떠올리고는, 나 홀로 음미하고 조사해 보는 것을 멈출 수가 없었다. 그러고 보면 인간 안에 있는 자기 도취를 강화하고 드러나지 않는 허영심에 아첨하는 것은 모두 그 사람에게는 매우 바람직한 일이며, 그것이 언젠가는 그 사람에게 어떤 형태로든 명예가 되든 치욕이 되든 조금도 문제가 되지 않는다는 것은 사실인 것이다.

그러나 이젠 진지한, 아니 비난할 만한 고찰을 끼워 넣는 일은 그만두기로 하고, 그 아름다운 시절로부터 눈을 돌리기로 하자. 누구에게나 풍요로웠던 어린 시절에 대해 그것에 알맞게 이야기한다는 것은 가능하지가 않기 때문이다.

우리 눈앞을 움직여 돌아다니는 어린아이들을 우리는 흡족한 마음, 아니 경탄의 마음으로 바라보지 않을 수 없다. 사람들은 그들이 실제로 갖고 있는 이상의 것을 기대한다. 그리고 자연은, 우리를 가지고 노는 수많은 장난 가운데서도, 이 경우는 특히 심혈을 기울여 일을 꾀하여 우리를 우롱하는 것처럼 느껴진다. 아기가 태어날 때 자연에 의해 부여되는 최초의 기관(器官)은, 아이의 가장 가까운, 직접 부딪치는 환경에 적합하도록 만들어져 있다. 아이는 그것을 꾸밈없고 욕심 없이, 매우 솜씨 좋게, 자기에게 가장 필요한 목적을 위해 사용한다.

어린아이란, 그들끼리의 사이에서 그 아이의 능력에 어울리는 관계 속에 놓고 그 아이만을 바라보면 비할 데 없을 만큼 영리하고 분별이 있으며, 동시에 사랑스럽고 쾌활하고 눈치 빨라서 그 아이를 위해 더 이상의 교육은 바라고 싶지 않을 정도이다. 누구나 어린 시절에 보였던바 그대로 성장한다면 이 세상은 천재들만 우글대리라.

그러나 성장은 반드시 발전을 의미하지는 않는다. 한 인간을 조직하는 다양한 유기 조직은 서로가 서로에게 기인하고, 결과가 되며, 서로 뒤바뀌고, 배제하고, 나아가서는 서로 잡아먹기까지 한다. 그 결과 수많은 능력, 수많은 재능의 싹은 시간이 지나면 거의 흔적도 없이 사라져 버린다. 인간의 소질은 전체로서는 결정적인 방향을 보이기 마련이긴 하지만, 그것이 어떤 것인지를 확신을 가지고 예언하는 것은 아무리 위대하고 경험이 많은 식자라 하더라도 어려운 일이리라. 그러나 세월이 흐른 다음에는 무엇이 장래를 예시했었는지를 쉽게 인정할 수가 있는 것이다.

그렇기 때문에 나는 이들 첫 두서너 장으로 나의 유년 시절의 이야기를 완전하게 끝맺을 생각은 결코 없다. 오히려 남이 알아채지 못한 채로 이미 나의 유년 시절을 관통하고 있는 몇 가닥의 실을 나중에 다시 집어 들고 계속해서 더듬어 갈 생각이다. 그러나 나는 여기서 전쟁에 수반하는 갖가지 사건이 우리의 마음과 생활 방식에 세월이 흐를수록 강해지는 영향을 어떠한 형태로 초래하는지를 말해 두지 않으면 안 된다.

평화로운 시민은 세계적인 대사건에 대하여 기묘한 관계에 놓인다. 먼 곳에 있을 때부터 이미 그것은 그들을 흥분시키고 불안하게 한다. 그것이 그들에게 직접적인 관계가 없는 경우에도 역시 그들은 판단을 내리거나, 관심을 갖거나 하지 않을 수 없다. 그들의 성격, 또는 외적인 동기가 정하는 바에 따라서 즉각 어느 한쪽의 편을 들게 된다.

중대한 운명과 두드러진 변화가 가까이 닥쳐오면 많은 외적인 번거로움에 더하여 내적인 불화도 여전히 남아, 대개의 경우 그것이 불행을 배가하고 격화하여 아직 남아 있는 행복마저도 파괴해 버린다. 그렇게 되면 그들은 실제로 자기편이나 적으로부터 고통을 당하게 되는 처지가 되는데, 그 고통은 적에 의한 것보다도 자기편에 의한 것이 더 큰 경우가 자주 있다. 그래서 그들은 자기의 애착, 또는 자기의 이익을 어떻게 지키고 유지해 나가야 좋을지 몰라 허둥대게 되는 것이다.

1757년에 우리는 완전한 시민적 평화 속에서 지냈지만, 그럼에도 불구하고 이해는 정신적인 격동 속에서 지나갔다. 이해만큼 사건이 많았던 해는 아마도 없었을 것이다. 승리·위업(偉業)·패배·회복이 뒤를 이었고, 서로를 물어뜯고 죽이는 것처럼 보였다. 그러나 시간이 흐르면 반드시 프리드리히의 모습, 그의 명성, 그의 명예가 다시 떠오르기 시작했다. 그를 숭배하는 사람들의 열광은 차츰 커지고 활발해지고, 그의 적에 대한 증오는 나날이 격렬해졌다. 가족마저도 분열시킨 의견 차이는, 그렇지 않아도 여러 가지 일로 서로 분리되어 있던 시민을 한층 고립화시키는 데 적잖은 역할을 했다.

　세 가지 종교가 시민을 세 개의 이질적인 집단으로 나누고, 상류 사람들조차도 극히 소수의 사람만이 시의 행정에 참가할 수 있었던 프랑크푸르트 같은 도시에서는, 부유하고 교양 있는 사람들 중에는 집 안에 틀어박혀서 연구와 취미에 전념하거나, 자기 혼자만의 폐쇄적인 삶을 영위하는 사람이 생겨나는 것도 어쩔 수 없는 일이었다. 당시의 프랑크푸르트 시민의 특색을 떠올리기 위해서는, 나중에도 다시 기회는 있겠지만, 여기서 이들에 대하여 약간 짚어두지 않으면 안 될 것이다.

　나의 아버지는 여행에서 돌아오자마자 곧, 그것은 너무나도 아버지다운 생각이기는 하지만, 뭔가 행동으로 시(市)를 위해 도움이 되고자 했다. 그는 선거에 의하지 않고 맡을 수가 있다면 하급직이라도 맡아서 무보수로 그 직무를 다하겠다는 생각을 품었다. 그것은 아버지의 독특한 사고방식으로나, 그가 자신에 대해 가졌던 자부심으로나, 또 자기의 의도가 훌륭한 것이라는 생각에서도, 물론 법률이나 습관에 반하는 일이기는 하지만, 아버지는 자기가 이와 같은 특전을 받을 자격이 있다고 굳게 믿고 있었다.

　때문에 아버지의 청원이 거부당하자 그는 분을 삭이지 못하고 앞으로 어떠한 직무도 맡지 않겠노라고 맹세했다. 그리고 스스로 직무를 맡지 못하게 하기 위해, 시장이나 최고참 배심원들이 특별한 존칭으로 가지고 있는 궁중 고문관이란 칭호를 손에 넣었다. 이로써 그는 시의 최고위의 사람과 똑같은 신분이 되었고, 이젠 하급 관리부터 시작하는 것은 불가능하게 되었다. 또한 같은 동기에서 시장의 맏딸에게 구혼했고, 그로써 시참사회원의 자격을 상실했다.

　이리하여 그는 은둔자가 되었는데, 그런 사람들 사이에서는 서로 교제를 구하는 일은 전혀 없었다. 그는 세상에 대해서나 서로에 대해서도 고립되어 있었는데, 이렇게 고립 속에서 살았기 때문에 그의 특이한 성격은 차츰 괴팍함을 더했고, 그의 고립화를 한층 심화시켰다.

　나의 아버지는 자주 여행을 다녀 넓은 세상을 보았기 때문에, 시의 사람들 사이에서 일반적으로 볼 수 있는 것보다도 세련되고 자유로운 삶의 방식이 있다는 것을 이해하고 있었던 것 같았다. 다만 이 점에서 아버지에게는 선구자 및 동료가 없었던 것은 아니었다.

폰 우펜바흐[9]라는 이름은 널리 알려져 있다. 배심원인 그는 당시 대단한 명망을 얻고 있었다. 그는 이탈리아에 살았던 적이 있고, 대단한 음악 애호가로 그 자신도 훌륭한 테너였다. 그는 수집한 훌륭한 악보를 갖고 돌아왔으므로 그의 집에서 콘체르토와 오라토리오가 연주되었다. 그럴 때면 그도 직접 노래하고 또 음악가들의 비평을 들었는데, 그것은 그의 품위에 그다지 어울리지 않는 것 같았다. 그래서 초대받은 손님들이나 그렇지 않은 시민들도 어떻게든 그것을 우스개 삼아 즐겼다.

또 나는 부유한 귀족이었던 폰 헤켈 남작[10]이라는 사람을 기억한다. 그는 결혼을 하긴 했지만 자식은 없었다. 안토니우스 갓세에 있는 훌륭한 저택에 살았는데, 그곳에는 품위 있는 삶을 보내기에 필요한 것은 모조리 마련되어 있었다. 또 그는 회화·동판화·고미술품, 기타 등등의 수집가, 애호가에게 모여드는 다양한 것들을 소유하고 있었다. 이따금 시의 유력자를 점심 식사에 초대하거나, 독특하고 신중한 방식으로 자선을 베풀기도 했다.

그는 자기 저택에서 가난한 사람들에게 의복을 선물하고, 그 대신에 그들이 입었던 남루한 옷들을 놓고 가게 했다. 그리고는 매주 찾아올 때마다, 받은 옷을 입고 청결하고 말쑥한 차림새로 그의 앞에 나타난다는 조건으로 그들에게 선물을 주었다. 내가 어렴풋하게나마 그에 대해 기억하는 것은 그가 친절하고 풍채가 좋은 사람이었다는 정도이다. 그러니만큼 그가 행하였던 경매에 대해서는 한층 뚜렷하게 기억한다. 나는 처음부터 끝까지 그것에 참가했는데, 어떤 것은 아버지의 명령으로, 어떤 것은 나의 의사로 여러 가지 것을 낙찰받았다. 그것들은 지금도 나의 수집품 가운데 남아 있다.

나는 기껏해야 한두 차례 만났을 뿐이지만, 요한 미하엘 폰 론[11]은 전에 문학계에서나 프랑크푸르트시에서 상당한 명망을 얻고 있었다. 그는 프랑크푸르트 출신은 아니었지만 그곳에 정착해 나의 외할머니 텍스토르의 여동생인 린

9) 요한 프리드리히(1687~1769). 자연 연구자, 미술품 수집가, 저작가. 한때 시장을 맡은 적이 있다.
10) 군인, 미술품 수집가. 뒤에 나오는 경매가 행해진 것은 1764년.
11) 1694~1776. 앞에서도 나옴. 《리세라의 백작(1740)》, 《유일한 참된 종교(1750)》, 2권. 괴테는 폰 론이 프랑크푸르트 출신이 아니라고 적고 있지만 이것은 괴테의 착각으로, 폰 론은 프랑크푸르트에서 태어났다.

트하이머 집안의 딸과 결혼했다. 그는 궁정과 정계의 사정에 정통했고 새 귀족의 지위를 얻었는데, 교회와 정계에 벌이고 있던 각종 운동에 서슴지 않고 관여함으로써 이름을 높였다.

그는 《리세라의 백작》이라는 교훈적인 소설을 썼는데, 내용은 '성실한 궁정인'이라는 부제를 보아도 분명히 알 수 있다. 이 작품은 종래 재능과 지식만이 통하던 궁정에 도의를 요구함으로써 호평을 받았고, 그는 이 작품에 의해 갈채와 명성을 얻었다. 그에 비해 두 번째 작품은 그의 명성이 높아진 만큼 그에게는 한층 위험한 것이 되었다. 그는 《유일한 참된 종교》라는 책을 썼는데, 이 책의 의도는 관용, 그것도 특히 루터파와 칼뱅파 사이의 관용을 촉구하는 데에 있었다. 때문에 그는 신학자들과 논쟁하게 되었고, 특히 기센의 베나 박사[12]가 그에게 반론을 했다. 폰 론도 여기에 반론했다. 논쟁은 격해져 인신공격으로 치달았다.

그로 인해 어떤 불유쾌한 일이 생겼기 때문에 저자는 링겐의 장관 지위를 맡을 마음이 생겼다. 이 지위는 프리드리히 2세가 그에게 준 것이었는데, 그것은 왕이 그를 프랑스에서 이미 널리 행해지던 개혁에 반감을 갖지 않은, 편견 없는 계몽사상가로 생각했기 때문이었다. 그가 다소의 불만을 품고 물러난 프랑크푸르트의 동향인들은, '그는 링겐으로는 만족하지 않는다. 아니 만족할 턱이 없다. 링겐 같은 땅은 프랑크푸르트와는 도저히 비교할 수가 없기 때문이다'라고 주장했다.

나의 아버지도 장관의 지위가 과연 마음 편한 것인지를 의심하고 있었다. 그리고 아버지는, '내 이모부는 왕과 관련되지 않는 편이 좋았다. 왜냐하면 왕은 어찌되었건 대단히 뛰어난 군주이기는 하지만, 그런 사람과 가까이하는 것은 대체로 위험한 일이기 때문이다. 그 유명한 볼테르도 전엔 그토록 두터운 총애를 받고, 프랑스 문학에 있어서 왕의 스승 대접을 받았는데도, 프로이센의 지사 프라이타크의 요청에 의해 프랑크푸르트에서 체포되는 치욕을 당한 것은, 세상 사람들이 실제로 눈으로 목격한 바가 아니냐'고 잘라 말했다. 이런 일이 있을 때마다 궁정과 군주를 측근에서 모시는 일에 대한 위험성을 경고하는 생

---

12) 요한 헤르만(?~1782). 기센의 신학 교수.

각과 실례가 적지 않았으나 일반적으로 프랑크푸르트 태생인 사람으로서는 이와 같은 위험성은 거의 상상할 수가 없었던 것이다.

뛰어난 인물이었던 오르트 박사[13]에 대해서는 그 이름을 드는 것으로만 그치고자 한다. 나는 여기서 공적이 있었던 프랑크푸르트 사람들을 위해 기념비를 세우려는 것이 아니라 오히려 그들의 명성과 인품이 나의 어린 시절에 어떤 영향을 끼쳤는가에 한하여 그 사람들을 언급하고자 하기 때문이다.

오르트 박사는 부유한 사람으로 그 지식이나 식견도 충분한, 그런 자격이 있었음에도 불구하고 끝내 한 번도 시의 행정에 관여하지 않았던 사람들 중의 한 사람이다. 독일, 특히 프랑크푸르트 지방의 고대사는 그에게 빚진 바가 매우 많다. 그는 이른바 《프랑크푸르트의 개혁》[14]을 위한 주해(註解)를 발표했는데, 이 책에는 자유 도시 프랑크푸르트의 법규가 모여 있다. 나는 이 책의 역사적인 부분을 젊은 시절에 열심히 공부한 적이 있다.

앞에서 내가 우리의 이웃이라며 말한 적이 있는 그 세 형제의 맏이인 폰 옥센슈타인은 틀어박혀서 살았기 때문에 생존 당시엔 그다지 알려지지 않았지만, 죽은 뒤, 이른 새벽에 남몰래 문상객이나 행렬도 없이 일꾼들에 의해 묘지로 운반되길 원한다는 유언을 남김으로써 널리 사람들의 주목을 끌었다. 장례식은 유언대로 행해졌다. 그리고 이것은 사치스런 장례식에 익숙해 있던 도시 사람들 사이에 대단한 평판을 받았다. 종래에 이와 같은 기회에 이익을 보았던 사람들은 모두 이 개혁에 반대했다. 그러나 이 용감한 귀족을 따르는 사람들이 모든 계층 곳곳에서 나타났다.

이런 장례식은 '소의 장례식'[15]이라 불려 비웃음을 사기는 했지만, 그것은 급속하게 퍼져 나가서 궁핍한 많은 사람들에게는 이익이 되었다. 화려한 장례식은 차츰 줄어들었다. 내가 이 사례를 인용하는 것은 그것이 지난 세기 후반에 상류 계급에서부터 다양한 방식으로 나타나 뜻밖의 영향을 미친 그 겸양과 평등 정신의 한 징후를 보였기 때문이다.

---

13) 요한 필립(1698~1783). 법률학자. 그의 《프랑크푸르트시의 신개혁에 관한 주해》는 1731년. 4권의 속편은 1742~54년. 그 증보판은 1774년.

14) 프랑크푸르트의 권리를 정한 법규는 1611년에 개혁되었다.

15) 옥센슈타인이란 이름의 일부인 '옥스'에는 소라는 뜻이 있다.

옛 시대 것의 애호가도 없지는 않았다. 그림 진열실을 갖춘 사람이 있는가 하면, 동판화 수집가도 있었다. 특히 프랑크푸르트시에 관계된 진기한 것들이 열심히 탐구, 보존되었다. 지금까지 수집되지 않았던 시의 옛 법규나 훈령을, 인쇄된 것과 손으로 쓴 것을 가리지 않고 모두를 열심히 찾아내 시대순으로 정리해, 향토의 법령과 관습을 나타내는 귀한 것으로 경외의 마음을 담아 보존했다. 프랑크푸르트 출신자의 초상화도 다수 남아 있었는데 이것도 수집되어 진열실의 특별한 한 부문이 되었다.

내 아버지가 모범의 대상으로 삼았던 것은 주로 이러한 사람들이었던 것 같다. 착실하고 유력한 시민에게 필요한 자격 가운데 아버지에게 결여된 것은 하나도 없었다. 집을 신축한 다음에 그도 온갖 종류의 수집품을 새로이 정리했다. 셴크나 기타 당시의 뛰어난 지도 제작가가 제작한 훌륭한 지도, 초상화, 앞서 말했던 법규와 훈령, 옛 무기를 수납한 장식장, 진기한 베네치아의 유리 제품, 잔, 자루가 높은 잔, 광물 표본, 상아 세공, 청동 기구 등을 넣은 장식장, 기타 많은 수의 물품이 정리되고 진열되었다. 그리고 나는 경매가 있을 때마다 수집품을 늘리기 위해 아버지에게 부탁해서 내 손으로 몇 가지를 낙찰받았다.

또 나는 한 유명한 가족을 소개하고자 한다. 이 집안에 대해서는 나는 아주 어린 시절부터 많은 색다른 소문을 들었는데, 그 가족 구성원 두서너 명에 대해서는 나도 직접 여러 가지 놀랄만한 일을 체험했다. 그들은 젠켄베르크 집안 사람들이었다. 부친에 대해서는 부유한 사람이었다는 것 말고는 특별히 이야기할 것은 없다. 그에게는 세 명의 아들[16]이 있었는데 셋 다 젊었을 때부터 이미 기인(奇人)으로 널리 알려져 있었다.

좋은 일이든 나쁜 일이든 남의 눈에 띄는 것을 좋아하지 않는 좁은 도시에서는 이런 사람들은 그다지 환영받지 못하기 마련이다. 별명이라든가 오래 기억에 남는 기묘한 소문 등은 대개 다음과 같은 기행(奇行)의 결과인 것이다. 그들의 부친은 하젠 갓세(토끼 거리)의 모퉁이에 살았는데, 정말로 세 마리는 아니었지만 토끼가 한 마리 그 집 문패에 그려져 있었기 때문에 이런 이름이 붙

---

16) 하인리히 크리스티앙 젠켄베르크(1704~68). 빈의 황실 고문관. 요한 크리스티앙 젠켄베르크(1707~72). 프랑크푸르트의 의사. 요한 에라스무스 젠켄베르크(1717~95). 프랑크푸르트의 변호사. 괴테는 둘째와 셋째를 혼동하고 있다.

었던 것이다. 그래서 세 형제는 늘 '세 마리 토끼'라 불렸고, 오랫동안 이 별명이 붙어 다녔다. 그러나 뛰어난 재능이 어린 시절에 유별나게, 남의 눈을 놀라게 할 때가 자주 있었는데, 이 경우에도 또한 그러했다.

맏형은 나중에 널리 이름을 떨친 황실 고문관 폰 젠켄베르크였다. 둘째는 시 참사회원의 한 사람이었지만 뛰어난 재능을 가졌음에도 불구하고 그것을 엉터리로, 아니 옳지 못한 방법으로 발휘하는 바람에 결국 시에 손해를 입히고 동료에게 지대한 폐를 끼쳤다.

막내는 의사로서 아주 성실한 사람이었는데, 아주 드물게, 그것도 상류 가정에만 진료를 했다. 그리고 고령에 이르기까지 외관상으로 항상 뭔가 독특한 데가 있었다. 복장은 늘 단정해서 거리에 나설 때는 반드시 짧은 구두에 긴 양말을 신고, 공들여 머리분을 뿌린 곱슬머리 가발을 쓰고, 모자를 옆구리에 끼고 있었다. 그는 빠른 걸음으로 다녔는데, 기묘하게 비틀거리는 듯한 걸음거리로 거리 이쪽에 있는가 하면 어느새 반대쪽에 가 있는 식으로 걸으면서 갈지자 모양을 그리곤 했다.

입성 사나운 사람들은, 그 사람이 그렇게 기묘하게 걷는 것은, 똑바로 쫓아오는 죽은 사람의 혼령을 피할 요량으로, 악어가 무서워서 달아나는 사람의 흉내를 내는 것이라고 했다. 그러나 이런 농담이나 흥미있는 험담도 마지막에는 모두 그에 대한 경외심으로 바뀌었다. 에센하이머 갓세에 있었던 그의 넓고 웅장한 저택을, 농장, 정원, 부속 건물까지 모조리 의료 시설로 기부했기 때문이다. 거기에는 프랑크푸르트 시민만이 들어갈 수 있는 병원 시설 외에도 식물원, 해부실, 화학 실험실, 소장 관사 등 어느 대학에 비해도 손색이 없을 만큼 설비가 갖춰져 있었다.

인품보다는 오히려 인근에 보인 활동과, 저술에 의해 매우 커다란 영향을 나에게 주었던 또 하나의 훌륭한 사람은 카알 프리드리히 폰 모자[17]였다. 그는 이 지방에서 널리 이름을 떨치고 있었다. 그도 철저하고 도의적인 성격의 소유자였지만, 인간의 성정(性情)의 결함에 의해 괴롭힘을 당하는 일이 많았기 때문에, 이른바 경건파 사람들에게 마음이 끌려 있었다. 그리고 그는 폰 론이 궁정

---

17) 1723~98. 남작. 정치학자, 저술가. 《군주와 가신(1759)》, 《사자굴 속의 다니엘(1763)》, 《성유물(1766)》.

생활에 바랐던 것처럼, 행정 활동이 가장 양심적으로 수행되기를 바랐다.

독일에서는 허다한 소(小)궁정이 있고, 엄청난 수의 영주와 가신이 있었다. 그리고 영주는 무조건적 복종을 요구하고, 가신은 대개 오로지 자기가 믿는 바를 따라 섬기려 했다. 그래서 끊임없는 분규와 급격한 변혁, 폭발이 일어났다. 방자한 행동의 결과는, 작은 국가에서보다도 큰 국가에서 훨씬 빠르게 남의 눈에 띄고, 해를 끼치기 마련이기 때문이다.

많은 집들이 부채로 괴로워하고, 칙령(勅令)에 의해 재무정리위원이 임명되었다. 다른 집도 서서히 또는 급속하게 같은 길을 걸어갔다. 그때 가신들은 부정한 수단에 의해 자기 배를 채우거나, 아니면 양심적으로 행동하여 불쾌감을 사거나, 남의 원망을 사거나 했다. 그는 정치가로서 또 행정관으로서 활동하고 싶어했다. 그리고 이 분야에서 부모에게 물려받았고 전문가의 수준으로까지 단련된 그의 재능이, 대단한 이익을 그에게 가져다주었다.

그러나 동시에 또한 그는 인간으로서, 시민으로서 행동하여, 자기의 도의적인 품위를 가능한 한 손상하지 않으려 했다. 그의 《군주와 가신》, 《사자굴 속의 다니엘》, 《성유물(聖遺物)》은 일관되게 그가 고문의 고통까지는 아니더라도 늘 중간에 낀 고통을 맛보던 상태를 묘사하고 있다. 그 작품들은 모두 환경에 융화할 수도 없지만, 그렇다고 거기서 도망치지도 못하는 상황의 초조함을 나타내고 있다. 이와 같은 사고와 감정을 가지고 있었기 때문에 당연히 그는 다른 직무를 구하지 않으면 안 되었다. 그리고 그는 매우 유능한 사람이었으므로 그 직무들에 곤란을 겪는 일은 없었다. 나는 그를 느낌이 괜찮고 활동적인 동시에 친절한 사람으로 기억하고 있다.

그러나 클롭슈토크[18]라는 이름도 우리에게 커다란 영향을 주고 있었다. 처음에는 그처럼 뛰어난 사람이 이렇게 기묘한 이름[19]을 가지고 있는 것을 이상하게 생각했지만, 이윽고 그것에 익숙해져 이 이름의 뜻은 더 이상 개의치 않

---

18) 프리드리히 고트리에프(1724~1803). 무운(無韻)의 육보격(六步格) 등 그리스계의 시형을 독일 시로 도입하였고 또 대담한 시어(詩語)의 채용으로 독일 시의 표현 영역을 넓혔다. 또 지유 운율의 시작을 시도하여 그 후의 독일 시에 커다란 영향을 주었다. 대표작은 《메시아스 (1748~73)》.

19) 클롭슈토크란 '두들기는 작대기'라는 뜻.

게 되었다.

내가 지금까지 아버지의 장서 가운데서 찾아낸 것은 얼마 전, 특히 아버지 시대에 차츰 두각을 나타냈던 저명한 시인들뿐이었다. 그 작품들은 모두 운(韻)을 따르고 있었다. 그리고 아버지는 운을 따르는 것이 시적 작품에는 불가결하다고 믿고 있었다. 카니츠,[20] 하게도른,[21] 드롤링거,[22] 게라트,[23] 크로이츠,[24] 하라[25]의 작품집이 아름다운 가죽 장정으로 한 줄로 꽂혀 있었다.

이것들과 나란히 노이키르히의 《텔레마크》와 그 밖의 번역 작품이 꽂혀 있었다. 나는 어린 시절부터 이 작품들을 모두 열심히 읽었고, 일부는 외다시피 했으므로 좌중의 흥을 돋우기 위해 손님들 앞에 자주 불려 나갔다. 그런데 아버지가 볼 때 시 같지 않은 클롭슈토크의 《메시아스(구세주)》가 사람들의 찬탄의 대상이 되기에 이르자, 아버지에겐 불유쾌한 시대가 시작되었다. 아버지는 이 작품을 구입하기를 기피했지만 우리와 절친한 시참사회원 슈나이더가 몰래 그 것을 들고 와서 어머니와 우리들에게 슬쩍 건네 주었다.

별로 책을 읽지 않는 이 활동적인 사람에게 《메시아스》는 그것이 출판되자마자 즉각 깊은 인상을 주었다. 누구나 괜찮은 산문으로밖에는 여기지 않았지만 지극히 자연스럽게 표현된, 더구나 아름답게 순화된 경건한 감정과, 그 유쾌한 어조가 평소에는 무취미한 행정관의 마음을 강하게 사로잡았다. 물론 여기서 문제가 되는 것은 앞부분의 10장[26]인데 그는 그것을 가장 훌륭한 종교서라고 여기고 1년에 한 차례, 모든 업무로부터 해방되는 부활절 전의 1주일 동안 혼자서 조용히 통독하고, 거기서 1년치 마음의 양식을 쌓았다.

처음에 그는 자기 마음을 오랜 친구에게 전하고 싶었지만, 이런 훌륭한 내용

---

20) 프리드리히 루트비히(1654~99). 프로이센의 외교관, 시인.
21) 프리드리히 폰(1708~54). 독일의 시인. 뒤의 10장에서 나옴.
22) 카알 프리드리히(1688~1742). 스위스의 시인.
23) 크리스티앙 프뤼히테고트(1715~69). 라이프치히 대학 교수. 나중에 괴테는 라이프치히 대학에서 그의 강의를 들었다.
24) 프리드리히 폰(1724~70). 빈의 황실고문관, 시인.
25) 알프레히트 폰(1708~77). 스위스의 시인. 6장, 10장에 나옴.
26) 《메시아스》의 전체 20장이 완성된 것은 1773년이고, 괴테가 이것을 읽었을 당시는 10장(1755년 간)까지만 나와 있었다.

을 가진 작품에 대하여, 그에게는 아무래도 상관없어 보이는 겉모양 때문에 친구가 치유되기 힘든 혐오감을 가진 것을 알고 그는 무척이나 놀랐다.

이 책이 거듭 화제가 되었던 것은 쉽게 상상할 수 있는데, 두 사람 사이는 차츰 벌어지는 한편, 격렬한 말다툼이 되는 일도 있었다. 그래서 이 다툼을 달갑지 않게 여긴 사람은, 어릴 적 친구와 함께 일요일의 고급 수프를 잃지 않기 위해서, 자기의 애독서에 대해서는 감히 입을 다물기로 했다.

자기가 믿는 바를 남에게도 믿게 하려는 것은 누구에게나 있는 지극히 자연스런 바람이다. 그래서 우리의 친구는 아버지 이외의 가족에게서 그의 성서에 대해 전혀 편견이 없는 마음을 발견했을 때, 진정으로 보상을 받은 기분을 은근히 맛보았다. 그 책은 그에게는 1년에 한 번만 필요했으므로 나머지 기간엔 우리에게 사용권을 주었다. 어머니는 그것을 아버지의 눈에 띄지 않게 두었다. 그래서 우리 남매는 기회만 있으면 그것을 가져다가 한가할 때 한쪽 구석에 숨겨놓고 가장 극적인 곳을 암송하고, 특히 가장 아름다운 곳, 가장 격렬한 곳을 가능한 한 빨리 기억 속에 담으려 애썼다.

우리는 포르티아의 꿈[27]을 앞다퉈 암송했고, 죽음에 빠진 사탄과 아드라멜레히의 격렬하고 절망적인 대화[28]를 외울 때는 둘이서 역할을 나누었다. 상당히 힘찬 사탄 역은 내가 맡고, 조금은 약한 아드라멜레히 역은 누이동생이 맡았다. 둘이서 나누는 무서운, 그러나 울림이 좋은 저주의 말이 거침없이 입으로 나왔다. 그리고 우리는 기회가 있을 때마다 이 지옥의 말로 인사를 했다.

어느 겨울의 토요일 밤이었다. 아버지는 일요일 아침에 느긋하게 채비할 수 있도록 항상 등불 아래서 수염을 깎았다. 이발사가 비누칠을 하는 동안 우리는 늘 난로 뒤의 의자에 앉아서 저주의 말을 작은 소리로 속삭였다. 그러다가 마침내 아드라멜레히가 강철 같은 손으로 사탄을 붙잡는 곳에 이르렀다. 누이동생은 잔뜩 힘을 주어 나를 붙잡고는 낮은 목소리로, 그러나 차츰 높아져만 가는 정열을 담아서 암송을 했다.

살려줘! 제발 부탁이야. 네가 바란다면, 괴물이여.

---

27) 《메시아스》 제7장에 나옴.
28) 《메시아스》 제10장에 나옴.

네 앞에 무릎이라도 꿇으리. 저주받은 자여, 뱃속이 시커먼 죄인이여.
살려다오! 나는 복수의 영원한 죽음의 고통을 받고 있나니.
전에는 뜨거운, 불타는 듯한 증오심으로 너를 미워할 수도 있었다.
이제는 그것도 불가능하다. 그것이 또한 나를 자극하는 고통이러니.

거기까지는 그럭저럭 아무 일 없이 왔다. 그러나 누이동생은 자기에게 도취된 나머지 무서우리만큼 소리를 높여 다음 시구를 외치고 말았다.

오오, 어째서 나는 이렇게 으깨지고 망가졌단 말인가!

사람 좋은 이발사는 간이 떨어질 정도로 놀라 얼굴이 노랗게 되어서 그만 아버지의 가슴에 비눗물 그릇을 엎어버리고 말았다. 그 통에 엄청난 소란이 벌어졌고, 우리는 혹독하게 야단을 맞았다. 한창 수염을 깎는 중이었다면 어떤 불행이 일어났을지도 모르는 일이었다. 장난으로 한 것이라는 의혹을 청산하기 위해 우리가 악마 역을 연기하고 있었음을 고백했다. 불행이 그 육보격(六步格)의 시로 인해 일어난 것임이 명백해졌으므로 그것은 또다시 새삼스런 악평을 야기했고, 마침내는 쫓겨나기에 이르렀다.
이런 식으로, 아이들이나 민중은 위대한 것, 숭고한 것을 놀이로, 더 나아가서는 한바탕의 희극으로 바꾸곤 한다. 그렇게라도 하지 않으면 그것을 지탱하고 그것에 견딜 수가 없기 때문이다.

# 제3장
## 군정 장관 트랑 백작

그즈음에는 정월 초하루가 되면 누구나 신년 인사를 하러 일일이 돌아다니는 관습이 있었기 때문에 시내는 매우 활기가 넘쳤다. 평소에는 그다지 걸어다니는 일이 없는 사람도 나들이옷을 차려입고 평소 신세를 진 사람이나 친구에게 조금이라도 관계를 돈독히 하고, 예의를 차리려 했다.

우리에게는 이날, 외할아버지 댁에서 열리는 축하연이 무엇보다도 큰 즐거움이었다. 이른 아침부터 손자들은 외할아버지 댁에 모여서 군악대, 시의 악단, 그밖의 사람들이 연주하는 큰북·오보에·클라리넷·트롬본·코르네트 등을 들었다.

포장을 하고 겉면에 글씨를 쓴 새해 선물이 아이들의 손에 의해 신분이 낮은 손님들에게 전달되었다. 시간이 지날수록 새해 인사를 하러 오는 사람의 수가 늘어갔다. 처음엔 지인·친척, 나아가 시의 하급 관리들이 왔다. 시참사회원들도 시장에게 인사 올리기를 게을리하지 않았다.

저녁에는 그들 가운데서 선택된 사람들이 일년 내내 거의 개방되는 일이 없는 몇 개의 방에서 식사를 함께 했다. 케이크·스펀지케이크·마치치펜, 달콤한 포도주 등이 아이들에게 더없는 즐거움을 주었다. 게다가 시장과 두 보좌관에게 두세 단체에서 해마다 은식기를 선물하기로 되어 있었는데, 이것들은 정해진 서열에 따라 나중에 손자나 이름을 지어준 아이들에게 주어졌다. 요컨대 이 작지만 알찬 연회는 성대한 연회에 비해도 전혀 손색이 없는 것이었다.

1759년 새해가 다가오자 아이들은 여느 해와 마찬가지로 잔뜩 기대에 부풀어 그날이 오기를 손꼽아 기다렸다. 그러나 어른들에게 그해의 설날은 걱정과 불안으로 가득 찬 것이었다. 프랑스 군대가 시를 통과하는 것은 자주 있는 일이어서 이미 익숙해졌지만, 지난해 연말에는 그것이 부쩍 빈번해졌다. 자유 도시의 예로부터의 관례에 따라 전망대의 파수꾼은 군대가 다가올 때마다 나팔을 불었지만, 이해의 설날에는 그는 나팔을 내려놓을 짬도 없었다. 이것은 대부대가 각 방면에서 행진해 온다는 신호였다. 실제로 이날 부대가 대규모로 시를 통과했고, 사람들은 그 행진하는 모습을 보려고 몰려들었다.

지금까지는 지나가는 부대는 항상 소규모였는데, 그것이 차츰 대부대가 되어, 저지할 수도 없을뿐더러 저지하려 하는 사람도 없었다. 어쨌거나 1월 2일에는 한 떼의 병사들이 작센하우젠을 지나 다리를 건너 파르갓세를 통과해 콘스타벨의 초소 앞에서 정지했다. 그 초소를 지키던 소규모의 파견 부대를 압도하고 그 초소를 점거하더니 이어 차이레강을 따라 내려갔다. 약간의 저항을 보이던 초병(哨兵) 본대도 항복하지 않을 수 없었다. 평화로운 시내는 순식간에 전쟁 무대로 바뀌었다. 정규 숙소의 할당에 즈음하여 숙박처가 정해질 때까지 부대는 그곳에 머무르면서 야영을 했다.

이 생각지도 않던, 여러 해 동안 들어본 적도 없는 무거운 짐은 편안하고 조용하게 살던 시민들을 무척이나 당황하게 했다. 그리고 내 아버지만큼 이 일을 고통스럽게 생각하는 사람도 없었다. 이 집은 겨우 막 수리가 끝났을 뿐이었다. 아버지는 아름답게 장식한, 더구나 거의 공개되는 일이 없는 객실을 남의 나라 군대에 홀랑 내주고, 평소 그가 열심히 정리하고 소중히 여기던 집 안 곳곳에 그들이 함부로 드나드는 것을 보고만 있어야 했다. 그렇지 않아도 프로이센 편인 아버지는 당신의 집이 프랑스인에게 고스란히 접수되는 꼴을 당했다. 이것은 그의 사고방식대로라면 그가 평생 겪은 일 중에서 가장 슬픈 일이었다.

그러나 그가 이 사건을 좀더 마음 가볍게 받아들였다면 어땠을까? 아버지는 프랑스어에 능통했다. 또한 평소의 몸가짐은 위엄으로 가득 차고 품위가 있었으므로, 이 사건을 긍정적으로 받아들였으면 당신이나 우리나 그렇게 많은 우울한 시간을 겪지 않고 지나갈 수 있었지 않았을까 하는 생각이 든다. 왜냐하면 우리 집에 머문 사람은 군정 장관이어서, 군인이라고는 해도 민간의 사건, 즉 병사와 시민 사이의 분쟁, 부채 문제, 소송 사건 등을 처리하는 것이 임무였기 때문이다.

군정 장관은 트랑 백작[1]이었다. 그는 앙티브에서 가까운 프로방스의 그라스

---

1) 프랑수아 드(1717~94). 그는 프랑스 왕의 대리, 부왕(副王)의 자격으로 프랑크푸르트에 왔다.

출신으로, 키가 크고 마른 데다가 매우 성실한 사람이었다. 얼굴은 곰보로 심하게 망가졌지만 매우 위엄이 있고 침착했다. 그는 도착하자마자 이내 집안 사람들에게 좋은 인상을 주었다. 온갖 방들의 이름을 거론하면서 어떤 것을 개방하고, 어떤 것을 가족에게 남길지 의논했다. 백작은 회화실(繪畵室)이라는 이름을 듣자마자, 이미 밤이었음에도 불구하고 잠깐이라도 좋으니 촛불을 비춰서라도 그림을 보고 싶다고 부탁했다. 그는 그 그림들을 보고 무척이나 기뻐하고, 안내한 아버지에게 상당히 정중한 태도를 보였다. 그리고 그것을 그린 화가들 대부분이 아직 생존해 있고, 프랑크푸르트나 프랑크푸르트 근교에 산다는 말을 듣고는 가까운 시일 내에 꼭 그들과 만나서 자기 그림도 그려달라야겠다고 힘주어 말했다.

이리하여 예술을 매개로 가까워졌음에도 불구하고 아버지의 기분을 바꾸는 것도, 타고난 성격을 굽히는 것도 불가능했다. 과거 그는 자기 힘으로 막지 못하는 일은 되어가는 대로 내버려두었고, 나서는 일 없이 일정한 거리를 두고 그냥 바라보기만 했었다. 그러나 지금 그의 신변에서 일어나고 있는 이 비정상적인 사태는 극히 사소한 점에 이르기까지 그에게는 참기 힘든 일이었다.

그러나 트랑 백작의 태도는 모범적이었다. 그는 새 벽지를 상하게 할까봐 지도를 압정(押釘)으로 벽에 고정하는 것조차도 하지 않았다. 그의 부하는 빈틈이 없고 침착하며, 매우 올곧은 사람이었다. 그러나 하루 온종일, 나아가서는 밤이 되어도 그의 신변은 여전히 소란스러웠다. 하소연 거리가 있는 사람들이 꼬리를 물고 찾아왔으며, 체포된 사람이 연행되면 다시 다른 사람이 끌려왔고, 수많은 장교와 부관이 면회를 요청했다.

게다가 백작은 날마다 식사에 손님을 초대했기 때문에, 그다지 크지도 않고 한 가족을 위해서 설계되었을 뿐인, 모든 층을 관통하는 널따란 계단이 하나밖에 없는 이 집에선, 모든 일들이 아무리 조심스럽고 조용하게, 또 엄격하게 이루어진다고 해도 집안 전체가 온통 벌집 쑤셔놓은 것처럼 시끄럽고 어수선했다.

날이 갈수록 점점 더 분위기가 어두워졌는데, 안방을 차지하고 있는 기분이 썩 좋지 않은 주인과, 호의적이기는 하지만 매우 엄격하고 빈틈이 없는 군인 손님 사이의 중개자로 다행스럽게도 태평한 통역²⁾이 있었다. 이 사람은 잘생기고 풍채가 좋으며 명랑한 프랑크푸르트 시민으로 프랑스어를 유창하게 했는데, 모든 일에 빈틈없이 대응하고 자잘한 온갖 일들을 농담 반 진담 반으로 교묘하게 정리해 냈다.

내 어머니는 이 사람에게 부탁하여, 남편의 불편한 심경으로 인해 생겨나는 당신의 입장을 백작에게 설명했다. 그는 일의 경과를 썩 잘 묘사해 냈고, 아직 완전하게 설비가 정돈되지 않은 새 집과, 남편의 타고난 은둔적 성격, 그리고 그가 자기 가족의 교육 때문에 바쁘다는 것, 그 밖에 말해 두어야 할 온갖 일들을 설명하고, 백작이 고려해 줄 것들을 부탁했다. 백작은 자기가 할 수 있는 최고의 공정·청렴·명예 있는 몸가짐에 최대의 자부심을 갖고 있었으므로, 이 경우에도 숙영자로서 모범적으로 행동하고자 마음먹었다. 그리고 실제로 그가 머물렀던 몇 년 동안, 여러 다른 사정이 있었음에도 그는 변함없이 그것을 지켰다.

가족들은 모두 조금이나마 이탈리아어를 할 줄 알았는데, 어머니도 또한 이 나라 말에 대해 약간의 지식을 갖고 있었다. 어머니는 이번 일로 인해 프랑스어를 배울 결심을 하게 되었다. 통역을 하던 디네 씨는 이 어수선하고 변화무쌍한 일들이 줄곧 벌어지는 가운데서, 어머니가 그의 아들의 세례에 입회해 준 일도 있고, 또 그 자신도 우리의 대부이기도 했으므로, 우리 집에 대해 큰 호의를 갖고 있었다. 그래서 그는 형편이 닿는 대로 어머니에게 프랑스어를 가르쳤다(그는 우리 집 건너편에 살았었다). 맨 먼저 어머니가 백작에게 직접 뭔가를 말할 때에 필요한 말들을 가르쳤는데, 이것은 매우 도움이 되었다.

백작은 어머니가 그 나이에 들이는 노력을 가상하게 여겼다. 또 그의 성격은 명랑하고 풍부한 기지로 넘쳤으므로, 멋은 없으나마 여자에게도 그 나름의 은근한 태도를 보여서, 어머니와 백작 사이에는 더할 나위 없는 관계가 이루어졌다. 이리하여 두 사람의 대부들은 서로 미리 계획했던 대로의 일을 이룩해낼 수가 있었다.

이미 말한 것처럼, 아버지의 기분만 밝게 할 수가 있었더라면, 이렇게 변해

---

2) 요한 하인리히 디네(생몰년 불명).

버린 상태도 그다지 무겁고 답답해지진 않았으리라. 백작은 공평무사한 태도를 굳게 지켰다. 그의 직위에서 보면 당연하게 여겨질 만한 선물조차도 그는 거절했다. 매수의 낌새가 있는 것은 아무리 사소한 일이라도 화를 내며 돌려보냈고, 벌을 주는 일도 있었다. 부하에게는 집 주인에게 조금이라도 쓸데없는 지출을 하게 해서는 안 된다고 엄격하게 명령했다. 그러면서 우리에게는 식사 후에 먹을 것을 잔뜩 나눠주기도 했다.

이 기회에 당시 우리가 얼마나 소박했는지를 설명하기 위해 일화를 하나 소개하고자 한다. 어느 날, 백작이 우리를 위해 얼음 과자를 보냈는데, 어머니가 그것을 버려 버리는 바람에 우리는 무척이나 슬펐다. 어머니는 아무리 설탕을 넣어서 달게 했다고는 하지만 진짜 얼음을 어린아이의 위가 견디어 낼 턱이 없다고 믿었기 때문이다.

그렇지만 차츰 아무 지장 없이 즐기고 맛볼 수 있게 된 이 맛난 것들 외에도, 혹독한 수업이나 엄격한 예의범절로부터 어느 정도 해방되었다는 것이 우리를 무척이나 기쁘게 했다. 아버지의 못마땅해하는 정도는 차츰 심해졌다. 그는 어쩔 수 없는 일에 순응할 수가 없었다. 그는 백작에게서 벗어나고 싶어할수록 스스로를 괴롭힘과 동시에 어머니나 대부, 시참사회원들, 모든 친구까지도 괴롭혔다. '그런 사람이 집에 있어 주는 것은 현재 상황으로선 다행이다, 백작을 쫓아내더라도 장교든 일반 병사든 끊임없이 바뀌어 가며 기숙하게 될 것'이라고 이구동성으로 설명을 해도, 아버지는 듣지 않았다. 당장 눈앞의 일이 그로선 참기 힘든 일이어서 영 못마땅한 나머지, 나중에 일어날지도 모르는 가장 나쁜 경우를 생각할 만한 여유마저 없어졌던 것이다.

이리하여 과거에 주로 우리에게 향하던 그의 관심은 지연되고 침체되기 일쑤였다. 아버지는 우리에게 나눠주던 과제를 이젠 지금까지처럼 엄격하게 요구하지 않았다. 그래서 우리는 우리의 호기심을 집 안에서뿐만 아니라 길거리에서 볼 수 있는 군사상, 또는 그 밖의 공공의 일로 가능한 한 채우려고 애를 썼다. 현관문은 낮이나 밤이나 활짝 열려 있었고 초병이 경비를 하긴 했지만, 그들은 자기들을 성가시게 하지 않는 아이들이 드나드는 일 따위에는 신경도 쓰지 않았으므로, 우리가 거리로 나가는 것은 문제도 아니었다.

여러 다양한 사건들이 군정 장관의 법정에서 해결되었는데, 백작은 판결을 내릴 때 세심하고 기지가 풍부하며 유쾌하게 에둘러서 말하는 것에 특별한 가치를 두었기 때문에, 사건에는 매우 독특한 재미가 더해졌다. 그의 판결은 지극히 공정한 것이었지만, 그가 그것을 표현하는 방식은 명랑하고 신랄했다. 그는 오스나 공작[3]을 본보기로 삼는 것 같았다.

통역 아저씨는 거의 매일처럼 갖가지 일화를 우리와 어머니에게 전함으로써 모두를 웃게 했다. 활기찬 이 아저씨는 이와 같은 솔로몬[4]의 판결을 모아서 작은 판결집을 만들고 있었다. 그러나 나는 전체적인 인상을 기억할 뿐, 자세한 것까지 일일이 생각이 나지는 않는다.

백작의 유별난 성격은 차츰 널리 알려졌다. 그는 스스로도 자기의 비뚤어진 성격을 너무나도 잘 알고 있었다. 그는 이따금 일종의 불쾌감, 우울증, 또는 악의 화신이라고나 부를 만한 것에 휩싸일 때가 있었고, 때로는 그것이 며칠 계속되기도 했다. 그럴 때는 방 안에 틀어박혀서 그의 부관 이외에는 아무도 만나지 않고, 아무리 긴급한 일이 있어도 면회를 허락하지 않았다.

그러나 악령이 물러나면 곧장 그는 전과 다름없이 온화하고 명랑하고, 활동적인 사람으로 바뀌었다. 그의 부관으로 작은 체구에 마른, 쾌활하고 사람 좋은 생 장이라는 사람의 말에 따르면, 그는 어린 시절에 그런 기분을 극복하지 못해서 엄청난 고통을 겪은 적이 있으며, 지금은 또 온 세상의 이목을 끄는 대단히 중요한 지위에 있어서, 그와 같은 실책을 반복해서는 안 된다고 굳게 마음먹고 있는 것 같다는 것이었다.

백작이 온 지 며칠 되지 않아서 히르트, 슈츠, 트라우트만, 노트나겔[5] 융커 등 프랑크푸르트에 사는 화가가 모조리 그의 앞으로 불려나왔다. 그들은 이미 완성된 그림을 가져와서 보여 주었고, 백작은 그중에서 살 수 있는 것은 샀다. 지붕 밑의 밝고 안락한 나의 방이 그를 위해 개방되었는데, 그곳은 이내 진열실과 아틀리에로 바뀌었다.

그는 모든 화가에게, 그중에서도 다름슈타트의 제카츠에게 오랜 기간에 걸

---

3) 돈 베드로 텔레스 히론(1579~1624). 시칠리아, 나폴리의 부왕(副王). 넘치는 기지로 알려져 있다.
4) BC 1010~BC 974. 이스라엘의 왕. 다윗의 아들.
5) 요한 안드레 아스 벤냐민(1729~1804). 화가, 납포 벽지 공장 소유자. 괴테는 1774년 그의 밑에서 유화를 배운 적이 있다. 제4장에 노트나겔에 관한 자세한 기술이 있다.

쳐 일을 부탁할 작정이었기 때문이다. 특히 자연스럽고 소박한 표현에 능한 제카츠의 필치를 그는 매우 마음에 들어 했다. 그래서 그는 그라스에 있는 형의 저택에 사람을 보내어 그곳의 모든 방과 진열실의 치수를 잰 다음, 벽의 칸막이에 관해 화가들과 의논하고 그 치수에 맞는 여러 개의 그림의 크기를 정했다. 그 그림들은 액자에 끼우지 않고 벽지의 일부로 벽에 붙이도록 되어 있었다. 이리하여 매우 진지하게 일이 시작되었다.

제카츠는 전원 풍경을 맡았는데, 그가 있는 그대로 그린 노인이나 어린이들은 매우 훌륭했다. 그에 비하면 청년들은 그다지 성공적이라고는 할 수 없었다. 그들은 대개 너무 야위어 있었다. 그리고 여자들은 그와 반대의 이유로 실패였다. 왜냐하면 그의 아내는 키가 작고 뚱뚱한 데다가, 선량하기는 하지만 까탈스러워서, 자기 이외의 여자는 모델로 쓰지 못하게 했으므로 만족스런 것이 나올 턱이 없었던 것이다. 게다가 그는 균형이 맞지 않을 정도로 인물을 크게 그렸다. 그의 나무는 자연 그대로 그려져 있었지만, 이파리 부분은 너무 자세했다. 그는 소품의 기법에 있어서는 어느 한 군데 흠잡을 데 없는 브링크만의 제자였다.

풍경화가인 슈츠는 이 일에 어쩌면 가장 적당한 사람이었다. 그는 라인 지방의 풍경과, 아름다운 계절에 그것을 생생하게 비추는 햇빛을 완벽하게 재현해 냈다. 그는 크기가 큰 그림의 제작에도 반드시 익숙하지 않은 것은 아니었다. 이 경우에도 그는 전체를 세밀하게 묘사해 내고, 명암의 조화에 힘썼다. 그는 매우 밝은 느낌의 그림을 그렸다.

트라우트만은 렘브란트풍의, 신약성서의 부활의 기적을 몇 점 그리고, 노을 지는 마을 풍경이나 물레방앗간을 끼워 넣곤 했다. 방의 배치도로 보아 그에게도 특별한 진열 장소가 할당되어 있었다. 히르트는 몇 점의 멋진 떡갈나무와 너도밤나무 숲을 그렸다. 그가 그린 가축 떼는 칭찬할 만한 작품이었다. 지극히 세밀한 네덜란드 화풍의 모방에 젖어 있던 융커는 이 벽지양식의 그림에는 가장 맞지 않았다. 그러나 그는 고액의 보수를 받을 수 있었으므로 정물화로 몇몇 벽면을 장식하는 일을 꾸준히 맡았다.

나는 이 사람들을 모두 어린 시절부터 알고 있었다. 또 수도 없이 작업실을 찾아가기도 했고, 백작도 나를 가까이 두고 싶어했기 때문에, 그림의 제재(題材)를 제공하거나, 의논하거나, 주문하거나, 또는 그림을 건넬 때 나도 그 자리에 함께 있었다. 그리고 특히 스케치나 밑그림을 건넬 때는 아무 거리낌 없이 내 의견을 제시했다.

나는 이미 일찍부터 그림 수집가나 특히 내가 자주 입회했던 경매에 있어서, 성서에서 힌트를 얻은 것이든, 일반 역사에서 딴 것이든, 또는 신화에서 가져온 것이든, 그것이 어떠한 역사적 그림 소재를 표현하는지를 이내 알아낸다는 평판을 얻고 있었다. 비유적인 그림의 의미는 반드시 안다고 할 수는 없었지만, 그래도 나보다 잘 이해하는 사람이 함께 있는 경우는 거의 없었다. 때문에 나는 종종 화가들에게 여러 가지 그림의 소재를 제공할 수가 있었다. 이번에도 나는 이러한 이점을 기꺼이 이용했다. 나는 지금도 요셉의 이야기를 나타내는 12장의 그림에 대해 상세한 설명의 글을 썼던 것을 기억한다. 그 가운데 몇몇은 화가들에 의해 그림으로 표현되었다.

소년으로서는 확실히 자랑거리가 될 만한 성과에 대한 이야기가 나온 김에, 이 화가들 사이에서 내가 겪은 조금은 부끄러운 이야기를 하고자 한다. 나는 연신 그 방으로 들여오는 모든 그림에 대해 잘 알고 있었다. 나의 소년다운 호기심은 어찌 됐거나 직접 내 눈으로 보고 살피지 않고는 배길 도리가 없었다. 어느 때 나는 난로 뒤에 검고 작은 상자가 놓여 있는 것을 보았다. 나는 그 안에 무엇이 들어 있는지 확인해 보고 싶은 마음을 억누를 수가 없었다. 깊이 생각해 보지도 않고 나는 상자의 고리를 풀었다. 그 안에 들어 있던 그림은 말할 것도 없이 아무에게나 마음대로 보일 수 없는 종류의 것이었다. 나는 허둥지둥 뚜껑을 덮으려 했지만 너무 서두르는 바람에 제대로 닫을 수가 없었다. 순간 백작이 들어와서 나를 붙잡았다.

"누구의 허락을 받고 이 상자를 열었느냐?"

그는 군정 장관의 엄한 표정으로 말했다. 나는 바보처럼 그 말에 대해서는 대답할 수가 없었다. 그는 그 자리에서 엄중한 벌을 내렸다.

"앞으로 1주일 동안 너는 이 방에 발을 들여놓아선 안 된다."

나는 인사를 하고 방을 나왔다. 내가 이 명령을 너무도 엄격하게 준수하는 바람에 마침 그 방에서 일하던 선량한 제카츠는 고개를 갸우뚱했다. 그는 나를 자기 곁에 두고 싶어했기 때문이다. 게다가 나는 조금쯤 장난기가 발동해서, 명령에 충실히 복종한다는 핑계로 대개는 내가 나르기로 되어 있었던 제카츠의 커피를 문턱에 가져다 놓았다. 그 때문에 그는 일을 하다 말고 일어나서 일일이 커피를 가져가는 것을 꽤나 성가시게 여겼고, 그 때문에 나를 원망할 정도였다.

그런데 이런 경우에 내가 배운 적도 없는 프랑스어로 별 어려움 없이 어떻게 의사 전달을 할 수 있었는지 잠깐 설명해 둘 필요가 있을 것 같다. 이 점에 대해서도 내가 가진 타고난 재능이 도움이 되었다. 나는 하나의 말의 울림이나 음색·리듬·악센트·음조, 그 밖에 언어의 외면적인 특징을 쉽사리 파악해 낼 수가 있었다. 라틴어로 추측해서 이해하는 말이 적지 않았고, 이탈리아어를 매개로 하여 이해 가능한 말은 더욱 많았다. 이리하여 나는 단기간에 급사나 병사, 당번병, 방문객에게서 매우 많은 말을 듣고 익혔기 때문에, 대화에 끼어들 정도는 아니라도 간단한 문답 정도는 그럭저럭 해낼 수 있게 되었다.

그러나 그런 모든 것들은 내가 극장에서 얻어 낸 이익에 비하면 그리 대단한 것도 아니었다. 나는 외할아버지로부터 무료 입장권을 받았는데, 어머니의 도움으로 아버지의 반대를 누르고 날마다 그것을 이용했다. 이리하여 나는 바닥에 앉아서 외국의 공연을 구경하게 되었는데, 무대 위에서 배우들이 하는 말은 나로서는 그다지, 아니 전혀 이해되지 않았기 때문에, 오히려 배우의 움직임이나 제스처, 대사 표현에 한층 주의를 기울였다. 즉 나는 무대와 대사의 분위기만을 즐겼던 것이다. 유독 희극은 이해하기가 어려웠다. 희극의 대사는 속도가 빠른 데다가, 흔한 일상생활에 관한 것을 다루었으므로 그것을 에둘러서 하는 말에 대해 전혀 아는 바가 없었기 때문이다.

비극의 상연은 희극보다는 드물었지만 느릿한 어조와 리듬에 맞춘 알렉산드리아 시구, 일반적인 표현 등, 모든 의미에 있어서 나는 쉽게 이해했다.

얼마 후 나는 아버지의 장서 가운데서 라신[6]의 작품을 찾아내 펼쳤다. 그러고는 그 희곡을 배우들을 흉내내어 나의 귀와, 귀와 가장 인연이 깊은 음성 기관이 받아들이는 대로 매우 힘차게 낭독을 했다. 그렇다고 내가 글 전체에 대한 의미를 이해할 수 있었던 것은 아니다. 나는 전체를 완전히 외워서 말을 배운 앵무새처럼 그것을 암송했다. 전에 나는 아이들로서는 대부분 의미를 알지 못하는 성서의 부분을 암기하여 신교 목사의 말투로 낭독하는 데 익숙했기 때

---

6) 장 밥티스트(1639~99). 프랑스 고전주의를 대표하는 극작가. 《앙드로마크(1667)》, 《브리타니쿠스 (1669)》, 《페드르(1677)》 등.

문에, 그것은 그다지 힘든 일도 아니었다.

운문으로 된 프랑스 희극은 당시 무척이나 인기가 있었다. 데투슈,[7] 마리보,[8] 라 숏세[9]의 작품이 자주 상연되었다.

나는 지금도 몇몇 특징 있는 인물을 분명하게 기억한다. 그러나 몰리에르[10]의 것은 별로 기억에 남아 있지 않다.

나에게 가장 깊은 인상을 준 것은 뤼미에르[11]의 《이페르무네스투라》였다. 이것은 신작으로 공들여 연출되고, 또 거듭 상연되었다. 《마을의 예언자》, 《로즈와 코라》, 《아네트와 뤼뱅》[12]이 내게 준 인상은 지극히 우아한 것이었다. 리본을 맨 소년 소녀들, 그들의 움직임은 지금도 생생하게 떠올릴 수가 있다.

그 뒤 얼마 안 있어 나는 극장 전체를 속속들이 구경하고 싶었는데 마침내 소원을 이룰 기회가 주어졌다. 나는 극을 끝까지 보고 있을 끈기가 항상 있었던 것은 아니고, 가끔 복도나 날씨가 따뜻한 계절에는 문 앞에서 또래 아이들과 여러 가지 장난을 치며 놀았는데, 잘생기고 쾌활한 소년 하나가 우리의 동아리에 끼었다. 그 소년은 극단의 일원으로 이따금 시시한 단역으로 나오는 것을 본 적이 있었다. 나의 프랑스어가 그에게 통했으므로 그는 나하고 가장 친해졌다. 또래의 프랑스 아이가 극단이나 주변 어디에도 없었기 때문에 그는 더더욱 나에게 애착을 보였다.

우리는 공연이 없을 때는 늘 함께 있었고, 공연 중에도 그는 좀처럼 나를 놓아 주려 하지 않았다. 그는 매우 사랑스럽고 귀여운 떠버리였는데, 매혹적인 말투로 끊일 새 없이 지껄여 댔다. 자기가 했던 모험이나 싸움, 그 밖의 신기한 것

---

7) 필립(1680~1754). 프랑스 희극작가. 《문학을 좋아하는 시골 신사》는 루이제 아데르군데 고트세트(7장에서 나옴)에 의해 독일어로 번안되었다.

8) 피에르 드(1688~1763). 프랑스의 극작가, 소설가.

9) 피에르 드(1692~1754). 프랑스의 희극작가. 괴테의 젊은 시절에 독일에서도 자주 상연되었다.

10) 본명 장 밥티스트 포클랭(1622~73). 코르네유, 라신과 나란히 프랑스 고전극의 대표자. 대표작은 《타르튀프(1664)》, 《돈 쥬앙(1665)》, 《인간 혐오(1666)》 등이 있다.

11) 앙투안 마린(1723~93). 《이페르무네스투라(1758)》.

12) 《마을의 예언자(1753)》는 장 자크 루소(1712~78)의 희가극, 《로즈와 코라(1764)》는 장 스텐(1719~97)의 희가극. 《아네트와 뤼뱅(1769)》은 마리 파봐르(1727~72)의 작품. 프랑크푸르트에 왔던 프랑스 연극단은 1762년의 부활절에 프랑크푸르트를 떠나고 없었으므로, 위에 나온 세 작품 가운데 나머지 둘은 그 성립년도로 볼 때, 상연될 리가 없으므로 괴테의 착각인 듯하다.

들을 많이 이야기해 나를 매우 즐겁게 했다. 프랑스어와 프랑스어에 의한 의사 전달이라는 점에서 나는 그를 만난 4주 동안 상상도 할 수 없을 만큼 많은 것을 배웠다. 때문에 어째서 내가 느닷없이, 마치 영감이라도 받은 것처럼 외국어에 능통하게 되었는지는 아무도 알지 못했다.

우리가 알고 지낸 지 며칠 되지 않아 그는 나를 극장으로 데려갔고, 특히 배우나 여배우들이 막간에 휴식하거나 의상을 갈아입는 대기실을 보여 주었다. 그 극장은 연주회장을 급히 개조해 만든 것이었으므로 무대 뒤에 배우들의 전용 방이 마련되어 있지 않아서, 그 대기실은 불편한 데다가 안락하지도 않았다. 전에 연주자들이 쓰던 꽤 넓은 빈 방에 남녀 배우들이 가릴 것 없이 한데 들어가 있어서, 옷을 갈아입거나 할 때는 굳이 예의 바르다고 할 수는 없어도 그들 서로는 말할 것도 없고, 우리 같은 아이들에게도 스스러워하는 모습은 조금도 찾아볼 수가 없었다. 이런 광경은 지금껏 단 한 번도 본 적이 없었지만 거듭 방문하는 사이에 이윽고 익숙해져서 나도 지극히 당연한 일로 여기기 시작했다.

그 뒤 얼마 안 있어 내게는 어떤 특별한 관심사가 생겨났다. 일단은 들로느라고 부르기로 하겠는데, 내가 여전히 교제를 계속하던 그 프랑스 소년은 허풍을 떤다는 것만 빼면 예의 바르고, 무척이나 행실이 바른 아이였다. 그는 자기 누나를 소개해 주었는데 그녀는 우리보다 두서너 살 연상에 대단히 매력적인 소녀였다. 키가 크고 균형 잡힌 몸매에 갈색 피부, 머리칼과 눈은 검었다. 그녀의 몸가짐에는 전체적으로 차분하다 못해 어딘가 슬픈 구석마저 있었다.

나는 어떻게 그녀의 마음에 좀 들어볼까 애를 썼지만 그녀의 주의를 끌지는 못했다. 젊은 아가씨란 자기보다 어린 소년에 대해서는 자기를 한참 큰 어른이라고 여겨 청년에게만 눈을 돌리고, 그녀들에게 최초의 애정을 갖는 소년에게는 아주머니 같은 태도를 취하기 마련이다. 친구의 동생과는 아무런 관계도 없었다.

친구의 어머니가 무대 연습이나 무슨 모임에 나갔을 때면 이따금 우리는 그녀의 집에 모여서 놀거나 이야기를 나누었다. 그때마다 나는 반드시 꽃이나 과일, 아니면 그 밖의 뭔가를 그녀에게 주곤 했다. 그녀는 항상 정중한 태도로 그것을 받아들고는 공손하게 인사를 하기는 했지만, 그녀의 슬픈 눈이 밝아지는 것을 본적도 없고 나에게 관심을 가져 주는 기색도 느낄 수가 없었다.

마침내 나는 그녀의 비밀을 알아냈다. 소년은 나에게 우아한 실크 커튼으로 장식된 어머니의 침대 뒤에 있던, 파스텔로 그린 잘생긴 남자의 초상화를 보여 줌과 동시에 교활한 표정을 지으면서, 이것은 사실은 아버지가 아니며 그냥 아버지 같은 좋은 사람이라고 말했다. 그러면서 그는 그 사람 자랑을 하고는, 평소 하던 대로 허풍을 섞어가며 갖가지 일들을 자세하게 이야기해 주었다. 그래서 나는 그 소녀는 진짜 아버지의 자식이고, 나머지 두 아이는 어머니의 애인의 자식임을 알 수 있었다. 나는 그녀의 슬픈 듯한 모습이 이해가 되면서 한층 그녀가 좋아졌다.

때로는 한도 끝도 없이 이어지는 소년의 지어낸 이야기를 참고 들을 수 있었던 것은 순전히 이 소녀에 대한 나의 애정 덕분이었다. 상대에게 해를 가할 생각은 없었지만, 지금까지 꽤 자주 결투를 했다는 그의 장황한 무용담을 어찌됐거나 나는 듣지 않으면 안 되었다. 모든 것이 오로지 명예를 위해서 행한 일들이었다고 했다. 그는 언제나 매우 훌륭한 솜씨로 상대의 무기를 빼앗았고, 그런 다음에 상대를 용서해 주었다. 그는 상대의 칼을 쳐서 떨어뜨리는 기술이 뛰어나서, 한번은 적의 칼을 나무 꼭대기 높은 곳에 튕겨올리는 바람에, 쉽사리 그것을 내릴 수가 없어서 자기가 무척이나 난처했다는 말을 하기도 했다.

나는 극장을 매우 자유롭게 이용했는데, 그것은 내가 가지고 있던 무료 입장권이 시장이 발행한 것이어서 어느 자리에나 갈 수가 있고, 따라서 무대의 앞좌석에도 앉을 수가 있었기 때문이다. 이 무대 앞좌석은 프랑스식이어서 무척 낮았고, 양쪽 가장자리가 좌석으로 둘러싸여 있었다. 그리고 이 좌석은 낮은 칸막이가 되어 있었고 앞뒤로 몇 줄이 더 있었다. 더구나 가장 앞좌석은 무대보다 조금 높을 뿐이어서 관람하기에 편했다. 그래서 이 좌석 전체가 특별히 명예로운 자리로 여겨졌고, 대개는 장교만이 그곳을 이용했다. 다만 배우의 바로 옆에 있기 때문에 환상이 깨진다고까지는 할 수 없어도, 어느 정도 즐거움이 줄어드는 것은 사실이었다.

볼테르[13]가 혹독하게 비난했던 그 풍습, 또는 폐습까지도 나는 실제로 겪고,

---

13) 본명 프랑수아 마리 아루에(1694~1778). 프랑스의 작가, 사상가. 대표작은 비극 《자이르(1732)》, 평론 《철학 편지(1734)》, 소설 《캉디드(1759)》 등이 있다. 1740~53, 프리드리히 2세의 초청으로 베를린에 체류.

이 두 눈으로 보았던 것이다. 극장이 만원일 때, 또는 부대가 통과할 때 등에는 상급 장교들은 앞다퉈 그 명예석에 앉으려 했다. 그러나 그것은 대개는 이미 차 있었으므로 두세 줄의 벤치나 의자를 무대 앞쪽에 더 놓아야 했다. 그래서 남녀 주인공들은 군복과 훈장 사이의 매우 비좁은 공간에서 그들의 비밀을 털어놓을 수밖에 다른 도리가 없었다. 나는《이페르무네스투라》마저도 이런 상태에서 상연되는 것을 본 적이 있다.

막간에도 막은 내려가지 않았다. 나는 또한 무척 기묘하게 여겨진 신기한 풍습에 대해서도 말해 두고자 한다. 선량한 독일 소년인 나로서는 그 비예술적인 부분을 도저히 참을 수 없었기 때문이다. 즉 극장은 가장 성스러운 곳이라고 생각했기 때문에, 극장에서 일어나는 방해는 공중의 권위에 대한 가장 큰 범죄로써 즉각 처벌을 받아 마땅했다. 그래서 희극이 상연될 때는 늘 두 명의 척탄병(擲彈兵)이 총을 들고 막의 맨 뒤쪽 가장자리에 공공연하게 서서는 극단의 가장 비밀스런 곳에서 일어나는 일의 증인이 되었던 것이다.

앞에서 말했다시피 막간에도 막이 내려오지 않았으므로, 음악이 시작되면 두 명의 교대병이 무대 배경 그림 사이로 나와서 앞으로 곧장 나아가고, 이어 먼저 서 있던 두 명이 마찬가지로 보조를 맞춰 퇴장했다. 그런데 이런 동작은 극에서 환상이라 불리는 것을 완전히 망가뜨리기에 안성마춤이었다. 게다가 디드로[14]의 원칙과 범례에 바탕하여 가장 자연스러운 모습이 무대에서 요구되고, 완전한 착각이 극예술의 본래의 목적이라고 여겨지고 있을 때에 이런 일이 벌어졌기 때문에 더더욱 그것은 기묘한 일로 보였던 것이다.

그러나 비극은 군대에 의한 이런 경비를 면하고 있었다. 고대의 영웅들은 자기를 지키는 권리가 주어져 있었다. 그래도 앞서 말했던 보초병들은 여전히 무대 배경 그림 바로 뒤에 서 있었다.

여기서 나는 또한 디드로의《가부(家父)》와 파리소[15]의《철학자》들을 본 것에 대해 이야기해 두고 싶다.《철학자》마지막 부분에서 철학자가 네 발로 기고, 샐러드 야채를 물고 늘어지는 모습을 나는 지금도 생생하게 기억한다.

---

14) 드니(1713~84). 프랑스의 작가, 사상가. 달랑베르(1717~83)와 함께《백과전서》(1751~72, 본문 17
　　권, 도판 11권)의 편찬에 힘쓰는 외에 많은 저서가 있다. 뒤에 나오는《가부(家父)》는 1758년.
15) 샤를르(1730~1814). 프랑스의 극작가.《철학자》는 1760년.

극장 안에서는 이처럼 매우 다양한 일들이 벌어졌지만, 나 같은 아이들을 줄곧 극장 안에 묶어 두지는 못했다. 날씨가 좋을 때는 극장 앞이나 근처에서 놀면서 갖가지 장난을 쳤다. 그러한 장난은 특히 일요일이나 축제일에는 우리의 겉모습과는 전혀 어울리지 않는 것이었다. 왜냐하면 그런 날에는 나와 친구들은 내가 지어낸 동화 속의 나 같은 옷차림, 그러니까 옆구리에는 모자를 끼고, 칼자루에 커다란 실크 리본을 매단 작은 칼을 차고 있었기 때문이다.

언젠가는 들로느도 한패가 되어 꽤 한참 동안 저지레를 쳤는데, 그러다가 들로느는 무슨 생각이 났는지, 내가 자기를 모욕했다면서 결투로 자기의 명예를 회복해야 한다고 잘라 말했다. 무슨 까닭으로 일이 그렇게 됐는지 나로서는 전혀 알 길이 없었지만, 그의 도전을 받아들여 칼을 뽑기로 했다.

그러나 그는, 이런 경우에는 고즈넉한 곳으로 가서 아무 방해를 받지 않고 일의 결말을 짓는 것이 관습이라고 우겼다. 그래서 우리는 헛간 몇 채가 늘어서 있는 곳 뒤로 가서 각자 자세를 취했다. 결투는 어딘지 연극 같은 구석이 있었다.

칼은 윙윙 울고, 과녁은 빗나갔다. 불꽃을 튀며 싸우는 사이에 그의 칼끝이 내 칼자루의 리본에 걸려서 리본이 끊어졌다. 그러자 그는 이것으로 명예가 완전히 회복되었다고 단언하면서, 이번에도 역시 연극 같은 제스처로 나를 끌어안았다. 우리는 가까운 찻집으로 가서 아몬드가 든 우유 한 잔을 마시면서 흥분을 가라앉히고, 우정의 끈을 더욱 돈독히 했다.

나중의 일이지만 역시 극장 안에서 벌어졌던 매우 드문 사건에 대해서도 이 기회에 말해 두어야겠다. 나는 놀이 친구 하나와 사이좋게 바닥 관람석에 앉아서 독무를 보고 있었다. 춤을 춘 것은 우리와 비슷한 또래의 예쁘장한 소년으로 프랑스 유랑 춤꾼의 아들이었는데, 그는 너무나도 능숙하게, 또 우아하게 연기하고 있었다. 춤꾼이 늘 그렇듯이 그는 몸에 꼭 끼는 빨강 실크로 된 옷을 입고 있었는데, 아래쪽은 가정부의 앞치마를 연상시키는, 무릎 위까지 오도록 짧게 만들어진 치마가 하늘대고 있었다.

우리는 관중과 하나가 되어서 이 신참 예술가에게 갈채를 보내고 있었는데, 바로 그때 무슨 조화인지 도덕적인 반성이 내 가슴속에 뭉클 떠올랐다. 나는 함께 있던 아이에게 말했다.

"저 아이는 지금은 저렇게 아름다운 옷을 입고 꽤나 근사하게 보인다만, 오늘 밤 어떤 누더기를 입고 잘지 모르는 일이야."

이미 다들 일어나 있었지만 사람이 많아서 앞으로 나아갈 수가 없었다. 그런데 내 옆에 앉아서 관람을 했고, 지금은 내 바로 옆에 서 있는 여자가 공교롭게도 그 어린 예술가의 어머니였다. 그녀는 나의 말을 듣고 상당한 모욕감을 가졌나 보다. 운 나쁘게도 그녀는 내가 한 말을 알아들을 정도의 독일어가 가능했고, 또 나를 나무라는 데 필요한 정도로는 독일어를 할 줄 알았다. 그녀는 지독히도 악담을 퍼부어 댔다.

도대체 넌 누구냐. 무슨 근거로 저 소년의 가족과 그의 유복함을 의심하는 거냐. 어쨌든 그녀는 그 소년을 나하고 동등한 사람으로 생각하며, 그의 재능은 내가 도저히 상상도 못할 만한 행복을 그에게 가져다줄 거라고 말했다. 사람들이 가득 찬 곳에서 이 설교를 늘어놓는 바람에 그녀의 말은 주위 사람들의 시선을 끌었고, 사람들은 내가 무슨 무례를 저질렀을까 궁금해하였다. 나는 변명을 할 수도, 그녀에게서 물러날 수도 없어서 완전히 곤경에 빠지고 말았다. 그러다가 그녀가 잠깐 입을 다문 틈에 깊이 생각해 보지도 않고 말했다.

"그게 뭐 그리 소란을 피울 일입니까? 오늘의 홍안(紅顔)은 내일의 백골(白骨)입니다."

이 말에 그녀는 할 말이 없어진 것처럼 보였다. 그녀는 나를 물끄러미 쳐다보다가 얼마쯤 몸을 움직일 여유가 생기자 곧 내게서 멀어져갔다. 나는 더 이상 내가 한 말을 생각하지 않았다. 그 뒤 시일이 한참 지나도 소년은 다시 모습을 나타내지 않았다. 병이 들었고, 그것도 위중하다는 말을 듣고서야 나는 내가 했던 그 말을 떠올렸다. 소년이 죽었는지 어쨌는지에 대해서는 아무 말도 할 수가 없다.

때를 가리지 않고 더구나 무례한, 말에 의한 이런 예언은 이미 고대인들도 중요시했었지만, 신앙이나 미신의 형식이 민족과 시대를 막론하고 늘 똑같다는 것은 매우 주목할 만한 일이다.

한편 우리 도시가 점령된 첫날부터, 특히 어린아이나 젊은이들은 기분 전환 거리에 주릴 새가 없었다. 극장·무도회·열병식·행진 등등이 번갈아 가며 우리의 주의를 끌었다. 그중에서도 부대의 행진이 차츰 늘어나서 우리는 군대 생활을 매우 유쾌하고 재미난 것으로 생각했다.

군정 장관이 우리 집에 머물고 있었기 때문에, 프랑스군대의 모든 중요 인물, 특히 이미 그 명성으로 이름이 널리 알려져 있는 제1급의 인물들을 계속해서, 그것도 지척에서 볼 수가 있는 기회가 많았다. 우리는 관람석에서 보기라도 하듯이 계단이나 층계참에 서서, 장군들이 우리 곁을 지나가는 것을 느긋하게 바라보곤 했다. 그중에서도 나는 멋지고 상냥했던 스비즈[16] 공(公)을 기억한다. 그러나 가장 분명하게 기억에 남아 있는 것은 브로리요[17] 원수이다. 이 사람은 스비즈 공보다는 젊고, 키는 그다지 크지 않았지만 몸집이 좋고 명쾌한 데다가, 눈에 총기가 넘치고 빠릿빠릿한 사람이었다.

그는 자주 군정 장관을 찾아왔는데, 중요한 일에 대해 상의한다는 것을 충분히 짐작할 수 있었다. 프랑스군대가 숙영한 지 3개월이 지나 새로운 환경에 겨우 적응했는가 싶었는데, 어느새 연합군이 진군을 시작해 페르디낭트 폰 브라운슈바이크 대공(大公)[18]이 프랑스군을 마인 지방에서 몰아내기 위해 전진하고 있다는 소문이 소리 없이 퍼져 나갔다. 드러내 놓고 자랑할 만한 특별한 공적도 없는 프랑스군에게 기대를 갖는 사람은 별로 없었다. 로스바흐 전투 이후로 그들은 경멸의 대상이 되어 있었다. 페르디낭트 대공은 사람들의 엄청난 기대를 한몸에 받았고, 모든 프로이센파(派) 사람들이 지금까지의 무거운 짐에서 해방될 날만을 학수고대하고 있었다.

우리 아버지는 조금은 명랑해졌지만 어머니는 불안에 빠져 있었다. 그녀는 현명하게도 지금의 하찮은 불행이 매우 쉽게 커다란 재앙으로 변해 닥쳐오리란 것을 간파했던 것이다. 왜냐하면 프랑스군은 대공을 향해 진격하지 않고, 프랑크푸르트 가까이에서 공격을 기다릴 작정임이 너무나도 분명하게 보였기 때문이다. 프랑스군의 패배와 퇴각, 퇴로를 옹호하기 위해서든, 또는 다리를 지키기 위해서든 어차피 벌여야 하는 도시의 방위와 포격, 약탈 등 갖가지 일들

---

16) 샤를르 드 로앙(1715~87). 원수. 프랑스군의 최고 사령관이었으나 로스바흐 전투(1757)에 의해 브로이 원수로 교체되었다.
17) 빅토르 프랑수아(1718~1804). 드 브로이 공작. 괴테는 브로리요라고 표기하고 있다. 프랑스군의 최고사령관.
18) 1721~92. 공작, 원수. 프로이센군의 최고사령관.

이 잔뜩 곤두서 있는 상상력 앞에서 춤을 추었고, 어느 파에 속하든 모든 사람들을 불안의 구렁텅이에 빠뜨렸다.

무슨 일이든 참아낼 수 있었던 어머니도 이런 불안만은 이겨내지 못하고 통역 아저씨를 내세워 그녀의 근심을 백작에게 전했다. 이에 대해 어머니는 "침착하십시오. 아무 걱정하실 필요 없습니다. 차분하게, 아무와도 이 일에 대해 이야기해서는 안 됩니다"라는, 이런 경우에 늘 있는 그런 대답밖에는 듣지 못했다.

몇몇 부대가 도시를 통과했다. 이들 부대가 베르겐[19] 근처에서 정지했다는 소문이 돌았다. 군인과 말의 왕래가 날이 갈수록 늘어갔다. 그리고 우리 집은 낮이나 밤이나 시끌벅적했다. 내가 브로리요 원수를 본 것은 이 무렵이었는데, 늘 밝고 활기찬 그의 태도에는 변함이 없었다. 나중에 나는 오래도록 잊지 못할 좋은 인상을 내게 남겼던 이 인물이, 역사 속에서 찬사를 받으며 언급되는 것을 보고 기뻤다.

불안했던 몇 주일이 지나고, 1759년의 성(聖)금요일이 다가오고 있었다. 지나친 고요함이 다가오는 폭풍을 예고하고 있었다. 아이들은 집 밖으로 나가는 것이 금지되었다. 아버지는 가만히 있질 못하고 밖으로 나갔다. 전투가 시작되었다. 나는 꼭대기층으로 올라갔다. 거기서는 주위를 둘러볼 수는 없었지만 대포 소리와 소총으로 집중 사격하는 소리는 확실하게 들을 수가 있었다.

몇 시간 뒤에 우리는 줄지어 지나가는 수레의 흐름으로 전투의 최초의 증거를 확인했다. 불구가 되고, 애처로운 모습이 된 부상병들이 수레에 실려서 천천히 우리 곁을 지나 야전 병원으로 바뀐 성모 수도원으로 운반되어 갔다. 대번에 시민의 동정심이 불처럼 일어났다. 맥주·포도주·빵·돈 등이 아직 뭔가를 받아들 힘이 남아 있는 사람들에게 건네졌다. 조금 지나 이 대열 속에 다친 독일 병사가 있는 것을 알게 되자, 사람들의 동정심은 더욱 커졌고 멈출 줄을 몰랐다. 모든 사람이 괴로워하는 동포를 돕기 위해, 들고 나올 수 있는 것은 죄다 던져주려고 하는 것처럼 보였다.

그러나 포로는 전투가 연합군의 패배로 끝났다는 증거였다. 나의 아버지는

---

19) 프랑크푸르트와 하나우 사이에 있는 마을. 베르겐 전투는 1759년 4월 13일.

당파심에서 연합군의 승리를 굳게 믿었으므로, 정열에 휩싸인 채로 무모하게도 그가 기대했던 승자를 마중 나갔다. 그렇게 되면 패배한 쪽의 장병은 우선 그를 밟고 넘어가 도주해야만 한다는 것을 그는 생각지도 못했던 것이다. 먼저 그는 프리트베르크 문 밖에 있는 정원으로 갔다. 그곳이 잠잠한 것을 확인하자 내친김에 대담하게도 보른하임 황무지까지 갔다.

그러나 그는 곧 그곳에서 이리저리 흩어져 있던 몇 명의 낙오병과 병참병을 보았다. 그들은 무턱대고 경계석(境界石)을 향해 총을 쏘고 있었으므로 튀어오른 총알이 호기심으로 가득 차 돌아다니던 아버지의 머리 위를 윙윙 거리며 날아갔다. 그래서 그는 돌아가는 것이 최선이라고 생각했으나, 두세 차례 물어본 결과, 포화의 울림으로 이미 짐작한 일이기는 했지만, 모든 일이 프랑스군에게 유리하게 돌아가 퇴각 따위는 전혀 생각지도 않는다는 말을 들었다.

그는 실망하여 집으로 돌아왔으나, 다치고 포로가 된 동포들을 보고는 평소의 침착함을 완전히 잃고 말았다. 그도 지나가는 장병들에게 갖가지 선물을 전하게 했는데, 반드시 독일 병사에게만 주도록 지시했다. 그러나 그것은 그가 마음먹은 대로 되지만은 않았다. 운명은 적과 아군을 구별하지 않고 같은 수레에 실려 있었기 때문이다.

어머니와 우리는 전부터 이미 백작의 말을 신뢰하고, 꽤 평온하게 그날을 보내고 있었기 때문에, 이 상태를 매우 기쁘게 생각했다. 어머니는 그날 아침에 바늘을 꽂아서 '보물 상자'[20]에다 물어보았더니, 현재에 대해서나 미래에 대해서 모두 매우 만족할 만한 답을 얻었으므로 두 배로 위로받고 있었다.

우리는 아버지도 그와 똑같이 믿고, 그렇게 생각해 주기를 바랐다. 우리는 될 수 있는 대로 아버지의 비위를 맞추고, 종일 식사를 거른 그에게 뭔가 먹기를 간청했다. 그는 우리의 배려도 먹을 것도 모두 거부하고 자기 방에 틀어박혔다. 그러나 그 일 때문에 우리의 기쁨이 방해를 받지는 않았다. 전투의 결말이 났던 것이다. 평소의 습관과 달리 그날은 말을 타고 외출했던 군정 장관이 돌아왔다. 그가 집에 있어주는 것이 어느 때보다도 훨씬 필요했다. 우리는 그에

---

20) 《그리스도 신자의 황금 보물 상자》라는 책. 한쪽 페이지에 성서의 글귀나 찬송가가 적혀 있고, 다른 쪽 페이지는 비어 있어서 친구나 친척이 뭔가를 적어 넣도록 되어 있다. 아무데나 바늘을 꽂아서 그곳을 펼쳐 그곳에 적혀 있는 글귀로 길흉을 점쳤다. 경건파 신자들이 즐겨했다.

게로 달려가 손에 키스를 함으로써 우리의 기쁨을 표시했다. 그는 그것을 대단히 기뻐하는 것 같았다. "고맙다"고 그는 평소보다 부드럽게 말했다. "너희들은 내게 기쁨을 주는구나." 그렇게 말하면서 그는 그 자리에서 과자, 달콤한 포도주, 그 밖에 최상의 것들을 우리에게 주라고 명령하고 자기의 방으로 들어갔다. 그러고는 이내 저마다 용건을 들고 몰려든 많은 사람들에게 둘러싸였다.

이리하여 우리는 맛있는 간식거리를 잔뜩 얻었지만 함께 먹으려 하지 않는 아버지를 안타깝게 생각했다. 그래서 우리는 아버지를 모셔오도록 어머니를 졸랐다. 그러나 어머니는 우리보다도 현명해서 이런 선물이 아버지에게 얼마나 불쾌한 것인지를 잘 알고 있었다. 그사이에 어머니는 저녁 식사를 준비해 아버지의 방으로 가져가려 하였다. 그러나 아버지는 아무리 비상시라고해도 그런 꼴은 참지 못했다. 그래서 우리는 단것들을 모두 치우고 평소 식사하던 곳으로 내려오시라고 아버지를 설득해 보았다. 아버지도 마지못해 겨우 승낙하였다. 그러나 우리는 어떤 불행이 그와 우리를 기다리고 있는지 꿈에도 생각지 않았다.

너른 계단이 집 전체를 꿰뚫고, 각층마다 계단을 내려온 곳이 대기실이었다. 아버지는 계단을 내려올 때, 백작의 방 바로 옆을 지나야만 했다. 백작의 대기실은 사람들로 가득했으므로 백작은 몇 가지 사건을 한꺼번에 처리하기 위해 그곳으로 나오곤 했다. 불행하게도 백작이 방에서 나왔을 때, 마침 아버지가 그곳에 내려오던 참이었다. 백작은 쾌활한 모습으로 아버지에게 다가와 인사를 하면서 이렇게 말했다.

"시끄러운 사건이 이렇게 잘 처리되어서 저희에게나 여러분께 참으로 잘된 일입니다."

"당치도 않습니다."

아버지는 불편한 심기를 드러내며 대답하였다.

"그 사람들이 당신을 지옥으로 쫓아내 주기를 바랐습니다. 비록 내가 골탕을 먹더라도."

백작은 순간 입을 다물었으나 이윽고 분노로 몸을 떨면서 외쳤다.

"그 대가는 반드시 치르게 해 드리지요. 정의와 나에게 이런 모욕을 가한 이상 그냥은 넘어가지 않을 겁니다."

그러나 아버지는 태연히 내려와서 우리 곁에 앉아서 지금까지보다 훨씬 밝은 모습으로 식사를 시작하였다. 우리는 기뻤다. 그리고 그가 얼마나 위험한 방법으로 울분을 토했는지를 알지 못했다. 얼마 안 있어 어머니가 호출을 받았다. 우리는 한창 들떠서 백작이 굉장한 간식거리를 주었다고 아버지에게 이야기했다. 어머니는 돌아오지 않았다. 한참 지나 통역이 들어왔다. 그의 신호로 우리는 침대로 쫓겨났다. 이미 늦은 시간이어서 우리는 기꺼이 그에 따랐다. 아무 걱정 없이 하룻밤을 잔 다음에야 어젯밤 우리 집을 뒤흔든 엄청난 사태를 알았다. 군정 장관은 즉각 아버지를 연행하라고 명령했던 것이다.

부하들은 그의 뜻을 결코 거스르지 못한다는 것을 잘 알고 있었지만, 때로는 명령의 수행을 지연시킴으로써 오히려 고맙게 여겨지는 경우가 있었다. 그어떤 경우에도 침착함을 잃지 않았던 통역 아저씨는 그들이 명령의 수행을 지연시키도록 연신 부추겼다. 그렇지 않아도 워낙 주위가 소란해서 명령의 지연은 그다지 남의 눈에 띄지 않았고, 발뺌도 할 수 있었다.

그는 어머니를 불러내 탄원하거나 이의를 제기해서 명령의 실행을 조금이라도 늦추도록 부관에게 부탁하라고 했다. 그리고 자기는 서둘러 백작에게로 올라갔다. 백작은 엄청난 자제력으로 스스로를 억누르고, 즉각 자기 방으로 돌아가 있었다. 그는 당장 닥친 용건을 잠시 제쳐두고, 자기의 분노를 죄 없는 사람에게 화풀이하거나 자기의 품위가 떨어질 만한 결정을 내리지 않으려 노력하고 있었다.

바라던 대로의 결과를 얻게 된 것을 적잖이 자랑스럽게 여긴 통역 아저씨는, 그가 백작에게 어떻게 말을 걸었는지, 이야기 전체를 어떻게 진행해 갔는지를 하도 여러 번 얘기해 주는 바람에 나는 지금도 기억이 나고, 그래서 이렇게 적을 수가 있다.

통역 아저씨는 용감하게 백작의 방문을 열고 안으로 들어갔다. 이것은 엄중히 금지된 행위였다.

"무슨 용건인가? 나가게."

백작은 화난 목소리로 말했다.

"여기는 생 장 외에는 아무도 들어와서는 안 돼."

"그렇다면 잠깐 저를 생 장이라고 생각해 주십시오."

통역은 대답했다.

"그러려면 상당한 상상력이 필요하겠군. 그 사람을 둘 합쳐도 자네 하나가 되지 않아. 나가주게."

"백작님, 당신은 위대한 천부적 재능을 받으셨습니다. 저는 그 재능에 호소하고자 합니다."

"자네는 나에게 아첨을 할 생각인가? 그리 잘되지 않을걸."

"백작님, 당신은 격정의 순간에도, 또 분노의 순간에도 타인의 의견에 귀를 기울이는 위대한 재능을 가지고 계십니다."

"그렇지, 그건 맞아. 그 의견이란 놈이 문제야. 나는 타인의 의견에 너무 오랫동안 귀를 기울인단 말야. 나는 지나치리만큼 너무 잘 알고 있어. 우리는 여기서 환영받지 못하지. 시민들은 우리를 질시의 눈으로 바라보지."

"모두 다 그런 건 아닙니다."

"대다수가 그래. 보라고. 이곳 시민들은 자유시의 시민이라고 말하고 싶어해. 그들은 자기들의 황제 선거나 대관식도 보아 왔지. 그렇지만 황제가 부당한 공격을 당하고, 영지를 잃고, 찬탈자에게 굴복하는 위험에 처했을 때, 다행히도 충실한 동맹자가 나타나 재산과 피를 황제를 위해 바치고 있건만 그들은 제국의 적을 쓰러뜨리기 위해 할당된 사소한 부담도 떠맡으려 하지 않고 있네."

"물론 당신은 그렇게 생각하는 사람이 있다는 것을 잘 알고 계십니다. 그래서 현명하게도 그것을 참아 오셨습니다. 그러나 그것은 지극히 소수입니다. 당신 자신도 비범한 인물로 여기는 적, 그의 휘황한 장점에 눈이 어두운 소수의 사람들뿐입니다. 아니, 극히 소수입니다. 당신도 아시는 바와 같이."

"그렇지. 오랫동안 나는 그것을 알고 있었고, 너무 오래 참았다. 그자가 가장 의미 깊은 순간에 나의 얼굴 앞에서 그런 모욕을 가하는 따위는 생각지도 못했다. 그런 무뢰배가 몇 명 있든 나는 상관하지 않겠다. 그 뻔뻔한 대표자를 본보기 삼아 그놈들을 벌하겠다. 그래서 앞으로 그놈들이 무슨 일을 당해야 하는지를 단단히 가르쳐 주지."

"부디 유예하시기를, 백작님."

"어떤 종류의 일에 있어서는 처리가 빠를수록 좋은 법이네."

"하다못해 잠깐만이라도 유예를."

"자네, 자네는 내가 잘못된 처리를 하기를 바라는 모양인데 그렇게는 안 되지."

"잘못된 처리를 내리게 한다든가, 잘못된 처리를 멈추게 할 생각은 전혀 없습니다. 당신의 결심은 잘못되지 않았습니다. 프랑스인으로서, 군정 장관으로서 당연한 일이지요. 하지만 당신은 또한 트랑 백작이기도 하다는 것을 생각해 주십시오."

"여기서는 트랑 백작은 끼어들 여지가 없네."

"하지만 그 훌륭한 분의 의견도 들어 보셔야 합니다."

"흠, 그는 뭐라고 할까?"

"그분은 이렇게 말할 겁니다. '군정 장관님, 당신은 까닭을 알 수 없는 고집스럽고 유치한 많은 사람들에 대해, 그들이 당신에게 한계를 넘는 심한 일을 하지 않는 한은 오랫동안 참기를 거듭했습니다. 그 사람이 한 짓은 분명 나쁩니다. 그러나 스스로를 극복해 주십시오. 그리하면 모두가 그 일로 인해 당신을 칭찬해 마지않을 것입니다'라고요."

"알다시피 나는 자네의 농담을 수도 없이 받아 주었네. 그러나 나의 호의를 남용해서는 안 되지. 대체 그들은 눈이 멀었나? 우리가 전쟁에 졌다면 그들의 운명이 지금쯤 어떻게 되었겠나? 우리는 싸우면서 시의 문 앞에까지 내려가 시를 봉쇄한다. 우리는 그곳에 머무르면서 우리 군이 다리를 건너 퇴각하는 것을 엄호한다. 그때, 적은 팔짱을 끼고 보고만 있으리라고 자넨 생각하나? 적은 유탄은 말할 것도 없고 그들의 손에 있는 것은 뭐든 던지지. 그래서 포탄은 어디할 것 없이 화재를 일으키네. 그렇게 되면 이 집의 주인은 어쩔 작정일까? 방마다 이러고 있는 지금도 소이탄이 연신 날아들어 파열할 거야. 이 지긋지긋한 벽지를 보호하느라 지도를 붙이는 것조차 망설였던 이 방들에 말야. 하루 온종일 그놈들은 납작 엎드려 있지 않으면 안 될걸."

"그런 꼴을 당한 사람은 많이 있습니다."

"그들은 우리를 위해 축복을 빌고, 장군과 장교에게는 경의와 기쁨을 표하고, 잔뜩 지친 병사들에게 힘을 북돋우고 맞아들여야만 했어. 그러지는 못할망정, 그만큼 노심초사하여 얻어낸 내 생애의 가장 멋지고 가장 행복한 순간을 당파심이라는 독을 가지고 허사로 만들어 버렸네."

"그것은 당파심입니다. 그러나 당신은 그를 벌함으로써 그 당파심을 더욱 키우기만 할 겁니다. 그와 뜻을 같이하는 자들은 당신을 폭군, 야만인이라고 하겠지요. 그들은 그를 정의를 위해 몸 바친 사람이라고 생각할 겁니다. 지금은 그의 적이자 그와는 다른 신념을 가진 자들조차 그가 동포라는 것 때문에 그를 불쌍하게 생각할 것입니다. 그리하여 당신이 한 일을 옳다고 생각하기는 해도 당신의 처치가 너무 가혹하다고 생각할 것입니다."

"자네의 이야기엔 이미 질렸네. 자, 나가주게."

"하지만 이것만은 꼭 들어 주십시오. 이번 일은 그에게나, 이 집의 가족에게 지금껏 있어 본 적이 없는 경험이란 것을 생각해 주시기 바랍니다. 당신은 이 집의 주인장의 호의를 기쁘게 생각할 까닭은 없습니다. 그러나 이 집의 안주인은 당신의 희망대로 되도록 모든 노력을 했고, 아이들은 당신을 큰아버지처럼 여기고 있습니다. 그런데 당신은 단 한 방으로 이 집의 평화와 행복을 영원히 파괴하게 되는 겁니다. 일이 그렇습니다. 이 집에 날아든 한 발의 폭탄도 그 이상의 황폐함을 초래한 일은 없었다고 말씀드릴 수 있습니다. 백작님, 저는 당신의 침착함에 자주 감탄하곤 했습니다. 이번엔 당신에게 경의를 표할 기회를 주십시오. 적의 집이지만 그 집의 오랜 옛 친구로 행동하는 군인은 존경할 가치가 있습니다. 여기에는 적은 없습니다. 착각을 한 사람이 있을 따름입니다. 스스로를 극복해 주시기를. 그리하면 그것은 당신의 영원한 영예가 될 것입니다."

"그것은 또 묘한 일이 되겠는걸."

백작은 미소지으며 대답했다.

"매우 지당하십니다."

통역은 대답했다.

"저는 안주인과 아이들을 당신의 발밑에 무릎 꿇게 하는 일은 하지 않았습니다. 왜냐하면 당신이 그런 광경을 싫어하시는 것을 알기 때문입니다. 그러나 저는 안주인과 아이들이 당신께 얼마나 감사하는지를 말씀드리고 싶습니다. 평생토록 그들은 베르겐 전투와 그날 당신의 관대한 처리에 대해 이야기하고, 그것을 자자손손 전하고, 그리하여 타인에게도 당신에 대한 관심을 불러일으킬 것이 분명하다는 것을 말씀드리고 싶습니다. 이와 같은 행위는 결코 잊지 않을 것입니다."

"자네의 말은 요점에서 벗어나 있는 것 같군, 통역 양반. 난 죽은 뒤의 명예는 생각하지 않아. 그것은 그들이 할 일이지 내가 관여할 일은 아니야. 지금 현재 올바르게 행동하고, 의무를 뒤흔들지 않으며, 명예를 더럽히지 않는 것, 그것에 나는 관심이 있네. 우리는 이미 너무 오래 이야기했어. 자, 나가주게나. 그리고 나의 용서를 받은 그 배은망덕한 자에게서 감사 인사를 받는 것이 좋겠군."

이 생각지도 않은 고마운 결과에 놀라서 감동한 통역은 눈물을 억제할 수가 없었다. 그래서 백작의 손에 입을 맞추려 했다. 백작은 그것을 거부하고 근엄하고 진지한 표정으로 "내가 이런 것을 좋아하지 않는다는 건 자네도 알 텐데"라고 말했다. 이렇게 말하고 그는 다음 용건을 정돈하고, 기다리고 있는 많은 사람들의 바라는 바를 듣기 위해 대기실로 나갔다. 그리하여 사건은 끝이 났다. 그리고 다음 날 아침 우리는 어제 받은 과자의 나머지를 먹으면서 불행이 지나간 것을 기뻐했다. 다행히도 우리는 자느라 불행이 닥쳤던 것을 전혀 모르고 지나간 것이었다.

통역 아저씨가 정말로 그처럼 현명하게 말을 했는지, 아니면 일이 이미 잘 끝난 다음에 좋게 보이려고 장면을 그렇게 꾸며 댄 것인지는 뭐라 말하고 싶지 않다. 적어도 그 얘기를 반복해서 해 줄 때마다 그는 말을 바꾸는 경우가 결코 없었다. 요컨대 그는 이날이 자신의 일생에서 가장 근심 걱정으로 가득 찬 날임과 동시에 가장 빛나는 날이라고 생각했던 것이다.

그런데 백작이 모든 허식을 배제하고 항상 자기에게 어울리지 않는 칭호는 받으려 하지 않았다는 것, 그리고 기분이 좋을 때는 늘 기지에 넘쳤다는 것은 다음에 나오는 사소한 사건으로도 분명히 알 수 있다.

까다롭고 교제를 싫어하는 프랑크푸르트 사람 중에 어떤 신분 있는 사람이 숙영지의 할당에 대해 불만을 가졌다. 그는 혼자서 찾아왔다. 통역은 자기 역할을 다하려고 나섰으나 그는 그럴 필요가 없다면서 거절했다. 그는 백작 앞으로 나아가 공손히 인사를 하면서 "각하"라고 불렀다. 백작도 인사를 받고는 마찬가지로 "각하"라고 했다. 그 사람은 이 경칭에 놀라서 '각하'로는 너무 낮은 것 같다는 생각이 들었는지 이번엔 "전하"라고 했다. 백작은 매우 진지한 표정으로 "부디 이쯤에서 멈춰 주시지 않겠습니까? 그렇지 않으면 쉽게 폐하까지 가겠습니다그려"라고 말했다.

그 사람은 당황한 나머지 말이 나오지 않았다. 통역은 조금 떨어진 곳에 서서 심술궂게도 다음 상황을 지켜보고만 있었다. 그러나 백작은 매우 소탈하게 이렇게 덧붙였다.

"예를 들어 이렇게 하면 어떨까요? 당신의 성함은 어떻게 되십니까?"

"슈팡겐베르크라고 합니다."

"저는 트랑이라고 합니다."

백작이 말했다.

"슈팡겐베르크 씨, 트랑에게 무슨 용무가 있으신지요. 자, 앉으십시오. 용건을 어서 처리하도록 합시다."

이리하여 용건은 즉각 처리되었고, 내가 여기서 슈팡겐베르크라고 한 사람은 매우 만족해서 돌아갔다. 그리고 이 사건은 그날 저녁으로 짓궂은 통역에 의해 우리 집 전체에 퍼졌을 뿐만 아니라, 그는 친절하게도 몸짓까지 섞어가며 재현하는 것이었다.

이와 같은 혼란과 불안과 걱정 뒤에 마침내 예전의 조용함과 편안함이 찾아왔다. 특히 아이들은 뭔가 할 수만 있다면 그날그날을 재미나게 보내기 마련이다. 프랑스 극에 대한 나의 정열은 상연 때마다 더욱 높아져 갔다. 나는 하룻저녁도 연극 관람을 빼먹은 적이 없었다. 다만 연극이 끝난 뒤에는 이미 식사가 시작된 식탁에 앉아서 남은 음식만으로 만족해야 했고, 그때마다 나는 늘 연극 따윈 아무 쓸모도 없거니와 득될 것 하나도 없다는 아버지의 잔소리를 들어야만 했다.

그럴 때면 나는 항상 나와 똑같은 궁지에 몰린 연극 옹호자가 쓰는 논거를 닥치는 대로 주워섬기곤 했다. 악덕이 번영하고 미덕이 대우받지 못해도 결국은 시적 정의에 의해 균형을 다시 취하리라는 논거였다. 《미스 사라 샘슨》[21]이나 《런던의 상인》[22]처럼 나쁜 일이 벌을 받는, 내게 이로운 예를 들이대며 나는 강조했다. 그에 반해 《스카팽의 흉계》[23]나 그런 류의 연극이 상연되었을 때는 나의 정황은 좋지 않았다. 간계에 빠진 하인의 협잡이나 건방진 청년의 어리석

---

21) 레싱(1729~81) 작. 1755년.

22) 조지 릴로(1693~1739) 작. 1731년.

23) 몰리에르 작. 1671년.

은 행동이 멋지게 성공을 거두는 것을 관중은 재미있어하지 않느냐는 등의 비난을 나는 듣고 있어야만 했다. 어느 쪽도 상대를 설득하지 못했다.

그러나 곧 아버지는 극장 건에 대해 나쁘게 말하지 않게 되었다. 내가 도저히 믿을 수 없을 정도로 빠르게 프랑스어에 능숙해지는 것을 보았기 때문이다.

인간이 늘 그렇듯 누구나 남이 하는 것을 보면, 그렇게 할 만한 능력이 없음에도 불구하고 자기도 똑같은 것을 해 보고 싶게 마련이다. 마침내 나는 그 프랑스 극장의 공연물들을 모두 보았다. 그중 몇 가지는 두 번, 세 번 보기도 했다. 무척이나 엄숙한 비극에서부터 마음 편하고 즐거운 희극에 이르기까지, 모든 것이 나의 눈과 정신의 앞을 지나갔다.

어린 시절 테렌티우스[24]를 흉내내려 했던 것처럼, 지금 나는 소년이 되어 전보다 훨씬 강하게 용솟음치는 정열에 휩싸여, 프랑스 극도 나의 능력이 미치는 한 흉내를 내려 했다. 당시 필론[25] 취미의 반쯤 신화적이고, 반은 비유적인 작품이 몇몇 상연되었는데, 이 작품들에는 다소 패러디 같은 구석이 있어서 대단한 호평을 받았다.

나는 특히 쾌활한 메르쿠르의 금날개, 변장한 유피테르의 번개, 우아한 다나에, 신들이 구애하는 양치기나 여자 사냥꾼 외에도 신들의 방문을 받는 수많은 미녀들이 나오는 이 작품들의 상연에 끌렸다. 그래서 오비디우스의 《변신 이야기》와 포메[26]의 《신비한 판테온》에 나오는 이런 류의 인물들이 끊임없이 내 머릿속을 헤엄쳐 다녔기 때문에 얼마 안 있어 나는 공상으로 이런 소품을 지어냈다. 이 작품에 대해서는 장면은 전원이었지만 그곳에는 공주·왕자·신들도 등장한다는 정도밖엔 말할 수가 없다. 그즈음 메르쿠르의 모습은 유독 생생하게 나의 머리에 떠올라 있었으므로 실제로 내 눈으로 보았다고 맹세해도 좋을 정도였다.

나는 내가 직접 깨끗하게 정서한 원고의 복사본을 친구 들로느에게 보여주었다. 그는 짐짓 잘난 체를 하면서, 자기가 무슨 보호자라도 되는 양 받아들이고는 원고를 슬쩍 훑어보더니, 두세 군데 문법적인 오류를 지적하고, 몇몇 대사가

---

24) 아페르 푸블리우스(BC 195무렵~BC 159). 로마의 희극작가.
25) 알렉시(1689~1773). 프랑스의 극작가.
26) 프랑수아 앙투안(1619~73). 《신비한 판테온》에는 고대의 모든 신들이 차례로 기술되어 있다.

너무 길다고 말했다. 그러고는 마지막으로 적당히 짬을 내어 좀더 자세하게 읽어보고 자기의 의견을 말하겠다고 약속했다. 내가 이 작품이 상연이 되겠느냐고 머뭇거리면서 묻자, 그는 그것은 결코 불가능한 일은 아니라고 잘라 말했다. 그는 '극단은 정실(情實)에 의한 구석이 꽤 많으니 성의를 다해 널 돕겠다. 그러나 이 일은 비밀로 하지 않으면 안 된다. 왜냐하면 전에 나도 직접 쓴 작품으로 간부들을 놀라게 한 적이 있는데, 필자가 나라는 것을 너무 일찍 알리지만 않았더라면 그 작품은 분명 상연되었을 것이다'라고 했다. 나는 가능한 한 침묵을 지킬 것을 약속하고, 그러고는 벌써부터 커다란 글자로 적힌 나의 작품 제목이 길가 모퉁이나 광장에 나붙는 광경을 상상했다.

그런데 나의 친구는 꽤나 경박한 사람이었지만 대가(大家)를 자처할 기회가 주어진 것을 매우 기뻐하는 것 같았다. 그는 내 작품을 열심히 읽고, 나와 함께 앉아서 몇 군데를 가볍게 고치기 시작했는데, 이윽고 이야기가 진행되는 동안에 작품 전체를 완전히 개작하는 바람에 원래의 모습은 깡그리 사라지고 말았다. 삭제하거나, 더하거나, 어떤 인물을 빼고 다른 인물을 집어넣는 등, 요컨대 온몸에 소름이 쫙 끼칠 정도로 횡포를 부리는 것이었다. 그러나 나는 그가 그쪽에 능통한 사람이라고 굳게 믿었기 때문에 그가 하는 대로 놔두었다.

왜냐하면 그는 아리스토텔레스[27]의 삼통일(三統一)이라든가, 프랑스 극의 규칙에 맞는 구성이라든가, 진실다움, 시구의 조화, 극에 관계된 모든 것에 대해 자주 많은 이야기를 해 주었으므로, 나는 그를 단순한 소식통일 뿐만 아니라 확고한 기초를 쌓은 사람이라고 생각하지 않을 수가 없었기 때문이다. 그는 영국인을 매도하고, 독일인을 경멸했다. 요컨대 그는 내가 평생토록 수도 없이 듣게 된 연극론에서의 상투적인 말을 내게 했던 것이다.

나는 우화 속의 소년[28]처럼 만신창이가 된 자식을 끌어안고 집으로 돌아왔다. 그리고 다시 그것을 원래의 모습으로 되돌리려 애썼지만 쉽지 않았다. 그러나 나는 그것을 완전히 포기할 마음은 들지 않았기 때문에 나의 최초의 원고에 약간 손을 대어 우리집 서기에게 정서를 시켜서 그것을 아버지에게 건넸다.

---

27) BC 384~BC 322. 그리스의 철학자. 그의 《시학》은 비극론밖에는 남아 있지 않지만 고전적 극
   작법의 모범이 되었다. 3통일이란 때·줄거리·장소의 세 통일론.
28) 괴테의 《딜레탕트와 비평가》 속의 우화에 나오는 소년.

그것은 그로부터 한동안 아버지가, 연극을 본 다음에 차분하게 저녁 식사를 먹게 해 줄 정도의 도움은 되었다.

나의 시도가 이처럼 실패로 끝나자, 나는 다시 생각에 잠기지 않을 수 없었다. 그래서 나는 누구나가 근거로 내세우는, 특히 나의 뻔뻔스런 선생의 무례한 방식으로 인해 나에게는 수상쩍은 것이 되어버린 그 이론과 법칙을 직접 원전으로 알고 싶었다. 그것은 나에게는 그다지 힘든 일은 아니지만 성가신 일이었다. 나는 먼저 코르네유[29]의 《삼통일에 관한 소론》을 읽었다.

나에게 무엇이 문제인지는 알았지만 어째서 그것이 요구되는지는 전혀 분명치가 않았다. 내가 가장 괴로웠던 것은 《르 시드》[30]에 관한 논쟁을 알고, 코르네유와 라신이 비평가와 대중을 향해 어쩔 수 없이 자기를 변호하는 서문을 읽고, 대번에 커다란 혼란에 휩싸였던 일이었다.

그즈음 나에게 극히 명료해졌던 것은, 적어도 내가 무엇을 바라는지 아무도 모른다는 것이었다. 또한 가장 근사한 효과를 냈던 《르 시드》 같은 작품조차도 전능한 한 추기경의 명령에 의해 나쁜 작품으로 혹독하게 탄핵을 당한 것, 현대 프랑스인의 우상임과 동시에 나의 우상이기도 했던 라신(왜냐하면 배심원인 폰 올렌슐러거가 우리에게 《브리타니퀴스》[31]를 상연하게 하고 나에게 네로 역을 맡겼을 때, 그를 자세히 알았기 때문이다)조차도 당시의 문예 애호가나 비평가를 납득시킬 수가 없었다는 것이었다.

이러한 모든 일로 인해 나는 전보다도 훨씬 혼란에 빠졌다. 오랫동안 정견(定見)이 없는 이들 잡담이나 지난 세기의 이론적 횡설수설에 고심한 끝에, 나는 옥석을 가리지 않고 내다버리고 말았다. 훌륭한 작품을 낳은 저자 자신이 이들 작품들에 관해 논하기 시작할 때, 또는 그들 창작의 근거에 대해 기술할 때, 또는 자기를 변호하고 해명하려 할 때, 반드시 정곡을 찌르지 않았다는 것을 깨

---

29) 피에르(1606~84). 프랑스 고전극의 아버지라 불린다. 대표작은 《르시드(1636)》, 《오라스(1640)》, 《신나(1640)》, 《폴리우크트(1643)》 등.

30) 코르네유의 명작. 1636년 말에서 1637년 초에 걸쳐 상연되었다. 스퀴델리가 '르 시드 소견'을 써서 삼통일 규제와 우아한 작업에 어긋난다고 공격한 것을 비롯해 많은 반론이 나왔으나, 다른 한편으로는 코르네유 자신 외에 《르 시드》를 변호하는 사람들 쪽에서 이에 대한 응수가 있어서 이른바 '르 시드 논쟁'이 생겨났다.

31) 라신의 로마사에 의한 정치 비극.

달은 만큼, 마침내 나는 단호히 그 허접한 쓰레기들을 깡그리 내다 버렸던 것이다. 그래서 나는 서둘러서 내가 살아 있는 현재로 돌아가 전보다 훨씬 열심히 극장에 다녔고, 틈만 나면 책을 읽어 이 시기에 라신과 몰리에르의 작품 전부, 코르네유의 작품 대부분을 끈기 있게 다 읽었던 것이다.

군정 장관은 여전히 우리 집에 살고 있었다. 그의 태도에는, 특히 우리에 대해서는 아무런 변화가 없었다. 그러나 그는 자기 직무를 변함없이 엄정하고 충실하게 집행하기는 해도, 이제는 처음 같은 쾌활함도 열의도 찾아볼 수 없게 된 것이 눈에 띄었고, 또 대부(代父)인 통역은 한층 명백하게 그것을 지적했다.

프랑스인이라기보다는 에스파냐 사람을 연상케 하는 그의 기질과 태도, 때로는 업무에도 영향을 미치는 그의 변덕, 주위 상황에 대해 자기를 굽히지 않는 강직함, 그의 인격이나 성격에 관계되는 모든 일에 대한 민감성, 이런 것들이 하나가 되어 그는 때때로 상관과 충돌하는 일이 있었던 것 같다. 게다가 그는 극장에서 결투를 벌여 다쳤는데, 최고 사법 장관인 자신이 금지한 그 행위를 저지른 점은 군정 장관의 평판에 흠집을 냈다. 어쩌면 이런 모든 일들이 원인이 되어 앞에서도 말했다시피 전보다 더 칩거 생활을 하고, 때로는 사무 처리에도 예전만큼의 열의를 보이지 않게 되었던 것이다.

그런데 그럭저럭하는 사이에 주문한 그림은 대부분 이미 인도된 상태였다. 트랑 백작은 한가한 시간엔 그것들을 바라보며 지냈다. 그는 다락방에 화폭이 큰 것에서 작은 순서로 늘어놓거나, 놓을 자리가 없어서 때로는 겹쳐 걸기도, 또 떼어서 말아놓기도 했다. 그때마다 작품의 완성도를 새삼 음미하고는 가장 성공적이라고 생각되는 부분에 거듭 감탄하는 것이었다. 그러나 그림에 따라서는 좀더 다르게 그릴 수는 없었을까 하는 바람을 나타내기도 했다.

그러다가 그는 전혀 새롭고 기묘한 생각을 떠올렸다. 즉, 어떤 화가는 인물, 다른 화가는 중간 부분과 먼 쪽을 그린 풍경화, 제3의 화가는 나무, 제4의 화가는 꽃을 각각 가장 잘 그렸으므로, 백작은 그 재능들을 하나의 그림으로 통합해, 이 방법으로 완전한 작품을 만들 수가 없을까 하는 생각을 품기에 이르렀던 것이다. 우선 이미 완성된 풍경화에 아름다운 가축 떼를 덧그려 넣는 일부터 시작했다. 그러나 그려 넣을 적당한 공간이 반드시 있다는 보장이 없었고, 또 동물 화가에게는 양이 두세 마리 많든 적든 문제가 아니었으므로, 결국은 아무리 큰 풍경이라도 너무 좁다는 결론이 나왔다. 내친김에 인물 화가도 양치기나 나그네 몇을 더 그려 넣지 않으면 안 되었다. 그러고 나니 인물들이 꽉 들어차서 서로 공기를 빼앗는 것 같았고, 아무리 넓은 장소라도 그들이 모조리 질식해 버리지 않는 것이 이상할 정도였다.

이런 시도가 어떤 결과가 될지는 아무도 전혀 예측할 수 없었다. 그림이 완성되었을 때, 그것은 아무도 만족시키지 못했다. 화가들은 불쾌해졌다. 첫 주문에선 그들은 이익을 얻었다. 물론 이 추가 주문들에 대해서도 백작은 매우 후하게 보수를 지불했지만 화가들은 손해를 입었다. 하나의 그림 위에 몇 명의 화가에 의해 맥락도 없이 손을 가한 부분은 아무리 애를 써 보아도 좋은 효과는 나오지 않았으므로, 결국은 모두가 타인의 작업에 의해 자기의 작품이 손상되고, 엉망이 되었다고 생각하게 되었다.

때문에 예술가들은 사이가 위태롭게 벌어졌고, 서로 치유하기 힘든 적의를 품었다. 이러한 변경, 아니 이러한 추가는 앞서 말한 아틀리에에서 이루어졌고, 나도 그곳에 있으면서 예술가들과 보냈다. 그러면서 습작 가운데서, 그것도 특히 동물 습작 가운데서 이러저러한 동물, 또는 이러저러한 무리를 골라내 원근에 배치하도록 제안하는 것을 재미로 삼았다. 예술가들도 때때로 그들의 확신에 의한 것인지, 아니면 나에 대한 호의에선지 내 말대로 해 주었다.

그러는 사이에 이 일에 관계된 사람들은 모두 기운이 빠졌다. 특히 제카츠가 그랬다. 그는 심하게 내성적이고 소극적인 사람으로, 친구들 사이에 있을 때는 더없이 기분 좋게, 매우 훌륭한 사교가임을 보였으나, 일을 할 때는 홀로 생각에 빠지며 간섭받지 않고 자유롭게 제작하고 싶어했다. 그런 그가 힘든 과제를 해결하고, 대단한 열의와 풍성하게 지닌 따뜻한 사랑을 퍼부어 그것을 끝마친 지금, 수도 없이 다름슈타트에서 프랑크푸르트를 왕복하며 자기 그림의 어딘가를 고치거나, 타인의 그림에 손을 가하거나, 더 나아가서는 자기도 상담에 끼어서, 제3자가 자기 그림의 완성도를 떨어뜨리는 것을 지켜보지 않으면 안 되었다.

그의 불만은 고조되어, 그의 반감은 더 이상 어찌할 수가 없었다. 그래서 이 대부를(그도 우리 집의 대부였다) 백작의 뜻에 따르게 하기 위해서는 우리도 엄청난 노력을 기울여야만 했다. 지금도 기억이 나는데, 표구사가 정해진 곳에 곧장 걸 수 있도록, 그림을 모두 순서대로 포장하기 위해 이미 상자가 마련되었을 때,

극히 사소하지만 꼭 필요한 수정을 하지 않으면 안 되었다. 그러나 제카츠를 설득해 데려올 수는 없었다. 그의 마지막 그림도 말할 것 없이 그가 할 수 있는 최선을 다한 것이었다. 그는 문 위에 걸 그 그림 속에서, 살아 있는 그대로의 어린이로 만물의 기본이 되는 4대 구성 요소(땅·물·불·바람)를 모두 표현했고, 그 인물에나 경치에 최대의 노력을 기울였다.

이 그림은 인도되었고, 대가도 지불되었다. 그리고 이번 일로부터 영원히 해방되었다고 믿었다. 그러나 지금 다시 와서 크기가 너무 작았던 두세 그림에 약간 손을 가해 늘려야만 하는 상황이 발생했다. 그러나 그런 일은 다른 사람도 할 수 있다고 그는 생각했고, 이미 새로운 일을 준비하고 있기도 했다. 요컨대 그는 가고 싶지 않았다. 발송일은 닥쳤고, 그림을 말릴 시간도 필요했다. 조금이라도 지연되는 것은 좋지 않았다.

곤경에 빠진 백작은 군대의 힘을 빌려서라도 그를 데려올까 생각했다. 우리도 모두 하루빨리 그림이 집에서 나가기를 바랐기에 최후의 수단으로 통역 아저씨가 마차를 타고 가서 오기 싫어하는 그를 처자와 함께 데려왔다. 백작은 그를 정중하게 맞이하고 융숭하게 대접했다. 그리고 마지막에 그는 고액의 대가를 받고 풀려났다.

그림이 실려 나가자 집안은 무척 조용해졌다. 다락방은 청소가 끝난 후 내게로 돌아왔다. 상자가 실려 나가는 것을 본 아버지는 그에 뒤이어서 백작도 내쫓고 싶은 마음을 억누르지 못해 어쩔 줄 몰라 했다. 물론 백작의 기호는 아버지의 기호와 일치했고, 현존하는 대가에게 명성에 맞는 일을 주어야 한다는 당신의 원칙이, 자신보다 부유한 사람에 의해 저렇게 참으로 넉넉하게 실행되는 것을 보는 것은 아버지를 기쁘게 했음이 틀림없다. 또한 아버지의 수집이 계기가 되어, 다수의 유능한 예술가가 이 어려운 시대에 엄청난 고액의 대가를 받을 수가 있었던 것은 아버지로서도 기분 나쁜 일은 아니었다.

그러나 아버지는 당신의 집에 밀려든 이국인에 대해 대단한 반감을 품고 있었으므로, 이국인이 하는 짓이 뭐든 맘에 들 턱이 없었다. 이들 예술가들에게 일을 시키는 것은 좋다. 그러나 그들에게 벽지(壁紙) 화가 같은 저급한 일을 시켜선 안 된다. 그들이 자기 확신에 따르고, 능력에 따라 완성한 것은 비록 그것이 완전하게 마음에 들지는 않더라도, 그것으로 만족해야지 흠을 들춘다든지 불만을 토하거나 해서는 안 된다고 그는 생각했다.

요컨대 백작 자신은 관대하려 노력했음에도 불구하고 두 사람 사이에는 끝내 아무 관계도 생겨나지 않았다. 아버지가 그 방에 오는 것은 백작이 식탁에 있을 때뿐이었다. 내 기억에 따르면 두 사람의 의견이 일치한 적이 단 한 번 있었다. 제카츠가 전에 없던 근사한 그림을 그려서 그 그림을 보려고 온 집안 사람들이 모여들었을 때 아버지와 백작은 그곳에서 마주쳤고, 이들 작품에 대한 공통된 호감, 그들 두 사람 사이에서 끝내 찾아볼 수 없었던 호감을 보였던 것이다.

이렇게 크고 작은 나무 상자가 집에서 나가자마자 곧 전에 시작되었다가 그 뒤로 중단되었던, 백작을 몰아낼 공작이 다시 계속되었다. 진정을 하여 정의를, 청원에 의해 공정을, 세력을 이용해 호의를 얻고자 애를 썼다. 그래서 마침내 숙영 담당관에 의해 백작은 거처를 바꿔야 했고, 우리 집은 지난 몇 년 동안 줄곧 밤낮을 가리지 않고 안고 왔던 부담을 고려해, 앞으로 숙영을 면제한다는 결정이 나오게 되었다.

그러나 동시에 표면상의 구실을 만들기 위해, 지금껏 군정 장관이 점령했던 2층에 동거인을 넣어서, 그로 인해 새로운 숙영처로 삼지 못하도록 해야 한다는 것이 전해졌다. 백작은 사랑하는 그림과 헤어진 뒤에는 더 이상 이 집에 각별한 관심을 갖지 않았고, 또 어쨌든 곧 소환되어 다른 지위에 오를 것을 기대했으므로, 다른 훌륭한 곳으로 옮길 것을 아무 이의 없이 받아들여, 온화한 호의 속에 우리 집을 떠났다. 또 그는 그 뒤 얼마 안 있어 시를 떠나 점차 더 높은 다른 관직에 있었다고 하는데, 소문에 따르면 그 어떤 것에도 만족하지 않았다고 한다. 그러나 그는 그가 열심히 보살폈던 그 그림이 형의 집에 비치되어 있는 것을 보는 기쁨을 맛보았다.

그 뒤로 두세 차례 편지로 치수를 보내, 전에 여러 차례 말했던 예술가들에게 여러 가지 추가 작업을 하게 했다. 그 뒤로 몇 년이 지나 서인도제도의 프랑스 식민지에 총독으로 가 있다가 죽었다는 소식을 들은 것 외에는 끝내 아무 소식도 듣지 못했다.

# 제4장
# 성서와 나

프랑스인이 머무는 동안 많은 불편을 겪기는 했지만 우리는 그에 익숙해져 있었으므로, 그들이 가 버리자 오히려 쓸쓸해서 집 안에 생기가 완전히 사라진 듯한 기분이 들었다. 게다가 전처럼 우리 가족끼리만 지낼 수도 없었다. 새로운 세입자가 이미 정해져 있었다. 그래서 쓸고 닦고, 대패질을 하고, 윤내고, 페인트칠을 해서 집을 완전히 원상태로 되돌려놓았다. 부모님의 매우 친한 친구인 국무 관방(官房) 주사 모리츠[1]가 가족과 함께 들어왔다.

이 사람은 프랑크푸르트 토박이는 아니었지만 유능한 법률가이자 행정관이어서, 몇몇 공작과 백작 등 귀족의 법률 문제를 처리하고 있었다. 그는 늘 쾌활하고 친절한 데다가 쉴 새 없이 열심히 서류를 들여다보고 있었다. 부인과 아이들도 온화하고 조용하고 호의적이었다. 그들은 항상 가족끼리만 지냈기 때문에 우리 집안의 모임에 함께 하는 경우는 없었다. 우리가 오랫동안 맛본 적이 없었던 고요함과 평화가 다시 찾아왔다. 나는 다시 다락의 내 방에서 지냈다. 그곳에 있던 많은 그림의 망령이 때때로 내 앞을 맴돌았지만, 나는 일을 하거나 공부를 하면서 그것을 쫓아내려 애썼다.

관방 주사의 동생인 공사관의 참사관 모리츠도 그 뒤로 자주 우리 집에 드나들었다. 그는 사교적인 사람으로 훌륭한 체격에 인상이 좋았고, 사람을 만나는 것을 좋아했다. 그도 몇몇 귀족의 업무를 보고 있어서 파산 사건이나 칙명 재무정리위원회의 일로 아버지와도 자주 만났다. 두 분 다 서로를 존중했다. 두 분은 대개 채권자의 편에 섰는데, 그와 같은 사건이 있을 때, 업무를 맡긴 채권

---

1) 하인리히 필립(1711~69). 조르무스 레델하임 백작과 그 밖의 사람을 위해 일했다. 1762년에 괴테가의 집 2층으로 이사했다. 그의 동생 요한 프리드리히(1716~71)는 프랑크푸르트 주재 덴마크 공사관 참사관이었다.

자들의 대부분이 채무자 쪽으로 끌려들어가는 경우를 자주 겪어서 불쾌하게 생각했다.

이 참사관은 자기의 지식을 남에게 전하는 것을 좋아했다. 그는 수학에 뛰어났는데, 그가 하던 일에는 수학이 전혀 필요하지 않았으므로, 나에게 수학 지식을 가르쳐 주는 것을 즐거움으로 삼았다. 그래서 나는 건축 설계도를 지금까지보다도 정밀하게 완성해낼 수가 있게 되었고, 그즈음 매일 1시간씩 우리에게 부과된 그림 선생[2]의 수업에도 많은 도움이 되었다.

사람이 좋은 이 노인은 예술가로서는 말할 것도 없이 제 몫을 하지 못했다. 우리는 선을 긋고는 그것을 긁어모아야 했다. 그러면 거기서 눈과 코, 입술·귀, 그리고 결국은 얼굴과 머리 부분 전체가 완성되는 식이었다. 그러나 그럴 때, 자연스런 형태나 예술적인 형태는 고려되지 않았다. 우리는 한동안 불완전한 인간의 형태에 괴로워했지만 끝내는 크게 진보했다는 인정을 받아 르블랑[3]의 《격정》을 모사하라는 과제가 주어졌다. 그러나 이 희화(戱畵)도 그다지 도움이 되지는 못했다. 아울러 풍경화나 잎, 장식, 그 밖에 일반 수업에서 순서도 방침도 없이 모든 것을 닥치는 대로 연습해야 했다. 결국 익힌 것은 정확한 모사와 선의 아름다움뿐, 더 나아가서 원화의 가치라든가 취미가 문제되는 일은 없었다.

이 그림 공부에서 아버지는 직접 우리에게 모범을 보였다. 지금까지 아버지는 그림을 그린 적이 없었지만, 아이들이 그림 공부를 하는 것을 보고 당신도 팔짱을 끼고 보고만 있지 않고, 그 나이에도 어릴 때는 어떻게 배워야 하는지 아이들에게 모범을 보이려 했던 것이다. 즉 아버지는 피아체터[4]의 8절 크기의 유명한 화첩을 교본 삼아 영국제 연필로 최고급 네덜란드 그림용지에 사람의 머리부분을 몇 장 모사하였다.

그럴 때 아버지는 윤곽을 깔끔하게 그리는 것에 가장 큰 주의를 기울였을 뿐만 아니라, 동판화의 음영선도 매우 정확하게 모사해냈다. 아버지는 솜씨가

---

2) 요한 미하엘 에벤(1716~61).
3) 샤를르(1619~90). 저명한 파리의 궁정화가. 입문용 스케치 교과서를 몇 권 만들었다. 《격정》은 그중의 하나.
4) 죠반니 바티스터(1682~1754). 이탈리아의 화가. 베네치아 미술학교장.

좋기는 했지만 너무 담백했다. 딱딱함을 피하려고 그림에 명암의 조화를 주지 않았기 때문이다. 그러나 아버지의 그림은 언제나 섬세하고 매우 잘 정돈되어 있었다. 아버지는 끈기 있게, 지치지도 않고 노력을 거듭하여 꽤 많은 분량인 그 화집을 번호순으로 모두 다 모사했다. 그러나 우리는 저 머리에서 이 머리로 옮겨 다니면서 마음에 드는 것만 골라서 베끼곤 했다.

우리에게 음악을 가르치려는 계획은 상당히 오래전부터 화제에 올라 있었는데, 그 무렵에 겨우 실행에 옮기게 되었다. 그것이 마침내 실현된 계기에 대해서는 잠깐 얘기해 둘 필요가 있을 것 같다. 우리에게 피아노를 가르치려는 것은 이미 결정이 나 있었지만, 선생님을 누구로 할 것인지는 좀처럼 의견이 일치되지 않았다. 그런데 마침 피아노 레슨을 받는 친구가 있었는데 그 친구의 집에 놀러 가면 그에게 피아노를 가르쳐주는 선생님을 종종 만날 수 있었다. 내게는 그 선생님이 매우 훌륭한 분으로 보였다.

그는 양손 손가락 하나하나에 굉장히 웃기는 별명을 붙였다. 마찬가지로 흑백의 건반에도 일일이 상징적인 이름을 붙였을 뿐만 아니라, 음 자체도 비유적인 이름으로 불렀다. 이런 요란한 것들이 뒤섞여서 무척이나 재미나게 보이는 것이었다. 운지법과 박자도 눈에 보이는 것처럼 매우 쉽게 되어 있어서, 배우는 사람도 그에 따라 신명이 나고, 그러다 보니 모든 것이 더없이 잘 흘러갔다.

집으로 돌아온 나는 이번에야말로 본격적으로 배우리라 마음먹고, 이처럼 훌륭한 사람을 피아노 선생님[5]으로 모셔달라고 부모님께 간청했다. 부모님은 잠깐 망설이다가 이리저리 질문을 하였다. 이 선생님에 대해서는 나쁜 소문은 없었지만 특별히 좋은 얘기도 들리지 않았다. 그러는 동안 나는 동생에게 그 우스운 별명에 대해 이야기해주었다. 우리는 수업이 시작되기를 목이 빠지게 기다렸는데, 마침내 그 사람을 채용하기로 결정이 났다.

먼저 악보를 읽는 것부터 시작했다. 그런데 거기엔 농담 같은 것은 단 한 마디도 없어 지루했다. 우리는 고생 끝에 낙이 온다고, 피아노 앞에 앉아 손가락을 쓰게 되면 재미난 일이 시작되리라고 잔뜩 기대에 부풀어 위로를 했다. 그러나 건반에도, 운지법에도 예전의 그 별명이 나타날 기회는 좀처럼 오지 않았다.

---

5) 요한 안드레아스 비스만(1715~1811).

오선지 위의 음보에도, 흑백 건반에도, 아무리 시간이 지나도 꿈쩍도 하지 않는 것이었다. 그때 그 엄지손가락님, 검지손가락님, 새끼손가락님 하는 별명 따위 단 한 마디도 들려오지 않았다.

선생님은 손톱만큼도 재미가 없는 수업 중에, 전에 유쾌한 농담을 했을 때처럼, 얼굴 근육 하나 움직이지 않았다. 누이동생은 내가 자기를 속였다고 나를 탓하면서 그것은 내가 지어낸 이야기에 불과했다고 정색을 하고 덤볐다. 그러나 나 역시 까닭을 몰랐고, 선생님이 꽤 열심히 가르쳤음에도 불구하고 진도는 그다지 잘 나가지 않았다. 나는 전에 들었던 농담이 언젠가는 나오리라고 여전히 기대하면서 날마다 누이동생을 위로해야 했다. 그러나 그것은 전혀 나타날 기미가 없었다. 이 수수께끼는 전과 마찬가지로 우연에 의해 풀리지 않았더라면 끝내 알 수 없었을 것이다.

한창 레슨을 받는 도중에 놀이 친구 하나가 들어왔다. 그랬더니 순식간에 우스개 샘이 폭발을 일으켰다. 그가 손가락에 붙인 별명, 엄지손가락님이나 검지손가락님, 예예님, 도와주는 님, 음표 f(파)나 g(솔)의 별명인 파크님이나 가크님, fis(올림바장조)나 gis(올림사장조)의 별명인 피크님이나 기크님이 다시 일제히 나타나서 너무나도 기묘하게 뛰어다녔다. 내 친구는 한번 터진 웃음을 그칠 줄 몰랐고, 이렇게 재미나게 많은 것을 배우는 것을 기쁘게 생각했다. 그러고는 부모를 졸라서 자기도 이렇게 훌륭한 선생님에게 배워야겠다고 다짐하는 것이었다.

나에게는 이렇게 새로운 교육론에 따라서 매우 어릴 때부터 두 가지 예술에의 길이 열렸다. 다만 그것은 운에 맡길 일이었지 천부적인 재능에 의해 내가 그 방면에 통달한다는 확신이 있었던 것은 아니다. 그림은 누구나 배워야만 한다고 아버지는 주장하였는데, 이를 위해 아버지는 그림을 배우라고 엄명했다고 전해지는 막시밀리안 황제를 특히 숭배하였다. 그래서 아버지는 내게 음악보다는 그림 쪽을 적극 권하였다. 그에 반해 누이동생에게는 주로 음악을 권해, 정규 수업 외에도 많은 시간을 피아노에 매달리게 하였다.

나는 뭔가를 배울 기회가 주어졌으므로, 나 자신도 자진해서 열심히 배우겠다는 마음을 먹었다. 그래서 한가한 때면 갖가지 기묘한 일에 푹 빠지곤 했다. 이미 아주 어렸을 적부터 나는 자연의 사물에 대한 탐구심을 느끼고 있었다.

어린아이가 그런 것을 한동안 가지고 놀고, 이리저리 만지작거리다가 끝내는 망가뜨리거나 부숴 버려 산산조각이 나게 하는 것은 잔인성 때문인 것으로 해석하는 경우가 많다. 그러나 그런 것들이 어떻게 만들어졌는지, 내부는 어떻게 생겼는지 궁금해하는 호기심과 지적 탐구심이 늘 이런 형태로 나타나기 마련인 것이다.

나는 어린 시절에 꽃이 꽃받침에 어떻게 붙어 있는지 보고 싶어서 꽃을 잡아뜯어 보았고, 깃털이 날개에 어떻게 나 있는지 관찰하려고 새의 깃털을 뽑았던 기억이 있다. 그러나 아이들이 이런 행동을 했다고 해서 나쁘게 보아서는 안 된다. 자연과학자까지도 긁어모으거나 결합하거나 하기보다는 분해나 분리에 의해, 또는 살리기보다는 죽임으로써 보다 많은 것을 배울 수 있다고 믿고 있는 것이다.

양쪽 극에 강한 자기가 있고, 매우 아름다운 배색의 천 조각에 꿰매 넣은 자철광도 나의 이와 같은 탐구심의 대상에서 벗어나지 못했다. 천에 싸인 이것은 그것에 닿는 쇠막대기를 잡아당길 뿐만 아니라, 차츰 힘을 늘려 커다란 무게에도 견디는 불가사의한 힘을 지니고 있었다. 나는 이 신비한 성질에 완전히 매료되어 오랫동안 그 작용을 그냥 보기만 하는 데 만족했었다. 그러나 마침내 나는 그것을 싸고 있는 천 조각을 벗겨 보면 조금이나마 그 비밀의 열쇠에 근접할 수 있지 않을까 생각했다.

재빨리 실천에 옮겨 보았지만, 그로써 내가 얼마간이나마 영리해졌던 것은 아니다. 강한 자석이 밖으로 드러났을 뿐, 그 이상은 아무것도 알 수 없었다. 나는 헝겊을 벗겨내고 맨 돌을 손으로 만져보았다. 그러고는 그 돌로 쇳가루나 바늘을 사용해 갖가지 실험을 해 보았다. 그러나 이 실험으로도 나의 어린 정신은 다양한 체험을 했을 뿐, 그 이상의 이익은 얻지 못했다. 나는 그것을 완전하게 원래대로 되돌릴 수가 없었으므로 각 부분이 뿔뿔이 흩어져 따로 놀게 되고 말았다. 나는 그 신기한 현상도, 기구도 모두 잃어버린 것이다.

기전기(起電機)의 구조도 마찬가지로 수월하게 알아낼 수 없었다. 우리와 친한 어떤 사람이 있었는데, 그의 어린 시절이 마침 전기가 모든 사람의 마음을 사로잡았던 시절과 일치했다. 그 사람은 어린 시절에 기전기를 만들고 싶어서 발전의 주된 조건을 알아내어, 낡은 물레와 약병 몇 개를 이용해서 어느 정도의 전기를 일으키는 데 성공했다는 얘기를 우리에게 들려주었다. 그는 이 이야기를 어찌나 좋아했던지 수도 없이 이야기했고, 발전이란 무엇인가에 대해서도 가르쳐 주었다. 우리는 그가 전기를 일으켰다는 것을 사실로 믿고 오랫동안 구식 물레와 약병을 주물러 보았지만 조금도 전기를 일으키지는 못했다. 그럼에도 불구하고 우리는 신념을 바꾸지 않았다. 그래서 대목 장날 때 진기한 구경거리와 마술 등과 함께, 기전기가 전기에 의한 마술을 펼치는 것을 보고 매우 재미있게 생각했던 것이다. 이 기술은 자력의 진기한 마술과 마찬가지로, 당시 이미 매우 널리 퍼져 있었다.

공교육에 대한 불신은 날이 갈수록 커져서 누구나 가정교사를 구했다. 그러나 개개의 가정에서 비용을 감당하지 못했기 때문에 몇 집이 모여서 그 목적을 이루려 했다. 그러나 아이들이란 좀처럼 사이좋게 지내지 못하기 마련이다. 게다가 젊은 선생들은 권위가 부족해서 불쾌한 일이 거듭 일어났고, 결국은 싸워서 헤어지기 일쑤였다. 그래서 좀더 알찬 교육이 가능한, 보다 유리한 다른 시설이 요구된 것은 전혀 이상한 일이 아니었다.

사설 학원을 세우게 된 것은 살아 있는 프랑스어를 가르쳐야 할 필요성을 누구나 느꼈기 때문이었다. 아버지는 한 청년을 가르쳤는데, 그 사람은 아버지의 사환이자 신하이자 비서로, 말하자면 아버지를 위해 뭐든 할 수 있었다. 파일[6]이라는 이름의 이 사람은 프랑스어에 능숙했고, 또 프랑스어를 완전하게 이해하고 있었다.

그가 결혼하자, 그의 후원자들은 그를 위해 뭔가 정해진 직업을 마련해주려고 했다. 그들은 그에게 사설 학원을 열라고 권했다. 이 사설 학원은 차츰 커져서 작은 학교처럼 되었고, 그곳에선 모든 필요한 것, 즉 라틴어나 그리스어까지 가르치게 되었다. 프랑크푸르트는 교통이 편리하고 널리 알려져 있었으므로 젊은 프랑스인이나 영국인이 독일어를 배우거나, 그 밖의 교육을 받거나 하기 위해 이 시설로 모여들 기회가 많았다.

한창 일할 나이에다가 또 놀랄만한 정력과 활동력의 소유자였던 파일은 학원을 훌륭하게 관리했다. 그리고 그에게는 너무 바빠서 곤란을 겪는 일은 없었

---

6) 레오폴트 하인리히(1725~92). 파일의 아내는 괴테의 작은 외할아버지의 딸이었으므로 괴테의 아버지에겐 사촌이 된다.

으므로, 학생을 위해 음악 교사를 고용할 필요가 생기자 손수 음악에 뛰어들었다. 대단한 열의를 가지고 피아노 연습을 한 결과, 지금까지 건반을 두드려본 적도 없었던 그가, 빠른 시일 내에 능숙해져 훌륭하게 칠 수 있게 되었다. 이미 상당한 나이가 들었는데도 다시 학생이 될 것을 선언하고, 새로운 것을 습득하기가 매우 힘든 나이임에도, '젊은이에게 뒤지지 않는 근면함과 지구력으로 노력하는 것만큼 젊은이에게 용기를 주고 격려하는 것은 없다'는 내 아버지의 지론을 그는 채용하고 있었던 것처럼 보였다.

이렇게 피아노 연주에 흥미를 가졌기 때문에, 파일은 피아노 자체에도 관심을 갖게 되었다. 그리하여 그는 최고급 피아노를 갖고 싶어서, 그 명성이 널리 알려져 있던 게라의 프리데리치와 교섭을 하게 되었다. 그는 그 판매점의 위탁 판매를 맡아 그랜드 피아노 여러 대를 자기 집에 갖다놓고 그것을 바라보는 것을 즐기는가 하면, 또 그것을 연습하여 남에게 들려주는 것을 낙으로 삼았다.

이 활발한 사나이는 전 같지 않은 음악 열기를 우리 집에 불어넣었다. 아버지는 약간 의견이 맞지 않는 구석이 있기는 했지만 그와는 항상 친근한 관계였으므로, 우리를 위해서라도 프리데리치의 커다란 그랜드 피아노를 한 대 들여놓았다. 나는 낡은 피아노에 애착이 있었기 때문에 그것에는 거의 손대지 않았다. 그러나 누이동생에게는 그 피아노가 매우 커다란 근심거리가 되었는데, 새 피아노에 상응하는 성의를 보이기 위해 동생은 날마다 연습에 두서너 시간을 더 쏟아붓지 않으면 안 되었기 때문이다. 그럴 때면 아버지는 감독자로서, 파일은 동생의 모범 및 동생을 격려하는 우리 집안의 친구로서 그녀 곁에 번갈아 가며 서 있었다.

아버지의 기묘한 취미를 위해 우리는 꽤 많은 불쾌한 일을 겪어야 했다. 그것은 누에를 키우는 일이었는데, 그것이 일반에 보다 널리 이루어진다면 그 이익은 대단할 것이라고 아버지는 기대하고 있었다. 누에치기를 상당히 세심하게 하고 있던 하나우의 아는 사람 두셋이 아버지에게 직접적인 계기를 제공했다. 그들은 적당한 시기를 보아 누에알을 보내왔다. 우리는 뽕나무잎이 자라기 시작하자마자, 이내 알을 부화시켜 거의 눈에 보이지도 않는 생물을 세심한 주의를 기울여 보살펴야 했다. 다락방을 하나 비우고, 거기에 테이블과 선반을 놓고, 그 위에 판자를 걸쳐놓아 누에를 위해 널찍한 장소를 마련해 먹이를 주었다.

누에의 성장은 빨라서 마지막 탈피를 끝내자 식욕이 엄청나게 왕성해졌다. 뽕잎을 아무리 갖다 바쳐도 부족할 정도여서 밤낮을 가리지 않고 먹이를 주지 않으면 안 되었다. 그들에게서 크게 놀랄만한 변화가 생기는 시기에 충분히 먹이를 주는 일에 모두 매달려 있었다. 그나마 날씨가 좋을 때는 그 일은 확실히 유쾌한 즐거움으로 여겨지기도 했지만, 한바탕 추위가 닥쳐서 뽕나무가 시들기라도 할라치면 이 일은 엄청난 고생으로 변했다. 그보다 더 괴로운 일은 마지막 시기에 비가 내리는 것이었다. 왜냐하면 이 생물은 습기에는 전혀 견디지 못하기 때문에 젖은 잎을 모두 정성껏 닦아서 말려야만 했기 때문이다.

그러나 이 일은 항상 그리 철두철미하게 이루어지지 않았는데, 그 때문인지 아니면 무슨 다른 원인 때문인지 갖가지 병이 누에들 사이에 퍼져 불쌍한 생물들이 무더기로 죽어 나갔다. 죽은 누에들이 썩어서 엄청난 악취가 났다. 그래서 죽었거나 병에 걸린 것들을 골라내 건강한 것들과 떼어놓아야만 했는데, 이것은 정말이지 무척이나 성가시고 하기 싫은 일이어서 우리는 그것 때문에 몇 시간이나 불쾌감을 맛보아야 했다.

이처럼 그해의 가장 아름다운 봄과 여름의 몇 주일을 누에를 보살피며 보낸 뒤에 우리는 다시 다른 일로 아버지를 돕지 않으면 안 되었다. 이 일은 전의 일만큼 귀찮지는 않았지만, 그렇다고 해서 그 일보다 재미있거나 쉬운 것도 아니었다. 위아래에 검은 테두리를 두른 로마의 풍경화가 여러 해 동안 낡은 집의 벽에 걸려 있었는데 햇빛과 먼지, 그을음으로 심하게 누렇게 변색되고, 파리똥 때문에 꽤나 볼썽사나워져 있었다. 이렇게 더러워진 것을 새 집에 걸 수도 없는 노릇이었다. 더군다나 이 그림은 아버지가 오래전에 떠나온 땅을 그린 것이어서, 그에게는 한층 가치 있는 그림이 되어 있었다.

이와 같은 모사(模寫)는 처음 동안, 방금 받은 인상을 신선하고 생생하게 만드는 데 도움이 되지만, 생생한 인상에 비하면 하찮은 것으로 생각되어, 대부분의 경우 가엾은 대용품에 지나지 않는 것처럼 여겨진다. 그렇지만 원래의 풍경에 대한 기억이 차츰 엷어져 감에 따라, 스스로도 깨닫지 못하는 사이에 모사가 그를 대신하게 되어, 우리에게 원래의 풍경과 마찬가지로 가치 있는 것이 되어간다. 그래서 처음엔 대접을 받지 못하던 것이 귀하신 몸이 되어 점점 그 것에 애착을 느끼게 된다. 모사라든가, 특히 초상화 같은 것이 다 그렇다. 가까이 있는 사람의 초상화를 보고 만족해하는 사람은 드물지만, 멀리 떨어져 있는 사람, 또는 고인이 된 사람의 초상화는 비록 그것이 그림자를 그린 것이라 해도 기쁜 것이다.

요컨대 아버지는 지금까지 소홀하게 대했던 것을 안타까이 여기는 마음에서, 그 동판화들을 가능한 한 원래의 상태로 복원하려 하였던 것이다. 표백으로 복원할 수 있다는 것은 알고 있었다. 그리고 그림 크기가 큰 경우에는 늘 위험을 수반하는 이 작업이, 좁고 상당히 불편한 장소에서 이루어지게 되었다. 왜냐하면 커다란 판자 위에 그을린 동판화를 물에 적셔서 펴놓고 햇볕에 건조시켜야 하는데, 그 판자는 다락방 창문 앞에 빗물통을 받치려고 지붕에 기대어 놓았기 때문에, 언제 어느 때에 뜻밖의 사고가 일어나지 않는다는 보장이 없었기 때문이다. 이런 경우에 가장 중요한 것은 종이가 너무 마르지 않도록 항상 적당한 습기를 유지하는 일이었다.

이 일은 나와 누이동생이 맡았다. 이 일은 도저히 참지 못할 만큼 따분한 데다가, 잠시도 한눈을 팔지 않고 지켜보아야 했으므로, 평소엔 그다지도 고맙게만 여겨지던 노는 시간이 그만 엄청난 고통이 되고 말았다. 다행히 이 일은 그럭저럭 끝이 났다. 표구사가 그림에 한 장 한 장 질긴 종이를 뒤에 대고, 최선을 다하여 우리의 부주의에 의해 여기저기에 생긴 가장자리의 찢어진 틈을 메워 원래대로 해 주었다. 모든 그림을 두루마리로 말아 정리가 끝나면서 이번 일은 일단 한숨 놓게 되었다.

아버지는 우리에게 생활과 공부에 관한 것은 뭐든 가르치려 하였는데, 마침 이 무렵에 영국인 어학교사[7]가 채용을 바라고 찾아왔다. 이 사람은 외국어 지식이 전혀 없지만 않다면, 누구든지 책임지고 4주 안에 영어를 가르치고, 그다음은 스스로의 노력으로 발전하도록 해 보이겠다고 말했다. 그는 아주 정직한 보수만을 요구했고, 수업을 받는 학생 수는 몇 명이든 상관하지 않았다.

아버지는 그 자리에서 시도해 볼 결심을 하였고, 나와 동생은 함께 그 사람

---

7) 요한 페터 크리스토프 샤데(1734~?). 그가 프랑크푸르트에 온 것은 1762년 6월.

의 속성 수업을 받게 되었다. 수업은 열심히 진행되어 갔고, 복습도 게을리하지 않았다. 우리는 4주 동안 다른 몇 가지 학습은 모조리 제쳐놓았다. 선생도 우리도 모두 만족하여 헤어졌다. 그는 그 뒤로도 한동안 프랑크푸르트에 머물면서 많은 제자를 길렀는데, 우리가 처음에 그를 믿고 따라준 것에 고마워하고, 또 다른 사람들에게 우리를 모범으로 들 수가 있는 것을 자랑으로 삼았기 때문에, 그 뒤에도 이따금 찾아와서 공부를 봐주거나 도와주기도 했다.

그 결과, 아버지는 영어 공부가 다른 어학 공부에 비해 뒤떨어지지 않도록 새삼 배려해 주었다. 그러나 정직하게 말하건대, 한 외국어 문법이나 예문집을 공부했는가 싶다가 어느새 다른 외국어 문법과 예문집 공부로 옮겨야 하고, 한 작가를 공부했는가 싶다가 다시 다른 작가를 공부하는 바람에, 공부의 대상에 대한 나의 흥미와 동시에 시간도 조각조각이 나서, 결국은 아무 쓸모가 없어지는 것이 나는 차츰 싫어졌다.

그래서 나는 모든 것을 한 번에 해치울 요량으로 6, 7명의 형제 자매가 등장하는 소설을 생각해 냈다. 그들은 모두 전 세계에 뿔뿔이 흩어져 있어서, 각자 자기의 환경이나 느낀 바에 대해 서로 가르친다. 첫째 형은 훌륭한 독일어로 여행 중에 겪은 여러 견문과 사건에 대해 보고한다. 누이동생은 뒤에 나오는 《지크바르트》[8] 문체와 닮은, 똑똑 끊어지는 짧은 문장의 여성스런 문체로, 집안에서 생긴 일이나 느낀 바를 다른 형제들에게 써 보낸다. 동생은 신학 공부를 하고 있어서 매우 정확한 라틴어로 편지를 쓰고, 이따금 그리스어로 그것에 추신을 덧붙인다. 함부르크에서 점원으로 일하는 다음 동생에게는 물론 영어 통신문이 할당된다. 마르세유에 있는 그 아래 동생은 프랑스어이다. 처음으로 외국 여행에 나선 음악가 지망생인 동생은 이탈리아어로 쓴다. 아직 둥지를 떠나지 못한 주제에 약간 건방진 막냇동생은 외국어를 전혀 모르기 때문에 유대·독일어로 쓰기로 했는데, 뜻을 알 수 없는 암호 같은 문장으로 다른 형제들을 절망시키고, 재미난 발상으로 부모님을 웃게 했다.

나는 내가 창조한 인물들이 머무는 지방의 지리를 공부했는데, 토지의 묘사만으론 부족해서, 각 인물의 성격이나 일의 내용에 다소나마 관계가 있는 인

8) 요한 마르틴 밀러(1750~1814)의 감상적인 수도원 이야기(1776).

간적인 다양한 것들을 공부하여 덧붙임으로써, 이 기묘한 형식에 얼마간 내용을 부여하려고 기를 썼다. 이리하여 나의 연습장은 꽤 두꺼워졌다. 아버지는 만족스러워했지만 나는 오히려 나의 지식과 어학력의 부족함을 절실히 느껴야 했다.

그런데 이런 일은 일단 시작되면 끝도 한도 없기 마련인데, 이번 경우도 역시 그렇게 되었다. 왜냐하면 나는 이 기괴한 유대·독일어를 붙들고 읽고 쓰기에 모두 통달하려고 갖은 애를 썼지만, 얼마 안 가서 그러려면 헤브라이어 지식이 필요하다는 것을 알았기 때문이다. 헤브라이어를 알아야 비로소 퇴화되고 왜곡된 현재의 유대·독일어도 그 유래를 더듬어서 얼마간 정확하게 다룰 수가 있다. 그래서 나는 아버지에게 헤브라이어를 배울 필요성을 말씀드리고, 허락해 달라고 어지간히 졸랐다.

나에겐 보다 큰 목적도 있었다. 구약성서와 신약성서를 이해하려면 그것이 쓰인 원래의 언어를 알지 못하면 안 된다는 것을 나는 곳곳에서 들었었다. 신약성서는 쉽게 읽을 수가 있었다. 일요일에도 공부를 빠뜨리지 않기 위해 교회에서 돌아온 뒤에 이른바 복음서와 사도행전을 낭독하거나 번역하고, 경우에 따라서는 설명해야만 했기 때문이다. 그래서 나는 구약성서도 쉽게 읽을 수 있게 되기를 바랐다. 구약성서에는 독특한 데가 있어서 오래전부터 나는 그것에 마음이 끌렸던 것이다.

무슨 일이건 하다가 그만두는 것을 매우 싫어하는 아버지는 프랑크푸르트의 김나지움(고등학교) 교장인 알브레히트[9] 박사에게 나를 최소한도로 필요한 간단한 말을 익힐 때까지 매주 개인 교습을 해 달라고 부탁하기로 결심했다. 아버지는 헤브라이어가 영어처럼 빠르게는 아니더라도 적어도 그의 두 배의 시간이면 되리라고 기대했던 것이다.

알브레히트 교장은 세상에 보기 드문 유별난 인물이었다. 그는 뚱뚱하지는 않지만 옆으로 펑퍼짐하고 키가 작아서, 기형까지는 아니라도 흔히 볼 수 있는 몸집은 아니었다. 요컨대 법복을 입고 가발 쓴 이솝이었다. 그는 70세가 넘었는데도 항상 얼굴을 찌푸리고 비꼬는 듯한 미소를 띠고 있었다. 그러나 그의 눈

---

9) 요한 게오르크(1694~1770).

은 언제나 크게 열려 있고, 붉은 기운을 띠기는 했지만 광채가 있어서 예지로 빛나고 있었다.

그는 김나지움이 있는 프란체스코회의 옛 수도원에 살았다. 나는 이미 어렸을 때 부모님께 이끌려서 이따금 그를 찾아간 적이 있었다. 그래서 길고 어두운 복도와 응접실에 무늬가 새겨진 예배당, 계단과 모퉁이가 많은 매우 불규칙한 이 건물 안을 오싹하는 쾌감을 느끼면서 걷곤 했었다. 나는 특별히 불쾌하게 생각지도 않았지만, 그는 내 얼굴을 볼 적마다 뭔가 시험해 보고는 나를 칭찬하거나 격려했다.

언젠가 나는 공개시험 뒤에 치르는 진급식에 외부 참관자로 참석한 적이 있었는데, 그는 품행과 학업에 뛰어난 사람에게 주는 은상(銀賞)을 수여할 때, 그가 있는 강단 가까이에 내가 서 있는 것을 보았다. 내가 아마도 그가 메달을 꺼내고 있는 자루를 굉장히 부러운 듯이 쳐다보았는지, 나를 손짓해 부르더니 계단을 하나 내려와서 나에게 은메달을 건네주었다. 나는 무척 기뻤다. 물론 그 학교 학생도 아닌 나에게 상을 주는 것은 규칙에 어긋나는 일이라고 생각하는 사람도 없지는 않았다. 그러나 워낙 기인으로 알려진 데다가 남의 눈에 띄는 행동도 많이 했던 이 노인은 그런 일 따위엔 눈도 꿈쩍하지 않았다.

그는 교육자로 명성이 높았고, 또 자기 직무에 매우 능통했다. 그러나 너무 나이가 들어서 직접 교육을 하기는 힘들었다. 하긴 그는 교편을 잡지 못하는 것은 노쇠 때문이라기보다는, 오히려 외부 사정 때문이라고 생각하고 있는 것 같았다. 전에 내가 들은 바에 따르면 그는 교육청이나 장학관, 또는 수도사나 교사로도 만족하지 않았다. 그는 남의 결점이나 결함을 예리하게 간파해 내고, 그것을 풍자하기를 즐기는 자기의 성격을 학교 연보나 공개 강연에서도 거리낌 없이 발휘했다. 그가 애독하고 존경했던 거의 유일한 작가인 루키아노스[10]처럼, 그의 말과 글에는 모두 찌르는 듯한 신랄함이 있었다.

그의 역정을 산 사람들에게 그나마 다행인 것은, 그는 결코 노골적으로 공격하지 않고 지적하려는 결함을 넌지시 암시하거나, 고전의 문구나 성서의 잠언을 인용해 에둘러서 빗대거나 하는 것이었다. 그의 강연(그는 항상 원고를 읽었

---

10) 120경~195경. 그리스의 풍자작가.

다)은 전혀 재미없는 난해한 것인 데다가, 이따금 터지는 기침 때문에, 또 신랄한 곳으로 들어가려 할 때나 그것을 한창 읽는 도중에 터지는 드높은 웃음으로 인해 자주 중단되었다.

그에게서 수업을 받기 시작했을 때, 나는 이 유별난 인물이 온화하고 친절한 사람임을 알았다. 나는 매일 저녁 6시에 그를 찾아갔다. 벨이 달린 문을 뒤로 닫고 수도원의 길고 어두운 복도를 더듬어 갈 때, 나는 항상 뭐라고 표현하기 힘든 편안함을 느꼈다. 우리는 그의 서재에 들어가서 밀랍을 바른 천이 깔린 책상에 마주 앉았다. 너무 읽어서 너덜너덜해진 루키아노스가 언제나 그의 옆에 놓여 있었다.

그가 호의를 보여 주었음에도 불구하고, 본격적인 공부를 하려면 역시 그에 상응하는 수업료를 내야 했다. 왜냐하면 나의 선생님은 '헤브라이어를 배워서 도대체 무엇에 쓰려는 거냐'며 비웃음 섞인 말로 놀렸기 때문이다. 나는 유대·독일어에 대한 나의 계획은 감추고, '구약성서를 원전으로 보다 잘 이해하고 싶어서'라고 말했다. 그 말에 그는 웃으면서, 읽는 방법만 배우면 그것으로 충분하다고 했다.

나는 마음속으로 그것엔 크게 불만이었다. 그래서 나는 글자를 배우게 되었을 때, 모든 주의를 기울였다. 알파벳은 대체로 그리스어와 같아서 모양을 구별하기가 쉬웠고, 명칭도 대부분 귀에 생소하지는 않았다. 나는 그것을 모조리 곧바로 이해하고 외웠기 때문에 이제 곧 읽을 수 있으리라고 생각했다.

헤브라이어는 오른쪽에서 왼쪽으로 읽는다는 것은 잘 알고 있었다. 그런데 이번엔 작은 자모와 기호, 모음을 나타낼 뿐인 갖가지 점과 선의 새로운 무리가 등장했다. 큰 알파벳 중에도 분명 모음이 있고, 그 밖의 모음도 생소한 명칭 아래 숨겨져 있을 따름이라고 생각했기 때문에 더욱 놀랐다. 게다가 또 유대 국민들도 자신들이 번영하던 동안은, 실제로 그 최초의 자모만으로 만족하여, 다른 읽고 쓰는 방법은 몰랐다는 것도 배웠다. 나는 편리해 보이는 옛날 방식으로 하고 싶었다. 그러나 노인은 얼마간 단호한 목소리로, 일단 시작한 이상 문법에 따라 연구해야만 한다고 분명히 말했다. 이들 점이나 선 없이 읽기는 매우 힘이 들고, 학자나 꽤 숙련된 사람이 아니면 할 수가 없다고 했다. 그래서 나는 싫어도 어쩔 수 없이 이들 작은 기호를 배워야 했다.

그러나 문제는 차츰 복잡해지기만 하는 것이었다. 최초의 큰 자모의 어떤 것은 나중에 생긴 작은 기호를 헛되이하지 않기 위해 그곳에 놓여 있을 뿐, 전혀 아무런 역할도 하지 않았다. 그런가 하면 또 그 기호들은 가벼운 호흡의 소리나, 다소 딱딱한 목구멍소리를 나타내거나, 또는 발음을 위한 단서나 근거 정도의 역할밖엔 하지 않았다. 그러나 마지막에 이것들을 모두 충분히 외웠다는 생각이 들자 대소의 자음과 모음의 일부가 무성이 되어, 눈은 여전히 분주했으나 입술을 놀리는 것은 한가했다.

그런데 나는 내용을 이미 잘 아는 것들도 귀에 생소하고 뜻 모르는 말로 더듬거리지 않으면 안 되었는데, 그럴 때 어떤 종류의 콧소리나 목구멍소리는 도저히 발음할 수가 없다는 말을 귀가 따갑도록 들었기 때문에, 말하자면 본론에서 완전히 멀어져, 엄청 많은 이들 기호의 기묘한 명칭을 어린아이답게 재미있어했다. 거기에는 황제라든가 국왕, 공작 같은 것이 있어서 그것이 악센트 부호로 이따금 우세를 부리고 있는 것이 무척 재미있었다.

얼마 뒤 이 유치한 재미도 마침내 그 매력을 상실했다. 그러나 이 공부 덕분에 읽거나, 번역하거나, 복습하거나, 암기하거나 할 때 이 책의 내용이 한층 생생하게 떠오름으로써, 나에게 적잖이 보탬이 되기도 했다. 이 내용이야말로 내가 노인에게서 배우고자 했던 바였다. 왜냐하면 이미 전부터 전승(傳承)과 현실에 있을 수 있는 것과의 모순이 꽤나 마음에 걸렸기 때문이다. 그래서 나는 다른 몇 가지 사실 같지 않은 것, 불합리한 것은 한동안 묻지 않기로 했지만, 기브온 위에 머문 태양과 아얄론 골짜기에 머문 달 이야기[11]를 꺼내 가정 교사들을 자주 곤경에 빠뜨리곤 했다.

헤브라이어를 정복하기 위해 루터의 번역본이 아닌, 아버지가 사다 주신 세바스티앙 슈미트[12]가 펴낸 원문에 충실한 판본으로 구약성서를 연구하는 동안에, 이들 모든 의문이 새삼 떠올랐다. 그래서 우리의 수업은 어학 공부라는 의미에서는 유감스럽게도 많이 모자란 것이 되기 시작했다. 읽기·해석·문법·받아쓰기·단어 외우기 등이 30분 이상 계속되는 경우는 거의 없었다. 왜냐하면 내가 어느새 사건의 의미를 문제삼기 시작하고, 더구나 우리는 아직 창세기에 머

11) 〈여호수아〉 10장 12절 이하.
12) 1617~96. 슈트라스부르크의 신학 교수.

물러 있었건만, 뒷부분에 나오는 것 중에서 내가 기억하고 있는 여러 가지 문제를 화제로 삼았기 때문이다.

처음에는 선량한 노인은 그런 일탈로부터 나를 끌어내려 했지만, 마지막에는 그도 그것을 재미있어하는 것처럼 보였다. 노인은 여전히 중얼거리거나 웃기를 그치지 않았다. 그리고 그는 자기를 난처한 입장에 빠뜨릴지도 모르는 대답을 하는 것을 크게 경계하기는 했어도, 나의 당돌함을 나무라지는 않았다. 나로서는 의문에 답을 얻는 것보다도 의문을 내놓는 일이 더욱 중요했으므로, 나는 차츰 힘을 얻어 대담해졌는데, 그는 나의 그런 태도를 인정해 주는 것 같았다. 어쨌거나 그는 수도 없이 배를 움켜쥐고 웃으면서 "바보, 바보 같은 녀석이로구나"라고 하기만 할 뿐, 그에게서 나는 아무것도 들을 수가 없었다.

그러나 성서를 모든 면에서 샅샅이 연구하려는 나의 어린애다운 열의를 그는 꽤 진지하게 생각하고, 다소나마 도움을 줄 가치가 있다고 판단한 것 같았다. 그래서 그는 얼마쯤 지나자 그의 장서 가운데서 영어로 된 엄청난 분량의 《성서와 그의 해석》을 가르쳐 주었다. 그 책에는 난해하고 이해되지 않는 부분에 납득이 가도록 빈틈없는 방식으로 해석이 달려 있었다. 이 책의 번역에는 독일 신학자의 엄청난 노력에 의해 원서보다도 훌륭한 점이 많았다. 갖가지 다양한 의견이 인용되고, 동시에 성서의 존엄성과 종교의 밑바탕 및 인간의 깨달음이 병존할 수 있을 만한, 일종의 조정이 시도되어 있었다.

수업이 끝날 즈음에 언제나처럼 내가 질문하거나 의문을 품기 시작하면 그때마다 그는 서가를 가리켰다. 내가 책을 빼오면 내 마음대로 읽게 놔두고 자기는 루키아노스의 페이지를 넘겼다. 그러다가 내가 책 내용에 대해 의견을 내놓으면 그는 언제나처럼 소리 높여 웃고는 나의 혜안(慧眼)에 대답했다. 해가 더디 지는 여름날에는 책을 읽을 수 있는 동안은 내내 나를 혼자 앉혀 놓을 때도 있었다. 이런 상태가 한동안 계속된 끝에 그는 책을 한 권씩 집으로 가져가도 된다고 허락해 주었다.

인간이란 무엇에 뜻을 두고 무엇을 기도하든 결국은 자연이 이미 그 사람을 위해 정해 놓은 길로 다시 데려가기 마련이다. 이 경우도 또한 나에게는 그대로 되었다. 성서에 기록된 언어를 알고 그 내용을 이해하려는 노력도, 결국은 무척이나 칭송을 받았던 그 아름다운 나라, 그 주변과 이웃, 그리고 수천 년에 걸쳐 지상의 그 한 점에 영광을 주었던 민족과 그 사건에 대해, 나의 상상력 속에서 한층 활발한 심상을 불러일으키는 것으로 끝이 났다.

이 작은 땅은 인류의 기원과 성장을 눈으로 보았고, 그로부터 원시 역사의 최초이자 유일한 소식이 우리에게 도달하게 되었다. 그리고 그 땅은 단순하고 명쾌함과 동시에 다양성이 풍부하고, 또 이주와 식민에 적합한 것으로 우리의 상상 속에 그려져 있다. 사람이 살 수 있는 모든 땅 가운데서 바로 여기, 4개의 강 사이에 있는 이 작고 매우 좁은 땅을 그 젊디젊은 사람에게 나누어 주었던 것이다. 그는 여기서 그 최초의 능력을 발전시킴과 동시에, 그의 자손 전체에 주어진 운명, 즉 인식을 추구함으로써 편안함을 잃어야 하는 운명이 주어졌다. 낙원은 상실되었다.

인간은 그 수를 늘리고, 타락했다. 인류의 못된 행적에 아직 익숙지 않았던 신들은 더 이상 참지 못하고, 인류를 뿌리째 멸망시켰다. 극히 소수의 자만이 온 세상을 뒤덮은 홍수로부터 구출되었다. 이 무서운 홍수가 걷히자 구원에 대한 감사로 가득 차 있는 사람들의 눈앞에 눈에 익은 조상의 땅이 가로놓여 있었다.

4개의 강 가운데 2개의 강, 유프라테스와 티그리스는 아직 그 강바닥을 흐르고 있었다. 유프라테스라는 이름은 원래 그대로였지만, 티그리스라는 이름은 그 흐름이 빠르다는 데서 붙여진 것 같다. 그와 같은 커다란 변화 뒤에는 낙원의 정확한 자취는 찾을 수도 없었다. 다시 태어난 인류는 여기서 새로이 출발했다. 그들은 수단을 다하여 스스로를 먹이고, 일할 기회를 찾아냈다. 그러나 가장 잘된 일은 짐승들을 길들여 큰 무리를 자기 주위에 모으고, 그것들을 데리고 자유롭게 이동하게 된 것이었다.

이러한 생활 양식과 종족의 증가로 인해 여러 민족은 마침내 서로 분리되지 않으면 안 되었다. 그러나 그들은 당장 혈족이나 친구들과 영원히 헤어지게 되자 망설이지 않을 수 없었다. 그래서 그들은 아주 먼 곳에서도 그들에게 돌아올 길을 보여 줄 높은 탑을 세울 생각을 해냈다.

그러나 이 시도는 최초의 인식에 대한 노력과 마찬가지로 실패로 끝났다. 행복함과 동시에 현명하고, 다수임과 동시에 일치하는 일은 그들에게는 허용되지 않았다. 신들은 그들을 혼란케 했다. 공사는 중단되고, 사람들은 뿔뿔이 흩어졌다. 세계 인구는 증가했다. 그러나 분열했다.

그러나 우리의 눈과 관심은 여전히 이 지방에 매여 있다. 마침내 이 땅에서 다시 한 사람의 시조가 태어났다. 그는 그 자손에게 확고한 성격을 부여하고, 그럼으로써 그들을 운명과 장소의 어떠한 변동이 있어도, 영원히 결속을 흩트리는 일이 없는 위대한 민족으로 통합하는 일에 성공했다.

신의 지시에 의해 아브람은 유프라테스에서 서쪽을 향해 이동한다. 사막도 그의 여행길에 그다지 장해가 되지 않았고, 그는 요르단에 이르러 다시 그것을 넘어 팔레스티나 남쪽의 아름다운 지방에 다다랐다. 이 땅은 이미 전부터 다른 종족에 의해 점거되어 있었고, 주민도 상당히 많았다. 그리 높지는 않으나 돌이 많은 불모의 산들 사이에는 물이 닿을 수 있는 경작에 적합한 무수한 골짜기가 있었다. 그곳 평지와 요르단에 물을 대는 커다란 골짜기의 경사면에 마을과 마을이 점점이 흩어져 있는 주거지가 있었다.

이 땅은 이처럼 사람이 살고, 경작이 이루어지고 있었다. 그러나 세계는 아직 넓다. 더구나 사람들은 아직 주위 땅을 모두 단번에 점거할 만큼 세심하지도 않고, 욕심쟁이도 아니며, 또한 부지런하지도 않았다. 그들의 소유지 사이에는 광대한 땅이 펼쳐져 있고, 풀을 먹는 가축들은 자유롭게 그곳을 돌아다닐 수가 있었다. 아브람은 이 땅에서 멈춘다. 조카 롯도 그와 함께 있다.

그러나 그들은 그 땅에 그리 오래는 머물지 못한다. 인구의 증감이 일정하지 않고, 생산이 수요와 결코 평형을 유지하지 않는 그 땅의 상태가 생각지도 않은 때에 기근을 초래한다. 이주자들은 그들의 우연한 체류에 의해 식량을 위협받고 있는 원주민들과 함께 괴로워한다. 갈데야 태생인 이 두 형제는 이집트로 옮겨간다. 이리하여 우리 앞에 수천 년에 걸쳐 세계에서 가장 중요한 사건이 일어나게 되는 무대가 펼쳐진다.

티그리스에서 유프라테스를 거쳐 나일강에 이르는, 사람이 살고 있는 이들 땅을, 신들에게 사랑받고 우리에게도 이미 경애의 대상이 된 이름 높은 한 남자가 가축 떼를 이끌고 재화를 가지고 떠돌고, 그리고 그것들을 짧은 기간에 매우 풍족하게 늘려 가는 것을 우리는 본다. 두 사람은 다시 돌아온다. 그러나 참고 견딘 고난에 의해 현명해진 그들은 서로 헤어질 결심을 한다.

둘 다 남쪽 가나안 땅에서 살았지만, 아브람은 마므레 숲을 마주한 헤브론에, 롯은 싯딤 골짜기로 옮겨간다. 우리가 상상력을 발휘하여, 요르단강에 지하 배수구가 있고 현재 사해의 어느 곳에 건조한 땅이 있었다고 가정한다면, 싯딤 골짜기는 제2의 낙원이었다고 생각할 수 있고, 또 그렇게 생각하지 않을 수가 없다. 싯딤 골짜기와 그 주변 땅의 주민은 유약하고 게으른 사람들로 악평이 높고, 그것으로 보아 그들의 풍요에 겨워 게을러졌다고 추론할 수가 있는 만큼 더더욱 그렇게 생각되는 것이다. 롯은 그들 사이에서 산다. 그러나 그들과 교류하지는 않는다.

그런데 헤브론과 마므레 숲은 신이 아브람과 대화를 나누고, 사방으로 그의 눈이 미치는 모든 땅을 그에게 약속한 중요한 장소로 우리 앞에 나타난다. 그 고요한 땅과, 신들과 교류하는 것이 허락되고, 신들을 손님으로 대접하며, 신들과 갖가지 대화를 나누는 유목민으로부터 우리는 다시 동방으로 눈을 돌려, 전체적으로 가나안과 비슷하다고 생각되는 주위 세계의 상태를 생각해 보지 않으면 안 된다.

많은 가족이 결합하여 힘을 합치고 있다. 각 종족의 생활 양식은 그들이 차지한, 또는 차지할 땅의 풍토에 의해 규정되어 있다. 티그리스에 물을 공급하는 산지에서 우리는 전투적인 여러 민족을 발견한다. 그들은 벌써부터 나중의 세계 정복자, 세계 지배자를 떠올리게 한다. 그리고 당시로서는 대규모 원정에 의해 후세의 여러 위업(偉業)의 서곡을 제공한다.

엘람의 왕 그돌라오멜은 이미 동맹자들 사이에서 강대한 세력을 지니고 있다. 그의 지배는 이미 오래되었다. 왜냐하면 아브람이 가나안에 오기 전에 이미 무려 12년 동안이나 요르단에 이르는 여러 민족에게 조공(朝貢)을 바치게 했기 때문이다. 마침내 이들 여러 민족은 반기를 들고, 동맹자들은 전투 준비를 진행한다. 그들이 나아가는 길은 아브람이 가나안을 향해 걸었던 길과 공교롭게도 똑같았다. 요르단의 왼쪽 기슭과 하류에 사는 여러 민족은 정복된다. 그돌라오멜은 그 정복의 길을 남쪽 사막의 여러 민족으로 돌린다. 내친김에 북쪽을 향하여 아말렉 사람을 치고, 또 아모리 사람을 정복한 후, 가나안에 이르러 싯딤 골짜기의 여러 왕을 습격하여 그들을 무찔러 패주시킨다. 그리고 막대한 전리품을 거두어 요르단으로 거슬러 올라가 승리의 행진을 레바논까지 확대하려 한다.

붙잡히고, 약탈당하고, 재산과 함께 납치된 자들 사이에 롯도 있다. 그는 손님으로 머무르던 나라와 운명을 함께 하는 것이다. 아브람은 그 소식을 듣는다. 그리하여 우리는 여기서 이내 전사로서, 영웅으로서의 족장(族長)을 보게 된다. 그는 노예를 그러모아 몇 개의 부대로 나누어, 약탈품을 들고 쩔쩔매는 짐 부대를 덮치고, 배후의 적을 전혀 예상치 않았던 승리자를 혼란에 빠지게 한다. 이리하여 그는 조카와 그 재산을, 정복된 여러 왕의 재산의 일부와 함께 되찾는다. 이 단기간의 출정에 의해 아브람은 이 나라를 차지한다. 그는 그 주민들에게 보호자, 구제자로 간주되고, 그의 공평무사한 태도로 인해 왕으로 추대된다. 싯딤 골짜기의 왕들은 감사로써 그를 맞이하고, 왕이자 사제인 멜기세덱이 그를 축복한다.

한편, 자손의 무한한 번영의 예언이 다시 반복된다. 뿐만 아니라 예언은 그 범위를 더욱 넓힌다. 유프라테스강에서 이집트의 강에 이르기까지 그 모든 땅이 그에게 약속된다. 그러나 그에게는 직접 대를 이을 축복이 내려지지 않았다. 그는 80세인데 아들은 없다. 아브람만큼 신들을 신뢰하지 않는 사래는 더 이상 참지 못한다. 그녀는 동양의 풍습에 따라 노예에 의해 대를 이으려 한다. 그러나 하갈이 아브람에게 몸을 맡겨 아들을 얻을 희망이 보이기 시작하자, 즉각 집안에 불화가 생겨난다. 사래는 자기의 보호 아래에 있는 여자에게 심하게 대한다. 하갈은 도망쳐 다른 유목민 아래에서 보다 행복한 삶을 찾으려 한다. 그러나 그녀는 신의 지시에 의해 다시 돌아온다. 이리하여 이스마엘이 태어난다.

아브람이 99세가 되었는데도 자손 번영의 약속은 여전히 지켜지지 않고 있다. 그래서 마침내 이들 부부는 이 약속을 신의 농간으로 생각한다. 그러나 사래는 결국 임신하여 아들을 낳는다. 이 아이에게는 이삭이라는 이름이 붙여진다.

역사라는 것은 주로 자연 법칙에 따른 인류의 증식에 입각하고 있다. 세계의 가장 중요한 사건을 알려면 우리는 가족의 비밀까지 파고 들어가지 않으면 안 된다. 때문에 족장들의 부부 관계도 독자적인 고찰을 위한 기회를 우리에게 부여하는 것이다. 인간의 운명을 좌지우지하기를 즐기는 신들은 여기서 마치 부부간에 벌어지는 온갖 일들을 모범적인 예로 묘사하려는 것처럼 보인다. 많은 사람들로부터 구혼을 받던 아름다운 여자와 결혼하고, 오랫동안 자식 복이 없었던 아브람은 이제 100살이 되어 두 여인의 남편, 두 아들의 아버지가 된다. 그리고 이 순간에 그의 가정의 평화는 깨진다. 서로 헐뜯는 두 아내, 서로 싸우는 배다른 두 아들이 화합하는 것은 불가능하다. 율법이나 습관, 일족의 의견의 지지가 적은 쪽이 물러서지 않으면 안 된다.

아브람은 하갈과 이스마엘에 대한 애정을 버려야만 했다. 둘은 쫓겨나 하갈은 자기가 원해서 도망치던 때에 갔던 길을 지금은 자기 뜻과는 무관하게 다시 걷지 않으면 안 된다. 처음에는 그것은 자식과 그녀의 파멸로 통하는 길처럼 보인다. 그러나 전에 그녀에게 돌아가라고 지시했던 주의 천사가 이번에도 다시 그녀를 구한다. 이리하여 이스마엘도 커다란 민족의 시조가 되고, 가장 실현될 것 같지 않던 약속이, 약속된 것 이상으로 실현되기에 이른다.

늙은 부모와 늦게 태어난 단 한 명의 아들. 그들에게 마침내 가정의 평화와 이 세상의 행복이 찾아왔어야 했다. 그러나 그렇지 않았다. 신들은 족장에게 더욱 힘든 시련을 내린다. 그런데 우리는 이 시련에 대해 알아보기 전에 먼저 몇 가지 고찰을 해두지 않으면 안 된다.

자연적이고 보편적인 종교가 먼저 생겨나고 뒤이어 거기서 특수한 계시 종교가 발전하는 것이라고 한다면, 지금까지 우리의 상상력이 그곳에 머물러 있던 나라들과 그곳의 생활 양식이나 종족은 어쩌면 그것에 가장 적합한 것이었으리라. 우리는 적어도 전 세계에 이같이 축복받은 밝은 나라가 생겨났던 예를 본 적이 없다.

자연적인 종교가 애당초 인간의 마음속에서 생겨난 것이라고 가정한다면, 자연적인 종교의 발생을 위해서는 이미 마음의 지극한 섬세함이 요구된다. 자연적 종교는 세계 질서 전체를 이끄는 보편적 섭리의 확신에 기초하고 있기 때문이다.

특수한 종교, 즉 신들에 의해 어떤 민족에게 계시된 종교에는, 신이 특별한 축복을 내린 사람·가족·종족·민족에게 약속하는 특별한 섭리에 대한 신앙이 따라온다. 이러한 섭리는 인간의 내면에서 생기기는 힘들 것으로 여겨진다. 그러기 위해서는 태곳적부터의 전승·관습·보증을 필요로 한다.

때문에 이스라엘의 전승이, 이와 같은 특별한 섭리를 신뢰하는 최초의 사람들을 신앙의 영웅으로 묘사하고 있는 것은 아름답다. 그들은 자기가 신에게 종속되어 있음을 인정하고, 신의 명령에는 모조리 맹목적으로 따르며, 신의 약속이 더디 실현되더라도 의심하거나 원망하지 않고 그것을 기다리는 것이다.

특수한 계시 종교의 밑바탕에는, 어떤 사람이 다른 사람보다도 신들의 은총을 많이 받았다는 생각이 깔려 있는데, 그것은 주로 생활 환경이 고립됨에 따라 생겨난다. 최초의 인간들의 삶은 다 거기서 거기였지만, 그들의 직업이 마침내 그들을 분리시켰다. 사냥꾼이 가장 자유롭고, 그들 가운데서 전사(戰士)와 지배자가 생겨났다. 밭을 갈고, 대지에 몸을 맡기고, 수확물을 보존하기 위해 집이나 헛간을 지은 사람들은, 그들의 생활 상태가 계속과 안전을 약속했기 때문에 얼마간 자부심을 가질 수가 있었다. 양치기에게는 그의 입장으로 보아 가장 구속받지 않는 생활 상태와 무한한 소유가 주어진 것처럼 보인다. 가축 떼는 끝없이 불어났고, 그것들을 기를 땅은 사방팔방으로 확대되어 나갔다.

이들 세 신분은 애초부터 서로를 혐오와 경멸의 눈으로 바라보았던 것으로 여겨진다. 양치기가 도시에 사는 인간에게는 혐오의 대상이었던 것처럼, 양치기도 또한 그들에게서 멀어져 갔다. 사냥꾼들은 우리의 시야에서 산속으로 사라진다. 그리고 다시 나타나는 것은 정복자일 때이다.

시조(始祖)들은 양치기의 신분에 속했다. 망망대해 같은 사막과 초원에서의 그들의 생활 양식은 그들의 마음에 광활함과 자유를 주었고, 그들이 사는 하늘은 밤하늘에 빛나는 별과 함께 그들의 감정에 숭고함을 부여했다. 그리고 그들은, 활동적이고 민첩한 사냥꾼이나, 안전하고 주도면밀한 데다가 가옥에 사는 농부보다 훨씬 수가 많았다. 또한 신이 그들의 곁에 항상 따르며, 그들을 찾아가고 그들에게 관심을 품고, 그들을 이끌고, 그들을 구원해 준다는 흔들림 없는 신념이 필요로 했다.

우리가 역사의 흐름으로 눈을 옮겨간다면 우리는 한 가지 더 고찰하지 않으면 안 된다. 족장들의 종교는 너무나도 인간적이고 아름답고 밝았다. 그러나 이 종교에는 또한 야만성과 잔인함이라는 특색도 일관되게 흐르고 있다. 인간은 거기서 벗어났는가 싶다가도 다시 그곳으로 떨어지곤 한다.

패배한 적의 피, 그 죽음에 의해 증오가 수그러드는 것은 자연스러운 일이다. 전쟁터에 늘어선 주검 속에서 평화가 피어나는 것도 쉽게 짐작할 수 있다. 동물을 제물로 바쳐 동맹을 맺을 수 있다고 믿었던 것도 위에서 말한 것에서 기인한다. 마찬가지로 항상 내 편, 적대자, 아니면 원조자로만 여겨지던 신들을 제물로 바친 동물에 의해 불러 모으고, 달래고, 내 것으로 할 수가 있다는 사고방식이 생겨났다 해도 이상할 것이 없다. 그러나 우리가 이 희생이라는 문제에서 잠깐 멈춰서, 그 태곳적에 제물을 바치던 방식을 생각해 본다면, 거기에는 기묘한, 우리로서는 어처구니없다고 생각할 수밖에 없는 관습을 찾아볼 수 있다. 이것도 전쟁 때문에 생겨난 것이겠지만, 희생된 동물이 어떤 종류의 것이든, 또 그것을 얼마만큼 많이 바치든, 그것들을 하나하나 반으로 잘라 양쪽에 나눠 놓고, 그 사이의 통로에 신과 동맹을 맺으려는 자들이 선다.

신에게 바쳐지고, 신의 약속을 받은 것은 모두 죽어야만 한다는, 또 하나의 무서운 풍습이 그 아름다운 시대를 관통하고 있어서 우리를 의아하고 소름끼치게 한다. 어쩌면 이것도 전시의 풍습이 평상시로 옮겨간 것이리라. 힘에 의해 스스로를 지키려는 도시 주민은 이와 같은 맹세에 의해 위협을 받는다. 공격이나 그 밖의 수단에 의해 도시가 일단 적의 손에 넘어가면 아무것도 살아남지 못한다. 남자는 물론이고 때로는 여자와 어린아이, 동물조차도 같은 운명을 걷는다.

생각 없는 미신에 의해, 단호하게 또는 막연하게, 이와 같은 희생이 신들에게 약속된다. 그리하여 죽이고 싶지 않은 사람들, 때로는 가까운 사람, 또는 자기 자식들조차도 이러한 광기의 제물로 피를 흘리는 처지가 되는 것이다.

이처럼 야만스럽게 신을 숭배하는 방식이 아브라함[13]의 온건한 성격에서 비롯될 리가 없었다. 그러나 신들은 우리를 시험하기 위해, 인간이 신들의 것이라고 생각하고 싶어하는 그 야만스런 성격을 때때로 나타내는 것처럼 보인다. 신은 바로 아브라함에게 무서운 명령을 내린다. 그는 새로운 동맹의 보증으로 자기 자식 이삭을 제물로 바쳐야만 한다. 더구나 관례에 따르면 그를 죽여서 태울 뿐만 아니라 둘로 나누어서, 더운 김이 오르는 내장 사이에 서서 자비심 깊은 신들로부터의 새로운 약속을 기다리지 않으면 안 된다.

주저 없이, 맹목적으로 아브라함은 이 명령에 따를 준비를 한다. 그러나 신들에게는 명령을 실행하고자 하는 의지만으로 충분하다. 이리하여 아브라함의

---

13) 아브람이 99세 때 하나님이 나타나 이후 '아브라함'이라 부르도록 한다.

시련은 끝이 난다. 시련이 더 이상 진전되는 경우는 있을 수 없기 때문이다. 그러나 사라[14]는 죽는다. 그리고 사라의 죽음이 그가 바람직한 방법으로 가나안 땅을 손에 넣을 기회를 제공한다. 그에겐 묘지가 필요하다. 그가 이 세상에서 소유물을 구한 것은 이번이 처음이다. 그는 전부터 이미 마므레 숲 앞에 있는 이중의 동굴을 점찍어 놓았던 것 같다. 그는 이것을 인접한 밭과 함께 사들인다. 그때 그가 지킨 법률상의 형식은 이것을 손에 넣는 것이 그에게 얼마나 중요한 일이었나를 나타내 준다. 그것은 어쩌면 그가 생각했던 것보다 훨씬 중요한 일이었다.

왜냐하면 그도 그의 아들들, 자손들과 함께 대대손손 이곳에서 잠들게 되었고, 또 이어서 이 땅 전체에 대해 발생하는 요구 및 이 땅으로 모이고 싶어하는 그의 자손의 변함없는 애착에, 이로써 가장 고유한 근거가 주어졌기 때문이다.

이때부터 집안에 갖가지 일이 연달아 일어난다. 아브라함은 여전히 스스로를 그 땅의 주민과 엄격하게 격리하고 살아간다. 이집트인이 어머니인 이스마엘은 이 땅의 딸과 결혼하지만, 이삭은 동족 혈연의 처녀를 아내로 맞이하지 않으면 안 된다.

아브라함은 그의 하인을 메소포타미아로 보내어 그곳에 남기고 온 친척을 찾아가게 한다. 현명한 엘리에젤은 남의 눈을 피해 그 땅으로 들어간다. 그는 참한 신부를 데리고 돌아가기 위해, 우물가에 선 처녀의 친절한 마음씨를 시험한다. 그는 물을 마시게 해 달라고 부탁한다. 리브가는 부탁하지도 않았건만 그의 낙타에게도 물을 준다. 그는 처녀에게 선물을 주고 구혼한다. 처녀는 거절하지 않는다. 이리하여 그는 처녀를 주인집으로 데리고 돌아오고, 처녀는 이삭과 결혼한다. 이 경우에도 후손이 태어날 때까지 오랫동안 기다려야 한다. 몇 년인가의 시련을 거친 뒤에 비로소 리브가는 임신한다.

아브라함의 중혼에 의해 2명의 어머니에게서 생겨난 분쟁이 여기서는 한 어머니(리브가)에게서 일어난다. 상반되는 기질의 2명의 아들은 이미 어머니의 배 속에 있을 때부터 서로 싸운다. 그들은 태어난다. 형은 활발하고 힘이 센 반면,

---

14) 사래가 99세 때 하나님이 나타나서 '사라'라고 부르도록 한다.

동생은 약하고 총명하다. 형은 아버지의 사랑을 듬뿍 받고, 동생은 어머니의 귀염둥이가 된다. 출생 때부터 이미 시작된 우위를 둘러싼 다툼이 그 뒤에도 끊임없이 계속된다.

태평한 성격을 가진 에서는 운명에 의해 주어진 장자권에 무관심하다. 야곱은 형이 자신을 밀어낸 것을 잊지 않는다. 그는 줄곧 염원하던 우위를 손에 넣기 위해 기회를 엿보다가 형에게서 장자 권리를 사들인다. 그리고 그를 속여 아버지의 축복을 받는다. 에서는 화가 나서 동생을 죽이리라고 맹세한다. 야곱은 조상의 땅에서 자기의 운을 시험하고자 도망친다.

이리하여 그처럼 고귀한 가족 안에, 자연과 환경에 의해 거부된 특권을 재치와 술책으로 손에 넣는 일에 아무런 망설임도 갖지 않는 한 사람이 비로소 나타난다. 성서는, 자주 기술되고 언명되다시피, 그 족장들이나 신의 은총을 얻은 그 밖의 사람들을 결코 미덕의 모범으로 묘사하려 하지는 않는다. 그들도 또한 매우 다양한 성격의 인간이고, 갖가지 단점과 결함을 지닌 인간이다. 그러나 신의 마음에 든 이 사람들에게 하나의 주요 특질만은 절대로 결여되는 것이 허용되지 않는다. 그것은 신이 그들과 그들의 가족에게 특별한 은총을 내려준다는 흔들림 없는 신념이다.

보편적이고 자연적인 종교는 본래 신앙을 필요로 하지 않는다. 왜냐하면 창조하고 질서를 부여하고 이끄는 위대한 실재는 자기 존재를 우리에게 이해시키기 위해, 자연의 뒤에 숨어 있다는 확신을 주고 이와 같은 확신은 각자의 가슴에 저절로 솟아나는 것이기 때문이다. 설령 인간이, 그를 평생토록 이끄는 이러한 확신의 끈을 때때로 놓치는 일이 있더라도 그는 이내 어디서든지 그것을 다시 찾아낼 수가 있다. 그 위대한 존재가, 한 개인, 한 종족, 한 민족, 한 지방에 확고하게 또 특별하게 은총을 내린다는 것을 우리에게 알려주는 특수한 종교에 있어서는, 사정은 이것과 전혀 달라진다. 이런 종류의 종교는 신앙에 바탕하고 있다. 그리고 이 신앙은 흔들림이 없는 것이어야 한다. 그렇지 않으면 신앙은 순식간에 밑바탕에서부터 붕괴해 버린다.

이와 같은 종교에 대한 의혹은 모두 이 종교에 대해 치명적이다. 우리는 확신으로 돌아갈 수는 있지만, 신앙으로 돌아갈 수는 없다. 때문에 끝없는 시련이 있고, 수도 없이 거듭되는 약속 실현의 지연이 있다. 그것들에 의해 조상들의 신앙에 대한 능력이 명확해지는 것이다.

야곱도 이와 같은 신앙을 품고 여행에 나선다. 그가 저지른 책략과 기만 때문에 그는 우리의 호의를 얻을 수는 없었지만, 라헬에게 오랫동안 변함없는 사랑을 쏟음으로써 우리의 호의를 얻는다. 그의 아버지를 위해 엘리에젤이 구혼하던 때처럼, 그도 그 자리에서 라헬에게 구혼한다. 끝없는 백성을 주겠다는 신의 약속은 그에 의해 비로소 완전하게 이루어지게 되었다. 그는 많은 아들들에게 둘러싸이게 되지만, 그러나 또한 그는 아들들과 그 어미들 때문에 많은 근심도 맛보게 된다.

7년 동안 야곱은 서두르거나 동요하지 않고 연인을 얻기 위해 일한다. 야곱과 마찬가지로 책략에 뛰어나고, 야곱과 다름없이 목적은 수단을 정당화한다고 생각하는 그의 장인(사실은 외삼촌) 라반은 그를 속이고, 야곱이 형에게 행한 것과 같이 그에게 레아를 주어 앙갚음한다. 야곱은 팔에 안긴 아내가 자기가 사랑하지 않는 여자임을 안다. 그를 달래기 위해 라반은 결국 야곱이 사랑하는 라헬을 준다. 그러나 거기에는 앞으로 7년을 그를 위해 더 일한다는 조건이 붙어 있다. 이리하여 불쾌한 일이 연달아 일어난다. 사랑하지 않는 아내는 아이를 많이 낳건만, 사랑하는 아내에게선 자식을 얻지 못한다. 라헬은 사라처럼 하녀에 의해 어미가 되려 한다. 그러나 다른 한 명의 아내 레아는 그녀에게만 이와 같은 이득을 얻게 하려 하지 않는다. 그녀도 또한 남편에게 하녀를 안겨준다.

이리하여 선량한 족장은 이 세상에서 가장 고민이 많은 남자가 된다. 4명의 아내 중 3명의 아내에게서 얻은 자식들뿐. 그러나 사랑하는 아내에게는 단 1명의 자식도 없다. 마침내 사랑하는 아내도 임신을 한다. 요셉이 태어난다. 가장 정열적인 사랑의, 가까스로 얻은 아들이다.

14년에 걸친 야곱의 봉사는 끝이 난다. 그러나 라반은 가장 뛰어나고 충실한 하인인 야곱을 잃고 싶지 않다. 새로운 계약이 맺어지고, 그들은 가축을 둘로 나눈다. 라반은 과반수에 해당하는 백색 가축을 갖고, 야곱은 말하자면 찌꺼기인 얼룩무늬 가축들로 만족한다. 그러나 그는 여기서도 자기의 이익을 챙기는 방법을 알고 있었다. 올바르지 않은 방법으로 장자권을 얻은 것처럼, 변장에 의해 아버지의 축복을 빼앗은 것처럼, 지금 그는 술책과 동물의 감응 작용을 이용해서 가장 좋은 가축, 그것도 그 대부분을 자기 것으로 만든다.

이 점에서도 그는 진정으로 이스라엘 백성에 어울리는 선조가 되고, 그의 자손의 모범이 된다. 라반과 그 가족은 야곱의 계략을 알아채지는 못했지만 그 결과를 알아차린다. 이것이 그들을 화나게 한다. 야곱은 가족 모두를 이끌고 모든 재산을 들고 도망친다. 그리하여 반은 행운에 의해, 반은 계략에 의해 라반의 추적을 벗어난다. 한편 라헬은 그에게 아들 하나를 더 선물한다. 그러나 그녀는 출산 때에 죽는다. 난산 끝에 태어난 아들 벤냐민은 죽음을 모면한다. 그러나 후에 족장은 아들 요셉을 잃었다고 생각하여 더욱 커다란 슬픔을 겪게 된다.

널리 알려지고, 수도 없이 반복되고 해석이 가해져 온 이야기를, 내가 왜 새삼 여기에 자세하게 쓰는가 싶어서 의아해하는 사람도 있으리라. 그에 대해서는 다음과 같이 대답하는 것이 좋겠다. 산만한 생활을 하고 단편적인 공부를 하면서도, 나의 정신과 감정을 어떻게 한 점으로 집중하고 차분하게 일하게 했는지를 말하려면 이것 말고는 방법을 모르기 때문이다. 또한 외부 세계의 움직임은 여전히 조용할 날이 없고 기묘한 것이었지만, 나의 신변은 늘 평화로웠음을 말하려면 이것 이외의 방법으로는 불가능했기 때문이다.

앞에서 썼던 동화도 그런 하나의 증명이 되겠지만, 끊임없이 움직임을 멈추지 않는 상상력 때문에 내가 끝없이 흔들릴 때, 또는 우화와 역사, 신화와 종교가 뒤섞여서 내 머리가 혼란스러울 때, 나는 늘 그 동방의 세계로 도망쳐서 구약성서의 첫부분의 몇 권을 탐독하여, 널리 흩어져 있는 유목민을 생각하며 심한 고독감을 맛봄과 동시에 그 웅대한 사회 속에 몸을 맡긴 것이다.

이 가족들의 이야기는 마침내 이스라엘 민족의 역사 속으로 사라지지만, 특히 청년에게 커다란 희망을 주고, 청년의 상상력을 매우 기분 좋게 뒤흔들어 주는 한 인물이 마지막에 우리 앞에 나타난다. 그것은 가장 정열적인 부부애의 결실인 요셉이다. 그는 냉정하고 총명했던 것 같다. 그리고 그는 가정을 벗어나 뛰어난 인물이 될 것이라고 여겨지는 갖가지 장점을 스스로 예언한다. 형제에 의해 불행에 빠지지만, 노예의 처지에 있으면서도 의연하고 올바르게 처신한다. 가장 위험한 유혹에 견디고, 예언에 의해 스스로를 구하며, 공적에 의해 높은 영예를 얻기에 이른다.

　그는 우선 위대한 왕국에 대하여, 아울러 가족들에 대해 자기가 유능하고 도움이 되는 사람임을 보인다. 그는 냉정함과 위대한 점에서는 증조부 아브라함을, 침착함과 헌신성은 할아버지 이삭을 닮았다. 그는 아버지 야곱에게서 받은 경영 수완을 크게 발휘한다. 그것은 이제 장인이나 자신을 위해 획득하는 가축이 아니다. 그는 왕을 위해, 여러 민족을 그들의 소유지와 함께 손에 넣는다. 이 소박한 이야기는 매우 재미있다. 다만 안타까운 것은 너무 짧다는 것이다. 그리고 우리는 이것을 보다 자세하게 묘사해 낼 책임이 있는 것처럼 느껴지는 것이다.

　윤곽만 그려져 있는 성서 속의 여러 인물과 사건을 이처럼 상세하게 묘사하는 것은 독일 사람에게는 이미 신기한 일이 아니다. 구약이나 신약성서의 인물들이 클롭슈토크에 의해 섬세하고 감정이 풍부한 인물로 묘사되어 소년인 나나 많은 같은 시대 사람들에게 호소하는 바가 많았다. 보드머[15]의 이런 종류의 작품에 대해서는 나는 거의, 또는 전혀 몰랐다. 그러나 모자의 《사자굴 속의 다니엘》은 내 마음에 강한 인상을 주었다. 이 작품에서는 행정관이자 궁정 신하인 사려 깊은 한 남자가 갖은 고생 끝에 높은 영예를 얻기에 이른다. 그의 신을 공경하는 마음은 남에게 이용되어 위태롭게 신세를 망가뜨릴 뻔하지만, 그러나 언제나 변함이 없는 그의 방패이자 무기가 되는 것이다.

　요셉의 이야기를 개작하는 것은 나의 오랜 염원이었다. 그러나 나는 어떤 형식으로 해야 할지를 몰랐고, 특히 이 작품에 적합하다고 생각되는 시의 형식에 나는 익숙하지 않았다. 그러나 이윽고 산문으로 쓰면 매우 좋은 작품이 될 수 있음을 깨닫고, 있는 힘을 다해 개작에 돌입했다. 나는 각 인물을 세밀하게 쪼개어 묘사하고, 우발적인 사건이나 에피소드를 끼워 넣어, 소박한 옛날이야기를 새롭고 독립된 작품으로 만들려고 노력했다.

　젊은 사람으로선 물론 생각이 미치지 않는 일이지만, 나는 이런 종류의 작품에는 밀도 높은 내용이 필요하며, 또한 그것은 경험을 거침으로써 비로소 생긴다는 것을 생각하지 않았다. 그야 어쨌든, 나는 모든 사건을 자세한 항목에

---

15) 요한 야코프(1698~1783). 취리히대학 교수. 구약성서를 제재(題材)로 한 몇 개의 서사시가 있다.

이르기까지 모두 떠올리고는, 그것을 순서에 따라 매우 정밀하게 이야기해 나갔다.

어떤 사정 때문에 이 일은 나에게 매우 쉬운 것이 되었다. 이 작품뿐만 아니라, 내가 쓰는 작품들이 걸핏하면 굉장히 방대해지는 것도 이 사정에 의한 것이다. 많은 재능을 타고났지만 지나친 긴장과 자부심에 의해 백치가 된 한 청년이, 피후견인으로 아버지의 집에서 살고 있었다. 그는 내 가족과 조용히 잘 지냈고, 혼자서 지극히 얌전하게 깊은 생각에 빠지곤 했다. 그는 지금까지의 습관대로 하게 내버려 두기만 하면 만족하여 기뻐하고 있었다. 이 청년의 대학 시절 노트는 상당히 꼼꼼하게 잘 정리되어 있었고, 읽기 쉬운 글자를 신속하게 쓰는 방법을 터득하고 있었다. 그는 글씨쓰기를 무척이나 좋아해서 뭔가 정서(淨書)를 부탁하면 좋아했다.

그가 그것보다 더 좋아했던 것은 남의 이야기를 필기하는 것이었다. 그러고 있노라면 행복했던 대학 시절로 돌아간 듯한 기분이 들기 때문이다. 아버지는 글씨쓰기가 느린 데다가 글자가 작고 떨렸기 때문에, 이 청년이 있다는 것은 매우 고마운 일이었다. 그래서 아버지는 당신이나 타인의 용무를 처리할 때면 늘 이 청년에게 하루에 두서너 시간 구술하기도 했다. 나도 청년의 도움을 받아 내 머릿속을 떠다니는 것들을 남김없이 종이 위에 옮겼다. 그것은 무척 편리한 일이었다. 나의 창작과 모방의 재주는 글로 써서 보존하기가 쉬워지면서 더욱 증대해 갔다.

지금까지 나는 성서를 소재로 한 그 산문 서사시처럼 큰 작품을 쓰려고 한 적은 없었다. 마침 그 무렵은 꽤 평온한 시기여서, 나의 상상력을 팔레스티나와 이집트로부터 떼어내는 것이 아무것도 없었다. 나의 작품은 말하자면 생각나는 대로 읊조리면 매 단락마다 종이 위에 기록되고, 그러다가 이따금 몇 장쯤 고쳐 쓰면 되었으므로 원고의 양은 날이 갈수록 늘어났다.

그 작품이 완성되었을 때—나 스스로도 그것이 실제로 완성된 것에 적잖이 놀랐다—나는 지난 2, 3년 동안 써놓은, 버리기 아까운 시가 몇 편 있다는 것을 떠올렸다. 그것을 《요셉》과 똑같은 크기의 종이에 옮겨 쓰면 꽤 세련된 4절판이 완성될 것 같았다. 그리고 그것의 표제는 《잡시집(雜詩集)》이라고 하면 되리라. 이 발상은 매우 마음에 들었다. 그렇게 함으로써 세상에 널리 알려진 저명 작가의 흉내를 남몰래 낼 수 있었기 때문이다.

나는 아나클레온풍의 시를 꽤 많이 지었다. 이런 종류의 시는 운율이 쾌적하고 내용이 가볍기 때문에 나는 별 고생을 않고 쓸 수가 있었다. 그러나 나는 이들 시에 운을 밟지 않았고, 무엇보다도 아버지를 기쁘게 해드릴 만한 것을 보여드리고 싶었기 때문에, 이 시들을 선택하지 않았다.

그 대신 내가 슐레겔[16]의 《최후의 심판》을 참고하여 열심히 쓴 종교적 송가를 집어넣는 것이 적당할 것 같았다. 그리스도의 지옥 순례를 기려 쓴 시는 부모님이나 친구들에게서도 크게 칭찬을 받았고, 다행히 나 자신도 2, 3년 동안은 그 작품이 마음에 들었다.

일요일마다 노래하는 교회 음악의 가사집은 그때그때 인쇄되어 나왔는데, 나는 그것을 매우 열심히 연구했다. 말할 것도 없이 그것들은 매우 조잡한 것이었으므로, 내가 규정 양식에 따라 지은 몇 개의 시도 마찬가지로 작곡되어, 교구 사람들의 교화를 위해 노래할 가치가 충분히 있다고 믿을 수가 있었다. 이들 시와 그 밖에 이런 종류의 몇몇 시를 나는 1년 전부터 내 손으로 베껴 놓았다. 이런 식으로 연습하면 습자 선생님의 교본 연습을 흉내낼 수가 있었기 때문이다. 드디어 전체의 편집이 끝나 순서대로 배열을 했다. 그리고 그리 어렵지 않게 설득을 해서, 글씨쓰기를 즐기는 그 청년에게 그것들을 깨끗하게 베껴 달라고 할 수가 있었다.

나는 그것을 가지고 서둘러 제본소로 갔다. 얼마 뒤 예쁘게 완성된 한 권을 아버지에게 드렸을 때, 아버지는 굉장히 기뻐하시며 이런 4절판을 1년에 한 권씩 만들라고 나를 격려하였다. 이것들은 모두가 여가 시간을 이용해서 만든 것이었으므로 아버지는 더더욱 확신을 가지고 그렇게 말할 수가 있었던 것이다.

그런데 한 가지 사정이 보태져 이 신학적 연구, 아니 성서 연구에 대한 경향에 박차가 가해졌다. 목사 그룹의 장로인 요한 필립 프레제니우스[17]는 인상 좋

---

16) 요한 엘리어스(1719~49). 그는 《최후의 심판》 같은 것은 쓰지 않았다. 괴테는 구세주와 최후의 심판에 관한 송가를 쓴 J.A. 크라머와 혼동한 것 같다. 슐레겔은 레싱 이전의 가장 중요한 극작가. 뒤에 나오는 《카누트》는 1748년.
17) 1705~61. 텍스토르가의 고해 사제. 괴테는 이 사람에게서 세례를 받았다. 많은 신학적 저서가 있다.

고 훌륭한 용모의 부드러운 사람으로, 교구민뿐만 아니라 모든 시민에게서 모범적인 사제, 훌륭한 설교가로 존경을 받고 있었다. 그는 헤른푸트파에는 반대 입장을 취했으므로, 여기서 떨어져나간 경건주의자들에게는 그다지 평판이 좋지 않았다.

그에 반해 일반인들 사이에서는, 심한 중상(重傷)을 입은 자유사상가의 장군[18]을 개종시킴으로써 유명해져서, 말하자면 그를 성자처럼 여기고 있었다. 그런데 어느 날 이 사람이 죽었다. 후계자인 프리트[19]는 큰 키에 아름다운 기품을 지닌 사람이었는데, 교단으로부터(그는 마부르크 대학의 교수였다) 교화의 재능보다는 가르치는 재능을 인정받아 부임해 왔다. 그는 일찍이 종교학 강좌 같은 것을 예고하고, 그의 설교를 방법론적으로 계통을 밟아서 이 강좌에 바칠 계획이라고 했다.

꽤 오래된 일이지만 내가 교회에 다니지 않으면 안 되었던 시절에, 나는 설교 논지(論旨)의 분류 방식에 주의를 기울이고, 이따금 그것을 거의 완전하게 외워 보임으로써 의기양양했던 적이 있었다. 그런데 새 장로에 대한 교구 내의 의견은 제각각이고, 또 많은 사람들은 그가 예고한 강의식 설교를 그다지 신뢰하려 하지 않았기 때문에, 더욱 나는 그것을 꼼꼼히 필기해 보려 했다. 나는 듣기에 아주 뛰어나고, 더구나 남의 눈에 잘 띄지 않는 자리에서 그런 시도를 약간 한 적이 있어서, 그것은 한층 수월했다.

나는 주의력을 집중해 민첩하게 실행에 옮겼다. 나는 그가 아멘을 외치는 소리와 함께 교회에서 뛰어나와, 두세 시간 걸려서 종이에 쓰고, 또 머릿속에 담아 놓은 모든 것을 서둘러 구술해 받아 적게 했다. 때문에 미리 기록한 설교를 식사 전에 아버지에게 드릴 수가 있었다. 아버지는 이 성공을 매우 기뻐하셨고, 마침 식사자리에 함께 있던 가족 및 친한 친구분과 함께 칭찬해 주었다. 이 친구분은 오래전부터 나에게 호의를 갖고 있었는데, 그것은 내가 그의 《메시아스》를 모조리 외워서, 내가 문장(紋章) 수집을 위해 문장의 본을 받으러 이따금 그를 찾아갈 때마다 이 작품 속의 감동적인 부분을 몇 군데 낭독해서 그의 눈에 눈물을 자아내게 한 적이 있었기 때문이다.

---

18) 게오르크 카알 폰 듀헤른(?~1759). 남작. 작센의 중장.
19) 요한 야콥(1727~73). 1762~73년에 프랑크푸르트 목사회의 장로.

그다음 일요일에도 마찬가지로 나는 열심히 이 일을 계속했다. 이 일의 기계적인 점이 재미있어서, 나는 글로 써서 보관해 놓은 것의 내용에 대해서는 깊이 생각하지도 않았다. 처음 3개월 동안은 이 노력은 그다지 변함이 없었던 것 같다. 그러나 결국, 잔뜩 자만에 빠진 내 생각으로는, 그 설교에는 성서 그 자체에 대한 각별한 해석도, 교의에 관한 자유로운 견해도 없는 것 같아서, 나의 변변치 못한 허영심을 만족시키는 데 지나치게 많은 힘을 들이고 있다는 생각이 들어, 도저히 똑같은 열의를 가지고 이 일을 계속할 수가 없게 되었다.

처음엔 그토록 매수가 많았던 설교의 필사도 차츰 빈약해졌고, 무슨 일이든 완성하는 것을 좋아하는 아버지가 부드러운 말로 권하거나, 상을 약속하면서 격려해 주시지 않았더라면, 결국은 이 노력을 완전히 내팽개쳐서 성령 강림제 마지막 일요일까지 계속하지는 못했을 것이다. 물론 마지막에는 작은 종이에 성서의 글귀나 주제, 논지의 구분 정도밖엔 쓰지 않았다.

일을 끝까지 이룩해 낸다는 점에 대해선 내 아버지는 매우 완고했다. 시작한 일이 도중에 재미가 없고, 따분하고 불쾌거나, 또는 전혀 무익한 일임이 밝혀진 경우에도, 일단 계획한 일은 끝까지 해내지 않으면 안 되었다. 아버지는 완성하는 것이 유일한 목적이고, 끈기가 유일한 미덕이라고 생각하는 것처럼 보였다. 우리가 기나긴 겨울밤에 어떤 책을 가족이 모두 읽기 시작하면 누구보다 먼저 실망하고, 때로는 맨 처음 하품을 시작하는 것이 아버지 자신임에도 우리는 끝까지 그것을 다 읽어야만 했다. 지금도 나는 그런 식으로 보우어[20]의 《교황사》를 끝까지 다 읽었던 겨울밤을 기억한다. 그날 밤은 정말 길고도 지루했다. 교회 사정을 다룬 그 책에 쓰여 있는 것은 어린애나 젊은이의 흥미를 끄는 것은 거의, 아니 단 한 가지도 없었다. 그러나 당시에 건성으로 마지못해 읽었는데도 많은 부분이 기억에 남아서, 나중에 여러 가지 다양한 일을 그것과 결부시켜 생각할 수가 있었다.

이러한 기묘한 일과 공부가 잇따라 일어나는 바람에, 그것이 과연 해도 되는 일인지, 또는 유익한 것인지조차 거의 생각해 볼 겨를이 없었을 정도였지만, 내 아버지는 그의 주요한 목적을 간과하는 경우는 결코 없었다. 아버지는 나의 기

---

20) 아르히바르트. 18세기 스코틀랜드의 예수파 사람. 나중에 신교로 개종. 《비당파적 로마교황사(1748)》. 그 독일어역(3권)은 1751~79.

억력과 사물을 파악하고 종합하는 재능을 법률적인 부문으로 향하게 하려 시도했고, 그래서 유스티니아누스 황제[21]의 《법학 제요》의 형식과 내용에 따라 문답서 형식으로 쓰인 호페[22]의 소책자를 내게 주었다.

나는 곧 물음과 답을 암기하고, 질문하는 사람의 역할과 대답하는 역할도 잘할 수 있게 되었다. 당시의 종교 교육에서는 매우 빠르게 성서를 찾는 것이 주된 연습의 하나였는데, 법률에 있어서도 마찬가지로 《로마법 대전》에 정통하는 것이 필요하다고 생각했다. 이 점에서도 나는 얼마 안 있어 완전하게 숙달했다.

아버지는 더욱 앞으로 나아갈 요량으로 슈트루베[23]의 《소법전》을 택하였다. 그러나 이번엔 그리 빠르게는 진도가 나가지 않았다. 이 책의 형식은 초심자에게 편리하도록 되어 있지는 않았으므로, 혼자 힘으로 터득하는 것은 불가능했다. 게다가 아버지의 가르치는 방식은 나의 흥미를 일으키게 할 만큼 관대하지가 않았다.

지난 몇 년 동안 우리가 처해 있었던 전쟁 상태뿐만 아니라 시민 생활 그 자체를 보아도, 또는 역사나 소설을 읽어도, 우리에게 너무나도 분명했던 것은 법률이 목소리를 낮추고, 개인에게 아무짝에도 도움되지 않는 경우가 너무 많았다는 것이다. 그럴 때 개인은 어떻게 해야 사건을 원만하게 처리할 수 있을지, 자기가 직접 해 보는 것 외엔 도리가 없었다.

우리는 점점 자라면서 관례에 따라 다른 여러 일들 외에도, 펜싱과 승마를 배우게 되었다. 여차한 경우에 자기 자신을 보호하고, 또 말을 타더라도 흉한 모습을 보이지 않기 위해서였다. 우선 펜싱으로 말할 것 같으면, 이것은 우리에겐 매우 재미가 있었다. 우리는 전부터 이미 목검을 갖고 있었고, 그것에는 손을 보호하도록 버드나무로 짠 예쁜 손잡이가 달려 있었다. 그런데 이번엔 진짜 쇠로 된 칼을 쓸 수 있었다. 서로 부딪는 칼 소리는 정말 용맹스러웠다.

---

21) (483경~565). 1세. 동로마 황제. 동로마 중흥의 왕. 《로마법 대전》 편찬.
22) 요아힘(1656~1712). 단치히의 교수, 법학자. 그의 《로마법 대전 시문집(1684)》은 출판된 뒤로 많은 판을 거듭했다.
23) 게오르크 아담(1619~92). 예나대학 교수. 그의 《신성로마법(1670)》은 당시 매우 선호된 교과서였다.

프랑크푸르트에는 펜싱 선생님[24]이 두 분 있었다. 한 분은 나이 지긋하고 성실한 독일 사람으로, 이분의 성향은 힘차고 엄격한 것이었다. 다른 한 분은 프랑스인으로, 이분은 전진하거나 후퇴할 때마다 기합을 넣어 가볍고 민첩한 찌르기로 승리를 거두려 했다.

어느 쪽 성향이 훌륭한 것인지는 의견이 분분했다. 함께 교습을 받게 된 몇몇 친구들은 프랑스인 쪽을 마음에 들어 했다. 얼마 안 있어 우리는 전진하거나 후퇴하거나, 찌르고 나서 재빨리 몸을 돌리거나, 그럴 때마다 기합 소리를 넣거나 하는 것에 익숙해졌다. 그러나 우리 그룹의 몇몇은 독일인 선생님에게서 정반대의 것을 배웠다.

중요한 교습 방법이 이렇게 서로 다르고, 더구나 누구나 자기 선생님이 훌륭하다고 생각했으므로, 거의 또래인 젊은이들 사이에 심각한 편가르기가 생겨났다. 하마터면 2개의 유파 사이에서 위험천만한 싸움이 벌어질 뻔했다. 언성이 차츰 높아져 마치 칼싸움처럼 격렬해졌던 것이다.

그래서 결국은 이 다툼에 매듭을 짓기 위해서, 두 분 선생님이 시합을 치르기로 했다. 그 결과에 대해서는 별로 자세히 말할 필요도 없다. 독일인 선생님은 벽처럼 단단히 버티고 승기를 엿보면서 상대의 칼을 치거나 휘감거나 하면서 수도 없이 떨어뜨렸다. 프랑스인 선생님은 그것을 반칙이라고 주장했다. 그리곤 빠르게 공격하며 상대에게 숨쉴 틈을 주지 않으려 했다. 또 그는 두세 번 가벼운 찌르기를 가했으나 진검 승부라면 그것 때문에 거꾸로 그 자신이 저승으로 갔을 것이다.

요컨대 이것으로 결정되거나 개선된 바가 아무것도 없었다. 단지 몇몇 수련생이 독일인 선생님 밑으로 갔을 따름이다. 나도 그중의 한 사람이었다. 그러나 이미 나는 프랑스인 선생님의 방식에 너무나도 익숙해졌기 때문에, 새 선생님이 그것을 교정하는 데는 상당한 시간이 걸렸다. 전체적으로 이 선생님은 애초부터 우리 같은 전향자에게는 제자로서 달가워하지 않았다.

승마에 대해선 나는 더욱 싫은 일을 겪었다. 내가 마장에 간 것은 가을로,

---

24) 독일인 선생님은 요한 크리스티안 융커(1709~81). 그는 유명한 '프랑크푸르트 펜싱학교'의 마지막 '명인'이라고 한다. 괴테는 1765년 1월부터 3월까지 펜싱 연습을 했다. 대학 생활을 위한 일종의 준비였던 것 같다. 프랑스인 선생님에 대해서는 불명.

나는 쌀쌀하고 습한 계절에 이것을 배우기 시작했던 것이다. 이 우아한 기술을 배우기 위한 약삭빠른 재주가 나는 싫어서 견딜 수가 없었다. 처음이자 마지막 문제는 말안장을 매는 방법이었다. 모든 것이 거기에 달려 있다고 말하면서도, 안장을 매려면 도대체 어떻게 해야 하는지 아무도 설명하지 않았다. 왜냐하면 여기선 등자[25] 없이 타도록 되어 있었기 때문이다. 어쨌든 이곳의 훈련은 수련생을 속이거나 창피를 주거나 하는 것만이 목적인 것처럼 보였다. 재갈을 걸고 풀기를 잊거나, 채찍이나 모자를 떨어뜨리기라도 했다간, 이들 실수나 실책에 죄다 벌금이 매겨지고, 거기다가 비웃음을 당해야 했다.

이런 것들이 나는 말할 수도 없이 불쾌했다. 특히 마장 그 자체가 지긋지긋했다. 불결하고 휑뎅그렁하고, 질퍽거리지 않으면 먼지가 끓고, 춥고 곰팡이 냄새가 났다. 모든 것이 나에겐 불쾌했다. 거기다가 다른 수련생들은 아마도 아침식사나 다른 선물로, 또는 빈틈없는 태도로 그의 마음에 든 것이겠지만, 그곳의 마술(馬術) 교사[26]는 그들에게는 되도록 좋은 말을 내주면서, 나한테는 가장 나쁜 말을 배정했다.

또한 나를 자주 기다리게 하는 데다가 무시하는 태도마저 보였으므로 나는 본디 이 세상에서 가장 즐거웠어야 할 승마시간을 지극히 불쾌하게 보낸 것이었다. 나중에 나는 승마에 열중하여 무턱대고 타고 돌아다니는 데 익숙해져, 몇날 며칠을 거의 말 곁을 떠나지 않은 적도 있었지만, 그 시절의 인상이 마음에 강하게 남아서, 헛간 마장은 되도록 피하고, 들를 일이 있어도 극히 짧은 시간 동안만 머물렀다.

어쨌든 새로운 기술을 처음 가르치는 경우에, 그것이 고통스럽고 싫은 방법으로 이루어지는 경우가 자주 있기 마련이다. 나중에는 이와 같은 교습 방법이 불쾌하고 해롭다는 생각이 들어서, 무슨 일이든 청년에게는 쉽고 평이하고 즐겁고 힘들지 않게 익히도록 가르쳐야만 한다는 교육 방침을 세우게 되었다. 그러나 그것은 또 그것대로 다른 폐해와 결함을 초래했다.

봄이 다가오면서 우리 주위도 다시 차분함을 되찾았다. 전엔 되도록 시내를 활보하고, 종교적이거나 세속적인, 공공 또는 사적인 건축물의 관찰에 힘쓰고,

---

25) 말을 탔을 때 두 발을 디디는 제구.
26) 칼 암브로지우스 룬케르(1709~67). 말은 시(市)의 것이었다.

특히 당시에 아직 많이 남아 있던 옛 시대의 것에서 대단한 즐거움을 맛보았다. 그러나 나중에는 렐스너[27]의 《연대기》나 프랑크푸르트에 관한 아버지의 장서 중에 있었던 책자와 기록물을 읽으며, 지나간 옛 인물의 자취를 더듬으려 애썼다. 이것은 시대와 풍속, 또는 중요한 개개 인물의 특수한 모습에 깊이 주의를 기울이면 잘되어 나갈 것 같았다.

예로부터 남아 있는 것 가운데 어린 시절부터 내 눈길을 끌었던 것은, 다리 탑 위에 내걸린 국사범의 두개골이었다. 이것은 1616년 이래 세월과 비바람에 바래면서 보전된 것인데, 아무것도 걸려 있지 않은 쇠막대가 남아 있는 것으로 볼 때, 처음에는 3개나 4개가 있었던 것 같다.

작센하우젠에서 프랑크푸르트로 돌아올 때마다 탑이 보이고, 두개골이 눈에 들어왔다. 나는 이미 어린 시절부터 페트미르히[28]와 한패인 사람들이 시정에 불만을 품고 반항하여, 반란을 꾀해 유대인 거주 지역을 약탈하고 무서운 소요 사태를 일으켰으나, 결국은 체포되어 황제 대리에 의해 사형 판결을 받았다는 이야기를 즐겨 듣곤 했다.

나중에 나는 보다 자세한 사정과 대체 그들이 어떤 사람들이었는지를 알고 싶었다. 나는 목판화가 첨부된 당시의 옛 기록물을 보고, 이 사람들이 분명 사형에 처해지기는 했지만, 당시에 시정의 문란이 극심하여 무책임한 일이 널리 자행되었음이 밝혀지면서, 수많은 시참사회원이 파면된 것을 알았다.

이렇게 사건 경과의 자세한 사정을 앎으로써, 나는 이들 불행한 사람들을 시정 개선을 위해 바쳐진 불쌍한 희생자들이라고 생각했다. 왜냐하면 구(舊)귀족 집안의 모임인 림푸르크회(會), 귀족 클럽에서 생겨난 프라우엔슈타인회, 나아가서는 법률가·상인·기술자 등이 행정에 참가하게 된 제도는 그 시대에서 유래

---

27) 아힐레스 아우구스트(1662~1732). 프랑크푸르트의 배심원, 시장. 프랑크푸르트 시(市) 역사를 최초로 기술한 사람. 《세상에 알려진 자유제국도시, 황제선거도시, 상업도시 프랑크푸르트 연대기》의 제1권은 1706년, 제2권은 그의 아들인 게오르크 아우구스트에 의해 1734년에 간행되었다.

28) 빈첸츠. 프랑크푸르트의 서기, 아울러 과자 기술자. 1612년 도시 귀족에 항거한 시민반란을 이끌었다. 1614년에 유대인 거주 지역의 약탈을 하고, 유대인을 배에 태워 프랑크푸르트에서 쫓아내고 이곳에 공포 정치를 폈다. 황제가 추방 처분을 내려 1616년에 로스마르크트에서 처형당했다.

하기 때문이다. 그리고 시정은 베네치아식의 복잡한 흑백 구슬 투표에 의해 보충되고, 여러 시민 단체에 의한 제약을 받아, 부정을 꾀할만한 특별한 자유 없이, 정의를 펼 것을 사명으로 삼게 되었던 것이다.

소년 시절뿐만 아니라 청년이 되어서도 내 마음을 무겁게 한, 특히 기분 나쁜 것의 하나는 본래 유덴갓세라 불리던 유대인 거리의 모습이었다. 그곳은 하나의 길이라기보다는 조금 넓은 정도의 크기로, 전엔 시 경계와 해자(垓字) 사이에, 마치 둘러싸인 땅 안에 갇힌 것처럼 되어 있었던 모양이다.

좁고, 불결하고, 시끄럽고, 생소하고, 듣기 싫은 언어의 악센트, 그것들이 하나가 되어 시 문 옆을 지날 때 들여다본 것만으로도 뭐라고 표현하기 힘든 불결한 인상을 주었었다. 오래도록 나는 혼자서 그곳에 들어갈 용기가 나지 않았다. 또한 뭔가를 팔려고 끈질기게 매달리고, 막무가내로 밀어붙이는 뻔뻔스러운 많은 사람들에게서 도망친 뒤론, 다시는 그곳에 가 볼 엄두가 나지 않았다.

그럴 때면 고트프리트[29]의《연대기》에 쓰여 있는 유대인의, 그리스도교도 어린아이에 대한 무시무시한 잔학 행위에 대해 전해오는 말이, 어린 마음에 어두운 그림자를 드리웠다.

근세에 들어와서는 유대인에 대한 생각은 전보다 좋아지긴 했지만, 다리탑 아래의 활모양 벽에 지금도 꽤 확실하게 보이는, 그들의 부당함을 빗댄 커다란 풍자화는 그들에 대한 반감이 여전히 남아 있다는 증거였다. 왜냐하면 그것은 개인적인 못된 장난 따위가 아니라 공공 기관에 의해 만들어진 것이기 때문이다.

그러나 그들은 누가 뭐래도 역시 신에게 선택받은 백성이고, 그동안의 사정이야 어쨌든, 가장 오랜 시대의 추억을 지니고 떠돌고 있는 것이다. 게다가 그들은 활동적이고 바람직한 사람들이어서, 그들이 관습에 집착하는 완고함에 대해서도 존경심을 가지지 않을 수가 없었다.

또한 처녀들은 예뻤으며, 안식일에 피셔펠트[30]에서 마주친 그리스도교도 소

---

29) 요한 루트비히(?~1635경). 본명은 요한 필립 아벨린. 역사가, 번역가, 편집자.《역사적 연대기 (1633)》.

30) 유대인의 산책로. 유대인은 로스마르크트 가로수길에서 산책하는 것이 금지되어 있었다. 특히 일요일, 축제일에는 시내 전체에서의 산책이 금지되었다.

년이 친절하게 대해 주면 무척 기뻐했다. 그래서 나는 그들의 의식을 알고 싶은 매우 강한 호기심을 느꼈다. 나는 곧잘 그들의 학교를 찾아가 할례나 혼례를 구경하고, 또 추수 감사절이 어떤 것인지 알 때까지 이곳저곳을 돌아다녔다. 나는 어디서나 대단한 환영을 받았고, 융숭한 대접을 받았으며, 다시 와 달라는 부탁을 받았다. 왜냐하면 나를 데려가 주거나, 소개해 주거나 한 사람들이 세력 있는 사람들이었기 때문이다.

이렇게 해서 나는 대도시의 어린 주민으로서 다양한 일들과 부딪쳤지만, 시민의 평온하고 무사한 삶 속에도 무서운 사건이 없는 것은 아니었다. 화재로 평화로웠던 가정의 꿈이 깨지거나, 어마어마한 범죄가 일어나 그것의 심리(審理)와 처형이 몇 주일이나 걸려 시내를 온통 불안에 떨게 하기도 했다. 우리는 몇 번인가 사형 집행 광경을 목격하지 않으면 안 되었다.

내가 책을 불사르는 현장에 있었던 것도 써 둘 가치가 있을 것 같다. 불탄 것은 프랑스 해학(諧謔) 소설로, 이 소설은 국가에 대해선 다루지 않았지만 종교와 풍속에는 가차 없는 공격을 가하고 있었다. 생명이 없는 것에 형이 가해지는 것은 왠지 더 두려운 데가 있었다.

책 묶음이 불 속에서 터지고 불타기 좋게 부지깽이로 쑤셨다. 이윽고 불붙은 종잇조각이 공중으로 날아올랐고 군중은 앞다퉈 그것을 잡으려 했다. 우리도 지지 않고 달려들어 가까스로 한 권을 손에 넣었다. 우리처럼 이 금지된 즐거움을 맛본 사람이 적지 않았다. 널리 알려지는 것이 저자의 목적이라면 그도 이것 이상의 수단은 생각해 내지 못했으리라.

그러나 나는 좀더 평화로운 동기로도 시내를 돌아다녔다. 나의 아버지는 자질구레한 용건을 당신을 대신해서 일찍부터 나에게 시켰다. 특히 아버지가 일을 시킨 사람을 독촉하는 일을 내게 맡겼다. 아버지는 무슨 일이건 면밀한 일처리를 요구하고, 일이 끝남과 동시에 현금으로 지불했는데, 이때 값을 깎는 일이 종종 있었다. 이는 직공들이 부당하게 일을 지연시켰기 때문이다.

이 일을 하며 나는 거의 모든 작업장에 발을 들여놓았다. 나에게는 타인이 처한 입장에 서서 인간 생활의 갖가지 특수한 양상에 공감하고, 기꺼이 그것에 관심을 갖는 면이 있었다. 나는 아버지의 이런 부탁 덕분에 여러 차례 즐거운 시간을 보냈고, 각인각색의 일하는 모습을 보았으며, 다양한 삶의 불가결한 조건이 어떠한 기쁨과 슬픔, 고생과 편의를 수반하는지를 알았다. 나는 이 기회에 사회의 상층부와 하층부를 결합시키는 이 부지런한 계층에 다가설 수 있었다.

한편에 간단하고 별로 품이 들지 않는 제품의 생산에 종사하는 사람들이 있고, 다른 한편으로는 이미 가공된 것을 누리려는 사람들이 있다고 한다면, 이 둘이 서로 뭔가를 얻고, 그것들로부터 각자 자기의 희망을 충족시킬 수가 있도록, 마음과 손으로 중개하는 것이 수공업자인 것이다. 각 수공업이 일의 형태와 경향이 다름에 따라, 가정의 모습마저 달라진다는 것에도 마찬가지로 주의를 기울였다.

이렇게 해서 내 안에는 모든 인간이 평등하다고까지는 말할 수 없어도, 모든 인간의 상태는 다 비슷비슷하고 거기서 거기라는 생각이 차츰 커지고 강해졌다. 나는 맨몸의 존재야말로 가장 중요한 조건이고, 그 밖의 것은 아무래도 상관없는 우연적인 것으로 여겨졌기 때문이다.

아버지는 일시적인 즐거움으로 끝나고 이내 사라져버릴 만한 곳에는 거의 돈을 쓰지 않았기 때문에, 가족이 함께 마차로 외출해 행락지에서 먹고 마신 기억은 거의 없다. 그 대신 아버지는 내면적으로 가치가 있고, 게다가 겉모습도 훌륭한 그런 것을 손에 넣는 일에는 돈을 아끼지 않았다. 아버지는 최근엔 전쟁에 의해 성가신 일을 겪은 적이 거의 없었지만, 그러나 아버지만큼 평화를 바라는 분은 없었다. 아버지는 이런 마음에서 어머니에게 약속하기를 평화가 포고되면 곧장 다이아몬드를 박아 넣은 금 상자를 선물하겠다고 했다.

이 기쁜 일을 기대하고 2, 3년 전부터 이미 선물 세공은 시작되고 있었다. 상당한 크기의 이 상자는 하나우에서 제작되었다. 왜냐하면 아버지는 그곳의 금 세공사나 실크 공장의 상사들과 친했기 때문이다. 이를 위해 여러 장의 밑그림이 그려졌다. 뚜껑은 꽃바구니로 장식하고, 그 위를 감람나무 가지를 입에 문 비둘기가 날고 있었다. 보석 박아 넣을 곳은 남겨두었다. 일부는 비둘기에, 일부는 꽃에, 또 일부는 상자를 여는 곳에 박기로 되어 있었다.

완전한 마무리와 그것에 필요한 보석을 맡은 보석 세공사는 라우텐자크라는 사람이었다. 그는 솜씨 있고 쾌활한 사람이었지만, 재주 있는 예술가가 으레 그렇듯, 필요한 일은 거의 하지 않고 평소엔 자기가 좋아하는 일만 했다.

보석은 상자 뚜껑에 박아 넣을 형태로 검정 밀랍 위에 놓여서 무척 훌륭하게 보였는데, 거기서 떼어내 금 상자 위로 옮겨지는 모습은 좀처럼 볼 수가 없었다. 처음엔 아버지는 일이 늦어져도 그냥 내버려두었지만, 평화의 희망이 차츰 확실해지고, 마침내는 평화의 조건, 특히 요제프 대공[31]의 로마 왕 추대에 대해 사람들이 보다 자세한 것을 알고 싶어하게 되자, 아버지도 드디어 참을 수 없게 되어, 나는 일주일에 2, 3차례, 끝에 가서는 거의 날마다 무심한 예술가를 찾아가야만 했다.

내가 쉬지 않고 귀찮게 재촉한 덕분에 늦게나마 마침내 일이 끝났다. 이 일은 그 성질상 일단 착수하면 금세 끝낼 수 있는 일이었는데도, 항상 무슨 일이 일어나서, 그것 때문에 일이 뒤로 밀리고 옆으로 제쳐놓게 되었던 것이다.

그러나 이 예술가가 이렇게 했던 주된 까닭은, 그가 자기 돈으로 계획한 어떤 일 때문이었다. 프란츠 황제가 보석, 특히 색깔 있는 보석에 대단한 애착을 가진 것은 널리 알려져 있었다.

나중에 안 바로는 라우텐자크는 이 보석을 위해 자기 재산을 초과할 만큼의 막대한 금액을 들여 그것으로 꽃다발 하나를 만들기 시작했다. 그 꽃다발에는 하나하나의 보석이 모양과 색채에 따라 매우 교묘하게 부각되고, 전체가 황제의 보물 창고에 수납되기에 충분한 가치가 있는 예술품으로 만들어질 예정이었다. 그는 여느 때처럼 변덕스런 방법으로 몇 년 동안 이 일에 매달렸다. 그리고 이제 곧 도래할 평화 뒤의 아들의 대관식을 위해 황제가 프랑크푸르트에 온다는 얘기가 사람들의 입에 오르내리기 시작하자, 그는 완성을 서둘러 마침내 끝냈던 것이다.

이런 것을 알고 싶어 사족을 못 쓰는 나의 흥미를 그는 교묘하게 이용해, 재촉 심부름을 하러 온 내 정신을 산만하게 하고 나의 본래의 목적을 잊게 했다. 그는 이 보석들에 대한 지식을 내게 가르치려 애썼고, 나로 하여금 그 특징이나 가치에 주의를 돌리게 했다. 그 결과 나는 그 꽃다발에 대해 완전히 알게 되

---

31) 요제프 2세(1741~90). 앞에서 나온 프란츠 1세의 아들. 1764년 3월 27일 로마 왕으로 선출되어 같은 해 4월 3일에 왕위에 올랐다. 1765년 아버지 사후에 신성로마의 황제. 로마 왕이란 부왕의 재위 중에 차기 신성로마 황제로 예정된 황태자에게 주어지는 칭호. 따라서 앞으로 나오는 대관식은 로마 왕으로서의 대관식을 말한다.

어, 그와 다름없을 정도로 손님에게 그것을 설명할 수 있을 정도가 되었다.

그 꽃다발은 지금도 내 눈앞에 있는 것만 같다. 나는 그것 이상으로 값비싼 이런 종류의 것을 본 적이 있기는 하지만, 그만큼 우아하고 아름답고 찬란한 작품을 본 적은 없다. 그 밖에도 그는 훌륭한 동판화의 수집이나 기타 예술 작품을 갖고 있어서, 그것들에 대해 자세히 이야기를 해 주었다. 나는 그의 곁에서 많은 시간을 보내면서 여러 가지 배운 점이 많았다.

드디어 푸베르투스부르크에서 회의[32]가 열리기로 결정되었을 때, 그는 나에 대한 애정에서 나머지 일을 완성했고, 꽃바구니와 비둘기로 장식된 금 상자는 평화기념제날에 순조롭게 어머니에게 전달되었다.

이 밖에도 나는 아버지의 심부름으로 이런 종류의 일을 몇 번인가 했는데, 한번은 주문한 그림을 독촉하러 화가들을 찾아갔다. 아버지는 캔버스에 그린 그림보다 판에 그린 그림이 훨씬 낫다고 굳게 믿었는데, 아버지 외에도 그렇게 생각하는 사람은 많았다. 그래서 아버지는 여러 크기의 질이 좋은 떡갈나무 판자를 손에 넣는 일에 엄청난 심혈을 기울였다. 경솔한 예술가들이 이런 중요한 일을 소목장이에게 맡기거나 하는 것을 아버지는 잘 알고 있었기 때문이다.

아주 오래된 두꺼운 판을 찾아오면 소목장이가 대패질을 하고 아교를 칠해 완성하는데, 이 작업은 매우 공을 들여 이루어졌다. 그런 다음 몇 년 동안 위층의 한 방에 넣어두고 충분히 건조시켰다.

이렇게 해서 만들어진 귀중한 판을 화가 융커에게 맡겼다. 가장자리에 무늬가 있는 꽃병에 넘칠 만큼 꽃을 꽂아, 그것을 자연 그대로, 그의 뛰어나고 우아한 솜씨로 그려달라는 주문이었다.

마침 때는 봄이었다. 나는 예쁜 꽃이 생기면 일주일에 두세 번 그에게 가져갔다. 그러면 그는 곧바로 그것을 그려 넣어, 판 전체를 이들 꽃으로 채우며 지극히 충실하게, 또 열심히 마무리지었다. 나는 언젠가 쥐를 잡아서 그에게 가져갔다. 그는 너무도 귀여운 이 동물을 묘사해 볼 마음이 내켜서, 이 쥐가 꽃병 밑에서 밀 이삭을 갉아먹는 모습을 정성껏 그려 넣었다. 심지어 나비와 투구벌레 같은 죄 없는 생물을 잡아다가 그것도 그려 넣는 바람에, 마침내 그것은 모

---

32) 1763년 2월 15일. 이 평화회의에 의해 7년 전쟁은 종결되었다.

사(模寫)와 정밀 묘사라는 점에서 매우 귀한 작품이 되었다.

그런데 어느 날, 이 작품이 곧 인도될 즈음에, 이 선량한 화가로부터 그 그림이 마음에 들지 않는다는 얘기를 자세하게 듣고 나는 적잖이 놀랐다. 그의 말로는 세밀한 점에서는 이 그림은 매우 잘되긴 했지만, 소재를 하나씩 더해가면서 그렸기 때문에 전체적인 구성이 좋지 않다는 것이었다. 맨 처음에 적어도 빛과 그림자와 색의 전반적인 계획을 세우고, 그에 따라 하나하나의 꽃을 그려 넣어야 했는데, 그렇게 하지 않은 것은 잘못이라는 것이었다.

그는 나와 함께 반년 동안 내 눈앞에서 그렸고, 부분적으로는 내 마음에 들었던 그림을 자세히 검토했다. 그리고 슬프게도 나는 그에게 설득당하고 말았다. 그는 쥐를 그린 것도 잘못이었다고 말했다.

"왜냐하면 많은 사람들이 이런 동물에게 혐오감을 느끼기 때문이야. 보고 즐거운 기분이 들어야 할 그림에 이런 것을 덧그리지 말았어야 했다."

그래서 나는 편견(偏見)을 극복하고, 전보다 훨씬 현명해졌다고 자부하는 사람이 으레 그렇듯, 이 작품에 대해 마음으로부터 경멸을 느꼈다. 그리고 그가 같은 크기의 판을 다시 하나 만들고, 자기의 취미에 따라 전보다도 모양이 그럴듯한 꽃병과 세련되게 배치한 꽃다발을 그리고, 나아가 예쁘고 즐거운 작은 생물을 골라 그려 넣는 것을 보고, 나는 이 예술가에게 전폭적으로 동감했다.

그는 이 그림도 매우 정성껏 그렸는데, 물론 전에 그렸던 그림을 모방하거나, 또는 여러 해에 걸쳐 열심히 그렸던 작품의 기억에 의해 그것을 그렸다. 드디어 두 번째의 그림이 완성되었다. 우리는 이전의 그림보다 예술적으로 확실히 뛰어나고, 언뜻 보기에도 좋은, 나중의 그림이 단연코 마음에 들었다.

아버지는 2개의 그림을 보고 적이 놀랐다. 선택은 아버지에게 달렸다. 아버지는 우리의 의견과 그 근거, 특히 화가의 성의와 노력을 인정했는데, 두 개의 그림을 2, 3일 놔두고 보더니 첫 번째 그림을 선택하였다. 그러나 이 선택에 대해서는 별 말이 없었다. 예술가는 호의로 그린 두 번째 그림을 마지못해하면서 들고 돌아갔다. 나는 아버지의 결정을 좌우한 것은, 첫 번째 그림이 그려진 질 좋은 떡갈나무판 때문임이 분명하다는 의견을 말하지 않을 수 없다.

이렇게 그림에 대해 이야기를 하자니 나의 기억 속에 있는 커다란 시설이 떠오른다. 그 시설과 그곳 경영자에게 나는 특별한 관심이 있어서, 나는 그곳에서 많은 시간을 보냈다. 그것은 화가 노트나겔이 설립한 커다란 밀랍천 제조 공장이었다.

이 사람은 숙련된 예술가였지만, 재능으로 보나 사고방식으로 보건대, 그에게는 예술보다는 공장 경영이 더 어울렸다. 안뜰과 정원이 여러 개 있는 굉장히 넓은 곳에서 온갖 종류의 밀랍천을 제조했다. 짐마차나 그 비슷한 것에 쓰는, 주걱으로 밀랍을 발랐을 뿐인 지극히 거친 것에서부터 무늬를 찍은 벽지, 나아가서는 숙련된 노동자가 붓으로 중국풍의 꽃이나 환상적인 꽃, 또는 자연의 꽃, 인물, 풍경 등을 그린 매우 고급스런 벽지 등이다. 끝도 없을 정도로 다양한 이것들이 나는 무척이나 재미있었다.

지극히 평범한 작업에서, 어떤 종류의 예술적 가치를 인정하지 않을 수 없는 것에 이르기까지, 많은 사람들이 일하는 모습이 매우 흥미있었다. 많은 방에서 앞뒤로 서서 일하는 수많은 남자들과 나는 아는 사이가 되어 때로는 거들기도 했다. 이들 상품의 판매는 대단했다.

당시 집을 짓거나 가구를 마련하는 사람은 평생토록 그것을 갖고 싶어했다. 그리고 밀랍천은 확실히 오래갔다. 노트나겔은 전체 감독으로 꽤 바빠서 사무실에 앉아서 팀장이나 사무원에게 둘러싸여 있었다. 한가할 때는 예술품 수집을 했는데 주로 동판화였고, 그가 가진 그림과 함께 이따금 그것으로 장사를 했다. 동시에 그는 에칭에 흥미가 있어서, 갖가지 판에 부식 조각을 했다. 그는 이 예술 분야의 제작을 만년에 이르기까지 계속했다.

그의 집은 에센하임 문 근처에 있어서, 그를 찾아갈 때는, 나는 항상 교외까지 나가서, 아버지가 시문(市門) 밖에 소유하고 있던 땅까지 가 보았다. 그 하나는 커다란 과수원으로, 땅은 목장으로 이용되고 있었다. 그곳은 빌린 땅이었는데, 아버지는 그곳에서 나무의 옮겨심기나 그 밖의 보존에 필요한 일을 하였다. 그보다 훨씬 아버지를 번거롭게 한 것은, 프리트베르크 문 바깥에 있는, 매우 손질이 잘된 포도밭이었다. 아버지는 그곳의 포도나무 이랑 사이에 아스파라거스를 옮겨 심고는 정성껏 보살폈다.

날씨가 좋은 계절에는 거의 하루도 빠짐없이 아버지는 그곳으로 나갔다. 그럴 때면 우리는 대개 함께 가도 된다는 허락을 받았고, 봄의 첫 열매에서 가을의 마지막 열매에 이르기까지 그것을 맛보고 즐겼다. 우리는 또 과수원일을 배웠는데, 해마다 반복되는 일이어서 나중에는 완전히 익혀 그것에 정통하게 되었다. 여름과 가을의 온갖 열매 뒤에 마지막으로 찾아오는 가장 즐겁고, 가장 기다려지는 것은 포도따기였다.

특히 포도를 따는 계절은 여름이 끝나고 겨울의 시작을 알리는 만큼, 믿어지지 않을 정도로 밝은 기분을 마음껏 펼치게 된다. 기쁨과 환호 소리가 그 지방 일대에 울려 퍼진다. 낮에는 여기저기에서 환성과 축포의 메아리가 들려오고, 밤이 되면 이곳저곳에 불꽃과 예광탄이 솟아올랐다. 가는 곳마다 사람들이 밤늦게까지 자지 않고 축제를 즐기며, 이 즐거운 기분을 되도록 길게 만끽하고 싶어 했다. 그 뒤에 오는 포도짜기와 지하 저장고에서 발효시키는 동안의 수고도 집 안에서의 즐거운 일이 된다. 이렇게 지내다 보면 어느새 겨울로 접어드는 것이었다.

이 시골 소유지는, 1763년 봄에는 우리에게 한층 즐거움을 주었다. 왜냐하면 이해 2월 15일은 프베르투스부르크의 평화 체결에 의해 축제일이 되었기 때문이다. 이 평화 조약 덕분에 난 일생의 대부분을 평화롭게 보낼 수 있었다. 그러나 나는 이야기를 더 진행하기 전에, 나의 소년 시절에 중대한 영향을 끼친 두세 인물에 대해 여기서 회상해 둘 책임이 있는 것으로 여겨진다.

프라우엔슈타인회의 일원으로, 배심원이자 전에 말했던 오르트 박사의 사위인 폰 올렌슐러거[33]는 잘생기고, 인상이 좋은 쾌활한 사람이었다. 그가 시장의 예복을 입은 모습은 명망 높은 프랑스 사제로 착각할 정도였다. 그는 대학에서 공부한 뒤에 궁정과 시청에서 정무를 맡고 있으면서 공무로 여행을 했다.

그는 유독 나를 주목해 주었고, 그가 특히 흥미를 가졌던 일에 대해 자주 나에게 이야기해 주었다. 내가 그의 주변에 있었던 것은, 그가 마침 《황금문서 주해》를 쓰던 무렵으로, 그는 이 문서의 가치와 존엄성에 대해 매우 명쾌하게 설명해 주었다. 그의 설명에 따라 나의 상상력도 그 조잡하고 불안했던 시대로 함께 되돌아가, 그가 역사로 이야기한 것을 나는 눈앞의 사건인 것처럼 다양한 인물과 상황을 자세히 묘사해 내고, 때로는 몸짓까지 섞어가며 재현하곤

---

33) 요한 다니엘(1711~78). 아버지는 부유한 상인. 프랑크푸르트의 배심원, 시장. 많은 법학 저서가 있다. 주요 저서 《카를 4세의 황금문서 신주해(1766)》. 황금 문서는 카를 4세가 1356년에 발포한 제국법.

했다. 그는 그것을 매우 기뻐했고, 갈채를 보내 나를 치켜세우고는 다시 반복하게 했다.

나는 어릴 적부터 기묘한 습관이 있어서, 항상 책이나 장의 첫머리 부분을 암기했다. 처음엔 모세 5서를, 이어 《에네이데》,[34] 《변신 이야기》를 외웠다. 이번엔 《황금문서》도 외웠다. 그러다 스스로 분위기에 취해 "통일을 잃은 나라는 사라져 멸망하리. 그 나라의 제후는 모두 도적 무리가 되었으니"라고 외치고는, 나를 끔찍이 귀여워하던 그를 미소짓게 했다. 이 현명한 사람은 빙긋 웃으면서 고개를 젓고는 약간 망설이면서 "황제가 제국 의회에서 이런 말을 제후를 향해 공공연하게 표명하게 하다니 도대체 어떻게 된 시대란 말인가"라고 말했다.

폰 올렌슐러거는 붙임성이 좋고 사교적인 사람이었다. 그의 집으로 손님을 초대하는 경우는 거의 없었지만, 기지 있는 대화는 무척 좋아했다. 그래서 우리 젊은이들에게 이따금 연극을 해보라고 권했다. 왜냐하면 그는 이런 연습이 젊은이에게는 특히 유익하다고 생각했기 때문이다. 우리는 슐레겔의 《카누트》를 공연했다. 나는 왕, 누이동생은 에스투리테, 그 집의 막내아들은 울포 역을 맡았다. 내친김에 우리는 감히 《브리타니쿠스》[35]를 연기해 보았다. 연기 능력 외에 언어 연습도 해야만 했기 때문이다. 내가 네로, 동생이 아그리피네, 그의 막내는 브리타니쿠스 역을 맡았다. 우리는 과분한 칭찬을 받았는데, 나는 그 칭찬의 말로는 부족할 정도로 연기를 잘했다고 생각했다. 이처럼 나는 그의 가족과 매우 친했는데 덕분에 갖가지 재미난 추억을 가졌고, 정신적으로도 많이 성숙해질 수 있었다.

옛 귀족 가문 출신인 폰 라이네크[36]는 유능하고 성실했지만, 또한 고집스런 사람이었다. 야위고 피부가 가무잡잡했는데, 나는 그가 웃는 모습을 본 적이 한 번도 없었다. 그는 외딸이 친하게 지내던 남자에게 유괴당하는 불행을 겪었다. 그는 어쩔 수 없이 사위로 삼은 남자를 재판에 세워 혹독하게 추궁하려 했지만, 재판소는 형식주의 때문에, 그의 복수심을 만족시킬 만큼 신속하게도 혹

---

34) 하인리히 폰 페르데케(1140경~1200이전)의 서사시(1180년대).

35) 라신 작. 1669년.

36) 프리드리히 루트비히(1707~75). 프랑크푸르트의 포도주 상인. 폴란드와 작센의 추밀 군사고문관.

독하게도 원을 풀어주지 못했다. 그래서 그는 재판소와도 옥신각신 분쟁을 일으켰고, 이렇게 분쟁이 분쟁을 낳고, 소송에서 소송이 겹치게 되었다.

폰 라이네크는 집에 틀어박혀 정원 외에는 밖에 나오지도 않았다. 아래층의 커다랗고 어두운 방에서 지냈는데, 그곳에는 여러 해 동안 손질을 하지 않아 페인트칠은커녕 하인이 비질한 흔적도 거의 없었다. 그는 나를 매우 귀여워해 주었고, 그의 작은아들을 나에게 소개해 주었다. 그는 자기 기분을 알아주는 옛 친구와 자기 가게의 사무원, 변호사 등을 이따금 식사에 초대했다. 그리고 그럴 때면 반드시 나도 불러 주었다.

그의 집 식사는 매우 맛이 있고, 주류도 고급이었다. 그러나 손님에게는, 커다란 난로에 수없이 나 있는 깨진 틈새에서 새나오는 연기는 지독한 고통거리였다. 매우 친한 한 친구가 이 얘기를 하면서, "이런 불쾌한 일을 겨우내 참을 수 있겠느냐"고 주인에게 물었다. 그러자 그는 제2의 티몬[37]처럼, 또 자학하는 사람처럼, "신의 뜻에 따라 이것이 나를 괴롭히는 가장 커다란 재앙이라면 좋을 텐데"라고 대답했다.

나중에 그는 남들의 설득을 받아들여 딸과 손자를 만났다. 그러나 사위는 두 번 다시 그의 앞에 나타나는 것을 허락하지 않았다.

정직하지만 불행했던 이 사람은 내가 곁에 있는 것을 좋아했다. 그는 나와 이야기하기를 좋아했고, 특히 세계와 정계의 사정에 대해 자세히 가르쳐 주었다. 그는 나하고 있으면 마음이 가벼워지고, 기분이 밝아지는 듯이 보였다. 그래서 아직도 그의 주위에 모이던 몇 안 되는 옛 친구들은, 그의 기분을 누그러뜨리고, 그를 부추겨 뭔가 기분 전환을 하게 하려 할 때는 종종 나를 이용했다.

그는 이따금 우리와 마차로 외출을 하고, 여러 해 동안 한 번도 돌아보지 않던 이 지방에 다시 눈길을 주게 되었다. 그는 옛 지주들을 회상하면서 그들의 성격이나 여러 사건을 이야기했다. 그럴 때 그의 태도는 여전히 엄격했으나, 종종 쾌활하고 기지에 찬 모습을 보였다. 그래서 우리는 그가 다시 한번 다른 사람들과 어울릴 수 있게 하려 했지만 그것은 하마터면 심각한 일이 될 뻔했다.

그보다 나이가 위는 아니지만 거의 비슷한 연배의 폰 마라파트[38]라는 사람

---

37) 루키아노스와 셰익스피어의 작품으로 알려진, 사람을 싫어하는 아테네 사람.
38) 프리드리히 빌헬름(1700~73). 헤센의 소령. 조덴 암 타우누스에 암염 제염소 소유.

이 있었다. 로스마르크트 옆에 굉장히 아름다운 저택을 가졌고, 제염소에서 큰 수입을 올리는 부유한 사람이었다. 그도 은둔자적인 생활을 했지만, 여름엔 대개 보켄하임 문 밖에 있는 정원에서 보내면서 무척 예쁜 카네이션을 길렀다.

폰 라이네크도 카네이션 애호가였다. 마침 꽃이 만발하는 계절이어서 서로 방문해 보면 어떨까 권해 보기로 했다. 우리가 식사 준비를 하고, 마침내 폰 라이네크도 어느 일요일 오후에 우리와 외출할 결심을 하기에 이르렀다. 두 노신사의 인사는 너무 간단해서 인사라기보다는 인사 비슷한 몸짓만 했다고 하는 편이 옳았다. 그들은 매우 거드름 피우는 발걸음으로 기다란 카네이션 화단을 따라 왔다 갔다 했다. 한창 피어난 꽃은 정말이지 놀라울만큼 아름다웠다. 꽃의 모양과 색깔이 제각각이라거나, 저것보다 이것이 낫다거나, 이 꽃은 진귀하다는 등의 이야기로 마침내 대화다운 것이 시작되면서, 차츰 격의 없는 분위기가 되는 것 같았다.

가까이의 정자에 잔에 담긴 오래된 고급 포도주와 맛있어 보이는 과일, 그밖에 갖가지 훌륭한 것들이 식탁에 마련되어 있는 것이 보였는데, 그것은 우리의 마음도 들뜨게 했다. 그러나 유감스럽게도 그것을 맛볼 수가 없게 되었다. 불행하게도 살짝 고개를 숙인, 굉장히 아름다운 카네이션이 폰 라이네크의 눈에 띄었다. 그래서 그는 줄기에서 꽃받침 쪽을 검지와 중지로 살며시 훑으면서 고개 숙인 꽃이 잘 보이도록 일으켜 세웠다. 그러나 주인은 이처럼 가볍게 만지기만 한 것에도 기분이 상했다. 폰 마라파트는 정중하기는 했지만, 그러나 단호하게, 더구나 약간은 득의에 차서, 라틴어로 "손이 아닌 눈으로"라고 주의를 주었다.

폰 라이네크는 이미 꽃에서 손을 떼고 있었지만, 이 말을 듣자마자 벌컥 화를 냈다. 그래서 평소의 무뚝뚝하고 고지식한 어조로 말했다.

"이런 걸 보고 안타까워하는 것은 애호가라면 지극히 당연한 일입니다."

그러고는 아까의 행동을 반복해 꽃을 손으로 잡았다. 그래서 두 사람의 친구들—폰 마라파트도 친구 한 명을 데려왔다—은 매우 난처해졌다. 우리는 토끼를 연이어 달리게 했다(이것은 대화를 중단하고 다른 화제로 향하게 할 때 비유적으로 쓰는 말이다).

그러나 아무 효과도 없었다. 두 노신사는 완전히 입을 다물고 말았다. 그래서 우리는 폰 라이네크가 당장에라도 그 꽃을 다시 만지지는 않을까 조마조마했다. 그렇게 되기라도 했다간 우리 모두가 궁지에 몰리게 된다. 양쪽의 친구들은 두 분을 떼어놓고, 각자 두 분의 마음을 딴 데로 돌리려고 했다. 그러나 결국 떠날 채비를 하는 게 가장 현명한 방법이었다. 그래서 유감스럽게도 우리는 그토록 맛있게 보이는 진수성찬에는 손도 대보지 못한 채 그곳을 떠나야만 했다.

궁중 고문관인 휴스겐[39]은 프랑크푸르트 출신이 아니고, 게다가 칼뱅파 신자였기 때문에 공직에 앉을 수도, 변호사가 될 수도 없었다. 그러나 그는 훌륭한 법률가로서 많은 신뢰를 얻고 있었으므로, 타인 명의로 프랑크푸르트에서나 제국재판소에서도 아무렇지도 않게 변호사로 일할 수가 있었다. 나는 그의 아들과 함께 그의 집에서 글쓰기 연습을 했는데, 그때 그는 이미 60세가량이었다.

그는 몸집이 크고 키가 컸는데, 그렇다고 마른 것은 아니고 신체 폭은 넓지만 비만한 것도 아니었다. 그의 얼굴은 곰보로 흉하게 얽은 데다가 한쪽 눈이 감겨 있었기 때문에, 그를 처음 만나면 무서운 생각이 들었다. 그는 항상 대머리에 리본을 맨 낚시 추 모양의 하얀 두건을 쓰고 있었다. 광택이 있는 실크로 만든 그의 실내복은 매우 산뜻했다. 그는 가로수 길에 잇닿은 1층의 매우 환한 방에 살았는데, 그의 주변은 항상 깨끗하게 정돈되어 있어서 방의 밝은 분위기와 잘 어울렸다. 서류나 책, 지도가 굉장히 질서 정연하게 놓여 있어 산뜻한 느낌을 주었다.

미술에 관한 각종 저작으로 유명해진 그의 아들 하인리히 세바스티앙[40]은 젊은 시절엔 장래가 촉망되는 바가 별로 없었다. 사람은 좋지만 둔한 데가 있으며, 거칠고 막되지는 않지만 덜렁대고, 특히 뭔가를 배우려는 마음도 없었다. 원하는 것은 모두 어머니가 주었으므로 되도록이면 아버지의 눈을 피하려 했다.

그에 반해 나는 노인을 알게 됨에 따라 차츰 가까워졌다. 이 노인은 중요한

---

39) 빌헬름 프리드리히(생몰년 불명). 안하르트 및 안스바흐의 궁중 고문관, 업무 대리인.

40) 1745~1807. 헤센의 궁중 고문관. 미술품 수집가, 미술 연구가. 미술에 관한 많은 저서가 있다. 그의 저서는 18세기 프랑크푸르트 미술사의 보고라 불린다.

법률 사건밖엔 맡지 않았기 때문에, 다른 일을 하거나 즐길 시간은 충분히 있었다. 나는 그와 교제하고 그의 가르침을 받게 되면서, 곧 그가 신과 세간을 냉소적으로 본다는 것을 알았다. 그의 애독서의 하나는 아그리파[41]의 《학문의 무용(無用)에 대하여》였다.

그는 내게 이 책을 특히 권했는데, 나의 젊은 두뇌는 그것에 의해 한동안 적잖이 혼란스러웠다. 나는 청년의 홀가분함 때문에 일종의 낙천주의로 기울어, 신 또는 신들과도 어느 정도 화해했다. 왜냐하면 나는 나이가 들어감에 따라 악에 대해서는 어떤 평형을 유지하는 것이 있다는 것과, 인간은 재난을 겪어도 다시 일어서기 마련이고, 난국으로부터도 헤쳐 나와, 반드시 파멸로 떨어지지는 않는다는 것을 경험에 의해 알았기 때문이다.

인간이 하는 일에 대해서도 나는 관대하게 그것을 바라보고, 얼마간 칭찬할 만한 점을 발견했지만, 이 노인은 그런 사고방식에 결코 만족하려 하지 않았다. 언젠가 그가 이 세상의 추악한 면을 상당히 혹독하게 묘사했을 때, 그가 더할 나위 없이 결정적인 말로 이 이야기를 매듭지으려 한다는 것을 알았다. 그는 이럴 때 그의 습관대로, 보이지 않는 왼쪽 눈을 꼭 감고, 다른 쪽 눈을 날카롭게 뜨고는 코맹맹이 소리로 말했다.

"나는 신에게서도 결점을 발견한다."

티몬을 닮은 우리의 선생님은 수학자이기도 했다. 또한 그는 그의 실제적인 성격대로 기계공학에도 뛰어났지만, 손수 기계를 만들지는 않았다. 그는 시간과 날짜 외에 태양과 달의 움직임을 나타내는, 적어도 당시로서는 놀랄만한 시계를 자신의 설계로 만들게 했다. 그는 이 시계의 태엽을 일요일 아침 10시에 항상 직접 감았다. 그는 결코 교회에 나가지 않았으므로, 이 일을 정확하게 해낼 수가 있었던 것이다. 그의 집에서 사람들이 모이거나, 또는 손님이 오거나 하는 것을 나는 단 한 번도 본 적이 없다. 그가 옷을 갈아입고 외출한 것은 내 기억으로는 10년에 두 번 정도였던 것 같다.

이런 사람들과 나누었던 갖가지 대화는 모두 의미 깊은 것이었고, 각자 자신

---

41) 하인리히 코르넬리우스 아그리파 폰 네테스하임(1487~1535). 케른의 법률학자, 의사. 《모든 학문과 예술의 불확실성과 무익성에 대하여(1531)》에는 당시의 학문의 사기성에 대한 풍자가 들어 있다.

들의 방식으로 나에게 영향을 주었다. 나는 이 사람들에게서 매우 많은, 그리고 그들의 자녀들에게 쏟는 것 이상의 관심을 받았다. 그리고 그들 모두가 자기의 사랑하는 아들에게 대하는 것과 똑같이, 나를 그들과 정신적으로 비슷한 모습으로 만들려 노력함으로써 자신의 즐거움을 늘리려 했다.

폰 올렌슐러거는 나를 궁정인으로, 라이네크는 외교관으로 만들려 했다. 두 분 다, 특히 라이네크는 내가 시와 문필 쪽을 싫어하게 하려고 애를 썼다. 휴스겐은 나를 자기 식의 티몬으로 만들려 했는데, 그러나 동시에 유능한 법률학자로 만들려는 생각도 했다. 그의 말로는, 법률가란 필요불가결한 직업이며, 그러므로 우리는 항상 자신과 자신의 재산을 무뢰한들로부터 지키고, 억압되어 있는 사람을 구하고, 경우에 따라서는 악인들의 잘못을 찾아낼 수도 있다는 것이었다. 그러나 이 마지막 것은 특히 해야 할 일도, 권할 것도 못 된다는 것이었다.

나는 기꺼이 이 사람들에게 다가가 그들의 충고와 지시를 얻었지만, 나보다 조금 나이가 많을 뿐인 젊은 사람들과 만나면, 그들을 직접적인 본보기로 삼아 그들에게 지지 않을 마음을 다졌다. 여기서는 많은 사람들 가운데 슐로서 형제[42]와 그리스바흐[43]를 들어야겠다. 그러나 나는 나중에 이 사람들과 한층 친한 관계를 맺게 되고, 그 관계는 오랫동안 끊어짐이 없이 계속되었으므로, 여기서는 다만, 그들이 당시 언어 및 그 밖의 대학 생활을 시작하는 데 필요한 학과에 있어서 매우 뛰어나서 칭찬받고 우리의 모범이 되었다는 것, 그리고 그들이 장래 정계와 종교계에서 비범한 업적을 이루리라는 기대를 누구나 가지고 있었다는 것만 말해 두고자 한다.

나 자신의 얘기를 하자면, 나도 또한 마음속으로 뭔가 남다르게 훌륭한 일을 해낼 작정이었다. 그러나 그것이 어떤 분야인지는 나도 잘 알 수 없었다. 그러나 인간이란 자기가 획득하는 공적보다는 자기가 받고자 하는 대가를 생각하게 마련인데, 나도 바람직한 행복을 생각할 때, 가장 매력적인 것은 시인의 머리를 장식하기 위해 짠 월계관을 쓴 모습이었다.

---

42) 히에로니무스 페터(1735~97). 변호사, 시참사회원, 시장. 요한 게오르크(1739~99). 변호사, 저술가. 나중에 괴테의 누이동생 코르넬리아와 결혼

43) 요한 야코프(1745~1812). 신학자. 후에 예나대학 교수. 평생 괴테와 친교가 있었다.

# 제5장
# 첫사랑 그레트헨

어떤 새에게나 그들을 꾀는 먹이가 있기 마련이다. 그리고 사람은 누구나 제각기 특유의 방식에 이끌리고, 또 유혹당한다. 천성·교육·환경·습관, 이들 모두가 나를 거칠고 천한 것으로부터 멀어지게 해 주었다. 나는 하층의 민중, 특히 기술자들과 자주 접촉하기는 했지만, 거기서 친밀한 관계는 생기지 않았다. 뭔가 특이한 것, 또는 위험한 일에조차도 나는 그것을 꾀할 만큼의 대담함을 지녔었고, 때로는 또한 그렇게 하고 싶은 마음에 휩싸인 적도 있었지만, 팔을 뻗어 붙잡을 만큼의 기회나 인연이 나에겐 없었던 것이다.

그런데 전혀 생각지도 않은 일로 갖가지 관계 속으로 말려 들어가 상당한 위험에 노출되고, 한동안 난처한 입장에 빠지게 되었다. 내가 전에 퓔라데스라고 불렀던 그 소년과의 친한 관계는 청년 시절까지 계속되었다. 양쪽 부모님끼리의 사이가 별로 좋지 않아서 자주 만날 수는 없었지만, 우리는 얼굴을 마주하게 되면 꼭 옛날의 우정을 떠올리면서 이내 반가움의 환호성을 질렀다.

어느 날 우리는 매우 산뜻한 산책로가 정비되어 있는 성 갈렌의 안쪽 문과 바깥문 사이에 있는 가로수 길에서 마주쳤다. 인사도 대충 하는 둥 마는 둥한 그가 말했다.

"자네의 시를 읽는 사람의 반응은 항상 똑같아. 요전에 자네가 보여 주었던 시를 내 친구 녀석들에게 읽어 주었더니 모두들 자네가 지었다고 믿지 않는 거야."

"그런 건 아무래도 괜찮아."

내가 대답했다.

"우리는 시를 쓰고 즐거워할 뿐, 다른 사람들이 어떻게 생각하는지, 뭐라고 하는지는 아무래도 상관없어."

그때, 필라데스가 우리에게 다가오는 한 청년을 가리키며 말했다.

"저기 봐, 믿지 않는 그 녀석이 오고 있어."

"이 이야기는 없었던 것으로 하자."

나는 대답했다.

"무슨 말을 해도 소용없어. 그들이 생각을 바꾸는 것은 어차피 불가능하니까."

"어떻게 그럴 수 있지? 나는 저자를 이대로 놔둘 수 없어."

두서없는 대화를 나누고 있다가, 내게 호의를 가진 젊은 친구가 잠자코 있을 수 없었는지, 약간 흥분하여 그 청년에게 말했다.

"그 훌륭한 시를 쓴 친구란 이 사람이야. 자네는 믿어 주지 않았지만."

"이 사람은 틀림없이 나쁘게 생각하지는 않을 거야."

그 청년이 대답했다. 그리고 말을 계속하였다.

"왜냐하면 그런 시를 쓰려면, 이렇게 젊은 사람이 도저히 가질 수 없는 학식이 필요하다고 우리가 생각한 것은, 한편으로 이 사람에게 경의를 나타내는 것이 되니까 말야."

나에게 자극을 주지 않을 만한 말로 대답했다. 내 친구가 말했다.

"자네를 믿게 하는 건 그리 어렵지 않지. 과제를 하나 내보게. 이 사람은 즉석에서 시를 지어 줄 테니까."

나는 그 말을 받아들였고, 우리들의 의견은 일치했다. 그 청년은 '수줍은 소녀가 사랑을 고백하기 위해 한 청년에게 보내는 아름다운 연애편지'를 시로 쓸 수가 있느냐고 물었다.

"종이와 펜만 있으면 문제없어."

그는 수첩을 꺼내어 아무것도 쓰여 있지 않은 페이지를 펼쳤다. 나는 쓰기 위해 벤치에 앉았다. 그동안 그들은 내 주위를 왔다 갔다 하면서 내게서 눈을 떼지 않았다. 나는 이내 상황을 마음속에 그렸다. 아름다운 소녀가 정말로 나에게 사랑의 마음을 품고, 산문이든 시든 그것으로 나에게 고백해 준다면 얼마나 멋질까 상상했다.

나는 곧 그 사랑의 고백을 쓰기 시작하여, 크니텔 시구도, 마드리갈도 아닌 운율을 사용하여, 가능한 한 소박한 어조로 짧은 시간 내에 그것을 완성했다.

이 시를 두 사람에게 들려주자 의심하던 청년은 경탄을 하고, 내 친구는 크게 기뻐했다. 이 시는 그 청년의 수첩에 쓰인 것이었고, 나도 나의 재능의 증거를 그의 손에 남겨두고 싶었으므로, 그 시를 갖고 싶다는 그의 희망을 거절할 수가 없었다. 그는 나에게 찬탄과 호의의 말들을 거듭하고는 헤어졌다. 그러면서 부디 자주 만나고 싶다는 희망을 열렬히 표했으므로, 우리는 가까운 시일 내에 함께 교외로 나가자는 약속을 했다.

소풍이 실행으로 옮겨져, 그 청년과 비슷한 타입의 젊은 사람들 몇 명이 패거리에 끼었다. 그들은 중류의, 아니 오히려 하층 출신에 가까웠지만 머리도 나쁘지는 않고, 학교 교육도 받아서 어느 정도 지식과 교양이 있었다. 부유한 대도시에는 갖가지 생계 수단이 있기 마련이다. 그들은 변호사를 대신해 글씨를 쓰거나, 가정 교사로 일하면서 낮은 계층의 자제들에게 초등학교에서 배우는 것보다는 수준이 높은 지식을 전하거나 하며 생활을 해나가고 있었다.

견신례(堅信禮)를 받을 정도로 어느 정도 나이가 든 어린이에게는 종교 수업의 복습을 해주기도 하고, 중개인이나 상인을 위해 심부름을 하기도 했다. 그러다가 저녁나절, 특히 일요일이나 축제일 저녁이 되면 뭔가 조촐한 일을 하면서 즐겁게 보냈다.

그러던 차에 그들은 내가 쓴 연애편지를 칭찬하고, 그것을 매우 재미난 일에 사용했다고 고백했다. 즉 필적을 그럴듯하게 흉내내어 글을 베끼고, 거기에 사실에 가까운 관계를 두서너 가지 보태어, 어떤 자만심 강한 청년에게 보냈다는 것이었다. 그 청년은 지금 자기를 남몰래 사랑하고 있는 여인이 자기에게 푹 빠져서, 그와 가까워질 기회를 바라고 있다고 굳게 믿고 있다는 것이었다. 나아가 그들은 이 남자도 어떻게든 그녀에게 답시를 쓰고 싶어하지만, 그들 모두 그럴 만한 기량은 없으니 그가 바라는 답장을 좀 써주면 어떻겠느냐고 나에게 털어놓았다.

남을 기만하는 것은, 한가하고 조금이라도 재치가 있는 인간에게는 언제나 변함없이 하나의 위안이다. 악의 없는 장난이나 독선적인 심술은, 자신에게 신경을 쓸만한 문제도 없고 외부적으로 유익한 일을 하지도 못하는 사람들에게는 하나의 즐거움이다. 사람은 아무리 나이가 들어도 이러한 욕망으로부터 완전히 벗어나지 못한다. 어린 시절에 우리는 자주 서로를 속이곤 한다. 놀이의 대부분이 이와 같이 서로 속이거나, 함정을 파놓거나 하는 것으로 구성되어 있다. 이번 장난도 나에게는 그 이상의 것으로는 생각되지 않았다. 나는 승낙했다. 그들은 편지에 썼으면 하는 내용을 몇 가지 나에게 일러 주었다. 그래서 우리가 귀갓길에 오를 무렵에는 그 편지는 이미 완성되어 있었다.

그러고 얼마 안 있어 나는 친구를 통해 그 사람들의 저녁 모임에 참석해 달라는 초대를 받았다. 그 당사자인 남자가 자리를 마련해, 그처럼 훌륭하게 대신 시를 써준 친구에게 진심으로 감사하고 싶어한다는 것이었다.

우리는 꽤 늦은 시간에 모였다. 식사는 매우 검소한 것이었지만 포도주는 그다지 나쁘지 않았다. 그리고 대화는 별로 영리하지 않은 그 사내를 골리는 방향으로 시종일관 이어졌다. 이 남자는 그 편지를 하도 여러 번 읽어서, 자기가 쓴 것으로 굳게 믿을 정도였다.

올바른 마음씨를 타고난 나는 이런 사람들의 나쁜 거짓말이 별로 유쾌하지 않았다. 게다가 똑같은 얘기가 수도 없이 반복되는 바람에, 나는 곧 그 자리가 완전히 싫어졌다. 만약 전혀 뜻밖의 인물이 나타나서, 나에게 다시 힘을 북돋아 주지 않았더라면, 나는 분명 불쾌한 저녁을 보내야 했을 것이다.

우리가 그곳에 갔을 때는 이미 식탁은 깔끔하게 마련되어 있었고, 포도주도 충분히 놓여 있었다. 우리는 자리에 앉아서 누구의 시중을 받을 필요도 없이 우리끼리 식사를 하고 있었다. 그러나 결국 포도주가 모자라서 누군가가 하녀를 불렀다. 그러나 들어온 것은 하녀가 아니라 이런 환경에선 상상도 하지 못할 정도로 뛰어나게 아름다운 소녀였다.

"무슨 일이죠?"

그녀는 붙임성 있게 인사를 하고 나서 말했다.

"하녀는 몸이 좋지 않아서 자고 있어요. 내가 할 수 있는 일인가요?"

"포도주가 부족한데."

한 사람이 말했다.

"두세 병 갖다주면 고맙겠어."

"부탁해요, 그레트헨. 잠깐 갔다 와주지 않겠어?"

다른 한 남자가 말했다.

"알았어요."

그녀는 대답하고는 식탁에서 빈 병을 두세 개 들고 급히 나갔다. 그녀의 모습은 뒤에서 보니 한층 아름다웠다. 귀여운 모자가 자그마한 머리에 사랑스럽게 얹혀 있고, 그 머리에서 갸름한 목덜미가 어깨로 이어지는 모습이 너무나도 아름다웠다. 마치 특별히 예쁘고 좋은 것만 골라 그녀가 지니고 있는 것 같았다. 이제 나의 눈은, 침착하고 성실한 듯한 눈과 사랑스러운 입가에 완전히 이끌려서, 차분하게 그녀의 모습 전체를 바라볼 수가 있었다. 나는 젊은 아가씨를 밤에 홀로 심부름 보낸 것을 비난했지만, 그들은 웃으면서 개의치 않았다. 그리고 나도 그녀가 곧 돌아왔으므로 마음을 놓았다. 술가게는 길 바로 맞은편에 있었던 것이다.

"수고했어. 함께 앉지."

누군가가 말했다. 그녀는 앉기는 했지만 유감스럽게도 내 옆은 아니었다. 그녀는 우리의 건강을 축원하며 한 잔 마시고 곧 나갔다. 그녀는 나가면서, 어머니가 지금 잠자리에 들었으니 모임이 너무 길어지지 않도록 하고, 큰 소리를 내지 말라고 했다. 어머니란 그녀의 어머니가 아니라 그곳의 주인격인 청년들의 어머니였다.

이때 이후로 그녀의 모습이 어딜 가나 나를 따라다녔다. 이것이 한 여성이 내게 남긴 최초의 잊지 못할 인상이었다. 나는 그녀를 집으로 오게 할 구실을 찾지 못했고, 또 그렇게 하려고도 하지 않았다. 나는 그녀를 만나러 교회에 갔다. 그러고는 곧장 그녀가 앉아 있는 곳을 찾아내, 기나긴 신교 예배 동안 충분히 그녀를 바라볼 수가 있었다. 밖으로 나왔을 때, 나는 그녀에게 말을 걸 용기가 없었고, 하물며 그녀에게로 다가갈 용기도 없었다. 때문에 그녀가 나를 알아보고 내 인사에 끄덕인 것처럼 보였을 때, 그것만으로도 나는 행복했다.

그러나 나는 그녀에게 다가갈 행운을 그리 오래 기다릴 필요는 없었다. 예의 패거리들은, 내가 대신 시를 써주었던 그 연인 역의 남자에게, 그의 이름으로 쓴 편지가 정말로 여자의 손에 들어갔다고 굳게 믿게 했고, 동시에 이번엔 얼마 안 있어 그녀의 답장이 올 게 틀림없다는 그의 기대를 자꾸만 부추겼다. 이 편지도 내가 써야만 했다. 장난을 좋아하는 그들은 필라데스를 통해, 지혜를 짜내고 솜씨를 발휘해서 그 편지를 정말로 훌륭하고 완전한 것으로 완성해 달라고 내게 끈질기게 부탁해 왔다.

아름다운 소녀를 다시 만날 수 있다는 희망을 품고, 나는 즉각 일에 착수했다. 그리하여 그레트헨이 나에게 써주면 얼마나 기쁠까 하고 여겨지는 것을 모조리 마음속에 그려 보았다. 이리하여 나는 그녀의 모습·인격·기질·사고방식을 염두에 두고 편지를 썼는데, 만약 이것이 사실이라면 얼마나 좋을까 하는 생각을 지울 수가 없었다. 그리고 나는 어쩌면 그녀가 이것과 똑같은 것을 나에게 써줄지도 모른다는 상상만으로도 너무나 기쁜 나머지 제정신이 아니었다. 이리하여 나는 남을 웃음거리로 만들 요량이었지만, 사실은 나를 속이고 있었다. 그리고 이 일로부터 몇 가지 기쁨과 재앙이 생겨나게 되었던 것이다. 다시 재촉을 받았을 때는 편지는 완성되어 있었다.

나는 가기로 약속하고 정해진 시간에 나갔다. 집에는 청년들 가운데 한 명밖엔 없었다. 그레트헨은 창가에 앉아서 실을 잣고 있었고, 어머니는 방 안을 이리저리 돌아다니고 있었다. 청년이 편지를 낭독해 달라고 했으므로 나는 그것을 읽어 주었다. 나는 편지 너머로 아름다운 소녀를 곁눈질하면서 감정을 담아 읽었다. 그녀의 모습이 어쩐지 차분하지 못하게 보이고, 볼이 약간 붉어진 것처럼 보였으므로, 내가 그녀에게서 듣고 싶은 말을 차츰 세련되게, 힘을 주어 표현했다. 청년은 감탄한 나머지 여러 차례 맥을 끊어가며 마지막으로 두세 군데 고칠 것을 요구했다. 말할 것도 없이 그것은 프랑크푸르트에선 이름이 알려진 부유한 세력가요 훌륭한 집안의 딸이라고 우리가 지어낸 그 여자에게보다는, 오히려 그레트헨에게 훨씬 잘 어울리는 몇 군데에 관해서였다.

청년은 고쳐야 할 부분을 세세하게 설명하고 필기 도구를 갖다준 다음, 볼일이 있어서 잠깐 나갔다. 나는 커다란 책상 뒤의 벽에 붙은 벤치에 앉아서, 거의 책상 전체를 차지하고 있는 커다란 석판 위에서 석필을 사용해 그 부분을 다시 썼다. 이 석필은 석판 위에서 종종 계산을 하거나, 메모를 하거나, 드나드는 사람이 서로에게 할 말을 전하거나 하기 위해서 항상 창가에 놓여 있었던 것이다.

나는 한동안 썼다 지우기를 반복하다가 마침내 참을 수가 없어서 외쳤다.

"어째서 잘되지 않지?"

"그 편이 나아요."

갑자기 그녀가 차분한 어조로 말했다.

"나는 전혀 잘되지 않기를 바랐어요. 당신은 이런 일에 관련되어선 안 돼요."

그녀는 물레에서 일어나 책상 옆의 내게 와서 매우 친절하고 분별 있는 설교를 했다.

"이것은 죄가 없는 장난인 것 같네요. 그래요, 장난이에요. 하지만 죄가 정말 없는 것은 아니죠. 나는 지금까지 그 젊은 사람들이 여러 차례 이런 나쁜 짓을 하는 바람에 매우 난처한 지경이 된 것을 알고 있어요."

"그러면 나는 어떻게 해야 좋을까요?"

내가 물었다.

"편지는 이미 써버렸고, 그 사람들은 내가 편지를 고쳐주기를 바라고 있어요."

"제 말을 믿어 주세요"

그녀는 말했다.

"편지를 고치는 것은 그만두세요. 편지를 다시 호주머니에 넣고 돌아가세요. 그리고 당신의 친구가 직접 이 일을 마무리하도록 하는 거예요. 나도 곁에서 거들겠어요. 보다시피 저는 가난한 여자로 이곳에서 친척의 신세를 지고 있어요. 그 사람들은 나쁜 일은 하지 않지만, 종종 반은 재미 삼아서, 또 욕심 때문에 상대를 고려하지 않는 갖가지 일들을 한답니다. 첫 번째 편지를 정서해 달라는 부탁을 받았을 때도 저는 상대하지 않고 써주지 않았어요. 그 사람들은 필적을 바꿔서 베꼈어요. 이번에도 다른 방법이 없으면 그렇게 하겠지요. 당신은 훌륭한 집안의 자제이고 부자에, 남의 신세를 지지 않아도 되는데 그런 일에 이용되고 있어요. 그런 일에 관련되면 분명 당신에게 좋지 않은 일과 갖가지 싫은 일이 일어날 거예요."

계속되는 그녀의 말을 들으면서 나는 기뻤다. 그녀는 지금까지 우리의 이야기에 두세 마디 참견을 했을 따름이었기 때문이다. 그녀에 대한 애착의 마음은 나 스스로도 믿어지지 않을 만큼 높았다. 나는 스스로를 억누를 수가 없어서 이렇게 대답했다.

"나는 당신이 생각하는 것처럼 부자는 아닙니다. 게다가 우리 집이 부유하다 해도 내가 바라는 가장 중요한 것이 빠져 있는데 그것이 무슨 소용이 있겠습니까?"

그녀는 시로 쓴 편지 원고를 끌어당겨 작은 목소리로, 너무도 사랑스럽고 또 바람직하게 읽었다.

"정말로 잘 썼어요."

그녀는 애틋한 감정이 넘치는 대목에 이르자 읽기를 멈추었다.

"하지만 이게 더 참되고 좋은 일에 사용되지 않은 건 유감스러운 일이에요."

"물론 나도 그랬으면 하고 생각합니다."

나는 외쳤다.

"더없이 사랑하는 여인에게서 이런 사랑의 보증을 받는 사람은 얼마나 행복할까요?"

"물론 그렇게 되는 건 좋은 일이지요."

그녀는 대답했다.

"하지만 여러 가지 일이 일어나기 마련이지요."

"예를 들면?"

나는 계속했다.

"당신을 알고, 당신을 소중하게 생각하고, 존경하고, 숭배하는 사람이 당신에게 이런 편지를 보내서, 마음으로부터 부드럽게, 진심을 담아서 당신에게 바란다면 당신은 어떻게 하시겠어요?"

그녀가 내 쪽으로 밀어 놓았던 편지를 나는 다시 그녀 쪽으로 밀었다. 그녀는 미소짓고 잠깐 생각하더니 펜을 들고 서명했다. 나는 너무 기쁜 나머지 제정신이 아니어서 펄쩍 뛰어오르면서 그녀를 안으려 했다.

"키스는 안 돼요. 키스란 너무 유치하잖아요? 하지만 만약 된다면 서로 사랑하기로 해요."

나는 편지를 되받아서 호주머니에 넣었다.

"다시는 아무에게도 건네지 않겠소."

나는 말했다.

"일은 이것으로 끝났어요. 당신은 나를 구해 주었소."

"그럼 이 일을 완전히 마무리하세요."

그녀가 외쳤다.

"다른 사람이 돌아와서 당신이 난처해지기 전에 서둘러 가세요."

나는 그녀 곁에서 차마 떨어질 수가 없었다. 그러나 그녀는 두 손으로 내 오른손을 애정을 담아 꼭 쥐면서 나에게 부드럽게 부탁했다. 나는 눈물이 금방이라도 쏟아질 것 같았다. 그녀의 눈도 젖어 있는 것처럼 보였다. 나는 얼굴을 그녀의 손에 눌렀다가 서둘러 밖으로 나왔다. 평생토록 나는 이때만큼 이성을 잃었던 적이 없었다.

때묻지 않은 청년의 첫사랑은 어디까지나 정신적인 방향을 취하기 마련이다. 자연은 남녀 모두 이성에서 선과 아름다움을 인정할 것을 바라는 것처럼 보인다. 이리하여 이 소녀를 보고, 그녀에게 사랑을 불태움으로써, 나에게도 아름답고 훌륭한 새로운 세계가 펼쳐졌다. 나는 내가 쓴 시 편지를 백 번도 더 다시 읽고, 서명을 들여다보고는 그것에 입을 맞추고, 가슴에 대고 이 사랑스러운 고백을 기뻐했다. 그러나 나의 기쁨이 점점 커짐에 따라, 그녀를 직접 찾아가 다시 한번 그녀를 만나 이야기할 수가 없다는 것이 고통이 되기 시작했다.

나는 그 사촌들의 비난과 압박을 두려워하고 있었던 것이다. 중개해 줄 그 선량한 퓔라데스조차도 만날 수가 없었다. 그래서 나는 다음 일요일에 그들이 늘 가는 니더라트로 갔는데, 예상한 대로 그곳에서 그들과 만날 수 있었다. 그러나 나는 그들이 나에게 화를 내고, 쌀쌀하게 대하리라고 생각하고 있었는데 기쁜 표정으로 다가오는 바람에 적이 놀랐다. 특히 가장 나이가 어린 청년은 꽤 친절하게 내 손을 잡고 이렇게 말했다.

"당신은 지난번엔 심한 장난을 했더군요. 우린 당신한테 정말로 화가 났었어요. 하지만 당신이 도망쳐서 그 시 편지를 가져가 버린 덕분에 우리는 더 좋은 걸 생각해 냈답니다. 당신이 그렇게 하지 않았더라면 결코 생각나지 않았을 그런 일을요. 그 보답으로 당신은 오늘 한턱내야만 해요. 그러면 우리가 기분 좋아하는 일이 무엇인지 가르쳐 드리지요. 당신도 재미있어할 걸요?"

이 이야기를 듣고 나는 적잖이 당황했다. 나는 먹고 마시면서 친구 하나쯤 대접할 만큼의 돈은 있었지만, 이 사람들, 그것도 특히 언제 자리에서 일어날지 전혀 알 수 없는 사람들에게 한턱낼 만큼의 준비는 되어 있지 않았기 때문이다. 게다가 그들은 항상 체면을 차리기라도 하듯이, 누구나 자기가 먹은 만큼만 지불하면 된다고 주장하고 있었기 때문에 더욱 나를 놀라게 했다. 그들은 내가 난처해하는 것을 보고 미소지었다.

"우선 정자로 갑시다. 그런 다음 뒷얘기를 해줄 테니."

우리는 앉았다. 그 청년은 말을 이었다.

"요전에 당신이 그 연애편지를 가져가 버렸을 때, 우리는 사건 전체를 다시 정리하면서 이렇게 생각했어요. 우리는 당신의 재능을 우리 모두에게 이롭게 쓸수가 있는데, 단지 하찮은 장난에 이용해서 쓸데없이 남을 화나게 하고, 우리를 위험한 지경에 빠뜨리려고 했다는 것을 깨달았죠. 그래서 우리는 지금 혼례의 시와 장례식 시를 주문받아 놓았어요. 장례식 시는 빨리 지어야만 하는데, 혼례의 시는 아직 일주일 여유가 있습니다. 이런 건 당신에겐 아무것도 아니라고 생각하는데, 만약 당신이 그것을 지어 준다면 당신은 우리에게 두 번 턱을 낸 것이 되는 겁니다. 그리하면 우리는 오래도록 고맙게 여기겠어요."

이 제안은 어떤 점으로는 내 마음에 들었다. 이런 식사시(式事詩)는 당시 매주 몇 편인가 발표되고, 특히 성대한 결혼식이 겹치면 몇십 편이나 공표되곤 했는데, 나는 그 시를 쓴 작가들을 다소 부러운 눈길로 바라보곤 했다. 왜냐하면 나는 이미 어릴 적부터 그런 것은 아무에게도 지지 않을 만큼 잘 지을 수 있을 뿐만 아니라, 더 잘 지을 수 있다고 믿었기 때문이다. 그런데 지금 내 역량을 내보이고, 특히 내가 쓴 것이 인쇄될 기회가 주어진 것이다. 나는 그다지 나쁘지 않다고 생각하였다. 그들은 당사자들의 인품과 가족의 사정을 가르쳐 주었다. 나는 자리를 떠나서 초안을 잡아 2, 3줄을 써내려 갔다. 그러나 다시 그들과 양껏 포도주를 마신 덕분에 시는 막혔고, 그날 밤은 시를 건넬 수가 없었다.

"내일 저녁까지는 아직 시간이 있어."

그들은 말했다.

"솔직히 말하겠는데, 우리가 받기로 한 장례식 시의 대가는 내일 또다시 유쾌한 밤을 보내기에 충분한 액수야. 당신도 와줘요. 애당초 이런 생각을 해낸 것은 그레트헨이니까 당연히 그레트헨도 함께 즐겨야겠죠."

내 기쁨은 도저히 말로 하지 못할 정도였다. 돌아오는 길에 나는 아직 채 완성되지 않은 시 생각만 했다. 잠자리에 들기 전에 전체를 다시 쓰고, 다음 날 아침에 깨끗하게 정서를 했다. 그날 하루가 끝도 없이 길게 느껴졌다. 길이 어둑어둑해진 때에 나는 다시 그 작고 좁은 집으로 가서 사랑하는 여자의 곁에 앉아 있었다.

이렇게 내가 차츰 친밀한 관계를 갖게 된 청년들은 지극히 평범한 사람들로,

애당초 천박한 마음의 소유자는 아니었다. 그들의 근면성은 칭찬할 가치가 있었다. 그들이 돈을 벌기 위한 여러 가지 수단과 방법에 대해 이야기할 때, 나는 기꺼이 그들의 이야기에 귀를 기울였다. 그들은 또 맨손에서 시작하여, 현재 대단한 부자가 된 사람들을 매우 즐겁게 화제로 삼았다.

어떤 사람은 가난한 점원이었지만, 주인에게는 없어서는 안 될 인물이 되어, 마침내는 눈에 들어서 그 집의 사위가 되었다. 또 어떤 사람은, 유황액에 담근 꼰 실이라든가, 그 밖의 상품을 다루는 잡화점을 열어서 잘 운영하여, 지금은 부유한 상인으로 출세했다. 특히 다리가 튼튼한 젊은이에게는, 심부름이나 중개, 또는 직접 일하지 않는 부자를 위해 갖가지 주문이나 볼일을 맡아 하는 것이 생활에 큰 도움이 되고, 수입도 짭짤하다는 것이었다.

우리는 모두 이런 이야기에 기꺼이 귀를 기울였다. 그리고 모두가 이때만큼은, 세상에서 두각을 나타낼 뿐만 아니라 커다란 성공을 거둘만한 능력이 우리에게도 있다고 상상하고 자만하고 있었다. 그러나 이 이야기에 누구보다도 열심인 것은 퓔라데스인 것 같았다. 그래서 결국 그는 한 소녀를 깊이 사랑하고, 실제로 그녀와 약혼했다고 고백했다. 그의 양친의 재산 상태는 그를 대학에 보내지 못할 정도였다. 하지만 그는 아름다운 필적과 계산, 몇 가지 현대어 공부를 해 왔으므로, 지금은 그 소녀와의 행복한 가정을 꿈꾸면서, 할 수 있는 모든 일을 해 볼 작정이라고 했다. 사촌 형제들은 그의 각오를 칭찬하면서도, 그가 소녀와 약혼한 것은 너무 이르다면서 찬성하려 하지 않았다. 덧붙여서 그들은 퓔라데스가 믿음직스럽고 선량한 청년임은 인정하지 않을 수 없지만, 뭔가 두드러진 일을 해낼 만큼 부지런하거나 재주가 있는 것 같지는 않다고 말했다.

퓔라데스는 자기 변호를 위해 그가 무엇을 하려 하는지, 그것을 어떻게 시작하려고 하는지를 자세히 설명했다. 그러자 다른 사람들도 그것에 자극받아서, 각자 현재 무엇을 할 수 있는지, 무엇을 하고 있는지, 지금까지 어떤 경로를 거쳐 왔는지, 당장 무엇을 목표로 하는지를 이야기하기 시작했다. 마지막으로 내 차례가 되었다.

나도 생활 방식과 장래의 전망을 말해야 했다. 내 생각을 말하려는데 퓔라데스가 첨가해서 한마디 했다.

"나는 딱 한 가지 조건을 달겠네. 자네가 자네 환경의 외적인 이점을 고려의 범위에 넣지 않았으면 해. 그렇지 않으면 우리는 매우 불리해지기 때문이야. 자네는 오히려, 이 순간 우리와 마찬가지로 자기 자신만 의지해야만 한다면, 어떻게 시작할 작정인지 옛날이야기처럼 들려주면 좋겠어."

지금까지 실을 잣고 있던 그레트헨이 일어나더니 언제나처럼 테이블 가장자리에 앉았다. 우리는 이미 몇 병의 포도주를 비운 상태였다. 나는 기분이 좋아서 가공의 생활 설계를 이야기하기 시작했다.

"그럼 먼저 여러분께 부탁하고 싶은 일이 있는데, 여러분이 앞서 나를 위해 주선해 주었던 그 단골을 놓치지 않도록 해 주게. 자네들이 여러 식사시(式事詩) 주문을 받아다가 계속해서 나한테 넘겨주었고 대가를 우리들이 먹고 마시는 일에 쓰지 않는다면, 그것만으로도 우리는 아마 상당한 부자가 될 거야. 그러다가 내가 자네들의 일에까지 손을 대더라도 나쁘게 생각하지 말아줘."

아울러 나는 그들에게, 그들이 말한 일 중에서 내가 아는 것, 여차하면 나도 할 수 있을 것 같은 일에 대해 이야기했다. 앞 사람들이 모두 자기의 돈벌이를 액수로 따져서 말했으므로, 나도 나의 수지결산표를 만드는 데 좀 도와주었으면 한다고 그들에게 부탁했다. 그레트헨은 지금까지의 이야기를 매우 주의 깊게 듣고 있었다. 그녀는 들을 때도 말할 때와 마찬가지로 그녀에게 매우 잘 어울리는 자세로, 팔짱을 끼고 팔을 테이블 가장자리에 올려놓고 있었다. 그녀는 그 자세 그대로, 머리 외에는 아무것도 움직이지 않고 오랫동안 앉아 있었다. 또 그 머리도 어떤 계기나 이유가 있지 않으면 결코 움직이지 않았다. 그녀는 우리의 계획이 막히면, 이따금 끼어들어 어떤 조언을 해 주었다. 그다음엔 다시 잠자코, 여느 때처럼 조용히 앉아 있었다.

나는 그녀에게서 눈을 떼지 않았다. 내가 나의 계획을 항상 그녀와 연관지어서 생각하고, 또 말한다는 것은 쉽게 추측할 수 있었으리라. 그녀에 대한 애정이, 내가 하는 말에 너무나도 진실되고 꽤 그럴듯한 겉모습을 부여해 주었다. 한동안은 나도 나 자신에게 속아서, 내가 지어낸 이야기가 전제하고 있는 것처럼, 내가 고독하고 의지할 데 없는 처지인 것처럼 여겨지고, 또 동시에 그녀가 내 아내가 되는 날을 생각하며 무한한 행복감에 젖었다.

필라데스는 그의 고백을 결혼으로 마무리지었지만, 다른 사람에게는 우리의 계획을 거기까지 진전시켜도 될지 어떨지도 문제였다.

"나는 그런 건 전혀 의심하지 않아."

내가 말했다.

"원래 우리 모두는, 우리가 밖에서 여러 가지 방법으로 벌어온 것을 집안에 잘 모아놓고, 그것을 바람직하고 즐겁게 쓰기 위해서 아내가 필요한 것이니까."

나는 내가 원하는 바람직한 아내의 모습을 그렸다. 나의 묘사가 그레트헨을 완전하게 복사한 것이 아니었다고 한다면, 그것이야말로 이상한 일이라고 해야 할 것이다.

장례식 시의 대가는 먹고 마시는 데 써 버렸다. 고맙게도 이번엔 다시 결혼식 시가 코앞에 닥쳐 있었다. 나는 갖가지 두려움과 불안을 떨쳐냈다. 나에겐 많은 지인이 있었으므로, 나의 진정한 밤의 즐거움을 가족들에게 감출 수가 있었다. 사랑하는 소녀를 만나고, 그녀 곁에 있는 것은 이윽고 내 생활에서 빼놓을 수 없는 일부가 되었다. 마찬가지로 패거리들도 나에게 익숙해져서, 마치 그렇게 하지 않으면 안 될 것처럼 우리는 거의 날마다 모였다.

그럭저럭하는 사이에 필라데스는 그의 연인을 그 집으로 데려오게 되었고, 그들 두 사람은 여러 차례 우리와 함께 저녁 한때를 보냈다. 그들은 약혼한 지 꽤 시일이 흘렀지만, 그들의 정다움을 감추려고는 하지 않았다. 나에 대한 그레트헨의 태도는, 나를 가까이 오지 못하게 하려는 점에선 실로 교묘하달 수밖에 없었다. 그녀는 누구에게나, 나에게도 손을 주지 않았다. 그녀는 몸에 손을 대는 것도 허락하지 않았다. 다만 그녀는 이따금, 그것도 특히 내가 뭔가를 쓰거나 낭독하거나 하면, 내 곁에 앉아서, 무척 친밀한 듯이 팔을 내 어깨에 두르고는 책이나 종이를 들여다보았다.

그러나 내가 그녀에게 그와 마찬가지로 허물없는 태도를 취하려 하면, 그녀는 몸을 피하고 한동안 가까이하려 하지 않았다. 그리고 그녀는 자주 그런 기색을 되풀이했다. 이런 기색은 그녀의 몸짓이나 움직임이 모두 그랬던 것처럼 매우 소극적인 데가 있었지만, 항상 변함없이 그녀에게 썩 어울리고, 아름답고 매력적이었다. 그러나 나는 그녀가 나한테 보인 듯한 허물없는 행동을 다른 사람에게 보이는 것을 본 적은 없었다.

내가 그 사람들과 함께 했던 가장 순수하고, 동시에 가장 유쾌한 소풍의 하나는 퇴히스트의 시장선(市場船)에 올라타서 진기한 승객을 관찰하고, 반쯤 재미로 그들과 농담을 주고받거나 놀리거나 한 일이었다. 우리가 퇴히스트에서 내리자마자 마인츠의 시장선이 들어왔다. 어떤 요릿집에 훌륭한 식사가 마련되어 있었고, 승객 가운데 고급 손님들은 그곳에서 함께 식사를 하고 다시 여행을 계속했다. 왜냐하면 두 배는 그곳에서 방금 왔던 쪽으로 되돌아갔기 때문이다.

우리는 늘 점심을 먹은 다음에 다시 프랑크푸르트로 거슬러 올라갔고, 이런 방법으로 여러 사람들과 우리가 할 수 있는 가장 저렴한 선박 여행을 즐겼다. 언젠가 그레트헨의 사촌들과 또 이런 소풍을 계획하여 퇴히스트에서 식탁에 모여 있을 때, 우리보다 약간 나이가 위인 듯한 한 젊은이가 우리 패거리에 끼었다. 내 일행들은 이 청년을 알았고 나에게도 소개했다. 그는 특별히 두드러진 데는 없었지만 그 모습에는 상당히 호감이 가는 구석이 있었다. 그는 마인츠에서 올라와서 지금 우리와 함께 프랑크푸르트로 돌아가는 참이었다.

그는 나와 시(市)의 내정이나 관직, 직위 등 갖가지 일들에 대해 이야기했다. 그는 이런 일들에 대해 매우 잘 알고 있는 것처럼 보였다. 헤어질 때 그는 나에게 인사를 하면서, 때를 봐서 나의 추천을 받고 싶으니 부디 잘 부탁한다고 했다. 나는 그가 무슨 말을 하고 싶은 건지 몰랐지만, 며칠 뒤에 그레트헨의 사촌 형제들이 나의 무지를 일깨워 주었다. 그들은 그를 칭찬하면서, 마침 지금 시청에 중간 정도의 자리가 비어있고 그 친구는 그 자리를 원하고 있으니, 나의 외할아버지에게 추천해 달라고 했다.

나는 이런 일에 연관된 적이 한 번도 없었기 때문에 처음에는 거절했지만, 그들이 끈질기게 부탁해서 결국은 받아들이기로 했다. 이따금 유감스럽게도 청탁으로 보이는 이런 임관에 대해, 외할머니나 이모의 주선이 효과가 없는 것도 아니란 것을 나는 알고 있었기 때문이다. 게다가 나는 감히 외할아버지의 힘을 빌릴 자격이 있다고 생각될 정도만큼은 자라 있었다. 그래서 나는 그런 호의를 보여 주면 고맙게 생각하겠다는 말을 갖가지 방법으로 늘어놓는 친구들을 위해 손자로서의 망설임을 억누르고 내가 받은 청원서를 외할아버지에게 전하기로 했다.

어느 일요일 식사가 끝난 뒤, 외할아버지는 가을이 다가왔으므로 정원에 나와서 꽤 바쁘게 일하였고, 나도 할 수 있는 한 뭐든지 그를 도우려고 했다. 그때, 나는 조금 망설이다가 청원서를 꺼내 외할아버지께 부탁했다. 외할아버지는 청원서를 보더니 이 젊은이를 아느냐고 물었다. 나는 내가 아는 대강의 것을 말씀드렸다. 외할아버지는 더 이상은 묻지 않았다.

"그 사람에게 뭔가 공적이 있고, 또 훌륭한 증명서라도 있으면 그를 위해서나 너를 위해서도 힘을 써 보마."

외할아버지는 단지 그 말만 하였다. 그리고 나는 오랫동안 그 건에 대해선 아무 얘기도 듣지 못했다.

얼마 전부터 나는 그레트헨이 실잣기를 그만둔 대신에 바느질을 매우 공들여 하고 있다는 것을 알았다. 이미 해가 짧아지고 겨울이 다가오고 있었던 만큼, 나에겐 그것이 꽤나 이상하게 생각되었다. 나는 이에 대해선 더 이상은 생각해 보지 않았지만, 지금까지와 달리 그녀가 오전 중에 집에 없을 때가 있고, 끈질기게 묻지 않으면 어디 가서 있었는지 가르쳐 주지 않을 때가 있어 나는 불안해졌다.

그러나 어느 날, 나는 이상한 일을 겪고 매우 놀랐다. 무도회에 갈 채비를 하던 누이동생이 장식품 가게에 가서 이탈리아 조화를 사다 달라고 나에게 부탁했다. 이 조화는 수도원에서 만든 것인데 작고 귀여웠으며, 특히 도금된 양이나 작은 장미 같은 것은 굉장히 예뻐서 진짜와 똑같게 보였다.

나는 동생을 위해 지금까지 여러 차례 같이 간 적이 있는 가게로 갔다. 그곳에 들어가서 여주인에게 인사를 하자마자, 나는 레이스 모자를 쓰고 실크 케이프를 두른, 젊고 아름답고 훌륭한 몸매의 여자가 창가에 앉아 있는 것을 보았다. 이 여자는 리본이나 깃털을 모자에 다는 일을 하고 있는 것으로 보아, 일하는 사람임을 금세 알 수 있었다. 여주인은 갖가지 꽃이 두세 송이씩 들어 있는 긴 상자를 꺼내 보여 주었다. 나는 그것을 꼼꼼하게 살피고 고르면서 또다시 창가의 여자 쪽을 보았다. 그러나 그녀가 그레트헨과 믿어지지 않을 정도로 닮았다는 것을 알았을 때, 아니 결국은 그레트헨 바로 그녀임을 알아보았을 때, 나는 너무 놀랐다.

게다가 그녀가 눈짓을 보내 둘이서 아는 사이임을 보여서는 안 된다는 신호를 보냈으므로, 더 이상 의심할 여지가 없었다. 나는 여자라도 그렇게 하지 못할 정도로, 물건을 고르기도 하고 내쳐놓기도 하면서 여주인을 질리게 했다. 그러나 사실은 이미 너무나 당황해서 고르는 일 따윈 안중에도 없었다. 동시에 나는 그만큼 오래 그녀 곁에 있으려고, 오히려 일부러 그렇게 하고 있는 참이기도 했다. 그녀가 낯설게 멋을 내고 있는 것은 마음에 들지 않았지만, 멋을 부린 그녀는 평소보다 훨씬 매력적으로 보이기도 했다.

여주인은 마침내 기다리다 지쳤는지 꽃이 잔뜩 든 골판지 상자를 직접 꺼내 와서는, 그것을 누이동생에게 갖다 보여 주고 직접 고르게 하라고 말했다. 여주인은 그것을 하녀에게 들려보냈기 때문에, 나는 말하자면 가게에서 쫓겨난 셈이 되었다.

내가 집으로 돌아오자마자 아버지는 나를 불러서 요제프 대공이 로마 왕으로 선출되어 즉위할 것이 확실해졌다고 알려 주었다. 그리고 이렇게 중대한 사건을 준비도 없이 기다리고, 멍하니 입 벌리고 단지 경탄만 하면서 지나가게 해서는 안 된다고 하였다. 그래서 나는 아버지와 함께 앞의 두 차례 즉위 때의 선제 일기록과 대관식 목록 및 최근의 선제 규약[1]을 훑어보고, 이번 경우에 어떤 새로운 조건이 추가될지 생각해 보았다.

우리는 목록을 펼치고, 하루 종일 밤늦게까지 그것을 조사했다. 그러나 그러는 동안에도 그 아름다운 소녀의 모습이 어떤 때는 평상복을 입고, 또 어떤 때는 그 새옷을 입고 신성 로마제국의 대단히 중요한 문제와 한데 뒤섞여서 끊임없이 내 눈앞을 오락가락했다. 그날 저녁엔 그녀를 만나러 갈 수가 없었다. 그래서 나는 마음을 도저히 가라앉히지 못하여 그날 밤을 뜬눈으로 새웠다. 다음 날도 어제의 업무가 계속되어 저녁나절이 되어서야 나는 가까스로 그녀를 찾아갈 수가 있었다.

그녀는 평소 입는 옷을 입고 나를 보고 빙긋 웃었지만, 나는 다른 사람들이 있는 곳에선 어떻게 할 용기가 없었다. 사람들이 다시 모여서 조용히 앉아 있을 때, 그녀는 말했다.

"요전에 우리가 결정한 것을 이 친구분께도 가르쳐 주어야 하지 않겠어요?"

이어 그녀는, 각자가 세상에서 어떻게 출세할 것인지가 문제가 되었던 지난

---

1) 황제는 선제후(選帝侯) 회의가 정하는 조건에 따라 그 권한이 제약을 받았다. 황제는 대관식 전에 그 규약에 대해 선서를 했다.

번 대화 뒤에, 여자는 그 재능을 어떻게 펼치고, 일을 진척하고, 또 자기 시간을 유익하게 쓸 수 있을지가 그들 사이에서 화제가 되었다고 말했다. 그에 대해 사촌 형제가 마침 조수를 구하고 있는 장식품 가게에서 그녀가 일을 해 보면 어떻겠느냐고 제안했던 것이다. 여주인과 이야기가 잘되어 그녀는 날마다 몇 시간인가 그곳에서 일하고, 급료도 충분히 받게 되었다. 그러나 그곳에서 그녀는 아무래도 얼마간 몸치장을 할 필요가 있었는데, 그 의상은 그녀의 평소 생활과는 전혀 어울리지 않았으므로 항상 그곳에 두고 온다는 것이었다.

설명을 듣고 마음을 놓기는 했지만, 아름다운 처녀를 사람이 많이 드나드는 가게에, 더구나 멋쟁이들이 이따금 모이는 장소로 쓰는 곳에서 일하게 하는 것은 아무래도 내 마음엔 들지 않았다. 그러나 나는 아무것도 모른 척하고 질투의 불안감도 홀로 삭이려 애를 썼다.

하지만 형제들 중 막내인 청년이 조금도 그럴 짬을 주지 않았다. 그는 곧장 식사시(式事詩)의 주문을 내밀면서 의뢰자의 신상에 대해 설명하고, 시의 문안을 만들고 곧 구상을 짜 달라고 했다. 그는 이미 두세 차례 그런 과제의 취급에 대해 나와 이야기한 적이 있었다. 나 또한 그런 경우에는 해줄 말이 많았으므로, 그는 손쉽게 나에게서 이런 작품에서의 수사법상의 문제에 대해 자세한 설명을 들을 수가 있었다. 그는 또한 식사시란 것에 대해 대강의 것을 배우고, 나아가서는 내 작품 외에 이런 종류의 다른 사람의 작품을 예로 들어 줌으로써 그것을 이용할 수가 있었다.

이 청년에게는 시적인 소질은 전혀 없었지만, 머리는 나쁘지 않았다. 그가 매우 세세한 데까지 파고들고, 온갖 것에 대해 설명을 요구하는 바람에 나는 무심코 큰 소리로 말했다.

"자네는 내 일에 손을 대 내 단골을 빼앗을 것처럼 보이는구먼."

"꼭 그렇지 않다고 할 수는 없지."

그는 웃으면서 대답했다.

"그렇다고 해서 자네에게 손해가 나는 것은 아니니까. 자넨 이제 곧 대학에 가게 되잖아. 그때까지는 지금까지와 마찬가지로 나에게 가르쳐 주기 바란다."

"좋고말고."

나는 대답했다. 그리고 그를 격려하여 스스로 구상하게 하거나, 과제의 성격에 따라 운율을 고르게 하거나, 그 밖에 필요하다고 여겨지는 것들을 하게 했다. 그는 진지하게 임했지만 아무래도 잘되지는 않았다. 결국 항상 내가 많은 곳을 고쳐야 했으므로, 애초부터 내가 직접 쓰는 게 편하기도 하고, 또 그 편이 잘될 것 같았다. 그러나 이렇게 가르치거나 배우고, 의견을 펴거나 함께 시를 짓거나 하는 것은, 우리에게는 상당한 즐거움이었다.

그레트헨도 더불어 이따금 특별한 발상을 말해 주었으므로, 우리는 모두 만족스러웠다. 아니, 오히려 행복했다고 해야 했다. 그녀는 낮에는 장신구 가게의 여주인 밑에서 일했지만, 저녁이 되면 다시 언제나처럼 함께 있었다.

식사시 주문은 갈수록 줄어들었지만, 그것 때문에 우리의 즐거움이 사라지지는 않았다. 다만 언젠가 우리의 시가 주문자의 마음에 들지 않아서 불만과 함께 되돌아온 것에는 할 말이 없었지만, 우리는 그 시야말로 최상의 작품이라고 생각했으므로, 주문자를 예술을 모르는 문외한으로 치부하고 스스로를 위로했다. 기필코 뭔가를 배우겠다고 마음먹고 있는 그 사촌 형제들은 이번엔 가공(架空)의 과제를 생각해 냈다. 이것을 해결하는 것도 우리를 충분히 즐겁게 해 주었지만, 물론 그것이 어떤 수입이 된 것은 아니었으므로, 우리의 소박한 술자리는 차츰 검소해지지 않을 수 없었다.

중요한 국법상의 사건, 로마 왕의 선거와 대관식은 이제 차츰 현실감을 띠기 시작했다. 애초 1763년 10월 아우구스부르크에서 열리기로 공시되었던 선제후 회의는 결국 프랑크푸르트로 장소를 옮기게 되었다. 그리고 이해의 연말과 다음 해 초에는 이 중요한 행사의 식전 준비가 시작되었다. 개막식은 우리가 아직 한 번도 본 적이 없는 행렬이었다.

말 탄 시청 직원 하나가, 역시 말 탄 4명의 나팔수를 대동하고 도보(徒步) 호위에게 둘러싸여서 길모퉁이에 이를 때마다 소리 높여 기다란 포고를 읽었다. 그것은 지척으로 다가온 행사에 대해 우리에게 주지시킴과 동시에, 정황에 어울리는 꼴사납지 않은 태도를 취하도록 시민에게 일깨우는 것이었다.

시참사회에선 신중한 협의가 진행되었다. 머지않아 세습 총무장관에 의해 파견된 제국 숙영장(宿營長)이 도착했고, 사절과 수행원의 숙소를 관례대로 할당해 공시했다. 우리 집은 팔츠 선제후의 관할 구역 안에 있었다. 그래서 우리는 전보다 기쁘기는 했지만 또다시 새로운 손님을 맞을 준비를 하지 않으면 안 되었다. 과거 트랑 백작이 머물렀던 2층은 팔츠 선제후의 신하를 위해 개방되었고, 뉘른베르크의 대리대사 폰 쾨니히스탈 남작[2]은 4층을 차지했으므로, 우리는 프랑스인이 머물던 시절보다 훨씬 불편을 겪어야 했다. 이것은 공공연하게 볼 수 있는 것을 구경하기 위해 집을 비우고, 하루 대부분의 시간을 거리에서 보내기 위한 새로운 구실에 보탬이 되었다.

시 청사의 각 방의 모양 바꾸기와 설비는 언뜻 보기에 가치가 있는 것처럼 여겨졌다. 사절의 도착이 이어졌고, 2월 6일에는 그들의 최초의 장엄한 행진이 거행되었다. 우리는 제실(帝室) 위원들의 도착 광경, 마찬가지로 시 청사를 향해 거행된 매우 찬란한 그 행진 모습에 경탄을 금치 못했다.

폰 리히텐슈타인 제후[3]의 기품 있는 모습은 좋은 인상을 주었다. 그러나 뭘 좀 아는 사람들은, 그 장엄한 복장은 이미 다른 행사에 사용되었던 것이고, 이번 선제식, 대관식은 카를 7세 때의 화려함과는 도저히 비교가 되지 않는다고 주장했다. 그러나 우리 젊은 사람들의 눈에는 모든 것이 너무나도 멋지게만 보였다. 우리는 많은 것에 놀라고 감탄하며 만족해했다.

선제후 회의는 마침내 3월 3일로 정해졌다. 이윽고 시 전체가 갖가지 새로운 의식에 의해 떠들썩했다. 그래서 우리는 사절끼리의 의례적 방문을 보려고 바삐 돌아다녔다. 더구나 우리는 집으로 돌아가서 그에 관해 보고를 하고, 때로는 그것에 대해 짧은 글을 써야만 했으므로, 그저 막연하게 보기만 하는 것이 아니라, 모든 것을 마음에 깊이 담아두기 위해 정확히 관찰하지 않으면 안 되었다. 이것은 아버지와 폰 쾨니히스탈 씨가, 하나는 우리의 훈련을 위해, 다른 하나는 자기들이 기록을 남기기 위해 서로 의논해 결정한 일이었다. 그래서 이를 위해 나는 외면적인 것에 관해서는 상당히 세밀하고 다채로운 선제식, 대관식 일기록을 쓸 수가 있었는데, 나에게 이것은 매우 도움이 되었다.

사절 가운데 몇몇 인물들은 나에게 잊기 힘든 인상을 주었는데, 우선 마인츠 선제후의 수석대사이며 나중에 선제후가 되는 폰 에르타르 남작[4]이 있다. 풍모에 특별히 두드러진 데가 있었던 것은 아니지만, 레이스가 달린 검정 가운

2) 구스타프 게오르크(1717~71).
3) 요제프 벤첼 로렌츠(1696~1772). 오스트리아의 원수.
4) 프리드리히 카알 요제프(1719~1802). 1774년 대주교, 마인츠 선제후.

을 두른 이 사람은 나에겐 항상 매우 바람직하게만 보였다. 차석대사 폰 그로슐라크 남작[5]은 풍채가 좋고, 언뜻 낙천적으로 보이지만 행동거지가 지극히 세련된 빈틈없는 사람이었다. 전체적으로 그는 대단히 여유 넘치는 인상을 주었다. 베멘의 사절 에스타하지 제후[6]는 키는 크지 않지만 몸집이 좋은, 활발한 동시에 기품 있고 세련된 사람으로 거만하거나 쌀쌀한 구석도 찾을 수 없었다.

그를 보면 브로리요 원수가 떠올라서, 그에겐 특별한 애착이 느껴졌다. 그러나 세간 사람들이 브란덴부르크의 사절 폰 프로토 남작[7]에 대해서 가졌던 선입관 앞에선 이들 훌륭한 사람들의 풍모도 품위도 얼마쯤 빛이 바랬다. 이 사람은 평소의 복장이나 예복, 마차도 상당히 검소한 것으로 사람들의 이목을 끌었는데, 7년 전쟁 이래로 외교계의 각광받는 사람으로 이름이 높았다.

그는 레겐스부르크에서 공증인 아프릴이 몇 명의 증인을 대동하고 브란덴부르크 왕에게 선고된 파문 영장을 교부하려 했을 때, 단 한마디, "뭐야, 이런 사내가 교부하는 겐가?"라고 대답하고 공증인을 계단에서 밀어 떨어뜨렸다고 한다. 또는 부하를 시켜 떨어지게 했다고도 전해지고 있었다. 우리는 앞의 것을 믿었다. 왜냐하면 그쪽이 우리 마음에 들었고, 왜소하고 땅딸막하고, 검고 날카로운 눈으로 주위를 둘러보는 이 사람에게 너무나도 잘 어울리는 것 같았기 때문이다.

만인의 눈이 그에게로 쏠렸다. 특히 마차에서 그가 내릴 때마다 사람들은 왠지 즐거운 듯한 함성을 지르고, 그를 향해 갈채를 보내며 만세를 불렀다. 이처럼 왕과 왕을 위해 몸과 마음을 바친 사람들은 모두 군중 사이에서 대단한 인망을 얻고 있었다. 그리고 군중 중에는 프랑크푸르트 사람뿐만 아니라 여러 지방에서 온 독일인도 섞여 있었다.

나는 이런 것들에서 갖가지 기쁨을 맛보았다. 눈앞에서 일어나는 일은 모두 그것이 어떤 종류의 일이든, 항상 어떤 의미를 안에 감추고 어떤 내적 관련을 나타내고 있었으며, 또 그와 같은 상징적인 행사는 수많은 양피지(羊皮紙)와 서류더미 아래 매몰된 독일 제국을 생생하게 재현해 보여 주었기 때문이다.

---

5) 카알 프리드리히 빌리바르트(?~1799). 마인츠의 대신.
6) 니콜라우스 요제프(1714~90). 오스트리아의 원수. 베멘 선제 사절.
7) 에리히 크리스토프 에두라(1707~88). 프로이센의 국무대신. 브란덴부르크의 선제 사절.

그러나 다른 한편으론 집에서 아버지를 위해 선제후 회의의 의사록을 필사하면서 알게 된 사실들 때문에 불쾌해지기도 했다. 몇 개의 권력이 대립하며 서로 평형을 유지하고 있는 것과, 새 원수를 먼저의 원수 이상으로 제약하려 할 때에만 죽이 맞는다는 것, 그리고 원수가 각자의 특권을 유지하고 확대해, 그들의 독립을 한층 확실하게 해 줄 가능성이 있을 때에만 원수의 권세를 환영한다는 것을 깨달은 것이다. 뿐만 아니라, 그들은 이번엔 전보다 훨씬 조심성이 있었다. 왜냐하면 그들은 요제프 2세의 급한 성격과, 그가 어떤 계획을 갖고 있는지를 알고 그를 두려워하기 시작했기 때문이다.

나의 외할아버지에게도, 또 내가 종종 그 집을 찾아갔던 다른 시참사회원들에게도 지금은 바람직한 시절은 아니었다. 왜냐하면 그들은 빈번하게 고귀한 손님을 마중 나가거나 인사하러 가거나, 선물을 해야만 했기 때문이다. 마찬가지로 시참사회도 전체적으로나 개인으로나 모두 항상 자신을 방위하고 저항하고, 항의하지 않으면 안 되었다. 이런 기회에는 누구나 그들에게서 뭔가를 짜내거나 압박하고 싶어하기 마련이고, 또 그들이 믿는 사람들 중에서 그들 편이 되어 도와줄 사람은 소수이기 때문이다. 요컨대 내가 렐스너의 《연대기》에서, 이와 비슷한 상황에서 똑같은 사태에 처한 그 선량한 시참사회원들의 인내와 끈기에 대해 경탄하면서 읽었던 모든 것이 지금 생생하게 내 눈앞에 떠오른 것이다.

시(市)가 필요한 사람, 쓸모없는 사람들로 차츰 가득 차기 시작하면서 이런저런 불쾌한 일이 생겨났다. 물론 황금문서의 규정은 이미 시대에 맞지 않게 되어 버리기는 했지만, 이 규정을 지키도록 시 당국이 각 궁정에 주의를 촉구했으나 아무 효과도 없었다. 용무를 띠고 파견된 사람 및 그 수행원뿐만 아니라, 호기심이나 개인적 목적을 위해 찾아온 많은 신분 있는 사람들, 또는 그 밖의 사람들도 마찬가지로 보호는 받을 수 있지만, 도대체 누구에게 숙소를 할당하고, 누가 직접 방을 빌려야만 하는가 하는 문제는 반드시 즉석에서 결정되지는 않았다. 혼잡은 점점 더 심해졌고, 이 문제에 관련이나 책임이 없는 사람들까지도 불쾌하게 생각하기 시작했다.

모든 일을 잘 관찰할 수 있었던 우리 젊은이들마저 항상 우리의 눈과 상상력을 충분히 만족시켰던 것은 아니었다. 사절들의 에스파냐풍 외투와 커다란 깃털 모자, 또는 이따금 볼 수 있는 그 밖의 두서너 가지 것은 확실히 순수하고 고풍스런 모습을 보이기는 했지만, 개중에는 그에 반해 어중간하게 새로운 것, 완전히 현대적인 것도 있어서, 가는 곳마다 그저 잡다하고 성에 차지 않은, 뿐만 아니라 종종 몰취향의 광경을 자아내고 있었다.

그래서 우리는, 황제와 장래의 왕의 도착에 대비해 대대적인 준비가 시작된 것, 최근 결정된 선제 규약에 바탕하여 선제후 회의의 심의가 단단히 진행되고 있다는 것, 또 선거일이 3월 27일로 정해졌다는 것 등을 듣고 매우 기쁘게 생각했다.

우선 제국의 보배로운 그릇들을 뉘른베르크 및 아헨으로부터 가져올 것이고, 이어서 마인츠 선제후[8]가 도착할 것이라고 기대했다. 그러나 한편으론 숙소의 할당을 둘러싸고 마인츠 제후의 수행원들과 다툼이 여전히 계속되고 있었다.

그동안 나는 집에서 열심히 비서일을 했다. 그러면서 나는 새로운 선제 규약에 바라는 많은 자질구레한 불만이 각 방면에서 쏟아지고 있음을 알았다. 모든 계층이 이 문서 안에서 자기의 특권이 유지되고, 그 세력이 증대되기를 희망하고 있었다. 그러나 이들 의견과 희망의 거의 대부분이 각하되고, 종래의 것은 대개 그대로 남게 되었다. 그럼에도 불구하고 신청자들은 이처럼 각하되더라도, 결코 그들의 불이익이 되지는 않는다는 가장 확실한 보장을 받은 것이었다.

그러는 사이 제국 총무장관은 엄청나게 많은 성가신 일을 떠맡지 않으면 안 되었다. 외부에서 오는 사람의 숫자는 점점 늘었고, 그들에게 숙소를 할당하는 것은 갈수록 어려워졌다. 몇몇 선제후 구역의 경계에 대해서도 의견은 일치하지 않았다. 시 당국은 시민의 의무로 생각되지 않는 부담은 시민에게 지우지 않으려 했으므로 밤낮없이, 끊임없이, 불만과 항의, 분쟁과 불화가 생겨났다.

마인츠 선제후는 3월 21일에 프랑크푸르트에 들어왔다. 오랜 기간에 걸쳐 우리의 귀를 먹먹하게 하는 그 축포 소리가 여기서 시작되었다. 계속되는 의식(儀式) 중에서도 이 의식은 특히 중요한 것이었다. 왜냐하면 우리가 지금껏 등장을

---

8) 에머리히 요제프 폰 브라이트바흐 뷔레스하임(1707~74). 남작, 1763년 마인츠 선제후.

보아 왔던 사람들은, 아무리 지위가 높은 사람이라도 어차피 신하에 지나지 않았지만 여기에 군주, 독립 왕후, 황제 다음가는 제1인자가 수많은 당당한 행렬과 섬기는 가신을 대동하고 등장했기 때문이다. 이 성대한 입성 행렬에 대해서는 나중에, 그것도 아무도 쉽게 예상치 못할 만한 기회에(제19장, 라봐타에 관한 서술에서) 다시 이야기하고자 하므로 여기선 많은 것을 말할 필요는 없으리라 본다.

즉 베를린에서 돌아오는 중이었던 라봐타[9]는 같은 날, 프랑크푸르트를 지나면서 이 광경을 보았던 것이다. 이러한 세속적 겉모습은 그에게는 아무 가치도 없는 것이었지만, 이 행렬은 그 장대한 화려함과 거기에 뒤따르는 모든 것들과 함께, 그의 매우 활발한 상상력 속에 뚜렷하게 아로새겨진 것 같았다. 왜냐하면 몇 년 뒤에 이 훌륭하고도 유별나기로 남 못지않은 사람이, 요한 계시록의 주해로 여겨지는 운문으로 쓴 주해를 내게 보내왔는데, 여기에서 반(反)그리스도교도의 입성이, 그 한 걸음 한 걸음, 인물 하나하나, 정경 하나하나가 마인츠 선제후의 프랑크푸르트 입성을 본떠 묘사되어 있었고, 말 머리에 달린 황금빛 술에 이르기까지 하나도 빠뜨리지 않고 있었다는 것을 알았기 때문이다. 이것에 대해서는 그 희한한 시적 양식에 대해 이야기할 때 다시 자세하게 다루게 될 것이다.

사람들은, 구약 및 신약성서의 신화를 완전하게 현대적으로 희화화(戱畫化)하고, 하층과 상층을 막론하고 현대 생활의 옷을 입힌다면, 그 시적 양식에 의해 그것을 우리의 직관과 감정에 보다 친근한 것으로 만들 수가 있다고 믿고 있었던 것이다. 마찬가지로 이와 같은 취급 방식이 어째서 차츰 바람직한 것으로 여겨지게 되었는지에 대해서도 나중에 기술해야만 한다.

그러나 여기서는 이런 취급 방식은 라봐타와 그 추종자 이외에는 별로 애용하지 않았다는 것만 짚고 넘어가겠다. 그들 가운데 한 사람은 베들레헴에 들어온 세 사람의 성왕(聖王)을, 종종 라봐타를 찾아온 제후나 귀족들 하나하나를 거기에서 읽을 수 있을 정도로 현대풍으로 묘사했던 것이다.

여기서, 선제후 에머리히 요제프는 일단 남의 눈에 띄지 않게 콘포스테르[10]

---

9) 요한 가스파르(1741~1801). 취리히의 목사, 저술가. 평생 괴테와 친교가 있었다.

10) 파르갓세에 있는 커다란 건물. 마인츠 선제후의 숙소.

로 들어가게 하기로 하고, 이번에는 그레트헨으로 이야기를 돌려야겠다.

나는 군중이 흩어지자, 그녀가 필라데스와 그의 약혼자와 함께(이들 셋은 이제 헤어지기 힘든 사이가 된 것처럼 보였다) 혼잡한 인파 사이에 있는 것을 보았다. 우리가 만나서 인사를 마치자마자 오늘 저녁을 함께 보내기로 약속이 이루어졌다. 나는 적당한 시각에 모이는 장소로 갔다. 여느 때의 패거리들이 모여 있었다. 그리고 각자 취향은 달랐지만 아무도 화젯거리가 떨어지지 않았다. 마지막으로 그레트헨이 말했다.

"여러분의 이야기를 듣고 있으면 머리가 혼란스러워서 지난 2, 3일 동안에 일어난 사건 그 자체보다도 더욱 어렵게 느껴져요. 나는 내가 본 것을 가닥을 잡아서 생각할 수가 없어요. 그런 갖가지 일들이 어떻게 관련되어 있는지 꼭 알고 싶어요."

이에 대해 나는 설명을 해주는 것은 어렵지 않지만 먼저 그녀가 대체 무엇에 흥미가 있는지 들려달라고 대답했다. 그녀가 그것을 말해 주었으므로 두세 가지를 설명하려 했으나, 그보다는 처음부터 순서대로 이야기하는 편이 쉽게 이해될 것 같았다.

나는 이들 의식과 행사를 연극에 빗대 이야기했다. 그 극에서는 배우가 연기를 계속하는 동안에 수시로 막이 내리고, 조금 지나면 다시 올라가, 관객은 줄거리의 가닥을 어느 정도 잡을 수가 있다. 나는 제멋대로 지껄이게 내버려 두면 말이 길어지는 편이었으므로, 모든 것을 처음부터 오늘에 이르기까지 알기 쉽게 순서대로 말하고, 또 나의 이야기를 한층 이해하기 쉽게 하기 위해서, 가까이에 있던 석필과 커다란 석판을 이용하는 것도 잊지 않았다. 다른 사람이 이따금 질문하거나 제멋대로 자기주장을 하는 바람에 약간 방해가 되기는 했어도, 그레트헨이 시종 열심히 들어주는 것에 힘을 얻어서, 모두의 만족 속에 나의 이야기를 끝마쳤다.

마지막으로 그녀는 나에게 감사 인사를 하면서, 세상일에 밝아서 여러 다양한 일의 경과와 그것이 의미하는 바를 잘 아는 사람이 모두 부럽다고 했다. 그녀는 자기가 남자로 태어났더라면 좋았을 것이라고 했고, 또 지금까지 나에게서 많은 것을 배운 것을 무척 고맙게 생각한다고 했다.

"내가 남자였다면 함께 대학에 가서 뭔가 제대로 된 것을 공부해 보고 싶어요."

대화는 이런 식으로 이어졌다. 그녀는 프랑스어 수업을 받을 마음을 먹고 있었다. 그 장신구 가게에서 일하는 동안에 프랑스어의 필요성을 절실히 깨달았다고 했다. 나는 그녀가 어째서 이제 그 가게에 가지 않느냐고 물었다. 왜냐하면 요즘은 밤에 집에서 자주 나올 수가 없었으므로, 그녀를 한 번이라도 만날까 싶어서 낮에 이따금 가게 옆을 기웃거렸기 때문이다. 그녀는 이렇게 시끄러운 때에 그런 곳에 몸을 드러내고 싶지 않다, 도시가 원래 상태로 돌아가면 다시 그 가게에 나갈 생각이라고 설명했다.

이윽고 화제는 코앞에 닥친 선거일로 넘어갔다. 무엇이 어떻게 돌아가고 있는지를 나는 자세히 이야기하고, 또 석판에 상세한 그림을 그려서 나의 설명을 보충했다. 실제로 내 눈에는 선제실(選帝室)과 그곳에 있는 제단·용상·팔걸이의자·좌석 등의 모습이 손에 잡힐 듯이 보였던 것이다. 우리는 너무 늦어지기 전에 매우 만족스런 기분으로 헤어졌다.

젊은 두 남녀가 천성적으로 어느 정도 조화를 이루도록 태어났고, 더구나 소녀는 지식욕이 넘치고, 청년이 가르치는 것을 좋아하는 것만큼 잘 융화되는 것은 없다. 거기서는 흔들림 없는 유쾌한 관계가 생겨난다. 소녀는 청년에게서 자기의 정신적 존재의 창조자를 인정하고, 청년은 소녀에게서 자연과 우연, 또는 일방적인 의사에 의해서가 아니라, 쌍방의 의사에 의해 완성된 창조물을 인정한다. 그리고 이와 같은 상호작용은 너무나도 감미롭기 마련이어서, 신구(新舊) 아벨라르[11] 이래로, 두 사람의 이러한 만남에서 가장 격렬한 정열, 수많은 행복과 불행이 생겨났다고 해도 전혀 이상할 것이 없다.

바로 다음 날에는 이번엔 매우 과장된 의례를 다하여 거행된 방문과 답방을 위해 도시 전체가 꽤나 시끌벅적했다. 그러나 프랑크푸르트 시민으로서 내가 특히 흥미를 갖고 열심히 관찰한 것은 시참사회원, 군대, 시민, 대표가 아니라, 직접 집단을 이뤄서 안전을 보장하는 선언이었다.

우선 시 청사의 커다란 홀에서 시의 관리와 참모 장교가, 이어 레마베르크 광장에서 시민 전체가 각자의 지위·계급·거주 구역별로, 마지막으로 그 밖의 군대가 선서를 했다. 여기서 우리는 국가의 원수와 그 수행원에 대하여 안전을

---

11) 구(舊)는 여제자 엘로이즈에 대한 사랑으로 알려진 파리의 스콜라 학자 피에르 아벨라르 (1079~1142). 신(新)은 거기서 힌트를 얻은 루소의 《신엘로이즈(1761)》의 주인공.

맹세함과 동시에, 눈앞에 닥친 대전(大典)에 즈음하여 절대적 평온을 약속한다는 명예로운 목적을 위해 모인 모든 공동체를, 한눈으로 바라볼 수가 있었다. 투릴 선제후[12]와 케른 선제후[13]는 이미 도착해 있었다.

선거일 전날 밤에는 외지인은 모두 시에서 물러나고, 시의 문은 닫히며, 유대인은 그들 골목에 갇힌다. 그리고 프랑크푸르트 시민은 자기들만이 장대하고 화려한 의식의 목격자일 수가 있다는 것을 적잖이 자랑스럽게 여기는 것이다.

지금까지는 아직은 모든 것이 상당히 현대적으로 이루어지고 있었다. 고위층 사람들은 마차로만 왕래했다. 그러나 이제 바야흐로 옛날 방식에 준하여 말에 탄 그들의 모습을 볼 수가 있게 되었다. 구경꾼이 모여들었고, 그 혼잡은 이루 말할 수 없을 정도였다. 나는 쥐가 곡식 창고를 샅샅이 알고 있는 것처럼 구석구석에 이르기까지 죄다 아는 시 청사 안을 빠져나와, 현관으로 나올 수가 있었다. 먼저 의전 마차를 타고 와서 2층에 모여 있던 선제후와 사절이, 이제 현관 앞에서 말을 타기로 되어 있었다. 잘 훈련된 매우 멋진 말들은 전면에 수를 놓은 안장걸이로 덮고, 공을 다해 장식되어 있었다.

선제후 에머리히 요제프는 잘생기고 느긋한 사람이었는데, 말에 탄 그 모습은 당당했다. 다른 두 사람에 대해서는 지금까지 그림으로만 익숙했던, 겉에 담비 모피를 댄 붉은 외투가 햇빛 아래서 무척이나 로맨틱하게 보였던 것밖엔 기억이 나지 않는다. 그날 불참한 선제후의 사절들이 금란지 전면에 금으로 수를 놓고, 금색 레이스로 넉넉하게 가장자리를 댄 에스파냐풍 의상을 입은 모습도 우리의 눈을 즐겁게 했다. 특히 구식으로 챙을 젖힌 모자의 커다란 깃털이 바람에 날리는 모습은 무척이나 화려했다. 그러나 그때, 가장 내 마음에 들지 않았던 것은, 짧은 현대풍 바지와 하얀 실크 양말, 그리고 유행하는 구두였다. 금색 반장화나 샌들 등을 신고 있었더라면 얼마쯤 조화된 차림새를 볼 수 있었을 것이라는 아쉬움이 남았다.

이때에도 사절 폰 프로토의 태도는 다른 사람과는 달랐다. 그의 모습은 발랄하고 명랑하여, 이 의식 전체에 각별한 경의를 표하는 것처럼 보이지는 않았다. 그의 앞에 있었던 나이 든 사람이 빨리 말을 타지 못했기 때문에 현관에서

---

12) 요한 필립 폰 발터도르프(1701~68). 남작. 1756년 투릴 선제후.

13) 막시밀리안 프리드리히 폰 쾨니히스에그 운트로텐페르스(1708~84). 1761년 케른 선제후.

잠깐 기다려야만 했는데, 그동안에 그는 눈치 없게도 웃고 있었다. 그러다 그의 말이 나오자 가볍게 뛰어올라, 프리드리히 2세에 어울리는 사절로서 또다시 우리의 칭찬을 받았다.

여기서 우리들에게는 다시 막이 내렸다. 나는 간신히 교회 안으로 들어갈 수가 있었지만, 그곳에서는 재미보다는 불쾌한 일이 많았다. 선거인들은 성전에 모였고, 거기서는 선거에 관한 신중한 고려 대신에 기나긴 의식이 행해지고 있었다. 오랫동안 기다리고, 밀치락달치락한 끝에 가까스로 민중은 로마 왕으로 뽑힌 요제프 2세의 이름을 외치는 소리를 들었다.

프랑크푸르트로 모여드는 외지인의 숫자는 차츰 늘어갔다. 모두들 한껏 멋을 내고 다녔기 때문에, 마침내는 온몸을 황금으로 두르기라도 해야 사람들의 눈을 끌 수 있을 정도였다. 황제도 국왕도 이미 셴보른 백작의 거성인 호이젠슈탐에 도착하여, 그곳에서 관례에 따라 인사와 환영을 받았다. 한편 시는 중요한 이때를, 모든 종파의 종교적인 축제로, 장엄한 미사나 설교로, 그리고 일반 시민은 끊임없는 축포 아래 테데움의 노랫소리로 축하했다.

처음부터 여기에 이르기까지의 이들 공적인 의식 모두를, 퇴고(推敲)를 거듭한 예술 작품으로 생각해 보아도, 거기서 비난할 여지는 거의 찾아볼 수 없으리라. 모든 것이 준비가 썩 잘되어 있다. 공적인 장면은 처음엔 조용히 막이 오르고, 차츰 그 의미를 더해 간다. 사람 수가 늘고, 고위 인물도 많아진다. 인물 그 자체와 마찬가지로 그 주위도 화려함을 더한다. 이리하여 모든 것이 나날이 높아져 가서, 마침내는 충분한 예상을 하고 바라보던 사람들의 눈마저 혼란스럽게 만드는 것이다.

앞에서 내가 자세히 기술하기를 피했던 마인츠 선제후의 입성 모습은 실로 현란하고 또 당당한 것이어서, 어떤 훌륭한 인물[14]의 상상력 속에서, 예언된 위대한 세계 지배자의 도래를 묘사하게 했을 정도였다. 우리도 또한 그것에 적잖이 현혹되었다. 게다가 황제와 장래의 국왕이 곧 도착할 것이라는 소식이 들려와서, 우리의 기대는 최고도로 높아졌다.

작센하우젠에서 조금 떨어진 곳에 천막을 치고, 제국의 원수에 상응하는 경

---

14) 라봐타를 가리킨다.

의를 표하고 시의 열쇠를 바치기 위해 시의 모든 관리가 그곳에 모여 있었다. 아름답고 널따란 평지에 그것보다 조금 못한 호화로운 천막을 따로 치고, 두 폐하를 맞이하기 위해 선제후와 선제 사절이 하나도 빠짐없이 그곳에 마중 나와 있었다. 그러는 사이 그들의 수행원은 길가를 가득 메우고 늘어서 있다가, 차례가 올 때마다 시를 향해 다시 행진을 시작해, 적당히 줄 속으로 들어가려 했다. 드디어 황제께서 천막에 도착해 안으로 들어갔다. 선제후와 사절은 정중하게 영접을 거행한 뒤에, 최고 지배자를 위해 길을 열며 질서정연하게 그곳에서 물러났다.

우리는 시내에 머물면서, 교외보다는 시 경계 안의 노상에서 보다 잘 관람하려 했다. 노상의 시민이 이룬 인파, 군중의 혼잡, 그럴 때 볼 수 있는 온갖 농담과 무례를 잠깐 동안 한껏 즐기고 있었는데, 마침내 축포의 굉음과 종소리가 울리며 황제가 가까이에 왔음을 알려 주었다. 프랑크푸르트 시민들이 특히 만족스러워했던 것은, 이 기회에 이처럼 많은 군주와 대표자들 앞에서, 제국 직속 도시인 프랑크푸르트도 하나의 소군주(小君主)로서의 모습을 드러낸 일이었다. 시의 마주사(馬主事)가 행렬의 선두에 서고, 붉은 바탕에 하얀 독수리가 선명하게 두드러진 안장을 얹은 몇 마리의 기마가 뒤따랐다. 거기에 시종들과 관리·고수·나팔수, 시의 정복을 입고 걸어서 수행하는 시참사회원 대표가 뒤를 이었다. 그리고 그 뒤에는 말고삐를 다루는 솜씨도 능숙하게 시민 기병대 3개 중대가 따랐다.

이것은 우리가 어릴 적부터 호위 군대를 맞이할 때라든가 그 밖의 공적인 기회에 수도 없이 보아온 것이었다. 우리는 이 영예를 함께 누릴 수가 있는 것과, 지금 이 휘황찬란한 무대에 출현한 주권의 10만분의 1[15]에 참여한 것을 기뻐했다. 이에 이어서 제국 세습 총무장관과, 6명의 세속 선제후가 파견한 선제 사절의 각 수행원이 의연하게 행진했다. 그들 수행원 모두는 20명의 시종과 2대의 의장 마차로 이루어졌고, 그중 두셋은 그 숫자가 더욱 많았다.

사제직 선제후의 수행원 수는 차츰 많아져서, 시종과 가신은 셀 수 없을 정도였다. 케른 선제후와 투릴 선제후는 20대 이상의 의장(儀裝) 마차를, 마인츠

---

15) 당시의 프랑크푸르트의 인구는 10만 명이었다고 한다.

선제후는 혼자서 그만큼의 마차를 뒤따르게 하고 있었다. 기마와 도보 수행원은 매우 찬란한 차림새였는데, 마차에 탄 사제직 및 세속 고관들도 한결 더 호화롭고 기품 있는 옷을 입고, 온갖 훈장으로 장식하고 있었다.

황제 폐하의 수행원들은 당연히 두드러졌다. 조교사(調敎師), 예비 말, 마구, 말 의장, 안장은 모든 사람의 눈을 끌기에 충분했다. 시종, 추밀 고문관, 시종장, 궁내청 장관, 마주사(馬主事)의 6마리가 이끄는 16대의 의장 마차가 호화찬란하게 행렬의 끝부분을 장식하고 있었다. 이 부분은 장엄하고 화려하고, 또 끝없이 이어졌음에도 불구하고 이들은 행렬의 선두 대열에 지나지 않았다.

위용과 장려함이 증대함에 따라서 행렬의 인원수가 차츰 늘어갔다. 왜냐하면 선발대 가신들이 대부분 걸어서, 일부는 말을 타고 지나간 뒤를 이어 선제 사절 및 선제후 자신이 나타났기 때문이다. 격식 높은 사람일수록 뒤에, 또한 모두들 화려한 의장 마차를 타고 지나갔다. 마인츠 선제후의 바로 뒤에 10명의 제실 직원, 41명의 시종, 8명의 헝가리풍 의상을 한 하인이 두 폐하의 선두에 섰다. 그 뒤로, 전면에 가득 거울을 붙이고, 그림·칠·조각·도금으로 장식하고, 자수를 놓은 붉은 비로드를 천장과 안쪽에 붙인 찬란한 의장 마차가 지나갔다. 우리는 오랫동안 기다려 마지않던 원수, 황제와 국왕의 근사한 위용을 차분하게 바라볼 수가 있었다.

행렬은 길을 크게 돌아서 행진했다. 행렬을 가능한 한 많은 관중에게 보이기 위해, 되도록 넓게 전개시킬 필요성 때문이었다. 행렬은 작센하우젠을 지나 다리를 건너고, 파르갓세를 통과해 마침내 차이레를 내려갔다. 그리고 카탈리나 문을 지나 시의 중심부로 향했다. 이 문은 옛 시문(市門)인데, 시의 확장 이래로 자유롭게 드나들 수 있었던 것이다. 다행스러운 것은 해를 거듭할수록 세상이 화려해지고, 마차의 높이와 폭이 차차 커졌다는 것이 배려되었다는 사실이다.

측량해 본 결과, 왕후나 황제가 여러 차례 드나들었던 이 문도, 이번 황제의 의장 마차로는 그 조각이나 장식이 부딪치지 않고 통과할 수가 없다는 것을 알았다. 협의 끝에 길이 나쁜 우회로를 피하기 위해, 바닥의 포석을 걷어내고 길의 경사도를 완만하게 하기로 결정했다. 같은 의미에서 종래의 가게 차양도 걷게 하여, 왕관이나 독수리, 수호신이 부딪치거나 상처 나는 일이 없도록 했다.

이토록 고귀한 손님을 태운 이 호화로운 마차가 다가왔을 때, 당연히 우리의 눈은 그 고귀한 사람들에게로 쏟아졌는데, 그러나 또한 우리의 눈은 훌륭한 말과 마구, 가장자리 장식으로도 향하지 않을 도리가 없었다. 특히 우리의 주의를 끈 것은, 독특한 옷차림을 하고 말에 탄 2명의 마부와 앞잡이였다. 궁정의 예법에 따라 검정과 노랑 비로드로 된 긴 웃옷을 입고 커다란 깃털 장식 모자를 쓴 그들은, 이국, 아니 별세계에서 온 사람처럼 보였다. 그때 엄청나게 많은 사람이 하나가 되어 밀려왔으므로 더 이상 자세히 관찰할 수가 없었다.

마차 양쪽의 스위스인 근위병, 오른손에 작센 칼을 높이 든 세습 총무장관, 근위병의 지휘관으로서 마차 뒤를 따르는 기마의 원수들, 황제를 따르는 수많은 시동들, 그리고 마지막으로 친위병이 뒤따랐다. 그들은 가장자리를 금실로 화려하게 장식한, 여러 겹의 깃 장식이 있는 검정 비로드 외투를 입고, 그 밑에 마찬가지로 화려하게 금실로 가장자리를 마무리한 빨강 웃옷과 황갈색의 조끼를 입고 있었다.

모두들 정신없이 바라보기도 하고, 설명하기도 하고, 옆 사람의 주의를 촉구하거나 했으므로, 남 못지않게 화려한 차림새를 한 선제후들의 친위병들에게는 주의를 돌리는 사람이 거의 없었다. 만약 우리가 15대의 쌍두 마차로 행렬의 후미를 장식한 우리의 프랑크푸르트 관리, 특히 마지막 마차에 빨강 비로드 깔개 위에 시의 열쇠를 쥐고 있는 서기를 보려 하지 않았더라면, 어쩌면 우리는 창문으로부터 물러났을 것이다. 우리 시의 척탄(擲彈) 중대가 행렬의 마지막을 지키고 있는 것도 우리에게는 매우 명예로운 일이었다. 그리고 우리는 이 영광스런 날을 독일 사람으로서, 또 프랑크푸르트 시민으로서 대단히 기쁘게 생각했다.

우리는 행렬이 대성당에서 돌아올 때에도 지나가야 하는 거리에 있는 집에 자리를 잡고 있었다. 선제 규약에 대한 선서가 있을 때까지는 예배·음악·의식·축전·식사·답사·강연·강독 등 많은 일들이 교회·본당·선제실에서 행해지므로, 훌륭한 식사를 조금 먹고, 신·구 두 원수의 건강을 축원하여 몇 잔의 포도주를 들만큼의 시간은 충분히 있었다.

이런 기회에는 늘 그렇다시피, 대화는 저절로 과거 시대로 돌아가 있었다. 그리고 적어도 당시 지배적이었던 어떤 종류의 인간적 흥미라든가 열렬한 관심이라는 점에서 보자면, 옛날이 현재보다 훨씬 나았다는 노인들이 없는 것은 아니었다.

이번 대관식과는 달리 프란츠 1세의 대관식 때는 모든 일의 결정이 나 있지 않았다고 한다. 평화[16]는 아직 맺어지지 못했고, 프랑스, 브란덴부르크 선제후, 파르트 선제후는 선거에 반대하고 있었다. 미래의 황제 군대는 본영(本營)이 있었던 하이델베르크 근방에 주둔하고 있었다. 그리고 아헨에서 온 제국 보기(寶器)는 하마터면 파르트 군에 의해 빼앗길 지경에 처해 있었다. 그러나 그동안에 협의가 이루어져, 쌍방 모두 사건을 너무 엄밀하게 다루지 않도록 결정했다.

마리아 테레지아는 당시 임신 중이었으나, 마침내 결정된 남편의 대관식을 직접 보고자 친히 왕림한다. 아샤펜부르크에 도착해 프랑크푸르트로 향하기 위해 작은 배에 탄다. 프란츠는 하이델베르크를 출발해 아내를 만나려 했지만, 도착이 늦어지는 바람에 그녀는 이미 출발한 상태였다. 그는 비밀리에 작은 배에 몸을 의지하여 그녀의 뒤를 쫓고, 마침내 따라잡는다. 그리하여 사랑하는 두 사람은 뜻밖의 만남을 기뻐한다.

이 이야기는 순식간에 퍼져서, 세상 사람들은 모두 이 애정이 넘치는, 많은 자식 복을 누렸던 부처에게 공감한다. 그들은 그 뒤로 항상 함께 다녔다. 어느 때인가는 빈에서 플로렌스로 여행하는 도중에, 검역을 위해 베네치아 국경에서 두 사람 다 발이 묶여 오도 가도 못하기도 했다. 마리아 테레지아는 프랑크푸르트에서 환호성과 함께 영접받고, 여관 '로마 황제관'에 든다. 그동안에 보른하임 황야에는 그녀의 남편을 마중하기 위해 커다란 천막이 세워진다.

그곳에는 사제직 선제후는 마인츠 제후 한 사람, 세속 선제후의 사절로는 작센, 베멘, 하노퍼의 사절만이 와 있다. 시(市)로 들어가는 행사가 시작된다. 그 행렬의 완벽함과 찬란함에 있어서 어디 한 군데의 흠이 있었다고 해도, 한 명의 여성의 존재가 그것을 충분히 메워 주었다. 그녀는 매우 좋은 위치에 있는 집의 발코니에 서서 만세와 박수로 남편에게 인사를 보내고, 민중은 흥분과 열광으로 이에 화답한다. 고귀한 사람들도 역시 인간이기 때문에, 시민은 그들을 사랑하고자 생각하는 경우, 그들도 자기와 똑같은 인간이라고 생각한다. 그리고 이것이 가장 자연스럽게 이루어지는 것은, 그들을 서로 사랑하는 부부, 부

---

16) 아헨의 평화회의는 1748년. 이것에 의해 오스트리아 왕위 계승 전쟁은 끝났다. 프란츠 1세의 대관식은 1745년.

드러운 양친, 마음이 통하는 형제자매, 충실한 친구라고 상상할 수 있는 경우이다.

그때 사람들은 그들의 행복을 기원하고 또 예언했는데, 그것이 오늘 승계하는 황태자 안에서 실현된 것이다. 모두들 이 황태자의 아름다운 청춘의 모습에 호의를 보였고, 그가 보인 훌륭한 자질 때문에 세상 사람들은 그에게 최대의 희망을 품었던 것이다.

우리는 완전히 과거와 미래 속에서 헤매고 있었는데, 그때 몇몇 친구가 들어와서 다시 우리를 현재로 불러냈다. 그들은 새로운 것의 가치를 간파하고, 재빨리 그것을 다른 사람에게 전하기 위해 서두르는 사람들이었다. 그들은 지금 막 우리가 호화찬란하게 지나가는 것을 본 그 고귀한 사람들에 대해서도 아름답고 인간적인 특색을 이야기해 주었다.

즉 도중에 호이젠슈탐과 그 커다란 천막 사이의 숲속에서, 황제와 왕이 다름슈타트의 방백(方伯)[17]과 회견하기로 약속했다는 것이었다. 이 여생이 얼마 남지 않은 노백작은, 옛날 몸 바쳐 모셨던 군주를 다시 한번 만나고 싶어했다. 프란츠 1세를 황제로 뽑은 선제후들의 결정서를 방백이 하이델베르크로 가져가고, 그가 받은 값비싼 선물에 응답하여, 변함없는 충성을 맹세한 그날의 일을 두 사람은 회상했을 것이다.

이 고귀한 사람들은 전나무 숲에 서 있었다. 노령으로 허약해진 방백은 대화가 길게 이어질 수 있도록 소나무에 몸을 기대고, 두 사람 사이의 대화는 감동과 함께 이어졌다. 그 장소에는 나중에 간소한 기념비가 세워졌다. 우리 젊은이들은 산책할 때 두세 차례 그곳을 찾아가곤 했다.

이렇게 우리는 옛일을 떠올리거나, 현재의 일을 서로 이야기하거나 하면서 몇 시간을 보냈는데, 행렬은 다시 전보다도 짧아지고 밀집하여 우리 눈앞을 파도치는 것처럼 지나쳐 갔다. 우리는 그 하나하나를 더욱 자세히 관찰하고, 주의하고, 장래를 위해 마음에 새겨 넣을 수가 있었다.

이 순간부터 시내는 쉴 새 없이 북적댔다. 왜냐하면 자격이 있고 의무를 지닌 모든 사람이 두 원수에게 문안을 올리고 배알을 마칠 때까지 마차 왕래가

---

17) 폰 헤센(1691~1768), 1733년 루트비히 7세.

끊이지가 않았기 때문이다. 그래서 우리는 신분 있는 참례자 한 사람 한 사람의 궁정복을 천천히, 그리고 자세하게 관찰할 수가 있었다.

이제 제국의 보기(寶器)도 가까이 오고 있었다. 그러나 이것 역시 전래의 분쟁 없이 끝나면 섭섭하기라도 하듯이, 보기는 반나절을, 한밤중까지 교외에 머무르지 않으면 안 되었다. 누가 어디까지 호위하느냐 하는 다툼이 마인츠 선제후와 시(市) 사이에 벌어졌기 때문이다. 시가 양보하고 마인츠 측이 시의 문까지 보기를 호위하게 되었다. 이번 문제는 이렇게 해서 정리되었다.

지난 며칠 동안 나는 차분히 마음을 가라앉힐 짬도 없었다. 집에서는 써야 할 것, 베껴야 할 것이 있는 데다가, 모든 것을 보고 싶기도 하고, 또 꼭 보아야만 하기도 했다. 그렇게 시간이 흘러갔고, 우리에게는 완전히 축제의 법석이었던 3월도 마침내 지나갔다. 나는 최근에 일어난 일, 대관식날 기대되던 일에 대해 충실하고 상세하게 설명해주겠다고 그레트헨과 약속을 했다.

대전(大典)의 날이 다가오고 있었다. 나는 대체 무슨 얘길 해야 좋을까 하는 것보다, 어떻게 말해야 할까가 더 마음에 걸렸다. 내가 직접 눈으로 본 것, 서기로서 내가 기록한 것 모두를, 코앞에 닥친 이 유일한 용도를 위해 급히 서둘러서 정리했다. 마침내 어느 날 밤, 꽤 늦은 시각에 나는 그녀의 집을 찾아갔다. 나는 아직 말을 꺼내기도 전부터, 이번 설명이 지난번 아무런 준비 없이 했던 설명보다 훨씬 잘 해낼 것이 틀림없다고, 적잖게 자랑스러워하고 있었다. 하지만 주도면밀하게 계획한 것보다, 그때그때 필요에 임박하여 하는 편이 우리 자신과 타인에게 더 많은 기쁨을 주는 경우가 종종 있기 마련이다.

평소와 다름없는 비슷한 인물 구성이었지만 내가 모르는 사람도 두엇 있었다. 그들은 자리에 앉아서 트럼프를 시작했고, 그레트헨과 나이 어린 사촌만이 석판 옆의 내 곁에 있었다. 그녀는 자기가 시민도 아닌데 선제식날 시민의 한 사람으로 대우받고, 다시없는 이 구경거리를 체험한 기쁨을 사랑스럽게 말했다. 그녀는 자기를 위해 편의를 봐준 것, 지금까지 필라데스를 통해 표를 얻거나 좌석을 얻고, 친구에게 부탁하거나 소개를 해서 여러 곳에 들어갈 수 있도록 배려해 준 것에 대해 정중하게 고마움을 표했다.

그녀는 제국 보기 이야기를 기쁘게 들었다. 나는 그녀에게 가능하다면 그것들을 함께 보기로 약속했다. 그녀는 젊은 국왕이 의상과 왕관을 시험 삼아 입었다는 이야기를 듣고 두세 가지 농담 섞인 비평을 했다. 나는 그녀가 대관식 날 축전을 어디서 볼지를 알고 있었으므로 곧 일어날 모든 일, 특히 그녀의 자리에서 자세히 볼 수 있는 모든 것에 대해 일러주었다.

우리는 이렇게 시간의 흐름을 잊고 있었다. 이미 12시가 넘어 있었다. 그리고 운 나쁘게도 나는 집 열쇠를 가져오지 않았다. 한바탕 소동을 피우지 않고 집 안으로 들어가는 것은 불가능했다. 그녀에게 나의 당혹감을 털어놓았다.

"결국 가장 좋은 방법은 모두 여기서 밤을 새는 거로군요."

그녀는 말했다. 사촌 형제들과 새로운 얼굴들도 이미 같은 생각을 하고 있었다. 이 사람들을 오늘밤 어디서 재워야 좋을지 몰랐기 때문이다. 곧 그렇게 하기로 했다. 양초가 거의 다 닳아서 그녀는 커다란 가족용 놋쇠 램프에 심지와 기름을 넣어 불을 붙여 가져온 다음, 커피를 끓이기 위해 나갔다.

커피 덕분에 두세 시간은 말짱할 수 있었지만 이윽고 트럼프에도 질리고, 대화도 끊어졌다. 안주인은 커다란 안락의자에서 잠들어 있었다. 새 얼굴들도 여행의 피로 때문인지 여기저기서 졸고 있었다. 필라데스와 그의 연인은 구석 쪽에 앉아 있었다. 그녀는 머리를 그의 어깨에 기대어 잠들어 있었다. 그도 오래 깨어 있지는 않았다. 나이가 아래인 사촌 형제는 우리 맞은편, 석판이 놓여 있는 책상에 앉아 있었는데, 책상 위에 팔짱을 끼고 그 위에 머리를 올려놓고 자고 있었다.

나는 책상 뒤의 창가 구석에 앉았고, 그레트헨은 내 옆에 앉아 있었다. 우리는 작은 목소리로 이야기했다. 그러나 마침내 그녀도 잠을 쫓지 못하고 고개를 내 어깨에 기대어 이내 잠들어 버렸다. 이리하여 나 혼자만 눈을 뜨고 앉아 있었다. 매우 기묘한 상황이었다. 그러나 이윽고 죽음의 친한 형제인 잠이 내 마음을 가라앉혀 주었다. 나도 잠들어 버렸다.

눈을 떴을 때는 해는 이미 중천에 떠 있었다. 그레트헨은 거울 앞에 서서 모자를 고쳐 쓰고 있었다. 그녀는 어느 때보다 사랑스럽게 보였고, 헤어질 때는 부드럽게 손을 잡아 주었다. 나는 우회로를 택해 살며시 집으로 돌아갔다. 왜냐하면 아버지는 이웃사람의 불평에도 불구하고 히르쉬그라벤으로 면한 벽에 들창을 만들어 놓았기 때문이다. 동생과 나는 아버지에게 들키지 않고 집으로 들어가려 할 때, 그쪽은 피하기로 되어 있었다. 나를 위해 늘 조정 역할을 맡아

주는 어머니는, 아침 티타임에 내가 없는 것을, 이른 아침에 나간 것으로 해놓았다. 덕분에 나는 죄 없는 이 하룻밤 때문에 불쾌한 일을 겪지 않아도 되었다.

전반적으로 나는 나를 둘러싸고 있는 무한히 다양한 세계로부터는 지극히 단순한 인상밖에는 받지 않았다. 나는 사물의 겉모습을 세세히 관찰하는 것 외엔 아무런 관심도 없었고, 아버지와 폰 쾨니히스탈 씨가 나에게 의뢰한 일 말고는 아무것도 하지 않았다. 물론 나는 이 일로 일의 내면적 경과를 알 수는 있었다. 내겐 그레트헨 외에는 아무런 애착도 없었다. 모든 것을 주의 깊게 바라보고 마음에 새겼다가 그것을 그녀와 함께 복습하고, 그녀에게 설명할 수 있도록 하는 것 외엔 아무 생각도 하지 않았다. 행렬이 지나갈 때는 그 모습을 작은 목소리로 중얼거려 보기까지 하면서 모든 것을 하나하나 확실하게 기억해 두었다가, 나의 관찰이 구석구석 정확하다는 것을 사랑하는 사람에게서 칭찬받고 싶었다. 그리고 다른 사람의 갈채나 칭찬은 단지 덤으로만 여겼다.

확실히 나는 신분이 높고 고귀한 사람들을 소개받기는 했다. 그렇지만 아무도 남의 일에 신경을 쓸 겨를이 없었고, 또 나이 든 사람은 젊은이와 어떤 이야기를 하고, 어떤 식으로 접근해야 하는지를 쉽게 알지 못했다. 나는 또 나대로 남에게 내 의견을 마음 편하게 이야기하는 것이 그다지 쉽지 않았다. 나는 늘 그들에게 귀여움을 받기는 했지만, 칭찬을 받는 경우는 없었다. 나는 당장 내가 하고 있는 일이 벅차서, 그것이 다른 사람의 마음에도 드는지 여부는 문제삼지 않았다. 나는 지나치게 활발하거나 아니면 너무 과묵했다. 그 사람이 나를 마음에 들어 하느냐 반발하느냐에 따라, 뻔뻔스러워지거나 고집을 피웠다. 때문에 사람들은 나를 유망한 청년이라고 생각하기는 했지만, 동시에 나는 그들에게 유별난 사람이기도 했다.

1764년 4월 3일, 드디어 대관식날이 밝았다. 날씨는 더없이 좋았고, 너 나 할 것 없이 바삐 움직이고 있었다. 몇몇 친척이 친구들과 함께 시 청사 2층에 좋은 자리를 잡았다. 거기서는 전체를 빠짐없이 건너다볼 수가 있었다. 우리는 아침 일찍부터 그곳으로 나갔다. 전에 가까이서 미리 관찰했던 다양한 시설들을, 이번엔 조감도를 보듯이 위에서 내려다보았다. 그곳엔 좌우에 커다란 통을 설치한 분수가 새로 세워져서, 분수 위의 두 마리 독수리의 주둥이에서 각 통으로 백포도주와 적포도주가 나오도록 되어 있었다. 그 맞은편에는 오트밀이 산더미처럼 쌓여 있고, 바로 앞에는 커다란 판자로 만든 오두막이 세워져 있었다. 그 오두막 안에선, 며칠 전부터 살찐 소를 통째로 거대한 꼬치에 꿰어 굽고 있었다.

시청에서 나오는 통로와, 다른 길에서 시청으로 통하는 길은 모두 양쪽에 울타리를 쳐놓고 위병들이 지키고 있었다. 대광장은 차츰 늘어난 사람들로 꽉 차다시피했다. 군중은 새로운 광경이 펼쳐지고, 뭔가 눈에 띄는 일이 있으면 그 방향으로, 할 수만 있으면 언제든지 몰려가려 했으므로, 군중의 혼잡은 점점 세차고 심해지기 시작했다.

그럼에도 불구하고 그곳에는 상당한 고요가 지배하고 있었다. 이윽고 경종이 울렸을 때, 군중은 모두 전율과 놀라움으로 뒤덮인 것처럼 보였다. 광장을 위에서 내려다보는 모든 사람들의 주의를 맨 먼저 끈 것은, 아헨과 뉘른베르크의 고관이 제국의 보기를 대사원으로 운반해 가는 행렬이었다. 보기는 제국 수호의 성물(聖物)로서 마차의 가장 윗자리를 차지하고, 사절들은 그것을 앞에 놓고 뒤를 향한 좌석에 정중하고 단정하게 앉아 있었다. 이어 3명의 선제후가 대성당으로 들어갔다. 보기를 마인츠 선제후에게 건넨 다음, 즉각 왕관과 보검을 황제의 행궁으로 보냈다. 무슨 일이 벌어지는지 미리 알고 있었던 우리가 충분히 상상할 수 있다시피, 그동안 교회 안에서는 그다음 준비와 다양한 의식 때문에 그날의 주역들과 구경꾼들 모두 바쁘게 움직이고 있었다.

그러는 사이에 사절들이 시청을 향해 마차를 몰고 우리의 눈앞을 달리고, 시청에서는 하급 대신들이 천개(天蓋)를 황제가 있는 행궁으로 운반한다. 이내 세습 총무장관인 폰 파펜하임 백작이 말에 오른다. 백작은 큰 키에 매우 훤칠하게 생긴 사람으로, 에스파냐풍의 의상, 호화로운 겉옷, 금색 외투, 높은 깃털 모자, 깔끔하게 빗질한 머리가 잘 어울렸다. 그의 말이 앞으로 나아가자 종이 일제히 울렸고, 사절들은 황제 선거일보다도 한층 화려한 복장으로 그 뒤를 따라 황제의 행궁을 향해 말을 몬다.

이런 날에는 몸이 몇 개라도 부족할 지경이지만, 우리는 그곳에도 가보고 싶었다. 우리는 그곳에서 벌어질 일을 서로 이야기했다. 황제는 지금 과거 카롤링가의 양식으로 만든 새 의장을 입고 있다고 우리는 말했다. 세습관들이 제국의 보기를 받쳐 들고 말에 오른다. 예복을 입은 황제와 에스파냐풍의 의상을 입은 로마 왕도 마찬가지로 말에 오른다. 이런 일들이 벌어지는 사이, 끝없는 선도 행렬이 벌써부터 황제 등의 출발을 우리에게 알려 주었다.

화려한 의장을 두른 수많은 하인과 그 밖의 관리들, 의연하게 발을 옮기는 당당한 귀족들을 바라보는 것만으로도 눈이 피곤했다. 이어 선제 사절, 세습관, 그리고 마지막으로 12명의 배심원과 시참사회원이 받드는, 한 면에 가득 수를 놓은 천개 아래로 고풍스런 의장을 두른 황제, 그의 약간 왼쪽으로 내려가서 에스파냐풍의 옷을 입은 황태자가 화려하게 장식한 말에 올라 천천히 지나갔을 때, 눈은 이제 스스로에게 만족하지 못했다. 할 수만 있다면 주문을 걸어서 이 현상을 한 순간이나마 정지시켜 놓고 싶은 충동이 일었다. 그러나 화려한 행렬은 그침 없이 지나갔다. 그리고 행렬이 통과한 다음엔 다시 밀려드는 군중으로 순식간에 뒤덮였다.

이어 또다시 혼잡이 벌어졌다. 왜냐하면 광장에서 시청 현관으로 통하는 다른 통로를 열고, 그곳에 대성당에서 돌아오는 행렬이 지나는 판교(板橋)를 놓지 않으면 안 되었기 때문이다.

대성당 안에서 이루어진 일, 도유식(塗油式), 대관식, 기사 서임식 및 그 전후에 이루어진 끝없는 의식, 이 모든 것을 우리는 뒤에, 교회 안에 머물기 위해 다른 여러 가지 일을 희생시킨 사람들로부터 기꺼이 들을 수가 있었다.

그동안에 우리처럼 밖에 있었던 사람은 자기 자리에서 간단한 식사를 했다. 우리가 경험한 가장 경사스런 이날, 우리는 차가운 식사를 감내하지 않으면 안 되었다. 그러나 그 대신에 온갖 집들의 지하실에서 최상의 가장 오랜 포도주가 나와 있었다. 그래서 우리는 적어도 그런 면에선 이 고풍스런 축제를 고풍스럽게 축하한 것이었다.

이제 광장에서 가장 볼만한 것은 빨강과 노랑, 흰색 천으로 뒤덮인 다리였다. 처음엔 마차로, 이어 말로 가는 모습을 경탄하며 바라보던 황제가 이번엔 걸어서 지나는 것을 찬탄하게 된 것이다. 매우 기묘한 일이지만, 우리는 이 걷는 모습을 가장 즐겁게 기대하고 있었다. 왜냐하면 우리는 이런 모습으로 사람들 앞에 나타나는 것이 가장 자연스럽고, 또 가장 기품 있는 것으로 생각했기 때문이다.

프란츠 1세의 대관식을 보았던 나이 든 사람의 말에 따르면, 빼어나게 아름다운 마리아 테레지아는 그 축전을 시청에 인접한 프라우엔슈타인가(家)의 발코니 창에서 바라보고 있었다. 마침내 남편 황제가 기묘한 차림으로 대성당에서 나와 그녀 앞에 서서, 말하자면 카를 대제의 망령 같은 모습을 나타냈을 때, 그는 장난스럽게 두 손을 쳐들어, 그녀에게 지구의와 왕홀(王笏),[18] 기묘하게 생긴 장갑을 흔드는 바람에 그녀는 웃음을 그칠 줄 몰랐다. 이 광경을 보고 구경하던 군중은 모두 매우 기뻐했고, 또 인상 깊어 했다. 군중들은 그리스도교 세계 최고의 아름답고 자연스런 부부의 모습을 목격하는 영예를 누렸기 때문이다. 황후가 남편 황제에게 인사를 보내기 위해 손수건을 흔들고 친히 큰 소리로 만세를 외쳤을 때, 군중의 열광과 환호는 최고조에 이르렀고, 기쁨의 환성은 끝 간 데를 알 수 없었다고 한다.

이윽고 종이 울리고, 화려한 색깔의 다리 위로 조용히 발을 옮기는 긴 행렬의 선두가 보임으로써 모든 것이 종료되었음을 알렸다. 우리는 아까보다도 훨씬 주의를 쏟았다. 행렬은 이번엔 우리 쪽을 향해 똑바로 전진했으므로 특히 우리는 먼저보다도 한층 분명하게 볼 수가 있었다. 우리는 행렬과 군중으로 뒤덮인 광장 전체를 조감도를 보는 것처럼 바라볼 수가 있었다.

다만 이 찬란한 조망은 끝부분이 지나치게 밀집되어 있었다. 그것은 사절, 세습관, 천개 아래의 황제와 국왕, 그에 이어지는 3명의 사제직 선제후, 검은 옷의 배심원과 시참사회원, 금색 자수를 놓은 천개, 이 모든 것이 하나의 의지에 의해 움직여지고, 매우 잘 조화된 하나의 덩어리처럼 보였기 때문이다. 그리고 그것은, 마침 울리는 종소리 속을 지나 사원에서 걸어 나와, 무엇인가 성스러운 것처럼 우리를 향해 빛났다.

정치적·종교적 의식에는 무한한 매력이 있다. 우리는 지상의 존엄이 권력의 그 모든 상징으로 둘러싸여 있는 것을 눈앞에서 본다. 그러나 우리는 그것이 천상의 존엄 앞에 무릎 꿇는 것을 볼 때, 양자의 합체(合體)를 분명하게 느낀다. 왜냐하면 각 개인들도 신 앞에 몸을 던져 기도함으로써만 신과의 친근함을 확인할 수가 있기 때문이다.

시장에서 울려 퍼진 환호성은 이제 대광장 전체로 퍼져 나갔다. 드높은 만세

---

18) 예복을 입은 왕이 손에 든 패.

소리는 몇천의 목구멍에서, 그리고 그것은 분명 그 가슴속에서 울려나오는 것이었다. 왜냐하면 이 장엄하고 대대적인 축전은 영원히 계속되는 평화의 증거가 될 것이 분명했고, 또한 실제로 이 평화는 오랫동안에 걸쳐 독일에 행복을 가져왔기 때문이다.

며칠 전의 공고에 의해서, 다리나 분수 위의 독수리는 일반인에게 허락되지 않으며, 따라서 민중은 지금까지처럼 그것에 손을 대서는 안 된다고 알려져 있었다. 이것은, 그것을 허락했을 때 군중이 밀려와 늘 야기되는 갖가지 불행을 피하기 위해서 이루어진 일이었다. 그러나 민중의 수호신에게도 얼마간의 제물을 바쳐야만 했기 때문에, 특히 이를 위해 임명된 사람들이 행렬의 뒤를 따라가서, 천을 다리에서 떼어내 그것을 말아서 공중으로 던져 올렸다.

이것으로 확실히 아무런 불상사도 일어나지 않았지만, 우스꽝스런 재난이 생겼다. 천이 공중에서 풀려서 내려오면서 상당한 수의 구경꾼들을 덮었기 때문이다. 가장자리를 붙잡고 자기 쪽으로 잡아당긴 사람들은, 한가운데에 있었던 사람들을 모조리 땅바닥에 쓰러뜨려 불안에 빠뜨렸다. 그러나 결국 그들은 천을 찢거나 뚫고 빠져나왔고, 이리하여 그들 모두는 각자 황제와 국왕의 발에 닿아 신성해진 천 조각을 집으로 가지고 갔다.

나는 이 난폭한 즐거움을 그리 오래는 쳐다보지 않고, 내가 있던 높은 좌석으로부터 여러 계단과 통로를 뛰어내려 정면의 대계단으로 급히 갔다. 멀리서 경탄하여 바라보던 고귀하고 화려한 행렬이 그곳에 올라오기로 되어 있었던 것이다. 시청 입구는 경호가 이루어지고 있었으므로, 그곳은 그다지 복잡하지 않았다. 운 좋게도 나는 철제 난간 바로 위로 나올 수가 있었다. 이윽고 주요 인사들이 내 옆을 지나 올라갔다. 시중을 드는 사람들은 아래의 둥근 천장 통로에 남았다. 나는 세 번 꺾이는 계단 위에서 그들 모두를 볼 수 있었고, 마지막에는 코앞에서 바라볼 수가 있었다.

마침내 황제와 국왕도 올라왔다. 아버지와 아들은 쌍둥이처럼 똑같은 차림을 하고 있었다. 황제의 진주와 보석을 온통 박아 넣은 새빨간 실크 대례복, 왕관, 왕홀, 지구의는 무척이나 바람직하게 보였다. 모두 다 새로 만든 것이지만, 옛날 방식을 본뜬 것이어서 형언하기 어려운 아취가 있었다.

황제는 이런 차림새로도 의연하게 발을 옮겼다. 온유하고 부드러우며 기품 있는 그의 얼굴은 황제이자 아버지임을 나타내고 있었다. 그에 비해 젊은 국왕은 가장이라도 한 듯이, 보석이 달린 터무니없이 커다란 카를 대왕의 옷을 입고 질질 끌다시피 걷고 있었다. 스스로도 우스웠던지 이따금 아버지 쪽을 쳐다보면서 웃음을 참지 못하고 있었다. 왕관에는 많은 것을 달지 않으면 안 되었기 때문에, 차양처럼 머리에서 삐져나와 있었다.

대관식 예복이나 제례복 모두 가능한 한 몸에 맞도록 만들어져 있었지만, 언뜻 보기에 썩 볼품이 나지는 않았다. 왕홀과 지구의는 우리를 놀라게 했다. 그러나 보다 훌륭하게 보이도록, 그 옷차림에 걸맞은 훤칠한 체격의 사람에게 입혀 보았더라면 하는 마음이 가시지 않았다.

이런 사람들의 뒤로 대연회장의 문이 다시 닫히자마자 나는 곧 애초의 자리로 서둘러 돌아왔다. 그곳은 이미 다른 사람들이 차지하고 있었지만, 약간의 고생을 한 끝에 가까스로 자리를 잡을 수 있었다.

나는 매우 시기적절한 때 창 있는 자리를 다시 되찾았다. 공공연하게 볼 수 없는, 가장 주목해야 할 일이 막 벌어지고 있는 참이었기 때문이다. 군중은 모두 시청 쪽으로 고개를 향하고 있었다. 다시 일어난 만세의 함성이, 황제와 국왕이 대연회장의 발코니 창에 대례복을 입고 모습을 나타냈음을 알려 주었다.

그러나 두 사람은 단지 군중에게 모습을 보이기 위해 그곳에 선 것이 아니었다. 그들의 눈앞에서 기묘한 구경거리가 벌어지기로 되어 있었다. 우선 먼저 잘생기고 날씬한 세습 총무장관이 말에 뛰어올랐다. 그는 대검(帶劍)을 풀고 오른손에 자루가 달린 은제 됫박을 들고, 왼손에는 평미레를 들고 있었다. 그러더니그는 울타리 안의 커다란 오트밀더미로 말을 몰고 가서는 그 안으로 뛰어들어가, 됫박 가득 퍼올려서 평미레로 깎은 다음, 위엄을 가다듬고 돌아왔다. 이리하여 황제실의 마구간은 사료를 공급받은 것이다.

이어 세습 시종이 마찬가지로 그곳으로 말을 몰고 가, 통과 물병과 수건을 가지고 돌아왔다. 그러나 구경꾼들이 훨씬 재미있어한 것은, 구운 수소의 고기를 가지러 간 세습 요리대신이었다. 은으로 된 큰 접시를 들고 그도 울타리를 가로질러, 판자를 두른 널따란 주방으로 말을 몰고 가, 이윽고 고기를 담아 뚜껑을 덮은 접시를 들고 나타나서 시청 쪽으로 말을 몰았다.

다음은 헌작(獻酌) 시종의 차례였다. 그는 분수가 있는 곳으로 말을 몰아 포도주를 가져왔다. 이리하여 황제의 식탁 준비는 끝났다. 사람들의 눈은 세습 재무대신을 기다렸다.

그는 돈을 뿌려주기로 되어 있었던 것이다. 그도 훌륭한 말에 올랐다. 안장 양옆에는 권총 케이스 대신에 팔츠 선제후의 문장(紋章)을 수놓은 화려한 주머니가 여러 개 달려 있었다. 그는 말을 몰기 시작하자마자 곧 주머니에 손을 넣어, 금화와 은화를 좌우로 아낌없이 뿌렸다. 그때마다 그것들은 금비, 은비처럼 공중에서 즐겁게 반짝였다. 이 선물을 받으려고 몇천의 손이 일순간 허공에서 춤추었지만, 화폐가 밑으로 떨어진 것을 보자마자 군중은 땅바닥으로 달려들어, 땅에 떨어진 돈을 주우려고 격렬하게 다퉜다. 시주(施主)가 말을 몰면서 좌우에서 이런 움직임이 반복되었으므로, 그것은 구경꾼들에게 매우 유쾌한 광경을 보여주었다. 마지막으로 자루를 통째로 던졌고, 모든 사람이 이 최고의 선물을 받으려고 다툴 때는 그야말로 가장 격렬한 광경이 전개되었다.

두 폐하는 발코니에서 내려왔다. 그리고 이런 경우에 조용히 감사하면서 선물을 받기보다는 아귀다툼을 해가며 서로 빼앗으려는 민중을 위해, 다시 한 차례 선물 수여를 하기로 했다. 보다 소박하고 거칠었던 시대에는 세습 총무장관이 오트밀을 자기가 가질만큼 가진 후에, 세습 헌작 시종과 세습 요리장관이 그 직무를 마친 다음에 분수와 주방을 그 자리에서 민중의 자유에 맡기는 관습이 있었다.

그러나 이번엔 모든 불행한 사태를 피하기 위해 가능한 한 질서와 절도가 지켜졌다. 그래도 여전히 누군가가 자루에 오트밀을 담으면 다른 사람이 그것에 구멍을 뚫는, 예로부터 전해오는 심술궂은 장난과 그와 비슷한 많은 악행이 벌어졌다. 또 여느 때처럼 이번에도 구운 수소를 둘러싸고 진지한 싸움이 벌어졌다. 이 수소는 단체가 아니면 달려들어 경쟁할 수가 없었다.

도축업자와 포도주 운반업자의 두 동업 조합이 관례에 따라, 두 조합 가운데 어느 한쪽이 거대한 바비큐를 받는 위치를 차지했다. 도축업자는 자기들이 온전히 주방으로 들여온 수소에 대해 가장 큰 권리를 가졌다고 믿었다. 그에 반해 포도주 운반업자는 주방이 그들 조합 건물 옆에 세워졌다는 것과, 지난번엔 그들이 승리를 거둔 것을 이유로 내세워 수소를 요구했다. 실제로 그들 조합 집회소의 격자로 된 창에선 그 획득된 수소의 뿔이 승리의 상징으로 주위를 노려보고 있는 것이 보였다. 대규모의 두 조합은 모두 힘깨나 쓰는 훌륭한 조합원을 두고 있었다. 그러나 이번엔 어느 쪽이 승리를 거두었는지는 나는 잘 기억이 나지 않는다.

그런데 이런 행사는 늘 어떤 위험하고 무서운 일로 막을 내리기 마련인데, 판자를 친 주방이 군중의 자유에 맡겨진 순간엔 참으로 무시무시했다. 어떻게 올라갔는지 모르지만, 지붕 위는 순식간에 사람들로 가득했다. 판자를 뜯고 내던지고 떨어뜨렸다. 특히 멀리서 보고 있노라니, 판자가 나가떨어질 때마다, 몰려든 군중 두세 명이 깔려 죽는 것은 아닐까 걱정이 되었다.

눈 깜짝할 사이에 오두막의 지붕은 다 벗겨지고, 기둥과 대들보는 그 이음매에서 떨어지려 하고 있는데 몇몇 사람이 그것을 뜯으려고 매달려 있었다. 그뿐만 아니라 밑에서는 이미 기둥을 톱으로 잘라서 골조가 흔들려서 당장에라도 무너질 것 같은데도, 위에선 아직 몇몇 사람이 남아서 흔들리고 있었다. 마음 약한 사람들은 저도 모르게 외면을 했다. 그리고 지금 당장 엄청난 불상사가 일어나리라는 생각만 하고 있었다. 그러나 어떤 불상사가 있었다는 소린 끝내 듣지 못했다. 그리고 어디 한 군데 격렬하고 맹렬하지 않은 데가 없었지만, 모두 무사히 끝났다.

발코니에서 물러나 작은 방으로 들어간 황제와 국왕이 다시 그곳을 나와서, 이제 대연회장에서 식사를 할 것이라는 것을 누구나 알고 있었다. 나는 어제 그 준비를 보고 경탄했지만, 오늘은 가능하다면 단 한 번만이라도 식사하는 모습을 보기를 간절히 원했다. 그래서 나는 평소의 그 길을 지나, 대연회장 문 맞은편에 있는 대계단으로 갔다. 여기서 나는 고귀한 사람들이 오늘은 제국 원수의 시종으로 만족해하는 것을 보고 놀라움을 금치 못했다. 44명의 백작이 주방에서 식사를 가져와 내 옆을 지나갔다. 모두들 한껏 화려하게 차려입고 있었으므로, 그 멋진 차림새와 그들이 하는 행동의 대조는 소년의 머리를 혼란케 하기에 충분했다.

대단한 혼잡은 아니었지만, 장소가 좁기 때문에 사람 수는 역시 눈에 띄었다. 홀의 입구는 경비를 서고 있었지만, 자격이 있는 사람은 빈번하게 드나들고 있었다. 나는 팔츠 선제후의 조정 신하 한 사람이 눈에 띄기에, 그를 붙잡고 함께 안으로 들어갈 수 있겠느냐고 말을 붙여 보았다. 그는 잠깐 생각하더니 그가 들고 있는 은제 식기 하나를 내게 건넸다. 그가 그렇게 할 수 있었던 것도 내가 말쑥한 차림새를 하고 있었기 때문이다. 이리하여 나는 신성한 장소로 들어갔다. 팔츠 제후의 식기 선반은 문 바로 왼쪽에 있었다. 나는 두세 걸음 나아가서 식기 선반 뒤의 대 위로 올라섰다.

대연회장의 다른 한쪽 가장자리 창문 바로 옆, 한 단계 높은 옥좌의 천개 밑에 황제와 국왕이 사복을 입고 앉아 있었다. 왕관과 왕홀은 조금 떨어진 뒤쪽에 금색 쿠션 위에 놓여 있었다. 세 명의 사제직 선제후는 식대 선반을 뒤로하고, 마인츠 선제후는 두 폐하의 맞은편에, 투릴 선제후는 오른쪽, 케른 선제후는 왼쪽의 각각 높은 좌석에 자리를 차지하고 있었다. 홀의 이 상석 부분은 무척 품위가 있어서 조망이 아름다웠다. 그리고 보는 사람으로 하여금, 사제직에 있는 사람이 통치자와 바람직한 관계를 가능한 한 오래 유지하고자 한다는 것을 알게 했다.

이에 반해 화려하게 장식하기는 했지만, 세속 선제후들의 임자 없는 식기 선반과 식탁은, 몇백 년에 걸쳐서 그들과 제국 원수와의 사이에 차츰 생겨났던 불화[19]를 생각하게 했다. 그들의 사절들은 이미 물러나와 다음 방에서 식사를 하고 있었다. 이루 헤아릴 수 없는 많은 손님이 한데 모여서 더없이 호화로운 식사를 함으로써, 대연회장의 대부분은 뭔가 망령 같은 모습을 띠기도 했지만, 중앙에 놓인 비어 있는 커다란 테이블은 더더욱 음울하게 보였다.

왜냐하면 그곳에도 매우 많은 숫자의 접시가 주인이 없는 채로 놓여 있었기 때문이다. 어쨌든 그 자리에 앉을 자격이 있는 사람은 모두, 체면상, 즉 최대의 이 축제일에 그들의 명예에 손상을 주지 않기 위해, 그 시각에 시내에 있었음에도 불구하고, 모습을 드러내지 않았던 것이다.

내 나이로 보나, 또 그 자리의 혼잡함으로 보더라도 나는 많은 것을 관찰할 수는 없었다. 다만 나는 가능한 한 모든 것을 내 눈으로 직접 보고자 노력했다. 디저트가 나오고, 사절들이 축하의 예를 표하기 위해 다시 들어왔을 때 나는 밖으로 나왔다. 그리고 근처의 친한 친구 집에서, 거의 굶다시피 한 오늘 하루의 원기를 회복하고, 도시의 밤을 밝힌 조명을 보러 가기 위한 채비를 했다.

---

19) 6명의 세속 선제후는 이 대관식에는 모습을 나타내지 않았다.

나는 이 휘황찬란한 밤을 즐겁게 보내려고 그레트헨, 필라데스와 그의 연인과 만나기로 약속을 했다. 내가 그들과 만났을 때는 이미 시내 곳곳이 번쩍이고 있었다. 나는 그레트헨과 팔짱을 끼고 시내를 돌아다녔다. 둘 다 무척 행복했다. 처음엔 사촌 형제들도 함께 있었는데 조금 지나자 인파에 섞여 모습이 보이지 않게 되었다. 화려한 조명으로 장식된 몇몇 사절의 숙소 앞은(팔츠 선제후의 것이 특히 훌륭했다) 대낮으로 착각할 정도로 밝았다.

남의 눈에 띄지 않도록 나는 살짝 변장하고 있었는데, 그레트헨은 그것이 잘 어울린다고 말해 주었다. 우리는 갖가지 빛의 연출과 동화 같은 불꽃 건물에 경탄했는데, 그것은 모두 사절들이 서로 경쟁하여 궁리를 짜낸 것들이었다. 그러나 에스타하지 제후의 장식이 다른 모든 것을 압도하고 있었다. 우리는 그 정취와 완성도에 매료되어, 그것 하나하나를 마음껏 즐기고자 했다. 그때 마침 사촌 형제들을 다시 만나서, 브란덴부르크 사절이 자기들 숙소에 장식한 멋진 조명에 대한 이야기를 들었다. 우리는 먼 길을 마다않고 로스마르크트에서 자르호프까지 갔다. 하지만 그곳에 가서야 그것이 심술궂은 장난임을 알았다.

자르호프의 마인강에 잇닿은 쪽은 잘 정돈된 훌륭한 건물인데, 시를 바라보는 쪽은 낡고 고르지 못한 데다 보기 흉했다. 모양이나 크기가 고르지 못하고, 높이와 간격도 통일성이 없는 작은 창, 균형을 무시하고 만든 문과 현관문, 대개는 소매점으로 바뀐 1층 등이 너무나 어수선해서, 지금껏 어느 한 사람 그것에 눈을 돌린 사람은 없었다. 그런데 그 제멋대로 된 데다가 고르지 못하고 관련성 없는 건물의 거리에, 하나하나의 창, 현관문들이 모조리 등으로 둘러싸여 있었다.

균일하고 정돈된 건물의 경우라면 그래도 별문제 없겠지만, 세상에 둘도 없이 무취미하고 추한 건물의 앞면이 여기선 남김없이, 믿어지지 않을 정도로 밝디밝게 빛을 내고 있었던 것이다. 그리고 누가 보더라도 그곳에는 뭔가 작위적인 데가 두드러졌기 때문에 왠지 의심스런 생각이 들기는 했지만, 그러나 또한 마법사의 마술을 보고 있기라도 한 듯한 즐거움도 없지는 않았다. 왜냐하면 두터운 존경을 받고 있던 프로토의 그 밖의 외면적인 처신에 대해서는 이미 주석을 붙인 대로이고, 또 우리는 뭐니 뭐니 해도 그에게 호의를 갖고 있고 그의 국왕과 마찬가지로, 온갖 의례적인 것을 무시하는 그의 장난기를 탐탁해했기 때문이다. 그러나 역시 우리는 에스타하지의 요정의 나라로 다시 돌아갔다.

이 고위 사절은 이날을 축하하기 위해, 지리적 이득이 없는 자기의 숙소를 완전히 무시한 대신, 로스마르크트의 널따란 보리수 광장을 꾸몄다. 광장 앞면에는 색색가지 조명으로 반짝이는 문을 설치하고, 뒤에는 더한층 화려한 경관을 만들어 장식하게 했다. 주위의 담장에는 모두 등이 켜져 있었다. 나무들 사이에는 안에서 빛을 비추게 한 좌대 위에, 광 피라미드와 광구(光球)가 세워져 있었다. 나무에서 나무로 반짝이는 꽃무늬가 이어지고, 늘어뜨린 양초가 흔들리고 있었다. 몇 군데에서 군중에게 빵과 소시지를 나눠 주었고, 포도주도 대접했다.

우리는 네 명이 하나가 되어서 매우 유쾌하게 그곳을 돌아다녔다. 나는 그레트헨 옆에서 진정으로 그 낙원[20]의 행복한 들판에 있는 듯한 기분이었다. 그곳에선 나무에서 수정(水晶) 항아리를 따면 소원대로 순식간에 포도주가 가득 차고, 나무 열매를 흔들어 따면 그것이 먹고 싶은 요리로 바뀌는 것이다. 그래서 우리도 이내 그런 욕구가 밀려와, 필라데스의 안내에 따라 매우 느낌이 좋은 식당으로 들어갔다.

모두들 길거리를 돌아다니느라 식당에는 우리밖에 손님이 없어서, 우리는 한층 마음 편히 앉아서 우정과 사랑과 호의에 싸여서, 그 밤의 대부분을 더없이 명랑하고 행복하게 보냈다. 그레트헨을 그녀의 집 문 앞까지 데려다주었을 때, 그녀는 나의 이마에 키스해 주었다. 그녀가 나에게 그런 호의를 보인 것은 이번이 처음이자 마지막이었다. 슬프게도 나는 두 번 다시 그녀를 만나는 일이 없었던 것이다.

다음 날 아침, 내가 아직 잠자리에 누워 있을 때, 어머니가 유난히 불안한 모습으로 들어오셨다. 어머니에게 뭔가 걱정거리가 있을 때는 그 모습으로 금세 알 수 있었다.

"일어나거라."

어머니는 말하였다.

"그리 좋지 않은 일을 겪을 각오를 해 두거라. 너는 무척이나 품행이 좋지 않

20) 루키아노스의 《진실한 이야기》의 극락도의 부분에 나오는 이야기. 단 '나무열매……' 이하는 괴테가 추가한 것.

은 사람들과 사귀어서 위험하고 질 나쁜 사건에 휘말려 있더구나. 아버진 무척이나 화가 나 계시단다. 잘 말씀드려서 사건을 간신히 제3자에게 알아보게 했단다. 무슨 일이 일어날지 이 방에서 기다리거라. 시참사회원 슈나이더 씨가 아버지와 관청으로부터 이 일을 위임받아 와 계시단다. 사건은 이미 만천하에 드러나서 무척이나 난처해질지도 모르겠다."

사건이 실제보다도 훨씬 나쁘게 돌아가고 있다는 것을 나는 알았다. 어차피 사건의 진상은 밝혀지기는 하겠지만, 그러나 나는 적잖이 불안했다. 《메시아스》 예찬론자 노인이 들어왔다. 그의 눈에는 눈물이 그렁그렁했다. 그는 내 팔을 붙잡고 말했다.

"이런 사건으로 자넬 찾아온 것은 매우 유감스러운 일이로군. 자네가 이런 큰 잘못을 저지르리라곤 추호도 생각하지 못했어. 하지만 나쁜 친구들과 나쁜 본보기는 무슨 짓이든 저지르기 마련이지. 경험이 없는 이런 젊은이는 유혹을 당해서 한 걸음씩 죄를 저지르게 되거든."

"저는 아무 잘못도 저지른 기억이 없습니다."

나는 대답했다.

"나쁜 친구를 찾아간 기억도 없고요."

"지금은 변명하고 있을 때가 아냐."

그는 내 말을 가로막았다.

"나는 취조하러 왔어. 자넨 솔직하게 밝히기만 하면 돼."

"뭘 알고 싶으세요?"

그는 앉아서 종이 한 장을 꺼내 심문을 시작했다.

"자네는 어떤 사람을 어느 지위의 후보자로 할아버지께 추천한 적이 있나?"

"있습니다."

"자넨 어디서 그 사람을 알게 되었지?"

"산책하다가요."

"그때 같이 있던 사람은?"

나는 입을 다물었다. 친구들을 배신하고 싶지 않았다.

"감춰봤자 소용없어."

그가 말을 이었다.

"이미 다 알고 있으니까."

"대체 뭘 아신다는 겁니까?"

"다른 패거리가 이 사람을 자네에게 소개했다는 거야. 즉 이러이러한 사람들에 의해서 말야."

여기서 그는 내가 한 번도 만난 적이 없고 알지도 못하는 세 명의 이름을 댔다. 나는 그 사실을 곧 심문하고 있는 노인에게 설명했다.

그는 말을 이었다.

"이자들을 모른다고 하지만 자네는 그들과 수도 없이 만나지 않았나?"

"한 번도 만난 적이 없습니다."

나는 대답했다.

"지금 말했다시피 첫 번째 남자 외에는 아무도 알지 못하거니와, 또 그 사람도 집 안에서 만난 적은 단 한 번도 없습니다."

"자넨 ○○거리에 여러 번 가지 않았나?"

"한 번도 없습니다."

이것은 꼭 진실이라고는 할 수 없었다. 나는 필라데스와 함께 그 거리에 사는 그의 연인의 집까지 간 적이 한 번 있었다. 그러나 우리는 집 뒤의 나무문으로 들어가서 정자에 머물렀다. 때문에 나는 그 거리에는 간 적이 없다고 해도 괜찮을 것 같은 생각이 들었던 것이다.

그 선량한 사람은 이것저것 더 질문했지만 나는 그 모든 것을 부정할 수가 있었다. 그가 알고 싶어하는 것에 대해서는 나는 아무것도 몰랐기 때문이다. 마침내 그는 기분이 상했는지 이렇게 말했다.

"자네는 나의 신뢰와 호의를 무시하려는 건가? 자네는 그들 또는 그들의 공범자를 위해 편지를 써 주거나, 글을 지어 주거나 해서 그들의 나쁜 짓에 도움을 준 것을 부정하지 못하겠지. 나는 자넬 구하기 위해 온 것이야. 문서 위조, 유언장 위조, 차용증서 위조, 그 밖에 이와 유사한 중대한 일이 문제가 되어 있기 때문이야. 나는 이 집안의 친구로 온 것만은 아니야. 자네의 가문과 자네의 젊음을 생각해서 자네에게, 또 자네와 마찬가지로 올가미를 쓴 다른 두세 명의 청년에게 관대한 처분을 내리려는 당국의 이름과 명령에 의해 이곳에 온 것이지."

그가 이름을 거론한 사람 중에 내가 사귀는 사람들이 없는 것이 나에겐 뜻밖이었다. 상황은 반드시 일치하지는 않았지만 맞는 곳도 있었다. 그리고 나는 젊은 친구들을 보호할 수 있다는 희망을 아직 버리지 않고 있었다. 그러나 이 성실한 사람의 추궁은 차츰 혹독해졌다. 내가 여러 차례 밤늦게 집으로 돌아온 일과 현관 열쇠를 지닌 것, 신분이 낮고 의심스런 인상의 사람들과 함께 행락지에 있는 것이 여러 번 눈에 띈 것, 소녀들이 이 사건에 관련되어 있다는 것 등을 나는 부정할 수가 없었다. 요컨대 이름만 빼고는 모두 발각이 난 것 같았다. 아직 이름이 알려지지 않았다는 사실이 나에게 끝까지 침묵을 지킬 용기를 주었다.

"나를 이대로 물러나게 하는 일은 하지 말게."

정직한 노인은 말했다.

"사건은 유예를 허락하지 않아. 내 뒤를 이어서 곧바로 다른 사람이 올 텐데 그 사람은 자네를 나처럼 미지근하게 다루지는 않을 거야. 그렇지 않아도 난처한 사건을 고집을 부려서 더 나쁘게 하지 않도록 하게."

나는 선량한 사촌 형제들과, 특히 그레트헨을 또렷하게 눈앞에 떠올렸다. 그들이 체포되고, 심문당하고, 처벌을 받고, 치욕을 당하는 모습을 그려보았다. 그 사촌 형제들은 나에 대해서는 항상 반듯한 태도를 보였지만, 어쩌면 그와 같은 나쁜 일에 관련되어 있었는지도 모른다. 적어도 늘 귀가가 늦고 밝은 이야기는 거의 한 적이 없는, 도저히 좋아할 수 없었던 가장 나이 많은 그 사촌 형제가 그랬는지도 모른다는 생각이 불빛처럼 내 머리를 스쳤다. 그러나 여전히 나는 고백을 삼가고 있었다.

"나로선 아무것도 나쁜 짓을 한 기억이 없습니다."

나는 말했다.

"이 점에선 조금도 의심할 것이 없습니다. 하지만 내가 교제하던 사람들이 경솔하게 법에 어긋나는 행위를 한 적은 있을지도 모르겠습니다. 그 사람들을 탐색하여 찾아내고, 죄를 증명하여 처벌을 원하신다면 하십시오. 하지만 나는 지금껏 비난받을 만한 일은 아무것도 하지 않았고, 또한 나에게 친절하게 잘 대해 주었던 사람들에게 화를 미치게 할 만한 말은 하고 싶지 않습니다."

그는 내가 끝까지 말하게 놔두지 않고 약간 흥분하여 외쳤다.

"그래, 놈들은 붙잡히겠지. 그 나쁜 사람들은 집 세 채를 돌며 만나고 있었어."

그는 거리의 이름을 말하고 그 집들을 지적했다. 불행하게도 내가 늘 다니던 집도 그 안에 있었다.

"첫 번째 소굴은 이미 덮쳤어."

그는 말을 이었다.

"지금쯤은 다른 두 집도 당했을 것이야. 두서너 시간 지나면 모든 것이 확실해져. 법정에서 조사를 받거나, 대결심문을 하거나, 그 밖에 갖가지 불유쾌한 일을 겪지 않도록 솔직하게 털어놓는 게 좋아."

이제 침묵은 전혀 무익하다고 나는 생각했다. 뿐만 아니라 우리의 모임이 죄가 없다는 것을 말하면 나보다 오히려 그 사람들에게 도움이 될지도 모른다는 생각이 들었다.

"앉아 주십시오."

나는 외치고, 문에서 그를 다시 데리고 돌아왔다.

"다 이야기하여 나와 당신의 마음을 가볍게 하고 싶습니다. 딱 한 가지 부탁이 있습니다만, 지금부터 제가 말씀드리는 것이 진실임을 의심하지 말아 주십시오."

나는 일이 어떻게 돌아갔는지 남김없이 말했다. 처음엔 차분하고 조용히 말했지만, 인물과 사건을 기억 속에서 끌어내 또렷이 떠올려가면서, 죄 없는 여러 가지 기쁨과 쾌활한 즐거움을 법정에서 증언하기라도 하듯이 이야기해 나가는 동안에, 차츰 슬픈 생각이 들어서 나는 끝내 왈칵 울기 시작했다. 그러고는 나 스스로도 어찌하지 못하는 격정에 그냥 몸을 맡겼다. 그는 마침내 비밀의 진상이 밝혀지려 한다고 기대하고는(그는 나의 슬픔을, 무서운 일을 마지못해 고백하려고 하는 증거라고 생각한 것이다) 나를 달래려고 애썼다. 그에겐 진상을 밝히는 일이 무엇보다 중요했기 때문이다. 그의 바람은 일부밖엔 이루어지지 않았지만, 어떻게든 내가 끝까지 이야기하게 하는 데는 성공했다.

그는 사건에 잘못이 없음을 알고 만족하기는 했지만, 여전히 의심을 품고는 나에게 새로운 질문을 하여, 나로 하여금 흥분하고 슬프게 하고 화나게 했다. 나는 이제 더 이상 아무 할 말이 없으며, 또 나는 잘못이 없고, 훌륭한 집안 출신에 평판도 나쁘지 않으므로, 아무것도 두려워할 필요가 없다는 것은 잘 안다고 힘주어 말했다. 또한 그 사람들도 그들의 무과실을 인정하고, 또한 그들을 위해 조처를 해 줄 사람은 없더라도, 나와 마찬가지로 아무 잘못이 없을지도 모른다고 잘라 말했다. 그리고 동시에 그 사람들도 나와 마찬가지로 관대한 처분을 받지 않고, 어리석은 행동과 잘못을 용서해 주지 않고, 조금이라도 그들에게 가혹하고 부당한 처분이 가해지면, 나는 죽어버리겠다, 그리고 아무도 그것을 말리지 못하리라고 똑똑히 밝혔다. 그 말을 듣고 그는 나를 다시 달래려 했지만 나는 그를 믿지 않았다.

그가 나를 남겨놓고 나갔을 때, 나는 극심한 공포감에 빠졌다. 모든 사정을 낱낱이 드러냈다는 사실에 나는 스스로를 책망했다. 사람들이 순수한 행동이나 청년다운 애정과 신뢰를 전혀 색다른 눈으로 바라보고, 또한 그 선량한 필라데스도 이 사건에 휘말려 매우 불행한 일을 겪을지도 모른다는 생각이 들었다. 이러한 모든 상상이 꼬리에 꼬리를 물고 한층 또렷하게 내 가슴을 후벼 파서, 나의 고통을 더욱 쓰라리게 했다. 나는 너무나 괴로운 나머지 침대에 몸을 내던지고 이불을 눈물로 적셨다.

얼마나 오랫동안 그렇게 엎드려 있었는지 모르겠다. 누이동생이 내 모습을 보고 놀라서 나에게 있는 말을 다하여 힘을 북돋아 주려고 갖은 애를 썼다. 그녀는 나에게 '다른 시참사회원 한 명이 아래층에서 아버지와 친구가 내려오기를 기다리고 있다가, 셋이서 이야기한 다음에 둘은 돌아갔다. 세 명 다 매우 만족하여 웃으면서 이야기를 나눴다. 일이 잘되었고 사건은 아무것도 아니었다는 말을 들은 것 같다'고 말했다.

"물론이지."

나는 벌떡 일어나 말했다.

"사건은 나나 그들에게 아무 상관도 아니야. 난 나쁜 짓 따윈 아무것도 하지 않았어. 설사 내가 무슨 나쁜 짓을 했다 쳐도 모두들 나를 어떻게든 도와주었을 거야. 하지만 그 사람들은, 그 사람들은."

나는 외쳤다.

"누가 그들의 편이 되어 줄까?"

누이동생은 신분이 높은 사람을 도우려 한다면, 신분이 낮은 사람의 잘못도 베일로 덮지 않으면 안 된다고 조목조목 따져가며 나를 위로하려 애썼다. 무슨 말을 해도 도움은 되지 않았다. 그녀가 나가자마자 나는 다시 슬픔에 몸을 맡겼다. 사랑과 정열의 광경, 현재의 상황과 앞으로 일어날 불행의 광경, 그리고 터무니없는 이야기를 연이어 떠올리며 불행만을 생각했다. 특히 그레트헨과 나의 경우를 매우 참담하게 그려보지 않을 수가 없었다.

노인은 나에게, 내 방에 머물러 있으면서 가족 이외엔 아무와도 만나지 말라고 명령했다. 나는 혼자 있는 것을 매우 좋아했기 때문에 이것은 나에게 잘된 일이었다. 어머니와 누이동생은 이따금 내 방을 찾아와 뭔가 위로의 말을 하여 어떻게든 나에게 힘을 북돋우려 애를 썼다. 뿐만 아니라 이틀째에는 이미 사정을 다 아신 아버지를 대신해 나를 완전히 방면(放免)한다고 전했다.

나는 그 말을 고맙게 받아들이기는 했지만, 아버지와 외출하여 흥미 있는 사람을 위해 현재 공개되고 있는 제국의 보기를 함께 보았으면 한다는 가족의 요청을 완강하게 거절했다. 그리고 생각할수록 분하고 화가 치미는 이 사건은 나에겐 이미 끝난 것인지도 모르지만, 나의 가련한 친구들에게 그것이 어떠한 결말을 가져왔는지 알 때까지는 세상사도, 로마 제국의 일도, 그것 이상으로 알고 싶은 마음이 없다고 잘라 말했다. 이에 대해서는 가족들도 아무 말도 할 수가 없었다. 그들은 나를 남겨두고 나갔다. 그러나 그들은 그 뒤로도 나를 집에서 데리고 나가 공식적 의례를 보게 하려 애썼으나 나는 듣지 않았다.

성대한 축제일도, 수많은 사람의 위계 승진 때 거행된 행사도, 황제와 국왕이 주최한 공식 연회도 나를 움직이게 하지는 못했다. 팔츠 선제후가 도착하여 경의를 표하기 위해 두 폐하를 방문한 것도, 두 폐하가 선제후들을 두루 방문한 것도, 여러 현안들을 처리하고 선제후 연맹을 갱신하기 위해 마지막 선제후 회의가 소집된 것도, 나를 격정적인 고독으로부터 끌어내지는 못했다.

감사제가 있던 날, 교회 종소리가 울리고 황제가 카프틴파(派) 교회에 행차를 하든, 선제후들과 황제가 출발을 하든 말든, 나는 방 안에서 꼼짝도 하지 않았다. 마지막 예포가 쉴 새 없이 울려도 내 마음은 움직이지 않았다. 화약 연기가 사라지고 포성이 울리기를 멈춤과 동시에 이들 성대한 의식은 나의 가슴에서 모두 사라졌다.

이제 나는 나의 불행을 곱씹고, 상상 속에서 그것을 몇천 배로 확대해 보는 것 외에는 아무 만족도 느끼지 않았다. 나의 상상력, 시작력(詩作力), 수사력(修辭力)은 모두 이 병적인 한 점으로 집중되고, 바로 이 활동력에 의해 몸도 마음도 불치병에 휘말리려 했다. 바라는 것, 희망하는 것은 이제 아무것도 떠오르지 않았다. 그렇기는 해도 나는 이따금 그 불쌍한 친구들과 사랑하는 사람들은 어떻게 되었을까, 심리(審理)의 결과는 어땠을까, 그들은 어느 정도 그 범죄에 휘말려 있었던 것일까, 또 그들이 죄가 없음은 명백히 밝혀졌을까, 이런 것들을 알고 싶은 끝없는 욕망에 휩싸였다. 나는 이런 것들을 여러 방면으로 세밀하게 마음속에 그려 보았다.

그리고 그들이 잘못이 없으며, 진정으로 불행한 사람들이라고 생각하지 않을 수가 없었다. 이윽고 나는 이런 불확실한 상태에서 하루빨리 벗어나고 싶어서, 그 노인에게 사건의 그 뒤의 향방을 알려달라는 격렬하고 위협적인 편지를 썼다가 이내 그것을 거두었다. 나의 불행을 명백하게 하는 것과, 지금까지 나를 괴롭히기는 했지만 동시에 힘을 주기도 했던 상상에 의한 위로를 잃는 것이 두려웠기 때문이다.

이리하여 나는 밤낮없이 지독한 불안과 광란과 초조 속에서 보냄으로써 마침내는 육체적인 병이 상당히 극심하게 나타났다. 가족들이 의사의 왕진을 요청하고 갖은 수를 써서 나의 마음을 가라앉히려 노력해야만 했을 때, 나는 오히려 그것을 행복하게 느꼈다. 그들은 그 범죄에 다소나마 관계되었던 사람들이 모두 매우 관대한 처분을 받은 것과 나의 친한 친구들이 거의 대부분 무죄여서 가벼운 견책으로 풀려난 것, 그리고 그레트헨은 프랑크푸르트를 떠나 자기 고향으로 돌아갔다는 것을 신의 이름을 걸고 나에게 단언함으로써 어떻게든 나를 안정시킬 수가 있다고 믿었다.

마지막으로 그레트헨 이야기를 할 때, 그들은 오랫동안 망설였다. 그래서 나는 이 소식도 그다지 좋게는 받아들이지 않았다. 나는 그것이 그녀의 뜻에 따른 출발이 아니라 굴욕적인 추방임을 알아챌 수가 있었기 때문이다. 나의 육체적, 정신적 상태가 그로 인해 좋아지지는 않았다. 나의 고통은 차츰 더해 갔다. 그래서 나는 시간만 나면 슬픈 사건과 피하기 힘든 비극적 파국의, 참으로 기묘한 이야기를 가슴속에 그리며 스스로를 괴롭혔다.

# 제2부

## 젊은 날의 소망은 나이들수록 풍요로워진다

# 제6장
## 누이동생 코르넬리아

이리하여 내 마음속에는 빨리 낫고 싶다는 기분과, 그리고 싶지 않다는 기분이 번갈아 생겼다. 또 그 어떤 남모를 노여움이 그 밖의 갖가지 감정에 섞여 더해졌다. 가족들이 편지나 다른 어떤 봉인된 것을 나에게 건네줄 때에는, 그것이 나에게 어떤 효과를 미치는가, 내가 그것을 감추려고 하는가, 또는 태연히 아무렇게나 그 근처에 놓아두는가, 또 이와 비슷한 일을 하는가를 늘 주의해서 보고 있다는 것을 확실히 눈치챘기 때문이다. 그래서 나는 필라데스나 사촌 중한 사람, 아니 그레트헨 자신이 내게 편지를 써서 소식을 알려, 나의 상태를 알려고 했는지도 모른다고 상상하였다. 이렇게 생각하자 나는, 슬픔에 더하여 불쾌한 기분이 들었다. 이리하여 나는 또 왕성한 망상(妄想)을 동원하여 기묘한 연상에 잠기곤 했다.

얼마 뒤 가족은 나에게 특별한 감독자를 붙였다. 다행히도 그 사람은 내가 좋아하고 존경하는 사람이었다. 그는 어느 친한 집안에서 가정 교사를 하고 있었는데, 이제까지 가르쳤던 아이가 그의 곁을 떠나 대학으로 간 것이다. 그는 비참한 상태에 놓여 있는 나를 자주 방문하였다. 결국 자연스럽게 내 방 옆에 그의 방이 마련되었다.

이렇게 해서 그는 나에게 일을 시키거나 내 기분을 가라앉혀주며, 또 나의 속마음을 알아내려는 듯 나를 감시하게 되었다. 그러나 나는 그를 마음속으로부터 존경하고 있었고, 이전부터 그에게 그레트헨에 대한 애정 외에 여러 가지 일을 털어놓고 상의한 데다가, 더욱이 누군가와 함께 매일 생활하면서 그 사람을 신용하지 못하고 서로 노려보고 있다는 것은 나에게는 견딜 수 없는 일이었기 때문에, 나는 그에 대해서 마음을 열고 솔직하게 행동하려고 결심하였다.

그래서 나는 오래 망설이지 않고, 그에게 그 사건과 지나간 내 행복에 대한 자상한 사정을 이야기하고, 이를 재현함으로써 내 기분을 가볍게 하려고 하였다. 그 결과, 분별심이 있는 그는 사건 일부의 자초지종을 나에게 이야기해 주는 것이 좋다고 생각하였고, 또 그렇게 하면 사건의 전체가 나에게 분명해지고, 내가 마음을 고쳐먹고 지나간 일은 잊어버릴 것이며, 새로운 생활을 시작할 수 있도록 진지하게 또 열심히 설득할 수가 있을 것이라고 생각하게 되었다.

우선 그는 처음에는 앞뒤를 가리지 않는 속임수, 이어 못된 장난의 형사범, 나아가서는 재미 삼아 한 강탈 행위와 같은 아리숭한 일들을 저지르도록 부추겨진, 예의 사촌들과는 다른 신분을 가진 청년들이 누구였는가를 가르쳐 주었다. 이렇게 해서 실제로 하나의 작은 도당(徒黨)이 형성되어, 양심이 없는 사람들이 여기에 가담해서 문서의 위조, 가짜 서명 등과 같은, 법에 걸릴 죄를 범하였고, 또 가장 무거운 벌을 받을만한 일들을 꾸몄다고 말했다.

나는 마침내 참을 수가 없어서 사촌들에 대한 것을 물었으나, 그들에게는 전혀 죄가 없고 그들과는 단지 알고 지내는 사이로, 사건과 아무런 관련이 없다는 것을 알았다. 애초에 나를 의심한 것은, 나에게 취직을 부탁한 예의 청년을 외할아버지에게 추천했기 때문인데, 그는 가장 나쁜 패거리의 한 사람으로, 그가 그 지위를 얻으려고 한 것은 무슨 나쁜 일을 꾸미거나 나쁜 일을 은폐하려고 한 것이 주된 목적이었다는 것이다.

이러한 모든 것을 듣고 있는 동안에 나는 마침내 나를 억제할 수가 없어, 그레트헨이 어떻게 되었느냐고 물었다. 그레트헨에 대한 나의 강한 애정을 내가 입 밖에 낸 것은 이것이 처음이자 마지막이었다.

그는 머리를 흔들며 미소지었다.

"걱정하지 않아도 되네."

그는 대답하였다.

"그 소녀는 결백했고 진술도 흠잡을 데가 없었네. 그녀의 모든 것이 선량하고 귀여웠기 때문에 심문을 맡은 사람들마저 그녀에게 호의를 가지게 되어, 도시를 떠나고 싶다는 그녀의 소원을 거절할 수가 없었다네. 그녀가 자네에 대해서 주장한 것도 훌륭했네. 나는 비밀 서류 속에 있던 그녀의 진술을 읽었고, 그녀의 서명을 보았으니까."

"서명을요?"

나는 외쳤다.

"그것이 나를 행복하게도, 불행하게도 할 수 있습니다. 도대체 그녀는 무엇을 주장했으며, 무엇을 서명했습니까?"

그는 대답을 망설였다. 그러나 그의 얼굴이 밝은 것으로 보아, 그가 그 어떤 위험한 일을 감추고 있는 것이 아니라는 것을 알았다.

"꼭 자네가 알고 싶다면……."

그는 마침내 대답하였다.

"자네 일과, 그녀와 자네의 교제가 문제가 되었을 때, 그녀는 조금도 주저하지 않고, '제가 그 사람과 자주, 또 기꺼이 만난 것은 부정하지 않습니다. 하지만 저는 언제나 그를 어린아이로 생각하였고, 그에 대한 나의 애정은 누나와 같은 것이었습니다. 나는 그가 수상한 행위에 가담할 마음을 갖지 않도록 몇 번이고 충고하였고, 그가 자신에게 폐가 돌아올지도 모르는 난폭한 장난을 돕는 것을 말렸습니다'라고 했네."

친구는 다시 말을 이어, 마치 가정교사 같은 그레트헨의 말을 전했다. 그러나 나는 이미 그의 말을 듣고 있지 않았다. 그녀가 조서에서 나를 어린아이로 취급했다는 것이 내게는 몹시 불쾌했던 것이다. 나는 그녀에 대한 사랑이 한꺼번에 식어 버린 것 같은 생각이 들었다. 나는 그에게 이제 모든 일이 끝났다고 단언하였다.

실제로 또 나는 두 번 다시 그녀에 대한 이야기는 하지 않았고, 심지어 그녀의 이름도 입 밖에 내지 않았다. 그러나 나는, 이제는 전혀 다른 빛을 띠고 내 앞에 나타나기는 했지만 역시 그녀를 생각하고, 그녀의 모습이나 거동, 그녀가 하는 행동을 눈앞에 그려보는 나쁜 습관을 그만둘 수가 없었다.

나는 나 자신이 분별심이 있고 빈틈없는, 어엿한 한 사람의 청년이라고 자부하고 있었는데, 기껏해야 한두 살 더 먹은 여자가 나를 어린아이라고 생각하고 있었다는 것은 나로서는 참을 수 없는 일이었다. 이제까지 내게 매우 매력적이었던 그녀의 냉담한 듯하면서도 톡 쏘는 거동이 지금은 오히려 불쾌하게 느껴졌다. 내게는 태연하게 친밀한 것 같은 태도를 보이면서도 내가 그렇게 하는 것을 허락하지 않았다는 것도, 지금 생각하면 어쩐지 화가 치미는 일이었다.

그녀는 그 연애편지에 서명함으로써 공공연하게 나에 대한 호의를 나타낸 것이었으므로, 나로서는 그녀를 능청맞고 경솔한 여자라고 생각하는 것은 당연했으며, 하다못해 그런 일이 없었다면 모든 일이 좀더 잘되어 갔으리라고 생각하였다. 그녀가 장식품 가게에서 몸치장을 하고 있었던 것도, 이제 별로 순진한 일이었다고는 여겨지지 않았다.

나는 이러한 노여움의 실마리가 될만한 일들을 이리저리 오랫동안 생각한 끝에, 마침내 그녀를 사랑할만한 여자로 생각할 수 있는 점들을 모두 지워 버리고 말았다. 나는 그렇게 굳게 믿었고, 그녀를 버리지 않으면 안 된다고 생각하였다. 그러나 그녀의 모습은 그 후에도 자주 내 눈앞에 떠올라, 그때마다 나는 잘못된 생각이라고 자신을 책망하였다.

그러나 그럭저럭 지나는 동안에, 내 마음속에 박혔던 빠지지 않는 촉이 달린 화살도 빠졌다. 그리하여 내 안에 있는 젊은 치유력을 어떻게 효과적으로 작용시킬 것인가가 문제였다. 기운을 내어 맨 처음에 한 일은, 울고불고하는 짓을 그만두는 것이었다. 지금 생각하면 그것은 매우 어리석은 행동이었다. 이것은 회복을 위한 커다란 전진이었다. 나는 그동안 밤새도록 격렬한 애정에 사로잡혀 괴로움에 몸을 맡겼기 때문에 눈물과 흐느낌으로, 마침내 아무것도 삼키지 못하게 되어, 먹고 마시는 즐거움이 오히려 고통이 되었고, 목과 관련이 있는 깊은 가슴속까지 상한 것 같은 기분이 들었기 때문이다. 일의 진상을 발견한 이래 끊임없이 느끼고 있었던 불쾌한 기분은 나의 모든 연약한 면을 몰아냈다. 나를 젖먹이로 취급하고 유모처럼 행세했던 소녀 때문에 잠도 안정도 건강도 희생시킨 것은 무서운 일이 아닐 수 없었다.

이와 같이 사람의 마음에 상처를 주는 생각은 활동에 의해서만 쫓아낼 수 있다는 것을 나는 물론 납득하고 있었다. 그러나 나는 이제 무엇을 어떻게 시작하면 좋은가? 물론 이제까지 뒤처졌던 것을 만회하지 않으면 안 되었고, 마침내 입학하게 된 대학 때문에 여러 가지 준비를 하지 않으면 안 되었다.

그러나 나는 아무 일에도 흥미를 가질 수가 없었으며, 또 무엇을 하든 잘되어갈 것 같지가 않았다. 모든 일들이 내게는 진부한 일로 여겨졌다. 두서너 가지 일을 깊이 연구한다는 것은 내게는 벅찬 일이었고, 또 실상 그런 기회는 오지 않았다.

그래서 나는 성실한 옆방 친구가 바라는 바에 따라서 어떤 공부를 하기 시작했다. 그것은 내가 이제까지 알지 못했던 전혀 새로운 것으로, 오랫동안에 걸쳐 나에게 지식과 고찰의 넓은 분야를 제공해 주었다. 즉, 내 친구는 철학의 비밀을 가르쳐 주기 시작한 것이다. 그는 예나의 다리스[1]에게서 배웠는데, 그는 매우 질서 있는 두뇌의 소유자로, 학설들의 연관을 명확하게 파악하고 있어 그것을 내게도 가르치려고 하였다.

그러나 유감스럽게도 이와 같은 일들은 내 머릿속에서, 그의 경우처럼 관련이 잘 이루어질 것 같지가 않았다. 내가 질문을 하면 그는 나중에 대답하겠다고 했고, 내가 무엇인가를 요구하면 앞으로 그것을 해결해 주겠다고 약속하였다. 그러나 우리들의 가장 근본적인 차이는, 철학은 이미 종교와 문학 속에 완전히 포함되어 있는 것이므로 그것만 분리시킨 철학은 필요 없다는 나의 주장에서 비롯되었다. 그런데 그는 그것을 인정하려고 하지 않고, 오히려 종교나 문학은 철학에 의해 기반이 다져져야 한다는 것을 내게 증명하려고 하였다. 나는 이것을 단호히 부정하였고 우리의 이야기가 진척됨에 따라, 그때마다 나는 내 의견에 대한 논거(論據)를 발견하게 되었다. 문학에서는 불가능(不可能)한 것에 대한 어떤 종류의 신앙이, 종교에서는 불가측(不可測)한 것에 대한 마찬가지의 신앙이 생길 것이므로, 자기 분야에서 그 두 가지를 증명하려고 하는 철학자는 매우 불리한 입장에 놓여 있는 것처럼 생각되었기 때문이다. 게다가 철학자마다 다른 사람들과는 다른 논거를 구하여, 마침내는 회의론자가 모든 것에 근거도 근저(根底)도 없다고 공언하게 된 것은 철학사(哲學史)에 의해서도 증명되었기 때문이다.

독단적인 논술로부터 내가 얻은 것이 아무것도 없었기 때문에, 내 친구는 할 수 없이 나와 함께 철학사 공부를 다시 하기 시작했다. 철학사 공부는 매우 재미있었다. 내 눈에는 어느 학설이나 의견들이 서로 별다른 점이 없어 보여서 그 차이를 자세히 알고 싶었기 때문이다. 고대 사람들이나 학파에서 내가 가장 마음에 들어 한 것은 시와 종교와 철학이 완전히 하나로 융합되었다는 것이었다. 그리고 나는 욥기(記), 솔로몬의 아가(雅歌, Song of Songs)나 잠언, 올페우스[2]나

---

1) 요아힘 게오르크(1714~91). 예나대학 윤리학 교수.
2) 그리스 신화. 호메로스 이전의 최대 시인·음악가. 단, 그가 쓴 것으로 되어 있는 것은 모두 위작(僞作)이다.

헤시오도스[3]의 노래가 내 최초의 의견에 대해서 적절한 증명을 해 줄 것이라고 여겼기 때문에, 나는 더 열심히 내 의견을 주장하였다.

내 친구는 강의의 기초로 브루커[4]의 《소(小)철학사》를 사용하고 있었는데, 앞으로 나아감에 따라 나는 더욱더 이해할 수 없게 되었다. 그리스의 초기 철학자들이 무엇에 뜻을 두었는지 나로서는 아무래도 잘 알 수가 없었다.

소크라테스는 그 생애와 죽음에 있어서 그리스도와 비교할 수 있을 만큼 뛰어난 현자처럼 여겨졌다. 이에 반해 그의 제자들은 스승이 죽은 후 이내 분열하여, 각자가 공공연하게 자기의 국한된 설(說)만을 옳다고 언명한 사도들과 매우 닮은 것처럼 여겨졌다.

아리스토텔레스의 날카로움도 플라톤의 넉넉함도 내게는 아무런 열매를 가져다주지 못했다. 그러나 나는 이미 이전부터 스토아학파 사람들에 대해 다소의 애착을 가지고 있었는데, 이번에는 에픽테토스[5]의 것을 입수하여 매우 큰 흥미를 가지고 그것을 연구하였다. 내 친구는 나를 거기에서 떼어 놓을 수가 없었기 때문에, 하는 수 없이 내가 이러한 것에 깊이 빠져들어가는 것을 내버려 두고 있었다.

그의 연구는 다방면에 걸쳐 있었음에도 불구하고, 주요한 문제를 간결하게 요약할 수가 없었기 때문이다. 그는 내게 인생에서 중요한 것은 행위뿐이며, 즐거움이나 고통은 저절로 생기는 것이라는 것을 말해 주기만 했어도 좋았을 것이다. 젊은 사람은 하는 대로 내버려 두는 것이 좋은 것이다. 그들은 그다지 오랫동안 그릇된 주장을 고집하는 것은 아니다. 인생이 결국 그들을 거기에서 떼어 놓거나 유인해서 제자리에 오게 해주는 것이다.

아름다운 계절이 되었다. 우리들은 함께 자주 야외로 나가 도시 주변에 많이 있는 유원지를 찾았다. 그러나 이런 곳이야말로 내게는 가장 즐겁지 못한 곳이었다. 나는 아직도 도처에서 사촌들의 망령을 보고, 그들 중 누군가가 지금 당장이라도 나타나지 않을까 하는 두려운 생각이 들었기 때문이다. 나는 사람들의 대수롭지 않은 시선까지도 귀찮아졌다. 남몰래, 자유롭게, 여기저기 돌아다

---

3) BC 8세기 말경. 호메로스에 필적하는 그리스의 대표적 서사시인.
4) 요한 야코프(1696~1770). 철학사가·목사. 저서로 《철학의 비판적 역사》 《소(小)철학사》.
5) Epiktētos(60?~140?). 그리스의 스토아학파 철학자.

니면서, 대중들 속에서, 나를 보고 있는 사람을 의식하지 않았던 저 무의식의 행복을 나는 상실하고 말았다. 나는 이제 건강 염려증적인 망상으로 괴로워하기 시작하고, 내가 사람들의 주의를 끌어 그들의 시선이 내게로 쏠리고, 나를 보고 음미하고 비난하고 있는 것처럼 여겨졌다.

그래서 나는 친구를 숲으로 끌어들였다. 단조로운 솔밭을 피하고, 잎이 우거진 아름다운 나무들을 찾았다. 그 우거짐은 그다지 광범위하게 걸쳐 있는 것은 아니었지만, 어쨌든 상처받은 가엾은 마음을 덮어 줄 정도로 퍼져 있었다. 그 숲 훨씬 안쪽에, 떡갈나무와 너도밤나무 고목들이 거대한 그늘을 만들고 있는, 사람을 엄숙하게 만드는 장소를 나는 알고 있었다. 그곳은 약간 경사를 이루고 있었으며 그런만큼 오래된 나무줄기의 고마움을 한층 느낄 수가 있었다. 이 열린 장소 주위를 깊은 숲이 둘러싸고 있고, 그 우거짐 속에 이끼 낀 바위가 힘차고 당당하게 솟아 있으며, 그곳을 흐르던 많은 양의 물이 폭포가 되어 내리 쏟아지고 있었다.

강기슭의 넓은 곳에서 사람들 틈에 있는 것을 좋아하는 친구는 이곳으로 억지로 끌려오자, 나를 놀리면서 이것으로 내가 순수한 독일 사람이라는 것을 알 수 있다고 단언하였다. 그는 타키투스[6]를 인용해서, 자연이 이와 같은 조용한 곳에서 꾸미지 않는 구성으로 아낌없이 주는 감정을 우리 조상들이 얼마나 즐거워했을까 하는 것을 자세히 이야기해 주었다. 그가 그것에 대해서 이야기하고 있는 동안에 나는 외쳤다.

"아, 이렇게 훌륭한 장소가 왜 황야 깊숙이 있지 않을까요? 왜 우리는 이 장소와 우리를 성스러운 것으로 이 세상에서 분리하기 위해서 이 둘레에 울타리를 쳐서는 안 될까요? 아무런 상징도 필요하지 않고, 자연과의 대화에서만 우리들의 가슴에 생겨나는 것만큼 신을 공경하는 마음은 결코 없습니다."

그때 내가 느끼고 있었던 것은 지금도 분명히 기억하고 있는데, 그때 내가 무슨 말을 했는가는 다시 회상할 수가 없다. 그러나 이것만은 확실하다. 즉 청년과 미개 민족의 막연하지만 크고 넓은 감정만이 숭고함을 느낄 수 있다. 이 감정이 외적인 것에 의해서 우리들 마음속에 환기되기 위해서는, 그것은 모양

---

6) Tacitus(55?~120?). 고대 로마 제정기의 역사가. 저서 《게르마니아》.

이 없거나 파악할 수 없는 형태의 것으로, 우리들이 도저히 미칠 수 없는 위대성을 가지고 우리를 둘러싸고 있지 않으면 안 된다는 것이다.

영혼의 이러한 기분은 다소의 차이는 있지만 모든 사람이 느끼고, 또 여러 가지 방법으로 이 고귀한 욕구를 만족시키기 위해 시도한다. 그러나 숭고한 것은 사물의 모양을 융합해서 하나로 만드는 석양의 어스름이나 밤에 의해서 손쉽게 만들 수 있으나, 그와는 반대로 모든 것을 분리하고 구분하는 낮에 의해 모두 쫓겨나고 만다. 따라서 숭고한 것이 다행히 아름다움으로 피신하여 그것과 굳게 합쳐 모두 불멸의 것이 되지 않는 한, 그것은 문화가 진행됨에 따라 모조리 없어질 것임에 틀림없다.

그대로도 짧은 이와 같은 즐거운 순간은 사색을 좋아하는 친구에 의해 더욱 짧아졌다. 현실의 세계로 끌려나왔을 때 나는 밝고 빈약한 환경 속에서 이러한 감정을 다시 환기시키려 하였으나, 그것은 헛된 노력에 지나지 않았다. 오히려 그 감정의 기억조차도 마음에 간직하고 있을 수가 없었다. 그러나 내 마음은 너무나 응석받이로 자랐기 때문에 편안함을 발견할 수가 없었다. 내 마음은 사랑을 알았다. 그러나 사랑의 대상은 빼앗겼다. 내 마음은 생활을 맛보았다. 그러나 그 생활은 괴로운 것이 되었다.

사람들을 교육시키려는 것을 노골적으로 알아차리게 하는 친구는 사람들에게 즐거운 마음을 일으키게 하지 않는다. 반면에 사람들을 응석 부리게 하는 것처럼 하면서 실은 사람들을 교육시켜 주는 여성은 기쁨을 가져다주는 천사처럼 숭상된다. 그러나 나에게 아름다움의 개념을 준 그 모습은 멀리 사라져 버렸다. 내가 좋아하는 떡갈나무 그늘에서 그 모습은 자주 나를 찾았다. 그러나 나는 그것을 붙잡아 둘 수는 없었다. 그리고 나는 무엇인가 그것과 비슷한 것을 먼 곳에서 구하고 싶다는 강한 충동을 느꼈다.

나의 감독인 친구는 언제부터인지는 모르지만, 나를 혼자 있게 하는 데에 익숙하게 만들었다. 아니, 그렇게 하지 않으면 안 되도록 만들었다. 나의 성스러운 숲속에서조차도, 나는 저 불확실하고 망막한 감정에 만족할 수 없었기 때문이다. 내가 세계를 파악하는 기관은 무엇보다도 눈이었다. 나는 어렸을 때부터 화가들 사이에서 자랐고, 그들과 마찬가지로 대상을 예술과 관련시켜 바라보는 데에 익숙해져 있었다. 내가 혼자가 되어 고독에 몸을 맡기는 것을 허가받은 지금, 반은 타고나고 반은 터득한 이 재능이 나타났다.

눈으로 보는 모든 것에서 나는 그림을 보았다. 나의 주의를 끌고, 나를 기쁘게 하는 것을 나는 그려두고 싶었다. 그래서 나는 매우 미숙한 솜씨이기는 했지만, 자연을 모사(模寫)하기 시작하였다. 그러기 위해서는 나에게는 모든 것이 부족했다. 그러나 나는 기술적 수단은 아무것도 가지고 있지 않음에도 불구하고, 내 눈에 비치는 가장 훌륭한 것을 모사해 보려는 생각을 어디까지나 버리지 않았다. 물론 나는 그것으로 대상에 세심한 주의를 기울이게 되긴 했지만, 나는 그것들이 내 마음에 작용하는 한에 있어서 전체적으로 그것을 파악한 데에 지나지 않았다.

자연이 나를 글 쓰는 시인으로 만들지 않은 것과 마찬가지로, 자연은 나에게 그 세밀한 부분을 그려내는 능력도 주지 않았다. 그러나 이것이 자기를 표현하는 내게 남겨진 유일한 수단이었기 때문에, 거기에서 무엇인가가 나타나는 일이 적으면 적을수록, 더욱더 이 일을 계속하는 데에 고집을 부리고, 음울한 기분까지 품고서 집착하였다.

하지만 거기에는 다소의 장난기가 섞여 있었다는 것을 나는 부정하지는 않는다. 힘차게 휜 뿌리에 햇빛을 받은 양치식물이 얽혀 있고 주위에 햇빛을 받아 반짝이는 풀이 있는, 반쯤 그늘진 고목의 줄기를 힘든 습작의 대상으로 일단 고르면 나는 한 시간가량은 거기를 떠나지 않았다. 그것을 경험으로 알고 있는 친구는 항상 책을 가지고 자기 마음에 드는 다른 장소를 고른다는 것을 나는 알아차리고 있었기 때문이다.

그렇게 되면, 내가 즐거움에 빠지는 것을 방해하는 것은 아무것도 없다. 나는 그림을 그리면서, 거기에 그려진 것보다는 오히려 그것을 그리면서 그때그때 생각한 것을 회상하는 습관이 생겼고, 이 때문에 내가 그린 그림이 바람직하게 여겨졌으므로 나는 더욱 열심히 이 즐거움에 빠져들었다.

이렇게 해서, 극히 평범한 풀이나 꽃도 우리들에게 바람직한 일기의 대신이 될 수가 있는 것이다. 행복한 순간의 추억을 회상하게 하는 것은 모두 무의미할 리가 없기 때문이다. 그렇기 때문에 나는 지금까지도 때때로 그림을 그렸고, 남아 있는 그러한 여러 그림들을 가치 없는 것으로 여기거나 버릴 생각은 없다. 왜냐하면 이것들은 분명히 슬픈 생각이 따르지 않는 것은 아니지만, 내가 기쁨을 가지고 회상하는 그 시절로 나를 되돌아가게 해 주기 때문이다.

그러나 이들 그림이, 그림 그 자체로서 그 어떤 흥미를 끌었다면, 그 이점(利點)은 아버지의 관심과 뜻에 의해서 얻어진 것이다. 내가 차차 현재의 나의 상태에 익숙해져 가고 있고, 특히 내가 자연 묘사에 열중하고 있다는 보고를 나의 감독자로부터 들은 아버지는 크게 만족해하였다. 왜냐하면 아버지 자신이 스케치나 그림에 매우 큰 중점을 두고 있었기 때문이었고, 대부인 제카츠가 아버지에게, 나를 화가로 키울 의향이 없다는 것은 매우 유감스러운 일이라고 두서너 차례 말한 적이 있었기 때문이다.

그러나 이 경우에도 아버지와 아들의 기호가 충돌하였다. 나는 그림을 그릴 때 새 고급 백지를 사용할 마음이 도저히 생기지 않았다. 누렇고 낡은, 이미 한쪽에 무엇인가 그려져 있는 종이가 내게는 가장 마음에 들었다. 그것은 마치 나의 무능력이 흰 바탕이라는 시험지를 두려워하고 있는 것과 같았다. 게다가 어느 그림도 완전히 마무리할 수 없었다. 눈에는 보여도 이해할 수 없는 전체를, 또는 잘 알고는 있어도 그것을 모사할 만한 힘도 끈기도 없는 세밀한 부분을 어떻게 완성시킬 수가 있단 말인가.

실제로 이 점에서도 아버지의 교육법은 탄복할만했다. 그는 친절하게도 내 의도를 물어보고, 모든 미완성 스케치 둘레에 선을 긋고, 내가 그것을 완성하게 하도록 했다. 그는 크기가 제각기인 종이를 가지런히 잘라서 화집으로 쓸만한 것을 만들어, 장차 그것으로 아들의 그림 솜씨가 발전되는 것을 즐기려고 하였다. 그래서 내 기분이 흐트러져 침착하지 못한 채 근처를 헤매고 다녀도 그는 그것을 결코 불쾌하게 생각하지 않았다. 오히려 그는 내가 어떤 스케치북을 가지고 돌아오기만 하면 만족해하였다. 그는 그것으로 인내심을 기르고, 아들에 대한 희망을 다소나마 굳게 다질 수가 있었던 것이다.

식구들은 내가 이전의 애정과 관계로 되돌아갈 것이라는 것을 이제는 걱정하지 않게 되었다. 나는 우연한 인연으로 알게 된 친구들과 동아리를 만들어, 어렸을 때부터 내 앞에 엄숙하게 서 있는 산들을 향해 몇 번인가 나들이를 시도해 보았다. 이렇게 해서 우리는 혼부르크나 크론베르크를 찾았고, 펠트베르크에도 올랐다. 거기서 보이는 널따란 조망은 우리를 더욱더 먼 곳으로 유혹하였다. 이에 끌려 우리는 케니히슈타인도 찾았다. 비스바덴이나 슈바르바흐, 그리고 그 주변의 여행에는 며칠이 걸렸다. 높은 곳에서 멀리 굽이쳐 흐르는 라인강에도 가 보았다. 마인츠는 우리를 놀라게 하였다. 그러나 그것도 먼 곳을 동경하는 젊은이의 마음을 붙잡아 둘 수는 없었다. 우리는 비브리히의 달라진 지형을 즐기고 만족하여 즐겁게 집으로 돌아왔다.

아버지는 내가 이 여행에서 다소의 그림을 가지고 돌아올 것이라고 기대하고 있었으나 성과는 거의 없었다. 널따란 풍경을 그림으로서 파악하기 위해서는, 내가 미치지 못하는 풍부한 센스와 재능과 숙련을 필요로 했기 때문이다. 그러나 나는 어느 틈엔가 다시 그다지 넓지 않은 풍경에 마음이 끌려, 그런 곳에서는 어느 정도 성과를 올릴 수가 있었다.

나는 고대를 떠올리게 하는 무너진 성이나 벽을 만나면 항상 그것을 좋은 그림 소재로 생각하여, 될 수 있는 대로 충실히 모사했다. 마인츠의 성벽 위에 있는 둘즈스[7]의 석탑까지도 다소의 위험과 불편을 무릅쓰고 스케치했다. 이와 같은 위험이나 불편은, 추억이 될만한 그림을 몇 장이라도 여행에서 가지고 가려는 사람은 누구나 체험하지 않을 수 없는 일이다.

유감스럽게도 나는 이번에도 질이 나쁜 밑그림용 종이밖에 가지고 오지 않았다. 그리고 몇 가지 그림 소재들을 한 장의 종이에 모아서 그렸다. 그러나 나의 그림 선생님인 아버지는 그런 일로 물러설 분이 아니었다. 그는 그림을 분리시켜 관련이 있는 것을 정리하였고, 표구점에서 배접시켜 각 그림마다 주위에 선을 둘러, 내가 여러 가지 산의 윤곽을 가장자리까지 연장시키고 빈 공간에 풀이나 돌을 그려넣지 않으면 안 되게 하였다.

아버지의 성실한 노력도 나의 재능을 발전시킬 수는 없었으나, 이러한 그의 꼼꼼한 성질에 나도 모르게 영향을 받아, 후에 여러 가지 형태로 분명하게 나타났다.

별로 시간을 들이지 않고 여러 차례 되풀이해서 이루어진, 반은 즐거움으로, 반은 예술을 위해 떠난 작은 여행에서 나는 다시 집으로 끌려갔다. 더욱이 그것은 이전부터 나에게 강하게 작용하고 있는 자석(磁石)에 의한 것이었다. 그것은 내 누이동생이었다. 나와 한 살 차이밖에 나지 않는 누이동생은 내가 철이

---

7) 네로 클라우디우스(BC 38~BC 9). 로마의 장군. 석탑은 그를 기념하여 세워졌다.

들기 시작한 이래 항상 나와 함께 살았고, 이로 인하여 매우 긴밀하게 나와 맺어져 있었다. 이 자연적인 유인(誘因) 외에, 우리 가정의 사정에서 생긴 또 하나의 요인이 여기에 더해졌다.

아버지는 인정이 많고 마음이 따뜻한, 그러나 꼼꼼한 분으로, 속에는 매우 상냥한 마음을 간직하고 있으면서도, 겉으로는 믿기지 않을 정도로 철저하고 강철과 같은 엄격함을 나타내시는 분이었다. 그는 그러한 성격을 앞세워 아이들에게 가장 좋은 교육을 시켰고, 튼튼한 가정을 이룩하고, 이를 정돈하고 유지한다는 그의 목적을 달성하려고 하였다.

이에 반해 어머니는 어린아이 같았으며, 두 아이들에 의해, 또 아이들과 함께, 비로소 제 몫을 하는 한 사람으로서의 깨달음에 이른 것 같았다. 이 세 사람은 건강한 눈으로 세상을 바라보고 활력에 차서 눈앞의 즐거움을 구했다. 가정 안에 떠돌고 있는 이와 같은 모순은 세월이 지남에 따라 점점 커졌다. 아버지는 시종 단호히 자기의 의도를 실현하려고 하였고, 어머니와 아이들은 그들의 감정, 요구, 소원을 버릴 수가 없었다.

이와 같은 사정 아래에서는 오빠와 누이동생이 굳게 뭉쳐서 어머니 편을 들고, 전체적으로 거부되고 있는 기쁨을 다소라도 붙잡으려고 하는 것은 자연의 이치이다. 그러나 들어앉아서 고생하는 시간은 휴양과 즐거운 순간에 비하면 훨씬 길었고, 또 나와 같이 오랫동안 집을 비우는 일이 한 번도 허락되지 않은 누이동생에게는 특히 그러했기 때문에, 나와 이야기를 나누고 싶다는 그녀의 소원은 멀리 있는 내게 보내는 동경의 마음으로 한층 강해졌다.

어렸을 때의 놀이나 공부, 성장, 교양 면에서 우리 남매는 쌍둥이라고 여겨질 정도로 비슷했던 것과 마찬가지로, 육체적, 정신적인 힘이 발달해도, 무엇이든지 공동으로 하는 일이나 서로 믿는 마음은 두 사람 사이에서 변함이 없었다. 사춘기의 관심, 정신적인 형태를 갖추고 나타나는 감각적인 충동이나, 감각적인 모습을 입고 나타나는 욕구가 눈을 뜨기 시작할 때 느끼는 놀라움, 골짜기에서 올라오는 안개가 골짜기를 덮어 밝게 하는 일이 없는 것처럼, 우리들의 마음을 밝게 하느니보다는 오히려 어둡게 하는 것들에 대한 고찰, 거기에서 생기는 허다한 혼미를 남매는 손을 서로 맞잡고 나누며 견디어 온 것이다. 우리는 좀더 가까워져서, 이 남매라고 하는 기묘한 관계를 명확하게 하고 싶으면서도,

가까운 육친이 품는 신성한 공포가 더욱더 강하게 우리를 떼어놓아 언제까지고 이 관계는 명확하게 되지를 않았다.

몇 년 전에 꼭 해보고 싶다고 생각하면서도 마침내 이룩하지 못한 이 일에 대해, 본의는 아니지만 그 대강만을 여기서 말해 보고자 한다. 나는 사랑하는 누이동생이라는 알 수 없는 존재를 너무 빨리 잃었기 때문에, 그녀의 뛰어난 인품에 대해서 써 보겠다는 마음만은 충분히 느끼고 있었다. 그래서 그녀의 개성을 그려낼 수 있는 시의 전체적인 모습을 구상해 보았다. 적당한 것으로 리처드슨[8]의 소설 형식밖에 떠오르지 않았다. 세부를 매우 정확하게 묘사함으로써, 즉 그 하나하나가 전체의 성격을 생생하게 나타낼 있도록, 또 불가사의한 깊이에서 솟아나와 그 깊이를 예감할 수 있도록 무수한 세부를 묘사함으로써, 이 기묘한 인품을 읽는 사람의 눈앞에 어느 정도 떠오르게 할 수 있을 것이라고 나에게는 여겨졌다.

샘은 그 흐름을 보아야만 그 존재가 머리에 떠오르기 때문이다. 그러나 복잡한 세상사가 줄을 잇고 있었기 때문에, 다른 많은 계획과 마찬가지로, 이 아름답고 경건한 계획에도 미처 손을 대지 못하고 있었다. 지금에 이르러서는, 마법의 거울의 도움이라도 빌려서, 지금은 없는 사람의 모습을 잠시나마 불러낼 수밖에 달리 도리가 없는 것이다.

그녀는 키가 크고 균형이 잡힌 날씬한 체격이었다. 그 거동에는 기분 좋은 상냥함과 무르익은 자연적인 품위가 있었다. 그녀의 용모는 그다지 눈에 띄지도 않았고 아름답지도 않았지만, 내심의 조화를 얻지 못한, 또 얻을 수도 없는 인품을 말해 주고 있다. 그녀의 눈은 내가 이제까지 보았던 것 중에서 가장 아름다운 눈은 아니었다 해도, 그 안에 숨어 있는 풍요로움을 짐작케 하는 가장 깊이 있는 눈이었다. 그리고 그 어떤 애착이나 애정을 나타낼 때에는, 그녀의 눈은 무엇과도 비교할 수가 없을 정도의 빛을 띠었다. 그러나 엄밀하게 말하자면 이 표정은, 가슴속 깊은 곳에서 넘쳐나와 동경(憧憬)이나 소원 같은 것이 따라오게 할 정도로 정감 어린 것은 아니었다. 이 표정은 영혼에서 나온 것으로, 넘치듯이 풍부하고, 오직 주는 것만을 바라고, 받는 것을 필요로 하지 않는 것

---

8) 새뮤얼(1689~1761). 영국 작가. 대표작은 여성을 주인공으로 한 서간체 소설 《파멜라(1740)》《클라리사 할로(1747~48)》.

처럼 보였다.

그러나 그녀의 얼굴을 정반대로 바꾸어, 때로는 아주 보기 흉하게 보이도록 한 것은 당시의 유행이었다. 겉치레로, 또는 실제로, 또는 우연히, 또는 일부러 이마를 노출시켜 크게 보이게 하는 것이 당시의 유행이었다. 그녀의 이마는 보기에 여자답고 아름다운, 앞이마의 머리카락이 팔자(八字) 모양으로 난 미인형이었다. 그러나 또한 눈썹은 진하고 검은 데다가 눈이 약간 튀어나와서, 그 균형에서 생기는 대조 때문에, 그녀를 모르는 사람이 그녀를 처음 보았을 때에는 불쾌감까지는 받지 않더라도 적어도 매력은 느끼지 못했다. 그녀는 그것을 일찍부터 알고 있었다. 그리고 이 감정은, 남녀가 다같이 서로 바람직한 기분을 품어 주는 것에 순진한 기쁨을 느끼는 나이에 도달해 감에 따라 차차 고통스러운 것으로 변해 갔다.

사람은 누구나 자기 모습을 불쾌하다고 생각하지 않는다. 가장 보기 흉한 사람도 가장 아름다운 사람과 마찬가지로, 자기에게 주어진 모습에 기쁨을 느낄 권리가 있다. 호의적인 눈으로 바라보면 아름답게 보인다. 누구나 호의적인 눈을 가지고 거울에 비치는 자기 모습을 바라보는 것이므로, 그렇게 하지 않으려 해도 누구나가 자기의 모습을 보고 만족을 느끼지 않을 수 없는 것이다. 그러나 내 누이동생은 매우 뚜렷한 이성적인 성질을 가지고 있었기 때문에, 이 점에 관해서 맹목적이고 우둔하지는 않았다. 오히려 그녀는, 외면적인 아름다움에 있어서는 같은 또래보다도 훨씬 뒤떨어져 있다는 것을 필요 이상으로 명확하게 의식하고 있었던 것 같다. 내면적인 장점에서는 그녀 쪽이 한없이 뛰어나 있었지만 그것은 그녀에게 위안은 되지 못했다.

여성에게 아름다움이 결여되어 있다 해도 무엇인가에 의해서 그것이 보상될 수 있었다고 한다면, 그것은 그녀의 여자 친구들이 한 사람도 빠지지 않고 그녀에게 보내고 있던 비길 데 없는 신뢰, 존경, 사랑이었다. 손윗사람도 손아래인 사람도, 모든 사람이 같은 마음을 가지고 있었다. 매우 느낌이 좋은 친구들이 그녀 주위에 모여 있었다. 그 동아리에 어떻게 끼어들었는지는 모르지만 남자도 있었다. 그리고 거의 모든 소녀들이 남자 친구를 가지고 있었는데, 그녀에게만은 상대가 없었다. 분명히 그녀의 외모는 남이 가까이할 수 없는 면이 있었으나, 밖으로 나타난 그녀의 내면도 남을 끌어당기느니보다는 오히려 가까이 오지 못하게 하는 면이 있었다. 몸에 갖추어진 품위를 눈으로 보면, 누구나가 가까이할 수 없는 기분을 품게 되기 때문이다. 그녀는 그것을 분명히 느꼈고 내게도 감추려 하지 않았다.

그래서 그녀의 애정은 오히려 내게 한층 강하게 쏠리고 있었다. 우리들 사이는 매우 독특한 것이었다. 연애에 관한 고백을 들으면 마음속으로 동정한 나머지 실제로 똑같이 사랑을 하게 되어, 마침내는 경쟁자로 변하여 사랑을 자기에게로 끌어당기려고 하는 경우가 있는데, 우리 남매의 경우도 또한 그랬다.

그레트헨에 대한 나의 관계가 깨어졌을 때, 내 누이동생은 경쟁 상대가 없어진 것에 남모른 만족감을 느끼고 있었기 때문에, 한층 더 진지하게 나를 위로했다. 그리고 나도 그녀가 나를 공평하게 다루어 주었을 때, 마음속으로 남몰래, 반은 심술궂은 즐거움을 품으면서, 내가 그녀를 진심으로 사랑하고, 그녀를 알고, 또 존경하는 유일한 남성이라는 것을 느끼지 않을 수 없었다.

그레트헨을 잃은 것에 대한 슬픔이 가끔 내 마음속에 되살아나서, 갑자기 울음을 터뜨리며 푸념을 하거나 당황하는 태도를 보일 때마다, 잃은 것에 대한 나의 절망이 그녀의 마음속에도, 이와 같은 청춘의 애정을 한 번도 차지하지 못했고, 열매를 맺지 못했고, 헛되이 지나간 일에 대한 절망적인 초조를 불러일으켜, 우리 두 사람은 한없이 불행한 사람이라고 생각하였다. 그리하여 우리 남매는 친하되 사랑하는 사이가 될 수 없었던 만큼, 더욱더 불행하다고 느끼지 않을 수 없었다. 그러나 필요 없이 많은 불행을 일으키는 변덕스러운 사랑의 신이 다행스럽게도 우리들을 곤혹에서 끌어내기 위해 호의를 가지고 손을 내밀어 주었다. 파일의 학사(學舍)에서 교육을 받고 있던 영국인 청년 아서 랩튼[9]과 나는 친교가 있었다. 그는 모국어에 대해서 정확히 설명을 할 수가 있었기 때문에 나는 그에게서 영어를 배웠고, 동시에 영국과 영국인들에 대해서 여러 가지 것을 배웠다. 그는 상당히 오랫동안 우리 집에 출입을 하고 있었는데, 그가 누이동생에게 호의를 가지고 있다는 것을 나는 눈치채지 못했다. 그러나 그는 마음속에 남몰래 애정을 간직하다가 그것이 정열로까지 발전했던 모양으로, 마침내 뜻하지 않게 갑자기 자기 마음을 털어놓았다.

9) 1748~1807. 아버지 윌리엄 랩튼은 리즈의 직물업자로, 아들에게 독일어를 가르쳐 프랑크푸르트로 보냈다.

누이동생은 그를 잘 알고 존경하고 있었는데, 그도 또한 그럴만한 가치가 있는 사람이었다. 누이동생은 자주 우리들의 영어 회화에 끼었고, 누이동생과 나는 그의 입에서 나오는 색다른 영어 발음을 내 것으로 만들기 위해 노력하였다. 그 결과 우리는 영어의 음조(音調)나 울림의 독특한 점뿐만 아니라, 우리 선생님의 아주 독특한 개인적인 버릇까지 익숙해졌으므로, 마침내 세 사람이 함께 이야기할 때의 음조나 울림은 마치 한 입에서 나오는 것처럼 묘한 느낌을 주었다.

그도 마찬가지로 우리들로부터 될 수 있는 대로 많은 독일어를 배우려고 애를 썼으나, 이것은 그렇게 잘되어 가지 않았다. 따라서 내가 눈치챈 바로는, 그들의 조심스러운 사랑의 교환은 편지나 대화 모두 영어를 통해서 이루어진 것이 분명했다. 젊은 두 사람은 서로 비슷했다. 누이동생과 마찬가지로 그는 키가 크고 균형이 잡힌 체격을 하고 있었는데, 다만 누이동생보다는 약간 홀쭉했다. 그의 작고 야무진 얼굴은 곰보였으나 그것이 없었다면 매우 아름다운 얼굴이라 할 수 있었다. 그의 태도는 조용했고 단호한 데가 있었으며, 때로는 무뚝뚝하고 차가운 면도 없다고는 할 수 없었다. 그러나 그의 마음은 선의와 애정으로 가득 차고, 그의 영혼은 매우 고귀했으며, 그의 애정은 흔들리지 않고, 냉정함과 동시에 오래 계속되는 그러한 것이었다.

이렇게 해서 최근에 맺어진 이 꼼꼼한 한 쌍의 남녀는, 다른 사람들에 섞여 있을 때에는 매우 특별한 존재로서 눈에 띄었다. 다른 사람들은 서로가 이미 깊이 아는 사이였고 허물이 없었으며, 장차의 일에는 신경도 쓰지 않았다. 그들은 단지 앞으로 있을 더 좋은 결실을 위해 이 모임을 임시 정거장으로 생각하며 시간을 보내고, 영속되는 결과를 생애에 미치는 일도 매우 드문 관계 속에서 그럭저럭 세월을 보내고 있는 사람들이었다.

이 명랑한 동아리는, 좋은 계절이나 아름다운 교외를 결코 이용하지 않고 지내는 일은 없었다. 뱃놀이는 모든 행락 중에서 가장 사교에 적합한 것이었기 때문에 몇 번이고 개최되었다. 그러나 우리들이 가는 곳이 육상이건 수상이건, 각자의 인력(引力)이 이내 작용하여 두 사람이 한 조를 이루었다. 상대가 없는 몇몇 남자들은 여성을 상대로 하는 대화가 전혀 없거나, 이렇게 아름다운 날과는 어울리지 않는 대화를 하는 수밖에 없었다.

나도 그중 한 사람이었는데, 같은 처지에 놓인 한 친구가 있었다. 그는 유머가 매우 풍부했으나 성질에 상냥함이 없었고, 또 사물의 이해는 빠르나 이런 종류의 결합에서 없어서는 안 될 배려가 없었는데, 그것이 짝이 없는 주된 원인이었던 것 같다. 그는 자주 자기 신세를 재치 있는 어조로 한탄하고 있었는데, 어느 날 다음 모임 때는 그 자신을 위해서나 전체를 위해서 유익한 제안을 할 작정이라고 약속하였다.

그리고 그는 실제로 그가 말한 대로 실행하였다. 우리가 재미있는 뱃놀이와 유쾌한 산책을 즐긴 후, 나무 그늘이 드리워진 언덕 사이에서, 풀 위에 눕기도 하고 이끼 낀 바위나 나무뿌리에 걸터앉아, 즐겁게 시골풍 식사를 끝마친 뒤였다. 그는 모두가 기분이 좋은 상태에 있는 것을 보고 그럴듯한 태도로, 모두가 반원형으로 앉아 줄 것을 청하더니, 앞으로 나아가 힘을 주어 다음과 같은 연설을 하기 시작하였다.

"존경하는 친구 여러분. 짝을 진 여러분과 외톨이로 있는 여러분. 이 호소로 보아 이미, 한 설교자가 나타나서 여러분의 양심을 일깨울 필요가 있다는 것을 짐작하시리라 믿습니다. 내가 존경하는 친구들의 일부는 각기 짝을 이루어 크게 기쁨을 맛보고 있을 것입니다. 그런데 다른 한편으로 일부는 아직 짝을 구하지 못하여, 나의 체험으로 보아 단언할 수 있습니다만, 매우 외로운 심정을 맛보고 있을 것입니다. 보아하니 여기서는 짝을 이룬 2인조가 다수를 차지하고 있는 것 같은데, 내가 말하고자 하는 것은, 모든 사람을 위해 배려하는 것이 사교의 의무가 아닌가 하는 점을 여러분께서 생각해 주었으면 하는 것입니다. 우리가 이렇게 해서 많이 모이는 것은, 서로 힘을 빌려주고 도와주자는 것이 아니겠습니까? 모처럼 이렇게 모이면서, 또다시 많은 분열이 있다면 어떻게 서로 도울 수가 있겠습니까? 나는 이와 같은 아름다운 관계에 의의를 제기할 생각은 꿈에도 없습니다. 아니, 아니, 손을 댈 생각도 추호도 없습니다. 그러나 매사에는 때라는 것이 있습니다. 그것은 매우 아름답고 훌륭한 말입니다. 다만, 당연한 일이지만, 충분한 즐거움이 주어지는 동안에는 아무도 이것을 생각해 보려고 하지 않습니다."

이어 그는 더욱더 힘을 주어 명랑하게, 사교적 미덕과 상냥한 애정을 대비하면서 말을 계속하였다.

"상냥한 애정을 갖지 않은 사람은 없습니다. 우리는 항상 그것을 마음속에 품고 있습니다. 그리고 누구나 훈련하지 않고도 쉽사리 그 길의 달인이 될 수가 있습니다. 그러나 사교적 미덕은 이것을 추구하지 않으면 안 됩니다. 몸에 지니도록 노력하지 않으면 안 됩니다. 그리고 우리가 제아무리 노력하고 진보한다 해도, 이것을 다 배우는 일은 결코 없는 것입니다."

이어 그는 각론으로 들었다. 개중에는 자기 이야기를 하는 것이 아닌가 하고 느낀 사람도 있어서, 서로 얼굴을 쳐다보지 않을 수 없었다. 그러나 그 친구는, 무슨 말을 해도 나쁘게 여겨지지 않을 것이라는 자신이 있어서, 아무런 거리낌 없이 이야기를 계속했다.

"결점을 폭로하는 것만으로는 충분하지 않습니다. 그렇습니다. 동시에 보다 더 좋은 상태에 이르는 수단을 제시하지 못한다면, 결점을 폭로한다는 것은 부당한 일입니다. 따라서 나는 여러분에게, 나는 성주간(聖週間)에서의 설교자처럼 잘못을 뉘우치고 마음을 고쳐먹도록 설교하려는 생각은 없습니다. 오히려 나는 사랑하는 모든 연인들에게, 길고 변함없는 행복을 빌고, 그 행복에 가장 확실하게 공헌하기 위해 다음과 같이 제안하는 바입니다. 다시 말해 이와 같이 우리가 모여 있는 동안에는, 이렇게 작게 나뉘어진 짝을 분리, 해소시키는 일입니다."

그는 말을 계속하였다.

"나는 여러분이 이 제안에 찬성해 주시리라 믿고, 이것을 실행할 준비를 이미 갖추고 있었습니다. 여기에 주머니 하나가 있습니다. 이 속에는 남자들의 이름이 들어 있습니다. 여성 여러분, 여기서 제비를 하나씩 뽑아 주세요. 그래서 제비에 의해 정해진 남자들을 일주일 동안 여러분의 하인으로서 아껴 줄 것을 승낙하여 주기 바랍니다. 이것은 우리 모임 안에서만 적용되는 것으로, 모임이 해산하면 이내 이 관계도 끝납니다. 그 후 누가 집까지 모셔다줄 것인가는 각자의 마음이 정해 줄 것입니다."

그 자리에 있던 대부분의 사람들은, 이 연설과 그의 말솜씨에 대해 찬사를 보내고 그의 생각에 찬성하는 것 같았다. 그러나 두서너 쌍은 그의 제안이 자기들에게 이익이 될 것 같지가 않은지 눈을 아래로 깔고 있었다. 이때 그는 한층 소리를 높여 이렇게 외쳤다.

"아니, 참 놀라운 일입니다. 아직 망설이고 있는 사람이 있다고는 하지만, 누구 하나 일어서서 나의 제안에 찬성하여 그 장점을 설명하고 나에게 자화자찬하는 역에서 벗어나게 해 줄 사람이 없으니 말입니다. 죄송한 이야기지만 나는 여러분 중에서 가장 나이가 많은 사람입니다. 나는 이미 대머리입니다. 그것은 나의 신중한 생각 때문입니다."

이렇게 말하고서 그는 모자를 벗었다.

"그러나 나는 내 피부를 말라비틀어지게 하고, 가장 아름다운 장식을 빼앗아 간 나 자신의 심사숙고가, 다소나마 여러분에게 도움이 될 수만 있다면, 기쁨과 영예를 가지고 내 대머리를 보여드리겠습니다. 여러분, 우리는 젊습니다. 이 것은 신나는 일입니다. 우리는 이윽고 나이를 먹을 것입니다. 이것은 싫은 일입니다. 우리는 지금 서로 호의를 가지고 있습니다. 이것은 매우 좋은 일이고 이 아름다운 계절에 어울리는 일입니다. 그러나 여러분, 우리가 여러 가지 일로 해서 자기 자신에게 불쾌감을 느끼게 될 날이 올 것입니다. 그렇게 되면, 누구나가 어떻게 해서 자기 자신을 옳다고 할 수가 있는지 잘 생각해 보기 바랍니다. 또 남들이 우리들에 대해서 여러 가지 일로, 더욱이 어떻게 해서 그렇게 되었는지 전혀 알 수 없는 일로, 우리들에게 악의를 품는 일도 있을 것입니다. 그날을 위해 우리는 준비를 해두지 않으면 안 됩니다. 그리고 그것은 지금 당장 시작하지 않으면 안 됩니다."

그는 처음부터 끝까지 이 연설을, 특히 그 마지막 부분을 카푸친 사제(司祭) 의 어조와 몸짓으로 하였다. 그는 가톨릭교도였기 때문에 교부(敎父)들의 연설술을 공부할 기회가 충분히 있었던 것 같다. 그는 숨이 찬 모양인지, 실제로 그에게 교부와 같은 풍채를 주고 있는 젊은 대머리를 수건으로 닦았다. 그의 익살스런 이 동작은 동아리를 유쾌하게 만들고, 모두가 그의 다음 이야기를 듣고 싶어했다. 그러나 그는 이야기를 계속하는 대신, 주머니를 끌어당겨 가까이에 있는 여자를 향하여 외쳤다.

"우선 시험해 볼 일입니다. 세공(細工)은 나름대로 공을 들인 것이니 결과를 잘 보라는 말이 있지 않습니까. 일주일이 지나서 마음에 들지 않으면 그만두고 원상으로 돌리면 됩니다."

자진해서 또는 어쩔 수 없이, 여자들은 모두 제비를 뽑았다. 아무렇지도 않은 이 행위에서도, 여러 가지 정열의 정도가 밖으로 나타나는 것을 쉽사리 알 수 있었다. 다행스럽게도 바람기가 있는 친구들은 분리되고, 성실한 사람들은 그대로 있을 수 있는 결과가 나타났다. 내 누이동생도 영국인과 짝을 유지할 수 있었다. 그리고 그들은 이것을 사랑과 행운의 신에게 감사했다. 우연에 의해서 새로 짝지어진 남녀는 장로 사제의 손에 의해 곧 하나가 되었고, 그들의 건강을 위하여 축배를 올렸다.

그들의 짝짓기는 짧은 한 주간 제한적으로 되어 있었던 만큼, 모두를 위해 더 많은 기쁨이 있으라는 기도가 올려졌다. 그러나 이것이 우리가 오랫동안 맛보아 온 즐거움 중에서 가장 즐거운 순간이었던 것은 분명했다. 이제까지 여성의 반려를 얻지 못했던 젊은이들은, 우리의 변사(辯士)가 말한 바와 같이, 앞으로 일주일 동안 그들 반려의 정신과 영혼과 신체를 위해 마음을 써야 할 임무가 주어졌다. 그의 말에 따르면 특히 영혼을 위해 신경을 쓰지 않으면 안 되었다. 왜냐하면, 나머지 두 가지는 남이 돕지 않아도 잘해 나갈 수 있기 때문이라는 것이었다.

자기들도 면목을 세우려고 준비한 간부들은, 곧 매우 재미있는 놀이를 시작하였다. 약간 떨어진 곳에 아무도 예기치 못한 저녁식사를 준비하였고, 밤에 우리들이 돌아갈 때에는 작은 배에 조명을 비쳤다. 밝은 달밤이라서 그럴 필요는 없었으나, 그들은 하늘의 부드러운 달빛을 지상의 빛으로 능가한다는 것은, 우리들의 새로운 사교의 방식에 대해서 아주 어울리는 일이라고 변명하였다. 우리가 지상으로 올라가자마자 우리 솔론[10]이 외쳤다.

"가거라, 미사는 끝났도다."

각자가 제비뽑기로 배정받은 여인과 함께 배에서 내려, 그녀들을 원래의 짝에게 돌려보내고 또 자기 짝을 돌려받았다.

다음 모임 때, 주일마다의 짝짓기를 여름 내내 계속하기로 정하고, 또 제비뽑기를 하였다. 이 놀이로 우리들 모임에는 뜻하지 않은 새로운 변화가 생겼다. 누구나가 자기가 가지고 있는 재주와 애교를 발휘해서, 그날 하루만의 연인에게 정성을 다하고 기분을 맞춰주기 위해 애를 썼다. 누구나가 일주일쯤은 여자에게 친절을 다할 만한 여유는 있다고 믿었기 때문이다.

---

10) BC 6세기 그리스 정치가·시인. 그리스 7현인의 한 사람.

조 나누기가 끝나자, 패거리들은 우리의 변사에게 감사하는 대신에, 그의 연설의 가장 좋은 부분, 즉 결론을 털어놓지 않는다고 그를 비난하였다. 이에 대해 그는 '연설의 가장 좋은 것은 설득이며, 설득하려고 하는 마음이 없는 자는 결코 연설 같은 걸 해서는 안 된다. 왜냐하면, 사람을 설득시키는 일은 어려운 일이기 때문이다'라고 단언하였다.

그래도 여전히 우리는 강력한 요청을 멈추지 않았기 때문에, 그는 이내 카프친 사제풍의 설교를 전보다도 더 장난기를 섞으면서 시작했다. 아마도 더욱 진지한 사항을 말하기 위해서였을 것이다. 그는 그 자리에 어울리지 않는 성서의 잠언이나, 요점에서 벗어난 비유나, 아무런 설명도 되지 않는 암시를 사용해서, '자기의 정열이나 애착, 기획이나 계획을 감출 수가 없는 사람은, 이 세상에서 아무 일도 이룩할 수 없고, 도처에서 방해를 받고 웃음거리가 될 뿐이다. 특히 연애에서 행복을 얻으려고 하는 사람은, 좀더 신중하게 비밀을 지키려는 노력을 하지 않으면 안 된다'고 말했다.

이 사상은, 분명히 한 번도 입 밖에 낸 일은 없었지만, 모두가 마음속에 품고 있는 것들이었다. 이 색다른 사람에 대해 조금이라도 알려고 한다면, 그가 풍부한 소질을 가지고 태어나 그 재능, 특히 그의 영지(英知)를 예수회 학교에서 닦고, 세상과 인간에 대한 깊은 지식을, 그것도 나쁜 면에서만 쌓아갔다는 것을 생각해 보면 된다. 그는 22세가량이었고, 나를 그의 인간 멸시의 사상으로 개종시키려고 생각하고 있었으나 그것은 잘되어 가지 않았다. 나도 선량하고 싶다고 생각함과 동시에, 다른 사람도 선량했으면 하고 마음속으로부터 바랐기 때문이다. 그러나 나는 그에 의해서 많은 일에 눈을 뜨게 되었다.

제아무리 명랑한 동아리라도 그 구성을 완전한 것으로 하기 위해서는, 가끔 찾아오는 따분한 순간에 활기를 부여하기 위해, 다른 사람들이 기지(機智)의 화살을 자기에게 돌려주는 것을 기뻐하는 배우가 한 사람쯤 꼭 필요하다. 그리고 만약에 그 배우가 모의 전투에서, 기사가 창 솜씨를 닦기 위해 설치한 사라센인의 인형 등이 아니라, 스스로 옥신각신하여 상대편을 놀리거나, 선동하거나, 가볍게 상처를 입히고 몸을 돌려 피하거나, 자기 몸을 위험에 노출시키는 척하면서 상대편에도 일격을 가하는 일을 터득하고 있다면, 아마도 그 이상 유쾌한 일은 생각할 수 없을 것이다.

우리들의 친구 호른(註)은 이런 일에 안성맞춤이었다. 그 이름 때문에 이미 여러 가지 농담의 씨앗이 되었지만, 그는 키가 작았기 때문에 언제나 꼬마 호른[11]이라고 불렸다. 실제로 그는 패거리 중에서 가장 작고 튼튼한, 그러나 보는 눈에는 바람직한 체격을 하고 있었다. 주먹코에 약간 젖혀진 입, 빛나는 작은 눈, 이것들이 그의 암갈색 얼굴의 생김새였는데, 항상 남을 웃기려고 준비하고 있는 것처럼 보였다.

그의 작은 머리는 풍부한 곱슬머리로 덮여 있었고 일찍부터 수염이 진했다. 그는 그것을 기르고 싶어했고, 우스운 표정을 지어 패거리들을 웃기고 싶어했다. 그는 인상이 좋은, 거동이 가벼운 사나이였으나, 자기는 안짱다리라고 주장하고 있었다. 그가 끝까지 안짱다리라고 주장했기 때문에 모두가 그것을 인정해 주기로 하였다. 그리고 그것이 여러 가지 농담의 재료가 되었다. 그는 춤을 매우 잘 추어서, 자주 춤 상대가 되어 달라고 요구받았기 때문에, 무도회에서 안짱다리를 보고 싶어하는 것은 여자들이 지닌 한 가지 특성이라고 말하기도 했기 때문이다. 그의 쾌활함은 흐려지는 일이 없었고, 그의 존재는 어느 모임에서나 없어서는 안 되는 것이었다.

그는 나와 같은 대학에 가기로 되어 있었기 때문에, 우리 두 사람은 한층 굳게 맺어져 있었다. 게다가 그는 오랫동안 무한한 사랑과 성실과 인내를 가지고 나로부터 떨어지는 일이 없었기 때문에, 확실히 내가 모든 경의를 가지고 회상할 가치가 있는 사람이다.

나는 손쉽게 시를 만들 수 있고, 극히 평범한 일에서도 시적인 면을 끌어낼 수가 있었기 때문에, 그도 나를 따라 시를 짓게 되었다. 우리 동아리에서 하는 작은 여행, 행락 또는 그러한 기회에 생기는 우연한 일, 이것들을 다듬어 우리는 시로 만들어 냈다. 이와 같이 해서 그 어떤 사건을 기술함으로써, 항상 또 새로운 사건이 생겼다. 이런 종류의 사교적 해학(諧謔)은 자칫 조롱으로 치닫기 쉬웠으나, 친구인 호른은 그 어릿광대짓을 적절한 틀 안에서 자제할 수가 없었기 때문에 때로는 모두에게 비난을 사는 일도 있었다. 그러나 이것도 곧 흐려지고 잊혔다.

---

11) 요한 아담(1749~1806). 프랑크푸르트의 법률가. 괴테보다 반년 늦게 라이프치히에서 배우고, 그 후에도 오랫동안 교제가 있었다.

이렇게 해서 그는 당시에 크게 유행했던 시형(詩形), 즉 희극적인 서사시도 시도해 보았다. 포프[12]의 《머리카락 도둑》은 많은 모방 작품을 낳았다. 차하리에[13]는 이 시형을 독일의 토양에 꽃피게 하였다. 그의 시는 일반적으로, 혼령의 우스개가 된 멋없는 사람을 주인공으로 하였고, 훌륭한 인물은 혼령의 사랑을 받았기 때문에 많은 사람들이 좋아했다.

어떤 문학, 그것도 독일 문학을 생각해 볼 때, 일단 그 어떤 대상이 주어지고, 그것을 어떤 종류의 형식으로 다루는 데에 성공하면, 국민 전체가 그것에 사로잡혀, 모든 수단을 사용해서 되풀이하려고 하여 마침내는 산더미처럼 모방 작품이 생기고, 원작 그 자체를 덮어 버려 원작의 숨통을 끊어 버리는 일을 보게 되는 것은 그다지 놀랄 일은 아니지만, 참 묘하다는 생각이 든다.

내 친구의 서사시도 위에서 말한 것에 대한 하나의 증명이었다. 어떤 썰매 대회에서, 어느 멋없는 사나이와, 그를 싫어하는 여자가 한 조가 된다. 이런 기회에 일어나기 쉬운 불행이, 놀리기라도 하듯이 연이어 그에게 일어난다. 마지막으로 그가 썰매를 조종하는 사람의 권리로 여겨지고 있는 동승자에 대한 키스를 요구했을 때, 그는 썰매에서 굴러떨어진다. 혼령들이 그의 사타구니를 들어 올린 것이다.

그녀는 스스로 썰매의 고삐를 잡고 혼자 집으로 돌아와, 뻔뻔스런 새치기 사나이를 내치고 연인의 마중을 받으며 개가를 올린다. 이 작품에서는 서로 다른 혼령 넷이 차례로 그를 괴롭히고, 마지막에 다른 혼령이 그를 조종석에서 내동댕이친다는 구상이 매우 솜씨 있게 잘되어 있었다. 알렉산더 포프의 시구(詩句)로 쓰이고 실화에 입각한 이 시는, 우리의 얼마 안 되는 독자를 매우 기쁘게 하고, 누구나가 레벤[14]의 《발푸르기스의 밤》이나 차하리에의 《허풍쟁이》에 충분히 필적할 만한 것이라고 확신하게 하였다.

그런데 우리들의 사교적인 즐거움은 하룻밤에 지나지 않았고, 그 준비에 그다지 시간이 걸리지 않았기 때문에, 나는 책을 읽을 시간, 말하자면 연구 시간은 충분히 있었다. 나는 아버지의 지시로 호페의 《소(小)법전》을 열심히 복습하

---

12) 알렉산더(1688~1744). 영국의 시인. 대표작 《머리카락 도둑(1714)》《우인열전(1728~42)》.
13) 프리드리히 빌헬름(1726~77). 처녀작 《허풍쟁이(1744)》로 유명해졌다.
14) 요한 프리드리히(1726~71). 독일의 작가. 대표작은 《발푸르기스의 밤(1756)》.

고, 그것에 대한 여러 가지 질문을 받아서, 《법학 제요(提要)》[15]의 주요 내용을 완전히 내 것으로 만들었다. 그러나 나는 억제할 수 없는 지식욕에 사로잡혀, 고대 문학사를 공부하기 시작하여, 거기에서 다시 백과전서 연구로 들어갔다.

나는 게스너[16]의 《학술 입문》이나 모르호프[17]의 《백과사전》을 통독하고 이에 의해, 학문이나 인생에서 이미 얼마나 많은, 놀라울만한 일이 나타나고 있는가에 대한 일반적인 개념을 얻었다. 이 끈질기고 성급한, 주야를 불문하고 계속된 공부는 나를 계몽했다기보다는 오히려 혼란을 느끼게 했다. 특히 아버지의 장서 중에서 벨[18]을 발견하고 그것을 탐독했을 때, 나는 더욱 큰 미로에 빠지고 말았다.

그러나 끊임없이 나의 내부에서 환기된 주된 확신은 고대어의 중요성이었다. 수사학의 모든 모범과, 세계가 이제까지 소유해 온 그 밖의 모든 귀중한 것이 고대어 안에 남김없이 보존되어 있다는 확신이, 이 문학적 혼란 속에서도 더욱 더 내 마음속에 다가왔기 때문이다. 헤브라이어도 성서의 연구도 뒷전으로 밀리고 말았다. 그리스어도 마찬가지였다. 그리스어에 관한 나의 지식은 신약 성서의 범위를 넘지 않았기 때문이다. 그러니만큼 나는 한층 진지하게 라틴어의 공부에 힘을 쏟았다. 라틴어로 쓰인 걸작은 우리 가까이에 있었고, 라틴어로 쓰인 매우 훌륭한 원저작 외에도, 그 밖의 모든 시대의 성과가, 위대한 학자의 손에 의한 번역이나 저술에 의해 우리들에게 제공되어 있었던 것이다.

그래서 나는 많은 것을 이 언어로, 매우 편하게 읽었다. 그리고 글자의 의미상으로는 알지 못하는 곳이 하나도 없었기 때문에, 내가 읽은 저자들을 이해했다고 믿을 수가 있었다. 그 때문에 그로티우스[19]가 거만하게도, 자기가 테렌티우스를 읽은 것은 어린애, 즉 내가 그를 읽은 것과는 뜻이 다르다고 공언했다는 것을 들었을 때, 나는 매우 화가 났다. '청년, 아니 일반 사람들이, 그들 존

---

15) 《로마법 대전》의 일부. 4권. 로마법의 교과서식 개관. 로마법의 입문서로 사용되었다.

16) 요한 마티아스(1691~1761). 괴팅겐 대학 교수. 문헌학자. 《학술 입문(1756)》은 학문 연구의 방법, 대상 및 윤리, 생활 원리에 관한 개설서.

17) 다니엘 게오르크(1639~91). 로스토크, 킬의 교수. 시인, 문학사가. 《백과사전(1688~92)》은 모든 분야의 학문의 성과에 관한 개설서.

18) 피에르(1647~1706). 프랑스의 계몽주의 철학자. 대표작은 《역사적 비판적 사전(1695~97)》.

19) 푸고(1583~1645). 네덜란드의 학자·정치가.

재의 각 순간에서 자기를 완성했다고 생각할 수가 있고, 그 진실과 거짓, 높고 낮음을 막론하고, 자기에게 어울리는 것만을 문제삼는 무지야말로 행복하다'고 말하지 않을 수 없다.

나는 라틴어를 독일어, 프랑스어, 영어와 마찬가지로 규칙도 예비 지식도 없이, 다만 그것을 실제로 사용함으로써 그것을 내 것으로 만들었다. 당시의 학교 교육의 상태를 아는 사람은, 내가 문법도 수사법도 무시한 것을 이상하다고 생각하지는 않을 것이다. 나에게는 그것이 모두 자연스러운 것으로 여겨졌다. 나는 말과 그 구성, 변화를 귀와 마음에 새기고, 쓰거나 말하는 데에 이 언어를 손쉽게 이용하였다.

내가 가기로 되어 있던 대학의 미카엘 축제가 가까워왔다. 나의 내면은 실생활과 면학의 양면으로 흔들리고 있었다. 내가 태어난 도시에 대한 반감은 차차 분명한 것이 되었다. 그레트헨을 잃음으로써 청춘의 나무는 송두리째 꺾이고 말았다. 곁가지에서 다시 싹이 터서, 처음 상처가 새로운 생장으로 치유되기 위해서는 시간이 필요했다. 거리를 방황하는 일은 그만두었다. 다른 사람들과 마찬가지로, 볼일이 있는 길만을 걸었다. 그레트헨이 살고 있던 구역에는 두 번 다시 발길을 돌리지 않았다. 그 근처에는 접근조차 하지 않았다. 낡은 성벽이나 탑이 차차 거추장스러운 것이 된 것과 마찬가지로, 도시의 정치 정세까지도 나에게는 불쾌하게 여겨졌다. 이제까지 그토록 숭고한 것으로 여겨졌던 모든 것이, 비틀어진 모습으로 내 앞에 나타나기 시작하였다.

시장(市長)의 외손자인 내게는, 시의 공화제(共和制)의 숨은 결점을 알지 않을 수가 없었다. 젊은이라고 하는 존재는, 이제까지 무조건 존경해 온 것에 대해 조금이라도 의심을 품게 되면, 젊은이다운 놀라움을 느끼고 열심히 조사해 보고 싶은 심정이 들게 되므로 더욱 그러했다. 당파에 말려들어, 또는 매수되기까지 한 사람들과 다투는 정직한 사람들의 헛된 격분이 너무나 명백해졌기 때문에, 나는 모든 부정을 미워했다. 젊은이들은 모두 도덕적 엄격주의자이기 때문이다.

내 아버지는 시의 정치적 문제에는 사적인 개인으로서만 관련을 가지고 있었는데, 뜻대로 되지 않은 여러 가지 일에 대한 분하고 답답한 마음을 격렬한 어조로 표명하였다. 아버지는 상당한 연구와 노력을 하고 여행을 다니며 다방면에 걸쳐 교양을 지니고 있었음에도 불구하고 결국은 방화벽에 둘러싸여, 나 같으면 진작에 그만두었을 법한 고독한 생활을 보내고 있었던 것이다.

이와 같은 일들이 쌓이고 쌓여서, 매우 무거운 짐이 되어 내 마음에 얹히고 있었다. 그리고 거기에서 벗어나기 위해 나는 정해진 것과는 전혀 다른 생활 설계를 생각해 내려고 애쓸 수밖에 없었다. 남몰래 나는 법률 공부를 포기하고, 오직 언어나 고대 연구, 역사 및 거기서 생기는 모든 것에 몰두하였다.

나 자신이나 다른 사람 안에서 또는 장면 속에서 인정한 것을 시로서 재현해 본다는 것은 항상 나에게 최대의 기쁨을 주었다. 시를 쓴다는 것은 나의 본능에 따른 행위로 그 어떤 비평에도 현혹됨이 없었기 때문에, 내게는 그것이 차차 손쉬운 것이 되었다. 나는 내가 쓴 것에 대해 자신을 가지고 있었던 것은 아니지만, 그러나 분명히 결점이 있다고 해도, 내 시가 전혀 쓸모없는 것이라고 여기지는 않았다. 뭐라고 흉잡히는 일이 있더라도, 내가 쓰는 것은 차차 좋아질 것이다.

언젠가는 내 이름도 하게도른이나 겔러트, 그 밖에 유명한 사람들과 나란히, 경의(敬意)를 가지고 불릴지도 모른다고 하는 나의 남모른 확신을 흔들리지 않았다. 그러나 그것만을 가지고 내 평생의 일로 삼는다는 것은, 너무나 허망하고 불충분하다고 여겨졌다.

나는 진지한 마음으로 내가 의도한 기본적인 연구에 몰두하려고 생각하였다. 그리고 고대에 관한 나의 견해를 보다 더 완전한 것으로 하고, 내가 쓰는 것에서도 더 신속한 진보를 꾀하고, 대학의 교수직에 취임할 자격을 얻으려고 하였다. 대학의 교수직은, 자신의 교양을 높임과 동시에, 남의 교양을 위해서도 공헌하려고 생각하고 있는 청년에게 가장 바람직한 자리로 여겨졌다.

이와 같은 일을 생각하고, 나는 항상 괴팅겐대학[20]에 눈을 돌리고 있었다. 하이네[21]나 미햐에리스[22]나 그 밖의 몇몇 사람에게 나는 두터운 신뢰의 마음을 두고 있었다. 내 마음속으로부터의 소원은, 그들의 발밑에 앉아서 그 가르침에 귀를 기울이는 것이었다.

그러나 아버지는 이 소원을 단호히 거부하셨다. 나와 같은 의견을 가진 아버

---

20) 1734년 설립, 당시 독일의 가장 근대적인 뛰어난 대학으로 이름 높았다.
21) 크리스챤 고트로프(1729~1812). 괴팅겐 대학 교수. 당시 가장 저명한 고대언어 학자.
22) 요한 다피트(1717~91). 괴팅겐대학 교수. 독일에서 구약성서의 비판적 언어학 창설자.

지의 친구 두서너 분도 나를 도와서 아버지를 설득하려고 시도했으나, 아버지는 내가 라이프치히로 가지 않으면 안 된다는 의견을 굽히지 않았다.

그래서 나는 아버지의 생각이나 의도에 거슬러, 내 나름대로의 공부나 생활 방식을 관철하리라는 내 결심을, 더욱더 정당방위라고 생각하지 않을 수 없었다. 그것도 모르고 내 계획에 반대하는 결과가 된 아버지의 완고함이 내 불신의 마음을 강화시켰기 때문에, 내가 대학에서 또는 세상에 나와서 통과하지 않으면 안 되는 공부나 생활상의 순탄한 길을 되풀이해서 들려주는 아버지의 이야기에 몇 시간이고 귀를 기울이고 싶은 생각은 도저히 들지 않았다.

괴팅겐에 갈 희망은 완전히 사라졌기 때문에, 나는 라이프치히로 눈을 돌렸다. 거기에서는 에르네스티[23)가 밝은 빛처럼 여겨졌다. 모르스[24)도 이미 많은 신뢰를 불러일으키고 있었다. 남몰래 나는 반대의 과정을 머리에 그려 보았다. 아니, 상당히 견고한 기반 위에 하나의 공중누각을 지어 보았다고 해도 좋다. 그리고 자기 생애의 경로를 스스로 정한다는 것은, 로맨틱한 명예로운 일이라고까지 여겨졌다.

내가 그린 생애의 경로는, 이미 그리스바흐가 같은 길을 걸어서 위대한 전진을 이룩하여 모든 사람들로부터 칭찬을 받고 있었던 만큼, 그다지 공상적인 것이라고 여겨지지는 않았다. 쇠사슬을 풀어젖히고 감옥의 쇠창살을 잘라낸 죄수들의 남모른 기쁨도, 하루하루 지나가면서 10월이 가까워 오는 것을 본 나의 기쁨만큼 크지는 않았을 것이다. 누구나가 한탄했던 불순한 계절도 나쁜 길도, 나를 주춤하게 만들지는 않았다. 낯선 땅에서, 겨울에 대학 생활을 시작하지 않으면 안 된다는 생각도 내 마음을 어둡게 하지는 않았다.

요컨대 나는 현재의 나의 환경만을 어두운 것으로 보고, 기타의 미지의 세계는 밝고 즐거운 것으로 마음속에 그린 것이다. 이렇게 해서 나는 갖가지 꿈을 그려, 그것에만 신경을 썼으며, 먼 곳에 있는 행복과 만족 외에는 아무것도 생각하지 않기로 했다.

내 계획은 비밀로 해두고 있었는데, 누이동생에게만큼은 감추고 있을 수는

---

23) 요한 아우구스트(1707~81). 라이프치히대학 신학교수·수사학자. 그리스·라틴 작가의 원전 비판적 간행으로 유명.
24) 자무엘 프리드리히 나타나엘(1736~92). 라이프치히대학 교수. 그리스어·라틴어 교수.

없었다. 그것을 듣고 누이는 처음에는 매우 놀랐으나, 후에 내가 쟁취한 훌륭한 것들을 나와 함께 기뻐하고, 나의 즐거운 생활에 가담할 수 있도록 하겠다고 약속했기 때문에, 마침내 누이도 안심하였다.

기다리고 기다리던 미카엘 축제(9월 29일)가 마침내 왔다. 나는 서적상인 프라이셔[25] 부부와 함께 벅찬 기분으로 출발하였다. 부인은 옛 성을 '투리라'라 하였고, 비텐베르크에 있는 그녀의 아버지를 찾을 생각이었다. 이렇게 해서 나는, 나를 낳고 길러 준, 그리워해야 할 고향 땅을 두 번 다시 발을 들여놓고 싶지 않다는 냉정한 기분으로 떠났다.

어느 시기가 오면 어린이는 부모로부터, 하인은 주인으로부터, 사랑을 받은 사람은 그의 은인으로부터 이와 같이 떠나간다. 혼자 독립해서 자기 자신을 위해 살아가리라는 이러한 시도는, 그것이 성공하건 실패하건, 항상 자연의 의지에 합당한 것이다.

우리는 만성문(萬聖門)을 지나 시외로 나가서, 이윽고 하나우를 뒤로하였다. 이어 우리가 도착한 지방은 지금과 같은 계절에는 특별히 눈을 기쁘게 해 주는 것은 없었으나, 색다른 감각이 내 주의를 끌었다. 계속 내리는 비 때문에 길은 아주 나빴다. 전체적으로 도로는 뒷날에 볼 수 있었던 포장이 잘된 상태는 아직 아니었다. 그래서 우리들의 여행은 유쾌하고 즐겁지 않았다.

그러나 나는 이 젖은 날씨 덕택으로, 아마도 매우 진기하다고 말할 수 있는 자연 현상을 목격할 수가 있었다. 매우 진기하다고 하는 까닭은, 그 후 나는 두 번 다시 이와 비슷한 현상을 본 일이 없었고, 다른 사람들도 그것을 인정했다는 말을 들은 적이 없었기 때문이었다.

우리는 밤이 되어, 하나우와 게른하우젠 사이에 있는 고지를 오르고 있었다. 밖은 어두웠으나, 이 길은 위험하고 험악해서 걸어가는 것이 좋을 것이라고 생각하였다.

갑자기 나는 길 바른쪽 아래에, 묘하게 불빛이 비쳐진 일종의 원형 극장과 같은 것을 보았다. 즉 깔때기 모양으로 된 곳에 무수한 작은 빛이 계단 모양으로 위아래로 겹쳐서 번쩍이고 있는데, 눈이 부실 정도였다. 그러나 눈을 한층 혼

---

25) 요한 게오르크(1796년 사망). 프랑크푸르트의 서적상·출판업자.

란하게 만든 것은, 그것들이 가만히 있지 않고 상하좌우로 날아다니고 있었다는 것이다. 그러나 대부분의 것은 한곳에 가만히 움직이지 않고 반짝반짝 빛나고 있었다. 나는 좀더 자세히 살펴보고 싶었으나 일행이 부르는 바람에 계속 따라가지 않을 수 없었다. 마부에게 물어보아도 이 현상에는 아무런 관심을 나타내지 않았다. 그러나 근처에 오래된 채석장이 있고, 그 한가운데의 깊어진 곳에 물이 고여 있다고 했다. 이것이 도깨비불의 근거지였는지, 그렇지 않으면 빛을 내는 생물의 집단이었는지, 나는 그 어느 쪽으로도 단정하고 싶은 생각은 없다.

튀링겐을 지나갈 무렵부터 길은 한층 나빠졌다. 그리고 해가 질 무렵, 우리가 탄 마차는 아우아슈테트 근처에서 움직일 수가 없게 되었다. 거기는 사람이 사는 곳으로부터 멀리 떨어진 곳으로, 우리는 여기를 빠져나가기 위해 전력을 다했다. 그리고 그때, 나는 바싹 긴장한 나머지 힘을 너무 써서 가슴의 인대(靭帶)가 상한 것 같았다. 나는 그 후 가슴에 통증을 느꼈고, 그 아픔이 사라졌는가 하면 다시 나타났다가 몇 년이 지난 후에야 완전히 없어졌다.

그러나 나는 그날 밤, 번갈아 닥치는 운명에 의해 정해지기라도 한 것처럼, 뜻하지 않는 행운 후에 놀림을 당한 것 같은 노여움을 느끼지 않을 수 없었다. 우리는 아우아슈테트에서 품위 있는 내외를 만났다. 그들도 비슷한 난관을 만나, 방금 도착한 참이었다. 남편은 한창 일할 나이의 잘생긴 사람이었고 부인은 매우 미인이었다. 그들은 쾌활한 태도를 보이며 같이 식사하자고 제의하였다. 나는 그 아름다운 부인이 부드러운 말을 걸어 준 것을 기쁘게 생각하였다. 그러나 주문한 수프를 독촉하기 위해 갔을 때, 나는 철야나 여행의 피로에 익숙하지 않았기 때문에, 견딜 수 없는 졸음이 밀려와 걸어가면서도 졸고 있었다.

그리고 머리에 모자를 쓴 채 방으로 돌아와 다른 사람들이 식전의 기도를 하고 있는 것도 모르고, 무의식적으로 태연하게 의자 뒤에 섰다. 나는 내 거동이 그들의 기도를 우스꽝스럽게 방해했다고는 꿈에도 생각하지 않았다. 총명하고 기지에 넘친 데다가 입심도 좋은 프라이서 부인은, 내가 앉기 전에 내외에게, 당신네들이 여기서 본 일을 이상한 일이라고 생각하지 말아달라고 말하였다. 그리고 나를 가리키며, '이 젊은이는 모자를 쓴 채 기도함으로써, 신과 국왕에게 가장 잘 경의를 나타낼 수 있다고 믿고 있는 퀘이커교도의 소질을 풍부하게 갖추고 있습니다'라고 말하였다.

아름다운 부인은 웃음을 참지 못했는데, 웃는 그녀의 모습이 더욱 예쁘게 보였다. 그리고 나는 이 부인의 얼굴을 이렇게도 아름답게 보이게 하는 웃음의 원인이 내가 아니었으면 좋겠다고 생각하였다. 그러나 내가 모자를 벗자마자, 예법을 갖춘 이분들은 농담을 그만두고, 그들의 술창고에서 가지고 온 최상의 포도주로 졸음도, 불만도, 지나간 나쁜 일에 대한 기억도 모두 씻어 버렸다.

내가 라이프치히에 도착했을 때, 거기에서는 마침 대목 시장이 열리고 있어서, 나는 각별한 즐거움을 맛보았다. 거기서 내가 본 것은 고향의 연장선이었다. 낯익은 상품과 낯익은 상인들이 다만 장소와 순서를 바꾸었을 뿐이었기 때문이다. 나는 큰 흥미를 가지고 시장을 서성거리면서 좌판을 보고 다녔다. 그런데 특히 내 주의를 끈 것은, 낯선 옷을 입은 동쪽 나라 사람들, 즉 폴란드인, 러시아인, 그중에서도 그리스인이었다. 그들의 당당한 풍채, 훌륭한 복장을 보기 위해 나는 자주 거기에 갔다.

그러나 이 활기찬 순간도 지나갔다. 이번에는 서로 비슷한 높은 건물이 있는 도시 그 자체가 내 눈앞에 나타났다. 이 도시는 나에게 매우 바람직한 인상을 주었다. 전체적으로 이 도시는 일요일이나 경축일로 조용할 때에는, 무엇인가 인상 깊은 것을 가지고 있다는 것을 부정할 수가 없다. 마찬가지로 달밤에, 반쯤 그늘이 지고, 반쯤 빛이 비치는 가로는 나를 자주 밤의 산보로 끌어냈다.

그러나 내가 이제까지 낯익었던 것에 비하면, 이 새로운 상태는 나에게 조금도 만족을 주지 않았다. 라이프치히는, 보는 사람의 마음에 옛 시대를 환기시키지 않는다. 도시의 건물이나 가로에 나타나 있는 것은, 상업의 번영이나 유복이나 부(富)를 증명하는 새로운 최근의 시대이다. 그러나 터무니없이 크다고 느낀 몇몇 건물은 아주 내 마음에 들었다. 이들은 두 개의 거리에 똑바로 향해 있었고, 높이 솟아 있는 건물이 둘러싼 가운데 마당에 하나의 시민 세계를 안고 있는 것이 커다란 성, 아니 소도시와 비슷했다. 이와 같은 묘한 장소의 하나, 더욱이 옛 노이마르크트와 새 노이마르크트 사이에 있는 포이야쿠게르에 나는 숙소를 정했다. 통로로 되어 있기 때문에 상당히 떠들썩한 안마당에 붙은 몇 개의 기분 좋은 방은, 대목 시장이 열릴 때에는 서적상 프라이셔가 차지하였고, 그 밖의 기간에는 알맞은 값으로 내가 빌렸다.

옆방 사람은 신학자[26]로, 그의 전문 분야에 조예가 깊었고 또 성질이 온순한 사람이었으나, 가난하고 게다가 시력이 심히 나빠 장차의 일에 매우 신경을 쓰고 있었다. 이 사람은 날이 완전히 저물 때까지, 또 얼마 안 되는 기름값을 아끼기 위해, 달빛으로 책을 너무 많이 읽었기 때문에 그리된 것이다. 숙소의 늙은 부부는 이분을 소중하게 대했고 나에게는 항상 친절하게 대해 주었다. 그리고 우리 두 사람에게 여러 가지로 배려를 해 주었다.

나는 소개장을 가지고 궁중 고문관 뵈메[27]에게로 서둘러 갔다. 그는 마스코프[28]의 제자로, 지금은 마스코프의 뒤를 이어 역사와 법률을 가르치고 있었다. 몸집이 작아 땅딸막하고 활발한 사나이가 매우 친절하게 나를 맞아 그의 아내를 소개해 주었다. 이 두 사람, 그리고 내가 방문한 그 밖의 사람들은 앞으로 이곳에의 체류에 최선의 희망을 주었다.

그러나 나는 법률 공부를 포기하고 고대인의 연구를 할 작정이라는 것을 공언할 수 있는 적당한 기회를 기다리고 있었는데, 처음 동안에는 내가 마음속 깊이 간직한 일을 아무도 눈치채지 못하게 하였다. 내가 생각한 것이 너무 빨리 식구들에게 새어나가지 않도록, 프라이셔 내외가 출발할 때까지 조심스럽게 기다리고 있었던 것이다. 내외가 출발하자, 나는 궁중 고문관 뵈메를 찾았다. 누구보다도 먼저 이분에게 진상을 털어놓지 않으면 안 되겠다고 생각했기 때문이었다.

나는 그에게 자세하게, 또 솔직하게 나의 의도를 설명하였다. 그러나 나의 이야기는 제대로 받아들여지지 않았다. 그는 역사가로서, 또 법률가로서 모든 문학의 냄새가 나는 것에 단호한 증오를 품고 있었다. 불행하게도 그는 문학에 종사하는 사람들과 사이가 그다지 좋지 않았다. 특히 내가 어리석게도 많은 신뢰를 두고 있다고 말한 겔러트는 그가 매우 싫어하는 사람이었다. 따라서 한 사람의 열성적인 청강생을 그에게 빼앗긴다고 하는 것, 더욱이 지금과 같은 사정하에서 그렇게 된다고 하는 것은 그에게는 쉽사리 허용할 수 있는 일이 아니었다.

그래서 그는 바로 그 자리에서 단호하게 설교를 하면서, 우선 당장 자기는

---

26) 요한 크리스찬 린프레히트(1741~1812).

27) 요한 고트리프(1717~80).

28) 요한 야코프(1684~1761). 라이프치히대학 교수·법률학자·역사가.

그렇게 할 생각은 없으나 비록 그가 찬성한다 해도, 내 양친의 허가가 없으면 내가 그러한 진로를 취하는 일을 인정할 수 없다고 단언했다. 또 그는 문헌학과 언어 연구를 맹렬하게 매도하고, 내가 넌지시 암시만 주었던 시작(詩作) 연습을 다시 또 격렬하게 나무랐다.

마지막에 그는, 내가 고대인의 연구에 나아가려고 한다면, 법률학의 길을 이용하는 편이 그것을 훨씬 잘 배울 수 있는 길이라고 결론을 내렸다. 그는 에바하르트 오토[29]나 하이네크치우스[30]와 같은 몇 사람의 우아한 법률학자를 나에게 상기시키고, 로마 고전 시대나 법률의 역사에 대해서, 도저히 있을 것 같지도 않는 꿈을 그려 보였다.

그리고 뒷날, 내가 다시 생각에 생각을 거듭하여 또 양친의 허가를 얻어, 내 생각을 실행할 생각을 했을 때에도, 그 길로 간다는 것은 결코 도는 길이 아니라는 것을 자신 있게 타일렀다. 그는 친절하게도, 곧 강의도 시작되고 하니 빨리 결정할 필요가 있으므로, 이 문제를 다시 한번 잘 생각해서 가까운 시일에 내 의견을 알려 달라고 했다.

하지만 그가 그 자리에서 내게 결단을 강요하지 않았다는 것은 매우 다행한 일이었다. 그의 논거나, 그가 그것을 말하는 신중한 태도는 영향을 받기 쉬운 나의 젊은 마음을 이미 설득하고 있었던 것이다. 내가 남몰래 손쉽게 실행할 수 있다고 생각하고 있던 일이 힘든 일이라는 것을 나는 비로소 깨달았다. 그 얼마 후 나는 뵈메 부인의 초대를 받았다. 부인은 혼자 있었다. 그녀는 젊어 보이지는 않았고, 게다가 연약하게 보였는데, 더할 나위 없이 부드럽고 친절한 분이었다. 그리고 사람이 좋은 만큼, 말이 많은 그녀의 남편과는 대조를 이루고 있었다. 그녀는 일전에 남편이 한 이야기를 꺼내어 전체적으로 다시 한번 친절하고 알기 쉽게 설명을 해 주었기 때문에, 나는 그녀의 의견에 따르지 않을 수 없었다. 그러나 내가 끝까지 양보하지 않았던 약간의 망설임은 그녀도 인정해 주었다.

뵈메는 그 후 나의 시간표를 정리해 주었는데, 그것에 의하면 나는 철학, 법률사, 법학 개요, 기타 몇 가지 강의를 듣도록 되어 있었다. 나는 그것을 승낙했

---

29) 1685~1756. 두이스부르크, 우트레히트의 교수. 법률학자.
30) 요한 고트리프(1681~1741). 하레, 프랑크푸르트 암오델의 교수. 저명한 법률사가.

으나, 슈토크하우젠[31]을 교재로 한 겔러트의 문학사 및 그의 연습에 자주 출석하고 싶다는 뜻은 굽히지 않았다.

겔러트[32]가 모든 젊은이들로부터 받고 있는 존경과 사랑은 이상할 정도였다. 이미 나는 그를 방문해서 친절한 마중을 받은 일이 있었다.

그는 그다지 큰 체격은 아니고, 화사한 몸매였으나 마른 편은 아니었다. 온건하고 오히려 슬픈 듯한 눈, 매우 아름다운 이마, 너무 심하지 않은 매부리코, 우아한 입, 보기 좋은 달걀형 얼굴, 이들 모두가 그를 만나는 사람에게 바람직한 인상을 주었다. 그를 만난다는 것은 상당히 힘이 들었다. 그의 조수 두 사람은 누구나 함부로 들어갈 수 없는 성전을 지키는 사제(司祭)처럼 보였다. 그리고 그와 같은 조심은 확실히 필요했다. 그에게 접근하고 싶은 사람을 모두 받아들여 만족시키려고 한다면, 그는 이를 위해 하루 모두를 할애하지 않으면 안 되었기 때문이다.

처음에는 열심히 강의에 출석했다. 그러나 철학은 조금도 내 지능을 깨우쳐 열어 줄 것 같지 않았다. 논리학에서는, 내가 어렸을 때부터 매우 편하게 행해왔던 정신 작용을, 그 올바른 활용을 획득하기 위해 서로 분리하고 분해하여 산산조각을 내야 한다는 것이 나에게는 묘한 일로 여겨졌다. 존재물, 세계, 신에 대해서는 내가, 날 가르치는 교수와 거의 같을 정도로 알고 있다고 생각하였다. 그리고 교수도 강의할 때 여러 번 미숙한 모습을 보였다.

사육제까지는 모든 일이 순조롭게 진행되었다. 그런데 그 무렵이 되자, 빙클러[33] 교수의 집에 가까운 토마스 광장에서 때마침 강의 시간에 매우 맛있는 빵이 구워져 나왔으므로 우리는 수업 시간에 늦기가 일쑤였고, 노트는 차츰 공백투성이가 되었다. 그리고 봄이 가까워짐에 따라 노트 뒤쪽은 눈과 함께 녹아 없어지고 말았다.

이윽고 법률 강의도 마찬가지로 어색한 것이 되고 말았다. 교수가 가르치기에 알맞다고 생각한 것은 나 또한 이미 잘 알고 있었기 때문이다. 처음 얼마 동

31) 요한 크리스토프(1725~84). 신학자·역사가. 겔러트가 강의교재로 사용한 것은 슈토크하우젠의 《철학, 문학 애호가를 위한 필독 문헌 안내(1752)》.
32) 학자·고명한 작가. 대중적 인기를 얻은 18세기 독일 최초의 시인.
33) 요한 하인리히(1703~70). 라이프치히대학 철학 교수. 고대 언어에 관해서도 강의.

안에는 꾸준히 노트를 했지만, 내가 아버지 밑에서, 영원히 기억 속에 간직하기 위해 문답형으로 되풀이해서 외운 것을 다시 한번 노트에 쓴다는 것은 따분한 일로 여겨졌기 때문에, 그 열의도 차차 식었다.

예비 교육 단계에 있는 학생들에게 여러 가지 일을 너무 깊이 가르치는 폐해는 뒷날에 더욱더 명백하게 나타났다. 이 폐해는 언어의 훈련과 본래의 예비 지식이어야 할 기초다지기에 필요한 시간과 주의를 아깝게 생각하여, 그것을 이른바 실과(實科)로 돌리는 데에서 생기는 것이다. 그런데 이 실과라고 하는 것은 순서 있고 철저하게 교육되지 않을 경우에는, 배우는 사람을 교육시키기보다는 혼란에 빠드리고 만다.

말이 난 김에 학생들이 크게 고민했던 또 하나의 폐해에 대해서 말해 보기로 한다. 관직에 있는 다른 사람들과 마찬가지로, 교수들의 연령이 모두 같을 수는 없다. 젊은 교수는 실제로는 자기가 배우기 위해서 가르치고, 우수한 두뇌를 가지고 있을 경우에는 시대에 선행하는 것이므로, 그들은 어디까지나 청강생을 희생양으로 하여 자신들의 교양을 쌓는다. 왜냐하면 교수는 청강생들이 본래 필요로 하는 지식을 가르치는 것이 아니라, 교수 자신을 위해 연구할 필요성을 느끼고 있는 것을 가르치기 때문이다.

이에 반해, 나이 든 교수들 가운데 어떤 이는 이미 오랫동안 앞으로 나아가는 일이 없이, 전체적으로 말하자면, 고정화된 견해만을 전하고, 개개의 것에 관해서는 이미 시대가 지나고 쓸모없는, 잘못된 것이라고 단정한 많은 것을 가르친다.

이 양자에 의해 슬퍼할만한 갈등이 생겨 젊은이들은 그 사이를 우왕좌왕하게 된다. 그래서 학식도 교양도 충분히 갖추고 있으면서도, 여전히 지식과 사색을 위해 노력을 게을리하지 않는 중년의 교수들에 의해 간신히 그 보상이 이루지게 되는 것이다.

나는 이와 같이 해서, 나로서도 채 정리를 할 수 없을 정도로 많은 것을 배우고, 이에 의해 마음속으로 차차 불쾌한 기분이 자리잡게 되었는데, 마찬가지로 일상생활에서도 이것저것 사소한 일들로 성가신 마음을 가지지 않을 수가 없었다. 사람들은 누구나 장소가 바뀌고 새로운 환경으로 들어가면 항상 그에 알맞은 수업료를 지불하지 않으면 안 되는 법이다.

첫째로 여자들이 나를 비난한 것은 내 복장이었다. 당연한 일이었지만 나는 고향에서 약간 이상한 차림으로 대학에 온 것이다.

내 아버지는 무엇인가가 헛되이 이루어진다거나, 시간을 사용할 줄 모른다거나, 또는 시간을 이용할 기회를 찾으려고 하지 않는 것 등을 무엇보다 싫어하여 시간과 노력의 경제에 항상 유의하고 있었기 때문에, 일석이조라는 것만큼 그에게 만족을 주는 것은 없었다. 그러기 때문에 아버지는 집 안에서 다른 일에 쓸모가 없는 하인을 고용하는 일은 절대로 없었다. 그런데 아버지는 이전부터 모든 것을 자신의 손으로 쓰고 있다가, 뒤에 예의 젊은 동거인에게 구술, 필기하게 하는 편리함을 알았기 때문에, 재봉 직공을 하인으로 쓰는 것이 무엇보다 이익이 되는 일이라고 생각하였다. 그들은 자기 옷뿐 아니라 아버지나 아이들의 옷을 만들고, 나아가서는 모든 바느질감을 처리함으로써 시간을 충분히 이용하지 않으면 안 되었다.

아버지는 최상의 천을 입수하는 데에 신경을 썼고, 대목 시장에서 외국 상인들로부터 고급 상품을 구하여 그것을 모아두었다. 지금도 기억하고 있는 일이지만, 그러기 위해 아버지는 아헨의 레베니히 집안 사람들을 자주 방문하여 아주 어렸을 때부터 나를 이들 훌륭한 상인들과 알고 지내게 해 주었다.

따라서 옷감의 질에 대해서는 충분한 주의가 이루어졌고, 여러 가지 종류의 모직물, 서지(serge),[34] 괴팅겐직(織) 등이 풍부하게 저장되어 있었다. 또 필요한 안감도 준비되어 있었기 때문에 옷감으로 말하자면 아무런 손색이 없었으나, 대개의 경우 모양이 모든 것을 망치고 말았다. 재봉을 겸한 하인은 재단이 잘된 옷을 깁거나 하는 솜씨는 뛰어났지만, 이번에는 자기가 직접 재단을 해야 했기 때문이다. 그러나 그것이 항상 잘되어 가리라는 보장은 없었다. 더욱이 내 아버지는 의복에 관한 것이라면 모두 소중하게 다루고 손질을 잘하여, 오랫동안 이용하기보다 잘 보관했기 때문에, 어떤 종류의 구식 스타일이나 장식을 특히 좋아하고 있었다. 그리고 그것 때문에 우리들의 복장은 때로는 이상한 모양이 되곤 했다.

내가 대학에 가지고 온 의복도 이와 같이 해서 만들어진 것들이다. 이들은

---

34) 양복감의 하나.

모두 손질이 잘된 훌륭한 것으로, 그중에는 금줄이 달린 옷도 있었다. 나는 이런 종류의 옷에 익숙해 있었기 때문에, 나름대로 깔끔하게 몸치장을 한 셈이었다. 그러나 얼마 되지 않아 나의 여자 친구들이, 처음에는 가벼운 야유로, 이어 조리가 닿는 설명으로 내가 별천지에서 내려온 사람처럼 보인다는 것을 납득하게 하였다. 나는 그 말을 듣고 매우 불쾌했으나 처음에는 어떻게 해야 좋을지 몰랐다.

그러나 인기가 있고 문학을 좋아하는 시골 신사 폰 마즈렌[35]이 어느 때 나와 똑같은 복장을 하고 무대에 나타나, 그의 인품보다는 오히려 겉모습으로 인하여 크게 비웃음을 받았을 때, 나는 용기를 내어 내 옷을 당장 새로 유행하는, 그 지방에 어울리는 것으로 바꾸기로 하였다. 그러나 당연한 일이지만, 이로써 내 옷가지는 매우 적어지고 말았다.

이 시련을 무사히 넘겼는가 했더니 다시 새로운 시련이 나타났다. 그것은 쉽게 제거할 수 있거나 바꿀 수 없는 일이었기 때문에 나에게는 이전의 것보다도 훨씬 불쾌하게 느껴졌다.

즉 나는 남부 독일의 사투리 속에서 자란 사람으로, 아버지는 이른바 언어의 순수하고 바른 것을 구하여 항상 노력하였고, 우리 자녀들에 대해서도 어렸을 때부터 그 방언의 결점이라는 점에 주의하게 하여 가장 좋은 언어를 몸에 지니도록 준비를 해 주었지만, 내 말에는 그 방언의 여러 가지 특징이 뿌리 깊게 남아 있었다.

그런데 나는 그 소박한 점이 좋아서 마음 편하게 그것을 사용하고 있었는데, 이 때문에 나의 새로운 지인(知人)들로부터 항상 따끔한 비난을 받아왔다. 즉 남부 독일의 주민들, 그것도 아마도 라인이나 마인 연안에 사는 사람들은 특히 (큰 강은 해안과 마찬가지로 항상 활기를 주기 때문에) 비유나 암유(暗喩)를 가지고 자기 생각을 표현하고, 또 상식이 풍부하기 때문에 격언 같은 말투를 즐겨 사용한다. 어느 경우나 남부 독일 사람들의 말은 가끔 조잡하게 들리기는 하지만, 표현의 목적에서 보자면 항상 적절한 것이다. 하기야 섬세한 귀를 가지고 있는 사람은 귀에 거슬리게 들리는 것이 그 바탕에 깔려 있는 사실일 것이다.

---

35) 프랑스의 극작가 데투슈(1680~1754)의 《문학을 좋아하는 시골 신사》를 루이제 데르군데 고트 셰트(1713~62)가 번안한 동명 희극 주인공.

어느 지방이나 그 사투리에 애착을 가지고 있다. 뭐니 뭐니 해도 사투리는 원래의 영혼이 그것에 의해 숨을 쉬고 있는 원소와 같은 것이기 때문이다. 그러나 마이센의 사투리가 얼마만큼 제멋대로 다른 사투리를 지배했고, 한동안 그것을 몰아냈다는 것은 누구나 알고 있는 것이다.[36] 오랫동안 우리는 이 귀찮은 지배에 고통을 받았고, 여러 가지로 저항을 시도한 끝에, 간신히 모든 지방이 애초의 권리를 되찾은 것이다.

결국 굴복해서 발음을 바꾸면 그와 함께 사고방식, 상상력, 감정, 태어난 고장 특유의 성격까지 버리지 않으면 안 된다는 것을 알고 있는 사람은, 활기에 찬 한 청년이 이 끊임없는 지적 아래 얼마나 불쾌한 생각을 했는가를 쉽사리 짐작할 수가 있을 것이다. 더욱이 견디기 어려운 요구가 교양이 있는 지인들에 의해서 이루어진 것이다. 나는 그들의 확신에 동의할 수 없었다. 나 자신 분명히 이렇다 할 일은 할 수 없었지만, 그러나 나는 그들이 잘못되어 있다는 것을 느낄 수 있는 것 같았다.

나는 성서의 주요한 대목의 인용도, 연대기(年代記)의 순박한 표현의 이용도 금지되었다. 나는 가이러 폰 카이자스베르크[37]의 설교집을 읽는 것도 잊고, 서투른 다변(多辯)도, 간결하게 사물의 핵심을 나타내는 격언을 사용하는 것도 그만두지 않으면 안 되었다. 청년의 열의를 가지고 배운 모든 것을 없는 것으로 생각하고 지내지 않으면 안 되었다.

나는 마음이 마비되는 것 같았고, 극히 평범한 일이라도 어떻게 표현하면 좋을지 거의 모르게 되었다. 동시에 나는 쓰는 것처럼 말하고, 말하는 것처럼 써야 한다는 말을 들었다. 그러나 나에게는 이야기하는 것과 쓰는 것은 전혀 다른 일로, 그 어느 것이나 자기의 권리를 주장해도 좋을 것처럼 여겨졌다. 더욱이 나는 마이센의 방언 속에도, 그것이 종이에 쓰였을 경우, 뛰어나다고 할 수 있는 것이 별로 없다는 것을 느끼고 있었다.

---

36) 오피츠(1597~1639) 이래의 바로크 시(詩), 특히 J.C. 고트셰트(1700~66)의 언어 규칙(두 사람 모두 동부 독일 사람이며, 학문적·인문주의적 전통에 결부되어 있었다)은 민중적인 것과는 멀었다. J.G. von 헤르더(1744~1803) 이래의 '슈투름 운트 드랑'이, 200년의 긴 세월 동안 배척된 것을 회복하였다.
37) 1445~1510. 슈트라스부르크의 민중적인 설교자. 유머러스한 표현을 즐겨 사용.

이와 같이, 교양 있는 지인이나 학자, 그 밖에 세련된 사교를 즐기는 사람들이 한 젊은 학생에게 어느 정도 결정적인 영향을 미쳤는가를 들은 사람은, 비록 그것을 말로는 하지 않는다 해도 우리가 사는 곳이 라이프치히라는 것을 바로 그 자리에서 확인할 것이다.

독일의 대학은 각기 특수한 양상을 갖추고 있다. 독일에서는 공통된 문화가 구석구석까지 널리 퍼지는 일이 없으므로, 어느 곳이나 그곳 나름대로의 방식을 굳게 지켜 그 땅의 특수한 성격을 극한(極限)까지 밀고 나가게 되는데, 이와 마찬가지 일이 대학에 대해서도 있을 수 있기 때문이다.

예나나 할레에서는 야성이 최고도로 고양되어, 신체의 건강, 검술의 숙달, 난폭하기 짝이 없는 결투가 다반사로 되어 있었다. 그리고 이와 같은 풍조는 저속한 야단법석으로 유지, 계속할 수가 있다. 학생과 도시민의 관계는, 각기 매우 달라도, 난폭한 외래자가 시민에게 아무런 경의도 나타내지 않고, 자신들을 모든 자유와 무례의 특권이 주어진 특수한 존재라고 생각하는 점에서는 마찬가지였다. 이에 반해서 라이프치히에서는 학생이, 유복하고 매우 예의 바른 시민과 그 어떤 관계를 가지려고 생각하면, 아무래도 정중하게 행동하지 않으면 안 되었다.

물론 정중함은, 여유가 있는 풍요로운 생활 양식의 꽃으로서 나타나는 것이 아니라면, 한쪽으로 치우쳐진 딱딱한 것으로 보이고, 또 어떤 관점에서 말하자면 아마도 어리석게 보일 것이다. 그리고 잘레강 가의 저 난폭한 사냥꾼들은, 플라이세강 변의 유순한 양들보다도, 자기 쪽이 훨씬 뛰어나다고 생각하고 있었다. 차하리에의 《허풍쟁이》[38]는 당시의 생활 태도나 생각을 눈에 보이는 것처럼 그려낸 귀중한 기록으로서 언제까지나 남을 테지만, 여하간 그의 시는 당시의 사회생활이 가진, 활기는 없으나 순진한 어린애다운 면 때문에 그 상태를 알려고 하는 사람에게는 환영을 받을 것이다.

어느 공동체의 현실 관계에서 생긴 풍습은 모두가 그리 쉽게 시드는 것이 아니다. 내가 있던 무렵에도 차하리에의 서사시를 생각나게 하는 것들이 몇 개 남아 있었다. 우리 학생들 중의 한 사람은, 돈도 있고 누구에게 의지할 필요도

---

38) 예나에서 온 난폭한 학생이, 라이프치히의 학생이나 여인들의 우아한 생활 태도와 충돌하는 모습을 유머러스하게 그리고 있다.

없었기 때문에, 세상의 생각에 모래를 끼얹을 생각을 하였다. 그는 마차의 마부들과 형제처럼 술을 마시고, 그들을 주인처럼 마차에 태우고, 자기는 마부자리에 앉아 마차를 몰고, 때로는 마차를 전복시켜 재미있어했다. 마차가 부서지거나 마부들이 다치기라도 하면 변상을 해 주었다. 하지만 그는 그 누구도 모욕한 것도 아니고, 다만 대중을 한데 묶어서 비웃은 것처럼 보였을 뿐이었다.

어느 때, 그와 또 한 사람의 장난꾸러기는 산보하기에 좋은 날 토머스 제분소의 당나귀를 빼앗아, 좋은 옷을 입고, 단화와 긴 양말을 신고 거리를 타고 다녀, 보도에 있는 사람들을 놀라게 하였다. 그에게 호의를 가진 사람들 두서너 명이 그를 타일렀을 때, 그는 태연하게, '자기는 다만 그같은 경우에 그리스도를 사람들이 어떤 눈으로 보았을까를 알고 싶었을 뿐'이라고 말하였다. 그러나 그의 흉내를 내는 사람들은 없었고 친구들도 적었다.

왜냐하면, 다소라도 재산이 있고 신분이 있는 학생은 상인 계급에 대해서 공손한 태도를 보였고, 또 그곳에 살고 있는 수많은 프랑스인이 프랑스의 풍습에 대한 모범을 보여 주었던 만큼, 보기 흉하지 않은 외면적인 예의를 몸에 지니도록 노력할 이유가 있었기 때문이다. 자기 재산과 높은 봉급으로 생활이 넉넉했던 교수들은 학생들에게 의존하지 않고 있었고, 왕립 학교나 그 밖의 김나지움에서 교육을 받고 승진을 바라고 있던 그 고장 태생의 많은 학생들은 전래의 풍습에 위배되는 일은 하지 않았다. 드레스덴이 가까웠고 거기서 오는 감시의 눈, 또 장학관이 매우 경건한 사람이었다는 점 등이 도덕적인 영향, 아니 종교적인 영향을 미치지 않을 수 없었다.

나는 처음 얼마 동안 이와 같은 생활 양식이 싫지는 않았다. 나는 추천장 덕택으로 훌륭한 가정에 출입할 수 있었고, 그 가정들로부터 따뜻한 대접을 받았다. 그러나 이윽고 나는 그들이 실로 여러 가지 일로 나를 비난하고, 내가 그들의 취미에 따라 복장을 바꾸자 이번에는 또 말까지 그들의 흉내를 내어야 한다는 것을 알아차리지 않을 수 없었다. 동시에 다른 한편으로는 내가 대학에 적을 두고 수업이나 정신적 계발에 기대했던 모든 것이, 거의 아무것도 채워지는 것이 없다는 것을 알고 나는 태만해지기 시작했으며, 방문하거나 이것저것 신경을 쓰는 사교적인 의무를 게을리하기 시작했다.

존경하는 마음이 궁중 고문관 뵈메에게, 신뢰와 애정이 그의 부인에게 나를 묶어두지 않았더라면, 나는 더 빨리 모든 그러한 관계에서 인연을 끊었을 것이다. 유감스럽지만 뵈메는, 젊은 사람들과 교제하여 그들의 신뢰를 얻고 그들이 지금 구하고 있는 바에 따라 그들을 지도한다는 행복한 재능을 가지고 있지 않았다. 나는 그를 찾아가도 얻는 것이 없었다.

이에 반해 그의 부인은 나에게 진심에서 우러나오는 관심을 보여 주었다. 그녀는 몸이 쇠약했기 때문에 항상 집에 있었다. 그녀는 밤에 여러 차례 나를 초대했고, 습관은 좋았으나 이른바 예법에서는 어딘지 모자란 곳이 있던 나를 여러 가지 자상한 외면적인 면에서 바로잡아주고 개선해 주었다. 그녀에게는 가끔 함께 밤을 보내는 여자 친구가 있었는데, 이 여자는 거만한 학교 교사 타입의 사람으로, 나는 그녀가 좋아지지 않았다. 그리고 나는 그녀에 대한 반항심에서, 뵈메 부인이 이미 나로부터 제거해 준 버릇없는 행동을 자주 저질렀다. 그러나 그녀들은 여전히 참을성 있게 참아주고, 나에게 피켓이나 론볼, 그 밖에 트럼프놀이를 가르쳐 주었다. 이것들을 알고 할 수 있게 되는 것이 사교상 필수 요건이 되어 있었던 것이다.

그러나 뵈메 부인이 나에게 준 영향 중에 가장 컸던 것은, 문학상의 기호에 관한 것이었다. 물론 그것은 부정적인 것이었으나, 그녀는 그 점에서 비평가들과 완전히 일치하고 있었다. 고트셰트의 홍수는 문자 그대로 노아 홍수와 같은 기세로 전 독일에 범람하여, 가장 높은 산까지도 물에 잠기게 할 것 같았다. 이와 같은 홍수가 다시 빠지고 진흙이 마를 때까지는 많은 시간을 필요로 했다. 그리고 어느 시대에나 사이비 시인들이 무수히 있는 법이므로, 천박하고 기(氣)가 빠진 모방은, 오늘날에는 상상할 수 없을 정도로 많은 쓰레기를 양산했다.

따라서 나쁜 것을 나쁘다고 엄하게 책망하는 것이 당시 비평가들의 최대의 즐거움, 아니 승리였다. 다소의 상식을 가지고, 고전 작가에 대해서는 약간의 겉핥기식, 근대 작가에 대해서는 얼마만큼 자상하게 알고 있으면, 이미 그것만으로 무엇이든지 적용할 수 있는 잣대를 갖춘 것으로 그들은 알고 있었다.

뵈메 부인은 교양이 있는 여인으로, 쓸데없는 것, 힘이 없는 것, 비속한 것은 일체 받아들이지 않으려고 하였다. 게다가 그녀는 문학이라는 이름이 붙는 것은 모두 싫어했고, 그녀가 어찌되었건 좋다고 인정한 것까지 인정하려고 하지 않는 남자의 아내였다. 그런데 그녀는, 내가 뻔뻔스럽게도, 이름이 있고 이미 성망이 높은 시인의 시나 산문을 낭독하여 들려주면(여전히 나는 조금이라도 마음에 든 것은 모두 암기하고 있었다) 얼마 동안은 참고 듣고 있었으나, 그녀의 너그러움은 오래 계속되지 않았다.

그녀가 맹렬하게 깎아내린 최초의 것은 바이세[39]의 《유행을 좇는 시인들(1751)》이었다. 이 작품은 그 무렵 여러 차례 상연되어 큰 갈채를 받았고, 나도 각별한 즐거움을 맛본 작품이었다. 물론 자세히 음미해 보면, 그녀가 하는 말이 터무니없는 것이라고 여겨지지는 않았다.

또 나는 두서너 차례 자작시를, 내가 만든 것이라고는 말하지 않고 감히 낭독해 보았으나, 이것도 다른 사람의 경우와 마찬가지로 별다른 성과를 얻지 못했다. 이렇게 해서, 내가 즐겨 산보했던 독일의 파나르소스 산기슭의 아름답고 선명한 빛의 초원은 무참히도 깎이고, 나까지도 여기에 가담하여 햇볕에 말린 이 건초를 뒤집고, 마침내는 얼마 전까지 그토록 발랄한 기쁨을 주었던 것을, 아주 말라비틀어진 것으로서 비웃는 처지에 빠지고 말았다.

그녀의 이와 같은 교시를, 그런지도 모르고 응원한 것은 모르스 교수였다. 그는 매우 온건하고 친절한 분으로, 나는 궁중 고문관 루트비히[40]의 식탁에서 가까이 뵐 수가 있었다. 이분은, 내가 그를 방문하는 허락을 구할 때마다 쾌히 맞아 주었다. 그리고 나는 그를 방문하여 고대의 일에 관해 물어보는 기회에, 근대 작가 중에서 나를 즐겁게 해 준 것에 대해서 숨기지 않고 그에게 털어놓았다. 그러자 그는 뵈메 부인보다는 한층 냉정하게, 더욱이 형편이 나쁘게도, 한층 철저하게 이들 작품에 대해 이야기해 주었다. 처음에는 매우 불쾌했으나, 내 눈은 차차 열리고, 놀라고, 마지막에 그것은 기쁨으로 변했다.

게다가 겔러트 교수가 연습 시간에 기회 있을 때마다, 금방 울 것 같은 말투로, 시와 가까이하지 않도록 우리에게 경고하였다. 그는 산문으로 된 논문만을 희망했고, 또 언제나 그것을 먼저 비평하였다. 그는 시를 단순히 가엾이 여겨야 할 부속물로밖에 생각하지 않았다. 그리고 더 나쁘게도, 나의 산문까지도 그의 눈에 걸리면 좋은 점수를 받을 수가 없었다.

나는 이전의 방식에 따라 무엇인가 짧은 이야기를 바탕으로 해서 그것을 서

---

39) 크리스챤 페릭스(1726~1804). 독일 시인. 라이프치히의 세금 징수관.
40) 크리스챤 고트리프(1709~73). 라이프치히대학 의학교수.

간체로 쓰는 것을 좋아했기 때문이다. 대상은 정열적이었고 문체는 일반 산문의 영역을 넘어 있었다. 그리고 당연한 일이지만, 그 내용은 젊은이가 인정의 기미(機微)에 통하고 있다는 것을 증명해 주는 것은 아니었다.

그래서 내 논문도 다른 논문과 마찬가지로 꼼꼼하게 훑어보고 빨간 잉크로 정정하여 군데군데 도덕적인 주석을 달아 주었는데, 그 양은 별로 많지 않았다. 이런 종류의 원고는 오랫동안 소중히 보관하고 있었는데, 유감스럽게도 세월이 지나는 동안에 언제인지는 모르지만 내 서류보관함에서 사라지고 없었다.

나이 든 사람들이 진정으로 교육적으로 행동하고자 한다면, 어떤 종류가 되었던 간에 청년에게 기쁨을 주는 것을, 그것을 보충할 수 있을만한 것을 제공할 수 없는 이상, 거부하거나 싫어하게 해서는 안 된다. 너 나 할 것 없이, 내가 좋아하는 것, 애착을 가지고 있는 것에 대해 반대하였다. 그리고 그들이 그 대신 내게 권한 것은 나에게는 전혀 인연이 없는 것으로, 그 장점을 알 수 없거나, 나에게 너무 접근했기 때문에, 그것이 비난받았던 것보다 더 뛰어났다고는 여겨지지 않았다. 이 때문에 나는 몹시 혼란에 빠지고 말았다.

그래서 나는 키케로[41]의 《웅변가》에 관한 에르네스티의 강의에 가장 큰 기대를 품었다. 확실히 나는 이 강의로 배운 것이 있기는 했으나, 원래 내가 문제 삼은 일에 대해서 깨닫게 해 주는 것은 아무것도 없었다. 내가 구하고 있던 것은 판단의 척도였다. 그리고 나는 누구 하나 그와 같은 것은 가지고 있지 않다는 것을 알았다. 실례(實例)를 들 때마다 의견이 일치하지 않았기 때문이다. 빌란트[42]와 같은 사람이 쓴, 매우 바람직하면서 우리 젊은 사람들의 마음을 완전히 사로잡는 작품에서까지도 그토록 갖가지 결점을 들추어낼 수가 있다고 한다면, 우리는 도대체 어디에서 판단의 기준을 구하면 좋을 것인가?

내 심정도 연구도 이로 인해 혼란에 빠져 갈가리 흩어져 갈피를 못 잡는 상태에 있을 무렵, 마침 궁중 고문관 르트비히의 점심 초대를 받게 되었다. 그는 의사이자 식물학자여서, 모인 사람들은 모르스를 제외한다면 입학한 지 얼마 안 되거나 졸업을 앞둔 의학도들뿐이었다. 그래서 내가 그때 들은 이야기는 의

---

41) 마르쿠스 툴리우스(BC 106~BC 43). 고대 로마의 웅변가·정치가·철학자. 《웅변술에 대하여》.

42) 크리스토프 마르틴(1733~1813). 소설 영역에서 독일 계몽주의 대표 작가. 대표작 《압데라 사람들》, 《오베론》.

학이나 식물학에 관한 것뿐으로, 내 공상력은 이제까지와는 전혀 다른 분야로 끌려갔다. 하라,[43] 칼 폰 린네,[44] 뷔퐁[45]의 이름이 대단한 경의(敬意)를 가지고 거명되는 것을 나는 들었다.

그들은 오류를 둘러싸고 때로는 논쟁이 생기는 일이 있어도, 널리 알려진 그들의 예사롭지가 않은 공적 때문에 모든 것이 아무 일도 없이 해결되는 것이었다. 화제가 즐겁고 뜻깊은 것들이었기 때문에 나는 주의를 기울여 들었다. 많은 명칭이나 번거로운 술어에도 차차 익숙해졌다.

그리고 나는 제아무리 자연스럽게 마음에 떠오른 것이라도 운문(韻文)으로 쓰는 것을 두려워했고, 또 시를 읽는 것까지도 두려워하고 있었으므로 그만큼 더 열심히 이들 명칭이나 술어를 외우려고 노력하였다.

내가 운문을 쓰거나 시를 읽는 것을 두려워하는 것은, 지금 당장에는 그것이 마음에 들지만, 다른 것과 마찬가지로 얼마 후에는 그것들이 졸렬한 일이라고 생각하게 될지도 모른다는 불안감이 있었기 때문이다.

이와 같이, 취미나 판단의 튼튼한 기준을 찾을 수 없다고 하는 것은 나날이 나를 불안하게 하고, 마침내는 절망으로 빠뜨렸다. 나는 소년 시절의 작품 중 가장 뛰어나다고 여겨지는 것을 가지고 있었다. 하나는 그것으로 다소의 면목을 세울 것을 기대했기 때문이고, 또 하나는 나의 진보된 흔적을 한층 명확하게 확인해 볼 수 있을 것이라고 생각했기 때문이다. 그러나 나는 사고방식을 완전히 바꾸고, 또 이제까지 애착을 가지고 좋다고 생각해 온 것을 모두 버리도록 요구받은 사람이 빠지는 난처한 처지에 이르고 말았다.

그리하여 얼마 동안의 시간이 지나고 갖가지 싸움을 시도해 본 끝에, 나는 쓰기 시작한 것도 완성한 것도 모두 한데 뭉쳐, 내 작품에 마음속으로부터의 멸시를 던지고, 어느 날 시도 산문도 복안도 초안도 모두 벽난로에 던져 불태우고 말았다. 그리하여 집 안에 가득찬 연기로 인해 사람 좋은 노부부를 적지 않게 놀라게 하고 불안에 빠뜨렸던 것이다.

---

43) 시인이자 해부학자·생리학자·식물학자.
44) 1707~78. 스웨덴의 식물학자. 생물 분류법 확립.
45) 1707~88. 프랑스의 자연연구가. 드반튼(1716~1800)의 협력, 또 뒷날 라세페드(1756~1825)의 보충으로 《박물지(44권, 1749~1804)》 간행. 하라, 린네와 함께 당시의 최대 자연과학자.

# 제7장
# 독일 문학과 나

그즈음 독일의 문학 상황에 대해서는 여러 가지로 충분히 그리고 자상하게 쓰여 있으므로,[1] 다소라도 문학에 관심이 있는 사람이라면 누구나 잘 알 수가 있을 것이다. 왜냐하면 이에 대한 판단도 상당히 일치하고 있을 것으로 여겨지기 때문이다. 그래서 내가 지금부터 산발적으로 이야기하려고 하는 것은 독일 문학 그 자체가 어떠했던가 하는 것보다도, 오히려 그것이 나에게 어떻게 관여하고 있었던가 하는 점이다. 그래서 나는 특히 대중의 흥분을 가져올만한 일에 대해서 우선 이야기해 보려고 한다. 즉 모든 안락한 생활과 명랑하고 자족(自足)되고 생기 있는 문학과의 두 숙적(宿敵)인 풍자와 비평에 대한 것이다.

평온한 시대에는 누구나 자기 나름대로 살려고 한다. 시민은 자기 생업이나 일을 영위하여, 뒤에 천천히 이를 즐길 생각을 한다. 작가도 무엇인가를 즐겨 쓰고, 자기 일을 세상에 알리고, 그 보수는 얻을 수 없다고 해도, 세상의 칭찬을 바랄 것이다. 그것은 자기가 무엇인가 좋은 일, 유익한 일을 했다고 믿기 때문이다. 이러한 평온한 생활을, 시민은 풍자가에 의해서, 작가는 비평가에 의해서 교란되어, 평화로운 사회에 불쾌한 파란이 일어나게 되는 것이다.

내가 태어났을 무렵의 문학상의 시기는, 그 이전의 시기부터 반항이라는 형태로 발전해 왔다. 오랫동안 온 나라가 외국의 여러 민족으로 넘치고 다른 국민이 침투한 결과, 학술상이나 외교상의 회의에서 외국어를 사용하지 않을 수 없었던 독일은 자국의 언어를 완전히 형성할 수가 없었다. 또 무수한 외국말이 필요, 불필요를 불문하고 자국어에 강요되어 실로 많은 개념이 생기고, 이미

---

1) 아이히호른의 《문학사(1808)》 외에 괴테는 바이마르의 도서관으로부터 칼 아우구스트 퀴트너 《독일 시인 및 산문 작가의 성격》, 엘드윈 유리우스 코호 《독일어사 및 문학사 개설》, 기타 모이젤, 요르덴스의 《사전》류와 히르싱, 부타베이크의 《문학사》 등을 대출하였다.

알려져 있는 사물에도 외국의 표현이나 어법을 사용하지 않을 수 없었다.

독일은 거의 2세기에 걸친 불운한 소란 상태[2]로 황폐해 있었기 때문에, 사교상의 예의를 프랑스인에게서 배우고, 고귀한 표현법을 로마인으로부터 배웠다. 더욱이 모국어에서도 이러한 일을 하지 않으면 안 되었다. 프랑스나 로마 어법을 그대로 사용하거나 이를 반쯤 독일어로 만들면, 사교상으로나 실용상으로나 그 문체가 우스꽝스러워졌기 때문이다. 게다가 독일 사람은 남방 언어의 비유적 표현[3]을 과장해서 받아들여 이를 지나치게 사용하거나, 군주와도 같은 로마 시민의 귀족적인 예법을 독일 소도시의 지식 계급으로 그대로 옮겨 놓았기 때문에, 독일 사람은 어디를 가나 편안하지가 않았고 오히려 자기 나라에 있을 때가 가장 불편했다.

그러나 이 시기에 이미 천재적인 작품이 나타난 것처럼, 여기에서도 독일적인 자유 정신과 쾌활한 마음이 활발하게 움직이기 시작하였다. 여기에는 성실하고 진지한 기풍이 수반되어 있었기 때문에, 순수하고 자연스럽고, 외국어를 섞이지 않고 상식적으로 알기 쉽게 마음이 가는 대로 쓰도록 요청되었다. 그러나 이 칭찬할 만한 노력에 의해서 이번에는 독일적인 무미하고 지루한 면도 스며들어왔다.

말하자면 둑이 무너져 대홍수가 밀려온 결과가 된 것이다. 그 반면, 딱딱한 일종의 현학(衒學) 취미로 네 학부[4]가 오랫동안 자리하고 있었는데, 그것은 훨씬 뒷날이 되어 한 학부에서 다른 학부로 옮아가면서 사라졌다.

그리하여, 명석한 두뇌를 가진 사람이나 자유롭게 주위를 돌아보는 자연인들은 스스로 솜씨를 시험해 보았고, 또 공격을 가할 수도 있었으며, 게다가 문제가 그다지 큰 의미를 가지고 있는 것이 아니었으므로, 제멋대로 토론을 걸수 있는 대상을 두 개 가지고 있었다. 하나는 외국어와 그 조어법(造語法)이나 표현법으로 일그러진 언어였고, 다른 또 하나는 이들 결점을 피하려고 고생해서 한 저작이 가치가 없었다는 것이다. 이 경우, 하나의 폐해를 극복하려고 도움을 청한 것이 이번에는 다른 폐해를 가져오는 결과가 되리라고는 아무도 생

---

2) 종교 전쟁, 30년 전쟁, 오스트리아 황위 계승 전쟁 등.
3) 전성기 바로크 문학의 과대한 문체, 지나친 비유의 상용.
4) 법학·철학·의학·신학의 네 학부로 나뉘어, 현학 취미가 가장 오래 남은 것은 법학과 철학부였다.

각하지 못했던 것이다.

젊고 패기가 있는 리스코우[5]는 우선 천박하고 우둔한 작가에게 감히 개인적으로 공격을 가하려고 하였으나, 이 작가의 서투른 태도가 오히려 한층 격렬한 행동으로 나가게 할 기회를 주었다. 리스코우는 주위에 공격의 손을 뻗어, 항상 정해진 인물과 일에 대해 그 조소를 퍼부었다. 그는 이러한 사람과 사물을 경멸하였고, 누구한테서나 경멸을 받도록 만들려 했으며, 정열적인 증오로써 이를 추구한 것이다. 그러나 리스코우의 생애는 짧았다. 그는 얼마 후 죽었는데, 침착하지 못한 이상한 청년이었다는 평판만 남기고 잊혔다. 그는 얼마 안 되는 일밖에 하지 않았으나, 그가 남긴 업적 중에서 그의 재능, 성격은 같은 나라 사람의 눈에는 존중할 만한 것으로 여겨졌다. 요절한 유망한 재능의 소유자에게 독일 사람들은 특별히 경건한 마음을 표시하기 때문이다.

여하간, 리스코우는 대중에게 인기가 있었던 라베너[6]에 버금가는 지위까지도 요구할 수 있는 우수한 풍자 작가로서 일찍부터 칭찬되고 추켜져 있었다. 그러나 그의 경우, 우리가 도움받을 만한 것은 물론 없었다. 우리는 그의 저작에, 졸렬하다고 평가한 이상으로 아무것도 인정하지 않았고, 이것은 우리들에게 극히 당연한 일로 여겨졌기 때문이다.

라베너는 좋은 교육, 충분한 학교 교육을 받으면서 성장한 사람으로, 격정이나 증오로 치닫지 않는 명랑한 성격이었고, 그가 고른 풍자도 일반적인 것이었다. 이른바 악덕이나 어리석은 행동에 대한 그의 비난은, 온건한 상식의 순수한 관점과, 세상은 이래야 한다는 확고한 도덕적 관념에서 출발하고 있었다. 과실이나 결함의 경고도 무해하고 쾌활하다. 어리석은 사람들을 우스갯말을 써서 계몽하는 방법은 결코 열매 없는 기획은 아니라는 것을 전제로 한다면, 그의 저작은 약간 대담한 면은 있어도 이것은 허용될만한 것이다.

라베너와 같은 자질은 그리 쉽게 다시 나타나는 것은 아니다. 유능하고 정확한 사무가로서 그는 의무를 다하고, 이로써 시민의 호평을 사고 상사의 신뢰를 얻었다. 다른 한편으로는, 극히 가까운 신변의 일은 모조리 명랑하게 무시하고

---

5) 크리스챤 루트비히(1701~60). 계몽주의 풍자 작가. 작품은 《풍자적 및 엄숙한 논설집(1739)》.
6) 고트리프 빌헬름(1714~71). 풍자 작가. 작센 선제후의 세무 참사관. 작품은 《풍자논설집(1751~55)》.

기분풀이를 하는 것이다. 현학적인 학자나 허영심이 강한 청년, 모든 종류의 옹졸함과 거만을 그는 비웃느니보다는 오히려 웃음거리로 만들었는데, 그가 비웃을 때에도 그것이 멸시라고 느껴지지가 않았다. 마찬가지로, 자기 자신의 불행이나 생사에 대해서도 남의 일처럼 놀리고 있다.

이 작가가 주제를 다루는 방법에는 미적인 면이 거의 없다. 겉은 분명히 다면적이지만, 노골적인 반어(反語)를 너무 많이 사용하고 있다. 즉 그는 비난할 일은 칭찬하고, 칭찬할 일은 비난하고 있다. 이러한 수사적 수법은 극히 드물게만 사용해야 하는 법이다. 왜냐하면, 그것을 오랫동안 사용하면 영리한 사람들을 불쾌하게 만들고 어리석은 사람들을 어리둥절하게 만들어, 특별한 정신적 노력도 하지 않고 자기를 타인보다 현명하다고 생각하는 많은 평범한 사람들의 마음을 흐뭇하게 만들 것이기 때문이다. 그러나 그가 꺼내는 제목이나 그 취급법은 그의 성실, 명랑, 침착을 나타내는 것으로, 우리들은 항상 여기에 매료되어 있었다. 당시의 그칠 줄 모르는 칭찬은 이러한 그의 덕성(德性)이 가져온 장점의 결과였다.

세상 사람들이 라베너의 일반적인 기술을 위한 여러 가지 모델을 찾아, 이를 발견한 것은 물론이다. 그를 공격하는 사람들이 나온 것도 그 때문이다. 그의 풍자가 결코 개인적인 것이 아니라고 하는 장황한 그의 변명은, 세상 사람들의 공격으로 야기된 그의 속마음의 불쾌함을 증명하고 있다. 그의 몇 통의 서간(書簡)[7]은 인간 및 저작가로서의 그에게 영광을 부여하는 것이다. 그가 드레스덴 포위(包圍)에 관해 친한 친구에게 보낸 편지글에는, 그 속에서 자기 집과 재산, 저작류, 가발까지 잃으면서 침착함을 조금도 잃지 않았고 그 쾌활함도 흐려지지 않았다는 것을 알리고 있는데, 비록 당시의 시민들이 이 낙천적인 기질을 허용할 수 없었다고 하더라도 그것은 매우 귀중한 것이다. 그의 정력의 쇠퇴와 다가오는 죽음에 대해서 말하고 있는 서간은 매우 존중할 만한 것이다. 라베너는 명랑하고 사리를 잘 깨닫는, 이 세상의 일에 즐겁게 몰두하고 있는 모든 사람들로부터 성자로서 존경을 받을 만한 자격을 가지고 있었다.

본의 아니게 그의 이야기를 여기서 그만두지만, 한 가지만 더 이야기해 두고

---

7) 서간이 중요한 문학 형식이었던 괴테 시대, 라베너는 괴테와 함께 유수한 서간 필자.

자 한다. 그의 풍자는 모두가 중류 계급을 향하고 있다. 그는 상류 계급의 일도 잘 알고 있으나, 이에 대해서는 건들지 않는 것이 상책이라고 생각하고 있었다는 것이 도처에서 인정되고 있다. 그는 후계자를 가지지 않았다. 그와 같은, 또는 유사한 입장을 취할 수 있는 사람이 아무도 없었다고 해도 좋을 것이다.

지금부터는 비평으로 이야기를 옮겨, 우선 이론적 연구부터 시작하기로 하자. 당시 이념적인 것이 세속에서 벗어나 종교 속으로 도피하여, 윤리학에까지도 거의 나타나지 않았다고 해도 과장이라고 할 수는 없을 것이다. 예술의 최고 원리 등은 아무도 알지 못했다.

고트셰트[8]의 《비판적 시학》이 우리들의 손에 들어와 있었는데, 이것은 충분히 유익했고 계몽적이었다. 이것은 모든 시의 종류나 운율이나 여러 종류의 율동에 대해서 역사적인 지식을 전해 주는 것이었다. 물론 시적 천재가 전제로 되어 있고, 게다가 시인은 지식을, 아니 학식까지도, 또 좋은 취미나 그런 종류의 것까지도 소유하고 있지 않으면 안 되었다.

마지막으로 우리들에게 제시된 것은 호라티우스[9]의 《시론》으로, 이 귀중한 작품의 귀중한 문장 하나하나에 대해 우리는 경외심을 가지고 탄복했는데, 그 전체의 내용을 어떻게 다루어야 좋을지, 또 어떻게 이용해야 좋을지에 대해서는 전혀 가늠을 할 수가 없었다.

스위스 사람들[10]이 고트셰트의 반대자로서 등장하였다. 즉 이 사람들은 무엇인가 다른 것을, 무엇인가 더 뛰어난 업적을 바라지 않을 수가 없었던 것이다. 우리들도 실제로 이 스위스 사람 쪽이 무척 뛰어나다는 소문을 듣고 있었다. 그리하여 우선 브라이팅거의 《비판적 시학》을 읽어 보았다. 이 책으로 우리들은 한층 넓은 영역으로 들어갔는데, 실은 더 큰 미궁으로 빠지게 된 것이다.

---

8) 요한 크리스토프(1700~66). 독일 문학사의 비평가. 프랑스 고전주의에 의한 프랑스파로, 영국파인 스위스의 보드머·브라이팅거와 논쟁함. 《비판적 시학(1730)》 서론에 호라티우스의 《시론》이 번역, 수록되어 있다.

9) BC 65~BC 8. 아우구스투스 시대의 로마 계관 시인. 《시론》은 《서간시》의 제2권의 3에 수록되어 있다.

10) 요한 야코프 보드머(1698~1783)와 요한 야코프 브라이팅거(1701~76). 전자에게는 《시문학에 있어서의 경이(驚異)의 비판적 논고(1740)》 《시인의 시적 묘사에 대한 비판적 고찰(1741)》이, 후자에게는 《비판적 시학(1741)》이 있다.

우리들이 믿고 있는 유능한 인물이 그 속을 이리저리 끌고 다니기만 할 뿐, 우리를 더욱 피곤하게 만들었다. 이 말을 납득하기 위해서는 다음과 같이 간단히 개관(概觀)해 보는 것만으로도 충분할 것이다.

작시법(作詩法) 그 자체에 대해서는 아무런 원리도 찾아볼 수가 없었다. 그것은 너무나도 정신적이고 피상적인 것이었다. 같은 예술이라도 그림은 눈에 의해 고정되고, 외부 감각으로 한 발 한 발 추구할 수 있는 것이므로, 이러한 원리를 세우기 위해서는 작시법보다 그림이 편리한 것처럼 여겨졌다. 영국인과 프랑스인은 당시에 이미 조형 예술에 관해서 이론을 세우고 있었다. 여기에서, 미술로부터 유추하여 시문학도 원리적으로 기초를 부여할 수 있다고 생각했다. 미술은 형상을 눈앞에 두고, 시문학은 이것을 상상력 앞에 둔다. 따라서 시적 형상이야말로 고찰의 최초의 대상이 된다. 우선 비유로 시작하여, 묘사가 그 뒤를 이어, 외부 감각에 제시할 수 있는 것이라면 무엇이든지 논제로 삼을 수가 있었다.

즉 형상이 문제였다. 그러나 이 형상은 도대체 자연 이외의 어디에서 가져올 수가 있을 것인가? 화가는 자연을 분명히 모방하고 있다. 시인이 같은 일을 한다고 해서 왜 안 되는가? 그러나 우리들의 눈앞에 있는 대로의 자연은, 아무래도 그대로 모방할 수 있는 것이 아니다. 자연은 매우 많은 무의미한, 무가치한 것을 포함하고 있으므로 선택이 이루어지지 않으면 안 된다. 그러나 그 선택을 정하는 것은 무엇인가? 의미 있는 것을 찾지 않으면 안 된다. 그렇다면 의미 있는 것이란 어떤 것인가?

이에 대한 대답을 하기 위해, 이 스위스 학자들은 오랫동안 이것저것 생각했을 것이다. 그들은, 분명히 기이하기는 했지만 교묘한, 아니, 재미있는 착상을 생각해낸 것이다. 즉 가장 의미가 있는 것은 항상 새롭다는 것이다. 그리하여 이것을 잠시 숙고한 끝에, 경이(驚異)야말로 항상 다른 그 어떤 것보다도 새롭다는 것을 발견하게 된 것이다.

그런데 그들은 시작(詩作)에서의 여러 가지 요구를 상당한 정도까지 정리했으나, 더 생각을 해야 할 점이 있었다. 즉 경이라고 하는 것은, 내용이 비어 있고 인간과 관계가 없는 것이라고도 말할 수 있다는 점이다. 당연히 요구되는 이러한 관계는, 인간의 개선이 분명히 거기에서 생기게 되는 것이므로 도덕적인 것이어야 한다. 이렇게 해서 한 편의 시가 최종 목표에 도달하는 것은, 그것이 다른 모든 효과 외에도, 유익한 것이 될 때라고 일컬어졌다. 그들은 이 모든 요구 조건에 따라서 여러 가지 시작의 종류를 검토하려고 하였다. 자연을 모방하고 경이로운 동시에 도덕적인 목표를 가지며 유익한 것이 최상위의 시문학이라고 보아야 한다고 해서, 다시 여러 가지로 생각한 끝에, 마침내 이 위대한 우월적 지위는 최고의 확신을 가지고 '이솝 우화'에 주어져야 한다고 했다.

이러한 추론은 오늘날 우리들에게 제아무리 기이하게 여겨진다 해도, 그것은 당시의 일류 인사들에게 결정적인 영향을 주었다. 겔러트, 그 후에 리히트베어[11]가 이 분야에 몰두하였고, 레싱까지도 이 방면의 일을 시도했으며, 그 밖의 많은 사람들이 여기에 재능을 바쳤다고 하는 것은, 이런 종류의 장르가 획득한 신뢰를 보증하고 있다. 이론과 실제는 항상 서로 작용한다. 작품으로부터 작가의 사상을 알 수 있고, 그 사람의 의견으로부터 그가 제작하는 저작의 존재 양식을 예상할 수 있는 것이다.

그러나 우리들은 이 스위스식 이론을 충분히 공평하게 다룬 후 여기서 떠나기로 하자. 그중의 한 사람인 보드머는, 제아무리 노력을 해도, 이론이나 창작에 있어 평생 어린아이의 영역을 벗어나지 못했다. 또 한 사람인 브라이팅거는 유능하고 학식이 있고 통찰이 풍부한 인물로서, 그가 주변을 개관했을 때 시문학의 모든 요건을 결코 간과하지는 않았다. 또 자신의 방법의 결함을 어렴풋이나마 느끼기도 한 것 같았다. 이를테면, 아우구스트 2세[12]의 진영 축하연을 다룬 케니히[13]의 어떤 서사시가 정말로 시인가 아닌가 하는 그의 문제는 주목할 만하고, 이에 대한 해답도 그의 좋은 센스를 보여 주고 있다. 그러나 그를 완전히 변호하기 위해서는 이렇게 말하면 좋을 것이다.

즉 그는 잘못된 이론에서 출발하여 거의 전 영역을 돌아다닌 끝에, 그러면서도 중요 문제에 부딪쳐 풍습, 성격, 정념(情念), 요컨대 시문학이 한결같이 의존하고 있는 인간의 내면의 서술이 핵심적인 요소라는 것을 알면서도 그는 그

---

11) 마그누스 고트프리트(1719~83). 겔러트, 레싱, 기타 당시의 시인들과 마찬가지로 우화를 썼다. 우화는 당시의 시민 도덕과 신랄한 말투의 문체에 대응하고 있었다.

12) 1670~1733. 작센의 선제후이자 폴란드 왕.

13) 요한 울리히(1688~1744). 아우구스트 2세의 궁정 시인.

것을 책 끝에서 부록 비슷하게 다루고 있다.

젊은 사람들이 이러한 정도를 벗어난 격률(格率)이나 반지반해(半知半解)의 법칙이나 지리멸렬(支離滅裂)의 학설에 의해서 어떤 혼란에 빠졌는가는 쉽사리 상상할 수가 있다. 우리들은 실례에 바탕을 두고 연구해 보았는데, 거기에서도 개선되지는 않았다. 외국의 실례는 고대의 것과 마찬가지로 너무 거리가 멀었다. 자기 나라의 최상의 실례는 항상 움직일 수 없는 개성이 엿보이고 있고, 그 아름다운 점에 대해서는 우리들이 감히 대결할 수 없어, 그 결점에 빠지지 않도록 경계해야 할 것들이었다. 무엇인가 이루어 내지 않고서는 견딜 수 없는 충동을 느끼고 있던 사람들에게는 이것은 절망적인 상태였다.

독일의 시문학에 결여되어 있는 것을 자세히 고찰해 보면 그것은 내용, 더욱이 국가적 내용이지, 재능이 있는 사람이 부족하다는 것은 결코 아니었다. 여기에서는 다만 귄터[14]를 상기하는 것만으로 끝내기로 하자. 그는 완전한 뜻에서 시인이라고 불러도 좋을 사람이었다. 결정적인 재능의 소유자로 감수성, 상상력, 기억, 이해와 표현의 재주가 있었으며, 창조력이 매우 풍부하였고 율동은 쾌적한 데다가, 사리 판단이 빠르고, 재능이 빛나며, 기발한 지혜를 자유자재로 활용하는 등 다방면으로 통했다. 요컨대 그는 인생에서, 그것도 비근한 실생활에서 시를 통해 제2의 인생을 창조해 내는 데에 필요한 모든 것을 소유하고 있었다.

우리들은 그가 즉흥시에서, 모든 상황을 감정을 통해서 고양시키고, 적절한 생각과 형상을 사용하여 역사적, 우화풍의 계승에 의한 장식 수법을 손쉽게 구사하는 데에 대해 놀랐다. 그의 시에서 볼 수 있는 세련되지 못하고 거친 점은 오히려 그의 시대, 그의 생활 상태, 특히 그의 성격, 구태여 말하자면 그의 특징 없는 성격에서 유래되는 것이다. 그는 스스로를 다스릴 수가 없었던 것이다. 이렇게 해서 그의 생활도 시를 짓는 일도 사라지고 말았다.

귄터는 미숙한 거동 때문에 아우구스트 2세의 궁정에 초빙되는 행운을 놓치고 말았다. 궁정에서는 의식에 활기와 장식을 부여하고 잠시 동안의 화려함을

---

14) 요한 크리스티앙(1695~1723). 슐레지아(폴란드) 태생의 시인. 그의 격렬한 감정의 주관적인 시편은 바로크 서정시로부터 고백적 서정시로의 이행을 나타낸다. 《독일어 및 라틴어 시집(1739)》이 있다. 본문 중에 제시된 괴테의 간결한 귄터상(像)은 자주 인용되고 있다. 제10장 참조.

영원히 간직하기 위해, 다른 모든 장식품과 함께 궁정 시인을 구하고 있었다. 폰 쾨니히는 귄터보다는 예의가 바르고 또 운이 좋았다. 그는 이 지위를 차지하여 영예와 칭송을 유지하였다.

모든 군주 국가에 있어서, 시작(詩作)의 내용은 위에서 주어진다. 아마도 뮈르베르크 근교의 진영 축하연[15]은 한 사람의 시인(쾨니히) 앞에 나타난, 국가적이라고는 할 수 없어도 주(州)의 규모를 가진, 영예 있는 최초의 제재(題材)였을 것이다. 전군의 진영 앞에서 인사를 교환하는 두 사람의 국왕, 두 사람을 둘러싼 모든 궁정인과 무관들의 위용, 정연한 군대, 모의전, 갖가지 축하연, 이것들은 외부 감각에 충분히 호소할 수 있는 일이었으며, 묘사하고 기술하는 서사시에 어울리는 소재였다.

이러한 제재(題材)는 말할 필요도 없이 내면적인 결함, 즉 그것은 화려한 외관적인 것에 불과했고, 거기에서는 아무런 행동이 생겨나지 않는다는 결함이 있었다.

일류 명사 이외에는 만인의 주목을 끄는 일이 없고, 비록 남의 눈에 띄었다 하더라도 시인은 한 사람만 특별하게 써서 다른 사람의 기분에 상처를 입힐 수는 없었다. 시인은 《궁정·정부 인명 연감》[16]을 참조하지 않으면 안 되었고, 그 때문에 인물 묘사도 꽤 무미건조한 것이 되고 말았다. 이미 당시 사람들은, 그는 사람보다도 말을 더 잘 그린다고 비난했다. 그러나 예술을 위해서 하나의 제재가 제공되면 이내 그가 예술의 재능을 나타냈다는 일이야말로 그에 대한 칭찬일 것이다. 그런데 이윽고 시를 짓는 데 있어서의 주요 장해가 그에게도 명백해진 모양이어서, 이 서사시는 제1의 노래에서 끝나고 그 후 이어지지 않았다.

이와 같은 연구와 고찰을 하고 있는 동안에 어떤 뜻하지 않은 사건의 기습을 받아, 근대 독일 문학을 처음부터 배우려 했던 기특한 나의 계획이 좌절되고 말았다. 나와 같은 고향인 요한 게오르크 슐로서는 착실히 노력을 한 끝에 대학 시절을 거친 뒤, 프랑크푸르트암마인에서 변호사로 통상적인 길을 내디뎠

---

15) 1730년 6월, 아우구스트 2세가 프로이센의 프리드리히 빌헬름 1세를 위해서 연 엘베강 변의 화려한 군사적, 궁정적 진영의 축하연.

16) 18세기, 비교적 큰 영방(領邦)에서는 해마다 국가의 원수에서 하급 관리까지 궁정, 정부에 관계가 있는 사람의 이름을 정확하게 위계순으로 열거한 연감이 출판되고 있었다.

다. 그러나 보편적인 것을 찾아 끊임없이 노력하는 그의 정신은 여러 가지 원인으로 여기에 안주할 수 없었다.

그는 당시에 트레프토우에 체류하고 있던 루트비히 폰 베르텐베르크 공(公)[17]의 비서관 지위를 주저하지 않고 맡았다. 공작은 독자적인 고상한 방법으로 자기 가족뿐만 아니라 세상 사람들을 계몽하고 개선하고, 좀더 높은 목적을 위해서 단결시키려고 생각하고 있었던 위대한 인물들 중의 한 사람이었기 때문이다. 이 프리드리히 공은 어린이의 훈육 때문에 루소에게 편지를 보내, "만약에 내가 불행히도 왕자로 태어났다면……" 하는 심상치 않은 말로 시작하는 그 유명한 회답을 받은 바로 그 사람인 것이다.

여기서 슐로서는 공작의 사무뿐만 아니라 공작의 자제들의 교육에 대해서, 감독까지는 아니라 해도 자진해서 조언하고 실천하여 돕게 되었다.

이 최고의 선의를 품은 젊고 고귀한 인물은 습관이나 풍속의 완전한 순화에 전념하고 있었는데, 다른 한편으로는, 드물게 보는 훌륭한 시문(詩文)의 교양이나 어학 지식, 운문이나 산문으로 사상을 자유롭게 표현하는 재주가 많은 사람들의 마음을 끌어당겨 가벼운 기분으로 그와 교제할 수 있게 했다. 만약에 이런 점이 없었다면 일종의 숨막히는 엄격함 때문에 사람들이 가까이 오지 않았을 것이다. 이 사람이 라이프치히를 경유한다는 소식이 내게 전해졌기 때문에 나는 그를 기다리고 있었다. 그는 도착하자 주인의 이름이 셰인고프[18]라고 하는, 브뤼트가(街)에 있는 조그마한 호텔 겸 술집에 투숙하였다. 이 주인의 부인은 프랑크푸르트 출신이었다. 평소에는 거의 손님을 대접하는 일도 없고, 또 집이 좁아서 많은 손님을 받을 수가 없었다. 그러나 대목장이 설 무렵이면 많은 프랑크푸르트 시민들이 찾아와서 식사를 하고, 필요하다면 숙박도 하는 것이 보통이었다.

슐로서가 도착했다는 연락을 받자 나는 급히 호텔로 가서 그를 방문하였다. 나는 이전에 그를 만난 적은 없었다. 나는 젊고 체격이 좋은 사람을 거기서 보았다. 둥글고 짜임새 있는 얼굴이었는데 별로 둔한 느낌은 주지 않았다. 검은

---

17) 옳게는 프리드리히 폰 베르텐베르크(1723~97). 후의 오이겐 공. 루트비히는 그의 형이다. 괴테의 기술은 잘못이다.

18) 크리스티앙 고트로프(1716~91). 주석 그릇 제조, 후에 라이프치히에서 술집 경영.

눈썹과 곱슬머리 사이의 둥근 이마는 성실과 엄격과 아마도 고집이 세다는 것을 나타내고 있었다. 말하자면 그는 나와는 정반대였고, 바로 그랬기 때문에 우리들 두 사람의 우정이 오래 계속되었을 것이다.

나는 그의 재능에 최대의 경의를 나타내고 있었다. 그가 하는 일, 이룩하는 일이 확실하다는 점에서 나를 훨씬 능가하고 있다는 것을 나는 잘 알고 있었기 때문에 더욱 그를 존경했다. 내가 그에게 표시한 존경과 신뢰에 의해서 나에 대한 그의 애정은 강해졌고, 그의 거동과는 대조적인, 나의 활발하고 침착성이 없고 항상 민첩한 행동에 대해서 그는 더욱더 관용의 태도를 보여 주었다.

그는 영국인의 작품을 열심히 연구하고 있었는데, 포프[19]는 그의 모범까지는 아니었지만 그의 목표였고, 이 작가의 《인간시론》에 대항해서, 같은 시형(詩形)과 운율을 갖는 한 편의 시를 썼다. 이것은 포프의 이신론(理神論)에 대해, 그리스도교의 승리를 위해 쓴 것이었다. 그리고 그는 가지고 왔던 많은 원고 속에서, 여러 가지 말로 쓴 운문이나 산문의 습작을 나에게 보여 주었다. 그것들을 보고 나는 모방하고 싶은 마음이 생겨 견딜 수가 없어, 또다시 한없이 침착하지 못함을 보였다. 그러나 나는 즉시 실천에 옮기기로 하여 이 동요(動搖)를 진정시켰다. 나는 그에게 정확한 독일어, 프랑스어, 영어, 이탈리아어로 시를 써 보냈다. 그 재료는, 실로 의의가 깊었고 배우는 바가 많았던 우리들의 담화에서 따왔다.

슐로서는 저명한 문인들과 직접 면회를 하기 전에는 라이프치히를 떠나려하지 않았다. 따라서 나는 내가 아는 저명인사들에게 그를 안내하였고, 내가 이제까지 한 번도 방문하지 않았던 인사들과도 이와 같이 해서 알게 되는 영광을 가졌다. 그것도 슐로서가 박식하고 이미 확고한 성격의 소지자로서 특별한 영접을 받았고, 그쪽에서도 대화의 소재를 충분히 제공할 수 있었기 때문이기도 했다. 여기서 우리가 고트세트를 방문했을 때의 일을 빼놓을 수가 없다. 이 인물의 사고방식과 습관이 거기에 매우 잘 나타나 있었기 때문이다. 그는 데어골데네 배어관(館) 2층에서 매우 품위 있게 살고 있었다. 인쇄 출판업을 하는

---

19) 알렉산더(1688~1744). 영국 런던 출생. 당시 독일에서는 성망이 높았고, 슐로서 등 통속 철학자 사이에서 지배력을 가졌다. 《인간시론(1733)》은 유명한 교훈시.

노(老)브라이트코프[20]가 고트셰트의 저작과 번역, 그 밖에 상업상의 협력이 가져왔던 큰 이익을 생각해서, 여기를 평생의 주거로서 그에게 제공하기로 약속했던 것이다.

우리들은 면회를 요청하였다. 주인께서 곧 오신다고 하면서 하인이 우리들을 큰 방으로 안내하였다. 우리들이 하인의 몸짓을 잘못 이해했는지는 모르지만, 여하간 우리들은 옆방으로 가라고 하는 것으로 알아들었다. 이 방에 들어가자 묘한 장면을 만났다. 그 순간에 고트셰트가 나타난 것이다. 키가 크고 뚱뚱하고 어깨도 당당한 거대한 몸집의 사나이가, 적색 천으로 안을 넣은 초록색 다마스크 직물로 만든 가운을 입고 반대편 문에서 들어온 것이다. 그의 큼직한 머리는 벗겨졌고 아무것도 쓰고 있지 않았다.

그러나 황급히 조치가 취해졌다. 그의 하인이 큰 가발을 손에 들고(그 긴 곱슬머리는 팔꿈치까지 늘어져 있었다) 옆문에서 뛰어들어와 마치 놀란 것처럼 이 가발을 주인에게 건넸다. 고트셰트는 조금도 불쾌한 기색을 하지 않고, 왼손으로 가발을 하인 손에서 받아 능숙한 솜씨로 머리 위에 얹으면서 오른손으로 이 불쌍한 하인의 뺨을 때렸다. 하인이 희극에서 흔히 볼 수 있는 것처럼 문밖으로 구르듯 나가자, 이 유명한 노작가는 엄숙히 우리들에게 의자를 권하고 끝까지 품위를 잃지 않고 우리들과 상당히 오랫동안 이야기를 나누었던 것이다.

슐로서가 라이프치히에 체류하고 있는 동안 나는 매일 그와 함께 식사를 했고, 기분 좋은 식탁 친구들과도 알게 되었다. 몇 사람의 리보니아인(人), 드레스덴의 궁중 목사장의 아들로서 뒷날 라이프치히 시장이 된 헤르만, 리보니아인들의 가정 교사, 겔러트의 《스웨덴의 백작 부인》과 짝을 이루는 《P백작》의 작자인 궁중 고문관 파일,[21] 시인 차하리에의 동생, 그리고 지리학, 계보학 편람의 편집인인 크레벨[22] 등, 모두 예의 바르고 쾌활하고 친절한 사람들이었다. 차하리에가 가장 말이 없었고, 파일은 거의 외교적이라 할 수 있는 태도를 몸에 지닌 품위 있는 사람으로, 아무런 허식이 없고 인정이 넘쳤다. 크레벨은 그야말

---

20) 베른하르트 크리스토프(1695~1777).

21) 요한 고트리프 벤야민(1732~1800). 소설 《P백작》의 저자. 고문관이 아니라, 당시 라이프치히에서 가정 교사였다.

22) 고트로프 프리드리히(1729~93). 여행 안내서 몇 권을 썼다. 후에 라이프치히의 종교국 비서관.

로 폴스타프[23]로, 키가 크고 뚱뚱하고 금발에다, 크고 밝은 하늘빛의 맑은 눈을 가진 항상 명랑하고 기분이 좋은 사람이었다.

이 사람들은 모두, 한편으로는 슐로서가 있었기 때문에, 다른 한편으로는 나 자신의 개방적인 선량함과 호인적인 성격으로 인해서 나를 극진히 대해 주었다. 그래서 특히 권유를 받을 필요도 없이 나는 이 사람들과 식사를 함께 했다. 사실 슐로서가 떠난 다음에도 그들과 함께 지냈고, 루트비히 집 식탁에는 가지 않게 되었다. 나는 이 아담한 모임에 끼어 즐겁게 지냈는데, 이 집의 어여쁘고 마음씨가 고운 딸이 내 마음에 들었으며, 다정한 시선을 서로 교환하는 기회가 생겨 더욱 즐거웠고 마음 편히 지낼 수 있었다. 이와 같이 즐거운 일은 그레트헨과의 사건 이래 나는 구하지도 않았고, 또 우연히 주어진 일도 없었던 것이다.

나는 점심 시간을 이 친구들과 쾌활하고 유익하게 보냈다. 크레벨은 진심으로 나를 아껴주었고, 적당히 나를 놀리며 나의 일에 자극을 주었다. 파일은 내게 진지한 애정을 보여, 여러 가지 일에서 내 판단을 이끌고 결정하는 데에 애를 써 주었다. 이와 같은 교제에서 대화나 실례, 나 자신의 고찰을 통해서 내가 알게 된 것은, 우리가 무미하고 지루하고 공허한 시대에서 벗어날 수 있는 첫걸음은 오직 명백, 정확, 간결을 지향함으로써만이 달성할 수 있다는 것이었다. 종래의 문체에서는 모든 것이 한결같이 평판화(平板化)되었기 때문에, 비속적(卑俗的)인 것을 보다 더 좋은 것으로부터 구별할 수가 없었다. 이미 작가들은 이와 같이 널리 퍼진 폐해에서 빠져나오려고 노력했고, 또 어느 정도 성공을 거두고 있었다.

할러와 람러[24]는 천성적으로 간결한 것을 좋아했고, 레싱과 빌트는 성찰을 거쳐 간결을 지향하였다. 레싱은 그의 시작(詩作)에서 차차 경구풍(警句風)이 되었다가, 《민나》[25]에서는 간소하게, 《에밀리아 갈로티》에서는 간결하게, 후년에 이르러 마침내 《현인 나탄》에서 실로 그에게 어울리는 밝은 소박성으로 되돌아

---

23) 셰익스피어 작 《윈저의 명랑한 아내들》, 《헨리 4세》의 낙천적이고 교활하고 뚱뚱한 인물.
24) 카를 빌헬름(1725~98). 시 형식에 숙달한 시인. 프리드리히 대왕에 대한 송가로 유명. 또 같은 시대의 시인들의 작품을 형식을 개작해서 출판.
25) 레싱의 유명한 희극 《민나 폰 바른헬름(1767)》.

갔다. 《아가톤》《돈 실비오》《우스개 이야기》에서는 아직도 때로는 지루한 면이 있었던 빌란트는 《무자리온》과 《이도리스》에서는 놀랄 정도로 냉정하고 정확해져 매우 우아한 맛을 띠었다.

클롭슈토크는 《구세주(메시아)》의 처음 몇 편에서는 다소 산만한 티가 있었으나, 《송가》나 그 밖의 단시(短詩)에서는 간결성이 눈에 띄었고, 그의 비극도 또한 그러했다. 그는 옛사람, 특히 타키투스[26]와 경쟁할 생각으로 점점 압축된 문장을 쓰게 되었고, 마침내는 이해하기가 곤란하고 풍미가 없는 것이 되어 버렸다.

기발한 재능을 가진 게르스텐베르크[27]도 역시 간결한 표현을 하여 그의 업적은 존경받았으나, 전체적으로는 그다지 인기가 좋지 않았다.

말이 많고 원래 쾌활한 그라임[28]도 그의 전쟁 가요에서 한 번도 간결한 면을 보여 주지 않았다. 람러는 본래 시인이라기보다는 비평가였다. 그는 서정시 분야에서 독일인이 보인 업적을 수록하는 일을 시작했으나, 그를 완전히 만족시키는 시는 한 편도 찾아볼 수 없다는 것을 알았다. 이들 시편들이 다소나마 모양을 갖추기 위해서는 삭제나 정정, 변경을 가하지 않으면 안 되었다. 이로 인해서 그는 세상의 모든 시인들과 애호가들을 거의 적으로 만들고 말았다.

누구나 자신의 여러 가지 결점을 알아야 비로소 자기 자신을 인식할 수 있는 것이고, 독자들도 일반적인 취미의 법칙에 따라서 만들어졌거나 수정된 것보다는, 오히려 결점이 많은 개성적인 것에 흥미를 느끼기 때문이다. 운율학은 당시에 아직도 요람기에 있었고, 다음의 유년기를 어떻게 축소할 것인가 하는 방법에 대해서는 아무도 몰랐다.

시적인 산문[29]이 크게 유행하고 있었다. 게스너[30]와 클롭슈토크의 자극을

---

26) 클롭슈토크는 짧은 산문 표현을 시도하여 타키투스에게 대항하려고 하였다.

27) 하인리히 빌헬름 폰(1737~1823). 《음유 시인의 노래(1766)》나 슈투름 운트 드랑의 전조라고 할 수 있는 희곡 《우골리노(1768)》로 유명.

28) 요한 빌헬름 루트비히(1719~1805). 전쟁 가요로서 《한 척탄병(擲彈兵)이 부른, 1756~57년에 출정한 프로이센 싸움의 노래(1758)》.

29) 게스너는 거의 전 작품을 운을 밟은 산문으로 썼다. 클롭슈토크는 그의 희곡 《아담의 죽음(1757)》에서 역시 운을 밟은 산문을 사용하였다. 1758년 이후의 《송가》도 이러한 산문에 가까운 자유 복율(復律)로 쓰여 그 후 이 형식의 모방이 널리 퍼졌다.

30) 살로몬(1730~88). 《다프니스》《목가》《아벨의 죽음》을 시적 산문 형식으로 썼다.

받아 그들을 모방하는 사람도 많았지만, 또 다른 한편으로는 역시 운율이 필요하다고 생각하여 이들 산문들을 알기 쉬운 운문으로 옮긴[31] 사람도 있었다.

그러나 이런 사람들이 하는 방법은 그 누구의 환영도 받지 못했다. 왜냐하면 그들은 생략하거나 첨가하지 않을 수 없었으며, 산문으로 되어 있는 원작이 항상 더 훌륭한 것으로 여겨졌기 때문이다. 이런 경우, 간결한 것이 요구되면 될수록 더욱 가치 판단이 한층 수월해진다. 그 이유는, 뜻이 있는 것이 축소되면 결국 정확한 비교가 용이하기 때문이다. 그와 동시에, 그 결과로 진정한 시의 형식 몇 가지가 성립되었다. 묘사하려는 모든 대상으로부터도, 다만 필요한 것만 골라서 표현하는 방법으로 모든 대상을 공평하게 다루지 않으면 안 되었기 때문이다. 이리하여 의식적으로 한 것은 아니었지만, 표현 방법은 다양해졌다. 그중에는 물론 익살과 같은 표현도 있었고, 실패한 시도(試圖)도 적지 않았다.

이러한 시인들 중에서 빌란트가 가장 훌륭한 소질을 가졌다는 것은 의심할 여지가 없었다. 그는 청년들이 즐겨 머무는 저 관념적인 세계에서 수업을 쌓고 있었다. 그러나 이른바 경험이라고 일컬어지는 세상과, 여성과의 교섭에 의해서 환멸을 느꼈기 때문에, 오히려 그는 몸을 돌려 현실 세계로 뛰어들어 이 두 세계의 상극(相剋)을 그림으로써 자기도 독자도 만족시켰다. 여기에서 그의 재능은, 농담인지 진담인지 모르는 가벼운 옥신각신을 되풀이하면서 매우 화려하게 나타났다.

빌란트의 빛나는 작품의 대부분은 마침 나의 대학 시절에 나타났는데, 그중에서도 《무자리온》[32]은 나에게 가장 큰 감명을 주었다.

외저[33]가 내게 보내준 최초의 견본 인쇄에서 본 부분을 나는 지금도 기억할 수가 있다. 고대(古代)가 생생하게 되살아난다고 생각한 것은 그 장면이었다. 빌란트의 천재가 지니고 있는 조소적(彫塑的)인 면은 모두 여기에 완벽하게 나타나 있었다. 저 불행한 운명으로 감격을 잃어버린 염세적이고 타이몬풍인 인물

---

31) 예를 들어 그라임은 클롭슈토크의 《아담의 죽음》을 얌부스 시격(詩格)으로 고쳤고, 게스너의 《목가》는 람러에 의해 종래의 시형으로 옮겨졌다.
32) 빌란트의 운문 서사시(1768). 주인공 파니아스는 타이몬풍의 인간 혐오에 빠지는데, 소녀 무자리온에 의해 미신(美神)의 세계로 인도되어 다시 현실의 세상과 화해한다.
33) 아담 프리드리히(1717~99). 화가·조각가.

파니아스가 마지막에는 상대편 소녀와 세상, 그리고 사회와 다시 화해하게 되는데, 독자들도 이 인물과 함께 염세적 시대를 함께 체험할 것이다. 그 밖에, 생활에 잘못 적용되어 때때로 미친 짓이라고 의심받게 되는 고상한 의향에 대해서도, 이들 작품 속에서 밝은 반감으로 나타나 있는 것을 세상 사람들은 기꺼이 인정하고 있었다. 일반적으로 진실하고 존경할만한 것으로 여겨지고 있는 것을 빌란트가 비웃으며 추구하는 경우에도, 그가 항상 이 문제에 대해 속을 썩이고 있다는 것을 넌지시 시사하고 있었으므로 세상 사람들은 그를 비난하지 않았다.

이런 작품들을 대하고 당시의 비평계가 얼마나 당혹했는가는, 《일반 독일 문고》[34]의 처음 몇 권을 보면 엿볼 수가 있다. 여기서 《우스개 이야기》는 정중하게 추천되어 있기는 하지만, 이런 장르의 성격 그 자체에 대한 통찰이 전혀 없다. 비평가도 그 당시의 다른 모든 사람들과 마찬가지로, 실례에 입각해서 자기 취미를 기르고 있었던 것이다.

이와 같은 패러디풍[35]의 작품을 판단할 때에는, 무엇보다도 우선 원본의 고상하고 아름다운 제재를 생생하게 눈앞에 떠올리고, 이 모방 작가가 이 제재에서 실제로 약점이나 우스운 면을 따왔는가, 또는 무엇인가를 빌려 왔는가, 혹은 이와 같은 모작의 가면에 숨어서 실은 훌륭한 창의를 나타내고 있는가, 없는가 하는 것을 보아야 하는데, 비평가는 이러한 점은 전혀 고려하지 않고 있다. 이와 같은 것은 하나도 생각하지 않고, 이들 시를 부분적으로 칭찬하거나 비난하거나 했을 뿐이었다.

비평가가 스스로 고백한 바에 의하면, 자기가 좋아하는 부분에 무수한 밑줄을 그었기 때문에, 비평을 인쇄함에 있어 모두를 인용할 수조차 없었다고 한다. 셰익스피어 번역이라는 최고의 업적까지도, 엄밀하게 말하자면 셰익스피어 같은 사람은 번역하지 말았어야 했을 것이라는 말까지 나왔으니, 《일반 독일 문고》가 취미면에 있어서 얼마나 뒤떨어져 있었으며, 진실한 감정에 생기를 띤 젊은 청년들이 그들을 인도(引導)할 다른 별을 찾아야 한다는 사실도 쉽게 상

---

34) 1765년 니콜라이가 창간한 계몽주의의 유력한 비평 잡지. 헤르더나 슈투름 운트 드랑에 의해 점차 억압되었다. 《우스개 이야기》의 평은 1765년 제1권에 실렸다.
35) 어떤 시구나 문체를 모방하여 풍자적으로 꾸민 형식.

상할 수가 있다.

이와 같이 해서 크건 작건 형식을 결정할 소재를 독일인들은 도처에서 구했다. 이제까지 그들은 국민적 제재를 거의, 또는 전혀 취급한 일이 없었던 것이다. 슐레겔[36]의 《헤르만》도 다만 그것을 암시하고 있는 데에 지나지 않았다. 목가적인 경향은 한없이 퍼져 있었다. 게스너의 《목가(牧歌)》는 매우 우아하고 순진한 심정이 넘쳐 있었으나 이렇다 할 특성이 없었기 때문에 이 정도의 작품이라면 누구나 쓸 수 있다는 생각이 들었다. 다른 국민성을 표현하려고 하는 시, 예를 들면 《유대의 목가》[37]나 일반적으로 족장적(族長的)인 작품, 그 밖의 구약성서에 관계된 것들은 마찬가지로 일반 인간성의 면에서만 파악되고 있었다.

보드머의 《노아의 노래》는 독일 시단에 범람했다가 마침내 서서히 빠져나간 홍수의 완전한 상징이었다. 아나크레온풍의 느슨한 문체는 무수한 평범한 시인들로 하여금 문장을 쓸데없이 장황하게 만들어 오히려 그들을 어리둥절하게 만들었다. 호라티우스의 정밀함은 독일 사람으로 하여금 그에게 뒤지지 않겠다는 마음을 일으키게 했지만 그 노력도 지지부진했다. 우스개를 담은 서사시는 대개 포프의 《머리카락 도둑》을 모델로 한 것인데 이것도 역시 보다 더 좋은 시대를 초래하는 데에 도움을 주지 못했다.

여기서 나는 하나의 환상에 대해 말해야겠는데, 이것은 자세히 검토해 보면 매우 우습다고 생각하지 않을 수 없었던 일이지만, 그 당시에는 진지하게 여겨졌던 일이다. 독일인들은 여러 국민들이 제각기 특징으로 삼고 있었던 각종 문학에 대해서 충분한 역사적 지식을 가지고 있었다. 이러한 분류적 지식은 원래 문학의 내면적 이해를 못쓰게 만드는 것인데, 고트셰트는 그의 《비판적 문학론》 속에서 이것을 상당히 완전하게 만들어 내고 있었고, 이와 동시에 독일의 시인들도 뛰어난 작품으로 문학의 모든 부문을 채울 수 있다는 것을 증명해 보인 것이다. 이런 풍조(風潮)는 항상 이와 같은 식으로 진행되어 갔다.

매년 작품의 수집은 풍부해졌으나, 그 반면 해마다 한 작품이 다른 작품을, 그것이 이제까지 영예를 차지하고 있던 자리에서 축출하는 결과가 되었다. 이

---

36) 요한 에리아스(1719~49). 비극 《헤르만(1743)》을 출판. 알미니우스 모티프를 다루었다. 후에 클롭슈토크와 크라이스트가 극으로 썼다.

37) 1752년. 브라이텐 바우프 작.

제 우리들은 호메로스와 같은 사람은 없을지언정, 베르길리우스나 밀턴 같은 사람[38]을 가지고 있고, 핀다로스[39]와 같은 사람은 없다 해도 호라티우스와 같은 시인을 가졌다. 테오크리토스[40]와 같은 사람도 있었다. 이렇게 우리들은 외국 것과 비교해서 스스로 위로하고 있었으나 차차 시 작품의 수가 늘어남에 따라 마침내는 국내의 작품들을 비교할 수도 있게 되었다.

취미의 문제가 매우 불안정한 입장에 있었기는 했지만, 그 무렵의 시대상(時代相)으로서, 독일과 스위스의 신교(新敎) 지역 내부에서 이른바 상식적인 것이 매우 활발하게 움직이기 시작했다는 것은 누구나 인정하지 않을 수가 없었다. 강단 철학은 인간이 문제삼을 수 있는 모든 것을 세상에서 승인된 원리에 따라, 임의의 순서로 일정한 항목을 설정해서 강의를 한다는 점에서 항상 공적이 컸는데, 그 내용이 때때로 이해하기 힘들고 쓸모가 없다고 여겨지거나, 방법 그 자체는 훌륭하지만 그 적용 시기를 그르치거나 너무 많은 대상으로 확대하거나 해서, 대중에게는 인연이 없는 것으로 결국은 무용지물이 되고 말았다. 이리하여 많은 사람들은 다음과 같은 확신을 품게 되었다.

즉 여러 가지 대상을 명확하게 이해하고, 이것을 어떻게든 처리하여, 자타의 이익이 될 수 있도록 조작할 수 있게 하기 위해서 필요한 적절한 감각은 태어나면서 갖추어져 있다. 따라서 고생해서 보편적인 것을 입수하려고 하거나, 우리들과 특히 관련이 없는 사항과의 관계를 탐색해 볼 필요가 없다고 보았다. 그들은 실험을 하고, 눈을 뜨고 똑바로 정면을 보고, 주의 깊게 열심히 활동하였다. 그리고 자기 영역에서 올바르게 판단하고 행동한다면, 멀리 떨어진 일에 대해서도 대담하게 참견해도 좋다고 믿었다.

이와 같은 생각에 의하면, 누구나 철학적으로 사색할 수 있을 뿐만 아니라, 차차 자기를 철학자라고 생각할 자격이 있었다. 그래서 철학이라는 것은 다소나마 건전하고 수련을 쌓은 상식 바로 그것이었다. 그것은 감히 보편적인 영역으로 파고들어가, 개개의 경험에 판단을 내리게 되었다. 모든 의견에 중용과 공

---

38) 당시 클롭슈토크는 독일의 밀턴, 람러가 독일의 호라티우스, 그라임이 독일의 아나크레온이 라고 불렸다. 이와 같은 표면상의 비교는 헤르더에 의해 철저하게 비판되었다.
39) BC 518~BC 438. 장엄한 시풍으로 유명한 고대 그리스의 서정 시인.
40) BC 310~BC 250. 목가시의 완성자로 알려진 고대 그리스의 전원 시인.

정한 입장을 취하는 것이 일반적으로 옳다고 여겨지기 때문에, 명석한 통찰과 특별한 관용이 나타나 있다면 이러한 저작이나 구두 발언은 성망과 신뢰를 얻었다. 이리하여 마침내 대학의 모든 학과뿐만 아니라, 모든 계급과 직업에 철학자가 나타난 것이다.

신학자들도 이와 같은 방법으로 이른바 자연 종교로 쏠리지 않을 수 없었다. 자연의 빛[41]이 신의 인식, 우리들 자신의 개선과 순화를 조장하는 데에 어느 정도의 힘이 있는가 하는 토론이 벌어지면, 대개는 그다지 주저하지 않고 이 자연의 빛에 유리한 결정이 내려졌다. 또 관용의 원리로 해서 모든 기성 종교에 같은 권리가 주어져, 그 결과 어느 종교나 대동소이해서 불확실한 것이 되었다. 결국 모든 것의 존립이 인정된 것이다. 성서는 다른 그 어떤 책보다도 내용이 풍부하고, 성찰의 자료와 인간 문제에 관해 고찰할 기회를 제공할 수 있었기 때문에, 여전히 모든 설교나 기타 종교적 논의의 기초로 여겨졌다.

그러나 이 성서에도, 다른 모든 세속적인 작가와 마찬가지로, 시대가 흘러감에 따라 피할 수 없는 독특한 또 하나의 운명이 다가왔다. 이제껏 모든 서적 중의 서적인 이 성서는 유일 정신에 의해 쓰인 것, 아니, 성령의 입김이 불어넣어져 구술된 것이라고 움직일 수 없는 신앙에 의해 승인되어 왔다. 그러나 성서의 여러 부분의 일치하지 않는 점에 대해서는, 이미 일찍부터 신자로부터나 신자가 아닌 사람으로부터 비난이 나오기도 하고 변호도 이루어졌다. 영국, 프랑스, 독일인은 다소 정도의 차이는 있으나, 성서에 모질고 신랄하고 대담하게 공격을 가했다.[42]

그러나 그것은 또 각국의 진지하고 성실한 사람들에 의해서 변호되었다. 나 자신은 성서를 사랑하고 존중하고 있다. 왜냐하면 나 자신의 도덕적 교육은 거의 성서의 혜택이었고, 그 속의 사건이나 교훈, 상징, 비유 등이 나에게 깊은 인상을 남겼고 여러 가지 방법으로 영향을 끼쳤기 때문이다. 그래서 당시 불공평

---

41) 여기서 괴테가 사용하고 있는 것은 라이프치히의 《신오성론(1765)》에 의한 이성의 자연의 빛이란 뜻일 것이다.

42) 괴테가 들고 있는 성서 공격자 중, 영국인으로는 이신론자(理神論者) 틴들, 볼린브로크, 프랑스인으로서는 백과전서파 볼테르, 라메트리, 독일인으로서는 크리스챤 에데르만, 라이마르스 등을 생각할 수 있다.

하고 조소적인, 사실을 왜곡한 것 같은 공격은 나에게는 불쾌했다.

그러나 그 당시 사람들은 이미, 많은 부분을 변호하는 중요한 근거로서 다음과 같은 생각을 자진해서 받아들이고 있었다. 즉 신은 인간의 사고방식이나 이해력에 따른 일을 하였다. 아니, 성령을 받은 예언자까지도, 그렇다고 해서 자기 개성이나 성격을 부정할 수는 없었다. 그래서 목인(牧人) 아모스[43]는 왕자였다는 이사야[44]의 말을 사용하고 있지 않다는 것이다.

이와 같은 생각이나 확신에서, 특히 언어의 지식이 차차 확대됨에 따라, 동방의 지방색, 국민성, 생산물, 여러 가지 현상을 한층 정밀하게 조사하여 저 오래된 시대를 눈앞에 생각해 내려고 하는 연구 방법이 발전한 것은 극히 자연스러운 일이었다. 미햐에리스[45]는 그의 재능과 모든 지식을 기울여 이 방면에 몰두했다. 그의 몇 가지 여행기는 성서 해석에 유력한 참고 자료가 되었고, 최근의 여행자는 많은 의문을 가지고 가서 해답을 얻어내어, 예언자나 사도가 기술한 내용을 입증하게 된 것이다.

그러나 이와 같이 성서를 자연적인 관점으로 접근시켜, 성서 본래의 사고방식이나 표현 방식을 누구나 이해하기 쉬운 것으로 만들어, 이와 같은 역사적, 비판적 견해에 의해서 어떤 종류의 이론(異論)을 게재하고, 낳은 불쾌한 점을 밀실하고, 모든 천박한 조롱을 무력화하려고 하는 노력이 각 방면에서 이루어지고 있는 동안에, 어떤 사람들 사이에서는 이와는 정반대되는 생각이 나타났다.

그들은 성서 속의 가장 난해하고 신비적인 부분을 고찰의 대상으로 선택하여, 그들 자신의 힘으로 추측이나 계산, 그 밖의 재치에 넘치는 기묘한 연관을 져서 그 대목을 해명까지는 못하나마 뒷받침하여, 거기에 예언이 포함되어 있으면 그 예언이 실현한 결과에 따라 그 근거를 명백히 하고, 그렇게 함으로써 가장 가까운 장래에 기대되는 것에 대한 신앙이야말로 올바른 것이라고 주장하려고 하였다.

존경할 만한 벵겔[46]이 요한 계시록에 대해 다년간의 노력을 기울여 그 성과

---

43) 구약의 오래된 가장 근엄한 예언자. 〈아모스서〉는 아모스의 말을 수록한 것이다.
44) 구약의 대예언자의 한 사람. 〈이사야서〉는 이사야의 예언을 수록한 것.
45) 1761년에 아라비아로 여행하여 여행기를 썼다.
46) 요한 알브레히트(1687~1752). 슈바벤 경건주의 아버지. 신약성서의 최초의 비판적 소형판을 만

가 세상에 결정적으로 받아들여진 것은, 그가 총명, 성실, 경건한 인품으로 나무랄 데가 없는 인물로서 세상에 알려졌기 때문이다. 이러한 사람들이 깊은 심정을 가진 사람들이라면, 미래나 과거에도 살고 있지 않을 수가 없다. 이러한 사람들이 만일 현재까지의 시대의 흐름 속에서 밝혀진 예언과, 가까운 미래나 먼 미래 속에 숨겨진 예언을 존경하지 않는다면, 이 세상의 일상생활 같은 것은 그들에게 아무런 뜻을 가질 수 없다. 이와 같은 예언을 존중하기 때문에, 우리들을 필연적으로 국한된 테두리 안에서 오직 동요가 무상한 우연의 손에 맡기는 것처럼 보이는, 역사에는 결여된 그 연관이 생기게 된다.

크루지우스 박사[47]는 성서의 예언적 부분이 가장 마음에 든 사람들 중의 한 사람이었다. 이 부분이 인간 본성의 상반하는 두 개의 특성, 즉 심정(心情)과 영지(英知)를 동시에 작용하게 하기 때문이다. 많은 청년들이 이 설에 기울어 일찍부터 당당한 집단을 형성하였다. 에르네스티[48]와 그의 일파가 이들 청년들이 좋아하는 성서의 신비한 점을 해명하기는커녕 아주 배제해 버릴 기세였으므로, 이 집단은 한층 세인의 이목을 끌었다.

여기에서 논쟁과 증오와 박해, 기타 많은 불쾌한 불상사가 일어났다. 나는 명해파(明解派)의 편을 들어 이 파의 원리와 장점을 내 것으로 만들려고 노력하였으나, 이 칭찬할만한 이지적인 해석법 때문에 마침내는 성서의 시적 내용까지도 예언적 내용과 더불어 결국에는 잃어버리게 되지 않을까 하는 예감이 들지 않는 것은 아니었다.

독일 문학이나 일반 문예에 종사하고 있는 사람들에게는 예루잘렘,[49] 초리코퍼,[50] 슈파르딩[51] 같은 사람들의 노력 쪽이 훨씬 더 큰 관심사였다. 그들은 설

---

들었다. 성서 해석에서 종말론자.

47) 크리스티앙 아우구스트(1712~75). 1757년 이래 라이프치히대학의 신학교수, 벤게르파의《예언적 신학》의 대표자.

48) 성서도 다른 일반서와 마찬가지로 문헌학적 방법에 의해서 해명되어야 한다고 했는데 교리에 대해서는 상당히 보수적인 입장을 취했다.

49) 요한 프리드리히 빌헬름(1709~89). 저명한 프로테스탄트 신학자. 설교에서 표현의 매력적인 형식을 사용하려고 노력함.

50) 게오르크 요아힘(1730~88). 장크트 가렌 출신. 1758년 이래, 라이프치히 개혁파 교단의 설교사.

51) 요한 요아힘(1714~1804). 신학자·도덕학자. 1764년 이래, 베를린의 감독 교구장. 프로테스탄티즘을 자연종교의 계몽사상과 결부시킴.

교나 논문 속에서 훌륭하고 순수한 문체를 사용하였으며, 종교나 그것과 인연이 깊은 윤리학을 위해서, 어떤 종류의 센스와 취미를 가진 사람들로부터도 찬성과 공감을 얻으려고 노력한 것이다. 일반 사람들의 마음에 들게 쓰는 것이 필요해지고, 이를 위해서는 알기 쉽게 쓰는 것이 중요하므로, 각 방면에서 저술가들이 나타나 자기들의 연구나 전문적인 일에 대하여 지식인이나 일반 대중들이 알기 쉽게 인상적으로 쓰려고 애를 썼다.

외국인인 티소[52]의 전례에 따라, 이제 의사들도 열심히 일반 교양에 노력하기 시작했다. 큰 영향을 가지고 있었던 것은 할러, 운처,[53] 치머만[54] 등이었는데, 특히 치머만에 대해 개별적인 점에서 비난할만한 데가 있었다고는 해도, 그들은 당시에 큰 영향력을 가지고 있었다. 그리고 이 문제는 역사, 특히 전기의 기술(記述)에서 다루지 않으면 안 될 것이다. 인간이란, 무엇인가를 후세에 남겨놓기 때문이 아니라, 자신들도 활동하고 혜택을 누리면서 다른 사람들도 활동시키고 혜택을 받도록 자극을 준다는 점에서 중요한 의미를 갖는 존재이기 때문이다.

법률학자들은 제국 직속 기사(騎士)의 문서 사무에서 레겐스부르크의 의회에 이르기까지, 모든 문서국에 기이한 형식으로 보관되어 있던 난해한 문체에 젊었을 때부터 습관이 되어 있었기 때문에, 쉽고 자유로운 표현에는 쉽사리 도달할 수가 없었다. 그들이 취급해야 할 대상들이 외적인 형식, 즉 문체와도 매우 밀접한 관계를 가지고 있었기 때문에 더욱 그랬다. 그러나 젊은 폰 모저[55]는 이미 자유로운 문체의 특색 있는 저술가로 세상에 알려져 있었고, 퓌터[56]는 명쾌한 강의로 그 대상과 그것을 논하는 문체도 명쾌한 것으로 만들었다. 퓌터의 학파가 낳은 것은 이 점에서 모두 탁월했다.

이리하여 철학자들도 일반에게 읽히기 위해서는 역시 명석하고 알기 쉽게 써

---

52) 시몬 안드레(1728~97). 스위스 의사. 프랑스어로 통속 의학서를 썼다. 이들 서적은 독일어로 번역되었다.
53) 요한 아우구스트(1727~99). 함부르크의 의사. 잡지 〈알츠트〉의 발행인.
54) 요한 게오르크(1728~95). 스위스 태생 의사. 1768년 이래, 하노파의 성망 있는 의사·저작가.
55) 제2장에 나온 카를 프리드리히를 말한다.
56) 요한 슈데판(1725~1807). 당시의 저명한 국법학자로 괴팅겐대학 교수. 괴테는 1801년에 이 사람을 방문하였다.

야 할 필요를 느꼈다. 멘델스존[57]과 갈베[58]가 나타나 널리 세상의 관심과 칭송을 받았다.

독일어와 그 문체가 발전됨에 따라서 모든 전문 분야에서 비판력도 증대하였다. 종교, 도덕, 그리고 의학적 문제에 관한 역작들에 대한 당시의 비평은 우리들도 칭찬하는 바이지만, 반대로 시나 기타 순문학에 관한 비평은 가련할 정도는 아니라 하더라도 매우 빈약했었다는 점을 인정하지 않을 수가 없다. 이것은 〈문학 서한〉[59]이나 〈일반 독일 문고〉지(誌), 〈문예 문고〉지[60]에 대해서도 말할 수가 있는 것으로, 중요한 실례를 들자면 얼마든지 있다.

그러나 이와 같은 일들이 어수선하게 이루어지고 있었다 해도, 자기 자신 속에서 무엇인가를 만들어 내려 했고, 선배의 말과 문구를 그대로 빌려다 쓰려고만 하지 않은 사람들에게는, 자기가 이용하고자 하는 소재를 스스로 찾아내는 길밖에는 도리가 없었다. 이 경우에도 우리들은 몹시 갈피를 잡을 수가 없었다. 그 무렵, 크라이스트[61]의 말이라는 것이 유행하고 있어서, 우리들도 몇 번인가 듣고 있었다.

즉 크라이스트는 늘 혼자서 산보하는 자신에 대해 말들이 많은 사람들에게 농담 비슷하게 재치가 넘친 대답을 한 것이다. '어슬렁거리는 것이 아니라 형상(形象)을 사냥하러 가는 것이다'라는 이 비유는 귀족 군인으로서 어울리는 말이었으며, 그는 이 비유를 통해서 여가만 있으면 늘 총을 들고 부지런히 토끼나 꿩 사냥을 나가는, 그와 마찬가지 신분을 가진 연배들과 자신을 비교해서 한 말이었다.

그래서 우리들은 크라이스트의 시 속에서, 반드시 잘 쓴 시는 아니었지만 솜

---

57) 모제스(1729~86). 통속 철학자. 《하이돈 또는 영혼의 불멸에 대하여(1767)》로 독일을 넘어 널리 이름이 알려짐.

58) 크리스티앙(1742~98). 철학적 저작가. '삶'의 문제를 다루어, 알기 쉬운 말로 넓은 독자층을 가졌다. 파가슨의 《도덕 철학》 번역으로 유명해짐.

59) 레싱·니콜라이·멘델스존에 의해서 편집된 〈최근의 문학에 관한 서간〉이라는 문예지. 1759~65년까지 베를린에서 간행.

60) 니콜라이가 1757년에 창간한 문예 비평지. 그는 1765년에 새로 내기로 된 〈일반 독일 문고〉에 전념하기 위해 편집을 크리스티앙 바이세에게 위임하고, 제명도 〈신문예 문고〉로 바꾸어 1806년까지 간행.

61) 에바르트 크리스티앙(1715~59). 시 〈봄〉으로 알려진 시인.

씨 있게 포착된 개개의 형상을 여러 가지 발견하게 되는데, 그 속에는 자연 그 자체를 친히 상기시키는 형상도 많이 포함되어 있다. 그래서 우리들도 이러한 형상 사냥으로 나가면 어떻겠느냐는 진지한 권고를 받았다.

우리들이 갔던 아펠스 가르텐[62]·쿠헨게르텐·로젠탈·골리스·라쉬비츠·콘네비츠와 같은 지역은 시적인 사냥감을 찾기 위해서는 기묘한 사냥터였는지는 모르지만, 그래도 수확이 전혀 없는 것은 아니었다. 그러나 그것이 인연이 되어 나는 때때로 혼자서 산보를 나갈 마음이 생겼다. 근처를 둘러보아도 아름다운 것들이나 숭고한 것들이 그다지 눈에 띄지 않았으며, 경치가 매우 좋다는 로젠탈도, 가장 볼만한 계절에도 모기가 있어 미묘한 시상(詩想)이 하나도 떠오르지 않았다.

그래서 나는 꾸준히 노력하면서도 자연의 소생명(小生命 : 나는 이 말을 '정물'이라는 말을 모방해서 썼지만)에 최대의 주의를 기울이게 되었다. 게다가 이 지방에서 일어나는 일들은 그 자체로서는 별로 볼만한 것들이 아니었으므로, 나는 겉보다는 그 속에서 그 어떤 뜻을 발견하는 습관을 갖게 되었다. 그 뜻은, 직관이 우세한가 그렇지 않으면 감정과 성찰이 우세한가에 따라 어느 때는 상징적인 것이 되고 어느 때는 비유적인 것으로 기울었다. 여기서는 많은 사건 중에서 한 가지만 예를 들어 보기로 한다.

나는 보통 사람들처럼 내 이름에 호감을 가지고 있어서, 젊고 교양이 없는 사람들이 곧잘 하는 것처럼 아무 데나 내 이름을 적어 놓았다. 어느 날 나는 적당한 나무 나이에 이른 보리수의 매끈한 껍질 위에 내 이름을 보기 좋고 선명하게 새겼다. 이듬해 가을, 아네테[63]에 대한 나의 애정이 절정에 달했을 때, 나는 내 이름 왼쪽에 그녀의 이름을 새겨 놓았다. 그런데 그해 겨울이 지나갈 무렵, 나는 변덕스런 애인이 늘 하는 것처럼 아무런 까닭도 없이 기회만 있으면 그녀를 괴롭히기도 하고 화를 내게 하기도 하였다. 봄이 되어, 나는 우연히 보리수가 있는 장소를 찾아갔다.

힘차게 솟아오르는 수액이, 그녀의 이름을 새긴 아직 굳지 않은 상처에서 흘

---

62) 라이프치히의 부유한 상인 아벨의 개인적인 정원. 일반에 공개되어 있었다. 당시 부유한 상인들이 이같은 정원을 만들고 있었다.
63) 아나 카타리나 센코프를 말한다.

려내려, 이미 굳어버린 내 이름 자국을 적시고 있었다. 내 횡포로 말미암아 때때로 눈물을 흘렸던 그 여자가 여기서도 나를 향해 우는 것이 내 마음을 당황하게 만들었다. 내 잘못과 그녀의 애정을 생각하고 나 자신도 눈에 눈물이 솟았다. 나는 그녀에게로 달려가서 모든 일을 여러 번 사과했고, 그 사건을 한 편의 목가시[64]로 완성했는데, 이 시를 읽을 때마다 애착을 느끼고, 또 감동함이 없이 남에게 읽어줄 수가 없었다.

내가 프라이세강 변의 목인(牧人)으로서 이와 같이 우미한 제재에 어린이처럼 열중하여, 이내 내 가슴에 불러올 수 있는 것만 고르고 있는 동안에, 독일 시인들을 위해 보다 더 대규모적인 중요한 면에서 이미 제재가 준비되고 있었다.

독일 문학에 최초이자 참된, 보다 고도의 본래적인 삶의 내용이 들어온 것은 프리드리히 대왕의 공적과 7년 전쟁의 업적에 의해서였다. 그 어떤 국민 문학도 일류의 인물 내지는 국민과 그 지도자가 일체가 되어 그 인물을 대신할 수 있는 사건에 입각하지 않는 한, 그것은 천박한 것이며 또 천박한 것이 되지 않을 수 없을 것이다. 국왕을 묘사하기 위해서는 전쟁이나 위험에 처했을 때를 골라야 한다.

그때 국왕은, 국민의 최후의 한 사람이 될 때까지 그 운명을 결정하고 운명을 같이하는 것이므로, 바로 제1인자로 나타나게 되는 것이며, 그 결과 신들 자신보다 훨씬 흥미가 있는 것이다. 신들은 운명을 결정하지만 운명과 함께 하는 일은 없기 때문이다. 이런 의미에서, 어느 국민이나 나름대로 가치를 주장하려 한다면, 하나의 국민적 영웅시를 가져야 한다. 그러나 그것은 반드시 서사시의 형식을 필요로 하는 것은 아니다.

그라임에 의해서 널리 알려진 《전쟁의 시》[65]는 그런 뜻에서 독일의 시가에서 가장 높은 위치를 차지하고 있다. 그 이유는, 이와 같은 시가 행위와 더불어 행위가 한창일 때 태어났으며, 그 훌륭한 형식은 싸우는 전사들에 의해 그 행위가 최고조에 다다른 찰나에 태어난 것인 양, 이들 시가 갖는 가장 완전한 효과를 우리들에게 느끼게 하기 때문이다.

---

64) 이에 대해서는 알려지지 않고 있다.

65) 앞에 나온 《한 척탄병이 노래한 1756~57년의 출정에서의 프로이센 싸움의 노래》를 가리킨다.

람러[66]는 이와는 다른 매우 품위 있는 리듬으로 국왕의 업적을 노래했다. 그의 시는 모두 내용이 풍부하고 위대하고 마음을 고양시키는 제재로 우리들을 사로잡는다. 그것만으로도 이미 불멸의 가치를 주장하고 있는 것이다.

뭐니 뭐니 해도 완성된 제재의 내면적인 가치 내용이야말로 예술의 시초이자 끝이다. 확실히 천재, 즉 완성된 예술적 재능은 취급하는 방법에 따라서 어떠한 것으로부터든지 또 무엇이든지 만들어 낼 수 있으며, 제아무리 까다로운 소재도 소화시킬 수 있다는 것은 부정할 수가 없을 것이다. 그러나 자세히 관찰해 보면, 이런 경우에 나오는 것은 항상 예술품이라기보다는 기교가 넘치는 재주뿐이며, 적어도 그것이 예술품이란 말을 듣기 위해서는 기량, 고심, 정성을 가지고 이를 다루고, 소재의 가치를 한층 더 완전하고 훌륭한 것으로 우리들에게 보여 주기 위해서 그 바탕에는 이에 어울리는 제재가 있어야 한다.

이리하여 프로이센 사람과 독일의 신교도들은 그들의 문학을 위해 하나의 재보(財寶)를 손에 넣은 셈인데, 이것은 반대파에는 없는 것이고, 그 후의 노력으로도 그 부족을 보충할 수가 없었던 것이다. 프로이센의 작가들은 그들의 왕에 대해서 가질 수 있는 위대한 상념(想念)을 바탕으로 비로소 그들 자신을 건설해 나갔던 것이다. 더욱이 그들은 모든 일을 왕의 이름으로 했지만 왕은 그들을 조금도 돌아보지 않았던 만큼, 그들은 더욱 이에 열중하였다.

이미 오래전부터 프랑스의 이주민에 의해서, 후에는 프랑스 국민의 교양과 그 재정 제도에 대한 왕의 편애로, 프랑스 문화가 대량으로 프로이센에 흘러들어왔다. 독일인은 이 때문에 프랑스 문화에 이론(異論)을 제기하고 반항을 시도하지 않을 수 없게 되어, 이것은 오히려 독일 문화를 조성하는 데에 매우 유익한 결과가 되었다. 이와 마찬가지로 프리드리히 대왕이 독일어를 싫어했다는 것도, 독일 문학의 육성에는 다행이었다. 모든 일이 왕의 인정을 받기 위해서 이루어졌기 때문에, 왕의 존중을 받지 못할지라도 다만 왕의 주의를 끄는 것만으로도 좋았다. 그러나 사람들은 독일식 내심(內心)의 확신에 따라서 옳다고 인정한 것을 행하였고, 왕에게 이 독일인의 권리를 승인하고 평가해 줄 것을 원하고 또 바랐다.

---

66) 람러가 찬양하고 있는 것은 프리드리히 대왕을 말한다. 그 송가(頌歌)는 호라티우스의 송가 형식에 프로이센 애국주의 정신을 결부시킨 일종의 프로이센풍의 유사 고전주의이다.

그러나 왕은 그렇게 하지도 않았고 또 그렇게 할 리도 없었다. 왜냐하면 지적인 삶과 즐거움을 원하는 왕에게, 그가 야만이라고 생각하는 것이 개화(開花)하고 혜택받을 때까지 쓸데없이 기다리며 오랜 세월을 허비해줄 것을 어떻게 요구할 수가 있겠는가? 수공품이나 공장 제품이라면 왕은 자기에게나 또 국민들에게 외국의 우수한 물건 대신에 평범한 대용품을 쓰도록 강요할 수도 있었겠지만, 이런 경우에는 모든 것이 보다 더 신속하게 완벽한 단계에 도달하는 것이므로, 이러한 제품을 완전한 모양으로 하는 데에는 인간의 일생이 필요하지 않았던 것이다.

그러나 나는 여기서 우선, 7년 전쟁의 진정한 산물이며 완전히 북부 독일의 국민적 내용을 가진 한 작품에 대해서, 무엇보다도 먼저 경의를 가지고 언급하지 않을 수가 없다. 그것은 인생의 중대한 사건에서 소재를 택한 최초의 희곡으로, 특수한 세속적인 내용을 가지고 있으며, 그러기 때문에 헤아릴 수 없는 영향을 준 작품 《미나 폰 바른헬름》이다. 작자인 레싱은 클롭슈토크나 그라임과는 대조적으로, 개인적 품격 등을 버린다 해도 개의치 않았다. 그는 언제든지 자기 품격을 다시 회복할 자신이 있었기 때문이다.

그래서 그는 자기의 왕성한 활동적인 내부 생명에 대해서 강력한 균형이 필요했기 때문에, 난잡한 술집 생활이나 세속 생활을 좋아했다. 그 때문에 또 그는 타우엔친[67] 장군의 부하로 들어간 일도 있었던 것이다. 앞에서 말한 희곡이 전쟁과 평화, 증오와 애정 사이에서 태어났다는 것은 누구나 쉽게 인정하고 있는 것이다. 이 작품이야말로, 이제까지 문학이 다룬 문단적 세계나 시민 세계로부터 보다 더 높고 중요한 세계에 눈을 뜨게 하는 데에 성공한 것이다.

프로이센인과 작센인이 이 전쟁 동안에 서로 느끼고 있던 증오에 찬 긴장 관계는 전쟁이 끝나도 해소되지 않았다. 작센인은 거만해진 프로이센인에게 받은 상처를 더욱더 뼈저리게 느끼게 되었다. 정치적인 평화가 왔어도 마음속의 화평은 바로 회복할 수가 없었다. 그러나 앞에 나온 희곡은 이 마음의 평화를 형상의 세계에서 달성할 수가 있었다. 작센 여인들의 우아함과 부드러움이 프로이센인의 가치와 품위와 완고함을 이겨냈고, 주역이나 단역들의 기묘하게 모순

---

67) 보기스라프 프리드리히 폰(1710~91). 7년 전쟁에서 이름을 날린 프로이센 장군. 브레슬라우 총독 때 레싱이 비서로 있었다.

되는 요소가 보기 좋게 결합되어 예술적으로 표현되어 있다.

나의 독일 문학에 관한 이와 같은 간략하고 산만한 기술로 말미암아 독자들을 다소나마 혼란에 빠뜨렸다고 한다면, 그것은 그 당시 나의 빈약한 두뇌가 빠져 있었던 무질서한 상태를 그려내는 데에 성공했다고도 볼 수 있다. 당시 조국의 문학에서는 매우 중요한 두 시기가 서로 다투고 있었다. 내가 낡은 것과 결별을 하기 전에 실로 많은 새로운 것들이 나에게 밀어닥쳤는데, 내가 당연히 포기해도 좋다고 생각했던 많은 옛것들이 여전히 나에 대해서 지배권을 주장하고 있는 형편이었다. 내가 조금씩이라도 이와 같은 곤궁에서 빠져나오기 위해 어떤 길을 걸었는가를 될 수 있는 대로 여기에 전해 보고자 한다.

내가 어렸을 무렵은 공교롭게도 우회적인 길이 많은 시기에 해당되었는데, 나는 이 시기를 여러 훌륭한 사람들과 손을 잡고 열심히 공부하며 보냈다. 아버지에게 남겨 둔 몇 권의 4절판 초고는 이것을 증명하는 충분한 증거이며, 얼마나 많은 시작(試作)과 초안, 절반쯤 실현된 계획들이, 자신이 없어서가 아니라 불만 때문에 연기가 되어 사라져버렸는지 모른다.

나는 일반적으로 담화를 통해서, 또 학설이나 많은 모순된 의견에 의해서, 특히 식탁 친구였던 궁중 고문관 파일에 의해서 소재의 중요성과 취급 방법의 간결성을 한층 존중하게 되었다. 그러나 나는 중요한 소재를 어디서 구해야 하는가, 또 간결한 취급을 어떻게 실현할 수 있는가는 명백히 할 수가 없었다. 왜냐하면 내 처지가 매우 제한되어 있었고, 동료들은 무관심했으며, 교수들은 소극적이었고 교양 있는 시민들은 비사교적으로 살고 있었기 때문이다. 게다가 주위의 자연물들은 아주 평범했기 때문에 나는 할 수 없이 모든 것을 나 자신 속에서 구하지 않으면 안 되었다.

그래서 나는 시짓기를 위해 참다운 바탕이 되는 감정이나 성찰을 필요로 할 때, 그것을 내 마음속에서 찾아낼 수밖에 없었고, 나의 시적 표현을 위해서 사물이나 사건의 직접적인 관찰이 요구될 때에도, 내 마음을 감동시키고 나에게 관심을 불어넣는 데에 알맞은 외부의 환경에 발을 내디딜 수가 없었다. 이런 의미에서 나는 우선 어떤 종류의 단시(短詩)[68]를 가요 형식이나 혹은 자유 운율

---

68) 가요집 《아네테》 또는 《라이프치히의 노래》의 책으로 남아 있는 것을 말한다.

로 썼다. 이러한 작품은 성찰에서 생긴 것이며, 과거의 사건을 취급했고, 대화는 간결하고 날카로운 경구적 표현을 취하고 있다.

이와 같이 해서 나에게 평생 동안 떨어질 수 없었던 경향이 시작되었다. 즉 나를 기쁘게 하거나 괴롭히고, 그 밖에 내 마음을 움직이게 한 것을 하나의 형상, 하나의 작품으로 바꾸어 이로써 나 자신에게 결말을 내고, 외부의 사물에 대한 나의 관념을 바로잡음과 동시에 나의 마음을 안정시키는 경향이 시작된 것이다. 태어나면서 끊임없이 극과 극을 향했던 나인 만큼, 이러한 타고난 재질이 필요한 사람은 달리 또 없었을 것이다. 그러므로 나에 대해서 세상에 알려진 것들은 모두 큰 고백의 한 단편에 지나지 않는다. 이 작은 책자는 그 고백을 완전한 것으로 만들려는 과감한 시도인 것이다.

그레트헨에게 보냈던 한때의 애정을 이제 나는 엔헨[69]이라는 소녀에게로 돌렸다. 이 소녀는 어여쁘고 쾌활하고 애교가 있었으며 매우 인상이 좋았기 때문에, 마음속의 성단에 얼마 동안 작은 성모로 모셔 두고 숭배의 대상으로 삼을 가치가 충분히 있었다.

숭배라는 것은 받는 쪽보다도 주는 쪽이 때때로 훨씬 즐거운 것이다. 나는 방해받는 일이 없이 매일 그녀를 만났다. 그녀는 내가 먹는 식사 준비를 도왔고, 밤에는 내가 마시는 포도주를 날라다 주었다. 이 집의 점심 단골 손님으로 우리들의 동아리가 있었다는 것만으로도, 대목 장날 이외에는 찾아오는 손님이 거의 없는 이 조그마한 집이 좋은 평판을 받을만한 가치가 있다는 것을 증명하고 있었다. 여기서는 여러 가지 오락을 할 기회도 있었고 재미도 있었지만 그 소녀가 집을 떠날 수 없었기 때문에, 모처럼의 기분 전환도 아무래도 빈약한 것이 되지 않을 수가 없었다.

우리들은 차하리에의 노래를 부르기도 하고, 크뤼거[70]의 희곡인 《미헬 공작》을 연극으로 상연하기도 했는데, 그때 손수건을 옭아매어서 꾀꼬리 대신으로

---

69) 아네테와 마찬가지로 아나카타리나 센코프를 말한다.

70) 요한 크리스티앙(1722~50). 세네만 극단 배우 겸 각본가. 《미헬 공작》은 당시 인기 있었던 단막 희극. 젊은 농부 미헬은 꾀꼬리를 비싼 값으로 팔아 마침내는 공작이 될 수 있다고 생각하고 애인 한헨에게 이야기한다. 그녀가 비웃자, 화가 난 미헬이 그녀의 뺨을 때리려는 순간 꾀꼬리가 날아가 버린다.

한 적도 있었다. 이렇게 얼마 동안은 재미있게 지냈다. 그러나 이러한 관계는 시일이 오래되어 허물이 없어질수록 변화가 적었기 때문에, 나는 예의 나쁜 버릇에 사로잡히고 말았다. 애인을 괴롭혀서 웃음거리로 만든다거나 폭군과 같은 변덕으로 어린 소녀를 마음대로 복종시키는 등, 우리들이 길을 잘못 들게 하는 병폐들을 즐긴 것이다.

시작(詩作)의 실패나 이 실패를 개운하게 청산할 수 없을 때, 그 밖에 나를 괴롭히는 모든 일에서 생기는 언짢은 마음을 그녀에게 화풀이해도 좋을 것이라는 생각을 가지게 된 것은 그녀가 나를 진심으로 사랑했고, 나를 위해서라면 무엇이든지 해 주었기 때문이다. 나는 아무런 근거도 없는 쓸데없는 질투 때문에 나와 그녀의 가장 아름다운 날들을 망쳐 버리고 말았다. 그녀는 얼마 동안은 믿을 수 없을 정도의 인내로 그것을 참고 있었는데, 나는 그 인내를 극단으로까지 몰아붙인 것이다.

그러나 나는 마침내 그녀의 마음이 나로부터 멀어졌다는 것을 알고, 내가 이제껏 아무런 이유도 필요도 없이 저지른 미친 짓을 깨달았을 때, 나는 부끄러움을 느끼며 절망하지 않을 수 없었다. 우리들 사이에는 아무런 소득도 없는 심한 다툼도 일어났다. 이제 와서 나는 그녀를 진심으로 사랑했다는 것, 그녀 없이는 지낼 수 없다는 것을 비로소 깨달았다. 나의 정열은 뜨거워지고 이런 상태에서 있을 수 있는 모든 형태로 나타나, 마침내는 이제까지 그녀가 해 온 역할을 반대로 내가 하게 되었다.

나는 그녀의 호의를 사려고 할 수 있는 일은 다 해 보았고, 그녀를 즐겁게 하기 위해서 갖가지 수단을 찾았다. 나는 그녀를 다시 차지해 보려는 희망을 버릴 수가 없었다. 그러나 때는 이미 늦었다. 나는 그녀를 정말로 잃어버린 것이다. 나는 내가 저지른 큰 잘못에 대한 죄책감 때문에 여러 가지 어리석은 방법으로 스스로를 괴롭혔고, 그것이 광기로 변하여 육체의 병을 초래한 가장 큰 원인이 되었다.

나는 이 병 때문에 생애에서 가장 좋은 몇 년[71]을 헛되이 보내고 말았다. 만일 나의 시적 재능이 치유력을 가지고 나를 도와주지 않았더라면, 나는 그녀를

---

71) 괴테는 1768년 7월에 각혈하여 중태에 빠져 이듬해 가을까지 1년 이상을 병으로 고통받았다.

잃은 충격으로 몸을 아주 망치고 말았을 것이다.

훨씬 이전부터 나는 때때로 자신의 이런 좋지 못한 버릇을 분명히 인정하고 있었다. 그녀가 나 때문에 필요도 없이 고통받고 있는 것을 보았을 때, 사실 나는 이 불행한 소녀를 불쌍히 여겼다. 나는 그녀의 환경과 나의 환경, 또 그 대조로서 우리 친구들 중의 다른 두 남녀[72]의 행복한 상태를 몇 번이고 마음속에 그려본 일이 있었기 때문에, 마침내는 이 처지를 연극으로 다루어 비통하고 교훈적인 참회로 삼지 않을 수가 없었다. 지금 남아 있는 나의 희곡 작품 중 가장 오래된 《연인의 변덕》이라는 소품은 이렇게 해서 태어난 것이다. 이 연인의 인품에서는, 천진난만한 모습과 동시에 용솟음치는 격정의 강력한 충동을 볼 수가 있는 것이다.

그러나 전부터 깊고 중대하고 고뇌에 찬 세계가 나를 끌어당기고 있었다. 그레트헨과의 사건과 그 결과에 의해서, 나는 일찍이 시민 사회 속에 숨어 있는 기묘한 미로(迷路)를 엿보고 말았다. 종교, 도덕, 법률, 계급, 관계, 습관 등 이 모든 것들은 단지 도시 생활의 표면을 지배하고 있는 데에 지나지 않는다. 당당한 저택에 둘러싸인 가로는 깨끗이 유지되어 있고, 거기에서 모든 사람들이 예의 바르게 거동하고 있으나, 이에 비해 내부에서는 한층 더 심한 혼란과 문제점을 보이고 있다. 깨끗한 외관은 부서지기 쉬운 벽을 덮고 있는 빈약한 회반죽에 지나지 않는다.

이런 벽은 하룻밤 동안에 무너져 내리고, 더욱이 평화로운 상태에서 별안간 일어나기 때문에 더욱 무서운 결과를 초래하는 것이다. 가정이 파산, 이혼, 딸의 유괴, 살인, 절도, 독살 등으로 파멸되고, 혹은 파멸 직전에 간신히 버티고 있는 실례를 멀리서 또는 가까이에서 얼마나 많이 보아 왔는가.

그리고 이런 경우, 나는 아직 젊기는 했지만 여러 번 구조의 손길을 뻗은 적이 있었다. 나의 솔직한 태도는 사람들의 신뢰를 얻었고, 나의 입이 무겁다는 것은 이미 증명되었으며, 나는 실행력이 있어 그 어떤 희생도 두려워하지 않고, 가장 위험한 경우 맨 먼저 자진해서 일을 했기 때문이다. 나는 중개도 했고, 은밀히 도와주었으며, 화를 미연에 방지하는 등 할 수 있는 것은 무엇이든지 할

---

72) 호른과 콘스탄체 브라이트콥이라고 일컬어지고 있다. 브라이트콥에 대해서는 제8장에 기술되어 있다.

기회가 많았다. 그럴 때에는 반드시라고 해도 좋을 정도로, 나 자신이나 또 남 때문에 감정을 상하거나 혹은 굴욕을 받는 일도 없지는 않았다.

그래서 나는 기분을 개운하게 만들기 위해 두서너 편의 희곡 초안을 짜고, 그 대부분의 첫머리를 썼다. 그러나 극의 갈등은 항상 쩨쩨한 것이 원인이 되었고, 이같은 작품들은 모두 비극적 결말을 보게 될 것 같아서 모두 중지해 버렸다. 그중에서 완성된 것은 《공범자》 하나뿐이었다.

음울한 가정을 배경으로 한, 다소 좌흥풍(座興風)의 흐름은 어딘가 불안한 면도 없지 않아서, 상연할 때는 부분적으로는 사람들을 재미있게 하지만 전체적으로는 불안에 빠지게 만든다. 가차없이 표현된 위법 행위는 우리들의 미적, 도덕적 감정을 손상시킨다. 이 때문에 이 작품은 독일 극장에서는 받아들여지지 않았지만, 이러한 난점을 피한 모작[73]들은 환영과 박수갈채를 받았다.

나 자신은 의식하고 있지 않았지만, 위의 두 작품은 상당히 높은 견지에서 쓰인 것이다. 그것은 인간의 도덕상의 죄를 물을 때의 신중한 관용을 암시하고 있고, 약간 딱딱하고 거친 필치로 '그대들 중 죄 없는 자 먼저 돌을 던져라'라고 하는 그리스도교적인 말을 은연중에 나타내고 있다.

내 최초의 두 작품을 암담한 것으로 만든 이 고지식한 성격 때문에, 나는 내 천성에 꼭 맞은 매우 유익한 모티프를 놓쳐 버리는 실패를 저질렀다. 즉 젊은 사람에게는 무섭고 엄숙한 경험을 쌓고 있는 동안에, 내 마음속에는 일종의 대담한 유머가 발달하였다. 그것은, 현대의 순간을 초월하고 있다고 느끼고, 위험을 두려워하지 않을뿐더러, 오히려 대담하게 위험을 초래하는 혈기 왕성한 청년들이 즐겨 품는 우쭐한 마음에 기인한 것이었다. 이것이 우스꽝스러운 모습으로 나타나면, 현재의 순간이나 또 추억으로서도 매우 재미있는 것이 되는 것이다. 이런 일은 노상 있는 일이라서 젊은 대학생들의 용어로는 Suiten(익살)이라고 불렸고, 또 뜻이 비슷하다고 해서 Possen reißen(장난치다)과 마찬가지로 Suiten reißen(익살맞은 짓을 하다)이라고 했다.

이렇게 유머에 넘치는 대담한 행동은 교묘하게 연구해서 무대에 올리면 최대의 효과를 올릴 수가 있다. 이러한 것은 찰나적인 것이며, 설령 거기에 목적

---

73) 예를 들면 에른스트 알브레히트의 희곡 《전원 유죄(1795)》 등을 말한다.

이 있다 하더라도 그것이 멀리 손이 닿지 않는 곳에 놓여서는 안 된다는 점에서 음모와는 다르다. 보마르세[74]는 이와 같은 유머의 가치를 완전히 이해하고 있었으며, 그의 《피가로의 결혼》의 효과는 주로 거기서 오는 것이다.

그런데 이와 같이 악의 없는 장난이나 반(半) 악한풍의 책략이 고귀한 목적을 위해서 일신의 위험을 무릅쓰고 실행되면, 거기서 생기는 장면은 연극에서 미적으로나 도덕적으로 보아 최대의 가치를 갖는다. 예를 들면 《물을 나르는 사람》[75]이라는 오페라는, 우리들이 이제껏 무대에서 본 중에서 가장 성공한 주제를 다루고 있다고 생각한다.

일상생활의 끝없는 권태를 풀기 위해서, 나는 이렇다 할 목적도 없이, 때로는 내가 좋아하는 친구들을 즐겁게 해 주기 위해서 이러한 선의의 장난을 수없이 저질렀다. 나로서는 단 한 번도 분명한 의식을 가지고 그런 일을 해본 기억도 없고, 또 이런 종류의 모험을 예술의 대상으로서 고찰해 보려는 생각조차도 해 본 일이 없다. 만약에 내가 이렇게 가까이 있는 이런 소재를 파악하여 이것을 완성시켰다면 나의 최초의 작품은 더 명랑하고 유익한 것이 되었을 것이다. 이런 종류의 몇 가지 행위는 뒤에 내 작품 속에 나타나 있으나, 그것은 단편적이지 의식적으로 다룬 것은 아니다.

우리에게는 언제나 이성보다도 감정이 가깝고, 이성이 어떻게든 도망갈 길을 발견할 때에도 감정은 언제까지고 따라다니면서 우리를 괴롭히는 것이므로, 나는 늘 감정 문제를 가장 중요한 것으로 생각했다. 나는 애정의 덧없음, 인간의 마음의 변덕, 도덕적 감성, 그리고 우리들 본성 중에서, 인간 생활의 수수께끼 같은 신기한 결합을 이루고 있는 모든 고상하고 심원한 것에 대해서 싫증내지 않고 생각했다. 여기서도 나는 나를 괴롭히는 것을 하나의 노래나 풍자 등 운문으로 옮겨, 그것에서 빠져나오려고 애를 썼다. 그러나 그러한 작품들은 나의 개인적인 감정이나 특수한 사정에 관련되어 있기 때문에, 나 이외에는 아무에게도 흥미를 줄 수가 없었다.

---

74) 피에르 오귀스탱 카롱 드(1723~99). 프랑스의 풍자적인 희극작가. 《세비야의 이발사(1772)》《피가로의 결혼(1781)》은 다 같이 오페라가 되어 유명하다.

75) 푸이 작. 1800년 이탈리아의 작곡가 케르비니에 의해 오페라가 되어, 1803년 12월 이래 바이마르에서 자주 상연되었다. 괴테가 좋아하는 오페라였다.

그러나 얼마 안 되는 기간에, 나의 외부 사정이 완전히 달라졌다. 뵈메 부인은 가엾게도 오랫동안 병을 앓다가 세상을 떠났다. 그녀는 마지막 순간에 나를 부르지 않았다. 그녀의 남편은 나를 탐탁지 않게 여겼다. 그 사람 눈에는 내가 그리 근면하지도 않고 경솔하게 보였던 것이다. 다음과 같은 이야기가 그의 귀에 들어갔을 때 특히 그는 나를 나쁘게 생각하였다. 독일 국법학 강의가 한창일 때 나는 이것을 깨끗이 필기하지 않고, 거기에 인용된 여러 인물, 고등법원 판사, 법원장, 배석 판사 등 묘한 가발을 쓴 얼굴들을 노트 여백에 그려서, 주의 깊게 듣고 있는 옆 사람들의 정신을 이런 장난으로 산란케 하기도 하고 웃기기도 했던 것이다.

　　그는 아내를 잃은 뒤에는 전보다도 더욱 은둔적 생활을 하고 있었고, 나도 그의 꾸지람을 면하려고 만나는 것을 피했다. 그러나 특별히 불행한 일은, 겔러트가 우리들을 감화시킬 수도 있었는데 그가 그 힘을 발휘하려고 하지 않았던 일이다. 물론 그는 고해 사제 역할을 하여 각자의 기질이나 결점을 캐물을 틈이 없었다.

　　그래서 그는 이 건을 다루기로 하고, 교회의 제도를 빌려서 우리들을 억제하려고 생각하였다. 그래서 그는 우리들을 앞에 불러 놓고는 작은 머리를 숙이고, 우는 것 같은 부드러운 목소리로 '교회는 열심히 다니는가, 고해 신부는 누군가, 성만찬을 받았는가' 하고 묻는 것이 보통이었다. 그때 우리들이 이 심문에 합격 못하면, 우리는 되풀이되는 말을 지겹도록 듣고 나서야 벗어나는 형편이었다. 그것으로 우리들은 교화되었다기보다는 오히려 화가 났으나, 그래도 그 사람을 진심으로 사랑하지 않을 수 없었다.

　　이 기회에 나는 나의 유년기를 다소 보충해서 설명해 두지 않으면 안 된다. 만일 교회 제도에 입각한 종교가 기대한 대로 효과가 있다는 것을 실증해야 한다면, 그 큰 행사는 시종일관해서 상호 관련을 지어 행하여지지 않으면 안 된다는 것을 분명히 하기 위해서이다. 신교의 예배 의식은 충실감과 철저함이 너무나 결여되어 있기 때문에, 교구의 신자를 단결시킬 수가 없다. 그래서 자칫하면 신자가 그의 교구에서 이탈해서 소교구를 만들거나, 혹은 교회와는 아무런 관련 없이 각자 흩어져 제각기 마음 편하게 시민 생활을 하게 된다.

　　교회에 나가는 사람은 해마다 줄어들고, 이에 비례해서 성만찬을 받으려고 하는 사람들도 줄어든다는 것을 꽤 오래전부터 한탄하고 있었다. 이 두 가지 사실, 특히 성찬을 받는 사람들이 줄어드는 사정에 대해서는 그 원인은 매우 명확하다. 그러나 그 누구도 감히 공언하는 사람은 없었는데, 여기서 그것을 시도해 보고자 한다.

도덕적, 종교적인 사항에 있어서, 육체상의 사항이나 시민 생활상의 사항과 마찬가지로, 인간은 느닷없는 일을 하기 싫어하는 것으로, 거기에서 습관이 생길 수 있는 일종의 계속성이 꼭 필요한 것이다. 인간은 사랑하는 일과 해야 하는 일을 따로 분리해서 생각할 수가 없다. 무슨 일을 즐겨 반복하려면 그것이 자기와 인연이 없는 것이 되어서는 안 된다.

신교의 예배가 전체적으로 충실하지 않다면 개개의 사항을 검토해 볼 필요가 있다. 그러면 신교도에는 성찬식이 너무 적다는 것을 알게 될 것이다. 실제로 그들이 스스로 참여하는 것은 성만찬 하나뿐이다. 세례는 단지 다른 사람에게 행해지는 것을 보는 것에 지나지 않으며, 여기에 참여한다고 해도 별로 기분 좋은 일은 아니다. 성찬식은 종교의 최고 행사이며, 특별한 신의 은혜의 감각적인 상징인 것이다.

성만찬에서, 인간의 입술은 구상화된 신성을 감수하고, 지상의 음식 형태로 하늘의 음식을 받는 것이다. 이 성찬식의 의미는 모든 그리스도 교회에서 동일하다. 실제로 이 성찬식을 받을 때, 신비에 귀의하는 정도에는 다소의 차이가 있고, 이지(理知)에 의해 파악되는 것에 순응하는 정도에도 다소의 차이가 있다고 해도, 그것은 항상 신성하고 위대한 행사인 것이다. 그러나 이와 같은 성찬식은 단독으로 존재해서는 안 될 것이다. 만약에 기독교도의 마음속에 상징이나 숨은 비적(祕跡)에 대한 감각이 배양되어 있지 않으면, 성찬의 목적인 참다운 기쁨으로 그것을 받을 수가 없는 것이다.

기독교도는, 마음속의 종교와 외부의 교회 종교를 완전히 일체가 된 것, 즉 하나의 보편적인 위대한 성찬식으로 간주하는 데에 익숙해져야 한다. 이때, 이 하나의 성찬이 다시 다른 많은 비적으로 나뉘어, 여기서 성찬 본래의 신성(神聖), 불괴(不壞), 영원의 성격이 부여되는 것이다.

젊은 한 쌍의 남녀가, 지나가는 인사를 나누기 위해서도 아니고, 또 춤을 추기 위해서도 아닌, 성스러운 의도를 가지고 서로 손을 뻗는다. 사제가 여기에 축복을 내려 주면, 두 사람을 연결한 부부로서의 유대는 끊을 수 없는 것이 된다. 이윽고 이 부부는 그들과 똑같은 모습의 어린아이를 제단 앞에 데리고 온다. 어린아이는 성수로 정화되어 교회에 평생 속하게 된다. 이 은혜는 가장 무서운 배교(背敎)를 하기 전에는 어린아이로부터 상실되지 않는다. 어린아이는 인생에서 세상의 사물에 부딪치면서 스스로 경험을 쌓아 가지만, 천상(天上)의 일에 대해서는 배움을 받아야 한다.

신앙 문답에서 그것을 완전히 배웠다는 것을 알게 되면, 이번에는 그 어린아이는 참다운 시민으로서, 진정한 자발적 신도로서 교회 품안에 안기는데, 이때도 이 행위의 중대성을 나타내는 외부적인 상징이 수반되는 것은 물론이다. 그는 이제 비로소 여러 가지 특권과 의무를 알게 된다. 그런데 그동안 그는 인간으로서 여러 가지 신기한 일에 부딪치고, 가르침과 죄에 의해서 자기 마음속의 상태가 얼마나 위험할 것인가를 깨닫는다. 그리고 끊임없이 교의와 파계(破戒)가 화제에 오를 것이다.

그러나 죄는 저질러져서는 안 된다. 자연의 욕구와 종교적 욕구가 갈등을 일으킬 때, 말려들지 않을 수가 없는 끝없는 혼란 속에서, 하나의 훌륭한 대책이 여기에 주어져 있다. 그것은 자기 행위나 비행, 결함과 의혹을, 그것을 위해서 특별히 위임된 존경하는 인물에게 고백하는 일이다. 그 사람이야말로 그의 마음을 편안하게 하고, 훈계하고 격려함과 동시에 상징적인 벌[76]로 그를 징계하고, 마지막으로 그의 죄를 완전히 씻음으로써 축복을 주어, 깨끗해진 그에게 인간으로서의 가치표를 다시 주게 된다.

몇 가지 성찬식 행사는 보다 더 정밀하게 보면 다시 작은 의식으로 나뉘어지는데, 이러한 성찬식을 받고 마음을 준비하고 깨끗한 안심을 얻은 후, 그는 성병(聖餠)을 받기 위하여 무릎을 꿇는 것이다. 그리고 이 고상한 행사의 신비를 높이기 위하여, 성배(聖杯)[77]는 그의 눈 저 멀리에 제시된다. 그것은 욕구를 채우는 세속의 음식이 아니라, 신의 성주(聖酒)를 갈망케 하는 천상의 음식인 것이다.

그러나 젊은 사람들은 이것으로써 만사가 끝났다고 생각해서는 안 된다. 아

---

76) 기도, 단식, 시여(施與) 등을 말한다.

77) 가톨릭에서는 신자가 성배를 입에 대는 것이 아니라, 신부만이 이것을 마신다.

니, 어른이라 할지라도 그렇게 생각해서는 안 된다. 속세의 여러 관계에서 우리들은 마침내 자립하게 되겠지만, 이 경우 지식이나 이치를 아는 것이나 성격만으로는 반드시 충분한 것이 아니기 때문이다. 이에 반해서 천상의 일은 아무리 배운다 하더라도 다 배웠다고 할 수 없는 것이다. 우리들 마음속에 있는 더욱 숭고한 감정은 좀처럼 안정을 취할 수 없는 것이지만, 여기에 여러 외부적인 것에 의해서 압박을 받기 때문에, 우리들 자신의 힘만으로 충고나 위안이나 원조에 필요한 모든 것을 제공하기는 어려울 것이다. 그러나 이것에 대해서는, 일생을 통해서 어떤 구제의 수단이 준비되어 있어서, 한 사람의 총명하고 경건한 분이 길 잃은 자에게 바른길을 알려 주고, 괴로워하는 자를 구제해 주기 위해서 늘 대기하고 있는 것이다.

이렇게 해서, 일생을 통해 이러한 시련을 견디어 그 진가를 나타낸 사람은, 죽음에 임해서도 그 구제의 힘을 10배나 발휘하게 될 것이다. 젊었을 때부터 준비되고 익숙해진 습관에 따라, 임종의 자리에 있는 자는, 저 상징적인 뜻깊은 확증을 열렬히 받아들인다. 그리하여, 지상의 모든 보증이 소멸하는 시점에서 천상의 보증에 의해 영원한 축복을 받은 삶이 확약되는 것이다. 적의에 불탄 자연도 사악한 악령도, 그가 정화된 육체에 싸여, 신으로부터 흘러나오는 무한한 지복(至福)을 받는 것을 방해하지는 못할 것이라고 그는 단호히 확신하는 것이다.

그리고 마지막으로, 인간 전체가 정화되기 위하여 발에도 향유를 발라[78] 축복이 주어진다. 가령 병으로부터 회복되는 일이 있다고 해도, 이 발은 단단하고 밑을 알 수 없는 대지에 닿는 것을 싫어할 것이다. 그 발에는 불가사의한 속력이 주어져, 이제까지 붙어 있던 땅을 박차고 날아오른다. 이리하여 신성한 의식의 빛나는 둥근 고리로 말미암아, 요람과 무덤이 서로 멀리 떨어져 있다 하더라도 영원한 원이 되어 연결되어 있는 것이다.

그러나 이러한 모든 정신적 기적은, 다른 과수의 열매처럼 자연의 토양에서 싹트는 것이 아니다. 그것들은 땅에 뿌리지도 못하고 심지도 기르지도 못한다. 다른 영역에서 불러들이지 않으면 안 되는데, 이것은 누구나 또 어느 때나 할

---

78) 종유(終油)의 비적(秘跡). 향유를 바르는 곳은 눈, 코, 귀, 입, 남자만이 발과 허리에도 바른다.

수 있는 일이 아닐 것이다. 여기서 우리의 소원에 응답해 주는 것이 오랜, 경건하게 계승해 오는 이들 상징 중의 최고의 것[79]이다.

한 인간이 다른 인간 이상으로 하늘의 은총, 축복, 정화를 받는 일이 있다는 말을 우리는 곧잘 듣는다. 그러나 그것이 자연의 선물이라고 여겨지지 않기 위해서는, 중대한 의무와 결부된 이 큰 은총이 그것을 받을 자격이 있는 한 인간으로부터 다른 인간으로 전해져야 한다. 그래서 인간의 손이 닿을 수 있는 최고의 보물은 자기 힘으로 획득하고 소유할 수 있는 것이 아니고, 정신적인 상속에 의해서 이 세상에 보존되어 영구히 전해지지 않으면 안 된다. 바로 사제의 미사 속에, 대중에게 은총이 주어지는 신성한 행사를 효과적으로 행하는 데에 필요한 모든 것이 포함되어 있다.

이 경우, 대중 자신은 신앙과 무조건 돌아가 몸을 기대는 것 외에는 스스로 할 일은 아무것도 없다. 이리하여 사제는 선인(先人)과 후계자라는 계열 사이에 들어가, 함께 향유 의식을 받은 한 무리 속에서 최고의 축복자의 역할을 대표하게 되는데, 우리들이 존경하는 것은 사제 그 사람 자체가 아니고 그의 직무이며, 우리들이 그 앞에 무릎을 꿇는 것은 그의 지시에 의해서가 아니라 그가 주는 축복 때문이므로 한층 숭고한 위치에 서게 되는 것이다. 그리고 그 축복은, 지상의 인간이 죄 깊은 어그러진 도덕의 본성으로도 그 힘을 약화시키거나 빼앗을 수는 없는 것이므로 한층 신성하게 보이며, 하늘에서 직접 내려오는 것처럼 여겨지는 것이다.

이 신성한 정신적인 관계가 신교에 있어서 얼마나 분열되어 있는가? 위에서 말한 상징적 의식의 일부는 정통이 아니라고 간주되고 얼마 안 되는 것만이 정통적인 것으로 인정되어 있는 실정이다. 그러나 한쪽의 무가치를 말하면서 다른 쪽의 존엄을 어떻게 예감하게 할 수가 있겠는가?

나는 그 당시, 선량하지만 늙고 허약했던 우리 집의 고해 사제로부터 오랫동안 종교적 교육을 받았다. 나는 신앙 문답, 그 해석, 구제 규정을 쉽게 말할 수가 있었고, 확고한 증명을 보여주는 성서의 잠언도 모두 외우고 있었다. 그러나 이런 모든 것에서 아무것도 얻은 것이 없었다. 왜냐하면 그 선량한 노사제가

---

79) 사제의 미사를 말한다.

낡은 방식에 의해서 시험을 보겠다고 분명히 언명했을 때, 나는 이 일에 대한 흥미와 애착을 완전히 잃어버리고 말았다. 마지막 1주일 동안을 갖가지 오락을 하며 놀아 버리고, 손위의 친구가 그 사제에게서 입수한 종잇조각을 빌려서 모자 밑에 감추고, 원래 같으면 정성들여 확신을 가지고 말할 수도 있었던 모든 것을 기계적으로 줄줄 읽어내리고 말았다.

그런데 마침내 내가 참회석에 가까이 가게 되었을 때, 이 중요한 시기에, 나의 선량한 의사도, 향상의 노력도, 무미건조하고 활기가 빠진 인습 때문에 한층 마비되어 있는 것을 깨달았다. 물론 나는 많은 결함이 있었으나, 중대한 과실은 하나도 없다는 의식을 가지고 있었으며, 바로 이 의식 때문에 별다른 과실을 범하지 않았던 것이다. 왜냐하면 그 의식은 나의 마음속에 있는 도덕적인 힘에 의존할 것을 가르쳤고, 결의와 지속만 있으면, 그것으로 오래전부터의 악습을 극복할 수 있을 것이라고 생각했기 때문이었다.

우리 신교도들은 참회석에서 무엇인가 특별한 것을 고백할 필요가 없다는 이유로 가톨릭교도보다 낫다는 것뿐 아니라, 우리가 고백하고 싶다고 생각할 때에도 그런 고백은 적절한 것이 아니라고 배웠다. 그러나 이 후자의 사고방식은 나에게 적절하지 못했다. 왜냐하면 그런 기회가 있으면 꼭 결말을 짓겠다고 생각했던 매우 특이한 종교적 의문이 있었기 때문이다. 그런데 이 일은 해서는 안 되는 일이었기 때문에, 나는 스스로 하나의 참회의 안(案)을 만들어 놓고 있었다. 그것은 나의 심정을 나타낸 것이었는데, 개별적으로 말하는 것이 금지되어 있는 일을 일반적인 문제로 바꾸어, 사리를 잘 아는 사람에게 고백하는 형식으로 해놓고 있었다.

그러나 내가 프란체스코파(派) 교회의 고풍스런 본당으로 들어가, 성직자들이 이 행사에 입회하기로 되어 있는 기묘한 격자(格子)로 된 좌석 가까이 가서, 담당 사제가 문을 열어 주어 마침내 고해 사제와 좁은 장소에서 마주앉게 되었을 때, 그리고 그가 코먹은 답답한 목소리로 나를 환영했을 때, 나의 정신과 감정의 빛은 별안간 사라져 버리고, 그토록 잘 기억했던 참회의 말이 내 입에서 나오려 하지 않았다. 나는 당황해서 손에 들고 있던 책을 펴고, 닥치는 대로 짧은 정해진 문구를 읽었다. 그것은 누구나 태연하게 입 밖으로 낼 수 있는 흔한 문구였다. 나는 사면을 받자 아무런 감동도 없이 그 자리를 떠났다. 다음 날 양친과 함께 '주의 식탁'에 앉았는데, 그때부터 2~3일간은 이와 같은 신성한 행사 뒤에 알맞은 엄숙한 태도를 취하고 있었다.

그러나 그 결과, 나에게도 그 불행한 병이 생겼다. 이것은 우리들의 종교가 여러 가지 교리에 의하여 복잡해지고, 몇 가지 해석이 허용되는 성서의 문구에 기초를 두고 있기 때문에, 회의적(懷疑的)인 인간을 습격하여 우울증적인 상태에 빠지게 하여, 이것이 심해지면 고정 관념이 되어 버리는 것이다. 사고방식이나 생활 방법이 매우 이지적이면서도, 성령에 대한 죄의 관념이나 그와 같은 죄를 범했다는 불안에서 빠져나오지 못하는 몇몇 사람들을 나는 알고 있었다. 이와 똑같은 병이 성찬 문제로 나를 위협했다.

즉 그러한 자격 없이 성찬을 받는 자는, 그로 인해서 스스로 심판을 받는다는 성서의 말씀[80]이 이미 어려서부터 무서운 인상을 내게 주었던 것이다. 내가 중세의 역사에서 읽은 여러 가지 신의 심판, 즉 달군 쇠꼬챙이, 타오르는 화염, 끓어 넘쳐흐르는 물 등의 무서운 이야기뿐만 아니라, 성서가 우리들에게 이야기하는 저 샘, 죄 없는 자에게는 약이 되지만 죄가 있는 자가 마시면 배가 터진다는 이야기 등, 이 모든 것이 나의 상상 속에 떠오르고, 이들이 한데 모여 극도의 공포감을 나에게 주었다.

한편 허위의 약속, 위선, 위증, 신의 모독 등 모든 것이, 가장 신성한 이 행사에서 자격 없는 자에게 무거운 짐이 될 것이라는 생각이 들었다. 누구나 스스로 자격이 있다고 공언할 수는 없는 것이며, 또 죄의 사면이 모든 것을 해결하는 것으로 되어 있어도 그것은 여러 가지 방식으로 제약이 되어 있어, 자유롭게 그것을 손에 넣을 수가 없었던 만큼 더욱 무서운 것으로 생각되었다.

나도 그런 식으로, 이 어두운 의혹으로 인하여 고통을 받았다. 이렇게 하면 충분하다고 하여 이야기해 준 방책은 매우 빈약하고 무력하게 여겨졌기 때문에, 저 공포의 환상은 더욱 무서운 양상을 띨 뿐이었다. 그래서 나는 라이프치히에 도착하자마자, 교회와의 관계에서 완전히 벗어나려고 하였다. 그 때문에 겔러트의 훈계는 내 마음을 몹시 압박했다. 그렇지 않아도 그는 우리들의 뻔뻔스런 태도를 피하기 위해 과묵한 태도를 취하고 있었기 때문에, 나는 그러한

---

80) 〈고린도 전서〉 제11장 26~29절.

기이한 질문으로 그를 괴롭히고 싶지 않았다. 하물며 기분이 좋을 때는 이런 질문을 하는 것이 부끄러웠고, 결국 나는 이 기묘한 양심의 불안을 교회와 제단과 더불어 완전히 버리고 말았던 것이다.

겔러트는 자신의 경건한 심정에 따라 하나의 도덕설을 수립하고 있었는데, 그는 그것을 때때로 공개 석상에서 낭독함으로써 공중에 대한 의무를 훌륭하게 수행하고 있었다. 겔러트의 저작은 이미 오랫동안 독일의 도덕적 문화의 기초가 되어 있었기 때문에, 누구나 그의 저작의 출판을 고대하고 있었다. 더욱이 그 출판[81]은 이 선량한 인물이 죽은 후 실현되게 되어 있었기 때문에, 그의 생존시에 그의 강연을 듣는다는 것은 대단한 행운으로 여겨졌다.

그의 강의 시간에는 철학 강당은 청중으로 만원을 이루었고, 아름다운 영혼, 순수한 의지, 우리들의 복지에 대한 이 고귀한 인물의 관심, 훈계, 경고, 소원이 연약하고 슬픈 듯한 어조로 흘러나와 확실히 그 당시에는 감명을 주었다. 그러나 다른 한편으로는 이것을 비웃는 사람도 많이 나타나, 그들의 말을 빌리자면, 사람의 기운을 빠지게 하는 것 같은 이 연약한 태도는 우리들에게 의문을 품게 했기 때문에, 그만큼 이 감명은 오래 계속되지 못했다.

나는 터무니없이 인기가 있었던 이 사람의 행동 원리나 의향을 질문한, 여행 중이던 어느 프랑스인을 기억하고 있다. 우리들이 겔러트에 대해 자세히 이야기하자, 그는 미소를 띠고 고개를 저으며 이렇게 말했다.

"내버려두시오. 그는 우리들을 우롱하고 있습니다."

이렇게 해서 또 무엇인가 권위 있는 것이 가까이 있는 것을 쉽사리 견딜 수 없어 하는 상류 사회가 있어서, 겔러트가 우리들에게 끼쳤을지도 모르는 도덕적 영향이라는 것을 때로는 방해하는 일이 실제로 있었다. 어떤 때 겔러트는, 그에게 특별히 소개된 덴마크 귀족의 자제를 다른 학생보다도 더 잘 가르치고, 그들을 특별히 고려해 준 것 때문에 사람들의 곱지 않은 시선을 받은 일도 있었다. 어떤 때는 이 청년들을 위해서 자기 동생 집에서 오찬을 대접한 것 때문에 이기적이고 편애적이라고 비난을 받기도 했다.

그 동생이라는 사람은 키가 크고 풍채가 좋고 고집이 센 사나이였는데, 무

---

81) 겔러트의 《도덕 강의》는 그가 죽은 뒤 1770년에 책이 나왔다.

뚝뚝하고 약간 조잡한 데가 있었으며, 전에 펜싱 교사였다. 그는 형인 겔러트의 관용적인 거동과는 반대로, 식탁 친구인 이 귀족들을 때때로 엄하고 난폭하게 취급하는 일도 있었다. 그래서 상류 사람들은 이 젊은이들을 자기들이 돌봐야 한다고 생각했다. 그리고 뛰어난 겔러트의 명성에 이것저것 트집을 잡았기 때문에, 우리들도 결국 그 인물에 대해서 의심을 갖지 않으려고 그에 대해서 오히려 무관심한 태도를 취하게 되었고, 더 이상 그 사람 앞에 나타나지 않기로 했다. 그래도 그가 훈련이 잘된 백마를 타고 오면, 우리들은 언제나 지극히 공손하게 인사를 하였다. 그 말은 건강을 위해 필요한 운동을 할 수 있도록 선제후(選帝侯)가 보낸 것이다. 이 특별한 대우도 상류 사회 사람들은 순순히 묵인하려 하지 않았다.

이리하여 모든 권위가 나의 눈앞에서 사라지고, 내가 알고 있는, 또 마음속으로 생각하고 있던 가장 위대하고 뛰어난 개인들에 대해서 의심을 품게 되고 절망까지 느끼게 되는 시기가 차차 가까이 다가오고 있었다.

프리드리히 2세는, 내 머릿속에서는 여전히 금세기의 모든 탁월한 인물들을 능가하는 존재였다. 그렇기 때문에 나는 한때 외할아버지 집에서 그랬던 것처럼, 라이프치히 시민들 앞에서 왕을 칭찬해서는 안 된다는 것이 몹시 이상했다. 물론 시민들은 전쟁의 재난을 뼈저리게 느끼고 있었기 때문에, 전쟁을 시작하고 계속했던 이 사람에 대해서 호감을 갖지 못하는 것은 무리한 일은 아니었다. 그들은 왕을 탁월한 인물이라고는 생각하기는 했지만, 결코 위대한 인물로 인정하려고는 하지 않았다.

시민들 말에 의하면, 거창한 수단을 다해서 얼마 안 되는 업적을 올린다는 것은 대단한 일은 아니었다. 국토나 재산이나 인명을 아끼지 않는다면 누구나 자기 의도를 실행할 수 있는 것이다. 프리드리히왕은, 그가 세운 어느 계획을 보아도 결코 그의 위대함을 실제로 증명한 일이 없었다. 그가 주도권을 쥐고 있는 한 그는 언제나 과실을 범하고 있었다. 이 과실을 보상하지 않을 수 없는 단계에 이르렀을 때 비로소 비범한 일이 나타난 데에 지나지 않았다. 그가 위대한 명성을 얻게 된 것은, 사람이라면 누구나 자신이 범하는 과실을 교묘히 보상하는 재능을 가지고 싶어했기 때문이다.

7년 전쟁을 자세히 검토해 보면 된다. 그러면 왕이 우수한 군대를 쓸모없이 희생시키면서, 이 해로운 전쟁을 이렇게도 오래 끌었던 것은 그의 책임이라는 것을 알 수 있을 것이다. 참으로 위대한 인물이고 장군이었다면 훨씬 빨리 적을 격퇴했을 것이다. 라이프치히의 시민들은 이상과 같은 의견을 주장하기 위해서 수많은 사실을 들어 보였다. 나는 그것을 부정할 수가 없었기 때문에, 어려서부터 이 비범한 군주에게 바쳐온 절대적인 숭배도 차차 식어 가는 것을 느꼈다.

그런데 라이프치히의 시민이, 위인을 숭배하는 기분 좋은 감정을 나에게서 빼앗아 간 것처럼, 그 무렵에 사귄 새로운 친구가 현재의 시민에 대해서 내가 품고 있던 존경심을 몹시 약화시키고 말았다. 이 친구는 세상에 둘도 없는 기인의 한 사람으로 이름은 베리쉬[82]이며, 린데나우 백작 아들의 가정 교사로 있었다. 그의 풍채는 몹시 이채로웠다. 나이는 30세를 훨씬 넘었고, 마르기는 했으나 체격이 좋은 남자였으며, 큰 코에 대체로 특징 있는 얼굴이었다.

일종의 탈이라고 불러도 좋을 가발을 아침부터 저녁까지 쓰고, 매우 말쑥한 복장을 했고, 외출할 때에는 언제나 칼을 차고 모자를 옆구리에 끼고 있었다. 그는 시간을 허비한다기보다 재미있게 보내기 위해서, 아무것도 아닌 일에서 무엇인가를 만들어 내는 특별한 재능을 가진 사람의 하나였다. 그는 무슨 일을 하든 간에 느긋한 태도였고 그 어떤 위엄까지도 갖추고 있었는데, 만약에 그의 태도에 본래부터 갖추어진 어딘가 자랑하는 기색이 없었다면, 그 위엄은 뽐내는 것이라는 말을 들어도 할 수 없는 일이었다.

그는 나이 먹은 프랑스인을 닮았고, 실제로 프랑스어에 매우 능숙했다. 그의 최대의 기쁨은 우스운 일을 진지하게 다루고 어리석은 생각을 한없이 뒤쫓는 것이었다. 그는 늘 회색 옷을 입고 있었다. 그런데 그 옷은 여러 부분이 갖가지 색의 천으로 되어 있어서 진하고 연한 색깔의 차이가 있었으므로, 그는 어떻게 하면 자기 의복에 더 많은 회색의 효과를 낼 수 있을까 하고 여러 날 동안 생각했다. 그에 대해 이런저런 말을 하던 우리들이 무안해질 정도로 결과가 좋으면 그는 몹시 기뻐했다. 그럴 때에는 그는 우리가 독창력이 모자라고 자기의 재능을 믿어주지 않는다고 장황한 설교를 하였다.

---

82) 에른스트 볼프강(1738~1809).

여하간 그는 학식이 풍부했고, 특히 근대어와 문학에 정통했으며 필체도 훌륭했다. 그는 내게 호감을 가졌다. 그리고 나는 연장자와 교제하는 습관이 있었고, 또 그러기를 좋아했기 때문에 금방 그에게 빠져들었다. 나는 나의 안절부절못하는 성급한 성격으로 그를 괴롭혔으나, 그는 이 성격을 고쳐주는 데에 만족을 느꼈기 때문에 나와의 교제가 그에게는 특별한 즐거움이 되었다. 문학 방면에서도 그는 이른바 취미라는 것을 가지고 있었는데, 좋은 것과 나쁜 것, 평범한 것과 읽을 만한 것에 관해서 일반적인 판단을 내릴 수가 있었다. 그러나 그의 판단은 비난으로 쏠리기 쉬워서, 내가 같은 시대의 작가에 대해서 품고 있던 얼마 안 되는 신뢰의 마음도, 그가 논문이나 창작에 대해서 이것저것 기분대로 떠들어 대는 혹평에 의해서 모두 무너지고 말았다.

내 작품은 관대히 봐주었으나 다만 인쇄에 넘겨서는 안 된다는 조건에서만 나의 뜻을 관철하게 해 주었다. 그 대신에 그는 좋다고 생각하는 나의 작품을 손수 정서(淨書)해서 아름답게 제본[83]하여 나에게 보내 주겠다고 약속하였다. 이 계획은 그에게 많은 시간과 노력을 들여야 하는 일거리를 주었다. 왜냐하면, 알맞은 종이를 구해서 판형을 생각하고, 종이의 가장자리 폭과 글자 모양을 정하고, 까마귀 깃털을 구해서 끝을 잘라 펜을 만들고, 먹을 갈 때까지 여러 주일이 지나갔기 때문이다. 그는 정서를 시작할 때마다 언제나 이와 같은 수고를 거듭했다. 이리하여 그는 더없이 아담스러운 사본을 만들어 냈다. 시의 제목을 고딕 문자로 쓰고, 시구는 꼿꼿한 작센 필체의 문자로 썼다. 각 시편 끝에는 어디서 뽑아 냈는지, 혹은 자기가 생각해 냈는지, 그 시에 적합한 컷이 그려져 있었다. 그는 이런 경우에 사용하는 목판이나 컷의 선을 매우 아름답게 모방하는 솜씨가 있었다.

그는 정서를 진행하면서 이런 것들을 나에게 보이기도 하고, 또 이와 같이 훌륭한 필적으로, 더구나 인쇄기로는 도저히 따라오지도 못하는 방법으로 너의 작품이 영원히 전해지는 것을 볼 수 있다는 것은 얼마나 행복한 일이냐고, 농담이 반은 섞인, 그러나 감동적인 태도로 축복하기도 했는데, 이것이 하나의 계기가 되어 재미있는 시간을 보낼 수가 있었다. 또 그 사람과의 교제는 그가

---

83) 가요집 《아네테》는 아마도 1767년경에 완성. 괴테는 이 사본이 없어졌다고 생각했으나 1894년에 발견되었다.

지닌 풍부한 지식으로 인해서, 나도 모르는 사이에 나에게 유익한 영향을 주었다. 게다가 그는 나의 침착성 없는 과격한 성격을 진정시켜 줄 수가 있었기 때문에 도덕적인 면에서도 나에게 유익했다. 그는 모든 조잡한 것에 대해서 반감을 가지고 있었다. 그가 하는 농담은 아주 기발한 것이었지만, 한 번도 비속하고 야비한 것으로 타락하는 일이 없었다. 그는 자기 나라 사람에 대해서 묘한 반감을 나타내어, 그들이 무슨 일을 하든 놀리는 필치로 이를 묘사했다.

특히 그는 개개인의 모습을 괴상하게 묘사하는 데에는 끝을 알 수 없는 재능을 가지고 있어서, 예를 들어 그 어떤 사람의 외모에도 무엇인가 트집을 잡을 수가 있었다. 그래서 우리들이 창가에 모여 있을 때, 그는 통행인들에 대한 비판을 몇 시간 동안이고 계속할 수가 있었다. 그리고 그들의 욕을 하다가 지치면, 그들이 정상적인 인간으로서 대체 어떠한 복장을 해야 하는가, 어떻게 걸어야 하는가, 어떠한 태도를 해야 하는가 등을 상세하게 지적하는 것이었다. 이러한 제안은 대개 부적당하고 무미건조한 것이 되기 십상이었으므로, 우리들은 그 사람의 현재의 모습을 보고 웃기보다는, 베리쉬가 말한 묘한 모습을 상상하고 웃었던 것이다.

이와 같은 모든 일을 그는 악의는 조금도 없었지만 가책 없이 실행하였다. 그 대신 우리들은 그의 외모가 프랑스의 무도 선생까지는 못 되더라도, 최소한 대학의 어학 선생으로는 보인다고 단언하여 그를 괴롭히는 수를 알고 있었다. 이와 같은 비난은 언제나 여러 시간에 걸치는 토론을 야기시키는 신호 같은 것이었다. 이 토론에서 그는 자기와 프랑스 노인 사이에는 천지의 차이가 있다고 말하곤 했다. 동시에 그는 자기 복장의 개량이나 변경에 대해서 우리들이 끄집어낼 만한 졸렬한 제안을 스스로 열거하여 우리들을 압박하는 것이 상례였다.

정서가 점점 아름답고 조심성 있게 되어 가면 갈수록 나는 시작 활동에 더욱 열을 올렸는데, 그 경향은 차차 자연적인 것, 진실한 것으로 향하게 되었다. 그리고 제재는 반드시 중요한 것들만 있는 것은 아니었지만, 나는 언제나 그것들을 순수하고 예리하게 표현하려고 노력했다. 친구인 베리쉬가 까마귀 깃털펜과 먹을 써서 네덜란드 종이에 시를 쓰는 것이 얼마나 뜻이 있는 일인가, 또 이를 위해 필요한 시간과 노력과 재능을 무의미한 일이나 쓸데없는 일에 낭비해서는 안 된다는 것에 대하여 몇 번이고 나의 주의를 환기시켜 주었기 때문이다.

이때 그는 완성된 책자를 펴보이고는 이러이러한 곳에는 이런 일은 써서는 안 된다고 상세하게 설명하고, 실제로 그것이 적혀 있지 않으면 운이 좋았다고 말하곤 했다.

그는 인쇄술을 몹시 멸시하여, 식자공 흉내를 내면서 그 동작이나 바쁜 듯이 활자를 고르는 것을 조롱하며, 문학의 모든 불행은 이 인쇄 작업에 원인이 있다고 말했다. 이와는 반대로 그는 손수 글을 쓰는 사람의 품위와 고상한 태도를 칭찬하고, 곧바로 그 예를 보이기 위해서 자리에 앉는 것이었다. 그때 우리들이 그의 모범을 본받아 탁자에 앉아 자기와 같은 일에 열중하지 않으면 우리를 호되게 야단쳤다. 이번에는 다시 식자공의 태도로 되돌아가서 쓰고 있던 편지를 거꾸로 보이면서, 예를 들어 위에서 아래로, 또는 오른쪽에서 왼쪽으로 쓰는 것이 얼마나 보기 싫은가 하는 것 등을 여러 가지로 우리들에게 보여 주었는데, 그의 말은 여러 권의 책자가 될 정도였다.

우리는 이러한 쓸데없고 어리석은 일로 시간을 낭비했는데, 우리 친구들 가운데서 우연히 어떤 사건이 일어나 세상을 놀라게 하였고, 우리들 자신도 별로 달갑지 않은 평판을 받게 되리라고는 생각지도 못했다.

겔러트는 자기의 연습에 대해서 그리 흥미를 느끼지 않았던 모양이었다. 그가 산문이나 시의 양식에 대해서 다소의 지도를 해 주고 싶었을 때에는, 언제나 특별 강의로서 극히 소수의 사람들에게만 가르쳐 주었고 우리들은 그 사이에 끼지 못했다. 그래서 정규 수업에 생긴 구멍은 크로디우스[84] 교수에게서 보충하려고 생각했다. 그는 문학과 비평과 시 방면에서 어느 정도 명성을 날리고 있었고, 또 젊고 쾌활하고 남의 일을 잘 봐주는 사람으로서 대학이나 주변에도 많은 친구들이 있었다. 그가 이번에 담당한 강의를 들으라고 권한 것은 겔러트 자신이었으나, 중요한 점에 있어서는 이 두 사람 사이에 그다지 차이가 없었다.

크로디우스도 또한 개별적인 점만을 비판하여 역시 붉은 잉크로 정정해 주었기 때문에 우리들은 잘못된 곳이 많다는 것은 알았으나, 어디서 올바른 것을 찾아야 하는지 전혀 가늠을 잡을 수가 없었다. 나는 그에게 소품 몇 작품

---

84) 크리스티앙 아우구스트(1738~84). 1760년 젊은 나이에 라이프치히대학 조교수, 1764년 정교수. 시인.《메돈, 또는 현자의 복수(1767)》.

을 가지고 갔는데, 그것을 그는 나쁘게 평하지는 않았다.

그러나 마침 그 무렵 집에서 편지가 왔는데, 외삼촌 결혼식[85]을 위해 꼭 시 한 편을 보내달라는 내용이었다. 전 같으면 기쁜 마음으로 했을 것이지만, 그 가볍고 경솔한 시절로부터 이제 멀리 떨어져 있다는 것을 나는 느꼈다. 게다가 실제 상황에 대해서는 아무것도 몰랐기 때문에, 외부 장식으로 내 작품을 훌륭하게 꾸미려고 생각했다. 그래서 나는 올림포스의 신들이 모두 모여 프랑크푸르트 법률가의 결혼에 대해서 의논하고 결정한다는 내용을 구상하였다. 더욱이 이 같은 명사의 축연에 어울리도록 어디까지나 진지하게 다루었다. 베누스와 테미스[86] 사이에 이 결혼 문제로 불화가 생겼는데, 아모르가 테미스에게 한 장난으로 베누스가 승리를 거두어, 신들은 이 결혼에 찬성하는 결정을 내린다는 줄거리였다.

이 작품은 내 마음에 들지 않은 것은 결코 아니었다. 집에서 이 작품이 매우 훌륭하다는 칭찬의 편지를 보냈기 때문에 나는 애를 써서 훌륭한 사본을 만들어, 나의 선생으로부터도 칭찬을 받으려 했다. 그러나 이번에는 전혀 기대에 어긋났다. 그는 이 문제를 엄격하게 다루어, 내 시상(詩想) 속에 있는 희극 작품인 점을 전혀 무시하고, 이와 같은 사소한 인간 세계의 목적을 위하여 신들의 세계를 재료로 거창하게 사용하는 것은 되어먹지 않은 일이라고 말했다. 그는 또 이와 같은 신화적 인물을 이용하고 남용하는 것은 현학적 시대에서 유래된 잘못된 습관이라고 비난하면서, 이 시의 표현은 때로는 너무 숭고하고 또 어느 부분은 너무나 비속하다고 하며 붉은 잉크로 정정한 것은 물론, 그래도 아직 수정이 충분치 않다고 단언했다.

이런 작품은 원래가 익명(匿名)인 채로 낭독되어 비평을 받았고 모두가 서로 조심했지만, 불운으로 끝난 이 신들의 모임이 나의 작품이었다는 것은 숨길 수가 없었다. 그러나 크로디우스 교수의 비평은 내가 그의 입장에 서면 매우 정당한 것으로 여겨졌으며, 저 신들도 자세히 검토해 보면 물론 무의미한 환상에 지나지 않았기 때문에, 나는 모든 올림포스의 신들을 저주하고, 그 이후부터

---

85) 제10장 참조. 괴테 어머니의 동생 요한 요스트 텍스토르를 말한다. 1766년경에 결혼식을 올렸다.
86) 그리스 신화 중의 정의의 여신.

어쩌다가 나의 시에 신들이 등장한다 해도 그것은 아모르와 루나[87]에 한정되었다.

베리쉬가 재치 있는 농담의 표적으로 고른 인물 중에 크로디우스는 바로 맨 앞에 놓여 있었다. 사실 그에게서 괴상한 면을 찾아내는 것은 그리 어려운 일은 아니었다. 키가 작고 약간 강하게 보이는 민첩한 모습의 그는 동작이 과격했고, 말은 경솔하고 태도가 침착하지 못했다. 이같은 모든 특색으로 그는 그 지방 사람들과 달랐으나, 성격은 선량했고 앞날이 촉망되었기 때문에 사람들은 그를 매우 좋아했다.

축제 때에 필요한 시는 보통 이 크로디우스에게 위탁되었다. 그는 송시에서 람러가 사용한 양식, 람러에게만 어울리는 양식을 따랐다. 그러나 크로디우스는 모방자로서, 람러의 시에 장엄한 장식을 주는 외국어를 특히 잘 기억하고 있었다. 그것은 람러의 제재의 위대함이나 취급 방법에 어울렸기 때문에, 귀에도 감정에도 상상에도 매우 좋은 효과를 주는 것이었다. 그런데 크로디우스의 경우에는 이와 반대로, 그의 시는 어딘가 이상한 느낌을 주었다. 이것은 그의 시가 정신의 고양(高揚)에 어울리지 않았기 때문이다.

그런데 이러한 시가 때때로 아름답게 인쇄되어 대단한 칭찬을 받는 것이었다. 우리들이 이교(異敎)의 신들을 이용하는 것을 방해했던 그가, 이제는 그리스어와 라틴어의 계단에서 파르나스로 올라가는 다른 사닥다리를 조립하려는 것을 보니 몹시 신경에 거슬렸다. 몇 번이고 반복되는 어구는 우리들 기억 속에 깊이 새겨졌다. 그래서 우리들이 코르게르텐[88]에서 맛있는 과자를 먹고 있던 즐거운 때에, 별안간 나는 그 힘찬 어구를 모아서 과자점의 헨델에게 보내는 한 편의 시를 지어 보려는 생각이 떠오르자마자 곧 실행에 옮겼다. 여기에 그 집 벽에 연필로 써 놓은 대로 적어 보기로 한다.

오, 헨델이여, 명성(名聲)이 남에서 북으로 이르는 자여
그대 귀에 들리는 찬가(讚歌)를 들어라!

---

87) 로마 신화 중의 달의 여신.
88) 라이프치히 근교의 로이니츠에 있으며, 여기서 빵·과자점 주인 헨델이 정원 레스토랑을 경영하고 있었다.

그대가 굽는 것은 갈리아인, 브리튼인이 갈망하는 것
독특한 명과(名菓)를 독특한 천재로 굽는다.
그대 앞에 따르는 것은 커피의 바다
히메투스[89]로부터 흘러나오는 수액(樹液)보다도 달다.
그대의 집은 우리들이 예술에 보답하는 길을 나타내는 기념비
전리품을 주위에 걸고 제국 국민들에게 고한다.
왕관을 쓰지 않아도 헨델은 여기에서 행복을 발견하고
비극 배우로부터 모두 8그로센화(貨)를 빼앗는다고.
장차 어느 날, 그대의 관이 장엄한 장식에 빛날 때
그때 애국자는 그대 묘 옆에서 눈물을 흘리리.
그러나 살거라! 그대의 침대가 고귀한 일족의 보금자리가 되어다오.
올림포스처럼 높고 파르나스처럼 견고히 서라.
로마의 활을 갖춘 희랍의 방진(方陣)도,
게르마니아와 헨델을 침략하지 못하리!
그대의 행복은 우리의 자랑, 그대의 고뇌는 우리의 고뇌
그리고 헨델의 성당은 뮤즈의 아들들의 심장이다.

이 시는 그 방의 벽을 더럽히고 있던 많은 다른 시들 속에서 오랫동안 눈에 띄지 않은 채로 있었다. 우리들은 그것을 읽고 마음껏 즐겼으나, 다른 일에 섞여 아주 잊어버리고 말았다. 얼마 후에 크로디우스는 자기의 작품 《메돈》을 내놓았다. 이 작품의 초연은 크게 갈채를 받았으나, 그 속에 나오는 지혜와 관용과 도덕 등은 우리들에게 우스꽝스러운 것으로 여겨졌다.

그날 밤 바로, 늘 가는 주막에 모였을 때, 나는 크니텔 시격(詩格)으로 한 편의 서곡을 지었다. 거기에는 두 개의 큰 자루를 가진 익살쟁이가 등장하여, 그 자루를 무대 정면 양쪽에 놓고, 이것저것 전주곡조로 농담을 늘어놓은 후 다음과 같이 관객들에게 털어놓는다.

"이 두 자루 속에는 도덕과 미의 모래가 들어 있다. 배우들이 때때로 그것을

---

89) 아테네 부근의 산으로 벌꿀 산지.

관객의 눈에 뿌릴 것이다. 한쪽 자루에는 비용이 들지 않는 자선이 가득 차 있고, 또 하나의 자루에는 훌륭한 말로 표현되어 있으나 그 속에는 아무런 뜻이 없는 생각이 가득 차 있다."

이렇게 말하고 나서 그는 마지못해 퇴장하지만 두서너 번 다시 나타나서 자기 경고에 주의하여 눈을 감도록 진지하게 타이른다. 그리고 그는 언제나 관중 편이며 관중에 호의를 갖고 있다는 등, 관객들에게 여러 가지 것을 환기시킨다.

이 서곡은 즉석에서 친구인 호른이 연기를 해 보였는데, 이 장난은 우리들 사이에서만 행해졌을 뿐, 기록도 되지 않았고 원고도 금방 없어지고 말았다. 그런데 익살쟁이 역을 잘 해 보인 호른이, 헨델에게 보낸 내 시에 몇 줄의 시구를 삽입하여 그것을 우선《메돈》과 관련시킬 생각을 한 것이다.

그는 그것을 우리들에게 읽어 주었으나, 보충 부분에 별로 재치라는 것이 없고, 전혀 다른 뜻으로 쓰인 최초의 시가 그 때문에 엉망이 될 것 같아서 우리들은 그것을 조금도 좋아하지 않았다. 우리들의 무관심, 아니 우리들의 비난을 불만스럽게 생각하던 호른은 그것을 다른 사람들에게 보여 주었는데, 그 사람들에게서는 새롭고 재미있는 말을 들은 것 같았다.

이번에는 그것을 몇 장 복사했다. 크로디우스의《메돈》의 평판이 좋았기 때문에, 이 시도 금방 일반에게 널리 퍼졌다. 그 결과 일반의 비난을 자아내어, 그 작가들(이것이 우리들에게서 나온 것이 이내 알려졌다)은 맹렬한 비난을 받았다. 이와 같은 것은 크로네크와 로스트의 고트셰트에 대한 공격[90] 이래 이제껏 한 번도 나타난 적이 없었기 때문이다. 우리들은 그렇지 않아도 전부터 뒤편에 숨어 있었는데, 이제 우리들의 입장은 마치 다른 새를 두려워하는 부엉이와 같았다. 드레스덴에서도 이 사건을 좋게 생각하지 않았던 모양으로, 불쾌하지는 않지만 중대한 결과를 우리들에게 가져왔다.

린데나우 백작은 이미 오래전부터 자기 아들의 가정교사를 탐탁지 않게 여기고 있었다. 베리쉬는 백작 아들을 결코 등한시하지 않았다. 교사들이 매일 수

---

90) 요한 프리드리히 폰 크로네크(1731~58)와 요한 크리스토프 로스트(1717~65)는 1753~54년에 각기 장난기 어린 풍자시 속에서 고트셰트에게 공격을 가했다. 고트셰트는《비판적 문학론 (1730)》이래의 저작으로 유명해졌으나 자신을 너무 과대평가하여 전 문학계를 지배하려고 하였다. 젊은 세대는 이에 반발하여 그들의 풍자시로 화를 털어놓았다.

업할 때에는 젊은 백작 방에 있거나 옆방에 있었고, 강의에는 빠지지 않고 함께 출석했다. 낮에는 그를 꼭 데리고 외출했고, 산보에도 언제나 그를 데리고 다녔다. 하지만 우리들 다른 사람들은 언제나 아펠 집에 모여서, 산보 때에는 이 두 사람과 함께 갔기 때문에 그것만으로도 이목을 끌었다.

베리쉬는 차차 우리들과 친해졌고, 마침내는 밤 아홉 시 무렵이 되면 제자를 가까운 사람에게 맡기고 우리들 주막으로 찾아왔다. 그는 으레 단화에 긴 양말을 신고 허리에 칼을 차고 모자를 옆구리에 끼고 있었다. 그가 보통 하는 농담이나 장난은 끝이 없었다. 예를 들면, 우리들의 친구 하나는 정각 10시에 외출하는 습관이 있었다. 어느 예쁜 아가씨와 사이가 좋아서 그 아가씨와는 이 시각이 아니면 만날 수가 없었기 때문이었다.

우리는 이 사나이를 놓치고 싶지 않았다. 그래서 베리쉬는 어느 날 저녁, 우리들이 매우 유쾌한 시간을 가졌을 때, 오늘 저녁만은 그를 내보내지 않겠다는 계획을 남몰래 세웠다. 10시가 되자마자 그 친구는 일어나 작별 인사를 했다. 베리쉬가 그를 불러 세우고, 함께 나갈 테니 잠깐 기다려 달라고 청했다. 그리고 그는 매우 애교 있는 거동으로 우선 단검을 찾기 시작했다. 그러고는 칼을 찰 때, 일부러 몹시 서투른 듯이 했기 때문에 도무지 허리에 찰 수가 없었다. 그는 그것을 처음에는 매우 자연스럽게 했기 때문에 아무도 의심하는 사람이 없었다. 그러나 그가 신이 나서 분위기를 조성하기 위해 칼을 오른쪽 허리로 가져갔다가 혹은 두 다리 사이에 걸었다 했을 때, 일동은 알아차리고 웃음을 터뜨렸다. 출발을 서두르던 친구도 마찬가지로 쾌활한 사람이어서 서로 웃으며 베리쉬가 하는 대로 내버려 두었다. 마침내 애인과 만날 시간도 지나 버리고, 그때부터 함께 즐기고 유쾌한 이야기를 나누며 밤이 깊어가는 줄도 몰랐다.

베리쉬의 소개로 우리들은 두서너 명의 소녀들을 알게 되었는데, 불행하게도 우리는 그녀들에게 일종의 서로 다른 애정을 품게 되었다. 이 소녀들은 소문만큼 나쁜 여자들은 아니었다. 그러나 그 때문에 우리들의 평판이 좋아질 리가 없었다. 우리들은 때때로 그 여자들 집 정원에 있는 것을 들켰고, 또 젊은 백작과 함께 있을 때에도 그쪽으로 산보를 했다. 이런 일이 쌓이고 쌓여서 드디어 아버지 백작의 귀에 들어간 모양이었다. 백작은 온건한 방법으로 가정교사를 해고하려고 하였으나, 그것이 오히려 베리쉬에게 좋은 결과가 되었다. 그의 훌륭한 풍채, 그 학식과 재능, 누구나 흠 잡을 데가 없는 그의 성실성으로 일류 인사들의 사랑과 존경을 얻고 있었기 때문에, 그 사람들의 추천에 의해서 그는 데사우 공작의 세습 교육자로서 초빙되어, 모든 점에서 훌륭한 이 왕후의 궁정에서 안정된 행복을 발견한 것이다.

베리쉬 같은 친구를 잃는다는 것은 나에게 중대한 영향을 주었다. 그는 나를 교육시키면서 다른 한편으로는 나를 나쁘게 만들어 버린 것이다. 그가 나에게 해 주면 좋겠다고 생각했던 교육이 다소라도 사교계에 효과를 가져오기 위해서는 그가 그 자리에 있어야 했다. 그는 시기적절한 모든 종류의 예법을 가르쳐 나의 사교적 재능을 끌어낼 수가 있었던 것이다. 그러나 나는 이런 일에는 자주성이 결여되어 있었기 때문에, 혼자가 되자 이내 나의 완고한 성격으로 되돌아갔다.

이 성격은 내 주위에 있는 사람들이 나에 대해서 만족하지 않고 있다고 넘겨짚었고, 나도 주위 사람들에 대해서 불만을 느끼게 되어, 이렇게 되면 될수록 이러한 태도는 더욱 심해졌다. 멋대로 생각하는 변덕으로 나에게 이익이 되는 일도 나쁘게 생각하고, 그 때문에 이제까지 깊게 교제하고 있었던 사람들까지도 멀리하기도 했으며, 또 무슨 일을 해도 지나치거나 미치지 못하여 나나 남에게 여러 가지 까다로운 일들을 야기시켰다. 그럴 때, 호의적인 사람들로부터 나는 경험이 모자라다는 말을 듣지 않으면 안 되었다. 또 좋은 뜻을 가지고 내 작품을 보아준 사람들은 누구나 이와 똑같은 말을 했다. 그 작품이 바깥 세상과 관련을 가졌을 때는 특히 그러했다. 나는 세상을 될 수 있는 대로 잘 관찰했으나, 거기서 배울 수 있는 것을 찾아내지 못했다. 세상을 어떻게든 견딜 수 있는 것이라고 생각하기 위해서는, 여전히 내 쪽에서 많은 것을 보태어 생각하지 않으면 안 되었다.

나는 친구인 베리쉬에게 경험이란 무엇인가를 명백히 말해 달라고 졸랐다. 그러나 그는 우행(愚行)에만 정신이 팔려 하루 이틀 미루고 있다가, 마침내 여러 가지 전제를 늘어놓고 나서 말했다.

"참다운 경험이란, 원래 경험 있는 자가 어떻게 해서 그 경험을 경험하면서 경험하지 않으면 안 되는가를 남이 경험하는 경우를 말한다."

그래서 우리들은 이것에 대해서 그의 의견은 전혀 모른 체하고 그의 설명을 요구했다. 그런데도 그는 "이 말 속에는 큰 비밀이 담겨 있는데, 그것은 우리들이 실제로 경험을 했을 때 비로소 이해할 것이다"라고 단언하면서, 여전히 기염을 토했다.

이런 식으로 15분간 이야기를 계속하는 것쯤은 그에게는 아무것도 아니었다. 그는 계속해서, 그래야만 경험이 더욱 경험적인 것이 되고, 마침내 참된 경험이 된다고 말했다. 이와 같은 농담에 우리가 절망할 것 같은 눈치가 보이면, 그는 자기의 의견을 명백하고 인상 깊게 만드는 방법을 근대의 가장 위대한 작가에게서 배웠다고 하면서, "이 사람들은 어떻게 해서 안정된 안정에 안정할 수 있는가, 어떻게 해서 적막이 적막 속에서 더욱 적막해질 수 있는가" 하는 것을 주목하게 했다고 했다.

그 무렵, 우연히 휴가를 얻어 우리 동아리에 끼어 있던 한 장교는, 특히 사려 깊고 경험이 풍부하다고 상류 사회에서 칭찬을 받고 있었다. 그는 7년 전쟁에 종군하여 세상 사람들의 신뢰를 받고 있었다. 그와 친해진다는 것은 나에게는 어려운 일이 아니었다. 우리들은 자주 함께 산보했다. 경험이란 무엇인가 하는 것이 내 머릿속에서 떠나지 않아, 그것을 명백히 하고 싶은 욕구가 나날이 더해 갔다. 나는 본래 개방적인 성격이었으므로 불안한 나의 심경을 그에게 털어놓았다.

그는 미소를 띠고 친절히 내 질문에 대답하며, 자기의 생애, 주위의 여러 가지 일에 관해서 이야기해 주었는데, 거기에서 명백해진 것은, "결국 우리들의 최상의 사상이나 소원이나 계획은 도저히 달성할 수 없다는 것을 경험으로써 우리들은 확신할 수가 있다, 그리고 이러한 망상을 가슴에 품고, 그것을 자주 떠들어 대는 사람은 특히 경험이 없는 사람으로 여겨지기가 쉽다"고 하는 정도의 것이었다.

그러나 그는 정직하고 훌륭한 인물이었기 때문에, 그 자신도 아직 이런 망상을 완전히 버리지 못하고, 그에게 남겨진 얼마 안 되는 신앙과 사랑과 희망에 의지해서 어떻게든 해 나가고 있다고 말했다. 그러고 나서 그는 전쟁 이야기를 하면서, 군대 생활과 작은 충돌, 전투 같은 것에 대해서, 특히 그가 겪었던 것들을 이것저것 나에게 이야기했다. 이같이 이상한 사건이, 한 개인에게 관계되자 실로 신기한 양상을 띠는 것이었다.

나는 그를 설득해서 마치 옛날이야기 같은, 최근까지 계속되던 궁정의 여러 사정 이야기를 들었다. 나는 프리드리히 아우구스트 2세의 강인한 체력, 그의 많은 자식들과 왕의 상상을 초월한 사치에 대해서, 그리고 그의 후계자의 미술 애호와 수집 취미, 부뤼르[91] 백작과 이 왕의 악취미라고밖에 생각할 수 없는 끝없는 호화 이야기, 프리드리히 대왕의 작센 침입으로 근절된 수많은 축하연과 호화롭게 놀고 즐기는 행사의 이야기도 들었다. 지금은 왕궁도 파괴되고, 부뤼르의 영화도 일장춘몽이 되어, 남아 있는 것이라고는 몹시 황폐해진 아름다웠던 작센의 국토뿐이었다.

내가 그와 같은 행복의 무의미한 향락에 놀라고 그 불행한 결말을 슬퍼하는 것을 본 그는 경험 있는 사람에게 요구되는 것은, 행복이든 불행이든 어느 것에도 놀라지 않고 또 그런 것에는 그리 깊은 관심을 가져서는 안 된다는 것이라고 나에게 설명하였다.

그때 나는 이제까지의 무경험 상태 속에 좀더 머물러 있고 싶은 욕망을 느꼈다. 그도 그런 점에서 내 기분을 강력하게 지지하면서, 당분간은 항상 유쾌한 경험에만 집착하고, 만약에 불쾌한 경험이 닥쳐오면 될 수 있는 대로 그것을 피하는 것이 좋을 것이라고 열심히 나에게 권고했다. 그런데 어느 날, 화제가 일반적인 경험에 언급되었을 때, 내가 친구 베리쉬의 궤변을 말했더니 그는 웃으며 고개를 젓고 말았다.

"일단 입에서 나온 말이 어떤 것인가 그것으로도 알 수 있을 것입니다. 그 말은 농을 하는 것 같은, 아니 어리석게 들려서 여기에 합리적인 뜻을 붙이기는 불가능할 것 같지만 어떻게 해 볼 수 없는 것은 아닐 겁니다."

여기서 내가 다시 간청하자, 그는 총명하고 밝은 어조로 이렇게 대답했다.

"실례를 무릅쓰고 당신 친구의 어조를 빌려 그 말을 주석하고 보충해 보면, 그 사람이 한 말의 뜻은 이것일 겁니다. '경험이란, 경험하고 싶지 않은 것을 경험하는 것' 바로 그것입니다. 적어도 이 세상에서는 대개 그렇게 되기 쉬운 것이니까요."

---

91) 하인리히 부뤼르(1700~63). 작센 선제후 아우구스트 2세의 대신(大臣). 그의 방만한 재정 정책에 의해 작센을 불행으로 빠뜨렸으나, 한편 그의 힘에 의해 드레스덴의 미술 수집이나 오페라의 융성으로 세계적 명성을 얻었다.

# 제8장
# 병마로 인한 귀향


베리쉬와는 어느 모로 보아도 현격한 차이가 있었으나, 그래도 어떤 의미에 있어서 그와 비교할만한 인물이 있었다. 내가 말하는 사람은 외저[1]인데, 그는 명랑하게 일하면서 인생을 꿈같이 보내는 사람들 중의 하나였다. 그의 친구들도 은연중에 인정하고 있는 일이지만, 그는 훌륭한 소질이 있었는데도 불구하고 어렸을 때 충분한 노력을 하지 않았기 때문에, 예술상의 실제 작품을 완전한 기술로 마무리할 단계에는 이르지 못했다. 그러나 그를 아는 사람들은 그가 어느 정도의 정진은 만년을 위해 남겨둔 것으로 여겼다. 나는 여러 해 동안 그를 알고 지냈는데, 그동안 그에게 독창력이나 노력에 있어서 부족한 점이 없었다.

나는 외저를 맨 처음 보았을 때부터 그에게 몹시 끌렸다. 색다른 취향이 있는 그의 주택부터가 나에게는 매우 매력적이었다. 프라이센부르크의 옛 성[2]의 오른편 모퉁이에 개조된 밝은 나선 계단을 올라가면, 왼편에 그가 교장으로 있던 미술학교와 밝고 널찍한 교실이 여러 개 보였다. 그에게로 가려면 우선 좁고 어두운 복도 아래를 빠져나가야 하고, 그 복도 끝에 서면 마침내 그의 방 입구가 나온다. 그의 거실들과 널따란 곡물 창고는 복도 양쪽에 늘어서 있었다.

첫 번째 거실은 후기 이탈리아파의 그림들로 장식되어 있었고, 그는 이 대가들의 우아함을 늘 칭찬하고 있었다. 나는 몇 사람의 귀족들과 함께 그에게서 개인 교습을 받고 있었기 때문에, 그 방에서 그림을 그려도 좋다는 허락을 받고 있었다. 때로는 옆에 있는 그의 방에도 들어갔는데, 거기에는 약간의 서적과 미술품과 참고가 될 만한 수집품, 기타 가장 흥미를 끌었던 것으로 여겨지

---

1) 제7장 참조. 빙켈만의 숭배자. 1764년부터 라이프치히 미술학교 교장.
2) 16세기에 건설, 1898년에 파괴되었다.

는 물품들이 있었다. 모든 것이 풍성한 취미를 나타내고 있었고, 좁은 방에 많은 물건들을 들여놓을 수 있도록 정돈되어 있었다. 가구, 찬장, 서류함들도 쓸데없는 장식이나 과장 없이 고상했다. 그가 우리들에게 늘 강조하고 반복해서 했던 말은, 예술과 수공업이 협력해서 만들어 내야 할 모든 물건을 단순하게 보라는 것이었다. 그는 소용돌이 무늬나 조개 무늬 등 모든 바로크 취향을 공공연한 적으로 여겼다. 동판이든 그림이든, 그러한 양식으로 만들어진 낡은 견본을 우리들에게 보이고는, 가구나 그 밖의 훌륭하면서도 단순한 형식과 대비시켰다. 그의 주위에 있는 모든 물건들이 이 원칙과 일치했기 때문에, 그의 말과 이론은 우리들에게 변함없이 좋은 인상을 주었다. 게다가 그는 자기 의견을 기회를 보아 실제로 우리들에게 보여주었다.

그는 민간이나 관리들에게서 존경을 받았는데, 신축이나 개축을 할 때 많은 조언을 해주었기 때문이다. 원래 그는 그것만으로 독립된 가치를 가지고 있었는데, 더욱 완전한 것으로 마무리할 필요가 있는 무언가를 기획하고 실행하는 것보다는, 어떤 목적이나 용도를 위해서 무엇인가를 기회 있을 때마다 제작하는 것을 더 좋아하는 것 같았다. 그래서 그는 서적상이 어떤 작품을 위해서 크고 작은 동판을 요구할 때에는 항상 자진해서 그것에 응했고 도움을 주었다. 예를 들면, 빙켈만의 초기 작품의 부식 동판화도 그가 만든 것이다.

그러나 그는 곧잘 스케치풍의 그림만 그렸는데, 이러한 그림에는 동판사(銅版師)인 가이저[3]가 훌륭하게 손발을 맞추었다. 그가 그리는 인물들은 관념적이라고까지는 말할 수 없으나 완전히 일반적인 데가 있어서, 그가 그리는 여인들은 우아하고 정다우며, 어린이들은 천진난만했다. 다만 남자들만은 잘 그려지지 않았다. 재주와 기질은 넘쳐 있었으나, 필치를 생략한 그의 화법으로는 남자의 모습들은 대개 이탈리아 거지풍으로 표현되고 있었다.

그의 구도는 대체로 형태보다는 광선이나 음영이나 덩어리(mass)에 의존하고 있었기 때문에 전체적으로 훌륭하게 보였다. 실제로 그가 제작한 것은 어느 것이나 우아한 취향을 지니고 있었다. 이때 그는 뜻깊은 것, 비유적인 것, 연상을 유발하는 것들에 쏠리는 뿌리깊은 성격을 극복하지 못했으며, 또 극복하려 하

3) 크리스티앙 고트리프(1742~1803). 외저 문하의 동판 조각가. 후에 외저의 딸과 결혼. 라이프치히 미술학교 교사.

지도 않았기 때문에 그의 작품은 언제나 그 뜻을 생각하게 하는 점이 있었고, 말하자면 어떤 개념을 통해서는 완전한 것이 되었으나, 기술이나 수법에 있어서는 완전한 것이 못 되었다.

항상 위험을 수반하는 이런 경향 때문에 그는 막다른 단계까지는 이를 수 있었지만, 좋은 취미의 한계를 넘지는 못했다. 그는 때때로 기발한 착상이나 부질없는 장난으로 자기의 의도를 달성하려고 했다. 실제로 그의 가장 훌륭한 작품은 언제나 유머러스한 면이 있었다. 대중은 이와 같은 것들에 항상 만족하지는 않았으나, 그러한 불평에 대해 그는 한층 기묘한 장난으로 응수했다. 예를 들어, 후일 그는 대음악당의 대기실에 그의 독특한 방식으로 관념적인 여인상을 그렸는데, 그녀가 촛불 심지 자르는 가위를 촛불 쪽으로 내밀고 있는 그림이었다. 이 재미있는 여자의 자세가 촛불을 돋우려 하고 있는지 혹은 꺼버리려고 하고 있는지가 문제가 되어 세간에 논의가 벌어졌을 때, 그는 이를 두고 몹시 좋아했다. 사실 이 그림에는 모든 사람들을 놀리는 풍자적인 의도가 밉살스럽게 아른거리고 있었다.

당시에는 새로운 극장의 건설이 세상 사람들의 많은 이목을 끌었는데, 그가 만든 이 극장의 막은 전혀 새로운 것이었던 만큼 유난히 매혹적인 효과를 올리고 있었다. 이 경우 보통은 뮤즈의 신들이 구름 위에 떠 있기 마련인데, 외저는 이것을 지상으로 옮긴 것이다. 영광의 전당 앞뜰은 소포클레스와 아리스토파네스의 입상으로 장식했고, 그 주위에 근대의 모든 극시인(劇詩人)들이 모여 있었다. 예술의 여신들도 한결같이 거기에 나타나 있었으며 모두가 품위 있고 아름다웠다. 그런데 거기에 기묘한 것이 있었던 것이다! 비어 있는 중간으로 멀리 전당의 입구가 보였다. 가벼운 저고리 차림의 한 남자가, 앞서 말한 두 개의 군상(群像) 사이를, 주위도 돌아보지 않고 전당 쪽을 향해서 곧장 걸어가고 있었다.

보이는 것은 등뿐이고 특별히 눈에 띄는 점도 없었다. 이것은 셰익스피어가, 선배도 없고 후계자도 없이, 형식에 신경을 쓰는 일도 없이, 독자적으로 불멸을 향해서 걸어가고 있는 것을 나타내려고 한 것이었다. 이 작품은 새 극장의 넓은 다락방에서 완성되었다. 우리들은 거기서 그 사람 주위에 모였고, 나는 그 자리에서 《무자리온》의 교정쇄를 그에게 읽어 주기도 하였다.

나에 관해서 말하면, 그림을 그리는 데에 조금도 발전이 없었다. 외저의 학설은 우리들의 정신과 취미에 영향을 미쳤지만 그 사람의 그림은 너무나 불명확해서, 예술과 자연의 대상물에 대해서 아직 어렴풋이 꿈을 꾸고 있는데에 지나지 않았던 나를 엄밀하고 확실한 제작으로 인도하지 못했다. 얼굴이나 신체에 관해서도 그가 우리들에게 전해 준 것은, 그 자체의 형체보다도 오히려 보는 인상이었으며, 균형보다는 자세의 표정이었다. 그는 모습의 개념을 우리에게 제시해 주며, 우리들이 마음속에서 여기에 생명을 부여하도록 요구했다. 그가 데리고 있던 사람들이 초보자들만이 아니었다면, 아마 그 방법은 훌륭하고 정당한 것이었을 것이다.

그러므로 설령 그의 탁월한 교수 재능을 부인할 수 있었다 하더라도, 그가 매우 영리하고 세상 물정을 잘 알고, 훌륭한 정신의 연마로 말미암아 보다 더 높은 뜻에서 참된 교사 자격이 있다는 것을 인정하지 않을 수 없었다. 누구나 고민하는 결함을 그는 잘 통찰했고, 그 결함을 직접 힐책하는 것을 천하게 여겨, 칭찬도 비난도 간접적으로 간단히 암시하는 것만으로 그쳤다. 그래서 사람들은 그 결함에 대해서 숙고하지 않으면 안 되었고, 그의 뜻을 알아차리는 일이 빨라졌다.

예를 들면, 내가 옆에 있는 본보기를 따라서 청색 종이 위에 흑백 초크로 꼼꼼하게 그린 뒤, 일부는 번지게 만들고 혹은 음영을 넣어, 이 작은 그림을 입체적으로 만들려고 한 일이 있었다. 이렇게 오랫동안 내가 애를 쓰고 있는데, 어느새 그가 내 뒤에 와서, "좀더 종이를!" 하고 말한 후 금방 사라지고 말았다.

옆에 있던 사람과 나는 이 말의 뜻이 무엇인가 하고 궁리해야 했다. 왜냐하면 내가 그린 꽃다발은 둘로 접은 종이 위에 그려져 있었으며, 주위에 충분한 여백이 있었기 때문이다. 우리들은 오랫동안 생각해 본 끝에 겨우 그 말의 뜻을 알아낼 수 있었다. 즉 나는 흑백의 두 색깔을 무질서하게 사용해서 청색 바탕을 덮어버림으로써 중간색을 못쓰게 만들어 참으로 볼품없는 그림을 그려 놓았던 것이다. 그 외에도 그는 우리들에게 원근법과 광선과 음영에 관해서도 충분히 가르쳐 주었지만, 전승된 원칙을 올바르게 적용하기 위해서는 우리들 자신이 노력해야 했고, 고민을 하지 않으면 안 되는 식이었다.

아마도 그의 생각은, 예술가가 되려고 하지도 않는 우리들에게, 다만 올바르게 판단할 수 있는 능력과 취미를 길러주고 예술 작품의 성립 조건을 알려 주는 데에 있었으며, 예술 작품을 만들도록 하려는 것은 아닌 것 같았다. 나는 애쓰지 않고 얻는 것이 아니면 아무 기쁨도 느끼지 못했기 때문에, 태만까지는 아니라도 점점 흥미를 잃고 있었다. 더욱이 실제 작품보다는 지식을 얻는 쪽이 편했기 때문에, 그가 자기 방식대로 이끌어 가는 것을 그냥 따라만 가고 있었다.

그 무렵 다르장빌[4]의 《화가열전》이 독일어로 번역되었다. 나는 재빨리 그 책을 구하여 열심히 공부했다. 외저는 그것이 기뻤던지, 방대한 라이프치히의 수집품 중에서 많은 그림첩을 볼 수 있는 기회를 만들어 주면서 우리들에게 미술사를 해설해 주었다. 그러나 이와 같은 실습들도 나에게는 그가 생각했던 것과는 다른 효과가 나타났다. 예술가들이 취급했던 모든 대상은 내 마음속에 시적 재능을 일깨워 주었으며, 동판화가 시를 위해서 만들어지듯, 나는 동판화와 그림을 위해서 시를 썼다.

즉 그림 속에 나타난 인물들의 전후 상황을 상상해서, 이내 그들에게 적합한 소곡(小曲)을 지었다. 이리하여 나는 모든 예술을 상호 관련을 맺어 관찰하는 습관을 붙였다. 뿐만 아니라 내가 저지른 잘못, 즉 내 시가 자주 서술적으로 흐르는 것도 여러모로 반성해 보면, 여러 예술의 차이점을 깨닫게 해 주었다는 점에서 유익했다. 이런 소품들이 베리쉬가 편찬한 시집 속에 몇 편이 실려 있었는데, 지금 남아 있는 것은 하나도 없다.

사람들을 끌어들이는 힘이 있던 외저의 예술과 취미의 세계는, 그가 전에 친밀한 관계에 있었거나 지금은 이 땅에 있지 않은 사람들을 즐겨 추억한다는 사정으로 말미암아, 더욱더 품위가 있고 바람직한 것이 되어 갔다. 실제로 외저는 일단 누군가를 존경하게 되면 그 사람에 대한 태도가 변함이 없었으며, 한결같은 호의를 나타내고 있었던 것이다.

우리들은 그가 프랑스인 중에서 특히 케뤼스[5]를 칭찬하는 것을 듣고 있었는데, 뒤에 독일 사람으로서 이 방면에서 활약한 사람들에 대해서도 그는 알

---

4) 안트완 조제프 데자리에(1680~1765). 그의 《화가열전(1745, 파리)》은 야코프 포르크만에 의해 독일어로 번역. 1767~68년 라이프치히에서 출판.
5) 안나 크로드 필립 드 튀비에르(1692~1765). 프랑스의 미술 수집가·고고학자·미술 비평가.

려 주었다. 그래서 우리는 크리스트[6] 교수가 미술 애호가, 수집가, 감식가, 협력자로서 예술계에 훌륭한 공적을 세웠으며, 그의 학식이 미술의 참된 진전에 이바지했음을 알았다. 그와는 반대로 하이네켄[7]에 대해서는 그다지 좋게 말하고 있지 않았다.

그 이유의 하나는 외저가 거의 가치를 인정하지 않고 있던 독일 미술에 대한, 너무나도 유치한 초기 연구에 그가 너무나 열중했기 때문이었고, 또 하나는 그가 전에 빙켈만을 혹평한 일이 있었는데 외저로서는 그것을 도저히 용서할 수 없었기 때문이었다. 그러나 리퍼트[8]의 노력에 대해서는, 우리들 선생님이 그 공적을 충분히 설명해 주었기 때문에 우리들도 크게 주목하게 되었다.

외저의 말에 의하면, 입상(立像)이나 대형 조각품은 모든 예술 지식의 바탕이며 최고봉이지만, 그것은 본디의 형상이나 모조품으로 흔히 볼 수 있는 것이 아니다. 그런데 리퍼트에 의해서 보석 조각의 작은 세계가 세상에 알려지게 되었다. 그로 인하여 훨씬 알기 쉬워진 고대인들의 공적, 훌륭한 취향, 목적에 알맞은 조합, 품위 있는 취급법 등이 한층 사람의 눈을 끌었고, 또 이해하기 쉽고 매우 수가 많으므로 상호간의 비교가 오히려 쉬워졌다는 것이다.

우리들은 허용된 범위 내에서 그 연구에 열중하고 있는 동안에, 빙켈만의 이탈리아에서의 고상한 예술 생활에 관해서 가르침을 받았고, 그의 초기 작품들을 경건한 마음으로 손에 들었다. 왜냐하면 외저는 그에게 열렬한 존경을 품고 있었으며, 그것을 우리들 마음속에 쉽게 주입시킬 수가 있었기 때문이다.

빙켈만의 많은 소논문[9]은 그렇지 않아도 논술이 반어적 표현 때문에 혼란을 이루고 있고, 특수한 의견이나 사건에 관련되어 있었기 때문에, 우리들은 분명히 그 문제점은 읽어낼 수 없었다. 그러나 이들 논문에서는 외저의 영향을 상당히 볼 수 있었고, 게다가 외저는 미의 가르침을, 풍부한 취미나 쾌감의 가르침을 끊임없이 우리들에게 전하고 있었기 때문에, 우리들은 이러한 정신이 전

---

6) 요한 프리드리히(1700~56). 라이프치히대학 교수. 고고학자.

7) 칼 하인리히 폰(1706~91). 드레스덴 회화관장·미술 비평가.

8) 필립 다니엘(1702~85). 드레스덴의 고대 수집품의 관리자. 고대 보석 조각학의 촉진자. 괴테는 이탈리아 여행 이래, 여기에 더욱더 관심을 나타냈다.

9) 외저와 밀접한 관계에 있던 시대에 성립. 예를 들어 《회화 및 조각에 있어서의 그리스 작품의 모방에 대하여(1755)》나 《예술 작품에 있어서의 미의 감수 능력에 대한 시간(1763)》 등.

체적으로 거기에 흐르고 있다는 것을 알 수 있었다. 빙켈만이 그의 갈증을 최초로 푼 바로 그 샘에서 가르침을 맛보게 되는 것을 적지 않은 행복으로 생각하고 있었던 만큼, 더욱 자신 있게 나아갈 수 있다고 생각했던 것이다.

무릇, 좋은 일이나 올바른 일에 대해서 같은 생각을 가진 교양인들이 한 도시에서 가까이에 산다는 것보다 더 큰 행복은 없다. 라이프치히는 이런 장점을 가지고 있었다. 또 아직까지 그다지 많은 판단의 차이가 나타나고 있지 않았기 때문에, 한층 평화롭게 이 장점을 즐기고 있었다. 동판화 수집가이며 숙련된 감식가인 후버[10]는 그가 독일 문학의 가치를 프랑스인들에게도 알려 주려고 했다는 공적이 인정되어 세인들의 감사를 받고 있었다. 감상 능력이 뛰어난 예술 애호가 크로이히아우프[11]는 시의 예술 애호가들 전체의 친구로서 모든 수집품들을 자기 것처럼 여길 수가 있었다.

빙클러[12]는 자기가 소장하는 귀중한 예술품에 대해서 느끼고 있던 기쁨을 타인과 함께 나누기를 좋아했다. 그 밖에 뜻을 같이하는 여러 사람들도 모두 한마음으로 생활하고 활동하고 있었다. 그리고 나는 그들이 예술품을 열람할 때 허락을 받고 자주 참석했는데, 그럴 때마다 불화를 일으킨 적은 한 번도 없었다. 예술가를 배출한 유파(流派), 생활했던 시대, 자연으로부터 부여된 특수한 재능, 실제의 제작에서 도달한 정도, 이와 같은 것들이 언제나 공평하게 고찰되었다. 제재가 종교적, 세속적, 전원적, 도시적이건 생물 또는 무생물이건 이에 대해 아무런 편애도 없었고, 문제는 항상 예술적 평가에 따라 운운되었다.

그런데 이와 같은 애호가와 수집가들의 마음은 그들의 환경과 사고방식, 능력과 기회 때문에 네덜란드파에 마음이 쏠리고 있었지만, 그들의 눈은 이 서북 예술가들의 무한한 공적에 익숙해져 있으면서, 동경과 숭배의 눈초리는 동남(이탈리아)쪽으로 향하고 있었던 것이다.

이런 식으로 나는 대학에서 내 가족의 목적, 아니 나 자신의 목적까지도 소홀히 했던 것이지만, 내 일생 최대의 만족을 발견하게 된 기초를 나에게 준 것은 그래도 대학이었다고 말하지 않을 수 없다. 또 내가 현저한 자극을 받은 장

---

10) 미햐엘(1727~1804). 라이프치히대학 프랑스어 교수.
11) 프란츠 빌헬름(1727~1803). 라이프치히의 상인, 동판화 수집가.
12) 고트프리트(1731~95). 라이프치히의 은행가. 시의 건축사. 동판화·유화 등의 수집가.

소의 인상은 언제나 그립고 귀중한 것으로 내 마음속에 남아 있었다. 프라이 센부르크의 옛 성, 미술학교의 교실, 특히 외저의 주택, 그리고 빙클러나 리히터[13]의 수집품들도 지금도 마음속에 환하게 떠오르는 것이다.

연배들이 이미 알고 있는 사물에 관해서 이야기하고 있는 것을 곁에서 우연히 들은 데에 지나지 않은 한 청년에게, 이러한 모든 것을 정리한다는 가장 어려운 일이 맡겨진다면 매우 괴로운 입장에 놓이지 않을 수가 없다. 그래서 나는 다른 사람들과 마찬가지로 새로운 빛을 그리워하며 찾아다녔는데, 드디어 이 광명은 우리들이 이미 많은 신세를 지고 있던 한 인물에 의해서 이루어지게 되었다.

정신은 두 가지 길에 의해서, 즉 직관과 개념에 의해서 고도의 기쁨을 느낀다. 그러나 직관은, 반드시 가까이에 있다고는 말할 수 없는 가치 있는 대상과, 바로는 달성할 수 없는 상당한 교양을 요구한다. 그와는 반대로 개념은 다만 수용력만 있으면 되고, 내용을 동반하는 것이며, 또 그 자신이 교양의 수단이다. 그래서 가장 뛰어난 사상가가 어두운 구름 사이로 우리들 머리 위에 비쳐 준 저 광명은 우리들에게 둘도 없이 고마운 것이었다.

레싱의 《라오콘》[14]이 우리들에게 어떠한 영향을 주었는가를 눈앞에 상상할 수 있는 것은 아마도 청년뿐일 것이다. 이 저작은 우리들을 빈곤한 직관의 세계로부터 널따란 사상의 영역으로 끌어들인 것이다. 이제까지 오랫동안 오해를 불러일으키던 '시는 그림과 같이(ut pictura poesis)'[15]라는 생각이 하루아침에 제거되고, 조형 미술과 언어 예술의 구별이 분명해지고, 양자의 기초는 제아무리 접근해 있다 할지라도 이제 그 정점은 별개로 보였다.

---

13) 요한 차하리아스(1728~73). 라이프치히의 상인. 시참사 회원. 네덜란드 회화·동판화 수집가.
14) 레싱의 획기적인 미학·문학론(1766).
15) 17세기 이래 이 말이 자주 입에 오르내렸다. 원래 이 말은 호라티우스의 《시학》에서 유래되어, 17세기에 이해되었던 것과는 다른 뜻이었다. 즉 17세기에는 '회화는 침묵하는 시, 시는 말하는 회화'라고 하는 설이 널리 퍼졌다. 이 이론은 독일에서 오피츠, 부푸너, 기타의 시학을 거쳐 고트셰트로, 다시 18세기에 전승되어 프랑스의 바투, 뒤보스 등에 의해 수정되었으나, 레싱이 처음으로 여기에 결말을 지었다. 레싱은 "회화는 공간에 있어서의 병렬, 문학은 시간에 있어서의 계기(繼起)"로 규정하고, 이 설에 방법적인 명확성을 부여하여, 다시 "따라서 효과적인 모티프는 다양하며, 모든 장르에 대한 예술 고찰자의 창조적 공상력도 여러 가지 기능을 갖는다"고 지적하였다.

그 어떤 종류의 의미도 빠뜨릴 수 없는 언어 예술가에게는 미의 한계를 넘는 것이 허용되고 있었지만, 조형 미술가는 미의 한계 내에 머물러 있지 않으면 안 된다. 조형 미술가는 오직 미로 인해서만 만족하는 외부 감각에 작용하고, 언어 예술가는 추한 것과도 타협할 수 있는 상상력에 호소하는 것이다.

이 훌륭한 사상의 모든 성과는, 마치 번갯불에 비친 것처럼 우리 눈앞에 명확히 나타났다. 종래에 사람들에게 판단을 제공해 온 지도적인 비평은 낡은 저고리처럼 벗어던져졌다. 우리들은 모든 해악에서 구조되었다고 느꼈고, 그렇게도 훌륭하게 여겼던 16세기를 어느 정도 동정의 눈으로 볼 수 있다고 생각했다. 16세기 독일의 조각이나 시는, 삶을 단지 방울을 단 익살꾼의 모습으로, 달그락거리는 해골의 추한 모습으로, 그리고 또 이 세상의 필연적 혹은 우연적인 재앙을 기괴한 악마의 상으로 나타내는 재주밖에 없었던 것이다.

우리들을 가장 매료시킨 것은, 죽음을 잠의 형제로 보고 양자를 쌍둥이와 같이 혼동할 만큼 닮은 모습으로 표현했던 고대 사상[16]의 아름다움이었다. 여기에 우리들은 비로소 미의 승리를 소리 높여 축복할 수가 있었고, 또 모든 종류의 추악한 것들은 세계에서 도저히 쫓아낼 수 없는 것이므로 그것을 예술 세계에서 우스개라는 저급한 테두리에 가둘 수가 있었다.

이와 같은 주요 개념이나 근본 개념의 훌륭함은, 그 개념의 무한한 작용을 받아들이는 심정에만 나타나고, 이들 개념을 학수고대하고 있는 시대에만 나타나는 것이다. 이처럼 정신적 영향의 혜택을 받은 사람들은 일생 동안 이것을 양식으로 삼아 놀랄 만한 성장을 즐기지만, 다른 한편으로는 이같은 영향에 즉각 반발하는 사람도 있고, 후에 가서 그 높은 뜻을 깎아내려 시비를 거는 사람들이 없는 것도 아니었다.

그러나 개념과 직관은 서로 요구하는 것이므로, 나는 이 새로운 사상을 소화하고 있는 동안에, 일단 중요한 미술품을 많이 일괄해서 보아두고 싶은 끝없는 욕망이 솟아올랐다. 그래서 나는 곧 드레스덴을 방문할 결심을 했다. 여기에 필요한 현금도 있었다. 그러나 나의 변덕스런 성격으로 말미암아 쓸데없

---

16) 《고대 사람은 죽음을 어떻게 조형(造型)했는가(1769)》라는 논문 속에서 레싱은 '죽음은 고대에 있어서는 해골로서가 아니라, 잠의 수호신과 마찬가지로 횃불을 아래로 내린 수호신으로서 그려져 있으므로, 양자는 쌍둥이로 나타나 있다'고 말하고 있다.

이 나타난 다른 곤란한 일들을 극복해야만 했다.

즉 나는 그 지방의 귀중한 미술품들을 나만의 방식으로 관찰하고자 원했고, 또 누구에게도 현혹되지 않으려고 생각했기 때문에 내 계획을 비밀로 하고 있었다. 이 밖에도 또 하나 묘한 일이 있어서 이처럼 단순한 일이 복잡해지고 말았다.

우리들은 선천적, 후천적 약점을 가지고 있는 것으로, 다만 문제가 되는 것은, 이들 중의 어느 것이 가장 많이 우리들을 괴롭히느냐 하는 일일 것이다. 나는 어떠한 경우에도 스스로 익숙해졌고, 또 그럴 기회도 많이 있었지만, 아버지의 감화(感化)로 인하여 여관이라는 이름이 붙는 것에 대해서 극단적인 혐오감을 가지고 있었다.

아버지는 이탈리아·프랑스·독일을 여행하는 동안에 이런 감정을 뿌리깊게 간직했던 것이다. 그는 비유를 쓰면서 이야기하는 일이 드물었으나, 몹시 기분이 좋은 경우에 한해서 비유를 써서 이야기하였다. 그럴 때마다 그는 자주 다음과 같은 이야기를 되풀이해서 들려주었다.

"여관 문전에는 항상 큰 거미줄이 쳐져 있는 것이 보인다. 게다가 그것은 어찌나 교묘하게 되어 있는지, 곤충이 밖에서 안으로는 들어갈 수 있으나, 특권이 있는 말벌이라 할지라도 날개를 뜯기지 않고서는 밖으로 나오지 못한다."

자기의 습관이나 생활상의 기호 등은 일체 단념하고, 여관집 주인이나 종업원이 정한 대로 생활하며, 게다가 보상으로 과분한 돈을 지불해야 한다는 것은 아버지에게는 어이가 없는 일이라고 여겨졌던 모양이었다. 그러고는 손님을 극진히 모시던 시절을 칭찬했다. 그는 평소에 자기 집에서 무엇인가 변화가 생기는 것을 좋아하지는 않았지만 손님이 오면 후대했고, 특히 예술가나 그 방면의 명인들을 환대했다. 그래서 대부(代父)인 제카스는 언제나 우리 집에 숙소를 정했고, 감베 악기[17]를 훌륭하게 연주하여 칭찬을 받았던 마지막 음악가인 칼 프리드리히 아벨[18]도 후한 대접을 받았다.

이러한 소년 시대의 인상이 이제까지 그 어떤 일로도 씻기지 않았는데, 과연 내가 낯선 도시의 여관에 발을 들여놓을 결심을 할 수 있었겠는가? 내 입장으

17) Viola di Gambe라고도 하며, 첼로 비슷한 일종의 바이올린.
18) 1725~87. 드레스덴 궁정 악단의 단원.

로는 친절한 친구 집에 숙박하는 것이 가장 쉬운 일이었을 것이다. 궁중 고문관 크레벨, 사법관 시보 헤르만, 그 밖의 사람들이 이미 여러 차례 자기 집에서 머무르라고 나에게 말해 준 일이 있었다. 그러나 이 사람들에게도 내 여행은 비밀로 하지 않으면 안 되었다. 그래서 나는 기발한 생각을 해냈다.

이웃 방에 사는 근면한 신학자는 가엾게도 눈이 점점 나빠지고 있었는데, 그는 드레스덴에서 구둣방을 하고 있는 친척이 있었고, 그 사람과 때때로 서신을 교환하고 있었다. 이미 오래전부터 그가 편지에 쓴 말을 들려주어, 나는 그에게 주의를 기울이고 있었던 것이다. 친척 되는 사람에게서 편지가 도착하면 우리들은 축제나 되는 것처럼 그것을 축하했다. 실명할 위험성이 있는 사촌 동생의 애원에 회답하는 방법이 아주 독특한 것이었다. 왜냐하면 그는 찾아내기 어려운 위안의 근거를 찾으려고 애를 쓰지는 않았지만, 그가 자기의 초라하고 가난하고 고생스러운 생활을 바라보는 명랑한 기질, 그런 생활 속에서 찾아내는 유머, 인생은 그 자체가 이미 한 개의 보배라는 확고부동한 확신이 편지를 읽는 사람에게 저절로 전달되었다.

나는 감격하기 쉬운 성격이었으므로 때때로 그에게 공손한 인사말을 전해주도록 했으며, 그의 행복한 성격을 칭찬했고, 그와 서로 알게 되었으면 좋겠다는 소망을 표명했다. 이와 같은 여러 가지 일이 있었으므로, 나로서는 그를 방문하여 그와 말을 나누고 그의 집에 숙박하여 그를 잘 아는 일만큼 자연스런 일은 없다고 여겨졌다. 우리의 선량한 목사 후보자는 잠시 반대하더니, 마침내 애써 쓴 편지를 내게 주었다. 나는 그 편지와 재학증명서를 호주머니에 넣고, 황색 마차를 타고 두근거리는 가슴을 안고 드레스덴으로 향했다.

교외에 있는 그 구둣방은 쉽게 찾을 수 있었다. 그는 낮은 걸상에 앉아 있다가 친절히 나를 맞아 주었다. 그리고 편지를 읽고 나서 미소를 띠며 말했다.

"이 편지를 보면 당신은 색다른 기독교인이군요."

"무슨 말씀이시죠?"

"색다르다는 것은 나쁜 뜻이 아닙니다."

그는 말을 계속하였다.

"모순된 점이 있는 사람을 그렇게 부르는 것입니다. 당신은 어느 점에서는 하나님의 제자라고 공언하고 계시지만, 다른 점에 있어서는 그렇지 않기 때문에 당신을 색다른 기독교인이라고 말한 것입니다."

내가 그에게 더 설명을 해 달라고 요구하자 그는 말을 계속했다.

"당신은 가난한 자와 천한 자에게 복음을 전하려는 것처럼 보입니다. 그것은 참으로 좋은 일입니다. 그렇게 해서 주에게 배우는 것은 칭찬할 만한 일입니다. 그러나 당신은 동시에 다음과 같은 것을 소중하게 생각해야 했습니다. 주 그리스도는 오히려 유복한 부잣집의 호화로운 식탁에 앉기를 좋아했습니다. 그리고 주는 스스로 향유의 향기로운 냄새를 물리치지 않았습니다. 그런데 당신이 우리 집에서 보시는 것은 그것과는 정반대의 일일 테니까요."

이와 같이 만남의 시초가 재미있었으므로 나는 기분이 좋아져서 우리는 서로 얼마 동안 농담을 주고받았다. 부인은 이런 손님을 어떻게 재우며 어떻게 대접해야 좋을지 심각한 표정으로 서 있었다. 이 점에 대해서도 주인은 재미있는 생각을 말했는데, 성서뿐만 아니라 고트프리트의 《연대기》까지 끌어냈다. 내가 거기서 숙박하기로 이야기가 되었을 때 나는 돈지갑을 그대로 부인에게 맡기고, 필요할 때 돈을 꺼내 지불해 달라고 부탁했다. 주인은 그것을 거절하고 짓궂은 말을 섞어 가며, 자기는 겉으로 보이는 것처럼 그렇게 가난하지는 않다고 나를 설득시키려 했지만, 나는 '비록 물을 포도주로 바꾸려 해도 지금은 기적이 일어나지 않으니까, 이같은 좋은 가정상비약도 부적당한 것은 아닐 것입니다' 하면서 그를 항복시켰다.

부인은 내 말과 행동에 익숙해졌다. 이윽고 우리들은 서로 마음이 통하여 매우 유쾌한 하룻밤을 보냈다. 주인은 시종 그 태도를 바꾸지 않았는데, 그것은 모든 것이 하나의 샘에서 흘러나오는 것이었기 때문이다. 그의 특징은 건전한 상식이었고, 그것은 명랑한 감정에 기인된 것이며, 습관적인 나날의 일에 매일 부지런히 노력하는 데 있었다. 끊임없이 일하는 것이 그에게 있어서는 최선이며 필수였다. 그 밖의 모든 것은 부수적인 것으로 여겼고, 이것이 그의 마음의 안정을 유지하고 있었다. 나는 그를 '실천적 철인, 자각하지 않는 현자'라고 불리는 사람들에 포함시키지 않을 수 없었다.

기다리고 기다렸던 화랑[19]이 열리는 시간이 왔다. 이 화랑에 발을 들여놓았

19) 노이마르크트의 요하네움이라고 불리는 궁전 안에 있다. 1744~46년에 화랑으로 개조되었다. 건물은 네모꼴로, 바깥쪽 사면에 제1화랑이 있고, 안쪽 마당을 따라 역시 네모꼴로 제2화랑

을 때, 나의 놀라움은 내 마음속에 품고 있던 모든 관념을 초월했다.

한번 빙 돌면 제자리로 돌아오는 이 화랑에는, 최대의 정적 속에 청순한 분위기가 지배하고 있었다. 도금한 지 그리 시일이 오래되지 않은 눈부신 액자들, 초를 입힌 마루, 모사(模寫)하는 사람보다 감상하는 사람들이 더 많이 들어오는 방들, 이들 모두가 일종의 독특한 취향을 가진 장엄한 느낌을 주었다. 이 화랑에는 많은 사원의 장식과 예배의 대상들이 오로지 신성한 예술의 목적을 위해 진열되어 있기 때문에, 그 장엄한 느낌은 사원에 들어갔을 때의 감정과 흡사했다.

나는 안내자의 대체적인 설명에 그런대로 만족하고 있었지만, 다만 외랑에서 잠시 머무르게 해 달라고 부탁했다. 거기서 나는 내 집에 있는 것과 같은 편안한 감정을 느낄 수가 있었다. 여러 예술가들의 작품들은 이미 보았던 것이었고, 또 어떤 것은 동판을 통해서 알고 있었으며, 화가의 이름만 들었던 처음 보는 작품도 있었다.

나는 그것을 안내자에게 숨기지 않고 이야기했기 때문에 어느 정도 그의 신임을 얻었다. 게다가 자연을 완전히 그려낸 것 같은 작품을 만나면 넋을 잃고 바라보는 내 모습도 안내인을 기쁘게 했던 모양이다. 왜냐하면 특히 나를 매료했던 작품이, 늘 보아온 자연과 비교해 볼 때, 필연적으로 예술의 가치가 돋보이지 않을 수 없는 그러한 작품이었기 때문이었다.

점심을 먹기 위해 다시 구둣방으로 돌아왔을 때, 나는 내 눈을 믿을 수가 없었다. 그것은 오스타데[20]의 그림을 눈앞에 보는 듯했기 때문이었다. 그것은 그대로 화랑에 걸어 놓기만 하면 될 정도로 완벽한 그림이었다. 사물의 위치, 빛과 그림자, 전체에 흐르는 갈색의 색조, 마술적인 배합, 저 오스타데의 그림에서 경탄할 만한 모든 것이 거기에 있었다. 이때 비로소 나는, 방금 특별한 주의를 기울이고 보았던 여러 예술가들과 같은 눈으로 자연을 바라볼 수 있는 천부적 재능이 나에게도 이렇게 고도로 갖추어져 있다는 것을 알게 된 것이다. 이 재능을 뒤에 다소 의식적으로 훈련했는데, 여하간 이 능력은 나에게 많은

_____

이 있었다. 외랑에는 네덜란드·독일·프랑스 화가의 작품이, 내랑에는 이탈리아·에스파냐 화가의 작품이 진열되어 있다.

20) 아드리아인 반(1610~85). 네덜란드의 화가·동판화가.

즐거움을 주었고, 그와 동시에 나에게는 타고나면서 갖추어져 있지는 않았을 이 재능을 실제로 작용하게 하고 싶은 욕망이 내 마음속에 솟아났다.

나는 입장이 허락된 시간에는 언제나 화랑을 방문했고, 많은 걸작에 대한 나의 열광을 건방지게도 입 밖에 내는 것을 그만두지 않았다. 그래서 남에게 절대 알리지 않으려던 나의 특수한 계획도 수포로 돌아갔다. 그때까지는 부감독 단 한 사람이 나를 상대하고 있었는데, 이번에는 이 화랑의 주사(主事)인 고문관 리델[21]이 나를 주목하여, 특히 나 자신의 분야에 속하는 듯한 많은 작품에 내 주의를 돌리게 하였다.

그 당시 나는 이 훌륭한 인물을 활동적이고 친절한 사람으로 생각했는데, 그 후 수년간이나 계속해서 언제나 같은 생각을 했으며, 지금도 여전히 그는 변함이 없다. 그의 모습은 저 귀중한 예술 작품들과 혼연일체가 되어, 이 둘을 따로 떼어놓고는 바라볼 수가 없었다. 그뿐만이 아니라 그와 함께 한 추억은 이탈리아 여행까지 나를 따라왔다. 내가 이탈리아의 위대하고 풍부한 수집 작품들을 보았을 때, 그가 옆에 있어 주었으면 하는 마음이 얼마나 간절했는지 모른다.

이러한 작품을 볼 경우, 외국인이든 미지의 사람이든, 누군가 거기에 있는 사람과 서로의 동감은 표시하지 않고 말없이 그림을 본다는 것은 있을 수 없는 일이었고, 작품을 보는 것은 바로 서로의 흉금을 터놓을 수 있는 절호의 기회였다. 나는 화랑에서 한 청년과 이야기를 나누게 되었다. 그는 드레스덴에 체류하며 어느 공사관에 근무하고 있는 것 같았다. 그는 저녁에 어느 호텔로 오라고 나를 초대해 주었는데, 적은 돈으로 즐거운 몇 시간을 보낼 수 있는 유쾌한 파티가 그곳에서 열린다고 알려주었다.

나는 그 호텔에 갔으나 아직 파티는 열리지 않고 있었다. 나를 초대한 신사의 말을 종업원이 전하면서, 그가 조금 늦을 것이라고 사과를 했다. 그런데 설사 무슨 일이 일어나더라도 기분이 상해서는 안 된다는 것과, 또 자기 분담 이상 돈을 낼 필요가 없다는 말을 전해 들었을 때, 약간 이상한 생각이 들었다.

나는 이 말을 어떻게 해석해야 할지 몰랐지만, 아버지가 말한 '거미집' 생각

---

21) 요한 안톤(1736~1816). 화가·동판화가. 드레스덴 미술관 주사.

이 나서, 무슨 일이 일어나건 기다려 보기로 결심했다. 파티에 사람들이 모여들었다. 화랑에서 만난 그 청년이 나를 여러 사람에게 소개하였다. 나는 오래 주의해 볼 필요도 없이, 건방지고 염치없는, 보기에 새로 참석한 자임에 틀림없는 한 젊은 청년을 우롱할 목적으로 모인 것임을 알아차렸다. 그래서 나는 몹시 조심하면서, 나도 그 청년의 동반자가 되지 않으려고 애를 썼다.

식사가 시작되자 그 목적은 본인을 제외하고는 누구에게나 한층 명백해졌다. 점점 심하게 술잔이 돌고 마지막에 각자가 자기의 애인을 위해서 건배하고 나서, 이 잔으로는 더 이상 한 잔도 마시지 않는다고 엄숙히 서약하며 술잔을 뒤로 던져 버렸다. 그러나 이것은 더욱더 큰 광란의 신호였다. 마침내 나는 살며시 그 자리를 빠져나왔다. 종업원은 나에게 아주 싼 계산을 청구하면서, 매일 저녁 이렇게 시끄러운 것이 아니므로 또 와 달라고 부탁했다.

숙소로 돌아오는 길은 멀었다. 숙소에 도착했을 때는 자정이 가까웠다. 문은 잠겨 있지 않았으나 모두 잠들어 있었다. 램프 불이 비좁은 집 안을 비추고 있었다. 거기에서 훈련을 쌓은 내 눈은 이내 고트프리트 샬켄[22]의 가장 아름다운 그림을 찾아냈고, 그 그림에서 나는 눈을 뗄 수 없어 모든 잠이 일시에 사라지고 말았다.

드레스덴에 머무는 동안 나는 화랑 구경에만 열중했다. 고대의 작품은 대정원의 정자 안에도 있었지만, 나는 그것을 구경하지 않았다. 또 드레스덴에 있는 그 밖의 귀중한 것들도 모두 보지 않았다. 나는 화랑에 수집된 그림 그 자체에 나의 눈에 띄지 않은 점이 아직도 많이 있을 것이라는 확신으로 가득 차 있었기 때문이었다. 그래서 이탈리아 대가들의 가치를 아는 체하는 것보다는 오히려 그 가치를 솔직하게 인정했다. 내가 스스로 자연이라고는 볼 수 없는 것, 자연의 대신으로 삼을 수 없는 것, 알고 있는 대상과 비교할 수 없는 것들은 나에게 아무런 감명도 주지 않았다. 모든 고상한 예술 애호심의 단서를 이루는 것은 소재에서 오는 인상인 것이다.

나와 구둣방 주인은 무척 사이가 좋았다. 그는 기지(機智)에 넘치고, 여러 방면에 재주를 가지고 있었다. 우리들은 곧잘 서로 경쟁이라도 하듯이 즉흥적으

---

22) 1643~1706. 17세기의 네덜란드 회화의 후기를 대표하는 화가.

로 생각난 장난기 어린 말들을 주고받았다. 그러나 자기를 행복하다고 생각하고, 남에게도 자기와 같이 하도록 요구하는 사람은 우리들에게 불쾌한 감정을 느끼게 한다. 뿐만 아니라 그와 같은 생각을 되풀이해서 말하면 우리들은 따분해진다. 확실히 나는 여러 가지로 대우를 받았고, 즐거웠고 흥분도 느꼈으나 결코 행복하다고는 느끼지 않았다. 그의 구두 본으로 만든 구두는 아무래도 나에게 딱 맞지를 않았던 것이다. 하지만 우리들은 친한 친구로서 헤어졌고, 부인도 헤어질 때 나에게 아무런 불만이 없었다.

드레스덴을 출발하기 직전에 매우 즐거운 일이 있었다. 화랑에서 만난 청년은 조금이라도 내 신용을 얻으려고, 예술원장 폰 하게도른[23]을 나에게 소개해 준 것이다. 이분은 매우 친절하게 나를 대해 주었다. 그는 나에게 자기가 수집한 것을 보여주고, 예술 애호가인 내가 열중해서 그것들을 들여다보는 것을 보고 매우 기뻐했다. 그는 감식가(鑑識家)에 어울리게 자기가 소장하는 그림에 매우 흐뭇해하고 있었으므로 남이 자기가 바라는 것과 같은 관심을 보여 주는 기회는 좀처럼 없었다. 내가 스와네벨트[24]의 그림을 특히 마음에 들어하며 그것을 세부적으로 극찬하자 그는 무척이나 기뻐했다. 내 고향의 아름답게 개인 하늘을 다시 떠올리게 하는 풍경, 그 지방의 풍요로운 식물과 우거진 숲, 그 밖에 온난한 기후가 인간에게 주는 혜택 등은 내 가슴에 그리운 추억을 불러일으켰고, 무엇보다도 내 마음을 강하게 움직였다.

하지만 참다운 예술을 이해하기 위해 정신과 감각을 준비하는 이와 같은 귀중한 경험도, 가장 비참한 광경[25]으로 이따끔 중단되어 방해를 받았다. 그것은 내가 항상 지나다니고 있던 드레스덴의 거리가 파괴되어 황폐화된 광경이었다. 잿더미가 된 모렌가(街), 파괴된 탑이 있는 십자가 교회 등은 내 마음에 새겨져, 지금도 나의 상상 속에 깊이 어두운 얼룩처럼 남아 있다.

폐허가 정리된 거리 사이에 온전하게 서 있는 아름다운 성모교회의 둥근 지붕이 보였다. 그때 교회 관리인은, 이러한 불상사에 대비해서 교회와 둥근 지붕

---

23) 크리스티앙 루트비히(1713~80). 시인 하게도른의 동생. 드레스덴 및 라이프치히 예술원 원장. 미술품 수집가. 《회화론(1762)》의 저자. 이 《회화론》은 디드로에게 영향을 주었다.
24) 헤르만 반(1600~55). 네덜란드의 풍경화가.
25) 1760년 드레스덴에 반격을 가한 프로이센군의 포격.

을 포격으로부터 안전하도록 만든 건축가의 기술을 칭찬하였다. 사람 좋은 그는 사방의 폐허를 가리키며 깊은 생각에 잠긴 듯이 간단하게 이렇게 말했다.

"이것은 적이 한 짓입니다!"

이렇게 해서, 마음은 내키지 않았지만 나는 마침내 라이프치히로 돌아왔다. 이러한 나의 엉뚱한 행동에 익숙하지 않았던 친구들은 매우 이상하게 생각하여, 나의 비밀에 싸인 것 같은 여행이 어떤 뜻을 가지고 있을까 하고 여러 가지 추측을 세우고 있었다. 내가 이에 대해서 보고 들은 것을 제대로 이야기해서 들려주어도, 그들은 그것을 만들어 낸 이야기라고 단언하면서, 내가 장난으로 구둣방에 숨겨놓은 수수께끼가 틀림없이 있을 것이라고 생각하고 그것을 들추어내려고 애를 썼다.

그러나 만약에 그들이 내 마음을 꿰뚫어 볼 수 있었다면, 거기에 그 어떤 장난도 찾아볼 수 없었을 것이다. 왜냐하면, '지식이 많아지면 불안도 많아진다'고 하는 저 옛말대로, 내가 본 것을 순서를 매겨서 나의 것으로 만들려고 하면 할수록 더욱더 뜻대로 되지 않았고, 결국 조용히 여운을 즐기는 것으로 만족하지 않으면 안 되었다. 나는 다시 일상생활로 돌아갔다. 친한 친구와의 교제, 나 자신에게 알맞은 지식의 흡수, 필적의 연습과 같은 일 등이 그다지 의미가 있었던 것은 아니었지만, 이것저것 나의 능력에 알맞은 활동을 할 수 있었기 때문에 나도 느긋한 마음으로 돌아갈 수가 있었다.

브라이트코프 집안과의 교제는 매우 아름답고 유익했다. 이 집안을 일으킨 시조 베른하르트 크리스토프 브라이트코프[26]는 가난한 인쇄공으로서 라이프치히에 왔는데, 성실과 노력으로 큰 성공을 거두었다. 당시에도 건재해서, 신(新)노이마르크가(街)의 당당한 건물인 금웅관(金熊館)에서 고트셰트와 함께 살고 있었다. 아들 요한 고트로프 이마누엘은 이미 결혼해서 몇몇 아이의 아버지였다.

이 부자는 많은 재산의 일부를 이용해서 금웅관 건너편에 새로운 건물, 애초의 집보다 한층 높고 넓게 설계된 은웅관(銀熊館)을 건축하는 것이 좋겠다고 생각하였다. 나는 이 신관을 지을 무렵에 이 집안과 알게 되었다. 장남은 나보

---

26) 유명한 브라이트코프 출판사 창설자.

다 두서너 살 위인 체격이 좋은 청년으로, 음악에 열중하여 피아노나 바이올린 연주솜씨가 뛰어났다. 차남은 성실하고 선량한 사나이로, 형과 마찬가지로 음악에 재주가 있어서, 가끔 열린 음악회에서 형 못지않은 솜씨를 보여주었다.

이 형제는 양친이나 자매와 마찬가지로 나에게 호의를 보여 주었다. 나는 상량식이나 낙성식 때, 또 가구의 설치나 이전 때에도 도왔기 때문에, 이러한 일에 관련된 여러 가지 것을 익혔고, 또 외저의 설이 실제로 응용되는 것을 볼 기회도 있었다. 나는 완성되는 것을 내 눈으로 지켜본 그 새로운 집을 자주 찾았다. 우리들은 함께 여러 가지 일들을 했고, 장남은 내 노래 몇 가지를 작곡하였다. 이 작품[27]은 인쇄되어 그의 이름이 적혀 있는데, 내 이름은 들어가지 않아 세상에 알려지지 않았다. 나는 그중에서 비교적 좋은 것을 골라 나의 다른 짧은 시 사이에 끼워넣었다.

그들의 아버지는 악보 인쇄를 발명, 아니 완성한 사람이었다. 그는 주로 인쇄술의 기원과 발달에 관한 도서를 모은 훌륭한 문고(文庫)의 이용을 나에게 허락해 주었기 때문에, 나는 이 분야에 대한 많은 지식을 얻었다. 또 거기에 고대의 그림을 그린 훌륭한 동판화가 있는 것을 발견하고, 이 방면으로도 연구를 계속했다. 이 연구는 유황(硫黃) 보석 모형의 수집품이 이사할 때 흩어진 사정도 있었고 해서 한층 진행되었다. 나는 될 수 있는 대로 이것을 정리했는데, 그때 필요에 쫓겨 리포트와 기타의 것을 참조하지 않으면 안 되었다. 가끔 아프지는 않았지만 기분이 좋지 않을 때는 같은 집에 살았던 의사 라이헬 박사에게 진찰을 받았다. 이처럼 우리들은 함께 조용하고 기분 좋은 생활을 했다.

나는 이 집에서 또 한 사람과 인연을 맺게 되었다. 동판 조각사 슈토크[28]가 다락방으로 이사를 온 것이다. 이 사람은 뉘른베르크 태생으로, 매우 근면하고 자기 일에는 꼼꼼하고 규칙이 바른 사람이었다. 그도 또한 가이저와 마찬가지로, 외저의 밑그림에 의해서 소설이나 시에 더욱더 자주 쓰이게 된 크고 작은 여러 가지 판화를 제작했다. 그의 식각(蝕刻)은 매우 깨끗했으므로 작품은 부식액으로부터 꺼내는 것만으로도 거의 완성되었고, 마지막에 조각칼로 솜씨 있게 조금 다듬기만 하면 되었다. 그리고 한 장의 판을 완성하는 데에 필요한

---

27) 《신가곡집》. 베른하르트 테오도르 브라이트코프 작곡.
28) 요한 미햐엘(1737~73). 라이프치히의 동판 조각사.

시간을 정확하게 계산해서, 매일 예정된 분량을 다 끝내지 않으면 어떤 일이 있더라도 자리에서 일어나지 않았다. 이런 식으로 그는 정돈이 잘된 깨끗한 방에서, 커다란 창가의 작업 책상에 앉아 있었다.

이 방에는 부인과 두 딸[29]이 있어서 사이좋게 그의 이야기 상대를 해 주었다. 두 딸 중 하나는 행복한 결혼을 하였고, 다른 한 사람은 뛰어난 예술가가 되었다. 우리는 평생 동안 변함없는 우정을 나누었다. 이렇게 나는 나의 시간을 나누어 위층과 아래층에서 지내면서 이 사람들에게 깊은 애정을 느꼈다. 슈토크는 무척 근면했으며, 뛰어난 유머를 지닌 선량 그 자체의 인물이었다.

이런 종류의 예술에 필요한 청초한 기교에 매력을 느껴, 나도 이런 종류의 것을 제작해 보려고 마음먹고, 슈토크가 하는 일의 동아리에 끼어달라고 했다. 또다시 나는 풍경에 마음이 끌렸는데, 풍경이야말로 나의 고독한 산보 때 마음을 위로해 주었고, 또 그 자체가 예술로도 표현하기 쉬워서, 인물화를 기피하고 있었던 나에게는 훨씬 파악하기가 수월했다. 그래서 나는 그의 지도하에 여러 가지 풍경화를 티레[30]나 그 밖의 판화를 본떠서 누각(鏤刻)하였다.

이들 동판화는 미숙한 사람의 손으로 만들어진 것임에도 불구하고, 상당한 효과를 올렸고 평판도 좋았다. 판의 바탕을 만들어 그것을 하얗게 칠하고 마침내 누각에 착수하여 마지막을 부식시키는 다양한 일이었으나, 이윽고 나는 여러 가지 일에서 스승을 도울 수 있을 정도가 되었다. 부식 때에도 필요한 주의는 게을리하지 않았고 실패하는 일은 좀처럼 없었다.

그러나 그와 같은 경우 항상 발생하는 유해 가스에 대해서는 조심이 충분하지가 않았다. 아마도 이것이 그 후 얼마 동안 나를 괴롭힌 병의 원인이 되었는지도 모른다. 이러한 일을 하다가 틈이 생기면, 무엇이든지 해 볼 생각으로 목판 조각도 해 보았다. 프랑스의 견본을 따라 여러 가지 작은 컷 종류를 제작했는데, 그렇게 하는 동안에 실제로 쓸만한 것들도 꽤 있었다.

여기서, 당시에 라이프치히에 살고 있던 사람들, 또는 이곳에서 잠시 머물고

---

29) 언니 요한나 도로테아 슈토크는 화가로 모차르트, 실러 테오도르 케르너의 초상화를 그렸다. 동생 안나 마리아 야코비네는 실러의 친구 크리스티앙 고트프리트 케르너와 결혼. 해방 전쟁의 시인 테오도르 케르너의 어머니.
30) 요한 알렉산더(1686~1752). 1738년 이래 드레스덴의 궁정 화가. 풍경화를 잘 그렸다.

있었던 사람들 두서너 명을 회상해 보는 것을 허락해 주기 바란다. 지방 세무관 바이세는 당시에 한창 일할 나이로, 쾌활하고 친절했으며 인간성이 좋아 우리들로부터 존경과 사랑을 받고 있었다. 물론 그의 각본은 결코 모범적인 것으로 인정하지는 않았으나, 그래도 나는 그의 작품에 끌렸다. 그의 오페라는 힐러[31]의 경쾌한 작곡으로 생기를 얻어 우리들을 매우 즐겁게 해 주었다. 함부르크의 시베라[32]도 마찬가지 경로를 밟아, 그의 《리즈아르트와 다리오레테》도 마찬가지로 우리들에게서 좋은 평을 얻었다. 에셴부르크[33]는 우리보다 약간 나이를 더 먹은 잘생긴 청년으로, 대학생 동아리에서 한층 두각을 나타냈다.

차하리에는 우리들과 수주일 동안 기꺼이 머물고 그의 동생의 안내로 식탁을 같이 해 주었다. 우리들은 특별 고급 요리나 풍부한 디저트, 여기에 엄선한 포도주 등을 내서 손님들의 뜻에 맞게 서비스하는 것을 당연한 일이며 영광으로 생각하였다. 그는 큰 키에 체격이 당당하고 느긋한 사람으로, 미식을 좋아하는 것을 숨기지 않았다.

레싱[34]이 온 것은, 확실히 기억이 나지 않지만 마음에 걸리는 일이 있었던 때로, 일부러 그를 따라갈 생각은 없었고, 더욱이 그가 가는 것을 경원(敬遠)하고 싶은 기분이었다. 아마도 멀리 떨어져서 조용히 있기에는 자만심이 강했고, 그렇다고 해서 그와 친한 관계를 맺을 수 있는 자격도 없었기 때문이었을 것이다. 이러한 일시적인 어리석은 생각은, 건방지고 변덕이 많은 청년 시대에는 결코 드문 일은 아니다. 물론 뒷날에 벌을 받았다. 즉 그런 태도를 취했기 때문에, 그토록 뛰어난, 내가 더없이 존경하는 인물을 나는 결국 한 번도 눈으로 직접 볼 기회를 잃고 만 것이다.

그러나 예술과 고대에 관한 모든 노력에 있어서는 누구나 항상 빙켈만을 떠올렸다. 그의 재능이 조국에서 한창 열광적으로 인정되고 있었던 것이다. 우리들은 열심히 그의 저서를 읽고, 그가 초기의 저서를 썼을 무렵의 상황을 알려고 노력했다. 우리들은 그 속에서 외저에서 유래된 것으로 여겨지는 몇 가지 견

---

31) 요한 아담(1728~1804). 라이프치히의 작곡가·지휘자. 당시에 가극으로 유명.

32) 다니엘(1741~71). 함부르크 출신의 법률가·작가.

33) 요한 요하임(1743~1820). 빌란트와 협력해서 독일 최초의 셰익스피어 번역을 완성.

34) 출판 때문에 함부르크로부터 와서 1768년 4~5월에 걸쳐 단기간 라이프치히에 체류하였다.

해를 발견했을 뿐만 아니라, 외저식(式) 해악이나 기발한 아이디어까지도 발견하였다. 그리고 이 주목할 만한, 그러나 때로는 몹시 수수께끼 같은 저작이 태어난 동기에 대해서 거의 이해할 수 있을 때까지 계속 읽었다.

그러나 우리들은 그다지 엄밀하게 읽은 것은 아니다. 청년이라고 하는 존재는 머리로 가르침을 받는 것보다는 오히려 자극을 좋아하기 때문이다. 그리고 내가 신탁(神託)과 같은 책 덕택으로 중대한 교양의 한 단계를 오르는 것은 이것이 마지막이 아니었다.

당시는 탁월한 사람들이 여전히 세상의 존경을 받고 있던 문학상의 아름다운 한 시기였다. 하지만 크로츠[35]의 논란과 레싱의 반론은 이 시기도 이윽고 끝날 것이라는 것을 암시하고 있었다. 빙켈만은 일반으로부터 확고한 존경을 받고 있었다. 그가 스스로 의식하고 있던, 자기의 이름값에 어울리지 않는 것처럼 보이는 그 어떤 공론(公論)에 대해서는 매우 민감했다는 것은 세상 사람들이 다 알고 있는 것이다. 모든 잡지가 한결같이 그를 칭찬하고 있었고, 뜻있는 여행자들은 그로부터 교훈을 받고 기쁜 마음으로 돌아갔다. 그가 준 새로운 견해는 학문, 인생에 널리 영향을 미쳤다.

데사우[36] 군주도 나날이 두각을 나타내어 빙켈만과 마찬가지 존경을 받기에 이르렀다. 나이가 젊고 친절하고 고귀한 생각의 소유자였던 그는 여러 나라를 여행했을 때나 다른 기회에도 전혀 나무랄 데가 없는 사람이라는 것을 나타내고 있었다. 빙켈만은 그에 반하여, 그에 대해서 이야기할 때는 가장 훌륭한 이름으로 그를 불렀다.

당시에 단 하나밖에 없었던 공원[37]의 구상, 폰 에르트만스도르프[38]의 활동에 의해 지지된 건축 취미 등 모두가 왕후로서 부끄럽지 않은 것을 말해주고 있었고, 그는 스스로 모범을 보여 남을 인도하고 궁정대신들에게 황금시대가 올 것이라는 기대를 품게 하였다.

---

35) 크리스티앙 아돌프(1738~71). 할레대학 교수. 그의 고고학이나 문헌학 저작 속에서 레싱을 논박하자, 레싱은 《고미술의 내용에 관한 서간(1768~69)》에서 이를 반박하였다.
36) 레오폴드 프리드리히 프란츠 폰 안하르트(1740~1817). 18세기 계몽 군주의 한 사람.
37) 데사우 근교의 뵐리츠 공원. 영국식의 유명한 공원.
38) 프리드리히 빌헬름(1736~1800). 건축가·조원가(造園家). 데사우 군주를 섬겼으며, 주요 작품은 뵐리츠성(城).

그런데 빙켈만이 이탈리아로부터 돌아와서, 친구인 데사우 군주를 방문하고 도중에 외저에게 들르기 때문에 우리들도 그의 모습을 볼 수 있을 것이라는 이야기를 듣고 우리 젊은 사람들은 환호했다. 우리는 감히 그와 대화를 나눈다는 것은 바라지 않았으나, 그의 모습을 꼭 보고 싶었다. 게다가 이 나이 때에는 그 어떤 기회라도 잡아서 그것을 핑계 삼아 나들이를 하고 싶어 하기 마련이다. 우리들은 일찍 말과 탈것으로 데사우에 가기로 하였다.

예술의 영광으로 빛나는 아름다운 땅, 행정이 잘되어 있는 데다가 밖으로는 아름다운 자연으로 장식된 나라에서, 우리보다 탁월한 사람들이 산보하는 모습을 여기저기서 기다리며 눈으로 직접 보려고 생각한 것이다. 외저 자신도 그것을 생각하는 것만으로 몹시 흥분하고 말았다. 그런데 청천벽력과도 같이 빙켈만의 갑작스런 죽음[39]의 소식이 우리들에게 전해진 것이다.

나는 지금도 처음으로 이 소식을 들은 장소를 잘 기억하고 있다. 그것은 프라이센부르크의 가운데 마당으로, 외저에게로 가기 위해 언덕을 올라갈 때 항상 지나가는 작은 문에서 그리 멀지 않은 곳이었다. 학우(學友) 한 사람이 건너편에서 걸어와서 외저를 만날 수가 없다고 하면서 그 이유를 나에게 이야기해 주었다. 이 놀라운 사건은 충격적인 영향을 미쳐 세상 사람들에게 큰 슬픔을 주었다. 그의 때아닌 갑작스런 죽음은 그의 생애에 대한 세상 사람들의 주의를 한층 높였다. 그의 활동 영향은 비록 그가 더 오래 살았다고 해도, 아마도 지금 볼 수 있는 정도는 안 되었을 것이다. 빙켈만도 많은 비범한 사람들과 마찬가지로 역시 드물게 보는 무참한 마지막을 맞이한 것으로, 운명의 손에 의해 한층 그 이름이 높아졌기 때문이다.

그러나 빙켈만의 죽음을 한없이 슬퍼하면서, 이윽고 나도 나의 생명을 걱정하는 처지에 놓이리라고는 생각지도 못했다. 나의 몸 상태는 이러한 일을 경험하고 있는 동안에도 결코 바람직한 방향으로 가지 않고 있었기 때문이다. 이미 집에 있을 무렵부터 나타난 어떤 종류의 우울증적인 징후를 여기까지 가지고 왔던 것인데, 틀어박혀 있거나 어슬렁거리는 새로운 생활 속에서, 그것이 약화되기는커녕 오히려 심해졌던 것이다.

---

39) 빙켈만은 1768년 4월 로마에서 독일로 향하였으나 뮌헨을 거쳐 빈만 방문하고 되돌아갔다. 도중, 6월 8일 트리에스테에서 옆방의 악한에 의해 살해되었다. 51세.

아우에르슈테트의 재난 이래 나는 가끔 가슴의 통증을 느끼고, 그것이 말에서 떨어진 뒤 심해져서 그 때문에 어두운 기분이 되어 있었다. 게다가 불규칙한 식사 때문에 소화력이 몹시 상해서, 강한 메르제부르크 맥주는 나의 뇌 작용을 둔하게 만들었다. 독특한 무거운 기분을 주었던 커피, 특히 식후에 우유를 넣어 마신 커피는 나의 내장을 마비시켜서 그 기능을 완전히 정지시킨 것 같았다. 그 결과 나는 몹시 불안을 느꼈는데, 그렇다고 해서 좀더 합리적인 생활 양식으로 바꿀 결심을 할 수는 없었다.

나의 타고난 성질은 넘치는 청춘의 힘이 뒷받침되어, 들뜬 것 같은 쾌활함과 우울하기 짝이 없는 불쾌라는 양극(兩極) 사이를 오갔다. 또 당시에는 냉수욕이 무조건 권장되던 때였다. 딱딱한 침상에서 자고 이불을 가볍게 하라는 것이었는데, 이 때문에 확실히 통상적인 발산 작용은 모두 억제되었다. 이러저러한 어리석은 행동은, 루소가 장려한 것을 오해했기 때문인데, 그것에 의해 우리는 보다 더 자연에 접근할 수 있고 세상의 부패한 습속(習俗)에서 구원될 것이라고 기대했던 것이다. 그런데 위에서 말한 것들이 분별없이, 불합리하게 시종일관 교대로 적용되었기 때문에 이런 방법은 유해하기 짝이 없다고 느끼는 사람도 적지 않았다. 나는 타고난 체질을 몹시 학대하여, 전체를 구하기 위해 그 속에 포함되어 있는 개개의 조직이 마침내 반란과 혁명을 일으키지 않으면 안 될 정도로 막다른 골목에 몰린 결과가 되었다.

어느 날 밤, 심한 각혈과 함께 눈을 떴다. 그래도 나는 옆방에 있는 사람을 깨울 만한 기력과 의식은 가지고 있었다. 의사 라이헬이 와서 매우 친절하게 손을 봐 주었지만, 나는 수일 동안 사경을 헤매야 했다. 이에 이은 회복의 기쁨도 갑작스런 발병 때 목 왼쪽에 생긴 종기 때문에 엉망이 되었다. 생명의 위험이 지나간 지금에 와서 처음으로 이 종기를 알아차릴 수 있는 여유가 생겼던 것이다. 병의 회복이란, 비록 그것이 느리게 진행되어도 하여간 기분이 좋고 즐거운 일이다. 그리고 내 경우는 내가 지닌 자질이 이것을 타개해 갈 힘을 지니고 있었기 때문에 이제 전혀 딴사람이 된 것같이 여겨졌다. 겉으로는 장기간 병을 앓을 위험에 처해 있기는 했지만, 오랫동안 몰랐던 정신의 쾌활함을 얻어 마음속의 자유를 느끼게 되어 나는 안도의 한숨을 쉬었다.

그러나 이 시기에 특히 나의 기분을 북돋워준 것은, 실로 많은 사람들이 그들의 애정을, 그것을 받을 만한 가치도 없는 나에게 쏟아준 것을 눈으로 직접 보는 일이었다. 그럴 만한 가치가 없다고 한 것은, 이러한 사람들 중에서 누구 하나 나 때문에 곤혹을 치르지 않은 사람이 없었고, 또 나의 병적인 반항심에 의해 여러 번 기분을 상했을 뿐만 아니라, 내가 나 자신의 잘못을 알고 얼마 동안 일부러 피하여 만나지 않은 사람도 드물지 않기 때문이다. 그들은 이러한 사정을 모두 잊고 마음속으로부터 나를 위로했다. 어떤 때는 내 방에서, 어떤 때는 외출을 하게 되었을 때 밖에서 위로하고 기분을 전환시켜 주려고 하였다. 그들은 마차로 나를 데리고 나가 그들의 별장에서 나를 대접해 주었다. 이리하여 나의 병 회복도 머지않은 것처럼 보였다.

이들 친구 중에서 맨 먼저 이름을 들고 싶은 사람은, 당시 라이프치히의 시 참사회 회원으로 있다가 후에 시장이 된 도크토르 헤르만이다. 그는 내가 슐로서를 통해서 알게 된 식탁 동아리의 한 사람으로, 이 사람과는 항상 변함없는 관계를 유지했다. 그는 우리들 중에서 가장 근면한 사람이었다. 매우 규칙 있게 강의에 나갔고 가정에서도 시종일관 공부에 열중했다. 조금도 옆길로 흐르지 않고 착실하게 전진하여, 그가 학위를 따고 이어 사법관 시보(試補)로 승진하는 것을 나는 보았는데, 그때 그는 조금도 고생을 한 기색을 보이지 않았고, 결코 그 무엇인가를 초조하게 하거나 또 연기하거나 하는 일이 없었다. 그의 온화한 성격이 나를 끌어당기고 그의 유익한 담화가 나의 마음을 사로잡았다. 뿐만 아니라 그의 규칙 바른 근면을 내가 특히 기뻐한 것은, 나로서는 도저히 가질 수 없는 그러한 장점을, 하다못해 다른 사람에게서 인정함으로써 그 일부라도 내 것으로 만들려는 생각에서였다.

그는 자신의 재능을 작용하는 데에 있어서나 오락에 빠질 경우에도, 공적인 업무에 있어서와 마찬가지로 규칙적이었다. 그는 피아노를 매우 잘 쳤고 정감 어린 사생을 잘했는데, 나에게도 이것을 자주 권했다. 그래서 실제로 나도 그의 방식을 따라서 회색 종이에 흑백 초크로 브라이세강 변의 버드나무 숲이나 조용히 흐르는 개울 같은 바람직한 풍경을 사생하면서, 항상 동경에 가득 찬 덧없는 공상에 빠지곤 하였다. 그는 내가 가끔 우스꽝스러운 행동을 하면 재치 있는 명랑한 유머로 응수했다. 어떤 때, 그가 장난 삼아 정색한 태도로 나를 단둘만의 만찬으로 초대해 주었는데, 그때 그 자리에서 같이 보낸 몇 시간은 지금도 잊을 수가 없다.

우리들은 독특한 예법을 지켰고, 부엌으로 굴러들어온, 이른바 그의 지위에 대한 보수로 시청에서 내린 토끼를 촛불 아래서 먹으며, 베리쉬류(流)의 농담으로 음식에 맛을 더하고 포도주의 도수를 높이는 것을 즐겼다. 지금도 훌륭한 직무에 앉아서 활동을 계속하고 있는 이 뛰어난 인물은, 내가 다소의 징조를 느끼고는 있었지만 사태의 중대함을 예상하지 않았던 병에 걸렸을 때 더없이 충실하게 원조를 해 주었고, 틈만 있으면 나를 위해 시간을 할애하여 이전의 즐거웠던 갖가지 추억담으로 어두운 현재를 밝게 해 주었다. 지금도 충심에서 우러나오는 감사를 가지고 회상하며, 오랜 세월이 지난 지금 감사의 마음을 공표할 수가 있다는 것을 나는 영광으로 생각하는 바이다.

이 훌륭한 친구 외에도 브레멘의 그레닝[40]이 특히 나를 정성껏 돌봐 주었다. 나는 발병하기 조금 전에 그와 아는 사이가 되었는데, 나에 대한 그의 호의는 병에 걸려 비로소 알게 되었다. 누구나 환자와 별로 친하게 지내려 하지 않으므로 나는 이 호의의 고마움을 뼈저리게 느낀 것이다. 그는 나를 즐겁게 해주었고, 내가 나의 처지를 비관하지 않게 매사에 기를 돋우어 가까운 장래에 회복해서 기운차게 활동할 수 있다고 설득하면서, 내가 그 기대를 가지게 하기 위해서 몸과 마음을 아끼지 않았다. 세월이 흘러 그가 매우 중요한 직무에 오른 것과, 고향의 도시에서 유용한 복지를 가져올 인물이라고 여겨지고 있다는 것을 듣고 나는 얼마나 기뻤는지 모른다.

친구인 호른이 그의 애정과 주의를 끊임없이 나에게 쏟아준 것도 이 무렵이었다. 브라이트코프 집안의 온 가족, 슈토크 집안, 그 밖의 많은 사람들이 마치 나를 가까운 친척처럼 대접해 주었다. 이와 같이 많은 친절한 사람들의 호의로 내 몸의 처지 때문에 우울했던 기분이 더없이 위로받았다.

여기서 어떤 인물에 대해서 자세하게 말해 두지 않으면 안 된다. 이 사람은 그 무렵 처음으로 알게 되었는데 그와의 유익한 담화는 내가 놓여 있는 슬픈 경우를 전적으로 잊게 할 정도로 나를 매혹시킨 것이다. 그것은 후에 보르펜뷔텔의 사서가 된 랑거[41]이다.

---

40) 게오르크(1745~1825). 브레멘의 구가(舊家) 출신. 외교 고문·외교관. 브레멘 시장.
41) 에른스트 테오도르(1743~1820). 베리쉬 다음에 라이프치히에서 가정 교사. 레싱의 후계자로

훌륭한 학식과 교양이 풍부한 이 사람은 당시 병적인 과민성 때문에 완전히 열병에 빠진 나의 지식욕을 보고 기뻐하고, 명확한 지식의 개관(槪觀)을 주어 서두르는 내 마음을 달래려 하였다. 그리고 나는 짧은 기간이기는 했으나 그와의 교제에서 얻은 바가 컸다. 그는 여러 가지 방법으로 나를 인도하는 요령을 알고 있었고, 또 바로 그 무렵에 내가 나아가야 할 방향으로 눈을 돌리게 해 주었다. 나와의 교제는 그에게는 다소의 위험을 수반하는 것이었던 만큼, 나는 이 중요한 인물에게 은혜를 느끼고 있었다. 왜냐하면 그가 베리쉬의 후임으로서 린데나우 소백작의 가정 교사로 있었을 때, 아버지인 백작은 이 새로운 선생에게 나와의 교제를 절대로 하지 않는다는 조건을 단 것이다. 그는 이러한 위험인물과 알고 지내고 싶은 호기심으로, 가끔 남모른 장소에서 나와 만나는 길을 생각해냈다.

베리쉬보다 현명한 그는 밤에 나를 끌어내어 함께 산보하면서 여러 가지 흥미 있는 일에 대해 이야기를 주고받았다. 그러다 보니 마침내 그의 애인 집 앞까지 그를 바래다주게 되었다. 겉으로는 엄격하게 보이는 학자적인 이 사람도 여자의 매력이라는 그물로부터 벗어날 수가 없었던 것이다.

독일 문학, 그와 동시에 나의 문학상의 여러 계획은 얼마 전부터 소원(疎遠)하게 되었다. 나와 같은 독학자는 자칫 그 자리를 맴돌기가 일쑤였는데, 나는 이번에도 또 사랑하는 고대 사람으로 눈을 돌리게 되었다. 고대 사람은 여전히 저 멀리에 있는 푸른 산처럼 그 윤곽과 집단은 분명히 보이기는 하지만, 그 각 부분이나 내부 관계는 구별이 안 되어 나의 정신적 소망의 지평을 가로막고 있었다.

나는 랑거를 상대로 일종의 교환 행위를 했는데, 이때 나는 그라우쿠스와 디오메데스[42]의 역을 혼자 맡아, 독일의 시인이나 비평가가 들어 있는 바구니를 그대로 그에게 주고, 그 대신에 많은 그리스 작가를 받았다. 병의 회복이 지지부진했지만 나는 이들 작품을 읽고 상쾌한 기분을 되찾을 수가 있었다.

새로운 친구와 주고받는 신뢰는 한 발 한 발 발전해 가는 것이 보통이다. 일이나 기호가 서로 공통되는 것이 상호 일치가 나타나는 원점이다. 그 뒤 두 사

---

서 보르펜뷔텔의 사서. 괴테는 그로부터 종교적 영향을 강하게 받았다.
42) 그라우쿠스는 자기의 황금 갑옷을 디오메데스의 청동 갑옷과 교환하였다—호메로스 《일리아드》 제6장.

람의 담화는 과거와 현재에서 정열을 기울인 사항, 특히 연애 사건으로 확대되어 간다. 그러나 우정 관계가 완전한 것이 되기 위해서는 더욱 깊은 것이 열리지 않으면 안 된다. 그것은 종교적 신념이며, 불멸의 것에 관심을 갖는 심정의 문제로, 우정의 기반을 단단하게 함과 동시에 그 정상을 장식하는 것이다.

그리스도교는 본래 역사적으로 실증된 계시 종교로서의 면과 도덕에 기초를 두면서, 다시 도덕이 기초를 바로잡으려는 순수한 자연 종교 사이를 오가고 있었다. 성격이나 사고방식의 차이는 거기에서 무한의 단계를 이루고 나타났는데, 그것은 특히 이와 같은 신념에 이성과 감정이 어느 정도 관여를 할 수 있는가, 또 허용되는가 라는 문제가 생김으로써 근본적인 차이가 첨가되어 작용하기 때문이다.

더할 나위 없이 활동적인 사람들은 이 경우 나비에 비유할 수 있는데, 그들은 유충이었던 시절을 모두 잊고, 유기적으로 완성된 성충에 도달할 때까지 그들을 싸고 있던 번데기의 고치를 버리는 것이다. 이와는 달리 성실하고 겸손한 마음을 가진 사람들은 꽃과 비교할 수가 있다. 이 사람들은 더없이 아름다운 꽃을 피우면서도 뿌리로부터, 그리고 어머니인 줄기로부터 결코 이탈하지 않을 뿐만 아니라, 오히려 이러한 가족적인 유대로 기다리고 바라던 과실을 얻는 것이다.

랑거는 이 후자에 속해 있었다. 그는 학자이자 뛰어난 서지학자였지만, 전래된 다른 저작보다도 성서 쪽이 훨씬 낫다고 생각하여, 이것이야말로 우리들이 도덕적, 정신적 계보를 증명할 수 있는 유일한 문서로 보고 있었던 것 같았다. 그도 또한 위대한 세계 창조신과의 직접적인 관계를 도저히 생각할 수 없는 사람들 중의 한 사람으로, 이로 인하여 그 어떤 매개가 필요하며, 이 매개 비슷한 것은 지상의 사물이나 천상의 사물 등 어디서나 발견할 수 있다고 믿고 있었다. 그의 즐거운 이치가 닿는 강의는, 나와 같이 저주스런 병 때문에 지상의 사물로부터 격리되어, 정신의 활발한 작용을 천상의 사물로 돌리려고 절실히 원하고 있는 청년의 귀를 손쉽게 끌어당겼다. 원래 나는 성서에 정통해 있었기 때문에, 이제까지 인간적으로 존중하고 있던 것을 앞으로는 신적(神的)인 것이라고 분명히 말할 수 있는 신앙을 갖기만 하면 좋았던 것이다.

처음으로 성서를 알았을 때에, 나는 이것을 하나님의 책으로 보고 있었기 때문에 그와 같은 신앙을 얻는다는 것은 손쉬운 일이었다. 따라서 복음은 참는 사람, 마음이 섬세한 사람, 아니 연약한 감정을 가진 사람에게 환영을 받았다. 그런데 랑거는 그의 신앙에도 불구하고 동시에 매우 이지적인 사람이어서, 감정의 지배를 받아서는 안 되며 광신에 빠져서도 안 된다는 생각을 굳게 가지고 있었다. 그렇지만 나로서는 역시 감정이나 감격 없이 신약성서에 도저히 관여할 수가 없었다.

이러한 담화를 교환하면서 우리는 많은 시간을 보냈다. 그는 나와 같은 충실하고 소양이 충분한 신자를 새로 얻은 것을 기뻐하여, 그 때문에 애인에게 바칠 시간까지 나에게 할애하는 것을 주저하지 않았다. 뿐만 아니라, 나와의 교제가 드러나서 베리쉬와 같이 백작의 미움을 사게 되는 위험도 개의치 않았다. 나는 그의 애정에 대해 마음으로부터 우러나오는 감사를 가지고 보답했다. 그가 나를 위해 다해 준 일은 언제 어디에서나 존중할 만한 것이었지만, 당시의 내 처지로서는 더없이 귀중한 것이었다고 말하지 않을 수가 없었다.

그런데 보통 우리들의 영혼의 단계가 정신적으로 가장 높아졌을 때, 속세의 조잡한 규환(叫喚)이 거칠게 침입하여, 끊임없이 잠재적으로 작용하고 있던 양자의 대조가 갑자기 표면으로 나타나 그만큼 한층 날카롭게 느껴지는 것이므로, 나도 또한 랑거의 소요학파(逍遙學派)[43]로부터 해방되기 위해서는, 적어도 라이프치히에서는 보기 힘든 사건을 체험하지 않으면 안 되었다.

그것은 학생들이 일으킨 소동으로, 다음과 같은 동기로 시작된 것이다. 전부터 도시의 병사들과 청년들은 사이가 나빠서 폭력 사태가 우려되고 있었다. 많은 학생들이 단결해서, 병사들이 저지른 모욕에 복수하려고 하였다. 병사들은 완강하게 저항하여 학생 쪽이 불리했다. 그런데 도시의 유력자들이 병사들에게 그 용기를 칭찬하며 보수를 주었다는 소문이 나돌았다. 이 때문에 청년들의 명예심과 복수심이 강하게 불타올랐고, 다음 날 밤에는 수비대장의 집 창문이 파손될 것이라는 이야기가 공공연하게 나돌았다. 실제로 그렇게 할 것이라는 소식을 듣고 온 몇 사람의 친구들과 함께 나는 현장으로 나갔다. 청년과

---

43) 아리스토텔레스의 문하생은 페리파테티커라고 불리었다. 학교가 리케이온의 페리파토스에 있었기 때문으로 여겨진다. 후에 그들이 산책(페리파틴)을 하면서 철학 강의를 하였기 때문에 '소요학파'로 불렸다고 한다. 여기에서는 랑거가 산보하면서 자기 생각을 말한 것을 괴테가 장난삼아 말한 것이다.

군중들은 항상 위험이나 소동에 마음이 끌리는 것이기 때문이다.

과연 진기한 광경이 벌어졌다. 여느 때 같으면 인적이 드문 가로의 한쪽 편에는, 무슨 일이 일어날 것인가 하고 숨을 죽이고 있는 사람들로 가득 찼다. 사람이 없는 그 옆 거리에는 약 12명가량의 청년이 겉보기에는 침착한 태도로 한 사람씩 오가고 있었다. 그런데 목표로 했던 집 근처에 왔는가 했더니 이내 창문을 향해 돌을 던지기 시작하였다. 창문이 깨지는 소리가 나기가 무섭게 이어서 다른 돌이 날아왔다. 이것은 매우 조용하게 진행되었는데, 청년들은 그곳을 떠날 때에도 허둥대지 않고 침착한 모습으로 사라졌다. 그리고 사건은 그 이상 악화되지 않았다.

학생들의 눈부신 활약의 소란스런 여운을 들으면서, 나는 1768년 9월에 쾌적한 임대 마차에 흔들리면서, 믿을 수 있는 사람 두세 명과 함께 라이프치히를 출발하였다. 아우어슈테트 부근에서는 지난 재난을 회상하였으나, 그로부터 몇 년이 지난 오늘 더 큰 위험[44]이 이 지방에서 나를 위협하리라고는 꿈에도 생각하지 않았다. 마찬가지로 우리들이 성을 안내받았던 고타[45]에서도 석고상이 장식된 큰 방에 서서, 바로 그 자리에서 그토록 많은 은총과 사랑을 받으리라고는 당시에는 전혀 생각지도 못했던 일이다.

고향으로 가까이 감에 따라 나는 자신이 어떤 상태로, 또 어떤 기대와 희망을 가지고 집을 나왔는가 하는 것을 마음속에 회상하고 더욱더 무거운 심정이 되었다. 말하자면 난파한 사람처럼 돌아왔다고 생각하니 기가 죽고 말았다. 하지만 새삼 나를 책망할 일도 별로 없었으므로 마음의 안정은 상당히 간직할 수가 있었다. 그래도 가족의 환영에는 감동하지 않을 수 없었다. 달아오르기 쉬운 나의 성질은 병 때문에 자극을 받아 정열적인 한 장면이 연출되었다.

나는 나 자신이 알았던 것보다 더 병색이 뚜렷했는지도 모른다. 나는 오랫동안 거울로 내 몸을 비쳐본 일이 없었기 때문이다. 그러나 결국 누구나 자기 자신의 상태에 익숙해져서 아무렇지도 않게 생각하는 법이다. 여하간 가족들은

---

44) 1806년 나폴레옹의 프랑스군이 침입, 예나와 아우어슈테트에서 격전. 이어 바이마르 점령, 약탈, 괴테의 집에도 위험이 닥쳤다.

45) 괴테는 후에 자주 고타 궁정의 손님이 되어 에른스트 2세, 왕비 마리아 샤를로테 아마리아, 고타 공의 동생 아우구스트와 친교를 맺었다.

쌓인 이야기는 차차 듣기로 하고 우선 무엇보다도 먼저 나에게 육체적으로나 정신적으로 안정을 취하게 하자는 데에 말없이 일치를 본 것이다.

누이동생은 이내 내 말동무가 되어 주었다. 우선 편지로 대략적인 것은 알고 있었으나, 이제 더 정확하고 자세히 집안 사정이나 처지를 그녀의 입을 통해서 들을 수가 있었다. 아버지는 내가 출발한 후 그의 교육열을 누이동생에게 쏟았고, 평화로운 세상에서 안전이 보장되고 하인까지 두지 않게 된 가정에서, 다소나마 외부에서 교제를 구하거나 기분 전환을 할 수 있는 길은 누이동생에게는 완전히 차단되고 있었다. 누이동생은 프랑스어와 이탈리아어와 영어를 교대로 공부해야 했고, 하루의 대부분을 마지못해 하는 피아노 연습으로 보내야만 했다. 편지 쓰는 것도 게을리할 수 없었다.

나는 이미 전부터 안 일이지만, 아버지는 나와 편지를 교환하라는 지시를 누이동생에게 주고, 자기의 교훈을 누이동생에게 받아쓰게 하여 내게 보냈던 것이다. 누이동생은 시종 알 수 없는 성질의 여성으로, 엄격과 유화, 고집과 온순이 기묘하게 섞여 있어서, 이들 성질은 어느 때는 한데 합쳐서 작용하고 또 어느 때는 의지나 좋고 나쁨에 따라 따로따로 작용하였다. 그래서 누이동생은 너무한다는 생각이 들 정도로 아버지에게 완고한 태도를 취했으며, 아버지가 최근 2, 3년 동안 그녀의 순진한 기쁨을 방해하고 경우에 따라서는 못쓰게 만든 것을 생각하고, 결코 아버지를 용서하지 않고 또 아버지의 선량하고 뛰어난 여러 성질을 어느 하나도 인정하려고 하지 않았다.

누이동생은 아버지가 어떤 일을 명령하거나 지시할 때면 무뚝뚝하게 받아들였고, 마지못해서 적당히 하곤 했다. 누이동생은 매사에 애정이나 호의로 남에게 양보하는 일이 없었기 때문에, 어머니와 내가 비밀스럽게 이야기를 주고받을 때 무엇보다도 먼저 걱정하는 일 가운데 하나는 이것이었다. 그런데 누이동생에게도 나름대로 사랑을 구하는 마음이 있어서, 이제 그 애정의 전부를 나에게 쏟았다. 그녀는 자기 시간을 나의 간호와 위로를 위한 배려에 모두 바쳤다. 누이동생이 시킨 것은 아니었지만, 동생을 잘 따르던 그녀의 친구들도 이것저것 재미있는 것을 생각해내며 나를 기쁘게 하고 위로해주었다.

누이동생은 내 마음을 북돋우기 위해 독특한 재능을 발휘했을 뿐만 아니라, 때때로 우스운 농담을 건네기도 했다. 누이동생에게 그런 유머가 있으리라고는 이제까지 생각조차 하지 못했으나 그것은 의외로 그녀에게 잘 어울렸다. 이윽고 우리들 사이에는 일종의 은어 같은 것이 생겨서 아무 앞에서나 상대편이 모르게 이야기를 주고받을 수가 있었다. 누이동생은 이 은어를 대담하게도 부모님 앞에서도 자주 사용하였다.

아버지는 당신 나름대로 안락한 생활을 하고 있었다. 매우 건강했으며 하루의 대부분을 누이동생을 교육하거나 여행기를 쓰고, 뤼트의 음을 조율하며 보내고 있었다. 그는 지금 학위를 끝마치고 예정된 경력으로 나아가야 할 완강하고 활동적인 아들이 아니라 육체보다는 정신적으로 많은 고민을 가지고 있는 것 같은 병약한 아들을 보고, 틀림없이 마음속에 불쾌감을 느꼈을 것이다. 그러나 그것을 될 수 있는대로 숨기고, 시원치 않은 아들의 치료에 어떻게든 최선을 다하는 것이 좋겠다는 소원을 말했다. 특히 아버지 앞에서는 우울증적인 말을 입 밖에 내는 것을 삼가지 않으면 안 되었다. 그런 말을 들으면 아버지는 몹시 격앙(激昻)해서 신경이 날카로워졌기 때문이다.

매우 쾌활하고 명랑했던 어머니는 이런 환경에서 매일 따분한 나날을 보내고 있었다. 식구가 적은 가정의 가사는 아무것도 아니었다.

항상 무엇인가 하고 있지 않으면 견디지 못하는 선량한 어머니는 무엇인가 관심을 둘만한 일을 찾으려고 하였다. 그래서 그녀가 우선 찾아낸 것은 종교였다. 그녀의 가장 뛰어난 여자 친구들은 교양이 있고 열렬한 신앙인들이었으므로 종교는 그만큼 더 어머니의 마음을 사로잡았다. 이러한 친구들 중에서 맨 먼저 꼽을 수 있는 사람은 클레텐베르크[46] 여사로, 《빌헬름 마이스터》 속에 삽입되어 있는 '아름다운 영혼의 고백'은 그녀의 담화나 편지에서 태어난 것이다.

그녀는 중간 키의 화사한 체격을 가진 여인으로, 진정 어린 자연스러운 태도는 사교나 궁중 예의를 몸에 지니고 있었기 때문에 헤른푸트파(派) 여인의 복장을 연상시켰다. 그녀는 쾌활함과 마음의 편안함을 결코 잃은 일이 없었다. 그리고 자기 병을 덧없는 지상적 존재의 필연적인 요소로 보고 최대의 인내심을 가지고 이를 견디어, 고통이 없는 틈을 타서는 쾌활하게 행동하고 담화하기를 좋아했다.

---

46) 수잔네 카타리나 폰(1723~74). 괴테 어머니의 사촌 여동생. 병의 정신적 극복의 모티프는 《편력시대》 마카리엔의 묘사에서도 볼 수 있다.

클레텐베르크 여사가 가장 좋아한, 아니, 아마도 유일한 화제는 자기를 관찰하는 인간이 자기 자신의 마음속에서 경험하는 도덕적 체험이었다. 여기에 또 종교적 감정이 결부되어, 그것을 그녀는 매우 우아하고 천재적인 방법으로 자연적인 것으로서 혹은 초자연적인 것으로서 관찰했다. 이러한 서술에 흥미를 가진 사람들에게, 그 여성의 넋 속에 들어 있는 상세한 이야기를 또다시 기억에 상기시키려면 이 이상의 말이 필요 없을 것이다. 그녀가 어렸을 때부터 거쳐온 독특한 경로와, 타고난 높은 신분과, 더 나아가서 그녀의 정신의 활발함과 특이함, 그런 것이 있었기 때문에 똑같이 구제의 길로 발을 들여놓은 다른 여자들과 완전하게 어울릴 수가 없었다.

그중에서도 가장 뛰어난 그리스바흐[47] 여사는 너무 엄격하고 비정하여 지나치게 학자 같은 느낌을 주었다. 그녀는 자기 감정의 발달에 만족하고 있는 다른 여인들보다도 지식이나 생각 그리고 포용력이 컸기 때문에, 아무래도 다른 여인들로부터 존경받지는 못하였다. 어떤 여인이나 반드시 그녀와 같은 물심양면의 큰 장비를 가지고 더없는 행복에의 길로 가는 것이 아니었고, 또 그렇게 가려고도 하지 않았기 때문이다. 그 대신 대부분의 여인들은 약간 단조로운 기색을 보이고 있었다.

이러한 여인들은 아마도 뒷날 감상파 사람들의 그것과 비교할 수 있는 용어법[48]에 구애되어 있었기 때문이었다.

클레텐베르크 여사는 양극단 사이의 길을 걷고 있었다. 그리고 친첸도르프[49] 백작의 상(像) 속에서 자기의 모습을 보고 다소 의기양양했던 것 같다. 백작의 사고방식이나 활동이 고귀한 태생과 높은 지위를 증명하고 있었기 때문이다. 그녀는 자기가 구하고 있던 인간을 나에게서 발견하였다. 즉 어느 미지(未知)의 구원을 추구하고 있는 젊고 활발한 사람, 그리고 자신을 매우 심하게 죄 있는 사람이라고 생각하지는 않지만, 그러나 편안한 심경에 있지 않고 육체도 영혼

---

47) 요한 도로테아(1726~75). 신학자 람바흐의 딸. 잔크트 페트리의 목사 콘라트 카스팔 그리스바하와 결혼.
48) 경건파는 일종의 독특한 사고와 화술을 발전시켰는데, 괴테는 마찬가지로 독자적인 언어를 가져, 단조롭게 흐르는 경향이 있었던 뒷날의 감상파와 이를 비교, 대조했다.
49) 니콜라우스 루트비히 그라프 폰(1700~60). 헤른후트파 창시.

도 완전히 건전하지 않은 인간을 나에게서 발견한 것이다. 그녀는 내가 자연으로부터 받은 것이나, 또 내가 스스로 노력해서 손에 넣은 것에 기쁨을 느꼈다. 그리고 나에게서 많은 아름다운 점을 인정했지만 그것은 결코 그녀 자신을 비하하는 일은 아니었다.

왜냐하면 그녀는 남성과 경쟁하려고 생각하지 않았으며, 종교적인 수행에 있어서 자기가 나보다도 뛰어나다고 생각했기 때문이다. 나의 불안, 초조, 노력, 모색, 탐구, 생각 및 동요, 이들 모두를 자기 식으로 해석하여 나에게 자기의 확신을 숨기지 않았으며, 그러한 나의 잘못된 생각은 모두 내가 신과 화해하지 않는 데에서 생기는 것이라고 솔직하게 단언하였다.

그런데 나는 젊었을 때부터 내가 신과 평화로운 관계에 있다고 믿었고, 여러 가지 경험을 거친 후에는 오히려 신이 나에게 빚을 지고 있다고 상상하여, 대담하게도 내 쪽에서 신을 용서할 까닭이 어느 정도 있다고 믿고 있었다. 그러나 이러한 독단도 나의 한없이 선량한 의지에서 나온 것이었으며, 신은 나의 의지에 오히려 협력해야 한다고 나는 생각했다. 내가 이 점에 대해서 클레텐베르크 여사와 얼마나 많은 논쟁을 했는가는 쉽사리 상상할 수 있을 것이다. 이 논쟁은 항상 따뜻한 우정을 가지고 이루어졌고, 저 노(老)교장[50]과 담화했을 때처럼, 내가 어리석은 청년이라서 여러 가지 면에서 너그럽게 보아주어야 한다는 것으로 결말이 났다.

나는 목에 난 종기 때문에 매우 심한 고통을 받았다. 내과 의사와 외과 의사는 처음에는 가라앉히려고 하다가, 다음에는, 그들의 용어에 의하면, 화농(化膿)하게 하려고 했으나 마지막에는 절개하는 편이 낫다고 생각하였다. 그래서 나는 상당히 오랫동안 고통보다는 불편 때문에 고생을 하였다. 치료가 끝날 무렵에는 초산은(硝酸銀)과 그 밖의 부식성 약물을 끊임없이 발랐기 때문에, 그다음 날을 생각하면 항상 불쾌해서 견딜 수가 없었다.

내과의와 외과의는 기질은 매우 달랐지만, 다 같이 경건한 분리파 신자였다. 외과의 쪽은 키가 늘씬하고 풍채가 좋고 숙련된 솜씨를 가진 남자였는데 안쓰럽게도 결핵 기미가 있었다. 그러나 그는 진정한 그리스도교 신자다운 인내를

---

50) 제4장의 알브레히트 노인을 가리킨다.

가지고 그 병을 견디고, 자기 병 때문에 근무를 소홀히 하는 일은 없었다. 내과의 쪽은 빈틈이 없고 인상이 좋은 말투였으나 정체를 알 수 없는 인간으로, 신자들 사이에서는 매우 독특한 신뢰를 얻고 있었다. 그는 활동적이고 주의가 깊어 환자들에게 믿음을 주었다. 그러나 그의 단골 환자가 늘어난 이유는 무엇보다도 자기가 만든 몇 가지 비약(祕藥)을 넌지시 암시했기 때문이다.

우리나라에서는 의사가 자기 손으로 조제하는 것이 금지되어 있었으므로 아무도 이에 대해서 이야기할 수 없었다. 소화제로 짐작되는 몇 가지 가루약에 대해서는 모두가 대충은 알고 있었으나, 위독할 경우에만 사용한다는 중요한 염류제(鹽類劑)에 대해서는 신자들 사이에서 소문만 무성할 뿐, 아무도 그것을 본 사람이 없고 효능을 시험한 사람도 없었다.

이와 같은 만능약이 있을 수 있다는 신앙심을 일으키게 하고 그것을 강화시키기 위해, 이 의사는 환자 쪽에서 다소라도 그것을 받아들일 기색을 보이면 신비한 화학이나 연금술을 다룬 책을 추천했고, 그것을 스스로 연구할 마음이 있으면 그 보물을 자기 것으로 만들 수 있을 것이라고 암시하였다. 또 조제라고 하는 것은 물질적, 특히 정신적 이유로 남에게는 전수할 수 없는 것이므로, 그만큼 자기가 연구할 필요가 있다고 했다. 뿐만 아니라 이 위대한 일을 이해하고 창조하고 이용하기 위해서는 자연의 비밀을 그 관련된 입장에서 이해하지 않으면 안 되는데, 왜냐하면 그것은 개별적인 것이 아니라 보편적인 것이며, 여러 형태로 만들어낼 수 있기 때문이라고 그는 말하였다.

클레텐베르크 여사는 이 유혹적인 말에 귀를 기울였다. 육체의 건강은 영혼의 건강과 매우 가까운 관계에 있다. 이렇게도 많은 병을 고치고 이렇게도 많은 위험을 막을 수 있는 의약품을 내 것으로 만드는 것 이상으로 남에게 자비와 동정을 베풀 수 있는 길이 어디에 있단 말인가!

그녀는 남몰래 웨링의 《마술적 신비의 책》[51]을 연구하고 있었는데, 저자가

---

51) 1735년 출판. 1760년에 신판이 나왔다. 괴테는 1769년에 입수. 이 책은 바로크 전지학(全智學 : 모든 일에 통달하는 학문)의 후예로 그 주제는, 그리스도교 구제사와 자연 질서를 관련시켜서 하나의 체계로 담아 그 관련을 자세히 제시하고, 때로는 질서 있는 세계로서 도식적으로 명백히 하는 데에 있었다. 이 책 안에서 연금술의 3대 요소와 소금, 유황, 수은에 관한 자연적 원리와 우주 창조 신화의 서술이 결부되어 있다.

자신이 전하는 빛을 이내 자기 손으로 어둡게 하고 꺼 버리고 말았기 때문에, 그녀는 이 광명과 암흑이 교차하는 세계에서 자기의 이야기 상대를 맡아 줄 사람을 구하고 있었다. 나에게 이러한 광신(狂信)을 심기 위해서는 약간의 자극만으로 충분했다.

나는 이 책을 손에 넣었는데, 그것은 다른 여러 서적들과 마찬가지로 그 계보를 죽 더듬어 가면, 신(新)플라톤파[52]까지 거슬러 올라갈 수가 있었다.

내가 이 책에 대해 가장 노력을 기울인 것은, 저자가 어떤 대목에서 다른 대목을 지시하여, 그가 언급하지 않고 있는 일을 이윽고 거기에서 명백히 할 것을 약속하는 것 같은 암시적인 대목에 될 수 있는 대로 면밀한 주의를 기울여, 여백 부분에 해명이 될 만한 곳의 페이지를 기입하는 일이었다.

그러나 이 책은 어려워서 이해하기가 힘들었다. 결국 어떤 술어의 뜻을 연구하여 그것을 마음대로 사용하고 무엇인가를 이해하는 단계까지는 이르지 못했다 해도, 적어도 그것을 인용할 수 있는 정도에서 끝냈다. 이 저서는 그 선구자들에 대해 많은 존경의 뜻을 기울여 언급하고 있었으므로, 나도 그 원천을 연구해 볼 마음이 생겼다.

이렇게 해서 우리들은 파라켈수스[53]나 발렌티누스[54]의 저작을 보았고, 다시 헬몬트,[55] 조지 스타르키[56] 등에 이르러, 그들의 자연 및 상상에 입각한 학설이나 지시를 이해하고 그에 따르려 하였다.

---

52) 프로티노스 및 그의 학파의 사상은, 그들이 그리스, 이집트의 신화 속에 우주 비밀의 연관에 대한 상징적인 암시를 인식할 수 있다고 생각했기 때문에 그노시스설(說)이나 고대의 신비설과 결부되었다. 다시 중세에는 초기 그리스도교에 유입되어, 중세 전성기의 신비설 속에 계속 살아 있었다. 르네상스 이후, 특히 피코 델라 미란도라와 마르실리오 피치노에 의해서 이 파의 새로운 영향이 시작되었다. 독일의 전지학은 이들 사상을 이어받았다. 신비적 자연 철학의 유파로는 파라셀수스, 요한 발렌틴, 안드레아에, 야코프 뵈메 등. 괴테는 주로 바실리우스 발렌티누스의 책, 웨링,《호메로스의 황금 쇠사슬》등에 의해 신플라톤파의 전통을 알았다.

53) 테오푸라스투스 폰 호헨하임(1493~1541). 중부 유럽을 돌아다니고 스위스에서 은둔 생활을 하였다. 의사·자연 탐구자. 웨링이나《호메로스의 황금 쇠사슬》에 이르는 독일 전지학의 시조. 《자연의 빛》과《은총의 빛》과의 사이의 평행 관계를 탐구했다.

54) 바실리우스(생몰년 불명). 15세기, 에어푸르트의 수도 사제로 연금술에 대한 비밀 지식을 가지고 있었다고 한다. 주저《안티모늄의 개선차(凱旋車, 1604)》.

55) 얀 밥티스타 반(1577~1644). 당시의 저명한 전지학자·의사.

56) 1665 사망. 17, 8세기에 알려진 영국의 전지학자·자연 연구자·의사.

특히 마음에 든 것은 《호메로스의 황금 쇠사슬》[57]로, 이 책에서는 비록 공상적이기는 해도, 자연이 하나의 아름다운 결합 상태로 표현되어 있다.

이렇게 해서 우리들은, 경우에 따라서는 따로따로, 또는 함께 이들 기묘한 일에 많은 시간을 들였고, 집에 들어박혀 지내지 않으면 안 되었던 기나긴 겨울의 몇날 밤을 매우 즐겁게 보냈다. 어머니를 포함하여 우리 세 사람은 이들 비밀의 계시가 준 것보다도 훨씬 많은 기쁨을 그 비밀 자체에서 맛보았던 것이다.

그럭저럭 지내는 동안에 나에게는 더욱 가혹한 시련이 준비되고 있었다. 기능 장애를 일으켜 어느 순간에는 전혀 움직이지 않게 된 소화 작용이 여러 징후를 나타냈기 때문에, 나는 생명의 위험을 두려워할 정도로 심한 불안을 느껴 어떤 약도 효과가 거의 없을 것 같았다. 이런 것을 보고 참을 수가 없었던 어머니는 당혹해하는 의사에게 그 만능약을 가져오도록 간청하였다. 의사는 처음에는 반대했지만 결국 깊은 밤에 자기 집으로 돌아가, 결정(結晶)되어 건조된 염류(鹽類)를 담은 조그마한 컵을 가져왔다. 그리고 이것을 물에 녹여 환자인 나에게 마시게 했는데, 이 물은 분명히 알칼리성 맛이 났다. 이 염류를 복용하자마자 내 상태는 가벼워져서 이때를 계기로 병세가 차차 회복하는 방향으로 나갔다. 이 사실이 나의 의사에 대한 믿음과, 이와 같은 영약(靈藥)을 가지기 위한 노력을 강화했던 것은 두말 할 필요가 없다.

나의 여자 친구들은 부모도 없고 형제도 없이, 적당한 장소에 있는 널따란 집에 살고 있었다. 그녀는 전부터 소형 풍로와 중간 크기의 플라스크(flask), 그리고 레토르트(retort)를 사들이고 있었다. 웰링의 지시와 스승격인 의사의 중요한 지시에 따라, 특히 금속에 대한 실험을 하였다. 금속에서 효과적인 치유력이 있는 물질을 분리해낼 수 있다는 것이었다. 우리들이 알고 있는 그 어떤 책에도, 공중염(空中鹽)[58]이 중요한 역할을 하고 있으므로 그것을 빼내야 하는 것으로 되어 있었다. 이 조작에는 알칼리가 필요한데, 이것이 공중에서 용해함으

---

57) 1723년 초판. 이 책은 존재의 각 영역이 어떻게 관련되어 있는가를 서술하려고 한 것이다. 호메로스와는 직접 관계가 없다. 저자는 자연 과학자 안톤 요제프 킬히베거로 여겨지고 있다.

58) 연금술의 낡은 학설에 의하면 소금, 수은, 유황의 세 기본 요소는 모든 것 안에 존재하고 있다. 따라서 공기도 소금을 포함하고 있는 것으로 보았다.

로써 초자연적인 것과 결합하여, 마침내는 신비적인 중간염(中間鹽)[59]을 스스로 생산한다는 것이었다.

나는 건강도 약간 회복되고, 좋은 계절의 덕을 보아 다시 다락방에서 살 수 있게 되자, 곧 작은 장치를 설치하는 데에 착수하였다. 열사조(熱砂槽)가 달린 작은 풍로를 준비해서, 불꽃으로 플라스크를 가열하여 여러 가지 혼합물을 증발시키는 장치로 바꾸었다. 나는 거기서 대우주나 소우주의 불가사의한 성분을 신비하고 기묘한 방법으로 처리하여, 특히 중성염을 지금까지 들어본 적이 없는 방법으로 만들어 내려고 하였다.

그러나 얼마 동안 나를 열광하게 한 것은 이른바 규액(硅液)이었다. 순수한 규석을 적당한 비율의 알칼리로 용해시킬 때 거기에서 투명한 유리가 생기는데, 그것이 공기에 닿아 녹아서 규액이라는 아름다운 투명한 액체가 되는 것이다. 이것을 한 번이라도 스스로 조제해 본 일이 있는 사람이라면, 처녀토(處女土)[60]라는 것을 믿고 또 처녀토에 대한 작용과 처녀토에 의해서 생기는 작용이 계속될 가능성을 믿는 사람을 비난할 수는 없을 것이다.

나는 이 규액의 조제에 매우 능숙했다. 마인강에서 발견할 수 있는 아름답고 하얀 규석은 더할 나위 없는 원료였고, 열의(熱意)나 그 밖의 점에 있어서도 나는 빠지는 것이 없었다. 그러나 이 규질물(硅質物)은 내가 자연 철학풍으로 믿고 있었던 정도로, 염류와는 그렇게 밀접하게 화합하지 않는다는 것을 인정하지 않을 수 없었으므로, 마지막에는 나도 이 실험에 싫증이 나고 말았다. 이 두 가지는 손쉽게 분리되었는데, 두서너 번 동물성 젤라틴 상태를 띠어 나를 몹시 놀라게 한 이 훌륭한 광물액도 역시 나중에 어떤 분말을 남기는 것이었다. 이것은 더 미세한 규분(硅紛)이라고 생각해야 했는데, 그러나 아무리 보아도 이 성질 속에는 이 처녀토가 모체(母體) 상태로 이행하는 것을 볼 수도 있을지 모른다고 기대할 수 있는 그 어떤 생산적인 것은 전혀 인정할 수가 없었던 것이다.

이들 실험은 매우 기묘하고 서로 관련이 없는 것이었지만, 나는 이것으로 여

---

59) 웰링에 의하면 중간염이란 식물계와 광물계 중간에 있는 물질—예를 들면 주석(酒石)—이다.
60) 연금술에서 금속이 변형될 때 매개가 되는 '원물질(原物質)'을 말한다. 천지창조 직후 죄를 범한 인간의 발이 아직 닿지 않은 대지라고 하는 비유적인 뜻으로 이름 지어졌다.

러 가지 것을 배웠다. 결정이 나타날 단계가 되면 나는 어느 것에나 면밀한 주의를 기울여 많은 자연물의 외형을 알 수가 있었다. 그리고 근대에는 화학의 대상이 한층 조직적으로 다루어진다는 것을 알고 있었으므로 나는 이 점을 잘 이해하려고 하였다. 하기야 나는 연금술을 어설프게 아는 사람으로서, 약제사나 기타 불을 가지고 실험을 하고 있던 사람들을 별로 존경하지 않았다.

그러나 부르하페[61]의 《화학 강요(綱要)》에 강한 매력을 느껴, 이 사람의 책을 여러 권 읽게 되었다. 그렇지 않아도 오랫동안에 걸친 따분했던 병 때문에 의학적인 것에 관심이 있던 터라 이를 계기로 이 뛰어난 사람의 《금언집》도 연구하게 되었고, 이들 금언에 관심을 두고 기억에 새기려고 하였다.

이것보다도 다소 인간적이고, 그 당시의 나의 교양에 훨씬 유익했던 또 다른 일의 하나는 라이프치히에서 집으로 보낸 편지를 통독해 보는 일이었다. 수년 전에 내 손으로 쓴 것을 다시 눈앞에 놓고, 이번에는 자기 자신을 대상으로 하여 고찰하는 것만큼 자기 자신을 해명해 주는 일은 없을 것이다. 더욱이 당시의 나는 아직 나이가 적고 이들 편지에 적혀 있는 시기는 너무나 현재에 가까웠다.

일반적으로 젊은 시대에는 일종의 유아독존 같은 자만심을 쉽사리 버릴 수가 없는데, 이것은 특히 자신이 최근에 겪은 일을 멸시하는 데에서 나타난다. 왜냐하면 자기에게나 남에게 좋다고 생각하는 일이 오래 계속되지 못하는 것이라고, 당연한 일이지만 차차 알게 됨에 따라, 도저히 구제할 수 없는 일은 스스로 버리는 것이 이러한 곤혹(困惑)을 벗어나는 최선의 길이라고 생각하기 때문이다. 나도 바로 그러한 경우였다.

내가 라이프치히에서 기울였던 어린애 같은 노력이 멸시할 만한 것이었음을 차츰 알게 되었듯이, 이제 나의 대학생으로서의 경력도 마찬가지로 쓸모가 없는 것으로 여겨졌다. 이 대학 생활이야말로 자기 고찰이나 견식을 한층 높여 준다는 점에서, 오히려 나에게 많은 가치를 가져다주었다는 것을 깨닫지를 못했던 것이다. 내 아버지는 당신과 누이동생에게 보낸 내 편지를 꼼꼼하게 모아 묶어 두었을 뿐만 아니라 주의 깊게 보충하거나 고쳐, 철자법이나 단어의 오용

---

61) 헤르만(1668~1738). 유명한 의사. 그의 《화학강요(1724, 파리)》는 각국어로 번역되어 근대 화학의 발전에 기본적인 역할을 하였다.

을 바로잡아 두었던 것이다.

이들 편지를 보고 우선 내 눈길을 끌었던 것은 그 외형이었다. 나는 1765년 10월부터 이듬해 1월 중순에 이르는 동안의 필적이 믿을 수 없을 정도로 난잡한 데에 놀랐다. 그런데 3월 중순이 되어 갑자기 전에 현상에 응모할 때 곧잘 사용했던 매우 안정되고 가지런한 필적이 나타났다. 이것을 보고 느낀 놀라움은 이윽고 친절한 겔러트에 대한 감사의 마음으로 변했다.

나는 잘 기억하고 있지만, 그는 우리들이 논문을 제출하면 마음에서 우러나는 목소리로, 필적을 연습할 것, 문장을 다듬는 것보다도 더 많이 그런 연습을 하는 것이 신성한 의무라고 말했다. 그는 졸렬하고 난폭한 글자를 볼 때마다 이 말을 되풀이하였다. 학생의 필적을 아름답게 하는 것이 자신의 주요 교육 목표라고 여러 차례 이야기하면서, 이렇게 말하는 것은 좋은 필적에 좋은 문장이 따르는 것을 자주 보아왔기 때문이라고 했다.

그 밖에도 내 편지 속의 프랑스어나 영어는 잘못이 없는 것은 아니었으나, 그래도 편하고 자유롭게 쓰여 있다는 것을 알 수 있었다. 또 나는 당시 여전히 트레프토에 살고 있던 게오르크 슐로서와의 편지 교환을 통해 이들 외국어 연습을 계속했고, 그와 교제를 계속하면서 여러 가지 세상사를 배울 수 있었으며 (그에게는 역시 일이 마음먹은 대로 되어 가지가 않았던 것이다), 그의 진실되고 고상한 사고방식에 대해서 더욱더 신뢰의 마음을 굳혔던 것이다.

이들 편지를 통독하면서 또 하나 놓칠 수가 없었던 것은, 그 의도는 참 훌륭했지만, 선량한 아버지 때문에 내가 특히 손해를 보는 처지에 이르렀고, 그것이 원인이 되어 마침내는 남과 다른 생활에 빠지게 되었다는 것이다. 즉 아버지는 되풀이해서 트럼프놀이를 하지 말라고 타이르고 있었다. 그러나 뵈메 궁중 고문관 부인은 살아 있을 때, 내 아버지의 경고는 단지 이 놀이의 남용을 타이른 것에 지나지 않는다고 설명하면서, 나를 그녀의 방식에 따르도록 만들고 말았다. 나도 사교 생활에서 트럼프놀이가 필요하다는 것을 알고 있었기 때문에 기꺼이 그녀의 말에 따랐다. 나는 분명히 승부의 감각은 있었지만 승부사 근성은 없었다. 모든 승부 놀이는 쉽게 익혔지만 밤새도록 필요한 주의력을 집중하는 것은 도저히 할 수 없었다. 따라서 나는 처음에는 잘되어 갔으나 결국은 나 자신에게나 남에게 손해를 끼쳤다. 그래서 나는 항상 불쾌한 기분으로 저녁 식사를 하러 가거나 자리를 빠져나왔다.

뵈메 부인도 오랫동안 앓고 있는 동안에 승부 놀이는 권하지 않았지만, 부인이 작고하자 아버지의 훈계가 이내 그 힘을 되찾았다. 나는 우선 구실을 만들어 놀이에 참가하는 것을 거절하였다. 그러자 모두는 나를 어떻게 다루어야 할지 몰랐기 때문에, 나는 남이 처치 곤란한 자가 아니라, 오히려 내가 나 자신을 처치 곤란한 자로 여겨 카드놀이 초대도 거절하였다. 그 때문에 초대는 점점 줄어들고 마침내는 아무도 나를 부르지 않게 되었다.

젊은 사람들, 특히 실제적인 감각을 가지고 있고, 세상에 이바지할 수 있는 사람들에게는 크게 추천할 만한 이 놀이도 결국은 내가 즐기는 일은 되지 못했다. 왜냐하면 제아무리 오랫동안 그것을 했다 해도 좀처럼 진보가 없었기 때문이다. 만약에 누군가가 이에 대해서 전반적으로 보는 눈을 뜨게 하여, 거기에는 일종의 징후와 다소의 우연이 숨어 있어서, 이것이 판단력이나 실행력을 단련시킬 수 있는 일종의 소재를 이루고 있다는 것을 나에게 알게 했더라면, 또 여러 종류의 놀이를 한 번에 이해하게 해 주었다면 나는 그것을 즐길 수가 있었을 것이다.

그럼에도 불구하고 내가 여기서 이야기하고 있는 시기의 편지를 고찰해 보면, 사교적인 놀이는 피해서는 안 되고 오히려 숙달되도록 노력해야 한다는 확신에 도달하였다. 시간이란, 무한히 길고 하루하루가 충만된 생활이 되기를 바란다면, 실은 많은 것을 쏟아넣을 수 있는 그릇과 같은 것이다.

이런 식으로 나는 고독한 가운데 여러 가지 일을 해 보았다. 내가 이제까지 차례로 열중해 온 여러 가지 재미있는 놀이와 취미의 망령들이 여기에 다시 나타나게 될 기회를 얻은 것을 기화로 더욱 많은 일에 손을 댔다. 이렇게 해서 나는 데생을 시작한 것이다. 나는 항상 자연에 직접 입각해서, 아니 오히려 실물에 입각해서 제작하려고 생각했기 때문에, 내 방을 가구와 함께 사생하거나 방에 있는 인물을 그렸다. 그것도 재미가 없어지면, 사람들 사이에서 화제가 되거나 흥미의 대상이 되고 있는 여러 가지 일들을 그려 보았다. 이들 데생에는 나름대로 성격이 나와 있었고 일종의 취향이 없는 것은 아니었으나, 유감스럽게도 인물에 균형과 참다운 생명이 결여되었고, 전체적으로 마무리가 몹시 야무지지를 못했다.

이런 것이라도 계속해서 아버지를 기쁘게 했으나, 아버지는 이것들이 좀더 명확해지기를 원했다. 사실 아버지는 매사에 있어서 모두가 완성되어 마무리가 되어 있지 않으면 만족할 수가 없었던 것이다. 그래서 아버지는 이들 그림을 배접하고 바르고 선으로 테두리를 그려 완성하도록 시켰다. 뿐만 아니라 집에 출입하는 화가 모르겐슈테른[62]—이분은 후에 교회의 경관을 그려 세상에 알려져 명성을 얻었다—에게 방이나 공간의 원경(遠景)을 그려 넣게 하였다. 이것은 물론 흐릿하게 암시적으로 그려져 있는 인물과 상당히 뚜렷한 대조를 이루었다.

아버지는 이런 수단을 써서 더욱더 명확하게 사물을 그리도록 나를 강요할 수 있다고 믿었다. 나도 아버지를 기쁘게 해 드리기 위해 여러 가지 정물(靜物)을 그렸는데, 정물화는 실물이 눈앞에 있으니까 좀더 명확하게 그릴 수가 있었던 것이다.

마지막에는 다시 한번 에칭을 해 보려고 생각하였다. 전부터 상당히 재미있는 풍경화의 구도를 만들고 있었는데, 슈토크로부터 전수받은 나의 오래된 작화법(作畫法)을 찾아내어 제작에 열중하면서, 지난날 즐거웠던 시절을 회상할 수가 있어 매우 행복했다. 이윽고 동판을 부식시켜 견본쇄를 만들어 보았다. 불행하게도 이 구도에는 빛과 그림자의 명암이 없어 나는 여기에 명암을 붙이는 문제로 고심을 하였다. 그러나 중요한 점이 그다지 명확하지 않았기 때문에 잘 마무리할 수가 없었다. 당시에 내 건강 상태는 매우 양호했다.

그런데 그 무렵 이제까지 걸린 적이 없던 병에 걸렸다. 무엇인가를 삼키거나 마시려고 하면 목의 울대뼈에 격렬한 통증을 느꼈다. 어느 의사나 어떻게 처치하면 좋을지 몰랐다. 쓸데없이 양치질을 하게 하고 약을 바르기도 하여 나를 괴롭힐 뿐, 이 고통에서 나를 구해내지 못했다.

그러다가 나는 영감의 충격을 받은 것처럼 어떤 사실을 알아차렸다. 동판을 부식하고 있을 때 충분히 주의를 하지 않고 너무나 열중하며, 이것을 되풀이하였기 때문에 이 병을 초래하였고 병세를 악화시켰다는 것을 깨달은 것이다.

이 사정이 의사들에게 그럴듯하게 여겨졌고 이윽고 그것이 확실한 사실로

---

[62] 요한 루트비히 에른스트(1738~1819). 1769년 10월, 프랑크푸르트로 왔다. 괴테와 누이동생 코르넬리아는 이 사람에게서 그림을 배웠고, 코르넬리아의 초상은 이 사람이 그렸다.

판명되었다. 왜냐하면 나는 이 시작(試作)이 잘되어 가지 않았기 때문에, 또 내 제작을 남에게 보이는 것보다는 감추지 않으면 안 될 이유가 있기도 해서 에칭을 그만두었는데, 그러자 이내 이 까다로운 병으로부터 벗어났기 때문이다.

이때 라이프치히에서 같은 일에 열중했던 것이 당시의 병의 원인이 아니었나 하고 생각하지 않을 수 없었다. 말할 필요도 없이, 우리들 자신이나 우리들에게 해를 주거나 이익을 주거나 하는 일에 대해 지나치게 주의를 한다는 것은 따분한 일이며 때로는 한심한 일이다. 그러나 한편으로는 인간의 본성에는 알 수 없는 특이한 버릇이 있고, 또 다른 한편으로는 생활 방식과 향락에 무한한 차이가 있다는 것을 생각하면, 인류가 오래전에 완전히 멸하여 없어지지 않은 것은 하나의 기적이라고 하지 않을 수 없다.

인간의 본성은 일종의 독특한 강인성(强靭性)과 다면성을 가지고 있는 것처럼 여겨진다. 왜냐하면 그것은 자기에게 접근하고 안으로 섭취하는 모든 것을 정복하고, 그것을 동화시키지는 못하더라도 적어도 무해하게 하기 때문이다. 물론 많은 풍토병이나 브랜디의 작용이 증명하는 것처럼, 비정상적으로 벗어난 것에 직면했을 경우에는, 제아무리 저항해도 결국은 자연의 여러 힘에 굴복하지 않으면 안 된다.

만약에 우리들이 복잡한 시민 생활이나 사교 생활상 우리들에게 유리하게 또는 불리하게 작용하는 것을 겁내지 않고 충분히 주의해서 볼 수가 있다면, 그리고 또 기분 좋게 즐길 수 있는 것이라도 결과가 나쁠 때에 포기할 수가 있다면, 병 이상으로 고통을 받는 허다한 불쾌함을 쉽사리 멀리할 수가 있을 것이다. 공교롭게도 신체가 건강을 유지하려고 하는 것은 도덕상의 그것과 마찬가지로, 우리들이 어떤 과실을 범해 보지 않으면 그것을 알아차릴 수가 없다. 또 다음 과실은 이전의 과실과는 전혀 관련 없는 것이며, 따라서 같은 형태로는 인정할 수 없는 것이므로 이 경험은 결국 아무런 소용도 없게 되는 것이다.

라이프치히에서 누이동생에게 보낸 편지를 읽어보았을 때 특히 다음과 같은 소감을 놓칠 수가 없었다. 즉 대학의 강의를 처음으로 듣게 되자, 이내 나 자신이 매우 영리하고 현명한 사람이 되었다고 생각하여, 어떤 과목을 배우자마자 이내 교수가 된 기분으로 한 대목의 교훈을 내렸다는 점이다. 나에게 매우 재미있게 느껴진 것은 겔러트의 강의로, 그에게서 배우거나 조언받은 것을 이내 누이동생에게 가르쳐 주었는데, 생활이나 독서에서 청년에게는 적합해도 여자에게는 적합하지 않은 것이 있다는 것을 미처 생각하지 못했다. 이렇게 해서 우리들은 이 원숭이 같은 흉내를 서로 농담의 소재로 삼았다.

내가 라이프치히에서 만든 시도 이미 나에게는 가치가 희박하고 차갑고 말라비틀어져서, 인간의 감정 내지 정신 상태를 표현해야 할 시가(詩歌)의 목적에서 보면 너무나 피상적이었다. 그래서 지금 내가 아버지의 집을 떠나 제2의 대학에 들어가게 되었을 때, 나는 다시 내 작품에 거창한 화형(火刑)을 선고할 마음이 생겼다. 쓰다 만 몇 편의 희곡, 그중의 어떤 것은 3막 내지 4막까지 되어 있었으나, 대부분의 다른 것은 시작 부분을 써놓은 데 지나지 않았다. 그것들을 다른 시나 편지, 서류와 함께 불 속에 던져넣어, 베리쉬가 정서한 《연인의 변덕》과 《동죄자》의 초고 외에 남은 것이라고는 거의 없었다. 그 뒤 나는 《동죄자》를 특별한 애착을 가지고 손질을 하였고, 그것을 완성했을 때 다시 한번 발단 부분을 고쳐서 전편을 한층 약동하는 명쾌한 것으로 만들었다.

레싱은 《미나》의 처음 2막에서 극의 발단은 어떠해야 하느냐에 대한 모범을 얄미울 정도로 제시했는데, 그의 생각과 목적의 본질에 참가하는 일이야말로 나의 최대의 관심사였다.

그 당시 내 마음을 움직이고 자극하고 나를 몰입시킨 일에 대해서는 이미 충분히 이야기했지만, 그래도 초감각적인 사물이 나의 마음에 불어넣은 그 관심사로 다시 한번 되돌아가지 않으면 안 된다. 나는 이들 사물에 대해 될 수 있는 대로 결정적으로 하나의 이해를 얻고자 기획한 것이다.

나는 당시 나의 손에 들어온 한 권의 중요한 책에서 큰 영향을 받았다. 그것은 아르놀트[63]의 《교회와 이단의 역사》라는 책이었다. 이 사람은 단지 성찰만 하는 역사가가 아니라 경건하고 정감이 깊은 사람이었다. 그의 사상의 방향은 나의 그것과 잘 부합되어 있었다. 이 저서를 만나서 특히 나를 기쁘게 한 점은, 이제까지 광기 또는 배신(背神)이라고 설명되었던 많은 이단자에 대해서 보다 더 유리한 개념을 나에게 준 것이다.

---

63) 고트프리트(1666~1714). 《교회와 이단의 역사(1699)》의 제2판(1729)을 괴테의 아버지가 가지고 있었다. 사도시대부터 16세기 말의 피에티즘에 이르기까지의 교회와 경건한 신앙심의 역사를 다룬 포괄적인 작품.

반역의 정신과 역설을 좋아하는 경향이 우리 모두에게 숨어 있다. 나는 열심히 여러 가지 의견을 연구하여, '어떤 사람이라도 결국은 자기 자신의 종교를 갖는 법이다'라는 말을 몇 번이고 확인했기 때문에, 나도 또한 나 자신의 종교를 구축하는 일처럼 당연한 일은 없다고 여겼다. 그래서 나는 매우 편안한 마음으로 시도해 보았다. 신(新)플라톤주의를 바탕에 놓고 여기에 고대 밀의적인 것,[64] 신비적인 것, 유대 비교(祕敎)적인 것 등을 덧붙여 매우 색다르게 보이는 하나의 세계를 구축하였다.

확실히 나도 영원한 세월의 옛날부터 자기 자신을 낳는 신성(神性)을 상상할 수는 있었지만, 생산이라고 하는 것은 다양성 없이는 생각할 수 없는 것이므로, 신성은 필연적으로 그 자신에 대해 곧 제2의 것으로 나타나야 되고, 이것을 우리들은 신의 아들이라는 이름으로 승인하고 있다. 그런데 이 양자는 탄생시키는 작업을 계속하지 않을 수가 없었으므로, 자기 자신에 대해 다시 또 제3의 것으로서 나타나, 이것은 전체와 마찬가지로 현재에 사는 동시에 영원히 존속하는 것이었다. 이리하여 신성의 둥근 고리는 완결되었기 때문에, 다시 한번 그들과 완전히 동일한 것을 낳는다는 것은 불가능했을 것이다.

그런데 생산의 충동은 여전히 계속되고 있었으므로, 그들은 제4의 것을 창조한 것인데, 그것은 이미 그 자신 안에 한 개의 모순을 내포하고 있었다. 이것은 그들처럼 조건을 붙여 제한하지 않은 것이면서도 동시에 그들 안에 포함되어 그들에 의해 한정되어야 했기 때문이다. 이것이 바로 루치퍼[65]로서 그때 이래 모든 창조력이 이에 위탁되어 그 이외의 존재는 모두 여기서 나오게 되었다. 루치퍼는 전 천사군을 창조하여 그 무한한 활동력을 나타냈다. 모든 천사는 그와 비슷하게 만들어져 그 힘에 제약이 없었지만 그에게 포함되어 그에 의해서 한정되어 있었다. 루치퍼는 이와 같은 영광에 둘러싸여 자신의 보다 더 높은 본원을 잊고, 자기 자신이 그 본원인 것처럼 생각하였다.

---

64) 헤르메스 트리스메기스토스를 가리킨다. 그는 고대 후기 밀의설(密儀說)의 하나인 《타브러 스마라크디나》(에메랄드색의 판)의 전설적인 저자라고 일컬어지고 있다. 이 책은 15세기에 다시 영향력을 가지기 시작하였다.

65) '그때 이래 창조력의 전부가 이자에게 위임되어……' 이것은 그노시스설(說)에서 유래한 모티프이다.

이 최초의 망은(忘恩)으로부터 신의 의사나 의도에 일치하지 않는 것처럼 보이는 일체의 일이 생겨난 것이다. 그런데 루치퍼가 자기 자신 속에 집중하면 할수록, 그도, 그에 의해 본원에의 감미로운 상승을 방해받은 모든 영(靈)도 한결같이 불행에 빠지지 않을 수 없었다. 이렇게 해서 천사의 타락이라는 형태로 우리에게 제시되는 일이 일어났다. 천사의 일부는 루치퍼와 함께 자신을 집중하고, 다른 일부는 다시 그의 본원인 신으로 향하였다. 루치퍼로부터 나와서, 그에게 따르지 않을 수 없는 창조물 전체의 집중에서, 우리가 물질의 형태로 인식하는 것, 우리가 무겁고 단단하고 어두운 것으로 나타내는 모든 것이 생겨났다. 그러나 그것은 직접으로는 아니라도 분파(分派)에 의해서 신적 본질에 유래되어 있으므로, 아버지나 조부모와 마찬가지로 제약 없는 힘을 가지며 또한 영원한 것이다.

그런데 이를 해악이라고 불러도 좋다면, 이 해악 전체는 루치퍼의 일면적 경향에서 생겨난 것이므로, 이들 창조물에 보다 더 좋은 반면(半面)이 결여된 것은 당연한 일이다. 왜냐하면 그들은 집중에 의해 얻어지는 것은 모두 소유하고 있었으나, 다만 확대에 의해서만 얻어지는 것은 모두 결여되어 있었던 것이다.

이렇게 해서 모든 창조물은 끊임없는 집중으로 자기를 소모하고, 아버지인 루치퍼와 함께 스스로를 멸망시키고, 신성과 함께 영원에 대한 요구권을 잃을지도 모르는 상태였다. 이러한 상태를 여호와의 신들[66]은 얼마 동안 지켜보아, 우주가 또다시 정화되어 새로운 창조를 위한 여지가 남겨지는 영원한 세월의 미래를 기다리든가, 그렇지 않으면 현상을 간섭하여 스스로의 무한성에 따라서 결함의 시정을 꾀하거나, 그 어느 쪽의 선택을 하지 않으면 안 되었다.

그런데 여호와의 신들은 후자의 길을 선택하여 그 의지에 의해, 루치퍼의 활동으로 초래된 결함 전체를 순식간에 보정하였다. 신들은 무한의 존재에 자기 확대의 능력을 주었고, 신들 쪽을 향하여 움직이는 능력을 부여했다. 여기에 생명 본래의 맥동이 다시 회복하여, 루치퍼 자신도 이 작용의 영향을 받지 않을 수 없었다. 이것이, 빛으로서 우리가 알고 있는 것이 나타난 시기였으며, 우리가 보통 창조라는 이름으로 표현하고 있는 것이 시작된 바로 그 시기이다.

---

66) 이 절의 처음에 나오는 삼신(三神)을 가리킨다. 웨링에 의하면 '에로힘'은 '힘찬 심판자'라는 뜻. 이 절의 괴테의 기술은 웨링에 의거한 것으로 여겨진다.

그런데 이 창조는 여호와의 신들이 끊임없이 작용하고 있는 생명력에 의해 차차 다양화되어 갔으나, 그래도 여전히 신성과의 근원적 결합을 회복하는 데에 적합한 하나의 존재가 결여되어 있었다. 이렇게 해서 인간이 탄생되었는데, 인간은 모든 면에서 신성과 비슷하거나 신과 같아야 했다. 그러나 그것에 의해서 제약이 없으면서도 한정되어 있는 루치퍼의 입장으로 보아, 이 모순이 존재의 모든 종류를 통해서 인간에게 나타남과 동시에, 완전한 자각과 확고한 의지가 인간 상태에 수반해야 했기 때문에, 인간은 가장 완전한 동시에 가장 불완전하고, 가장 행복한 동시에 가장 불행한 것이 되지 않을 수 없다는 것이 예상되었다. 이윽고 인간도 또한 완전히 루치퍼의 역할을 하게 되었다. 자비로운 신으로부터의 이반이야말로 더할 수 없는 망은이다. 이리하여 원래 창조 전체는 본원적인 것으로부터의 타락과 그에 대한 복귀, 바로 그것이었지만 그 타락이 여기서 또다시 명백해졌던 것이다.

　여기서 구제는 영원한 옛날부터 결정되어 왔을 뿐만 아니라, 영원히 필연적인 것으로 생각되며, 뿐만 아니라 그것이 생성과 존재의 모든 시기를 통해서 새로 반복돼야 한다는 것을 쉽게 알 수 있는 것이다. 이런 뜻에서, 신 자신이 이미 자기의 피복으로써 준비했던 인간의 형체로 나타나, 잠시 동안 인간의 운명을 나누고, 이 유사에 의해서 기쁨을 높이고 고민을 덜게 하려 했던 것처럼 자연스러운 일은 없을 것이다. 모든 종교와 철학의 역사가 우리들에게 가르쳐 주는 것은, 인간에게 불가피한 이 위대한 진리가 여러 시대 여러 국민에 의해서, 여러 가지 방법으로, 더 나아가 불가사의한 우화나 상징으로, 제한된 능력에 응하여 전해졌다는 것이다.

　우리들이 현재 놓여 있는 상태는, 그것이 우리들을 끌어내리고 압박하는 것처럼 보여도, 실제로는 우리들을 보다 더 높이고 신의 의도를 실현할 기회를 주려는 것이며, 더 나아가서 그것을 의무로서 부과한다는 것이 승인되면 그것으로 충분하다. 더욱이 신의 의도의 실현은, 우리들 인간이 한편으로는 자아를 고집하도록 강요당하면서도 다른 한편으로는 규칙적인 맥동(脈動)으로 자아를 벗어나는 것을 게을리하지 않음으로써 이루어지는 것이다.

# 제9장
# 두 번째 고향 슈트라스부르크

'또 우리들은 마음에 강한 감동을 받음으로써, 여러 가지 미덕, 특히 우아한 사교적인 면에서 덕(德)이 조장되어, 한층 섬세한 감정이 마음속에 환기되어 신장될 것이다. 특히 여러 가지 마음의 움직임이 가슴에 새겨져, 그것이 젊은 독자에게 인간의 마음이나 정열이 감추어진 구석구석까지 통찰하는 힘을 주고, 또 라틴어나 그리스어를 하나로 묶은 것보다도 훨씬 가치 있는 지식을 부여할 것이다. 그리고 오비디우스야말로 이와 같은 지식의 탁월한 거장이었다. 그러나 이것만으로는 왜 청년의 손에 고대의 시인들, 특히 오비디우스를 넘겨주는가에 대한 충분한 이유가 되지 못한다.

우리들은 자비심 많은 조물주로부터 많은 정신력을 받고 있다. 이것을 적절하게, 특히 젊은 시절에 일찍 양성해 두는 것을 게을리해서는 안 되겠지만, 그것은 논리학이나 형이상학, 라틴어나 그리스어로 배양할 수는 없다. 우리들에게는 상상력은 있으나, 이에 의지해서 닥치는 대로 어떠한 표상(表象)이든 멋대로 파악하는 일이 있어서는 안 된다고 하면, 우리들은 그것에 가장 적합하고 가장 아름다운 형상을 제시하여, 그것으로써 미(美)를 자연 그대로, 명확하고 참된 모습 아래, 또 더욱 미려한 모습으로 인식하고 사랑하도록 마음을 길들이고 훈련해야 한다. 우리들은 학문을 위해서나 일상생활을 위해서도 편람(便覽) 같은 것으로부터는 습득할 수 없는 수많은 개념이나 보편적인 지식이 필요하다. 우리들의 감정, 성향, 정열을 효과적으로 발달시키고 순화해야 한다.'

〈일반 독일 문고〉지 속에서 볼 수 있는 뜻깊은 한 구절[1]인데, 이런 종류의 글은 이것 말고도 많이 있었다. 유사한 원리나 같은 생각이 여러 방면에서 나타

---

1) 1765년, 제1권에 실린 고전 언어학자 하이네의 소론(所論).

나 원기 왕성한 우리 청년들에게 매우 큰 인상을 주었는데, 이 인상은 빌란트의 범례(範例)에 의해 한층 강화되었으므로 보다 더 결정적인 작용을 미쳤다. 빌란트의 빛나는 제2기 작품[2]에서 그가 이와 같은 원리에 따라 자기 형성을 했다는 것을 분명히 보여 주었기 때문이다. 그리고 그 이상으로 우리는 무엇을 요구할 수 있었을까? 심오한 연구를 해야 하는 철학은 돌아보지도 않고, 학습에 비상한 노력이 필요한 고대어는 뒤로 밀려났다.

편람 같은 것은 이미 햄릿이 그것이 충분히 쓸모가 있는가를 의심하는 듯한 말[3]로 우리들 귓속에 속삭이고 있었기 때문에 더욱 의심스러운 것이 되었다. 이렇게 해서 우리들의 관심은, 스스로 좋아서 영위했던 파란 많은 생활의 관찰로, 또, 가슴속에서 실감하고 혹은 예감했던 여러 가지 정열에 대한 지식으로 향하였다. 정열은 전에는 비난의 표적이었지만 이제는 우리들에게 중요하고 귀중한 것으로 여기지 않을 수 없었다. 정열이야말로 우리 연구의 주요 대상이 되어야 했고 그 지식은 정신력을 갈고닦는 데 가장 뛰어난 수단으로 추천되었기 때문이다.

게다가 이러한 사고방식은 나 자신의 신념에, 아니 나의 시작(詩作) 행동에 매우 어울리는 것이었다.

그래서 나는 많은 좋은 기획이 좌절되고 많은 진지한 희망이 헛되이 사라진 것을 안 뒤에, 나를 슈트라스부르크[4]로 보내려는 아버지의 의도에 순순히 복종했다. 슈트라스부르크에서는 명랑하고 즐거운 생활을 할 수 있으리라 기대되었고, 나의 연구를 계속하여 마지막에는 학위를 받기로 되어 있었기 때문이다.

봄이 되자 나의 건강뿐만 아니라 청춘의 원기가 회복되는 것을 느꼈다. 그러자 처음 때와는 전혀 다른 이유에서였지만, 또다시 집을 떠나고 싶어졌다. 왜냐하면 그토록 많은 고통을 맛본 장소였던 깨끗한 방들이 싫어졌고, 또 아버지와의 관계도 그다지 원만하지 못했기 때문이었다. 내 병이 재발했을 때나 병의 차

---

2) 《로잘바의 돈 실비오(1764)》, 《우스개 이야기(1765)》, 《아가톤(1766~67)》, 《무자리온(1768)》 등을 가리킨다. 이들은 제1기의 것에 비해 감각적인 세속성이 풍부하다.
3) 《햄릿》 제1막 5장의 '천지 사이에는 그대의 학식으로는 꿈에도 생각할 수 없는 일들이 많다'를 가리킨다.
4) 라인강 서쪽 알자스의 중심지, 프랑스어로 스트라스부르.

도가 미진했을 때, 아버지는 부당하게도 화를 내며 관대한 마음으로 나를 위로해 주지 않았다. 게다가 때로는 잔혹한 태도로, 불가능한 일을 마치 의지 여하에 따라 어떻게든지 할 수 있다는 듯이 말했고 나는 그것을 도저히 참을 수가 없었다. 그러나 아버지도 또한 나 때문에 여러 가지로 감정이 상했고 불쾌감을 느끼고 있었다.

청년들이 대학에서 일반적인 지식을 얻어 가지고 돌아오는 것은 분명히 바람직하고 좋은 일이다. 그러나 그들은 자신들이 매우 현명해졌다고 여기고 있으므로, 눈앞에 나타나는 대상에 그와 같은 지식과 개념을 잣대로서 들이대기 때문에, 대부분의 대상과 마찰이 일어난다. 나도 가옥의 건축이나 설비, 장식 등에 대해서 일반적인 개념을 가지고 있었기 때문에, 이야기를 주고받는 동안에 부주의하게도 그것을 집에 적용해보기로 했다. 이 집은 아버지가 설계 전체를 고안하여, 남의 의견에 굴하지 않고 완성한 것이다. 실제로 그것이 아버지와 그의 가족만의 주거가 될 바에야, 여기에 이론(異論)을 제기할 수도 없었고, 사실 프랑크푸르트의 많은 집들이 이런 식으로 지어져 있었다. 층계는 꼭대기까지 통째로 뚫려 있었고, 각 층에서 충분히 방이 될만한 넓은 복도의 마루에 접해 있었다. 사실 기후가 좋은 계절에는 언제나 우리들이 거기서 지냈을 정도였다.

그러나 한 가족의 바람직하고 명랑한 생활이나 자유로운 위층, 아래층의 연락도, 몇 쌍의 사람들이 거기서 함께 살게 되자 이내 불편한 일이 일어났다. 이것은 전에 프랑스군이 숙박했을 때 지긋지긋하게 경험했던 일이다. 그 당시 우리 집의 계단이 라이프치히풍(風)으로 건물 한쪽으로 설치되어 각 층에 각각 문이 달려서 격리되어 있었더라면 군정 장관과의 위태로운 장면도 일어나지 않았을 것이며, 아버지도 모든 불쾌한 사건들을 겪지 않았을 것이다.

어느 때 나는 이 라이프치히풍의 건축 양식을 몹시 칭찬하고 그 장점을 늘어놓으며, 아버지에게 집의 층계를 옮길 수도 있다는 것을 설명하였다. 그러자 아버지는 노발대발하였다. 조금 전에 내가 소용돌이 장식이 달린 거울틀을 트집잡고 중국식 벽걸이를 비난했기 때문에 아버지의 노여움은 더욱 컸다. 그 일은 일단 가라앉혀 끝을 맺었지만, 그것으로 인하여 아름다운 알자스로 가는 나의 여행을 재촉한 꼴이 되었다. 이렇게 해서 나는 이 새로운 여행을 쾌적한 급행 마차를 타고, 도중에 멈추지도 않고 단시간에 끝마쳤다.

나는 '츰 가이스트'라는 여관에서 내리자마자 무엇보다도 절실한 소원을 이루기 위해 대성당을 향해 급히 달려갔다. 마차 승객들이 내가 내리기 전부터 손으로 가리켜 주어서, 도중에 줄곧 눈에 띄었던 것이었다. 좁은 샛길에서 벗어나 몹시 비좁은 광장으로 나오자 눈앞에 전당이 나타났다. 이 전당은 독특한 인상을 내게 심어 주었다. 그러나 나는 이 인상을 즉석에서 명백히 할 수 없어서 일단 분명히 하지 않은 채 받아들이고 급히 전당으로 올라갔다. 그때 하늘 높이 빛나는 태양이 넓은 비옥한 국토를 한눈에 내려다보이게 해 주는 좋은 기회를 놓치지 않으려는 생각에서였다.

나는 당분간 내가 살게 될 아름다운 땅을 옥상에서 내려다보았다. 당당한 시가, 이것을 널따랗게 둘러싼 목초지에는 울창한 수목들이 여기저기 흩어져 있었다. 한층 눈에 띄는 푸른 초목이 라인강의 흐름을 따라 강 언덕과 섬, 모래톱을 그려내고 있었다. 남쪽에 경사져 퍼져 있는 강 유역의 평야는 이에 못지않게 가지가지 초록색으로 물들어 있었다. 산 쪽으로 치우친 서쪽에는 몇 개의 저지대가 있었고, 그 숲이나 무성한 초목의 경치도 아름다웠으며, 또 북쪽의 한층 높은 구릉 지대에는 산골짜기에서 흘러내린 시냇물이 거미줄처럼 뻗쳐 도처에서 식물의 성장을 돕고 있었다. 이처럼 아름답게 산재해 있는 숲 옆의 들에서는 훌륭하게 경작된 농작물이 푸르게 무르익어 가고 있었다.

그중에서도 가장 비옥한 지점에는 촌락이나 농장이 보였다. 그리고 새로운 낙원처럼 인간에게 베풀어진 아득하게 넓은 이 평야가 멀리 또는 가까이 경작되어 있고, 푸르게 물든 숲으로 덮인 산들에 의해서 둘러싸여 있었다. 이러한 풍경을 상상해 본다면, 이렇게도 아름다운 땅을 당분간 내 것으로 정해 준 운명을 축복하지 않을 수 없는 나의 감격을 이해할 수 있을 것이다.

우리가 일정한 기간 체류해야 할 새로운 땅의 이와 같은 신선한 경치에는 더욱 독특한 점이 있어서, 전체가 아직 아무것도 쓰지 않은 백지처럼 우리 눈앞에 놓여 있기는 했지만, 거기에는 무엇인가 즐거움과 동시에 불안한 것이 깃들어 있는 것처럼 여겨지는 것이었다. 그 속에는 아직 우리들에게 관련된 고민도 기쁨도 그려져 있지 않았다. 이 맑고 생생한 평야는 아직 우리에게 말이 없었다. 눈은 풍경으로서 몇 가지 대상에 집착하고 있을 뿐, 이에 대한 애착도 정열도 아직 생겨나지 않고 있었다. 그러나 미래에 대한 예감은 이미 젊은이의 마음을 어수선하게 뒤흔들어, 아마도 올 것으로 여겨지는 것이, 그것이 행이든 불행이든, 우리가 사는 이 땅의 성격을 만들어낼 것이라는 큰 희망을 남몰래 품고 있었던 것이다.

옥상에서 내려와 잠시 동안 이 숭고한 건물 앞에 서 있었다. 그러나 처음이나 그 뒤 얼마 동안 내게 석연하지 못했던 것은, 이 놀라울 만한 건물이 내게는 그 어떤 괴상한 건물로 보였다는 점이었다. 만약에 이것이 하나의 정연한 것으로 파악되고 동시에 완성된 것으로서 좋은 느낌을 주지 않았더라면 나를 놀라게 하지 않을 수 없었을 것이다. 하지만 나는 이러한 모순을 따짐으로써 머리를 괴롭히는 것보다는 이와 같이 경탄할 기념물이 있는 그대로의 모습으로 나에게 조용히 영향을 주도록 내버려 두었다.

나는 생선 시장통 남쪽에 있는 작지만 편리하고 아늑한 하숙으로 거처를 정했다. 집 앞의 아름다운 긴 거리에서는 끊임없이 사람들이 왕래하여 나의 지루한 시간을 위로해 주었다. 나는 몇 장의 초대장을 보냈다. 그중에는 내 보호자가 되어 준 한 상인이 있었는데, 이 사람은 외면상으로 예배하는 점에서는 교회와 별반 다르지 않았지만, 내가 잘 알고 있는 그 경건파의 신앙에 가족들과 함께 귀의하고 있었다. 동시에 그는 경우가 바른 사람이었고, 그의 일거일동에는 믿음이 깊다는 눈치가 조금도 없었다. 내가 만나게 된 식탁 친구들은 매우 기분 좋은 쾌활한 사람들이었다. 두서너 명의 노처녀들이 이 하숙을 이미 오랫동안 꼼꼼히 잘 경영하고 있었으며, 노인이나 젊은이를 합해서 10명가량의 친구들이 있는 것 같았다.

젊은 사람 중에서 마이어[5]라고 하는 린다우 출신의 남자가 가장 확실히 기억이 난다. 그의 전체 모습에 단정하고 야무진 데가 있었더라면, 그 모습이나 용모로 보아 가장 미남자로 여겨졌을 것이다. 또 그의 훌륭한 타고난 재질은 지나친 경솔로 인해서, 또 훌륭한 기질은 터무니없는 방종 때문에 손상되어 있었다. 그는 갸름하지 않고 둥근 얼굴이었고, 맑고 쾌활한 용모였다. 눈, 코, 입, 귀의 감각 기관은 복스럽게 생겼다고 할 수 있으나, 지나치게 큰 것은 아니었고

---

5) 요한네스(1749~1825). 당시 의학생, 후에 빈과 런던에서 개업.

풍요로운 면을 나타내고 있었다. 특히 입술이 벌렁 젖혀져 있어서 입가에 매우 애교가 있었다. 그는 이른바 '레첼',[6] 즉 눈썹이 코 위에서 서로 맞붙어 있었기 때문에 이 사나이의 용모에 일종의 독특한 표정을 주고 있었다. 이것은 미남인 경우에는 늘 관능적이고 인상 좋은 표정을 만들어 낸다. 그는 쾌활하고 솔직하고 또 선량했기 때문에 모든 사람에게서 사랑을 받았다. 그의 기억력을 따를 사람이 없었고, 강의를 집중해서 듣는 것도 아닌데 들은 것은 무엇이나 다 외우고 있었다. 그리고 무엇에나 흥미를 느꼈고 매우 재주가 많았으며, 의학을 공부하고 있었기 때문에 더욱 그것이 용이했다. 어떠한 인상이라도 그의 머릿속에는 확실히 남아 있었다. 강의를 재연하거나 교수의 말을 흉내내는 장난들이 때로는 너무 심해져서, 어느 때에는 오전에 세 가지 강의를 듣고 와서 점심 식탁에서 교수들의 흉내를 바꾸어가면서 내기도 하고, 짤막짤막하게 뒤섞어 가면서 반복해 보이기도 했다. 이 반복 강의는 우리들을 때로는 재미나게 했으나, 어떤 때는 귀찮기도 했다.

다른 사람들은 다소의 차이는 있으나 성품이 좋고 침착하고 성실한 사람들이었다. 그중 한 사람은 성(聖)루이 훈장을 받은 퇴역 군인이고 나머지는 학생들이었는데 모두 매우 선량하고 친절했다. 다만 그들에게는 날마다 배낭된 분량 이상의 음주는 허락되지 않았다. 그것은 우리들의 상석자(上席者)였던 독토르 잘츠만[7]의 배려에 의해서였다. 이분은 60세의 나이로 독신이었는데, 다년간 점심시간에 나와서 동아리의 질서와 평판을 유지해 왔던 것이다. 그는 상당한 재산이 있었다. 복장은 단정했고, 외출할 때에는 언제나 단화와 양말을 신고 옆구리에 모자를 끼는 괴이한 사람이었다. 모자를 쓴다는 것은 그에게는 이례적인 일이었다. 언제나 우산을 들고 다녔는데, 아마도 그는 맑은 여름날 가끔 폭풍우나 소나기가 이 땅을 습격한다는 것을 잊지 않고 있었기 때문이었을 것이다.

나는 이 사람에게 슈트라스부르크에서 계속 법률학을 열심히 공부하여 될 수 있는 대로 빨리 학위를 받고 싶다고 말했다. 그는 무엇이건 정통했기 때문에, 나는 내가 청강해야 할 강의와 또 그가 이 문제에 관해서 어떤 생각을 가

---

6) 두 눈썹 사이가 좁은 사람.
7) 요한 다니엘(1722~1812). 후견인. 재판소의 서기.

지고 있는가에 대해서 물었다. 이에 대해서 그는, 이 슈트라스부르크에서는, 널리 학문적인 의미에서 법률가를 양성하려는 독일의 다른 대학과는 취지가 다르다고 대답했다. 여기서는 프랑스와의 관계 때문에 모든 것이 원래 실질적 방면을 향하고 있고, 주어진 현실에 집착하기 쉬운 프랑스인의 생각에 따라서 지도되고 있다고 했다. 어느 학생에게나 일정한 일반 원리와 예비 지식을 교수하는 데에 노력하여, 될 수 있는 대로 간명하고 필수적인 사항만 가르친다는 것이었다. 그는 얼마 뒤 나에게 복습 교사로서 매우 신임을 받고 있던 남자를 소개해 주었는데, 나도 이 복습 교사를 금방 신뢰하게 되었다.

나는 맨 처음에 법률학의 대상에 대해서 이야기를 꺼냈는데, 이 사람은 나의 기염에 적지 않게 놀라워했다. 왜냐하면 이제까지 기회를 보고 말했던 것 이상으로, 실은 라이프치히 유학 중에 법률상의 여러 요건에 대한 식견에서 얻은 바가 많았기 때문이다. 물론 내가 얻은 것은 모두 일반적인 백과사전식 개관에 불과했고, 명확한 진정한 지식이라고는 말할 수 없는 것이었다. 대학 생활이라는 것은, 설령 그동안 우리들이 실제로 근면했다고 자랑하지는 못한다 하더라도, 학문이 있거나 혹은 그것을 찾는 사람들로 늘 둘러싸여 있기 때문에, 그런 분위기에서 무의식중일망정 항상 어느 정도의 영향을 섭취하는 것이므로, 모든 방면의 수양에서 헤아릴 수 없는 이익을 얻을 수 있는 것이다.

복습 교사는 나의 걷잡을 수 없는 장황한 이야기를 한참 듣고 나서, 나의 당면한 목적인, 시험을 보고 학위를 받은 뒤 실무에 종사하는 것을 무엇보다도 우선 염두에 두지 않으면 안 된다고 말했다.

"시험을 보는 것만이라면 일은 매우 간단합니다. 어떤 법률이 어디서 어떻게 발생하였는가, 무엇이 그것의 내적 혹은 외적인 동기가 되었는가는 문제삼지 않습니다. 또 시대와 습관에 의해서 어떻게 변화했는가, 잘못된 해석이나 부당한 재판소의 관례로 인해서 어느 정도로 역이용되었는가도 묻지 않습니다. 그러한 연구에는 전문 학자가 그의 일생을 바치고 있습니다. 우리들은 현재 성립하고 있는 것을 문제로 삼고, 그리고 그것을 소송 의뢰자의 보호나 이익에 이용하려 할 때 언제든지 상기할 수 있도록 굳게 기억해 두어야 합니다. 우리는 젊은 학생들에게 당면한 생활에 필요한 것을 줄 뿐입니다. 그 이상의 것은 그 사람들의 재능과 근면 여하에 달려 있습니다."

그는 문답체로 씌어 있는 작은 책자를 나에게 주었다. 나는 호페의 《소법학 문답서》를 모두 완전히 암기하고 있었기 때문에, 이 책자에서 낸 시험문제는 어느 정도 자신이 있었다. 그 이외의 것은 다소 공부를 해서 보충한 다음에, 나의 의지에 어긋나면서도 매우 손쉽게 학위 후보자로서의 자격을 손에 넣은 것이다.

그러나 이 방면에서는 독자적인 연구 활동은 일체 할 수 없었다. 왜냐하면 나는 실증적인 일에는 전혀 센스가 없었고, 무엇이나 합리적까지는 아니라도 역사적으로 설명되기를 원했기 때문이었는데, 그런 뜻에서 나는 나의 능력을 발휘할 수 있는 큰 여유가 생겨서, 우연히 외부에서 들어온 어떤 흥미에 몰두하는 실로 기묘한 방법으로 이 여유를 이용한 것이다.

내 식탁 친구들은 대부분 의학생들이었다. 다 아는 바와 같이 자기의 학문과 직업에 대해서, 수업 시간 외에도 활발하게 이야기를 주고받는 것은 대학생 중에서 의과 학생뿐이다. 이것은 의과의 성질에서 유래하는 것으로, 그들의 연구 대상은 가장 감각적이고 가장 고상한 동시에, 가장 단순하면서 가장 복잡한 것이다. 의학은 인간 전체를 다루는 것이므로, 인간 전체를 대상으로 생각하지 않으면 안 된다. 의학생이 젊어서 배우는 것은 모두가, 위험하기는 하지만 여러 가지 의미에서 보람 있는 중요한 실천을 예시하고 있다. 따라서 청년은 알아야 할 것, 해야 할 것에 열정을 가지고 몰두하는 것인데, 하나는 그것 자체가 그들의 흥미를 끌기 때문이고, 다른 또 하나는 그것이 자립과 유복한 생활의 밝은 전망을 열어 주기 때문이다.

그래서 식사 때에는 마치 예전에 궁중 고문관 루트비히의 집에 있었을 때처럼 의학 이야기밖에는 들은 것이 없었다. 산보할 때나 소풍 갈 때도 다른 이야기는 별로 화제가 되지 않았다. 나의 식탁 친구들은 서로 잘 어울리는 상대여서 식사 때 외에도 대개 함께 있었고, 또 언제나 모든 방면에서 같은 생각으로 같은 학문을 연구하는 사람들이 모여들었다.

대체로 의학부는 교수가 유명한 점에 있어서나 학생 수가 많은 점에 있어서 다른 학부를 앞서고 있었다. 나는 그 세력 속에 휩쓸려 들어왔는데, 마침 의학 방면에서라면 무슨 일이든지 지식욕에 자극을 받았고, 그 분야에 어느 정도 지식을 가지고 있었기 때문에 한층 손쉽게 그들 사이에 낄 수가 있었다. 그래서 2

학기가 시작되었을 때 슈피르만[8]의 화학, 로프슈타인[9]의 해부학에 출석하였고, 전부터 나는 뛰어난 예비 지식과 풍부한 의학 지식으로 인해서 약간 주목을 받고 또 신뢰를 받고 있었기 때문에 나로서도 열심히 공부해 보겠다는 생각이 들었다.

그러나 산만하고 단편적인 내 연구로는 많이 부족한 데다가 그나마도 심한 방해를 받았다. 왜냐하면 놀랄 만한 국가적 대사건이 모든 것을 동요시켜, 우리들에게 상당히 긴 휴가가 주어졌기 때문이다. 오스트리아의 대공녀로, 프랑스의 왕비가 된 마리 앙투아네트[10]가 파리로 가는 길에 슈트라스부르크를 지나가게 되었던 것이다.

귀한 분들이 이 세상에 있다는 것에 민중의 주의를 모으려는 의도에서 여러 가지 축하 식전이 열심히 준비되었다.

그중에서도 특히 내 주목을 끈 것은, 이 프랑스 왕비를 맞이하여 부왕의 사절들에게 인도하기 위해서 두 개의 다리 사이에 놓여 있는 라인강 섬에 세워진 건물이었다. 그것은 지면보다 약간 높았고, 중앙에 큰 방이 있고 그 양편에는 조금 작은 방들이 있으며, 그 뒤로 또 방들이 늘어서 있었다. 요컨대 이것이 좀 더 튼튼하고 완벽하게 건설되었더라면 틀림없이 고귀한 사람들의 별장으로 가치가 있었을 것이다. 그런데 내가 이 건물에 특히 관심을 갖고, 또 몇 차례나 문지기로부터 입장 허가를 받기 위해서 많은 뷔젤(당시 통용한 작은 은전)을 아끼지 않은 것은 내부 전체를 치장한 편물 융단 때문이었다.

여기서 나는 처음으로 저 라파엘로의 원화에 의해서 짜낸 융단[11]의 견본을 보았는데, 나는 이것을 보고서 비록 모사라 할지라도 정확하게 완벽하다는 것을 알 수가 있었기 때문이다.

---

8) 야코프 라인보르트(1722~83). 슈트라스부르크대학 의학부의 화학과 식물학 교수.
9) 요한 프리드리히(1736~84). 슈트라스부르크대학 해부학 교수. 당대 일류 의학자.
10) 마리아 테레지아의 딸. 1770년에 뒷날의 루이 16세와 결혼. 프랑스 혁명에서 단두대의 이슬로 사라졌다. 그녀가 슈트라스부르크에 들어간 것은 1770년 5월 7일.
11) 레오 10세는 라파엘로에게 시스티나 예배당의 아래 벽에 벽걸이 융단을 짜게 할 계획을 세웠다. 사도 베드로와 바울의 생활을 묘사한 것으로, 라파엘로의 10장의 밑그림은 1515~16년에 완성되었다. 융단이 브뤼셀에서 만들어져서 로마에 도착한 것은 1519년. 괴테는 1787년에 이것을 로마에서 보았다.

그것은 여러 번 왔다 갔다 하면서 아무리 보아도 싫증이 나지 않았다. 게다가 무엇이 이렇게도 나를 끌어당기는가를 이해하지 못해서 쓸데없는 노력으로 머리를 괴롭혔다. 이들 옆방은 둘도 없이 화려하고 아늑했다. 그러나 큰 방은 더욱 놀라웠다. 이 방에는 더욱 크고 빛나고 복잡한 장식이 훌륭한, 프랑스 근대화를 모사한 견직물이 둘러져 있었다.

나의 감정도 판단도 무엇인가를 완전히 거부한다는 것은 쉬운 일이 아니었기 때문에, 아마도 이런 장식에 친근감을 가질 수 없는 것은 아니었지만, 나를 몹시 화나게 한 것은 그 제재(題材)였다. 이 그림은 야존과 메데아와 크레우자의 이야기[12]를 내용으로 삼고 있었다. 즉 가장 불행한 결혼의 예를 나타내고 있었던 것이다. 옥좌 왼편에는 무참하게도 죽음에 신음하는 신부가, 동정해서 통곡하는 사람들 무리에 둘러싸여 있고, 오른편에는 부친이 자기 발밑에 살해당한 아들의 모습을 보고 놀라고 있었다. 한편, 복수의 여신은 용마차를 타고 하늘로 솟아오르고 있었다. 이 잔인하고 혐오스런 내용에 더욱 저속한 것까지 덧붙이려 했었는지, 오른편에 금실로 수놓은 옥좌 뒤의 빨간 비로드 그늘에서 마의 암소 꼬리가 사려 있고, 불을 뿜는 야수와 그것과 싸우는 야존의 모습은 값비싼 융단의 주름에 완전히 감추어져 있었다.

이때 외저 학교에서 습득했던 원리가 나의 가슴속에 모두 떠올랐다. 혼례식 건물 속의 대기실에 그리스도와 사도를 갖다 놓는다는 것이 벌써 무선택과 무지함을 나타냈다. 왕가의 융단 보관 계원이 방의 크기에 좌우되었음이 틀림없었다. 나는 그것에서 많은 것을 얻었기 때문에 너그렇게 봐주려고 했다. 그러나 큰 방에서의 그와 같은 볼썽사나운 모양에는 완전히 나 자신을 잃고, 동행자들에게 이러한 취미와 감정의 모독에 대해서 증인이 되어 줄 것을 요구했다.

"무슨 짓이란 말인가!"

나는 주위 사람들도 아랑곳하지 않고 소리를 질렀다.

---

12) 그리스 신화. 야존은 금빛 양모피를 손에 넣으려고 아르고나우트와 함께 출발한다. 콜키스의 왕녀 메데아의 마력을 빌려, 발광하는 수소를 진정시키고 목적을 달성한다. 메데아는 그의 바닷길의 모험에 동반하여 코린트로 오는데, 야존은 그녀를 버리고 코린트의 왕녀 크레우자와 결혼하였다. 크레우자는 메데아가 보낸 결혼 의상을 입었는데, 그 옷이 불꽃을 내며 타기 시작하여 죽고 만다. 한편 메데아는 복수심에 불타 야존 사이에 난 아들을 죽이고 용마차를 타고 하늘로 도망간다.

"젊은 왕비가 이 나라에 처음으로 발을 들여놓는 이때, 지금까지 들어본 적이 없는 잔혹하기 짝이 없는 결혼의 실례를 이렇게도 무분별하게 보여드려서 되겠는가? 도대체 프랑스의 건축가, 장식 화가, 실내 장식가들 중에는 그림이 무엇을 상징하고, 그림이 감각과 감정에 작용하여 예감을 일으킨다는 것을 아는 자가 한 사람도 없단 말인가! 이래서야 소문에 쾌활하고 어여쁘다는 귀부인을 맞으려 기괴천만한 유령을 국경까지 보낸 것과 다름없지 않은가!"

그 밖에 무슨 말을 더 했는지 잊어버렸다. 여하간 동행자들은 귀찮은 일이 일어나지 않도록 나를 달래어 건물 밖으로 끌어내려고 애를 썼다. 그 뒤 그들은, 그림에서 뜻을 찾는다는 것은 누구나가 하는 일이 아닐 것이다, 적어도 계원들은 그런 생각을 전혀 하지 않았을 것이다, 슈트라스부르크의 전 시민이나 부근에서 몰려오는 주민들도, 왕비 자신이나 신하들과 마찬가지로 결코 그런 생각을 떠올리지 않을 것이라고 나에게 보증하는 것이었다.

이 귀부인의 아름답고 고상하며 쾌활하면서도 위엄 있는 용모를 나는 아직도 기억하고 있다. 왕비는 유리창이 달린 마차를 타고 있어 잘 보였는데, 행렬을 맞아 몰려드는 군중에 관해서 시중드는 부인들과 정답게 이야기를 나누고 있는 것 같았다.

저녁에는 조명이 비치는 여러 건물들을 구경하러 갔다. 그중에서도 대성당의 타오르는 듯한 탑은 멀리서 보나 옆에서 보나 아무리 보아도 싫증이 나지 않았다.

왕비는 여정을 계속했고 민중들은 해산했다. 도시도 이내 전처럼 고요해졌다. 왕비가 도착하기 전에는 매우 그럴듯한 명령이 내려져 있었다. 즉 불구자나 꼽추나 혐오감을 주는 병자들은 왕비가 지나가는 길가에 일체 나타나면 안 된다는 것이었다. 사람들은 이것을 농담의 재료로 삼았다. 나는 프랑스어로 짧은 시를 지어, 세상을 돌아다니며 병자와 절름발이를 돌본 그리스도의 도래와, 이같은 불행한 사람들을 쫓아버린 왕비의 도착을 대조시켰다. 그것을 친구들은 너그럽게 봐주었으나, 우리들과 함께 있었던 한 프랑스인은 시에 사용된 언어와 운율에 대해서 가차없는 비판을 내렸다. 그런데 그것은 너무나 혹평인 것 같았다. 나는 그 뒤 다시 프랑스어로 시를 쓴 기억이 없다.

수도에서 왕비가 무사히 도착했다는 소식이 전해지자마자 뒤이어 흉보(凶報)

가 날아왔다. 축하 불꽃놀이 때 건축 재료로 교통을 차단했던 도로에서 경찰의 실책으로 건축 재료들이 무너져 내려서, 많은 사람들이 마차와 함께 깔려 죽었으며, 혼례 축전 중임에도 불구하고 시 전체가 비탄에 잠겼다는 것이다. 사망자들을 급히 묻어 이 엄청난 재난을 젊은 왕과 왕비에게, 그리고 세상에 숨기려 했기 때문에, 많은 가정에서는 가족들이 아무리 기다려도 돌아오지 않자, 이 무서운 참사에 희생되었을 것이라고 짐작할 수밖에 없었다. 이때 내 마음속에 그 큰 방의 처참한 그림이 생생하게 떠오른 것은 말할 것도 없다. 어떤 종류의 도덕적인 인상은, 만일 그것이 감각적 인상이 되어 구체화되면 얼마나 강해지는가는 누구나 다 아는 바이다.

그러나 이 사건은 내가 저지른 장난으로 말미암아 내 친구들에게 불안과 고통을 주었다. 라이프치히에 함께 있던 젊은이들 사이에서는 그 뒤에도 서로 속이고 놀리고 하는 일종의 악취미가 남아 있었다. 이와 같은 못된 장난기에서 나는 프랑크푸르트의 한 친구(과자점의 직공 헨델에게 보낸 나의 시를 늘여 《메돈》에 적용, 그것을 널리 퍼뜨린 친구지만)에게 베르사이유 발신의 날짜를 적은 편지를 썼다. 거기에는 내가 베르사이유에 무사히 도착했다는 것, 축전에 참여했다는 것, 기타 여러 가지를 썼고, 동시에 엄중히 침묵을 지켜주기를 요구했다. 여기서 말해 두어야 할 것은, 라이프치히의 우리들의 작은 그룹은 우리들을 그토록 화나게 했던 그 장난 이래, 이 친구를 때때로 속여서 골탕먹이는 것이 습관으로 되어 있었다. 그것도 이 친구가 세상에 둘도 없는 우스꽝스러운 사나이였고, 속아 넘어갔다는 것을 알아차렸을 때의 그의 태도가 다시없는 애교로 보였기 때문에 정도가 더욱 심했다.

이 편지를 보내고 나서 나는 짧은 여행을 하며 2주일간 외박을 했다. 그 사이에 그 재난의 소식이 프랑크푸르트에도 보도되었다. 친구는 내가 파리에 있는 것으로 믿고, 내가 재난에 휩쓸리지나 않았나 하고 걱정했다. 그는 나의 부모에게, 또 평상시 서신 연락을 하고 있던 친구에게 가서 무슨 소식이 오지 않았는가 물었다. 마침 이 여행 때문에 나는 편지를 보낼 수 없어 아무 데도 소식을 전하지 못했던 것이다. 그는 몹시 불안해서 여기저기 돌아다녔고, 드디어 가장 가까운 친구들에게 사건을 공개하여, 이번에는 이 사람들이 모두 걱정하기 시작했다.

다행히도 이와 같은 억측이 나의 양친에게 전해지기 전에, 나의 슈트라스부르크 도착을 알리는 편지가 도착했던 것이다. 젊은 친구는 내가 무사한 것을 알고 안심했다. 그러나 그동안에 내가 파리에 있었다는 것은 여전히 믿고 있었다. 친구들이 나를 위해서 몹시 근심했다는 것을 정성스럽게 알려 주어, 나는 그에 감동해서 이제부터는 절대로 그런 경솔한 짓을 하지 않겠다고 맹세할 정도였다. 그러나 그 뒤 몇 번인가 유감스럽게도 이와 비슷한 죄를 저질러, 내가 책임을 져야 할 처지에 놓이기도 했다. 현실의 생활은 때때로 그 광채를 잃기 때문에, 우리들은 가끔 여기에 만들어 낸 이야기를 덧칠해서 다시 새롭게 하지 않으면 안 되는 것이다.

그 격렬한 왕실 행사의 화려한 물결은 이제 흘러가 버렸다. 내가 매일 즐겨 바라보고 존경하고, 아니 숭배하고 싶다고까지 생각한 라파엘로의 벽걸이 외에는 별다른 동경도 나에게는 남아 있지 않았다. 다행히 나의 열광적인 노력의 보람이 있어서 몇몇 유지들에게 관심을 가지게 할 수가 있었고, 이 융단 벽걸이를 철거해서 포장하는 일을 될 수 있는 대로 늦추기로 하였다.

우리들은 다시 조용하고 느긋한 학생 생활과 사교에 잠겼다. 이 사교 생활에서는 식탁의 좌상(座上)이었던 재판소 서기 잘츠만이 여전히 우리들 전체의 교육자 역할을 하고 있었다. 이 사람의 지성, 관대함, 또는 우리들이 제아무리 농담을 하고 있을 때에도, 때로는 그가 너그럽게 보아주던 사소한 탈선 때에도, 항상 간직하고 있던 그 품위 등으로 그는 모두의 존경과 사랑을 받고 있었다.

그가 정말로 불쾌한 얼굴을 하거나 사소한 입싸움에 권위를 내세워 사이에 끼어드는 것을 나는 본 적이 없다. 그러나 동아리 중에서 내가 그와 가장 친하게 지냈고 그도 나와 이야기를 나누는 것을 좋아했다. 내가 다른 사람들보다도 다방면으로 교양이 있고, 또 사물의 판단에서 한쪽으로 치우치지 않았기 때문이다. 그가 나를 자기 동아리의 일원이라고 모두에게 공언해도 조금도 난처해하지 않도록, 나는 외면적인 일에서 그를 모범으로 삼았다. 왜냐하면 그는 얼마 안 되는 세력밖에 없는 지위에 있었지만, 나무랄 데 없이 직무를 수행하여 최대의 영예를 얻었기 때문이다.

그는 미성년자 재판소 서기였고, 거기에서 대학의 상임 서기관과 같은 실권을 쥐고 있었다. 그가 다년간에 걸쳐 매우 엄격하게 사무를 처리해 왔기 때문에 상층에서 하층에 이르기까지 그의 은혜를 느끼지 않는 가정이 없었다. 모든 행정 분야에서 고아를 돌보는 사람만큼 축복을 받는 사람은 달리 없고, 이와는 반대로 고아의 재산을 낭비하거나 낭비하게 하는 사람만큼 저주를 받는 사람은 없는 것이다.

슈트라스부르크의 시민들은 산책을 매우 좋아하는데 거기에는 나름대로 이유가 있는 것 같다. 어디를 가나 도처에 자연 그대로의, 또는 신구(新舊) 각 시대에 인공적으로 손질을 한 행락지가 있어서, 떠들썩하고 명랑하고 들뜬 사람의 모습을 볼 수가 있다. 당시 내가 가장 재미있게 여긴 것은 여인들의 다양한 옷차림이었다. 중류 계급의 아가씨들은 아직도 머리를 말아올려서 커다란 핀으로 고정시키고 있었고, 또 어떠한 긴 스커트도 어울리지 않는, 몸에 딱 붙은 의상이 사라지지 않고 그대로 있었다. 그리고 보기에 기분이 좋았던 것은, 이러한 복장이 신분에 따라 그다지 큰 차이를 보이고 있지 않다는 점이다. 딸들이 이런 몸치장을 그만두는 것을 허락하지 않는 유복한 상류 가정이 아직도 남아 있었던 것이다. 그 밖의 일부는 프랑스풍으로 차려입고 있었다. 그리고 해마다 프랑스풍의 복장이 늘어났다.

잘츠만은 아는 사람이 많아서 어디나 출입하고 있었다. 그를 따라가는 것은 매우 즐거운 일이었는데 특히 여름에 그러했다. 멀고 가까움을 불문하고, 어느 정원에서나 친절한 대우를 받아 즐거운 파티나 맛있는 음식이 있었을 뿐만 아니라, 이러저러한 경축일에 초대받은 것도 한두 번이 아니었다. 어느 날 나는 두 번째 방문이었던 한 가정으로부터 서둘러 물러나지 않으면 안 될 처지에 놓인 일이 있었다.

우리들은 초대를 받고 정각에 그곳에 찾아갔다. 파티는 그다지 크지 않았고, 카드놀이를 하는 사람도 있었고 여느 때처럼 산보를 하는 사람도 있었다. 이윽고 식탁 준비가 되었을 때, 나는 주부와 그녀의 여동생이 몹시 난처하다는 표정으로 이야기를 주고받는 것을 보았다. 마침 거기를 지나가던 참이었기 때문에 나는 말했다.

"무슨 일인가요? 주제넘게 끼어들어 죄송합니다만, 혹시 제가 할 수 있는 일이면 기꺼이 도와드리겠습니다."

두 사람은 난처한 사정을 털어놓았다. 식사에 초대한 사람은 12명이었는데 마침 친척 한 사람이 여행에서 돌아와 13명이 참석하게 되었다. 친척 본인은 몰라도 손님 중에서는 13이라는 숫자에서 저 불길한 '죽음을 잊지 말아라'라는 경고를 생각해내는 사람이 있을지도 모른다는 것이었다.

"그런 일이라면 간단히 해결됩니다."

나는 대답하였다.

"저를 대신해서 그분이 들어가면 됩니다."

그러나 그녀들은 명문 출신인 데다가 예의 바른 숙녀들이었기 때문에 나의 제의를 받아들이려 하지 않고, 14번째의 손님을 찾으러 이웃으로 사람을 보냈다. 나는 그것을 말리지는 않았으나, 심부름꾼이 사명을 다하지 못하고 헛되이 돌아오는 것을 보자, 나는 살며시 빠져나와 바체나우의 오래된 보리수나무 아래에서 스스로 만족하며 그날 밤을 지냈다. 나의 이러한 임기응변 처사가 나중에 충분히 보상받은 것은 당연한 결과라 할 수 있을 것이다.

어떤 종류의 일반적인 사교는 카드놀이를 빼고는 이제는 생각할 수가 없다. 잘츠만은 뵈메 부인의 훌륭한 교훈을 부활시켰다. 그리고 나도, 만약에 그것을 희생이라고 부를 수가 있다면, 이 작은 희생에 의해 많은 즐거움을 얻을 수 있고, 더욱이 다른 방법으로 얻어지는 것 이상의 사교상의 큰 자유도 얻을 수 있다는 것을 실제로 알고 있었기 때문에, 얌전하게 잘츠만이 시키는 대로 따랐다. 거기서 오랫동안 잊고 있었던 옛날의 피켓을 생각해 내기도 하고, 비스트를 배우기도 했다. 또 잘츠만의 권유에 따라 카드용 지갑을 준비하여 어떤 일이 있더라도 이것에는 손을 대지 않기로 마음먹었다.

그리고 밤에는 잘츠만과 함께 상류 사교계에서 많은 시간을 보냈다. 나는 대체적으로 호의적인 대접을 받았고, 사소한 실수를 저질러도 너그럽게 봐주었다. 그러나 잘츠만이 극히 점잖기는 했지만 일일이 주의를 주었다.

그러나 이와 동시에 사람들은, 외면적인 일이기는 하지만 사회에 순응하고 그 관습에 따르는 것이 얼마나 중요한가를 상직적으로라도 경험해 보라고 하면서, 불쾌하게 여겨지는 일도 억지로 강요하기도 했다.

내 머리카락은 매우 아름다웠으나, 슈트라스부르크의 단골 이발사는 내 머리카락이 너무 깊게 뒤쪽까지 잘려서 남들 앞에 떳떳하게 나갈 수 있는 헤어스타일로 손질을 할 수가 없다고 했다. 앞의 짧은 곱슬머리는 어떻게든 모양을 만들 수 있어도 다른 머리는 모두 머리 꼭대기에서 늘어진 머리로 하지 않으면 안 되므로, 자연히 머리카락이 자라서 일반적인 모양이 될 때까지 당분간은 가발로 가릴 수밖에 없다는 것이었다. 그리고 그는 내가 곧 그렇게 결심한다면, 처음에 내가 정색을 하고 거절한 이 죄 없는 속임수를, 결코 남이 알아차리지 못할 정도로 완벽하게 해 주겠다고 약속하였다.

이발사는 약속을 지켰다. 나는 항상 잘 손질된 헤어스타일을 가진 청년으로 통했다. 그러나 나는 아침 일찍부터 머리 모양을 갖추고 분을 뿌린 채 있지 않으면 안 되었고, 열중하거나 과격한 운동을 해서 위장한 머리가 들통나지 않도록 조심하지 않으면 안 되었다. 이 구속이 당분간 나를 조용하고 얌전하게 행동하게 했고, 또 모자를 겨드랑이에 끼고 단화와 양말을 신고 다니는 습관을 붙이는 데에 매우 도움이 되었다. 그러나 아름다운 여름날 저녁 초원이나 정원에 가득 퍼지는 라인강의 모기를 막기 위해서 엷은 가죽 양말을 신지 않고는 못 배겼다. 이런 사정들로 해서 나는 심한 육체 운동은 할 수 없었으나, 서로 만나서 주고받는 담화는 더욱 꽃이 피었고 열기도 올랐다. 실로 그것은 내가 지금까지 경험했던 담화 중에서 가장 흥미 있는 것이었다.

내 나름대로의 느낌이나 생각은 있었지만, 나는 그 누구에게나 그 사람이 가지고 있는 특징을 인정하고, 그 사람이 자신의 주장을 관철하는 것에 별다른 마음을 쓰지 않았다. 그 때문에, 그 무렵 처음으로, 말하자면 눈에 띄게 꽃이 핀 느낌이 있는 발랄하고 청년다운 솔직함으로 인해서 나에게 많은 친구와 지지자들이 생겼다. 우리들의 식탁 동아리는 20명가량으로 늘어나 있었고, 잘츠만은 종래의 방법을 고집하고 있었으므로 만사가 이전대로였다. 또 누구나 여러 사람 앞에서는 언동에 주의하지 않으면 안 되었으므로, 대화는 오히려 전보다 예의를 지키는 방향으로 나아갔다.

새로 온 사람 중에서 특히 나의 관심을 끄는 한 사람이 있었다. 융[13]이라고 하는 사람으로, 후에 슈틸링이라는 이름으로 세상에 알려졌다. 구식 복장을 하고 있었는데, 그 모습에는 일종의 소박함과 동시에 어딘지 부드러운 면이 있었

---

13) 요한 하인리히(1740~1817). 당시 슈트라스부르크대학의 의학생. 뒤에 엘버펠트의 안과 의사. 카이저슬라우테른 및 마르부르크의 경제학 교수. 그는 청년 시대의 이야기를 써서, 그 원고를 괴테에게 맡겼다. 이것은 성공리에 출판되었다. 《하인리히 슈틸링의 편력(1778)》.

다. 가발을 쓰고 있었는데 그것도 그의 깊이 있고 인상이 좋은 얼굴을 손상시키지는 않았다. 목소리는 온건했으나, 너무 부드럽거나 약하지 않았으며, 열중하기 쉬운 성질이었으므로, 그럴 때에는 목소리에 힘이 들어가 쩡쩡 울렸다.

그를 더 알게 되자, 심정(心情)에 입각한, 따라서 애착이나 열정에 의해 규정된 건전한 상식을 갖추고 있음을 알게 되었다. 그리고 바로 그러한 심정에서 보다 더 순수한 형태로 선(善)이나 진실, 정의에 대한 열광이 생겨났다. 왜냐하면 이 사람의 경력은 매우 단순하면서도 갖가지 사건이나 다양한 활동으로 넘쳐 있었기 때문이었다. 그 활동력의 근원은 하나님과 하나님으로부터 직접 흘러나오는 가호에 대한 확고한 신앙이었고, 이 가호는 끊임없는 배려와 모든 곤란, 그리고 모든 재앙으로부터의 확실한 구제라는 형태로 분명히 증명된다는 것이었다.

이러한 경험을 융은 그가 살아오는 동안 자주 겪었는데, 최근에 슈트라스부르크에서도 이 경험이 자주 되풀이되었기 때문에 그는 마음속으로부터 기쁨을 가지고 아무런 근심도 없이 생활을 계속하여, 계절마다의 확실한 생계는 기대할 수 없어도 매우 열심히 그 연구에 몰두하고 있었다. 그는 젊었을 때 숯 굽는 사람이 되려고 했으나 도중에 재봉사로 직업을 바꾸었다. 그리고 독학으로 더 고상한 학문을 익힌 뒤, 가르치는 것을 좋아하는 자신의 성격에 따라 교사가 되려고 했다. 이 시도는 성공하지 않았기 때문에 다시 애초의 재봉업으로 되돌아갔다. 그런데 그는 그 누구로부터도 손쉽게 신용을 얻었고 사랑을 받았기 때문에, 또다시 가정 교사 일을 하도록 여러 차례 권고를 받았다.

그러나 그의 가장 깊은 고유의 교양은 혼자의 힘으로 자기를 구제하는, 그 당시 일반적으로 보급되었던 한 파에 속하는 사람들[14]의 신세를 지고 있었다. 이 파 사람들은 성서나 교훈서를 읽고 서로 타이르고 고백하며 신앙을 굳게 하려고 노력하여, 이렇게 해서 세상 사람들이 놀라지 않을 수 없을 정도의 교양을 쌓은 것이다.

이 파 사람들이 동아리들과 함께 항상 마음에 품었던 관심은 도의, 호의, 자선 등 가장 단순한 바탕에 서 있었으며, 더욱이 이와 같이 국한된 처지에 있는

---

14) 경건파 사람들을 가리킨다.

사람들에게 일어나기 쉬운 정도를 벗어난 언동이 없이, 양심은 순수했고 정신은 항상 명랑했다. 따라서 꾸민 것이 아닌, 진정으로 자연스런 교양이 형성되었으며, 다른 교양 이상으로 독특한 점은 모든 연령, 계급에도 적합하고 또 그 성질상 일반적이고 사교적이라는 점이었다. 그렇기 때문에 이 파에 속하는 사람들은 상호간에는 매우 웅변적이어서, 일체의 애정 문제에 대해서 적절하고 기분 좋게 의견을 말할 수가 있었다.

선량한 융이 그 좋은 예였다. 비록 그 의향은 같지 않아도, 그의 생각을 싫어하지 않는 소수의 사람들 사이에 있을 때면, 융은 단지 말하기를 좋아하는 단계를 넘어 웅변을 토했다. 특히 그는 자기 경험을 알기 쉽게 이야기하여, 듣는 사람으로 하여금 모든 정황을 명확하고 생생하게 눈앞에 떠오르게 하는 재주를 가지고 있었다.

나는 그에게 그 이야기를 책으로 쓰도록 권했고 그는 이 약속을 지켰다. 그러나 자기 생각을 이야기하는 솜씨는, 자칫 잘못해서 말을 걸면 높은 곳에서 굴러떨어지는 몽유병과도 같아서, 흐름을 막으려 하면 이내 요동을 치는 온화한 물줄기와도 같았다. 따라서 비교적 많은 사람들이 모인 집회에서는 그는 자주 불안을 느끼지 않을 수 없었다. 그의 신앙은 그 어떤 회의(懷疑)도 허용하지 않았으며, 그의 확신은 그 어떤 냉소에도 견딜 수가 없었다. 제아무리 속을 털어놓는 이야기가 한없이 계속되고 있을 때도, 만약에 반박을 받으면 이내 모든 것이 정돈되고 말았다.

그런 경우에는 내가 항상 나서서 수습을 해 주었기 때문에, 그는 이에 대해 마음으로부터 우러나오는 애정을 가지고 나에게 보답해 주었다. 그가 느끼는 방식은 나에게 낯선 것이 아니었고, 오히려 같은 느낌을 나와 친한 다른 남녀에게서도 이미 분명히 인정하고 있었다. 그것은 또 자연스러움이나 소박한 점에 있어서 나의 마음에 들었기 때문에, 그와 나는 무척 친한 사이가 되었다. 그의 정신의 방향은 바람직한 것으로 여겨졌다. 그래서 그에게 매우 효과적으로 작용하고 있다고 여겨지는 예의 기적의 신앙에 대해서는 나도 건드리지 않고 그대로 내버려 두었다.

잘츠만도 그에게는 관용의 태도를 보였다. 관용이라고 내가 말하는 까닭은, 잘츠만이 그 성격, 기질, 연령, 처지로 보아 이지적인, 오히려 상식적인 그리스도교도 쪽에 서지 않으면 안 되었기 때문이다. 이 파의 종교는 원래 성격의 성실함과 남성적인 독립 정신을 바탕으로 하고 있었기 때문에, 자칫 마음을 흐리게 하는 감정이나 당장이라도 암흑 속으로 인도하기 쉬운 광신(狂信)과 연관되어 그 속으로 말려들기를 좋아하지 않았던 것이다. 이 파의 사람들도 존경할 만한 사람들이었고 그 수도 많았다. 성실하고 유능한 사람들이 서로 이해하고, 같은 신념을 안고 같은 인생 항로를 걸어가고 있었다.

마찬가지로 우리들 식탁 동아리였던 레르제[15]도 이 파의 한 사람이었다. 철두철미하게 정직하고, 물질적으로는 혜택을 받지 못했으나 꼼꼼한 청년이었다. 그의 생활 양식이나 경제 사정은 내가 아는 학생들 중에서 가장 곤궁했다. 그는 우리들 중에서 가장 깨끗한 복장을 하고 있었으나, 옷은 언제나 똑같은 것을 입고 있었다. 그러나 그는 자기의 의복을 매우 소중하게 취급하고, 주위를 언제나 깨끗이 하며, 일상생활의 모든 것에 대해서 자기를 본받을 것을 요구했다. 그가 무엇인가에 기대거나 혹은 책상 위에 팔꿈치를 놓거나 하는 것을 본 일이 없었다. 그는 자기의 냅킨에 표시를 해 놓는 것을 절대로 잊지 않았다. 그리고 의자가 깨끗이 청소되어 있지 않으면 언제나 하녀는 꾸중을 들었다. 모든 것이 철저한 그였지만, 외견상으로는 조금도 딱딱한 점이 없었다.

그는 솔직하고 명확하고 허식 없이 활발하게 말을 했는데, 그럴 때 약간의 가벼운 농담도 그에게 잘 어울렸다. 체격도 좋았고 후리후리하고 약간 큰 키에다, 얼굴에는 천연두 자국이 있어 그다지 볼품이 없었으나 그의 자그마한 파란 눈은 맑고 날카로웠다. 그는 여러 면에서 우리들을 지도할 만한 능력이 있었지만, 우리들은 특별히 그를 검술 사범으로 삼았다. 왜냐하면 그는 칼을 다루는 데 능숙했고, 이 기회에 우리들을 상대로 이 방면의 무예를 모조리 보이고 싶어했기 때문이다. 사실 우리들은 그에게서 얻은 것이 많았고, 늘 모이는 시간이면 그의 권유를 받아 유익한 운동이나 훈련으로 시간을 보냈는데, 이에 대해서도 그에게 감사해야 했다.

드물기는 했지만 때로는 우리들 동아리 사이에서 크고 작은 여러 가지 분쟁이 있었고, 잘츠만이 아버지 같은 태도로 화해하게 하지 못할 경우에는, 이와

---

15) 프란츠 크리스티앙(1749~1800). 당시 슈트라스부르크 대학의 신학부 학생. 후에 콜마르 사관학교 교수.

같은 성격으로 말미암아 레르제가 중재 겸 재판관으로서 가장 적임자였다. 우리들은 대학에서 여러 사고의 원인이었던 외면적 형식에 구애되지 않고 환경과 호의로 결속한 모임이어서 외부에서 가끔 접근하는 사람들이 많았으나, 누구나 동아리에 들어올 수는 없었다.

레르제는 내부의 분쟁을 비판할 때에는 언제나 매우 공평한 태도를 취하고, 말이나 해명으로 다툼을 처리할 수 없을 때에는 예상되는 보복 행위를 감탄할 만한 솜씨로 평화롭게 해결했다. 이런 점에서 그보다 더 적절한 사람이 없었다. 또 그는 하늘이 자기를 전쟁의 영웅이나 사랑의 주인공으로 골라주지 않았으므로, 애정문제나 검술 면에서 중재하는 역할로 만족할 작정이라고 입버릇처럼 말하고 있었다.

그는 시종 같은 태도였고, 선량하고 건실한 성격의 좋은 모범으로 여겨졌기 때문에, 레르제라고 하는 인물은 내 마음속 깊이 사랑스러운 인상을 새겨놓았다. 내가 《괴츠 폰 베를리힝겐》을 썼을 때, 우리 우정의 기념비를 세울 생각이 나서, 그와 같이 훌륭한 태도로 복종할 수 있는 요령을 알고 있는 특수한 인물에게 프란츠 레르제란 이름을 붙여주리라는 생각을 했다.

그는 유머러스하면서도 아무렇지 않은 것 같은 어조로, 남들과 될 수 있는 대로 오랫동안 평화롭게 살아가기 위해서는 남들 앞에서 어떠한 몸가짐을 해야 하며 자신과 타인에 대해 어떠한 책임과 의무를 지고 있는가, 또 어떻게 처신해야 하는가를 늘 상기시켜 줄 수가 있었지만, 나는 전혀 다른 사정이나 상대 때문에 내적으로나 외적으로 싸우지 않으면 안 되었다. 즉 나는 나 자신과 또 외적 사물과, 아니 모든 자연력과도 싸우고 있었던 것이다. 나는 당시 내가 하려고 생각한 일과 해야 할 일이 무엇이든, 나를 충분히 도울만한 건강 상태를 지니고 있었다. 다만 나에게는 일종의 신경과민증이 남아 있어서 가끔 균형을 잃곤 했다. 이를테면 강한 음향이 싫었고, 병적인 것에 구토와 혐오를 느꼈다. 특히 높은 곳에서 아래를 내려다볼 때에 항상 나타나는 현기증이 무서웠다.

나는 이 모든 결함을 한시라도 빨리 고치려고 했기 때문에 약간 과격한 방법을 썼다. 저녁때 병사들의 귀영을 알릴 시간에는, 나는 큰북 옆을 일부러 따라갔는데, 그 맹렬한 굉음에 가슴속의 심장이 터질 것 같았다.

나는 또 혼자서 대성당의 탑 꼭대기에도 올라갔다. 그리고 이른바 첨두(尖

頭) 혹은 왕관 바로 아래의, 흔히 말하는 목에 해당하는 곳에서 약 15분쯤 앉아 있다가 과감하게 밖으로 걸어나왔다. 겨우 사방 2자 정도의 발코니에서 특별히 몸을 지탱하는 것도 없이 서 있자니까, 주위의 가까운 건물이나 장식물 등에 가려 있기는 하지만, 끝없는 땅이 눈앞에 전개되어 있었다. 마치 기구를 타고 하늘에서 내려다보는 것과 같았다.

나는 이와 같은 불안과 고통을 여러 번 반복한 나머지, 마침내 그 인상을 전혀 아무렇지도 않게 느낄 수 있게 되었는데, 뒷날 산악 여행이나 지질 연구 때, 또 대건축의 노출된 들보 위 등에서 목수와 함께 일했을 때, 그뿐 아니라 로마에서 중요한 미술품을 가까이 가서 보기 위해 똑같은 모험을 해야 했을 때에도 이 연습은 큰 도움이 되었다.

해부학도 나의 지식욕을 충족시켜 줌과 동시에, 싫은 광경에도 참을 수 있는 인내를 가르쳐 주었기 때문에 나에게는 이중의 가치가 있었다. 그리고 노(老) 에르만 박사[16]의 임상 강의에도, 그의 아들의 산과(産科) 강의에도 출석했는데, 그것은 신체의 모든 상태를 잘 알고, 아울러 혐오스런 사물에 대한 모든 불안에서 해방되고 싶다는 두 가지 의도 때문이었다. 사실 나는 이런 점에서, 이런 종류의 것에 대해서는 결코 침착을 잃지 않을 정도가 되었다. 그러나 나는 단순히 이와 같은 감각적인 인상에 대해서뿐만 아니라, 상상력의 유혹에 대해서도 나 자신을 단련시키려고 노력하였다.

암흑, 묘지, 쓸쓸한 장소, 밤의 사원이나 예배당, 기타 이런 종류의 무서운 인상에도 아무렇지도 않게 되었다. 그리고 또 이런 점에 있어서, 나는 낮이나 밤이나 또 어떠한 장소에서나 조금도 변함없이 느낄 수 있을 정도가 되었다. 오히려 만년에 이와 같은 환경에서 또 한 번 청년 시절의 통쾌한 전율을 느끼고 싶다는 생각이 들었지만, 아무리 기괴하고 무서운 광경을 마음속에 그려 보아도 겨우 그러한 감정을 맛볼 수 있는 데에 지나지 않았다.

너무나 엄숙한 것, 강렬한 것에서 받는 압박에서 해방되려는 노력은 내 마음속에 늘 있어서 때로는 강점으로, 때로는 약점으로 보였지만, 어디까지나 이 노력에 도움을 준 것은 저 자유롭고 사교적이고 동적인 생활 양식이었다. 나는

---

16) 요한 크리스티앙 에르만(1710~97)을 말하는 듯하다. 뒤에 슈트라스부르크대학 의학부 교수.

이 생활에 더욱 마음이 끌렸고 또 습관이 되어서 마침내 매우 자유롭게 그것을 즐길 수 있게 되었다. 인간이 남의 결점을 알아내고 우쭐한 마음으로 이것을 비난하여 세상에 퍼뜨리고 있을 때, 본인은 무조건 자기 결점으로부터 벗어나 있는 것처럼 생각하고 있다는 것은 세상에서 흔히 볼 수 있는 일이다.

동료에게 욕이나 비난을 퍼부어 자기를 높인다는 것부터가 이미 상당히 유쾌한 일이며, 그 때문에 상류의 사교 모임에서도 인원의 다수를 불문하고 즐겨 이런 비방에 빠진다. 그러나 우리들이 상사나 상급자, 군주나 정치가를 심판하는 지위에 올라, 공공시설이 적당하지 않다거나 목적에 맞지 않는다고 생각하여, 실제로 일어날 것 같은 장해에만 주의를 기울여, 그 의도의 위대함이나 그 어떤 의도에도 예상되기 마련인 시대와 환경의 협력 등을 전혀 인정하지 않는 경우만큼 안이한 자기만족은 달리 없는 것이다.

프랑스의 정세를 상기하고, 또 그것을 몇 년 뒤 작성된 문서에 의해서 정확하고 자세히 아는 사람은, 당시에 반은 프랑스 영토였던 알자스에서 왕이나 대신들에 대해서, 또 궁정이나 총신들에 대해서 어떠한 이야기를 하고 있었는가 하는 것은 쉽게 상상할 수가 있을 것이다. 정보통이 되고 싶어하는 내 욕망에 대해 그것은 새로운 제재였고, 또 지식인을 자랑하는 건방진 젊은이의 자만심에 대해서 매우 알맞은 제재였다.

나는 무슨 일이든지 세밀한 주의를 기울여 열심히 적어 놓았다. 그래서 지금 얼마 남아 있지 않은 것으로 보아도 이들 정보는, 비록 그것들이 만들어 낸 이야기나 믿을 수 없는 세상의 소문을 바탕으로 하여 속단한 것에 지나지 않는 것이라 해도, 앞으로 영원히 그 어떤 가치가 있을 것으로 생각된다. 왜냐하면 이 기록들은, 결국 세상에 폭로된 비밀과 그 당시 이미 폭로되어 공공연한 것이 되었던 일을, 혹은 또 그 당시 사람들의 시비가 섞인 판단을 후세 사람들의 소신과 비교, 대조해 보는 데에 유용하기 때문이다.

우리처럼 매일 산책하는 사람들은 이 도시의 미화 계획이 곧 실행되리라는 것을 알 수 있었다. 그러나 그 계획은 설계도나 지도로부터 실로 기묘한 방법으로 실행되기 시작했다. 시의 감독관 게이요[17]는 구불구불하고 가지런하지

---

17) 1776년 사망. 시의 최고 행정관인 슈트라스부르크 집정관.

못한 슈트라스부르크의 가로를 개조해서 구획이 정연하고 아름다운 도시로 바꾸려고 계획하였다. 파리의 건축가 블롱델[18]이 이에 입각해서 설계도를 작성했는데, 이에 의하면 140명의 가옥 소유자는 대지를 덕 보고 80명은 손해를 보게 되었다. 나머지 사람들은 종래와 변함이 없었다.

이 설계는 채택되었지만 즉시 실시할 수는 없었고, 시일을 두고 완성하기로 되어 있었기 때문에, 그동안 도시는 완성된 모양과 고르지 못한 모양이 섞여서 매우 괴상한 모습을 나타냈다. 예를 들면, 구부러진 거리를 바로잡으려 할 경우, 처음의 건축 희망자는 지정된 선까지 진출했다. 그러면 그 이웃도 앞으로 나왔고 연달아 세 번째와 네 번째 집들도 앞으로 나오는 바람에, 이런 돌출로 인해서 몹시 보기 싫은 굴곡이 생겨서, 뒤로 처져 있는 집들의 앞뜰과 같은 요철이 생긴 것이다.

강권은 가급적이면 발동하고 싶지 않았지만, 강제로 하지 않았더라면 개조는 한 발자국도 진행되지 못했을 것이다. 그래서 일단 이전하기로 정해진 자기 집의 도로와 관련되는 부분을 개조하고 수리하는 것은 허가되지 않았다. 이와 같은 기묘하고 우연히 생긴 보기 흉한 도시의 모습은, 우리와 같은 산책하는 사람들에게, 조소를 퍼붓거나 베리쉬식으로 완성 촉진의 제안을 제출하기도 하고, 혹은 여전히 계획 완성의 가능성을 의심하게 하는 절호의 기회를 주었다. 그러나 새로 된 많은 아름다운 건물을 보면 우리들은 생각을 달리해야 했을 것이다. 오랜 세월 동안에 이 계획이 어느 정도까지 진행되었는가는 나로서는 무어라 말할 수가 없다.

슈트라스부르크의 신교도들이 즐겨 화제로 삼았던 또 하나의 사건은 예수교도들의 추방 사건이었다. 이 도시가 프랑스 손에 들어가자마자 예수파의 장로들이 곧장 달려와서 거주 허가원을 제출한 것이다. 그런데 그들은 얼마 안 가서 그들의 세력을 확장하고 웅대한 수도원을 세웠다. 그 수도원은 대성당과 접해 있어서, 대성당의 후면이 신학교의 정면 3분의 1을 가리게 되었다. 수도원은 사각형 구조였으며, 중앙에 정원이 마련될 예정이었고 3면은 완성되어 있었다. 견고한 석조 건물, 이것은 이 교파 장로들의 주택과 똑같았다. 그들 때문에

---

18) 자크 프랑수아(1705~74). 유명한 프랑스 건축가. 파리·메츠·슈트라스부르크의 주요 건축물 설계자.

신교도들이 박해까지는 아니더라도 압박을 느낀 것은, 옛 종교를 부활시키는 것을 의무처럼 여기는 이 교파의 계획 때문이었다. 따라서 이 예수파의 몰락은 반대파에게 최대의 만족을 주었다. 그래서 사람들은 그들이 포도주를 팔고 서적을 운반해 나가고, 또 건물이 그다지 활발하지 않은 교단에 위임되는 것을 보고 기쁨을 금치 못했다. 인간은 적대자가 없어지면, 아니 감독자를 쫓아버린 것만으로도 어느 정도 안도의 한숨을 쉴 것이다. 그러나 가축은 지키는 개가 없어지면 늑대들이 노리고 있다는 사실을 생각하지 못하는 것이다.

대체로 어느 도시에나 자손 대대로 놀라서 눈이 휘둥그레질 정도의 비극이 전해 내려오듯이, 슈트라스부르크에서도 저 불행한 집정관 크링그린[19]에 대한 일이 자주 이야깃거리가 되었다. 그는 현세 최고의 영화를 누리고, 도시와 지방을 거의 독점적으로 지배했으며, 재산과 지위와 세력이 줄 수 있는 모든 것을 누렸지만, 마침내 궁중의 총애를 잃어 이제까지 관대하게 넘어갔던 모든 일에 대해서 문책당하고, 게다가 옥에 갇힌 채 70세가 넘어 참혹한 죽음을 맞았다.

이 이야기나 다른 이야기들을 열정적으로 우리에게 들려준 사람은 식탁 친구였던 성 루이 훈장을 가진 사람이었다. 그래서 나는 산책도 그와 함께 가는 것을 좋아했는데, 다른 사람들은 그것을 싫어하여 권유를 받아도 일부러 그것을 피하고 나만 동행하게 하였다. 나는 새로 사귄 사람을 대할 때에는 대개 얼마 동안은 일이 되어 가는 대로 방임하고, 상대편 일이나 내가 받는 영향 같은 것은 깊이 생각하지 않기로 했기 때문에, 이 사나이의 이야기나 판단이 나를 계발시키기보다는 불안하게 하고 혼란하게 한다는 것을 깨달은 것은 얼마 지나고 나서였다. 그 당시에는 내가 이 사나이에 대해 어떤 입장에 있는지 전혀 몰랐다.

그는 인생으로부터 아무런 결론도 얻지 못하고, 시종 개별적인 문제에 신경을 써서 스스로 정신이 메말라버리는 많은 사람들 중의 하나였다. 게다가 불행히도 그는, 사색을 잘하는 것도 아니면서 명상에 정열을 품고 있었다. 그리고 이러한 인간에게는 정신적 질병으로 보이는 어떠한 관념이 꼭 붙어 있는 법인

---

19) 프란츠 요제프(1685?~1755). 제11장에도 나온다. 압정과 뇌물로 유명한 슈트라스부르크의 집정관.

데, 이 사람도 또한 이와 같은 고정 관념에 되풀이해서 되돌아가곤 했다. 그래서 시간이 오래 지나자, 이 사나이가 매우 거추장스러워졌다. 즉 그는 늘 기억력의 감퇴, 특히 최근 사건에 대한 기억의 감퇴를 항상 한탄하고, 자기 나름의 추리에 따라서, 모든 덕은 좋은 기억력에서 생기고, 이와 반대로 모든 악덕은 망각에서 유래된다고 주장했다. 이 설을 그는 몹시 명쾌하게 밀고 나갈 수가 있었는데, 말을 매우 애매하게, 때로는 넓은 뜻으로, 때로는 좁은 뜻으로, 다소나마 유사한 뜻으로 사용하였고, 또 이것을 응용해도 상관이 없다면 어떤 일이라도 주장하지 못하는 것이 없기 때문이다.

처음에는 이 사나이의 이야기를 듣고 있으면 재미있었다. 사실 사람들은 그의 웅변을 이상하게 여겼다. 누구나 다 마치, 기묘하기 짝이 없는 일에 농담 반, 연습 반으로 진실 같은 외관을 가미해 보이는 유창한 궤변가 앞에 있는 것 같은 기분이 들었다. 유감스럽게도 이 첫인상은 너무나 빨리 퇴색해 갔다. 왜냐하면 내가 그 어떤 태도를 취해도 이 사나이는 항상 이야기 끝에 같은 제목으로 되돌아갔기 때문이다. 그는 비교적 오래된 사건에는 자기는 흥미가 있었다 해도, 또 자세한 일까지 기억하고 있었다 해도, 언제까지고 관여하고 있을 성질이 아니었다. 오히려 세계사적인 이야기를 하는 도중에도 사소한 계기로 탈선하여 심술궂은 설(說)로 돌아갔다.

한번은 우리들의 오후 산책이 이런 식으로 해서 엉망이 된 일이 있었다. 이와 비슷한 경우의 이야기는 독자를 괴롭히지 않는다 하더라도 지루하게 할 것이므로, 그 대신 여기서는 다음과 같은 이야기를 해 두고자 한다.

시내를 빠져나가는 도중에 우리들은 늙은 여자 걸인을 만났다. 그 여자는 귀찮게 조르거나 애걸하여 그의 이야기를 방해하였다.

"비켜, 늙은 할멈아!"

이렇게 말하고 그는 지나갔다. 노파는 이 불친절한 남자도 늙었다는 것을 알자, 그의 등 뒤에서 누구나 잘 아는 격언을 약간 바꾸어서 이렇게 외쳤다.

"나이가 먹기 싫거들랑 젊었을 때 목이나 매지 그랬어!"

그는 확 돌아섰다. 나는 한바탕 싸움이 일어나지나 않을까 하고 걱정했다.

"목을 매라고?"

그는 소리를 쳤다.

"나더러 목을 매라고? 그럴 수 있나! 게다가 나는 너무 선량한 남자였어. 하지만 내 목을 맨다, 스스로 목을 맨다? 맞아, 그랬으면 좋았을지도 모르지. 총알 한 개의 가치도 없는 나 자신을 알기 전에 한 방 쏴야 했겠지."

노파는 화석처럼 우뚝 서 있었다. 그는 말을 계속하였다.

"할멈! 당신은 굉장한 진리를 말했소. 그리고 물속에 던져지지도 불에 타 죽지도 않았으니 당신의 속담에 대한 보상을 주지!"

그는 평소라면 거지에게 절대로 주지 않았을 1뷔젤의 은화를 노파에게 던져 주었다.

우리들은 제1라인교를 건너 좀 쉬어가려고 생각했던 음식점을 향해서 걸어갔다. 그리고 그로 하여금 이전 이야기로 되돌아가게 하려고 했을 때, 뜻하지 않게 느낌이 좋은 매우 귀여운 소녀가 우리들 쪽으로 다가와 얌전하게 인사를 하면서 기쁜듯이 말을 걸었다.

"어머, 대위님. 어디 가시나요?"

그녀는 누구나 이럴 때 하는 인사를 했다. 그는 약간 당황한 듯이 말했다.

"아가씨, 누구신지……."

그녀는 귀엽게 놀라면서 말했다.

"어머, 벌써 친구를 잊으셨나요?"

이 '잊었다'는 말에 그의 기분이 상했다. 그는 머리를 저으면서 몹시 언짢은 듯이 투덜대면서 대답했다.

"난 당신이 누구인지 정말 모릅니다만!"

그러자 그녀는 약간 유머를 섞어서, 그러나 매우 얌전하게 대답했다.

"주의하세요, 대위님. 저도 이다음에 당신을 몰라봐도 좋단 말이죠?"

이렇게 말하고 그녀는 뒤도 돌아보지도 않고 우리 옆을 지나 빠른 걸음으로 가 버렸다.

"아! 나는 얼마나 바보인가!"

그는 별안간 두 주먹으로 호되게 이마를 치며 외쳤다.

"나는 늙은 바보다. 내가 한 말이 옳은지 틀린지 자네는 알 거야."

그리고 그는 몹시 격렬한 어조로 평소의 주장을, 이 사건으로 말미암아 더욱 힘을 얻어 늘어놓기 시작했다. 그가 자기 자신에게 어떠한 데모스테네스 투의 탄핵 연설[20]을 했는가는 나는 여기서 되풀이할 수도 없고 또 그럴 생각도 없다. 마지막에 그는 나를 돌아보고 말했다.

"자네가 증인이 되어 주게. 자네는 저 거리 모퉁이의 젊지도 아름답지도 않은 물건 파는 여자를 기억하나? 나는 지나갈 때마다 언제나 그 여자에게 인사를 하지. 그리고 때로는 몇 마디 다정한 말을 건넬 때도 있네. 게다가 그 여자가 나에게 호의를 갖게 된 지 벌써 30년이야. 그런데 맹세코 말하지만, 아까 그 아가씨가 나에게 보통 이상의 애교를 보이기 시작한 지 한 달이 될까 말까 하는데, 지금 나는 그 여자를 모른다고 버티어, 예의 바른 그 아가씨에게 모욕을 준 형편이야! 내가 늘 말하지 않았나? 망은(忘恩)은 최대의 악덕이며 인간은 잊어버리지만 않으면 결코 배반하는 일 같은 것은 없을 거라고 말이야!"

우리들은 음식점에 들어갔다. 문간방에서 한 무리의 사람들이 마시고 떠들고 있었기 때문에, 그는 자기나 동년배에 대한 모독을 중지하지 않을 수 없었다. 그는 조용해져서, 우리들이 이층 방에 들어갔을 때, 나는 그의 기분이 누그러졌을 것이라고 생각하였다. 방에서는 젊은 남자 하나가 혼자 왔다 갔다 하고 있었는데 대위는 그 남자의 이름을 부르며 인사했다.

나는 그 남자와 알게 되는 것이 기뻤다. 왜냐하면 나의 늙은 친구는 그 남자에 대해서 여러 가지 칭찬을 했고, 또 그 남자가 군무국에 근무하고 있으며 자기의 연금이 지연되었을 때마다 여러 차례 자신의 이해를 떠나 도와주었다고 내게 말했기 때문이다. 다행히 이야기가 일반적인 사건으로 흘러서, 나는 안심하고 포도주 한 병을 마시면서 이야기를 계속했다. 그러나 이때 불행하게도 완고한 인간에게 공통된, 이 군인의 또 하나의 결점이 나타나기 시작했다. 그것은 그가 그 고루한 관념에서 탈피하지 못한 것처럼, 눈앞의 불쾌한 인상에 구애되어, 자기 감정을 무턱대고 털어놓는 것이다. 조금 전의 자기 자신에 대한 분개가 가시지 않고 있는 터에 또 새로운, 물론 성질이 다른 그 어떤 요인이 더해진 것이다.

그는 잠깐 여기저기를 둘러보고 있었는데, 문득 식탁 위에 커피 2인분과 커피잔 두 개가 있는 것을 발견했다. 원래가 자기도 상당한 난봉꾼이었던 그는,

---

20) 데모스테네스는 마케도니아의 필립에 대해, 4회에 걸친 격렬한 탄핵 연설을 하였다. 이 때문에 탄핵 연설을 흔히 '필립에 대한 연설'이라고 표현한다.

이 청년이 아무래도 이제까지 혼자 있지 않았다는 흔적을 느꼈던 모양이다. 그의 마음속에는 이 자리에 어여쁜 아가씨가 찾아왔으리라는 억측이 떠올라, 그것이 사실이라고 생각됨에 따라 처음의 불쾌했던 마음에 괴상한 질투까지 겹쳐서, 드디어 완전히 그를 혼란 속에 빠뜨리고 만 것이다.

그때까지 나는 그 청년과 아무런 허물없이 이야기를 하고 있었기 때문에 무엇인가가 일어날 것이라는 예감을 느낄 틈도 없었다. 갑자기 대위가 늘 하던 불쾌한 어조로, 한 쌍의 찻잔과 그 밖의 것에 대해 트집을 잡기 시작했다. 당황한 연하의 사나이는, 예의를 갖춘 사람이 으레 하는 것처럼, 쾌활하고 매사에 이해를 구하는 태도로 이를 받아넘기려 하였다. 그러나 노병은 용서 없이 무례한 짓을 계속했기 때문에, 청년 쪽에서도 할 수 없이 모자와 지팡이를 집더니, 상당히 분명한 도전적인 말을 내뱉고는 나가버리고 말았다. 대위의 화가 폭발하였다. 아까부터 혼자서 포도주 한 병을 비우고 있던 터라 더욱 심했다. 주먹으로 느닷없이 식탁을 치고, 몇 번이고 소리쳤다.

"저 녀석을 죽이고 말겠다."

이것은 누군가가 반항하거나 또는 마음에 들지 않을 때 으레 하는 말이어서 그다지 악의 있는 말은 아니었다. 돌아오는 길에서도 사태는 마찬가지로 뜻하지 않게 악화되었다. 나는 경솔하게도, 그 청년에 대한 그의 배은망덕한 태도를 나무라고, 또 그 자신이 이 관리의 친절한 배려를 내게 얼마나 칭찬했는가 하는 것을 상기시켰다. 악화로 끝날 일이 아니었다. 인간이 자기 자신에 대해서 이렇게까지 화를 낸 것은 나는 이제까지 본 일이 없었다. 그것은 저 귀여운 아가씨가 계기가 되어 시작된 서막에 대한 가장 정열적인 끝장면이었다. 거기서 나는 후회와 참회가 익살스러울 정도로 과장된 모습을 보았다. 그것은, 모든 정열이 천재를 대신하는 것처럼, 바로 천재적인 모습이었다.

왜냐하면 그는 우리들의 오후 산책에서 일어난 일을 모조리 다시 들추어 청산유수같이 이야기하여 자책의 재료로 삼았고, 마침내는 저 거지 노파를 다시 등장시켜서 자기에게 반항하게 하고, 라인강에 투신하지 않을까 염려될 정도로 자제력을 잃고 말았다. 만일 내게 멘토르가 텔레마크[21]를 물에서 끌어낸 것

---

21) 이 대목은 페늘롱의 '텔레마크의 모험'(제7장)과 관계가 있다. 여기에 첨가된 동판화의 삽화를 괴테가 회상한 것으로 여겨진다.

처럼 재빨리 그를 끌어올릴 자신이 있었다면 그가 물속에 뛰어들게 하고 싶었다. 그러면 화를 완전히 식힌 그 사나이를 집으로 데려올 수가 있었을 것이다.

나는 이 사건을 곧 레르제에게 털어놓았다. 그리고 두 사람이 이튿날 아침 그 청년에게로 갔는데, 레르제는 예의 무뚝뚝한 태도로 이 청년을 웃기고 말았다. 우리들은 우연히 만나는 자리를 만들어 거기서 화해한다는 데에 의견의 일치를 보았다. 이때 매우 재미있었던 일은, 대위가 이번에도 또 하룻밤의 수면으로 자기의 예의에 어긋난 행동을 모두 잊어버리고, 옥신각신했던 일들을 문제삼지 않은 그 청년을 달랠 작정으로 있었다는 점이다. 모든 것이 하루아침에 처리되고 말았다. 그리고 이 사건은 반드시 비밀이 지켜지고 있지 않았기 때문에, 나는 친구들로부터 놀림받는 처지에 놓이고 말았다. 그런데 친구들이, 자기들의 경험으로 보아, 대위와의 교제가 때로는 얼마나 큰 성가신 일을 가져올지도 모른다는 것을 귀띔이라도 해 주었으면 좋았을 텐데, 그렇게 하지 않은 것이 나로서는 유감이었다.

그런데 다음에는 어떤 이야기를 할까 하고 생각하고 있는 동안에, 기묘한 회상의 장난으로, 당시 내가 특별히 주의를 하고 있던, 시내에서나 교외 어디서나 눈에서 떨어지지 않았던 저 장엄한 대성당의 건물이 다시 내 마음에 떠올랐다.

이 대성당의 정면을 잘 보면 볼수록, 여기에는 숭고한 것과 쾌적한 것이 결합되어 있다는 최초의 인상이 더욱더 강화, 확대되어 갔다. 거대한 것이 하나의 덩어리로서 우리들 눈앞에 우뚝 서 있으면서도 위협하는 느낌이 전혀 없고, 또 그 세부를 살펴볼 경우, 우리들을 혼란에 빠뜨리지 않는다고 한다면, 거기에는 부자연스런, 언뜻 보기에 불가능하게 보이는 경합이 분명히 성립되어 있음에 틀림없고, 아울러 쾌적한 것이 이에 더해져 있음에 틀림없는 것이다. 그런데 이 두 가지의 조화하기 힘든 성질이 합쳐서 하나가 되어 있다고 생각할 경우에만 대성당의 인상을 말할 수 있는 것이므로, 이미 이 점으로만 보아도, 이 오래된 건물을 얼마나 높이 평가하지 않으면 안 되는가를 이해할 수가 있다. 어떻게 이토록 모순되는 여러 요소가 온화하게 융합되고 결합할 수가 있었던가를 진지하게 기술해 보기로 한다.

탑은 잠시 제쳐두고, 우선 무엇보다도 수직의 장방형을 이루고 우리들의 눈앞에 힘차게 솟아 있는 건물 정면만을 생각해 보기로 한다. 그 각 부분이 흐려져서 마침내 보이지 않게 되는 황혼이나 달밤, 그리고 별이 빛나는 밤에 이 정면에 가까이 가 보면, 높이와 폭이 알맞게 균형을 이루고 있는 거대한 벽이 보일 뿐이다. 낮에 이 정면을 바라보고, 정신의 힘을 빌려 세부를 고려에 넣지 않고 보면, 그것은 단순히 내부의 공간을 차단하고 있을 뿐만 아니라, 여기에 접속하고 있는 여러 가지 것들을 덮고 있는 건물의 전면(前面)이라는 것을 알 수 있다.

이 거대한 평면상에 있는 몇 개의 입구는 내부 구조의 필요에 의한 것임을 나타내고 있는데, 이 입구에 의해서 그 전면을 아홉 개의 구획으로 나눌 수가 있다. 교회 본당으로 통하는 중앙의 큰 문이 우선 눈에 띈다. 그 양쪽에는 그보다 작은 문이 두 개 있는데 회랑(回廊)에 부속되어 있다. 정면의 큰 문 위를 보면 수레바퀴 모양의 둥근 창문이 있는데, 거기에서 교회당 안과 원형 지붕에 신비스런 빛이 전면에 비치도록 되어 있다. 그 양쪽에는 직사각형의 문이 두 개 보이는데, 그것은 가운데 문과는 뚜렷한 대조를 이루며 우뚝 솟아 있는 탑 두 개의 밑바탕 부분에 붙어 있음을 알 수 있다.

제4의 계층에는 세 개의 창문이 나란히 있는데, 그것들은 모두가 종루나 기타 교회의 필요에 의해 설치되어 있다. 최상부에는 회랑의 난간이 수평으로 나열되어 전체를 마무리하고 있다. 이상 말한 아홉 개의 공간은 지상에서 위로 뻗은 네 개의 기둥으로 받쳐 있고 둘러싸여, 수직의 커다란 3개의 구획으로 나누어져 있다.

그리고 이 건물 전체가 높이와 폭의 훌륭한 균형을 유지하고 있는 것을 부인하지 못하는 것처럼, 세부적으로도 이들 기둥이나 기둥 사이의 공간이 알맞은 균형을 유지하고 있다.

그런데 우리들이 어디까지나 추상을 고집하여, 아무 장식이 없는 이 거대한 벽면과 그 벽에 필요한 최소한의 문들을 생각하고, 또 중요한 구획들의 안정된 균형을 인정한다면 전체는 확실히 장엄하고 기품 있는 것이 되겠지만, 그래도 묵직한 불쾌감, 장식 없는 비예술적인 감촉을 면할 수가 없다. 왜냐하면 예술 작품이란, 그 전체가 크고 단순하고 각 부분이 조화를 이룰 때 고귀하고 장엄한 인상을 주기는 하지만, 쾌감이 자아내는 본래의 감상의 즐거움은 거기에 전개되는 모든 세부가 혼연히 하나가 될 때에만 맛볼 수 있기 때문이다.

그러나 이런 점에서, 우리들이 관찰하는 이 건물은 최고의 만족감을 준다. 모든 장식이, 그것이 장식하는 부분에 알맞게 종속되어 있어서 마치 그 부분에서 솟아난 것처럼 보이기 때문이다. 이와 같은 장식의 다양성은 항상 커다란 쾌감을 준다. 그것은 다양성이 생기는 근거가 적정한 것이고, 동시에 통일감을 불러일으키는 데서 오는 것으로, 이런 경우에서만 작품은 예술의 극치로서 칭찬된다.

이와 같은 수단에 의해서, 이 견고한 벽, 하늘 높이 솟아 있는 두 개의 탑의 바탕 역할을 느끼게 하는 이 관통할 수 없는 벽은, 보는 사람 눈에는 확실히 당당하게 그 자신 위에 서 있고 자신 안에 존속하는 감을 주지만, 동시에 경쾌하고 우아하게 보여야 하며, 많은 창문이 있음에도 불구하고 흔들림 없는 견고성을 느끼게 하지 않으면 안 되었다.

이 수수께끼는 보기 좋게 해결되고 있다. 벽면의 창문은, 벽의 견고한 부분, 기둥, 그 어느 것이나 독자적인 사명에서 생기는 독특한 성격을 가지고 있고, 이 성격은 점차로 작은 구획에까지 이르고 있다. 그러기 때문에 모든 것이 적절하게 장식되어, 큰 것이나 작은 것이나 적절한 위치를 차지하고 있어서 손쉽게 파악할 수가 있다. 이렇게 해서 거대한 것 중에 쾌적함이 표현되어 있는 것이다. 내가 회상하는 것은 다만, 두꺼운 벽 안에 깊숙이 원근화법적으로 전개된 끝없는 기둥이나, 뾰족머리 아치로 장식된 수많은 문들, 창문과 원형으로 되어 있는 장미 모양과 지주의 측면, 그리고 수직 구획 안에 서 있는 갸름한 원통형 기둥뿐이다.

순서를 따라 안으로 이어져 있는 기둥, 그 기둥에 부수되어 높이 솟아 천개(天蓋)로서 성상(聖像)을 지키는 역할을 하는 가벼운 첨두(尖頭) 구조의 작은 건축물들, 그리고 마지막에는 모든 서까래와 기둥머리의 꽃장식이 꽃과 나뭇잎처럼 혹은 돌로 조각한 자연물같이 보이는 모습을 상상해 보면 된다. 내 생각을 비판하고 활용하기 위해 이 건물을, 비록 실물이 아니라 그 전체와 세부의 모사라도 좋으니 꼭 참조해 주기 바란다. 혹시 내가 말한 것들이 과장처럼 생각될지도 모르나, 나 자신도 첫눈에 황홀해져서 이 예술 작품에 대해서 애착을 느끼기는 했지만, 그 가치를 절실하게 알 때까지는 오랜 시일이 걸렸기 때문이다.

고딕 건축을 비난하는 사람들 사이에서 자란 나는 더덕더덕 쌓아올린 복잡하기 이를 데 없는 장식에 혐오감을 느끼고 있었다. 이러한 장식은 너무나 제멋대로 흘러, 종교적으로 음울한 성격을 극도로 혐오하게 만들었던 것이다. 나의 이 반감이 강해진 것은, 균형이 잡히지 않은, 순수한 시종일관성도 인정할 수 없는, 생기가 없는 이런 종류의 건축 작품만을 보아왔기 때문이다. 그러나 여기에서는 이와 같이 비난할 만한 것은 전혀 나타나 있지 않고, 오히려 나는 그와 반대의 인상이 가슴에 다가와 새로운 계시를 받은 것 같은 생각이 들었던 것이다.

그런데 이렇게 해서 더욱더 오랫동안 이것을 쳐다보고 또 생각하는 동안에, 나는 앞에 말한 것 이상으로 더 큰 가치를 발견할 수 있을 것 같은 생각이 들었다. 비교적 큰 구획이 각기 적당한 관계를 맺고 있는 점, 정취가 풍만한 장식이 미세한 점까지 이르고 있는 것은 이미 눈에 띄었으나, 이번에는 이같이 다양한 장식 상호간의 결합이나, 주요 부분에서 다른 부분으로의 자연스러운 이행(移行) 방법, 즉 성상(聖像)에서 요물상으로, 나뭇잎 모양에서 고사리 모양에 이르는, 같은 종류이면서도 그 형체가 천변만화하면서 세부적으로 교차되고 있는 모습이 눈에 띄었다.

연구하면 할수록 놀라지 않을 수가 없었다. 나는 계산을 하기도 하고 스케치도 하면서 즐겼고, 그럴수록 더욱 그것에 대한 애착이 커져서, 혹은 현존하고 있는 것을 연구하고, 혹은 결여된 부분, 미완성 부분, 특히 탑에 대한 그런 것을 마음속이나 종이 위에 재현해 보는 데에 많은 시간을 소비했다.

이 건물이 옛날 독일 땅에 건축되었고, 또 독일적인 시대에 여기까지 완성되었다는 것을 나는 알았을 뿐만 아니라, 조촐한 묘비에 새겨진 거장의 이름도 마찬가지로 조국의 흔적과 유래를 지니고 있었기 때문에, 나는 용기를 내어, 이제까지 악평이 높았던 '고딕 건축 양식'이란 말을, 이 예술품의 가치에 영향을 받아 '독일 건축술'로 개칭하여 이것을 우리 국민의 손으로 되돌려 놓을 생각을 하였다. 그래서 나는 곧 나의 애국심을, 처음에는 작고한 슈타인바흐[22]의 무덤 앞에서 이야기하고, 그 뒤 이 거장에게 바친 소논문에서 명백히 밝혔다.

이 논문이 인쇄에 회부되고, 이윽고 그것을 헤르더가 자기가 편찬하는 《독일

---

22) 엘비니아(1318년 사망). 엘빈 폰 슈타인바흐는 17세기 이래의 호칭. 슈트라스부르크 대성당의 건설자로 알려지고 있는데 오늘날의 연구로는 정면(正面)의 하부 공사를 담당한 것 같다. 이 거장에게 바쳤다고 하는 소론(小論)은 《독일 건축에 대해서》라는 표제로 1772년에 인쇄되었다.

적 양식과 예술에 대해서〉라는 논집에 수록해 준 시기에, 나의 전기적(傳記的) 이야기의 붓이 미치게 되면 중요한 제목에 대해서도 여러 가지로 언급할 때가 있을 것이다. 그러나 이제 이 문제를 떠나기 전에, 이 책의 첫머리에 든 제사(題詞)에 대해서 다소 의문을 가질지도 모르는 사람들을 위해서 이 기회에 변명을 해 두고자 한다. '젊은 시절에 원한 것은 노년에 가서 풍족히 이루어진다'라는 훌륭하고도 희망에 넘치는 옛 독일의 격언에 대해서, 이것과는 전혀 반대의 많은 경험이 거론되고, 또 그것에 대해서 여러 가지 궤변을 늘어놓을 수도 있다는 것을 나도 잘 알고 있는데, 이것을 입증하는 유리한 예도 많이 있다. 이 기회를 빌려 내 생각을 설명해 보고자 한다.

우리들의 '소망'이라는 것은 자기 안에 존재하는 능력의 예감이며, 장래에 성취할 수 있는 것의 전조인 것이다. 우리들이 할 수 있는 것, 하고 싶은 것은 상상력에 위임되어 우리들 외부로, 미래에 존재하는 것으로서 묘사된다. 우리들은 마음속 깊이 남몰래 간직하고 있는 것에 동경을 느낀다. 따라서 열정을 가지고 이것을 품고 기를 때 언젠가는 진실로 가능한 것이 현실로 변하는 것이다. 이와 같은 방향이 확실히 우리들 본성 속에 존재한다면, 한 발 한 발 발전함에 따라 최초의 소망의 일부가 실현되는데, 순탄한 환경에 있으면 곧은 길을 거쳐, 역경에 처해 있으면 우회로를 거치면서도 끊임없이 직선 코스로 되돌아가서 앞으로 나아간다.

이렇게 해서 불요불굴(不撓不屈)의 노력에 의해서 지상의 재물에 도달하는 인간이 있고, 그들은 부귀나 영화나 외부적 명예로 몸을 장식하는 것이다. 또 다른 사람들은 더욱 확실하게 정신적 우월을 향해서 노력하는 사람도 있어서, 사물에 대한 명석한 전망, 심신의 안정, 현재와 미래에 대한 확신을 획득하는 것이다.

그러나 여기에 제3의 방향이 있다. 이것은 앞의 두 가지를 혼합한 것으로, 가장 확실한 성공을 거둘 수 있게 해준다. 즉 인간의 젊은 시절은, 창조가 파괴를 압도하고, 이와 같은 시기가 무엇을 요구하고 무엇을 약속하는가 하는 예감이 마음속에 재빨리 눈뜨는 뜻깊은 시기에 해당한다면, 사람들은 외부적인 기회와 인연에 의해 활발한 관심이 촉진되어 이것저것에 손을 대고, 그래서 다방면으로 활동하고 싶은 욕망이 열렬하게 솟아날 것이다. 그러나 인간은 한계가 있는 데다가 실로 많은 장해가 일어나기 때문에, 때로는 착수한 것이 진전되지 않거나 붙잡은 것을 손에서 떨어뜨린다든가 해서 소망이 연달아 사라져간다.

그러나 이와 같은 소망이 순수한 마음에서 우러났고 시대의 요구에 적합한 것이라면, 성패를 무시하고 되어 가는 대로 내버려두어도 된다. 그것이 다시 발견되고 틀림없이 수중에 들어오리라는 것, 뿐만 아니라 이제껏 접해 보지도 못했고 생각조차 하지 않았던 같은 종류의 일들이 많이 나타나리라고 확신해도 좋을 것이다. 전에는 자기가 천직으로 느꼈으나 다른 많은 일들과 마찬가지로 포기하지 않으면 안 되었던 일들이, 자기 생전에 타인에 의해서 성취되는 것을 보면, 인류는 서로 모여서 비로소 참된 인간이 될 수 있으며, 개인은 전체 속에서 자기를 느낄 수 있는 용기를 가질 때에만 비로소 안심하고 행복하게 살 수 있다는 아름다운 감정이 솟아나는 것이다.

이와 같은 고찰은 이 경우에 꼭 들어맞는다. 왜냐하면 저 옛 건축물에 끌렸던 나의 애착을 생각하고, 또 슈트라스부르크 대성당에 바친 시간을 계산하고, 뒤에 쾰른 대성당이나 프라이부르크 대성당을 고찰하여, 이들 건축의 진가를 더욱 깊이 느꼈을 때의 나의 주목의 정도를 계산한다면, 그 후 내가 이런 것들을 전혀 안중에 두지 않고, 더욱 발달된 예술에 마음이 끌려 이것들을 완전히 뒷전으로 몰아버린 점에서 나는 나 자신을 비난할 수도 있을 것이다.

그러나 최근에, 세상 사람들의 관심이 다시 이 대상으로 쏠려, 그것에 대한 애착뿐 아니라 정열까지 나타나 왕성해 가는 것을 보거나, 유능한 청년이 정열에 사로잡혀 과거의 이같은 기념물에 대해서 그 정력, 시간, 관심과 재산을 아낌없이 소비하는 것을 보면, 나는 전에 애쓰고 원했던 것이 가치 있는 것이었음을 회상하고 기쁨을 느낀다. 또 사람들이 조상의 업적을 높이 평가하고 있을 뿐만 아니라, 현존하는 건물을 미완성의 실마리에서, 적어도 도식 속에 최초의 의도를 그려 내어, 이로써 모든 기획의 처음이자 끝인 사상을 우리들에게 알리려고 시도하고, 또는 언뜻 보기에 혼란했던 과거를 주의 깊게 성실히 해명하고 되살리려고 노력하는 것을 보고 나는 만족하고 있는 것이다.

특히 여기서 나는 보아스레[23]에게 찬사를 보내고 싶다. 그는 저 웅대한 구상

---

23) 요한 즐피츠(1783~1854). 동생 메르히오르와 함께 쾰른 대성당의 재건을 촉진하였다. 중세 독일 예술의 보존과 수집에 공적이 있다.

의 전형으로서 쾰른의 대성당을 훌륭한 동판화로 나타내는 일에 꾸준히 열중하고 있었는데, 이러한 구상의 정신은 바빌론의 탑과 같이 하늘에 닿는 것이어야 했지만, 지상의 수단으로는 미치지 못하는 것이므로 이러한 구상은 필연적으로 미완성으로 끝나지 않으면 안 되었던 것이다. 우리들은 그와 같은 건축이 여기까지 달성한 것만으로도 놀라고 있을 정도이므로, 본래 완성하려고 했던 의도를 알면 더욱더 경탄을 금할 수 없을 것이다.

우리 조상의 웅대한 의도를 눈앞에 볼 수 있고, 그들이 원했던 것을 감히 이해할 수 있는 것처럼, 문학이나 예술상의 이와 같은 일이 역량과 재산과 세력이 있는 모든 사람들에 의해서 나름대로 촉진되는 일이야말로 바람직한 것이다. 여기서 생기는 식견은 결코 무익한 것이 아니며, 이러한 작품들에 내려지는 판단은 언젠가는 반드시 공정한 것이 될 것이다.

사실 이 일은 우리들의 유능한 젊은 친구가 쾰른의 대성당에 바친 연구 외에, 독일 중세기의 건축사를 자상하게 검토해 간다면 매우 철저하게 성취될 것이다. 더 나아가서 이 건축의 실제상의 시행에 관해서 무엇인가 배울 점이 밝혀지고, 또 그리스, 로마 건축이나 동양, 이집트의 건축을 비교해서 모든 특징에 대해서 설명할 수 있다면, 이 분야에서 더 이상 할 일이 없을 것이다. 그러나 그러한 조국에 바쳐진 노력의 성과가, 현재 친구들 간에 사적인 소식으로 알려지고 있는 것과 마찬가지로 사람들 앞에 제시된다면, 나는 마음속으로부터 만족해서 그 말을 최상의 뜻으로 되풀이할 수 있을 것이다. '젊은 시절에 원했던 것은 노년에 가서 풍족히 이루어진다'라고.

이처럼 수 세기를 거쳐 나타나는 효과에 대해서는 때에 맡기고 기회를 기다려도 좋겠지만, 이에 반해서 청춘의 나날에서 익은 과일처럼 신선할 때 맛을 보아야 할 또 다른 것이 있다. 여기서 방향을 돌려, 무도에 관한 이야기를 하는 것을 양해해 주기 바란다. 그것은 슈트라스부르크나 멀리 알자스에서 매일 매시 대성당의 모습이 눈에 띄듯이 생생하게 귀에 익은 것이었다.

어렸을 때부터 아버지는 나와 누이동생에게 손수 춤을 가르쳐 주었는데, 아버지는 그토록 근엄한 사람이었던 만큼 이것은 매우 뜻밖의 일이었다. 그러나 그는 역시 도를 지나치는 일이 없었고, 매우 엄격하게 몸 자세와 스텝을 가르쳐 주었다. 그래서 우리들이 미뉴에트를 출 수 있을 정도가 되자, 그는 플루트로 4분의 3박자의 쉬운 곡을 연주해 주었다. 우리들은 그것에 맞추어 열심히 움직였다.

나는 어려서부터 프랑스극 무대에서 발레는 아니지만 솔로나 2인 무용을 보았는데, 거기서 여러 가지 기묘한 발의 움직임이나 가지각색의 도약을 외우고 있었다. 그런데 우리들이 미뉴에트를 충분히 배웠을 때, 나는 아버지에게 지그나 무르키[24]의 이름으로 악보에 많이 실려 있는 다른 무도곡을 연주해 달라고 부탁했다. 박자가 완전히 내 팔다리의 움직임에 딱 맞았으므로, 나는 즉석에서 이 곡에 맞는 스텝과 동작을 생각해냈다. 이것은 어느 정도 아버지를 즐겁게 했다. 사실 그는 때때로 이런 방법으로 원숭이들을 춤추게 해서, 당신도 흥겨워했고 우리들도 즐겁게 한 일이 있었다.

나는 그레트헨과의 불행 이후에는, 라이프치히 체류 중에 한 번도 무도장에 가지 않았다. 뿐만 아니라, 어느 무도회에서 미뉴에트를 억지로 추게 되었을 때 나의 몸은 박자도 동작도 잊어버린 것 같았고, 스텝도 몸짓도 생각나지 않았던 것을 기억하고 있다. 그때 대부분의 관객들이, 나의 미숙한 동작은 나를 무리하게 자기들 분위기에 끌어넣으려는 여인들의 생각을 완전히 없애기 위한 의도에서 나온 고집에 지나지 않는다고 말해 주지 않았더라면, 나는 창피를 당하여 사람들 앞에서 망연자실했을 것이다.

프랑크푸르트로 돌아와 있는 동안, 나는 이런 즐거움에서 완전히 차단되어 있었다. 그러나 슈트라스부르크에서는 그 밖의 생활의 즐거움을 회복함과 동시에, 얼마 안 가서 팔다리에도 박자를 맞출 능력이 생겼다. 일요일이나 평일, 어느 유원지를 산책해 보아도, 많은 사람들이 모여서 둥글게 원을 그리며 춤추는 것을 볼 수 있었다. 마찬가지로 시골 별장 등에서도 가족끼리의 무도회가 열렸고, 곧 다가올 겨울의 화려한 가장무도회에 대한 이야기로 꽃을 피우고 있었다. 물론 이런 곳에서 나는 그 자리에 어울리지 않았고, 사교에는 아무런 쓸모가 없었다. 그래서 왈츠를 잘 추는 한 친구가, 뒷날 일류 무도회에서 한가락 할 수 있도록, 우선 눈에 띄지 않는 모임에서 연습을 해 두는 것이 어떻겠느냐고 내게 권했다.

---

24) 지그는 3박자의 경쾌한 댄스 음악. 무르키는 저음부에 펼침화음을 갖는 반주형 악곡.

그는 노련하다고 이름난 어느 무도 교사에게 나를 끌고 갔다. 무도 교사는 내게 기본적인 동작을 가르쳐준 뒤, 어느 정도 반복해서 익숙해지면 그다음 것을 가르쳐 주겠다고 약속했다. 그는 성실하고 숙련된 프랑스 사람 같은 성격이었고, 나를 친절히 맞아 주었다. 나는 한 달분의 수강료를 미리 내고 열두 장의 티켓을 받았다. 그는 이 티켓 수대로 일정 시간 동안 가르쳐 줄 것을 약속했다. 그는 엄격하고 꼼꼼하였으나 까다로운 이론을 내세우지는 않았다. 나는 이미 약간 배운 것이 있었기 때문에 금방 그에게 만족을 주었고 그의 갈채를 받았다.

어떤 사정이 이 선생의 교습을 매우 편하게 만들어 주었다. 그에게는 딸이 둘 있었는데, 둘 다 어여쁘고 스무 살도 채 되지 않았다. 이 두 사람은 어렸을 때부터 춤을 배웠기 때문에 매우 숙련되어 있어, 아주 미숙한 제자들을 상대해서 단시일에 어느 정도 진보시키키도록 도와줄 수가 있었다. 두 사람 다 매우 예의 바르고 프랑스어로만 대화했다. 그리고 나는 나대로 그들에게 서툰 웃음거리로 보이지 않으려고 열심히 노력했다.

다행히도 두 사람은 나를 칭찬했고, 그녀 아버지의 작은 바이올린에 맞추어 즐겁게 미뉴에트를 추어 주었다. 그뿐 아니라, 그들에게는 물론 귀찮은 일이었지만, 차츰 내게 왈츠나 선회하는 동작까지 가르쳐 주었다. 게다가 그녀의 아버지에게는 제자도 그리 많지 않아서, 그들은 심심한 생활을 보내고 있었기 때문에, 때때로 연습이 끝난 후 남아서 이야기라도 나누자고 권했고, 나도 기꺼이 그녀들이 하자는 대로 하였다. 더구나 나는 동생 쪽이 마음에 들었고, 무엇보다도 그들의 태도가 얌전했기 때문에 더욱 두 사람 곁에 있고 싶었다. 때때로 나는 소설의 한 구절을 읽어 주었고, 또 그녀들도 읽어 주었다.

언니는 동생보다 미인이었지만 나는 동생을 더 좋아했다. 그러나 언니가 동생보다 나에게 더 다정하고 친절했다. 그녀는 연습 시간에는 늘 내 옆에 있었고, 연습 시간을 자주 연장시켜 주었다. 그래서 나는 무도 교사에게 표를 두 장씩 주어야겠다고 생각하기도 했는데, 그는 그것을 받지 않았다. 그런데 동생은, 친절하지 않은 것은 아니었지만, 혼자 조용히 있는 것을 좋아했고, 아버지에게 불려야만 비로소 언니와 교대하곤 했다.

그 원인을 어느 날 저녁 나는 확실히 알았다. 춤을 끝마치고 내가 언니와 함께 거실로 가려 했을 때, 그녀는 나를 뒤로 끌어당기며 말했다.

"잠깐 더 여기 있기로 해요. 사실을 말씀드리면, 동생이 트럼프 점쟁이 여자를 불러다 외국에 있는 남자 친구의 소식을 점치고 있어요. 동생은 그 남자 친구 생각으로 마음이 가득 차고 모든 희망을 그에게 걸고 있어요. 나에게는 그런 사람이 없지만……."

그녀는 말을 계속했다.

"비록 있다 하더라도 상대해 주지 않으리라는 것은 각오해야 할 것 같아요."

이 말에 대해서 나는 몇 마디 위로의 말을 해 주었다. 그녀도 그 예언자에게 물어보면 곧 명확해질 것이며, 나도 점을 쳐 보고 싶고 전부터 한번 경험해 보려고 했었지만 이제까지 믿을 마음이 없었다고 말했다.

그녀는 내 말을 듣고 나무라면서, 이 세상에 트럼프 점보다 더 정확한 것이 없고, 농담이나 장난으로 점을 쳐서는 안 되며, 정말로 관심이 있는 것을 물어봐야 한다고 엄숙하게 언명하였다. 점이 끝난 것을 그녀가 확인하자마자, 나는 그녀를 재촉하여 그 방으로 들어갔다. 동생은 매우 기분이 좋은 것 같아서, 나에게도 평소보다 다정하였고, 농담도 하는 재치를 보여 주었다. 그녀는 멀리 떨어져 있는 애인에 대하여 안심이 되는 것 같았고, 또 언니가 친구라고 여기고 있는 나에게 약간 친절하게 해도 무방할 것이라고 생각하고 있는 것 같았다.

우리들은 점쟁이 노파에게 인사를 하면서, 언니와 나에게도 진실을 말해 준다면 보수를 넉넉히 주겠다고 약속했다. 노파는 정해진 준비와 의식을 거행하면서 일곱 가지 도구를 늘어놓더니 먼저 언니 쪽부터 점을 치기로 하였다. 그녀는 카드의 배치를 조심스럽게 들여다보고 있었으나 어딘지 주저하는 모습이었고, 좀처럼 말을 꺼내려 하지 않았다. 이와 같은 마술적인 점괘의 해석법을 잘 알고 있는 동생이 말했다.

"알았어요. 당신은 말할 수 없는 거예요. 언니에게 싫은 말을 하기 싫은 거죠? 불길한 패가 나왔나요?"

언니는 얼굴이 파래졌으나 마음을 가다듬고 말했다.

"자, 말해 줘요. 설마 곧 죽게 되는 것은 아니겠지요?"

노파는 한숨을 쉰 후 언니에게, '당신은 누군가를 사랑하지만 그 사랑은 이뤄지지 않을 거요. 다른 사람이 사이에 끼어서 방해를 하고 있으니까' 하고 말했다. 마음씨 고운 이 아가씨에게 당황하는 빛이 역력히 보였다. 노파는 위로라도 하려는 듯이 편지나 금전에는 희망을 걸 수 있다고 말했다. 어여쁜 아가씨는 말했다.

"편지 같은 건 기다리지도 않아요. 돈도 바라지 않아요. 당신이 말한 대로 내가 사랑하고 있는 것이 진실이라면 그 사람도 나를 사랑해 주어야 당연하지요."

"어디, 바라는 대로 될지 한번 더 봅시다."

노파는 카드를 섞어서 다시 한번 늘어놓았다. 그러나 우리들의 눈앞에서 더욱 나쁜 점괘만 나왔다. 아가씨는 더욱 고독해질 뿐 아니라, 여러 가지 불쾌한 일에 둘러싸이고, 친구들은 더욱 멀어지며, 방해자가 더 가까이 오고 있다는 것이었다.

노파는 더 좋은 점을 쳐 보려는 희망으로 카드를 세 번째 늘어놓으려 했다. 그러나 어여쁜 아가씨는 더는 참을 수 없다는 듯이 울음을 터뜨리고 말았다. 그녀의 귀여운 가슴이 심하게 물결쳤다. 그녀는 휙 돌아서더니 방을 뛰쳐나갔다. 나는 어쩔 줄을 몰랐다. 나의 애착은 그 자리에 있는 아가씨 앞에 나를 붙들어 놓았고, 동정의 마음은 뛰쳐나간 여자 쪽으로 달려갔다. 두 사람 사이에 낀 내 입장은 참으로 괴로웠다.

"루친데를 위로해 주세요."

동생이 말했다.

"언니 뒤를 따라가 줘요."

나는 주저했다. 적어도 그 어떤 애정을 말하지 않고서 어떻게 그녀를 위로해 줄 수 있겠는가! 또 내가 이런 경우에 냉정하고 적절하게 위로해 줄 수 있겠는가!

"함께 갑시다."

나는 에밀리에게 말했다.

"내가 언니 옆에 있어서 좋을지 어떨지 모르겠어요."

그녀는 대답했다. 그래도 우리들은 가 보았으나, 문이 잠겨 있었다. 우리들이 아무리 문을 두드리고 소리를 치고 또 애걸해 보았으나 루친데는 대답을 하지 않았다.

"언니를 가만히 둘 수밖에 없어요. 지금은 아무것도 도움이 안 돼요."

에밀리에가 말했다. 나는 에밀리에를 알게 된 뒤 처음으로 그녀의 성격을 생각해 보았다. 그녀에게는 언제나 격렬한 변덕이 있었다. 이것은 나에 대한 사랑이나 나에게 예의에 어긋나는 태도를 보이지 않았다는 점에서도 잘 나타나 있었던 것이다. 어쩌면 좋을까! 나는 점쟁이 노파에게, 그 여자가 일으킨 이 불상사의 대가를 충분히 지불하고 가려고 했을 때, 에밀리에가 말했다.

"나는 당신 일도 카드로 점을 쳐 보려고 생각했어요."

노파는 점을 칠 준비를 하고 있었다.

"전 필요 없습니다."

나는 이렇게 말하고 급히 층계를 내려갔다.

다음 날 나는 춤을 배우러 갈 용기가 나지 않았다. 사흘째 되던 날 아침 일찍, 전에도 자주 자매의 심부름을 왔었고, 대신 내가 꽃이나 과일을 들려서 보낸 일이 있었던 소년이, 에밀리에가 오늘은 절대로 빠지지 말라고 했다는 말을 전해 왔다. 내가 정한 시간에 찾아갔더니 아버지 혼자 있었다. 그는 나의 발 떼는 방법, 오가는 동작, 태도와 거동에 대해서 여러 가지로 고쳐 주었고 그러한 나에게 만족하고 있는 것 같았다.

연습이 끝날 무렵에 동생이 나와서 나와 매우 우아한 미뉴에트를 추었는데, 그때 그녀의 동작은 매우 훌륭했고 아버지는 어느 무도장에서도 이보다 더 훌륭하고 능숙한 한 쌍을 본 일이 없다고 단언했다. 연습이 끝난 후 나는 평소와 같이 거실로 갔다. 아버지는 우리만 남기고 나가 버렸다. 나는 루친데의 모습이 보이지 않아 신경이 쓰였다. 에밀리에가 말했다.

"언니는 쉬고 있어요. 그러는 것이 좋을 거예요. 걱정할 것 없어요. 언니의 마음의 병은, 몸이 어딘가 나쁘다고 생각하면 곧 낫습니다. 언니도 죽기는 싫으니까요. 조금 있으면 우리들의 말을 들을 거예요. 집에 어떤 상비약이 있어서, 언니는 그것을 먹고 쉬면 요동치는 파도도 점점 가라앉을 거예요. 그런 마음의 병을 앓고 있을 때에는 언니는 너무 착하고 귀여워요. 원래 아무 데도 아픈 데가 없었고, 단지 열정에 사로잡혔을 뿐인데, 여러 가지 소설 같은 죽음을 상상하며, 그것을 소녀다운 심정으로 무서워하고 있답니다. 유령 이야기를 들은 애들과 같아요. 어젯밤에도 이번에야말로 자기가 죽을 거라면서, 정말로 죽음이 눈앞에 오면, '처음에는 그렇게 잘해 주었음에도 불구하고 이제 와서 무정한 처사를 보인 거짓말쟁이 친구들'을 불러달라며 몹시 흥분했어요. 언니는 그 친구를 가차없이 책망하고 죽고 싶다는 거예요."

나는 외쳤다.

"내가 언니에게 어떤 애정을 보였다고 해서 나의 책임이라고 생각하지 않습니다. 나를 위해서 이것을 잘 증언해 줄 사람을 나는 잘 알고 있습니다."

에밀리에는 미소를 띠면서 대답했다.

"당신이 하는 말은 잘 알 수 있어요. 그러나 우리들은 신중히 생각해서 결심을 하지 않으면, 우리 세 사람은 모두 불행한 처지에 빠질 것입니다. 이 이상 더 연습을 계속하지 말아 달라고 부탁드리면 어떨까요. 지난달 티켓을 아직도 네 장이나 가지고 계시죠? 언젠가 아버지도 말씀하셨어요. 당신에게서 돈을 더 받아서는 안 되겠다고요. 당신이 정말로 무도를 전공하신다면 별문제지만, 젊은 남자에게는 그 정도 실력이면 충분하다고 말씀하셨습니다."

"에밀리에 양, 내게 이 집에서 멀리 떠나 있기를 권고하시는 건가요?"

"네, 그래요. 그러나 나 혼자의 의견은 아닙니다. 사실은 이렇습니다. 엊그제 당신이 급히 돌아가신 뒤에 당신에 대해 점을 쳤습니다. 그러니까 같은 점이 세 번이나 계속되었고, 나중으로 갈수록 점점 명백해졌습니다. 당신은 좋은 일, 즐거운 일, 또 친구들과 훌륭한 사람들에게 둘러싸여 있었으며, 돈도 부족하지 않았습니다. 여자들은 약간 멀리 떨어져 있었습니다. 특히 불쌍한 언니는 언제나 가장 먼 곳에 있었습니다. 또 하나의 여자는 점점 당신 쪽으로 접근했으나 옆에까지는 가지 못했습니다. 왜냐하면 다른 남자가 방해했기 때문입니다.

당신에게 사실을 말씀드리면, 그 제2의 여인의 입장에 있는 사람은 바로 나라고 생각했습니다. 이렇게 터놓고 말씀드리니, 나의 충고가 호의에서 나온 것이라는 것을 잘 이해해 주시기 바랍니다. 먼 곳에 있는 친구에게 나는 마음을 허락했고, 약혼도 했습니다. 그리고 지금까지 누구보다도 더 그분을 사랑했습니다. 그런데 이대로라면 당신이 있다는 것이 나에게는 이제까지보다 더 중대한 일이 될 것 같습니다. 그리고 두 사람의 자매 사이에 낀 당신의 입장은 어떨까요. 그 때문에 한 사람은 당신의 애정 때문에, 다른 한 사람은 당신의 냉담 때문에 불행한 꼴을 당할 것입니다. 이런 괴로움이란 모두 아무런 쓸모가 없고 순간적인 것입니다. 당신이 어떤 분이며, 무엇을 희망하고 계시는가를 우리들이 몰랐다 하더라도, 카드가 그것을 확실히 눈앞에 보여주었을 것입니다. 그러면 안녕히 가십시오."

그녀는 나에게 손을 내밀었다. 나는 주저했다. 그녀는 나를 문 쪽으로 데리고 가면서 말했다.

"그러면 이것이 우리들의 마지막 대화가 되기를 바라고, 평소 같으면 내가 거절했을 것을 받아 주시기 바랍니다."

그녀는 내 목에 매달려 나에게 뜨거운 키스를 해 주었다. 나는 그녀를 힘껏 껴안았다.

그 순간 옆문이 확 열리고, 엷지만 잘 어울리는 잠옷을 입은 채 언니가 뛰어들어와서 소리를 쳤다.

"너 혼자서만 이분과 작별의 시간을 나누기야?"

에밀리에는 나를 놓았다. 그러자 루친데가 나를 붙들고 내 가슴에 안겨, 검은 머리를 내 뺨에 비벼대며 잠시 그대로 있었다. 조금 전에 에밀리에가 나에게 예언한 대로, 완전히 나는 두 자매 사이에 끼인 것이다. 루친데는 나를 놓고 나의 얼굴을 빤히 쳐다보고 있었다. 나는 그녀의 손을 쥐고 다정한 말을 해 주려 했다. 그러나 그녀는 몸을 돌려 거친 발걸음으로 방 안을 몇 번 왔다 갔다 하더니만 소파 위에 몸을 던졌다. 에밀리에는 언니 옆으로 가까이 갔으나 "저리 가!" 핀잔만 들었다. 그리고 거기서, 지금 생각해보아도 안절부절못할 장면이 벌어졌다. 그것은 일부러 한 것 같은 기색은 하나도 없었고, 정열적인 젊은 프랑스 여자에게는 전혀 어울리지 않은 것이었지만, 그 동작은 훌륭하고 다정다감한 여배우라 할지라도 무대 위에서 그것을 재연할 수는 없었을 것이다.

루친데는 동생에게 연이어 비난을 퍼부었다. 그녀는 소리를 쳤다.

"나에게 마음을 기울이는 사람을 빼앗아간 것은 이번이 처음이 아니야. 이 자리에 없는 그 사람 경우만 해도 그랬어. 결국 그분은 내 눈앞에서 너하고 약혼했어. 나는 그것을 보고만 있어야 했지. 나는 참았어. 그러나 그 때문에 내가 얼마나 눈물을 흘렸는지 알고 있니? 그분을 놓지도 않고, 또 이분을 내게서 빼앗아갔다. 너는 한 번에 몇 사람이라도 자기 것으로 만드는 기술을 알고 있구나. 나는 솔직하고 마음이 약해. 그래서 누구나 내가 어떤 사람인지 잘 알고 있고 또 무시해도 좋다고 생각하지. 너는 내숭을 떨고 우악스럽고 말이 없어. 그러니까 남들은 네 마음속에 무엇이 있는가를 몰라. 그러나 네 마음속에는 어떠한 것이라도 자기의 희생물로 만들고 싶은 차가운 이기심이 있을 뿐이지. 그런데 그것을 네 마음속에 숨기고 있으니까, 여간해서 아무도 모른다. 나의 따뜻하고 진실한 마음도 아무도 모른다. 내 마음은 내 얼굴처럼 잘 보일 텐데……."

에밀리에는 아무 말이 없이 언니 옆에 앉아 있었다. 언니는 혼자서 떠들어대는 동안에 점점 흥분하여, 내가 알아도 아무런 이익도 되지 않을 일까지도 떠들어 댔다. 동생은 언니를 달래려 하다가 내게 나가 달라고 눈짓을 했다. 그러나 질투와 의심은 천 개의 눈으로 본다는 비유가 있듯이, 루친데는 그것을 알아챈 모양이었다. 그녀는 벌떡 일어나, 험악한 태도는 아니었으나 나를 향해서 걸어왔다. 그녀는 내 앞에 서서 무엇인가를 생각하는 것 같았다. 이윽고 그녀는 말했다.

"나는 벌써 당신을 잃어버린 것으로 알고 있어요. 아무것도 당신에게 요구하지 않겠어요. 그러나 에밀리에, 너에게도 이분을 주지 않겠어."

그녀는 이렇게 말하며, 내 머리를 붙들고 나의 얼굴을 자기 얼굴에 대고 몇 번이나 입을 맞추었다. 그녀가 외쳤다.

"자, 나의 저주를 두려워하세요. 나 다음에 처음으로 이 입술에 키스하는 사람에게는 영원히 온갖 불행이 겹친다는 것을! 다시 이분에게 다가가기만 해봐! 이번만은 나의 소원을 하나님이 들어주실 거야. 그러면 자, 어서 가세요! 될 수 있는 대로 빨리 어서!"

나는 두 번 다시 이 집에 발을 들여놓지 않겠다는 굳은 결심을 하면서, 층계를 날듯이 뛰어 내려갔다.

# 제10장
# 나의 친구 헤르더

독일의 시인들은 직업조합을 만들어 단결하는 일이 없었으므로, 시민 사회에서도 조금도 특권을 가지고 있지 않았다. 시인들은 무엇인가 달리 유리한 사정이 있기 전에는 발판도 지위도 명성도 가질 수 없었고, 그렇기 때문에 천부의 재능이 명예가 되느냐 치욕이 되느냐 하는 것은 단지 우연에 달려 있었다. 이 가엾은 지상의 아들은 재간과 능력을 의식하면서, 무거운 발걸음으로 비참한 생활을 해 나가지 않으면 안 되었고, 시신(詩神)에게서 받은 재능을 눈앞의 필요에 쫓겨서 낭비하지 않을 수 없었다.

모든 종류의 시 중에서 최초의, 그리고 가장 순수한 기회시(機會詩)[1]는 심히 멸시되어, 오늘날에도 아직 그 높은 가치가 국민에게 이해되지 않고 있다. 그리고 만일 시인이 귄터의 길[2]을 택하지 않는다면, 시인은 이 세상에서 기생(寄生)이나 식객처럼 대우를 받아, 비참하고 천한 입장에 놓이게 되어 연극이나 실생활 무대에서도 남의 뜻에 따를 수밖에 없었다.

이에 반해서 시신(詩神)이 세상의 명망 높은 인사와 결부되면, 그 사람들은 시신에 의해 찬란한 빛을 더하였고, 이것이 또한 역으로 시신에게 찬란한 빛을 더해주었다. 하게도른[3]과 같이 세상물정에 밝은 귀족, 부로케스[4] 같은 당당한

---

1) 식전시(式典詩)를 말하는 듯하다. 16세기에 제후나 학자 동아리의 특수한 식전 때, 이를 장식하기 위한 시의 한 형식. 17세기 이래, 제후의 입성(入城)이나 결혼, 시민의 관혼상제 때 시인에게 위탁된 시가 낭독되었다. 괴테는 뒷날 넓은 뜻으로 사용하여, 친구나 제후에게 보낸 기회시에서 개인적 각인(刻印)이나 내용의 깊이를 더하는 등 새로운 형식으로 바꾸었다. 그리하여 더 나아가서, 특별한 상황에서 단 한 번 낭독되는 서정시의 뜻으로 쓰이게 되었다.
2) 귄터(제7장)의 개성적인 자유 분방한 생활 방식은 당시에는 거의 이해를 받을 만한 여지가 없었고, 그의 고뇌와 구제에의 동경에 찬 직접적 삶의 체험 고백이 그대로 시에 표현되었다.
3) 제2장에 나온 인물. 북부 독일의 귀족. 함부르크의 영국 상사에서 근무. 아나크레온풍의 시형과 우화로 명성을 얻었다.

시민, 할러[5]같이 뛰어난 학자 등은 일류 인사의 대열에 끼어, 가장 고귀한 사람들이나 존경받는 사람들과 어깨를 나란히 하고 있었다. 또 그 바람직한 시재(詩才)에 더하여, 근면하고 성실한 사무가로서도 걸출한 사람들은 특히 존경을 받았다. 그래서 우츠,[6] 라베너, 바이세 등은 매우 이질적인, 좀처럼 서로 결합하지 않는 여러 성질이 그들 속에 겸해서 갖추어진 점이 높이 평가되어 매우 독특한 존경을 받고 있었다.

그러나 이제는 천재 시인이 자기 자신을 인식하고, 자기 자신의 처지를 스스로 창조하고, 또 독특한 존엄을 확보하는 바탕을 세울 수 있는 시대가 오지 않으면 안 되었다. 이와 같은 시대의 기초를 만들기 위한 모든 조건이 클롭슈토크[7] 안에 모두 모여 있었다.

그는 감각적인 면에서나 도덕적 면에서 순수 그대로의 청년이었다. 엄숙하고 철저한 교육을 받았으며, 젊었을 때부터 자기 자신이나 자기가 해야 할 일체의 것에 큰 가치를 부여하고 있었다. 그리고 자기 일생의 과정을 신중히 예측하면서, 내면적인 모든 힘을 예감하고, 생각할 수 있는 최고의 대상으로 향했던 것이다. 무한한 속성을 표현하는 이름인 메시아는 이 사람에 의해서 다시 찬미되었다.

그는 구세주를 주인공으로 하고, 지상의 비속(卑俗), 고뇌(苦惱)를 거쳐 최고천상의 승리에 이를 때까지 이 주인공을 따라가려고 하는 것이다. 이 작품에서는, 젊은 영혼 속에 존재하는 모든 신적인 것, 천사적인 것, 인간적인 것 일체가 필요했다. 성서에 의해서 교육되고 그 힘으로 자란 그는, 이제 족장, 예언자, 선각자를 실제로 살아 있는 것으로 보고 그들과 함께 사는 것이다. 그러나 이와 같은 사람들은 수 세기 동안 단 한 사람의 주위에 밝은 후광을 비치는 것을 사명으로 해 왔던 것이며, 이 한 사람의 수난에 경악의 눈을 보내고, 그 사람의 찬양에 영광스럽게 참여해야 하는 것이다. 음산하고 무서운 시간이 지나

---

4) 바르트홀트 하인리히(1680~1747). 함부르크의 도시 귀족. 시참사회 회원. 자연시 《신의 속세의 즐거움(1721)》이 있다.

5) 제2, 6장에 나온 인물. 베른의 도시 귀족. 괴팅겐대학 교수. 후에 베른의 대평의회 회원. 《스위스 시의 시도(1732)》.

6) 요한 페터(1720~96). 뉘른베르크의 지방 재판소 배석 판사. 서정 시인.

7) 같은 시대의 제1류 시인. 이미 많이 언급되었지만 여기서 처음으로 자세하게 평가되었다.

간 후, 마침내 영원의 심판자는 그의 얼굴에 낀 구름을 거두고, 자기의 아들인 동시에 신인 그리스도를 다시 승인할 것이고, 한편 이 신의 아들은 이탈한 인간, 아니, 배반하고 사라진 정령[8]까지도 신에게로 인도해 갈 것이기 때문이다.

생기에 넘치는 천국에서는 수천의 천사들이 옥좌를 둘러싸고 환성을 올리며, 조금 전까지 무서운 희생의 장(場)에 시선이 빨려들었던 천지 만물은 사랑의 찬란한 빛으로 빛날 것이다. 교양이 발달함에 따라 자칫 말하고 싶어지는 여러 가지 요구를 마음속에 억누르고 이 시편의 처음 10편을 읽는 사람에게는, 클롭슈토크가 이 시를 구상했을 때나 완성할 때에 느꼈던 천상의 평화가 지금도 마음속에 절실히 전해지는 것이다.

제재(題材)의 위엄은 시인 자신의 인격 의식[9]을 높였다. 시인 자신이 언젠가는 이 천상의 합창에 참가하게 될 것이라는 것, 또 그리스도도 그를 기특하게 여기고, 이미 현세에서 다감(多感)하고 경건한 마음을 가진 사람들이 깨끗한 눈물을 쏟아, 그의 노력에 대해서 직접 감사를 가지고 보답할 것이라는 것, 그것은 선량한 마음의 소유주만이 품을 수 있는 순진한 의향이며 희망이었다.

이리하여 클롭슈토크는 자기 자신을 신성(神聖)한 일에 쓰기 위해 선택된 사람이라고 간주할 만한 충분한 권리를 얻었고, 자기의 행동에서도 극히 세심하게 순결을 유지하려고 노력했다. 만년에 이르러서도 그의 마음을 매우 불안하게 만드는 경우가 있었다. 왜냐하면, 그가 첫사랑을 바친 여인[10]이 다른 남자와 결혼했기 때문에, 그 여성이 과연 정말로 자기를 사랑했는지, 혹은 사랑할 가치가 있었는지 없었는지를 끝내 확인하지 못했기 때문이다.

그 뒤 클롭슈토크를 메타[11]에 결부시킨 기분, 깊고 조용한 애착, 짧지만 깨끗했던 결혼 생활, 두 번째 결혼에 대한 뒤에 남은 남편의 혐오감 등, 이 모든 것은 뒷날 천상의 축복된 사람들 사이에 끼었을 때 다시 회상해도 한 점 부끄러움이 없는 것들이었다.

---

8) 악마 아바도나를 가리킨다. 클롭슈토크는 《구세주》에서 후회하고 구제를 구하는 정령으로 묘사되고 있다.

9) 클롭슈토크에 의한 시인의 품위의 고양은 매우 중요하며 괴테 자신의 입장의 바탕이었다.

10) 마리 조피 슈미트를 가리킨다. 클롭슈토크의 송시 안에서 '파니'로 불리고 있다. 아이제나흐의 상인, 시장(市長) 요한 로렌츠 슈트라이버와 결혼.

11) 마르가레테 모라. 클롭슈토크는 1752년에 이 여성과 결혼.

그에게 호의를 보낸 덴마크에서, 그는 위대하고 인간적으로도 존경받는 정치가[12]의 가정에서 얼마 동안 우대를 받고 있었기 때문에, 그의 자기 자신에 대한 고결한 태도는 한층 높아졌다. 확실히 폐쇄 사회이기는 했으나, 동시에 외부의 풍습을 존중하고, 세상에 주의를 게을리하지 않았던 이 땅의 상류 사회에 살면서 그의 경향은 한층 결정적인 것이 되었다.

침착한 거동, 신중한 화법, 공공연하게 분명히 이야기를 하는 경우에도 볼수 있는 간결한 말투, 이런 것들은 그의 일생을 통해서 일종의 외교관 같은 관료적인 외모를 부여했다. 이와 같은 외모와, 타고난 상냥한 기질은, 같은 근원에서 나오면서도 서로 모순된 것처럼 보였다. 그의 초기 작품들은, 이와 같은 모든 것들에 대한 순수한 모사(模寫), 혹은 원형을 나타내고 있다. 그렇기 때문에 바로 이들 작품은 믿을 수 없을 정도의 영향을 주지 않을 수가 없었다. 그러나 그가 생활이나 시작(詩作)에 노력하고 있는 다른 사람들을 격려했다는 것은, 그의 결정적인 성격의 하나로서 사람들의 화제에 오른 일이 거의 없었다.

그런데 청년의 문학적 노력을 촉진시키려고 하는 그와 같은 격려와, 전도가 유망하면서도 반드시 행운이 있다고는 할 수 없는 사람들을 원조하여 그 진로를 터주려는 의욕에 의해서 한 사람의 독일인이 세상의 칭찬을 획득한 것이다. 이 인물은 자기가 만들어 낸 진가의 면에서는 제2류일지는 모르지만, 활발한 영향을 끼친 점에 있어서는 제1류라고 해도 좋을 사람이다.

이 사람이 바로 그라임[13]이라는 것은 누구나 잘 알 것이다. 그는 유명하지 않았지만 수입이 많은 지위에 있었고, 거주지는 그리 크지는 않지만 지리적 위치가 좋아서 군사적, 사회적, 문학적으로 활기를 띤 곳이었다. 더욱이 그곳으로부터는 교회의 수입이 여러 방면으로 유출되었고, 그 일부는 그곳을 윤택하게 하기 위해 따로 떼어 놓았음은 물론이다.

그는 왕성한 창작의 충동을 마음속에 느꼈으나, 그것이 제아무리 강해도 그에게는 충분하다고 여겨지지 않기 때문에, 보다 더 강한 다른 충동, 즉 다른 사람으로 하여금 무엇인가를 창조하게 하려는 충동을 느낀 것이다. 이 두 가지

---

12) 요한 하르트비히 폰 에른스트 베른슈토프 남작(1712~72). 1751년 이래 덴마크 외무 장관.

13) 요한 빌헬름 루트비히(1719~1803). 1747년 이래 하르버슈타트의 성직자회의 서기와 바르베크 수도원 참사회원.

활동은 그의 긴 생애를 통해서 끊임없이 서로 얽혀 있었다. 시를 짓는 일과 사람들에게 베푸는 일은 그에게는 호흡과 마찬가지로 없어서는 안 되는 것이었다.

그는 물질의 혜택을 받지 못한 모든 종류의 재능 있는 사람들이 곤궁을 극복하도록 도와서 실제로 문학을 위해 공헌했기 때문에, 그에게는 친구, 은혜를 입은 자나 그를 의지하는 사람들이 많이 생겼다. 이들은 그의 시에 대해서 관용을 나타내는 것 외에 달리 그 막대한 은혜에 보답할 길을 몰랐기 때문에, 그 산만한 시를 기꺼이 인정하지 않으면 안 되었다.

클롭슈토크와 그라임이 자기들의 가치에 대해서 감히 만들어 낸 시인이라는 고도의 관념은, 한편으로는 다른 사람들로 하여금 자기들을 어엿한 시인으로 여기게 하는 계기가 되었고, 음으로 양으로 매우 크고 좋은 영향을 끼쳤다. 그러나 이런 의식은 존경할 가치가 있다 하더라도, 그들 자신에게나 그 주위나 그 시대에 대해서 독특한 피해도 끼쳤다. 이 두 사람은 그들의 정신적인 영향을 끼친 점에서 보면 주저없이 위대하다고 말할 수 있겠지만, 역시 일반 사회에 비하면 미미한 존재였고, 또 보다 더 활동적인 인생에 비하면 그들의 외부적 처지는 아무것도 아니었다.

낮은 길고 밤도 있다. 늘 시만 쓰면서 남에게 은혜만 베풀고 살 수도 없는 일이다. 그들의 시간은 사교가나 신사나 부호의 그것처럼 충실한 것은 아니었다. 그래서 그들은 자기들의 특수하고 협소한 환경을 너무 높이 평가하여, 일상적인 생활에서 그들 사이에서밖에 통용되지 않는 중요성을 부여하고 있었다. 그들은 그 순간에는 재미있지만 그 뒤에는 결코 중요하다고는 인정할 수 없는, 그들 나름대로의 해학(諧謔)을 무턱대고 즐겼다. 그들은 타인으로부터 응분의 칭송과 명예를 받았고 그들도 마찬가지로 이에 보답했으나, 그들 자신은 적당하다고 여겼는지는 몰라도, 그 정도가 언제나 너무 지나쳤다. 또 그들은 자기들의 우정을 매우 귀한 것이라고 생각했기 때문에, 이와 같은 우정을 반복해서 표명함으로써 신이 났고, 이를 위해서는 종이도 잉크도 아끼지 않았다.

이렇게 해서 후세 사람들이 그 텅 빈 내용에 놀란 왕복 서간[14]이라는 것이 생긴 것이다. 도대체 어째서 탁월한 이 사람들이 이 같은 무의미한 서한 교환

---

14) 여기서는 일반적으로 감상에 빠진 서간집을 가리킨다. 예를 들어, 《그라임 야코비 왕복 서간(1768)》, 《그라임, 하인제, 요하네스 폰 뮐러 왕복 서간(1804~06)》 등.

을 즐길 수 있었는지 이해하기가 힘들고, 이런 편지는 인쇄하지 않았더라면 좋았을 것이라는 생각을 털어놓았다 해도 감히 책망할 수는 없을 것이다. 그러나 제아무리 탁월한 사람이라 할지라도 너무 자기 자신에만 구애되어, 자기 성장의 양식과 그 성장의 척도를 발견할 수 있는 유일한 장소인 풍부한 외계(外界)에 손을 뻗는 것을 게을리한다면 겨우 그날그날을 보낼 뿐이며, 다만 얼마 안 되는 양식(糧食)에 만족하는 데 지나지 않다는 것을 이 서간집에서 배울 수 있다면, 이 몇 권 안 되는 책도 다른 책들과 함께 책장에 끼워 놓는 것도 무방할 것이다.

이 사람들의 활동이 가장 활발했을 무렵, 우리 젊은 사람들도 동아리 안에서 활동을 시작하고 있었다. 그리하여 나는 연령이 많은 사람들과는 달리, 나이가 적은 친구들 사이에서 겉치레의 말, 칭찬하는 말, 추켜세우는 말 등을 서로 주고받으며 사도(邪道)에 깊숙이 빠져 있었다. 우리들 사이에서 내가 만들어 낸 것은 언제나 좋은 것으로 여겨졌다. 여인들이나 친구들이나 또는 보호자들은 자기들을 위해서 지어 준 것을 나쁘다고 생각할 리가 없었던 것이다. 이와 같은 겉치레로부터는 결국 공허하고 서로의 자기만족에 지나지 않는 표현이 나타날 수밖에 없다. 때때로 고도의 기량을 목표로 단련을 하지 않으면, 그러한 빈말을 가지고 노는 동안에 개성은 어이없이 상실되고 마는 것이다.

그런 뜻에서 본의 아니게 어떤 사람을 알게 되어 자기만족, 자만, 허영, 자부, 거만과 같은, 내 마음속에서 좀먹고 있었던 일체의 것이 매우 엄격한 시련을 받게 된 것은 아무리 생각해도 행복하다고 하지 않을 수가 없었다. 이 시련은 매우 독특하고 당시의 풍조에는 전혀 어울리지 않았는데, 그랬던 만큼 한층 통렬하고 준엄한 것이었다.

즉 나에게 매우 중대한 결과를 초래했던 특기할 만한 사건은, 헤르더[15]와 알게 된 것이며, 계속해서 그와 친밀하게 교제했던 일이다. 그는 우울증에 걸린 홀슈타인 오이틴 공을 수행하여 함께 슈트라스부르크까지 여행을 왔던 것이다.

---

15) 요한 고트프리트 폰(1744~1803). 동(東)프로이센의 모른겐 태생. 리가 성당 부속학교 조교사. 괴테가 1770년 가을, 슈트라스부르크에서 헤르더를 알았을 때 괴테는 21세, 헤르더는 26세. 그 후 두 사람의 친밀한 관계는 다소의 동요가 있기는 했으나 헤르더가 바이마르에서 1803년에 죽을 때까지 계속되었다.

그가 도착했다는 소식을 듣자마자 우리들 마음속에서 그와 만나고 싶다는 열렬한 욕망이 솟아올랐다. 이 행운은 뜻밖에도 우연히 나에게 다가왔다. 어떤 저명인사인지는 잊어버렸으나, 나는 그 사람을 만나려고 '츰 가이스트' 여관으로 갔다. 층계 아래에서 나는 그때 막 2층으로 올라가려는, 목사처럼 보이는 한 사람을 만났다. 분가루를 뿌린 머리를 둥글게 땋아 올렸고, 또 검은 의복도 그 사람의 특징이었으나, 그보다 더 눈에 띈 것은 검고 긴 명주 외투였으며, 외투 자락을 모아서 주머니 속에 넣고 있었다. 이와 같이 여러 사람들 눈에 띄기는 하지만 대체로 품위가 있고 바람직한 풍채는, 내가 이미 이야기를 들은 바도 있고 해서, 이분이 그 유명한 새로 도착한 손님이라는 것은 의심할 여지가 없었다. 그리고 내가 먼저 말을 걸었기 때문에, 내가 그를 알고 있다는 것을 그는 곧 확신했을 것이다.

그는 내 이름을 물었으나, 내 이름 같은 건 그에게는 아무 의미도 없었다. 나의 솔직한 태도가 그의 마음에 든 것 같았고, 그는 다정하게 응해 주었다. 그래서 우리들이 층계를 올라가고 있을 때에는 이미 활발하게 대화를 주고받고 있었다. 나는 너무 흥분하여 내가 누구를 만나러 여기 왔는지조차 잊어버릴 정도였다. 여하간 작별할 때 나는 그의 거처를 방문하고 싶다고 청했고, 그는 쾌히 승낙해 주었다.

나는 이 은전(恩典)을 몇 번이고 이용하는 것을 게을리하지 않았다. 그리고 점점 더 그에게 끌려 갔다. 그의 거동은 원래 민첩하다고 할 수는 없었지만 세련되고 예의가 있었고, 게다가 어딘가 온화한 점이 있었다. 둥근 얼굴, 넓은 이마, 약간 뭉툭한 코, 다소 젖혀졌으나 몹시 개성적이고 보기에 좋고 애교 있는 입을 가지고 있었다. 검은 눈썹 아래 석탄처럼 검은 두 눈은 한쪽이 늘 빨갛게 충혈되어 있었지만, 사람들에게 주는 인상의 힘을 잃고 있지는 않았다. 그는 나에게 여러 가지 질문을 하여 나 자신과 나의 환경을 알려고 애썼다. 그의 매력은 더욱 강렬하게 나를 끌어당겼다. 나는 본래가 남과 쉽게 사귀는 성격이어서, 특히 그에게는 아무런 비밀도 남겨 놓지 않았다. 그러나 얼마 가지 않아 그의 타고난 반발적인 감정이 나타나기 시작하여, 나에게 적지 않은 불쾌감을 자아내게 했다.

나는 헤르더에게 나의 청년다운 일이나 취미에 대해 여러 가지로 이야기하였다. 그중에서도 특히 문장(紋章)을 수집하고 있다는 것을 이야기했는데, 그 문장은 우리집과 편지 왕래가 많은 친구[16]의 도움으로 주로 모은 것들이다. 나는 이 문장들을 직원록과 대조하여 정리했고, 이 기회에 모든 군주, 대소 권세가, 마침내는 말단 귀족에 이르기까지 정통하게 되었다. 그리고 이 문장들은 자주, 특히 대관식 때에 나의 기억에 도움이 되었던 것이다. 나는 이런 것들에 대해서 약간 의기양양하게 이야기했다. 그러나 그는 내 의견과는 달리 이와 같은 관심을 비난했을 뿐만 아니라 오히려 이것을 비웃고, 더 나아가서 거의 혐오하고 있는 것 같은 느낌을 받았다.

남을 거스르는 헤르더의 이와 같은 기질 때문에 나는 그 밖에도 여러 가지 일을 참지 않으면 안 되었다. 왜냐하면 한편으로는 그는 공작 곁에서 떠날 생각을 하고 있었고, 또 다른 한편으로는 눈병 때문에 슈트라스부르크에 체류하려고 마음먹고 있었기 때문이다.

이 눈병은 몹시 견디기 힘들고 불쾌한 병의 하나로, 고통스럽고 견디기 힘든 불안한 수술을 하지 않으면 나을 수 없어서 더욱 까다로운 것이었다. 누낭(淚囊) 하부의 구멍이 막혀서 그 속에 있는 액체가 코 쪽으로 흘러가지 않고, 또 인접한 뼈에도 이 분비물이 자연히 빠져나가는 구멍이 없었다. 그래서 누낭의 밑부분을 절개하여 뼈에 구멍을 뚫지 않으면 안 되었다. 그리고 말총을 누점(淚點)에 넣고, 다시 이것을 절개한 누낭과 새로 연결된 구멍에 통하게 하여, 양쪽의 소통을 완전하게 하기 위해서 매일 이 털을 앞뒤로 움직여야 했는데, 이 조작은 그 부분의 외부에 구멍을 내지 않고서는 할 수 없었고 또 목적을 달성할 수도 없었다.

헤르더는 공작과 작별하고 따로 숙소를 옮겼다. 그리고 로프슈타인에게 수술을 받을 결심을 하였다. 여기서 전에 내가 나의 과민한 감수성을 고치려고 노력했던 훈련이 다행히도 도움이 되었다. 나는 수술에 입회하여, 이 소중한 사람을 위해서 여러 가지로 돌보고 도와줄 수가 있었다. 이 기회에 내가 그의 강직성과 인내성에 경탄하지 않을 수 없었던 것은 매우 당연한 일이었다.

여러 차례에 걸친 외과 수술 때나, 자주 반복되는 매우 고통스러운 붕대 교

---

16) 제2장의 슈나이더를 가리킨다.

환 때에도, 그는 조금도 불쾌한 얼굴을 하지 않았고, 옆에서 보고 있는 우리들 그 누구보다도 본인이 가장 고통을 느끼지 않는 사람처럼 보였던 것이다. 그러나 물론 그러는 사이에도 그의 기분이 변하는 것을 우리들은 여러 번 참아야 했다. 우리들이라고 내가 말하는 것은, 나 외에 페게로프라는 러시아 사람이 그의 옆에 있었기 때문이다. 이 남자는 이미 '리가' 이래의 헤르더의 절친한 지인이었고, 이미 청년의 나이는 아니었지만 로프슈타인의 지도를 받아 외과학을 더 연구하려고 노력하고 있었다.

헤르더는 다정하고 사람이 좋고 재간이 풍부했으나, 툭하면 까다로운 심사를 노출시켰다. 이와 같이 사람을 끌어당기거나 반발하는 것은 원래 모든 사람에게 다 있는 것으로서, 다만 사람에 따라 다소의 차이가 있고 완급의 차이가 있을 뿐, 이런 점에서 자기 성격을 실제로 통제할 수 있는 사람은 드물고, 대개는 제어한 것처럼 보일 뿐이다.

헤르더의 경우, 그의 반발적인 기분이 너무 많이 표출된 것은 확실히 병과 그 병에서 오는 고통에 기인하는 것이었다. 이와 같은 일은 일생에서 자주 있는 일이며, 사람들은 병에 의한 정신상의 영향을 충분히 고려하지 않고, 사람의 성격에 대해서 때때로 몹시 부당한 판단을 내리기가 쉬운 것이다. 왜냐하면 세상 사람은 모든 사람을 건강하다고 여기고, 누구에게나 건강한 사람처럼 행동해 주기를 요구하기 때문이다.

이 요양 기간 중 나는 조석으로 그를 문안차 방문했다. 그뿐 아니라 하루 종일 그의 곁에서 그의 훌륭하고 위대한 개성, 해박한 지식, 깊은 식견을 날이 갈수록 더욱 평가할 수 있게 되자, 그의 힐책이나 비난에 한층 익숙해질 수가 있었다. 이 선량한 신경질꾼의 영향은 매우 컸고 현저했다. 그는 나보다 나이가 다섯 살 위였으나, 젊었을 때의 5년은 그것만으로도 큰 차이였고, 나의 입장에서는 그의 진가를 인정하고 그가 이제까지 해 온 업적을 존중하려고 노력했기 때문에, 아무래도 그는 나에 대해 훨씬 우월한 위치에 서 있었다.

그러나 이런 상태는 기분 좋은 일은 아니었다. 대체로 이제까지 내가 교제해 온 연장자들은 나를 귀여워하면서 교육하려 했으며, 너그러운 태도로 나의 의견을 받아주었다. 그러나 헤르더로부터는 이쪽에서 어떻게 행동해 보여도 결코 그에 대한 동의나 인정을 기대할 수가 없었다. 그래서 한편으로는 그에 대한 커다란 애정과 존경의 마음과, 다른 한편으로는 그에게서 받는 불쾌한 감정이 늘 다투고 있었기 때문에, 나의 마음속에는 태어나서 처음으로 느끼는 일종의 특수한 갈등이 생겼다. 그가 묻고 대답하고 혹은 다른 형식으로 이야기를 해도, 그 담화는 언제나 중요한 것이었기 때문에, 나는 나날이, 시시각각으로 새로운 견해로 계발되지 않을 수가 없었다.

라이프치히에서 나는 편협하고 딱딱한 일에 친숙해 있었고, 프랑크푸르트의 경우에는 나의 독일 문학에 대한 일반적 지식을 넓혀 주지는 못했었다. 오히려 저 신비적이고 종교적인 화학 연구에 몰두했던 일이 나를 은밀한 세계로 끌고 갔다. 그래서 나는 2, 3년 동안 넓은 문학의 세계에서 무슨 일이 일어나고 있었는가를 거의 모르고 있었다.

그런데 이제 헤르더를 통해서 모든 새로운 지향과 그것이 가려고 하는 방향을 알게 된 것이다. 헤르더 자신은 이미 충분히 이름을 떨쳤고, 그의 《단상(斷想)》과 《평림(評林)》,[17] 그 밖의 것을 통해서, 이미 오래전부터 독일에서 주목되는 일류 인사들과 어깨를 겨루고 있었다. 이와 같은 정신 속에서 어떠한 약동이 있었는가, 또 그와 같은 본성 안에서 어떠한 발효(醱酵)가 생기고 있었는가, 그것은 파악하기가 힘들고 기술하기도 어렵다. 그러나 그 후 여러 해에 걸쳐 그가 실행하고 또 성취한 일을 생각해 보면, 그가 마음속에 간직했던 목적이 얼마나 광대했던가 하는 것은 누구나 손쉽게 인정할 수 있을 것이다.

이렇게 우리들이 함께한 지 얼마 되지 않아, 헤르더는 언어의 기원에 관한 최고의 논문[18]을 베를린시가 주는 현상에 응모할 작정이라고 내게 털어놓았다. 힘들여 쓴 그의 논문은 이미 완성 단계에 이르고 있었다. 필적이 깨끗한 사람이었기 때문에, 얼마 뒤 그는 읽기 쉽게 쓴 원고를 내게 한 묶음씩 보여 주었다.

나는 그러한 제목에 대해서 아직까지 한 번도 생각해 본 적이 없었고, 기원이라든가 종말 같은 것에 대해서 생각하기에는 너무나도 눈앞의 일에 사로잡혀 있었다. 또 나에게는 이 문제가 다소 무용지물로 여겨졌다.

---

17) 정확한 제명은 각기 《근대 독일 문학에 대해서, 단상(리가, 1767)》, 《평림(리가, 1769)》.

18) 1769년 베를린의 과학 아카데미가 '인간은 자연 능력에 위임되었을 경우 언어를 발명할 수 있는가? 어떤 수단으로 스스로 이 발명에 성공할 수 있는가?'(원문은 프랑스어)의 테마로 모집한 현상 논문.

신이 인간을 인간으로서 만들었다면, 똑바로 서서 걷는 것과 마찬가지로 언어도 인간에게는 타고난 것이다. 인간은 걷거나 물건을 잡거나 하는 것을 금방 알았을 것이다. 그와 마찬가지로 인간은 목으로 노래를 부르고, 혀나 입천장이나 입술로 음성을 여러 가지로 변화시킬 수가 있다는 것도 쉽사리 발견했을 것이다. 인간이 신적인 기원을 갖는 것이라면 사실 언어 그 자체도 신에게서 기원한 것이며, 만약에 자연의 큰 테두리 안에서 고찰하여 인간을 자연적 존재라고 한다면, 언어도 마찬가지로 자연의 소산인 것이다. 나는 이 두 가지 것을 영혼과 육체처럼 절대로 나누어서 생각할 수가 없었다.

조잡한 실재론자이지만 다소 공상적인 생각을 가지고 있는 쥬스미르히[19]는 신적 기원설을 취하고 있었다. 즉 신은 최초의 인간 사이에서 교사 역할을 했다는 것이다.

헤르더의 논문은 어떻게 해서 인간이 인간으로서, 자기 힘으로 어떤 언어를 갖게 되는가, 또 가져야 했는가를 제시하려고 하는 것이었다. 나는 그 논문을 매우 재미있게 읽었으며 또 크게 자극을 받았으나, 지식이나 사고면에서 이 논문에 근거 있는 판단을 내릴 만한 정도까지는 이르지 못했다. 그래서 나는 내 생각대로 약간의 의견을 첨부해서 필자에게 찬성의 뜻을 표시했다.

그러나 내가 이렇게 말하든 저렇게 말하든 마찬가지 취급을 받았다. 조건부로 찬성을 하든 무조건 찬성을 하든 어느 경우나 야단을 맞고 또 비난을 받았을 뿐이었다. 뚱뚱한 외과 의사는 나보다도 인내심이 없었다. 그에게 이 논문을 읽어보라고 권하자 그는 장난스럽게 거절하면서, 자기는 그와 같은 추상적인 문제를 생각하기에는 소질이 없다고 단언하고, 밤이 되면 항상 하던 롬불놀이[20]를 하자고 끈질기게 고집하였다.

그렇게도 불쾌하고 고통스러운 치료를 받고서도 우리의 헤르더는 조금도 활발한 태도를 잃지 않았으나 그의 성격은 점점 나빠졌다. 그는 무슨 일을 부탁하기 위해 한 장의 편지를 쓸 때에도 어떤 조롱을 가미하지 않고는 못 견디었다. 예를 들면 어느 때 그는 나에게 이렇게 써 보낸 일이 있었다.

---

19) 요한 피터(1707~67). 베를린의 목사. 종교국 평의원. 《최초의 언어는 그 기원을 인간으로부터가 아니라 창조자로부터 얻었다는 증명의 시도(1766)》.
20) 에스파냐풍의 일종의 트럼프놀이.

훌륭하게 마무리한 서가에 진열된
학문의 위로(慰勞), 호화로운 서적,
그 내용보다는 외관으로 위로를 받는 자네,
만약에 자네가 애장하는 키케로 서간집에
브루투스의 편지가 있다면
신들의 후예인가, 고트의 후예인가,
그렇지 않으면 진흙(고트)의 후예인 자네, 괴테여,
그것을 나에게 보내다오.

　그가 내 이름을 들어 감히 이렇게 해학적으로 다룬 것은 아무리 생각해도
실례된 행동이었다. 사람의 이름이란, 단지 몸에 걸치고 때로는 잡아당기고 끌
리기도 하는 외투 같은 것이 결코 아니다. 오히려 완전히 몸에 맞는 의복, 인간
자체를 상하게 하지 않고는 할퀴지도 벗기지도 못하는 피부 그 자체와 같은 것
이며, 그 인간과 일체를 이루어 떨어질 수 없는 것이다.

　그러나 첫대목의 그의 비난은 근거가 없는 것은 아니었다. 나는 랑거와 교환
해서 얻은 저술과 기타 아버지의 장서 속에 있던 여러 가지 호화로운 장정판을,
슈트라스부르크로 가지고 와서 이용하려는 기특한 생각으로, 깨끗한 서가에
꽂아놓고 있었다. 그러나 여러 가지 일에 손을 대어 시간을 낭비하고 있던 나
에게는 아무리 해도 이것들을 읽을 시간이 충분할 리가 없었다. 헤르더는 항상
책이 필요했기 때문에 서적에 극도로 주의를 기울이고 있었다. 그래서 그가 나
를 처음으로 방문했을 때 나의 훌륭한 장서를 발견했고, 즉석에서 그 장서들
을 내가 전혀 읽지 않고 있다는 사실을 알아냈다. 모든 허영과 허식을 가장 싫
어했던 그는 기회가 있을 때마다 늘 그것을 끄집어내어 나를 놀렸다.

　또 하나의 다른 풍자시 생각이 나는데, 그것은 내가 드레스덴 화랑에 대해
서 많은 이야기를 했던 날 저녁에 나에게 보내 준 것이었다. 물론 나는 이탈리
아파의 고상한 정신에 통달하지는 못했지만, 페티[21]에게 마음이 몹시 끌려 있
었다. 그는 유머리스트로서 일류 화가라고는 말할 수 없었지만, 탁월한 예술가

---

21) 도미니코(1589~1624). 이른바 '우화화(寓話畵)' 중의 8매가 드레스덴의 화랑에 있었다.

로서 항상 종교적인 그림을 그리고 있었다. 그는 신약 성서의 여러 우화에 집착하여 그것을 즐겨 그렸는데, 독창력이 풍부했고 취미도 훌륭했으며 밝은 기분이 넘쳐 있었다. 그는 이렇게 해서 종교적인 우화의 세계를 일상생활에 접근시켰으며, 그의 구도에서 보이는 재기(才氣)에 넘치고 소박한 세부는 그의 자유로운 필치로 즐겁고 생생한 인상을 주고 있었다. 이런 나의 어린이 같은 예술 심취를 헤르더는 다음과 같이 조롱했다.

> 동감할 수 있다고 해서
> 특히 나의 마음에 드는 거장(巨匠)
> 그 이름은 도미니코 페티.
> 성서의 우화를 비꼬아
> 교묘한 언어로 바보 이야기를 만들어 낸다.
> 이것도 동감할 수 있다고 해서……
> 그렇다면 네가 어리석은 우화야!

이와 같은 해학은 명랑성과 난해성, 혹은 쾌활하고 신랄한 정도가 많고 적음 등의 차이는 있지만 아직도 더 많이 열거할 수가 있다. 나는 그것들에 대해 화를 내지는 않았지만, 그다지 기분 좋은 일은 아니었다. 하지만 나는 나의 교양에 도움이 된다면 무엇이건 높이 평가할 수 있었고, 또 종래의 견해나 애착을 포기한 일도 여러 번 있었기 때문에, 곧 그것에 익숙해졌다. 다만 그 당시 내 입장에서 가능한 한 정당한 비난과 부당한 비방을 구별할 수 있도록 노력했다. 이리하여 사실 단 하루도 매우 유익한 교훈을 받지 않은 날이 없었다.

나는 종래와는 전혀 다른 방면에서 또 다른 의미, 즉 내 성격에 잘 맞는다는 뜻에서 시가(詩歌)와 가까이할 수 있었다. 헤르더가 그의 선배인 로버트 라우스[22]를 좇아서 재간 있게 논평한 '히브리의 시가',[23] 그가 우리들을 격려해서 탐구하

---

22) 1710~87. 전(全)유럽에서 유명한 헤브라이 연구가. 구약 성서를 단순히 신학적으로 해석했을 뿐만 아니라 시적인 미도 지적하였다.

23) 헤르더는 다음의 논문에서 이를 논평하고 있다. 《인류 최고의 원전(1774~76)》, 《사랑의 노래 (1778)》, 《시가가 민족 습속에 미치는 영향에 대해서(1778)》. 이들 테마가 완전히 전개되어 《헤브

게 한 '알자스에 전하는 민요'[24] 등 시로서의 최고의 문헌은, 시가 일반적으로
세계 및 민족의 선물이지, 소수의 우아하고 교양 있는 사람들만의 사적 재산이
아니라는 것을 증명하고 있었다.

나는 이 모든 것을 탐욕스럽게 흡수하였다. 내가 열심히 받아들이면 받아들
일수록 그는 더욱 아낌없이 주었고, 그래서 우리들은 매우 재미있는 시간을 함
께 보냈다. 나는 따로 시작했던 자연 연구도 계속하려고 마음먹었다. 시간이라
는 것은 선용하려면 언제나 충분히 있는 것이므로, 나는 때때로 두 가지, 세 가
지의 일을 할 수가 있었다. 우리들이 함께 지낸 여러 주일 동안 충실하게 했던
일을 다음과 같이 말해도 좋을 것이다.

즉 헤르더가 그 뒤 점차로 완성해 간 모든 일은 그 싹이 미리 예시된 것이고,
나는 이것으로 이제까지 생각하고 배우고 몸에 지녔던 것을 모두 완전한 것으
로 만들 수 있었으며, 보다 더 높은 것과 결부시켜서 확대할 수 있는 유리한 상
황으로 들어갈 수가 있었다.

만약에 헤르더가 좀더 방법적인 입장을 취했더라면, 나는 내 교양의 영속적
인 방향을 정하는 데 있어 더할 나위 없이 귀중한 가르침을 받았을 테지만, 그
는 가르친다기보다는 오히려 검토하고 자극하는 편이었다. 예를 들면, 그는 우
선 나에게 그가 대단한 가치를 인정하고 있는 하만[25]의 저작을 소개해 주었다.

그러나 그는 이 저작에 대해서 가르쳐 주거나, 이 천재의 경향과 진로를 설
명해 주거나 하지는 않고, 내가 이처럼 신비적인 서적을 이해하려고 몹시 애를
쓰는 것을 보고 재미있어할 뿐이었다. 그러는 동안에 나는 하만의 저작 안에
내 마음에 호소하는 것을 느껴, 그것이 어디에서 유래하는가, 또 어디로 귀착
되는가를 모르면서도 여기에 열중했다.

치료에 필요 이상으로 시일이 걸리고, 로프슈타인도 그 처치(處置)가 헷갈려
여러 번 다시 시작했으나 좀처럼 결말이 날 것 같지가 않았다. 전에 페게로프

---

라이 시가의 정신》이 1782~83년에 나왔다.
24) 괴테는 알자스에서 민요, 특히 발라드를 모아, 수기와 함께 한 권의 사본을 헤르더에게 보냈다.
25) 요한 게오르크(1730~88). 쾨니히스베르크 태생. '북방의 마술사'라고 불리었다. 괴테는 슈트라
스부르크 시대부터 하만에 대해서 평생에 걸친 관심을 가졌다. 괴테의 자상한 기술은 제12장
에 있다.

가 나에게 좋은 결과는 아마 기대할 수 없으리라고 은밀히 알려 준 일도 있어서, 사태는 전체적으로 우울한 것이 되고 말았다.

헤르더는 참을성이 없어지고 또 기분이 우울해져서, 예전처럼 공부를 계속할 것 같지가 않았다. 게다가 헤르더가 외과 수술 실패의 책임을 자신의 정신적 긴장과, 우리들과 활기 있게, 오히려 지나치게 유쾌한 교제를 가진 탓으로 돌렸기 때문에, 그만큼 더 그는 자제하지 않으면 안 되었다. 여하간 그토록 고통과 고생을 견뎌냈는데도, 인공 누관은 잘되어 가지 않았고 기대했던 결과도 이루어질 것 같지가 않았다. 병을 이 이상 악화시키지 않으려면 상처를 아물게 하는 수밖에 없었다.

수술할 때 그다지도 고통에 태연자약했던 헤르더의 태도는 사람을 경탄시켰지만, 일생 동안 이러한 상처를 지녀야 한다고 생각한 그의 침울한 체념에는 실로 숭고한 점이 있었다. 그러기 때문에 그를 바라보고 사랑했던 사람의 존경의 마음을 그는 영원히 자기 것으로 만든 것이다.

그토록 눈부시던 용모를 망가뜨린 이 병은, 전부터 그가 다름슈타트의 어느 훌륭한 여성[26]과 알게 되고 그녀의 애정을 얻고 있었던 만큼, 한층 화가 나는 일이었을 것이다. 이번에 치료를 받을 생각을 한 것도, 치료를 받고 돌아가는 길에 더욱 좋은 풍채를 갖추어, 약혼한 것과 다름없는 그 여인을 만나 그들 사이를 한층 확실하고 굳은 것으로 만들려는 마음에서였던 것 같았다.

그러나 그는 될 수 있으면 빨리 슈트라스부르크를 떠나려고 서둘렀다. 그리고 그때까지의 그의 체류는 불쾌하기도 했지만 비용도 상당히 들었기 때문에, 나는 그에게 약간의 돈을 꾸어다 주었다. 그것은 일정한 기간 내에 갚기로 약속이 되어 있었다. 그러나 기한이 지나도 돈은 오지 않았다. 채권자로부터 독촉은 받지 않았지만, 나는 여러 주일 동안 어쩔 줄을 모르고 지냈다. 드디어 편지와 돈이 도착했다. 그런데 이번에도 그는 자기의 진면목을 발휘하지 않고는 못 견디었다.

왜냐하면 그의 편지에는 감사와 변명 대신, 남 같으면 절교도 서슴지 않을 비웃음의 구절이 크니텔 시격(詩格)으로 씌어 있었기 때문이었다. 그러나 나는

---

26) 카로니네 프락스란트를 가리킨다. 헤르더는 그녀와 1773년에 결혼.

그 사람 자신을 손상시킬지도 모르는 불쾌한 면을 모두 포섭할 수 있을 정도로 넓고 흔들리지 않는 신념을 그의 진가에 대해서 가지고 있었기 때문에 이 일에 별로 놀라지 않았다.

자기의 결점이든 남의 결점이든 그것에 의해 무엇인가 유익한 결과가 예상되지 않는 한 결코 공공연하게 입 밖에 내서는 안 된다. 따라서 나는 여기에서 예의 강요당하는 것 같은 소감을 삽입해 보려고 하는 바이다.

감사와 은혜를 저버리는 것은 도덕 세계에서 항상 나타나는 현상의 하나로, 이 때문에 인간은 언제나 서로 조용하게 살 수가 없는 것이다. 나는 평소에 은혜를 느끼지 않는 것, 은혜를 저버리는 것, 감사를 싫어하는 것, 세 가지를 구별하고 있다. 첫 번째, 은혜를 느끼지 않는다는 것은 인간이 타고난 것, 아니, 하늘이 준 것이다.

왜냐하면 화가 나는 일이나 즐거운 일도 행복에 젖어 손쉽게 잊어버리는 데에서 생기는 것으로, 이것이 있으므로 인간은 계속 살아갈 수가 있는 것이다. 인간이 어떻게든 살아가기 위해서는 수많은 외부로부터 선행(先行)되는 작용이나 협력적인 은혜를 필요로 하는 것으로, 만일 태양과 지구, 신과 자연, 선조나 양친, 친구나 동료에 대해서 늘 그럴 만한 감사를 바치려면, 인간에게는 새로운 은혜를 받아들이기 위한 시간이나 감정의 여유가 남지 않을 것이다. 그런데 두말할 나위가 없는 일이지만, 소박한 인간이 경박한 마음이 지배하는 대로 몸을 맡기면, 차가운 무관심이 점차 늘어나, 마침내는 은인도 타인처럼 여겨지고, 자기를 위해서라면 은인에게 손해가 되는 일도 저질러도 좋다고 생각하게 된다.

이와 같은 경우가 바로 은혜를 잊은 것으로, 교양이 없는 사람이 필연적으로 빠지지 않을 수 없는 몰인정에서 유래되는 것이다. 그러나 감사를 싫어하는 마음, 은혜에 대해서 불만이나 언짢은 태도로 보답한다는 것은 매우 드문 일이고, 다만 탁월한 사람에게서만 볼 수 있는 현상이다.

이러한 사람은 위대한 소질이나 그 예감을 가지고 있으면서도 하류 계급이나 아무런 원조가 없는 처지에 태어나, 어려서부터 홀로 진로를 개척해 나가면서 여러 방면에서 원조를 받지 않으면 안 되지만, 이러한 원조는 종종 그 은혜를 베푸는 사람이 야비하기 때문에 씁쓸하고 불쾌한 것이 되기가 쉽다. 이 사람들이 받은 은혜는 세속적인 것이며, 이에 보답하여 그들이 다하는 일은 보다 더 높은 성질의 것이기 때문에, 문자 그대로의 보상이라는 것은 생각할 수가 없기 때문이다.

레싱은 그의 일생의 전성기에 세상일에서 터득한 훌륭한 자각으로, 이 문제에 대해서 꾸밈없는 명쾌한 의견[27]을 말한 적이 있다.

그런데 헤르더는 생애의 가장 아름다운 나날을, 자신에게나 타인에게 끊임없이 씁쓸한 생각을 하게 하면서 지냈다. 그는 청년 시대에 아무래도 피할 수 없었던 불평불만을 그 뒤에도 정신적으로 자제할 수가 없었기 때문이다.

아마도 누구나 이러한 정신에 의한 자제의 요구를 자기 자신에게 돌려도 좋을 것이다. 그 상태를 비추어 내기 위해 인간에게 끊임없이 일을 하고 있는 자연의 빛은, 이 경우에도 인간의 도야(陶冶) 능력에 매우 은혜로운 도움을 주기 때문이다. 일반적으로 도덕적 도야를 마음먹는 많은 기회에, 여러 가지 결점을 너무 중대하게 여겨도 안 되며, 또 너무 엄격하고 원대한 수단을 찾을 일도 아니다. 어떤 종류의 결점은 놀면서도 쉽게 제거할 수가 있기 때문이다. 예를 들면, 감사의 마음 같은 것은 단지 습관에 의해서 저절로 가슴속에 환기되고 생생하게 유지할 수 있고, 더 나아가서는 이것을 본연의 욕구로까지 만들 수가 있는 것이다.

무릇 전기를 하나 써 볼까 하고 마음먹을 바에는, 자기 자신에 대해서 말하는 것이 어울릴 것이다. 나는 태어나면서 누구보다도 감사의 마음이 엷고, 받은 호의도 잊고, 한때의 불화에서 생긴 격렬한 감정으로 인해서 자칫하면 은혜를 잊어버리기 일쑤였다.

나는 이에 대처하기 위해 우선 내가 소유하고 있는 모든 것에 대해서, 어떻게 해서 그것을 입수했는가, 또 선물로 받은 것이든 교환을 한 것이든, 사들인 것이든 혹은 다른 방법에 의했던 간에, 그것이 어떻게 해서 생겼는가, 누구에게서 그것을 받는가 하는 것을 애써 회상하는 습관을 붙였다. 또 나의 수집품을 남에게 보일 때에도, 그 하나하나가 내 손에 들어올 수 있게 소개해 준 사람들에 대한 생각을 떠올리고, 더욱이 그 귀중한 물건이 내 것이 된 기회, 우연

---

27) 레싱의 우화 《소년과 뱀》을 가리킨다는 설이 있다.

혹은 극히 먼 인연이나 협력에 대해서도 공평하게 다루는 습관을 붙였다.

이렇게 하면 우리들 주변에 있는 물건들이 생명을 얻고, 우리들은 이 물건들을 보고 그 근원으로 거슬러 올라가 정신적이고 애정 어린 유대를 회상하게 된다. 그리고 과거의 사정을 생생하게 눈앞에 떠올리면 눈앞에 있는 물건이 높은 뜻을 가지게 되고, 선물을 보낸 사람들의 모습이 되풀이해서 나타나고, 그 모습에 즐거운 추억을 연결시켜 은혜를 잊어버리지 않게 하며, 때에 따라 보답을 용이하게 하고 또 보답하고 싶은 마음을 가지게 된다. 이와 동시에 감각적인 소유물이 아닌 것에 대해서도 생각을 하게 되고, 나보다 더 고귀한 정신의 보물이 언제 어디에서 얻은 것인가를 즐겨 반복하여 회상하는 것이다.

나에게 중요했고 얻은 바가 많았던 헤르더와의 관계에서 시선을 돌리기 전에 두서너 가지 첨가할 것이 또 있다. 나는 종래 내 교양에 도움이 되는 것, 특히 현재 진지하게 전념하고 있는 일들에 대해서 헤르더에게 털어놓는 일을 점점 삼가게 된 것도 매우 자연스러운 일이었다. 그는 내가 전에 애지중지하던 일에 대한 나의 흥미를 못쓰게 만들었는데, 특히 내가 오비디우스의 《변신 이야기 Metamorphoses(AD 8)》를 재미있게 애독한 데에 대해서는 심하게 비난하였다.

나는 이 애독서를 극구 변호하였다. 이와 같은 청명하고 장대한 지방을 신들이나 반신(半神)들과 함께 배회하면서 그들의 행동과 정열을 목격하는 것만큼 청년의 공상에 즐거운 것이 없다고 말했으며, 또 앞서 말한 어느 진지한 사람의 견해[28]를 자세히 인용하여 그 설을 나 자신의 경험으로 뒷받침해 보기도 했다. 그러나 그는 모든 것이 통용되지 않고, 그 시에는 생생한 진실을 찾아볼 수 없다고 했다. 거기에는 그리스도 이탈리아도 없고, 원시 세계도 문명 개화의 세계도 없으며, 오히려 모두가 기존물의 모방이고, 교양 과다에 빠진 사람만이 할 수 있는 작위적(作爲的) 묘사에 지나지 않는 것이라고 했다.

나는 마침내 탁월한 개인이 창작하는 것은 또한 자연이며, 시대의 고금을 막론하고 어떤 민족에서 오직 시인만이 창조자라고 주장했으나, 이 설도 역시 전혀 승인받지 못했다. 그래서 나는 여러 가지로 참고 견디지 않으면 안 되었다. 뿐만 아니라 나의 오비디우스까지도 싫증이 났다. 어떠한 애착이나 습관도, 자

---

28) 제9장 첫머리의 〈일반 독일 문고〉에 있는 하이네의 견해를 가리킨다.

기가 신뢰하는 사람들에게서 비난을 받고도 오랫동안 유지할 수 있을 정도로 강한 것은 없기 때문이다. 언제나 무엇인가 거리끼는 것이 있어서 무조건 사랑할 수 없다면 그 사랑은 이미 의심되는 것이다.

가장 조심스럽게 내가 그에게 숨긴 것은, 내 마음속에 뿌리박고 차차 성숙해서 시적 형태를 취해가고 있던 어느 제재(題材)에 대한 관심이었다. 그것은 《괴츠 폰 베를리힝겐》과 《파우스트》였다. 전자의 전기[29]에 나는 깊이 감동하고 있었다. 야만적인 난세(亂世)에서 원시적이고 선량하고 자주 독립적인 인물은 나에게 더할 나위 없이 깊은 동감을 일으켰다. 후자의 인형극 이야기는 매우 복잡한 반향을 내 마음속에 일으켰다.

나 자신도 모든 지식을 추구하고 방황하면서 일찍부터 지식의 공허를 깨닫고 있었다. 또 실생활에 있어서도 여러 가지 일을 시도해 보았으나, 불만과 고민이 더욱 늘어만 가는 것으로 끝났다. 그런데 이 제재(題材)를 항상 염두에 두고, 고독한 때에는 이것을 생각하면서 즐기고 있었는데, 붓을 들 단계까지는 이르지 않았다.

그러나 무엇보다도 헤르더에게 숨기고 있었던 것은 예의 신비적, 밀교적인 화학(化學)과 그에 관련된 일들이었다. 나는 그것을 물려받은 것보다 더욱 좋은 것으로 마무리하기 위해 남몰래 끊임없이 노력을 하고 있었다. 나는 문학적 노작 중에서 《동죄자(同罪者)》를 그에게 보인 것 같았으나 그것에 대해서 그로부터 어떤 훈계나 격려를 받았는지 기억이 나지 않는다. 이러한 여러 가지 일이 있었지만 헤르더는 여전히 헤르더임에 변함이 없었다. 그에게서 나온 것은 사람을 즐겁게 하지는 않았지만 중요한 영향을 주지 않을 수 없었다. 사실 그의 필적까지도 나에 대해서는 어떤 마력을 갖고 있었다. 나는 편지 한 장, 봉투 한 장이라도 그의 손으로 이루어진 것이면 찢거나 구겨 버리지 않았다. 그런데 나에게 저 신나는 예감과 행복했던 나날의 문서가 하나도 남아 있지 않은 것은 장소나 시대가 눈부시게 바뀐 탓일 것이다.

그런데 헤르더의 매력이 나뿐만 아니라 다른 사람들에게도 미쳤다는 것을 이야기할 때, 특히 슈틸링이라는 이름으로 알려진 융에게도 그 매력이 미쳤다

---

29) 베로누스 프랑크 폰 슈타이게르바르트의 《괴츠전(傳, 1731)》을 가리킨다.

는 것을 말해 두지 않을 수가 없다. 이 사람의 성실한 노력에는, 그 어떤 심정을 가진 사람이라면 모두 크게 마음이 끌리지 않을 수 없었고, 또 무엇인가 남에게 전달하고 싶은 것을 가진 사람들은, 그의 감수성을 알게 되면 누구나 자진해서 털어놓지 않을 수가 없었다. 그에 대해서만은 헤르더도 우리나 다른 사람들에게보다 훨씬 관대한 태도를 취했다. 왜냐하면 그가 나타내는 반응은 그가 받은 영향에 정비례하는 것처럼 보였기 때문이다.

융의 좁은 도량에는 많은 선의가 있었고, 그의 맹렬한 추진력은 많은 온화성과 진실성을 동반하고 있었기 때문에, 이해심이 있는 사람은 그를 가혹하게 대할 수 없었고, 호의를 가진 사람은 그를 비웃거나 놀릴 수가 없었다. 실제로 융은 헤르더에게 고무되어 자기의 모든 일에 힘을 얻었고 격려를 느끼고 있었다. 그리고 나에 대한 헤르더의 우정은 이에 비례해서 감소해 가는 것처럼 여겨졌다. 그렇지만 우리들은 변함없이 사이좋은 친구였고, 늘 진실한 마음으로 서로를 돌봐 주었다.

얼마 뒤 우리들은 정들었던 병실을 떠나, 넓은 대기 속으로 나아갔다. 마치 전에 우리 청년 동아리가 술이 가득 담긴 잔을 들고, 기울어져 가는 태양에 작별을 고하려고 저녁이면 늘 모였던 그 시절이 다시 돌아온 것 같았다. 우리는 대성당의 높고 넓은 발코니로 가 보았다. 여기에 올라가면 누구나 이야기하는 것을 멈추고 주위의 경치에 눈이 팔리게 된다. 그리고 시력이 좋다는 것을 서로 자랑하여 각자가 가장 먼 곳에 있는 것을 발견하려 했고, 명확히 구별하려고 애썼다. 고급 망원경을 꺼내 서로 교대해서 자기가 가장 좋아했던 장소의 모습을 자세히 설명해 주기도 하였다. 이 풍경 속에서, 유난히 눈에 띈 장소는 아니었으나 다른 곳보다 한층 나를 매혹시키는 장소도 있었다. 이런 때에는 주고받는 이야기에 서로의 상상력이 자극되어 많은 소풍 약속이 이루어졌다. 그뿐 아니라 즉석에서 실행되는 일도 자주 있었다. 그와 같은 소풍에 대해서는, 다른 것은 그만두고, 여러 가지 면에서 내게 뜻깊었던 단 하나의 소풍을 자세히 말해 보고자 한다.

나의 친한 친구이자 동시에 식탁 친구였던 남쪽 알자스 태생의 엥겔바흐[30]와

---

30) 요한 콘라트(1744~1802). 이미 나사우 자르브뤼켄 후작을 섬겼으나 법률 관계의 시험을 보기 위해 슈트라스부르크에 와 있었다.

바일란트[31] 두 사람과 함께 나는 말을 타고 차베른으로 갔다. 날씨는 매우 좋았고, 이 자그마하고 정다운 고을은 정다운 미소로 우리들을 맞았다.

그곳 대사교(大司敎)[32]의 집 광경은 우리를 놀라게 했다. 새로 지은 마구간의 넓이와 크기는 그 소유자의 다른 면에서의 호화로운 생활을 증명하고 있었다. 우리들은 계단의 장려함에 놀랐으며, 엄숙한 기분으로 방들과 큰 거실에 발을 들여놓았다. 마침 식사를 하고 있던 사교의 메마르고 작은 키는 주위와 뚜렷한 대조를 이루고 있었다. 정원 경치도 훌륭했고, 하나의 수로가 약 4㎞에 걸쳐 집 중앙을 직선으로 가로질러 있는 것을 보고 이전의 소유주의 취향이나 세력이 얼마나 컸던가를 여실히 느낄 수가 있었다. 우리들은 이리저리 돌아다니면서 광대한 알자스 평야 언저리, 보게젠 산기슭, 아름다운 경승지 이곳저곳을 감상했다.

우리들은 이 한 왕국령의 종교적 전초 지점을 즐기고 이 지역에서 한가하게 지낸 뒤, 다음 날 아침 일찍, 강대한 왕국의 입구에 어울리는 당당한 공개된 보루(堡壘)에 도착했다. 헤아릴 수 없는 노력으로 이루어진 유명한 차베른의 언덕길[33]이, 떠오르는 태양에 비쳐 눈앞에 나타났다. 마차 세 대가 나란히 달릴 수 있는 넓은 한 줄기의 도로가 거의 느낄 수 없을 정도의 경사를 이루어, 험악한 바위틈을 굽이굽이 올라가고 있었다. 단단하고 평탄한 도로, 보행자를 위해 양쪽을 약간 높인 보도, 물을 흐르게 하기 위한 돌 고랑 등 어느 것이나 깨끗하고 정교하고 견고하게 만들어져 더할 나위 없는 경치를 이루고 있었다. 이렇게 해서 새로운 성과 요새 팔츠부르크에 도착했다.

이 성새는 적당한 높이의 언덕 위에 서 있었다. 몇 개의 보루들은 거무스레한 암석 위에 같은 종류의 암석으로 장려하게 구축되었고, 흰 석회로 표시한 틈바구니는 돌 크기를 정확히 나타내어 정밀한 공사를 역력히 증명하고 있었다. 마을 그 자체가 성새에 어울려, 정연한 석조 가옥이었고, 교회당도 아담스러운 멋을 풍부하게 풍기고 있었다. 우리가 거리를 어슬렁거리며 걸어가고 있을

---

31) 프리드리히 레오포르트(1750~85). 슈트라스부르크대학에서 의학을 배우고 후에 푸랑크푸르트에서 개업.

32) 루이 콘스탄틴 도로안(1697~1779). 슈트라스부르크의 대사교를 가리킨다.

33) 1728~37년에 개설되었다. 길이 4㎞.

때—일요일 아침 아홉 시였지만—음악이 들려왔다. 사람들은 이미 음식점에서 왈츠를 마음껏 추고 있었다. 이 지방 사람들은 제아무리 물가가 오르건, 기근의 위협을 받건 간에 즐거움을 잃지 않았다. 간식으로 빵을 약간 사려다가 빵집 주인에게 '음식점으로 가시오. 거기라면 먹을 만큼 팔 거요'라는 말을 듣고 쫓겨났을 때에도, 우리들의 젊고 쾌활한 기분은 조금도 흐려지지 않았다.

우리들은 이 건축술의 위대한 광경에 다시 한번 감탄하고, 알자스를 내려다보는 상쾌한 전망을 다시 만끽하면서 말을 타고 즐거운 기분으로 언덕길을 내려왔다. 이윽고 우리들은 부크스바이러에 도착했는데, 거기서는 친구 바일란트가 성대한 환영 준비를 하고 있었다. 작은 도시의 분위기는 쾌활한 청년들 기분에 딱 맞았고, 가족 관계도 우리들에게 한층 가까워서 친근감을 가질 수가 있었다. 한가한 관청 사무, 시의 업무, 밭일이나 정원일 등 틈을 타서 이것저것 적당하게 할 수 있는 가사(家事)도 우리들에게는 친밀한 공감을 유발했다. 사교는 꼭 필요했고, 나그네는 이런 곳에서 주민들과의 불화에 말려들지 않는다면 한정된 소수의 사람들 사이에 섞여 매우 즐겁게 지낼 수가 있었다.

이 작은 도시는 프랑스 영토가 되고 나서, 다름슈타트 방백(方伯)에 속하는 하나우 리히텐베르크 백작령의 수도였다. 여기에는 정부와 관청이 있어서 매우 아름답고 바람직한 봉국(封國)의 중요한 중심지가 되어 있었다. 우리들은 고성(古城)과 어느 언덕 위에 설치된 정원을 구경하려고 떠났을 때, 이 도시의 불규칙한 거리나 건축 양식과 같은 것은 금방 잊어버리고 말았다. 여러 숲속 유원지, 길들인 꿩, 야생 꿩 사육장, 기타 비슷한 시설들의 흔적은 이 조그마한 도시가 전에는 아늑한 곳이었다는 것을 여실히 나타내고 있었다.

그러나 이러한 모든 관찰을 훨씬 능가한 것은, 가까이 있는 바스트베르크에서 낙원 그 자체로 여겨지는 지방 일대를 내려다볼 수 있는 조망(眺望)이었다. 여러 가지 조개껍데기만 쌓여 있는 이 언덕의 태고와 같은 흔적이 처음으로 나의 주의를 끌었다. 나는 이제껏 이처럼 큰 덩어리로 존재하는 태고의 흔적을 본 적이 없었던 것이다. 그러나 호기심에 찬 시선은 곧 주위의 풍경으로 쏠렸다. 우리들은 맨 앞의 산정에서 평지를 향해 서 있었다. 북쪽에는 비옥하고 작은 숲이 흩어져 있는 평야가 퍼져 있고, 그 끝에는 험한 산이 솟아 있었다. 산맥은 서쪽 차베른을 향해 뻗어 있는데, 거기에 오르면 대사교의 집과 거기에서

한 시간쯤 떨어진 성(聖)요한 수도원을 분명히 구별할 수 있을 것이다. 거기서 눈은, 차차 흐려져 가는 보게젠 산맥을 따라 남쪽을 향한다. 북동쪽으로 눈을 돌리면 리히텐베르크성이 거대한 암석 위에 솟아 있는 것이 보이고, 남동쪽을 향하면 끝없는 알자스 평야가 속속들이 전망되는데, 그것도 차차 멀어지는 원경(遠景) 속에 파묻히고, 그 끝은 쉬바벤 산맥들이 그림자처럼 지평선에 녹아들고 있다.

각지를 둘러본 짧은 여행 중에 나는 이미 하천과 수로에 대해서 물었고, 제아무리 작은 개울이라도 거기에서 어디로 흘러가는가를 물어보는 것이 얼마나 중요한 일인가를 알았다. 그런 질문에 의해서, 그때 나를 둘러싸고 있는 하천의 유역에 대한 개관(槪觀)과, 또 서로 관계가 있는 토지의 높낮이에 대해서 알 수가 있었다. 더 나아가서 직접적인 관찰이나 회상에 도움이 되는 이와 같은 단서에 의존하면, 각 지방의 지리나 정치 정세가 복잡하게 얽힌 혼란에서 확실하게 벗어날 수가 있었다. 이런 생각을 하면서 나는 사랑하는 알자스와 엄숙한 작별을 고했다. 우리들은 다음 날 아침에 로트링겐으로 떠날 예정이었던 것이다.

그날 밤은 서로 마음을 터놓은 대화로 시간을 보냈는데, 우리들은 보다 나은 과거를 회상하여 현세의 근심을 위로하려고 한 것이다.

어디서나 그렇지만, 이 지방 일대에서도 작고한 라인하르트 폰 하나우 백작[34]의 이름이 칭송되고 있었다. 그의 위대한 지능과 수완은 그의 행동 전체에 나타나 있어서, 그의 생존시를 추억케 하는 많은 훌륭한 기념물들이 남아 있었다. 이런 사람들은 이중의 은인이라는 장점을 갖는 법이다. 하나는 그가 살아 있던 시대를 행복하게 했고, 다른 또 하나는 후세 사람들의 감정이나 용기를 길러 지탱한다는 뜻에서, 현재와 미래를 위해 이중의 은혜를 베풀고 있는 것이다.

우리들이 북서의 산악 지대로 향하여, 기복이 심한 낮은 산장 뤼첼슈타인을 지나 자르, 모젤의 두 강 유역으로 내려갔을 때, 하늘이 갑자기 흐려지기 시작하여 마치 험악한 서부 지방의 광경을 연상케 하려는 듯이 구름이 끼기 시작했다. 자르 계곡에서는 우선 보켄하임이라는 조그마한 마을에 이르렀는데, 그

---

34) 요한 라인하르트 2세(1665~1736)를 말한다. 하나우 리히텐베르크 백작이라고도 한다.

건너편에 집들이 아름답게 늘어선 노이자르베르덴 마을이 눈에 띄었고 다시 한 채의 별장이 보였다.

이 계곡의 양편은 산으로 둘러싸여 있었는데, 호나우라고 부르는 끝없는 목장과 목초지가 그 산기슭에서부터 자르알벤을 거쳐 끝없이 뻗어 있지 않았다면 이 산들은 황량하다고 표현해도 좋았을 것이다. 여기에서는 로트링겐 공작 집안이 예전에 말 사육장으로 쓰던 몇 채의 커다란 건물이 눈에 띄었다. 그 건물들은 현재는 농장으로 사용되고 있으나, 확실히 그런 용도로 쓰이기에 매우 좋은 위치를 차지하고 있었다.

우리들은 자르게뮌트를 거쳐 자르브뤼크에 도착했다. 이 조그마한 마을은 암석투성이의 삼림 지대 속에서 오직 하나뿐인, 주위가 트인 지점이었다. 마을은 작고 구릉지대였으나, 선대(先代)의 영주[35]에 의해서 아름답게 꾸며져서 보기에 쾌적한 인상을 주었다. 집들은 모두 석회색으로 칠해져 있고, 집 높이가 가지각색이며, 그것이 오히려 매우 다양한 전망을 제공하고 있었기 때문이다. 아름답고 훌륭한 건물들에 둘러싸인 아름다운 광장 한복판에는, 소규모이기는 하지만 주위와 균형을 이루는 루터파 교회가 있었다.

성(城) 앞면은 마을과 같은 평지에 있었지만, 뒷면은 그와 반대로 험악한 암석 절벽과 이어지고 있었다. 이 절벽에는 쉽게 계곡으로 내려갈 수 있게 층계를 파 놓았을 뿐만 아니라, 계곡 밑에는 길쭉한 네모꼴의 정원 대지를 만들어 흙을 깔아 식물을 심어놓았다. 오늘날 정원을 만들 때 풍경화가의 안식(眼識)에 의존하는 것처럼, 이것은 건축가의 조언을 구하던 시대에 만들어졌다. 호화스럽고 아담하고 사치하고 우아한 이 성 전체의 모든 설비는 선대의 영주에서 볼 수 있는 것 같은 향락적인 성주의 기풍을 상기시키고 있었다.

현재의 영주[36]는 여기에 살고 있지 않았다. 성을 지키고 있는 히에로니슴 막스 폰 귄데로데 남작[37]은 우리들을 정중하게 맞아 주었고, 우리들은 3일간이나 예상외의 후대를 받았다. 나는 다방면에 걸친 견문을 넓히기 위해 가까워진 여러 지인(知人)들을 이용했다. 환락에 지샌 선대의 생애는 풍부한 화제를 제공하

---

35) 프리드리히 빌헬름 하인리히 2세(1718~68).

36) 루드비히 폰 나사우자르부뤼켄(1745~94).

37) 1730~77. 내외가 모두 프랑크푸르트 출신.

였으나, 또 이 영토의 자연이 주는 혜택을 받은 장점을 이용하기 위해서 그가 만든 여러 가지 시설도 이에 못지않게 화제가 되었다.

이번 기회에 나는 산악 지대에 흥미를 느꼈으며, 거의 일생 동안 머리에서 떠나는 일이 없었던 경제적, 기술적 관찰에의 욕구가 비로소 환기되었던 것이다. 우리들은 풍부한 두트바이러 탄광, 제철장, 명반 공장에 관해서, 또 불타는 산 이야기 등도 듣고 이것들을 가까이서 구경하려고 여장을 차렸다.

우리들은 숲이 무성한 깊은 산을 헤치고 나아갔다. 이 산들은 결실이 풍부하고 비옥한 평야에서 온 사람에게는 황량하고 쓸쓸하게 느껴졌겠지만, 오직 그 내부에 내포하고 있는 것이 우리들을 끌어들이고 있었다.

우리들은 기계 장치가 간단한 공장과 복잡한 공장을 차례로 구경하였다. 대형 낫 공장과 철사 공장이었다. 전자에서는 기계가 다만 손의 역할을 대신하는 것을 보고 재미있어했을 뿐이지만, 후자의 철사 제작에서는 지능과 의식을 분명히 분리해서 생각할 수 없는, 고도의 유기적인 뜻에서 조작되고 있는 것을 보고 감탄을 금하지 못했다. 명반 공장에서는, 매우 유용한 원료의 채굴과 정제에 관한 것을 자세히 알게 되었다. 희고 기름이 흐르는 푸석푸석한 진흙 같은 물질의 큰 더미를 발견하고 그 용도를 물었다. 그러자 노동자가 미소를 지으며 말했다.

"그것은 명반을 제조할 때 표면에 떠오르는 거품인데, 슈타우프 씨[38]가 이것도 마찬가지로 이용할 수 있다고 해서 모으게 한 것입니다."

"슈타우프 씨는 아직 생존해 계신가요?"

일행의 한 사람이 놀라서 소리쳤다. 그 노동자는 그렇다고 대답하고, 우리들이 예정된 여정을 따라가면 그의 고독한 주택을 볼 수 있을 것이라고 말했다.

우리들은 명반수를 흘려보내는 도랑을 따라 길을 올라가, '지갱(地坑)'이라고 불리는 당당한 횡갱(橫坑) 옆을 지나갔다. 유명한 두트바일 석탄은 여기에서 채굴되고 있었다. 이 석탄은 건조했을 때에는 흐린 강철같이 푸른 빛깔을 하고 있으며, 움직일 때마다 매우 아름다운 무지갯빛이 표면에 아른거렸다. 그러나 캄캄한 횡갱도 입구에는 그 속의 물건이 채굴되어 많이 쌓여 있었기 때문에,

---

38) 당시의 유수한 발명가.

그 속에 들어가 보고 싶은 생각이 나지 않았다. 그다음 우리들은 구운 판명반을 회즙으로 닦아내고 있는 노천갱에 이르렀고, 그 뒤 얼마 안 되어, 예상하고는 있었지만, 어떤 이상한 일이 우리들을 놀라게 했다. 우리들은 계곡으로 들어갔는데, 그곳은 이미 불타는 산의 영역이었다. 강렬한 유황 냄새가 우리들을 둘러쌌다.

좁은 길 한쪽은 붉은빛을 띠고 하얗게 탄 돌로 덮여 있고, 거의 새빨갛게 단 상태로 있었다. 틈에서는 연기가 솟아오르고, 지면의 열을 두툼한 구두창을 통해서까지 느낄 수가 있었다. 이와 같이 우연한 현상이—어째서 이 지역이 타오르기 시작했는지는 모른다—명반 제조에 매우 유리한 조건을 부여하고 있었다. 즉 산의 표면을 형성하고 있는 명반편암은 완전히 구워진 상태였으며, 간단히 회즙으로 씻을 수가 있었다.

이 계곡 전체는 원래 사람들이 구워진 명반 조각을 점차 반출해서 생긴 것이다. 우리들은 이 계곡에서 산정으로 기어 올라갔다. 좁은 길에 연이어 양쪽으로 퍼진 장소는 보기 좋은 너도밤나무 숲으로 둘러싸여 있었다. 이미 말라 죽었거나 시들어가는 나무들도 있었으며, 그 근처가 열에 위협당하고 있는 것도 모르고 아직도 생생하게 서 있는 나무도 있었다.

이 빈터에는 가지각색의 구멍이 있어서 연기가 솟아오르고 있었는데, 이미 연기를 전부 내뿜은 구멍도 있었다. 이와 같이 이 불은, 파헤친 낡은 폐 갱도를 통해서 이미 10년간이나 타고 있다는 것이다. 또 이 불은 새로운 석탄층에 생긴 균열에도 만연하고 있는지도 모른다. 왜냐하면 노동자들이 숲속으로 이삼백 보 들어가, 풍부한 탄맥의 뚜렷한 징후를 더듬어 가려고 했으나, 얼마 가지 않아 맹렬한 연기에 몰려 쫓겨난 일이 있었기 때문이다. 갱구는 다시 막혔으나, 우리들이 예의 은둔하고 있는 화학자의 집으로 가는 도중 그 옆을 지나갔을 때 아직도 연기가 나고 있었다.

화학자의 집은 산과 숲 사이에 있었다. 굴곡이 심한 그 근처의 계곡은 주위의 지면이 검고 석탄처럼 보였는데, 실제로 석탄층이 노출되어 있었다. 석탄 철학자—전에는 불의 철학자[39]라고 불렸다—의 집으로 이 이상 적당한 곳은

---

39) 부르하페의 《화학 강요(綱要)》에 나오는 말을 따라 화학자를 이렇게 불렀다.

없을 것이다.

우리들은 주택으로는 그리 구차하지 않은 조그마한 건물 앞에 이르렀다. 그러자 거기에 슈타우프 씨가 있어서 이내 나의 친구를 알아보고, 새 정부에 대해 불평을 늘어놓으면서 우리들을 맞이하였다. 그의 이야기를 통해서 명반 공장, 그 밖의 유익한 시설이 외부 사정, 혹은 내부 사정으로 인해서 운영에 필요한 자금을 대기가 어려워졌다는 것과, 그 밖의 여러 가지 사정을 알게 되었다.

그러나 당시의 화학자는, 슈타우프 씨도 그중의 한 사람이었지만, 천연물을 사용해서 할 수 있는 일이라면 어떤 일에도 일종의 정열을 품고 있었고, 중요하지 않은 끄트머리 부분에 대해서는 까다로운 고찰을 자랑하면서도, 실제로 중요한 일에 대해서는 지식이 충분치 못해서 경제적, 상업적 이익을 끌어낼 수 있는 일을 수행할 수완이 없었다. 그리고 그가 기대하고 있는 거품의 이용이란 것도 아리송한 일이었다. 그래서 그가 보여준 것은 불타는 산에서 가지고 온 한 덩어리의 염화암모늄뿐이었다.

자기의 애로 사항을 남에게 이야기하는 것을 좋아하는지, 용기백배가 된 이 메마른 작은 늙은이는 한쪽 발에는 구두를, 다른 한쪽 발에는 슬리퍼를 신고 흘러내리는 양말을 계속 추켜올리면서, 수지(樹脂) 공장이 있는 산으로 올라갔다. 이 공장은 그 자신이 건설한 것인데, 지금은 애석하게도 황폐한 대로 방치되어 있었다. 거기에는 서로 연결된 가마가 나란히 놓여 있어서, 석탄의 유황분을 제거하여 제철할 때에 이것을 이용할 생각이었다. 그러나 그와 동시에 기름이나 수지도 이용하려고 생각했고, 게다가 매연까지도 놓치지 않으려고 생각했기 때문에 그 의도가 너무나 다방면에 걸쳐, 모든 것이 실패로 돌아갔던 것이다. 이전의 영주가 살아있었을 때에는 이 사업은 단지 앞날을 기대하며 해 나간 취미일 뿐이었으나, 오늘날에는 이익이 문제가 되었고 더욱이 수익이 날 것이라는 것은 증명이 되지 않았던 것이다.

우리는 시간이 이미 늦었기 때문에, 이 늙은 기술자를 혼자 남겨 두고 프리드리히스탈의 유리 공장으로 서둘러 갔다. 지나가는 길이었지만 우리들은 이 공장에서, 인간의 기술적 숙련을 나타내는 가장 중요하고 경탄할 만한 일에 대해서 지식을 얻었다.

그러나 이와 같은 뜻깊은 견문보다도 우리 젊은이들이 한층 재미있게 여겼던 것은 두서너 가지 유쾌한 모험과, 노이킬히 근처에서 해질 무렵에 예기치도 않았던 불꽃을 본 일이었다. 며칠 전 자르강 변 암석과 관목 사이에서 수많은 반딧불이 반짝이는 것을 보았는데, 이번에는 대장간의 풍로가 우리들에게 즐거운 불꽃을 보여준 것이다. 깊은 밤에 우리들은 골짜기에 있는 용광장에 도착하여, 작열하는 가마의 작은 틈에서 새어나오는 불빛이 희미하게 비치고 있는 판잣집의 이상하리만치 희미한 분위기를 재미있게 바라보았다. 물소리, 물로 움직이는 풀무 소리, 용해된 광석 안으로 불어넣어지는 요란스러운 바람소리에 쫓겨나듯이 도망쳐서, 산 중턱에 있는 노이킬히 마을에서 묵었다.

그러나 이날은 여러 가지 흥분되는 일이 있어서, 돌아와서도 휴식을 취할 시간조차 없었다. 나는 행복하게 잠든 친구를 남겨 두고 그곳보다도 높은 곳에 있는 수렵관(狩獵館)으로 올라갔다. 산과 숲이 멀리 내려다보였으나, 맑은 밤하늘에 단지 그 윤곽만 알아볼 수 있을 뿐, 산허리나 계곡은 분간을 할 수 없었다. 보존 상태가 좋은 이 건물은 텅 비어 쓸쓸히 서 있었다. 관리인이나 사냥꾼의 모습도 보이지 않았다. 테라스를 돌아 올라가는 층계 위 큰 유리문 앞에 나는 앉아 있었다.

이렇게 깊은 산속에서, 여름밤의 밝은 지평선에 비해서 한층 어둡게 보이는 숲에 묻힌 암흑의 대지를 내려다보며, 별이 반짝이는 창공 아래서 나는 호젓하게 인적 하나 없는 이곳에 오랫동안 앉아 있었다. 그리고 이 같은 적막을 느낀 일은 이제까지 한 번도 없는 것 같은 생각이 들었다. 그래서 별안간 멀리서 부는 몇 차례의 뿔피리 소리가 적막한 분위기를 깨뜨렸을 때, 그 소리가 얼마나 기뻤는지 모른다.

그때 내 마음속에 어느 그리운 사람의 모습이 떠올랐다. 그 모습은 이번 여행의 여러 가지 일로 해서 가슴 깊숙이 묻혀 있었는데, 이제 그것은 점점 뚜렷이 나타나 한시도 지체할 수 없어 숙소로 급히 돌아오고 말았다. 숙소에 돌아온 나는 아침 일찍 출발할 수 있는 준비를 갖추었다.

돌아갈 때에는 그다지 구경을 염두에 두지 않았다. 츠바이브뤼켄도 주의해서 구경할 만한 가치가 있는 아름다운 도시였지만 우리들은 급히 통과해 버렸고, 큼직하고 간단하고 수수한 성, 보리수가 정연하게 심겨 있고 수렵 말의 승마 훈련 설비가 잘되어 있는 널찍한 광장과 커다란 마구간, 영주가 도박의 상품으로 내기 위해 세운 민가 등을 흘끗 보았을 뿐이었다. 이들 모든 사물이나 주민, 특히 부녀자들의 복장과 태도는, 이제까지 오랫동안 라인 서쪽 지방의 모든 사물이 피할 수 없었던 파리와의 연관성을 뚜렷이 나타내고 있었다. 우리들은 교외에 있는 공작의 술창고에도 가 보았다. 그것은 광대한 것이었으며 큰 술통과 세밀하게 가공한 술통 등 여러 가지 것이 갖추어져 있었다.

더 나아가자 마침내 자르브뤼켄 지방과 비슷한 땅을 발견했다. 미개의 거친 산들 사이에 몇 개 안 되는 마을이 끼어 있었다. 이 근처에서는 곡식을 경작한 밭은 찾아볼 수가 없었다. 우리들은 호른바흐의 흐름을 따라 비취로 올라갔다. 이 마을은, 여기서 두 갈래로 흐름이 갈라져서 하나는 자르강, 또 하나는 라인강이 되는 중요한 분기점에 위치하고 있었다. 우리들도 이윽고 이들 강 쪽으로 가게 되어 있었으나, 하나의 산을 둘러싼 아름다운 바닷가 마을과 그 위에 있는 성새에 주의를 기울이지 않을 수 없었다. 이 성새의 일부는 암석 위에, 일부는 암석을 파고 세운 것이었다. 그 지하실은 특히 주목할 만한 것으로, 거기에는 상당한 수의 사람과 말이 숙영하기에 충분한 여분의 공간이 있을 뿐만 아니라, 훈련을 하기 위한 큰 굴과 제분소와 예배당, 그 밖에 지상이 위험해졌을 경우 지하 생활에 필요한 것들이 갖추어져 있었다.

우리들은 쏜살같이 흐르는 골짜기 물을 따라 베렌탈을 통과했다. 양쪽 산 꼭대기에 있는 우거진 숲은 전혀 이용되지 않고 있었다. 수천 개의 고목이 서로 겹쳐서 썩고 있었으며, 곰팡이가 난 원목에서 새싹이 수없이 싹트고 있었다. 여기서 만난 나그네 두서너 명에게 폰 디트리히[40]라는 이름을 또다시 들었는데, 우리들은 그때까지 여러 차례 그 이름이 이 삼림 지대에서 존경을 받으며 사람들의 입에 오르내리는 것을 들었다. 이 사람의 활약이나 수완, 재산의 이용과 소비 등 모든 것이 균형을 이루고 있는 것 같았다. 따라서 그는 자기가 늘린 재산에 기쁨을 느끼고 또 자기가 확보한 이익을 당연하게 즐길 수 있는 사람이었다.

나는 견문을 넓힘에 따라서, 세상에서 일반적으로 유명한 사람의 이름 외에, 지방마다 존경을 받는 사람들의 이름을 알고 한층 기쁨을 느꼈다. 그리고 이 때도 몇 가지 질문을 통해서 폰 디트리히가 다른 사람보다 앞서서 철, 석탄, 목

---

40) 요한. 알자스의 대공업가로 1500명의 노동자 가족을 공장에서 고용했다고 한다.

재 등 산의 보물의 용도를 알고 부지런히 노력하여 점점 재산을 늘린 사람이라는 것을 쉽사리 알 수 있었다.

이윽고 우리들이 도착한 니다부론이라는 마을은 이 사람의 업적에 대한 새로운 증거였다. 그는 이 지방에 훌륭한 제철 공장을 설립하려고 이 조그마한 마을을 폰 라이닝겐 백작과 그 외의 공동 소유자로부터 사들였던 것이다.

이미 로마인에 의해서 설치되었던 목욕장 터에 서면, 거기에 남아 있는 돌을 새김이나 비석의 글, 기둥머리나 기둥 몸체 등의 잔해들이, 근처의 농가에 굴러다니는 농기구 사이에서 불가사의한 빛을 발하며 나에게 고대의 정신을 절실히 느끼게 했다.

그래서 우리들이 근처에 있는 바젠부르크성에 올라갔을 때에도, 한쪽 토대가 되어 있는 큰 암석 위에 메르쿠르 신에게 바쳐진 감사하는 서약의 비문이 잘 보존되어 있는 것을 보고, 공경하고 두려워하는 마음을 금할 수가 없었다. 성 그 자체는 바닷가에서 평야에 이르는 사이의 맨 앞의 산꼭대기에 있었다. 그것은 로마인의 유적 위에 세운 독일인의 성지(城址)였다. 그 성의 탑에서 또 한 번 알자스 전체를 내려다보았다. 뚜렷하게 보이는 대사원의 우뚝 솟은 탑이 슈트라스부르크의 위치를 분명하게 가리키고 있었다. 바로 가까이에는 하게나우의 대삼림이 펼쳐져 있었고, 슈트라스부르크 성당의 탑이 그 뒤에 뚜렷이 솟아 있었다.

나의 생각은 벌써 그쪽으로 끌려가고 있었다. 우리들은 폰 디트리히가 당당한 성을 쌓게 했던 라이히스호프를 말을 타고 통과하였다. 그리고 니다모더 부근의 언덕에서 하게나우 숲 옆을 흐르는 모더의 작고 아름다운 강줄기를 내려다보았다. 그 뒤 두트바일의 탄광이라면 관심이 있었을지도 모르지만, 이런 곳에서 우습게도 탄광 시찰을 하겠다는 친구를 뒤에 남기고 나는 하게나우를 지나 이미 전에 알고 있었던 지름길을 골라 그리운 제젠하임[41]으로 말을 달렸다.

실제로 험악한 산악 지대의 전망과 맑고 비옥하고 쾌활한 평야의 전망 모두, 사랑스럽고 매력 있는 사람의 모습에 쏠려 있던 나의 마음을 묶어 놓지는 못했던 것이다. 이번에도 나는 갈 때보다 귀로가 즐겁게 느껴졌다. 이 귀로는 내

---

41) 슈트라스부르크 북동 5마일.

가 마음속으로 사모하는 여인 옆으로 나를 다시 데려가 주기 때문이었다. 그러나 독자들을 그녀의 시골집으로 안내하기 전에, 그녀에 의해서 내가 느꼈던 애정과 만족을 높이는 데 크게 도움이 되었던 어느 사건을 우선 이야기하지 않을 수가 없다.

근대 문학의 지식에 대해서 내가 상당히 뒤떨어질 수밖에 없었다는 사실은, 프랑크푸르트에서의 나의 생활이나 내가 열중하고 있었던 연구로 보아 알 수 있는 일이고, 또 슈트라스부르크의 체류도 그 방면에 대해 나에게 도움을 줄 수가 없었다. 거기에 헤르더가 그 자신의 풍부한 지식뿐만 아니라 많은 자료와 신간 서적까지도 가지고 온 것이다. 그 서적들 중에서 그는 《웨이크필드의 시골 목사》[42]를 걸작이라고 우리들에게 소개하고 그 독일어 번역을 직접 읽어 주겠다고 했다.

헤르더가 읽는 방법은 매우 독특했다. 그의 설교를 들은 일이 있는 사람이면 누구나 그것을 상상할 수 있을 것이다. 그는 이 소설의 경우에도 그랬지만, 무엇을 낭독해도 진지하고 꾸밈이 없었다. 연극적인 표현도 전혀 찾아볼 수 없었다. 그리고 일반적으로 서사시의 낭독에서 허용된다고 하느니보다는 오히려 필요로 하는 여러 가지 변화, 즉 여러 인물들이 말을 주고받을 경우 각자가 하는 말을 돋보이게 하고, 또 다른 문장과 회화 부분을 구별하기 위한 사소한 어조의 변화까지도 그는 피했다. 모든 것이 현재의 일이 아니라 역사상의 일인 것처럼, 또 작중 인물들의 다양한 영상이 그의 눈앞에서 약동하고 있다고 하느니보다는 단지 조용히 미끄러져 가는 것처럼, 똑같은 어조로 모든 곳을 읽어 나가면서도 조금도 단조롭지가 않았다.

그의 입으로 듣는 이 같은 낭독법은 무한한 매력이 있었다. 왜냐하면 그는 모든 것을 깊이 느꼈고 또 이와 같은 작품의 다양성을 크게 존중할 줄을 알았기 때문에, 창작의 온갖 효과가 순수하게 나타났으며, 세부적인 강조에 의해서 혼란을 일으키거나 전체에서 받는 느낌에서 이탈되는 일이 없었던 만큼 그 효과는 한층 뚜렷이 나타났다.

---

42) 1766년. 영국의 작가 올리버 골드스미스(1728~74)의 소설. 출판 이듬해 요한 고트프리트 게리우스의 독일어 번역판이 나왔다. 이 작품은 목가풍의 감상적인 기쁨과 시민 생활의 구체적인 묘사 등이 인기를 얻어 독일인 사이에서 애독되고 그 뒤 많은 번역물이 나왔다.

신교의 시골 목사는 아마도 현대 목가(牧歌)로는 가장 좋은 제재일 것이다. 그는 멜히제데크[43]처럼 한 몸에 사제와 왕을 겸한 것과 같았다. 대체로 같은 일을 하고, 가정 사정도 같다는 점에서, 그는 지상에서 생각할 수 있는 가장 순박한 생활, 즉 농부의 그것과 상통하는 생활을 하고 있다. 그는 아버지이며 가장이고 농부이고 또 완전히 마을의 한 구성원이었다. 이와 같은 순수하고 아름다운 현실적인 기초 위에 그의 더 높은 천직이 서 있는 것이다. 그에게 주어진 임무는, 인간을 실생활로 내보내고, 정신적인 교육을 돌보아 주고, 그 일생 중 모든 중요한 시기에 축복을 해 주며, 그들을 가르치고 격려하며 위로하고, 현재의 위로가 불충분할 때에는 더욱 행복한 장래에 대한 희망을 갖게 해 주고 보증해 주는 일인 것이다.

순수한 인간적 지향을 품고, 어떤 경우에도 그것을 버리지 않을 만큼 강한 인간, 또 그것만으로도 순결과 강직을 기대할 수 없는 대중에서 두각을 나타내고 있는 인물을 상상해 보라. 그리고 이와 같은 인물의 직책에 필요한 지식과, 한시라도 선행을 주저하지 않는 정열적인 행동을 부여해 보라. 그러면 거기에 목사의 자격을 충분히 갖춘 인물의 모습이 떠오를 것이다. 동시에, 좁은 범위에 집착할 뿐만 아니라 때로는 더욱 작은 범위 속으로 들어갈 수 있고, 여기에 더하여 선량, 관용, 강직, 기타 확고한 성격에서 오는 장점을 그에게 부여하고, 다시 여기에 자타의 과오를 웃으며 참는 관용을 보탠다면 훌륭한 웨이크필드의 모습이 거의 완전하게 마무리될 것이다.

이러한 기쁨과 슬픔이 있는 인물의 인생 항로에서의 성격의 묘사나, 완전히 자연적인 것과 기이하고 신기한 것이 결부된 이야기 줄거리의 재미는, 이 소설을 이제까지 쓰인 가장 우수한 작품 중의 하나로 만들고 있다. 게다가 이 소설의 커다란 장점은 그것이 매우 도덕적이며, 순수한 의미에서 기독교적이며, 선의 의지와 정의에 입각한 행동은 반드시 보답된다는 것을 묘사하여, 신에 대한 절대적 신앙을 시인하고 악에 대한 선의 궁극적인 승리를 확증하며, 더구나 위엄과 완고함의 흔적이 없다는 점이었다. 작가가 이 두 가지 경향에 빠지지 않고 있는 것은, 작품 중 도처에 반어(反語)로 나타나 있는 고매한 정신에 의한 것이

---

43) 아브라함 시대의 살렘 사제와 왕을 겸했다.

며, 이 반어에 의해서 이 작품은 우리들에게 현명하고도 바람직한 인상을 주고 있는 것이다.

작가인 골드스미스는 확실히 도덕 세계에 대해서, 또 그 세계의 가치와 결함에 대해서 탁월한 식견을 가지고 있었다. 그러나 그와 동시에 그는 자기가 영국인이라는 사실을 감사히 시인하고 그 나라, 그 국민이 그에게 주는 이익을 높이 평가하고 있는 것 같았다. 그가 묘사하고 있는 가정은 시민적 즐거움의 최하층에 속하고 있으나, 그 가정은 최고의 존재와 접촉하고 있다. 점점 좁아져 가는 그 좁은 생활권이, 세상의 자연적 변화나 시민 생활의 진전에 따라 넓은 세계와 교섭을 갖게 된다. 이 조그마한 배는 영국 사회의 요동치는 큰 물결 위에 둥실거리고 있는 것이다. 그리고 기쁘건 슬프건 자기 주위를 항해하고 있는 수많은 거대한 함대로부터 어떤 때는 손해를, 또 어떤 때는 원조를 받는 것을 예상하지 않으면 안 된다.

나는 독자들이 이 작품을 알고 있거나 혹은 기억하고 있다고 가정해도 좋으리라고 생각한다. 지금 처음으로 그 이름을 듣는 사람이나, 또 한번 그것을 읽어 보겠다는 생각을 갖는 사람들은 모두 나에게 감사할 것이다. 전자를 위해서 말해 두고자 하는 것은, 이 시골 목사 부인은 자기에게나 가족에게 조금도 부자유를 느끼게 하지 않는 활동적이고 성격이 좋은 사람이지만, 다른 한편으로는 자기와 가족을 다소 자랑하는 면이 있다. 두 딸 중 올리비는 예쁘고 상당히 외향적인 편이고, 소피는 매력적이고 내향적이다. 또 근면가로 아버지를 열심히 따라 배우고 있는 다소 딱딱한 아들 모제스의 이름도 들지 않을 수가 없다.

헤르더의 낭독에서 결점을 들 수 있다면 그것은 성급하다는 점이었다. 듣는 사람이 이야기 줄거리의 어떤 부분을 정확히 느끼고, 적절히 생각해 볼 수 있도록 그것을 알아듣고 이해할 때까지 그는 기다려 주지 않았다. 재빨리 그는 반응을 알려고 했고, 반응이 나타나면 그것이 또 불만이었다. 나의 감정이 차츰 넘쳐흐르게 되면 그는 그것을 감정의 과잉이라고 꾸짖었다. 나는 인간으로서, 젊은 인간으로서 느꼈다. 나에게는 모든 것이 생기가 있고 진실하고 눈앞에 보는 듯했다.

헤르더는 오직 내용과 형식에 주의를 기울이고 있었으므로, 내가 소재에 압도되고 있는 것을 모를 리가 없었고, 그는 이러한 태도를 승인하려고 하지 않았다. 다음에 페게로프가 나타낸 반응은 특히 섬세한 점이 없었기 때문에 헤르더는 나보다도 그를 더 나쁘게 보았다. 우리들이 작가가 자주 사용하는 대조의 묘미를 예견하지 못하고 쓸데없이 감동하고 감격하여, 빈번하게 되풀이해서 사용되는 기교조차도 알아차리지 못한다고 해서, 우리들의 통찰력 부족에 그는 더욱 화를 냈다.

이야기 첫머리에서 버첼이 이야기를 하면서 어느 틈엔가 3인칭에서 1인칭으로 옮겨 가서, 비로소 자기의 정체를 나타내려고 하는데, 실은 바로 그가 자기 이야기 속의 귀족 바로 그 사람이라는 것을 우리들이 알아차리지 못하거나, 그럴 것이라는 추측도 못하는 것을 헤르더는 용서하지 않았다. 그리고 마지막으로, 가난하고 가엾은 여행자가 정체를 나타내어 부유한 유력자로 돌변했을 때 우리들은 어린이처럼 기뻐했으나, 그는 우리들이 작자의 함정에 빠져들어 미처 듣지 못한 대목을 다시 읽어주면서 우리의 우둔함을 호되게 나무랐다.

이러한 일로 보면, 헤르더는 이 작품을 단지 예술적 기교의 소산으로 보았고, 우리들에게도 같은 견해를 요구했다는 것을 알 수 있을 것이다. 당시의 우리들은 예술 작품으로부터 자연의 소산과 마찬가지 영향을 받아도 감히 그것을 이상하다고 보지 않는 경지를 헤매고 있었던 것이다.

나는 헤르더의 욕설에 현혹되지 않았다. 대체로 젊은 사람들은 다행인지 불행인지 일단 그 어떤 영향을 받으면, 그 영향은 그들 자신의 내부에서 소화되어 거기에서 여러 가지 좋은 일이나 나쁜 일이 생기게 된다. 앞서 말한 작품은 나도 그 이유를 설명할 수 없을 만큼 나에게 큰 인상을 남겨 주었다. 그러나 실제로는 여러 대상, 행과 불행, 선악, 생사를 초월해서, 진실로 시적 세계를 점유하기에 이르는 저 반어적인 의향에 동감을 금치 못했던 것이다. 물론 이것은 한참 뒤에 의식한 것이지만, 그 당시의 나에게 이 작품은 너무나 부담이 큰 작품이었다. 그건 그렇다 치고, 이 허구의 세계에서 그것과 비슷한 현실 세계로 이윽고 말려들어가리라고는 꿈에도 예기치 못했던 것이다.

알자스 출신으로 나의 식탁 친구인 바일란트는 때때로 그 지방에 있는 친구들과 친척들을 기회 있을 때마다 방문하여, 조용하고 근면한 일상생활을 떠들썩하게 만들고 있었는데, 내가 작은 여행을 갈 때면 여러 마을과 가정을 손수 안내해 주기도 하고, 때로는 소개장을 써 주기도 하여 여러모로 편의를 보아주었다. 이 친구는, 슈트라스부르크에서 여섯 시간가량 떨어진 두르젠하임 근처에 상당한 교구를 가지고, 총명한 부인과 귀여운 두 딸을 데리고 살고 있는 어느 시골 목사에 대해서 늘 나에게 이야기했다. 그 이야기가 나올 때마다, 그는 언제나 그 가정이 손님 접대를 좋아하고 친절하다고 몹시 칭찬했다.

이런 이야기는 매일, 매시간, 틈을 만들어서 말을 타고 야외로 나가는 습관을 전부터 가지고 있었던 젊은 기사의 마음을 여지없이 사로잡고 말았다. 그래서 우리들은 그곳으로 소풍 가기로 약속하고, 그때 나는 친구에게 몇 가지 다짐을 하게 했다. 즉 나를 소개할 때 나에 관해 좋게도 나쁘게도 말하지 말 것, 반드시 나를 무관심하게 취급해 줄 것, 너절하다고 할 것까지는 없지만 약간 초라하고 허물없는 복장을 하고 가는 것을 인정할 것 등을 다짐케 한 것이다. 그는 이에 동의했고, 또 그렇게 하는 것도 약간 재미있을 것이라고 기대했다.

높은 지위에 있는 사람이 자기 내부의 인간적 실질을 한층 더 순수하게 남의 눈에 인상지우기 위해, 때에 따라 외부의 우월한 면을 감추는 것은 죄 없는 장난이라 할 수 있다. 그렇기 때문에 군주의 암행이나 거기에서 발생하는 모험에는 언제나 흐뭇한 점이 있다. 말하자면 변장한 신들의 출현과 같은 것이다. 이와 같은 사람들은, 한 개인으로서의 자기에게 표시된 모든 호의를 이중으로 높이 평가할 수 있고, 불쾌한 일은 가볍게 받아넘기거나 피할 수도 있는 입장에 있다.

주피터가 필레몬과 바우키스[44]가 있는 곳에 암행으로 나타나고, 또 하인리히 4세가 사냥놀이[45]를 한 후에 암행으로 농부들 사이에 끼어 즐거워했던 것은 매우 자연스러운 일이며 얼마나 바람직한 일인가. 그러나 지위도 이름도 없는 한 청년이 암행으로 무슨 재미를 보려고 생각했다는 것은, 용납할 수 없는 자만이라고 생각할지도 모른다. 그러나 이 경우, 그러한 의향이나 행위가 문제가 아니라, 또 그것을 어느 정도로 칭찬 또는 책망할 것인가가 문제가 아니라, 다만 어느 정도 실현할 수 있는가 하는 것에 달려 있으므로 이번 일은 흥미 위

---

44) 오비디우스의 《변신 이야기》 제8장에 나오는 가난한 노부부로, 몸을 망치고 찾아온 주피터와 메르쿠르를 극진히 대접했다. 《파우스트》 제2부 제5막에서 다루고 있다.
45) 샤를르 코레에의 희극 《앙리 3세의 몰이사냥》의 번안인 바이세의 《사냥(1770)》에 의한 것인 듯.

주로 너그럽게 봐주기를 바란다. 더욱이 어렸을 때부터 나의 마음속에 일종의 변장 욕구가, 엄격한 아버지 덕택으로 생겼다는 것을 여기에서 말해 둠으로써 독자들에게 더욱 용서를 구하도록 하겠다.

이번에도 나는 나의 낡은 의복과 몇 개의 빌린 의복으로, 또 머리의 빗질에 연구를 하여, 보기 싫지는 않지만 약간 기묘한 모습을 만들어 냈기 때문에, 그 친구는 가는 도중 웃음을 참지 못할 지경이었다. 특히 말을 타고 '라텐의 기사' 라고 불릴 정도로 몸짓을 흉내낼 수 있었으니 더욱 그러했다. 아름다운 도로, 화창한 날씨, 라인강 기슭이라는 점이 우리들을 몹시 즐겁게 했다. 우리들은 드루젠하임에서 잠시 쉬면서 친구는 옷차림을 가다듬고, 나는 때때로 잊어버리릴 우려가 있는 자기의 역할을 새삼스레 되새겨 보았다. 그 근처의 풍경은 넓고 평탄한 알자스의 특징을 잘 나타내고 있었다. 우리들은 초원을 가로지르는 기분 좋은 오솔길로 말을 달려 이윽고 제젠하임에 도착, 말을 숙소에 맡겨 놓고 유유히 목사 사택으로 걸어갔다.

바일란트는 멀리서 그 집을 가리키며 말했다.

"오해하지 말게. 낡고 더러운 농가처럼 보이지만, 안은 여간 깨끗하지 않아."

우리들은 뜰로 들어갔다. 전체가 참으로 마음에 들었다. 전에 네덜란드의 미술을 보았을 때 매우 마음이 끌린, 바로 회화적이라는 느낌이 거기에 있었기 때문이다. 집도 창고도 마구간도 황폐해서, 손질을 할지 새로 지을지를 결정짓지 못하고 있는 바로 그런 상태에 놓여 있었다.

마을도 집 안도 조용하고 인기척이 없었다. 내성적인 것 같지만 인상이 좋은 자그마한 부친[46]이 혼자 있었다. 가족은 밭에 나가고 없었다. 그는 우리들을 환영하며 마실 것을 권했으나 우리들은 사양했다. 친구는 여자들을 찾으러 급히 나갔고, 나와 주인만이 남아 있었다. 그가 말을 꺼냈다.

"아마 깜짝 놀라셨을 겁니다. 유복한 마을에서 수입이 많은 지위에 있으면서도 이런 조촐한 집에서 살고 있으니까요. 그러나 이렇게 된 것도……"

그는 말을 이었다.

"결심을 할 수 없었기 때문입니다. 전부터 교구 사람들이나 상사(上司)로부터

---

46) 요한 야코프 브리온(1717~87). 슈트라스부르크 태생. 1760년 이래 제젠하임의 목사.

집을 신축해 주겠다는 제안을 받고 있습니다. 그런데 몇 개의 설계도도 되어 있고 검토도 했고 변경도 했는데, 막상 실행 단계에서 시행이 되지 않고 있습니다. 이렇게 해서 몇 해가 지났는데 나로서도 초조한 심정을 금할 수가 없지요."

나는 그가 강력히 추진하도록 희망을 북돋우고, 용기를 내도록 이에 어울리는 대답을 하였다. 그러자 그는 말을 이어, 그 일을 좌우하는 입장에 있는 사람들에 대하여 터놓고 설명했다. 그는 성격 묘사를 특히 잘하는 사람은 아니었으나, 나는 모든 일이 왜 잘 진행되지 않았는가를 충분히 이해할 수가 있었다. 이 사람이 다른 사람에게 마음을 터놓는 데에는 무엇인가 독특한 점이 있었다. 그는 마치 십년지기처럼 나와 이야기를 나누었는데, 그의 눈에는 나를 다소라도 관찰하는 것 같은 기색은 전혀 없었다.

얼마 뒤 친구가 부인[47]과 함께 들어왔다. 부인은 나를 전혀 다른 눈으로 쳐다보는 것 같았다. 얼굴이 반듯하고 표정은 영리해 보였다. 젊었을 때에는 아름다웠을 것 같았다. 키가 크고 마른 몸이었으나 나이 이상으로 늙지는 않았다. 뒷모습은 아직도 젊고 아름다워 보였다. 곧이어 뒤따라 큰딸[48]이 세차게 뛰어들어왔다. 그러고는 먼저 돌아온 두 사람과 똑같이 프리데리케[49]에 대해서 물었다. 부친은 셋이서 함께 집을 나간 뒤로는 보지 못했다고 대답했다. 큰딸은 동생을 찾으러 다시 밖으로 나갔다. 부인은 우리들에게 다과를 가져오고, 바일란트는 부부와 이야기를 계속했다. 보통 아는 사람들이 오래간만에 서로 만나면 광범위한 교제 친구들의 소식을 묻고 서로 알려주고 하듯이, 세 사람의 이야기도 순전히 아는 친구들이나 사건에 관한 것들이었다. 그들의 대화를 들으며, 나는 이 사람들에게 어느 정도의 기대를 걸어도 좋은가를 알았다.

언니가 동생을 찾지 못한 것을 걱정하면서 다시 숨가쁘게 돌아왔다. 모두 작은딸 걱정을 하면서도 이러쿵저러쿵 좋지 못한 버릇을 들면서 비난했다. 그러나 부친만은 조용히 말했다.

"내버려두어! 틀림없이 돌아올 테니까."

---

47) 마그다레나 자로메아(1724~86). 바이란트의 친척인 셀 집안 출신. 1743년 브리온과 결혼.

48) 마리아 자로메아(1749년 생). 글 중에서 괴테가 말하는 올리비.

49) 프리데리카 에리자베타 브리온(1752~1813). 후에 마이센하임의 언니 내외의 집에서 살다가 거기서 죽었다.

그렇게 말한 순간 정말로 그녀가 입구에 들어섰다. 그때 바로 이 시골의 하늘 아래에, 세상에 둘도 없는 아름다운 별 하나가 나타난 것 같았다. 두 딸은 아직도 독일식 몸차림을 하고 있었다.

거의 없어지다시피 한 이 민족 의상이 특히 프리데리케에게 잘 어울렸다. 귀여운 다리를 복사뼈만 남기고 모두 가린 길고 흰 둥근 스커트, 몸에 꼭 맞는 흰 코르셋과 까만 명주 앞치마—이런 몸치장을 한 그녀는 시골 처녀와 도시 처녀의 중간에 있었다. 날씬하고 경쾌하고, 마치 몸에 아무것도 걸치지 않은 것처럼 걸었고, 탐스런 금발 머리에 비해서 목덜미가 너무나 가냘프게 보였다. 그녀는 맑고 파란 눈으로 똑똑히 주위를 돌아다보았고, 잘생긴 동그란 코는 이세상에 아무 근심도 없다는 듯이 마음껏 공기를 들이마시고 있었다. 밀짚모자를 팔에 걸고 있는 그녀의 아름답고 귀여운 모습은 내 시선을 단번에 끌었고, 나를 무척 기쁘게 했다.

나는 그때부터 적당히 나의 역할을 연출하기 시작했는데, 이처럼 선량한 사람들을 놀리는 것이 조금은 부끄러웠다. 자매들도 가담하여 열심히 즐겁게 이야기를 계속했기 때문에, 나는 그녀들을 관찰할 수 있는 여유가 충분히 있었다. 모든 이웃 사람들, 친척들이 새삼 화제에 올랐고, 큰아버지, 큰어머니, 사촌형제, 사촌 자매, 오는 사람, 가는 사람, 교부, 객인들의 무리가 나의 상상 속에 떠올라, 나는 더할 나위 없이 왁자지껄한 세계에 살고 있는 기분이 들었다.

가족들은 모두 나에게 몇 마디씩 말을 건넸다. 모친은 왔다 갔다 할 때마다 나를 물끄러미 바라보았는데, 프리데리케가 맨 먼저 나의 말 상대가 되어 주었다. 내가 주위에 흩어져 있는 악보를 집어서 들여다보고 있으려니까, 연주를 할 줄 아느냐고 물었다. 할 줄 안다고 내가 대답하자 그녀는 무엇이건 하나 연주해 달라고 청했다. 그러나 부친이 그러지 못하게 했다. 왜냐하면 주인이 무엇이건 먼저 연주하거나 노래를 해서 우선 손님을 대접하는 것이 예의라는 것이었다.

그녀들은 열심히 연주했지만 시골티가 나는 솜씨를 숨길 수는 없었다. 게다가 피아노도 상태가 좋지 않아서, 학교 선생님이 틈나는 대로 조율해 놓아야 할 물건이었다. 프리데리케는 노래도 불렀다. 부드럽고도 애절한 느낌을 주는 노래였는데 그녀는 아무래도 잘 부르지는 못했다. 그녀는 자리에서 일어나 미소를 지으며, 아니, 미소를 짓는다기보다 평상시에도 얼굴에 나타나고 있는 쾌활하고 즐거운 표정으로 말했다.

"제가 노래를 잘 부르지 못하는 것을 피아노나 선생님의 탓으로 돌릴 수는 없어요. 같이 밖으로 나가요. 밖에 나가서 알자스나 스위스의 귀여운 노래를 들려드리겠어요. 그것이 더 듣기 좋으실 거예요."

저녁 식사 때, 나는 전부터 이미 머릿속에 떠오르고 있었던 어떤 상상을 열심히 뒤좇고 있었다. 큰언니의 활발함, 동생의 우아함에 몇 차례 나의 명상에서 깨어나기는 했지만, 나는 생각에 잠기고 말이 적었다. 지금 내가 바로 웨이크필드 가족 안에 있는 것 같은 놀라움은 이루 형용할 수가 없었다. 부친은 물론 훌륭한 그 인물과는 비교할 수가 없었다. 그러나 그런 인물이 실제 어디 있겠는가! 그 대신 소설 속의 남편이 지니고 있던 모든 품위를 여기서는 부인에게서 볼 수 있었다. 그녀의 거동을 보고 존경하는 마음을 금치 못했다. 부인이 훌륭한 교육을 받았다는 것을 알 수 있었고, 그녀의 거동은 조용하고 여유 있고 쾌활하고 사람을 끄는 점이 있었다.

큰딸에게는 올리비에게서 볼 수 있는 소문난 아름다움은 없었지만, 좋은 체격에 쾌활하고 오히려 기운이 넘치고 있었다. 그녀는 언제나 활동적이었으며 무슨 일에서나 어머니를 돕고 있었다. 프리데리케를 프림로즈 집안의 소피로 바꾸는 것은 그다지 곤란한 일은 아니었다. 왜냐하면 소설 속에서 소피에 대해서는 거의 묘사가 없고, 다만 귀엽다고만 되어 있었기 때문이었다. 프리데리케는 사실 귀여운 아가씨였다. 직업이 같고 장소가 바뀌어도 같은 처지라면 똑같지는 않더라도 비슷한 결과가 생기는 법인데, 여기서도 웨이크필드의 가정에서 볼 수 있는 일이 여러 가지로 화제가 되었고 또 실제로 행해지기도 했다. 그런데 마지막으로 아버지가 기다리고 있던, 이미 화제에 올랐던 막내가 방 안으로 뛰어들어와 손님들에게는 눈도 주지 않고 안하무인격으로 우리들 옆으로 와서 앉았을 때, 나는 "모제스,[50] 자네도 있었군!" 하고 소리치고 싶은 것을 겨우 참았다.

식사 때는 여러 곳에서 일어난 재미있는 사건들이 화제에 올랐기 때문에, 그 지방이나 가족들 주변의 소식을 한층 자세히 들을 수가 있었다. 내 옆에 앉아

---

50) 《웨이크필드의 시골 목사》 중의 프림로즈 집안의 막내아들로 여기서는 브리온 집안의 크리스티앙(1763년생)을 말한다.

있던 프리데리케는 기회를 봐서 가 볼만한 가치가 있는 여러 장소에 대해서 나에게 설명해 주었다. 화제가 연이어 계속되었기 때문에 나도 그만큼 가벼운 마음으로 이야기에 끼어들어, 비슷한 사건의 이야기를 몇 가지 말할 수가 있었다. 그때 그 고장의 포도주가 넉넉히 제공되었기 때문에, 나는 하마터면 내 역할을 잊어버릴 뻔했다.

나보다 신중했던 친구가 아름다운 달빛을 구실로 산보하러 나가자고 제안하여 즉석에서 찬성을 얻어냈다. 그는 언니와, 나는 동생과 팔을 끼고 넓은 들판을 걸어갔다. 우리들은 끝이 보이지 않는 지면보다는 머리 위의 하늘을 쳐다보며 걸었다.

프리데리케의 이야기에는 달빛같이 흐릿한 점은 조금도 없었다. 그녀의 맑고 총명한 말솜씨는 밤을 낮처럼 환하게 만들었다. 그녀의 말 속에는 감정을 넌지시 나타내거나 일깨워 주는 것 같은 점은 조금도 없었다. 다만 그녀는 이제까지와는 달리 자신에 관한 것을 많이 이야기하여, 자기의 처지나 이 지방에 대한 것, 자기가 아는 사람에 대한 것, 그리고 내가 차차 알게 될 것들에 대해 이야기해 주었다. 거기에 덧붙여, 자기 집을 한 번 다녀간 손님들은 모두 기꺼이 다시 찾아 주었는데, 나도 예외가 되지 말고 또 찾아 주면 좋겠다고 그녀는 말했다.

자기가 움직이고 있는 조그마한 세계에 대해서, 또 특히 존경하고 있는 사람들에 대해서 그녀가 이야기하는 것을 잠자코 듣는다는 것은 나에게는 매우 즐거운 일이었다. 이와 같은 이야기를 통해서 그녀는 자기의 처지를 명확하게, 그리고 동시에 그것이 매우 바람직하다는 것을 이해하게 해 주었는데, 그것을 알게 되자 이상한 영향을 나에게 주기도 했다. 왜냐하면 별안간 나는 왜 좀더 일찍 그녀와 함께 있지 못했는가 하는 노여운 기분을 느꼈으며, 동시에 이제까지 그녀의 주위에서 행복을 맛보았던 사람들에 대해서 어찌할 수 없는 질투를 느꼈기 때문이었다.

나는 이내, 마치 그러할 권리라도 있는 듯이, 그녀가 이웃이나 사촌, 교부라는 이름으로 부르는 모든 남자들에 대한 이야기에 세심한 주의를 기울였고 이런저런 억측을 해 보았다. 그러나 모든 사정을 잘 모르는데 거기서 무엇을 발견해낼 수 있단 말인가! 마침내 그녀는 점점 말이 많아지는 반면, 나는 더욱 침묵을 지키고 있었다.

그녀는 매우 이야기를 잘했으며 나는 목소리를 듣고만 있었는데, 그녀의 얼굴이 주위의 세계와 마찬가지로 어스름 속에 떠오르고 있었기 때문에 마치 나는 그녀의 마음속을 들여다보고 있는 것 같았다. 그녀가 이처럼 숨김없이 모든 것을 털어놓았기 때문에 나는 그녀의 마음이 한없이 순수하다고 여기지 않을 수 없었다.

친구와 나는 우리들에게 마련된 객실로 돌아왔다. 친구는 기쁨이 가득한 표정으로 속 편한 농담을 터뜨리며, 프림로즈 가정과 비슷한 점으로 나를 몹시 놀라게 한 것을 대단히 자랑했다. 나도 그것에 동의하고 감사를 표시했다. "정말로!" 하고 그는 소리쳤다.

"이야기가 잘되어 있어. 이 가정은 소설 속의 그 가정과 똑같아. 그리고 여기 있는 가장(假裝) 신사는 자기를 버첼 씨로 자처하는 영광을 차지해도 좋을 거야. 더구나 보통 생활에는 소설에서와는 달리 악인 같은 건 없어도 되니까 이번에는 내가 조카의 역할을 맡지. 훨씬 좋은 역할을 보여 줄게."

이 이야기는 나에게도 재미있었지만, 나는 곧 그 이야기를 그만두고, 그가 정말로 나를 폭로했는가의 여부를 양심에 비추어 말해 보라고 했다. 그는 맹세코 아니라고 대답하였다. 나도 그의 말을 믿어도 좋다고 생각했다. 그의 말에 의하면, 슈트라스부르크에서 그와 같이 하숙을 하고 있는 식탁 친구들에 관한 것을 그들은 이것저것 물어보았으나, 그 친구들에 대해서 이것저것 엉터리 이야기를 해 주었다는 것이다. 그래서 나는 다음 질문으로 넘어갔다. 그 여자는 연애를 했던 일이 있는가, 혹은 현재 연애를 하고 있는 중인가, 또는 약혼이라도 했는가. 이 모든 것들에 대해서 그는 부정했다.

나는 말했다.

"천성적으로 저렇게 쾌활한 것은 나로서는 도저히 이해할 수가 없어. 연애를 하고 실연을 하고 그리고 또다시 일어섰거나, 그렇지 않으면 약혼을 했거나, 이 두 가지 경우라면 납득할 수 있는데……."

이렇게 우리들은 밤중까지 이야기를 주고받았는데, 날이 밝자마자 나는 기운을 회복했다. 그녀를 또 만나고 싶은 간절한 마음을 억제할 수 없었다. 그러나 옷을 입을 때, 나는 경솔하게 선택했던 천박한 복장에 깜짝 놀랐다. 옷을 하나하나 몸에 걸침에 따라 나의 품위가 내려가는 것만 같았다. 사실 모든 것이 그런 효과를 노렸던 것들이었다. 머리 손질 같으면 그럭저럭 어떻게 되었을 터인데, 마지막으로 빌린 회색 저고리에 억지로 팔을 끼자 그 짧은 소매로 인해서 괴상망측하게 보였고, 그 모습을 조그마한 거울 속에 부분부분 비춰본 뒤 더욱 절망 속에 빠지고 말았다. 거울에 비친 모습이 더욱더 우스꽝스럽게 보였기 때문이다.

이렇게 내가 옷을 입고 있는 동안에 잠이 깬 친구는, 푹신한 비단 이불 속에서 흐뭇한 만족감과 그날에 대한 즐거운 기대감으로 눈을 말똥말똥하게 굴리고 있었다. 나는 의자에 걸려 있는 그의 훌륭한 의복이 부러웠다. 그리고 그가 나와 같은 체격이라면, 나는 그 친구 눈앞에서 그 의복을 빼앗아 옷을 갈아입고, 나의 지긋지긋한 옷을 그에게 남겨 주고 재빨리 정원으로 나가 버렸을 것이다. 그랬으면 그는 기분이 좋았던 때라 아무 말 없이 내 옷을 입었을지도 모른다. 그리하여 이 한 편의 이야기도 아침 일찍 즐거운 결말을 냈을 것이다.

그러나 그것은 전혀 불가능한 일이었으며, 또 다른 뾰족한 방법도 없었다. 친구가 나를 근면하고 재능은 있지만 가난한 신학생이라고 소개했는데, 그러한 모습에도 아랑곳하지 않고 그처럼 친절하게 이야기를 하며 대해 주었던 프리데리케 앞에 나는 도저히 다른 모습으로 나타날 수가 없었다. 나는 화가 난 채로 생각에 잠기면서 그 자리에 서 있었다. 무슨 좋은 수가 없을까 하고 가진 연구를 다 해 보았으나 이렇다 할 묘안이 떠오르지 않았다. 그런데 그때, 기분 좋게 기지개를 켜고 있던 친구가 잠시 나를 바라보더니 별안간 큰 소리로 웃어대며 이렇게 외쳤다.

"안 되겠어! 사실 자네는 괴상망측하게 보이네."

내가 거칠게 대꾸했다.

"그래, 어떻게 하면 좋을지 나도 알고 있네. 잘 있게. 그리고 안부 전해 주게!"

"이 사람, 미쳤나!"

그는 침대에서 뛰어내리며 나를 잡으려고 했다. 그러나 이미 나는 문을 나와 층계를 내려서서, 집과 뜰을 벗어나 여관을 향해 달리고 있었다. 눈 깜짝할 사이에 나는 말에 안장을 올려놓고 언짢은 기분으로 미친 듯이 두르젠하임으로 말을 달려, 그곳을 지나 앞으로 앞으로 달려갔다.

이제는 안전하다고 생각되었을 때 나는 천천히 말을 몰았다. 그런데 그때 비로소 이런 식으로 멀어져 가는 것이 얼마나 쓰라린 일인가 하는 것을 절실히 느꼈다. 그러나 나는 모든 것을 얌전하게 운명에 맡기고, 어젯밤의 산책을 조용히 떠올리면서, 머지않아 다시 그녀와 만날 희망을 남몰래 마음속에 간직했다. 그런데 이 평온한 마음이 금방 초조한 감정으로 변해 버렸다. 그래서 이번에는 마을로 말을 달려, 거기서 의복을 갈아입고 힘센 말을 구할 결심을 했다. '그러면 아마 식사 전까지는' 하고 정열이 넘친 김에 망상은 했지만, 그것이 무리한 일이라 해도 적어도 디저트나 혹은 저녁때까지는 틀림없이 되돌아가서 사과를 할 수 있을 것 같았다.

이 계획을 실천하기 위해 말에 채찍질을 하려던 바로 그 순간, 또 하나 매우 좋은 생각이 머릿속에 떠올랐다. 어제의 일이지만 나는 두르젠하임에서 매우 깨끗한 옷차림을 한 여관집 아들을 보았다. 그는 오늘도 아침 일찍 농원을 손질하면서, 말을 타고 지나치는 나에게 인사를 했다. 그가 나와 비슷한 체격이라는 우연과 나 자신의 모습을 생각해 보았다. 지체할 이유가 없다는 생각으로 나는 말머리를 돌려 이내 두르젠하임에 도착했다. 마구간에 말을 집어넣은 나는 그 젊은이에게, 실은 제젠하임에서 약간 재미있는 일을 꾸미고 있으므로 입고 있는 의복을 좀 빌려달라고 단도직입적으로 부탁했다.

내가 자세한 이야기를 해 줄 필요도 없이 그는 나의 청에 기꺼이 응해 주었고, 아가씨들을 재미있게 해 주려는 나를 칭찬했다. 그리고 그 처녀들은 몹시 성실하고 마음씨가 좋은데, 특히 프리데리케가 그러하며, 게다가 양친도 늘 유쾌하고 즐겁게 살아가는 좋은 사람들이라고 그는 말했다. 그리고 그는 나를 조심스럽게 관찰하고 나서, 내 복장으로 보아 나를 가난한 학생으로 여겼는지 이렇게 말했다.

"잘 보이려면 그것이 상책이죠."

그러는 사이에 우리들은 옷을 바꿔 입었다. 상식적으로 보아 그는 자기의 좋은 옷을 내 옷과 바꿔 줄 리 없었을 테지만, 그러나 그는 사람을 의심하지도 않았을 뿐 아니라, 내 말이 그의 집 마구간에 있었던 것이다. 나는 금방 모양을 내고 가슴을 펴 보였다. 그도 자기와 닮은 모습을 기분 좋게 관찰하였다.

"됐어, 친구!"

그는 나에게 악수를 청했고, 내가 힘차게 그 손을 잡자 그는 말을 이었다.

"내 아가씨들에게 너무 가까이 접근하지 말아요. 자칫 정체를 알아챌지도 모르니까."

나는 나의 수수께끼 같은 계획을 위해 내 외모를 수수께끼처럼 마무리하는 것도 하나의 재미라고 생각했다. 이제는 다시 충분히 자란 내 머리는 그의 머리처럼 가를 수가 있었다. 그리고 그의 얼굴을 몇 번이고 참고하여, 불에 태운 코르크를 이용해서 그의 진한 눈썹을 적당히 흉내내어 눈썹 사이를 가깝게 그려 놓았다. 그가 리본 달린 모자를 나에게 주었을 때 나는 이렇게 말했다.

"그런데 목사님 댁에 무슨 전해 드릴 것이라도 없소? 그러면 목사님 댁을 자연스럽게 방문할 수가 있을 텐데."

"좋습니다."

그는 대답했다.

"그러나 두 시간 정도는 기다려 주셔야겠습니다. 우리 집에 산모가 있어서요. 그 댁 사모님에게 과자를 전해 드리러 내가 가려고 했는데 그렇다면 그것을 갖다주십시오. 사랑을 하는 데에도 힘이 드는군요. 놀이도 마찬가지이지만……."

나는 기다리기로 하였으나 이 두 시간은 나에게 한없이 긴 시간이었다. 세 시간이 지나도록 과자가 다 구워지지 않았기 때문에 나는 몹시 초조했다. 마침내 따뜻한 과자와 이 신임장을 들고 아름다운 햇볕을 받으면서 급히 출발하자, 그 젊은이가 도중까지 배웅해 주었다. 저녁때에는 내 뒤를 쫓아와서 내 옷을 갖다주겠다고 했으나, 나는 그것을 단연 거절하고 내가 그의 옷을 갖다주겠다고 했다.

나는 깨끗한 냅킨으로 싼 선물을 가지고 날듯이 길을 서둘러 갔다. 이윽고 멀리서 친구가 두 여자와 이쪽을 향해서 걸어오고 있는 것이 보였다. 나는 이러한 저고리를 입고 있는 것이 어울리지 않을 정도로 가슴이 죄였다. 나는 발을 멈추고 한숨을 돌리며, 뭐라고 말을 꺼내면 좋을까 생각해 보았다. 그런데 마침 주위의 지형(地形)이 나에게 매우 유리하다는 것을 발견했다. 왜냐하면 그들은 냇가 저편을 걸어오고 있었는데, 냇물과 그 양쪽에 뻗쳐 있는 풀밭 때문에 두 개의 오솔길은 상당히 떨어져 있었다.

그들이 바로 내 건너편까지 왔을 때, 아까부터 나를 발견했던 프리데리케가 말을 걸었다.

"게오르게 씨, 무엇을 가지고 오세요?"

나는 벗은 모자로 얼굴을 가리고, 냅킨으로 싼 꾸러미를 높이 들어 보였다.

"갓난아기 세례 축하 과자군요!"

그녀는 그것을 보고 소리쳤다.

"누님은 어떠세요?"

"건강합니다."

나는 알자스 사투리까지는 아니었지만 목소리를 만들어 내려고 애를 썼다.

"집으로 갖다주세요."

언니가 말했다.

"혹시 어머니가 안 계시면 하녀에게 주세요. 그리고 곧 돌아갈 테니, 우리를 기다려 줘요. 알았죠?"

나는 처음부터 일이 잘되었기 때문에, 만사가 잘되리라는 최상의 희망으로 가슴을 두근거리며 길을 서둘렀다. 이윽고 목사 댁에 도착했다. 그런데 집 안에도 주방에도 아무도 없었고, 주인은 서재에서 일하고 있을 것 같아서 방해하고 싶지 않았기 때문에, 문 앞에 있는 벤치에 앉아 과자를 옆에 놓고 모자를 깊숙이 내려썼다.

나는 이때보다 더 유쾌했던 적이 없었다. 조금 전에 절망에 빠져 비틀대며 뛰어나갔던 이 입구에 또다시 와 앉아 있는 것이다. 이미 그 여자와 다시 만났고, 그 귀여운 목소리도 이미 다시 들을 수가 있었던 것이다. 더욱이 나의 언짢은 기분으로 오랜 이별이 되리라고 생각했던 직후인 것이다. 지금 당장이라도 그녀가 모습을 나타내어 나의 정체가 폭로되는 것을 학수고대했다. 그 순간을 생각하자 내 가슴은 뛰었다. 게다가 이렇게 속이는 것이 탄로나도 수치스러운 일은 아니다. 우선 어제 웃음거리가 되었던 그 어떤 장난보다도 더 재미있는 장난을 하는 거다! 사랑과 필요는 확실히 최상의 스승이다. 이 경우 양자가 협력해서 작용한 것이다. 그리고 제자는 스승의 이름을 더럽히지 않았던 것이다.

그런데 그때 하녀가 창고에서 나왔다.

"아! 과자군요."

하녀는 나에게 말을 걸었다.

"누님은 어떠세요?"

"건강합니다."

나는 얼굴을 쳐들지 않고 대답하며 과자를 가리켰다. 하녀는 냅킨 보따리를 손에 들고 중얼거렸다.

"아니, 오늘도 또 무슨 일이 있었어요? 바바라가 또 다른 남자에게 눈독을 들였나요? 우리들에게 너무 화풀이하지 마세요. 그러다가 언젠가는 틀림없이 좋은 부부가 될 거예요."

하녀가 약간 높은 음성으로 떠들어댔기 때문에 목사가 창가에 나타나 무슨 일인가 하고 물었다. 하녀가 목사에게 이유를 설명하고 나는 자리에서 일어나 목사 쪽을 바라보았으나, 모자는 여전히 깊이 눌러쓰고 있었다. 그는 돌아가지 말고 기다리라고 친절하게 말했다. 그래서 나는 정원 쪽으로 걸어가서 안으로 들어가려고 했는데, 대문을 들어서고 있던 부인이 나에게 말을 걸었다. 마침 해가 정면으로 얼굴에 비쳤기 때문에, 또 한 번 모자가 주는 혜택을 이용하여, 그녀에게 한쪽 다리를 뒤로 빼고 인사를 했다. 그녀는 음식을 대접할 테니 먹고 가라는 말을 남기고 집 안으로 들어갔다. 나는 정원을 왔다 갔다 했다. 이제까지는 모든 일이 더할 나위 없이 잘되어 갔으나, 얼마 있으면 젊은이들이 돌아오리라고 생각하니 한숨이 나왔다. 그런데 갑자기 부인이 옆에 와서 내 얼굴을 들여다보았을 때, 나는 더 이상 얼굴을 가릴 수 없었다. 무엇인가 물어보려던 부인은 깜짝 놀라 말문이 막혀버렸다.

잠시 후에 모친이 말했다.

"게오르게가 아니라 당신이었군요! 도대체 모습을 몇 개나 가지고 있는 거예요?"

"진짜는 하나뿐이고, 장난할 때에는 얼마든지 댁에서 원하시는 대로……."

"모처럼의 장난을 망치지는 않겠어요."

그녀는 미소를 띠었다.

"정원 뒤쪽 풀밭으로 갔다가 정오를 알리는 종이 울리면 돌아오세요. 익살극 준비를 제대로 해 놓을게요."

나는 그 말에 따랐다. 그런데 정원 울타리를 나와서 풀밭 쪽으로 가려고 했을 때, 마침 마을 사람들 두서너 명이 오솔길을 걸어왔기 때문에 나는 당황하고 말았다. 그래서 나는 바로 옆에 있는 언덕 위의 숲 쪽으로 길을 바꾸어 그 숲속에서 정해진 시간까지 숨어서 기다리기로 했다. 그러나 숲속으로 들어가자 어쩐지 이상한 생각이 들었다. 벤치가 몇 개 놓여 있는 깨끗한 공터가 나났으며, 어느 벤치에서나 사방의 아름다운 풍경을 바라볼 수 있었다. 이쪽으로는 마을과 교회탑이 보이고, 저쪽으로는 두르젠하임이 보이고, 그 뒤에는 수목이 우거진 라인강의 섬이 있고, 맞은편에는 보게젠 산맥과, 그것을 끝으로 슈트라스부르크 대성당이 보였다. 이러한 여러 가지 밝은 그림이 수풀의 액자에 담긴 이토록 기분 좋은 전망이 있으리라고는 미처 생각하지 못했다. 나는 무심코 한 벤치에 앉았다. 그러자 가장 튼튼한 나무에 '프리데리케의 휴식'이라고 쓰인 작고 갸름한 나뭇조각이 붙어 있는 것을 발견하였다. 설마 이 휴식을 깨뜨리기 위해 내가 왔다고는 미처 생각지 못했다. 왜냐하면 막 싹트려는 정열은 그 기원(起源)을 모르는 것과 마찬가지로 그 종말도 생각해 보지 않는다. 오직 즐겁고 쾌활한 마음을 갖게 되며, 불행 같은 것이 오리라고는 예감조차 하지 않는다. 그것이 정열의 아름다운 점이다.

나는 사방을 돌아다볼 틈도 없이 달콤한 꿈에 정신을 잃고 있었다. 그때 누군가 올라오는 발소리가 들렸다. 그것은 프리데리케 바로 그녀였다.

그녀는 멀리서 말을 걸어왔다.

"게오르게 씨, 거기서 무얼 하고 계세요?"

"게오르게가 아닙니다!"

나는 그녀 쪽을 향해서 뛰어가면서 외쳤다.

"천만 번 사과드릴 사람입니다."

그녀는 깜짝 놀라 나를 뚫어지게 보더니, 금방 침착을 되찾고 한숨을 내쉬며 말했다.

"대단한 분이셔! 어쩜 그렇게 놀라게 하세요?"

"처음 변장의 죄로 두 번째 변장을 하게 되었습니다."

나는 말했다.

"처음 것은 내가 누구 집에 간다는 것을 조금이라도 알고 있었더라면 용서치 못할 일이었습니다. 그러나 이번 것은 친절히 해 줄 수 있는 사람의 모습이니까 틀림없이 용서해 주시겠지요?"

그녀의 다소 창백한 볼이 더할 나위 없이 아름다운 장밋빛으로 물들여졌다.

"적어도 게오르게 씨보다 푸대접은 안 하겠어요. 자, 여기 앉으세요. 사실은 너무 놀라서 온몸이 떨렸어요."

나는 몹시 감동해서 그녀 옆에 앉았다.

"오늘 아침까지의 이야기는 바일란트에게서 전부 들었어요. 그러니까 그다음을 이야기해 주세요."

나는 두 번 다시 재촉을 받을 것도 없이, 어제의 모습이 싫어진 것, 집에서 뛰쳐나갔던 모습 등을 재미있게 이야기했고 그녀는 마음껏 애교 있게 웃었다. 나는 이어 다른 이야기도 했으나, 말씨를 겸손하게 하면서도, 그것은 이야기의 형식을 빌린 사랑의 고백이라고 여겨졌을 정도로 열정적이었다. 마지막에는 그녀의 손에 입을 맞추며 그녀와 다시 만나게 된 기쁨을 표현했고, 그녀는 손을 나에게 맡긴 채로 있었다.

어젯밤 달빛 아래서 소풍할 때에는 주로 그녀가 이야기했지만, 이번에는 내가 충분히 빚을 갚았다. 그녀와 다시 만나, 어제 삼가고 있던 모든 것을 이야기할 수 있게 된 기쁨은 이루 말할 수 없었다. 그래서 나는 이야기에 너무나 열중한 나머지, 그녀가 가만히 생각에 잠겨 침묵하고 있는 것을 알아차리지 못했다. 그녀는 두서너 번 깊은 한숨을 내쉬었다. 나는 그녀를 놀라게 한 것을 몇 번이고 사과했다. 우리들은 얼마 동안 그렇게 앉아 있었는지 몰랐으나, 갑자기 "리케! 리케!" 하고 부르는 소리가 들렸다. 그것은 언니의 목소리였다.

"재미있는 일이 일어날 거예요."

완전히 전처럼 쾌활한 모습으로 돌아온 귀여운 소녀가 말했다.

"언니가 제 옆으로 올 테니까요."

그녀는 나를 반쯤 숨기듯이 앞으로 몸을 숙이며 말했다.

"금방 알아보지 못하게 저쪽을 보고 계세요."

언니가 가까이 왔다. 그러나 혼자가 아니고 바일란트와 함께 있었다. 두 사람은 우리들을 보고 화석처럼 굳어버렸다.

이제까지 아무 일도 없었던 지붕에서 별안간 불길이 솟아오르는 것을 보거나, 또는 흉악한 무서운 괴물을 만났을 때 느끼는 놀라움도, 도덕상 있을 수 없다고 여겨지는 일을 뜻하지 않게 목격했을 때 느끼는 놀라움보다 더 크지는 않을 것이다.

"그게 무슨 짓이야!"

언니는 크게 놀라 허둥지둥하며 소리쳤다.

"무슨 짓이야? 게오르게 씨와 두 손을 맞잡고! 어떻게 된 거야?"

"언니!"

프리데리케는 근심스런 얼굴로 대답했다.

"가엾게도 이분이 나에게 무엇인가를 용서해 달라고 말하고 있어요. 언니에게도 사과해야 할 일이 있대요. 하지만 언니가 먼저 이분을 용서해 주셔야 해요."

"무슨 일인지 난 모르겠다."

언니는 머리를 저으며 바일란트를 돌아보았다. 바일란트는 여느 때처럼 침착하게 조용히 서서 아무 말 없이 사태를 바라보고 있었다. 프리데리케는 자리에서 일어나 나를 끌어당기면서 말했다.

"자, 꾸물거리지 말고 사과하고 용서를 받으세요."

"그럼."

나는 언니 옆으로 가까이 걸어가며 말했다.

"제발 용서해 주십시오!"

나를 알아본 언니는 뒤로 물러서며 날카로운 소리를 지르면서 얼굴이 빨개졌다. 그러고 나서 풀밭 위에 나뒹굴며 엄청나게 큰 소리로 웃어댔고, 좀처럼 그칠 줄을 몰랐다. 바일란트는 즐거운 듯이 미소를 짓고 있었다.

"자네는 대단한 친구야."

그는 내 손을 잡고 흔들었다. 평소에 그는 달콤한 태도를 취하는 사나이는 아니었으나, 그의 악수에는 진지하고 용기를 북돋워 주는 그 무엇이 있었다. 그러나 그는 그것조차 평소에 아끼는 성질이었다.

잠시 쉬었다가 기분을 가라앉히고 우리들은 마을로 발걸음을 옮겼다. 도중에 나는 어떻게 해서 이와 같이 기적적으로 만나게 되었는가를 알게 되었다. 프리데리케는 식사 전에 자기 휴식 장소에서 좀 쉴 생각으로 산책 길에서 헤어졌는데, 어머니가 점심 식사가 준비되었으니 빨리 프리데리케를 불러오라고 먼저 돌아온 두 사람을 보냈던 것이다.

언니는 몹시 들떠서, 어머니가 이미 이 비밀을 알고 계시다는 말을 듣고 소리를 질렀다.

"그러면 그 밖에 아버지, 막냇동생, 하인, 하녀를 모두 똑같이 속여먹어야지."

우리들이 정원 울타리 옆까지 왔을 때 프리데리케는 바일란트와 함께 먼저 집으로 들어가게 했다. 하녀는 뜰에서 일하고 있었다. 그러자 올리비(언니를 여기서 이렇게 불러도 좋을 것이다)가 하녀에게 말을 걸었다.

"잠깐 할 이야기가 있는데."

나를 울타리 옆에 세워 두고, 그녀는 하녀에게로 다가갔다. 두 사람이 매우 진지한 표정으로 이야기하고 있는 것이 보였다. 올리비는 게오르게가 약혼자인 바바라와 사이가 나빠져서 그녀(하녀)와 결혼하고 싶은 생각이 난 것 같다고 하녀에게 들려주었다. 그것은 하녀에게도 그리 싫은 이야기는 아닌 것 같았다. 그래서 내가 불려가서 지금 이야기의 증명을 해야 했다. 귀엽고 순박한 그 처녀는 땅만 내려다본 채로 내가 앞으로 갈 때까지 그대로 서 있었다. 그런데 그녀는 갑자기 낯선 얼굴을 보자, 소리를 지르면서 달아나 버렸다. 올리비는 나에게 그 처녀가 집 안에 들어가서 소동을 일으키지 않도록 쫓아가서 꼭 잡고 있으라고 했다. 자기는 직접 아버지를 살피고 오겠다고 했다. 도중에 올리비는 하녀를 마음에 두고 있는 하인을 만났다. 한편 나는 하녀를 쫓아가서 그 처녀를 꼭 붙들고 있었다.

"생각 좀 해봐. 얼마나 행복한 일이야!"

올리비가 하인에게 말을 걸었다.

"게오르게가 바바라하고 손을 끊고 리제하고 결혼을 한다는군."

"전부터 그럴 줄 알았어요."

사람 좋은 하인은 이렇게 말하고 씁쓸한 표정으로 그 자리에 서 있었다.

나는 단지 목사를 속이려는 것뿐이라고 밝히며 하녀를 설득했다. 그리고 함께 하인 쪽으로 뛰어갔으나, 그는 돌아서서 가 버리려고 했다. 그러나 하녀인 리제가 그를 데리고 돌아왔다. 그러고 나서 그도 사건의 진상을 듣고 매우 이상한 표정을 지었다. 우리들은 함께 집을 향해서 걸어갔다. 식사 준비가 되어 있고, 목사는 벌써 식당에 와 있었다. 올리비는 나를 숨기듯이 하여 방문까지 가서 이렇게 말했다.

"아버지, 게오르게 씨도 오늘 우리와 함께 식사를 해도 좋겠지요? 하지만 모자를 쓰고 있어도 좋다고 허락해 주세요."

"그러려무나. 그런데 왜 그런 이상한 짓을 하지? 어디 다치기라도 했나?"

올리비는 모자를 쓴 채 서 있는 나를 앞으로 끌어내어 방 안으로 들어가게 하면서 말했다.

"아니에요. 모자 밑에 새둥지를 넣어두었는데 새끼들이 튀어나와 망측한 소동이라도 일으킬까봐 그래요."

부친은 무슨 뜻인지 잘 몰랐지만 이 농담을 말없이 흘려보냈다. 그 순간 올리비는 나의 모자를 벗기더니 한쪽 발을 뒤로 빼는 인사를 하고 나에게도 같은 동작을 하라고 재촉했다. 노인은 나의 얼굴을 보고 속았다는 것을 알아차렸으나 목사다운 침착한 태도를 잃지 않았다.

"아, 신학생이었소?"

그는 손가락을 쳐들며 말했다.

"빨리도 변했군. 이로써 나는 하룻밤 사이에 조수를 잃었군. 바로 어제 당신은 가끔 나 대신에 평일의 설교를 맡아주겠다고 굳게 약속했는데."

이렇게 말하면서 마음에서 우러나오는 웃음으로 나를 환영해 주었다. 우리 모두는 식탁에 자리잡았다. 모제스는 상당히 늦게 들어왔다. 그는 귀염을 받고 자란 막내아들이 으레 그렇듯, 정오의 종소리를 지나치기가 예사였다. 뿐만 아니라 그는 여러 사람들의 모임 같은 건 그리 염두에 두지도 않았으며, 마음이 내키지 않으면 그런 것에 신경도 쓰지 않았다. 모제스가 태연하게 있을 수 있도록, 나는 자매 사이가 아니라 게오르게가 자주 앉았던 식탁의 말석에 자리잡았다. 모제스는 내 뒤쪽 문에서 들어오면서 내 어깨를 툭 치면서 말했다.

"게오르게 씨, 맛있게 드세요."

"고마워, 도련님."

나는 대답했다. 낯선 음성과 얼굴에 그는 깜짝 놀랐다.

"얘, 어떠니?" 올리비가 말했다.

"이분, 게오르게 씨와 꼭 닮지 않았어?"

"음, 뒤에서 보면……."

금방 침착을 되찾은 모제스는 두 번 다시 나를 보지 않고, 미처 못 먹었던 것을 만회라도 하려는 듯이 음식을 먹었다. 그리고 기회를 보아서 자리에서 일어나, 뜰과 정원에서 자기가 하고 싶은 일을 만지작거리고 있었다. 디저트 때 진짜 게으르게가 들어오자 자리는 더욱 떠들썩해졌다. 모두 그가 질투를 한 것을 놀렸고, 나를 그의 연적(戀敵)으로 본 것은 타당한 처사가 아니라고 말했다. 그러나 그는 매우 겸손하고 빈틈이 없어서, 일부러 반은 얼빠진 사람처럼, 자기나 약혼자, 자기를 닮은 나, 아가씨들에 대해 뒤죽박죽 섞어서 이야기했기 때문에 마침내는 누구 이야기를 하는지 알 수 없게 되어, 우리들은 이 사나이가 자기 집에서 만들어 온 과자 한쪽과 포도주를 의젓이 맛있게 먹고 마시는 꼴을 바라만 보고 있을 수밖에 없었다.

식사가 끝난 뒤 산책 가자는 제안이 있었다. 그러나 그러기에는 나의 농부 모습이 너무 어울리지 않았다. 그런데 여자들은, 오늘 아침 일찍 그렇게 허둥지둥 도망간 사람에 대해서 들었을 때, 사촌이 여기에 머무는 동안 사냥할 때에 늘 입고 다니던 좋은 술이 달린 털외투가 옷장 속에 걸려 있다는 것을 생각하고 있었다. 그러나 나는 그것을 사양했다. 겉으로는 여러 가지 농담을 하면서 거절했으나, 속으로는 내가 농부로서 자아낸 좋은 인상을 사촌의 모습으로 망치고 싶지 않다는 생각이 있었던 것이다. 목사는 낮잠을 자러 방을 나갔고, 부인은 여전히 가사에 분주했다. 그래서 친구들은 나에게 무슨 이야기라도 하라고 제안했다.

나는 즉석에서 승낙했다. 우리들은 널찍한 정자로 나가 자리를 잡고 앉았다. 나는 뒷날 《신(新)메르지네》[51]라는 제목으로 완성하게 되는 이야기를 들려주었다. 그것과 《신(新)파리스》와의 관계는 청년과 소년과의 관계와 같았다. 지금 우리들을 기분 좋게 둘러싸고 있는 전원(田園)의 현실과 속박을 공상의 기괴한 장난으로 손상시킬 우려가 없다면 그 이야기를 여기에 삽입해도 좋지만, 그것은 그만두기로 한다.

요컨대 나는 이런 작품의 작가와 이야기꾼의 노고에 대한 충분한 효과를 내는 데에 성공하였다. 즉 듣는 사람의 호기심을 자극하고 주의를 끌며, 풀기

---

51) 이 동화는 1816, 17년판의 〈여성 연보〉에 발표. 1821년 《빌헬름 마이스터의 편력 시대》의 제3권 제6과에 삽입. 대지의 정령 메르지네와, 그와 결혼하는 인간계 기사와의 이야기. 알자스의 전설에 의한 것이다.

어려운 수수께끼를 풀었다고 속단하게 하고, 기대에 어긋나게 하고, 기묘한 일 다음에 더욱 기묘한 일을 끌어내어 혼란시키고, 동정과 공포를 느끼게 하고, 애타게 하고 감동시키고, 마지막에는 겉보기에 중대하게 보이는 일을 기지가 넘친 명랑한 농담으로 바꾸고, 상상력에는 새로운 영상을 남기고, 지성에는 더 깊이 성찰할 소재를 남겨두는 데에 성공한 것이다.

뒷날 이 이야기가 인쇄된 것을 읽고 과연 위에서 말한 효과가 있었을까 하고 의심하는 사람이 있다면, 그런 분들은 본래 인간이란 단지 상대편의 눈앞에서만 작용할 수 있게 되어 있다는 것을 고려해 주기 바란다. 글을 쓴다는 것은 언어의 난용(亂用)이며, 조용히 혼자서 읽는다는 것은 이야기를 들려주는 일의 가련한 대용에 지나지 않는다. 인간은 자기의 인격을 통하여 타인에 대해서 될 수 있는 대로 영향을 주는 것으로, 청년은 청년에 대해서 가장 힘차게 작용을 한다. 그리고 이 경우 가장 순수한 작용이 생기는 것이다. 이 작용이야말로 세계에 활기를 주고, 세계를 정신적으로나 물질적으로 사멸하지 않게 하는 힘인 것이다.

나는 아버지로부터 일종의 교훈적인 이야기를 즐겨 하는 소질을 물려받았고, 어머니로부터는 상상력이 낳고 파악할 수 있는 모든 것을 밝고 힘차게 표현하는 재능, 이미 알고 있는 이야기에 신선미를 더하고 다른 이야기를 창작하여 이야기하고, 이야기하면서 창작해 나가는 천분을 이어받았다. 부친에게서 받은 소질 때문에 나는 대개 친구들 사이에서 귀찮은 존재였다. 타인의 의견이나 생각을 즐겨 듣는 것을 좋아하는 사람은 없을 것이고, 하물며 천박한 경험밖에 없고 그 판단이 항상 미숙하다고 여겨지는 젊은이로부터는 더더욱 듣기 싫을 것이다. 이에 반해 어머니는 사교적인 담화에 부자유를 느끼지 않을 정도의 소질을 내가 충분히 갖출 수 있게 해 주었다. 제아무리 텅 빈 이야기라도 상상력에서 보자면 강한 매력을 가졌고, 제아무리 시시한 내용도 지성으로부터는 감사로써 환영을 받는 것이었다.

나로서는 조금도 힘이 들지 않았던 이런 화술 때문에 나는 어린이들의 환심을 샀고, 청년들을 감동시키고 기쁘게 했으며, 어른들의 주목을 끌기도 했다. 다만 보통 세상의 일반적인 사교장에서는 이같은 실습을 바로 중지하지 않으면 안 되었다. 그래서 이 때문에 나는 인생의 향락과 자유로운 정신의 함양이라는 점에서 잃은 것이 매우 많았다.

그러나 부모에게서 이어받은 이 두 가지 천분은 그 뒤 전 생애를 통해 나에게서 떠나지 않았고, 제3의 천분, 즉 비유(比喩)와 우의(寓意)를 써서 자기를 표현하려는 욕구와 결합해 갔던 것이다. 매우 식견이 있고 영리한 갈[52]은 자신의 학설에 입각해서 나의 특성을 인정하고, 내가 본래 민중 연설가로 태어났다고 단언했다.

이런 말을 들었을 때 나는 적지 않게 놀랐다. 왜냐하면 만일 그의 말이 진실로 근거가 있는 것이라면, 나는 우리 국민을 상대로 이야기하려고 생각한 것이 하나도 없었으므로, 그 밖에 내가 착수할 수 있었던 모든 일들은, 유감스럽게도 천직을 잘못 택한 것이 되었을 것이기 때문이다.

---

52) 프란츠 요제프(1758~1828). 의사·해부학자. 인간의 두개골과 머리 부분의 모양으로 그 정신적, 심령적 능력을 인식할 수 있다고 하는 학설을 세웠다. 이를 널리 보급시키기 위해 독일 각 도시를 돌아다녔는데, 괴테는 1805년 하레에서 이 강연을 들었다. 괴테는 비교 형태학을 하고 있었기 때문에, 갈의 해부학을 많이 배우려고 했으나 그의 골상학에는 회의적이었다.

# 제3부

나무는 자라도 자라도 하늘까지 닿지 않도록 되어 있다

# 제11장
# 셰익스피어에의 심취

제젠하임의 그 정자에서, 평범한 일상사와 평소 같으면 도저히 일어나지 않을 듯한 일들을 매우 재미있게 섞은 그 이야기를 내가 끝마쳤을 때, 아까부터 비상한 관심을 나타내며 듣고 있던 여인들은 나의 이야기 솜씨에 매혹된 것처럼 보였다. 여인들은 이 이야기를 서로 읽거나 또 다른 사람들과 함께 낭독하거나 해서 몇 번이고 그것을 반복할 수 있도록 글로 써 달라고 나에게 간청했다. 나는 자주 방문할 수 있는 구실을 만들 수 있고, 그것으로 더욱 친밀한 기회를 가질 수 있을 거라고 생각하여 기꺼이 약속했다. 잠시 뒤 우리는 제각기 흩어졌다. 왁자지껄한 하루를 보내고 난 뒤의 밤은 맥이 풀린다고 모두가 생각하고 있는 것 같았다. 이러한 염려로부터 바일란트는 나를 구해주었다. 그는 근면하고 연구에만 몰두하는 대학생이기 때문이어서 그런지 오늘 밤은 드루젠하임에서 보내고, 내일 아침 일찍 슈트라스부르크로 돌아가고 싶다고 하면서 곧 작별 인사를 하고 떠날 수 있게 서둘렀다.

우리 두 사람은 말없이 숙소에 도착했다. 나는 가슴에 뭔가 무겁게 매달려 있는 것 같은 기분이었고, 친구는 친구대로 속으로 무슨 다른 생각을 하고 있는 것 같았다. 그는 숙소에 도착하자마자 나에게 자신의 생각을 털어놓았다.

"정말 신기해. 자네가 그런 이야기를 생각해냈다는 게 말이야. 그 이야기가 아주 특별한 감명을 주었다는 것을 자네는 느끼지 못했나?"

"물론 느꼈지. 언니는 두서너 대목에서 터무니없이 웃어댔고, 동생은 고개를 옆으로 젓기도 하고, 자네들이 서로 의미 있는 듯이 마주보기도 하고, 자네 자신이 하마터면 침착을 잃을 뻔한 것을 내가 어찌 몰랐겠나. 나도 어리둥절할 뻔했던 것을 부정하지 않겠어. 왜냐하면, 선량한 어린이들에게, 모르고 있는 편이 좋았을 이야기를 들려주고, 이야기 속의 인물로부터 연상할지도 모르는 남자에 대한 좋지 못한 생각을 품게 하는 것은 아무래도 좋지 않다는 생각이 머리를 스쳐갔으니까 말야."

"아냐, 그렇지는 않았어. 자네 말은 옳지 않아. 하기야 자네가 거기까지 생각할 수 없었겠지만 말야. 그녀들은 자네가 생각하는 만큼 그렇게 무지하지는 않아. 주위의 많은 친구들이 여러 가지 사물을 생각하는 계기를 만들어주기도 하고, 게다가 라인강 건너편에서는 자네가 이야기한 것 같은 부부가 실제로 있어. 하기야 자네는 과장해서 옛이야기처럼 묘사했지만 말야. 남편은 실제로 자네 말대로 거인에다 건장하고 무뚝뚝한데, 아내는 남편의 손바닥 위에 올려놓아도 될 정도로 귀엽고 화사하지. 그 부부는 자네가 한 이야기와 똑같았기 때문에 아가씨들은 자네가 그 부부를 실제로 알고 있으면서 농담 삼아 그 이야기를 한 것이 아니냐고 나에게 진지하게 물을 정도였어. 나는 그렇지 않다고 단언했지. 자네는 그 이야기를 글로 적지 않고 내버려 두는 것이 좋아. 어물어물 미루거나 구실을 만들면 빠져나올 수 있어."

나는 매우 놀랐다. 라인강 이쪽이든 저쪽이든 이 지방의 부부에 대해서는 들어본 적도 생각한 적도 없었고 어째서 내가 그런 이야기를 생각해 냈는지 그 까닭을 설명할 수조차도 없었다. 단지 그와 같은 재미있는 이야기를, 사실하고는 상관없이 머릿속으로 생각해보는 것을 나는 좋아했고, 그것을 이야기해 주면 다른 사람들도 역시 재미있어할 것이라고 생각했던 것이다.

슈트라스부르크로 돌아와서 나는 다시 공부를 시작했으나, 그것은 나에게 이전보다 더 무거운 짐으로 느껴졌다. 태어나면서부터 활동적인 사람은 무턱대고 많은 계획을 세워서 지나치게 일을 짊어지기 때문이다. 그것이 잘되어 가는 경우도 있지만, 마침내는 육체적, 정신적 장애가 생겨서 역량이 그것과 균형을 이루지 못한다는 것이 분명해지고 마는 것이다.

법률은 다소 우수한 성적으로 졸업할 수 있을 만큼만 공부하기로 했다. 의학 쪽은 자연을 모든 방면에 걸쳐 해명할 수는 없다 치더라도, 이를 인식시켜 주기 때문에 나의 흥미를 끌었다. 게다가 나는 교제나 습관에서 의학과 연관이 있었다. 사교를 위해서 나는 얼마간의 시간과 주의를 기울이지 않으면 안 되었던 것이다. 워낙 여러 가정으로부터 후의와 존경을 받고 있었기 때문이다. 그러나 이 모든 것을 지탱하고 지속해 나갈 수 없게 된 것은 헤르더가 나에게 부과한 문제가 끝없이 나의 마음을 억누르고 있었기 때문이었다. 헤르더는 독일 문학의 빈곤을, 나의 눈으로부터 가리고 있던 막을 갈기갈기 찢어 버리고, 나의 여러 가지 선입견을 무자비하게도 깨뜨려 버린 것이다. 헤르더에 의하면 조국의 하늘에 남은 것은 극소수의 큰 별에 지나지 않았다. 그 밖의 것은 모두가 잠시 동안 유성에 지나지 않는 것으로 보고 있었다. 그리고 내가 나 자신에게 기대하고 공상하던 것조차도 그 사람 때문에 위축되어, 나는 나의 능력에 절망하기 시작했다. 그러나 이와 동시에 그는 그가 편력하고자 했던 빛나는 큰길로 나를 끌어내어, 스위프트,[1] 하만을 위시하여 그가 좋아하는 여러 자각에게로 나의 눈을 돌리게 하여, 나를 억누르고 있던 힘보다도 더 강한 힘으로 나를 떨쳐 일어나게 해주었다. 나에게는 이러한 여러 가지 혼란에 더하여, 새로운 정력이 싹트기 시작하였다. 그것은 금방이라도 나를 삼킬 듯한 위세를 보이면서 위와 같은 상태에서 나를 떼어놓기는 했지만, 그러나 그것을 극복할 정도까지는 가지 못했다. 게다가 또 하나, 몸의 고장이 생겼다. 식사 후에 목을 죄는 것 같은 느낌을 받았던 것이다. 이것은 뒷날, 하숙에서 즐겨 마시던 적포도주를 끊은 뒤에야 씻은 듯이 나을 수 있었다. 이 견딜 수 없는 불쾌감이 제젠하임으로 가자 깨끗이 사라졌다. 그래서 거기에 있는 것이 나에게는 이중의 즐거움이 되었다. 그런데 도시로 다시 돌아와서 여느 때와 같은 식사를 하면 속상하게도 이 불쾌감이 다시 나타나는 것이었다. 이런 일이 겹쳐서 나는 쉽게 침울해졌고 기분이 언짢아졌다. 아마 나의 얼굴 표정도 이러한 마음의 상태를 그대로 나타내고 있었을 것이다.

식사 뒤 곧장 그 불쾌감이 심하게 일어났기 때문에 나는 전보다 한층 언짢은 기분으로 임상 강의에 출석하였다. 선생님[2]이 우리를 병상에서 병상으로 데리고 다녔는데, 그때의 선생님의 밝고 즐거운 태도, 뚜렷한 증상에 대한 자세한 설명, 전반적인 병세의 진단, 독특한 경험에서 우러나온 지식, 시원한 히포크라테스류의 처치법, 항상 시간의 끝을 장식하는 마지막 말씀, 이 모든 것으로 말미암아 나는 이 선생님에게 끌렸고, 아직은 담 너머로밖에 보지 못하는 전공

---

1) 조너던 스위프트(1667~1745) 아일랜드의 풍자 작가. 《걸리버 여행기》가 가장 유명. 헤르더는 메르크에게 보낸 편지에서 자기를 스위프트와 비교하고 있다.
2) 아마도 아들인 게오르크 프리드리히 에르만 교수일 것이다.

이외의 학과까지 한층 재미있게 여겨졌다. 질병의 여러 상태를 개념, 즉 인간의 형태와 정신의 회복이 가능하다고 여겨지는 개념으로 바꾸는 기술을 배움에 따라 환자에 대한 나의 혐오도 서서히 사라져갔다. 선생님은 나를 별난 청년이라고 여겨 특히 주목하셨는지, 그의 강의를 들으러 오는 나의 유별스런 변덕을 너그럽게 보아주셨던 것 같다. 이번에는 여느 때처럼 병에 관련이 있는 학설을 말하지 않고 밝은 표정으로 이렇게 말씀하시면서 강의를 끝마쳤다.

"여러분! 앞으로 며칠 동안 휴가입니다. 이 기회를 이용하여 호연지기를 길러 두세요. 연구라고 하는 것은 단지 외곬으로 철두철미하게 해서 되는 것은 아닙니다. 명랑하고 자유로운 기분으로 하지 않으면 안 돼요. 자주 걷거나 말을 몰아 아름다운 이 땅을 두루 돌아다니세요. 이곳에 사는 사람들에게는 눈에 익은 풍경이 즐거울 것이고, 다른 곳에서 온 사람들은 새로운 인상을 받아 즐거운 추억을 남기게 될 겁니다."

이 권고는 사실 우리 두 사람을 향해 한 말이었다. 나와 마찬가지로 바일란트에게도 이 처방이 잘 통해 주었으면 하는 생각이 들었다. 나는 하늘에서 내려오는 말을 들은 기분이 들었으므로 될 수 있는 대로 빨리 말을 준비하고, 깔끔하게 몸을 단장하였다. 나는 바일란트를 불러오도록 사람을 보냈으나 그는 없었다. 그렇다고 나의 결심이 변한 것은 아니었다. 그러나 유감스럽게도 준비가 제대로 되지 않아 생각한 대로 일찍 출발할 수가 없었다. 나는 계속 말을 몰았지만 밤이 닥쳐왔다. 달이 나의 앞길을 비추고 있어서 길을 잃을 염려는 없었다. 바람이 부는 으스스한 밤이었다. 나는 그녀를 한시라도 빨리 만나고 싶어서, 아침이 되기 전에 도착하려고 말을 재촉하였다.

내가 제젠하임에서 말을 마구간에 넣었을 때는 이미 깊은 밤이었다. 목사 집에 아직 불이 켜져 있는지 묻자, 숙소 주인은 아가씨들은 방금 돌아갔다고 하면서 누군가 손님을 기다리는 것 같다고도 했다. 그것은 나에게 좋지 않은 상황이었다. 나는 손님이 나 하나뿐이기를 바라고 있었던 것이다. 늦기는 했지만 그나마 첫 번째 손님이 되고 싶어서 급히 뒤를 쫓았다. 두 자매는 문간에 막 앉는 참이었다. 아가씨들은 그다지 놀란 표정이 아니었다. 그러나 프리데리케가 '거봐, 내가 말한 대로지? 그분이 왔어' 하고 올리비의 귓전에 내가 알아들을 수 없을 정도로 속삭였을 때, 나야말로 깜짝 놀라고 말았다. 두 사람은 나를 방으로 안내해 주었다. 거기에는 가벼운 야식이 준비되어 있었다. 어머니는 오래전부터 알던 사람처럼 친밀하게 나에게 인사하였다. 그런데 자매는 등불 아래서 나를 물끄러미 쳐다보는가 했더니 갑자기 큰 소리로 웃기 시작하였다. 그녀들은 자기 감정을 억누르는 것이 서툴렀다.

이처럼 처음에는 약간 어색한 방문이었으나 이내 분위기가 부드러워져 명랑한 어조로 바뀌었다. 그리고 이날 밤 나에게는 숨겼던 사실을 이튿날 알게 되었다. 프리데리케는 내가 꼭 올 것이라고 예언하고 있었던 것이다. 누구든 예감이 들어맞으면 비록 그것이 슬픈 예감이라 해도, 다소 의기양양하게 생각하지 않는 사람은 없을 것이다. 어떤 예감이든 그것이 사실이 되어 뒷받침되면, 당사자는 자신을 남보다 뛰어난 사람이라고 생각한다. 먼 곳의 어떤 관계를 알아맞힐 정도로 섬세한 감각을 지니고 있다고 생각하는 경우도 있고, 또 필연적이기는 하지만 불확실한 연관을 알아차릴 정도로 민감하다고 생각하는 경우도 있을 것이다. 올리비가 웃은 까닭도 이윽고 밝혀졌다. 그녀는 내가 필요 이상으로 멋을 내어 몸치장을 한 것을 보고 우스웠다고 털어놓았다. 그런데 프리데리케는 이런 모습으로 나타난 것을 나의 허식으로 보지 않고, 오히려 자기의 마음에 들어주기를 바라는 마음의 발로라며 나에게 유리하게 해석해 주었다.

아침 일찍 프리데리케는 나에게 산책을 나가자고 했다. 어머니와 언니는 손님 두서너 사람을 대접할 준비를 이것저것 하느라고 바빴다. 나는 내가 좋아하는 아가씨와 나란히, 헤벨[3]이 우리 눈앞에 그려낸 전원의, 빛나는 일요일 아침의 즐거운 기분을 만끽했다. 아가씨는 기다리고 있는 손님들에 대해 나에게 설명하면서 모든 오락을 될 수 있는 대로 다 함께, 일정한 순서로 즐길 수 있도록 자기를 도와달라고 부탁하는 것이었다. 그녀는 말했다.

"언제나 모두가 제각기 놀이에 열중해요. 농담이나 유희도 오래가지 못하고 결국 한쪽은 트럼프 판을 벌이고 다른 한쪽은 춤에 열중하죠."

그래서 우리는 식사 전후에 무엇을 하면 좋을지에 대해 여러 가지로 계획을 짰다. 또 새로운 사교적인 유희를 서로 가르쳐주기도 하면서 의견의 일치를 알

---

3) 요한 페터(1760~1826). 바젤 태생 시인. 그의 《아레만 시집(1803)》을 괴테는 '예나 일반 문학 신문' 지상에서 논하고 있다. 여기서 가리키고 있는 것은 그중의 한 편 〈일요일 아침〉으로 괴테가 특히 좋아한 것이다.

고 만족하였다. 그때 종이 울려서 우리에게 교회에 모일 시간임을 알려주었다. 교회에서도 그녀와 나란히 앉아 있었기 때문에 그녀 아버지의 약간 무미건조한 설교도 그다지 길게 느껴지지 않았다.

연인과 가까이 있으면 시간이 지나가는 것도 모르는 법이다. 나는 설교시간 내내 각별한 생각에 잠겨 있었다. 방금 그녀가 아무런 거리낌이 없이 펼쳐보인 여러 가지 아름다운 점을 나는 되새겨보았다. 사려가 깃든 쾌활함, 자의식에 따른 소박함, 선견지명을 가진 편안함, 이렇게 조화하기 어려운 여러 성질이 이 아가씨 내부에 공존하여 그것이 그녀의 외모에 더할 나위 없이 우아한 분위기를 자아내고 있었다. 그래서 나도 또한 나 자신에 대해서 한층 진지한 고찰을 하지 않을 수가 없었는데, 그 때문에 오히려 거리낌 없는 명랑한 태도를 취하기가 어려웠다.

그 정열적인 아가씨[4]가 나의 입술에 주문을 걸고 부정을 없애준 뒤로(모든 액막이는 이러한 양면을 가지고 있는 법이다), 나는 미신임에 틀림없지만, 상대방 아가씨에게 엄청난 정신적 타격을 주는 것을 두려워하여 어떤 아가씨와도 키스를 하지 않으려 경계하고 있었다. 그래서 나는 다소의 차이는 있지만, 이 뜻깊은 은혜를 사랑스러운 아가씨로부터 빼앗지 않고서는 참을 수 없는 젊은이의 일체의 욕망을 억눌러왔다.

그런데 제아무리 예의 바른 모임이라 하더라도 어떤 귀찮은 시련이 나를 기다리고 있었다. 기운이 넘치는 젊은이가 모여 있으면 반드시 위트가 넘치는, 이른바 섬세한 놀이를 하게 되는데, 그것은 대개 벌칙이라고 하는 것이 중심이 된다. 주로 키스가 벌칙으로서 상당한 가치를 지닌다. 그러나 나는 어떤 일이 있더라도 키스는 하지 않을 결심을 하였다. 무엇인가 결함이나 장애가 있으면 평소에는 하고 싶지 않은 행동으로 나아가게 되는데, 그와 마찬가지로 나는 키스를 하지 않고 그 자리를 빠져나옴과 동시에, 그 자리에 모인 사람들에게 이익은 돼도 손해는 되지 않도록 내가 지닌 모든 재능과 위트를 제공하였다. 벌로 시를 짓게 되면 그러한 요구는 대개 나에게로 돌아왔다. 그런데 나는 미리 준비해 두고 있었으므로 그런 기회가 오면 나는 그 자리에 있는 여주인공 역

---

4) 제2부 제9장에 묘사된 무용교사인 언니 루친데를 말한다.

할을 하는 여자나 나에게 가장 잘해준 여자를 칭송하는 시를 펼쳐보였다. 잘 못해서 나에게 키스의 벌칙이 내려질 때에는 나는 모두가 만족할 만한 변명을 하여 그 자리를 빠져나왔다. 이에 대해서는 미리 숙고할 만한 시간이 있었기 때문에 여러 가지 멋을 부린 구절에 애먹는 일은 없었다. 그러나 즉흥으로 한 것이 언제나 가장 큰 성공을 거두었다.

우리가 집으로 돌아왔을 때는 여러 곳에서 온 손님들이 왁자지껄하게 떠들 어대고 있었다. 프리데리케는 그 사람들에게 아름다운 광장으로 산보하러 가자 고 권유하고는 앞장서서 안내하였다. 거기에는 가벼운 식사가 준비되어 있었고, 모두 함께 사교적 유희를 하면서 점심 시간이 되기를 기다리기로 했다. 여기서 나는 프리데리케의 동의를 얻어, 그녀는 나의 비밀을 꿈에도 몰랐지만, 벌칙이 없는 유희와, 또 키스를 하는 벌칙이 없는 유희를 준비하여 그것을 실시할 수 가 있었다.

평소에는 전혀 면식이 없는, 같은 자리에 있는 사람들은 이내 나와 사랑하 는 아가씨 사이를 눈치챘는지, 내가 남몰래 피하려 하고 있던 일을 농담 삼아 억지로 나에게 강요하려고 기를 쓰고 있었던 만큼, 나는 더욱 신중하게 행동을 하지 않으면 안 되었다.

이런 모임에서는 젊은 사람들 사이에 사랑의 징조가 보이면 일부러 당사자 들을 난처하게 만들거나, 그 사이를 한층 깊게 만들어 주기도 하지만, 그것이 분명한 형태를 취하면 이번에는 두 사람 사이를 갈라놓으려 한다. 사교적인 사 람은 자기가 재미있다고 여기기만 하면 자기가 하는 일이 유익한지 해로운지에 대해서는 관심이 없는 것이다.

이날 아침, 나는 다소의 주의를 기울여 프리데리케의 인품을 알아낼 수가 있 었다. 이 아가씨는 나에게 있어 어떤 경우에도 변하지 않는 여성이었다. 농부들 이 그녀에게 특히 공손하게 인사를 하는 것만 보아도 그녀가 그들에게 친절을 베풀어 환영을 받고 있다는 것을 알 수가 있었다. 가정에서는 언니가 어머니를 도왔다. 몸에 무리가 갈만한 일은 모두 프리데리케에게는 시키지 않고 있었다. 모두가 그녀의 약한 심폐를 걱정하며 그녀를 아끼고 있었다.

실내에서 특히 우리의 마음에 드는 여성과 실외에 있을 때 한층 돋보이는 여 성이 있다. 프리데리케는 후자에 속했다. 언덕의 오솔길을 걷고 있을 때만큼 그녀의 동작이 매력적으로 보이는 때는 없었다. 그녀의 우아함은 꽃피는 대지와 서로 겨루고, 그녀의 얼굴에서 사라질 줄 모르는 명랑함은 푸른 하늘과 겨루는 것처럼 보였다. 주위를 둘러싼 상쾌한 에테르를 그녀는 집 안까지 가지고 들어왔다. 그리고 여러 가지로 얽힌 일을 조정하거나 사소하고 불쾌한 일들에서 생긴 인상을 쉽사리 씻어 버리는 요령을 알고 있다는 것도 이내 알 수가 있었다.

사랑하는 이로부터 느껴지는 가장 순수한 기쁨은 그 사람이 다른 사람을 기쁘게 하고 있는 것을 보는 일이다. 사교 석상에서의 프리데리케의 행동을 누구나 기쁘게 여기고 있었다. 산보하러 나갔을 때, 생기를 불어넣는 요정처럼 여기저기 뛰어다니며, 거기에 생기기 쉬운 빈틈을 교묘하게 메우는 재주가 있었다. 그 경쾌한 동작은 이미 칭찬한 바가 있는데, 그녀가 뛰어갈 때의 모습은 더할 나위 없이 귀여웠다. 어린 사슴은 싹이 트기 시작한 밭을 넘어 민첩하게 뛰어갈 때 그 천성을 유감없이 발휘하고 있는 것처럼 보이는데, 이와 마찬가지로 그녀도 무엇인가 잊은 것을 찾으러 간다거나, 멀리 떨어진 사람을 부르러 간다거나, 무엇인가 필요한 것을 준비하기 위해 들이나 언덕을 가볍게 뛰어갈 때 그녀의 참모습이 유감없이 나타나는 것 같았다. 그럴 때 그녀는 숨이 차는 것 같지도 않았고 얄미울 정도로 균형이 잡혀 있었다. 따라서 양친이 딸의 심폐와 건강에 지나치게 신경을 쓰는 것은 많은 사람들의 눈에는 지나친 처사로밖에 보이지 않았다.

그녀의 아버지도 가끔 우리와 함께 목장이나 들판을 거닐었는데, 알맞은 상대를 구하지 못하는 경우가 많았다. 그래서 내가 이야기 상대가 되었는데 그때마다 그는 자기가 좋아하는 화제를 꺼냈고, 목사관의 건축에 대해서 나에게 자세히 이야기해 주곤 하였다. 특히 꼼꼼하게 작성한 설계도를 다시 한번 가지고 오게 해서 그것을 나와 함께 자세히 살피고, 더 개량할 것이 없겠느냐고 물었다. 나는 그 설계도의 대안을 만드는 것은 쉽다고 말했다. 무엇보다도 먼저 중요한 기본도를 만들자고 제안하였다. 그는 매우 기뻐하며 필요한 측량에는 학교 선생님의 도움을 받을 작정이라고 하면서, 피트와 인치 자를 내일 아침까지 준비하도록 선생님을 재촉하기 위해 급히 나갔다.

아버지가 가버리자 프리데리케가 말했다.

"당신은 정말 친절하시군요. 아버지의 약점을 덮어 주시고, 이런 이야기에는 넌덜머리가 난다고 여기는 사람들처럼 아버지를 피하거나 말을 가로채는 일을 하지 않으니까 말이에요. 하지만 터놓고 말하자면 아버지 이외의 사람들은 이 건축을 바라고 있지 않아요. 건축은 교구 사람들에게는 물론 우리에게도 많은 비용이 들 것입니다. 새 집에 새 가구! 그렇다고 해서 집에 손님이 오셔도 이전보다 더 아늑한 기분이 드는 것도 아니고, 모두가 낡은 건물에 익숙해 있는 걸요. 지금 이 집에서도 충분히 대접할 수가 있고, 새로운 집이 생기면 방이 넓어져서 오히려 모두가 답답하게 느낄 거예요. 대충 이런 사정이기는 하지만 앞으로 아버지를 잘 부탁드려요. 정말로 고마워요."

우리의 동료가 된 어떤 부인 한 사람이 소설 두서너 권에 대해서 말하면서 프리데리케에게 그것을 읽었느냐고 물었다. 그러나 그녀는 그 책을 읽지 않았다고 말했다. 그녀는 밝고 품위 있는 생활의 즐거움을 맛보면서 자랐고 그에 알맞은 교양을 몸에 지니고 있었다. 나는 웨이크필드라는 말이 입에서 막 나오려고 했지만, 그 책을 그녀에게 보일 생각은 없었다. 환경이 너무 비슷해서 심각하게 받아들일 것 같았기 때문이다. 그녀는 말했다.

"소설은 좋아합니다. 소설 속에는 내가 닮았으면 하는 좋은 사람들이 나오니까요."

집 측량은 이튿날 아침 실시되었다. 나도 학교 선생도 이러한 기술에는 익숙하지 않았기 때문에 시간이 상당히 걸렸다. 그럭저럭 볼 수 있을 정도의 설계도가 간신히 완성되었다. 목사는 자신의 의도를 나에게 이야기하였고, 내가 이 설계도를 시내로 가지고 가서 좀더 세련되게 완성시키기 위해 작별을 고했을 때, 목사에게 불만은 없는 것 같았다. 프리데리케는 기분 좋게 나를 배웅해 주었다. 내가 그녀의 사랑을 확신한 것처럼 그녀도 나의 사랑을 의심하지 않았다. 6시간이 걸리는 거리도 멀게 느껴지지 않았다. 급행 마차로 드루젠하임으로 가는 것도 편했고, 또 마차 편뿐만 아니라 정기, 부정기 편으로 연락을 취하는 것도 용이했다. 그럴 때는 게오르게가 편지 운반을 맡아주도록 되어 있었다.

슈트라스부르크로 돌아가자 이제는 이른 아침 시간에 늦잠을 잘 수도 없었다. 설계도 일에 착수하여 그것을 될 수 있는 대로 깨끗하게 완성하였다. 그 사이에도 프리데리케에게 책 몇 권을 보내어, 거기에 짧지만 마음이 담긴 말을 첨부하였다. 곧 답장이 왔고 나는 그녀의 경쾌하고 아름다운, 진심이 깃든 글씨체를 보고 기뻐했다. 내용도 문체도 다 같이 자연스럽고 선량하고 애정이 깃들어 있었다. 이렇게 해서 그녀로부터 받은 바람직한 인상이 언제까지나 사라지지 않고 다시 새롭게 되살아나는 것이었다.

나는 그녀의 상냥한 인품이 갖는 여러 가지 장점을 되풀이해서 몇 차례고 마음속에 떠올리고는 기뻐했다. 그리고 다음에는 보다 더 여유 있게 그녀와 만나고 싶은 꿈에 부풀었다.

지금은 그 유능한 의학 선생님으로부터의 권고는 소용없는 것이 되어 있었다. 그는 마침 알맞은 시기에 그와 같은 말로 나를 완치시켜 주었기 때문에, 나는 선생님이나 환자들을 다시 만나고 싶지 않았다. 프리데리케와의 편지 왕래는 한층 빈번해졌다. 그녀는 라인강 건너편의 친구들도 오게 되어 있는 어느 축하연에 나를 초청하였다. 나는 전보다도 더 긴 체류를 위해 준비를 하지 않으면 안 되었다. 나는 준비를 끝마치고 커다란 여행용 가방을 급행 마차에 실었다. 그로부터 두서너 시간 뒤에는 그녀 곁에 있었다. 나는 떠들썩한 많은 손님들을 만났는데, 그녀의 아버지에게 설계도를 드리자 그는 그것을 보고 매우 기뻐했다. 나는 이것을 제작하면서 생각했던 일을 그에게 이야기하였다. 그는 기뻐서 어쩔 줄을 몰라 했고, 도면이 깨끗한 것을 특히 칭찬하였다. 제도는 어렸을 때부터 연습을 쌓았고, 이번에는 최고급지를 사용하여 특별히 노력을 기울인 것이었다. 그러나 그는 너무 기쁜 나머지, 나의 충고를 무시하고 이 설계도를 모든 사람들에게 보이는 바람에 선량한 이 집 주인의 기쁨도 이내 시들고 말았다. 이 도면에 대해서 바람직한 관심을 보이기는커녕, 어떤 사람들은 이 귀중하고도 힘들여 만든 작품을 거들떠보지도 않았고, 이 방면에 다소 조예가 있다는 사람들은 사태를 한층 나쁘게 만들었다. 그들은 이 설계도가 작성법에 따르지 않았다고 트집을 잡아 노인이 잠시 눈을 딴 데로 돌린 순간, 이 깨끗한 도면을 밑그림처럼 아무렇게나 다루었고, 그중 한 사람은 연필로 자기가 생각하는 안을 이 부드러운 종이 위에 거칠게 기입했기 때문에 애초의 아름다움을 회복할 가망성은 사라지고 말았다. 모처럼의 기쁨이 무참하게 꺼져, 몹시 분개한 이분을 나는 어떻게 위로할 도리가 없었다. 나도 이 도면을 밑그림으로 생각하고 있으며 서로 이야기를 하고 나서 제도를 다시 할 작정이었다고 아무리 강조해도 소용이 없었다. 이렇게 여러 가지로 위로를 해도 노인은 몹시 언짢게 여기고 그 자리를 떠나고 말았다. 프리데리케는 내가 그녀의 아버지에게 상냥한 배려를 한 것과, 동석했던 손님들의 예의를 벗어난 행동을 참아준 것에 대해 마음으로부터 감사하였다.

그러나 나는 그녀 가까이 있을 수 있었으므로 아무런 고통이나 불쾌도 느끼지 않았다. 손님들은 젊고 상당히 시끄러운 친구들이었는데, 어느 노신사 한 사람은 젊은 친구들에게 지지 않으려고 그들이 한 것보다 더 기묘한 행동을 하였다. 이미 아침 식사 때부터 포도주가 풍성하게 나왔고, 점심 식탁에는 진수성찬이 나와 부족한 것이라고는 하나도 없었다. 상당히 따뜻한 날씨였고 피로를 느낄 정도로 운동을 한 후라서 더욱 맛이 있었다. 그리고 그 노신사는 약간 폭음폭식을 했는데 젊은 친구들도 그에 뒤지지 않았다.

나는 프리데리케 곁에서 한없이 행복했다. 나도 모르게 말이 많아져서 떠들어대고 재치를 나타내기도 하고 쓸데없는 말도 하였으나, 정감, 존경, 애착의 마음으로 적당하게 조절하는 것도 잊지 않았다. 그녀도 같은 생각으로 마음을 터놓고, 명랑하게 무슨 일에나 관심을 갖고 자기 입장에서 말을 많이 했다. 우리는 손님들을 위해 움직이고 있는 것처럼 보였지만 실은 우리 둘만을 위해 신경을 쓰고 있었던 것이다.

식사 뒤 나무 그늘 밑에서 사교적인 여러 가지 유희가 시작되었는데, 이윽고 벌칙 놀이가 시작되었다. 막상 벌칙을 낼 단계가 되자 모든 일이 극단으로 흘렀다. 요구되는 몸짓, 해보이는 동작, 수수께끼 문제 등 모두가 끝없는 무모한 즐거움만을 나타내고 있었다. 나 자신도 여러 가지 우스개짓을 하여 벌어진 판에 흥을 돋우었고, 프리데리케는 여러 가지 장난기 있는 발상으로 한층 돋보였다. 나는 그녀가 평소보다 더 사랑스럽게 보였다. 우울하고 미신적인 망상은 나의 마음으로부터 모두 사라지고, 마음을 바친 나의 연인에게 애정 어린 키스를 할 기회가 오자 나는 그것을 놓치지 않았다. 그리고 더 나아가 이 기쁨을 되풀이하기를 포기하지 않았다.

음악을 감상하고 싶은 사람들의 희망이 이루어졌다. 연주가 시작되고 모두가 서둘러 춤을 추기 시작하였다. 처음부터 끝까지 독일풍 무용, 즉 왈츠와 선회로 일관했다. 이 국민 무용은 누구나 잘 알고 있었다. 나도 또한 아무도 모르게 가르쳐준 자매 선생님의 명예를 더럽히지 않았다. 프리데리케는 걷거나 뛰거나 달리는 것과 다름없이 경쾌하게 춤을 추었는데, 내가 의외로 잘하는 파트너였기 때문에 매우 기뻐했다. 우리는 대개 둘이 짝을 이루어 추었는데 주위의 모든 사람들이 무리하게 춤을 계속하지 않는 것이 좋겠다고 그녀에게 충고했기 때문에 이윽고 중지하지 않으면 안 되었다. 우리는 시간을 메우기 위해 단둘이서 손을 잡고 산보하러 갔다. 그리하여 그 조용한 광장에서 마음에서 우러나온 포옹을 하고 서로 진심으로 사랑하고 있다는 것을 굳게 맹세했다.

놀이 석상에서 빠져나온 사람들이 우리를 끌고 갔다. 저녁의 가벼운 식사 자리에서도 사람들의 들뜬 기분은 가라앉지 않았다. 밤늦게까지 춤이 계속되었고, 점심때와 마찬가지로 건강을 축복하며 건배하기도 하고 서로 술을 권하는 흥이 이어졌다.

나는 두서너 시간 푹 잤다고 생각했는데, 뜨겁고 끓어오르는 듯한 피의 흐름을 몸 안에 느끼고 눈을 떴다. 이럴 때, 이러한 상태에 있을 때야말로 근심이나 후회가 아무 대책도 없이 누워 있는 사람을 습격하기 마련이다. 그러자 나의 상상력은 생생한 몇 가지 모습을 그려냈다. 나는 루친데의 모습을 보았다. 열렬한 키스를 준 뒤 격정으로 떨면서 몸을 휙 돌리고 가서는, 뺨을 붉히고 눈을 번쩍이면서 단지 동생을 위협할 작정으로, 죄 없는 다른 여자들까지 위협하는 그 저주의 말을 내뱉고 있었다. 프리데리케가 그녀와 마주 서 있는 모습도 보인다.

프리데리케는 그 광경에 몸이 굳어진 채 창백한 얼굴로 그 저주의 결과를 느끼고 있었다. 나는 이 두 사람의 중간에 있는 나를 보았다. 불행을 예언하는 그 키스를 피할 수 없었던 것과 마찬가지로, 그 이상한 사건의 정신적 영향을 물리칠 수도 없는 것이다. 프리데리케의 연약한 몸은 닥쳐오는 불행을 재촉하는 것처럼 보였다. 그리고 그녀의 나에 대한 애정은 불길한 운명을 간직하고 있는 것처럼 여겨져, 나는 산 너머로 도망가고 싶은 심정이었다.

그러나 나는 마음속 깊이 숨어 있던 어떤 일을 숨길 생각은 없다. 나의 경우, 실은 어떤 종류의 자만심이 그 미신을 양성하고 있었던 것이다. 나의 입술은 깨끗해졌건 저주를 받았건 이전보다 더 소중한 것으로 여겨졌다. 나는 그 마술적인 우월감을 계속 갖기 위해, 또 다른 한편으로는 이것을 단념할 수 있으면 죄 없는 인간에게 상처를 입히지 않아도 된다는 이유에서, 많은 순수한 기쁨을 단념하고, 적지 않은 자부심을 품으면서 그 금욕적인 태도를 충분히 의식하고 있었던 것이다.

그러나 지금에 와서는 모든 것이 상실되고 이미 돌이킬 수가 없게 되었다. 나는 평상시의 나로 돌아왔다. 나는 가장 사랑하는 사람에게 상처를 입히고 회복할 수 없는 타격을 주었다고 생각하였다. 이러한 그 저주는, 나는 그것으로부터 벗어나려고 했는데 오히려 입술로부터 내 마음속으로 쳐들어온 것이다.

이러한 모든 것이 연애와 정열, 포도주와 춤 때문에 흥분된 나의 핏속에서 일체가 되어 소용돌이치고, 나의 머리를 혼란하게 하고 나의 감정을 들쑤셨다. 그 때문에 나는 어제의 명랑한 기쁨과는 달리 바닥 모를 절망으로 빠져들었다. 다행히도 미늘창 틈으로 한 줄기 햇빛이 들어와 나를 비쳤다. 솟아오르는 아침해는 밤의 모든 마력을 정복하고 나를 일어나게 해주었다. 나는 밖으로 나가 처음처럼은 되지 않았지만 이내 상쾌한 기분이 되었다.

미신이라는 것도 다른 여러 가지 망상과 마찬가지로 우리의 자부심에 아첨하는 대신, 이에 대항하여 인간이라고 하는 이 연약한 성질의 것을 괴롭게 하려고 하면 어이없이 그 효력을 잃는 법이다. 그래서 만약 우리가 마음만 먹으면 지금 당장이라도 미신으로부터 탈출할 수 있다는 것을 알 수가 있다. 또 우리를 미신으로부터 떼어 놓는 것이 우리의 이익이 되면 될수록 더욱 손쉽게 미신을 버릴 수가 있다. 프리데리케의 모습을 보고, 그녀의 사랑을 느끼고 명랑한 주위 분위기를 접할 때마다, 이들 모두는 내가 행복한 나날을 보내고 있으면서도 음산한 밤의 새들에게 마음을 위탁하려고 한다고 비난하는 것이었다. 나는 이제 그런 새들을 영원히 쫓아버렸다고 믿었다. 사랑하는 아가씨의 열린 마음과 이를 허락하는 태도는 나를 전적으로 안심하게 만들었다. 그리고 그녀가 이번 이별 때 다른 친구나 친척들에게 하는 것처럼 나에게 공공연하게 키스를 해 준 데 대해 깊은 행복을 느꼈다.

슈트라스부르크로 돌아오자 여러 가지 일과 놀이가 기다리고 있었다. 그러한 가운데에도 나는 이제 규칙적으로 할 수 있게 된 연인과의 서신 교환으로 몇 차례고 나의 마음을 그녀에게 집중시켰다. 편지 속에서도 그녀는 변함이 없었다. 무엇인가 새로운 일이나 이미 알려진 사건들을 알리면서도 그녀는 경쾌한 동작과 명랑함을 잊지 않았다. 나도 자주 편지를 썼다. 그녀의 갖가지 아름다운 점을 떠올리면, 그녀가 옆에 없어도 나의 사모하는 마음은 더해갔다. 편지를 통한 대화는 만나서 이야기를 주고받는 것 못지않았으며, 오히려 더 즐겁고 귀중하게 여겨졌다.

왜냐하면 그 미신이 전적으로 자취를 감추지 않고 있었기 때문이다. 이 미신은 전에 받은 인상에 바탕을 둔 것이었다. 그러나 시대정신, 청춘의 성급함, 냉정하면서도 사려 깊은 사람들의 교제 같은 그러한 모든 것들이 미신에 불리한 것들이었으므로, 내가 이 망상을 고백했을 때 그것을 우습다고 생각하지 않는 사람은 아마도 내 주위에 한 사람도 없을 것이다. 그러나 무엇보다 좋지 않았던 일은, 이 망상이 사라진 뒤, 청년의 너무나 빠른 애정은 결코 영속적인 성과를 기대할 수 없다는, 그러한 청년이 항상 놓이게 되는 상황에 대한 올바른 고찰이 남는다는 것이다. 이 경우 이성이나 숙고가 한데 뭉쳐 나를 더욱 괴롭혔기 때문에, 모처럼 미혹을 벗어나도 거의 아무런 쓸모가 없었다. 그 아가씨의 진가를 알면 알수록 나의 열정은 높아만 갔다. 그러나 이토록 사랑스러운 것, 좋은 것을 어쩌면 영원히 잃게 되는 때가 시시각각으로 다가오고 있었던 것이다.

우리는 얼마 동안 조용하고 기분 좋은 교제를 계속하였다. 그러던 어느 날, 친구인 바일란트가 터무니없는 장난기를 일으켜 《웨이크필드의 시골 목사》를 제젠하임으로 가져와서는, 우연히 낭독에 관한 것이 화제가 되자 그는 아무렇지도 않은 것처럼 느닷없이 그 책을 나에게 건네주었다. 나는 마음을 가라앉히고 될 수 있는 대로 명랑하게 서슴지 않고 낭독하였다. 듣는 사람들의 얼굴은 곧 밝아졌고, 또다시 신상을 비교하지 않을 수 없었지만, 그들은 결코 그것을 불쾌하게 생각하는 것 같지 않았다. 전에 그들은 레이몬트나 메르지네[5]에게서 우스꽝스러운 초상화를 보았으나, 이번에는 결코 보기 흉하게 비치는 일이 없는 거울에서 자기들의 모습을 보았다. 그리고 정신이나 감정이 비슷한 사람들 사이에서 자기들도 움직이며 돌아다니고 있다는 것을 입 밖에 내놓지는 않았

---

5) 제10장에서 괴테가 들려준 자작 동화 《새 메르지네》의 바탕이 된 인간계에 속하는 기사 레이몬트와 요정 메르지네. 푸케의 《수요기(水妖記)》, 지로두의 《온디느》 등에서 유사한 모티프를 엿볼 수 있다.

으나 부정도 하지 않았다.

바탕이 괜찮은 사람은 누구나 자신의 교양이 높아짐에 따라 이 세상에서 현실적인 자기와 관념적인 자기라는 이중의 역할을 하지 않으면 안 된다는 것을 느낀다. 모든 고귀한 것의 근원은 이러한 감정 안에서 구할 수가 있다. 어떠한 현실적인 역할이 주어지는지는 너무나 명확하게 경험하지만, 제2의 관념적인 역할에 대해서는 그것을 명확하게 하는 일은 좀처럼 없다. 인간이 자기보다 높은 사명을 지상에 두든 천상에 두든, 또 현재에서 구하든 미래에서 구하든, 어느 경우나 역시 마음속에서는 영원한 동요를 계속하고, 외부로부터는 끊임없이 교란과 방해를 받고 있으므로 마침내는 자기 자신에게 어울리는 것이 옳은 거라고 단호하게 선언할 결심을 하게 되는 것이다.

내 몸에 보다 더 높은 것을 가르치고, 보다 더 높은 인물과 어깨를 나란히 하려고 하는, 너그럽게 보아 좋은 시도가 몇 가지 있으며, 소설 중의 인물과 자기를 비교하는 청년의 본능도 아마도 그러한 시도의 하나일 것이다. 이 본능은 매우 순진한 것으로, 아무리 이견을 말한들 해가 없는 것이다. 그것은 죽을 만큼 따분하거나 정열적인 위로에 손을 대지 않을 수 없을 때 우리의 기분을 달래주는 것이다.

소설의 해악에 대해서 얼마나 불평이 있었는지 모른다. 하지만 가련한 소녀나 아름다운 청년이 자기 자신보다 행복한, 또는 불운한 인물의 입장에 처해보는 것이 도대체 왜 불행이란 말인가? 애당초 인간이 모든 아름다운 요구를 물리치지 않으면 안 될 정도로 시민 생활은 가치가 있는 것일까? 그렇지 않으면 그 정도의 일상사가 인간을 삼켜 버리는 것일까?

그래서 성자의 세례명 대신에 독일 교회에 스며들어온 역사적이고 시적인 세례명은, 세례를 주는 목사의 노여움을 가끔 초래하는 결과가 되었는데, 틀림없이 이는 로맨틱하고 문학적인 허구에다 사소하고 부분적인 문제로 보아도 좋을 것이다. 달리 특별한 뜻이 없어도 듣기 좋은 이름을 붙여서 자기 아들에게 품위를 더해주려는 이러한 충동은 칭찬해도 좋다. 이와 같이 상상의 세계를 현실의 세계와 결부시킨다는 것은, 그 인간의 전생애에 걸쳐 우아한 빛을 넓히는 일이다. 우리가 벨타라는, 마음에 드는 이름으로 부르고 있는 아름다운 아이를 가령 우르젠부란디네<sup>6)</sup>라는 이름으로 불러야 한다면, 우리는 그 아이에게 모욕을 준다고 생각할 것이다. 확실히 교양 있는 인간으로서는, 하물며 사랑하는 남자라면 더욱 그러하지만, 그와 같은 이름을 입에 올릴 수는 없을 것이다. 냉혹하고 단편적인 판단을 하는 세상은 공상적인 것은 모두 우스꽝스럽고 비난해야 하는 일로 보겠지만 그것을 나무랄 수는 없다. 그러나 인간을 잘 아는 사려 깊은 사람은 이러한 일을 자기의 가치 판단에 입각해서 평가할 수 있어야 한다.

아름다운 라인강 변에서 서로 사랑하고 있는 우리는 한 장난꾸러기 덕택으로, 소설에 나오는 인물들과 우리를 비교하게 되었는데, 그것은 우리의 마음에 더없이 아름다운 결과를 가져왔다. 우리는 거울에 비치는 자기 모습을 바라볼 때에는 자기 자신에 대해서는 반성하지 않으나, 자기를 느끼고 만족해한다. 정신적인 영상에 대해서도 이와 마찬가지로, 이 영상으로 자기의 현재 모습이나 경향, 습관이나 특성을 형제와 같은 친밀감으로 파악하고 포옹하려고 하는 것이다.

함께 있으려는 우리의 습관이 더욱더 굳어져서 누구나 나를 이 집 가족의 일원이라고 생각하게 되었다. 다만 시간의 흐름에 맡길 뿐 그것이 장차 어떻게 될 것인가 하는 것은 문제가 되지 않았다. 세상의 부모들은 딸이나 아들을 이와 같은 불안정한 상황에서 잠시 마음대로 놓아둘 수밖에 없는 것이다. 그렇게 해 두면 마침내는 사태가 우연에 의해서, 오랫동안 짜낸 계획이 가져올 수 있는 것보다도 훨씬 좋은 방향으로 일생을 결정짓는 사실이 되어 굳어지는 것이다.

주위 사람들은 프리데리케의 기질이나 나의 성실성을 충분히 신뢰하고 있었다. 내가 순수한 애무마저도 그와 같이 조심스럽게 억제하고 있었기 때문에 사람들은 나의 꼼꼼함에 대해서 나에게 유리한 선입관을 가지고 있었던 것이다. 그 당시, 이곳의 일반적인 풍습이 그랬지만, 누구나 우리를 감시하지 않고 내버려 두었다. 이 지방을 쏘다니고 이웃 사람들을 방문하는 일도 우리 마음대로였다. 라인강의 이쪽과 저쪽의 하게나우, 폴 루이, 필립스부르크, 오르테나

---

6) Ursula Brandina의 단축형. 괴테는 희극 《한스부르스트의 결혼》 속의 신랑에게 이 이름을 붙여 희극적 효과를 냈다.

우 등에는 제젠하임에 모인 적이 있는 사람들이 여기저기 살고 있었는데 우리가 방문하면 모두가 환대하여, 부엌이나 술 창고, 정원, 포도밭 등 모든 것을 기꺼이 개방해 주었다. 라인강 가운데의 섬도 자주 우리의 뱃놀이 목적지가 되었다. 거기서 우리는 라인강의 맑은 물속에 사는 물고기를 잡아서는 굽거나 끓이거나 기름에 튀겼다. 만약 그 무서운 사자모기 때문에 두서너 시간 만에 쫓겨나지 않았다면, 이 섬에 사는 아늑한 어부의 오두막에서 예상보다 더 오래 있었을지도 모른다. 예정보다 일찍 처참한 꼴로 집으로 돌아오기는 했지만, 모든 것이 순조롭게 진행되었고 연인끼리의 애정도 점점 깊어졌다. 그런데 이 신나는 행락에 참을 수 없는 방해자가 들어온 데에 대해, 사람 좋은 성직자인 목사의 면전에서 나는 신을 모독하며 화를 내고 말았다. 그곳의 모기의 존재만으로도 현명하신 하나님이 이 세상을 만들었다는 생각을 버리기에 충분하다고 말해버린 것이다. 이에 대해 선량한 노신사는 진지한 표정으로 나를 타일렀다. 모기나 그 밖의 해충은 우리의 최초의 조상이 타락한 후에 처음으로 발생했거나, 그렇지 않으면 조상이 낙원에 있었을 때는 단지 기분 좋게 윙윙거리기만 했을 뿐 물지는 않았을 것이라고 나를 설득하였다. 나는 곧 기분이 풀어지는 것을 느꼈다. 화가 난 사람을 달래기 위해서는 미소를 자아내기만 하면 된다. 그러나 나는 죄를 범한 부부를 낙원에서 추방하기 위해 불을 토하는 칼을 가진 천사가 필요하지는 않았으므로, 오히려 나의 상상이 허용된다면 티그리스와 유프라테스의 모기떼가 이 부부를 추방했음이 틀림없다고 주장하였다. 이렇게 해서 또 그를 웃게 만들었는데, 그것은 이 선량한 분이 해악을 이해하거나, 적어도 그것을 가볍게 받아넘길 수 있는 사람이었기 때문이었다.

하지만 이 훌륭한 땅에서의 생활이나 사계절의 변화는 마음을 한층 긴장시키고 북돋우는 그 무엇인가가 있었다. 맑게 갠 하늘, 풍요로운 토지, 따뜻한 밤을 연인 곁에서 맛보기 위해서는 오직 현재에 마음을 맡기고 있으면 되었다. 하늘은 넘칠 것 같은 이슬로 대지를 적시고, 장엄한 모습을 보이는 영험한 기운이 어린 맑은 아침을 우리는 여러 달 동안 맞이할 수가 있었다. 그리고 또 이 경관이 너무 단조로워지지 않도록 먼 산 위에 구름 봉우리가 우뚝 섰다. 그 구름은 며칠이고, 아니 몇 주일이고 맑은 하늘을 흐려놓지 않고 그대로 움직이지 않았다. 순식간에 지나가는 소나기조차도 땅에 활기를 주고 녹음을 한층 짙게 하고, 채 마르기도 전에 햇볕을 받아 빛나고 있었다. 두 겹의 무지개가 내는 진한 회색, 거의 검정에 가까운 두 개의 푸른 띠는 지금껏 그 어디에서 본 것보다도 선명하고 돋보였으나 얼마 후 허망하게 사라져갔다.

이러한 환경에서 뜻하지 않게 오랫동안 느끼지 못했던 시를 쓰고 싶은 생각이 들었다. 나는 프리데리케를 위해 유명한 곡에 맞추어 몇 가지 가곡을 만들었다. 그것은 충분히 한 권의 시집이 될 수 있었지만 오늘날 남아 있는 것은 극히 일부에 지나지 않는다. 이것들을 나는 나의 다른 시집에서 쉽게 찾아낼 수 있다.

그러나 나의 색다른 연구[7]와 그 밖의 사정으로 자주 도시로 돌아가지 않으면 안 되었다. 그 때문에 오히려 우리의 애정에 맑고 새로운 생명이 생겨났다. 이러한 연애 과정에서 자칫 바람직하지 않은 결과를 가져올지도 모르는 불쾌한 사건으로부터 우리를 지켜주었기 때문이다. 나에게서 떠나 있는 동안에 그녀는 나를 위해 일을 하고, 내가 돌아왔을 때를 위해 무엇인가 새롭고 즐거운 일을 연구하였다. 그녀와 떨어져 있을 때의 나는 새로운 선물이나 새로운 착안으로 그녀에게 신선한 인상을 주려고 노력하였다. 마침 그림이 그려진 리본이 유행하고 있었다. 나는 곧 그녀를 위해 두서너 가지 그림을 리본에 그렸는데, 이번에는 예상보다 더 오랫동안 도시를 떠날 수 없었기 때문에 이 리본에 한 편의 작은 시[8]를 써서 미리 보내 놓았다. 목사에게는 설계도를 새로 완성해 주기로 약속했다. 이것을 약속 이상으로 훌륭하게 제작하기 위해, 나는 어느 젊은 건축 전문가를 설득해서 나 대신 만들어달라고 부탁했다. 이 사람은 나에 대한 호의도 있었으나, 그에 못지않게 이 과제에 흥미를 느꼈고, 더욱이 그처럼 기분 좋은 가정에서 환대를 받을 수 있다는 기대로 공을 들였다. 그는 집의 평면도, 정면도, 단면도를 만들고, 가운데 마당이나 정원도 잊지 않았다. 이 규모가 크고 비용이 많이 드는 기획의 실시에 대해, 그것이 매우 손쉬운 일이고 실행 가능하다는 것을 실감시키기 위해 자상하고 저렴한 견적서까지 첨부하였다.

우정 어린 노력의 증거품을 가지고 간 덕택으로 우리는 마음으로부터 우러나오는 환영을 받았다. 목사는 우리가 가능한 한 자신에게 봉사하고자 하는

7) 알자스의 고대사 연구를 가리킨다.
8) 괴테의 짧은 시 '그림을 그린 리본에 붙여서'를 말한다.

호의가 있다는 것을 알고 또 하나의 희망사항을 꺼냈다. 그것은 깨끗하기는 했지만 단색이었던 그의 마차에 꽃이나 장식 무늬를 해주었으면 하는 것이었다. 우리는 적극적이었다. 도료나 붓, 그 밖의 필요한 물품은 가까운 도시의 잡화상이나 약종상에 주문하여 가져왔다. 그런데 그 웨이크필드의 실패처럼 모든 그림을 열심히 다 그리고 난 뒤, 언제까지고 마르지 않는 가짜 니스를 사용했다는 것을 알았다. 바람이나 햇볕을 쪼여도, 건조한 날씨나 궂은 날씨에도 아무런 효과가 없었다. 그동안 낡은 마차를 사용해야 했다. 우리는 장식을 그릴 때보다도 더 힘들어서 벗겨내지 않으면 안 되었다. 바탕을 손상시키지 않도록 천천히 신중하게 해달라고 아가씨들이 부탁했기 때문에 더 힘들었다. 그러나 이런 작업을 해도 애초의 광택을 되찾지는 못했다.

하지만 프림로즈 박사와 그의 사랑스러운 가족처럼, 이러한 사소한 실패로 우리의 쾌활한 생활이 흔들리는 일은 없었다. 뜻하지 않은 여러 가지 행운이 우리와 친구들, 이웃들을 찾아왔기 때문이다. 결혼식, 세례, 상량식, 집안 상속, 복권 당첨이 있으면 서로 알리고 기쁨을 함께 했다. 우리는 모든 기쁨을 마치 공유 재산처럼 서로 나누고 재치와 애정으로 그것을 한층 높일 수가 있었다. 마침 전성기에 있는 가족이나 사교 모임에 내가 얼굴을 내미는 일도 한두 번이 아니었다. 그리고 이와 같은 시절의 화려함을 증가시키기 위해 내가 무엇인가 했다고 자부하는 반면, 다른 한편으로는 그러한 일을 했기 때문에 이 시기가 더 빨리 지나갔고 또 더 빨리 사라졌다고 나 자신을 책망하지 않을 수가 없다.

그런데 우리의 연애는 또 하나의 기묘한 시련을 겪지 않으면 안 되었다. 시련이라고 표현한 것이 적절하지는 않지만 그렇게 부르기로 하자. 내가 친밀하게 지낸 이 시골 가정에는 명예도 있고 자산도 풍부한 몇몇 친척이 있었다. 이 친척들 중 젊은 사람들은 자주 제젠하임에 왔다. 어머니나 숙모, 별로 외출을 하지 않는 나이 든 여인들은 아름답게 성장한 딸들, 풍요로운 시골생활, 특히 이 집에서 좋은 대우를 받고 있는 나에 대해서 여러 가지 이야기를 듣고 있었기 때문에, 그 사람들은 우선 나와 가까이 지내고 싶어했다. 나도 가끔 이들 가정을 방문하여 후한 대접을 받기도 했는데, 그들은 기회를 봐서 우리가 함께 있는 것을 보고 싶다고 했다. 특히 나는 시골 사람들에게 후하게 답례해야 할 의무도 있다는 생각을 하고 있었다.

이 건에 대해서는 오랫동안 양쪽에서 교섭이 있었다. 어머니는 가사에서 손을 뗄 수가 없었고, 올리비는 자기 성미에 맞지 않는 도시를 싫어하고 있었고, 프리데리케도 갈 생각이 전혀 없었다. 그래서 이 건은 차일피일 시간을 끌었는데, 내가 2주일 이내에 시골로 갈 수가 없었기 때문에 마침내 결말이 났다. 우리는 전혀 만나지 못할 바에는 다소 무리를 해서라도 도시에서 만나자고 했기 때문이었다. 이렇게 해서 나는 이제까지 오직 시골 풍경 속에서만 보아온 여자 친구들, 흔들리는 나뭇가지, 흐르는 시내, 바람에 나부끼는 꽃 들판, 멀리 여러 마일에 걸쳐 펼쳐진 지평선 등을 배경으로만 보아온 그녀들의 모습을 이제 비로소 도시의, 큰 방이기는 하지만, 답답한 장소에서, 융단이나 거울, 사발 시계나 도자기 인형 등과 함께 보게 된 것이다.

사랑하는 사람에 대한 관계만이 결정적인 것이지 환경은 그다지 대단한 뜻을 갖는 것은 아니다. 그러나 환경이 알맞고 자연스럽고 친숙한 것이어야 하는 것은 인간의 마음이 요구하는 바다. 나는 눈앞의 모든 사물에 민감했기 때문에 당장의 차질에 이내 순응할 수는 없었다. 어머니의 예의 바르고 조용하고 우아한 거동은 이 친구들과 잘 어울려 다른 여인들과도 조금도 다른 데가 없었다. 이에 반해 올리비는 물가에 떠밀린 물고기처럼 도저히 견딜 것 같지가 않았다. 평소 시골에서는 무엇인가 특별한 일을 나에게 이야기해야 할 때에는 마당에서 말을 걸거나 들판에서 눈짓으로 옆으로 불러내기도 했었는데, 여기서도 그녀는 그런 식으로 나를 창문 쪽으로 끌고 갔다. 이런 일은 예의에 벗어나는 일이라는 것을 알면서도 그렇게 한 것이므로 그녀의 행동은 어딘가 서툴렀다. 그녀는 시시한 일을, 이미 내가 알고 있는 일만 나에게 알렸다. 여기 생활이 너무 괴로워서 라인강 가나 라인강 저편으로라도, 아니 터키로라도 가버리고 싶다는 것이었다. 한편 프리데리케의 행동은 이와 같은 환경에서 한층 눈에 띄었다. 원래 그녀도 이 자리에 어울리지 않았으나 그녀가 주위의 형편에 자기를 맞추려 하지 않고 자기도 모르는 사이에 그 자리의 분위기를 자기에 맞도록 만들어 버렸는데, 이것은 그녀의 성격을 유감없이 발휘하는 것이었다. 시골에서 손님을 대했던 것처럼 이곳에서도 그렇게 행동했다. 그녀는 어떤 때에나 활기를 부여하는 방법을 알고 있었다. 모든 것에 생생한 활력을 주면서도 그 자리에 있는 사람들의 기분을 초조하게 만들지 않았다. 원래 모임이라는 것은 따분한 나머지 초조해지기 마련인데 그녀의 이러한 거동으로 모두가 안정된 자세를 취하고 있었다. 이렇게 해서 그녀는 가만히 앉은 채로 시골의 놀이나 오락을 보고 싶어한, 도시에 사는 숙모들의 소원을 충분히 풀어주었다. 모두를 충분히 만족시킨 뒤 이번에는 의상이나 장신구, 그 밖에 프랑스풍의 복장을 한 도시의 조카딸을 한층 돋보이게 하는 물건들을 유심히 바라보고 감탄하였으나 별로 부러워하는 기색은 없었다. 나에 대해서도 프리데리케는 가벼운 마음으로 대하여 여느 때와 다름이 없었다. 그녀가 나에게 준 유일한 특권이라고 여길 수 있는 것은, 자기 욕구나 소원을 다른 그 누구보다도 먼저 나에게 털어놓았고 그렇게 함으로써 나를 그녀의 조력자라고 인정해 주었던 것 정도였다.

그 뒤 체류하는 동안의 어느 날, 조력자로서의 나의 역할을 그녀는 확신을 가지고 나에게 요구했다. 그것은 여인들이 나의 낭독을 듣고 싶어 한다는 것을 나에게 알린 것이다. 나는 제젠하임에서 부탁받는 대로 몇 번이고 낭독을 했으므로 이 집 아가씨들은 나의 낭독을 전부터 화제로 삼고 있었다. 나는 곧 승낙하고 두서너 시간 동안 엄숙하게 경청해주기를 바란다고 말했다. 그 뒤 어느 날 밤 나는 햄릿[9] 전편을, 중단하지 않고 될 수 있는 대로 그 작품의 정신에 파고들면서, 청년 특유의 활기와 정열이 깃든 표현으로 낭독하였다. 나는 큰 갈채를 받았다. 프리데리케는 이따금 깊은 한숨을 쉬고, 두 뺨이 확 붉어지기도 하였다. 겉으로는 쾌활하고 조용하면서도, 감동을 받은 마음을 나타내는 이 두 가지 징후는, 전부터 알고 있었지만, 이것이야말로 내가 받은 유일한 대가였다. 나에게 낭독할 기회를 만들어 준 것에 대해 감사의 말을 하자, 그녀는 그것을 기꺼이 받아들이면서 나의 힘으로, 내 덕택으로 면목을 세운 것을 그녀다운 상냥한 모습으로 자랑해 보였다.

슈트라스부르크에서 오래 머물 예정은 아니었지만 출발이 약간 지연되었다. 프리데리케는 사교 오락을 위하여 자기 임무를 다했고 나도 그것을 게을리하지 않았다. 하지만 시골에서는 그토록 풍부하던 놀이 재료도 도회지에서는 이윽고 모두 써버리고 말았다. 그것은 언니 쪽이 차차 침착을 잃었기 때문에 사태는 한층 나빠졌다. 모이는 사람들 중에서 독일풍 차림새를 하고 있는 것은

---

9) 셰익스피어의 희곡은 그 당시 비란트의 독일어 번역판 8권이 있었는데, 《햄릿》의 번역은 이것 밖에 없었다.

이 자매뿐이었다. 프리데리케는 다른 복장을 하고 싶다는 생각은 해본 일이 없고 어디를 가나 부끄럽지 않다고 믿고 있었기 때문에 다른 사람과 비교해 보지도 않았다. 그러나 우아한 복장을 한 일행 속에서 하녀 같은 복장으로 돌아다닌다는 것은 올리비에게는 도저히 견딜 수 없는 일이었다. 시골에 있을 때에는 도시풍으로 차려입은 다른 사람의 복장을 거들떠보지도 않았고 그것을 바라지도 않았는데, 도시에 와보니 시골풍 복장은 참을 수가 없었다. 도시 여인들의 뛰어난 손재주, 환경이 정반대라는 데서 오는 자질구레한 일들, 그리고 여기에 복장 문제도 더해져서, 흥분하기 쉬운 그녀의 가슴은 여러 날 동안 편안하지가 않았다. 그래서 나는 프리데리케의 부탁도 있고 해서, 올리비를 달래기 위해서 여러 가지로 신경을 써서 기분을 맞추지 않으면 안 되었다. 나는 격정적인 장면이 일어나지나 않을까 하고 염려하였다. 그녀가 나의 발 아래에 몸을 던지면서, 이 상태에서 구해 달라며, 모든 성스러운 것을 걸고 애원하는 장면을 상상하였다. 그녀는 자기 방식으로 행동할 수 있을 때에는 고상하리만치 선량했으나, 이와 같은 속박을 만나면 이내 불쾌한 마음에 빠져 결국은 절망으로 빠지는 일도 있었다. 그래서 나는 그녀의 어머니가 올리비와 함께 바라고 있었고 프리데리케도 싫어하지 않았던 시골로의 출발을 앞당겨보려고 하였다. 나는 언니와는 정반대인 프리데리케를 칭찬하지 않을 수가 없었다. 나는 그녀가 이러한 경우에도 여느 때와 다름없이 마치 가지에서 가지로 자유롭게 옮겨 다니는 새처럼 행동하는 것을 보고 얼마나 기쁜지 모르겠다고 그녀에게 이야기하였다. 그녀는 지금 내가 여기에 있고, 나만 곁에 있어준다면 들어갔다 나갔다 하고 싶지 않다고 상냥하게 말했다.

마침내 그녀들의 출발을 배웅하고 나자 갑자기 어깨의 짐을 내려놓은 것 같은 생각이 들었다. 나는 프리데리케와 올리비의 심정을 나누어 가지고 있었기 때문이었다. 나는 올리비처럼 심한 불안에 괴로워하지는 않았으나 그렇다고 해서 프리데리케와 같이 느긋한 기분으로 있을 수도 없었다.

원래 내가 슈트라스부르크에 온 것은 학위를 따기 위한 것이었는데, 이 중요한 일을 부차적인 것으로 생각하고 있었던 것은 물론 나의 불규칙한 생활의 한 표현이었다. 시험에 대한 걱정 같은 건 개의치 않았다. 그런데 이제는 졸업 논문의 공개 토론을 생각하지 않을 수 없었다. 프랑크푸르트를 출발할 때, 졸업 논문을 쓰기로 아버지에게 약속을 했고, 나 자신도 쓸 생각을 가지고 있었기 때문이었다. 여러 가지 일, 아니 많은 일을 할 수 있는 능력이 있는 사람이 무엇이나 반드시 할 수 있다고 자신을 갖는 것은 잘못이다. 그러나 청년은 성숙한 인간이 되기 위해서는 오히려 이런 일을 겪지 않으면 안 된다. 나는 법률학과 그 모든 분야의 개관을 상당한 정도로 나의 것으로 만들었고, 개별적인 법률 문제도 충분히 나의 흥미를 끌었다. 그리고 나는 저 훌륭한 라이저[10]를 모범으로 삼고 있었으므로 나의 약간의 상식으로 충분할 것이라고 생각하고 있었다. 이 무렵 마침 법률학 분야에서 커다란 운동이 일어나고 있었다. 좀더 공정하게 재판이 이루어져야 한다는 것이었다. 모든 관습법은 나날이 위험에 처했고 특히 형법 부문에는 일대 변혁이 닥쳐오고 있었다. 나 자신에 대해서 말하자면, 전부터 과제로 삼고 있던 법학 자료 수집을 완성하기 위해서는 아직도 상당히 많은 것이 모자라다는 것을 통감하고 있었다. 나에게는 참다운 지식이 결여되어 있었고, 나의 내면적 경향은 이러한 대상을 향하여 나를 전혀 몰아세우지도 않았다. 또 외부로부터의 자극이 부족했을 뿐만 아니라 전혀 다른 어떤 부문이 나의 마음을 빼앗았다. 내가 흥미를 발견하기 위해서는 그것에서 그 어떤 성과를 끌어내기 않으면 안 되었다. 즉 나에게 효과가 있는 것처럼 보이고, 장래의 가망을 주는 그 무엇인가를 거기서 발견하지 않으면 안 되었다. 그래서 나는 평소부터 약간의 자료를 충분히 훑어보고 그 수집에도 신경을 쓰고 있었기 때문에, 초록도 만들기 시작하고 또 내가 주장하려고 생각한 일이나 개별적인 요소를 조직화하기 위한 도식을 재검토하거나 하면서, 당분간 이런 방식으로 공부를 계속하기로 했다. 그러나 나는 현명하게도 얼마 가지 않아 이대로는 도저히 앞으로 나아갈 수 없다는 것과, 어떤 특정한 제목을 논하기 위해서는 아무래도 특별하고 영속적인 노력이 필요하다는 것을 알았다. 그와 같은 특수한 문제를 훌륭하게 이룩하기 위해서는 대가는 아닐지라도 최소한 노련한 학자가 아니면 결코 할 수 없을 것이라는 것도 알았다.

이러한 나의 처지를 친구에게 말하자 그들은 나를 웃음거리로 만들었다. 개개의 명제에 대해서도 체계적인 논문에 대해서 논하는 것과 마찬가지로, 아니

---

10) 아우구스틴 폰(1683~1752), 남작. 헬름슈테트 및 뷔텐베르크의 법률학 교수. 그의 유명한 저서를 괴테는 슈트라스부르크로 출발하기 전에 읽었다.

논문보다 더 잘 논할 수가 있으며 슈트라스부르크에서는 이런 일은 드물지 않다는 것이었다. 나는 그러한 도피처를 택하고 싶은 마음이 들었고, 그것을 아버지에게 써서 보냈더니 아버지는 본격적으로 열심히 작성하기를 바란다는 회신을 보내왔다. 아버지의 생각으로는 내가 의욕을 가지고 나름대로 시간을 투입하면 훌륭하게 할 수 있으리라는 것이었다. 그래서 나는 무엇인가 일반적인 제목에 전념하여 내가 통달하고 있는 문제를 택해야 할 필요에 처해 있었다. 나는 세계사보다도 교회사 쪽이 훨씬 밝았고, 공인된 예배 형식인 교회가 두 가지 방면으로 갈등 상태에 있으며 앞으로도 그것이 계속되리라는 점에 큰 흥미를 가지고 있었다. 즉 교회는 한편으로는 영원히 국가와 다투어 이에 우월한 상태를 유지하려고 하지만, 다른 한편으로는 각 개인과 다투어 그들을 모두 자기 산하에 넣으려고 한다. 국가 쪽에서도 교회에 주권을 인정하려고 하지 않고, 또 개인도 교회의 강제권에 반대한다. 국가는 공공적, 일반적 목적을 위해 모든 것을 요구하고, 개인은 가정적, 심정적 목적을 위해 모든 것을 요구한다. 나는 어렸을 때부터 이러한 운동을 보아왔다. 목사 계급이 어떤 때에는 그 상사와, 또 어떤 때에는 교구 사람들과 알력을 일으켰던 것이다. 그래서 나는 청년다운 마음으로, 입법자인 국가는 제식을 결정할 권리를 가지고, 이 제식에 따라 목사는 설교하고 행동해야 하며, 한편 세속에 있는 사람은 외면적으로나 공적으로 이것을 엄중하게 기준으로 삼아야 한다는 결정을 내렸다. 게다가 또 각자가 무엇인가를 생각하고 느끼더라도 그것을 문제삼아서는 안 된다고 생각한 것이다. 나는 이것으로 모든 충돌이 일거에 해결된 것으로 생각하였다. 그래서 나는 나의 논문을 위해 이 제목의 전반 부분을 골랐다. 즉 입법자는 어떤 종류의 제식을 제정할 권리를 가질 뿐 아니라 그 의무까지도 있으며, 이 정해진 제식을 목사나 세속인도 기피할 수가 없다는 것이다. 모든 공인 종교는 군사 지도자, 왕 및 권력자에 의해 도입되었다는 것, 그리스도교도 예외는 아니라는 것을 보이면서 그 제목을 일부는 역사적으로, 일부는 이론적으로 자세히 논한 것이다. 이것을 뒷받침하는 새로운 종교의 실례가 바로 지척에 있었다. 이 논문은 원래가 아버지를 기쁘게 하기 위해 힘들여 쓴 것으로, 심사에 통과하지 못하는 것을 바람직하게 생각하고 있던 만큼, 한층 대담하게 이 일에 손을 댄 것이다. 게다가 나는 내가 쓴 것이 베릿슈에 의해 인쇄되는 것을 보는 것은 죽기보다 싫었다. 게다가 또 헤르더와의 교제가 나 자신에게 나의 미숙함을 너무나 노골적으로 폭로하고 말았다. 아니, 나 자신에 대한 어떤 종류의 불신감까지도 이에 의해 마음속에서 완전이 무르익고 있었던 것이다.

나는 이 일을 거의 나 자신 안에서 계획한 것이었고, 라틴어 말하기와 쓰기에 모두 능숙했으므로 내가 이 논문에 사용한 시간은 매우 쾌적하게 흘러갔다. 문제 삼은 점은 적어도 근거가 있었고, 서술은 강연체로 보면 결코 나쁘지 않았고 전체적으로 보아도 상당히 잘 짜여져 있었다. 나는 이것을 다 쓰고 나서 라틴어를 잘하는 사람과 자세히 검토해 보았다. 이 사람은 나의 문체를 전체적으로 개량할 수는 없었으나, 눈에 띄는 결함은 모두 없애주었으므로 남에게 보여도 부끄럽지 않은 논문이 되어 있었다. 나는 곧 깨끗이 정리를 하여 아버지에게 일부를 보냈다. 아버지는 이전부터 고려되고 있던 문제가 하나도 논해지지 않았다고 불만을 말씀하셨지만, 신교도적인 의향을 갖고 계셨기 때문에 나의 대담한 기획에는 충분히 만족하셨다. 아버지는 나의 기발한 생각을 대범하게 보셨고, 노력에 대해서도 칭찬해 주셨다. 그는 이 소논문의 발표가 커다란 반향을 불러일으키리라고 남몰래 기대하셨다.

나는 가제본으로 된 논문[11]을 학부에 제출하였다. 다행히 당국의 태도는 현명하고 정중했다. 학부장은 처음에 나의 논문을 크게 칭찬한 후 이 논문의 문제점이 된 곳으로 이야기를 옮겨갔다. 그는 그곳을 살펴보면서 그 내용이 위험하다는 점을 상기시키고, 마지막에는 이 노작을 학위 논문으로서 공표하는 것은 좋은 일이 못 된다는 결론을 내렸다. 더 나아가 학부장은, 학사 후보자인 내가 장차 가장 좋은 논문을 기대할 수 있는 사색적인 청년이라는 것을 학부 당국에 알렸고, 이것을 계속 추진하기 위해 내가 개별 논제에 대해 토론하는 것을 당국으로서는 권한다고 했다. 뿐만 아니라 앞으로 내가 이 논문을 현재의 형태, 또는 다시 고친 후에 라틴어나 다른 언어로 출판해도 좋으며, 대학과 관계없는 한 개인으로서, 한 신교도로서 출판하는 것은 어느 경우나 손쉬울 것이고, 그렇게 되면 더욱 순수하고 광범위하게 세상의 칭찬을 받게 되리라는 것이었다. 그의 권고로 내 마음의 무거운 짐이 얼마나 가벼워졌는가를 나는 그에

---

11) 이 논문은 남아 있지 않다.

게 감추지 않았다. 논문을 거부당한 것 때문에 내가 슬퍼하거나 화를 내지 않도록 그는 차례로 새로운 논거를 내보였는데, 그때마다 나의 마음은 더욱 가벼워졌다. 그리고 마지막에는 내가 그의 생각을 알고, 그 논거에 아무런 반대도 하지 않고, 오히려 그것을 당연한 것으로 생각하여, 만사를 그의 충고와 지도대로 행동할 것을 약속했기 때문에 그도 안심이 되는 모양이었다. 그래서 나는 다시 복습 교사와 협력해서 공부에 착수하였다. 몇 가지 논제[12]가 선택되어 인쇄되었다. 그리고 토론은 나의 식탁 친구들을 반대 질문자로 내세워, 매우 유쾌하고 편하게 이루어졌다. 로마 법전을 들춰보는 예전의 연습이 매우 쓸모가 있어서, 내가 그 방면에 조예가 깊은 사람으로 인정되었기 때문이다. 훌륭한 관례의 향연으로 이 행사는 끝났다.

그러나 아버지는 이 소논문이 학위 논문으로서 정식으로 인쇄되지 않은 것을 매우 불만스럽게 생각했다. 아버지는 내가 이것을 들고 프랑크푸르트로 금의환향하는 모습을 기대했기 때문이었다. 따라서 아버지는 그것이 출판되기를 바랐으나 나는 거칠게 윤곽만 그린 것에 지나지 않은 이 자료는 앞으로 더 보충되어야 한다고 아버지를 설득하였다. 그러자 아버지는 완성될 날을 위해 이 초고를 소중하게 보관해 주었다. 나는 몇 년이 지난 후 그것이 여전히 아버지 서류보관함에 들어 있는 것을 보았다.

내가 학위를 받은 것은 1771년 8월 6일이었다. 그 이튿날, 쉐플린[13]이 75세로 세상을 떠났다. 그다지 가깝게 지내지는 않았으나 이분은 나에게 큰 영향을 주었다. 같은 시대의 걸출한 인물들을 커다란 별과 비교할 수 있는데, 그것이 지평선 위에 걸려 있는 한 우리의 눈은 그쪽으로 향하고, 그와 같은 인물의 모범이 되는 장점을 섭취하는 것이 허락되면 고무되고 교화된 기분이 들기 때문이다.

아까운 줄을 모르는 자연은 사람들이 좋아하는 외모를 쉐플린에게 부여하

---

12) 법률학 전분야에 걸친 56개의 논제가 선택되어, 당시의 현실적인 문제와 연관지어 실용에 유익하도록 배려되어 있었다.

13) 요한 다니엘(1694~1771). 슈트라스부르크 대학의 사학 및 웅변술 교수. 국법학자로서도 활약하였다. 《알자스 해설(1751~61, 간행)》은 2권의 대포리오판으로 각각 거의 1000페이지의 대작이다. 그 속에서 역사, 지리, 국가 시설, 고대 등이 다방면으로 다루어져 있으며 그의 특별한 관심은 로마시대의 유적과 중세의 기념비에 기울었다.

였다. 늘씬한 키, 부드러운 눈빛, 이야기를 좋아하는 입 등, 어디를 보아도 바람직한 사람이었다. 자연은 또한 정신적 자질을 아낌없이 그에게 주었다. 그의 행복은 태어나면서 조용히 형성되어 간 장점의 성과로서, 고생해서 노력을 쌓은 사람은 아니었다. 그는 과거와 현재를 통일하려고 하는 경향을 갖는 사람, 다시 말하면 현실적인 삶의 관심에 역사적 지식을 결부시키는 기술을 터득한 행복한 사람 중의 하나였다. 바덴 지방에서 태어나 바젤과 슈트라스부르크에서 교육을 받았다. 새로 조국의 일부가 된 명승지, 낙원 그대로의 라인 계곡 같은 순수한 사람이었다.

그의 관심은 역사적 대상이나 고대학적 대상으로 향하고 있었다. 그는 훌륭한 상상력을 구사해서 이를 활발하게 파악, 자유자재의 기억력을 바탕으로 그 대상을 자기 것으로 만든 것이다. 실제로 그는 배우는 일이나 가르치는 일에 열성적이었으므로 연구나 실생활면에서 똑같이 진보 일로를 걸었다. 얼마 뒤 그는 중도에서 좌절하는 일 없이 두각을 나타내어, 학계에서나 시민 생활에서 손쉽게 기반을 넓혀갔다. 그는 역사지식이 풍부하고 태도가 싹싹해서, 어디를 가나 도처에서 친구를 만들었기 때문이다. 그는 독일, 네덜란드, 프랑스, 이탈리아를 돌아다니면서 당대의 모든 학자를 만나고 군주들과도 회담하였다. 다만 그의 활발한 담화 때문에 식사나 알현 시간이 길어지면 궁신들이 싫어했다. 그 대신 그는 정치가들의 신뢰를 얻어, 그들을 위해 가장 철저한 해설을 하여 도처에서 그의 재능을 발휘할 무대를 발견하였다. 여러 도시에서 눌러앉을 것을 권고받았으나, 그는 슈트라스부르크와 프랑스 궁전에 대한 지조를 굳게 지켰다. 그의 흔들리지 않는 독일적 성실성은 슈트라스부르크에서도 인정되어, 그를 남몰래 적대시하고 있는 권력자이자 집정관인 크린그린에 반대하면서까지 세상 사람들은 그를 옹호해 주었다. 타고난 사교성으로 이야기하기를 좋아했기 때문에 지식이나 업무, 교제에 있어서도 그 범위를 넓혀갔다. 그의 여자 혐오는 생애를 통해 변하지 않기 때문에 그는 여자를 좋아하는 사람들이 여자를 만나며 소비하는 시간을 절약할 수가 있었다. 이 사정을 모르면 어떻게 해서 그가 이렇게 많은 시간을 만들어낼 수 있었는지 이해하지 못할 것이다.

게다가 그는 또 저작가로서는 공공 단체용이었고 연설가로서는 민중 상대의 인사였다. 그의 서론이나 연설, 식사문은 특별한 날 행사의 첫머리에 인용되었다. 뿐만 아니라 그의 대저서 《알자스 해설》은 실생활에 큰 관련이 있는 것으로, 과거를 재현하고 색이 바랜 모습을 신선하게 하고, 석비나 석상에 생명을 불어넣고, 마모되고 부서진 묘비명(碑銘)을 다시 독자의 눈과 마음속에 떠오르게 하였다. 그의 활동은 이와 같이 해서 알자스와 그 근처에 널리 미치어, 바덴과 팔츠에서는 고령에 이를 때까지 변함없는 세력을 유지하였다. 또 만하임에 학사원을 창설하여 죽을 때까지 원장으로 있었다.

내가 단 한 번 이 탁월한 인물 가까이로 가게 된 것은 그를 위해 횃불 축제[14]가 개최된 밤의 일이었다. 우리의 송진 횃불은 보리수가 둥근 천장처럼 우거진 오래된 사원 안마당을 밝게 비쳤다고 하기보다는 오히려 피어오르는 연기로 가득차게 하였다. 음악이 끝나자 그는 내려와서 우리 사이로 들어왔다. 그는 잘 어울리는 자리를 찾은 것 같았다. 늘씬하고 보기 좋은 명랑한 노인은 가벼운 동작으로 우리 앞에 서서 우리를 존중하는 마음으로, 지식을 자랑하는 것 같은 티는 하나도 보이지 않고, 충분이 준비한 연설을 아버지와 같은 자애로운 어조로 하였다. 그는 이제까지 자주 공개 석상에서 연설을 들려준 왕후들처럼 우리를 대했기 때문에, 그 순간 우리도 높은 사람이 된 것 같은 기분이 들어 소리 높여 만족의 뜻을 나타내었다. 나팔과 북소리가 여러 차례 울렸다. 이렇게 해서 사랑스럽고 믿음직스러운 대학생들은 마음으로부터의 기쁨을 안고 삼삼오오 집으로 돌아갔다.

그의 문하에서 함께 공부한 친구인 코흐[15]나 오버린[16]과는 이미 훨씬 이전부터 친한 사이였다. 고대 유물에 대한 나의 애호심은 열광적이었다. 이 두 사람은 쉐플린의 알자스에 관한 대저작의 근거가 된 자료를 풍부하게 소장하고 있는 박물관을 방문하도록 나에게 여러 번 권고하였다. 이 저서에 대해서는 고대의 유적을 현지로 가서 본 그 여행[17]을 마친 뒤 비로소 자세히 알았다. 그 뒤

---

14) 쉐플린 교수의 재직 50년을 축하해서 열린 기념 행사.
15) 크리스토프 빌헬름(1737~1813). 쉐플린의 문하. 트라스부르크 대학의 사서. 1797년부터 공법교수로 있었다.
16) 예레미야스 야코브(1735~1805). 쉐플린의 문하. 1763년 이래 슈트라스부르크 대학에서 강의. 대학 도서관 감독관이었으나 후에 교수가 되어 쉐플린의 알자스 문화, 예술의 연구를 계속하였다.
17) 괴테가 바이란트, 엥겔바흐와 함께 한 알자스 여행(제9장).

이 책의 지식도 거의 완벽하게 습득했기 때문에, 소풍 때 라인 계곡을 로마 영토로서 생생하게 그려볼 수도 있었고, 태고의 여러 가지 꿈까지 뜬 눈으로 그려낼 수도 있게 되었다.

이 방면의 사정을 내가 점차 알게 되자 오버린은 나의 눈을 중세의 기념물로 돌리게 하여, 그 시대부터 지금까지 남아있는 폐허나 유물, 도장이나 문서에 대한 지식을 전수해 주었을 뿐만 아니라, 이른바 중세의 연애 시인이나 영웅 시인에 대한 애정을 나에게 불어넣으려고까지 했다. 나는 이 성실한 사람에게서나 코흐 씨로부터 많은 신세를 졌다. 만약에 그들의 의사나 소원대로 일이 진행되었다고 한다면, 내 일생의 행복은 그들에게서 비롯되었다고 해도 과언이 아니다. 그러나 일은 다음과 같은 경위를 거치게 되었다.

쉐플린은 국법학이라고 하는 보다 더 고도의 분야에서 평생을 활동해 온 사람이었다. 그는 자신과 비슷한 부류의 유능한 인물이, 같은 계통의 법학 연구로 궁정이나 내각에서 큰 세력을 손에 넣는다는 것을 알고 있었으므로, 민법학자의 입장에서는 참을 수 없는, 아니 부당할 정도로 혐오를 느끼고 있었고 자기 문하생들에게 이런 뜻을 내비치고 있었다. 위의 두 사람은 자르츠만의 친구였으므로 매우 호의적으로 나의 일도 인정해 주었다. 외부의 대상을 열정을 가지고 파악하고, 대상의 장점을 강조하여 여기에 특별한 가치를 부여할 수가 있는 나의 서술 방법을 두 사람 모두 나 자신보다도 높이 평가하였다. 한편, 빈약하다고 해도 좋을 나의 민법 연구도 두 사람에게 감출 수가 없었다. 게다가 그들은 내가 얼마나 남에게 좌우되기 쉬운 인간인가를 간파하고 있었을 정도로 나에 대해서 충분히 알고 있었다. 그리고 나는 대학에서의 직장 경력에 대한 애착을 조금도 감추거나 하지 않았다. 그래서 그들은 처음에는 가벼운 생각으로, 나중에는 단호하게, 역사, 국법학, 웅변술 등 여러 부문의 연구자로 나를 이끌려고 생각하였다. 슈트라스부르크 땅 그 자체가 그러한 편의를 충분히 제공하고 있었다. 베르사이유의 독일 문서과에서 근무할 수 있는 가망성이 있었고, 쉐플린이라는 선례도 있었다. 물론 이 사람만큼의 공적은 도저히 이룰 수 없다고 생각하였으나, 이 선례를 모방하지는 못하더라도 적어도 목표로 삼고 노력할 것을 굳게 다짐하였다. 이와 같은 분발에 의해서 아마도 같은 종류의 재능이 완성될 것이고, 이런 종류의 재능은 그것을 자랑하는 사람이나 자기를 위해 이용하려고 하는 사람에게 유용할 것이라는 생각이 들었다. 이들 나의 옹호자들과 자르츠만도, 기억력과 어감을 파악하는 나의 재능에 큰 가치를 두고 있었고, 그것을 이유로 그들의 의도나 제안을 나타내려고 한 것이다.

그런데 이와 같은 것들이 어째서 흐지부지되었으며, 또 내가 왜 다시 프랑스 쪽에서 독일 쪽으로 옮겨 왔는가 하는 데에 대한 저간의 사정을 밝혀두고자 한다. 이제까지처럼 이야기를 옮기기에 앞서 두서너 가지 일반적 고찰을 하는 것을 허용하기 바란다.

개인의 순수하고 안정된 부단한 진보를 기술한 전기는 거의 없다고 해도 좋을 것이다. 우리 인생은 우리를 감싸고 있는 전체와 마찬가지로, 자유와 필연으로 불가분하게 합성되어 있다. 우리의 의욕은 그 어떤 사정에 있든지 간에 우리가 행할 예정인 것의 전조이다. 그러나 이 사정이라고 하는 것은 각기 독자적인 방법으로 우리를 파악한다. 무엇을 목표로 하는가는 우리 뜻대로 되지만, 어떻게든 우리 마음대로 되는 일은 극히 적고, '왜'라고 묻는 것은 절대로 허용되지 않는다. 따라서 우리가 '그렇기 때문에'를 강요당하는 것도 무리는 아니다.

나는 어려서부터 프랑스어를 좋아했다. 파란격동의 생활 속에서 나는 프랑스어를 습득하고, 또 프랑스어를 통해서 파란만장한 실생활을 알았다. 문법도 배우지 않고 수업도 받지 않고 교제와 실습으로, 말하자면 제2모국어처럼 이 말을 내 것으로 만든 것이다. 그런데 나는 이 프랑스어를 더 자유롭게 사용할 수 있기를 바라고 있었다. 그러기 때문에 나는 제2의 유학지로서 다른 대학보다도 슈트라스부르크를 고른 것이다. 그러나 유감스럽게도 이 땅에서 나는 나의 희망과는 전혀 정반대의 일을 경험하여, 프랑스어나 프랑스의 습관을 지향하기보다는 오히려 거기에 등을 돌리게 되었다.

원래 예의 바른 행동을 머리에 두고 있는 프랑스 사람은 프랑스어로 이야기하는 외국 사람에게는 매우 관대하여, 잘못이 있어도 그 사람을 비웃거나 노골적으로 비난은 하지 않을 것이다. 그러나 자국어를 잘못 사용하는 것은 참을 수 없는 일이므로, 프랑스 사람들은 그럴 때의 처신을 알고 있어서, 상대방이 한 말과 같은 뜻을 다른 말투로 다시 고쳐 말하여 그것을 정중하게 강조해 보인다. 이때 당연히 사용해야 할 본래의 표현을 써서, 상대방이 사물을 잘 알고 주의 깊은 사람이라면 그를 올바른 어법으로 인도하려고 한다.

누구나 진지한 마음으로 배우는 태도를 가지고 자기를 버리고 덤비면 얻는 것도 많아 크게 진보하는 것이지만, 약간의 굴욕감을 느끼는 것은 어쩔 수 없다. 또한 할 말이 있어서 이야기하고 있는 것이므로, 가끔 도중에 말이 중단되고 무시당하면 대화가 중지되고 만다. 특히 나에게는 다른 사람보다도 이러한 경험이 많았다. 왜냐하면 나는 항상 흥미 있는 이야기를 하고 있다고 믿었고, 상대방이 단순히 표현에만 신경을 쓰는 것을 바라지 않았기 때문이다. 이러한 예가 나에게만 유달리 많이 일어난 것은, 나의 프랑스어 실력이 다른 외국 사람보다도 어수선했기 때문이다. 나는 하인, 시종, 보초, 배우, 연극 애호가, 농부, 용사와 같은 사람들로부터 프랑스어의 어법과 소리의 억양을 배웠다. 그리고 이 말의 사투리는 또 하나의 기묘한 요소가 첨가됨으로써 한층 혼란을 더하게 되었다. 즉 나는 프랑스인 개혁파 목사의 설교를 듣는 것을 좋아했고, 보켄하임에서 일요일마다 나간 산책은 이 설교를 듣는다는 조건으로 허용되었을 뿐만 아니라 오히려 명령되어 있었기 때문에 그 교회를 자주 방문한 것이다. 그러나 이것만으로는 아직 충분히 뜻을 다한 것은 아니었다. 나는 청년시절에 더욱더 16세기의 독일 정신에 마음을 돌렸는데, 이윽고 이 빛나는 시대의 프랑스인들도 이 애정 속으로 끌어들였다. 몽테뉴, 아미요,[18] 라블레, 마로[19]는 나의 벗이 되고 나의 마음에 흥미와 찬탄을 불러일으켰다. 이들 모든 요소가 나의 프랑스어에 뒤섞여 있었기 때문에, 듣는 사람들은 기묘한 표현 때문에 나의 의도를 쉽게 알아차리지 못했다. 뿐만 아니라 교양 있는 프랑스인들은 이제 정중하게 내 말의 잘못을 고쳐주지 않았고, 서슴없이 비난하거나 교사인 양 거드름을 피우는 것이었다. 그런 까닭으로 이 슈트라스부르크에서도 이전의 라이프치히에서와 같은 꼴을 당했는데, 다만 이번에는 다른 여러 지방의 언어와 마찬가지로 자기들 고유의 사투리로 이야기해도 좋다는 내 고향의 권리에 의존할 수가 없어서, 이 타향에서는 결국 이 땅의 규율에 따르지 않을 수 없었던 것이다.

만약에 악령이 나의 귀에 다음과 같은 말을 속삭이지 않았더라면, 아마도 우리는 이런 상황에 만족해야 했을 것이다.

'프랑스어를 말하려고 하는 외국인의 모든 노력은 항상 헛수고로 끝날 것이

---

18) 자크(1513~98). 《플루타르크 영웅전》의 프랑스어 역자로 알려져 있다.
19) 클레망(1495~1544). 프랑스 르네상스기 제1의 시인.

다. 왜냐하면 프랑스어의 가면을 쓰고 있어도 익숙한 귀는 독일인인가, 이탈리아인인가, 영국인인가를 분명히 구별하기 때문이다. 누구나 관대하게 보아줄 것이지만 유일한 언어가 존중되고 있는 성당 내부로는 결코 들어가지 못할 것이다.'

그러나 소수의 예외가 인정되고 있었다. 예를 들어 폰 그림[20]을 들 수 있지만, 이런 사람은 매우 보기 힘들다. 그 유명한 쉐플린조차도 프랑스어의 정상은 정복하지 못했을 것이라고 말들을 하고 있다. 쉐플린이 일찍부터 프랑스어로 완전히 자기 의사를 표현할 필요성을 충분히 통찰하고 있었다는 것은 세상 사람들도 인정하고 있었다. 또 자기가 생각하고 있는 뜻을 누구에게나 전하고, 특히 저명한 사람과 회담을 하려고 한 그의 성향을 사람들은 시인하고 있었다. 더 나아가 그가 서 있는 무대에서 그 고장의 언어를 자기 것으로 만들려고 노력하고, 될 수 있는 대로 프랑스의 사교가, 연설가가 되려고 노력한 일을 세상 사람들이 칭찬하기도 하였다. 그러나 그가 모국어를 부정하고 외국어를 습득하려고 고생한 것이 그에게 무슨 쓸모가 있었을까? 그는 그것으로 아무도 만족시키지 못했다. 사교계에서는 그를 자부심이나 긍지도 없이 자기 의중을 전달하려고 했고, 또 전달할 수가 있다고 믿은 허영심이 강한 사람으로 여겨질 뿐이었다. 게다가 세상일을 잘 알고 언어에 능통한 세련된 인사들의 말을 빌리자면, 그는 회화를 한다고 하기보다는 오히려 토론하고 대화풍으로 문답하고 있다고 단언한다. 토론이나 문답은 독일인의 유전적인, 그리고 근본적인 결점이고, 회화는 프랑스 사람의 주요 장점이라고 일반적으로 인정되어 왔다. 그는 대중을 앞에 놓은 연설가로서도 회화 이상으로 성공하지 못하고 있다. 그가 왕이나 제후를 향해 충분이 수정을 가한 연설을 하면, 신교도인 그에게 원한을 품은 예수회 사람들이 유심히 듣고 있다가 그의 어법의 비프랑스적 잘못을 지적하는 것이다.

우리가 이러한 쉐플린의 예를 들어 스스로를 위로하거나, 젊은이이므로 마른 나무에 가해진 부담 같은 것을 참는다고 하며 그냥 넘어갔으면 좋았을 것이

---

20) 프리드리히 메르히오르(1723~1807) 루소, 디드로의 친구. 생애의 대부분을 파리에서 보내고, 1753년 이래 그곳으로부터 여러 곳의 독일 궁정에 《프랑스 통신》을 규칙적으로 보내 문화 영역에서 중요한 중개자 역할을 하였다. 혁명 후 1790년에, 전에 가끔 갔던 고타로 옮겼다. 괴테는 1777년, 81년, 92년, 1801년 네 번에 걸쳐 그를 만났다.

다. 그러나 우리는 이런 사소한 일에 얽매인 부당한 태도에 화를 냈다.

우리는 절망한 끝에, 이 눈에 띈 실례에서, 프랑스인이라고 하는 사람들은 모든 일이 일어날 수 있을 경우의 외적 조건에 너무나 얽매이기 때문에 그들을 사물 그 자체를 가지고 만족시키려 해도 소용없다는 것을 확신하게 된다. 그러기 때문에 우리는 프랑스어를 전면적으로 거부하고, 지금까지보다 더 맹렬하게 그리고 진지하게 모국어에 전념하자는 결의를 굳히게 되었다.

이를 위해서 우리는 실제 생활 속에서 그 기회와 관심을 발견하게 되었다. 알사스는 프랑스에 병합된 지 얼마 되지 않았으므로 노소를 불문하고 모든 사람들에게 이제까지의 제도, 습속, 언어, 복장에 대한 깊은 애착이 남아 있었다. 피정복자는 할 수 없이 자기 생존의 절반을 잃는다 해도, 나머지 반을 자발적으로 포기하는 것은 수치라고 생각하기 마련이다. 그렇기 때문에 과거의 좋았던 시대를 회상하고 행복한 시절이 다시 오기를 바라는 사람은 무엇에든지 집착한다. 슈트라스부르크의 많은 주민들은 개별적으로 나뉘어져 있지만 각기 의향에 따라 맺어진 작은 단체를 이루고 있으며, 더욱이 이들 단체는 프랑스 왕권하에 당당한 영지를 가지고 있던 독일 제후의 많은 신민에 의해 끊임없이 그수가 배로 늘어났고 또 보충되고 있었다. 아버지도 아들도 공부나 업무 등으로, 기간의 차이는 있지만 슈트라스부르크에 머물고 있었기 때문이다.

우리의 식탁에서도 이와 마찬가지로 독일어만 사용되었다. 잘츠만은 편안하고 우아하게 프랑스어로 자기 생각을 말했으나, 그 노력이나 행동을 보면 완전한 독일인이라는 것에는 의심할 여지가 없었다. 레르제는 독일 청년의 전형으로 추천할 만했고 마이어 폰 린다우는 신경을 써가면서 프랑스어를 말하는 것보다는 여유 있게 독일어로 이야기하는 것을 좋아했다. 그 밖의 사람 중에는 고르[21]의 말과 풍습에 애착을 갖는 사람도 많이 있었으나, 그 사람들도 우리와 함께 있는 동안에는 역시 전체적인 독일적 기풍에 좌우되고 있었다.

언어 문제로부터 눈을 돌려 우리는 국가의 정치 사정을 바라보았다. 분명히 우리 제국 헌법에 대해서는 칭찬할 만한 점이 그리 많지 않았다. 그것이 모두 법의 남용에서 온다는 것을 우리는 인정하기는 했지만, 법에 입각하고 있는 만

---

21) 고대 프랑스. 갈리아라고도 한다.

큼, 현행 프랑스 헌법보다는 뛰어나다고 생각하였다. 프랑스 헌법으로 말하자면 전적으로 법률을 무시한 남용으로 혼란에 빠져 있고, 그 정부의 운용을 보면 엉뚱한 곳에서만 힘을 발휘하여, 사태의 전면적인 개혁이 불가피하다고 예언을 해도 이것을 당연하다고 인정하지 않을 수 없는 상황에 놓여 있었다.

돌이켜서 북쪽을 바라보면 거기에서는 북극성에 비길만한 프리드리히가 우리에게 빛을 던져주고 있었다. 독일, 유럽, 아니 전 세계가 이 별을 중심으로 돌고 있는 것처럼 보였다. 그의 탁월한 능력은, 프랑스 육군이 프로이센식 병사훈련뿐만 아니라 프로이센 간부 장교까지 도입하게 되었을 때 더욱 선명하게 나타났다. 참고로 그의 외국어에 대한 편애를 우리들은 너그러운 눈으로 보았지만, 그것은 그가 사랑하는 프랑스 시인이나 철학자, 문학가들이 끊임없이 그를 괴롭히고, 그를 난입자로 간주하고 그렇게 대우해야 한다고 자주 공언했기 때문에, 우리가 그것에서 충분히 만족감을 느끼고 있었기 때문이었다.

그러나 우리를 다른 그 무엇보다도 강하게 프랑스인으로부터 분리시킨 것은, 프랑스 문화에 심취하는 국왕뿐만 아니라 독일인 일반에게도 취미가 결여되어 있다는 무례한 주장이 되풀이되고 있었기 때문이다. 마치 후렴처럼 어떤 비판에나 결부되는 상투적인 어구에 대해서는 이를 오직 무시함으로써 평온을 유지하려고 하였다. 도대체 이러한 사항의 진위를 해명한다는 것은 상당히 곤란한 일이었다. 왜냐하면, 메나주[22]까지도 프랑스 작가들은 모든 자질을 갖추고 있지만 다만 취미가 결여되어 있다고 말했다고 우리에게 단언하는 사람도 있었기 때문이다. 게다가 실제로 생생한 파리 소식에 의하면 최근 작가들은 모두 취미가 결여되어 있고, 볼테르까지도 이러한 비난으로부터 완전히 벗어날 수가 없다는 말을 듣고 있는 참이라, 취미 문제를 명백히 한다는 것은 더욱 곤란했다. 이미 일찍부터 자연에 입각하도록 되풀이하여 교육된 우리는 진실하고 순수한 감정과 신속하고 소박한 표현 이외에는 무엇 하나 인정하려고 하지 않았다.

우정, 애정, 동포애[23]

---

22) 질(1613~92). 프랑스의 학자. 프랑스어에 관한 저작을 발표하였다.
23) '올파우스트' 197~8행의 시구이지만 《파우스트》(1부)에는 들어가지 않았다.

'그것은 저절로 나타나는 것이 아닌가?'

이것은 조촐한 우리 대학생 집단이 평소에 서로 인정하고 의기투합하기 위해 정한 구호이자 함성이었다. 이 금언은 우리의 모든 사교적인 연회의 기본이 된 것으로, 그런 기회가 오면 몇 날 몇 밤이고 순수한 우리 독일 서민(독일 소시민성·정신적 편협의 알레고리)들은 이 기질을 드러내곤 하였다.

이제까지 말한 것들은 단지 외적인 우연한 인연과 개인적인 특성으로밖에 여겨지지 않을지 모르나, 프랑스의 문학은 그 자체에, 노력하는 청년을 매료하는 것보다는 오히려 반감을 품게 할 것임에 틀림없는 어떤 종류의 성질을 띠고 있다. 즉 프랑스 문학은 늙고 고귀했다. 그리고 이 두 가지 성질로는 생의 향락과 자유를 찾는 청년들을 기쁘게 할 수는 없었다.

16세기 이래 프랑스 문학이 걸어온 길이 완전히 중단된 일은 없고, 오히려 국내의 정치적, 종교적 동란이나 대외 전쟁이 문학의 진보를 촉진하였다. 그러나 우리가 들은 일반적 주장에 의하면 프랑스 문학은 이미 1세기 전에 전성기에 있었다고 한다. 축복받은 주위 상황에 의해서 일시적으로 풍요로운 결실을 보아 성공적으로 수확이 이루어졌기 때문에, 18세기 가장 뛰어난 재능을 지닌 작가들도 겸손하게 이삭을 줍는 것에 만족할 수밖에 없었다는 것이었다.

그렇지만 희극을 비롯하여 많은 것들이 시대에 뒤떨어진 것이 되어 있었다. 희극은 분명히 이전만큼 완벽하다고는 할 수 없어서, 새로운 관심을 가지고 생활이나 습속에 알맞도록 몇 번이고 개작되지 않으면 안 되었다. 대부분의 비극은 극장에서 모습을 감추고 말았다.

볼테르는, 세평에 의하면 그가 도저히 따라갈 수 없다고 일컬어진 선구자 코르네이유가 얼마나 결점이 많은가를 보이려고, 둘도 없는 기회를 놓치지 않고 코르네이유의 작품[24]을 출판한 것이다.

시대의 경이라고 일컬어진 볼테르마저도, 약 1세기에 걸쳐서 스스로 활기를 주고 지배해 왔던 문학과 마찬가지로 늙고 말았다. 다소나마 일할 힘이 있었던 많은 문학가들이 그와 함께 생존하여 무위의 나날을 보내고 있었으나 이들도

---

24) 1764년에 볼테르가 주석을 달아 출판하였다. 레싱은 주석의 부족함을 《함부르크 연극론》에서 지적하였다.

연이어 모습을 감추었다. 사회가 작가에게 미치는 영향은 더욱 커져갔다. 집안, 지위, 재산의 혜택을 받은 사람들로 구성된 최상류 사교계가 그들의 중요한 화제로 문학을 골랐기 때문에, 문학은 완전히 사교적이고 고귀한 것이 되었다. 귀족과 문학가는 서로 교화하고 또 서로 손상을 주지 않을 수 없었다. 모든 고귀한 것은 원래 배타적이지만, 프랑스의 비평도 또한 배타적이 되어, 부정적, 모욕적, 비방적인 것으로 되어갔기 때문이었다. 상류 계급은 작가들을 향하여 이러한 비판을 사용했고, 작가들도 한층 무례하게 서로를 향하여, 아니 자기들의 옹호자에게까지도 이러한 비판을 가했다. 대중에게 경외의 마음을 일으키지 못하는 작가들은 대중들을 깜짝 놀라게 하거나 또는 몸을 굽혀서 그들의 환심을 사려고 하였다. 그 결과 교회나 국가의 내부를 뒤흔들었던 것을 별도로 한다면, 여기에 일종의 문학적인 발효 상태가 생겨 일체의 것을 무시하려는 일반적 풍조에 초연하기 위해서는, 볼테르 자신도 전폭적인 활동력과 자신의 유리한 입장을 필요로 했을 정도였다.

　이미 그는 완고한 늙은이라는 말을 공공연하게 들었다. 그의 지칠 줄 모르는 활동은 노망든 노인의 헛된 노력으로 간주되고, 그가 평생 고집하며 사람들에게 알리는 데 나날의 생활을 바친 그 원리는 이미 어느 누구도 평가하고 존중하려고 하지 않았다. 그는 신앙 고백을 통해, 일체의 무신론적 사상과 자신은 아무 관계없다고 분명히 밝혔으나, 세상 사람들은 그의 신까지도 이미 인정하지 않았다. 그렇기 때문에 이 분야의 장로이자 족장인 볼테르 자신이, 어이없게도 최연소의 경쟁 상대와 마찬가지로 눈앞의 상황에 신경을 쓰며 새로운 애호가를 찾아다녔고, 자기편에는 지나친 호의를 보이고 적에게는 지나친 악의를 나타내었다. 또 마치 진리에 대한 열렬한 사랑을 위해 노력하는 척하면서 내부적으로는 부정하고 부실한 행동을 하지 않을 수 없었다. 이렇게 활동적으로 위대한 생애를 보냈다 해도 그것이 생애의 시초 때보다도 만년이 되어 한층 예속적인 것이 되었다고 한다면, 과연 그 생애는 정말로 수고를 한 가치가 있었을까? 이러한 상태가 얼마나 견딜 수 없는 것이었는가를 그와 같은 고매한 정신, 섬세한 감각이 알아차리지 못하지는 않았을 것이다. 따라서 그는 자주 엉뚱한 방법으로 울분을 풀고 불쾌한 감정을 나타내고, 터무니없이 공격적인 자세를 여러 번 취하기도 하였다. 그럴 때에는 적도 아군도 대개 유감의 태도를 나타냈다. 그 누구도 그와 겨룰 수는 없었지만 그보다는 견식면에서 뛰어나다고 믿고 있었기 때문이다. 항상 노인의 판단에만 귀를 기울이는 민중은 자칫하면 방자해진다. 미숙한 정신에 의해 받아들여진 노숙한 판단만큼 쓸모없는 것은 없다.

독일적인 자연과 진리에 대한 사랑을 안고 있던 우리 청년들은 인생과 학문의 가장 좋은 지도자로서 자타에 대한 성실이라는 것이 항상 눈앞에 떠올라 있었으므로, 볼테르의 당파적인 불성실이나 대상의 왜곡에 더욱 화가 나서 그에 대한 혐오의 감정을 더욱더 강화시켜 나갔다. 그는 신부들을 해치운다는 명목으로 종교나 그 근거가 되는 성서에 갖은 욕을 다했다. 이에 대해 나는 몹시 불쾌한 감정을 품게 되었다. 게다가 그가 노아의 대홍수의 전승[25]을 논박할 목적으로 모든 조개껍데기의 화석을 부인하고, 이것은 단순히 조화의 장난에 지나지 않는 것이라고 했다는 말을 듣고 나는 그에 대한 신뢰를 완전히 상실하고 말았다. 왜냐하면, 이전에 내가 바스트베르크[26]에서 목격한 바에 의하면, 내가 물이 마른 고대의 해저 위에서 원생동물의 껍데기 사이에 분명히 서 있었기 때문이었다. 분명히 이 산들은 한때 바닷물에 씻기고 있었던 것이다. 이것이 노아의 홍수 이전의 일인지, 그렇지 않으면 노아의 홍수 때였는지는 나에게는 그다지 문제가 되지 않았다. 요컨대, 라인 계곡은 거대한 호수이고 끝없는 후미였던 것이다. 누가 뭐라고 해도 나는 이 생각을 버릴 수가 없었다. 오히려 나는 그 결과가 어떻게 되든 간에 육지나 산맥에 대한 지식을 한층 확대하려고 생각한 것이다.

이런 까닭으로 프랑스 문학은 그 자체로나, 또 볼테르[27]에 의해 노련하고 품위 있는 것이 되어갔다. 이 주목할 만한 인물에 대해서 좀더 고찰을 하고자 한다.

활발한 사교 생활, 정치, 대규모의 영리 사업, 세상 군주들과의 관계, 또 그 자신이 지상의 지배자의 한 사람이 되기 위한 이러한 관계의 이용 등, 볼테르

---

25) 볼테르가 그의 '철학 사전'의 '노아의 홍수' 항에서 이 전승에 다른 주장을 내놓았다.

26) 제2부 제10장에 나와 있다.

27) 프랑수아 마리 아루에(1694~1778). 볼테르는 일찍부터 괴테의 시야에 들어와 있었다. 괴테는 1799년에 《마호메트》, 1800년에 《탄크레드》를 번역하였고, 이 둘은 모두 바이마르에서 성공리에 상연되었다. 1805년 디드로의 《라모의 조카》의 번역에 붙인 주석에서 괴테는 볼테르의 특성을 그리고 있다.

의 소원과 노력은 청년 시절부터 이들을 지향하고 있었다. 그 사람처럼 자주 독립을 위해 남에게 예속되는 것을 사양하지 않은 것은 쉽사리 할 수 있는 일이 아니었다. 한편으로 그는 사람들의 정신을 억압하는 데에도 성공하여 국민은 그의 수중으로 들어갔다. 그의 적이 평범한 재능을 휘둘러 격렬한 증오를 불태워 보아도, 모두가 헛된 것이 되어 그에게 타격을 줄 수가 없었다. 확실히 그는 궁정과 화해하지는 못했으나 그 대신 외국의 황후들이 그에게 조공을 바쳤다. 카타리나 대제와 프리드리히 대왕, 스웨텐의 구스타프, 덴마크의 크리스티안, 폴란드의 포니아토브스키, 포로이센의 하인리히, 브라운슈바이크의 칼 등이 그에게 신하로서 복종할 뜻을 고백했다. 교황들까지도 다소의 양보는 하더라도 그를 회유하지 않으면 안 된다고 생각하였다. 요세프 2세가 볼테르를 멀리한 것도 결코 이 군주의 명예가 되지 않았다. 그토록 훌륭한 지성과 뜻을 가진 볼테르가 좀더 총명하고 사람을 아는 눈이 있었다면, 자신과 자신의 의도에 불이익을 끼치지는 않았을 것이다.

내가 여기서 요약해서 다소의 맥락을 붙여 말한 것들은, 그 당시 아무런 맥락도 가지지 않고 교훈도 없고, 다만 떠도는 풍문이나 영원히 조화되지 않은 불협화음으로서 우리의 귀에 들리던 것들이다. 항상 귀에 들어온 것은 오직 선배를 찬양하는 소리뿐이었다. 사람들은 무엇인가 좋은 것, 새로운 것을 구했으나 항상 새로운 것을 바라지는 않았다. 오랫동안 불황에 빠졌던 극장에서는 어느 애국자가 프랑스 민족적인 인심을 고양하는 작품을 상연하여, 《칼레의 포위》[28]가 열광적인 갈채를 받는가 싶더니 어느새 애국적인 동류의 작품과 함께 내용이 없는 것으로 비하되는 형편이었다. 내가 소년 시절에 즐겨 읽은 데투슈[29]의 풍속 묘사는 인상적이 아니라는 평가를 받았고, 이 존경할 만한 인물의 이름도 어느 틈엔가 잊혀 갔다. 최근의 문학 사조에 편승한 어떤 사람에게 내가 어떤 종류의 작가나 그 작품에 관심이 있다고 말했을 때, 마치 내가 시골

---

28) 피에르 로랑 뷔레트 벨루아(1727~75)의 작(1765). 이 작품은 레싱이 《함부르크 연극론》 속에서 자세히 논했다. 1346년 영국인과 프랑스인이 싸웠을 때 칼레 시민의 이야기를 다루고 있는데, 오늘날 로댕의 조각으로 특히 유명하다.

29) 필립 네리코오(1680~1778). 프랑스의 극작가. 제3장에서 이미 언급되어 있는데, 괴테는 이 밖에 《라모의 조카》의 주석에서 이것을 다루고 있다. 그의 작품(독어역)은 때때로 독일에서 상영되었고, 레싱도 여러 차례 《함부르크 연극론》에서 이를 논평하고 있다.

뜨기 같은 비평을 한다는 비난을 감수해야 했는데, 이러한 작가의 이름을 들 자면 한이 없을 것이다.

이런 이유로 우리는 다른 독일 친구들로부터 더욱 멀어지는 존재가 되었다. 우리가 지향하는 바나 타고난 특성에 의하면, 대상으로부터 받은 인상을 굳게 견지하고 그것을 천천히 소화해서, 불가피한 경우에는 될 수 있는 대로 천천히 그것을 파기하는 것이 바람직한 방법이었다. 성실한 주의와 끊임없는 노력을 통해서, 무슨 일에서든 무엇인가 얻는 것이 있고, 이에 대한 끊임없는 열의에 의해 마침내는 비판과 그 근거도 동시에 말할 수 있는 지점에 도달해야만 한다 고 우리는 확신하고 있었다. 또 우리는 위대하고 훌륭한 프랑스 사회가 많은 이 득을 우리에게 제공하는 것도 간과하지는 않았다. 루소[30]라고 하는, 참으로 우 리의 마음에 드는 예가 있었기 때문이다. 그러나 그의 생애와 운명을 고찰해 보면, 그가 이룩한 일체의 업적에 대해 최대의 보수로서 얻은 것은, 그가 세상 의 인정을 받지 못하고 잊힌 채 파리에서 여생을 보내지 않을 수 없다는 것밖 에 없었다.

백과전서파[31]의 이야기를 듣거나 그들의 저작을 펼쳤을 때, 나는 마치 큰 공 장에서 무수히 돌아가고 있는 실패와 방적기 사이를 헤매는 것 같은 기분이 든다. 요란스러운 소음이나, 특히 눈과 마음을 혼란케 하는 기계 장치와 복잡 한 설비를 제대로 알지 못해, 한 필의 천을 만드는 데에 필요한 모든 공정을 바 라보면서, 내가 지금 입고 있는 저고리까지도 몹시 싫은 것으로 느껴지는 것이 었다.

디드로[32]는 우리와 매우 가까운 관계에 있었다. 애당초 프랑스 사람들이 그 를 비난하는 모든 점에 있어서 그는 바로 진짜 독일인이었다. 그러나 한편으로

---

30) 장 자크(1712~78). 괴테가 슈트라스부르크에 재학 중, 루소는 이미 유럽에서 명성을 떨치고 있 었다. 1761년에는 《신엘로이즈》, 1762년에 《에밀》이 출판되었다.

31) 백과전서(전28권, 1751~72)의 협력자들. 디드로, 달랑베르를 주간으로 하여 마레, 루소, 마르몽 텔, 뷔퐁, 볼테르 등. 이 광범한 작품은 회의주의와 유물주의로 특징지어지는 프랑스 계몽주 의의 주요 작품이다.

32) 드니(1713~84). 괴테는 청년기 이래 그를 높이 평가하여, 1805년에 《라모의 조카》를 번역, 그 주석을 썼다. 디드로의 가장 인기 있던 극작은 《서출 자식(1757)》, 《가부(1758)》로, 이에 대해 레싱은 《함부르크 연극론》에서 비평을 썼다.

그가 서 있는 곳은 너무 높고 시야는 너무 넓어 우리가 그의 옆에 서서 도저히 어깨를 나란히 할 수는 없었다. 하지만 그의 위대한 화술에 의해 한층 돋보이고 기품을 부여받은 저 자연인들[33]은 우리가 매우 좋아하는 사람들이었고, 작품 중의 용감한 밀렵자나 밀수입업자들[34]은 우리를 매료시켰다. 그리고 이들 무뢰한들은 그 뒤 독일 문단에 너무나 만연한 감[35]이 없지 않았다. 이렇게 해서 루소와 함께 사교 생활에 대한 혐오스런 관념을 유포하고, 현존하는 모든 것이 파괴되는 것 같았던 저 무서운 세계 변혁에의 눈에 보이지 않는 도화선을 끈 것도 또한 디드로였다.

그러나 이러한 고찰은 잠시 접어두고, 위의 두 사람이 예술에 어떤 영향을 끼쳤는가를 말하는 것이 어울릴 것이다. 이 방면에서도 이 두 사람은 여러 가지 지침을 주었으나 그와 동시에 예술에서 자연으로 우리를 몰아세웠다.

모든 예술의 최고의 과제는 가상을 통해서 보다 더 높은 현실의 착각을 주는 일이지만, 가상을 지나치게 현실화해서 마침내는 평범한 현실만 남게 하는 것은 그릇된 노력이다.

무대라고 하는 것은 관념적인 장으로, 앞뒤로 세워진 양쪽의 무대 배경에 원근감을 적용해서 최고의 효과를 올린 것이다. 그런데 이제는 이 이점을 멋대로 파기하고, 무대 양쪽을 폐쇄하고 실제적인 방의 벽을 만들려고 하였다. 그래서 각본 그 자체나 배우의 연기도 모두가 이와 같은 무대면에 합치하는 것이 되어야 했고, 이 때문에 전혀 새로운 연극이 나타나게 되었다.

프랑스의 배우는 희극에서 예술적 진실[36]의 최고봉에 이르고 있었다. 그들은 파리에 살면서 궁정인의 외면적인 동작을 관찰하였고, 남녀 배우가 연애 사건에 관련되어 상류 사회와 밀접한 관계를 지니고 있었다는 점 등은 사교 생활의 온갖 농간을 무대 위에 옮기는 데에 힘이 되었다. 이런 점에서 자연을 존중하는 사람들이라 할지라도 거의 비난할 여지가 없었다. 그러나 배우들은 시민

---

33) 앞에 나온 디드로의 극작 중에 나오는 인물들.

34) 디드로의 《부르봉의 두 친구》에 나와 있다.

35) 실러의 《구도》를 위시하여 이프란트의 《수렵자》 등 많다.

36) 괴테는 그의 논문 《예술 작품의 진실과 진실다움(1798)》에서 예술적 진실을 자연적 진실과 대비하고 있다.

생활에도 실제로 종종 있었던 비극적 제재를 자신들의 각본으로 고르고, 산문을 고상한 표현으로 사용하며, 부자연스러운 낭독이나 동작을 점차 없애간다면 그야말로 일대 진보라고 믿고 있었다.

예부터의 엄격한 운율에 입각하여 기교를 부린 비극 자체도 위대한 재능과 전통의 힘에 의해서 간신히 혁명의 위협을 피하고 있었다는 것은 주목할 만한 일이지만 일반 사람의 주의는 별로 끌지 않았다.

무대 위에서 특별한 품위를 유지하며 열의와 강조로 자신의 맡은 역을 하여, 자연적인 것과 일상적인 것으로부터 멀어져 간 배우 르켄[37]에 대립하는 오프렌[38]이란 배우가 있었다. 이 사람은 일체의 부자연에 대해 투쟁을 선언하고, 비극 연기에서 최고의 진실을 표현하려고 하였다. 이러한 방향은 파리의 다른 연극인들과는 맞지 않았던지 홀로 고립되었고, 다른 배우들은 결속을 굳히고 있었다. 완고하게 자기 의사를 고집한 그는 자진해서 파리를 떠났고, 가끔 슈트라스부르크를 지나갔다. 그래서 우리는 그가 《신나》[39]의 아우구스트나 미투리다,[40] 그 밖의 비극의 역할을 매우 자연적이고 진실한 품위를 보이면서 연기하는 것을 보았던 것이다. 무대에 선 그는 아름다운 장신의 사나이로 튼튼하다기보다는 날씬하였고, 당당하지는 않았지만 우아한 품위를 느낄 수 있는 동작을 보여주었다. 그의 연기는 신중하고 침착하였고 필요한 곳에서는 충분히 박력을 나타냈다. 매우 능숙한 배우로 기교를 자연으로, 자연을 기교로 바꾸는 요령을 알고 있는 예술가의 한 사람이었다. 원래 이러한 사람이야말로 그의 장점이 오해를 받아, 항상 잘못된 자연주의에 대한 설을 낳는 원인이 되는 것이다.

여기서 또 한 가지, 소품이기는 하지만 주목할 만한 획기적인 작품에 대해 말해보고자 한다. 그것은 루소의 《피그말리온》[41]이다. 이 작품에 대해서는 여

---

37) 앙리 루이 켄(1728~78). 프랑스의 유명한 배우. 볼테르 발탁, 그의 극작의 성공에 크게 공헌하였다.

38) 쟝 리바르(1728~1804). 프랑스의 배우. 특히 코르네유 배우로 유명하다.

39) 코르네유의 비극.

40) 라신의 비극 《미투리다》의 주인공.

41) 1762년에 루소가 쓴 멜로드라마. 예술가 피그말리온이 자기 손으로 만든 대리석 소녀상을 사랑하여, 그의 소원에 의해 아프로디테가 그 석상에 생명을 불어넣어 피그말리온이 그녀와 결혼한다는 고대 우화를 극화한 것. 괴테는 디드로의 《회화론》의 주석 가운데서 이것을 논하고 있다.

러 가지 말을 할 수가 있을 것이다. 왜냐하면, 이 색다른 작품도 예술을 자연 속으로 용해시키려는 잘못된 노력을 해서 자연과 예술 사이를 동요하고 있기 때문이다. 우리는 여기에서, 완벽하게 할 일을 하면서 더 나아가 자기 이념을 외부로 예술적으로 표현하여 그 이념에 보다 더 높은 생명을 부여한 것에 만족하지 않는 한 사람의 예술가를 보는 것이다. 아니, 이 예술가는 이러한 이념을 다시 지상적 생활로, 그 자신에게까지 끌어당기지 않고는 참을 수 없는 것이다. 그는 정신과 행위가 낳은 최고의 것을 관능의 비속한 작용으로 파괴하려하고 있는 것이다.

이 모든 것이나 그 밖의 여러 가지 것, 옳은 것, 어리석은 것, 진실한 것, 반쯤 진실한 것 등이 우리에게 깊은 영향을 끼쳤다. 그보다 훨씬 우리의 종래의 개념을 혼란시켰다. 우리는 여러 잘못된 길이나 우회로를 방황하였다. 이렇게 해서 우리가 그 목격자가 된 저 독일 문학의 혁명이 여러 면으로 준비되었다. 우리는 의식의 여부에 상관없이, 또 좋아하든 싫어하든 할 수 없이, 여기에 협력하지 않을 수 없었다.

철학적인 방법으로 계발되고 조성되고 싶다는 충동이나 경향은 우리에게는 전혀 없었고, 종교의 여러 문제에 대해서는 스스로 계몽을 다했다고 믿고 있었기 때문에, 프랑스 철학자들의 사제 계급에 대한 격렬한 투쟁에 대해서 우리는 상당히 무관심했다. 불태워진 금단의 책은 당시 크게 물의를 일으켰으나 우리에게는 아무런 영향도 끼치지 않았다. 이들 모든 책을 언급하는 대신에, 우리가 호기심으로 손을 댄 《자연의 체계》[42]에 대해서 말해보기로 한다. 우리는 이런 종류의 책이 왜 위험한지 전혀 알 수가 없었다. 우리에게는 이것이 매우 음산하고 영원한 어둠의 땅에 서 있는 죽은 사람 같아서, 읽어보는 것만으로도 힘이 들었고 유령이라도 만난 것처럼 소름이 끼쳤다. 저자는 머리말에서, 여생이 얼마 남지 않은 노인의 몸으로 동시대와 후세 사람들에게 진리를 알리기를 바라고 있다고 선언하고, 그렇기 때문에 이 책을 추천하는 것이라고 밝히고 있었다.

---

42) 파울 하인리히 디트리히 폰 호르바흐(1723~89. 통칭 도르바크) 작. 제1판은 1770년, 무명으로 출판되었다. 도르바크는 라인팔츠 태생이지만, 젊었을 때 프랑스로 가서 유물론, 무신론으로 계몽주의 운동의 선두에 섰다.

우리는 그를 보기 좋게 비웃었다. 왜냐하면 이 세상의 표면에 나타난 바람직하고 사랑스러운 일들은 원래 노인들에게는 전혀 존중되지 않는 것임을 깨닫고 있었기 때문이었다.

'낡은 교회의 창 유리는 어둡다. 버찌나 딸기 맛은 어린아나 참새에게 물어보지 않으면 알 수 없다.'

이것은 우리가 장난으로 곧잘 한 말이었다. 그런 까닭으로 바로 노령의 진수라고 할만한 그 책은 우리에게 맛이란 전혀 없는 것처럼 여겨졌다. 모든 것은 필연적이어야 하므로, 따라서 신은 존재하지 않는다고 말한다. 그러나 '그렇다면 신은 필연적으로 존재하지 않는 것일까?' 하고 우리는 반문하였다. 물론 이 경우 우리는 낮과 밤, 사계절, 기후의 영향, 육체적 동물적 상황 등, 여러 가지 필연성으로부터 도망갈 수 없을 것이라는 것은 인정하고 있었다. 그러나 우리는 완전한 자의라고 여겨지는 것이 마음속에 존재한다는 것을 느끼고 있었고, 동시에 이 자의에 대항하려고 시도하고 있는 그 무엇인가가 있다는 것도 인정하고 있었다.

더욱더 이성적이 되어, 자신들을 외적인 사물로부터, 아니, 자기 자신으로부터도 독립시키려고 하는 희망을 우리는 도저히 버릴 수 없었다. 자유라고 하는 말은 비록 그것이 어떤 착오를 나타내는 말일지라도, 그것 없이는 지낼 수 없을 정도로 아름다운 어감을 가지고 있다.

우리 중에서 누구 하나 이 책을 끝까지 읽은 사람은 없었다. 이 책을 펼쳤을 때의 기대가 어긋나는 것을 느꼈기 때문이다. 자연의 체계라고 되어 있었으므로 우리는 실제로 우리의 우상인 자연에 대해 무엇인가를 알아낼 수 있을 거라고 기대하였다. 물리학, 화학, 천문학, 지리학, 박물학, 해부학 등 여러 가지 것들이 몇 년 전부터 최근에 이르기까지 우리의 눈을 아름답게 장식된 대우주로 돌리게 한 것이다. 우리는 태양이나 별, 행성이나 달, 산이나 계곡, 하천이나 바다 등에 대해서, 또 거기에서 서식하고 있는 일체의 것에 대해서 자세히 알고 싶었다. 그것들을 알게 되면 세상 사람들에게는 해롭고, 신부들에게는 위험하다고 여겨지고, 국가에는 용서할 수 없는 일들이 많이 나타나게 되리라고 우리는 믿어 의심치 않았다. 그리고 이 작은 책자라면 훌륭하게 이 시련을 견딜 수 있을 것이라고 기대하였다. 그러나 대지가 모든 피조물과 함께, 또 하늘이 그 모든 별들과 함께 모습이 사라진 이 책의 황량한 무신론적 반어둠 속에 섰을 때 우리는 얼마나 공허한 느낌을 가졌던가. 물질은 영원히 존재하는 것이고 아득한 옛날부터 활동하고 있다. 그리고 그 좌우, 모든 방향으로 향하는 운동과 함께 이내 존재의 무한한 현상이 생긴다는 것이다. 만약에 저자가 실제로 그가 말하는, 움직이는 물질에서 우리 눈앞에 세계를 구성해 보였다면 우리도 그가 하는 모든 말에 만족했을 것이다. 그러나 그는 우리와 마찬가지로 자연에 관해서는 거의 아무것도 모르는 것 같았다. 왜냐하면 그는 두서너 가지 일반적 개념을 땅에 박아놓았으나, 이내 그것을 무시하고 자연보다 높은 것, 물질적이고 무거운, 분명히 움직이고는 있지만 방향도 모양도 없는 자연으로 변형시키려고 하였다. 그리고 이것으로 많은 성과를 올렸다고 믿고 있었던 것이다.

그러나 이 책이 우리에게 약간의 폐해를 가져왔다면, 그것은 우리가 모든 철학, 특히 형이상학에 마음속으로부터 혐오를 느꼈고 그것이 줄곧 계속되었으며, 한편으로는 산지식, 경험, 행위, 시 짓기에 한층 열렬히 몰두하게 되었다는 것이다.

이렇게 해서 우리는 프랑스의 국경에 있으면서도 모든 프랑스적인 특성을 한꺼번에 파기하고 말았다. 프랑스인의 생활 양식은 우리의 입장에서 보면 너무나 틀에 박혀 있었고, 그 문학은 차가웠으며 비평은 부정적이었고, 철학은 어렵고 불충분하다고 여겨졌기 때문에 생생한 자연 속으로 시험 삼아 몰입하는 참이었다. 그런데 다른 어떤 영향이 얼마 전부터 보다 높고 자유롭고 진실한 세계관과 정신의 향락에 대한 소지를 우리를 위해 준비해 두었다가, 처음에는 남몰래, 온건하게, 그러다가 차츰 공공연하게 우리를 지배한 것이다.

여기까지 말하면 그것은 셰익스피어를 가리키고 있다는 것이 이내 이해가 갈 것이다. 이렇게 된 바에는 더 이상 자세히 말할 필요도 없을 것이다. 셰익스피어는 다른 그 어느 민족보다도, 아니 아마도 그의 모국인들보다도 독일 국민에게서 더 인정을 받고 있다. 우리는 우리 사이에서도 줄 수 없었던 모든 공정과 타당, 관대함을 그에게 아낌없이 바쳤다. 탁월한 사람들이 그의 천부적인 재능을 될 수 있는 대로 효과적인 빛으로 비춰내려고 노력하였다. 나는 항상 그의 명예나 이익이 될 수 있도록, 아니 그의 변호를 위해 하는 말에 대해서까지도 마음으로부터 찬성하였다. 이 비범한 정신이 나에게 미친 영향에 대해서는 이전에 말한 적이 있고, 그의 업적에 대해서도 약간의 논설을 시도하여 세인들의 찬동을 얻었다. 그래서 여기서는 우선 이상과 같은 설명으로 충분할 것이다. 이 작가의 이토록 위대한 업적에 관해서 보충 설명을 하고 싶은 유혹을 느끼지만, 나의 말에 귀를 기울이고자 하는 독자들에게 장차 다시 이야기할 기회가 올 것이라고 생각한다. 지금은 내가 어떻게 해서 셰익스피어를 알았는가에 대해 좀더 자세히 이야기하기로 한다. 그것은 상당히 이른 시기에, 라이프치히에서 도트[43]의 셰익스피어 정선을 읽은 것이 계기가 되었다. 여러 작가들을 단편적으로 소개하는 이런 종류의 선집에 대해서는 여러 이견이 있겠지만 상당히 많은 좋은 결과를 가져온 것도 사실이다. 우리는 언제나, 그리고 반드시 한 작품 전체를 그 진가대로 섭취할 정도로 마음의 준비를 하고 있지도 않고 또 그 정도로 총명하지도 않다. 예를 들면, 우리는 어떤 책 속에서 자기에게 직접 관계가 있는 곳에 줄을 긋지 않는가. 특히 철저하게 교양이 결여된 젊은 사람들이 광채가 나는 곳에 감동한다는 것은 매우 좋은 일이다. 나도 위의 작품으로 대표되는 시기를 생애 중 가장 아름다운 시기의 하나로 지금도 회상하고 있다. 저 훌륭한 개성, 위대한 잠언, 적절한 묘사, 익살기가 있는 필치 등, 모든 것이 하나하나 나의 마음을 감동시켰던 것이다.

이럴 때 빌란트의 번역[44]이 나온 것이다. 나는 그것을 탐독했고, 친구나 아는 사람들에게 소개하고 추천하였다. 우리 독일인은 외국인의 저명한 작품을 몇 가지 경쾌한 필치로 번역하는 이점을 가지고 있었다. 셰익스피어는 처음에 빌란트에 의해, 이어 에쉔부르크[45]에 의해 산문으로 번역되었는데, 이것은 알기 쉽고 어떤 독자들도 가볍게 읽을 수 있는 읽을거리로 급속히 보급되어 커다란 반향을 일으켰다. 시를 시답게 만드는 운율이나 각운을 나는 존중하지 않는 것은 아니지만, 원래 깊고 근본적으로 영향을 미치는 것은 산문으로 번역되어도 그 시인 본래의 것은 후세에 남는 것이다. 그때 남는 것은 순수하고 완전

---

43) 윌리엄(1729~77). 신학자. 셰익스피어 연구가. 그가 편찬한 《셰익스피어선집》(1752)은 19세기까지 널리 이용되었다.

44) 8권의 산문역. 취리히에서 1762~66년에 출판되었다. 괴테는 1813년, 바이마르에서 강연한 '빌란트의 추억'에서 이 번역을 언급하였다.

45) 요한 요아힘(1743~1820). 시인. 비평가. 문학사가. 그의 셰익스피어 번역 13권은 1775~82에 취리히에서 출판되었다. 전 작품의 최초의 독일어 번역판이다.

한 내용이다. 그러나 비록 그것이 결여된 경우에도 사람의 눈을 현혹시키는 외관에 끌려 우리는 가끔 그것이 있다는 착각을 일으키기도 하고, 또 실제로 있는 경우에도 우리의 눈으로부터 가려 있는 법이다. 그렇기 때문에 나는 소년을 교육시킬 때 처음에는 산문 번역이 운문 번역보다 유익하다고 생각한다. 소년은 무엇이든 농담의 재료로 삼지 않고는 배기지 못하고, 언어의 울림이나 음절의 억양을 재미있어하고, 경우에 따라서는 제멋대로 변형시켜, 고귀한 작품의 깊은 내용도 못쓰게 만드는 경우를 자주 보기 때문이다. 그래서 나는 호메로스의 산문 번역을 우선 생각해 보는 것이 어떤가 하는 것에 대해 여러분께 부탁하고 싶다. 말할 필요도 없이 그 번역은 현재의 독일 문학에 어울리는 것이어야 할 것이다. 이 문제와 아까 말한 사항은 나의 존경하는 교육자의 생각에 맡기고 싶다. 그분들은 이 점에 대해서 광범위한 경험을 가지고 있고 그것을 잘 이용할 수 있는 입장에 있기 때문이다. 다만, 나의 이 제안을 위해 루터의 성서 번역을 상기해 보고자 한다. 이 탁월한 인물이 여러 가지 문체로 쓰인 성서라고 하는 작품, 그리고 그 시적, 역사적, 계율적, 교훈적 내용을 모국어로 우리에게 전한 것은, 원전의 여러 특징을 하나하나 모방하려고 한 것보다는 그 뜻을 전하려고 한 것에 있었던 것이다. 그 뒤에 욥기나 시편, 그 밖의 시가를 시 형식 그대로 우리에게 감상시키려고 고생한 사람도 있었으나 헛수고로 끝났다. 대중의 마음에 호소하려면 알기 쉬운 번역이 언제나 가장 좋다. 원작과 어깨를 겨루고자 하는 비판적 번역은 원래 학자들끼리의 위안거리에 지나지 않는 것이다.

이렇게 해서 우리 슈트라스부르크의 사교 친구들 사이에 셰익스피어는 번역과 원전을 통해 부분적으로나 전체적으로 많은 영향을 미쳤기 때문에, 우리는 셰익스피어에 몰입하여 그가 알려준 그 시대의 아름다운 점이나 결함을 우리의 대화에서 모방하기도 하고, 풍자가 섞인 말장난을 하기도 하고, 그것을 번역하거나 제멋대로 원어를 꺼내어 그와 겨루어보기도 하였다. 내가 누구보다도 셰익스피어에 심취했던 것이 이런 일에 적지 않게 효과가 있었다. 무엇인가 보다 더 높은 것이 나의 머리 위에 떠 있는 것 같다고 내가 기쁜 표정으로 고백한 것이 나의 친구들에게도 감염되어, 모두가 나와 같은 생각에 빠져들었다. 우리가 그의 업적을 한층 자세히 인식하고 이해하고 견식을 가지고 비판할 가능성을 부정한 것은 아니지만, 그것은 뒷날로 양보하고 당장은 오직 즐거운 감흥에 젖어 활발하게 모방하는 것에 그쳤다. 이 커다란 향락에 잠기면서 이 즐거움을 준 당사자를 자세히 살펴보기도 하고, 허물을 찾으려 하지 않고 오히려 무조건 숭배하는 것이 우리에게는 무척 즐거운 일이었다.

그 당시 이러한 활발한 사교 친구들 사이에서 어떤 일을 생각하고, 무슨 말이 오가고 또 논의되었는가를 직접 알고 싶은 사람은 《독일적 양식과 예술에 대해서》라는 작은 책자에 실린 헬더의 셰익스피어에 관한 논문이나, 《사랑의 헛수고》라는 번역을 첨부한 렌츠의 연극 각서[46]를 읽어보기를 바란다. 헬더는 셰익스피어의 본질 심층부까지 파고들어가 이것을 명쾌하게 서술하고 있다. 렌츠는 오히려 예부터의 연극의 전통에 대해서 우상 파괴적인 태도를 취하여, 매사에 자기는 셰익스피어적인 방법으로 다루고 있다고 주장하였다. 그런데 이 재능이 풍부하고 기발한 인물에 대해 이 기회에 몇 가지 시험 삼아 언급해 두는 것도 좋을 것이다. 나는 슈트라스부르크에서 떠나야 할 때가 가까워질 무렵에 비로소 그와 알게 되었다. 우리는 좀처럼 만날 기회가 없었고, 그가 교제를 하던 친구들은 나와 교류가 없었다. 그러나 우리는 서로 만날 기회를 바랐고, 같은 시대의 청년으로서 같은 생각을 가지고 있었으므로 기꺼이 마음을 서로 털어놓았다. 키가 작기는 하지만 용모가 아름답고 매우 귀여운 작은 머리, 잘생긴 그 머리 모양에 우아한 용모가 딱 어울렸다. 푸른 눈, 금발, 요컨대 북쪽 지방에서 가끔 볼 수 있는 몸집이 작은 청년이었다. 얌전한 걸음걸이, 유창하다고는 할 수 없으나 들어서 기분이 좋은 말솜씨, 내성적인지 소극적인지 구별이 잘 안 되는 몸가짐을 가진 사나이였다. 그는 비교적 짧은 시, 특히 자작시를 우리에게 자주 낭독해 들려주었고 필적도 좋았다. 그의 기질에 대해서는 영어의 whimsical(색다른)이란 말이 적절했다. 이 말은 사전에서 보는 바와 같이 여러 가지 특성을 하나의 개념으로 정리한 말이다. 따라서 렌츠 이상으로 셰익스피어의 천재성을 감지하고 그것을 모방할 수 있는 사람은 아마도 없었을 것이다.

---

46) 야코프 미하엘 라인호르트 렌츠(1751~92). 리프란트의 제스베겐 출신으로, 쾨니히스부르크에서 수학하고, 1771년에 슈트라스부르크로 와서 자르츠만의 그룹에 참가하였다. 《셰익스피어 각본의 번역을 붙인 연극 메모》는 1774년에 출판되어, 천재론이 중심이 되어, 드라마의 주체는 성격에 있다고 했다. 삼일치(三一致)의 규칙이 극복되었고 셰익스피어를 최대의 시인으로 삼았다.

그는 원작자를 매우 자유롭게 다루어, 번역 태도는 결코 간결하거나 충실하지 않았다. 그러나 그는 이 선인의 갑옷이나 어릿광대의 옷을 솜씨 있게 몸에 걸치고 그의 몸짓을 우스꽝스럽게 재현해 보일 수가 있었기 때문에, 이러한 일을 재미있다고 생각하는 사람들로부터 박수갈채를 받았다.

어릿광대의 우스꽝스러운 몸짓은 특히 우리를 재미있게 해주었다. 그래서 우리는 렌츠를 재능이 풍부한 사람이라고 칭찬했는데, 그것은 공주의 활에 맞은 야수의 어느 묘비명[47]을 그가 다음과 같이 훌륭하게 만들어냈기 때문이었다.

아름다운 공주는 활을 쏘아
어린 사슴의 목숨을 끊었다.
어린 사슴은 깊은 잠에 빠져
이윽고 불고기를 제공할 것이다.
사냥개가 짖었다(boll)!
Hirsch(사슴)에 'l'자를 붙이면
그것은 Hirschel(작은 사슴)이 된다
그러나 로마자 L을 붙이면
Hirschel 50마리가 된다.
그래서 100마리의 Hirsche를 만들어내어
두 개의 LL을 붙여서 Hirschell이라고 쓴다.

거리낌 없이 함부로 행동하거나 장난치는 기질은 젊을 때는 숨김없이 드러나며, 나이가 들수록 완전히 없어지지는 않더라도 차츰 깊숙이 틀어박혀 가는 법이다. 우리는 그 야단법석의 최전성기에 있었기 때문에, 독창적인 광대짓을 발휘하여 우리의 위대한 스승을 칭찬하려고 했다. 이를테면, 거친 말을 타고 상처를 입은 기병 대위(Rittmeister)를 다룬 다음과 같은 작품을 친구들 모임에 들고나와서 어느 정도 호평을 받으면 우리는 신이 났다.

47) 렌츠의 독일어 역 '연애의 헛수고'의 제4막 제2장의 호로파네스의 대사.

이 집에 한 사람의 기수(Ritter)가 산다.
이웃에 두목(Meister)이 살고 있다.
이것을 합쳐서 꽃다발을 만든다면
승마의 명인(Rittmeister)이 된다.
그가 승마의 명수라면
분명히 그런 이름이 어울린다.
그러나 승마(Ritt)가 명인(Meister)을 지치도록 끌고 다닌다면
본인이나 마부에게는 엉뚱한 재난이다!

이런 것들에 대해서 그것이 어릿광대에게 어울리는 것인지, 또 순수한 어릿광대의 근본에서 우러나온 것인지, 그렇지 않으면 혹시 사려 분별이 부적절하게, 용서할 수 없을 정도로 혼란스럽지 않은지 하는 것들이 매우 진지하게 논의되었다. 그러나 일반적으로 이러한 기묘한 생각은 당시에 큰 신뢰를 받고 있던 레싱이 그의 《함부르크 연극론》[48]에서 처음으로 신호를 올렸던 것으로, 그 뒤 이것은 더욱 활발해져서 이와 같은 의향에 참가하는 사람들도 더욱 많아졌다.

이런 기분으로 끊임없이 흥분하고 있는 동료들에 섞여서 나는 상부 알자스 지방으로 자주 여행을 떠날 수가 있었는데, 그런 동료들과 함께 갔었으므로 이렇다 할 특별한 교훈을 가지고 돌아온 것은 아니었다. 모든 기회에 우리 사이에서 태어난 많은 짧은 시들은 명랑한 여행기를 장식할 수도 있었을 것이지만, 그것도 모두 어디론가 흩어지고 말았다.

몰스하임 수도원[49]의 회랑에서는 다채로운 창 유리의 채색화에 눈을 빼앗겼고, 콜마르와 슈레트슈타트 사이의 풍요로운 지방에서는 오곡의 신 체레스[50]에게 많은 찬가를 소리 높여 올리고, 동시에 또 이렇게 많은 곡류의 소비에 대해서 자세히 분석을 하기도 하고 칭찬하기도 했다. 또한 이들 곡류를 자유 무

---

48) 레싱은 18장에서 무대로부터 어릿광대를 제거하려고 했던 고트셰트에 반대하여 이것을 옹호하려고 애썼다.
49) 슈트라스부르크 서쪽 약 20㎞ 지점에 있는 알자스의 고딕식 회당.
50) 로마의 농경의 여신. 후에 데메테르와 마찬가지로 오곡풍요의 여신.

역으로 할 것인가 보호 무역으로 할 것인가와 같은 중요한 논쟁도 재미있게 화제로 삼았다. 엔지스하임에서는 거대한 운석[51]이 교회 안에 매달려 있는 것을 보고, 덮어놓고 의심부터 하는 당시 사람들의 경솔함을 비웃었다. 그들은 그런 공중의 산물이 자신의 밭에 떨어지지 않았다 해도, 최소한 진열실에 보관해 두어야 한다는 생각은 전혀 하지 않았던 것이다.

100명, 아니 1000명의 신자와 함께 오티리엔베르크[52]로 갔던 성지 순례를 나는 지금도 즐겨 회상한다. 로마 성채의 주춧돌이 지금도 남아 있는 이 땅에, 아름다운 백작의 따님[53]이 경건한 신앙심을 가지고 폐허나 바위틈에서 살고 있었다고 일컬어지고 있다. 순례자의 신앙심을 깊게 해주는 예배당에서 그리 멀지 않은 곳에 그녀가 물을 뜬 샘이 있고, 여러 가지 아름다운 이야기가 전해지고 있다. 내가 머릿속에 떠올린 그녀의 모습과 이름은 나의 마음속에 깊이 새겨졌다. 이 모습과 이름을 나는 오랫동안 지니고 다녔는데, 그 이름을 마침내 나의 만년 작품 중의 한 아가씨[54]에게 주었다. 경건하고 깨끗한 마음을 가진 사람들은 많은 호의를 가지고 이 아가씨를 맞이하였다.

이 산꼭대기에서도 훌륭한 알자스의 경관을 항상 새롭게 바라볼 수가 있었다. 고대의 원형 극장에서는 어디에 자리를 잡든 근처 사람들을 가장 확실히 볼 수 있을 뿐만 아니라 전 관중들을 모두 훑어볼 수가 있는데, 여기도 마찬가지였다. 멀리 또는 가까이 있는 숲, 바위, 언덕, 덤불, 밭, 목장, 마을을 빠짐없이 바라볼 수 있었다. 지평선 근처에 있는 바젤이란 마을도 구별할 수가 있을 정도였다. 그것이 보였다고 단언할 생각은 없지만, 멀리 스위스의 푸른 산들은 우리의 눈을 끌었다.

나는 이러한 기분 전환이나 신나는 행락에 기꺼이 자주 참가하여 여기에 푹 빠질 정도가 되었는데, 그것은 프리데리케에 대한 나의 정열적인 감정이 바야흐로 나의 마음을 괴롭히기 시작했기 때문이다. 청년의 혈기로 막연하게 품은

---

51) 이 운석은 1492년에 떨어진 것으로 알려졌고 무게는 250파운드였다. 당시의 연구가와 마찬가지로 괴테도 운석은 특히 뇌우가 있을 때 수증기나 가스가 응축하여 생긴다고 믿었다. 그래서 '공중의 산물'이라고 했다.

52) 슈트라스베르크 남서쪽 약 30km 지점에 있다. 성 오디리아의 이름에서 유래됐다.

53) 앞에 나온 수도원의 건설자 알자스 영주의 딸 성 오디리아를 가리킨다.

54) 《친화력》의 오티리에를 가리킨다.

이와 같은 애정은 밤하늘에 쏘아올린 폭탄과 같다. 부드러운 빛을 그으며 하늘로 올라가 별 사이에 섞여, 한 순간 별 사이에 머무는 것처럼 보이지만 올라갔던 궤도를 역행하여 낙하, 마지막에 그 궤도가 끝나는 곳에서 파멸을 가져온다. 프리데리케는 항상 변하지 않았다. 그녀는 이 관계가 이윽고 끝날 것이라는 생각은 전혀 하지 않고 있는 것 같았다. 한편 올리비는 나를 잃지 않으려는 생각을 가진 것은 확실했지만, 프리데리케만큼 충격을 받지는 않을 것 같았다. 동생보다는 앞날을 내다보았다고나 할까. 그녀와의 관계는 개운했다. 올리비는 예상하고 있는 나와의 이별에 대해서 나와 자주 대화를 나누었고, 자기 자신과 동생이 놓인 처지를 순순히 받아들이려고 노력하고 있었다. 소녀가 자기의 애정을 부정할 수 없는 상대방 남자를 단념할 때, 같은 고백을 여자에게 한 청년이 처한 괴로운 처지에 이르는 경우는 거의 없다. 남자 쪽이 항상 쓰라린 경험을 하게 되는 것이다. 왜냐하면 청년은 성인이 되어가고 있는 남자이므로 자신의 처지에 대해서 어떤 전망을 갖도록 요구되며, 경솔한 행동은 청년에게 어울리지 않는다고 여겨지기 때문이다. 몸을 빼는 소녀 쪽은 그 이유가 항상 그럴듯하지만, 남자 쪽의 이유는 결코 그렇게는 보이지 않는 것이다.

그러나 애착이라고 하는 감미로운 정열이 우리를 어디로 데리고 가는지를 어떻게 미리 예상할 수 있단 말인가? 우리가 이미 분별심을 가지고 그런 정열을 단념한 뒤까지도 그것으로부터 완전히 해방될 수는 없다. 우리는 이 기분 좋은 습관을, 비록 모양을 바꾸었다고는 해도 즐기는 것이다. 실제로 내가 그러했다. 프리데리케와 마주 앉아 있으면 나는 불안했지만, 그녀가 없는 곳에서 그녀를 생각하고 그녀를 상대로 말을 주고받는 것보다 더 즐거운 것은 없었다. 그쪽으로 가는 일은 드물었으나, 그만큼 우리의 편지 왕래는 한층 빈번해졌다. 그녀는 일상생활을 명랑하게, 그리고 그 기분이 우아하게 눈앞에 떠오르도록 써보냈다. 동시에 나도 그녀의 여러 가지 아름다운 점과 호의와 정열을 마음속에 환기시켰다. 그녀가 없으면 나는 오히려 마음이 편했다. 마음에 넘치는 애정이 먼 곳으로부터의 대화로 더욱더 격렬하게 불타올랐다. 그런 순간에는 나는 장래를 생각해서 눈을 속일 수 있었으나, 시간이 가차 없이 지나가고 임박한 일이 차례로 생겨, 나는 아주 마음이 산란해지고 말았다. 이제까지 나는 현재에 대한 일이나 눈앞의 일에 끊임없이 활발한 관심을 가졌고, 이로써 실로 여러 가지 일을 수행할 수가 있었다. 그런데, 어떤 장소를 떠나야 할 때는 항상 그러했지만, 막판에 모든 일이 겹쳐서 밀어닥친 것이다.

거기에 또 하나 부수적인 일이 일어나 나의 마지막 날은 잡다한 일로 바빴다. 어느 별장에서 개최된 모임에 참석했는데, 거기에서 대성당의 전면과 그 위에 솟은 탑을 볼 수가 있었다.

"전체가 완성되지 않았고 한쪽 탑밖에 없는 것은 참으로 유감이군요."

누군가가 말했다. 나는 이 말에 대답하였다.

"이 한쪽의 탑이 완성되지 않은 것을 저도 유감으로 생각합니다. 왜냐하면 4개의 소용돌이가 짜임새 없이 끊어져 있으니까요. 그 위에 4개의 가벼운 첨탑이 붙고 또 십자가가 서 있는 한가운데에도 더 높은 첨탑이 올라갈 예정이었겠죠."

이런 주장을 여느 때와 같이 신나게 말하자, 기운이 팔팔한 한 작은 남자가 나에게 말을 걸면서 이렇게 물었다.

"누가 그렇게 말하던가요?"

"저 탑 자신이죠. 나는 이 탑을 오랫동안 주의해서 관찰하였고 또 많은 애정을 쏟았기 때문에 탑 쪽에서도 마침내 공공연한 비밀[55]을 털어놓을 결심을 해준 겁니다."

"탑이 말한 것은 틀림없습니다. 내가 가장 잘 알고 있습니다. 나는 저 건물을 위해 임명된 관리자니까요. 우리 서고에는 아직도 당초의 설계도가 보존되어 있는데, 그것이 당신과 같은 이야기를 하고 있습니다. 한번 보시겠습니까?"

나는 출발이 임박해 있었기 때문에 곧 그 설계도를 보고 싶다고 했다. 그는 귀중한 서류를 보여주었다. 나는 완성되지 않았던 첨탑을 재빨리 복사하고 좀 더 빨리 이 귀중한 것을 몰랐던 것을 유감으로 생각하였다. 하지만 나는 항상 사물의 관조와 고찰로 고생을 한 끝에 비로소 어떤 개념에 도달하는 경로를 취해 왔다. 만약에 그 개념이 처음부터 다른 사람으로부터 배운 것이었다면 그것은 나의 주의를 그렇게까지 끌지도 않았을 것이고, 수확을 많이 거두지도 못했을 것이다.

이와 같이 시간에 쫓기는 혼란 속에서도 나는 다시 한번 프리데리케를 만나

---

55) 만년의 괴테가 애용한 말. 눈에 보이는 것으로, 그 본질의 수수께끼가 풀리지 않은 것에 적용된다.

고 싶었다. 아쉬운 며칠이었지만 그날들의 추억은 남아 있지 않다. 말 위에서 다시 한번 그녀에게 손을 뻗었을 때 그녀의 눈에는 눈물이 고여 있었다. 나도 몹시 괴로웠다. 그러고 나서 오솔길을 지나 드루젠하임을 향해 말을 몰았는데, 그때 실로 묘한 예감을 느꼈다. 나 자신을 향해 같은 길을 말을 타고 오는 나의 모습을, 육안으로서가 아니라 마음의 눈으로 본 것이다. 더욱이 아직까지 한번도 입은 일이 없는 황금빛이 약간 섞인 엷은 청회색 옷을 입고 있었다. 내가 이 꿈을 흔들어 떨쳐버리자 이내 그 모습은 사라져 버리고 말았다. 그러나 8년 후에,[56] 꿈에서 본 옷을 내가 고른 것이 아니라 아주 우연히 걸쳐 입고, 프리데리케를 방문하기 위해 이 길을 다시 지나간 것은 매우 불가사의한 일이었다. 게다가 이러한 일이 어떤 뜻을 가지고 있던 간에, 이 이상한 환상은 헤어지는 순간에 나에게 약간의 마음의 안정을 주었다. 멋진 알자스를, 거기서 내가 얻은 모든 것과 함께 영원히 버리지 않으면 안 되는 나의 고통도 덜어주었다. 이렇게 해서 나는 간신히 이별이라는 망연자실한 상태에서 벗어나 평온하고 명랑한 여행을 계속하면서 나 자신을 회복하였다.

만하임에 도착하자 곧 억누를 수 없는 욕망에 사로잡혀, 당시에 평판이 났던 고대 미술관[57]을 보러 갔다. 이미 라이프치히에서 빙켈만이나 레싱의 저작을 읽을 때 이들 중요한 예술품에 대해서 여러 가지 말을 들었던 탓으로, 그것을 보러 가는 일은 오히려 드물었다. 미술학교에는 아버지 라오콘[58]과 카스타넷을 손에 든 파우누스[59] 외에는 석고상은 하나도 없었던 것이다. 게다가 에이저가 이들 석고상이 화제가 될 때 기꺼이 이야기를 해 준 것은 물론 수수께끼 같았다. 그런데 세상 사람들은 초심자에게 어떤 식으로 예술의 궁극적인 뜻을 이해시키려고 할까.

---

56) 이미 4년간 바이마르에서 지낸 괴테는 8년 후에 칼 아우구스트 공을 수행하여 스위스 여행을 했을 때, 1779년 9월 25일에 다시 제젠하임에 가서 프리데리케를 찾았다.

57) 팔츠 선제후 칼 테오도르가 1752년 겐트 출신의 조각가 페터 안톤 폰 베르샤펠트(1710~93)를 만하임에 초청, 협력해서 설립한 만하임의 고대 미술관은 당시 독일에서는 드문 미술관의 하나였다.

58) 라이프치히 미술학교의 라오콘 상은 아버지뿐이었고 주위의 아들상은 없었다.

59) 숲의 신. 오늘 날 '춤추는 파우누스'라고 불리고 있으며, 오리지널은 피렌체에 있는 기원전 3세기 헬레니즘 시대의 것으로 여겨지고 있다.

관장인 베르샤펠트는 쾌히 맞아주었다. 조수 한 사람이 나를 진열실로 안내하고 열쇠로 문을 열어준 뒤, 내가 마음대로 관람할 수 있도록 나를 혼자 남겨두었다. 여기에서 나는 굉장한 감명에 사로잡히면서, 넓고 네모지고 천장이 매우 높은, 거의 입방체를 이룬 넓은 방, 벽 장식 아래의 창을 통해 위에서 충분히 채광된 방에 서 있었다. 고대의 보기 좋은 조각상들이 사면의 벽을 따라 늘어서 있을 뿐만 아니라 실내 도처에 잡다하게 서 있었다. 그것은 헤치고 지나가야 할 조각상의 숲이었고, 헤치고 가야 할 대규모 민중 집회이기도 했다. 이 모든 조각상들은 커튼의 개폐로 조정되는 가장 알맞은 광선으로 조명이 되도록 세워져 있었다. 더욱이 조각상은 받침대에 얹혀 움직일 수가 있어, 마음대로 방향을 바꾸고 회전시킬 수가 있었다.

이 조각상들이 내뿜는 저항하기 어려운 압도적인 인상을 잠시 견딘 뒤, 나는 가장 나의 마음을 끄는 조각상 쪽으로 향하였다. 벨베데레의 아폴로상[60]이 다른 조각상 사이에 우뚝 서서, 날씬한 체구, 자유로운 포즈, 승리를 자랑하는 눈빛 등으로 우리의 감각을 압도하고 있었다. 그리고 나는 라오콘상[61]에 눈을 돌렸다. 아들과 함께 있는 상은 처음 보았다. 라오콘에 대해 이제까지 논의되고 논쟁된 것을 마음속에 떠올리면서 나 스스로 나름대로의 어떤 관점을 얻으려고 애를 썼으나 여기저기 끌려 다닐 뿐이었다. 죽음 직전의 검투사[62]는 나의 걸음을 오랫동안 멈추게 하였다. 특히 내가 행복한 몇 시간을 보낼 수 있게 한 것은 카스토르와 폴룩스[63]의 군상이었다. 이것은 문제점은 있으나 귀중한 유물

---

60) 15세기 말에 발견되어, 괴테 시대에는 가장 중요한 미술품의 하나로 여겨지고 있었다. 빙켈만이 《고대 미술사》에서 이것을 자세히 논하고 있다. 기원전 4세기 중엽의 레오카레스 원작의 모작이라고 여겨지고 있으며, 바티칸 미술관에 있다.

61) 1506년 로마에서 발견되어, 17, 8세기에 조각술(미켈란젤로, 마니에리슴, 바로크 등) 및 예술 이론에 미친 영향이 크다. 빙켈만은 이 작품에 바탕을 두어 '고귀한 단순함과 조용한 위대함'을 말하고, 레싱은 시문학에 대한 조형 예술의 장르 분류의 법칙을 이 작품으로 예증하였다.('라오콘'). 괴테는 로마에서 그 오리지널을 발견, 1797년에 '프로퓌에렌'지상에 라오콘론을 발표하였다.

62) 로마의 카피토리노 미술관에 있다. 오늘날에는 기원전 3세기 말의 페르가몬 대전첩 기념비에 속하는 그리스의 오리지널에 입각한 모조품이라고 여겨지고 있다. 괴테 시대에는 단지 개별상으로 여겨졌다.

63) 오늘날에는 '이르데폰조의 청년군상'이라고 불리고 있다. 18세기 초에는 로마의 비라 루드뷔시에 있었으나 지금은 마드리드의 프라드에 있다. 레싱은 '고대인은 죽음을 어떻게 조형했는

이었다. 나는 수용적인 감상에 대해서 바로 합리적인 설명을 할 수 없다는 것을 미처 모르고 있었다. 그래서 억지로 여기에 성찰을 가해보기로 하였다. 무엇인가 명확한 것을 파악하는 데에 성공할 것 같지는 않았으나 그래도 여기에 모아놓은 많은 군상 하나하나가 모두 중요성을 가지고 있다는 것이 느껴졌다.

내가 가장 큰 주의를 쏟은 것은 라오콘이었다. '왜 그가 소리를 지르지 않고 있는가'라는 유명한 의문에 대해, '그는 외칠 수가 없다'라고 마음속에 분명히 말함으로써 나는 내 나름대로 해결을 보았다. 세 사람의 자세나 움직임은 군상의 최초의 구상에서부터 나에게 명백했다. 매우 정교하고 치밀함과 동시에 무리한 곳이 있는 자세 전체는 두 가지 계기로 이루어져 있었다. 하나는 뱀에 대한 저항이고, 다른 하나는 뱀에게 물리는 순간을 피하려 하고 있다는 것이다. 이 고통을 덜기 위해서는 아무래도 아랫배가 들어가 고함을 지르는 것이 불가능할 수밖에 없었다. 그래서 나는 연하의 아들은 뱀에게 물리지 않았다고 단정하였고, 그 밖에 이 군상의 교묘한 점을 해석하려고 노력하였다. 이 문제에 대해서 나는 에이저에게 편지를 썼는데, 그는 나의 해석에 특별히 주의하려 하지 않고 다만 나의 좋은 의도에 일반적인 격려의 말로 대답해 주었을 뿐이었다. 그러나 나는 충분히 행복한 기분이 되어 이들 견해를 고수하여 수년 동안 나의 가슴에 따뜻하게 묻어두었다. 그것은 마침내 나의 전 경험과 확신으로 연결되었기 때문에, 그런 뜻에서 뒷날 《프로퓌레엔》[64]을 발간할 때 이 견해를 발표하였다.

이렇게 많은 숭고한 조각상을 열심히 감상한 뒤, 나에게 고대 건축을 맛볼 수 있는 기회가 주어졌다. 나는 원정각[65]의 한 기둥머리의 석고 모형을 발견한 것이다. 이 거대하고 우아한 아칸토스의 잎 장식을 보았을 때, 나의 북유럽 건축에 대한 신앙이 약간 동요하기 시작했다는 것을 부정할 수가 없다.

그러나 나의 전 생애에 걸쳐 중대한 영향을 미친, 젊었을 때의 이 감상은 바

---

가에서 이를 논하여, '잠과 죽음'이라고 설명하고 있다. 괴테가 본문에서 '문제는 있으나'라고 말한 것은, 이 군중이, 한편으로는 통일 군상이지만, 다른 한편으로는 2개의 상을 조합한 것이기 때문이다.

64) 1798년 괴테가 코타 서점에서 낸 잡지. 1800년에 휴간. 전기 〈라오콘에 대하여〉 등 조형 예술에 대한 논설이 많다.

65) 로마의 판테온을 말하는 것으로 《이탈리아 기행》 1786년 10월 8일자에 적혀 있다.

로 이어지는 다음 시기에 그다지 많은 효과를 가져오지 않았다. 나는 이와 같은 서술로 장을 맺느니보다는 그것으로 장을 시작하고 싶었다. 왜냐하면 이 거창한 진열실의 문이 뒤에서 닫히자마자, 나는 나 자신의 기분을 회복하고 싶었기 때문이다. 아니, 이들의 모습이 오히려 무거운 짐으로 여겨져 나의 상상력으로부터 멀리하고 싶었다. 간신히 이 세계로 되돌아오게 된 것은 상당히 길을 돌아온 뒤였다. 하지만 산발적인 비판을 억제하고 오직 향수하면서 자신 안에 수용하는 이들 인상이 남몰래 조용한 열매를 맺는다는 것은 그 무엇과도 바꿀 수 없는 귀중한 것이다. 결코 비판적이지 않고, 뛰어난 것이나 훌륭한 것을 따지거나 분석하지 않고 그 영향을 받는 대로 내맡긴다면, 청년은 이와 같은 다시없는 행복을 맛볼 수가 있다.

# 제12장
# 프리데리케로부터의 해방

이제 방랑자인 나는 처음 유학을 떠날 때보다도 더 건강해지고 쾌활해져서 마침내 고향의 내 집으로 돌아왔다. 그러나 전체적인 나의 거동에는 어딘가 긴장된 부분이 남아 있었다. 이 때문에 나의 정신 상태가 아직 완전히 좋아지지 않았음을 나는 알았다. 집에 돌아오자마자 나는 어머니를 매우 난처한 처지에 몰아넣고 말았다. 아버지가 질서를 좋아하는 성격이었던 반면 나는 정상을 벗어난 일을 곧잘 저질렀기 때문에, 어머니는 아버지와 나 사이에서 여러 가지 일들을 정리하고 해결하기에 바빴기 때문이다.

나는 마인츠에서 만났던 하프를 타는 소년이 몹시 마음에 들었다. 때마침 연말도 다가왔고 해서 그에게 프랑크푸르트로 오라고 권유하고, 숙소도 마련해 주고 어떻게든 도와주겠다고 약속했다. 나는 나보다 어린 사람들이 나의 주위에 모여들어 나를 의지하는 것을 기쁘게 생각했기 때문이었다. 그 결과, 당연한 일이지만, 그들의 운명의 무거운 짐을 결국 내가 짊어지게 되었다. 평생 동안 매우 높은 대가를 치르게 된 이와 같은 나의 버릇이 여기서도 나타난 것이다. 여러 차례 불쾌한 일을 당하면서도 타고난 이 충동은 억제하기가 어려웠고, 이 충동은 그 결과가 어떻게 된다는 것을 잘 알면서도 그 뒤로도 변함없이 때때로 나를 옆길로 몰아넣곤 했다. 나보다도 앞일을 환하게 내다보는 어머니는 이 뜨내기 풍각쟁이가 이렇게 훌륭한 저택에 머물면서 여관이나 주막으로 먹을 것을 찾아 떠돌아다닌다면 아버지가 얼마나 이상하게 생각하실지를 염려하셨다. 그래서 어머니는 집 근처에 이 소년을 위한 숙소와 식사를 주선해 주었고, 나는 친구들에게 그를 소개했기 때문에 그 소년의 처지는 결코 나쁘지는 않았다. 몇 년 뒤, 나는 그 소년과 다시 만났으나, 그때의 그는 몸집은 꽤 자랐지만 예능 쪽에서 대단한 진보는 찾아볼 수 없었다.

처음으로 아버지와 나 사이의 조정 역할에 성공하여 기분이 매우 좋아진 어머니도 설마 가까운 장래에 이러한 시도가 필요하게 되리라고는 미처 생각하지 못하고 있었다. 아버지는 오랜 세월 동안 해온 취미나 일에 몰두하여 만족한 인생을 보내시면서, 비록 걸림돌과 지연이 있다고 해도 자신이 세운 계획은 반드시 수행한다는 신조로 세월을 보내고 계셨다. 나도 이미 학위를 받았고 앞으로 내가 시민으로서 한 발 한 발 걸어가야 할 인생 항로의 첫걸음을 이미 내딛고 있었다. 나의 논문은 아버지의 칭찬을 받았고, 아버지는 이것을 자세히 검토하시면서 장차 이것을 출판하기 위해 준비하느라고 바쁜 나날을 보내셨다. 나는 알자스에 머무르고 있는 동안에 짧은 시나 논문, 여행기를 많이 쓰고 소책자도 몇 가지 썼는데, 아버지는 이들을 차례대로 정리하는 한편 나를 독촉하여 완성을 촉구하는 일에 기쁨을 느끼고 계셨다. 나는 그런 것을 인쇄하는 것이 내키지 않았지만, 아버지는 시간이 지나면 그런 마음이 사라지리라고 기대하고 계셨다.

누이동생 주위에는 분별 있고 애교가 많은 여자들이 모여 있었다. 의도한 것은 아니었지만, 누이동생이 모두의 위에 서게 된 것은 그녀의 총명함과 착한 마음 때문이었는데, 많은 일을 미리 내다보고 여러 가지 일을 잘 꾸려나갈 수 있었고, 더 나아가서는 경쟁상대이기보다는 믿을 수 있는 친구의 역할을 했기 때문이었다. 나보다 나이가 많은 친구나 지인들 가운데서는 호른[1]이 항상 변하지 않는 친한 친구였고 유쾌한 말상대였다. 나는 리제[2]와도 친해졌는데, 그는 내가 독단적인 정열에 빠지기 쉬운 것을 비판, 이에 끈질긴 반론을 가하기도 하고 의문을 던지기도 하고 부정하기도 하면서 끊임없이 나의 통찰력을 훈련시키고 시련에 처하게 해주었다. 그 밖의 사람들도 차차 이 무리에 참가하게 되었는데, 이들에 대해서는 천천히 언급하기로 하겠다. 내가 고향에 와서 머무는 동안 나의 생활을 즐겁고 유익하게 해주었던 사람들은 그 누구보다도 슐로서 형제[3]였

---

1) 요한 아담(1749~1806). 프랑크푸르트에서 변호사를 하고 있었다.
2) 요한 야콥(1746~1827). 법률가. 프랑크푸르트의 '빈민 구제 기금'의 지배인. 괴테와는 그 후에도 관계가 있었다.
3) 형인 히에로니무스 페터 슐로서(1735~97)는 프랑크푸르트의 변호사로, 후에 시 참사회원과 시장이 되었다. 법률가이자 저술가였던 동생 요한 게오르크 슐로서(1739~99)는 1769년 프랑크푸르트에서 변호사가 되었고, 1773년 11월 1일 괴테의 누이동생 코르넬리아와 결혼, 그 이듬해 바

다. 형인 히에로니무스는 학식이 깊고 세련된 법률학자 겸 법률 고문으로 많은 사람들의 신뢰를 받고 있었다. 그는 정리가 잘된 방에서 책과 서류에 파묻혀 지내는 것을 좋아했다. 이런 곳에서 그를 만날 때 그는 언제나 쾌활하게 행동했고, 나에게 관심을 두지 않는 일은 한 번도 없었다. 꽤 많은 사람이 모인 장소에서도 그는 항상 기분이 좋은 것 같았으며 사람들과 즐겁게 이야기를 주고받았다. 왜냐하면 그의 정신이 다방면에 걸친 독서 덕택으로 고전 세계의 모든 아름다움으로 장식되어 있었기 때문이었다. 기회 있을 때마다 그는 기지가 넘친 라틴어 시를 써서 사람들을 즐겁게 해주는 수고를 마다하지 않았다. 지금도 나는 그가 쓴 우스꽝스러운 2행시를 몇 가지 가지고 있는데 이것은 내가 프랑크푸르트에서 유명한 기인(奇人)들의 초상을 희화(戱畵)로서 그린 그림 아래에 그가 첨가한 것이다. 나는 때때로 앞으로의 인생 항로와 일에 대해서 그와 상담하였다. 만약에 내가 여러 가지 버릇이나 정렬이나 부주의 때문에 이 길을 벗어나지 않았더라면 그는 나의 가장 믿을 수 있는 지도자가 되어 있었을 것이다.

그의 동생 게오르크는 나와 나이가 비슷했다. 그는 뷔르텐베르크의 오이겐 공작 밑에서의 근무를 사퇴하고 트레프토로 다시 돌아와 있었다. 세상 물정을 잘 알고 실무 솜씨도 뛰어난 그는 독일 문학이나 외국 문학에도 도통하여 남에게 뒤지지 않았다. 전과 마찬가지로 그는 여러 나라 말로 글을 쓰는 것을 좋아했는데, 이제는 그것이 나를 그다지 감동시키지는 못했다. 나는 독일어에만 전념하고 있었고, 다른 언어는 가장 뛰어난 작가의 작품을 최소한 원어로 읽을 수 있는 정도로밖에 배우지 않았기 때문이었다. 그가 성실한 사람이라는 것은 언제나 변함이 없었다. 뿐만 아니라 그가 선의 있는 절조를 이전보다 더 엄격하고 완고하게 고집한 것은 그가 세상 물정을 잘 알게 되었기 때문인지도 모른다.

이 두 친구를 통해서 나는 이내 메르크[4]와도 알게 되었다. 슈트라스부르크

<hr />

덴의 엔멘딘겐에서 사법관이 되었다. 1772년 메르크, 헤브너와 함께 '프랑크푸르트 게레르텐 안차이겐'을 편집, 그 뒤에는 정력적으로 출판 일에 종사하였다.
4) 요한 하인리히(1741~91). 다름슈타트 태생으로 벤크의 학교에서 소양을 쌓았고, 기센과 에르란겐의 대학에서 공부하였다. 1767년 이래 헤센의 군사 경리관이 되었고 1774년에는 군사 고문관이 되었다. 괴테와는 1771년 늦가을, 슐로서 형제 소개로 알게 되었다. 1771년 이후에는 비란트와 바이마르 궁정과도 관계가 있었다. 박식한 미술 수집가, 동물학자, 고생물학자이기도 한 그는 1762년 이후 번역가와 저술가로서 활약하여 〈프랑크푸르트 게레르텐 안차이겐〉, 특히 〈독

이래 헤르더[5]는 나의 일을 그에게 좋게 이야기해 주었던 것이다. 내 생애에 매우 커다란 영향을 끼친, 언뜻 보기에 유별난 이 인물은 다름슈타트 태생이었다. 그가 어렸을 때 어떤 교육을 받았는가는 나는 거의 모른다. 학업을 끝마친 뒤 그는 어느 청년을 데리고 스위스로 가서 잠시 그곳에서 체류하다가, 결혼하여 아내를 얻어 다시 고향으로 돌아왔다.

내가 그와 알게 되었을 무렵, 그는 다름슈타트의 육군 경리관이었다. 천성이 총명하고 이지적인 그는 여러 가지 지식, 특히 근대 문학에 관해서 폭넓은 지식을 가지고 있었는데, 세계와 인간의 역사에 있어서 모든 시대, 모든 지역에 관심을 가지고 있었다. 정확하고 날카로운 판단을 내리는 것은 그의 장점이었다. 그는 결단력을 가진 빈틈없는 실무가로서 또 계수가로서 높이 평가되고 있었다. 그는 어떤 모임에나 가벼운 마음으로 모습을 나타냈는데, 그의 물어뜯을 듯한 표정을 두려워하지 않는 사람들에게는 참으로 마음씨가 좋은 사교가였다. 그는 키가 크고 마른 체격에, 불쑥 솟아난 뾰족한 코가 특징이었다. 담청색의, 거의 회색에 가까운 그의 눈은 현저하다고 할 수 있을 정도로 좌우로 움직였다. 어딘지 호랑이의 눈과 같았다. 그의 옆모습은 라바터의 관상학에 지금도 남아 있다. 그의 성격에는 어떤 기묘한 부조화가 깃들어 있었다. 원래 그는 용기 있고 우아한, 믿을 수 있는 인물이었는데 세상일에 대해서 울분을 느낀 결과, 일부러 어릿광대 역을, 아니 악인의 역할까지도 하려는 억누를 수 없는 욕구를 느끼고 있었던 것이다. 어떤 순간에는 이해성이 많고 침착하고 친절한 이 사람이 다음 순간에는 마치 달팽이가 뿔을 내밀듯이 순간적인 생각으로 남의 기분을 상하게 하거나 손해를 끼치는 일도 서슴지 않았다. 그러나 우리는 자기 자신만 안전하다고 확신하면 자칫 위험한 일을 저지르고 싶어하기 마련인데, 나

---

일 메르쿠르〉지의 기고자였다. 미술, 정원술에 관한 논문도 있고 시와 산문도 많다. 상업 면에서도 여러 가지 계획을 세웠으나 대개는 실패로 돌아가 말년에는 파산에 직면하였고 중병으로 고통을 받았다. 1791년 자살. '파우스트'의 메피스토펠레스의 모델이라고 일컬어진 사람이다.

5) 헤센 다름슈타트 백작부인 헨리에테 크리스티아네 카로리네(1721~74). 주변에 작가와 감상적인 사람들이 모여 있었다. 그들에게 공통된 점은 로프슈토크의 작품에 대한 열광이었다. 남성이 이 집단의 학문적, 문학적 측면을 나타내고 있었다면, 여성은 감상적인 요소를 나타내고 있었다. 헤르더와 약혼한 카로리네 프락스란트, 헨리에테 폰 루시온, 루이제 폰 치글러들이 그와 같은 여성의 대표였다.

는 그가 나에게 나쁜 일을 저지르지 않을 것이라는 예감이나 확신을 가지고 있었기 때문에, 그와 함께 생활하고 그의 뛰어난 특징과 자주 접해 보고 싶다는 마음이 커진 것이다. 그런데 그는 도덕적으로 불안정한 정신 때문에, 또 남들을 심술궂게 대하려는 욕구 때문에 사교 생활을 망치는 한편, 남몰래 품은 다른 또 하나의 불안감이 있어서 이것이 그가 느끼는 진정한 즐거움과는 서로 모순되어 있었다. 그 불안감이란 그가 일종의 딜레탕트적인 창작욕을 느끼고 있다는 것을 가리킨다. 그는 산문이건 운문이건 자기가 생각하는 것을 자유롭고 기교 있게 표현할 수가 있었고, 그 당시의 문인들 사이에서 자진해서 한몫할 수 있을 정도였기 때문에 더욱 이 창작욕에 빠졌다. 나는 지금도 그의 운문 편지를 몇 통 가지고 있는데, 그것들은 몹시 대담하고 서슴없고 스위프트류의 풍자가 넘쳐, 인물이나 사건에 관한 독창적 견해로는 매우 돋보인다. 그러나 그와 동시에 남에게 상처를 줄만한 필치로 쓰여 있기 때문에, 나는 이들 편지를 출판하려는 마음은 추호도 없다. 이것들은 찢어 없애버리거나, 독일 문학의 표면에는 나타나지 않는 알력을 보여주는 뚜렷한 자료로서 후세를 위해 보존하거나 해야 할 것이다. 그는 무슨 일에 있어서나 부정적인 태도를 보인 것이 스스로도 불쾌했는지, 모범을 지향하는 기쁨과 모범을 따라서 실천한 것에 대한 기쁨에서 저절로 생기는 나의 꾸밈없는 표현욕이 부럽다고 늘 말하곤 했다.

그건 그렇고, 만약에 그가 공업이나 상업 방면으로 진출하려는 수없는 충동을 느끼지 않았다면, 그의 문학상의 딜레탕티즘은 그에게 해가 되기보다는 오히려 이익이 되었을 것이다. 왜냐하면 일단 그가 자기의 능력을 저주하기 시작하여, 실제 집필에 있어서 자기가 생각한 바를 천재적으로 표현할 수 없게 자신을 상실하면 이내 조형 미술이나 문학을 포기하고, 돈벌이도 되고 재미도 있는 공업적이나 상업적 계획을 세웠기 때문이다.

다름슈타트에는 이외에도 교양 높은 사람들이 있었다. 백작령의 대신인 추밀 고문관 폰 헷세,[6] 페터젠 교수,[7] 벤크 교장[8]과 같은 사람들은 이 고장 사람

---

6) 아드레아스 페터(1728~1803). 1770년 이후, 추밀고문관, 1780년에는 대신이 되었다. 계수인 카로리네 락스란트는 헤르더와 만났을 때 이 사람 집에서 머물렀다.
7) 게오르크 빌헬름(1744~1816). 백작 황태자 교육관으로 있었고 1787년 이후 궁정의 목사가 되었다.
8) 헤르프리히 베른하르트(1739~1803). 신학자·역사가. 다름슈타트 고등학교 교장으로 《프랑크푸

들이었으나, 이같이 훌륭한 사람들에 더하여 인근 땅에 사는 사람들이나 여행객들이 서로 드나들며 많은 사람들이 모여들었다. 폰 헷세 고문관 부인[9]과 그녀의 누이동생인 프라스란트 양[10]은 장점과 재능이 뛰어난 보기 드문 여성으로, 특히 누이동생 쪽은 헤르더의 약혼자였는데, 그녀 자신의 자질과 탁월한 남자에의 애정 때문에 이중으로 사람들의 흥미를 끌었다.

이 친구들이 얼마나 나를 격려하고 고무해 주었는가는 말로는 표현할 수가 없다. 그들은 내가 완성한 작품이나 손을 대기 시작한 작품을 낭독하는 것을 즐겁게 들어주었고, 내가 마음속에 구상하고 있는 것을 터놓고 자세히 이야기해 주면 그때마다 나를 격려해 주었다. 그리고 내가 새로운 구상이 머리에 떠올라 전에 시작했던 것을 뒤로 미루면 나를 나무라기도 했다. 《파우스트》는 이미 집필이 시작되었고 《괴츠 폰 베를리힝겐》도 머릿속에서 구상이 무르익어갔다.[11] 나는 15세기와 16세기 연구에 몰두하고 있었는데, 그 대사원의 건축은 내 마음속에 매우 엄숙한 인상을 남기고 있었다. 그리고 그 인상은 이러한 나의 작품에 어울리는 배경이 되었다.

이 건축에 대해서 생각하고 공상한 것들을 나는 정리해 보았다. 내가 강하게 주장한 것은 첫째, 이 건축이 독일적이라고 해야지 고딕식이라고 해서는 안 된다는 것, 이것은 외국 것이 아니고 우리 조국의 것이라고 생각해야 한다는 것이었다. 둘째로는 그리스인이나 로마인의 건축술은 이 건축술과 전혀 다른 원리에서 생겨난 것이므로 이것과 비교해서는 안 된다는 것이었다. 그리스인이나 로마인은 우리보다도 좋은 풍토에 살고 있었으므로, 그들이 원주 위에 지붕을 올려놓는 것만으로 이미 거기에는 개방적인 벽면이 이루어져 있었던 것이다. 그러나 우리 독일인의 건축에서는 기후에 대비해 철저한 보호책을 강구하고 모든 곳을 벽면으로 둘러싸지 않으면 안 되었다. 그래서 묵직한 벽면에 여러 가

---

르트 게레르텐 안차이겐》의 집필자가 되었다.

9) 프리데리케라고 불리었다. 프라스란트 집안 출신. 헤르더의 약혼자 카로리네의 친언니이다.

10) 카로리네(1750~1809). 1770년 헤르더와 약혼하여 1773년 그와 결혼하였다. 괴테가 그녀를 안 것은 1772년의 일이다. 그녀는 헤르더가 죽은 후, 요한 게오르크 뮐러와 협력해서 그의 《전집》을 출판하고 또 《헤르더의 추억》을 썼다.

11) 《파우스트》와 《괴츠》의 성립에 관한 이 서술은 반드시 사실대로라고는 말할 수 없을 것 같다. 1772년에는 《파우스트》는 아직 집필되지 않았고, 《괴츠》는 71년에 거의 완성되고 있었다.

지 변화를 주고 외관상 벽면이 투명하게 보이도록 했는데, 보는 사람으로 하여
금 엄숙함과 즐거움을 느끼도록 연구한 이 천재성에 대해서 우리는 칭찬을 아
끼지 말아야 한다. 첨탑에 관해서도 이와 같은 말을 할 수가 있다. 둥근 지붕이
교회의 내부를 향하여 천공을 형성하는 것과 달리 첨탑은 바깥쪽에서 하늘을
향해 뻗어나가려고 하는 것으로, 그 기초에 놓여 있는 신전의 존재를 멀리 그
지방 일대에 알리는 것이어야 한다. 나는 이 장엄한 건축물의 내부에 대해서도
감히 언급해 보았는데, 그것은 오직 시적인 관조와 경건한 감정을 통해서만 가
능했던 것이다.

지금도 나는 이와 같은 견해의 가치를 부정할 생각은 없지만, 만일 그 무렵
에 내가 그것을 규명하여 명확하고 알기 쉬운 문체로 쓸 생각이 있었다면《독
일 건축에 대해서, 고 엘빈 슈타인바흐에게 바친다》라는 인쇄물은 그것을 출간
했던 그 당시에 이미 더 많은 영향을 끼쳐, 좀더 빨리 조국의 예술 애호가들의
주목을 받았을 것이다. 그런데 나는 하만과 헤르더에게 현혹되어 이와 같이 매
우 간단한 사상이나 고찰을 색다른 어구의 모래 먼지로 싸서, 내 발밑에 비치
기 시작한 광명을 나를 위해서나 다른 사람들을 위해 가리고 만 것이다. 그럼
에도 불구하고 이 책자는 좋은 평을 받아 헤르더가 편찬한 소책자《독일의 양
식과 예술에 대해서》에 다시 한번 수록되었다.

그런데 나는 나의 취미에서, 다른 한편으로는 시를 짓거나 그 밖의 목적을
위해 조국의 옛 문헌에 몰두하여 그것들을 있는 그대로 파악하려고 하였으나,
성서를 연구하거나 종교적 감흥에 젖는 등 가끔 옆길로 빗나가기도 하였다. 16
세기에 그처럼 찬란하게 솟아 있는 루터의 생애와 위업이 여러 차례 나를 성
서로, 그리고 종교적인 감정과 견해에 대한 고찰로 유인했기 때문이다. 나는 성
서라는 책이 서서히 성립되어, 여러 시대를 거쳐오는 동안에 손이 가해져서 집
대성된 작품이라고 보고 있었는데, 이와 같은 생각은 그 무렵에는 아직 지배적
인 것이 되지 못했고, 하물며 나의 생활권에서는 받아들여지지 않았기 때문에
나는 다소 신이 나 있었다.[12] 성서의 기본적 해석에 관해서 나는 루터의 표현을
인용했는데, 개별적인 점에 대해서는 슈미트의 직역을 참조했다. 이때 나는 헤

---

12) 이에 대해서는 제1부 제4장에서 이미 언급되었다.

브라이어에 대한 얼마 안 되는 지식을 최대한으로 활용하도록 노력했다. 오늘날, 성서에 수많은 모순이 있다는 것을 부정하는 사람은 없을 것이다. 이 모순을 해소하기 위해 당시 사람들은 우선 가장 명백한 대목을 바탕으로 하여, 이와는 서로 모순되는 곳을 어떻게 해서든지 분명한 대목에 결부시키려고 고심했었다. 이에 대해 나는 어느 대목이 사물의 본질을 가장 잘 표현하고 있는가를 살피고 이를 찾아내어, 여기에 의거해서 다른 곳은 날조되었다고 이를 배척한 것이다.

왜냐하면 그 당시 이미 내 마음속에 어떤 근본적 견해가 확립해 있었기 때문이었다. 그러나 나는 이 견해가 외부로부터 내 마음속에 들어온 것인지, 내 마음속에서 다른 것으로부터 촉발되어서 생겨난 것인지, 그렇지 않으면 내가 사색하는 동안에 저절로 생겨난 것인지에 대해서는 아무런 말도 할 수가 없다. 그 생각이라는 것은 말하자면 다음과 같은 것이었다. 우리에게 전승되는 것, 특히 문자에 의해서 전승된 모든 것에서 가장 중요한 것은 작품의 기초, 내용, 의미, 방향이며 바로 여기에 원초적인 것, 신적인 것, 영향력을 갖는 것, 신성 불가침한 것, 파괴할 수 없는 것이 존재한다. 그리고 그 어느 시대도, 외부로부터의 작용이나 조건도 이 내적인 원초적 존재에는 아무런 힘도 미치지 못한다. 따라서 말, 사투리, 특성, 문체, 그리고 마지막으로 문자도 또한 모든 정신적 작품의 육체로 보아야 할 것이다. 그러나 이 육체는 작품의 내부와 밀접한 관계에 있어야 하는데 악의와 파괴의 위험에 노출되어 있다. 원래 어떻게 전승되든 그 성질상 본래의 순수한 상태로 전해지는 것은 아니지만, 비록 순수하게 전승되었다 하더라도 시간이 지남에 따라 이것이 완전하게 이해된다고 할 수는 없다. 순수하게 전승되지 못하는 것은 전승하기 위한 매체가 불충분하기 때문이고, 완전히 이해되지 않는 것은 시대의 장소가 다르기 때문이며, 특히 인간의 능력과 생각이 다르기 때문이다. 해석자들의 의견이 일치하지 않는 것도 이 때문일 것이다.

따라서 우리가 특히 마음에 들어 하는 책이나 특성을 규명한다는 것은 우리 하나하나가 해야 할 의무인 것이다. 이 경우 특히 중요한 것은 그 책이 우리 자신의 내면과 어떤 관계가 있는가, 그 책이 갖는 생명력이 어느 정도 우리 자신의 생명력을 자극하고 풍요롭게 해 주는가를 우선 고려해야 한다. 우리에게 아무런 작용을 하지 않거나 의심이 가는 표면적인 것은 모두 비판에 맡기면 된다. 비판이란 작업은 비록 전체의 작품을 잘게 나누어 분해하는 경우는 있어도 우리가 견지하고 있는 토대를 빼앗거나 우리가 일단 품은 확신을 흔들지는 않을 것이다.

신앙과 직관에서 생긴 이와 같은 확신은 제아무리 중요하다고 여겨지는 경우에도 적용되고, 우리의 마음을 강화시켜주는 것으로, 도덕적으로나 문학적으로 나의 생활 구조의 기초를 이루는 것이었다. 이 확신은 말하자면 일종의 투자와 같은 것으로, 개별적으로는 자칫 잘못 운용되는 경우는 있어도 전체적으로 보면 계속 이익을 올려주는 자본과 같은 것이다. 이와 같은 생각에 입각하자 비로소 성서는 나에게 매우 친근한 것이 되었다. 마치 신교도들이 종교 시간에 하는 것처럼 나는 몇 번이고 성서를 통독하였고, 앞에서 뒤로, 뒤에서 앞으로 띄엄띄엄 읽으면서 성서에 대한 친근감을 더해갔다. 구약의 거친 자연성과 신약의 부드러운 소박함에 나는 끌렸으나 전체적으로는 성서를 잘 파악할 수가 없었다. 하지만 이제는 각 편이 갖는 여러 가지 성격에 현혹되지는 않는다. 나는 각 편이 지닌 뜻을 순서에 따라 충실하게 눈에 보이는 듯이 떠올릴 수가 있었다. 나는 이 책에 너무 많은 정력을 쏟았기 때문에 이 책 없이 지낼 수 있는 날이 오리라고는 도저히 상상할 수가 없었다. 이와 같은 마음을 가지고 있었기 때문에 나는 성서가 그 어떤 비웃음을 받아도 태연할 수가 있었다. 그와 같은 비웃음이 불성실한 것이라는 것을 바로 알아차릴 수가 있었던 것이다. 나는 그 비웃음을 혐오했을 뿐만 아니라 격렬한 노여움까지 느꼈다. 지금도 분명히 회상할 수가 있는데, 나는 어린아이 같은 열광적인 분노를 느낀 나머지 그 《사울》[13]을 쓴 볼테르를 붙잡을 수만 있다면 그를 교살하겠다는 마음까지 먹었다. 이에 반해서, 성실한 연구이기만 하면 그것이 어떤 종류의 것이건 나의 뜻에 맞았다. 오리엔트의 지방색이나 풍속에 대해 더욱더 많은 해명의 빛을 던

---

13) 1763년의 볼테르의 희곡. 그때까지는 이론서에만 있었던 계몽주의 시기의 종교 논쟁이 이 희곡에 의해서 문학의 영역으로 들어왔다. 성서의 소재에 있어서의 비인간성이나 비열함을 매우 교묘하게 제시하고 있다. 사무엘은 피에 굶주린 광신적인 신부의 대표로서, 사울은 미신에 빠진 가공할 만한 호색가로, 다윗은 극악무도하고 잔학한 인간으로 묘사되고 있다. 괴테는 소년시절에 사울 이야기를 인형극으로 상연한 뒤로 이 이야기를 사랑하고 있었으므로 볼테르의 '사울'에 격노한 것이다.

져주는 고찰을 나는 큰 기쁨으로 받아들였고, 이와 같은 가치 있는 전승으로 나의 모든 통찰력을 훈련시켜 나갔다.

독자들도 아는 바와 같이 전에 이미 나는 모세의 제1서[14]가 우리에게 말해 주는 원시 세계의 상태를 자세히 알려고 노력했다. 나는 천천히 규칙적으로 해 나갈 생각이었기 때문에 오랫동안 중단하고 난 뒤, 이번에는 제2서[15]에 착수하였다. 그러나 이 얼마나 큰 차이인가! 마치 나의 생활로부터 어린이다운 풍요로움이 사라진 것처럼, 제2서가 커다란 심연을 사이에 두고 동떨어져 있다는 것을 알았다. 지나간 시대가 흔적도 없이 사라진다는 것은, 요셉에 대해서 알지 못하는 새로운 왕이 이집트에 나타났다고 하는 뜻깊은 몇 마디[16]에서도 이미 알 수 있다. 하늘의 별처럼 헤아릴 수 없는 백성들도 이제 여기에 이루어진 약속을, 이전에 별이 반짝이는 밤하늘 아래서 여호와께서 알려준 조상을 거의 잊고 있었던 것이다. 나는 말할 수 없는 고생을 해서, 불충분한 참고 자료와 모자란 능력을 구사해서 모세의 5서[17]를 연구해 본 결과 어쩐지 묘한 생각이 들었다. 즉, 십계명은 석판 위에 쓰인 것이 아니라는 것,[18] 이스라엘 사람들이 황야를 방랑한 것은 40년이 아니라 아주 짧은 시간이었다는 것[19]을 나는 발견한 것이다. 그와 동시에 모세의 성격에 대해서도 전혀 새로운 견해를 발견했다는 생각까지 갖게 되었다.

신약도 나의 검토의 망을 벗어나지 못했다. 나는 이것을 가차없이 분석 대상으로 삼았다. 그러나 나는 신약에 애착을 가지고 있었으므로, '복음서 그 자체가 모순되지 않으면 복음서의 작자들이 서로 모순되어도 상관없다'[20]는 너그러운 그 말에 동감했다. 이 영역에 있어서도 나는 모든 종류의 발견을 할 수

---

14) 〈창세기〉를 말하는 것으로 제1부 제4장에서 이미 언급되었다.
15) 〈출애굽기〉.
16) 〈출애굽기〉 제1장 8절.
17) 〈창세기〉, 〈출애굽기〉, 〈레위기〉, 〈민수기〉, 〈신명기〉.
18) 〈출애굽기〉 제31장 18절.
19) 〈출애굽기〉 제34장 28절.
20) 레싱의 신학적인 책 속에서 자주 나타나는 사상으로 반드시 레싱이 말한 대로 인용된 것은 아니고, 오히려 괴테 자신의 말인 것 같다. 괴테가 사용하는 따옴표는 오늘날의 용법처럼 직접화법의 경우에만 쓰이는 것은 아니고 중요한 문장을 강조하는 경우에도 자주 쓰인다.

있다고 생각하였다. 성령강림제 때 눈부신 빛 속에서 주어지는 여러 가지 말의 선물[21]을 해석할 때도 나는 색다른 해석을 했는데, 이것은 많은 사람들이 납득할 만한 것이었다고는 말할 수 없었다.

인간에게 있어 죄과가 지배적이라고 보는 생각은 루터주의의 주된 교의의 하나로 동포 교단에 의해서 한층 첨예화된 것인데, 나는 이 설에 동조하려고 했지만 잘되어 갔다고는 할 수 없다. 그래도 이 교의의 술어는 상당 부분 나의 것으로 만들 수 있었기 때문에, 나는 이것을 어느 시골 목사가 신임 목사에게 보내는 심정으로 쓴 한 통의 편지[22] 속에서 이용했다. 그러나 이 편지의 주제는 당시의 표어였던 '관용'이었는데, 이것은 한층 뛰어난 사람들 사이의 유행어였다.

나는 서서히 완성되어간 이들 작품이 일반 독자들에게 어떻게 평가될 것인가를 테스트해 볼 생각으로, 다음 해에 자비 출판하여 이것을 사람들에게 기증하기도 하고, 가능하면 팔려고 아이헨베르크 서점으로 보내기도 하였다. 그러나 이것으로 얼마간의 이익을 얻을 수 있었던 것은 아니었다. 여기저기서 이 저서에 대한 논평이 이루어져 좋은 평도 들었고 나쁜 평도 들었으나, 얼마 가지 않아 이 비평들은 자취를 감추고 말았다. 아버지는 이 저서를 조심스럽게 서가에 보존해 주셨다. 그렇지 않았더라면 현재 1부도 남아 있지 않았을 것이다. 나는 이 저서와 몇 가지 출판되지 않은 것들을 합하여 내 전집의 신판에 첨부할 생각이다.

그런데 내가 어려운 문체로 이 책자를 쓴 것도, 또 그것을 출판한 것도, 근원을 따지자면 하만[23]으로부터 유혹을 받은 것이었으므로, 영향력이 컸던 이 존경할만한 인물에 대해 추억을 더듬어보는 것도 나쁘지는 않을 것이다. 하만은

---

21) 〈사도행전〉 제2장 1~4절.
22) 괴테가 1772년에 집필한 《목사의 편지》. 이 글의 의도는 괴테의 생전에는 실현되지 않았고, 그가 죽은 뒤 8년이 지나, 1840년의 전집에서 처음으로 추가되었다.
23) 요한 게오르크(1730~86). 1759년의 저서 《소크라테스 회상록》으로 유명해졌다. 《문장론에 관한 이모저모(1761)》에서 프리드리히 칼 폰 모자를 상대로 논쟁을 했는데, 이를 계기로 그와 친밀한 서신을 교환하였다. 1764년 하만은 프랑크푸르트에 여행했는데 모자는 만날 수 없었다. 헤르더는 1764년 쾨니히스베르크에서 그와 만난 이래, 끊임없이 하만과 친교를 유지하고 있었고, 괴테는 슈트라스부르크 시대 이후 끊임없이 하만에 관심을 가지고 있었다.

조국 독일에 대해서 끊임없이 커다란 신비적 존재인데, 당시의 우리에게도 마찬가지였다. 그의 《소크라테스 회상록》은 한 시절을 풍미했는데, 시대정신과 맞지 않는 사람들이 특히 애호하였다. 이 저서 안에는 깊은 사색으로 뒷받침된, 학식이 풍부한 인물의 존재를 예감할 수 있었다.

독자들은 이 인물이 세상일이나 문학에 대해 잘 알고 있으면서도, 신비적인 것과 규명하기 어려운 가치도 인정하여 이에 대한 의견을 그의 독특한 표현으로 말하고 있다는 것을 희미하나마 느낀 것이다. 당시 문학의 주류를 이루고 있었던 사람들은 물론 그를 난해한 광신가로 여겼지만, 향상심이 왕성한 청년들은 그에게서 커다란 매력을 느끼고 있었다. 반은 농담으로, 반은 진담으로 '온건파'라고 일컬어지던 사람들, 즉 그 어떤 교단에도 속하지 않고 눈에 보이지 않는 교회를 형성하고 있는 경건한 사람들까지도 그를 주목하였다. 그리고 우리의 클레텐베르크 여사에게나, 또한 그녀의 친구 모자에게도 이 《북방의 마술사》[24]의 출현은 바람직한 일이었던 것이다. 사람들은 그가 궁핍한 생활로 고생을 하면서도 아직도 이와 같이 아름답고 고상한 지조를 잃지 않았음을 알고 그와 한층 밀접한 교제를 맺은 것이다. 폰 모자주의회 의장의 영향력으로 볼 때, 이 욕심 없는 한 사람의 생활을 보장해주는 것쯤은 쉬운 일이었을 것이다.[25] 사실 일은 그러한 방향으로 진행되어 서로 양해도 되고 의견에 결말이 나서, 하만은 쾨니히스베르크에서 다름슈타트로 가는 긴 여행길에 오른 것이다. 그러나 공교롭게도 주의회 의장이 부재중이어서 이 유별난 남자는 어찌된 일인지 곧 돌아오고 말았다. 그래도 이 두 사람 사이에는 친밀한 서신 교환이 계속되었다. 나는 이 쾨니히스베르크 사람이 그의 옹호자에게 보낸 2통의 편지[26]를 지금도 가지고 있는데, 이 편지는 이것을 쓴 사람의 놀랄만한 위대함과 성실성을 증명하고 있다.

---

24) 하만은 이 명칭으로 알려져 있었다. 원래는 모자가 하만의 '문장론에 관한 이모저모'에 대해 대답한 논문 속의 한 구절인데, 하만 자신이 이것을 즐겨 사용하였다. 모자와 하만이 사용한 '마그누스'란 〈마태복음〉 제2절 1장 이하의 '동방의 3박사', 즉, '현자'의 뜻이었고, 이것을 '마술사'로 번역하게 된 것은 몇 해 뒤의 일이다.
25) 모자는 헤센 백작 아들의 교육 담당의 지위를 마련해주어 하만을 도왔다.
26) 괴테의 수집품 안에는 지금도 모자에게 보낸 이 2통의 편지가 보존되어 있다. 그는 이 2통의 서한을 큼직한 흰 봉투에 넣어 그 위에 빨간 잉크로 '하만'이라고 써놓았다.

그러나 이런 친한 관계도 그리 오래 계속될 리는 없었다. 이들 경건한 사람들은 자기들 식으로 상대방도 경건하리라고 생각한 것이다. 그들은 하만을 북방의 마술사로서 경건한 마음으로 대우하고, 그도 이제까지처럼 경건한 태도를 유지해 갈 것이라고 믿었던 것이다. 그런데 하만은 이미 《구름, 소크라테스 후편》[27]을 통해 여러 사람들에게 다소의 불쾌감을 주었고, 게다가 《문헌학자의 십자군》[28]과 같은 것까지 출판한 것이다. 이 저서의 속표지에는 뿔이 난 목양신인 산양의 옆얼굴이 그려져 있을 뿐만 아니라, 첫 페이지에는 목판화로 된 커다란 장닭이 악보를 발톱에 끼우고, 앞에 선 암탉들의 박자를 잡고 있는 것이 매우 우스꽝스럽게 그려져 있었다. 저자인 하만은 이 삽화를 통해, 자기로서는 인정하기 어려운 어떤 종류의 교회 음악을 재미있고 우습게 표현하려고 한 것이다.

그래서 그에게 호의적이었던 사람들에게도, 신경이 예민한 사람들에게도 불쾌한 감정을 일으켰다. 우리는 그것을 하만에게 알렸으나 그의 마음이 변하지는 않았다. 그 일로 인해 그는 이제까지 친하게 지낸 사람들과 교제를 끊었다. 그러나 이 인물에 대한 우리의 관심은 헤르더 덕택으로 더욱더 생생하게 유지되었다. 헤르더는 자기 약혼자와 우리와도 편지를 주고받아, 하만이라는 독특한 정신에서 생긴 것이라면 무엇이든지 바로 우리에게 알려주었다. 이들 중에는 쾨니히스베르크 신문에 실린 평론이나 서평도 있었으나, 어느 것이나 모두 독특한 성격을 지니고 있었다. 나는 하만의 저작[29]의 거의 완전한 전집을 가지고 있는데, 그 밖에 언어의 기원에 대해 논한 헤르더의 현상 논문에 관한 매우 중요한 논문[30]의 원고도 가지고 있다. 여기에서 하만은 그다운 방법으로 헤르

---

27) 1761년 출판.
28) 1762년 출판.
29) 하만의 저작은 대부분이 작은 메모로서 거친 종이에 인쇄되어 있었으므로 애초부터 부수가 적었다. 따라서 이러한 작은 저작을 풍부하게 갖춘다는 것은 특별한 가치가 있었다. 괴테의 하만 전집은 오늘날에도 바이마르의 괴테 하우스 도서실에 보존되어 있다. 이 전집에는 하만이 직접 쓴 메모와 정정이 있는데 이것만으로도 특별한 가치가 있다.
30) 여기서 말하는 손으로 쓴 원고 논문은 오늘날에는 바이마르에서는 찾아볼 수 없다. 하만이 헤르더의 《언어기원론》을 비평한 것은 주로 '어느 학술적 현상 논문에 관한 문헌적 착상의 의혹(1776)'이라는 문서에서였다.

더의 시론(試論)에 불가사의한 조명을 비추고 있다.[31]

나는 내가 직접 하만의 전집을 출판하던가 또는 출판을 할 수 있도록 추진하려는 희망을 버리지 않고 있다. 이 중요한 문서가 일반 독자 앞에 다시 모습을 나타낼 때야말로 이 저자에 대해서, 저자의 자질과 본성에 대해서 더 자세하게 논의되어야 할 것이다. 하지만 나는 여기서 몇 마디 더 덧붙이고자 한다. 그것은 그에게 호의를 아끼지 않는 훌륭한 사람들이 아직도 살아 있고, 그들이 자주 질문을 하고 질책하는 것을 나는 매우 기쁘게 생각하기 때문이다. 하만의 모든 견해가 귀결되는 원리란 다음과 같은 것이다.

'무릇 인간이 성취하려고 하는 것은 비록 그것이 행위에 의해서 생기건, 말 또는 그 밖의 것에 의해 생기건, 모든 힘이 통일된 곳에서 생기지 않으면 안 된다. 분산된 것은 모두 배척되어야 한다.'

얼마나 훌륭한 잠언인가! 그러나 이에 따른다는 것은 어려운 일이다. 물론 이 잠언은 인생이나 예술에 대해서는 해당될 것이다. 그러나 언어를 매체로 하는 전승, 그것도 그다지 시적이 아닌 전승에 대해서 이 잠언을 적용하기에는 커다란 곤란이 따른다. 왜냐하면 언어는 무엇인가를 말하거나 뜻을 나타내기 위해서는 서로 분리되고 개별화되어야 하기 때문이다. 인간이 무엇인가 이야기를 하고 있는 순간에는 아무래도 일면적이 되지 않을 수 없다. 분리 작용이 없는 전달이나 학설이란 있을 수 없는 것이다. 그런데 하만은 단호히 이런 분리에 반대하고, 전체를 통일된 형태로 느끼고 상상하고 사색한 대로의 모양을 언어로 말하려고 하였다. 그리고 이와 동일한 방식을 다른 사람에게도 요구했기 때문에 그는 자기 자신의 문체, 또 다른 사람이 낳은 그 어떤 문체와도 충돌하게 되었다. 그와 같은 불가능한 일을 가능하게 하려고 그는 온갖 요소를 도입한다. 자연과 정신이 남몰래 만나는 매우 심오하고 신비로운 관조, 이와 같은 만남에서 생기는 빛나는 깨달음의 번득임, 주위에 떠도는 뜻깊은 형상, 성과 속을 막론한 저작가들이 기록한 날카로운 잠언들, 이들 모두가 그의 문체, 놀라울만한 그의 사상의 전체를 형성하고 있는 것이다. 때문에 만약 우리가 깊이에 있어

---

31) 하만은 위의 논문에서 '헤르더가 인간은 신에 의해 창조되었으면서도 말을 자연 그대로 가지고 있었다고 말하는 것은 모순이다'라고 비판하였다. 하만에게 있어 말은 하나님으로부터 직접 주어진 것이었다.

서 그와 나란히 할 수가 없고, 높이에 있어서 그와 함께 떠돌 수가 없고 그의 눈앞에 떠도는 현상을 내 것으로 만들 수가 없고, 한없이 광범한 문헌 중에서, 일부분만 암시된 데에 지나지 않은 대목이 뜻하는 것을 찾아낼 수가 없다면, 그를 연구하면 할수록 우리 주위는 더욱더 모호해지고 어두워질 뿐이다. 그리고 이 암흑이 세월과 함께 깊어지는 듯이 여겨지는 것은, 그의 풍자가 주로 그 당시 지배적이었던 어떤 특성을 향하고 있었기 때문이다.

내가 수집한 것 중에는 그의 교정쇄가 몇 장 있는데, 그는 그 여백에 연필로 자기의 풍자가 대상으로 삼은 애초의 글귀를 인용하고 있다. 그 글귀를 펼쳐보면 거기서도 또한 애매모호한 이중의 빛을 볼 수 있다. 이와 같은 이중의 빛은 우리에게 있어 매우 바람직하게 여겨지기는 하지만, 다만 이 경우 일반적으로 이해라고 불리는 것은 완전히 단념하지 않으면 안 된다. 이런 책자는 그것만 가지고 고찰할 수 있는 것이 아니라, 말하자면 사람들이 이 책자가 알리는 신탁에서 도피처를 찾는 기회가 오기를 기다려야만 하므로, 이런 점에서 보아도 이것들은 예언적이라고 불릴 가치가 있다. 이 책자의 도처에 깃들어 있는 뜻이 우리를 여러 가지 형태로 감동시키고 자극을 주기 때문에, 이것들을 펼쳐볼 때마다 우리는 무엇인가 신선한 것을 발견한 듯한 느낌이 드는 것이다.

나는 그와 한 번도 만난 일이 없고 직접 편지를 주고받은 일도 없다. 그는 생활면이나 친구 관계도 매우 분명해서, 인간 상호간의 접촉이나 다른 사람과의 교섭에서 매우 올곧은 생각을 가지고 있었던 것 같다. 내가 본 그의 편지[32]는 어느 것이나 훌륭한 것으로 그의 저작보다도 명석했다. 서한[33]에서는 시대와 환경과의 관계, 또 개인적인 사정의 관계가 한층 뚜렷하게 나타나 있기 때문이었다. 그러나 나는 이 서한들을 통해서 다음 사실만은 분명히 추측할 수 있다. 즉 그는 자기 재능이 남보다 우월하다는 것을 소박하게 믿고, 항상 자기는 편지를 받는 상대방보다 어느 정도 현명하고 뛰어나다고 생각하여, 상대방을 대

---

32) 하만 전집 간행은 헤르더가 맡으려 했으나 바빠서 생전에 이루어지지 않았고, 하만의 옛 친구 야코비도 이를 이루지 못했다. 1821년 이후 야코비의 친구 프리드리히 로토와 괴테의 조카의 아들 니코로비우스가, 괴테가 가지고 있던 초고를 바탕으로 7권의 전집을 발간하였다.

33) 괴테가 1812년에 이 1절을 썼을 때는 하만의 서한 중 인쇄된 것은 하나도 없었다. 1819년의 야코비 전집에서 하만과의 왕복 서한이 인쇄된 것이 처음이다.

할 때 진심으로 대하기보다는 비꼬는 듯한 태도로 대했던 것이다. 비록 이와 같은 일이 단지 개개의 경우에만 해당된다고 하더라도, 내가 알고 있는 대부분의 경우가 그러했고, 내가 그 사람과 친해지고 싶은 생각을 한번도 품지 않았던 원인도 바로 여기에 있었다.

이에 반해 헤르더와 우리 사이에는 친밀한 문학상의 교류가 매우 활발하게 계속되었다. 그러나 유감스럽게도 이 교류는 한번도 평온하고 순수하게 유지된 적이 없었다. 헤르더는 여전히 놀리거나 꾸짖기를 그만두지 않았기 때문이었다. 메르크는 사소한 일로도 이내 흥분하고 나에게까지 자극을 주어 짜증나게 하였다. 그런데 헤르더는, 어떤 작가나 인물보다도 스위프트를 존경하는 것 같았기 때문에 그는 우리 사이에서 스위프트처럼 수석 목사[34]라고 불렸다. 그런데 이러한 호칭도 또한 여러 가지 오해나 불쾌함을 자아내는 원인이 되었던 것이다.

그럼에도 불구하고 우리는 그가 뷔케부르크에서 임용되리라는 소식을 듣고 크게 기뻐하였다. 그의 임용은 그에게는 이중의 영예를 가져왔는데, 그것은 그의 새로운 옹호자[35]가 유별나기는 하지만 총명하고 용기가 있는 사람으로서 최고의 명성을 지녔기 때문이었다. 그때까지 토마스 압프트[36]가 그 자리에 있으면서 세상에 알려지고 이름을 떨쳤다. 사람들은 그의 죽음을 애도했으며, 그의 보호자가 그를 위해 기념비를 세운 것을 기뻐하였다. 너무나 젊은 나이에 세상을 떠난 압프트 대신에 사람들이 이 선임자에게 바랐던 기대를 이제 헤르더가 만족시키지 않으면 안 되었다.

이 시기에 이렇게 임관되는 것에는 이중의 영광과 가치가 있었다. 이미 독일의 몇몇 제후들은 폰 리페 백작의 예를 따라서, 단지 학식이 있고 본래의 사무 능력을 가진 인물뿐만 아니라, 재능이 있고 전도유망한 인물들을 임용하고 있었기 때문이다. 이를테면 클롭슈토크[37]는 바덴의 변경 장관인 칼의 초빙을 받

---

34) 스위프트(1667~1745)는 더블린의 수석 목사였다.
35) 샤움부르크 리페 집안의 백작 빌헬름을 말하는 것으로, 1770년 헤르더를 뷔케부르크의 자기 궁정의 목사로 임명하였다.
36) 1738~66. 신학자로 인기 있는 철학자였으나 28세의 젊은 나이로 요절했다. 샤움부르크 리페의 궁정 고문관, 종교 고문관이었다.
37) 후원자였던 베른슈톨프 백작이 급서했기 때문에, 20년 동안 살았던 코펜하겐을 1770년에 떠

앉는데, 그것은 주어진 사무를 수행하기 위해서가 아니라, 그의 존재에 의해서 상류 사회에 기품을 더함으로써 이익을 가져오는 것이 목적이었다. 이 군주는 유용하고 아름다운 것이라면 무엇이든 주의를 게을리하지 않는 사람으로, 이 초빙에 의해서 그의 명성도 높아졌으나, 그와 동시에 클롭슈토크에 대한 숭배의 마음도 적지 않게 높아지지 않을 수 없었다. 그의 손으로 이루어진 것이라면 무엇이든 기뻐하고 환영하였다.

우리는 동료 누군가가 입수할 수 있었던 송시[38]나 비가를 꼼꼼하게 베꼈다. 따라서 헤센 다름슈타트의 위대한 변경 장관 카로리네가 이들 작품을 모아 시집을 편찬, 얼마 안 되는 부수 중에서 일부가 우리 손에 들어왔을 때 나의 기쁨은 대단한 것이었다. 그 시집 덕택으로 우리는 자신들이 필사해서 만든 시집을 보충할 수가 있었다. 그런 까닭에 우리에게는 오랫동안 그 최초의 시고가 가장 마음에 들었던 것이다. 그리고 더 나아가서 후에 저자가 파기해 버린 시도 손에 넣어, 몇 번이고 우리의 마음에 생기를 불어넣으며 기쁨을 맛보았다. 아름다운 영혼으로부터 뿜어 나오는 생명은, 비평의 손을 통해서 예술의 영역으로 끌어들이는 일이 적으면 적을수록 한층 더 여유 있게 우리의 마음에 작용한다는 것은 움직일 수 없는 진실이다.

클롭슈토크의 성격이나 행실 덕택에, 본인은 물론이고 그 밖에 재능이 있는 다른 사람들의 명성과 품위도 올라갔는데, 이번에는 그의 덕택으로 가계를 안정시키고 개선하는 복도 받게 되었다. 이전에 출판업은 중요한 학술 전 문서나 얼마 안 되는 사례를 지불하는 것으로 충분했던, 판매가 안정된 출판물을 많이 내고 있었다. 이에 반해 문예 서적의 출판은 신성한 것으로 여겨져서, 사례

---

나, 함부르크의 친척 집에서 살고 있었을 때, 바덴 변경백 칼 프리드리히에 의해 초빙되었다. 클롭슈토크는 1774년 여름 칼스루에로 옮겨 궁중 고문관에 취임했으나 그곳에서는 오래 살지 않고 그 뒤 함부르크에 머물렀다.

38) 클롭슈토크의 송시는 1747년 이후에 쓴 것이다. 그 일부는 몇몇 친구들 앞에서 낭독되거나, 친구들에게 원고로 건네지거나 잡지에 게재되었다. 다름슈타트의 클롭슈토크 숭배자들이 모은 이러한 시고는, 변경 장관 부인 카로리네와 메르크에 의해 1771년 인쇄되었다. 이것은 34부밖에 인쇄되지 않았고 각기 소유자의 이름이 적혀 있었다. 그러나 이 시집에는 오류가 많아서 마침내 클롭슈토크는 스스로 시집을 내기로 결심을 굳혀, 1771년 함부르크의 보데 서점에서 간행하였다.

를 받거나 그 액수를 높인다는 것은 거의 성직 매매 같은 것으로 여겨졌다. 저자와 출판업자[39]는 묘한 상호 관계에 있었다. 이 양자는 보호자와 피보호자로 여겨졌고, 실제로 일반 사람들도 그렇게 생각하고 있었다. 일반 대중은 저자를 재능이 있을 뿐만 아니라 매우 도덕적인 인간이라고 여겼으므로, 출판업자보다도 정신적으로는 높은 위치에 있었고, 작품이 성공하면 그 성공을 바로 보수로 여겼다. 한편, 출판업자는 기꺼이 아래 지위에 머무르면서도 이익만은 많이 얻고 있었으므로, 돈이 많은 출판업자가 다시 가난한 시인 위에 서게 된다. 이렇게 해서 모든 일이 매우 절묘한 균형을 이루고 있었던 것이다. 양자가 서로 관용과 감사로 대하는 예는 적지 않았다. 예를 들면 브라이트코프와 고트쇠트는 평생을 같은 지붕 아래 살았다. 인색이나 비열한 행동, 특히 저작권 침해 같은 일은 그때까지는 아직 유행하지 않았다.

그런데도 불구하고 독일 저술가들 사이에서는 어떤 공통된 움직임이 싹트고 있었다. 그들은 가난하다고는 말할 수 없었지만, 검소한 자기들의 생활과 유력한 출판업자들의 유복함을 비교해 본 것이다. 그리하여 저작가들은 겔러트나 라베너와 같은 사람들의 명성이 얼마나 큰지, 그러면서도 독일에서는 인기 작가라 해도 그 어떤 수단으로 생활을 윤택하게 하지 않는 한 얼마나 궁핍한 생활을 해야 하는가를 안 것이다. 이보다 평범하고 별 볼 일이 없는 작가들도 자기들의 처우를 개선하여 출판업자에게 의존하지 않으려는 강한 욕망을 느끼고 있었다.

이러한 때에 클롭슈토크가 등장하여 그의 작품 《문필가 공화국》[40]의 예약을 모집한 것이다. 《구세주》[41]의 전반 가사는 맑고 깨끗했으나 후반의 가사는 일부는 그 내용 때문에, 일부는 그 수법 때문에 전반만큼의 효과는 올리지 못

---

39) 괴테가 활동하던 시대는 독일 서적업의 커다란 변혁기에 해당된다. 매출이 증가한 결과, 출판업자가 큰 기획을 세울 수 있었고, 인세의 지불도 가능하여 문필가의 독립도 이루어졌다. 이때 해적판 때문에 많은 문제가 발생했는데, 청년기의 괴테는 이 때문에 많은 타격을 입었다. 근대 독일 문학 작가들의 대규모 전집은 게센이나 코타 같은 대출판업자에 의해서만 가능했다.

40) 정확하게는 《문필가 공화국. 그 제도, 법률, 마지막 국회의 역사》로, 1774년에 나왔다. 18세기에는 '게레르텐'(학자)이라는 말은 문학 활동에 종사하는 사람, 따라서 문필가 정도의 뜻으로 사용되었다.

41) 메시아.

했다.[42] 그럼에도 불구하고 이 시인을 찬미하는 마음은 이전과 조금도 다름이 없었다. 송시의 출판으로 그는 많은 사람들의 정신과 정서를 자기에게 끌어당기고 있었던 것이다. 유력자를 비롯하여 그에게 호의적인 사람들은 1루이돌로 정해진 예약금의 선불에 응했다. 그것은 책 대금을 지불한다기보다는 이 기회에 조국에 대해 공적이 있었던 저자에게 보답하기 위한 것이라고 다들 말했다. 이제 누구나 할 것 없이 이 계획에 쇄도했다. 돈이 별로 없었던 청년이나 자녀들까지도 자기 저금통을 열었다. 남자나 여자나, 상류 계급이나 중류 계급도 이 신성한 희사에 참가하여 약 1000명가량의 예약자가 모였다. 이에 대한 기대는 매우 컸고 더할 나위 없는 희망이 기대되었다.

그런데 이 책이 실제로 출판되자 묘한 결과가 나타났다. 분명히 이것이 중요한 가치를 가지고 있다는 것은 변함이 없었으나 누구에게나 흥미 있는 것은 아니었다. 클롭슈토크가 시와 문학에 대해서 어떤 생각을 가지고 있었는가는 고대 독일의 드루이덴 공화국[43]이라는 형태로 표현되어, 순수한 것과 그릇된 것에 관한 그의 원리는 간결한 격언조로 나타나 있지만, 이와 같은 기묘한 형식 때문에 교훈이 가득 찬 내용이 적지 않게 희생되었다. 이 저서는 작가나 문학가에게는 예나 지금이나 무한한 가치를 가진 것이지만, 그것은 이와 같은 사람들 사이에서만 효과가 있었을 뿐 유익한 것이 되지 못했다. 스스로 사색한 적이 있는 사람은 이 사색자의 궤적을 더듬을 수 있었고, 진실을 구하여 이를 존중할 수 있는 사람이라면 학식이 깊은 성실한 이 인물에 의해 배운 것이 많았던 것이다. 그러나 단순한 애호가나 일반 독자는 조금도 계발되는 점이 없었다. 그와 같은 사람들에게는 이 책이 봉인된 것과 다름이 없었다. 그래도 이 책은 모든 사람들 손에 들어갔다. 누구나 이것은 틀림없이 쓸모가 있는 책일 거라고 기대하고 있었는데, 대개의 사람들이 실제로 손에 넣은 것은 얼마 안 되는 즐거움도 찾아볼 수 없는 책이었다. 사람들은 크게 실망했지만, 이 책에 대한 존경의 마음은 매우 컸기 때문에 불평을 하거나 투덜거리는 사람은 없었다. 젊은 여성들은 손해를 보았다는 생각도 잊고, 비싼 값에 구한 이 책을 장난삼아 다른 사람에게 기증하기도 하였다. 나도 몇몇 친한 친구들로부터 몇 권의

42) 《구세주》의 전반 10장은 1755년에, 후반 10장은 20년 후인 1775년에 출판되었다.
43) 고대 갈리아의 켈트 여러 민족의 배타적인 신부 사회.

책을 받았는데 지금은 한 권도 남아 있지 않다.

저자의 입장에서는 성공이었지만 독자의 입장에서 보자면 실패로 끝난 이 기획은 그 결과로서 당분간 예약 출판이나 선불 같은 건 생각할 수 없다는 나쁜 선례를 가져왔다. 그러나 예약 출판을 하고 싶다는 희망은 널리 일반에 퍼져 있었기 때문에 이와 같은 계획은 새로 되풀이되지 않을 수 없었다. 데사우 출판사[44] 등은 이것을 대규모로 하고 싶어 했다. 이 계획에 따라 저작자와 출판자가 굳게 손을 잡아, 이익이 올라가면 양자가 비율에 따라 나눌 예정이었다. 이와 같은 기획은 오랫동안 요망되어온 것이었으므로 크게 기대되었으나 역시 오래 계속되지 못하고 서로 손해를 보고 헤어지고 말았다.

그러나 문학 애호가 사이에서는 이미 서로의 정보를 신속하게 교환할 수 있도록 되어 있었다. 〈무젠 알마나하〉[45]는 모든 젊은 시인들을 결합시켰고 각종 잡지[46]가 시인을 다른 저작가와 결합시켰다. 나의 창작욕은 끝이 없었으나, 일단 창작된 것에 대해서는 무관심했다. 그러나 사교적인 모임에서 나와 다른 사람을 위해서 다시 이를 즐겁게 낭독했을 때는 이들 작품에 대한 애정이 되살아났다. 많은 사람들은 내가 쓴 작품에 기꺼이 관심을 보여주었다. 나는 조금이나마 창작에 애착을 가지고 그러한 재능이 있다고 여기는 사람에게는 무엇이든지 좋으니까 나름대로의 방법으로 창작을 해보라고 권했고, 그와 동시에 나도 그들로부터 새로 시를 쓰고 집필을 하도록 권고받았다. 이와 같이 해서 정

---

44) 저작가들에 의해 1781년 데사우에 창설된 '문필가 서점'. 동업 조합적인 조직으로 1788년까지 계속되었다.

45) 1769년 이후, 미발표 서정시만을 게재한 연간 시집이 출판된 것은 독일 문학계에서 획기적인 사건이었다. 이것은 1765년 파리에서 출판된 〈아르마나크 데 뮤즈〉를 본떠서 보이에가 고타와 협력해서 괴팅겐에서 출판한 것으로, 평이 좋았으므로 각지에서 이와 유사한 기획이 이루어졌다. 그중에서 가장 중요한 것은 J.H. 포스가 주도하여 출판한 함부르크의 〈무젠 알마나하〉이다. 괴테가 처음으로 자기 시집을 출판한 것은 1789년의 일로 그때까지는 〈무젠 알마나하〉나 그 밖의 잡지에 게재했다.

46) 잡지의 융성은 18세기의 일대 사건이었다. 18세기 초에는 독일 안에 〈도덕적 주간지〉가 퍼졌는데, 여기에는 문화와 일상생활 전반에 걸친 교훈적인 것이 게재되고 있었다. 일반적으로 가치가 인정되고 매우 넓은 독자를 가지고 있었던 문예 잡지로는 1773년 이후의 빌란트의 〈독일 메르쿠르〉지가 처음이었다. 이 잡지의 집필자는 메르크, 뷔르거, 포스, 헤르더, 슈토르베르크, 괴테와 같은 당대 일류의 작가들이었다. 1770년대에는 그 밖에도 보이에가 편집한 〈도이체스 무제움〉, 클라우디우스의 〈반즈베커 보테〉, 야코비의 〈이리스〉 등이 출판되었다.

상적인 궤도를 벗어날 정도로 서로 격려하고 강요하는 행동은 각자에게 각각의 형태로 기쁜 영향을 주었다. 이렇게 해서 서로 자극을 주고 창작을 하거나 서로의 존재를 소중히 여기는 일은 이론적 지도자를 가진 것도 아니고, 극히 자유로운 기분으로 각자의 태어난 성격에 따라서 이루어졌는데, 여기서 칭찬과 비난이 난무하는 문학의 한 시대[47]가 생겨난 것이다. 이것은 젊은 천재적인 청년들이 그 연령에 어울리는 대담한 태도로 이 세상에 모습을 나타내어 그들이 가진 힘을 발휘, 어떤 때는 많은 기쁨을 만들어내고 어떤 때는 그 힘을 남용해서 많은 혐오를 자아냈던 그 시대를 말한다. 그리고 이 원천에서 분출된 작용과 반작용이야말로 바로 이 책의 주요 테마이다.

그러나 젊은이의 마음이 사랑에 의해서 생기가 주어지는 것이 아니라면, 또 어떤 종류이건 젊은이의 가슴속에 연애 감정이 숨쉬지 않는다면, 그들은 도대체 어디에서 최고의 흥미를 찾아낼 것인가? 도대체 어떻게 동시대를 살아가는 사람들 사이에 흥미를 불러일으킬 수 있을 것인가? 나는 남몰래 잃어버린 사랑을 한탄하지 않을 수 없었다. 사랑에 의해 나의 마음이 온건해지고 부드러워지고, 이전 같으면 무엇 하나 부족한 것 없이 마음대로 앞으로 나갔을 텐데 이제는 그와 같은 유아독존의 시절보다도 훨씬 친구들을 잘 사귈 수 있는 사람이 되어 있었다.

작별을 고한 나의 편지에 대한 프리데리케의 답장은 나의 마음을 갈기갈기 찢어놓았다. 그것은 나를 본뜬, 나를 닮으려고 애쓴 그 필적, 그 마음, 그 감정 그 자체였다. 이제 나는 처음으로 그녀가 잃은 손실의 크기를 느꼈다. 나는 그 손실을 보상하기는커녕 그것을 완화시킬 수도 없다는 것을 알았다. 그녀의 모습은 나의 마음에 생생했다. 나는 그녀를 잃었다는 것을 끊임없이 느끼고 있었다. 무엇보다도 나빴던 것은 내가 나 자신의 불행을 나 자신에게 용서할 수가 없다는 것이었다. 그레트헨은 빼앗겼고 아넷테는 나를 버린 것이다. 이번에는 나에게 잘못이 있었다. 나는 세상에서 가장 아름다운 마음의 깊숙한 곳에 상처를 입히고 말았다. 여느 때 같으면 나의 마음을 위로해 주는 애정이 있었는데, 그것조차도 없는 어두운 후회의 시절은 도저히 견딜 수 없는 것이었다.

---

47) 이른바 슈투름 운트 드랑.

그러나 인간은 어디까지나 살기를 원한다. 그래서 나는 남의 일에 진심을 다해 관여했다. 나는 사람들의 엉킨 실을 풀어주기도 하고, 헤어지려고 하는 사람들이 있으면 나의 전철을 밟지 않도록 다시 결합시키려고 노력하였다. 그래서 사람들은 나를 의지할 수 있는 친구라 불렀고, 또 내가 곧잘 근교를 정처 없이 돌아다니고 있었기 때문에 방랑자라는 말도 들었다. 내 마음의 안정은 오직 하늘 아래, 계곡이나 고원, 들이나 숲에서만 얻을 수 있었는데, 프랑크푸르트는 참 좋은 곳에 위치하고 있었다. 이 고을은 다름슈타트와 홈부르크라는 쾌적한 두 고장[48] 바로 한가운데에 위치하고 있었는데, 이 두 고장은 양쪽 궁정의 인척 관계로 친한 사이였다. 나는 노상을 나의 집이라고 생각하고, 마치 심부름꾼이나 되는 것처럼 고지와 평지 사이를 여기저기 방랑하는 것이 습관이 되어 있었다. 나는 자주 혼자서, 또는 친구들과 함께 나의 고향을 아무 상관도 없는 것처럼 지나갔으며, 파르 골목의 어떤 여관에서 식사를 하고 식사를 마치면 또 걸었다. 이제까지 생각할 수 없을 정도로 나의 마음은 넓은 세계, 한가로운 자연을 향하고 있었다. 길을 가면서 나는 불가사의한 찬가나 바커스 송가를 노래했는데, 그중에서 '방랑객의 폭풍우의 노래'[49]라는 제목의 노래가 아직도 기억에 남아 있다. 나는 거의 무의미한 이 노래를, 도중에 밀어닥친 격렬한 폭풍우에 맞서 앞으로 나아가야 할 때 정열적으로 불렀던 것이다.

나의 마음은 그 무엇에도 감동하는 일이 없었고 그 무엇에도 몰두할 수가 없었다. 나는 신중에 신중을 기하여 여성과 조금이라도 친한 관계가 되는 것을 피했다. 그러다 보니 나의 주의는 산만했고, 나의 주위를 어떤 사랑스러운 요정이 남몰래 날아다니고 있는 것을 전연 모르고 있었던 것이다. 어떤 사랑스러운 여성[50]이 남몰래 나에게 마음을 두고 있었는데 나는 그것을 전혀 눈치채지 못했던 만큼 더욱 그녀와의 즐거운 교제에서도 쾌활하고 기분 좋게 지낼 수가 있

---

48) 홈부르크에는 루이제 폰 치글러가 살고 있었는데, 그녀는 다름슈타트에서 살고 있던 카로리네 플락스란트나 헨리에테 폰 루숀과 친했다. 괴테는 메르크의 소개로 홈부르크 변경 장관과도 알게 되었다. 참고로 프랑크푸르크에서 홈부르크(북)나 다름슈타트(남)까지의 거리는 각각 약 30㎞이다.

49) 1772년 봄 작품. 인쇄가 된 것은 1815년이었다. 이 1절에 묘사되어 있는 매우 주관적인 경향에 대한 날카로운 비판은 아마도 낭만파의 젊은 세대를 향해서 한 말이었을 것이다.

50) 이 여성이 누구를 가리키는지는 명확하지 않다.

었다. 그로부터 수년 뒤, 이 여성이 죽은 뒤에 처음으로 나는 숨겨진 깨끗한 사랑을 알고 더할 나위 없이 감동하지 않을 수가 없었다. 그러나 나에게는 죄가 없었으므로, 이 죄가 없는 여성을 순수하고 성실하게 애도할 수가 있었다. 더욱이 내가 그녀의 사랑을 안 것은 내가 격정으로부터 벗어나, 다행히도 나의 감정이 바라는 방향에 따라 살아갈 수 있었던 바로 그 시기에 해당했으므로, 더한층 아름다운 마음으로 그녀를 애도할 수가 있었다.

그러나 프리데리케를 생각하면 괴로워서 나의 마음은 불안해졌고, 그럴 때 나는 옛날에 하던 방식대로 이번에도 시짓기에 도움을 구했다. 나는 이제까지 해왔던 대로 시짓기로 참회를 계속하고, 이렇게 자학적으로 회개함으로써 마음의 면죄를 얻으려 했다. 《괴츠 폰 베를리힝겐》과 《클라비고》에 등장하는 두 사람의 마리도, 그녀들의 애인역을 하는 두 사람의 비열한 인물[51]도 이러한 후회하는 마음의 결과였으리라.

그러나 청춘시대의 상처나 병은 이내 치유되는 법이다. 그것은 유기체의 건전한 조직이 병적인 조직의 대리 역할을 하여, 유기체에 다시 건강해질 시간을 주기 때문인데, 다행스럽게도 나의 경우에도 편리한 기회를 많이 포착해 몸의 훈련[52]을 한 결과 그것이 효과적으로 작용하였다. 나는 여러 가지 자극을 받아서 원기 왕성해지고, 새로운 삶의 기쁨을 맛본 것이다. 우울한 기분으로 마음도 무겁게 정처 없이 돌아다녔던 도보 여행도, 어느 틈엔가 승마가 그것을 추방하고 말았다. 승마 쪽이 훨씬 빠르고 즐겁고 쾌적하게 목적지에 도달할 수가 있었던 것이다. 나보다 나이가 아래인 사람들은 다시 펜싱을 하기 시작하였다. 특히 겨울이 오면 우리 앞에 새로운 세계가 열렸다. 그것은 스케이트였다. 나는 이제까지 한 번도 스케이트로 얼음을 지친 적이 없었다. 그러나 해보려고 하는 결심과 훈련, 그리고 인내심으로 얼마 뒤에는 다른 사람보다 더 잘 타지는 못했지만, 남과 함께 즐길 정도로는 탈 수 있게 되었다.

우리가 이 새롭고 즐거운 운동을 하게 된 것은 사실은 클롭슈토크 덕택인데, 그가 이 재미있는 운동에 쏟은 정열 때문이었다. 이 정열에 대해서는 그의 편

---

51) 《괴츠》와 《클라비고》에 등장하는 링겐을 가리킨다.

52) 괴테는 자서전에서 몸의 운동에 대해서도 언급하는 것을 잊지 않고 있었다. 이것을 그때그때의 생활 감정과 결부지어 묘사하고 있다.

지가 확증하고 있고, 그의 송사[53]도 이를 여실히 증명하고 있다. 지금도 생생하게 기억하고 있지만, 서리가 내린 어느 맑게 갠 아침, 침대에서 일어나자마자 나는 그의 다음과 같은 구절을 읊었다.

건전한 생각에 마음이 이미 고무되어
강가를 따라 멀리 지치며 가면
수정처럼 얼음 위에 흰 선이 그어진다.

('브라가'(1766)의 13~15행)


이제 솟아오르는 겨울 태양이
얼마나 부드럽게 호수면을 비추는가!
호수 위에는 별처럼 반짝이는 서리가
하룻밤 사이에 여기저기 흩어졌구나.

('얼음 지치기'(1764)의 26~28행)


머뭇거리거나 우유부단했던 나의 마음은 이내 결정되었다. 초보 훈련을 받을 수 있는 곳으로 나는 뛰어갔다. 정말이다! 이 운동은 분명히 클롭슈토크가 추천할 만한 가치가 있었다. 우리를 기운이 발랄한 어린이들과 접촉하게 하였고, 청년에게는 자신의 경쾌한 몸을 마음껏 맛보게 해 주었고, 더 나아가 노년의 경화를 막는 데도 적합했다. 나도 또한 이 즐거움을 마음껏 맛보았다. 맑게 갠 하루를 이와 같이 얼음 위에서 지내는 데 만족하지 않고, 우리는 밤이 깊어질 때까지 계속 탔다. 그렇게 할 수 있었던 것은, 다른 운동이라면 몸을 피로하게 만들 뿐인데 스케이트는 몸에 끊임없이 새로운 활력을 주었기 때문이다. 구름 사이로 비추는 보름달, 얼음을 타고 가는 우리 주위를 스쳐가는 밤바람, 물이 적어짐에 따라 무너지는 얼음의 요란스러운 소리, 우리가 미끄러지면서 내는

---

53) 스케이트, 승마, 수영에 뛰어난 클롭슈토크는 독일 문학에서 스포츠의 쾌감을 노래한 최초의 시인인데, 이것은 하나의 창조적인 행위였다. 그는 자기가 체험한 일을 시로 표현할 수 있었으므로, 스케이트의 쾌감을 송시로 묘사한 것이다. 스케이트를 다룬 송시는 '얼음 지치기', '브라가', '티아르프의 기량', '노변', '겨울의 기쁨'의 5편이다.

이상한 메아리, 이것들은 오시안[54]의 정경이 그대로 떠오르는 것 같은 생각을 자아내게 하였다.[55] 친구들은 모두가 클롭슈토크의 송시 하나에 가락을 붙여 읊었다. 그리고 희미한 빛 속에서 우리가 한데 모이자, 우리에게 즐거움을 가져다준 사람을 칭찬하는 찬가가 절로 울려 퍼졌다.

> 말을 타고 달려도 얻을 수 없고
> 무도회에서도 맛볼 수 없는
> 건강과 기쁨을 우리에게 창조한 사람,
> 불멸하리라, 그 사람이야말로.

('얼음 지치기'의 9~11행)

이와 같은 감사는 인간의 행동을 정신적으로 높이고 순화시켜, 이것을 널리 퍼뜨릴 수 있는 사람이어야만 비로소 받을 가치가 있다!

어렸을 때부터 지능이 발달하고 재능이 풍부한 어린이라도 허용되기만 하면 매우 단순한 어린이 놀이로 다시 돌아가는 것과 마찬가지로, 우리도 보다 더 진지한 일에 대한 사명을 너무나도 깨끗하게 잊고 말았다. 그러나 이렇게 혼자 얼음을 타고 있는 동안에, 그리고 느긋한 기분에 젖어 있는 동안에, 잠시 잠들어 있던 내 마음속의 여러 가지 욕구가 다시 고개를 쳐든 것이다. 내가 이전에 계획했던 몇 가지 계획을 한층 신속하게 완성할 수 있었던 것은 이러한 빙상 운동 덕택이었다.

전부터 나의 지식욕과 상상력은 독일 역사의 비교적 어두웠던 지난 수 세기 동안으로 끌려갔다. 괴츠 폰 베를리힝겐을 그가 처했던 시대 환경 속에서 희곡으로 만드는 것이 나에게 매우 바람직하고 가치가 있는 일처럼 여겨졌다. 나는 이 테마에 대한 주요 문헌을 열심히 읽었다. 다트[56]의 《공안법에 대하여》에

---

54) 당시의 젊은 사람들이 매우 좋아했다. 헤르더는 오시안에 대해 논문을 쓰고, 괴테는 번역을 시도했다. 그는 북방 풍경의 밤 장면을 그리기 좋아했다.

55) 이 정경은 '빌헬름 마이스터의 편력시대'에서의 밤의 스케이트 장면과 매우 비슷하다. 이것은 풍경과 쾌감의 묘사뿐 아니라, 청춘의 힘이 삶에의 의지에 의해서 혼돈과 죄의식을 극복하려는 상징으로도 중요하다.

56) 요한 필립(1654~1722). 에스링겐과 슈투트가르트의 법률가. 《공안법에 대하여(1698)》를 썼다.

는 모든 관심을 다 기울였다. 나는 이 저서를 열심히 연구하여, 세부에 걸친 진기한 사항을 될 수 있는대로 해명해 보았다. 이와 같은 노력은 도덕적인 목적이나 시적인 목적으로 돌릴 수도 있었으나, 나는 이 노력을 그것과는 다른 면에서도 활용할 수가 있었다. 그래서 내가 이번에 베츠랄을 방문하게 되었을 때, 나는 역사에 관한 예비 지식[57]을 이미 충분히 가지고 있었다. 왜냐하면 그곳에 있는 고등 법원도 공안법의 결과로 생겨난 것이고, 고등 법원의 역사야말로 복잡한 독일의 여러 사건을 관통하고 있는 중요한 표지판이라고 여겼기 때문이었다. 확실히, 어떤 나라의 재판소와 군대의 상태는, 그 나라의 현재 상황을 가장 잘 알 수 있게 해준다. 일반적으로 재정이 주는 영향은 매우 크다고 여겨지고 있지만, 이 둘에 비하면 문제가 되지 않는다. 만약에 국가 전체에 결핍이 일어나면 개인이 고생을 해서 모아놓은 것을 거두어 가면 되는 것이고, 이런 뜻에서 국가 그 자체는 항상 부유하기 때문이다.

내가 베츠랄에서 겪은 것은 그다지 의미 있는 일은 아니었다. 그러나 내가 이 고장에 도착하던 당시의 바람직하지 않았던 상태를 떠올리기 위해 고등 법원의 역사를 훑어볼 노고를 아끼지 않는다면, 내가 마주친 일도 한층 큰 흥미를 자아낼 수 있을지도 모른다.

지상의 군주들이 군주인 까닭은 그들이 전시에는 가장 용감하고 결단력이 있는 사람들을, 평화시에는 가장 현명하고 공정한 사람들을 자기 주위에 모을 수 있기 때문이다. 독일 황제의 궁정에도 이러한 사람들로 구성된 일단의 재판관들이 있어서, 황제가 나라를 시찰할 때는 항상 따라다녔다. 그러나 이러한 용의주도함을 가지고도, 남부 독일에서 적용되고 있었던 슈바빙법이나 북부 독일에서 적용되고 있었던 작센법[58]을 가지고도, 이들 법률을 유지하기 위해 임용된 기사들로도, 또 같은 신분을 가진 사람끼리의 다툼을 중재하는 조정 재판[59]으

---

이것은 1495년의 보름스 국회와 이에 입각해서 수행된 제국 개혁에 관한 문헌으로서 오늘날에도 그 중요성을 잃지 않고 있다. 이 개혁의 결과로 제국 고등 법원이 설치되었다.

57) 바이마르의 도서관은 베츠랄 고등 법원에 관해서 많은 문헌을 소유하고 있었다.

58) 아이케 폰 레프고우의 '작센의 거울'(13세기 초)에 입각하고 있다. 원래는 오스트리아 지방의 습관법에 지나지 않았던 것이 중세 후기에는 법전으로 간주되었다. 슈바빙법은 이를 참고한 것으로 '제국의 주법 및 봉건법'이라고도 불리었다. 남부 독일에 널리 퍼져 중요한 것이 되었다.

59) 14세기 이후, 여러 신분(제후, 고위 성직자, 기사, 도시) 상호간의 항쟁을 조정하기 위해 특별히

로도, 계약에 의해서 승인된 중재 재판관이나 성직자들에 의해서 설정된 온화한 화해의 길로도 기사들의 격앙된 투쟁심을 가라앉힐 수는 없었다. 이와 같은 투쟁심은 독일인의 경우, 제국내의 분쟁이나 외지로의 출정, 특히 십자군의 원정에 의해서, 더 나아가 재판의 관례 그 자체에 의해 자극을 받고 배양되어 마침내 풍습이 되고 만 것이다. 황제에게도, 비교적 유력한 계급에도, 이와 같은 난리는 더할 나위 없이 싫은 것이었다. 이 난리 덕택으로 빈민들은 서로를 괴롭히게 되었고, 그들이 패거리를 짜거나 하면 비교적 유력한 계급에게는 귀찮은 일이 되었다. 국내의 질서가 파괴됨과 동시에 국외로 향해야 할 힘이 모두 위축되고 말았다. 뿐만 아니라 비밀 재판은 여전히 국내의 대부분의 사람들을 무겁게 억누르고 있었다. 이 비밀 재판이 얼마나 무서운 것이었는가는 이것이 마침내는 비밀 경찰로 바뀌고, 더 나아가서는 몇몇 개인의 손에 넘어갔다는 것을 생각하면 쉽게 이해할 수가 있을 것이다.

이와 같은 폐해를 어느 정도라도 제거하기 위해 여러 가지 수단이 강구되었으나, 그 어느 것도 성공하지 못했다. 그래서 마침내 국회는 자기들이 자금을 내어 재판소를 만들자는 방안을 급히 제출한 것이다. 이 제안은 분명히 좋은 뜻에서 나온 것이기는 했으나, 역시 국회 권한의 확대와 황제 권한의 제한을 뜻하는 것이었다. 프리드리히 3세[60] 치하에서는 이 문제는 지연되지만, 황태자 막시밀리안[61]은 외부의 압력을 받아 양보했다. 그는 재판장을 임명하고 국회는 배석 판사를 보냈다. 이 배석 판사의 정원은 24명이었지만 처음에는 12명으로 만족해야 했다.

인간이 무엇인가를 기획할 때 저지르게 되는 일반적인 과오를 고등 법원도 범하고 말았는데, 그것은 최초이자 영원한 근본적 결함이었다. 목적은 컸으나 사용된 수단은 너무나 불충분했던 것이다. 배석 판사의 수가 너무 적었다. 이 인원으로 광범위한 문제를 어떻게 해결할 수 있었겠는가! 그리고 이 제도를 완

---

설치된 중재 재판.

60) 1415~93. 황제 재위 1440~93.

61) 중세 최후의 기사라고 일컬어진 막시밀리안 황제(1459~1519). 프리드리히 3세의 아들. 칼 5세의 조부. 1495년 10월 31일에 마인츠 선제후의 요구로 프랑크푸르크에 제국 고등 법원을 개설하였다.

비시키자고 강하게 주장하는 사람이 있었을까? 황제는 자기에게 유리하게 작용하기보다는 불리하게 작용할 시설 등을 조성할 수는 없었다. 그의 입장에서는 그런 것보다는 자기 재판소, 자기 추밀원[62]을 충실하게 만드는 쪽에 훨씬 큰 근거가 있었다. 한편, 국회의 이익을 생각해 볼 때, 의원들의 입장에서 중요한 것은 피를 멈추게 하는 것이지 상처가 치료되었는가의 여부는 아무래도 좋았다. 여기에 더 돈을 내야 한다니! 물론 목적은 명확했지만, 이 시설에 의해서 모든 제후가 가신의 수를 증가시키게 된다는 것이 그 당시에는 이해가 잘 되지 않았던 것 같았다. 원래 필요한 것이라도 돈 내기를 기뻐하는 사람은 아무도 없다. 어떻게든 이익을 얻을 수 있는 거라면 그것으로 만족할 것이다.

처음에 배석 판사들은 수수료로 생활을 했는데, 이윽고 국회가 소액의 수당 지급을 승인하였다. 그러나 그 수수료나 수당도 액수가 많지 않았다. 그래도 재판소를 확립하고 싶다는 강한 요구를 충족하려고, 유능하고 부지런한 사람들이 자진해서 나타나, 여기에 고등 법원이 개설되었다. 지금 문제가 되고 있는 것은 해악의 근절이 아니라 경감에 지나지 않는다는 것을 그들이 인식하고 있었는지, 또는 그들이 이와 비슷한 경우에 흔히 있는 바와 같이, 얼마 안 되는 노력으로 많은 수확을 올린다는 희망에 가슴이 부풀었는지에 대해서는 무어라고 단정할 수가 없다. 요컨대 이 재판소는 부정을 근본적으로 방지하느니보다는, 치안을 어지럽히는 자에게 벌을 준다는 구실을 만드는 데 소용이 있었다. 그런데 일단 이 고등 법원이 소집되자 자연히 그 내부에서 하나의 힘이 생겨 고등 법원은 자신이 놓인 지위의 높이를 알아차리고, 정치적으로 얼마나 중요한가를 인식하게 된다. 이제 법원에 속하는 사람들은 눈부신 활동을 보여, 자기들의 지위를 더욱 높이려고 하였다. 간단히 처리할 수 있고, 또 처리되어야 할 사항, 즉석에서 판결을 내릴 수 있거나, 그렇지 않으면 판결이 쉬운 사항, 이것들은 모두 신속하게 처리되었다. 이리하여 그들은 유능하고 가치가 있다는 평판이 온 나라에 퍼지게 되었다. 반면 이보다 더 까다로운 사항, 즉 본래의 소송 사건은 잘 진행되지 않았으나 그것은 결코 불합리한 일은 아니었다. 국가의 입장에서 보자면 소유가 확실하고 안전하다는 것만이 문제가 되는 것이지, 그 소

---

62) 16세기 초부터 빈에 설치된 황제 직속의 재판소. 재판 능력에 있어서 고등 법원과 맞먹었다.

유가 정당하느냐의 여부는 고려할 사항이 아니었다. 그래서 판결이 늦어진 소송이 늘어나 막대한 수에 이르렀다고 해도 국가는 아무런 손해를 입지 않았다. 폭력을 사용한 자에 대한 처치는 미리 고려되어 있었으므로 그것은 쉬운 일이었다. 그 밖에 문제가 되는 것은 재판으로 소유권을 다투는 사람들인데, 그들이 살아 있는 동안 각기 분에 알맞게 인생을 즐기는 사람이 있는가 하면, 고통스러운 생활을 보내는 사람도 있었다. 그러는 동안에 그들은 사망하거나 파멸하거나 화해를 했는데, 어느 경우나 각 가정의 행과 불행에 지나지 않았고 국가는 서서히 평온해졌다. 법에 따르지 않는 자에 대한 법률상의 강자의 권리가 고등 법원의 손에 맡겨져 있었기 때문이었다. 이에 더하여 파문을 선고하는 권리까지 가지고 있었다면 그 효과는 더 컸을 것이다.

그런데 배석 판사의 수가 증가하거나 감소함에 따라, 또 가끔 심리가 중단되거나 재판소 소재지가 여기저기 이전[63]됨에 따라 이들 미결 소송이나 서류는 한없이 증가하지 않을 수 없었다.

이렇게 해서 전쟁의 화[64]를 면하기 위해, 슈바이야의 문고의 일부는 아샤펜부르크로, 일부는 보름스로 보내졌는데, 그 일부는 프랑스 사람의 손으로도 들어갔다. 그들은 국가의 공문서를 입수했다고 생각했겠지만, 뒷날 누군가가 이것을 가지고 가고 싶은 사람이 있었다면 이 종이 쓰레기를 기꺼이 처분했을 것이다.

베스트팔리아의 평화 회의[65] 때, 여기에 모인 유능한 사람들은 저 시시포스[66]의 큰 돌을 제거하기 위해서는 어느 정도의 지렛대가 필요한가를 잘 알았다. 그래서 50명의 배석 판사를 임명하기로 했는데, 이 인원이 채워진 적은 한 번도 없었다. 경비가 너무 들어서 이번에도 반으로 만족하기로 하였다. 그러나, 만약에 관계자 전원이 이에 의해 얼마만큼의 이익을 얻을 수 있을 것인가를 알고 있었다면 일은 순조롭게 진행되었을 것이다. 25명의 배석 판사에게 급료를 지

---

63) 고등 법원은 프랑크푸르트에 설치된 이래, 보름스, 뉘른베르크, 레겐스부르크, 에스링겐으로 이전되었고, 1527~1688에는 슈바이야에, 1693년 이후는 베츨라에 있었다.

64) 1688년, 루이 14세의 프랑스 군대가 팔츠에 침공, 다음 해에 슈바이야를 점령하였다.

65) 1648년에 뮌스터에서 열린 30년 전쟁(1616~48) 종결을 위한 평화 회의.

66) 그리스 신화에 등장하는 코린트의 왕. 지옥에서 큰 돌을 영원히 산 위로 밀어올리는 무익한 노역을 벌로서 받았다.

불하기 위해서는 약 10만 굴덴이 필요했다. 그의 2배의 금액을 조달하는 것은 당시의 독일 제국으로선 매우 간단했을 것이다. 교회의 재산을 징발해서 이것을 고등 법원에 주자는 제안은 채택되지 않았다. 원래 이 두 파는 다 같이 이와 같은 희생에 따를 이유가 없었던 것이다. 구교도는 더 이상 아무것도 잃고 싶지 않았고, 신교도는 일단 손에 넣은 것이라면 그것을 자기 종파 내의 목적을 위해 사용하려고 하였다. 제국이 2개의 종파로 분열되어 있다는 것은 이 경우에도 몇 가지 점에 대해서 최악의 영향을 미치고 있었던 것이다. 이렇게 해서 국회는 자기들이 창설한 이 고등 법원에 대한 관심을 점점 상실해 갔다. 실력자들은 이 협정에서 탈퇴하려고 하였다. 고등 법원에 공소되지 않는다는 사면장을 구하는 움직임이 더욱 활발해졌다. 유력자들은 지불을 지연시키거나, 빈민들은 그렇지 않아도 장부상으로 속임을 당하고 있다고 믿고 있었으므로 될 수 있는 대로 오래 체납을 한 것이다.

사정이 이러했으므로 급료 지불 날짜에 필요한 금액을 조달하는 것은 얼마나 곤란한 일이었을까? 이 때문에 고등 법원에는 새로운 일이 늘어나서 새로운 시간 낭비가 시작되었다. 전에는 이른바 사찰[67]이라는 것이 해마다 이루어져서 조달 임무를 맡고 있었다. 제후가 직접, 또는 그들의 고문관들이 수 주일 동안, 경우에 따라서는 수개월 동안 법원 소재지로 가서 금고를 검사하고 체납액을 조사해서, 이것을 징수하는 업무를 수행하였다. 그와 동시에 제후들은 법이나 재판 사무에 정체가 생기거나, 그 어떤 부정이 스며들려고 하면 이것을 바로잡는 권한까지 가지고 있었다. 고등 법원의 결함을 발견하여 이를 제거하는 것을 그들의 임무로 알고 있었다. 법원 구성원의 개인적 범죄를 조사하고 이를 처벌하는 것이 그들 의무의 일부가 된 것은 훨씬 뒤의 일이다. 그러나 소송 당사자들은 자신의 희망에 한가닥 기대를 걸고, 될 수 있는 대로 상급 재판소에 공소하기 때문에 이들 사찰관들은 재심 재판소를 구성하기도 했다. 이 법정에서 재심이 기대된 것은, 초기에는 확실하고 명확한 소송의 경우뿐이었다. 그런데 나중에는 분쟁이 시간을 끌고 해결할 가망이 없는 모든 소송에 대해서도 해당이 되었다. 이와 같은 사태를 초래하게 된 원인의 하나는 국회에의 공소에

---

67) 1533년에서 58년까지 계속되었다.

있었는데, 신구 두 종파가 서로 상대방을 제압할 수는 없다 해도, 세력의 균형을 유지하려고 격전을 벌인 것도 그 원인 중의 하나였다.

그럼에도 불구하고 만약에 이와 같은 장해나 방해로 인한 파괴적인 조건이 없었다면 이 고등 법원은 어떻게 되었을지를 생각해 볼 때, 그것이 얼마만큼 주목할 만한 존재가 되었을까 하는 것은 감히 예측할 수가 없을 정도이다. 만약에 당초부터 충분한 수의 인원이 임명되었더라면, 원래가 유능한 독일인인지라 이들에 의해 달성되었을 영향력의 크기는 엄청났을 것이다. 그들에게는 극히 형식적으로 안피크티오니아 회의 멤버라는 명예 칭호가 주어졌는데, 그들은 진정한 뜻에 있어서 그 칭호에 어울렸을 것이다. 사실 그들은 상사나 법원 구성원의 존경을 받을 수 있는 중간 세력으로 발전할 수가 있었을 것이다.

그런데 이 고등 법원은 그와 같은 큰 영향을 미치기에는 거리가 멀어서, 칼 5세 치하와 30년 전쟁 전의 얼마 안 되는 기간을 제외하고는 간신히 명맥을 유지하는 데 지나지 않았다. 이와 같이 수지가 맞지 않는 비참한 일을 맡으려고 하는 사람이 어떻게 있을 수 있었는지 이해하기가 어렵다. 그러나 인간이 매일 해나가는 일은 비록 거기서 아무런 이익이 생기지 않는다 해도, 그 사람이 기량을 지니고 있기만 하면 그는 그 일에 만족하기 마련이다. 특히 독일 사람은 인내심이 많은 사람들이다. 그러니까 300년 동안이나 가장 뛰어난 사람들이 이 일과 문제에 관여해 왔다. 이들의 초상화를 모아놓은 화랑이 있는가 하면, 지금도 사람들의 관심을 불러일으켜 용기를 북돋워 주고 있다.

왜냐하면 이와 같은 무질서한 시대야말로 유능한 인물이 확고한 걸음으로 등장하게 되고, 선을 행하려고 하는 사람은 자기가 설 자리를 얻게 되기 때문이다. 예를 들어 퓌르스텐베르크[68]가 법원장으로 있었던 고등 법원은 지금도 사람들에게 좋은 인상을 남기고 있다. 그리고 이 탁월한 인물의 죽음과 함께 수많은 해로운 위법 시대가 시작된 것이다.

그러나 이들 결함은 시기의 전후에 상관없이 어느 경우나 판사의 수가 부족하다는, 처음이자 유일한 원인에서 생긴 것이었다. 배석 판사들은 일정한 순서로 정해진 질서에 따라 심리하기로 되어 있었다. 판사라면 누구나 자기 차례는

---

68) 아마도 프로베니우스 페르디난트(1664~1741)를 가리키는 것 같다. 1714년에 배석 판사가 되었고 1718년부터 법원장으로 있었다.

언제인가, 또 자기가 맡은 소송은 어떤 것인가를 알 수 있었다. 그들은 이를 위해 일을 하면 되는 것이고, 이를 위해 준비를 할 수가 있었다. 그러나 귀찮은 미결 서류가 늘어나면 판사들은 비교적 중요한 안건을 골라내 순서에 상관없이 심사할 결심을 하지 않을 수 없게 되었다. 어느 안건이 다른 안건보다 중요한가 하는 판단은 중요한 문제가 밀려옴에 따라 어려워졌고, 또 어떤 안건을 선택한다는 그 자체에 개인 사정이 개입하게 되었다. 그런데 여기에 또 하나 우려할 만한 사태가 생겼다. 어렵고 복잡한 안건은 담당 판사 자신도 고민하고 법원도 괴로워한 결과, 마침내는 그 안건에 판결을 내리려는 사람이 아무도 없게 되었다는 것이다. 원고와 피고는 서로 화해하거나 절충하거나 사망하거나 소송 당초의 생각을 바꾸거나 했다. 그래서 고등 법원은 심사를 독촉받은 건만을 다루기로 하였다. 판사들은 재판이 오래 끌게 될 때, 원고나 피고들이 이를 속행할 마음이 있는지 없는지를 확인하고 싶어했다. 그런데 이것이 최대의 폐해가 생기게 한 원인이 되었다. 소송을 하려면 당연히 누군가에게 의뢰하지 않을 수가 없는데, 기왕 의뢰하려면 자기 사건을 맡아줄 판사가 가장 좋았기 때문이었다. 그 판사가 누구인가를 비밀로 해 둔다는 것은 도저히 불가능한 일이었다. 모든 하급 관리가 알고 있는데 어찌 담당 판사의 이름이 새어나가지 않을 수가 있는가. 소송을 빨리 처리해 줄 것을 부탁할 때에는 물론 자기를 잘 봐달라고 부탁할 수도 있을 것이다. 자기 소송을 독촉한다는 것은 스스로 자기 쪽이 옳다고 생각하고 있다는 뜻이기 때문이다. 그러나 직접 판사에게 일을 부탁하는 사람은 아마도 없을 것이고, 우선은 아랫사람에게 부탁해서 일을 진행시킬 것이다. 따라서 아무래도 하급 관리를 내 편으로 만들지 않으면 안 된다. 여기에 모든 음모와 매수의 길이 열리게 된 것이다.

황제 요제프는 자기 자신의 생각으로, 또 프리드리히를 모범으로 삼아 우선 먼저 군대와 사법에 눈을 돌렸다. 그는 고등 법원에 특히 주목하였기 때문에 전부터 있어온 부정이나 새로 나타나게 된 악폐도 그의 눈을 벗어날 수가 없었다. 그는 여기서 사람의 마음을 자극하고 흔들어서 다음 행동으로 옮길 필요가 있었다. 황제는 자신에게 이익이 돌아가는가의 여부도 따지지 않고, 성공의 가능성도 미리 내다보지도 않고 사찰 제도를 개설할 것을 제안, 그 개설[69]을 서둘렀다. 그때까지 166년 동안, 정식 사찰 제도는 한 번도 실현된 적이 없었다. 많은 서류 더미는 해마다 늘어만 갔다. 겨우 17명의 배석 판사로는 당장의 안건도 해결할 수 없었기 때문이다. 1년에 처리할 수 있는 것은 60건이었는데 배나 되는 사건이 밀린 것이다. 게다가 적지 않은 수의 재심이 사찰관을 기다리고 있었는데, 그 수는 5만 건에 육박하고 있었다. 뿐만 아니라 여러 가지 악폐가 재판의 진행을 방해하고 있었다. 그리고 특히 우려할 만한 일은, 두서너 명의 판사가 배후에서 개인적인 범죄[70]를 저지르고 있었던 것이었다.

내가 베츠랄로 가게 된 것은 사찰 제도가 실시된 지 수년이 지난 무렵의 일로, 용의자들은 정직 처분되고 조사는 크게 진전되어 있었다. 그런데 독일 국내법 전문가와 대가들은 이 기회를 놓치지 않고 자기 견해를 피력, 일반 민중의 이익을 꾀하였기 때문에 알차고 바람직한 저서가 몇 권 세상에 나오게 되었다. 이 책들은 조금만 예비 지식이 있으면 누구나 거기에서 근본적으로 배울 수 있는 것들이었다. 이 기회에 제국 헌법과 그것을 다룬 저서로 거슬러 올라가서 생각해 보면, 간신히 명맥을 유지하는 데에 지나지 않았던 이 병든 육체와도 같은 무서운 상황이 학자들의 최대 관심을 끌었다는 것은 주목할 만한 사실이다. 독일 사람이 갖는 존경할 만한 근면성은 연구의 성과보다는 개개의 사실 수집과 그 전개를 목표로 하고 있으며, 그들은 여기서 새로운 일에 대한 계기를 끊임없이 발견하였다. 그래서 학자들은, 황제에게는 국가를, 상류 계급에는 하류 계급을, 구교도에게는 신교도를 대립시켜 본 것 같았다. 그러나 이해관계가 다르면 견해가 달라지는 것은 당연한 일로 새로운 논쟁과 이에 대한 반론이 그치지 않았다.

나는 이들 신·구의 여러 가지 상태를 가능한 한 마음속에 그려보았기 때문에, 나의 베츠랄 체류가 즐거운 것이 되리라고는 기대하지 않았다. 위치는 좋았지만 집들이 가지런하지 못한 작은 도시로, 신·구의 이중 세계에서 살아야 한다고 생각하니 매력이 느껴지지 않았다. 그 하나는 토착적이고 인습적인 옛 세계였고, 또 하나는 이를 엄격하게 감시하는 임무를 띤 새로운 이질적인 세계,

69) 사찰 제도의 재개는 1767년 5월 2일이었다.
70) 예를 들면, 귀족 출신 폰 로이스, 폰 네테르브라트, 폰 바헤 등이 1771년 뇌물죄로 체포되었다.

즉 심판하는 법원과 심판받는 법원이라는 이중 세계였다. 많은 주민들은 자기들도 혐의에 말려들지 않을까 하는 공포를 느꼈고, 오랫동안 훌륭한 인물로 존경받던 사람들이 매우 수치스러운 죄의 문책을 받아 치욕적인 형벌에 처해졌다. 이와 같은 일들이 겹쳐서 슬픈 광경들이 여기저기에 나타나고 있었다. 나는 그 자체가 워낙 복잡한 데다가 많은 범죄 행위 때문에 분규가 일어나고 있다고 여겨지는 일에 더 이상 깊이 관여하고 싶지 않았다.

나는 얼마 동안 주저한 끝에 지식욕보다는 환경을 바꾸어볼 생각으로 이 지방에 온 것인데, 그때 나로서는 독일 사법과 민법 외에는 그 어떤 학문적인 성과를 얻는 일도 없고 문학상의 교류도 없을 거라고 예상하고 있었다. 그런데 놀랍게도 여기서 나를 기다리고 있었던 것은 무뚝뚝한 사람들이 아니라 세 번째의 대학 생활이었다.

어느 큰 여관[71] 식당에서, 나는 공사관에서 근무하는 젊은 수행원들 거의 모두와 얼굴을 맞댔다. 그들은 나를 친밀하게 맞아주었는데, 그들이 점심을 먹기 위해 모이면 으레 중세풍의 연극을 하며 서로 즐기고 있음을 나는 첫날부터 분명히 알았다. 이들은 와자지껄하게 재치를 날리면서 '기사의 식탁'을 연기하고 있었던 것이다. 상석에는 군사령관이 자리를 잡고, 그 옆에는 재상이, 다시 그 옆에는 중책을 맡은 고관들이 앉았다. 그리고 기사들이 고참 순으로 이어졌는데, 우연히 자리한 외래객들은 말석에 만족해야 했다. 그와 같은 외래객들에게는 우리의 회화는 대개 이해하기 어려운 것들이었다. 이 그룹에서는 기사들이 쓰는 말 외에도 수많은 음유로 표현이 풍부했기 때문이다. 각자에게 기사의 이름이, 그 사람을 수식하는 형용사와 함께 붙여졌다. 나는 성실한 자 괴츠 폰 베를리힝겐이라고 불렸다. 내가 괴츠라고 하는 이름을 받은 것은 이 착한 독일의 조상에 관심이 있었기 때문이며, 성실한 사람이라는 말을 들은 것은 내가 알게 된 뛰어난 사람들에게 마음으로부터의 애정과 존경을 나타냈기 때문이다. 이 무렵의 베츠랄 체류에서 나는 폰 킬만젝에게 백작[72]의 신세를 많이 졌다. 그는 그 누구보다도 꼼꼼한 사람이었고 유능하고 믿을 만한 사람이었다. 폰 구

---

71) 부타마르크트의 모서리에 있던 크론프린츠 여관.

72) 크리스찬 아르브레히트(1748~1811). 당시 고등법원의 사법연수생이었으나 후에 귀스토로우의 재판장이 되었다.

에[73]는 수수께끼와 같은 점이 있는, 설명하기 힘든 사람으로 어깨가 튼튼하고 넓었으며, 하노버 출신으로 여겨지는 명상적인 사람이었다. 그는 여러 재능을 가지고 있었다. 그는 사생아라는 말이 있었지만, 분명히 무엇인가 비밀스러운 일을 좋아했고, 여러 가지 기이한 행동의 그늘에 진짜 속마음을 감추고 있었다.

그는 군사령관의 지위를 바라거나 하지는 않았지만 그 사람이야말로 이 기묘한 기사단의 중심 인물이었다. 마침 그 무렵에 이 기사단의 우두머리가 없었기 때문에 그는 오히려 다른 사람이 수령으로 선출되게 하고, 그 사람을 통해 자기 영향을 미치려고 하였다. 이렇게 해서 그는 많은 사소한 일을 중대한 일처럼 보이게 꾸몄고, 마치 조작된 이야기식으로 일을 진행하였다. 그러나 그렇게 했어도 거기에는 무엇 하나 진지한 목적을 인정할 수가 없었다. 그가 관심을 가졌던 일은 자기와 동료들이 진척되지 않는 일 때문에 느껴야 했던 따분함을 얼버무리는 일이었고, 공허한 공간을 비록 거미줄로라도 메꾸는 것에 지나지 않았다.

그래도 이 보잘것없는 엉터리 연극은 표면적으로는 매우 엄숙하게 진행되어, 비록 물레방앗간이 성으로, 거기서 일을 하는 사람이 임금님으로 다루어졌다고 해도, 또는 《하이몬의 네 아이들》[74]을 교범 삼아 여기에서 몇 구절을 따서 엄숙하게 낭독되었다고 해도 우습게 여겨서는 안 되었다. 기사 서임식도 몇 개의 기사단으로부터 빌려온 전래의 상징을 사용해서 집행되었다. 그 외에 이 나쁜 장난의 씨앗이 된 것은 명백한 것을 비밀스럽게 다룬다는 것이었다. 일은 공공연하게 하면서도 그에 대해서 이야기하는 것은 안 된다는 것이었다. 기사 전원의 명부가 제국 의회의 연감에 손색이 없을 정도로 훌륭한 솜씨로 인쇄되었다. 만약에 가족이 이를 멸시하거나, 그런 것은 모두 엉터리라고 하면, 그 가족의 근엄한 주인이나 가까운 친척을 설득해서 기사단에 가입시켜 서임식을 받게 하는 장난을 그만두지 않았다. 그 결과, 가족들이 화를 내거나 하면 그것

---

73) 아우구스트 지크프리트(1743~89). 브라운슈바이크의 베츠랄 주재 공사관 서기. 작가. 그의 비극 《마즈 인 또는 젊은 베르타(1775)》에는 본문에서 괴테가 말하고 있는 기사단의 모습이 묘사되어 있다.

74) 프랑스에 기원을 갖는 민속본으로, 독일에서 1530년 이후 여러 가지 모양으로 출판되었다. 제1부 제1장에서 이미 언급되었다.

보라며 크게 기뻐하기도 하였다.

이 기사단에는 또 하나의 기묘한 일단이 얽혀 있었다. 이것은 철학적이고 신비한 것으로 여겨지고 있었는데, 고유한 명칭은 가지고 있지 않았다. 그 첫 단계는 '과정'이라고 불렸고, 두 번째는 '과정의 과정', 세 번째는 '과정에 이르는 과정의 과정', 네 번째는 '과정의 과정에 이르는 과정의 과정'이라고 불리고 있었다. 그런데 이와 같은 서열이 갖는 중요한 의의를 해석하는 일이 각 단원에게 부과된 의무였다. 이것은 어떤 인쇄된 소책자의 규정에 따라 이루어진 것인데, 이 소책자에는 위에서 말한 기묘한 말이 더 기묘한 모양으로 설명되고 부연되어 있었다. 이런 일을 한다는 것은 더할 나위 없는 심심풀이였다. 베리슈의 우행과 렌츠의 기행이 결부된 것처럼 여겨졌다. 되풀이 말하건대, 이와 같은 가면 뒤에는 한 조각의 목적도 찾아볼 수 없었다.

그런데 나는 기꺼이 이와 같은 익살극의 상담역이 되어, 초기에는 《하이몬의 네 아이들》에서 구절을 인용해 성전용으로 정리하여 이것을 축제일이나 의식 등에서 어떻게 낭독하면 좋은가를 제안하기도 하고, 나 자신이 열심히 낭독을 하기도 했는데, 사실을 말하자면 나는 전부터 이런 일에 싫증이 나 있었다. 따라서 내가 프랑크푸르트나 다름슈타트의 친구나 아는 사람들이 왠지 모르게 생각이 날 무렵 고타[75]와 만난 것은 매우 기쁜 일이었다. 그는 항상 변하지 않는 애정으로 나를 대해 주었고, 나도 마음속으로부터 호의를 가지고 그를 대했다. 그의 성질은 부드럽고 명랑하며, 잘 훈련되고 통제가 잡힌 재능을 지니고 있었다. 그는 프랑스풍의 우아함을 몸에 지니려 하였고, 영문학 중에서도 도덕적이고 즐거운 테마를 다룬 것을 읽기 좋아했다. 우리는 서로 자기가 가지고 있는 지식이나 계획, 기호를 이야기하면서 즐거운 시간을 보냈다. 그는 나에게 소품을 몇 가지 써보지 않겠느냐고 자주 권했는데, 이것은 그가 괴팅겐파 사람들과 관계가 있어서 보이에[76]의 〈알마나하〉에 나의 시 몇 편을 싣고 싶었기

---

75) 프리드리히 빌헬름(1746~97). 베츠랄의 작센 고타 사절의 서기. 시인·번역가. 문체로 말하면 프랑스의 로코코에 가까웠다. 그는 1769년 괴팅겐에서 보이에가 《무젠 알마나하》를 출판하는 것을 도왔다. 1770년 베츠랄로 왔으나 1772년 고향인 고타에 추밀원 비서로 부임, 그곳에서 문학 활동을 계속하였다. 괴테는 그 뒤로도 고타 또는 바이마르에서 그를 만나고 있다.

76) 하인리히 크리스챤(1744~1806). 1769년 이후, 괴팅겐에서 《무젠 알마나하》(연간)를 출판하였다. 초기의 집필자는 클롭슈토크, 그라임, 라믈러, 게르스텐베르크, 데니스 등이었다. 이윽고 이

때문이었다.

이것이 계기가 되어 나는 몇몇 괴팅겐파 사람과 접촉을 할 수가 있었다. 젊고 재능이 풍부한 그들은 서로 단결하여 나중에는 여러 방면에서 활약을 하였다. 슈토르베르크 형제, 뷔르가, 포스, 헤르티와 같은 사람들[77]이 신앙적, 정신적으로 클롭슈토크를 중심으로 모여 있었다. 클롭슈토크의 영향력은 모든 방면에 걸쳐 널리 퍼져 있었던 것이다. 더욱더 확대되어가는 이와 같은 독일 시인들 사이에서는 매우 다채로운 문학적 수확을 거두고 있었는데, 이와 동시에 또 하나의 정신이 발전해가고 있었다. 이 정신을 뭐라고 이름지어야 좋을지 나는 모르지만, 어쩌면 이것을 독립의 욕구라고 부를 수 있을지도 모른다. 이와 같은 욕구는 언제나 평화시에, 그렇지 않으면 예속적이 아닐 때 생기는 법이다. 전시에 사람들은 가능한 한 야만적 폭력에 견딜 수 있고, 비록 육체적, 경제적으로 피해를 입는다고 느껴져도 도덕적으로는 그렇게 생각하지 않는다. 강제되었다고 부끄럽게 생각하는 사람은 아무도 없고, 시류에 따랐다고 해서 부끄러워할 일도 아니다. 적이나 아군으로부터 고통을 받는 것에 누구나 익숙해져서, 희망은 갖지만 정견(定見)을 갖는 경우는 없다. 이에 반해 평화시에는 인간의 자유 정신은 더욱더 뚜렷하게 고개를 쳐든다. 자유로우면 자유로울수록 사람들은 더욱 자유로워지고 싶어한다. 자기를 지배하는 것은 어떠한 것이든 용서하고 싶지 않다. 압박을 받고 싶지 않은 것이다. 그 누구도 압박을 받아서는 안 된다. 이와 같은 감상적인, 아니 병적인 감정은 아름다운 영혼의 소유자에게는 정의라는 형태로 나타난다. 이러한 정신과 감정은 그 당시 도처에서 볼 수 있었으나, 압박을 받은 사람은 극히 소수에 지나지 않았다. 사람들은 이 소수의 사람들을 가해진 압박으로부터 해방시키고자 했던 것이다. 이렇게 해서 일종의 윤리적 투쟁이 생겼는데, 이것은 개개인이 지배권에 간섭하는 것을 뜻하며, 처음에는 칭찬할 일로 여겨졌으나 뒷날 헤아릴 수 없는 불행한 결과를 초래하게 되었다.

---

것은 괴팅겐에 모여든 젊은 시인들의 기관지가 되었고, 다른 도시의 시인들과의 관련도 생겼다. 1774년의 것에는 괴테의 시가 4개 실려 있다.

77) 그들은 괴팅겐의 《무젠 알마나하》의 시인들로 1772년 9월 포스, 헤르티, 미러 형제들은 '숲의 시 모임'이라는 시인 연맹을 만들었다. 이윽고 슈토르베르크 형제도 여기에 가담, 이 형제를 통해서 클롭슈토크를 숭배하게 되었다. 뷔르가와 보이에는 이에 속해 있지는 않았으나, 그들과는 가까운 관계에 있었고 그들의 시를 〈알마나하〉에 게재하였다.

볼테르는 카라스[78] 일가를 옹호했다고 해서 커다란 평판을 일으켜 사람들의 숭배를 한 몸에 받고 있었다.

독일에 있어 이 이상으로 선동적이고 의의가 깊었던 것은 라바타가 지방 관리를 상대로 꾸몄던 반항[79]이었다. 미적인 감각이 청춘의 의기와 결합하여 오직 앞으로 전진하던 젊은이들은 얼마 전까지도 관직에 취업하려고 학문을 연마했는데, 이제는 관리의 감독자가 되려고 하기 시작했다. 그리고 극작가나 소설가들은 자기 작품 속의 악역을 대신이나 관리에게서 즐겨 찾는 시대가 가까워오고 있었다. 이와 같은 일이 원인이 되어 반은 상상 속의, 반은 현실의 작용과 반작용의 세계가 생겨났다. 그 뒤 우리는 이 작용과 반작용의 세계에서 잡지나 일간지[80]의 필자들이 정의라는 가면을 쓰고, 일종의 광기에 몰려 저지른 매우 격렬한 밀고나 선동을 체험한 것이다. 더욱이 이러한 친구들은 진정한 심판의 장은 자기들 눈앞에 있다고 대중에게 주입했기 때문에 더욱더 대담하게 행동하였다. 얼마나 어리석은 일인가! 대중은 아무런 집행권을 가지고 있지 않았고, 분열된 독일에서는 여론 같은 건 그 누구에게도 이익이나 해가 되지 않기 때문이다.

우리 청년들 사이에서는 비난을 받아야 할 이런 종류의 일은 무엇 하나 인정되지 않았지만, 이와 유사한 일종의 관념이 우리의 마음을 사로잡고 있었다. 이 관념은 시와 도덕과 어떤 고귀한 노력이 융합된 것으로, 물론 해는 없었지만 그렇다고 효과가 있는 것도 아니었다.

---

78) 툴루즈의 신교도 상인으로 쟝 카라스(1698 생)라는 사나이가 있었다. 그의 아들이 자살을 했는데, 이에 대해 아들이 구교로 개종하려고 하자 아버지가 죽였다는 주장이 있었다. 이 주장에 따라 카라스는 1762년, 수레에 매어 사지가 찢기는 형에 처해졌다. 그의 아내는 스위스로 도망가 볼테르에게 이 사실을 호소하였다. 이를 듣고 볼테르는, 특히 《관용론(1763)》으로 논진을 폈고, 새로 재판을 열어 쟝은 무죄가 되고 아내는 복권, 체포되었던 다른 아들들은 석방되었다.

79) 라바타는 1762년, 퓌슬리와 협력해서 지방 관리 페리스 그레벨의 악정을 고발, 퇴관시켰다. 라바타의 행위는 신문, 잡지에서 격찬되었다. 괴테는 1774년에 라바타에게 보낸 편지에서 이 사건에 대해 자세히 알려달라고 부탁했다.

80) 괴테는 만년의 다른 작품에서도 출판의 자유에 대해서는 회의적인 태도를 취하고 있다. 본문에 서술되고 있는 시기(1772년)와 《시와 진실》을 집필한 시기(1812년) 사이에는 프랑스 혁명과 이의 독일에 대한 영향이 있었고, 세월도 흘러 1772년 당시와는 서로 다른 시점이 생겼다.

클롭슈토크는 《헤르만의 싸움》[81]에 의해서, 또 이것을 요제프 2세에게 헌정함으로써, 특별한 자극을 세상 사람들에게 주고 있었다. 로마인의 억압에 반발하여 자기 해방을 이룩한 독일인의 모습이 훌륭하고 힘차게 묘사되어 있었다. 그리고 여기에 묘사된 광경은 국민의 자의식을 눈뜨게 하는 데에 실로 어울리는 것이었다. 그러나 애국심이란 평화로울 때는 각자가 자기 분수를 지키고, 자기 일에 열중하고, 자기 과업을 이룩하여 그것으로 일가의 원만을 도모하게 되는 것이므로, 클롭슈토크에 의해서 북돋워진 애국적 감정도 그 힘을 시험해볼 구체적인 대상을 발견할 수가 없었다. 프리드리히는 연합국을 상대로 일부 독일인의 명예를 구했는데, 이 위대한 군주를 칭송하고 존경의 마음을 나타냄으로써 그의 승리의 덕을 입는다는 것은 국민 각자에게 허용된 일이었다. 그러나 일단 북돋워진 그 전투적인 반항심은 어디로 가버렸을까? 그 반항심은 어느 방향으로 흘러가서 어떤 효과를 나타내게 되었는가? 처음에 이 애국심은 시적인 형식을 취하고 있었다. 나중에는 그토록 비난을 받고 웃음의 대상이 된 탄창시[82]가 이와 같은 충격이나 자극에 의해서 연이어 생겨난 것이다. 싸워야할 외적은 하나도 없었기 때문에, 사람들은 압제자를 만들어냈다. 처음 동안에는 극히 일반적인 뜻에 지나지 않았으나, 나중에는 서서히 제후와 그 신하가 압제자의 표본으로서 그들의 모습을 제공하지 않으면 안 되었다. 이와 같이 해서 문학은 내가 앞서 비난했던 사법권에 대한 간섭과 격렬한 기세로 합체되기에 이르렀다. 그 당시의 시가 군주건 귀족이건 상층에 있는 것은 무엇이든지 파기해 버리려는 정신으로 쓰였다는 것은 주목할 만한 일이다.

　나로 말할 것 같으면 여전히 나의 감정이나 변덕을 표현하는 데 시를 이용하고 있었다. '방랑자'와 같은 시는 이 무렵에 만들어진 것으로, 《괴팅겐 무젠 알마나하》에 수록되었다. 앞서 말한 바와 같은 시대의 병폐는 나의 마음에도 침입한 것처럼 여겨지지만, 그 뒤 곧 나는 《괴츠 폰 베를리힝겐》에 의해서 이와 같은 병폐로부터 나의 몸을 분리시키려고 노력하였다. 내가 이 희곡에서 묘사

---

81) 1769년의 희곡.
82) 1766년 하인리히 빌헬름 폰 게르스텐베르크의 '어느 음창 시인의 시', 칼 프리드리히 클레츄만의 '음창 시인 린그르프의 시'(1768), 클롭슈토크의 '헤르만의 싸움'이 출판되었다. 모두 오시안의 자극을 받았다.

한 것은 마음씨가 착한 이 사나이가 황폐한 시대를 만나 어쩔 수 없이 법과 집행권을 대행하려는 결심을 하기는 하지만, 세상의 비판과 존경을 받고 있는 원수에 대해서 두 가지 마음을 갖는 사람, 아니 반역을 꾸미는 사람이라고 여겨지자 절망에 빠지는 사정을 그린 것이다. 클롭슈토크의 송시에 의해 독일 문학에도 도입된 것은 북방 신화[83]라고 하느니보다는 오히려 그 신화에 등장하는 신들의 이름이었다. 여느 때 같으면 나는 손에 주어진 것이면 무엇이든지 기꺼이 이용했지만, 이 신들의 이름만은 이용할 수 없었다. 그것은 다음과 같은 이유 때문이었다. 나는 이전부터 《에다》[84] 이야기를 마레[85]의 《덴마크 역사 입문》의 서문에서 알고 이것을 곧 내 것으로 만들었다. 이 이야기는 사람들이 모인 장소에서 누군가의 독촉을 받으면 곧잘 이야기해 주었던 것의 하나이다. 헤르더는 나의 손에 레제니우스[86]를 건네주어 나를 한층 영웅 전설에 익숙해지게 했다. 그러나 나는 제아무리 이 모든 것을 귀중한 것으로 생각했어도 이것들을 나의 시 짓기 능력의 영역 내로 끌어들일 수는 없었다. 이들이 제아무리 훌륭하게 나의 상상력을 북돋워 주었다 해도 감성적 직감과는 거리가 멀었다. 이에 반해 그리스 신화는 세계 최고의 예술가들에 의해서, 분명히 눈에 보이는, 상상하기가 쉬운 형태로 모양이 바뀌어 오늘날에도 여전히 우리 앞에 존재하고 있지만, 대체로 나는 나의 작품 속에 신들을 그다지 많이 등장시키지 않았다. 자연 같으면 모방할 수 있었지만, 신들은 그 자연의 바깥에서 살기 때문이다. 그래서 제우스 대신에 보단을 놓고, 마르스 대신에 토르를 놓았고, 또 남국의 뚜렷한 윤곽을 갖는 모습 대신에 애매모호한 형상을, 단지 언어의 울림에 지나지 않는 것을 나의 작품 속에 도입하는 일에 나의 마음이 어찌 움직일 수 있었으랴!

---

83) 클롭슈토크는 1767년 이래 그의 송시에 신들의 이름을 등장시키고 있다.

84) 고대 아이슬란드의 신화 전설집.

85) 폴 앙리(1730~1807). 쥬네브 출신. 1752년 이래 코펜하겐의 문학 교수. 1755년 《덴마크 역사 입문》을 썼고, 그 속에 《에다》의 번역을 삽입하였다. 이 저서의 독일어 역은 1765~66에 나왔다.

86) 요하네스 페트루스(1625~88). 덴마크의 학자. 신학, 법률학, 역사학 등 많은 분야에서 활약하였다. 1665년 《아이슬란드의 에다》를 라틴어를 붙여 원문과 함께 출판하였다. 여기에서 헤르더는 《오시안의 고대 여러 민족의 가요》에 '오딘의 지옥행', '바키리울의 베짜는 노래'를 독일어로 번역해서 실었다. 괴테는 이것으로 에다의 시를 처음 알았다.

어느 면으로 말하자면, 북쪽 신들은 그것과 같은 정도로 형태를 가지지 않는 오시안의 영웅과 연관성을 가지고 있었으나, 북쪽 신들 쪽이 한층 거칠고 거인적이었다. 또 다른 면으로 말하자면, 나는 이들 신들도 쾌활한 동화의 세계로 끌어들였는데, 그 이유는 북방 신화 전체를 관통하고 있는 유머에 넘친 성격이 나에게는 주목할 만한 것으로 여겨졌기 때문이다. 북방 신화는 철저하게 오직 나 자신하고만 어울릴 수 있는 유일한 신화라고 여겨졌다. 이 신화에는 모험을 좋아하는 거인이나 마법사, 또는 괴물이 배치되어 있었다. 이들은 뛰어난 통치자들을 현혹하기도 하고, 놀리기도 하고, 마침내는 굴욕적인 몰락으로 빠뜨리겠다고 위협하는 데 여념이 없었다.

이것과 똑같다고는 말할 수 없으나, 비슷한 흥미를 느낀 것은 인도의 우화였다. 내가 처음으로 이것을 안 것은 다퍼의 《여행기》[87]를 읽었을 때인데, 이때 나는 너무 기뻐서 이것을 내 머릿속의 우화 저금통에 넣어 두었다. 특히 람의 제단[88]은 내가 사람들에게 들려주고 성공을 거둔 것 중의 하나이다. 이 우화에는 실로 여러 가지 인물이 등장함에도 불구하고, 원숭이 한네만[89]을 내 청중은 항상 마음에 들어했다. 그러나 이 못생긴 괴물이나 형태를 초월한 괴물들은 애당초 나의 시적 욕구를 만족시켜주는 것은 아니었다. 이들은 내가 오직 추구해 마지않던 진실과는 너무나 동떨어져 있었기 때문이다.

그러나 이 모든 비예술적인 괴물에 대해서 나의 미적 감각은 매우 훌륭한 힘에 의해 지켜졌다. 과거의 위대한 작품이 다시 떠올라 사람들 사이에 널리 퍼지는 문학적 시대는 항상 행복한 시대이다. 이들 작품은 바로 이럴 때 신선한 영향을 가져오기 때문이다. 호메로스의 빛도 다시 새롭게 우리에게로 비쳐왔다.

---

87) 네덜란드의 의사 올리버 다퍼의 《아시아, 또는 대몽골 제국 및 대부분의 인도 기술(記述)》은 요한 크리스찬 베르에 의해 1681년에 독일어로 번역되었다. 다퍼의 저서는 당시 존재했던 모든 자료를 구사한, 내용이 풍부한 총괄적인 책이다.

88) 앞 주석에 나온 《여행기》 속의 한 표현으로, 제단(Altar)이라고 되어 있는 것은 올바르게는 산스크리트의 avatara, 즉 신의 현현(顯現)을 나타내는 말이다. 비슈누 신이 라마의 모습으로 하계로 내려온다.

89) 다퍼는 한네만이라고 적었고, 괴테도 이를 답습하고 있는데, 올바르게는 하누만(Hanuman)이다. 바람의 신 바유의 아들로 여겨지는 원숭이가, 고귀한 라마를 도와 바나를 쓰러뜨리고 거인족을 항복시킨다는 이야기이다. 고대 인도의 대서사시 《라마야나》에 있는 이야기다.

더욱이 이 빛은 호메로스의 출현을 크게 도왔던 당시의 시대정신에 딱 맞는 것이었다. 즉 끊임없이 자연으로 돌아가라고 호소당한 결과, 마침내 사람들은 고대인의 작품을 이와 같은 관점에서 관찰하는 것을 배운 것이다. 몇 사람의 여행자가 성서의 해명을 위해 한 일을 다른 사람들은 호메로스를 위해 했다. 이 일은 귀이[90]에 의해서 시작되어 우드[91]가 이를 촉진시켰다. 처음에 원본은 극히 적은 부수밖에 존재하지 않았으나, 이에 관해 말한 괴팅겐의 어느 평론[92] 덕택으로 우리는 그러한 계획이 있다는 것과 그 계획이 어느 정도 진행되고 있는가를 알았다. 우리는 이미 전처럼 호메로스의 시의 긴장되고 거창한 영웅들의 모습이 아니라, 오히려 고대 세계의 현실을 그대로 반영한 실체를 인정하고, 그 현실적 모습을 될 수 있는 대로 우리 가까이 끌어오려고 애썼다. 그와 동시에 우리는 호메로스의 등장인물들의 본성을 올바르게 이해하기 위해서는 근대의 기행문 작가들이 묘사하고 있는 것과 같은 미개 민족과 그 습속을 잘 이해해야만 한다는 주장에는 아무래도 승복할 수가 없었다. 그 까닭은 호메로스의 시에는 유럽인이나 아시아인도 이미 고도의 문화적 단계에 선 사람으로서, 그것도 트로이 전쟁 시대보다 훨씬 고도의 문화 단계에 서 있는 것으로 묘사되어 있다는 것을 부정할 수 없었기 때문이다. 그럼에도 불구하고 호메로스를 알기 위해서는 미개인에 대해 통달하라는 그 원칙은 당시 지배적이었던 자연 숭배와 일치했던 것으로, 그런 상황에서 우리도 이 원칙을 승인하기를 바랐던 것이다.

나는 보다 높은 뜻에서는 인간학에 관여하고, 좀더 친근하고 바람직한 뜻에서는 시짓기에 관한 일에 종사하고 있었음에도 불구하고, 매일매일 나는 베츠랄에 있다는 슬픈 생각으로 지내지 않을 수가 없었다. 사찰 업무의 상황, 이 업무가 더욱더 장해에 노출되어 가는 실태, 새로운 결함의 발견 같은 이야기를 듣지 않는 날은 하루도 없었다. 이제 다시 신성 로마 제국이 바로 그곳에서, 그것도 단지 외관상의 의식을 위해서가 아니라 매우 심각한 요건 때문에 소집되

---

90) 피에르 오귀스턴(1720~99). 그의 《그리스 문학 기행 또는 고대 및 현재 그리스에 관한 서한》을 가리키는 것으로, 아마도 괴테는 젊었을 때 1771년의 초판, 또는 1772년의 독일어역으로 이것을 읽었을 것이다.
91) 로버트(1717~71)의 《호메로스의 독창적 천재와 작품에 대한 에세이》를 가리킨다.
92) 문헌학자 하이네가 '괴팅거 안차이겐'에 우드의 작품에 관한 자세한 평론을 게재하고 나서 이 저서가 주목을 받게 되었다.

어 있었다. 그러나 여기서도 나는 대관식 당일에 공석이었던 연회장[93]을 회상하지 않을 수 없었다. 초대된 손님들은 신분이 너무나 높다는 이유로 임석하지 않았던 것이다. 분명히 이번 손님들은 참가하기는 하였다. 그러나 사람들은 여기서 한층 나쁜 징후를 인정하지 않을 수 없었다. 전체적인 산만함과 각 부분의 항쟁이 끊임없이 표면에 나타났다. 그리고 제후들이 서로 마음을 숨김없이 털어놓고, 이번 기회에 원수(元首)로부터 무엇인가 빼앗을 수 없을까 하는 음모가 공공연하게 이루어지고 있었던 것이다.

포기와 태만, 부정과 뇌물에 대한 갖가지 속임수의 소문이, 선량한 마음과 성실한 생활을 지향하는 청년들에게 얼마나 나쁜 영향을 주는가는 성실한 사람이라면 누구나 공감할 것이다. 이와 같은 사정이고 보면, 법과 재판관에 대한 존경심은 어디서 생겨날 수 있을 것인가. 비록 사찰 제도의 효과에 최대의 신뢰가 있었다 해도, 또 이 제도가 높은 사명을 완전히 달성할 수 있을 것이라고 믿었다 해도, 오직 앞을 지향하는 청년이라면 여기서 구원의 길을 찾기란 도저히 불가능했을 것이다. 소송 절차 자체의 형식성이 소송의 진행을 지연시키는 원인이었다. 만약에 일을 해보고 싶은 사람이 있다면 항상 부정을 저지르는, 즉 고발된 자에게 아첨하여 법을 왜곡하거나 책임을 면하는 기술에 능해야만 했다.

이와 같은 일에 마음이 빼앗겨 문학의 일은 아무래도 잘되어 갈 것 같지가 않기 때문에 나는 여러 차례 미학상의 사색에 잠겼다. 대체로 무엇이든지 이론화해 버리는 것은 생산력의 결여나 정체를 뜻하는 것인데 이 경우도 그러했다. 이전에는 메르크와 함께였으나 이번에는 몇 차례나 고타와 함께, 작품을 만들 때 따라야 할 원리를 발견하려고 시도하였다. 그러나 이것은 나나 그들이나 잘 되지 않았다. 메르크는 회의주의자이자 절충주의자였으나, 고타는 자기가 가장 마음에 들어한 범례에서 의지처를 찾고 있었다. 즈르차[94]의 원리도 이미 발표되어 있었으나, 이것은 예술가용이라고 하기보다는 오히려 예술 애호가

93) 제1부 제5장 참조.

94) 요한 게오르크(1720~79). 1771~74년에 《예술의 일반 이론》을 출판하였다. 이것은 예술 일반에 관한 사전으로 높이 평가되었으나 슈투름 운트 드랑의 젊은 세대에게는 비판적인 시선을 받았다. 괴테는 1772년의 〈프랑크푸르터 게레르텐 안차이겐〉 지상에서 본문에서 보는 것과 같이 썼다.

용이었다. 즈르차의 관점에서 말하자면 무엇보다도 도덕적인 효과가 요구된다. 그렇다면 여기에 바로 예술을 창작하는 계급과 이를 이용하는 계급 사이의 분열이 생긴다. 왜냐하면 좋은 예술 작품은 도덕적인 귀결을 가질 수 있고 또 가질 테지만, 도덕적인 목적을 예술가에게 요구한다는 것은 그의 작품을 못쓰게 만드는 것을 뜻하기 때문이다.

고대인들이 이 중요한 문제에 대해서 이야기했던 것을 나는 여러 해 전부터, 질서 있게 연구한 것은 아니지만 띄엄띄엄 건너뛰면서 열심히 읽어왔다. 아리스토텔레스, 키케로, 쿠인틸리아누스, 롱기누스[95] 등 내가 주목하지 않은 사람은 없었다. 그러나 나에게는 아무런 쓸모가 없었다. 그들이 모두 나에게는 없는 체험을 전제로 하고 있었기 때문이었다. 그들은 나를 한없이 풍요로운 예술 작품의 세계로 안내해 주었다. 그들은 지금은 대부분 이름만 남아 있는 뛰어난 시인이나 연설가들의 공적을 나의 눈앞에 펼쳐보였다. 그들이 나에게 분명히 설명해 준 것은, 어떤 문제에 대해 고찰하기 위해서는 먼저 고찰의 대상이 매우 풍부하게 우리 눈앞에 펼쳐져 있어야 하고, 자기 재능과 남의 재능을 알기 위해서는 우선 무엇인가를 달성하지 않으면 안 된다는 것, 아니, 먼저 실패를 해보아야 한다는 것이었다. 나는 고전 시대의 뛰어난 것을 많이 알게 되었는데, 그 지식은 언제나 학교나 책에서 얻은 것에 한정되어 산지식이라고는 할 수 없었다. 그런데 특히 저명한 연설가가 쓴 것을 읽다가 눈에 띈 것은, 그들이 인생에 있어서만 자기 수양을 쌓았고, 그들의 개인적인 감정의 성격에 대해 언급하지 않고서는 그들의 예술이 지닌 특질을 말할 수 없다는 것이었다. 이상과 같은 원칙은 시인의 경우에는 해당되지 않으리라는 생각이 들었다. 그러나 어느 경우나 자연과 예술은 오직 인생을 통해서 서로 접촉하는 것이므로, 내가 생각하거나 구하는 모든 것이 도달하는 종점은 자연을 안과 밖에서 탐구하고, 그것을 모방하면서 자연으로 하여금 마음껏 지배하게 해 두려는 옛 그대로의 의도였다.

나의 마음속에 항상 머물고 있었던 이들 영향력에 더하여 두 개의 커다란, 아니 기묘한 소재가 나의 눈앞에 가로놓여 있었다. 이 소재의 내용이 얼마나

---

95) 아리스토텔레스의 《시학》, 키케로의 《웅변에 대하여》, 쿠인틸리아누스의 《웅변술 입문》, 롱기누스의 《숭고에 대해서》를 가리킨다.

풍부한지는, 내가 이것을 조금만 존중하는 것만으로 무엇인가 뜻깊은 것이 거기서 생겨나는 것만 보아도 이해할 수 있을 것이다. 즉 그 소재의 하나는 괴츠 폰 베를리힝겐이 살던 비교적 오래된 시대이고, 또 하나는 《베르타》 속에 그 안쓰러운 개화가 묘사되어 있는 보다 더 새로운 시대이다.

제1작품에의 역사적 준비에 대해서는 이미 말했으므로 여기서는 제2작품의 윤리적 동기에 대해서 적어보기로 한다.

내 마음에 내재하는 자연을 그 성질이 향하는 대로 활동시키고, 외부의 자연에는 그 성질이 향하는 대로 나에게 영향을 끼치게 하려는 그 의도는 나를 알 수 없는 경지로 몰아넣었는데, 그와 같은 경지 아래서 《베르타》의 구성을 수립하고 집필한 것이다. 나는 마음속에서 나에게 이질적인 모든 것으로부터 나를 해방시키고, 외부의 세계를 유연한 자세로 관찰했다. 이렇게 해서 인간은 물론, 적어도 지각할 수 있는 모든 존재가 각기 어울리는 모양으로 나에게 작용하게 하려고 애썼다. 이로써 자연계의 개별적인 대상과 그 사이의 친화 관계가 생겨, 전체와의 공명과 조화가 생겼다. 그 결과, 마을이나 주변의 변화, 주야의 교대, 계절의 이동 등 생길 수 있는 모든 변화—이 모든 것이 나의 마음을 절실히 감동시키지 않는 것은 하나도 없었다. 화가의 눈빛과 시인의 눈빛이 하나가 되어 다정하게 흘러가는 냇가의 숨결로 생생해진 아름다운 전원 풍경은 나의 고독감을 한층 부채질하여, 모든 방향으로 퍼져가는 나의 조용한 관찰을 용이하게 만들었다.

그러나 내가 제젠하임의 그 가족들과, 또 이번에는 프랑크푸르트와 다름슈타트의 친한 친구들과 헤어진 이래, 나의 마음속에는 메울 수 없는 허전함이 남아 있었다. 그래서 이때의 나로 말할 것 같으면 애정이 조금이라도 그 모습을 바꾸어 나타난다면, 나도 모르는 사이에 그것들이 다가와서 모처럼의 소중한 기도가 못쓰게 될지도 모르는 그런 심정에 있었다.

이제 이 책의 저자도 집필 계획을 여기까지 진행시키고 보니, 비로소 편한 마음으로 이 일에 착수할 수 있다는 느낌이 든다. 왜냐하면 이 책도 이제부터 간신히 본래의 모습을 갖추게 될 것이기 때문이다. 이 책은 원래 독립된 것으로 생각하지는 않았다. 오히려 이것은 한 사람의 작가가 지나온 생애의 빈틈을 메워 여러 개의 단편을 보충하고, 잃어버리거나 기억이 희미해진 모험의 추억을 보존하는 것이 그 목적인 것이다. 그러나 일단 이루어진 것은 되풀이해서는 안 되고, 그렇게 할 수 있는 것도 아니다. 여기서 작자가 흐려진 정신력을 불러일으켜도 소용없을 것이고, 또한 란 계곡에서 작자의 체류를 그토록 아름다운 것으로 만들어준 그리운 환경을 다시 한번 회상하게 해 달라고 정신력에 요구해도 그것은 이루어지지 않을 것이다. 다행히도 오래전부터 수호신이 이 점을 배려해서 작자를 몰아세워, 정력이 왕성했던 청춘시대의 일을 확실히 파악하고 묘사하게 하여, 좋은 기회를 놓치지 않고 대담하게도 이를 공표할 수 있게 해 주었다. 이것이 나의 작은 저서 《젊은 베르테르의 슬픔》을 가리킨다는 것은 독자께서도 알 수 있을 것이다. 거기에 등장하는 인물들이나 거기서 말하는 의향에 대해서는 그중 몇 가지를 골라 차차 밝혀가기로 하겠다.

고등 법원 파견원에 참가하여 장차 취업을 하기 위한 견습을 하고 있는 젊은 이들 중에 우리가 간단히 '신랑'[96]이라고 부르기로 한 사람이 있었다. 그는 침착하고 차분한 태도, 명석한 견해, 확고한 언동으로 남보다 뛰어났다. 쾌활한 활동과 끈질긴 노력으로 그는 상사의 인정을 받아 가까운 장래에 임관될 약속도 받았다. 이로써 자격도 갖추어졌고, 그는 자신의 기질이나 희망에도 완전히 어울리는 어떤 여성[97]과 약혼을 하기로 되어 있었다. 이 여성은 어머니가 돌아가신 뒤, 많은 동생들을 거느린 한 가정의 주부 역을 맡아 부지런히 일했고, 홀아비로 있는 아버지[98]를 혼자 돌보았으므로, 미래의 남편인 이 청년은 그녀에게서 부친을 대하는 것과 같은 것을 자신을 위해서나 자신의 아들을 위해 바랄 수가 있었고, 행복한 가정 생활을 확고히 기대할 수가 있었다. 그러나 이와 같은 이기적인 생활 목적을 고려하지 않아도 그녀가 훌륭한 여성이라는 것은 누구나 인정하고 있었다. 그녀는 사람의 마음에 격렬한 정열을 불러일으키는 것

---

96) 요한 게오르크 크리스챤 케스트너(1741~1800)를 말한다. 《젊은 베르테르의 슬픔》 속의 알베르의 모델로 알려져 있다. 괴테는 여기서 일부러 게스토너의 이름을 감추고 있다. 그는 1767년 이래 베츠랄의 공사관 비서, 그 뒤 하노버의 궁정 고문관이 되었다.

97) 《젊은 베르테르의 슬픔》의 로테의 모델로 여겨지는 샤를로테 부프(1753~1828)를 말한다. 그녀가 케스토너와 약혼을 한 것은 1768년 4월이었다. 괴테가 이 대목을 쓴 1813년에는 그녀는 하노버에서 과부로 살고 있었으므로, 그는 그녀의 마음을 고려해 그녀와 케스토너의 이름을 밝히지 않은 듯하다.

98) 하인리히 아담 부프(1710~95)를 말하는 것으로 베츠랄 독일 기사단의 사법관이었다.

은 아니었지만, 누구나 마음에 들어하는 여성이었다. 날씬하고 사랑스러운 자태, 맑고 건강한 자질과 거기에서 생겨나는 발랄한 활기, 일상사를 거리낌 없이 척척 해결해 가는 태도—이 모든 것들이 그녀에게 갖추어져 있었다. 이러한 그녀를 바라보고 있으면 나 자신도 항상 마음이 즐거웠으므로, 나는 이런 사람과 친구가 된 것이 무척이나 기뻤다. 이러한 사람들을 위해 실제로 도움이 되는 기회를 항상 찾을 수 있는 것은 아니었지만, 그래도 나는 젊은이들과 항상 가까이 있으면서 별다른 고생이나 비용도 들이지 않고 얻어지는 순수한 기쁨을 이런 사람들과 함께 나누었던 것이다. 그런데 여성이란 서로 보이기 위해 화장을 하고, 서로 경쟁을 하면서 화장을 하는 존재라고도 한다. 그러나 나에게 가장 바람직한 여성은 청초한 옷차림으로 친구이자 미래의 남편이 될 사람에게 자기가 치장을 하는 것은 오직 그를 위해서이고, 평생토록 그렇게 하리라고 말없이 확신시켜 주는 그러한 여성이었다.

　이와 같은 사람들은 자기 일에만 매여 있는 것은 아니다. 그들에게는 외부의 세계를 관찰할 시간의 여유도 있고, 이에 순응하여 뒤지지 않으려는 마음의 여유도 가지고 있다. 이러한 사람들은 억지로 노력을 하지 않아도 현명하고 분별심을 가지고 있고, 자기들의 교양을 위해서 책을 읽을 필요도 거의 없다. 약혼한 여성은 바로 그러한 여자였다. 신랑은 아주 믿음직스럽고 성실한 사람이었으므로 자기가 존중하는 사람이라면 누구나 그녀에게 소개하였다. 그리고 자기는 하루 시간의 대부분을 열심히 일에 전념하였으므로, 약혼자가 집안일을 끝마치고 사람들과 이야기를 나누거나, 남녀 친구들과 함께 산보나 소풍을 가서 즐기는 것을 기쁜 마음으로 바라보았다. 로테—역시 그녀를 이렇게 부르는 것이 어울릴 것이므로—는 이중적인 의미에서 욕심이 없는 사람이었다. 하나는 그녀가 특별한 한 사람만을 사랑하기보다는 누구에게나 호의를 나타내는 성격이었고, 다른 하나는 그녀가 남편이라고 정한 사람이 그녀에게 어울리는 사람이었으며, 평생 자기 운명을 그녀와 함께 하겠다고 이미 공언하고 있었기 때문이었다. 그녀 주위에는 매우 밝고 명랑한 분위기가 감돌고 있었다. 부모가 자녀들에게 끊임없이 주의를 기울이는 모습을 보는 것은 기분 좋은 일이지만, 형이나 누나가 동생들에게 그렇게 하는 모습은 더욱 아름다운 일이다. 부모와 자식의 경우는 있는 그대로의 본능과 시민적 관습이 보다 더 많이 인정되지만,

형제자매의 경우는 자발적인 의사와 자유로운 배려를 볼 수 있다.

모든 속박으로부터 완전히 해방된 이곳으로 온 신참자인 나는, 그녀가 이미 다른 남자와 약혼을 한 상태였으므로 나에게 제아무리 친절하게 해도 그것을 구애라고는 생각하지 않았고, 이런 나를 한층 기쁜 마음으로 받아들이고 있는 아가씨 앞에서 나는 부담감 없이 행동하였다. 그런데 이윽고 나는 그녀에게 푹 빠져 그 매력에 사로잡힌 데다가, 젊은 두 약혼자의 전적인 신뢰를 얻어 친절한 대우를 받았기 때문에 이제는 나 자신을 잊을 정도가 되었다. 현재에 조금도 만족하지 못하고 한가하게 꿈속에 있는 듯이 지내던 나는, 나에게 없는 것을 이 친한 여자 친구에서 발견하였다. 그녀는 1년 계획을 세우고 살아가는데도 오직 현재의 이 순간을 위해 살아가고 있는 것처럼 여겨졌다. 그녀는 기꺼이 나를 동반자로 삼고 싶어 했기 때문에 나는 그녀의 곁을 떠날 수가 없게 되었다. 그녀가 나를 일상의 세계와 접촉하게 해 주었기 때문이다. 이렇게 해서 우리는 폭넓은 가사 일에서, 밭이나 목장에서, 또는 채소밭이나 정원에서 서로 떨어질 수 없는 반려가 되었다. 그녀의 약혼자도 일이 허용하는 한 함께했다. 우리 세 사람은 어느 틈엔가 서로 친밀해져서, 어떻게 해서 우리가 이렇게 떨어질 수 없는 사이가 되었는지 알 수가 없을 정도였다. 이렇게 해서 우리는 즐거운 여름을 보냈는데, 그야말로 한 편의 순수한 독일적인 목가였고 이 목가에는 풍요로운 전원이 산문을, 맑은 사랑이 운문을 보내준 것이다. 이슬이 차분히 내린 아침, 우리는 잘 익은 곡식밭을 돌아다니면서 맑은 생각에 잠겼다. 종달새 노래나 메추라기는 즐거운 멜로디를 노래하고 있었다. 더운 햇볕이 이어지거나 격렬한 폭풍우가 닥치면 두 사람은 몸을 서로 가까이 했다. 집안에서의 소소한 다툼 같은 일들은 깊어 가는 애정으로 연기처럼 사라졌다. 이렇게 해서 하루하루가 지나갔는데 매일매일이 축제 같았다. 《신엘로이즈》[99] 속의 행복하면서도 불행한 친구에 대해 예언된 다음 한 구절을 외우는 사람이라면 나의 마음을 이해할 수 있을 것이다. '그리고 연인의 발밑에 앉아서 그는 삼을 잣을 것이다. 그리하여 오늘도 내일도 모레도, 아니 평생 동안 삼 잣기를 원할 것이다.'

그런데 여기서 나는 어떤 청년에 대해서 말할 단계가 되었는데, 그 청년의 이

---

99) 루소의 소설. 1761년에 출판된 것으로, 삼 잣는 일은 제5부 제7서한에 나와 있다.

름은 뒷날 너무나 많은 사람들의 입에 오르내렸기 때문에 지금은 필요한 것 몇 가지만 말하면 될 것이다.

그는 예루잘렘[100]이라는 자유롭고 섬세한 사상을 가진 사람으로, 신학자의 아들이었다. 그도 어떤 파견단에 임용되었는데, 온화한 모습에 중간 키의 균형 잡힌 몸매의 사나이였다. 긴 얼굴이라고 하기보다는 둥근 얼굴에 가깝고, 이목구비는 온건하고 조용했으며 아름다운 금발 청년이란 말에 어울렸다. 그의 푸른 눈은 사람의 마음에 호소한다기보다는 끌어당긴다고 하는 편이 옳았다. 그의 복장은 저지대 독일 사람에게 습관이 된, 영국인 복장을 본뜬 것으로 푸른 연미복에 황갈색 조끼와 바지, 게다가 갈색 장화 차림이었다. 필자는 그를 방문한 적도 없고 그의 방문을 받은 적도 없었지만, 가끔 친구집에서 마주칠 때가 있었다. 이 청년이 하는 말은 얌전했으나 선의에 넘쳐 있었다. 그는 실로 여러 가지 작품에 흥미를 가지고 있었다. 가장 좋아한 것은 고즈넉한 풍경을 그린 것으로, 그 풍경이 갖는 조용한 면을 강조한 데생이나 스케치였다. 그와 같은 그림이 화제가 되면 그는 게스너의 동판화를 인용하여, 애호가들에게 이것을 공부하면 좋을 것이라고 격려하였다. 기사 놀이나 가면 놀이 등에는 거의 흥미를 나타내지 않고, 오직 자기 자신이 지향하는 대로 살아가고 있었다. 그는 어느 친구의 부인[101]에게 열렬한 애정을 품고 있다는 소문이 있었다. 그러나 두 사람이 함께 있는 것을 분명히 본 사람은 없었다. 영문학을 연구하고 있다는 것 외에는 그가 화제에 오르는 일은 거의 없었다. 유복한 가정의 아들이었으므로 오직 일에 전념할 정도도 아니었고, 바로 직장을 잡아야 할 처지도 아니었다.

게스너의 동판화는 정원의 풍물에 대한 기쁨과 관심을 자극하였다. 그리고 우리의 작은 그룹에서 정열적으로 환영을 받은 한 편의 시는, 그 뒤 우리의 눈을 다른 곳으로 돌리게 하지 않았다. 골드스미스[102]의 《황폐한 마을》은 그때의

---

100) 칼 빌헬름(1747~72). 브라운슈바이크 사절의 서기. 유부녀에 대한 사랑 등으로 인해 1772년 10월 30일에 권총으로 자살한 일이 《젊은 베르테르의 슬픔》을 집필하는 커다란 계기의 하나가 되었다.

101) 팔츠 사절단의 서기 헤르트의 아내 엘리자베트를 가리킨다.

102) 올리버(1728~74). 1770년, 런던에서 《황폐한 마을》을 출판하였다. 그는 《웨이크필드의 시골 목사》로 독일에서 유명했기 때문에 이 소설도 곧 독일어로 번역되었다. 메르크는 1772년, 이 소설의 영문 텍스트를 재판(再版)하였다.

우리와 같은 수준의 교양을 가지고, 그와 똑같은 생각을 하는 사람이라면 누구나 마음에 들었을 것임에 틀림없었다. 이 시에는 우리가 기쁨을 가지고 유심히 보았던 것, 우리가 사랑하고 소중하게 여겼던 것, 우리가 젊고 발랄하게 그것에 관여하기 위해 현재의 세계에서 정열적으로 찾고 있던 것, 이들 모두가 생생하고 힘차게 묘사되어 있는 것이 아니라 이미 지나간 과거로 묘사되어 있었다. 시골의 축일이나 축제, 교회의 생일이나 대목장이 설 때면 가장 먼저 마을의 보리수 그늘에서 장로들이 엄숙한 회의를 연다. 그것이 끝나면 젊은이들이 신나는 춤을 추며 등장한다. 그리고 마지막에는 교양 있는 높은 신분의 사람들까지 춤에 참가한다. 이러한 떠들썩한 축제 분위기도 야무진 한 시골 교사가 적절하게 진행해 준 덕택으로 얼마나 질서 있게 진행되었는지 모른다. 이 목사는 자칫 상식을 벗어나거나 싸움으로 번지기 쉬운 것들을 즉석에서 잘 화해시키는 요령을 알고 있었다. 이 시 속에서도 우리는 그 성실한 웨이크필드의 목사를 이전과 다름없는 세계에서 보는 것 같았는데, 이번에는 구체적인 인물로서가 아니라 비가(悲歌) 시인의 한탄조에 의해 환기된 그림자로서 본 것이다. 시인이 깨끗한 과거를 우아한 애수를 담아 다시 한번 불러일으키려고 의도한 것만으로도 이미 이 시적 표현의 착상은 절묘한 것의 하나라고 할 수가 있다. 그리고 이 영국 시인은 그 어떤 뜻으로나 우아한 기획에 훌륭하게 성공하고 있다! 함께 이 시에 열광한 고타와 나는 이 시의 번역을 시도했는데,[103] 고타가 성공을 거두었다. 나는 너무나 세심하게 원작의 미묘한 뜻을 독일어로 옮기려고 하였기 때문에, 개별적인 대목에서는 잘 되었으나 전체적으로 보면 원작과 합치되지 않았기 때문이었다.

세상 사람들이 말하는 바와 같이 최대의 행복은 동경 속에 깃든다고 한다면, 그리고 진정한 동경은 다만 우리의 손이 닿지 않는 것으로만 향하는 것이라면, 우리가 지금 그 사람의 방황의 자취를 더듬고 있는 그 청년을 세상에서 둘도 없이 행복한 사람으로 만들기 위한 모든 조건이 여기에 모여 있었다. 이미 약혼을 한 여성에 대한 애정, 외국 문학의 명작을 독일 문학 속으로 들여와 이것을 동화하려는 시도, 자연의 사물을 언어에 의해서만이 아니라 변변치 않은

---

103) 지금은 모두 현존하지 않는다.

기술도 없이 철필과 화필로 모사해 보려는 노력, 어느 것 하나를 보아도 마음 설레게 하고 가슴 조이게 하기에 충분했을 것이다. 그런데 이 달콤하고 애절한 심정의 청년을 이와 같은 상태에서 떼어놓기 위해, 다시 새로운 상황이 그를 새로운 불안에 빠뜨리기 위해, 다음과 같은 일이 일어난 것이다.

기센에서 법률학을 가르치고 있는 헤프너[104]라고 하는 사람이 있었다. 전문 분야에서 유능하고 사고력이 풍부한 야무진 인물로서, 메르크와 슐로서가 추천하였고 크게 존경하고 있었다. 이전부터 나는 그와 알고 지내고 싶었기 때문에 이 두 사람의 친구가 문학상의 문제로 상의하기 위해 그를 방문하게 되었을 때, 나도 이 기회에 기센에 같이 가기를 원했다. 즐겁고 한가할 때는 흥겨운 나머지 도가 지나친 일을 하기 쉬운데, 이때도 우리는 솔직하게 일을 진행시킬 수가 없어 마치 순진한 어린이처럼, 꼭 필요한 용건이라도 장난을 쳐보려는 생각을 가졌다. 그래서 나는 이름 없는 사람으로 변장해서 방문하기로 하였다. 이리하여 이번에도 변장을 하고 사람들 앞에 나타나고 싶다는 나의 즐거움이 충족되었다.

맑게 갠 날 아침, 해가 뜨기 전에 나는 베츠랄을 나와 란강을 따라 이 사랑스러운 계곡을 거슬러 올라갔다. 이러한 도보 여행으로 나는 다시 더없는 행복을 맛보았다. 나는 시정에 잠겨 생각을 다듬고, 여러 가지로 손질을 하여 조용히 나 자신과 마주하면서 밝고 즐거운 생각을 하고 있었다. 나는 영원히 모순되는 이 세상이 잡다하게 밀어붙인 인상을 천천히 음미해 보았다. 목적지에 도착해서 나는 헤프너의 집을 찾아 그의 서재의 문을 두드렸다. 곧이어 "네" 하는 대답이 들렸고, 나는 주저하면서 그의 앞에 모습을 나타냈다. 나는 대학에서 돌아오는 도중, 명사들과 알고 지내고 싶어하는 한 학생으로 행세하였다. 나의 처지를 그는 자세히 물었는데, 이에 대한 대답은 전부터 준비해 두었었다. 나는 그럴듯하게 말을 꾸몄는데, 그는 이것을 만족스럽게 생각하는 것 같았다. 그래서 그 말에 이어 내가 법학부 학생이라고 말했을 때에도 정체는 탄로나지 않았다. 나는 이 분야에서의 그의 업적을 잘 알고 있었고, 그가 마침 자연법을 연구하고 있다는 것도 알았기 때문이었다. 그래도 대화는 여러 번 중단되었고,

104) 루트비히 율리우스 프리드리히(1743~97). 1771년 이래 기센 대학의 법률학 교수였다. 다방면에 걸친 학식을 가졌으며 특히 문학에 조예가 깊었다.

그는 내가 수첩을 꺼내서 사인을 요구하든가, 그렇지 않으면 작별 인사를 하기를 바라고 있는 것 같았다. 그러나 나는 어물어물 일어나지 않고 앉아 있을 수가 있었다. 분명히 슐로서가 오기로 되어 있었고, 그가 시간에 정확한 사람이라는 것을 잘 알고 있었기 때문이었다. 과연 얼마 뒤 슐로서가 와서 친구 헤프너의 환영을 받았다. 그는 옆에서 나를 물끄러미 바라보면서도 나를 모른 체하였다. 그러나 헤프너는 나를 대화로 끌어들여 시종 따뜻한 호의를 보여주었다. 나는 이윽고 작별을 고하고 여관으로 돌아왔다. 여기서 메르크와 급히 몇 마디를 나누고 앞으로의 상담을 정리하였다.

친구들은 헤프너와 함께 슈미트[105]도 식사에 초대하자고 전부터 생각하고 있었다. 슈미트는 독일의 문학계에 매우 낮은 자리를 차지하고 있었지만, 그래도 한몫을 하고 있었다. 원래 이 계획의 목적은 그와 관련된 것으로, 그는 자기가 범한 수많은 죄 때문에 어느 유쾌한 방법으로 처벌을 받기로 되어 있었다. 두 손님이 식당에 모였을 때, 나는 급사를 시켜서 나도 함께 식사해도 되는지 물어보라고 했다. 일종의 찡그린 얼굴이 잘 어울리는 슐로서는 모처럼의 환담이 제삼자의 방해를 받는 것은 싫다고 하며 반대하였다. 그러나 그 급사가 간절히 부탁을 해 주었고, 헤프너가 그 사람이라면 괜찮다고 해서 나는 함께 식사하도록 허락되었다. 식사 초기에 나는 일부러 얌전하게 있었다. 슐로서와 메르크는 조금도 거리낌 없이, 마치 마음에 맞지 않은 사람은 없는 것처럼 터놓고 이것저것 이야기하였다. 문학상 매우 중요한 사항이나 저명한 사람이 화제에 올랐다. 이윽고 나는 전보다 약간 대담하게 행동하였고, 때때로 슐로서가 진지한 얼굴로, 메르크가 비웃듯이 나에게 반론해도 물러서지 않았다. 나는 모든 공격의 화살을 슈미트를 향해 날렸다. 이 화살들은 내가 잘 알고 있는 그의 급소에 정확하게 명중하였다.

나는 1네세르(약 0.6리터)들이 식탁 포도주를 적당하게 마시고 사양했으나, 다른 사람들은 더 고급 술을 가지고 오게 해서 나에게도 그것을 마시라고 권했다. 시사 문제에 대해 여러 가지 이야기가 오간 뒤 화제는 일반론으로 옮아가서 작가가 존재하는 한 끊임없이 되풀이되는 문제, 즉 문학은 상승 기운에 있

---

105) 크리스티안 하인리히(1746~1800). 여러 저서를 출판하였고, 1771년 기센의 웅변술 교수가 되었다.

는가 그렇지 않으면 쇠퇴일로에 있는가, 전진하고 있는가 그렇지 않으면 후퇴하고 있는가의 문제가 토의되었다. 이 문제에 대해서는, 특히 노인과 젊은이들 사이에서, 또 신진 작가와 제1선에서 물러나 있는 작가 사이에서 의견의 일치를 볼 수는 없었으나, 우리는 이 문제를 재미있게 이야기하였다. 우리로서도 이에 관해 철저하게 결말을 내고 싶은 생각은 전혀 없었던 것이다. 마지막에 내가 끼어들어 이렇게 말했다.

"문학에도 계절이 있는 것 같습니다. 마치 자연의 사계절과 마찬가지로 서로 교대하고, 어떤 종류의 현상을 발생시키면서 차례로 되풀이해 갑니다. 따라서 나는 문학의 한 시기를 잡아 이를 전체인 양 칭찬하거나 비난할 수는 없다고 생각합니다. 특히 시류를 탄 어떤 사람을 높이 평가하는 한편 다른 작가의 트집을 잡는 것은 바람직하지 않습니다. 봄이 찾아오면 휘파람새는 노래를 하지만 뻐꾸기도 마찬가지입니다. 보기에 좋은 나비도, 싫은 모기도 다 같이 햇볕으로 생깁니다. 이것을 잘 알아두면 같은 한탄을 10년을 하루같이 새롭게 되풀이하는 일은 없을 것입니다. 그리고 이것저것 불만의 씨를 없애기 위해 그토록 자주 헛수고를 하지 않아도 될 것입니다."

그 자리에 있던 사람들은 도대체 내가 어디에서 이토록 많은 지혜와 관용을 손에 넣었는가 하고 이상하다는 듯이 나를 바라보고 있었다. 그러나 나는 태연한 태도로 이야기를 계속하여 문학상의 현상을 자연의 산물과 대비해 보였다. 그리고 나는 나도 모르게 이야기를 연체동물에까지 언급, 이에 대해 갖가지 기묘한 일을 꺼낸 것이다. 즉 나는 이런 말을 한 것이다.

"연체동물은 분명히 일종의 육체, 아니 일종의 형태까지도 가지고 있다는 것을 부정하지 못합니다. 그러나 뼈는 없으므로 어떻게 처리해야 할지 알 수가 없습니다. 기껏해야 살아 있는 점액체라고밖에 할 수 없는데, 그래도 바다는 이런 동물들도 받아들여야 합니다."

내가 이와 같이 과장된 비유를 계속 이야기한 것도, 그 자리에 있던 슈미트나 그와 같은 또래의 성격 없는 문사들을 비꼬아 한 말이었으므로, 비유도 너무 지나치면 결국은 무의미하다고 나의 주의를 촉구하는 사람도 있었다. 나는 다시 말을 이었다.

"그럼 지상으로 돌아가기로 합시다. 이번에는 댕댕이덩굴에 대해 이야기해 봅시다. 마치 연체동물에 뼈가 없었던 것처럼 여기에는 줄기가 없습니다. 그런데도 이것은 어디나 얽혀서 주인 행세를 하려고 합니다. 그것은 더 이상 부서질 수 없는 낡은 벽에 붙어 있으면 됩니다. 새로운 건물로부터는 치워도 당연합니다. 이것은 나무의 영양분도 빨아먹어 버립니다. 나로서 무엇보다도 참을 수 없는 일은 이것이 말뚝에 감겨 있을 뿐인데, 자기가 말뚝을 푸른 잎으로 덮었으므로 이 말뚝은 살아 있는 나무줄기라고 말하려는 듯이 의기양양해하는 것입니다."

사람들은 이번에도 나의 비유가 애매해서 쓸모가 없다고 나무랐지만, 나는 더욱 격렬하게 모든 기생충적 생물에게로 공격의 화살을 돌려 당시의 나의 지식이 미치는 한, 이야기를 더욱 교묘하게 전개해 갔다. 나는 마지막으로 모든 독보적인 정신을 가진 사람들에게 만세를 부르고, 후안무치한 사람들에게는 통렬한 비난을 퍼부었고, 식사가 끝나자 헤프너의 손을 힘껏 흔들어 그를 이 세상에서 가장 훌륭한 사람이라고 칭찬하고, 마침내는 그를 비롯하여 누구 할 것 없이 마음으로부터 우러나오는 포옹을 했다. 헤프너는 거의 꿈을 꾸고 있는 것 같은 기분이었으나 마침내 슐로서와 메르크가 나의 정체를 밝히자 수수께끼가 풀린 촌극에 모두 재미있게 웃었고, 슈미트까지 여기에 가담했다. 우리도 그의 실제의 공적을 인정했고 그의 취미에 관심을 두었기 때문에, 그도 다시 기분을 풀었다.

이러한 재기가 넘치는 개막은 본래의 목적이었던 문학에 대한 간담회를 활발하게 하고 원활하게 만드는 데에 성공하였다. 어떤 때에는 미학자로서, 어떤 때에는 문학가 또는 상인으로서 활약하고 있던 메르크는 생각이 깊고 교양도 있고, 다방면에 걸쳐 학식이 풍부한 슐로서를 격려하여, 이해의 〈프랑크푸르터 게레르텐 안차이겐〉지[106]의 편집을 맡겼다. 이 두 사람은 기센에서는 헤프너나 다른 대학 교수들과, 다름슈타트에서는 공로가 있는 교육자나 그 밖의 뛰어난 사람들과 가깝게 교제하고 있었다. 이들은 누구나가 자기 전문 분야에서 역사적으로나 이론적으로 깊은 학식을 가지고 있었다. 그리고 시대정신은 그들에게 같은 정신에 입각한 활동을 시키고 있었다. 이 신문의 처음 2년 동안의 내용은

---

106) 메르크, 슐로서, 헤프너, 괴테 및 그들 동아리의 협력으로 탄생된 것은 1772년과 1773년의 것이다. 괴테는 1813년 3월, 이 두 권을 자세히 읽었다.

(그 뒤 이 신문이 다른 사람 손에 넘어갔다), 그 식견이 얼마나 폭이 넓은 것이었는지, 전체에의 전망이 어느 정도 순수했는지, 협력자들의 의지가 어느 정도 성실했는가에 대해 놀라울 만한 증거를 남기고 있다. 인도적인 것이나 세계 시민적인 것이 촉진되어, 확실히 명성을 받을 만한 유능한 사람들이 모든 종류의 간섭으로부터 옹호를 받는다. 그들은 적의 공격으로부터 옹호되고, 또 전통을 악용해서 자기 교수들에게 상처를 입히려는 학생들로부터도 보호를 받는다. 가장 흥미가 있는 것은 다른 잡지, 이를테면, 베를린의 〈비브리오테크〉[107]나 〈독일 메르크르〉지(誌) 등에 대한 비평이다. 이 경우 사람들이 허다한 전문 분야에 걸친 비평의 교묘함, 깊은 통찰과 공정함에 경탄한 것도 이상한 일은 아니다.

나에 대해서 말하자면, 내가 진짜 비평가가 되기 위해서는 모든 면에서 부족하다는 것을 그들은 잘 알고 있었다. 나의 역사에 관한 지식은 단편적인 것으로 세계사, 과학사, 문학사도 몇몇 시기가 흥미로웠을 뿐이었고, 그 흥미로운 대상도 불과 부분적인 것에 지나지 않았다. 그러나 나는 역사상의 일을 인과관계에서 분리시켰어도 여전히 생생한 것으로 눈앞에 떠올릴 수가 있었으므로, 어떤 한 세기나 학문의 한 분야를 전후의 사정을 전혀 몰라도 숙지할 수가 있었다. 그와 동시에 나의 마음속에는 일종의 이론적이기도 하고 실천적이기도 한 감각이 눈뜨기 시작했기 때문에, 사물이 과거에 어떠했느냐는 실상보다도 그것이 어떠했어야 하는가 하는 이상에 대해서 설명할 수가 있었다. 그 설명은 확실히 철학적인 엄밀한 연관을 갖는 것은 아니었지만, 비약적이고 합당한 것이었다. 이에 더하여 나에게는 사물을 극히 간단하게 파악하는 이해력이 있었고, 또 남의 생각이라도 그것이 나의 생각과 정면으로 대립하지 않는 한 이를 받아들일 아량을 가지고 있었다.

문학상의 어떤 파의 사람들은 자주 편지를 교환하거나, 또 가까이 살고 있었으므로 몇 번이고 직접 만나서 이야기를 할 기회가 있었다. 최초에 책을 읽은 사람이 보고하고, 때로는 그것을 보충하는 제2의 보고자가 나타났다. 다루는 문제는 비슷한 문제와 관련지어서 토의되고 마지막에 어떤 결과가 나오면 누군가가 이것을 정리하였다. 이러한 경로를 거치기 때문에 많은 뛰어난 비평이 활

---

107) 〈아르게마이네 도이체비브리오테크〉지를 말한다.

발하게 나왔으며, 그것은 쾌적하고 자상한 것이었다. 나에게는 몇 번이고 기록계의 역할이 주어졌다. 친구들은 그들이 쓴 것을 내가 잔소리를 끼워넣거나, 내가 특히 관심을 가지고 있는 문제에 독자적인 의견을 말하는 것을 허락해 주었다. 만약에 그 신문 2년 치가 나에게 결정적인 자료를 제공해 주지 않았다면, 이와 같이 서술하거나 고찰하면서 그 당시의 본래의 정신이나 감정을 불러일으키려고 해도 무리한 일이었을 것이다. 내가 쓴 것이라고 인정되는 곳의 발췌는 같은 종류의 논문과 함께 모두가 어울리는 곳에서 발표될 것이다.[108]

여러 가지 지식이나 의견, 신념 등을 활발하게 교환하는 동안에 나는 헤브너와 더욱 친해지고 그가 좋아졌다. 우리 둘만 있을 때는 나는 그의 전문(專門)이고 또 나의 전문이 되었을 법률학 문제에 대해서 곧잘 그와 의견을 교환했는데, 그는 이론이 정연한 설명과 교시를 해주었다. 그 무렵 나는 책이나 담화를 통해서라면 무엇인가를 습득할 수 있지만 논리적인 대학의 수업으로부터는 아무것도 습득할 수 없다는 것을 아직 분명히 의식하고 있지는 않았다. 책이라면 한곳에 머물거나 거슬러 올라가서 다시 읽을 수도 있었지만, 선생이 입으로 말하는 강의에서는 그런 일은 할 수 없었다. 강의 처음 단계에 있는 어떤 생각이 나의 마음을 사로잡으면 거기에 몰입해서, 그 뒤의 것은 알지 못하게 되어 강의와 관련이 없어지고 마는 일이 자주 있었다. 법률 강의에서도 사정은 마찬가지였으므로 나는 자주 기회를 보아 헤브너와 이야기를 주고받았다. 그도 크게 기뻐하면서 내가 의심나는 점이나 납득이 가지 않는 점을 잘 설명해 주고, 나에게 부족한 여러 가지 부분을 보충해 주었다. 그래서 나의 마음속에는 기젠에 있는 그의 곁에 머물면서, 베츠랄이 사랑하는 사람들로부터 그리 멀리 떨어지지 않고 그로부터 가르침을 받고 싶다는 희망이 생겼다. 두 친구들은 처음에는 무의식적으로, 이윽고 의식적으로 나의 이 소원을 방해하려고 하였다. 이 두 사람은 서둘러 이곳에서 떠나려 하고 있었을 뿐만 아니라, 나를 이 지방에서 끌어내려고까지 생각하고 있었던 것이다.

슐로서는 나의 누이동생과 처음에는 평범한 친구 관계였는데 이윽고 연인 사이가 되었다는 것, 그리고 그녀와 결혼하기 위해 급히 임관 자리를 구하고

---

108) 이것은 1830년, 괴테 생전 마지막 전집의 제33권에 발표되었다.

있다는 것을 나에게 털어놓았다. 이런 고백을 받고 나는 약간 당황하였다. 이와 같은 일은 누이동생의 편지를 읽고 오래전에 알고 있어야 했던 것이다. 우리는 자칫 자기 자신에 대해서 품고 있는 생각 중에 상황이 좋지 않은 것이 있으면 무시해 버리기가 쉽다. 나는 이제야 겨우 내가 누이동생에 대해 질투를 하고 있다는 것을 알았다. 이와 같은 감정은 내가 슈트라스부르크에서 돌아온 뒤로 우리 남매 사이가 전보다도 더 친밀해져 있었던 만큼 감추기가 더욱 힘들었다.

나와 누이동생이 헤어져 있는 동안에 생긴 마음에 남는 사소한 일이나 연애, 그 밖의 사건에 대해 서로 이야기하면서 얼마나 많은 시간을 보냈던가! 그리고 시적인 상상력 면에서도 내 앞에 하나의 새로운 세계가 열리면 그 세계 속으로 누이동생을 끌고 들어가지 않았던가! 나의 보잘것없는 작품, 널리 사람들의 입에 오르내린 세계 문학을 그녀는 서서히 알게 되었다. 그래서 나는 호메로스 중에서 누이동생이 흥미를 가질만한 곳을 아무런 준비도 없이 번역해서 들려주었다. 클라크의 라틴어 축어역[109]을 될 수 있는 대로 쉽게 독일어로 고쳐서 읽어보았는데, 나의 낭독은 대개 운율을 동반한 말투나 어미로 바뀌고 말았다. 나는 생생하게 형상을 파악하고, 힘을 주어 그것을 발음했기 때문에 무리한 배어법에서 생기는 모든 장해가 제거되었다. 내가 성의를 가지고 읽어준 것에 누이동생도 마음속으로부터 열심히 따라왔다. 이렇게 해서 우리는 하루의 두서너 시간을 재미있게 보냈다.

어쩌다가 그녀의 친구들이 모이면, 모두 입을 모아 이리 펜리스[110]와 원숭이 한네만 이야기를 들려달라고 했다. 그래서 나는 토르 신과 그의 하인이 거인 마법사들에게 놀림을 당하는 그 유명한 이야기를 얼마나 되풀이해서 자세히 이야기해 주었는지 모른다. 그래서 이 모든 문학 작품들은 나의 마음속에 매우 좋은 인상을 남겼고, 오늘에 이르기까지 나의 상상력이 환기시킬 수 있는 가장 귀중한 것의 하나가 되어 있다.

---

109) 사뮤엘 클라크(1675~1729)는 호메로스를 라틴어로 번역하여 그리스어와 라틴어를 나란히 놓은 텍스트를 출판하였다.
110) 《에다》에 의하면 로키와 거인 여자 사이에 태어난 아이로, 토르와 오딘이 이 늑대와 자주 싸우는데 오딘은 늑대에게 먹히고, 늑대는 신들의 손에 의해 바위에 묶인다.

나는 누이동생을 다름슈타트의 친구 모임에도 데리고 갔다. 게다가 또 내가 도보 여행으로 누이동생과 떨어져 있었다는 것도 오히려 우리 사이를 굳힐 뿐이었다. 나는 나에게 일어난 모든 것을 누이동생과 이야기하고, 아무리 작은 시, 비록 단 하나의 감탄 부호도 즉각 그녀에게 전하고, 내가 받은 편지도 이에 대한 답장도 모두 그녀에게 보이고 있었다. 이러한 활발한 교환은 내가 프랑크푸르트를 떠난 이래 자취를 감추었고, 나의 베츠랄에서의 체류는 그러한 마음의 교환에 좋은 역할을 했다고는 할 수 없었다. 게다가 로테에의 애정 때문에 나의 누이동생에 대한 배려가 소홀해졌는지도 모른다. 여하간 그녀는 고독하다고 생각하였고, 혼자 팽개쳐졌다고 생각했을 것이다. 그래서 존경할 만한 남성의 성실한 구애에 손쉽게 응했던 것이다.

이 남성은 꼼꼼하고 과묵하고 믿음직하고 존경할 만한 사람으로, 이제까지 좀처럼 보이지 않았던 애정을 정열적으로 그녀에게 바쳤다. 물론 나는 이것을 인정하고 이 친구에게 축하한다고 말하지 않을 수 없었다. 하지만 나는 만약에 오빠인 내가 없었더라면, 친구도 일을 이렇게까지 잘 진행시키지 못했을 것이라고 남몰래 자신을 가지고 독백하지 않을 수가 없었다.

나의 친구이자 매제가 될 사나이에게 내가 고향에 간다고 하는 것은 매우 중요한 일이었다. 나의 중재로 그는 한층 자유롭게 나의 누이동생과 교제할 수 있게 되었기 때문이었다. 뜻하지 않게 상냥한 애정을 받게 된 이 사나이는 그와 같은 자유로운 교제를 매우 필요한 것으로 생각했다. 그래서 그는 이윽고 자기가 이곳을 출발하게 되면 나도 곧 그의 뒤를 따라서 오라는 약속을 하게 하였다.

메르크가 한가했으므로 그가 기센에서 더 머물러주기를 나는 바랐다. 그렇게 되면 나는 하루의 몇 시간을 나의 친애하는 헤브너와 함께 지낼 수 있고, 메르크는 그의 시간을 〈프랑크푸르트 게레르텐 안차이겐〉지를 위해 사용하면 되었기 때문이었다. 그러나 그의 마음을 도저히 움직일 수가 없었다. 애정이 나의 매제를 대학에서 내쫓았다고 한다면, 증오가 메르크를 그렇게 만들었다. 인간에게는 날 때부터 싫어하는 것이 있어서, 어떤 사람은 고양이를 몹시 싫어하고, 이런저런 일을 참지 못하는 사람이 있는데 메르크의 경우는 학생이란 학생이 모두 싫었다. 분명 그 무렵 기센에서는 학생들이 지독한 난폭성을 나타낸 것이다. 나로서는 이러한 친구들도 꽤 마음에 들었다. 나라면 이런 학생들을 내 사육제 연극의 한 배역으로 이용할 수 있었을 것이다. 그러나 메르크에게는 낮에는 그들의 풍채가, 밤에는 그들이 떠들어대는 것이 기분을 잡치는 원인이 되었다. 그는 청춘의 가장 아름다운 나날을 프랑스어권 스위스에서 지내고, 그 뒤 궁정인이나 사교계, 실업계 사람들, 그리고 교양이 높은 문학가들과 교제를 해왔다. 정신 문화를 강하게 추구하려는 몇몇 군인들도 그를 방문했으며, 그는 교양이 풍부한 사람들 속에서 생애를 보내온 것이다. 따라서 그가 그와 같은 난폭한 행동에 화를 낸 것은 이상한 일은 아니었다. 그러나 학생에 대한 그의 혐오감은 분별 있는 사람의 그것이라고는 도저히 여길 수 없을 정도로 심했다. 그는 학생들의 보기 흉한 몸차림이나 행동을 재치 있게 그림으로 그려 나를 여러 차례 웃겼다. 헤브너가 그를 초대해 보아도, 내가 설득해 보아도 소용이 없었다. 얼마 뒤 나는 그와 함께 베츨라를 향하여 출발하지 않으면 안 되었다.

기다리는 시간도 아까운 생각이 든 나는 그를 로테에게로 데리고 갔다. 그러나 그가 이 동아리에 모습을 나타낸 것도 나에게는 아무런 좋은 결과도 가져오지 않았다. 마치 메피스토펠레스가 그 어디에 나타나든 축복을 가져오는 일이 없는 것처럼, 메르크도 또한 나의 연인에 대해 냉담한 태도를 취함으로써, 나의 마음을 동요하게까지는 하지 않았지만 적어도 그 어떤 기쁨도 주지 않았다. 특별히 강요하지 않는데도 다만 쾌활함을 주위에 뿌리고 있는 화사한 로테 같은 타입은 메르크의 마음에 별로 들지 않는다는 것을 내가 생각해 냈더라면, 이와 같은 일은 아마도 예견할 수가 있었을 것이다. 그는 즉각 로테의 여자 친구의 한 사람인 유노 같은 여성이 좋다고 말했다. 그리고 그는 나에게 어째서 이 화려한 모습의 여성을 원하지 않는가, 더욱이 이 여성은 아직 그 누구와도 관계가 없는 자유로운 몸이니까 더욱 좋지 않느냐고 하면서 신랄하게 질책하였다. 그의 말을 빌리자면 나는 나 자신의 이익이 무엇인가를 아직 이해하지 못하고 있고, 내가 여기서 또 내 방식대로 시간을 낭비하고 있는 것을 보기가 어쩐지 꺼림칙하다는 것이었다. 내 연인의 좋은 점을 친구에게 알리는 것이 친구도 그녀를 매력적이고 바람직한 여성이라고 생각할지도 모르기 때문에 위험하다고 한다면, 이와는 반대로 친구가 연인을 싫어함으로써 우리의 애정까지도 헷갈리게 할지도 모른다는 위험도 결코 이에 못지않게 위험하다. 나의 경우 그렇게는 되지 않았다. 왜냐하면, 내가 그녀의 사랑스러운 모습을 마음속 깊이 새겨두어서 그 모습이 쉽사리 사라지지 않았기 때문이다. 그러나 메르크가 언제나 곁에 같이 있으면서 여러 가지로 설득했기 때문에 나는 이 땅을 떠나겠다는 결심을 앞당긴 것이다.

그는 아침 일찍 처자를 데리고 나갈 작정이라고 하면서, 라인 여행의 이야기를 매력적으로 해 주었다. 나는 라인 지방의 풍물에 대해 여러 차례 이야기로 듣고 부럽게 생각하기도 했고, 마침내 그것들을 실제로 눈으로 볼 수 있다는 생각으로 기분이 들뜬 것이다. 이렇게 해서 그가 떠난 뒤, 나는 샤를로테에게 작별 인사를 하였다. 분명히 그 이별에는 프리데리케와 헤어졌을 때만큼 양심의 가책은 없었으나, 그래도 마음이 전혀 아프지 않은 것은 아니었다. 이번의 두 사람 사이도 서로 친숙해짐에 따라, 또 상대방의 관용에 기대어 나는 지나치게 격정적이 되고 말았다. 이에 반해서 로테와 그 약혼자는 그 이상 아름다울 수도, 사랑스러울 수도 없을 정도로 명랑하게 행동하였기 때문에 거기에서 생기는 안도감으로 나는 어떠한 위험도 잊을 수가 있었다. 하지만 나는 이 사랑의 모험이 이미 끝나가고 있다는 예감을 감출 수가 없었다. 이 청년의 사랑스러운 여성과의 결혼은 곧 기대되는 그의 승진을 기다리고 있을 뿐이었기 때문이다. 게다가 조금이라도 결단력이 있는 사람이라면, 꼭 필요한 일은 자진해서 하기 마련인데, 나도 무엇인가 견딜 수 없는 사정에 의해서 할 수 없이 몰리는 처지에 빠지기 보다는 나 자신의 의사로 떠날 결심을 굳힌 것이다.[111]

---

111) 괴테가 이와 같은 감정을 지니고 베츠랄을 떠난 것은 1772년 9월 11일이었다.

# 제13장
## 《젊은 베르테르의 슬픔》 이루어지다

때마침 좋은 계절이어서 나는 메르크와 코브렌츠의 라 로슈 부인[1]이 있는 곳에서 합류하기로 약속을 했다. 짐은 이미 프랑크푸르크에 보내 놓았고, 도중에 필요할지도 모르는 것은 란강을 내려가는 배편으로 발송해 두었다. 나는 굽이굽이 흐르는 아름다운 란강을 따라 내려갔다. 결심은 굳었지만 감정은 갈기갈기 찢겨 있었으므로, 말없는 자연의 모습이 나의 마음에 절실한 생각을 안겨 주었다. 그림과 같은, 아니, 그림으로는 도저히 나타낼 수 없는 풍경을 찾는데에 익숙해진 나의 눈은 멀고 가까운 풍경, 관목이 우거진 바위, 햇볕이 닿는 나뭇가지, 젖은 골짜기, 솟아 있는 성, 멀리 유혹하는 것 같은 산맥 등을 마음껏 바라보고 싫증나는 줄을 몰랐다.

나는 강 오른편을 따라 걸어갔다. 강은 내 발밑 약간 낮은 곳을, 울창하게 우거진 버드나무 숲에 가려 햇볕을 받으면서 미끄러지듯 흐르고 있었다. 그때 내 마음속에는 이와 같은 풍물을 묘사할 수 없을까 하는 생각이 다시 되살아났다. 마침 나는 왼손에 나이프를 가지고 있었다. 그 순간 명령이라도 하듯이 나의 영혼 깊숙한 곳에서 이런 생각이 떠올랐다. 이 나이프를 지금 강에 던진다. 만약에 그것이 물속으로 가라앉는 것이 보이면 미술가가 되려는 나의 소원은 이루어질 것이다. 그러나 나이프가 물속으로 가라앉는 것이 덮여 있는 버드나무 숲에 가리어 보이지 않는다면 그런 소원이나 노력은 버리지 않으면 안

---

1) 조피(1731~1807). 구타만 집안 태생으로, 1751~52년 빌란트와 약혼하였다. 그러나 1754년 게오르크 폰 라 고슈와 결혼하여 빌란트와는 문학의 친구로 머물렀다. 그녀의 1771년의 서한체 소설 《폰 슈테른하임 양(孃) 이야기》는 궁정의 음모술책을 배경으로 한 고귀한 아가씨를 그리고 있는데, 심리적으로 섬세한 감정을 표현한 이 가정 소설은 그즈음 젊은이들 기호에 맞았다. 그녀는 평생 문학 활동에 종사하였다.

된다. 이런 생각이 나의 마음속에 떠오르자마자 이내 실행으로 옮겼다. 이 나이프는 7가지 연장이 붙어 있는 편리한 것이었으나, 그런 것은 아랑곳하지 않고 나는 나이프를 쥔 왼손을 들어 강을 향해 힘껏 던졌다. 그러나 이번에도 나는 고대인들이 그토록 한탄한, 신탁이 갖는 의심스러운 애매함을 경험하지 않을 수 없었다. 나이프가 강에 떨어지는 것은 버드나무 가지에 가리어 나에게는 보이지 않았으나, 그것이 떨어지면서 튕긴 물은 잘 보였다. 나는 이 현상을 나에게 편리한 대로 해석하지는 않았다. 이 현상 때문에 내가 마음속에 품게 된 의심이 원인이 되어 나의 그림 연습은 이전보다 어정쩡한 상태에 놓이게 되었고, 이로써 신탁의 뜻도 성취된 것처럼 여겨졌던 것이다. 적어도 그 순간은 외부 세계가 너무 싫어져서, 나는 공상과 감정의 세계에 몸을 맡기면서 바이르부르크, 린부르크, 디츠, 낫사우 등의 경승지를 차지하고 있는 성과 마을을 뒤로했다. 어쩌다가 잠시 누군가와 길동무가 되는 경우도 있었지만 대개는 혼자였다.

기분 좋은 며칠 동안의 여행을 계속하여 나는 엠스에 도착했다. 여기서 몇 차례 느긋하게 목욕을 즐긴 뒤, 작은 배를 타고 란강을 내려갔다. 이윽고 옛 그대로의 라인강이 내 앞에 모습을 나타내었고, 오버란슈타인의 아름다운 정경에 나의 마음은 완전히 매혹되었다. 특히 당당하게 보인 것은 에렌브라이트슈타인의 성채로, 굳건한 방어를 갖추고 흔들리지 않는 모습으로 힘차게 솟아 있었다. 이것과 좋은 대조를 이루고 있는 것은 그 성 기슭에 있는 '탈'이라고 하는 작은 마을이었다. 여기서 나는 어렵지 않게 추밀고문관 라 로슈 씨의 저택을 찾을 수 있었다. 메르크가 미리 알려두었기 때문에 나는 이 고귀한 가정으로부터 진심 어린 환영을 받아, 곧 가족의 일원으로서 대접받았다. 나는 문학적이고 감상적인 지향을 통해서 모친과 친해지고, 쾌활한 세상 이야기로 부친과, 젊음으로 딸들과 친해졌다.

계곡의 출구, 강 흐름으로부터 얼마 높지 않은 곳에 위치한 이 저택으로부터 라인강의 하류를 널리 바라볼 수 있었다. 방은 천장이 높고 넓었고, 벽에는 마치 화랑처럼 그림이 빽빽하게 걸려 있었다. 어느 창이나 사방으로 열려 있었는데, 부드러운 햇볕을 받아 생생하게 살아 있는 자연을 한 폭의 그림이라고 한다면, 창은 액자 역할을 하고 있었다. 나는 이토록 밝은 아침을, 이토록 훌륭한 저녁을 이제까지 한 번도 본 일이 없다고 생각했다.

나 혼자만 이 집의 손님으로 있는 시간은 그리 길지 않았다. 반은 예술적인 뜻으로, 반은 감상적인 뜻으로 이 집에서 열리게 되어 있는 모임에 로이크센링[2]도 초대되어 뒤셀도르프로부터 온 것이다. 근대 문학에 조예가 깊은 이분은 여러 여행, 특히 스위스 체류 중에 여러 사람들과 알게 되었는데, 원래가 남에게 호감을 주고 사귀기를 잘했으므로 많은 사람들의 환영을 받았다. 그는 항상 작은 상자를 몇 개 가지고 다녔는데, 그 속에 몇몇 친구들과 교환한 왕복 서한을 넣어두고 있었다. 그 당시에는 개방적인 기분이 사람들 사이에 광범위하게 퍼져 있었으므로 누군가와 이야기를 하거나, 그 사람에게 편지를 보내는 것도 여러 사람을 상대로 동시에 하는 것이라고 생각하지 않을 수 없었던 것이다. 사람들은 자기 마음을 생각함과 동시에 남의 생각도 참작했다. 정부는 이와 같은 서신 교환에 무관심했고, 탁시스 우편[3]은 매우 신속하게 배달됐고 봉함도 뜯기는 일이 없었으며 비용도 비싸지 않았기 때문에, 이와 같은 도덕적이고 문학적인 서신 교환이 널리 이루어지고 있었다.

이러한 서한, 그중에서도 저명한 사람들로부터 온 서한은 꼼꼼하게 수집되어 친구들과의 친밀한 모임에서 몇 통을 골라 낭독되기도 했다. 정치적인 논의에 흥미를 가진 사람은 별로 없었으므로 사람들은 도덕적 세계의 폭넓은 문제에 꽤 정통하게 되었다.

로이크센링의 작은 상자에는 이런 뜻에서 수많은 귀중품이 들어 있었다. 유리에 본데리[4]의 서한은 매우 높이 존중받고 있었다. 그녀는 분별도 있고 또 공적도 있는 여성으로, 더 나아가서 루소의 여자 친구로서 그 이름이 잘 알려져 있었다. 이 루소라고 하는 비범한 인물과 그 어떤 관계를 가진 사람들은 그의

---

2) 프란츠 미카엘(1746~1827). 1769년, 다름슈타트의 황태자 루드비히 폰 헤센의 교사가 되어 이 황태자의 여행에 수행하였다. 감상적인 동료들 사이에서는 그의 왕복 서한으로 유명했다.

3) 프란츠 폰 탁시스는 1500년에 빈과 브뤼셀 사이에 처음으로 정기적인 우편을 설치했는데, 이것은 얼마 뒤 황제에 의해서 특권이 주어진 우편 제도로서 확대, 강화되었다. 이 제도의 본부는 1729년 이래 프랑크푸르트에 있었다. 북부 독일의 지방 영주들은 독자적인 우편 제도를 가지고 있었고, 남부 독일, 서부 독일, 튀링겐에서는 탁시스 우편이 성했다. 19세기 중엽에 쇠퇴하기 시작하여 1866년에 폐지되었다.

4) 1731~78. 베른의 귀족 출신. 18세기의 지성이 뛰어난 예민한 여성들(엘리제 라이마르스, 아말리에 폰 가리친, 카롤리네 슐레겔 등)의 한 사람으로, 루소, 라바타, 짐머만, 빌란트, 조피 라 로슈 등과 친했다.

영광의 혜택을 받았고, 또 널리 각지에서는 루소라는 이름 아래 모인 사람들이 남몰래 집단을 결성하기 시작하고 있었다.

나는 이들 서한이 낭독될 때에는 기꺼이 그 자리에 출석하였다. 나는 이로써 미지의 세계로 인도되어, 극히 최근에 일어난 여러 가지 사건의 내막을 알게 되었기 때문이다. 물론 그 모두가 풍부한 내용일 수는 없었다. 쾌활한 세속인이자 실업가였던 라 로슈[5] 씨는 가톨릭교도이면서도 한때 수도사나 신부들을 비웃는 문장을 쓸 정도의 사람이었던 만큼, 이와 같은 낭독의 장도 어떤 특별한 관계가 있는 것이 아닌가 하는 생각이 들었다. 즉 별로 보잘 것이 없는 많은 사람들이 저명인사와 관계를 가짐으로써 관록을 붙이고, 그 결과 그들만 이득을 보고 저명인사는 아무런 득을 보지 못하는 것은 아닌가 하는 생각이 든 것이다. 그래서 이 야무진 사람은 작은 상자가 열릴 때에는 대개 그 자리를 피해 있었다. 때에 따라서는 그도 함께 몇 통의 편지가 낭독되는 것을 듣고 있을 때도 있었는데, 그럴 때면 으레 그는 무엇인가 농담을 하였다. 그는 전에 이런 말을 한 적이 있었다.

"이런 편지의 낭독을 듣고 있으면 내가 전부터 생각했던 일에 더욱 확신을 갖게 됩니다. 여자분들은 편지에 봉랍 같은 것을 일체 할 필요는 없습니다. 단지 바늘을 임시로 꽂아 놓으면 되지요. 그렇게 하는 것만으로도 편지는 열리지 않고, 받는 사람에게 무사히 갈 것입니다."

이와 마찬가지 어조로 그는 실생활이나 실무 바깥에 있는 일이라면 무엇이든지 비꼬아보는 것이었다. 이런 점에서 그는 자기의 주인이자 스승이었던 마인츠 선제후국의 대신, 슈타디온 백작[6]의 기질을 이어받고 있었다. 이 백작은 라 모슈 소년이 갖는 현실주의적 냉정성과 균형이 잡히도록, 소년에게 신비로운

---

5) 게오르크 미카엘 프랑크(1720~89). 다음 주석에 나오는 슈타디온 백작의 서자로 짐작되며, 그 집에서 교육을 받았다. 1754년 조피 구타만과 결혼, 1762년 이후 슈타디온 저택에서 살았다. 1771년 토리아 사교령의 고문관이 되었고, 그 직함으로 에렌브라이트슈타인으로 옮겼다. 1775년 추밀고문관 및 대신이 되어, 선제후 영내에서 가장 강력한 인물 중의 한 사람이 되었으나, 1780년 그 지위를 잃었다. 그는 1771년에 익명으로 《수도사 기질에 대한 서한》을 출판, 당시의 신부들을 날카롭게 비판하였다.

6) 안톤 하인리히 프리드리히(1692~1768). 마인츠 선제후국의 제1대신. 가톨릭 계몽주의 선구자의 한 사람으로 볼테르를 숭배했다. 뒷날 빌란트와도 교섭이 있었다.

것에 대한 외경의 마음을 불어넣는 데에는 확실히 부적당한 인물이었다.

그런데 실천적인 감각을 유감없이 나타내는 어느 백작의 일화를 여기서 피력해 보기로 하겠다. 그가 고아인 라 로슈를 귀여워하고 자기의 애제자로 삼았을 때, 백작은 이 소년에게 즉각 비서역을 맡으라고 요구했다. 그는 소년에게 편지를 건네주어 거기에 대한 답장을 쓰게 하고, 화급을 요하는 문서를 만들게 했다. 소년은 이것을 정서하고 때로는 암호로 쓰며, 봉을 하여 주소를 써야했다. 이러한 일이 수년 동안 계속되었다. 소년이 청년으로 성장하여 이제 비서역을 맡을 수 있다고 자신만만해하고 실제로 그 일을 할 수 있게 되자, 백작은 그를 커다란 책상 앞으로 데리고 갔다. 어떻게 된 일인가! 그 책상 속에는 이전에 그 소년이 작성했던 편지나 꾸러미가 모두 봉함된 채 수습시절의 습작으로서 보존되어 있었던 것이다.

백작이 자기 제자에게 요구한 또 하나의 연습은 누구나 찬동할 수는 없을 것이다. 즉 라 로슈는 그의 주인이자 스승인 백작이 자필로 편지를 쓰는 수고를 덜 수 있도록, 백작의 필적을 매우 정확하게 흉내내는 훈련을 하지 않으면 안 되었던 것이다. 그러나 이 재능이 이용된 것은 실무에서뿐만이 아니었다. 애정 문제에 관해서도 이 청년은 스승의 대역을 하지 않으면 안 되었다. 백작은 어떤 신분이 높은, 재기가 넘치는 귀부인과 열렬한 연애 관계에 있었다. 백작이 밤이 깊도록 그 여자 곁에 머물러 있을 때, 그의 비서는 자리를 지키며 매우 정열적인 연애편지를 몇 통이고 만들어 두어야 했다. 백작은 그중에서 하나를 골라 그날 밤으로 이것을 연인에게 보냈다. 따라서 그녀는 결국 자기의 정열적인 숭배자가 끊임없이 자기에게 사랑의 불꽃을 태우고 있다는 것을 확신할 수 있었던 것이다. 젊었을 때의 이런 체험 때문에 청년 라 로슈는 연애편지에 대해 그다지 좋지 않은 생각을 가지게 된 것 같다.

성직 선제후 두 사람(토리아와 마인츠 선제후를 가리킨다)을 섬긴 라 로슈에게는 신부 계급에 대한 화해할 수 없는 증오가 굳게 뿌리를 내리고 있었다. 독일 각지에서 수도사들이 조잡하고 악취미적이고 어리석은 행동을 예사로 저지르고, 이로써 모든 종류의 교양을 방해하고 파괴하는 것을 보았기 때문이었을 것이다. 그의 '수도사 기질에 대한 서한'은 커다란 반향을 일으켰다. 그것은 모든 신교도는 물론 많은 구교도로부터도 대환영을 받았다.

그런데 라 로슈 씨는 '감상'이라고 불리는 것은 모두 거부하고, 그 자신도 감상적으로 보일만한 언행은 단호하게 멀리했는데, 그래도 큰딸[7]에 대한 아버지다운 부드러운 애정은 감추지 않았다. 분명히 이 딸은 귀여웠다. 몸집은 작은 편이나 화사한 모습을 하고 있었다. 여유 있고 기품이 넘치는 자태, 새까만 두 눈, 그리고 안색은 더할 나위 없이 맑고 발랄했다. 그녀도 아버지를 사랑하였고 기질도 아버지를 닮았다. 활동적인 실무가였던 라 로슈 씨는 대개의 시간을 직무상의 일에 보내고 있었고, 손님들은 애당초 그보다는 부인을 보고 왔기 때문에, 그의 입장에서 보자면 그런 사교 모임은 그다지 즐거운 것이 되지 못했다. 식사 때에는 그는 명랑하고 즐겁게 보였다. 그리고 식탁에서만이라도 감상적인 흔적을 털어버리려고 하였다.

라 로슈 부인의 취향이나 사고방식을 잘 알고 있는 사람이라면—게다가 그녀는 장수를 누리며 많은 저서를 남겨, 모든 독일인에게 존경할 만한 사람으로 알려져 있었다—아마도 이와 같은 점에서 가정에 불화가 틀림없이 생겼으리라고 추측할 것이다. 그런데 그런 일은 결코 없었다. 그녀는 매우 놀랄만한 여자였다. 이분과 비교할 만한 여자를 나는 알지 못한다. 날씬하고 화사한 몸매에 키가 큰 편인 그녀는 상당한 고령이 될 때까지도 그 모습이나 동작에 일종의 우아함을 유지하고 있었다. 그녀의 그러한 우아함은 귀족 사회의 여성의 몸가짐과 시민 사회의 기품 있는 몸가짐 중간에 위치하여 보기에도 즐거웠다. 복장에 대해서 말하자면 그녀는 여러 해 동안 같은 것을 입고 있었다. 부드러운 네모 두건은 그녀의 작은 머리와 얼굴에 잘 어울렸고, 갈색 또는 회색 의상은 그녀의 모습에 침착과 품위를 더하고 있었다. 그녀는 이야기 솜씨가 좋았고, 이야기 내용에 감정을 담아 재미있게 꾸몄다. 그녀는 누구에게나 똑같이 행동하였다. 그러나 이것만으로는 그녀의 그녀다운 성격을 나타내지는 못한다. 그것을 묘사하기란 곤란하다. 그녀는 매사에 관심을 가진 것처럼 보였지만, 그녀에게 근본적으로 영향을 끼칠 수 있는 것은 없었다. 모든 것에 온화하고 어떤 일이 있더라도 참을 수가 있었으며, 소심하게 고민하는 일이 없었다. 남편의 농담에도, 남자 친구의 애정에도, 어린이들의 귀여움에도 그녀는 한결같았다. 이렇

---

7) 막시밀리아네(1756~93). 막세라는 애칭으로 불렸다. 1774년 프랑크푸르트의 상인 프렌타노와 결혼하였다. 크레멘스와 베티나, 프렌타노 형제의 어머니가 된 사람이다.

게 해서 그녀는 현실 세계에서는 선이나 악에 의해서, 문학 세계에서는 뛰어난 작품이나 그렇지 않은 작품에 의해 현혹됨이 없이 항상 자기 자신을 잃지 않았다. 이와 같은 성격 덕택으로 그녀는 고령에 이르기까지 의연한 태도를 관철할 수 있었고, 많은 슬픈, 아니 괴로운 운명도 견디어낼 수가 있었던 것이다. 그러나 공평을 기하기 위해 말해 두어야겠지만, 그 무렵 눈부실 정도로 아름다운 어린이였던 두 아들에 대해서만은 그녀도 평소와 다른 표정을 기회 있을 때마다 보였다.

이렇게 해서 나는 새롭고 매우 쾌적한 환경에서 얼마 동안 세월을 보내고 있었는데, 이윽고 메르크가 가족을 데리고 왔다. 여기서 이내 새로운 관계가 성립되었다. 두 여인들은 서로 친해졌고, 메르크는 세상사나 실무에 정통하고 사물을 잘 알며 여행 경험도 풍부한 라 로슈와 친해졌기 때문이었다. 남자아이는 남자아이끼리 함께 있었고, 딸아이들은 내가 있는 곳으로 모였으나, 그중에서도 나는 특히 맨 위의 언니[8]에게 마음이 끌렸다. 이전의 열정이 완전히 사라지지도 않았는데, 새로운 열정이 우리 마음속에 싹트기 시작하는 것은 기분이 좋은 일이다. 그 기분을 비유하자면, 가라앉으려고 하는 석양의 반대쪽에 달이 솟는 것을 보면서, 동서 두 하늘에 이중으로 어리는 빛을 기뻐하는 것과 같았다.

집 안이나 밖에서 이러저러한 놀이가 끊이지 않았다. 우리는 근처 일대를 걸어다녔다. 라인강 이쪽의 에렌브라이트슈타인이나, 건너편의 카르타우데[9]에 올랐다. 거리의 집들, 모젤교, 라인강의 나룻배, 이들 모두가 여러 가지 즐거움을 주었다. 새로운 성은 아직 구축되지 않고 있었다. 우리는 성이 들어설 곳으로 안내를 받아 계획 중인 설계도를 보았다.

그러나 이와 같은 즐거운 상태에서도 내면적으로는 부조화를 자아내는 싹이 트고 있었다. 그런 일은 교양의 유무에 상관없이 대개의 경우, 사람들이 모이는 모임에서 불쾌한 결과를 일으키는 법이다. 냉정하면서도 성질이 급한 메르크는 왕복 서한의 낭독을 더 이상 듣고 있을 수가 없어 거기서 화제가 된 사

---

8) 앞에 나온 주석의 막세를 가리킨다.

9) 코브렌츠의 남서쪽 가까이에 있는 산. 고원. 라인강을 바라볼 수 있다. 여기에는 1331년 이래 샤르트르회 수도원이 있었다.

물이나 인물, 그들의 관계에 대해서 농담 삼아 몇 가지 생각나는 이야기를 입 밖에 냈는데, 나에게 살며시 그 편지 뒤에 숨은 매우 놀랄만한 일을 털어놓았다. 그것은 정치상의 비밀에 관한 일은 아니었고, 그것과는 아무런 관련이 없었다. 그가 나에게 조심하라고 한 것은, 별다른 재능도 없으면서 솜씨 있게 자기 세력을 규합하는 요령만 아는, 많은 사람들과 어울리면서 어떻게든 입신출세하려는 사람들에 대한 것이었다. 그래서 이때부터 나는 그와 같은 사람들을 이전보다도 더 쉽게 구별할 수 있게 되었다. 이러한 사람들은 여행자라는 구실로 여기저기에 모습을 나타내므로, 사람들이 신기하게 생각하고 호의로 대하게 된다. 그런데 그러한 호의가 누군가에 의해 질투를 당하거나 방해를 받지 않은 것은 이러한 일들이 예부터의 습관이기 때문이다. 이러한 습관 때문에 여행자라면 누구나 득을 보는 체험을 하고, 그곳에 살고 있는 사람은 이 때문에 가끔 손해를 본다.

그건 그렇다 치고, 마음 내키는 대로 여기저기 장소를 바꾸면서 최소한 두서너 가정에서 영향력을 행세하려는 이런 사람들에 대해 그때부터 우리는 무엇인가 불안한, 아니 질투 같은 심정으로 주의를 하게 되었다. 나는 그러한 사람들 중에서 마음이 약하고 소심한 한 남자를 《파터 브라이》[10]에, 또 하나의 다른, 좀더 튼튼하고 씩씩한 사나이를 어느 사육제극 안에서 그려보았다. 이것은 얼마 뒤 보여주게 될 《세튜로스 또는 신이 된 숲의 요정》[11]이라는 제목의 것으로, 공정성이 결여되어 있는지는 모르지만 적어도 쾌활한 기분은 깃들어 있을 것이다.

그럭저럭 하는 동안에 우리의 작은 동아리를 구성하는 별난 사람들은 서로 상당한 감화를 주고받았다. 우리는 한편으로는 자기 자신의 습관과 생활 방식으로 억제되었으나, 다른 한편으로는 안주인인 라 로슈 부인의 특유한 태도 덕분에 온화한 기분을 느낄 수 있었다. 그녀는 신변에 일어난 현실적인 일에는

---

10) 1774년에 완성된 작은 풍자극. 양식과 줄거리는 한스 작스의 사육제극과 비슷하다. 종교에 세속적인 감상성이 스며드는 경향에 반대하고 있다. 여기서 괴테가 '마음이 약하고 소심한 남자'라고 한 것은 로이크센링을 말하는 것 같다.
11) 완성은 1773년이지만 출판은 1817년의 일이다. 따라서 1813년의, 이 원고를 쓸 때의 괴테로서는 '곧 보여주게 될 것'이라고 말하지 않을 수 없었던 것이다.

거의 관심을 두지 않았고, 더욱이 그와 같은 생각을 다정하고 알기 쉬운 말로 말할 수 있었으므로, 동아리 사이에서 때로는 거친 기분이 일어나도 이를 부드럽게 유화시켜, 옥신각신하는 일을 원만하게 수습하는 요령을 터득하고 있었다.

적당한 때 메르크가 이제 헤어질 시간이라고 하자, 일동은 화기애애하게 작별 인사를 서로 나누었다. 나는 메르크와 그의 가족과 함께 마인츠로 가는 요트를 타고 라인강을 거슬러 올라갔다. 원래 요트란 속도가 느린 것이지만, 우리는 사공에게 너무 서둘지 말고 천천히 가라고 다시 한번 부탁했다. 이렇게 해서 우리는 변화무쌍한 풍경을 여유 있게 보고 즐겼다. 날씨는 매우 좋았고, 풍경은 시시각각으로 아름다움을 더하여, 사물의 크기도 그것을 보는 기분도 끊임없이 새롭게 변화해 가는 것처럼 여겨졌다. 여기서는 다만, 라인펠스, 잔크트고아르, 바하라하, 빈겐, 엘페르트, 비프리히 등의 이름을 들어, 독자들이 각기 이들 지방을 회상해 주기를 바라는 것만으로 만족하려고 한다.

우리는 열심히 사생을 하여, 아름다운 강가가 수천 가지의 변화를 나타내면서 지나가는 것을 마음속에 확실하게 새겨넣었다. 그리고 그와 동시에 이렇게 상당히 오랜 시간을 함께 지내고, 이것저것 다정하게 이야기를 주고받았기 때문에 우리 사이도 한층 깊어졌다. 메르크는 나에게 큰 영향을 주었고, 나는 그가 즐거운 생활을 보내기 위한 좋은 반려로서 없어서는 안 되는 존재가 되었다. 자연에 의해서 연마된 나의 눈은 다시 예술 감상으로 향하게 되었다. 이를 위해서 프랑크푸르트에 있는 훌륭한 그림과 동판화 수집이 나에게 절호의 기회를 주었다. 또 에틀링[12] 씨와 에렌라이히[13] 씨의 호의에, 더 나아가 성실한 노트나겔[14] 씨에게 신세진 바가 크다. 자연을 예술 속에서 본다는 것은 나에게 있어서 하나의 정열이 되었다. 이 정열이 최고조에 이른 순간, 다른 열광적인 예술 애호가의 입장에서 보자면 거의 미친 짓으로 여겨졌을 것이다. 이러한 애착을 기르기 위해서는 네덜란드파의 뛰어난 작품을 끊임없이 보는 것 이상 좋은 것

---

12) 요한 프리드리히(1712~86). 프랑크푸르트의 배석 판사로 미술품 수집가였다.
13) 요한 벤야민(1733~1806). 그도 수많은 그림을 수집하였다.
14) 요한 앙드레아스 벤야민. 그도 또한 위의 주석에 나온 사람과 마찬가지로 미술품을 수집하고 있었다.

은 없었다. 노트나겔은 내가 실제로 그림붓을 들고 그림을 익히도록 나를 위해 방 하나를 비워주었다. 그 방에는 유화에 필요한 것은 모두 갖추어져 있었다. 그래서 나는 실물을 보면서 몇 장의 간단한 정물화를 그려보았다. 그중의 하나는 은 상감(象嵌)을 한 칼자루를 그린 것인데, 한 시간 전에 나를 방문한 그림 선생님은 이것을 보고 놀라며 그사이에 그의 제자가 도와준 것이 아니냐고 주장하는 것이었다.

만약에 내가 참을성 있게 이러한 대상을 그림 테마로 삼아 연습을 쌓고, 사물의 빛과 그림자, 또 사물 표면의 특질을 습득했다면 어느 정도는 실제의 경험과 함께 보다 더 고도의 경지로 이르는 길을 개척할 수 있었을 것이다. 그런데 나는 모든 호사가들이 빠지는 잘못을 저질러 가장 어려운 것부터 손을 대려고 했을 뿐만 아니라, 나로서는 도저히 할 수 없을 것 같은 일을 하려고 덤볐다. 그리하여 이윽고 더 큰 기획에 말려들어 옴짝달싹도 못할 처지에 놓이고 말았다. 그 이유는 이 기획이 나의 능력을 훨씬 벗어났기 때문이기도 하지만, 내가 애정 어린 주의력과, 이것만 있으면 초심자도 어느 정도의 성과를 올릴 수 있는 차분한 근면성을 줄곧 효과적으로 유지할 수 없었기 때문이었다.

그 무렵 나는 고대 조각의 머리 모양을 본뜬 훌륭한 석고 틀을 입수할 기회가 있어서, 다시 한번 높은 예술의 영역으로 끌려들어갔다. 연말의 대목장에 오는 이탈리아 사람들이 마침 그 틀을 가지고 와서 그 틀을 따로 본을 뜬 뒤에 팔았기 때문이다. 이렇게 해서 나는 라오콘과 그의 아들들의 두부상, 니오베의 아가씨들[15]을 수집하였고, 어떤 예술 애호가의 유품 중에서 고대의 매우 중요한 작품의 모상을 사들여 작은 박물관을 만들었다. 이렇게 해서 나는 만하임에서 받은 그 강한 인상을 가능한 한 다시 한번 되살리려 하였다.

그런데 나는, 재능이건 취미건 또 다른 그 어떤 기호건, 내 마음속에서 숨 쉬고 있는 모든 것을 육성, 유지하려고 하면서도 하루의 상당한 시간을 아버지의 희망대로 변호사의 일에 종사하고 있었다. 우연한 일이기는 하지만, 그 일을 하는 데에 절호의 기회가 찾아왔다. 할아버지가 돌아가신 뒤, 나의 큰아버지

---

15) 원래는 그리스의 조각인데 로마의 모조상으로 보존된 것만이 현재 남아 있다. 중앙의 니오베에 그녀의 막내딸이 몸을 가까이 하고, 곁에 아폴론과 아르테미스가 쏜 화살에 맞은 아들들과 딸들을 배치한 상.

텍스토르[16]는 시 의회의 일원이 되어, 내가 처리할 수 있는 자질구레한 일은 나에게 맡겨주었고, 슐로서 형제도 그렇게 해 주었다. 나는 여러 서류에 정통하게 되었는데 아버지도 만족스러운 듯이 그 서류를 읽었다. 아버지는 아들이 하는 일이 계기가 되어 이제까지 오랫동안 멀어져 있었던 일을 다시 손댈 수 있게 되었기 때문이었다. 우리는 일에 대해 이야기를 주고받았다. 이윽고 나는 아무런 어려움도 느끼지 않고 손쉽게 문서를 작성할 수 있었다. 우리는 유능한 필사원[17]을 쓰고 있었는데, 그 사람에게는 재판소 관계의 모든 절차 사항도 맡겨둘 수가 있었다. 이 일은 나를 아버지와 한층 가깝게 만들어 주었으므로 나로서는 일을 하는 것이 더욱 즐거웠다. 아버지는 나의 태도에 매우 만족하시고, 그밖의 일로 내가 무엇을 하든 야단을 치시지 않았다. 아버지는 내가 장차 저작가로서 명성을 떨치지 않을까 기대하고 계셨던 것이다.

어느 시대나 그 시대의 주류를 이루는 견해나 지향은 여러 가지 모양으로 서로 가지를 뻗어 관련을 갖는 법인데, 법률학에 있어서도 차차 종교나 도덕을 다루는 법과 같은 원리를 따르게 되었다. 즉 젊은 변호사 사이에서나 늙은 재판관 사이에서 인도주의가 확대되어, 누구나 법률 관계에 있어서까지도 인정미가 넘치게 다루려고 노력하였다. 감옥은 개선되고, 범죄는 변호되고, 형벌은 경감되고, 적자(嫡子) 인정 조건과 절차는 간소화되고, 당사자가 원하지 않았던 잘못된 결혼의 이혼은 빠르고 간단하게 처리되었다. 우리 동료인 어느 유능한 변호사는 어떤 사형 집행인의 아들을 의사 동업 조합에 가입시키는 데 성공하여 대단한 명성을 얻었다. 여러 동업 조합이나 단체가 이를 저지하려고 했으나 불가능했다. 하나의 둑이 무너지자 차례로 다른 둑이 무너져갔다. 종파 간의 관용은 다만 이치로서만 설교되는 것이 아니라 실천되었다. 그리고 유대인에 대한 관용이 이 시대의 풍조를 따라 사려 깊고 총명하게, 그리고 힘차게 장려되자 시민 사회 체제는 한층 커다란 영향력으로 위협을 받았다. 이와 같은 새로운 대상은 이제까지는 법률과 관습의 범위 밖에 놓여져 단지 공정한 판단과 따뜻한 동정만을 요구하던 것에 지나지 않았는데, 이제는 법률에서도 다루어

---

16) 요한 요스트(1739~92). 변호사이자 배석 판사였다.
17) 요한 빌헬름 리프홀트라는 사람으로, 20년에 걸쳐 괴테 집안을 섬기고 괴테의 아버지가 죽은 후에도 어머니를 위해 일했다.

지게 되었고, 그로써 이제까지보다도 더 자연스럽고 더 생생한 존재 양식을 구하게 되었다. 여기서 우리 최연소자들에게 하나의 밝은 영역이 열렸고, 그 속을 우리는 신나게 뛰어다녔다. 그러한 활동 중에 제실 고문관 대리인 하나가 나에게 매우 정중한 칭찬의 편지를 보내준 것을 나는 지금도 기억하고 있다. 프랑스인 변호사가 하는 구두 변론은 우리의 모범이 되었고 또 자극도 되었다.

이렇게 해서 우리는 법률가가 되기보다는 오히려 뛰어난 웅변가가 되는 길을 걸었다. 견실한 게오르크 슐로서는 이전에 나의 그러한 방법은 좋지 않다고 주의를 준 일이 있었다. 그래서 나는 나의 의뢰인을 위해 힘들여 작성한 변호문을 의뢰인에게 읽어주었더니 그 외뢰인은 매우 만족스러워했다고 슐로서에게 말했다. 그런데 이에 대해 그는 나에게 다음과 같이 대답하였다.

"자네는 이 경우, 변호사라기보다는 오히려 작가로서의 실력을 발휘했어. 그러나 문제는 이와 같은 변호사를 재판관이 마음에 들어하는가 하는 것이지 의뢰인 마음에 드는가의 여부가 아냐."

그런데 낮 시간을 모두 빼앗길 정도로 중대하고 절박한 일을 안고 있는 사람이라 할지라도, 밤이 되면 연극 구경 정도를 할 시간은 있는 법이다. 나의 경우도 그러했다. 좋은 극장이 없었기 때문에 나는 독일 연극에 대해 끊임없이 생각했고, 결국 어떻게 하면 독일 극장에 협력할 수 있고, 거기서 효과적으로 활동을 할 수 있는가를 밝히려고 하였다. 전 세기 후반의 독일 연극계의 상태는 다 아는 바와 같고, 이에 대해서 알고 싶어하는 사람은 어디서나 손쉽게 참고 자료[18]를 구할 수가 있다. 그러니까 여기서는 극히 일반적인 고찰을 잠시 해보고자 한다.

무대가 성공하느냐 못하느냐는 작품의 가치보다는 배우의 개성에 좌우되는 일이 많았다. 반즉흥적인 작품 또는 완전히 즉흥적인 작품이 특히 그러한데, 이 경우 모두가 희극 배우의 유머와 재능에 달려 있었다. 그와 같은 작품의 소재는 극히 평범한 일상생활에서 채택되고, 그것을 보는 민중의 관습에 어울리는 것이어야 한다. 이들 각본이 항상 큰 갈채를 받는 것은 그것이 직접 민중의 생활에 맞기 때문이다. 이러한 각본은 먼 옛날부터 남부 독일에서 활발했고,

---

18) 18세기 후반 독일 연극의 상태를 개관할 수 있는 풍부한 재료가 있다. 예를 들어 H.A.O. 라이햐르트에 의해서 고타에서 출판된 '연극 캘린더'나, 같은 라이햐르트의 '독일 연극 일지' 등.

그곳에서는 오늘에 이르기까지 이런 종류의 연극을 계속 상연하고 있다. 다만 이따금 배우가 달라지기 때문에 할 수 없이 어릿광대역의 성격에 변화를 주는 데에 지나지 않는다. 그러나 독일의 연극은 꼼꼼한 국민성에 어울리게 곧 도덕적인 경향으로 전환되었는데, 그 경향은 어떤 외면적인 계기에 의해 더욱 촉진되었다. 왜냐하면 엄격한 그리스도교도 사이에 도대체 연극은 어떤 경우에나 기피해야 할 죄 많은 것인가, 그렇지 않으면 착한 사람에게는 좋은 효과를 가져오고 악한 사람에게는 나쁜 효과를 가져오는, 있어도 좋고 없어도 좋은 부류에 속하는 것인가 하는 문제[19]가 생긴 것이다. 엄격한 광신도들은 후자의 생각을 부정하여 성직자는 결코 극장에 발을 들여놓아서는 안 된다고 강하게 주장하였다. 이렇게 되고 보면 이 생각에 강하게 반박하기 위해서는 단지 연극은 무해하다는 것만으로는 안 되고, 연극은 유익한 것이라고 말하지 않으면 안 되었다. 그러나 유익하려면 도덕적이어야 했다. 연극이 도덕적이라고 하는 점은 북부 독일이 훨씬 앞서고 있었으며, 여기서는 일종의 어정쩡한 취미 덕분에 어릿광대역이 추방되고 말았다. 재치 있는 사람들이 어릿광대를 위해 변호하여 수습은 했지만, 결국은 점차 무대에서 물러나지 않을 수 없었다. 그것은 독일의 촌스러운 어릿광대에서 이탈리아나 프랑스의 세련되고 우아한 어릿광대로 이미 배우가 이동되었기 때문이었다. 스카판이나 크리스판[20]까지도 차차 모습이 사라져갔다. 내가 마지막으로 본 크리스판은 노령의 코흐[21]가 연기한 것이었다.

이미 리차드슨의 소설을 통해서 시민 세계 사람들의 주의는 도덕적 퇴폐로 향하고 있었다. 여성의 사소한 과실에서 생기는 엄격하고 불가피한 결과가 《클라리서》[22]에서 잔혹할 정도로 분석되어 있었다. 레싱의 《미스 사라 심프슨》도

---

19) 이것은 18세기, 특히 1770년 무렵 크게 논의된 문제였다. 요한 메리히오르 게체는 성직자가 연극을 보러가도 좋은가에 대해서 《신학적 시론》을 1769년에 썼고, 괴팅겐 대학의 신학부는 이 논문에 대한 소견을 말했다.

20) 프랑스의 희극. 극히 일반적인 희극적 타입으로, 이탈리아의 하르레킨, 독일의 한스벨스트와 비슷하다.

21) 하인리히 고트프리트(1703~75). 괴테가 라이프치히에 유학할 무렵 그곳에서 출연하였다. 배우이기도 하고 흥행사이기도 하였다.

22) 이 리차드슨 소설의 독일어역은 1748~53년에 걸쳐 완성, 특히 감상적인 사람들 사이에서 큰 영향을 끼쳤다.

이와 마찬가지 주제를 다루었다. 또 《런던의 상인》은 어떤 유혹에 진 청년을 실로 전율할 만한 환경에서 묘사하였다. 프랑스의 희곡도 노리는 점은 같았으나, 수법은 약간 온건한 것으로 끝을 잘 마무리해서 고객들을 즐겁게 하는 요령을 알고 있었다. 디드로의 《아버지》나, 《정직한 죄인》,[23] 《초를 파는 사나이》,[24] 《제대로 알지 못하는 철학자》,[25] 《유제니》,[26] 그 밖의 많은, 같은 종류의 작품은 당시에 더욱더 지배적인 것이 되기 시작하였다. 존경할 만한 시민 정신과 가정 정신에 어울리는 것들이었다. 우리나라에서도 《은혜를 잊지 않는 아들》,[27] 《나의 아들 탈주병》[28]이나 그와 비슷한 것들이 이들과 같은 길을 걷고 있었다. 게플러의 《재상》[29]이나 《크레멘티네》[30] 및 그 밖의 작품, 게민겐의 《독일의 아버지》[31] 등은 모두 중류 계급, 아니 하류 계급의 가치를 보기에도 즐겁게 그려내 많은 관중을 매우 기쁘게 하였다. 에크호프[32]는 그의 고귀한 인격으로 그때까지 배우의 신분에 결여되었던 어떤 종류의 품위를 이 계급에 주었는데, 이들 작품의 주요 인물들의 품위도 상당히 높아졌다. 그 자신이 성실한 배우였던 만큼, 등장인물의 성실성을 무대 위에서 표현하는 데에 완전히 성공한 것이다.

그런데 독일의 연극이 완연하게 유약한 경향을 나타내고 있던 참에 슈레더[33]가 작가 겸 배우로서 등장, 함부르크와 영국과의 관계에 자극을 받아 영국의 희극을 개작하였다. 그러나 그는 영국 희극의 소재를 매우 거친 형태로밖에

---

23) 프랑수아 드 파르베르의 1768년 작.

24) 루이 세바스티안 메르슈의 1775년 작. 하인리히 레오폴드 바그너가 독일어로 번역하였다.

25) 스데느의 1765년 작.

26) 포마르세의 1767년 작.

27) 요한 야코브엔게르의 1770년 작.

28) 고트리프 스테파니 2세의 1773년 작.

29) 토비아스 필리프 폰 게플러 남작의 1772년 작.

30) 위와 같은 작자의 1771년 작.

31) 오토 하인리히 폰 게민겐 남작의 1780년 작.

32) 콘라트(1720~78). 독일 연극의 발전에 결정적인 영향을 끼쳤다. 1767년 함부르크의 '국민극장' 에서 연기를 하고, 1771년에는 바이마르에서, 1774년 이후에는 고타에서 연기를 하였다. 1778 년 괴테는 바이마르 궁정을 위한 어떤 공연에서 그와 협연했다.

33) 프리드리히 루드비히(1744~1816). 1771년 이후, 함부르크 극장 지배인으로 셰익스피어를 독일 무대에서 상영하였다. 괴테는 배우 겸 연출가로서 그에 관한 연구를 하고 있었다. 《수업시대》 의 제르로에의 영향을 엿볼 수 있다.

사용할 수가 없었다. 원작은 무형식에 지나지 않았고, 발단만은 정연해도 결말은 마무리가 되지 않았기 때문이다. 이러한 희극 작가들이 노린 것은 더할 나위 없이 기발한 장면을 만들어내는 데에 있었던 것 같다. 일반적으로 균형이 잡힌 예술 작품을 끊임없이 접촉할 정도의 사람이라면, 마침내 끝이 없는 것을 강요받아 싫증이 나는 법이다. 게다가 전체적으로 조잡하고 불륜적이고, 야만적이고 저질의 것이 견딜 수 없을 정도로 또 결정적으로 구석구석까지 퍼지므로, 각본의 구상이나 등장인물로부터 이러한 모든 저질 요소를 모두 제거한다는 것은 어려운 일이었을 것이다. 비유해서 말하면 이와 같은 작품은 맛이 없으면서도 위험한 음식과 같은 것으로, 반쯤 타락한 대중만이 어느 시대에 이를 먹고 소화할 수 있었는지도 모른다. 슈레더는 일반적으로 알려진 것 이상으로 이들 작품에 손을 가했다. 그는 그것들을 근본적으로 다시 써서 독일 사람의 감각에 맞추어 될 수 있는 대로 온건한 것으로 만들었다.

그러나 이들 작품에는 여전히 개운치 않은 것이 남아 있었다. 이들 희극들은 등장인물들이 남들의 학대를 받는 데에서 웃음과 즐거움을 자아냈기 때문이었다. 이러한 희극은 책으로 읽혔을 뿐만 아니라 무대에서도 상연되어 널리 퍼졌는데, 앞서와 같은 이유로 이들 희극은 너무나 취약한 도덕성과 감추어진 평형을 유지하고 있었다. 다행히 이 쌍방이 서로 영향을 주어 자칫 빠졌을지도 모르는 단조로움을 면했던 것이다.

원래 사람이 좋고 너그러운 독일 사람은 누군가가 학대당하는 것을 보고 참지 못한다. 그러나 인간이라고 하는 것은 제아무리 선량한 마음씨를 가지고 있다고 해도 자기 기호에 맞지 않는 것을 억지로 강요당하는 일은 없다고 안심하고 있을 수는 없는 노릇이고, 또 희극이라는 것이 만약에 관객의 마음을 사려고 한다면 관객이란 항상 남의 불행을 기뻐하기 마련이라고 일방적으로 단정하고, 그러한 감정을 유발시키려고 한다. 그래서 사람들은 자연적인 추세로 이제까지 부자연스러운 일이라고 여겼던 태도를 취하게 되었다. 즉 상류 계급을 헐뜯고 그들을 공격한 것이다. 이제까지는 산문적인 풍자건 운문적인 풍자건, 궁정이나 귀족에 대해 언급하는 일을 항상 피해 왔었다. 라베너는 이 방면에 관해 그 어떤 비웃음도 삼가고, 하층 계급만을 대상으로 삼고 있었다. 차라리에는 시골 귀족을 많이 들추어 그들의 기호나 버릇을 재미있게 그렸는데, 멸시하는 감정은 가지고 있지 않았다. 퇸메르[34]의 《빌헬르미네》는 소규모지만 재치가 넘치는 구성을 가진, 대담하고 속시원한 작품으로 큰 갈채를 받았는데, 아마도 그 이유는 귀족이자 궁정인인 저자가 자기 계급을 신랄하게 다루었기 때문이리라. 그러나 가장 결정적인 한 걸음을 내디딘 것은 레싱의 《에미리아 가로티》[35]였다. 이 작품은 상류 계급의 애정관계나, 음모로 날을 지새는 상황을 날카롭고 냉철하게 묘사하고 있다. 이 모든 작품들은 당시의 흥분한 시대정신과 정확히 일치했다. 그리고 그리 대단한 지성이나 재능을 가지지 않은 사람까지도 그와 같은 일, 아니 그 이상의 일까지도 해도 좋다고 생각하게 되었다. 그 가장 좋은 예가 그로스만[36]으로 그는 식욕을 자극하지 않는 6장의 '접시'에, 그의 보잘것없는 부엌에서 요리한 갖가지 미식을 담아서 다른 사람의 불행을 기다리고 있는 대중에게 대접한 것이다. 정직한 궁중 고문관 라인하르트[37]는 이 식사에서 모든 손님을 즐겁게 하기 위해 집사 역을 맡았다. 이때부터 연극 속의 나쁜 사람은 항상 상류 계급에서 선출되었다.[38] 특히 악역으로 발탁되는 영광을 누리기 위해서는 그 인물은 시종이거나 적어도 비서여야 했다. 더욱이 가장 비열한 악한으로 선택된 것은 인명록에 실려 있는 궁중이나, 시민들 중에서 최고의 계급이나 지위에 있는 사람들이었다. 이와 같은 상류 사회 중에서도 역시 재판관이 악역의 첫 자리를 차지하였다.

그러나 나는 여기서 말하기에 알맞은 시대를 뛰어넘어 너무 앞으로 간 듯하므로, 다시 한번 나 자신에게 붓을 돌려 내가 그 당시에 느꼈던 충동, 즉 한가

---

34) 모리츠 아우구스트 폰(1738~1817). 1768년 이후 작센 코부르크의 대신. 작가. 1764년 《빌헬르미네, 어느 희극적인 산문시》에서 시골 목사의 결혼을 그려 목사와 귀족이 지녀야 할 자세를 비판했다.

35) 이 비극이 출판된 것은 슈투름 운트 드랑이 시작된 1772년의 일이었다.

36) 구스타프 프리드리히 빌헬름(1746~96). 배우. 극장 지배인. 극작가. 괴테의 어머니와 서신을 교환하는 사이였다. 1780년의 희곡 《단 6장의 접시》는 큰 히트를 거두었다. 시민 출신의 궁정 고문관인 주인공은 아내가 귀족 출신임에도 불구하고 검소한 시민의 관습을 계속하여 식사 때에도 귀족의 풍습인 18장의 접시가 아니라 '단 6장의 접시'에 요리를 담게 했다. 괴테가 바이마르 극장의 운영을 인수했을 때, 그로스만의 이 희곡은 베로모 극단의 레퍼토리 중의 하나였다.

37) 앞 주석에 나오는 희곡의 주인공.

38) 이것은 보고라기보다는 만년의 괴테에게서 흔히 볼 수 있는 비판이다.

한 틈을 타서 전부터 복안을 세우고 있던 희곡의 계획에 착수하고 싶다는 그 충동에 대해서 말해보고자 한다.

나는 셰익스피어 작품에 끊임없는 관심을 둠으로써 나의 정신적 시야를 크게 넓혔기 때문에, 작품을 상연하기 위해 할당된 짧은 시간과 좁은 무대 공간만으로는 대규모의 희곡을 상연하기에는 도저히 불충분하다고 생각해 왔었다. 성실한 괴츠 폰 베를리힝겐이 직접 쓴 생애에 자극을 받아 나는 이것을 역사적으로 다루어보고 싶었다. 나의 상상력은 점차 넓어져 나의 희곡 형식이 무대가 갖는 모든 제한을 넘어 작은 현실 사건에 더욱더 접근하도록 애썼다. 나는 일을 진행시키면서 이 일에 대해 누이동생과 의견을 나누었다. 그녀는 이런 일에 마음속으로부터 흥미를 가지고 있었던 것이다. 그런데 내가 좀처럼 일을 착수하지 않고 몇 번이고 말만 되풀이하고 있었기 때문에 마침내 누이동생은 초조해하기 시작했고, 이렇게 말로만 하지 말고 지금 마음속에 떠오르고 있는 것을 종이 위에 적어보면 어떻겠느냐고 자꾸만 권고했다.

이 자극을 받아 나는 어느 날 아침, 아무런 복안을 세우지도 않고 쓰기 시작하였다. 처음 두서너 장을 써서 밤에 코르넬리아에게 읽어주었다. 그녀는 매우 훌륭하다고 말해주었는데 그것에는 조건이 붙어 있었다. 누이동생은 내가 이런 식으로 계속 쓸 수 있을지 의심스럽다는 것이었다. 뿐만 아니라 그녀는 나에게 그러한 끈기가 있을 것 같지 않다는 말도 했다. 이런 말을 듣고 나는 더욱더 자극을 받았다. 나는 이튿날도, 또 그 이튿날도 계속 썼다. 매일 누이동생에게 읽어주는 동안에 희망도 점점 커져갔다. 원래 소재는 완전히 내 것이 되어 있었고, 한 걸음씩 앞으로 나아감에 따라 나 자신에게도 모든 것이 생생해져 갔다. 이렇게 나는 중단하지 않고 일에 몰두하여, 뒤를 돌아보거나 옆을 둘러보지도 않고 오직 앞만 보고 계속 썼다.

약 6주일 뒤, 나는 가제본이 된 초고를 보고 매우 기뻤다. 그것을 메르크에게 알렸더니 그는 이에 대해 호의적인 의견을 말해 주었다. 헤르더에게는 원고를 보냈는데 그는 무정하리만치 가혹한 답장을 적어 보냈을 뿐만 아니라, 나를 풍자하는 즉흥시를 몇 개 만들어 나를 비웃는 이름으로 부르기도 하였다. 나는 그것에 현혹되지 않고 대상을 날카롭게 직시했다. 이미 주사위는 던져진 것이다. 문제는 판 위에 있는 장기 말을 어떻게 하면 유리하게 배치할 수 있는가

하는 것이었다. 이번의 경우도 누구 하나 나에게 조언해 줄 사람은 없으리라는 것만은 잘 알고 있었다. 어느 정도의 시간이 지나 나의 작품을 남의 작품처럼 볼 수 있게 되었을 때, 물론 나는 때와 장소의 통일을 감히 포기하려는 생각 때문에 그만큼 더 요구되는 보다 더 높은 줄거리의 통일을 해치고 말았음을 알았다.

구상도 계획도 세우지 않고, 다만 상상력과 내부의 충동에 의존하고 있었을 뿐이었으므로 처음 동안에는 주제를 별로 벗어나지 않고 있었다. 그래서 처음 2, 3막은 본래의 목적에 따라서 상당히 잘된 것이었다. 그러나 다음에 계속되는 막, 특히 마지막 막에서 나도 모르게 알 수 없는 열정에 사로잡히고 말았다. 아델하이트를 사랑스러운 모습으로 그리려고 하는 동안에 나 자신이 그녀에게 홀딱 반하고 만 것이다. 나의 붓은 그녀에게만 향하고, 그녀의 운명에 대한 관심이 한없이 확대되어 갔다. 그렇지 않아도 끝부분에서 괴츠는 활약을 하지 않게 되고, 무대에 다시 돌아와도 단지 농민 전쟁과 불행한 관련을 가질 뿐이었으므로, 예술상의 속박에서 해방시켜 새로운 영역에서 솜씨 자랑을 시켜보리라고 작정하고 있던 저자인 나로서는 매혹적인 여성이 그를 제쳐버리는 것처럼 자연스러운 일은 없었다. 나의 문학의 본성은 끊임없이 나를 통일로 몰아세우고 있었으므로 이와 같은, 결함이라고 하기보다는 오히려 비난해야 할 지나친 처사를 나는 이내 알아차렸다. 그래서 괴츠의 자서전이나 독일의 고문서 대신 우선 나 자신의 작품을 염두에 두고, 이 작품에 더욱더 역사적이고 국민적인 내용을 부여하기 위해 여기에 얽힌 공상적인 것, 또는 정열적인 것에 지나지 않는 것은 말살하려고 애썼다. 이때 나는 많은 것을 희생시켰는데, 그것은 예술상의 신념이 인간으로서의 애정에 의해 흔들려서는 안 되었기 때문이다. 예를 들어 나는 무서운 밤의 집시 장면에 아델하이트를 등장시켜, 이 아름다운 여성의 출현에 기적을 행하게 하여 나름대로 의기양양하게 생각하고 있었으나, 이 장면을 자세하게 검토한 결과 나는 아예 그녀의 모습을 지우고 말았다. 또 4막과 5막에서 자세히 언급되는 프란츠와 그의 여주인과의 정사도 극히 단순하게 다루어 단지 중요한 점만 띄우기로 하였다.

지금도 나는 이 초고를 그대로 가지고 있는데, 이 초고에는 손을 가하지 않고 그대로 다시 써보기로 결심하였다. 나는 이 일을 상당히 열성적으로 진행했기 때문에 2, 3주 뒤에는 전혀 새로운 작품이 되어 있었다.[39] 이 제2원고에 대해서도 언젠가 인쇄할 생각은 전혀 없었고, 기껏해야 뒷날 더 깊이 생각한 뒤 정성을 들여 고쳐 쓸 때, 다시 밑거름으로 삼기 위한 예비 연습으로밖에 생각하지 않았기 때문에 나는 그만큼 빨리 일에 착수하였다.

그런데 내가 이것을 어떻게 시작하면 좋을지 여러 가지 방안을 메르크와 상의하기 시작하였을 때, 그는 나를 비웃고 나서, 그런 식으로 언제까지나 가필하고 다시 쓴다고 해서 뭐가 되겠느냐고 반문했다. 그렇게 한다고 해도 성격이 다른 것이 생길 뿐, 좋아지는 경우는 좀처럼 없기 마련이며, 하나의 작품이 어떤 효과를 주는가를 보고 나서 다시 새로운 것을 시작해야 한다고 그는 말했다.

"적절한 시기에 울타리에 말리면 기저귀도 마른다!"

그는 속담 조로 외치면서, 제아무리 손질해도 믿지 못할 인간이 만들어질 뿐이라고 말했다. 이에 대해 나는 내가 이토록 애정을 쏟은 노작을 출판사에 가져갔다가 경우에 따라서는 출판을 거절당하거나 하면 불쾌하다고 대답했다. 이름도 없는 애송이를, 더욱이 앞뒤를 가리지 않는 작자를 그들은 어떻게 생각할 것인가? 나 나름대로는 제법 괜찮다고 여기고 있던 《동죄자(同罪者)》만 해도, 나의 출판 혐오가 조금 사라졌을 때 출판하고 싶었는데 그것을 맡아줄 출판사를 찾을 수가 없었지 않은가.

여기서 내 친구의 장사꾼 기질이 갑자기 활발해졌다. 메르크는 이미 프랑크푸르트의 신문[40]을 통해서 여러 학자나 서점과 접촉을 가지고 있었다. 그는 이색다른, 분명히 사람의 눈을 끄는 작품을 자비로 출판해야 하며, 그렇게 되면 상당한 이익을 올릴 수 있을 것이라고 했다. 다른 많은 사람들처럼 메르크에게는 서점의 이익을 계산하는 버릇이 있었다. 서점에게 돈을 많이 벌어준 책도 상당히 있고, 더욱이 다른 책으로 입는 손실 또는 다른 거래에서 생기는 손실을 계산에 넣지 않는다면 서점의 이익은 더욱 컸다. 그건 그렇고, 종이는 내가 조달하고 인쇄는 그가 맡기로 이야기가 되었다. 이렇게 나는 신바람이 나서 일에 착수하였다. 난잡한 희곡의 초고가 점점 깨끗한 견본 인쇄로 되어가는 것을

---

39) 괴테는 초고를 쓰고 나서 2~3주일 지나 개작에 착수했다고 말하고 있는데, 사실은 초고 완성 뒤 1년쯤 지난 1773년 2월경에 개작에 착수하였다.

40) 〈프랑크푸르터 알게마이네 차이퉁〉을 가리킨다.

본다는 것은 나쁜 기분은 아니었으며, 완성된 것은 분명히 내가 기대했던 것보다 훨씬 좋았다. 책은 완성되어 소포로 발송되었다. 얼마 뒤 도처에서 커다란 감동의 물결이 일어나 이 책의 평판은 널리 퍼졌다. 그러나 우리의 호주머니는 매우 가벼웠으므로 완성된 책을 생각만큼 빠르게 각지에 보낼 수가 없었다. 그 결과, 곧 가짜 복제본[41]이 나왔다. 게다가 우리가 보낸 책 대금이 곧 회수되는 것이 아니고, 하물며 현금 지불 같은 건 바랄 수가 없었기 때문에, 셋방살이로 돈 사정이 좋지 않았던 내가 여러 방면에서 주목을 받았고, 뿐만 아니라 많은 칭찬까지 받게 되었지만, 나의 재능을 세상에 알려준 종이 대금을 어떻게 지불해야 할지 몹시 머리를 썩이고 있었던 것이다. 나보다 먼저 급한 불을 끈 메르크는 시간이 지나면 어떻게 되겠지 하고 매우 낙천적이었다. 그러나 나에게는 좀처럼 그렇게 될 가망이 보이지 않았다.

나는 이전에 익명으로 몇 권의 작은 책자를 출판한 일이 있었는데, 그때 독자나 비평가들이 어떤 존재인지를 나 스스로 희생을 치르면서 알 수 있었다. 그러나 특히 수년 동안 내가 한결같이 주목하고 있는 작가들이 어떤 취급을 받고 있는가를 끊임없이 지켜보고 관찰해 왔으므로, 나로서는 그 어떤 경우에 대해서도 마음의 준비는 되어 있었다.

이 경우 나는 자신이 있었던 것은 아니지만, 실로 얼마나 많은 일이 근거도 없이 일방적, 자의적으로 내던져지고 있는가를 분명히 알 수가 있었다. 그 것과 같은 일이 이번에는 나에게 닥친 것이다. 만약에 내가 미리 몇 가지 근거를 가지고 있지 않았더라면, 교양 있는 사람들의 반론에 얼마나 휘둘렸을 것인가! 예를 들어 〈독일 메르크르〉지에는, 어느 편협한 정신을 가진 사람이 쓴, 호의적이기는 하지만 장황한 비평[42]이 실렸다. 그가 비난하는 점을 나는 납득할 수 없었다. 좀더 달리 다룰 수 있었을 것이라는 말을 듣고 더욱 그러했다. 그래서 바로 그 뒤에 빌란트의 명쾌한 변명[43]을 접했을 때 나는 기뻤다. 그는 전체

---

41) 《괴츠》가 출판된 1773년에 2종류의 복제본이 나왔다.
42) 1773년 9월의 〈독일 메르크르〉지 제3권에 게재된 크리스챤 하인리히 슈미트의 비판을 말하는 것으로, 괴테가 삼위일체의 법칙을 지키지 않고 있다고 말하였다.
43) 빌란트의 서평은 〈독일 메르크르〉지의 제6권(1774년 6월)에 실렸다. 그는 《괴츠》를 칭찬하며, 이보다 더 잘 된 작품은 《에리리아 가로티》를 제외하고는 없다고 말했다.

적으로 이 비평가에 반대되는 의견을 말하여 나를 옹호해 주었다. 여하간 그러한 비평이 실제로 인쇄되어, 학식도 교양도 있는 사람들의 둔한 정신 상태의 한 예를 여기에서 볼 수가 있었다. 이것이 일반 대중의 경우였다면 어떻게 되었을까?

이와 같은 일에 대해 메르크와 서로 이야기를 나누고, 또 나 자신을 계발해 가는 즐거움도 그리 오래 계속되지 못했다. 총명한 헤센 다름슈타트 변경 장관 부인이 페테르스부르크로 여행할 때 메르크를 수행원의 한 사람으로 데리고 갔기 때문이었다. 그가 나에게 써 보낸 자상한 편지는 세계를 보는 넓은 안목을 나에게 주었는데, 이것이 내가 잘 알고 있는 친한 친구의 손으로 쓰인 것이었기 때문에 그만큼 손쉽게 이 전망을 내 것으로 만들 수 있었다. 그럼에도 불구하고 나는 상당히 오랫동안 매우 고독하게 지냈다. 이렇게 중요한 시기에 내가 무엇보다도 필요로 했던 그의 계발적인 협력을 얻을 수 없었기 때문이었다.

예를 들어 누구나 병사가 되어 싸움터로 나갈 결심을 하고, 위험과 곤란을 견디고, 부상이나 고통은 물론 죽음까지도 감수할 것을 씩씩하게 결심하거나 하지만, 이러한, 극히 일반적으로 예상되는 재난이 갑자기 우리에게 닥쳐와 매우 불쾌한 기분을 갖게 되는 특수한 경우의 일까지 머리에 떠올리는 사람은 아무도 없다. 지금부터 세상에 나가려고 하는 사람, 특히 작가의 경우는 이와 똑같은 경우로, 나의 경우도 마찬가지였다. 대부분의 독자는 작품이 다루고 있는 방법보다도 소재에 흥미를 느끼는 법이어서, 젊은이들이 나의 작품에 보인 관심도 대개는 소재에 관한 것이었다. 그들은 거기에 군대 깃발이 펄럭이는 것을 보았다고 생각했고, 그 깃발이 나아가는 곳에는 청춘에 깃든 모든 광포함과 야성을 마음대로 발휘할 수 있다고 생각한 것이다. 그리고 전부터 같은 생각을 하고 있는, 머리가 좋은 젊은이들이야말로 이 깃발에 매혹되어 갔다.

나는 많은 점에서 독특하고 뛰어난 자질을 갖춘 뷔르거의 편지를 지금도 소장하고 있는데, 누구에게 보낸 것인지는 알 수 없지만, 이 편지[44]는 그 작품이

---

44) 괴테는 여기서 뷔르거의 편지를 '받는이의 주소가 없는' 편지라고 말하고 있는데, 바이마르에 보존되어 있는 이 편지는 수신인이 보이(1773년 7월 8일)로 되어 있다. 뷔르거는 여기서 《괴츠》에 대한 인상을 '나는 너무나 열광하고 있다. 나는 어떻게 하면 저자에게 이 도취에 대한 사례를 할 수 있을까'라고 쓰고 있다.

당시에 일으킨 영향과 흥분을 말해주는 중요한 증거로 볼 수가 있다.

이에 대해 냉정한 사람들은 내가 강자의 권리를 너무나 호의적인 색채로 지나치게 그렸다고 비난하고, 더욱이 내가 당시와 같은 난세를 다시 초래하려 한다고까지 말했다. 또 다른 사람들은 나를 깊은 학식이 있는 사람이라고 생각하여, 선량한 괴츠 이야기의 원전에 새로 주석을 붙여서 출판해 달라고 부탁하기도 하였다. 내가 그러한 일을 할 수 있을 정도의 사람이 아니라는 것을 나자신도 알고 있었지만, 새 판의 표제에 나의 이름을 붙이고자 하는 사람들의 희망은 인정했다.[45]

나는 어느 위대한 인물의 꽃을 따는 요령을 알고 있었기 때문에 주의 깊은 원예가라고 여겨지고 있었다. 그래도 한편으로는 나의 이러한 학식이나 깊은 전문적인 지식을 아리송하다고 여기는 사람들도 있었다. 어느 유명한 실업가가 뜻밖에도 나를 찾아온 일이 있었다. 나는 그의 방문을 영광으로 생각하였고, 그가 입을 열자마자 나의 《괴츠 폰 베를리힝겐》을 칭찬하고, 또 독일 역사에 대한 나의 이해가 뛰어나다고 칭찬해 주었기 때문에 이러한 나의 감격은 한층 컸다. 그런데 그가 찾아온 진짜 이유는 괴츠 폰 베를리힝겐이 프란츠 폰 지킨겐의 의형제가 아니라는 것, 따라서 내가 이러한 인연을 문학적인 허구로 꾸밈으로써 역사적 사실을 왜곡했음을 알리기 위해서라는 것을 알았을 때, 나는 매우 당혹하고 말았다. 나는 괴츠 자신이 그를 그렇게 부르고 있다고 변명했다. 그런데 나에게 돌아온 대답은, 이러한 것은 단지 친구 관계가 친밀하다는 것을 나타내는 상투적인 문구에 지나지 않으며, 오늘날 우리가 혈연 관계가 없는 역마차 마부까지도 의형제라고 부르는 것과 마찬가지라는 것이었다. 나는 이 가르침에 대해서 최대한의 사의를 표하면서, 이 잘못은 이제 고칠 길이 없으니 오직 유감스러울 뿐이라고 했다. 이 점에 대해 그도 유감을 나타내고, 앞으로도 독일 역사와 제도에 대해서 더 깊이 연구하라고 친절하게 충고하고, 이를 위해 자신의 장서를 제공하기까지 했다. 실제로 나는 그 뒤 이것을 많이 이용했다.

그러나 내가 겪은 이런 식의 만남에서 가장 유쾌했던 것은 어느 서점 주인의 내방이었다. 그는 명랑한 기분을 감추지 못하고, 이와 같은 작품이 1다스쯤 필

---

45) 1775년에 뉘른베르크의 서점에서 출판된 판으로, 괴테가 승인했음에도 불구하고 이 판에 그의 이름은 실려 있지 않다. 어쩌면 괴테의 착각일지도 모른다.

요하다고 조르며 사례도 많이 하겠다고 했다. 우리가 이것으로 크게 위로를 받았음을 짐작할 수 있으리라. 그러나 그가 말한 것은 근본적으로 그다지 틀린 말은 아니었다. 나는 이미 남몰래 독일 역사의 이 전환기의 전후에 주목하여, 주요한 사건을 같은 정신으로 다루는 일에 착수하고 있었기 때문이다. 이것은 칭찬을 받을 만한 기획이었으나, 다른 것과 마찬가지로 순식간에 지나가는 시류에 좌절되고 말았다.

그러나 그때까지 작자의 마음을 차지하고 있었던 것은 그 희곡만이 아니었다. 생각을 짜고 집필해서는 다시 고치고, 인쇄하고 제본을 해가는 한편으로, 많은 형상이나 제안들이 저자의 마음속을 오갔다. 그중에서도 희곡으로 다루어야 할 것에 대해서는 나는 숙고를 거듭하여 완성에 가깝게 만들었다. 그러나 그와 동시에 다른 표현 양식, 즉 보통은 희곡으로 여겨지지 않으나 그와 비슷한 양식으로 옮아가는 경향이 확대되어 왔다. 이와 같은 경향이 생긴 것은 주로 독백까지도 대화로 바꾸어 간 작자의 버릇 때문이었다.

시간을 보내기 위해서는 사람들과 함께 보내는 것이 좋다—는 것이 작자인 나의 생각이었으므로 나는 고독한 사색까지도 다른 사람과의 담화라는 형식으로, 더욱이 다음과 같은 방법으로 바꾸어 갔다. 즉 내가 혼자 있을 때, 누군가 아는 사람 중의 한 사람을 마음속에서 불러온다. 그 사람에게 앉으라고 말하고 그의 곁을 오가다가, 걸음을 멈추고 마침 그때 내가 생각하고 있던 문제에 대해 그 사람과 이야기를 나누는 것이다. 상대방은 경우에 따라서는 대답하기도 하고, 여느 때와 같은 몸짓이나 손짓으로 찬성이나 반대 의사를 표시한다. 대체적으로 사람들의 그러한 몸짓에는 그 사람 특유의 것이 깃들어 있기 마련이다. 이야기를 하는 입장에 있는 나는 이야기를 계속하여, 상대방이 마음에 들어할 것 같은 일에 대해서는 더 자세히 이야기하고, 그 사람이 인정하려 하지 않는 화제에는 조건을 붙이기도 하고, 보다 더 엄밀하게 규정하거나, 마침내는 자기 주장을 과감하게 철회하기도 한다.

이 경우 묘하게 여겨진 것은, 그 인물이 내가 가까이 알고 지내는 사람들 중에서 선발된 것이 아니라, 극히 드물게 만나는 사람들로부터, 아니 매우 멀리 살고 있어서 일시적인 관계밖에 없었던 사람들로부터도 몇 사람이 선택된다는 것이다. 그러나 그러한 사람들은 대개 남에게 주는 것보다는 받는 성질을 가지고 있고, 자기가 보고 들은 사물에 대해서, 맑은 심정으로 조용한 관심을 기울이는 마음씨를 가진 사람들이었다. 하기야 때에 따라서는 반대 의견을 가진 사람들이 이 토론의 실습에 불리어 오는 경우도 있었다. 남녀를 불문하고, 연령이나 신분을 불문하고 사람들은 모두 이 실습에 응해주었다. 그러나 많은 사람들은 실제로 이야기를 하기 위해 오는 것은 아마도 무리한 일이므로, 만약에 그들이 어느 정도 자주 이러한 관념적인 대화에 호출되었는가를 안다면 얼마나 묘한 생각이 들었을까?

이와 같은 마음속의 대화가 어느 정도 서신 교환과 유사하다는 것은 분명하지만, 서신 교환의 경우는 친밀한 감정으로 터놓고 적은 편지에 답장이 오는 데에 비해 전자의 경우, 답장은 오지 않지만 끊임없이 변화해 가는 새로운 마음속 이야기를 스스로 만들어갈 수가 있다. 따라서 긴박한 고통이 있는 것도 아닌 사람이 인생에서 느끼는 권태감을 묘사할 때, 작자인 나는 이 감정을 편지에 표현하고 싶은 마음이 들지 않을 수가 없게 된다. 왜냐하면 불만이란 모두가 고독이 낳고 고독이 기르는 것이기 때문이다. 불만스러운 생각에 사로잡혀 있는 사람은 자기의 마음에 들지 않는 일체의 것으로부터 벗어나려고 한다. 그와 같은 사람에게 명랑한 사교만큼 싫은 일이 어디 있을까? 남이 인생을 즐기고 있는 일이 그에게는 괴롭고 비난하고 싶은 일이 되고, 자기 자신을 자기 껍데기로부터 밖으로 나오도록 유인하는 것에 의해서 오히려 자기의 가장 깊은 곳으로 쫓겨가는 꼴이 된다. 여하간 이러한 일에 대해 생각하는 바를 명백히 하고 싶다면 그것은 편지를 통해 이루어질 것이다. 왜냐하면 편지로 심중을 토로하면 그 내용이 즐거운 것이건 싫은 것이건 직접 거기에 이의를 말하는 사람은 아무도 없기 때문이다. 그러나 반대 이유를 여러 가지로 들어서 쓴 답장은 그 고독한 사람의 우울한 기분을 더욱 심화시켜 자기 껍데기 속으로 숨을 기회를 주는 것이다. 이런 뜻으로 쓰인 베르터의 편지가 그토록 다양한 매력을 가지고 있는 까닭은 그 편지의 갖가지 내용이 처음에는 몇몇 개인을 상대로 이루어진 관념적인 대화 형식으로 되어 있지만, 나중에는 구성 그 자체의 관계상, 친구이기도 하고 동정자이기도 한 오직 한 사람에게 보낸 편지가 되어 있기 때문이다. 그토록 사람들의 화제에 오른 이 소품(小品)의 취급에 대해서 더 이상의 것을 말하는 것은 적절하지 않으리라. 그러나 내용에 대해서는 몇 가지 더 첨가해 두는 것이 좋겠다.

인생에 대한 그와 같은 혐오[46]에는 육체적인 원인과 정신적인 원인이 있는데, 전자에 대해서는 의사에게, 후자에 대해서는 도덕학자에게 그 연구를 맡기기로 하자. 이 테마에 대해서는 자주 논의되었으므로 여기서는 그 현상이 가장 분명하게 나타나는 주요한 점만을 문제 삼기로 하자.

인생의 모든 쾌적함은 외부세계의 사물이 규칙적으로 회귀하는 데에 바탕을 두고 있다. 낮과 밤의 교대, 계절의 변화, 개화와 결실의 순환, 그 밖에 우리가 즐길 수 있도록 시절마다 우리 앞에 나타나는 것, 이러한 것들이 지상의 생활을 움직이고 있는 본래의 원동력이다. 이와 같은 즐거움에 대해 우리의 마음이 해방적일수록 우리는 더욱 행복하다고 느낀다. 그런데 이와 같은 여러 가지 현상이 우리 눈앞에서 늘 일어나고 있는데, 우리가 여기에는 관심을 나타내지 않고, 이토록 훌륭한 선물에 대해서 완고해지면 여기서 가장 나쁜 일, 가장 무거운 병이 나타난다. 즉 인생이 혐오스런 무거운 짐으로 여겨지게 되는 것이다. 어느 영국인이 더 이상 매일매일 옷을 입거나 벗고 싶지 않아서 목을 맸다는 이야기가 있다. 나는 어느 큰 공원을 관리하고 있는 부지런한 원예가 한 사람을 알고 있는데, 이분이 전에 투덜대며 이렇게 외친 일이 있다.

"도대체 이 비구름이 일년 내내 서에서 동으로 이동해 가는 것을 보고만 있어야 하는가!"

우리나라의 가장 훌륭한 인물 중 하나인 어떤 사람은 봄이 또다시 푸른색으로 되살아나는 것을 보고, 한번쯤은 기분을 바꾸기 위해 빨갛게 되면 어떤가 하고 생각했다고 한다. 이러한 일은 원래가 인생에의 권태감을 나타내는 것으로 마지막에는 자살로 가는 일이 드물지 않으며, 사색적이고 내성적인 사람에게서 자주 나타나는 현상이다.

그러나 연애를 되풀이하는 일만큼 이와 같은 권태감을 일으키는 것은 없을 것이다. 첫사랑이 유일한 사랑이라고 일컬어지고 있는 것은 일리가 있는 말이다. 왜냐하면 두 번째 연애에서는, 더욱이 그것이 두 번째인 까닭에 연애의 최

---

46) 괴테가 이 대목을 쓴 것은 아마도 1813년 4월 14일의 일로, 이것은 이날의 일기에서 추측된다. 본문의 기술에 영향을 끼치고 있는 것은 이날보다 2~3개월 전에 일어난 체르터의 아들의 자살 소식이다.

고의 의의는 상실되고 말기 때문이다. 원래 연애를 뒷받침하고 있는 영원한 것, 무한한 것의 개념은 파괴되어, 연애는 회귀하는 모든 것과 마찬가지로 허무해져 가는 것이다. 관능과 도덕을 따로 구별한다는 것은 복잡하게 문명화된 세계에서는 사랑하는 감정과 욕구하는 감정을 분리해 버린다. 그리고 그와 같은 분리는 이 경우도 과장되어 나타나 결코 좋은 결과를 가져오지 못하는 것이다.

게다가 청년이란 자기 자신의 일에 대해서는 그렇지 않더라도, 남의 일이라면 이내 도덕에도 시기가 있어서 이것이 사계절의 변화와 마찬가지로 교대한다는 것을 알게 된다. 귀인의 은혜, 권력자의 배려, 활동가의 비호, 대중의 기호, 개인의 애정, 이러한 모든 것은 갖가지 형태로 변하여 마치 태양이나 달, 별을 잡을 수가 없는 것처럼 이것들도 파악할 수가 없다. 그러나 이들은 단순한 자연 현상이 아니라 우리 자신의 죄로, 또는 다른 사람들의 죄로, 또 우연이나 운명 때문에 우리에게서 떨어져 나간다. 그러나 이러한 것은 항상 바뀐다. 우리는 그것을 확실히 잡을 수가 없는 것이다.

그러나 다감한 청년을 무엇보다도 괴롭히는 것은 우리의 잘못이 끊임없이 되풀이된다는 것이다. 왜냐하면 우리가 자기 미덕을 신장시키려고 하는 한편, 과실도 범하고 있다는 것을 만년이 되어서야 겨우 알게 되기 때문이다. 장점은 그 자신 위에 뿌리를 내리는 것과 마찬가지로, 과실 위에도 뿌리를 내린다. 그리고 양자가 모두 힘차게 여러 가지 모양으로 가지와 잎을 무성하게 만들고 있는데, 과실의 경우는 그것을 남몰래, 미덕의 경우는 공공연한 빛 아래서 가지와 잎을 뻗는다. 그런데 우리의 미덕이 발휘되는 데에는 대개 의지와 의식을 수반하고 있는데, 과실이 우리를 습격하는 것은 무의식 속에서이므로 전자가 우리를 기쁘게 해주는 경우는 드물고, 후자는 끊임없이 고통과 괴로움의 씨를 만든다. 자기 인식을 거의 불가능하게 만드는 최대의 난점은 여기에 있다. 이에 더하여 용솟음치는 청춘의 피, 자칫 개개의 대상에 마비되기 쉬운 상상력, 게다가 끊임없이 변화하는 시대의 움직임을 아울러 생각하면 이러한 고통으로부터 탈출하려고 몸부림치는 것을 부자연스럽다고 할 수는 없을 것이다.

이와 같은 암담한 고찰은 여기에 몸을 맡기는 자를 한없는 포로로 만드는 법인데, 가령 어떤 외면적인 원인이 독일 청년들을 자극하고 촉진하여 이와 같은 슬픈 행위에 이르게 하지 않았다면, 그들의 심정 속에 그토록 결정적으로 뿌리를 내릴 수는 없었을 것이다. 이러한 사태를 가져온 것은 영문학,[47] 특히 영시였다. 영문학의 위대한 장점에는 여기에 몰두하는 사람이라면 누구에게나 전달되는 어떤 엄숙한 우수가 따라붙어 있다. 재기가 넘치는 영국 사람은 어렸을 때부터 자기가 어떤 중요한 세계에 둘러싸여 있고, 그 세계가 자기의 모든 힘을 자극해 주는 것을 눈으로 보았고, 이 세계에 순응하기 위해서는 자기의 모든 이해력을 집중해야 한다는 것을 조만간 알게 된다. 영국 시인 중에는 청년기에 방종하고 도취적인 생활을 보내고, 일찍부터 자기는 지상의 사물이 덧없다는 것을 호소하는 데에 어울리는 인간이라고 생각한 사람이 얼마나 많았던가! 그들 중 얼마나 많은 사람들이 세상일에서 솜씨를 시험하고, 의회, 궁정, 내각, 재외공관 등에서 요직 또는 하급 자리에 앉아서, 국내의 소란이나 국가 또는 정치체제의 변혁에 자진해서 그 일익을 담당하고, 비록 자기 자신에 관한 일이 아니라도 친구나 옹호자를 위해 즐겁기 보다는 슬픈 일을 얼마나 겪었던가! 얼마나 많은 시인들이 추방되고, 국외로 쫓기고 투옥되고 재산을 잃었던가!

그러나 이 정도의 중대한 사건쯤 되면 단순한 방관자에 지나지 않아도 사람들은 엄숙한 기분을 가지게 된다. 그리고 이러한 기분이 도달하는 막다른 골목은 지상의 모든 사물이 무상하고 무가치하다는 결론이다. 엄숙하다는 점에서는 독일인도 마찬가지이므로 영시는 독일인에게 딱 맞았고, 그것이 상당히 고도의 경지에서 생겨난 것이므로 독일인에게 외경의 심정까지 자아냈다. 영시 속에서 반드시 볼 수 있는 것은 위대하고 힘차고 세상에 익숙한 깨달음, 깊고 부드러운 심정, 뛰어난 의지, 정열적인 활동인데, 이들은 재치가 넘치고 교양이 있는 사람들에게서 칭찬되어야 할 훌륭한 특질이었다. 그러나 이 모든 것을 모은다 해도 아직은 한 사람의 시인도 탄생하지 않는다. 어떤 시가 진짜임을 아는 것은 그것이 현세의 복음으로서, 내면에 깃드는 쾌활함과 외면에 나타나는 쾌적함에 의해서, 우리 위에 얹히는 중압으로부터 우리를 해방시켜 주느냐의 여부에 달려 있다. 진짜 시는 마치 기구와 마찬가지로 우리에게 매달린 모래 주머니와 함께 우리를 보다 더 높은 곳으로 떠오르게 하여, 지상의 착잡한 미로

---

47) 1770년대의 독일에서는 주로 번역에 의해 영문학이 많이 알려져 있었다. 메르크는 현대 영문학에 많은 관심을 두었고, 괴테도 상당히 많은 것을 알고 있었다.

를 조감도로서 우리 앞에 전개해 준다. 제아무리 밝은 작품이나 제아무리 엄숙한 작품이라도 교묘하고 풍부한 표현으로, 슬픔도 즐거움도 다 함께 부드럽게 만들려는 공통된 목적을 가지고 있다. 그래서 이와 같은 관점에서 도덕적이고 교훈적인 많은 영시를 고찰해 보면, 이것들은 거의가 단지 인생의 어두운 권태감을 나타나고 있는데 지나지 않는 것이다. 이 테마가 현저하게 일관되어 있는 영[48]의 《야상(夜想)》뿐 아니라, 그 밖의 명상시도 어느 틈엔가 이와 같은 슬픈 영역으로 빠져들고 있다. 그 영역에서는 지성에게 어떤 과업이 제시되지만, 지성에는 그것을 풀 만한 힘이 부족하다. 지성은 때에 따라 종교를 만들어낼 수가 있는데도 그 종교마저도 여기서는 지성을 버리기 때문이다. 다음의 무서운 원시(原詩)의 주석이라고 여겨지는 것을 모아보면 몇 권의 책이 될 것이다.

> 이렇게 해서
> 노령과 체험은
> 서로 손을 잡고
> 그를 죽음으로 이끈다.
> 그리고 그토록 괴롭게
> 그토록 오랫동안 찾은 끝에
> 그를 깨닫게 한다.
> 그의 인생은 모두 잘못되어 있었다고.[49]

또, 영국의 시인들을 인간 증오자로 만들어 모든 사물에 대한 혐오라는 불쾌한 감정을 그들 작품 속에 확산시키고 있는 원인은, 국내가 여러 갈래로 분열되어 있기 때문에, 평생은 아니더라도 생애의 가장 좋은 세월을 그 어느 쪽의 당파를 위해 바쳐야 한다는 데에 기인한다. 그런데 이러한 작가는 자기가

---

48) 에드워드(1681~1765). 《야상》은 클롭슈토크의 친구 에베르트에 의해 독일어로 번역되어 독일의 감상적인 문학 서클에 커다란 영향을 끼쳤다.

49) 처음에는 버킹엄의 것으로, 다음에는 로체스터의 시로, 1779년에는 사뮤엘 존슨이 자작시로서 간행한 〈인간에 반항하는 서튜로스〉라는 제목의 시의 한 구절이다. 이 시에는 메피스토펠레스적인 색채가 농후하다.

몸담고 있는 자기편 사람들이나, 애착을 느끼는 사물을 칭찬하거나 하면 틀림없이 질투나 반감을 유발할 뿐이므로 될 수 있는 대로 적을 매도하고, 풍자라고 하는 무기를 날카롭게 다듬어 여기에 독을 바르는 일에 재능을 발휘한다. 이러한 일이 양쪽에서 이루어지게 되면 그 사이에 있는 중립 지대가 파괴되고 상실되기 때문에 이성적으로 활동을 계속하고 있는 커다란 민족 집단 속에서 제아무리 온건한 어조로 말해도 바보와 광기 외에는 아무것도 발견하지 못하게 된다. 진한 애정을 노래하는 그들의 시마저도 제재는 슬프다. 어떤 시에서는 버림받은 소녀가 죽는가 하면, 다른 시에서는 성실한 연인이 익사하거나, 서둘러 헤엄쳐 겨우 연인 곁에 닿는가 싶은 순간 상어의 먹이가 되거나 한다. 만약에 그레이[50]와 같은 시인이 마을 묘지에 앉아 그 유명한 선율을 다시 연주한다면, 틀림없이 그 주위에는 우수에 싸인 친구들이 모여들 것이다. 밀턴의 〈알레그로〉[51]에는 매우 온건한 환희를 노래하고 있는데, 이에 이르기 위해서는 우선 먼저 격한 말투로 불만을 쫓아내지 않으면 안 된다. 저 쾌활한 골드스미스까지도 그의 〈황폐한 마을〉에서 〈나그네〉[52]가 지상을 샅샅이 뒤져서 다시 찾는, 잃어버린 낙원을 그토록 사랑스럽고 슬프게 묘사할 때에는 역시 비가적인 감정에 젖는다.

나는 어떤 사람들이 명랑한 시를 가져와서 나에게 보여줄 수 있음을 의심하거나 하지 않는다. 그러나 이들 대부분은 비교적 오래된 시대의 것이고, 여기에 포함시킬 수 있는 비교적 새로운 시대의 것은 모두가 풍자의 경향을 나타내어 신랄하고, 특히 여성을 멸시하고 있다.

요컨대, 이제까지 일반적으로 말해 온 엄숙하고, 인간의 본성을 파묻어 버리는 것 같은 시가 바로 우리가 무엇보다도 찾고 있던 애독서였다. 어떤 사람은 자기 심정에 따라 가벼운 비가적인 애조를 원하고, 또 어떤 사람은 모든 답답한 것을 단념시키는 절망을 원했다. 참 기묘하게도 그토록 순수한 쾌활함을

---

50) 토마스(1716~71). 특히 〈어느 시골 묘지에서 쓴 비가(1751)〉로 유명했다. 이 시는 자주 독일어로 번역되었다.

51) 밀턴의 〈생각하는 사람〉과 쌍을 이루는 1635년의 작품으로, '쾌활한 사람'이라는 뜻이다.

52) 1764년에 쓴 이 시는 감상적인 문학 서클에 강한 영향을 끼쳤다. 그들이 폐허를 보고 자기도 모르게 눈물을 흘리게 되는 것은 이 시 덕택이다.

확산시킬 수 있었던, 우리의 아버지이기도 하고 스승이기도 한 셰익스피어까지도 이러한 불만을 강화하는 데 한몫을 한 것이다. 햄릿과 그의 독백은 여전히 젊은이들의 마음속에 환상이 설치게 했던 망령이었다. 주요 장면은 누구나 암기하고 이것을 낭독하는 것을 좋아했다. 또 누구나 자기는 망령을 본 것도 아니고 아버지의 원수를 갚아야 할 것도 아닌데, 덴마크 왕자와 마찬가지로 우울한 기분에 젖을 이유가 있다고 생각하였다.

이와 같은 모든 애수에 완전히 어울리는 자리를 제공하려고, 오시안은 우리를 땅끝의 툴레[53]까지 유인해 갔다. 우리는 끝없이 펼쳐진 흐린 광야에 서서 이끼가 낀 묘석 근처를 헤매면서, 으스스한 바람에 흔들리는 풀을 바라보고, 구름이 낮게 내려앉은 하늘을 머리 위에 보았다. 이윽고 달빛에 비쳐 이 칼레도니아[54]의 밤은 간신히 밝아졌다. 망한 영웅들, 애잔한 아가씨들이 우리 주위를 떠돌고, 마침내는 무서운 모습을 한 로다의 망령[55]이 눈에 보이는 것 같았다.

이와 같은 환경 아래서 이와 같은 감정에 젖어 이런 종류의 취미나 연구에 종사하고, 채워지지 않은 정열로 고통을 받고, 외부로부터 유익한 행동에의 자극을 받는 일이 없이, 앞으로도 지루한 시민 생활을 해야 하는, 전망이 밝지 않은 상태에서 사람들은 쌓여가는 불만을 안고, 싫으면 멋대로 목숨을 버릴 수 있다는 생각을 벗삼아 나날의 불쾌감이나 따분함을 얼버무리고 있었던 것이다. 이와 같은 감정이 실로 널리 침투되고 있었기 때문에 《베르타》는 큰 영향을 끼쳤는데, 그 원인은 이 소설이 도처에서 인심의 기미를 자극하고, 젊은이들의 병든 망상의 내면을 파악하기 쉽게 분명히 묘사했기 때문이다. 영국 사람들이 이와 같은 비애를 얼마만큼 잘 알고 있었는가는 《베르타》가 출판되기 전에 쓰여진 다음과 같은 뜻깊은 몇 줄의 시가 증명하고 있다.

> 본래 비애를 좋아한 그는
> 자연으로부터 받은 보다 많은 상처를 알았다.
> 그의 망상은, 고통의 모습을

---

53) 베르길리우스나 타키투스에도 나오는 최북방의 섬.
54) 스코틀랜드의 고지. 이미 타키투스에도 이 이름이 나온다.
55) 《오시안》의 〈케이스 로다의 노래〉에서 제1의 노래 끝에 나오는 죽음의 바람.

있지도 않은 어두운 빛과 공포로 물들였다

(토마스 워튼의 시 〈자살(1771)〉로부터의 인용)

자살에 대해 이미 많이 논의되어 왔다고 해도, 그것은 역시 모든 인간에게 관심을 불러일으켜, 어느 시대에서나 되풀이해서 논의하지 않을 수 없는, 인간 본성의 한 사건이다. 몽테스키외는 자작(自作) 안의 영웅이나 위인들에 자기 마음대로 죽음을 고를 수 있는 권리를 주고 있다.[56] 인생이라고 하는 비극의 제5막을 원할 때 닫는다는 것은, 각자의 자유여야 한다고 그는 말한다. 그러나 여기서 문제가 되는 것은, 뜻깊은 일생을 활동적으로 보내고, 대제국과 자유 등을 위해 나날을 바친 사람들의 일도 아니고, 또 자기 마음을 불타게 한 이념(理念)이 지상에서 사라졌을 때, 이것을 끝까지 추적해도 그 누구의 책망도 받지 않는 사람들의 일도 아니다. 이것은, 평화롭게 살고 있으면서도 활동이 부족한 탓으로, 자기 자신에게 지나친 요구를 강요함으로써 인생이 귀찮아진 사람들의 일인 것이다. 나 자신도 그와 같은 처지에 놓여 있었고, 이때 어떤 고통을 받았고, 여기서 벗어나기 위해 어떤 고생을 했는가는 내가 가장 잘 알고 있으므로, 사람들이 고를 가능성이 있는 여러 가지 죽는 방법에 대해 여러모로 생각해 본 결과를 여기서 숨김없이 말해보고자 한다.

인간이 내 몸에 결말을 지어, 자기 자신에게 상처를 입힐 뿐만 아니라, 목숨까지 빼앗는 것, 그리고 이 목적을 수행하기 위해 대개의 경우 기계적인 수단을 취한다는 것은 매우 부자연스러운 일이다.

아이아스[57]가 자기 칼 위에 쓰러졌을 때, 마지막 마무리를 하는 것은 그의 몸무게이다. 전사가 방패를 가진 자에게 자기를 적에 넘기지 말라고 명령할 때,[58] 그가 믿고 의지하고 있는 것은 역시 외부의 힘이지만, 그것은 물질적인 힘이 아니라 도의적인 힘이다. 여성들은 물속에 몸을 던져 절망을 식히려고 한다. 총기라고 하는 매우 기계적인 수단은, 거의 힘들이지 않고 신속한 행동을 확실

---

56) 《로마 성쇠원인론》 제12장.

57) 그리스 신화의 영웅의 한 사람. 사라미스 왕 테라몬의 아들. 트로야 원정에 참가했다. 항상 그리스군(軍) 선두에 서서 트로야군의 헤크토르와 자주 싸웠다.

58) 예를 들면, 필립의 회전(會戰)에 있어서의 카시아스.

하게 보장한다. 목매어 죽는 일이 별로 화제에 오르지 않는 것은, 이것이 품위 있게 죽는 방법이 아니기 때문이다.

영국에서는 목매어 죽는 일이 우선 먼저 이루어지는데, 이 나라에서는 어렸을 때부터 상당히 많은 사람들이 교수형을 보아 왔고, 이 형벌이 그다지 불명예스럽게 여겨지지 않고 있기 때문이다. 독을 사용하거나, 혈관을 절단하는 죽음은 서서히 생명을 끊으려는 생각에서 나온 것이다. 독사에 의한 가장 세련되고, 가장 신속하고, 가장 고통이 적은 죽음은, 평생을 영화와 환락 속에 보낸 여왕[59]에게 어울리는 것이었다. 그러나 이들 일체의 것은 외부적인 수단이며 외적(外敵)으로, 인간은 이 적과 동맹을 맺고 자기 자신을 상대로 싸우는 것이다. 그런데 나는 이들 모든 수단에 대해 생각하고, 그 밖에도 역사상의 인물들을 널리 살펴보았을 때, 자살한 여러 사람 중에서 오토 황제[60]만큼 이 행위를 위대하고 자유의 정신으로 실행한 사람은 달리 찾아볼 수가 없다. 장군으로서 그는 확실히 패색이 짙었다 해도 아직은 최후의 궁지에 몰린 것이 아닌데, 이미 그의 손에 들어온 제국과 모든 병사들을 구하기 위해 세상을 떠날 결심을 한 것이다. 그는 친구들과 성대한 만찬을 한 뒤, 그 이튿날 자기 손으로 예리한 단검을 가슴에 꽂고 죽는다. 이 행위만이 나는 모방할 가치가 있다고 여겼다. 자살에 관해 오토와 같은 행동을 취할 수 없는 사람은 마음대로 세상을 떠날 수 없는 사람이라고 나는 확신하였다. 이 확신에 의해, 나는 자살의 결의로부터 구출되었다—고 하느니보다는, 저 신나는 평화시대에 할 일이 없는 청년의 마음속에 살며 스며든, 자살이라도 해볼까 하는 쓸데없는 생각에서 구출된 것이다. 내가 상당히 많이 수집한 무기 중에는 날이 잘 선 고가의 단검이 한 자루 있었다. 나는 항상 이 단검을 침대 곁에 놓고, 불을 끄기 전에 그 예리한 칼 끝을 두서너 치, 가슴에 꽂을 수 있을까 하고 시험해 보았다. 그러나 아무래도 그런 일은 할 수 있을 것 같지 않아서 마침내 나 자신 웃음을 터뜨리고, 우울하고 찡그린 얼굴을 거두고 살아가기로 결심하였다. 그러나 개운한 마음으로 살아가기 위해서는 시인으로서의 사명을 다하고, 이 중요한 문제에 관해서 이제

---

59) 클레오파트라를 말한다.

60) 마르크스 사르비우스(32~69). 그의 자살에 대해서는 플루타크와 수에턴의 기술이 있다. 예루 잘렘이 자살한 것은 1772년 10월 30일의 일로, 괴테가 이것을 안 것은 11월초의 일이다.

까지 느끼고 생각하고 마음속에 그렸던 일체의 것을 말로써 표현하지 않으면 안 되었다. 이를 위해 나는 이미 수년 동안 내 마음속에 꼬리를 끌던 여러 가지 재료를 모았다. 나를 가장 괴롭히고 불안하게 한 여러 가지 사건을 마음속에 그려보았다. 그러나 아무리 애써도 분명한 형태가 떠오르지 않았다. 이들이 구체적인 모양을 갖게 된 사건, 이야기 줄거리가 나에게는 부족했던 것이다.

어느 날 갑자기 나는 예루살렘의 부음[61]을 접하여, 세상에서 이러저러한 말이 오간 직후에 사건의 정확하고 자상한 기술[62]을 읽었는데, 그 순간에 《젊은 베르테르의 슬픔》의 구상이 성립되었다. 전체가 사방팔방으로부터 결집되어 한 개의 덩어리가 되었다. 마침 그것은 빙점에 이른 용기 속의 물이 사소한 진동에 의해 바로 얼음으로 변한 것과 같았다. 이 진기한 수확물을 올곧게 파악하고, 이토록 뜻깊고 다양한 내용의 작품을 나의 마음속에 생생하게, 그리고 그 각 부분을 모두 써낸다는 것은 나에게 있어 한층 중요한 일이었다. 왜냐하면 나 자신이 이전보다 희망이 없는, 혐오라고까지는 말할 수 없어도 불만스러운 곤경에 또다시 처해 있었기 때문이었다.

누구나 자기와 익숙하지 않은 새로운 환경으로 들어간다는 것은 항상 불행한 일이다. 우리는 자주 자기 의사에 위배되는 그릇된 관계에 말려든다. 이와 같은 상태가 이것도 아니고 저것도 아니기 때문에 우리는 고통을 받는데, 그 상태를 개선하거나 단념하려 해도 수단을 찾을 수가 없는 것이다.

큰딸[63]을 프랑크푸르트로 시집을 보낸 라 로슈 부인은 딸을 방문하기 위해 자주 왔는데, 이것은 그녀 자신이 선택한 일임에도 불구하고 이에 대한 적응이 잘 되지 않았다. 그녀는 그 가정에서 한가하고 편안하게 있지도, 무엇인가 새로

---

61) 괴테는 사건 후 한 달쯤 지나서 케스토너로부터 알았다.

62) 베츠랄에서의 로테 체험, 예루살렘의 자살, 마크세 브렌타노의 불행한 결혼 생활의 목격 등의 사건이 예술적인 판타지 속에서 작품으로 녹아들었다는 것을 뜻한다. 한편 예루살렘의 죽음은 1772년 10월 말, 괴테가 《젊은 베르테르의 슬픔》을 쓴 것은 1774년 2월과 3월이고 그 사이에는 1년 반이라는 시간차가 있다.

63) 막시밀리아네 라 로슈는 양친의 희망에 따라서 1774년 1월 9일, 이미 5명의 아들이 있었던 39세의 프랑크푸르트 상인 베타 안톤 브렌타노와 18세의 젊은 나이에 결혼하였다. 결혼 생활은 불행했으나 12명의 아들을 낳고 37세로 죽었다. 그 아이들 중에서 크레멘스 브렌타노, 베티나 브렌타노, 크리스챤 브렌타노 등의 시인이 나왔다.

운 일에 착수하지도 못하고 오직 불평만 털어놓을 뿐이었다. 그녀의 딸에게는 아무런 부족함도 없고, 딸의 남편도 무엇 하나 거부하고 있는 것이 아니어서 사람들은 원인이 어디에 있는가를 모르면서도, 그녀의 딸은 불행하다고 생각하지 않을 수가 없었다.

그런데 나는 이 가정에서 정중하게 환영을 받았고, 거기를 출입하는 여러 사람들과 알게 되었는데, 그들은 이 결혼에 공헌을 했거나 이 결혼이 행복하기를 바라는 사람들뿐이었다. 성 레온하르트 주임 사제 뒤메[64]는 나를 믿었고 우정을 보여주었다. 그는 내가 상당히 친밀한 교제를 가진 최초의 가톨릭 사제로, 식견이 충분한 사람이었으므로 가장 오랜 교회의 신앙, 관습, 내외의 여러 관계에 대해서 나에게 자상한 설명을 해주었다. 셀비에르[65]라는 이름을 가진 젊지는 않지만 모습이 아름다운 여성의 자태는 지금도 확실하게 생각해 낼 수 있다.

아레지나 슈바이처 집안[66]이나 그 밖의 집안과도 마찬가지로 가까워졌는데, 이들 가족의 아이들하고는 오랫동안 친교를 맺는 사이가 되었다. 나는 그다지 임의롭지 못한 사람들과도 어느 틈엔가 아주 친해지고, 그들이 하는 일이나 오락, 나아가서는 종교 행사까지 흥미를 갖도록 권유되었을 뿐만 아니라 강제되기까지 하였다. 젊은 부인에 대한 나의 관계는 물론 오빠와 누이동생과 같은 것으로, 이것은 결혼 뒤에도 계속되었다. 나이는 두 사람이 같았고, 그녀가 어렸을 때부터 친숙했던 정신적인 분위기를 지금도 서로 느낄 수 있는 사람은 오직 나뿐이었다. 우리는 어린이처럼 서로 믿음을 주며 교제를 계속하였다. 우리의 교제에는 열정적인 것은 아무것도 섞이지 않았지만, 우리의 심정은 상당히 괴로웠다. 그녀 자신이 새로운 환경에 적응하지 못했고, 재정적 여유는 있었지만, 그 밝았던 타르 에렌브라이트슈타인에서, 또 즐거웠던 청춘의 나날로부터,

---

64) 프리드리히 다미안(1729~1802). 1760년 프랑크푸르트 대사원의 사제. 1765년에는 성 레온하르트 교회의 수석 사제가 되었다. 그는 규모가 큰 도서실을 가지고 있었고, 그 속에는 화학 등의 서적이 많았다. 그는 에렌브라이트슈타인의 라 로슈 집안과 친했고 이에 따라 프랑크푸르트의 브렌타노 집안과도 친하게 지냈다.

65) 마리아 요한나 요제피나(1731~1805). 그녀의 남편은 프랑스에서 향수 공장을 경영하고 있었기 때문에, 남편이 그녀와 5명의 아이들을 만나는 것은 프랑크푸르트의 대목 장날 때뿐이었다.

66) 브렌타노 집안과 마찬가지로 이탈리아 출신으로 프랑크푸르트의 가톨릭 가정. 남편은 상인으로 프란츠 마리아 슈바이처라고 하고 아내는 파우리나 마리아 아레지나라고 했다.

시장 상인의 집으로 옮겨, 몇 명의 의붓자식의 어머니로서 지내지 않을 수 없었기 때문이었다.

이렇게 해서 나는 일상생활에 있어서의 관여나 관심을 가진 것은 아니었지만, 실로 많은 새로운 가정 관계 속으로 끌려 들어갔다. 사람들이 서로 원만한 관계에 있을 때는 그것이 당연한 것으로 여겨진다. 그러나 싫은 일이 생기면 이에 관련된 많은 사람들이 나에게 상의를 하러 왔다. 그때 내가 이것저것 참견을 하면 사태가 잘 되어가기보다는 나빠지는 것이 예사였다. 시간이 지남에 따라 나는 이러한 상태를 견딜 수가 없었다. 이러한 어정쩡한 관계에서 생기기 쉬운 일체의 인생 혐오가 이중 삼중으로 나에게 밀어닥치는 것처럼 여겨졌다. 무리를 해서라도 여기서 도망가려는 새로운 결의가 필요하게 된 것이다.

친구의 아내에 대한 불행한 애정이 원인이 되었던 예루잘렘의 죽음은 나를 꿈에서 깨어나게 하였다. 나는 그와 나에게 닥친 사실을 가만히 지켜보았을 뿐만 아니라, 이제는 나에게 닥친 유사한 일로 심하게 마음이 흔들렸기 때문에, 마침 그때 기획하고 있었던 그 작품에 시인지 현실인지 구별할 수조차 없는 모든 정열을 불어넣지 않을 수 없었다. 나는 외부와의 관계를 일체 단절하고 친구들의 방문도 사절하였다. 내면적으로도 직접 관계가 없는 것은 모두 물리쳤다. 이와는 반대로 나의 계획에 그 어떤 관계가 있는 것이라면 무엇이든지 긁어모았다. 그리고 그 내용을 아직 시의 재료로 사용한 적이 없었던 나의 최근의 생활을 다시 한번 마음속에 그려보았다. 이와 같은 상황 아래 오랫동안 이것저것 남몰래 준비를 거듭한 끝에 나는 미리 전체의 구상이나 부분적인 처리 요령을 메모하거나 하지 않고, 《젊은 베르테르의 슬픔》을 4주 만에 완성하였다.[67]

이렇게 해서 완성된 원고는 약간의 고침과 변경이 있은 뒤, 초고로서 내 눈앞에 놓여 있었다. 나는 이 초고를 바로 가제본으로 만들어 보았다. 작품을 가제본해 본다는 것은 그림으로 말하자면 작품을 액틀에 넣는 것과 마찬가지이다. 그 작품이 작품으로서 존재 가치가 있는지를 이로써 잘 알 수 있기 때문이다. 나는 이 소품을 몽유병자처럼 거의 무의식 상태로 썼기 때문에 약간의 손질을 할 작정으로 다시 읽어보았는데, 깜짝 놀라고 말았다. 그래도 얼마 동안

---

67) 1774년 2월에서 3월에 걸친 일이었다.

의 시간이 지나 약간의 거리를 두고 바라보면 무엇인가 좋은 생각이 떠오를지도 모른다는 기대를 가지고 이 책을 친구에게 읽어보게 했다. 그러나 나의 여느 때의 방법과는 달리 이에 대해서 미리 누군가에게 이야기를 하거나 의도를 누설하지 않았던 만큼, 이 작품은 그들에게 한층 큰 효과를 미쳤다. 물론 이 경우도 실제로 반향을 일으킨 것은 소재였다. 따라서 그들은 나와는 정반대의 기분에 싸여 있었던 것이다. 이제까지 나는 나 자신이나 남의 죄 때문에, 우연한 생활 방식 또는 내가 선택한 생활 방식 때문에, 책략이나 무정견 때문에, 또는 고집이 세거나 양보를 하거나 했기 때문에 세차게 불어닥치는 폭풍우 속을 여기저기 떠돌고 있었는데, 다른 어떤 작품 이상으로 나는 이 작품으로 그와 같은 분위기에서 벗어나 있었기 때문이다. 마치 참회를 끝마친 것처럼 나는 다시 쾌활하고 자유로운 기분으로 새로운 인생을 걸을 수 있는 자격을 얻은 듯한 생각이 들었다. 예부터 내려온 처방이 이번에는 훌륭한 효능을 발휘하였다.[68]

현실을 시로 바꿈으로써 나는 기분이 가벼워졌으나, 친구들은 이 작품으로 마음이 교란되고 말았다. 그들은 시를 현실로 바꾸어서 이와 같은 소설을 모방하여, 경우에 따라서는 권총으로 자살하지 않으면 안 된다고 믿은 것이다. 처음에는 극히 적은 사람들 사이에서 생긴 이 같은 현상은 얼마 뒤 일반 독자 사이에도 퍼져서, 나에게는 크게 효과가 있었던 이 작은 저작이 매우 유해하다는 악평을 받게 되었다. 그러나 이 작품이 일으켰다고 여겨지는 일체의 해악이나 불행도 실은 우연히 방지되었을지도 모른다. 이 작품이 성립된 직후 하마터면 버려질 처지에 놓였기 때문이다.

그 사정은 이러했다. 메르크는 얼마 전에 페테르스부르크에서 돌아와 있었다. 그는 항상 바빴기 때문에 그와 만나서 이야기할 기회도 없었고, 마음에 걸려있던 이 《젊은 베르테르의 슬픔》에 대해서도 대충 이야기를 하는 데 그치고 있었다. 언젠가 그는 나를 찾아왔는데 별로 이야기를 하고 싶지 않은 것처럼 보여서 나는 그에게 이야기를 들어달라고 부탁하였다. 그는 긴 의자에 앉았고, 나는 편지를 한 통씩 차례로 읽고 그 색다른 이야기 줄거리를 말해주었다. 잠

---

68) 괴테가 괴로운 생각에서 벗어나기 위해서 자신의 생각을 시에 담았다는 것은 프리데리케 체험에서 《괴츠》나 《크라비고》 등이 생겨난 것을 보아도 알 수 있다. 여기서는 로테와의 연애에서 《젊은 베르테르의 슬픔》이 생겨났음을 말하고 있다.

시 동안 이렇게 이야기를 계속해도, 그는 도무지 칭찬해 줄 기색이 없었으므로 전보다도 더 장중하게 해보았다. 그가 잠시 말이 없다가 이윽고 "아니, 참 훌륭해!" 하고 나를 무참히도 때려눕히고는 다른 한 마디의 말도 없이 떠났을 때의 나의 기분은 그야말로 비참했다. 나는 몹시 당황하고 말았다. 내 작품에 대해 기쁨만은 분명히 느끼고 있었지만 처음 동안에는 이에 대해 아무런 비평이 가해진 것도 아니고, 또 주제나 리듬, 양식과 같은 것은 처음부터 자신이 없었기 때문에 나는 이런 점에서 실패작을 만들었구나 하고 굳게 믿고 있었기 때문이었다. 만약에 그때 난로에 불이 타고 있었더라면 나는 이 작품을 불 속으로 던져 넣었을 것이다.

그러나 나는 마음을 고쳐먹고 괴로운 나날을 보내고 있었다. 그런데 어느 날 메르크는 나에게 이렇게 털어놓았다. 실은 그때 그는 인간이 빠질 수 있는 최악의 상태에 있었다는 것이다.[69] 그래서 그는 아무것도 보이지 않았고 들리지도 않았으며, 나의 초고가 무슨 이야기인지 전혀 몰랐다는 것이다.

시간이 지나는 동안에 사태는 원상태로 돌아갔다. 한창때인 메르크는 어떤 일에도 순응해갈 수 있는 사나이였으므로 그의 기분은 다시 좋아졌으나, 그는 이전보다도 더 신랄해졌다. 그는 《젊은 베르테르의 슬픔》을 개작하려는 나의 생각을 큰 소리로 꾸짖고 초고 그대로 인쇄하라고 했다. 이 원고는 깨끗하게 정서되었으나, 내가 가진 시간은 얼마 되지 않았다. 나의 누이동생이 게오르크 슐로서와 결혼하여[70] 우리집이 축제 기분으로 들떴던 날, 우연히도 라이프치히의 바이간트로부터[71] 뭔가 원고가 없느냐는 편지가 도착하였기 때문이다. 이와 같은 사태를 앞날이 밝은 길조라고 생각하고 나는 《젊은 베르테르의 슬픔》을 보냈다. 이 책 대금으로 받은 원고료는 《괴츠 폰 베를리힝겐》 때문에 내가 진 부채를 갚고도 남았기 때문에 나는 크게 만족하였다.

---

69) 메르크는 마침 이 무렵 아내의 불행한 과실을 알았다고 한다. 또 여기서 말하고 있는 메르크의 반응은 《젊은 베르테르의 슬픔》이 아니라 《크리비고》를 낭독했을 때 보인 것이라고도 말해지고 있다.

70) 코르넬리아와 슐로서의 결혼은 1773년 11월 1일이고, 《젊은 베르테르의 슬픔》의 완성은 다음해 74년 3월이므로 이것은 괴테가 잘못 생각한 것이다.

71) 크리스챤 프리드리히. 라이프치히의 출판업자로 얼마 동안 슈투름 운트 드랑 시인들의 주요 출판 기관이었다. 〈도이체스 무제움〉지도 여기서 나왔다.

이 작은 책자의 영향은 컸다. 터무니없을 정도였다. 그 이유는 이것이 때를 잘 맞췄기 때문이었다. 강력한 지뢰를 폭발시키기 위해서는 약간의 폭약만 있으면 되는 것과 마찬가지로, 그 뒤 일반 독자들 사이에 일어난 폭발적 인기는 청년들의 경우, 자기 붕괴가 일어났기 때문에 그토록 맹렬했으며, 또 그 감동은 지나친 요구나 채워지지 않은 정열 또는 상상 속의 고뇌를 폭발시켰기 때문에 그다지도 컸던 것이다. 일반 독자에게 정신적인 작품을 정신적으로 받아들이라고 요구한다는 것은 무리한 일이다. 이미 내 친구들이 경험한 바와 같이 원래 독자들의 주의를 끄는 것은 내용이나 소재에 지나지 않았다. 그와 동시에 다른 한편으로는, 인쇄된 책이 훌륭하게 보이는 데에서 생기는 선입견, 그 책에는 교훈적인 목적을 가지고 있을 것이라는 섣부른 선입견이 또다시 나타난 것이다. 그러나 진실의 묘사에는 목적 같은 건 없다. 진짜 묘사는 시인도 하지 않지만 비난도 하지 않는다. 다만 순서에 따라 지향이나 행동을 전개하여 그로써 계발하기도 하고 가르치기도 하는 것이다.

이 책에 대한 비평에 대해서 나는 거의 염두에 두지 않았다. 그들이 이 책을 비평에 의해 어떻게 처리하든 상관하지 않았다. 나에게는 일은 이미 끝난 것이었다. 그러나 친구들은 비평을 모으는 데에 게을리하지 않았고, 친구들도 나의 견해를 잘 알고 있었기 때문에 그러한 비평을 들려주는 것을 잊지 않았다. 니콜라이[72]의 출세작 《젊은 베르터의 기쁨》은 우리에게 갖가지 농담거리를 제공하였다. 유능하고 공적도 학식도 풍부한 이 사나이는 매우 시야가 좁고, 자기 생각이 제일이라고 생각하고 있었기 때문에 이에 맞지 않은 것은 무엇이든지 억누르고 배척하려는 경향이 이미 시작되고 있었다. 그는 나에게도 곧 공격의 화살을 돌렸으므로 사전 연습을 하지 않을 수 없었다. 이렇게 해서 그의 그 가제본은 얼마 뒤 우리 손으로 들어왔다. 코드비에키[73]가 그린 매우 섬세한 컷은 내 마음에 들었다. 원래 나는 이 예술가를 매우 존경하고 있었다. 니콜라이의

---

72) 크리스토프 프리드리히(1733~1811). 베를린의 계몽주의자로, 익명으로 《젊은 베르터의 기쁨(1775)》을 출판하였다.

73) 다니엘(1726~1801). 1760년대부터 같은 시대의 독일 문학 작품의 삽화를 그려 뛰어난 재주를 발휘하였다. 1744년 《젊은 베르테르의 슬픔》의 동판화를 그리고, 후에도 《헤르만과 도로테어》의 삽화를 그렸다.

모작 자체는 말하자면 거칠게 짠 아마 천으로 만든 옷과 같은 것으로, 이런 천도 사람들이 모여 지혜를 짜내고, 고생한 끝에 만들어지는 것이다. 저자 니콜라이는 여기에는 타협의 여지가 하나도 없다는 것, 베르터의 청춘은 꽃이 피기전에 이미 독벌레로부터 치명적인 상처를 받은 것이나 다름이 없다는 것도 모르고, 214쪽까지의 나의 취급법을 용인하고 있다.[74] 그리고 마음이 황폐한 청년이 죽음의 여행의 첫걸음을 내디디려 할 때, 이런 사정을 잘 아는 정신과 의사는 환자의 권총을 닭의 피를 장전한 권총과 바꾸어놓기 때문에, 그 결과 더러운 광경이 나타나지만 다행히도 화는 면하게 된다. 로테는 베르터의 아내가 되어 모든 일이 해피 엔딩으로 끝난다.

이 작품에 대해서 생각나는 것은 그 정도의 일이다. 이 모작이 그 뒤 두 번다시 내 눈앞에 띄지 않았기 때문이다. 컷은 잘라서 내가 소중히 아끼는 동판화와 함께 정리해 두었다. 얼마 뒤 나는 악의 없는 보복을 위해 〈베르터의 무덤 위의 니콜라이〉라고 하는 짧은 풍자시를 만들었다. 그러나 이 시에 대해서는 아무 말도 하지 않기로 하겠다. 그런데 모든 것을 희곡화하고 싶은 마음이 이 기회에 또다시 강해졌다. 나는 로테와 베르터가 나누는 대화를 산문으로 써보았는데, 이것은 상당히 농담 같은 것이 되고 말았다. 베르터는 닭 피에 의한 구제의 결과가 매우 지독한 결과가 되었다고 한탄한다. 그는 목숨을 잃지는 않았지만 두 눈을 쏘아 버린다. 이렇게 해서 그는 그녀의 남편이면서도 그녀를 볼수 없다는 것에 절망하고 만다. 손으로 만져 확인할 수 있는 감미로운 자태의 각 부분보다는 그녀의 전체 모습을 바라보는 편이 그에게는 훨씬 바람직한 일이었기 때문이다. 아는 바와 같이 로테에게는 장님 남편이 그다지 고마운 존재는 아니었다. 여기에 니콜라이가 남의 일에 참견하기 시작했다고 해서 그를 크게 꾸짖는 기회가 생기게 되는 것이다. 나는 전체를 명랑한 기분으로 쓰고, 예감이 가는 대로 니콜라이가 자기 실력에 넘치는 일에 관여하여 가엾게도 우쭐한 마음으로 애달파하는 모습을 그렸다. 분명히 그는 그것이 원인이 되어 그뒤 자기에게나 남에게 많은 불쾌감을 주고,[75] 그 결과 마침내 그토록 결정적인

---

74) 니콜라이 자신이 《젊은 베르터의 기쁨》 속에서 기술하고 있는 바이다.

75) 니콜라이가 칸트, 셸링, 피히테, 실러 등을 공격한 것이 원인이 되어 〈크세니엔〉 지상에서 심한 조소를 받았다.

공적을 올리고 있는데도 불구하고, 문학상의 명성을 완전히 잃고 만 것이다. 이 원고는 한번도 필사되지 않고 훨씬 이전에 없어지고 말았다.[76]

나는 이 소품이 특히 좋았다. 젊은 두 사람의 맑고 열렬한 애정은 그들이 놓인 희비극적인 상태에 의해서 약화되기는커녕 한층 높아졌다. 더할 나위 없는 깊은 애정이 전편에 넘쳐흐르고, 니콜라이마저도 신랄하기보다는 해학적인 취급을 받았다. 내가 이 소품 속에서 한 말은 그다지 품위가 있는 것은 아니었다. 이것은 어떤 오래된 운율[77]을 흉내내서 쓴 것으로 그것은 다음과 같다.

> 저 자만심 많은 녀석이
> 나를 위험하다고 떠들어댈 테면 대라.
> 수영도 할 줄 모르는 멋없는 녀석이라면
> 그야 물이 나쁘다고 할 테지.
> 베를린 추방이 무엇이란 말인가.
> 악취미 녀석이 무슨 말을 하는 거야.
> 내가 하는 말을 모르는 녀석은
> 읽고 쓰기를 좀더 배우는 것이 좋을걸.

《젊은 베르테르의 슬픔》에 대한 그 어떤 비난에도 마음의 준비는 잘 되어 있었으므로, 그토록 많은 반론이 있었어도 나는 별로 화가 나지 않았다. 그러나 동정이나 호의를 가져주는 사람들 덕택으로 오히려 견딜 수 없는 고통을 맛보리라고는 생각지도 못했다. 나의 소품 그 자체에 대해서 친절한 말을 해주는 사람은 한 사람도 없고, 모두가 한결같이 그 속에서 어느 것이 사실인가를 꼭 알려고 했기 때문이다. 여기에 나도 몹시 화가 나서 대개는 쌀쌀맞게 대답을 해두었다. 이와 같은 질문에 대답한다는 것은 그토록 오랫동안 숙고를 거듭하여 여러 가지 요소에 시적인 통일을 부여하려고 한 나의 소품을 다시 산산조각으로 분해하여 그 형식을 파괴할지도 몰랐고, 이에 의해서 진정한 구성 요

---

76) 사실은 그렇지 않고 '베르터의 무덤 위의 니콜라이'도 '로테와 베르터 사이의 대화'도 현존하고 있다. 이들은 막스 모리스 편 《젊은 괴테》의 제5권에 수록되어 있다.
77) 아이케 폰 레페고우의 《작센법전》의 머리글을 가리킨다.

소 자체가 파괴까지는 되지 않는다 해도 적어도 분해되어 못쓰게 될 것이기 때문이었다. 그러나 자세히 생각해 보면 일반 독자의 이러한 요구도 무턱대고 나쁘다고는 할 수 없었다. 예루살렘의 운명은 세상에 대단한 센세이션을 자아냈다. 일류 신학자이자 저술가였던 사람의 아들로 교양도 높고 사랑할 만한 모범적인 청년이, 건강하고 유복한 데도 불구하고 갑자기 이렇다 할 이유도 없이 세상을 떠난 것이다. 그래서 너도 나도 어떻게 그런 일이 가능하냐고 서로 물었다. 그리하여 불행한 연애 때문이라는 것을 알자 젊은 사람들은 모두 흥분을 느꼈고, 또 그가 상류 사회에서 겪은 사소한 불쾌한 체험이 화제가 되자 중류 계급 사람들도 자극을 받아 누구나 자세한 것을 알고 싶어 했다. 여기에 《젊은 베르테르의 슬픔》이 나타나서 자세한 묘사를 했으니, 사람들은 당사자인 청년의 생활과 기질이 그대로 표현되어 있는 것으로 생각한 것이다. 장소도 인물도 딱 맞았고, 표현도 매우 자연스러웠기 때문에 사람들은 알고 싶어 한 일을 완전히 알았다고 생각하고 만족하였다. 그러나 좀더 관찰을 자세히 해보면 딱 맞아떨어지지 않는 점이 많이 있었다. 진실을 구하는 사람들은 견딜 수 없는 일에 직면하고 말았다. 엄밀하게 비평을 하면 수많은 의문이 속출할 것이기 때문이다. 그러나 그 진상을 규명한다는 것은 어느 누구도 할 수 있는 일이 아니었다. 남의 눈에 띄지 않는 한 청년인 나는 비밀은 아니지만, 역시 남몰래 행동하고 있었으므로 그러한 내가 자신의 생활과 고뇌 가운데서 무엇을 창작으로 돌렸는가를 다른 사람이 알 리가 없었기 때문이었다.

이 저작을 집필하고 있을 때, 나는 비너스상을 만들 기회를 가진 어느 예술가가 몇 사람의 미인을 연구하면서 얼마나 좋은 결과를 올렸는가를 알았다. 그래서 나도 로테의 모습을 만들어낼 때 주요 특질은 가장 사랑하는 사람으로부터 땄지만, 그 밖에 몇 사람의 아름다운 소녀들의 모습과 성질도 참고하면서 해 보았다. 따라서 따지기를 좋아하는 일반 독자는 여러 여성들이 로테와 비슷하다는 것을 발견할 수 있었고, 여성들로서도 자기가 진짜 로테로 간주되는 것에 무관심할 수가 없었다. 그러나 이러한 여러 사람의 로테 때문에 나는 한없이 고민을 하였다. 나를 만나는 사람들은 누구나, 도대체 진짜 로테는 어디서 살고 있는지 알고 싶어 했기 때문이다. 나는 나탄이 3개의 반지로 해결한 것 같은 도피로로 타개하려고 하였다. 그러나 도피로라고 하는 것은 나보다도 더 정도가 높은 사람들이 사용하기에는 어울려도, 내가 사용하면 믿기 쉬운 사람이나 일반 독자들을 만족시킬 수가 없었다. 시간이 조금 지나면 이러한 번거로운 참견으로부터 해방되리라고 나는 기대했으나, 이것은 평생 동안 나를 따라다녔다. 그것으로부터 벗어나려고 이름도 감추고 여행도 떠나보았으나, 이런 수단을 사용해도 역시 기대와는 달리 실패로 끝났다. 이리하여 그 소품의 저자는 이러한 피할 수 없는 번거로움에 의해 벌을 받은 것이다.

이와 같이 괴로운 생각을 한 나는 작가와 독자 사이에는 거대한 심연이 가로놓여 있다는 것, 그리고 다행히도 양자는 그것을 조금도 이해하지 못하고 있다는 것을 뼈저리게 알았다. 따라서 그 어떤 머리말도 전혀 쓸모가 없다는 것을 나는 전부터 이미 알고 있었다. 작자가 목적을 분명히 하려고 하면 할수록 그만큼 많은 혼란이 생길 뿐이었다. 또 작자가 제아무리 많은 말을 사용해서 머리말을 썼다고 해도, 독자는 작자가 이미 거부하려고 한 몇 가지 요구를 여전히 들이댈 것이다. 이와 비슷한 독자의 버릇도 나는 마찬가지로 전부터 알고 있었다. 특히 자기 비평을 인쇄하여 발표하려는 사람들의 버릇은 참으로 우스꽝러웠다. 즉, 그들은 작가가 어떤 작품을 완성하면 이에 의해 작자는 자기들에게 빚을 지는 사람이 된다고 생각하고, 또 그들은 작자라는 사람이 원래 자기들 독자가 원하는 것에 전혀 따르지 않는다고 망상하고 있는 것이다. 그러면서도 그들 독자는 우리 작자의 작품을 보기 직전까지는 그와 같은 작품이 존재하고 있다거나 가능하다는 것을 알 리가 없는 것이다.

그건 그렇다 치고 그토록 갑자기, 그토록 대담하게 등장한 이 색다른 젊은 작자에 대해 누구나 알려고 한 것은 최대의 행복이라고도, 또 최대의 불행이라고도 말할 수 있다. 사람들은 이 작자를 만나 이야기하고 싶어했고, 멀리 떨어진 곳에 있는 사람들도 그에 대해서 들어서 알려고 했기 때문에, 그는 어떤 때는 즐겁고 어떤 때는 불쾌한, 어느 경우나 마음을 교란하는 사람들의 쇄도를 체험하지 않을 수가 없었다. 손을 댄 일이 그의 앞에 산더미처럼 쌓여 있었다. 만약 여느 때와 같은 애정을 가지고 이에 열중할 수 있었다면 수년 동안 이들 일에 전념하지 않을 수 없을 것이다. 그러나 작자는 수수한 작품을 만들어내기에 알맞은 정적과 새벽과 어둠으로부터 소란스러운 대낮 한가운데로 끌려나온 것이다. 이렇게 되자 남에게 끌려 자기 자신을 잃어버리고, 남이 관심을 갖든 갖지 않든 마음이 심란해진다. 이와 같은 외면적인 접촉은 결코 우리의 내면적 교양의 시기와 일치하지 않고 아무런 쓸모가 없는 이상, 우리에게 해를 끼치지 않을 수 없기 때문이다.

그러나 일상생활에서 정신을 산란하게 만든 사소한 일 이상으로 작자가 상당히 대규모적인 작품에 손을 대어 완성하는 것을 방해한 것은, 인생에서 생기는 다소 중요한 것들을 모조리 희곡화하려는 생각을 갖는 일이었는데, 이것은 그 무렵 동아리들 사이에서는 극히 일반적인 경향이었다. 이 희곡화라고 하는 술어(이 말은 창작 동아리 사이에서는 술어였다)가 본래 어떤 내용을 뜻하고 있었는가에 대해 여기서 설명해 둘 필요가 있을 것이다. 그 무렵, 매우 쾌활했던 동아리들이 모여서 재기가 넘치는 회합을 개최하면, 이에 자극을 받은 우리는 원래 상당히 대규모적인 작품을 만들기 위해 모아두었던 일체의 것을 각각 해체하여 그 자리에서 짧은 서술로 토막을 내 버리는 것이 예사였다. 개별적인 단순한 사건, 행복하고 소박한 말, 어리석은 말, 오해, 역설, 재치 있는 관찰, 개인의 특질이나 습관, 개성적인 표정, 기타 와자지껄하고 싸움으로 가득한 인생에서 생길 수 있는 모든 것이 대화, 문답, 변화무쌍한 줄거리, 연극 등의 형태로, 때로는 산문으로, 때로는 운문으로 표현되었다.

독창적이고 정열적으로 수행된 이와 같은 훈련으로 시적인 사고방식이 확고히 다져졌다. 우리는 여러 가지 대상이나 사건, 인물 등을 단독으로, 또는 다른 여러 가지 것과 관련지워 존립케 하고, 그것들을 명확하게 파악하고 선명하게 표현하려고 애썼다. 일체의 비평은 찬반 여하를 막론하고, 관찰자의 눈앞에서 생생한 형태로 움직여야 하는 것으로 되어 있었다. 이와 같은 작품은 살아 있는 격언시라고 이름 지을 수 있는데, 날카로운 신랄함은 결여되었지만 적절하고 단호한 특질을 풍부하게 지니고 있었다. 〈연시제〉[78]는 이와 같은 격언시의 하나로, 어쩌면 이와 같은 촌철시(寸鐵詩)의 결정체라고도 할 수 있었다. 여기에 등장하는 가상 인물 하나하나에는 그 동아리에 참가했던 실재 인물이나, 적어도 그들과 연관성이 있는 다소 안면이 있는 사람들이 묘사되었다. 이 수수께끼 같은 뜻을 대개의 사람들은 끝까지 이해하지 못했다. 모두가 웃었다. 그

---

78) 아마도 1773년 초에 쓰여진 프랑크푸르트 시대의 풍자시. 1778년에는 안나 아마리아를 중심으로 하는 연극 애호가 사이에서 상연하기 위해 완전히 개작되었다.

러나 자기 자신의 성격이나 버릇이 웃음의 대상이 되고 있다는 것을 아는 사람은 얼마 되지 않았다. 바르트[79]의 《최신의 계시를 위한 서문》은 이와는 다른 종류의 증거 문헌으로 여겨진다. 그중의 극히 짧은 시편은 '잡시' 속에서 볼 수 있는데, 대부분은 없어지고 말았다. 아직 남아 있는 몇 편은 아마도 발표되는 일은 없을 것이다. 그중 인쇄되어 발표되었던 것은 독자를 동요시키고 저자에 대한 호기심을 자극한 데에 지나지 않았다. 손으로 쓴 원고인 채로 공표된 것은 더욱더 그 수가 늘어난 동아리들을 떠들썩하게 만들었다. 그 무렵 기센에 있었던 바르트 박사가 나를 찾아왔는데, 정중하고 예의 바른 그는 '서문'에 대해 농담을 하면서, 친밀한 교제를 원한다고 했다. 그러나 우리 젊은이들은 이전과 마찬가지로 모여서 술자리가 벌어지면, 으레 남의 버릇을 찾아내어 그것을 묘사함으로써 남몰래 심술궂은 즐거움에 젖었다.

그런데 문학계의 혜성으로서 사람들이 경탄의 눈으로 본다는 것은 젊은 작가에게는 결코 나쁜 기분이 들지 않았기 때문에, 그는 기꺼이 그리고 겸허한 마음으로 조국의 가장 명망이 높은 사람들에게 경의를 표하려고 노력하였다. 이와 같은 사람들 중에서 우선 들 수 있는 사람은 뫼저[80]이다. 이 인물이 쓴 국민론을 내용으로 하는 몇 편의 소논문은 이미 수년 전부터 〈오스나브뤼커 인텔리겐츠블래터〉지에 게재되었고 나는 헤르더를 통해 이것을 알고 있었다.

헤르더는 그 시대에 무엇인가 가치가 있는 것, 특히 활자가 되어 남의 눈에 띈 것이라면 무엇 하나 무시하는 일이 없었다. 뫼저의 딸 포이크츠 부인[81]은 흘

---

79) 칼 프리드리히(1741~92). 기센의 신학자로 1772년 《서한과 이야기에서의 신의 최신의 계시》라는 제목의 신약성서의 번역을 출판했는데, 이것은 외경이 결여된 합리주의적인 개작이었다. 이것을 비꼬아서 괴테는 우스꽝스러운 한 장면을 그려, 1774년에 《신의 최신의 계시에 관한 서시》라는 제목으로 발표하였다. 거기에는 복음서 작가 네 사람이 바르트 밑에 나타나, 그들의 소박한 힘이 바르트의 현학적인 태도와 기묘한 대조를 이루도록 되어 있다.

80) 유스투스(1720~94). 오스나브뤼크 주교령의 행정 고문이었다. 괴테는 그에게 평생 동안 마음속으로부터의 경의를 품고, 바이마르에서 정무를 보면서 뫼저의 국가, 통치, 법에 관한 사상을 연구하였다. 1766년 이후 뫼저의 여러 논문은 〈오스나브뤼커 인텔리겐츠블래터〉지에 게재되었고, 1774~78년에 그의 딸 옌니는 이들을 《애국적 환상》이라는 제목의 책으로 출판하였다. 헤르더는 일찍이 이 책에 주목하여 괴테에게도 이에 대한 주의를 환기시켰다.

81) 옌니 폰 포이크츠 부인(1752~1814). 앞의 주석과 같이 아버지인 유스투스 메이저의 논문을 정리하여 《애국적 환상》을 출판하였다. 그녀에게 보낸 괴테의 5통 편지는 현존하고 있다.

어져 없어진 이들 논문을 수집하는 일을 하고 있었다. 우리는 이 논문집의 출판을 초조한 마음으로 기다리고 있었다. 그래서 나는 그녀와 편지를 교환하여 마음속으로부터의 흥미를 보이고, 어느 특정한 범위의 독자를 위해 쓰인 이들 뜻깊은 논문은 제재로 보나 형식으로 보아 모든 면에서 쓸모가 있을 것이라고 증언한 것이다. 그녀와 그녀의 아버지는 전혀 무명이라고는 할 수 없는 낯선 사람의 이러한 말을 호의를 가지고 받아주었다. 그들이 품고 있던 우려는 이 말로 일단 사라지게 되었다.

모두가 하나의 정신으로 기초되고, 전체적으로 잘 정리된 이들 소논문에서 가장 크게 주목하고 칭찬할 만한 점은 시민의 본질에 관한 매우 성실한 지식이다. 여기서는 어떤 한 제도가 과거에 기초를 두면서 현재에도 여전히 생생하게 존립하고 있는 것을 볼 수가 있다. 우리는 한편으로는 인습을 고집해도, 다른 한편으로는 사물의 움직임과 변화를 방해하지 못한다. 어떤 때는 유익한 혁신에도 두려움을 품는 일이 있고, 또 어떤 때는 무익하고 유해하다고 해도 신기한 것에 기쁨과 즐거움을 느낀다. 저자인 뫼저는 실로 편견이 없는 태도로 여러 계급의 상태나, 대도시, 소도시, 마을 상호간의 관계를 분석하고 있다. 우리는 그것이 어떤 특징을 가지고 있는가를 알고, 그와 동시에 그것이 어떠한 법적 근거에 의존하고 있는가를 알게 된다. 또한 국가의 기본 재산이 어디에 있으며, 그것이 어떠한 이익을 낳는지가 명백히 밝혀진다. 여기서는 소유와 그 이익에 대해서, 또 한편으로는 여러 가지 조세나 손실, 더 나아가서는 여러 종류의 소득에 대해서도 교시된다. 이러한 사항에 있어서도 신·구 두 시대가 대치되고 있는 것이다.

우리는 한자 동맹의 한 도시였던 오스나브뤼크가 전에는 상업으로 크게 번성했었다는 것을 알고 있다. 당시의 정세로 보아 이 도시는 놀라울 정도로 좋은 위치를 차지하고 있었다. 육지의 생산물을 모을 수 있었고, 그와 동시에 바다로부터 그리 멀리 떨어지지 않았기 때문에 해상 활동에도 참가할 수가 있었다. 그런데 세월이 흐르자 이 도시는 내륙 깊숙이 위치하게 되어 서서히 해상무역으로부터 멀어져 마침내는 제외되고 말았다. 어떻게 해서 이렇게 되었는가는 여러 면에서 서술할 수 있다. 영국과 연안 제국, 해항과 내륙간의 항쟁도 언급될 것이다. 여기서 연안 지방 주민의 큰 이익이 열거되고, 또 내륙 주민도 이와 마찬가지 이익을 손에 넣기 위해서는 어떻게 하면 좋은가에 대해서 진지한 제안이 이루어진다. 다시 우리는 상업이나 수공업에 대해서 실로 많은 것을 알게 되고, 어떻게 해서 이것들이 대공장에 의해 능가되고, 소매 상인에 의해서 매장되었는가를 알게 된다. 우리는 여러 가지 원인이 가져온 결과인 몰락을 바라보고, 이 결과가 다시 새로운 몰락의 원인이 되어 쉽사리 끊을 수 없는 영원한 순환을 이루고 있다는 것을 알게 되는데, 건전한 공민인 뫼저는 이 순환을 매우 명확하게 그려내고 있기 때문에 독자들은 거기서 벗어날 가능성이 있다고 여전히 믿을 수가 있는 것이다. 저자는 철두철미하게 매우 특수한 여러 사정에 철저한 통찰을 하고 있다. 그의 제안, 그의 충고는 무엇 하나 근거 없는 억측은 없으나, 실행이 불가능한 것이 자주 있기 때문에 그는 이 논문집에 '애국적 공상'이라는 이름을 붙였다. 그러나 여기에 포함된 것 가운데 현실과 가능성의 범위를 벗어난 것은 하나도 없다.

그런데 모든 공적인 것은 가족 제도에 그 기초를 두고 있으므로, 그는 특히 이 제도에 눈을 돌리고 있다. 그의 진지하고 때로는 익살스러운 관찰의 대상이 되어 있는 것은 풍속이나 습관, 의복, 식사, 가정 생활, 교육 등의 변천이다. 만약에 그가 다루고 있는 대상을 망라하려고 한다면 우리는 시민적 세계와 도덕적 세계에서 일어나고 있는 일체의 사항을 항목별로 정리하지 않으면 안 될 것이다. 더욱이 그가 다루는 방법은 얼마나 놀라운가! 완벽한 실무가인 그는 주간지에서 국민에게 호소하여, 양식 있고 호의적인 정부가 도모하거나 실행하려고 하는 일을 누구나 올바르게 이해할 수 있도록 하고 있다. 더구나 그것은 절대 교훈적이지 않고, 시적이라고 불리울 정도로 매우 다양한 형식으로 말하고 있는데, 그와 같은 형식은 분명히 가장 좋은 뜻으로 수사적이라고 보아야 할 것이다. 어떤 경우에도 그는 대상을 능가하고 있으며, 제아무리 엄숙한 일이라도 쾌활한 일면을 우리에게 보여주고 있다. 변장이 자유로운 가면으로 얼굴을 반쯤 가리는가 하면, 이내 자기 본 얼굴로 돌아와서 이야기하되 이야기 솜씨는 항상 철저하며, 항상 즐겁게 보이고, 다소 비꼬면서도 매우 정통하고 성실하고 친절한 반면 때에 따라서는 서슴없이 과격한 때도 있다. 더욱이 이 모든 것이 매우 잘 조화되어 있기 때문에 저자의 정신, 지성, 교묘함, 취미, 개성에 놀라지 않을 수 없다. 공익에 대한 대상의 선택, 깊은 통찰, 자유로운 전망, 교묘한 처리, 철저하고 쾌활한 해학 등의 관점에서 볼 때 나는 프랭클린[82] 외에 그와 비교할 수 있는 인물을 알지 못한다.

이와 같은 인물에 우리는 한없는 숭배의 마음을 가졌다. 무엇인가 보람 있는 한 가지 일을 하고 싶은, 그리고 겨우 그것을 알기 시작한 청년에게 그는 매우 큰 영향을 끼쳤다. 그의 논술 방법만이라면 우리도 할 수 있을 것 같았다. 그러나 그토록 풍부한 내용을 내 것으로 소화하고, 파악하기가 매우 어려운 이들 대상을 그 누가 그토록 마음대로 다룰 수가 있겠는가?

그러나 우리가 소중하게 생각하고 숭배하는 것을 될 수 있는 대로 내 것으로 만들 뿐만 아니라, 그러한 것을 나 스스로 만들어내어 표현하기를 원한다는 것은 우리가 갖는 가장 아름답고 감미로운 환상으로, 비록 그것이 우리 인생에 많은 고통을 가져온다 해도 그것을 단념해서는 안 되는 것이다.

---

82) 벤자민(1706~90). 괴테는 그의 자서전을 1810년에 읽었다.

## 제14장
## '슈투름 운트 드랑' 문학 서클의 형성

일반 독자 사이에 퍼졌던 그 움직임[1]과 함께 또 하나의 움직임이 생겼는데, 이것은 저자의 신변에 생긴 일이라서 저자에게는 매우 큰 뜻을 지니고 있었다. 큰 평판을 자아낸 이들 작품을 이미 원고 때부터 알고 있었고, 이 때문에 일부는 자기 자신의 작품이라고 여기고 있던 연상의 친구들[2]은 이들 작품이 대담하게도 그들이 예언한 대로 큰 성공을 거두었기 때문에 개가를 올렸다. 이러한 사람들에게 새로운 친구들[3]이 생겼는데, 특히 창작력을 자기 마음속에 느끼거나, 또는 이것을 자극하고 육성하기를 원하는 사람들이 우리 모임에 참가했다.

전자의 경우는 렌츠가 뛰어났고 독특한 데가 있었다. 이 특이한 인물의 용모에 대해서는 이미 말했고, 또 그의 해학적인 재주에 대해서도 애정을 가지고 그려보았다. 여기서 나는 그의 성격에 대해서 이야기해 보고 싶은데, 그것도 그의 성격을 서술하는 것이 아니라 성격에서 생긴 결과를 이야기해 보고자 한다. 왜냐하면 곡절이 많은 그의 생애를 더듬어 그의 특성을 묘사하고 전달하는 것은 도저히 불가능할 것이기 때문이다.

외부로부터 또는 다른 사람으로부터 아무런 고통을 받지 않기 때문에 자신을 학대하게 되는 현상이 당시에 유행하여, 남보다 뛰어난 사람들의 마음을 불안하게 만들었다는 것은 이미 말한 대로이다. 자기 자신을 관찰하는 눈을 가지지 않은 평범한 사람이라면 잠깐 겪게 되는 고통, 곧 머리에서 떨쳐버릴 수 있는 일도 뛰어난 사람들은 날카롭게 이를 포착하고 유의해서 작품이나 서한, 일기 속에 적어두는 것이다. 그런데 자기나 타인에 대한 도덕적 요구만은 매우 엄

---

1) 《젊은 베르테르의 슬픔》이 일으킨 동요를 가리킨다.
2) 메르크, 헤르더, 렌츠를 가리킨다.
3) 클린거, 라바타, 야코비를 가리킨다.

격한데 실제의 행동은 극히 태만하다보니, 이러한 어정쩡한 자기 인식으로부터 생기는 자부심에 끌려, 요상한 습관이나 악습이 생기게 되었다. 이렇게 해서 자기 성찰로 마음을 지치게 만든 원인이 된 것은 경험심리학이 일어났기 때문이었다.[4] 이것은 우리의 마음을 불행하게 만드는 모든 것을 사악하다거나 배척해야 한다고 단언하지는 않았지만, 모든 것을 시인할 수도 없었다. 여기서 수습할 수 없는 영원한 투쟁이 야기되었다. 그런데 이 투쟁을 수행하고 지속하는 데에 있어 렌츠 이상 가는 사람이 없었다. 그 밖의 무위도식패나 어정쩡한 활동가들은 모두 마음의 내면을 잠식당하고 있었다. 그래서 렌츠는《젊은 베르테르의 슬픔》이 나옴으로써 완결되었다고 여겨진 시대의 풍조 때문에 괴로워한 것이다. 그러나 그는 솔직하고 성실한 마음의 소유자라고 인정하지 않을 수 없는 다른 사람들과는 어떤 개성적인 유형에서 달랐다. 즉, 그는 권모술수를 좋아하는 성격을 분명히 가지고 있었던 것이다. 그것도 술책 그 자체를 좋아했으며, 그 본래의 목적, 즉 이치에 닿고 이기적이고 도달 가능한 목적이라는 것은 가지고 있지 않았다. 그는 항상 무엇인가 예사롭지 않은 것을 꾸미는 버릇이 있었고, 그것으로 끝없는 즐거움을 맛보고 있었다. 이렇게 해서 그는 평생을 상상 속의 악한으로 지내왔고, 그의 애정도 증오도 공상적인 것이었다. 끊임없이 무엇인가에 몰두할 수 있도록 상상이나 감정을 마음 먹은대로 움직였다. 그는 터무니없는 수단을 써서 자기가 좋아하는 것이나 싫어하는 것에도 현실성을 부여하려고 노력했기 때문에, 작품을 주물럭거려 스스로 못쓰게 만들었다. 그는 이제까지 한 번도 자기가 사랑하는 사람에게 이익을 준 일도 없고, 미워하는 사람에게 해를 준 일도 없었다. 총체적으로 그는 자기를 벌하기 위해 죄를 범했고, 낡은 이야기에 새로운 이야기를 접목하는 것만으로 음모를 꾸미고 있는 것처럼 보였다.

그의 재능은 깊은 곳에서 샘솟는, 다하지 않는 창작 의욕에서 생겨난다. 이 재능의 내부에서 섬세함과 약동감, 예민함이 서로 맞겨루고 있었다. 그러나 그의 재능은 매우 훌륭한 것임에도 불구하고 병적인 것이었다. 이와 같은 재능이야말로 평가하기가 매우 곤란한 것이다. 그의 작품은 분명히 위대한 특징을 인

---

4) 카지미르 폰 크로이츠, 요한 하인리히 란베르트, 페르디난트 이바바서 등에 의한 것.

정할 수 있었다. 어리석고 요상한 바보 같은 이야기 속에도 귀엽고 부드러운 감정이 스며 있었다. 그러나 그처럼 바보 같은 이야기는 비록 그것이 철저하고 무심한 해학과 희극적인 재능을 보이고 있다 해도, 도저히 용서할 수 없는 성질의 것이다. 그의 일상은 오직 무의미한 것만으로 성립되어 있었는데, 그는 그와 같은 일에도 이리저리 공상을 작용시켜 의미를 부여할 수가 있었다. 그가 독서에 소비한 시간은 기억력이 좋은 그에게 항상 많은 성과를 가져다주었고, 독창적인 생각을 여러 가지 재료로 풍부하게 해주었던 만큼, 아무것도 하지 않고 빈둥거리고 노는 시간도 그만큼 많이 얻을 수가 있었던 것이다.

그는 리프란트의 귀족들과 함께 슈트라스부르크에 파견되었는데, 그를 교육담당으로 발탁한 것만큼 불운한 일은 없었다. 그들 중 맏형인 남작은 잠시 동안 조국으로 돌아갔으나, 이미 남이 아닌 연인은 뒤에 남겨두었다. 렌츠는 이 여성에게 구혼을 하고 있던 남작의 동생이나, 그녀에게 마음을 두고 있는 다른 사람들을 내쫓고, 소중한 연인을 부재 중인 친구를 위해 지키려고 스스로 그 여자를 사랑하는 체하거나, 경우에 따라서는 사랑하려 결심한 것이다. 그는 이 여성을 이상화하고는 그 이상에 집요하리만치 애착을 갖고 자기 계획을 실행에 옮겼는데, 그때 다른 사람들과 마찬가지로 그녀의 놀이와 즐거움의 도구가 되어 있는 데 지나지 않는다는 것을 인정하려고 하지 않았다. 그에게는 그러한 처지가 한층 형편이 좋았다! 그의 입장에서 볼 때 놀이에 불과하다고 생각했던 것처럼, 그녀도 놀이로서 그에 응하고, 어떤 때에는 그를 끌어당기는가 하면 밀어제치고, 어떤 경우에는 가까이 오는가 하면 멀어지는 식이었으므로 이와 같은 놀이는 오래 계속할 수가 있었다. 그도 때때로 의식적이 되는 경우도 있었으나, 그와 같은 때에는 자기 책략이 맞아떨어져 크게 기뻐했다고 해도 좋을 것이다.

그런데 그는 자기가 가르치는 제자와 마찬가지로 대개는 수비대 장교들과 함께 생활을 하고 있었는데, 뒷날 희극 《병사》에서 보인 색다른 관찰[5]은 여기에서 형성된 것 같다. 그러나 그가 일찍부터 군대 지식을 가지고 있었다는 것은 그에 어울리는 결과를 가져왔다. 즉, 자기는 군대에 정통하다고 생각하고 있

5) 《병사》의 최종 장면.

었던 것이다. 분명히 그는 이 방면의 연구를 세부에 걸쳐 계속했기 때문에 수 년 뒤에는 프랑스 육군 장관에게 보낼 대규모적인 회상록을 작성하여, 그 자신 대성공을 거둘 것이라고 기대하고 있었다. 프랑스 군대의 결함은 상당히 잘 관찰되고 있었으나, 그것을 고치려고 마련한 방법들은 우스꽝스럽고 실행이 불가능한 것이었다. 그러나 그는 이것으로 궁중에서 큰 세력을 획득할 수 있으리라고 생각하였다. 그래서 그는 친구들이 여러 가지 이유를 들기도 하고 실제로 반대하기도 하면서, 이미 정서가 되어 발송 직전이었던 작품을 저지하고 불태워 버린 것을 원망스럽게 생각한 것이다.

그는 그 여성과의 사이에서 실제로 있었던 복잡한 관계에 대해 나에게 이야기로, 또는 편지로 모두 털어놓았다.[6] 제아무리 시시한 것이라도 그가 시로 표현할 수가 있다는 것에 나는 자주 감탄했기 때문에, 이 복잡한 연애의 중심 부분에 풍부하게 윤색을 하여 짧은 소설을 하나 만들면 어떻겠느냐고 나는 자꾸만 권했다. 그러나 그런 일은 그에게 맞지 않았다. 마치 끝없이 사소한 일에 방향도 모르고 몰두하고 있는 것 같아 그렇게 할 수 있을 것 같지가 않았다. 이와 같은 전제를 바탕으로, 미치기 전까지의 그의 생애를 언젠가 아마도 밝힐수 있을 것이다.[7] 그러나 지금은 여기서 말해 두어야 할 요점만 밝히고자 한다.

《괴츠 폰 베를리힝겐》이 출판되자 렌츠는 곧장 나에게 긴 논고를 보내왔다. 이것은 그가 늘 쓰던 원고지에 상하좌우 조금도 여백을 남기지 않고 빽빽하게 글을 채우고 있었다. 이 논고는 〈우리의 결혼에 대하여〉[8]라는 제목이 붙어 있었다. 만약에 이것이 현재에도 보존되어 있다면 그의 사람됨에 대해서 희미하게밖에 알지 못했던 그 당시의 나에게 매우 쓸모가 있었을 것이고, 오늘날의 우리에게 해명의 단서를 주었을 것이다. 이 지루한 문장의 주된 목적은 나의 재능과 그의 재능을 비교하는 데에 있었다. 어떤 때는 자기 자신을 나보다 밑에 놓고, 어떤 때에는 대등한 위치에 놓고 있는 것 같았다. 그러나 이들 모두는 해학이 섞인 재미있는 어구로 이루어져 있었기 때문에 나는 그것으로 그가 전하려 한 견해를 쾌히 받아들인 것이다. 더욱이 나는 그의 재능을 정말로 높이

---

6) 1774년에 쓰여지고, 1777년에 〈도이체 룬트샤우〉지에 처음으로 공개된 렌츠의 일기 참조.

7) 괴테가 1813년에 이 대목을 쓸 때 렌츠에 관한 문헌학적인 자료는 거의 없었다.

8) 이것은 현존하지 않는다.

평가하고 있었고, 또 방향을 상실한 방황에서 벗어나 마음을 단단히 먹고, 타고난 창작 능력을 예술가다운 침착성을 가지고 살려보면 어떻겠느냐고 끊임없이 요망하고 있던 터라 더욱 그러했다. 나는 그의 신뢰에 최대의 호의로 응했다. 그리고 그가 그 초고 속에서 나와 될 수 있는 대로 밀접한 관계를 맺고 싶다고(이것은 그 색다른 제목이 말해준 그대로이다) 절실히 요구했으므로, 나는 그 뒤로 완성된 작품이나 구상 중인 작품도 모두 그에게 알렸다. 한편 그는 《가정교사》, 《신메노차》, 《병사들》이나 프라우투스의 모방작이나 《연극 소론》의 부록인 영국극의 번역 등의 원고를 나에게 보내왔다.

이 《연극 소론》을 읽고 내가 상당히 이상하게 생각한 것은 그가 간결한 서문에서, 이 논문의 내용은 연극상의 규칙에 맹종하고 있는 희곡을 격렬하게 공격하는 것이며, 이미 수년 전에 문학 애호가들의 모임에서 강연으로 발표한 일이 있다고 말한 것이다. 수년 전이라고 하면 아직 《괴츠》가 집필되지 않은 때이다. 렌츠의 슈트라스부르크의 동아리 사이에서 내가 몰랐던 문학 동호회가 있었는지는 나로서는 의문이 아닐 수 없는데, 그것은 그대로 인정해두기로 했다. 그리고 그를 위해 이 논고나 그 밖의 작품을 출판해 줄 사람을 주선했는데, 공교롭게도 그가 나를 상상 속의 증오의 주된 대상으로 만들어 자의적인 박해의 대상으로 삼고 있었다는 것은 꿈에도 몰랐던 것이다.[9]

일의 순서로서,[10] 어떤 마음씨가 좋은 동료에 관한 일을 아주 간략하게 이야기해 보기로 한다. 이 사람은 특별한 재능을 가지고 있었던 것은 아니지만, 역시 우리 동아리의 한 사람으로서 간주되고 있었다. 그의 이름은 바그너[11]라고 하는데 처음에는 슈트라스부르크에서, 그 뒤에 프랑크푸르트에서 우리의 동아

---

9) 렌츠는 괴테가 슈트라스부르크를 떠난 뒤 제젠하임으로 가서 프리데리케에게 연애 편지를 주었다. 그는 괴테 작품의 출판자인 라이프치히의 바이간트로부터 희곡을 출판하고, 괴테의 누이동생 코르넬리아가 있는 엔멘딘겐과 그의 어머니가 있는 프랑크푸르트를 방문하였다. 1776년 봄, 바이마르로 와서 슈타인 부인을 방문하였다.

10) 렌츠 때문에 심한 보복을 받은 것과 관련해서 바그너로부터도 괴로움을 당했음을 말하고자 하는 것이다. 제15장에 나오는 것처럼 바그너의 '프로메테우스, 데우카리온 및 비평가들' 때문에 괴테는 곤경에 빠졌다.

11) 하인리히 레오포르트(1747~79). 슈트라스부르크에서 법률학을 배우고 후에 프랑크푸르트에서 변호사가 되었다.

리가 되었다. 재치, 재능, 교양이 결여된 것도 아니고, 노력가로서의 실력을 보였기 때문에 우리의 환영을 받았다. 분명히 그는 나에게 성실한 태도를 보였고, 나도 내가 계획한 것을 전혀 비밀로 하지 않았기 때문에 다른 사람과 마찬가지로 그에게도 《파우스트》에 관한 나의 의견, 특히 그레트헨의 파국에 대해 이야기해 주었다. 그는 이 제재를 택하여 비극 《영아 살인》에 이용했다. 계획 중인 것을 남에게 도둑맞은 것은 이것이 처음이었다. 나는 화가 났으나 그를 유감스럽게 생각하지는 않았다. 그 뒤에도 이와 같은 표절이나 새치기를 몇 차례 경험했으나, 여러 가지 계획이나 착상을 실행에 옮기지 않고 망설이다 남에게 이야기해 버렸기 때문에 나로서는 불평을 할 만한 이유가 없었다.

연설가나 저작자는 자기의 연설이나 작품으로 큰 효과를 얻기 위해, 일부러 찾아내서까지 비교 대조라는 수단을 사용하고 싶어 하는데, 이 책의 저자로서는, 이제 렌츠에서 크링거[12]로 이야기를 옮겨감에 있어 분명한 대상이 저자 앞에 제시되어 있다는 것은 더욱 유쾌한 일이 아닐 수 없다. 두 사람 다 같은 시대 사람으로, 젊었을 때에는 두 사람은 나란히 서로 노력하였다. 그러나 렌츠는 밤하늘을 획하고 지나가는 혜성처럼 독일 문학의 지평선 위에 잠시 동안 모습을 나타냈다가, 이 세상에 흔적을 남기지 않고 갑자기 사라지고 말았다. 이에 반해 크링거는 영향력이 큰 작가로서, 또 활동적인 실무가로서 오늘에 이르기까지 세상의 인정을 받고 있다. 양자의 비교는 저절로 이루어지게 될 것이므로 더 이상의 비교는 하지 않기로 하고, 여기서 나는 크링거에 대해서 요점만 들어보기로 한다. 그가 행하고 활동한 여러 가지 일이 결코 비밀리에 이루어진 것이 아니라, 오늘날에도 많은 사람들 사이에 좋은 인상을 남겼고 명성도 높기 때문이다.

크링거는 용모—그에 관해서는 용모부터 쓰기 시작하는 것이 나에게는 가장 바람직하다—때문에 많은 덕을 보고 있었다. 그는 키가 크고 날씬한 모습

12) 프리드리히 막시밀리안(1752~1831). 프랑크푸르트의 가난한 가정에서 태어났다. 괴테가 이 대목을 쓰고 있던 1813년에는 러시아군의 육군 중장이자 귀족으로서 현존하고 있었으므로 렌츠나 바그너(이미 사망)에 대해서 말하는 것과는 다른, 꼭 사실 그대로라고는 말할 수 없는 서술을 하고 있다. 괴테는 렌츠에 대해서는 창조적 환상을 강조하고, 크링거에 대해서는 발전의 가능성을 간직한 힘찬 개성을 전면에 내세우고 있다. 크링거는 희곡 《슈투름 운트 드랑》으로 당시 청년들의 문학 운동의 대부가 되었다.

과 이목구비가 잘생긴 얼굴을 가지고 있었다. 풍채에 신경을 쓰고 몸가짐을 단정히 했으며, 우리 동아리 중에서 가장 멋있는 사람이라 해도 과언은 아니었다. 그의 거동은 지나침이 없었고, 마음속의 흥분이 없는 한 절도를 지켰다.

우리가 소녀를 사랑할 때는 그녀의 있는 그대로의 모습을 사랑하는 데 반해, 청년을 사랑할 때는 그가 장차 어떤 사람이 될까 하며 사랑한다. 내가 크링거를 알게 되자마자 곧 그의 친구가 된 것은 그 때문이다. 그는 순수하고 마음씨가 착하여 남들의 호감을 샀고, 누구에게나 분명한 신념을 가지고 있었으므로 사람들의 신뢰를 얻고 있었다. 그는 젊었을 때부터 진지한 분위기 속에 놓여 있었다. 자기와 마찬가지로 아름답고 야무진 누이동생과 둘이서 어머니를 돌봐야 했는데, 과부인 어머니는 살림을 꾸려가기 위해서는 이와 같은 아이들의 도움이 필요했던 것이다. 그는 지금까지 자기 신변에 필요한 것 일체를 스스로 조달했기 때문에, 그의 거동에 배어 있는 자랑스러운 독립 정신을 나쁘게 생각하는 사람은 아무도 없었다. 재능이 풍부한 사람에게 공통된, 확고히 타고난 소질, 민첩한 이해력, 놀라울 만한 기억력, 어학의 재능 등을 그는 고도로 몸에 지니고 있었다. 그러나 그가 이에 못지않게 중요시한 것은 백절불굴의 정신이었다. 이것도 그에게는 타고난 성질이었으며, 그의 주변 환경이 여러 가지로 변하면서 이 성향은 완전히 실증되었다.

이와 같은 청년에게 루소가 마음에 든 것은 당연한 일이었다. 《에밀》은 그의 둘도 없는 애독서였다. 그리고 이 책의 사상은 당시의 전체적인 교양 세계에 보편적인 영향을 미치고 있었던 만큼, 다른 어떤 사람 못지않게 크링거에게는 많은 수확이 있었던 것이다. 그도 또한 자연의 아들이었고 하층민 출신이었기 때문이다. 다른 사람이라면 버려야 할 것도 가난한 그는 애초부터 가지고 있지 않았다. 다른 사람들이라면 거기에서 몸을 빼내야 하는 경우에도 그는 괴로워할 일이 없었다. 따라서 그는 자연의 복음의 가장 순수한 사도 중 한 사람이라 할 수 있었다. 그리고 그의 진지한 노력, 인간으로서, 사람의 아들로서의 그의 행동을 살펴보면 그가 '자연의 손에서 태어난 그대로의 모습으로 모두가 선이다!'라고 외치는 것도 당연한 일이었다. 그러나 '인간의 손에 걸리면 모두가 나빠진다!'라고 하는 구절을 붙이게 된 것은 어떤 불쾌한 경험 때문이었다. 그는 자기 자신과 싸우는 것이 아니라 자기 이외의 인습의 세계와 싸우지 않으면 안 되었다. 제네바의 시민 루소가 우리를 해방시키고자 한 것은, 그와 같은 세계의 질곡으로부터였다. 그런데 이 싸움은 크링거 청년의 경우, 때때로 곤란하고 괴로운 것이었기 때문에 그는 억지로 자기 자신 속으로 내몰리는 것처럼 느껴 도저히 기쁘고 즐거운 자기 완성의 영역에 도달할 수는 없었다. 오히려 그는 오로지 앞으로 돌진하여 사람을 밀어내고 나아가지 않으면 안 되었다. 거기서 일종의 신랄한 기질이 그의 성격 속에 스며들었다. 그는 그 뒤 이와 같은 기질을 부분적으로 강화시키고 배양한 점도 있으나, 되도록 이것과 싸우고 극복해 가려고 했다.

지금 내 마음속에 떠오르는 것만으로 언급해 보자면 그의 작품 중에는 엄격한 깨달음, 성실한 심정, 활발한 상상력, 인간성의 복잡성을 꿰뚫는 교묘한 관찰, 종족의 차이에 따른 특색 있는 모사(模寫)가 나타나 있다. 그가 묘사하는 소녀나 소년은 솔직하고 사랑스럽고, 청년은 정력적이며, 어른은 소박하고 사물의 이해가 빠르다. 호의적으로 그려지지 않은 인물도 별로 과장된 표현은 없다. 그에게는 쾌활과 신명, 기지와 훌륭한 착상이 있었다. 비유와 상징의 구사는 그의 마음대로였다. 그는 우리를 즐겁게 하거나 만족시키는 방법을 알고 있었다. 만약 그가 누가 보아도 화려하고 뜻깊은 해학을 언짢은 심정으로, 가끔 쓸모없는 것으로 만들지 않았다면 이와 같은 즐거움은 순수한 것이 되었을 것이다. 그러나 이것이야말로 그다운 특색이라 할 수 있었다. 그리고 누구나 이론적으로 말하자면 인식과 착오 사이를, 실천적으로 말하자면 창조와 파괴 사이를 여기저기 방황하고 있는 것이므로, 이 때문에 생활을 하는 사람, 저작을 하는 사람 등 그 종류가 실로 다양하게 나뉘게 된다.

크링거는 자기 자신을, 그리고 자기 심성과 깨달음성을 길러 보편적인 교양을 만들어낸 사람 중의 한 사람이다. 그런데 이 과정은 상당히 많은 사람들과 함께, 또는 그 사람들 사이에서 이루어진 것이었고, 더욱이 그들이 서로 사용하고 있던 언어는 보편적인 본성과 국민의 오성으로부터 생겨나는, 알기 쉽고 힘과 효력을 갖는 언어이기 때문에, 학교에서 가르치는 것 같은 틀에 박힌 형식은 조만간 그들에게는 거추장스러운 것이 되었다. 특히 이 형식이 생생한 원천에서 분리되어 허사로 변하고, 최초의 신선한 의의를 완전히 잃어버릴 경우에는 더욱 그러했다. 이와 같은 사람들은 새로운 의견이나 생각이나 체제 등에 반대하는 것과 마찬가지로 새로운 사건에도 반대하고, 또 대규모적인 변혁을 예고하거나 실행하는 주요 인사에 대해서도 반대의 입장을 분명히 한다. 그렇다고 해서 그들을 나무랄 수는 없다. 그들은 자기 존재와 교양을 짊어지고 있는 것이 근본적으로 위기에 처해 있음을 눈으로 보고 있기 때문이다.

그러나 비범한 성격을 어디까지나 유지하는 그와 같은 강인함은 세속적, 실무적 생활이 꾸준히 유지된다면, 그리고 거기서 생기는 사건의 취급 방법이 비록 많은 사람들에게는 난폭한 것으로, 아니 강인한 것으로 보여도 사용 시기를 그르치지 않고 더욱 확실하게 목적에 도달한다면 한층 가치가 있는 것이된다. 그런데 크링거의 경우가 바로 그러했다. 그에게는 적응력은 없었지만(원래 이것이 순수한 제국 시민의 덕목이 된 적은 한 번도 없었다), 그럴수록 근면하고 성실하게 일을 해서 요직에 승진하여 그 지위를 유지할 수가 있었고, 자기를 옹호하는 사람들의 칭찬과 은덕을 입어 활동을 계속하면서도, 이와 동시에 그의 옛 친구나 이제까지 걸어온 과정도 잊은 적이 없었기 때문이다. 분명히 그는 아무리 오랫동안 만나지 않거나 떨어져 있어도 추억을 완전히 잊지 않으려고 끊임없이 노력하고 있었다. 예를 들면, 그가 비리기스[13]의 예를 따라 자기 가문의 문장을 훈장으로 장식하고, 자기의 젊었던 한 시절을 기념으로 남기기를 잊지 않았다는 것은 분명히 여기에 적어둘 가치가 있는 것이다.

이윽고 나는 라바타[14]와도 알게 되었다. 동료에게 보낸《목사의 편지》의 어떤 부분을 그는 매우 잘 이해해 주었다. 이 편지의 많은 의견이 그가 지향하는 바와 완전히 일치하고 있었기 때문이다. 그가 끊임없이 활동을 계속하고 있었음에도 불구하고 우리의 서신 교환은 얼마 뒤 매우 빈번하게 이루어지게 되었다.

---

13) 마인츠의 대주교였던 그(1011년 사망)는 수레 목공이었던 아버지의 일을 존경하여 자기 문장 (紋章)에 수레바퀴를 넣었다고 한다. 이와 마찬가지로 크링거의 문장에서 발 밑에 놓인 포신은 아마도 포수였던 그의 아버지의 직업을 가리키는 것 같다.

14) 요한 카스파르(1741~1801). 취리히 태생의 신학자로 보드마와 브라이팅거의 제자였다. 화가 퓌스리와 친하여, 그와 함께 악질 지방관을 추방한 사건은 이 장에도 묘사되어 있다. 1763년의 독일 여행을 계기로 계기로 많은 문인들과 친교를 맺고 문필 활동을 하였다. 나폴레옹 전쟁 때는 용감한 시민으로서 싸웠다. 1799년에 유탄에 맞은 것이 원인이 되어 1801년에 사망하였다. 관상학의 개척자로서 유명하고, 이 장과 제12장에서 포괄적으로 서술되고, 제18장에서는 그의 관상학에 대해 자세히 언급하고 있다.

그는 그 무렵, 대규모의 저서 《관상학》을 진지하게 준비하고 있었고, 그 머리말은 전부터 이미 독자들의 눈에 띄고 있었다. 그는 여러 사람들에게 그림, 그림자 그림, 특히 그리스도상을 보내달라고 부탁하였다. 나는 이 의뢰에 대해서 거의 아무것도 할 수 없었음에도 불구하고, 그는 어떻게 해서든지 나에게 자기가 상상하고 있는 그대로의 구세주 상을 그려달라고 하였다. 그와 같은 불가능한 일을 요구받자 나는 이리저리 농담으로 그를 대할 마음이 생겼다. 그리고 그의 성향에 대해서는 나의 성향으로 대항할 수밖에 없었다.

관상학을 전혀 믿지 않는 사람, 또는 적어도 이것을 불확실하고 속임수라고 생각하는 사람의 수는 매우 많았다. 라바타에게 호의적인 많은 사람들까지도 그를 시험해보고 골려주려는 충동에 사로잡혀 있었다. 그는 프랑크푸르트에서 상당히 솜씨가 있는 화가에게 몇몇 아는 사람의 초상화를 그려달라고 주문하였다. 발송인은 장난으로 나의 옆얼굴 대신에 바르트의 것을 보냈는데, 이에 대해서 쾌활하기는 하지만 야무진 편지가 날아들었다. 그 편지에서 라바타는 이것이 나의 초상화가 아니라는 것을 모든 수단을 다하여 단언하고, 그 밖에도 이 기회에 관상학상의 이론을 실증하기 위해서 전부터 하고 싶은 이야기를 모두 써 보낸 것이다. 그는 나중에 보낸 진짜 초상화를 보고 이것은 분명히 내 것이라고 인정하였으나, 이 경우에도 역시 그가 화가나 개개인에게 품고 있었던 반감이 나타나 있었다. 즉, 그의 견지에서 말하자면 화가가 진실하고 정확한 일을 해낸 적은 한 번도 없었고, 개개인이 그 어떤 장점을 가지고 있다고 해도 그것이 라바타가 품고 있는 인간성이나 인간의 이념으로부터 너무 동떨어져 있기 때문에, 아무래도 그는 개개인을 개성적인 존재로 만들고 있는 그 특성으로 말미암아 다소 그 사람에 대한 반발심을 갖지 않을 수 없다는 것이다.

그의 내면에서 배양된 인간성이라고 하는 개념은 그의 마음속에서 생생하게 그려진 그리스도상과 매우 가까운 것이었으므로, 그에게는 그리스도교도가 아닌데 어떻게 인간이 생활을 하거나 숨을 쉬고 있는지 이상하기 짝이 없었다. 나의 그리스도교에 대한 관계는 다만 감성과 심정적인 면에서의 관련에 지나지 않고, 라바타의 마음이 끌려 있던 육체적 친근감은 나로서는 조금도 이해할 수가 없었다. 따라서 그토록 지성도 있고 마음도 풍부한 사람이 나나 멘델스존,[15] 그 밖의 사람들을 향하여 자기처럼 그리스도교도가 되든가, 그렇지 않으면 자기를 그들 쪽으로 끌어당겨 그들의 안주의 경지를 자기도 납득하게 해달라고 바싹 덤벼드는 강한 태도에 나도 화가 나고 말았다. 이와 같은 요구는 내가 차차 신봉하게 된 자유롭고 활달한 정신 세계와는 맞지 않은 것이었으므로, 나에게는 별로 좋은 영향을 미치지 않았다. 남을 개종시키려는 모든 시도는 그것이 실패할 때, 개종시키려고 하는 대상자를 완고하게 만들어 버린다. 그리고 나의 경우, 그것이 특히 현저했던 것은 라바타가 마지막에 '그리스도교냐, 그렇지 않으면 무신론자냐!'라는 모순된 논법으로 나왔기 때문이다. 이에 대해 나는, 만약에 그가 이제까지 내가 생각해 왔던 그대로의 그리스도교를 나에게 인정하지 않는다면 나는 무신론자가 될 결심을 해도 좋다, 특히 이 양자의 참뜻을 잘 알 수 있는 사람은 아무도 없기 때문이라고 단언한 것이다.

이러한 편지의 왕래는 격렬한 어조였지만, 우리의 친밀한 관계는 손상되지 않았다. 라바타는 믿을 수 없을 정도의 인내력과 끈기와 지구력을 가지고 있었다. 그는 자기의 주장이 옳다는 것을 확신하고, 그가 믿는 것을 널리 세상에 전파하려고 굳게 결심하였고, 힘으로는 할 수 없는 일도 시기가 무르익는 것을 기다려 온건한 방법으로 수행하려고 하였다. 대체적으로 그는 사회에서의 직업이 자기 내면의 사명과 완전히 일치하고, 젊은 시절의 교양이 그 후의 교양과 끊임없이 관련을 가지면서, 자연스럽게 그 능력을 발전시켜 가는 몇 안 되는 행복한 사람 중의 한 사람이었다.

매우 섬세하고 도의적인 소질을 가지고 태어난 그는 스스로 목사의 길을 택했다. 그는 필요한 학업을 이수하였고 크게 재능을 발휘했는데, 일반적으로 학문적이라는 말을 듣는 그런 교양을 지니고 싶어 하지는 않았다. 우리보다 훨씬 연장자였던 그도 시대의 자유 정신이나 자연 정신을 모든 사람들의 귀에 살며시 속삭이는 달콤한 말로 파악하였기 때문이다. 즉, 그 정신이란 외면적인 방편을 이것저것 빌리지 않아도 소재나 내용은 우리 마음속에 있다, 그리고 중요한 것은 이들을 적절하게 발전시키는 일이라는 생각인 것이다. 성직자의 의무는

---

15) 라바타는 샤를르 보네의 '철학적 재생'을 1769~70년에 취리히에서 독일어로 번역했는데, 그것은 그가 이 책에서 그리스도교가 진리라고 하는 철학적 증명을 파악했기 때문이다. 그는 이것의 제2부를 유대인 철학자 멘델스존(유명한 음악가의 조부)에게 바쳤다.

일상적인 뜻으로는 도덕적으로, 보다 더 높은 뜻으로는 종교적으로 인간에게 작용하는 것이라는 생각은 그의 생각과 완전히 일치하고 있었다. 그가 느끼고 있었던 것과 같은 성실하고 경건한 심정을 사람들에게 전하고, 이것을 사람들의 마음속에 불러일으키는 일이 이 청년의 무엇보다도 강한 충동이었고, 그가 가장 좋아했던 일은 자기에 대한 것과 마찬가지로 남에게도 주의의 눈을 돌리는 일이었다. 자기에 대한 주의는 그의 마음속의 섬세한 감정에 의해서, 또 남에 대한 주의는 외모를 날카롭게 바라봄으로써 손쉽게 이룰 수가 있었다. 아니, 그렇게 하지 않을 수가 없었다. 그는 태어나면서부터 관조에 알맞은 성질은 아니었고, 본래의 뜻으로서의 서술의 재능도 가지고 있지 않았다. 오히려 그는 모든 힘을 다해서 행동하고 활동하고 싶다는 충동에 사로잡혀 있다는 것을 마음속으로 느끼고 있었다.

그런데 우리가 가족이건, 사회적 신분이건, 동업조합, 도시건 국가건, 그 어디에 속해 있든 간에 우리의 내면적, 도덕적인 본질은 외부의 조건으로 구체화되는 것이므로 그가 활동하고자 원하는 한, 이러한 모든 외부와 접촉하여 이것을 동요시키지 않을 수 없었다. 물론 이로 인하여 많은 충돌이나 분규가 생겼는데, 특히 그가 그 일원으로 태어난 사회가 정확하고 매우 명확한 제한 아래서 훌륭한 전통적인 자유를 누리고 있었던 만큼, 그런 일이 더 많이 일어난 것이다. 이미 어렸을 때부터 공화국주의자였던 그는 공공의 일에 대해서 생각하거나, 남들과 이야기하는 일에 익숙해 있었다. 인생의 한창때 이 청년은 동업조합의 일원으로서 공공 문제에 대한 찬반 여부를 결정할 입장에 놓여 있었다. 만약에 그가 독자적인 판단을 내리려고 한다면 무엇보다도 우선 그 시민의 진가를 확인해 보아야 했고, 그들을 알고 그들의 지향이나 능력을 밝혀야 했다. 그리하여 남을 탐구하려고 노력하면서 끊임없이 자기 자신의 마음속으로 되돌아오지 않으면 안 되었다.

이와 같은 사정 아래서 라바타는 일찍부터 자기 훈련을 해왔다. 이러한 활동에 많이 종사하고 있었기 때문에 그는 언어의 연구 등에 관련을 가졌으나, 이 연구의 기초이기도 하고 목적이기도 한 분석적인 비평에는 그다지 열성을 가지지 않은 것으로 여겨진다. 그의 지식, 그의 통찰이 무한히 확대된 후년에 이르러 그는 진담 반, 농담 반으로 자기에게는 학식이 없다고 가끔 말했다. 성서의 문자, 아니 성서의 번역을 고집하여 그가 구하고 기획하고 있던 것을 얻기 위한 충분한 양식과 보조 수단을 성서에서 찾았다는 사실은 그에게 철저한 연구가 결여되어 있었다는 것을 그 이유로 들지 않으면 안 된다.

그러나 동업조합에 있기 쉬운, 움직임이 둔한 활동 범위 안에서는 본성이 발랄한 이 사람은 이내 답답해졌다. 공정을 기한다는 것은 이 청년에게는 곤란한 일은 아니다. 그리고 순진한 마음은 자신이 한 번도 저지르지 않은 부정을 증오했다. 어느 지방관의 압정이 시민의 눈앞에 분명히 드러났는데도 이것을 법정으로 가져오는 것이 곤란했을 때, 라바타는 한 친구[16]와 힘을 합해서 익명으로 그 죄 많은 사나이를 위협했다. 일은 널리 알려지고 심리는 피할 수 없게 되었다. 죄인은 벌을 받았다. 그러나 이 공정한 재판을 일으킨 사람들은 야단을 맞지는 않았지만 비난을 받았다. 질서가 고루 미치지 않은 국가에서는 정의까지도 부정한 방법으로 행하여져서는 안 되었던 것이다.

독일 각지를 여행하는 동안 라바타는 학자나 사상가들과 접촉한다. 그러나 그것으로 인해 그의 생각과 소신은 굳어질 뿐이었다. 고향으로 돌아와서도 한층 자유롭게 자기 자신의 입장에서 활동하였다. 고귀하고 선량한 인간으로서 그는 마음속에 인간성이라고 하는 훌륭한 개념을 느꼈다. 그리하여 일상의 경험 중에서 이 개념과 모순되는 것, 또 모든 사람을 완전성으로부터 떼어놓은 일체의 명백한 결함은 신성이라고 하는 개념으로 메워지지 않으면 안 되었다. 이 신성이야말로 이전의 자기 자신의 모습을 완전히 회복하기 위해, 현세의 한가운데서 인간의 본성 속으로 강림해야 한다는 것이다.

이 주목할 만한 인물의 초기에 대해서는 이 정도로 하고, 다음에는 우리 자신의 만남과 교제에 대해서 즐거운 마음으로 그려보기로 하겠다. 우리가 서신 교환을 시작한 지 얼마 안 되어 그는 나나 다른 사람들에게, 계획중인 라인 여행 도중에 프랑크푸르트에 들를 작정이라고 알려왔다. 이것을 들은 순간, 사람들은 크게 웅성거렸다. 누구나가 이 주목할 만한 사람을 보고 싶어했다. 많은 사람들은 자기의 도덕적, 종교적인 교양에 얻는 바가 많으리라고 기대했다. 그의 주장에 회의적인 사람은 반론을 제기하려고 하였고, 자만심이 많은 사람들

---

16) 화가 퓌슬리를 가리킨다.

은 자기들의 신념이 옳다는 것을 보여주는 증거로 그를 혼란시켜 창피를 줄 수 있다고 확신하였다. 그에게 호감을 가진 사람이나 악의를 가진 사람들 할 것 없이 많은 사람들이, 그들과 관련을 가지려 하고 있는 이 저명한 인사를 일제히 기다리고 있었던 것이다.

우리의 첫 만남은[17] 정성이 깃든 것이었다. 우리는 깊은 친밀감을 가지고 서로 껴안았다. 그가 여러 초상화가 전하고 있는 바로 그 인물임을 나는 이내 알았다. 이제까지 아무도 본 일이 없을 뿐만 아니라, 앞으로 두 번 다시 볼 일이 없을 것 같은, 독특하고 탁월한 한 인물의 생생한 활동적인 모습을 나는 내 눈앞에서 보았다. 그런데 그는 나를 본 순간 묘한 소리를 지르며 자신의 예상과는 다르다고 솔직하게 털어놓았다. 이에 대해 나는 원래 나에게 갖추어진 것을 이렇게 만든 것은 하나님의 뜻이므로 그것대로 참자고 말했다. 우리가 서신 교환으로는 도저히 일치할 수 없었던 가장 중요한 일에 대해 바로 의견 교환이 시작되었다. 그렇게 하는 동안에 나는 이제까지 한 번도 경험하지 못했던 일과 마주친 것이다.

그와는 달리 우리는 정신이나 심적인 문제에 대해 이야기를 주고받으려고 할 때, 대중으로부터, 아니 동아리로부터도 이탈하려고 하는 것이 보통이다. 그 이유는 생각하는 것도 제각각이고 교양 정도도 여러 가지로 다르므로, 몇 사람 되지 않는 사람들과도 서로 이해하기는 곤란하기 때문이다. 그런데 라바타는 전혀 다른 생각을 가지고 있었다. 그는 자기의 주장이 멀리 퍼지기를 바랐다. 많은 사람들과 함께 있을수록 기뻤다. 그는 많은 사람들을 가르치기도 하고 그들을 즐겁게 만드는 데에 특별한 재능을 가지고 있었는데, 이 재능은 그 위대한 관상학상의 타고난 재질 때문이었다. 그에게는 인품이나 정신을 올바르게 식별하는 능력이 갖추어져 있었기 때문에 그 어떤 사람을 만나도 그 사람의 기분을 곧 알아차렸다. 게다가 그 사람이 정직하게 고백하거나 성실한 질문을 하거나 하면 내면적, 외면적으로 풍부한 경험을 살려서 누구에게나 만족할 만한 대답을 줄 수가 있었다. 그의 눈빛에 깃든 깊은 부드러움, 그의 입술에 머무는 사랑스러움, 그가 말하는 고지대 독일어에서 울려 퍼지는 소박한 스위

---

17) 1774년 6월 23일의 일로 그들은 프랑크푸르트의 괴테 생가에서 대면하였다.

스 방언, 기타 그를 특징짓는 많은 것들이 그가 말을 거는 사람들에게 매우 기분 좋은 마음의 편안함을 주었다. 평평한 가슴 때문에 약간 앞으로 숙인 자세마저도 그와 상대하고 있는 사람이 받는 위압적인 힘을 누그러뜨리고, 사람들의 마음을 편하게 하는 데에 적지 않게 영향을 주었다. 우쭐한 사람이나 자만심이 강한 사람을 상대할 때도 침착하고 솜씨 있게 상대방을 다루는 요령을 그는 알고 있었다. 왜냐하면 그가 일단 양보하는 기색을 보이면서도, 편협한 상대방이 도저히 생각해 낼 수 없는 견해를 마치 다이아몬드 방패[18]처럼 갑자기 꺼내어, 거기서 발산되는 빛을 매우 쾌적한 형태로 완화시킬 수가 있었기 때문에, 상대방은 적어도 라바타 앞에서는 무엇인가를 배우고 납득이 가는 것처럼 느꼈기 때문이다. 아마도 이와 같은 인상은 많은 사람들에게 그 뒤에도 작용했을 것이다. 이기적인 사람이라도 동시에 선량한 면을 가지고 있기 때문이다. 다만 중요한 일은, 씨를 가진 핵을 싸고 있는 딱딱한 껍데기에 부드러운 작용을 가해 이 껍데기를 녹이는 일인 것이다.

이에 반해 그에게 최대의 고통의 원인이 된 것은, 외모가 추하기 때문에 생김새의 중요성을 주장하는 그의 학설의 결정적인 적이라는 인상을 띠지 않을 수 없는 사람들과 대면하는 일이었다. 이러한 사람들은 대개 충분한 상식, 아니 그 밖의 타고난 재질이나 재능을 기울여 심하게 불만을 토로하거나, 자기들의 인격에 상처를 입힐지도 모르는 학설을 무력화하려고 하였다. 분명히 소크라테스가 자기의 기괴한 외모를 해석해서 이것은 자기가 도덕성을 획득한 증거라고 말한 것처럼 위대한 생각을 할 수 있는 사람은 좀처럼 없었기 때문이었다. 이와 같은 적대자의 완고하고 사리에 어두운 점이 그에게는 두려운 존재였다. 이에 대항하려는 그의 노력도 정열적이 되지 않을 수 없었는데, 그것은 마치 용광로의 불이 녹지 않으려고 하는 광석을 고약한 적으로 보고, 이것을 녹이기 위해 활활 타오르지 않을 수 없는 것과 마찬가지였다.

이와 같은 사정 아래서는 마음을 터놓은 대화나 우리 자신과 관련된 대화는 생각할 수가 없었다. 하기야 나는 그가 사람을 다루는 방식을 관찰함으로

---

18) 괴테가 청년시절에 읽은 타소의 《해방된 예루살렘》에 등장하는 이상한 방패로, 우바르트는 이 방패 덕택으로 리나르토를 아르미다의 마법의 섬으로부터 해방한다. 이 방패에는 거기에 비치는 사람에게 자기 모습을 보여 자기 인식에 이르게 하는 능력이 있다고 한다.

써 배우는 바가 많았다. 그러나 그것은 나를 교화하는 것은 아니었다. 나의 경우가 그와는 전혀 달랐기 때문이다. 도덕의 분야에서 활동하는 사람의 경우, 자기 노력이 보답을 받지 못하는 일은 결코 있을 수 없다. 왜냐하면 복음서에는 씨를 뿌리는 사람은 극히 대수롭지 않게 이야기되고 있지만, 실제로는 더 많은 성과를 올리고 있기 때문이다. 그런데 예술 분야에 종사하는 사람의 경우는 그 사람의 작품이 예술 작품으로서 인정되지 않으면 어떤 작품이든 모든 것이 상실되고 마는 것이다. 그런데 나의 작품에 관심을 두는 친절한 독자를 위해 내가 얼마만큼 초조해했는지 또 어떤 원인으로 그러한 독자들과 의사소통을 꾀하는 것을 내가 극도로 싫어했는가는 독자들이 알고 있는 바와 같다. 이제 나는 나의 활동과 라바타의 활동이 갖는 효과의 차이를 너무나 강하게 느꼈다. 그의 효과는 그가 있는 곳에서 나타나고 나의 효과는 내가 없는 곳에서 나타난다. 멀리 있어서 그에게 만족하지 못하는 사람도 가까이 가면 그에게 친밀감을 느꼈다. 그런데 나의 작품을 읽고 나를 사랑할 만한 사람이라도 가까이 오지 못하게 하는 완고한 나를 만나면 몹시 환멸을 느끼는 것이다.

메르크는 다름슈타트에서 와서 메피스토펠레스 역을 하여, 특히 여성들의 파렴치함을 매도했다. 몇 사람의 여성이 이 예언자 라바타를 위해 준비해 두었던 몇 개의 방, 특히 침실까지도 이리저리 조사하며 돌아다녔을 때, 익살꾼 메르크는 '경건한 여성들은 주가 누운 자리를 알고 싶어하도다' 하고 익살을 부리기도 했다. 그럼에도 불구하고 그도 또한 다른 사람처럼 악마를 쫓는 의식을 받지 않을 수 없었다. 즉 라바타를 수행한 립스[19]의 손으로 메르크의 옆얼굴이 정밀하게 묘사된 것이다. 이것은 뒷날, 관상학의 대저서에 모은 유명·무명 인사들의 초상화의 하나로 수록되었다.

나에게 있어 라바타와의 교제는 매우 중요했고 얻는 것이 많았다. 그의 유형무형의 자극이 예술가적 관조에 바탕을 둔 나의 태평스런 본성을 활동하게 만

---

19) 요한 하인리히(1758~1817). 동판화가. 1789~94년 바이마르 미술학교 교수. 1773년 라바타와 알게 되어 《관상학 단편》을 위하여 사람들의 초상화를 그렸다. 그러나 괴테는 여기서 그를 게오르크 프리드리히 슈모르(1785년 사망)와 착각한 것 같다. 슈모르도 라바타를 위하여 초상화를 그린 화가로, 이때의 라인 여행에 동행한 것이 슈모르임은 라바타의 일기에 비추어보아도 분명하다.

들었기 때문이다. 나를 사로잡고 있었던 혼란스러움은 그 정도가 더욱 높아지고 있었으므로 그것은 바로 나의 이익이 되지는 않았다. 그러나 우리 사이에는 매우 많은 일이 화제가 되어 있었기 때문에 이와 같은 대화를 더 계속하고 싶다는 강한 욕구가 생겼다. 그래서 나는 만약에 그가 에무스로 간다면 그를 수행하여 여행 도중에는 마차에서, 세상을 떠나 우리 서로의 마음에 걸려 있는 문제를 마음껏 이야기하려고 결심한 것이다.

그런데 나에게 매우 주목할 만하고 큰 수확을 가져온 것은, 라바타와 클레텐베르크 여사와의 대화였다. 두 사람은 열렬한 그리스도교도였다. 그리고 동일한 신조라도 인간이 지향하는 바의 차이에 따라 어떻게 모양이 바뀌는가를 분명히 알 수가 있었다. 관용의 시대에는 누구나 자기 종교, 자기가 존경하는 신의 양식을 갖는다는 생각이 몇 번이고 되풀이되었다. 나는 이 생각을 그대로 주장한 것은 아니었지만, 이때 남성과 여성이 서로 다른 구세주를 필요로 한다는 것을 알 수가 있었다. 클레텐베르크 여사는 자기 구세주를 무조건 자기 몸을 바치는 애인으로 보고, 기쁨도 희망도 모두 이 사람에게 걸고, 그 어떤 의심이나 의구심도 가지지 않고 평생의 운명을 맡기는 태도를 취했다. 이와 달리 라바타는 그의 구세주를 친구로 보고, 질투하지 않고 애정을 가지고 그 친구를 본보기 삼아 배우고, 그 공적을 인정하고 높이 평가하여, 그로 말미암아 그를 닮고 싶은, 아니 그와 동등하게 되기 위해 노력하는 친구로서 본 것이다.

이 두 가지 생각에는 얼마나 큰 차이가 있는가. 이로써 일반적으로 남녀가 정신적으로 무엇을 바라는지 확실히 판명되었다. 마음이 상냥한 남성들이 성모 마리아에게 마음을 바쳐 사나차로[20]가 한 것처럼 여성의 미와 덕의 정화인 성모에게 나의 생명도 재능도 바치는 한편, 하나님의 아들 그리스도는 기껏해야 놀이 친구처럼 생각하고 있었다는 것도 이 사실에서 명백히 밝혀졌는지도 모른다.

나의 두 친구가 서로 어떤 관계에 있었는지, 서로를 어떻게 생각하고 있었는지는 내가 그 자리에 있었던 두 사람의 대화에서, 또 두 사람이 살며시 나에게 털어놓은 말에서 알 수가 있었다. 나는 양자 어느 쪽에도 완전히 동의할 수 없

---

20) 쟈코보(1458~1530). 40년에 걸쳐 계속 쓴 마리아 탄생에 관한 라틴어 서사시를 1526년에 출판하였다.

었다. 왜냐하면 나의 그리스도도 또한 나의 생각에 따른 고유의 모습을 취하고 있었기 때문이다. 그러나 그들은 나의 그리스도를 도무지 인정하려고 하지 않았으므로 나는 갖가지 역설이나 심한 말을 구사해서 그들을 괴롭히고, 그들이 초조해서 화를 낼 기색이 보이면 농담으로 그 자리를 모면했다.

지식과 신앙 사이의 다툼은[21] 당시에는 자주 일어날 정도로 일반화되어 있지 않았다. 그러나 이 두 가지 말이나, 그것과 결부되는 개념도 가끔 나타나기는 하였다. 진정한 염세가들은 두 가지 모두 믿을 수 없다고 했다. 그래서 나는 지식과 신앙 양쪽을 변호하는 입장을 취하고 싶었으나 내 친구들의 찬동을 얻을 수 없었다. 나는 이렇게 말했다.

"신앙에서는 믿는다는 것이 모든 것일 뿐, 무엇을 믿는가는 상관없는 일이다. 신앙이란 현재와 미래에 대한 커다란 안도감이고, 이와 같은 안도감은 매우 강하고 규명할 수 없는 존재에 대한 신뢰에서 생긴다. 중요한 것은 이 신뢰가 흔들리지 않는 부동의 것이라는 데에 있으며, 이 존재를 우리가 어떻게 생각하는가는 상관없는 일이다. 신앙이란 성스러운 그릇, 즉 누구나가 그 속에 자기의 감정이나 깨달음이나 상상력을 될 수 있는 대로 바치려고 하는 그릇인 것이다. 지식은 이와는 정반대이다. 중요한 것은 알고 있다는 것이 아니라 무엇을 얼마나 잘, 어느 정도로 많이 알고 있는가이다. 따라서 지식에 대해서는 여러 가지로 논의가 이루어진다. 그것은 지식이 수정되거나 전개되거나 한정되기 때문이다. 지식은 개개의 일에서 시작하여 무한·무형태이며, 그것을 총괄할 수는 절대 없고, 할 수 있을 것처럼 보여도 그것을 기껏해야 단순한 공상 속에서 정리하는 데에 지나지 않는다. 이렇게 해서 지식은 신앙과는 정면으로 대립하는 것이다."

이러한 어정쩡한 진리나 거기서 생기는 혼란은 시적으로 표현되면 자극이 되고, 또 즐거움이 되기는 하지만, 인간의 생활에 있어서는 대화를 방해하거나 혼란케 한다. 그래서 나는 라바타를, 그에게 의지하여 그와 함께 마음을 고양하

---

21) 이 논쟁은 이신론(理神論)과 칸트 철학에 의해 야기되었다. 이것이 극히 일반적이 된 것은 야코비의 여러 저서 《신앙 또는 관념론과 실재론에 관한 데이비드 흄(1787)》 등에 의해서이다. 그는 경험적, 철학적 사고의 의의를 오인함이 없이 신앙의 권리를 변호하였다. 신앙과 지식의 관계를 근본 문제로 한 것으로 야코브 프리드리히 프리스의 《지식, 신앙, 예감(1805)》이 있다.

기를 원하는 모든 사람들의 손에 기꺼이 맡긴 것이다. 이렇게 해서 나는 그와 결별을 하게 되었는데, 그 공백은 우리가 함께 한 에무스 여행으로 충분히 보상되었다. 여름의 맑은 날을 맞아 라바타는 쾌활하고 기분이 좋았다. 그의 정신의 경향은 종교적, 도덕적이어서 조금도 불안한 면을 가지고 있지 않았기 때문에 우연히 생활상의 일로 사람들의 마음이 즐겁게 들뜨거나 하면, 그의 마음도 그에 따라 무감동하지는 않았다. 그는 무슨 일에나 관심을 가졌고, 재기가 풍부하고 기지에 넘쳤으며, 다른 사람들도 그러기를 바랐으나, 다만 그것은 그의 섬세한 감정이 정한 한계를 넘지 말아야 했다. 가끔 누군가가 감히 그 한계를 넘으려고 하면, 그는 그 사람의 어깨를 두드리며 '예의를 갖추시오!' 하고 진정 어린 말을 하여 얌전하게 다독거리는 것이었다. 이 여행은 나에게 여러 가지 교훈과 자극을 주었는데, 나의 성격을 고치고 교화했다기보다는 오히려 그의 성격을 아는 데에 크게 유익했다. 에무스에서도 그는 또다시 모든 종류의 새로운 사람들에게 둘러싸였다. 나는 마침 궤도에 오르기 시작한 몇 가지 작은 일(변호사 일)이 있어서 내버려 둘 수가 없었기 때문에 프랑크푸르크로 돌아왔다.

그러나 나는 바로 안정된 상태로 돌아갈 수는 없었다. 바제도[22]가 도착해서 다른 면에서 나를 접촉하여 나의 마음을 사로잡고 있었기 때문이다. 라바타와 바제도라는 두 인물만큼 대조되는 경우를 달리 볼 수 없었다. 바제도의 용모부터가 정반대를 나타내고 있었다. 라바타의 얼굴 생김새가 보는 사람이 생각하는 대로 일임되었다고 한다면, 바제도의 얼굴은 짜임새가 있어서, 말하자면 안쪽으로 끌어당겨진 것 같았다. 라바타의 눈은 넓은 눈까풀 아래에서 맑고 깨끗했으나, 바제도의 눈은 움푹 들어가 작고 검고 날카로웠으며, 검은 눈썹 아래서 번쩍번쩍 빛나고 있었다. 이에 반해 라바타의 이마는 매우 부드러운 갈색 머리가 활 모양을 이루고 나 있었다. 바제도의 쉰 목소리, 빠르고 날카로운 말,

---

22) 요한 베른하르트(1723~90). 1770년에 《청소년과 교사를 위한 입문서》를 출판하여 세상의 주목을 크게 끌었는데 이것을 보완하여 1774년에 출판한 것이 이 장에 언급되어 있는 《초등 입문서》이다. 그는 그때까지 실용적인 면이 강조되어 있던 교육학에 심리적인 방향을 부여하였다. 1771년 이래 데사우에서 살았고 대규모적인 교육 시설을 세울 계획을 진행했다. 이를 위한 자금 조달을 위해 라인 여행을 하였다.

풍자 어린 웃음, 재빨리 화제를 바꾸는 능력, 그 밖에 그를 특징짓는 일체의 것이, 우리에게 친근감을 주는 라바타의 성질이나 태도와는 정반대의 것이었다. 바제도도 프랑크푸르트에서는 매우 인기가 있어서 그의 위대한 정신적 천분은 사람들의 격찬을 받았다. 그러나 그는 사람들의 마음을 교화하거나 인도하거나 하는 사람은 아니었다. 그에게 중요했던 유일한 일은 그가 자기의 일이라고 정한 교육이라고 하는 커다란 분야를 다시 더 잘 개척해서, 인간이 거기서 이제까지보다 더 쾌적하게, 더 자연 그대로의 상태로 살 수 있게 하는 것이었다. 그는 이 목적을 향해 오직 앞으로 나아갔다.

나는 그의 계획에 익숙해지지 못했을 뿐만 아니라, 그가 무엇을 의도했는지조차도 알 수 없었다. 모든 교수법을 생생하고 자연의 이치에 맞는 것으로 하고 싶다는 그의 바람은, 나의 마음에도 들었다. 고대어의 훈련을 현대에도 해야 한다는 생각도 나는 칭찬할 만한 것으로 여겼다. 실천적인 활동과 보다 더 청신한 세계관을 전파하려고 하는 그의 의도 속에 깃든 것을 나는 기꺼이 인정하기는 하였다. 그러나 그의 《초등 입문서》의 기술이 다루고 있는 대상 그 자체보다도 산만한 것이 나의 마음에 들지 않았다. 현실 세계에서는 항상 존재 가능한 것만이 모여 있는 것이고, 따라서 제아무리 복잡하고 혼란한 것처럼 보여도, 그 현실 세계의 어느 부분에도 역시 정연한 질서가 갖추어져 있기 때문이다. 그런데 그 《초등 입문서》는 모든 부문을 산산이 흐트러뜨려 놓았다. 즉, 세계관의 면에서는 결코 일치하지 않는 것이 개념이 유사하다는 이유만으로 잡다하게 나열되어 있었던 것이다. 그 때문에 아모스 코메니우스의 이와 비슷한 저서에서 항상 볼 수 있는 그 구체적 방법론적인 장점이 전혀 없었던 것이다.

그러나 그의 학설 이상으로 기이하고 이해할 수 없는 것은 바도제의 행동이었다. 이번 여행에서 그는 자신의 박애적인 계획을 위해 대중을 자기편으로 만들고 싶었고, 그것도 그들의 마음을 열기보다는 지갑을 열게 하려는 의도를 가지고 있었다. 누구나 그가 주장하는 것을 기꺼이 찬동하였다. 그런데 참으로 알 수 없게도 그는 기부를 요청하려고 한 사람들의 마음을 상하게 했을 뿐만 아니라, 종교상의 문제에 대해 자기 견해나 우발적인 착상을 억제하지 못해 쓸데없이 그러한 사람들에게 모욕까지 준 것이다. 이 점에 있어서도 바제도는 라바타와는 대조적이었다. 라바타는 성서를 문자 그대로, 전체 내용 하나하나가 오늘날에도 타당하고 이를 적용할 수 있다고 보고 있는 데 반해, 바제도는 모든 것을 개혁하여 신앙의 교의도, 교회의 외면적 행사도, 일단 생각해 낸 자신의 우발적인 생각에 따라서 고쳐나가려는 매우 초조한 생각에 사로잡혀 있었다. 그러나 그 무엇보다도 냉혹하고 신중성이 결여되어 있었던 것은, 성서에서 직접 유래되는 것이 아니라 성서 해석에서 유래되는 여러 가지 관념을 다루는 방법이었고, 더 나아가서는 사제들이나 공회의가 표현하기 어려운 것을 명백히 하고, 이단 패거리들을 논란시키기 위해 사용한 표현이나 철학상의 술어, 감각적 비유를 다루는 방법이었다. 그는 엄격하지만 무책임한 방법으로, 누구 앞에서나 자기는 삼위일체의 불구대천의 적이라고 언명하고, 일반적으로 승인되어 있는 이 비의(祕義)에 대한 논의를 언제까지고 그만두지 않았다. 나도 그와 개인적으로 이야기를 나눌 때, 이 이야기에 몹시 고민하여 신격, 본성, 본질 등의 술어[23]를 몇 번이고 듣지 않으면 안 되었다. 이에 대항하기 위해 나는 역설이라는 무기를 들고 그의 의견을 압도하고, 대담한 말에는 그 이상의 대담한 말로써 싸우려고 했다. 이로써 나의 정신에는 또다시 새로운 자극이 주어졌다. 바제도는 나보다 훨씬 박식했고, 토론도 나와 같은 자연주의자보다도 더 숙달되어 있었으므로, 다루는 논점이 중요할수록 나는 전력을 다해서 이에 부딪치지 않으면 안 되었다.

나를 계발해 주었다고는 할 수 없으나, 자기 단련에는 확실히 효과가 있었던 이토록 훌륭한 기회를 그렇게 쉽사리 놓칠 수는 없었다. 꼭 해야 할 일은 아버지와 친구들에게 부탁하고 나는 바제도와 행동을 같이하여 다시 프랑크푸르트를 출발하였다. 그러나 라바타의 인품에서 풍겨나오는 우아함을 생각하면 얼마나 큰 차이를 나는 느꼈던가! 라바타는 깨끗한 사람이었던 만큼, 그 주변도 자연히 깨끗했다. 그와 가까이 있으면 사람들은 그가 싫은 생각을 하지 않도록 하기 위해 처녀처럼 맑게 행동했다. 그런데 바제도 쪽은 너무나 자기 내면에만 몰두하고 있었기 때문에 자기 외모에 대해 주의를 기울일 틈도 없었다.

---

23) 신의 유일성과 동시에 아들의 신성이 문제가 되었던 니케아의 공회의 이래 삼위일체설과의 관련으로 교양론의 기본 개념으로 정해진 것이 이 3개의 말이었다. 바제도는 이 삼위일체설의 문제점을 여러 저서에서 논하여 아리우스파의 견해를 지지하였다.

그가 끊임없이 질이 나쁜 담배를 피우는 것이 몹시 싫은 일이었다. 우선 한 대를 다 피우면 다시 불을 붙이는데, 싫은 냄새가 나는 불결한 부싯깃에 점화하여 두서너 모금 빨음으로써 주위의 공기를 더럽혀 더욱 참을 수 없었다. 나는 이 표본을 바제도식 악취균이라고 이름 지어 이 이름으로 박물관에 보내면 어떻겠느냐고 말했다. 그는 이것을 크게 재미있어했다. 그는 불쾌하기 짝이 없는 조제법에 대해서 나에게 자세하게 설명하고, 내가 싫어하는 것을 보고 매우 유쾌한 듯이 웃었다. 놀리거나, 순진한 사람들에게 심술궂은 상처를 입히는 것을 기뻐하는 것이 이 훌륭한 재능을 가진 인간의 뿌리 깊은 나쁜 버릇의 하나였다. 그는 그 누가 되었든 편안하게 있는 사람을 보면 참지 못했다. 싱긋이 비웃으며 쉰 목소리로 남을 건드리고는 놀랄만한 질문을 해서 당황하게 하고, 목적을 달성하면 신랄하게 웃었는데, 상대방이 재빨리 마음을 바로잡아 그에게 도전하면 그도 만족하는 것이었다.

그러므로 나의 라바타에 대한 동경의 마음은 그만큼 더 깊었다. 그도 나와의 재회를 기뻐하고 있는 것처럼 보였고, 그때까지 경험한 여러 가지 일들을 나에게 털어놓고, 특히 같은 방에 머물렀던 사람들의 여러 가지 성격에 관한 이야기를 해주었다. 그러한 사람들 사이에서도 그는 이미 많은 친구와 귀의자들을 획득하고 있었던 것이다. 그중에는 나를 아는 사람들이 많이 있다는 것을 알았다. 그리고 오랫동안 만나지 않았던 사람들을 만나서 젊었을 때에는 알아차리지 못했던 일들을 알게 되었다. 즉 남자들은 나이를 먹고, 여자들은 변해간다는 것이다. 동아리들은 나날이 늘어갔다. 끝없이 무도회가 되풀이되었다. 동아리 사람들은 2채의 큰 온천장에 있으면서 밀접하게 접촉하고 있었으므로, 서로 친하게 지내고 여러 가지 농담도 주고받았다. 언젠가 나는 시골 목사로 변장하였고 어떤 유명한 친구가 그의 아내로 분장하였다. 우리는 이 품위 있는 사람들에게 정중한 태도로 대했기 때문에 그들로 하여금 상당히 번거로운 생각을 갖게 했는데, 이로써 누구나 기분이 좋아진 것은 사실이었다. 저녁에도 깊은 밤에도 이른 아침에도, 음악이 그치지 않았고 우리 젊은이들은 잠을 잘 시간도 거의 없었다.

이렇게 떠들고 지내는 한편으로, 밤의 몇 시간은 반드시 바제도와 함께 지냈다. 그는 침대에 눕는 일은 한 번도 없었고, 끊임없이 구술필기를 시키고 있었다. 때로는 침대에 몸을 던지고 조는 일도 있었으나, 그럴 때는 그의 필기자인 티로[24]는 펜을 들고 조용히 앉아서, 졸던 주인이 다시 생각을 가다듬으면 언제라도 계속해서 쓸 수 있는 준비를 하고 있었다. 이러한 일체의 일은 주위를 밀폐한, 담배와 부싯깃의 연기로 가득 찬 방 안에서 이루어졌다. 나는 춤을 한 차례 추고 나서 곧 바제도에게로 뛰어갔다. 그는 모든 문제를 화제로 하여 토론을 하고 싶어했다. 내가 얼마 뒤 다시 춤을 추기 위해 가려고 하자, 아직 문이 닫히지도 않았는데 그는 아무 일도 없었던 것처럼 침착하게 논문의 다음 부분을 구술하기 시작하는 것이었다.

우리는 근교에도 나갔는데 여러 채의 저택, 특히 귀부인의 저택을 방문하였다. 부인들은 남성들에 비해서 정신적인 것이나 종교적인 것을 받아들이기 쉬운 경향이 있었다. 나사우의 폰 슈타인 부인[25]은 매우 훌륭한 여성으로 모든 사람들의 존경을 받고 있었는데, 그녀 주위에는 여러 종류의 사람들이 모여 있었다. 라 로슈 부인도 그 자리에 있었고, 젊은 여성이나 어린아이들의 모습도 볼 수 있었다. 여기서 라바타에게 관상학상의 실험을 하게 했는데 이 실험의 목적은 어떤 물건의 모습이란 우연히 그런 모양을 하고 있는 데에 지나지 않는 것인데, 그것은 곧 그것에 주어진 근본적인 모습이라고 그가 잘못 생각하게 만드는 데에 있었다. 그러나 그는 안식이 풍부했으므로 이에 속거나 하지 않았다. 나는 여전히 베르터가 안고 있는 고뇌의 진위 여부와, 로테의 주소를 말해야 하는 처지에 놓여 있었다. 그러한 무리한 요구는 어떻게든 벗어났지만, 별로 잘한 솜씨였다고는 말할 수 없었다. 그 반면, 나는 아이들을 내 주위에 모아서 아이들이 잘 알고 있는 제재에 맞춘 진기한 옛이야기를 들려주었다. 그것을 듣고 있던 아이들이 이야기 중의 어느 것이 진짜고 어느 것이 만든 이야기인가 하고 끈질기게 물어보지 않았기 때문에 나에게는 형편이 좋았다.

바제도는 시급을 요하는 유일한 문제, 즉 청소년의 교육 개선이라는 문제를 제의하여 상류 사람들이나 부유한 사람들로부터 상당한 기부금을 모으고 있었다. 그런데 그는 여러 가지 논거와 정열적인 열변으로 사람들의 마음을 감복

---

24) 키케로를 위해 필기 일을 보았던 로마의 해방 노예의 이름.

25) 헨리에테 카롤리네(1721~83). 저명한 정치가 폰 슈타인 남작의 어머니. 바이마르의 샤를로테 폰 슈타인 부인을 말하는 것이 아니다.

시키지는 못해도 그에게 호의를 갖게 했으나 그 순간, 그 터무니없는 반(反)삼위일체라는 괴물에 붙잡히고 말았다. 이렇게 되자 그는 자기가 현재 있는 자리에 아랑곳하지 않고 어딘지 색다른 연설을 하기 시작하였다. 그 연설은 자기 나름으로는 경건한 마음으로 한다고 생각했는지 모르나, 사람들의 신념에서 보자면 이토록 신을 모독하는 연설은 없었다. 라바타는 온건하고 진지한 거동으로, 나는 농담으로 화제를 바꾸려고 했고, 또 여성들은 심심풀이로 산보하러 나가자고 하면서 이 자리의 딱딱한 분위기를 누그러뜨리려고 하였다. 그러나 일단 어긋난 분위기는 되돌릴 수 없었다. 라바타가 출석하면 꼭 들을 수 있으리라고 사람들이 기대했던 그리스도교에 관한 담화도, 바제도가 해주기로 되어 있던 교육상의 이야기도, 내가 이야기하기로 되어 있는 문학에 관한 이야기도, 모두가 갑자기 방해를 받아 중단되었다. 돌아오는 길에 라바타는 그를 비난했으나 나는 유쾌한 방법으로 그를 골려주었다. 날씨가 더웠고 담배 연기 때문에 바제도는 목이 마른 것 같았다. 그는 1잔의 맥주를 마시고 싶어 견딜 수 없었다. 그래서 그는 길가의 음식점을 발견하자 거기에서 마차를 멈춰달라고 마부에게 일렀다. 그러나 나는 마부가 마차를 멈추려고 하는 순간 힘찬 명령조로 "계속 달려!" 하고 외쳤다. 너무나 갑작스런 일이라서 바제도는 불평을 말할 수가 없었다. 나는 다시 마부를 독촉하였고 마부도 나의 말에 따랐다. 바제도는 나에게 욕을 하며 주먹으로 칠 것 같았다. 그러나 나는 침착하게 그에게 대답하였다.

"아버지, 진정하세요. 아버지는 저에게 고맙다고 하셔야 합니다. 맥주 라벨을 보시지 않은 것은 얼마나 다행한 일인지 몰라요. 저 라벨은 세모꼴을 2개 조합해서 만든 것이었습니다. 단 1개의 세모꼴을 보기만 해도 아버지는 거의 미칠 것처럼 보이는데 그것이 2개나 눈에 띄면 쇠사슬에 묶이실 텐데요!"

이 농담에 그는 허허하고 웃었으나 웃으면서도 나를 꾸짖거나 야단을 치기도 하였다. 라바타는 시시한 말을 서로 주고받는 우리를 보면서도 그답게 꾹 참고 있었다.

7월 중순이 되자 라바타는 여행을 떠날 준비를 하고 있었는데, 바제도는 자기도 같이 가는 것이 유익하다고 생각하였다. 나는 이 사람들과 너무 친한 사이가 되어 있었기 때문에 그들과 헤어지는 것을 견딜 수가 없었다. 우리는 매우 기분이 좋은, 마음을 즐겁게 해주는 뱃놀이를 하며 란강을 내려갔다. 나는 어떤 진기한 성터를 보고, '고탑 위에 높이 서서'라는 시를 립스의 기념첩에 써 넣었다. 이 시는 좋은 평을 받았으나, 나의 나쁜 버릇으로, 갖가지 낙서를 다음 페이지에 갈겨썼기 때문에 모처럼의 인상을 허사로 만들고 말았다. 훌륭한 라인강을 다시 볼 수가 있어서 나는 기뻤고, 또 이 경관을 아직 맛보지 못했던 두 사람이 경탄하는 것을 보는 것도 즐거웠다. 우리는 코브렌츠에서 상륙했는데, 우리가 가는 곳은 어디나 사람들이 밀려들었다. 우리 세 사람은 각기 나름대로의 모습으로 사람들의 흥미를 끌었다. 바제도와 나는 어느 쪽이 예의 바르지 못한가를 겨루는 것 같았다. 라바타는 사려 깊은 현명한 태도를 취하고 있었는데, 그의 마음에 걸려 있는 문제를 사람들 면전에서 감춰둘 수가 없었다. 그 때문에 그는 매우 맑은 의지를 가지고 있었음에도 불구하고 평범한 사람들은 그를 어딘지 색다른 사람으로 여겼다.

코브렌츠의 식당에서의 색다른 추억을 나는 크니텔 시의 격식으로 적어두었는데, 이들 시는 같은 종류의 작품들과 함께 나의 새로운 전집[26]에 수록될 것이다. 나는 라바타와 바제도 사이에 앉아 있었다. 라바타는 요한계시록의 숨은 뜻에 대해서 어떤 시골 목사에게 들려주고 있었고, 바제도는 무용 교사를 상대로, 세례가 우리 시대에 맞지 않는 진부한 관습이라는 것을 증명하려고 헛수고를 하고 있었다. 그런데 그 뒤 우리가 어떻게 케른을 향하여 갔는가를 나는 어떤 기념첩에 적어놓았다.

에마우스로 향하는 것처럼 앞으로 나아갔다.
발길은 폭풍처럼, 불길처럼.
오른쪽에 예언자, 왼쪽에 예언자
한가운데를 가는 것은 속세의 아들.[27]

다행히도 이 속세의 아들에게는 종교적인 일면도 있었으나, 이제 그와 같은

---

26) 1815~19년에 나온 전집. 이들 시는 제2권에 실려 있다.
27) 괴테는 여기에 4행밖에 싣지 않았으나 1815년 판에서는 '라바타와 바제도 사이에서'라는 제목의 시 끝에 놓여 있다. 에마우스에 대해서는 〈누가복음〉 제24장 13절 참조

일면은 아주 독특한 모양으로 표면에 나타나게 되었다. 케른으로 가면 야코비 형제[28]를 만날 수 있다는 말을 이미 듣고 있었기 때문에 나는 그것을 매우 기쁘게 기대하고 있었다. 이 형제는 다른 친절한 사람들과 함께 이 진기한 여행자 두 사람을 마중한 것이다. 헤르더의 신랄한 해학이 원인이 되어 우리는 이 형제에게 큰 실례를 저지르고 말았는데, 나 자신도 이것이 원인이 되어 생긴 일체의 실례에 대해 형제에게 사과를 하려고 마음먹고 있었다. 그라임과 게오르크 야코비가 드러내놓고 서로를 칭찬한 그 서한이나 시에 대해 우리는 여러 가지로 놀리고 있었던 것이다. 그러나 우리는 모처럼 좋은 기분으로 있는 타인에게 싫은 생각을 갖게 하는 것은 응석을 부리거나 친구에게 쓸데없는 참견을 하는 것과 마찬가지로 자만심이 필요하다는 것을 생각하지 못했던 것이다. 이러한 일들 때문에 라인 상류 지방과 하류 지방에 어떤 종류의 알력이 생겼다. 그러나 그것은 대수롭지 않았기 때문에 별일 없이 해소되었는데, 여기에는 여성들의 역할이 매우 컸다.

이미 조피 라 로슈는 우리가 이 고귀한 형제를 좋게 생각하도록 배려하고 있었다. 뒤셀도르프에서 프랑크푸르크로 옮겨와서 그곳 동아리들과 깊은 인연이 있었던 파르마 양[29]은 심정이 매우 다정하고 정신이 남달리 잘 도야되어 있었으므로 그녀는 자기가 태어나서 자란 사교계의 가치를 증명하고 있었다.

그녀는 우리의 거친 남부 독일풍의 방식을 말없이 잘 참아내어, 점차 우리를 부끄럽게 만들려고 했고, 배려라는 것을 우리에게 가르침으로써 우리도 그것

---

28) 요한 게오르크 하인리히 야코비(1740~1814)와 프리드리히 하인리히 야코비(1743~1819)로 뒤셀도르프의 부유한 상인의 아들이었다. 형 요한 게오르크는 1764년부터 시를 쓰고 잡지 〈이리스〉를 발간하였다. 1784년, 프라이부르크 대학의 문학 교수가 되었다. 여기서 문제가 된 것은 1768년의 《그라임과 야코비의 서한》으로, 괴테 주변의 젊은이들은 그라임과 야코비가 자기들의 감상적이고 위선적인 왕복 서한을 다 쓰자마자 곧 출판한 것을 악취미라고 생각한 것이다. 괴테에게 보다 더 중요했던 것은 동생인 프리드리히 하인리히 야코비였다. 그는 1772년 이래 유리히베르크의 황실 재산 관리인이 되어 철학과 문학의 연구에 몰두하였다. 괴테는 본문에서 말하고 있는 대로 요한나 파르마 양이나 베티 야코비 등의 소개로 1774년 그와 처음 만난 후 친밀한 교제를 계속하였다.

29) 요한나(1744~1821). 야코비 형제의 숙모에 해당하지만 두 사람보다 나이가 적었다. 그녀는 1772년 이후 프랑크푸르트에서 어머니와 함께 살았고 괴테와 알고 나서 그를 뒤셀도르프의 야코비 형제와 맺어주는 역할을 하였다. 괴테의 누이동생 코르넬리아가 죽은 후 그녀 남편의 후처가 되었다.

을 필요로 하고 있다는 것을 느끼게 하였다. 야코비의 누이동생[30]의 성실성이나, 필립 야코비 부인의 개방적인 쾌활함에 유도되어 우리의 마음은 더욱더 라인 하류 지방으로 향하고 있었다. 특히 이 부인의 독특한 개성에 나는 매료되고 말았다. 감상적인 데가 하나도 없었고 사물을 느끼는 방식이 적절했으며, 자기 의견을 쾌활하게 말하는 그녀에게서는 관능적인 표현을 볼 수 없었고, 야무진 거동은 루벤스가 그린 여성을 연상시키는 훌륭한 네덜란드 여인이었다. 위에서 말한 귀부인들은 프랑크푸르트에 체류하는 동안 나의 누이동생과 매우 친밀하게 교제를 했다. 그녀들 덕택으로 코르넬리아의 생소하고 굳은, 어딘지 차갑기까지 한 성격이 껍데기가 깨져 많이 온화해지고 밝아졌다. 따라서 우리들은 프랑크푸르트에 있으면서도, 정신적으로나 심정적으로 뒤셀도르프와 펜펠포르트에 있는 것과 같은 분위기에 젖어 있었던 것이다.

이상과 같은 사정이었으므로 우리는 케른에서의 처음 만남에서[31] 이내 흉금을 털어놓은 매우 화기애애한 분위기가 되었다. 왜냐하면 위의 여성들이 우리에게 보여준 호감이 그대로 전해져서 그녀들이 사는 도시에서도 같은 효과를 미치고 있었기 때문이었다. 나는 이제까지의 여행에서처럼, 그 2개의 거대한 행성을 둘러싼 안개의 꼬리와 같은 대우를 받지는 않았다. 오히려 사람들은, 특히 나에게 여러 가지로 호의를 보이려 했고, 또 나도 호의를 바라는 것처럼 보였다. 나는 이번 여행에서 나의 마음이나 기분을 조금도 알아주지 않는다는 불만을 어떻게든 감추려고 줄곧 뻔뻔스런 행동을 해 왔는데, 이제 그런 일에는 싫증이 나 있었다. 그때 나의 내부에 있는 힘이 힘차게 고개를 들었는데, 내가 당시의 일 하나하나를 잘 생각해 낼 수 없는 것은 그것이 원인일 것이다. 머리에 떠올린 일이나 눈으로 본 형상이라면 오성과 상상력 속에 다시 한번 회상할 수가 있다. 그런데 심정의 경우는 그것처럼 마음대로 되지 않는다. 마음이 아름다운 감정을 되풀이해 주지는 않는다. 특히 열광적인 순간을 다시 떠올리기란

---

30) 누이동생 샤를로테(1752~1832)와 부인 베티(1743~84)는 1773년, 둘이서 괴테의 집을 방문하여 코르넬리아와 친해졌고 괴테도 두 사람에게 호의를 가졌다. 그녀들의 중개로 괴테가 야코비 형제와 접촉하게 된 것은 본문에 기술된 대로이다.

31) 괴테가 프리츠 야코비를 처음 만난 것은 에르바펠트의 융 슈티링의 집에서였으며, 그 뒤 두 사람은 뒤셀도르프로 가서 거기에서 케른까지 동행하였다. 따라서 두 사람이 케른에서 함께 지낸 것은 돌아오는 길에서였다.

참으로 힘든 일이다. 그와 같은 순간은 우리 쪽에서 아무런 준비도 하지 않았는데 갑자기 닥쳐오고, 우리는 무의식적으로 여기에 몸을 맡겨 버린다. 따라서 그와 같은 순간에 우리를 지켜보고 있는 남들이 우리보다 훨씬 명확하게, 보다 더 순수하게 바라볼 수가 있는 것이다.

나는 이제까지 종교적인 담화는 점잖게 거절해 왔고, 그럴듯한 질문에 대해서도 소극적인 대답조차도 좀처럼 한 일이 없었다. 왜냐하면 그와 같은 담화는 내가 구하고 있던 것에 비하면 너무나 시야가 좁은 것이라고 여겨졌기 때문이다. 누군가 어떤 사람이 나의 작품에 대해서, 그 사람의 감정이나 견해를 강요하듯이 말하려 하거나, 특히 흔한 요구를 내걸어 나를 괴롭게 하거나, 자네는 이렇게 했으면 좋았을 텐데 하고 나에게 말하면 나는 더 이상 참을 수가 없게 되어 담화는 산산조각이 나고 말았다. 이렇다 보니 나에게 호감을 가지고 헤어지는 사람은 하나도 없었다. 이와 같은 경우, 겉으로 친절하고 상냥한 태도를 취하는 편이 나로서는 당연한 일이었을 것이다. 그런데 나의 심정으로 말하자면, 선생님으로부터 설교를 받은 것 같은 생각을 하느니보다는 솔직한 호의를 상대방이 보여줌으로써 이쪽에서도 흉금을 터놓을 수 있게 되기를 바랐고, 상대방이 나에게 진정한 관심을 가져줌으로써 이쪽에서도 상대방에게 모든 것을 바치고 싶었다. 그런데 나의 마음을 강력하게 사로잡고 있으면서도 참으로 묘하게도, 아무리 해도 표면에 나타나지 않는 하나의 감정이 있었다. 그것은 과거와 현재와의 일체감[32]으로, 유령과 같은 것을 현재에 되살리는 직관이었다. 이것은 나의 크고 작은 여러 작품[33]에 나타나 있고, 시에서는 항상 좋은 효과를 나타내고 있다. 원래 이러한 직관은 생활에 관련되어 나타나거나, 생활 그 자체 속에 나타나는 순간에는 그 누구의 눈에도 기이하고 이해할 수 없는 것으로, 어쩌면 불쾌한 것으로 여겨졌을지도 모른다.

케른은, 고대가 나에게 위에서 말한 바와 같은 현재와 과거의 일체감이라고 하는, 정체를 알 수 없는 감정을 줄 수 있었던 땅이었다. 대사원의 폐허는 (왜냐하면 미완성 건물은 파괴된 것과 같으므로) 슈트라스부르크 이래 이제는 습

---

32) 그 실례로서 케른의 대사원과 야바흐의 집을 들 수가 있다.

33) 이 글이 쓰인 것은 1813년의 일이므로 여기서 생각할 수 있는 것은 아마도 《옛 성에 높이 서서》, 《로마 비가》, 《재회》, 소설 《성 요제프 2세》, 또 《파우스트》 제2부의 헬레나 장면 등이다.

관이 되어 버린 감정을 불러일으켰다. 이 건물을 예술적으로 고찰한다는 건 나로서는 할 수 없었다. 나에게 주어진 것은 너무 많은 것 같기도 했고 너무 적은 것 같기도 했다. 실제로 수행된 것과 원래의 의도와의 차이, 실행과 기획의 차이, 건축된 것과 암시된 것과의 차이라는 미궁에서 나를 구출할 수 있는 사람은, 지금 같으면 근면하고 끈기가 있는 친구들[34]에게 기대할 수 있겠지만, 그 당시에는 아무도 없었다. 남들과 함께 있을 때에는 나도 이들 진기한 주랑이나 기둥에 경탄했지만, 혼자가 되어보니 창조 도중에 멈춰버린, 완성되기에는 아직도 먼, 이제 응고되어 버린 이 작은 우주를 항상 불쾌한 생각으로 물끄러미 바라보고만 있었던 것이다. 여기에서도 또한 터무니없는 생각이 실행에 옮겨지지도 못하고 그대로 시들어 버리는 것이다! 마치 이 건물은 제아무리 많은 인간이 긴 세월을 들여도 무엇 하나 성취되지 않는다는 것, 그리고 예술이나 사업에서는 마치 미네르바처럼 성장을 이루고 준비도 충분히 갖추어진 연후에 창안자의 머릿속에서 태어나는 것만이 완성된다는 것을 나에게 납득시키기 위해 존재하는 듯이 여겨지는 것이다.

기분을 높여주기보다는 마음을 억압하는 이러한 순간에, 이토록 가까운 거리에서 상냥하고 아름다운 감정이 나를 기다리고 있으리라고는 나는 예상도 하지 않았다. 나는 야바흐의 집[35]으로 안내되었는데 나는 여기서, 항상 마음속으로 상상만 하고 있었던 것을 실제로 현실의 세계에서 만난 것이다. 이 가족은 이미 오래전에 이곳을 떠났지만, 정원으로 이어지는 1층에는 변한 것이라고는 하나도 없었다. 적갈색 마름모꼴의 벽돌을 정연하게 장식적으로 깐 바닥, 앉는 부분이나 등받이에 수를 놓고 조각을 한 키가 높은 안락의자, 묵직한 다리와 섬세한 상감을 한 책상, 매다는 금속제 촛대, 터무니없이 큰 난로와 그에 어울리는 부젓가락—이러한 모든 것들이 그 옛날과 딱 어울려 우리 자신을 제외하고는 이곳 그 어디에도 오늘의 것은 하나도 없었다. 그러나 이들에 의해서

---

34) 주르피츠 및 메르히오르 보아스레 형제를 가리킨다.

35) 슈테른 갓세 25번지의 이 집은 에베라르트 야바흐가 사서 1590년 재건하고 가구도 다시 사들였다. 대대로 유명한 미술품 수집가였다. 3대째의 야바흐는 화가 샤를르 루블랑에게 가족의 커다란 초상화를 그리게 하였다(1660~61). 자손들도 이 집에 살았으나 1761년에 대가 끊어져 폐허가 되었다. 1900년 이 집은 부분적으로 부서지고, 1943년의 폭격으로 파괴되었다.

이상하리만큼 고양된 감정을 한층 높여주고 만족하게 한 것은 난로 위에 걸린 이 가족의 커다란 초상화[36]였다. 부유한, 한때 이 집의 소유자가 아이들에게 둘러싸여 아내와 함께 그려져 있었다. 모두들 마치 어제의 사람, 아니 지금도 살아 있는 사람처럼 현실적으로 발랄하고 생생하게 살아 있었다. 그러나 그들은 모두 이미 과거의 사람들이었다. 기운차고 뺨이 포동포동한 이 소년들도 모두 나이 들어 세상을 떠난 것이다. 만약에 이 훌륭한 초상화가 없었다면 그들을 추억할 수 있는 것은 하나도 남아 있지 않았으리라. 내가 이 인상에 압도되어 어떻게 행동하고 어떤 태도를 취했는가는 말로는 표현할 수가 없을 정도였다. 나의 인간으로서의 교양과 시인으로서의 재능의 가장 깊은 바닥이 무한한 감동을 받아 밝은 곳으로 끌려나왔다. 나의 마음속에 깃들었던 모든 선량한 것, 사랑스러운 것들이 표면에 나타나 갑자기 그 모습을 보였는지도 모른다. 왜냐하면 이 순간부터 나는 그 이상의 탐색이나 논의를 그만두고, 평생동안 그 엄청난 애정과 신뢰를 받게 되었기 때문이었다.

마음도 정신도 서로 맺어진, 이와 같은 동아리에서는 누구나 자기가 생각하고 있는 것을 서로 이야기하였다. 그래서 나는 최근 작품 중에서 가장 마음에 든 서사시를 낭독하겠다고 했다. '툴레의 왕'과 '뻔뻔스런 젊은이가 있었다'[37]는 평판이 좋았다. 이들 시는 아직 나의 가슴에 품고 있었던 것에 지나지 않았고, 좀처럼 입 밖에 낸 일이 없었던 만큼 나는 더욱 기분 좋게 낭독할 수가 있었다. 이제까지 입 밖에 내지 않았던 이유는 나의 너무나 섬세한 감정에 어쩌면 불쾌감을 느낄지도 모르는 사람들이 눈앞에 있었으므로, 나의 낭독이 방해되었기 때문이다. 나는 가끔 낭독 도중에 당황하였고, 그렇게 되면 이미 나 자신을 회복할 수가 없었다. 그렇기 때문에 나는 내 멋대로 행동하고 마음이 산만한 사람이라는 말을 얼마나 많이 들었는지 모른다.

그런데 내가 가장 전념했던 일은 문학적인 표현 방법이었고, 원래 이것은 나의 본성에 맞았는데, 다른 한편으로 모든 종류의 문제에 대해 사색하는 것도 나에게 인연이 없던 일은 아니었다. 규명할 수 없는 것을 규명하려는 야코비의

---

36) 파리 화가로 동판화도 그린 샤를르 루블랑(1619~90)의 작품. 괴테는 1815년, 게른 체류 때 다시 이 그림을 보았다.

37) 전자는 1782년, 후자는 1776년 출판.

독창적인, 그의 성격에 어울리는 경향도 나에게는 매우 바람직하고 기분 좋은 것이었다. 라바타를 상대할 때면 그리스도교에 관한 논쟁이 일어나고, 바제도와는 교육에 관한 논쟁이 일어나지만, 야코비와의 사이에는 아무런 논쟁도 일어나지 않았다. 야코비가 나에게 말한 사상은 그의 감정에서 직접 생긴 것이었다. 그리고 그가 절대적인 신뢰를 가지고 가장 심오한 영혼의 요구를 나에게 털어놓았을 때, 나는 무어라 말할 수 없는 생각으로 마음이 흔들렸다. 그의 경우, 욕구와 정열과 이념이 기묘하게 결부되고 있었으나, 나에게는 이와 같은 결부는 희미하게 예감할 수밖에 없었다. 시간이 지나면 아마 그것도 좀더 명백해질 것이다. 다행히도 나는 이미 이제까지, 이 방면의 수양을 쌓았다고는 할 수 없지만 지식은 터득하고 있었고, 어느 비범한 인물의 존재와 사고방식을 섭취하고 있었던 것이다. 하기야 그것은 불완전한 것이고, 급히 섭취한 데 지나지 않는 것이지만, 그것만으로도 이미 나는 현저한 영향을 받았다고 느낀 것이다.

이토록 결정적으로 나에게 작용을 하고, 나의 사고방식 전체에 그토록 큰 영향을 준 이 인물은 스피노자[38]였다. 나는 나의 특이한 본성을 도야하기 위한 수단을 여러 곳에서 찾은 끝에 마침내 이분의 《에티카》를 만나게 된 것이다. 이 책에서 내가 무엇을 읽어냈는가, 이 책 속에 어떤 뜻을 두고 읽었는지에 대해서 나는 설명할 수 없다. 요컨대 나는 이 책에서 나의 열정이 진정되는 것을 느낀 것이다. 감성적 세계나 이성적 세계에 커다란 자유로운 전망이 열리는 것 같았다. 그러나 특히 나를 그에게 끌어당긴 것은 모든 문장에서 느낄 수 있는 완전한 이타의 정신이었다. '신을 참으로 사랑하는 자는 신도 자기를 사랑해 주기를 바라서는 안 된다'라고 하는 그 놀라운 말[39]은 그 말의 바탕이 되는 일체의 전제, 그 말에서 생기는 일체의 귀결과 함께 나의 사색의 모든 것을 채웠다. 어떤 일에 있어서나 이타적이고 공평무사한 것, 무엇보다도 사랑과 우정에서 가장 이타적이라는 것은 나의 최고의 소원이었고 주의였고 실천이었기 때문에, '내가

---

38) 베네딕투스 데(1632~77). 여기에서는 야코비와의 대화에 관련해서 서술되고 있다. 괴테의 스피노자 연구는 대략 3시기로 나뉘어진다. 제1기는 처음으로 스피노자를 알게 된 1773~74년, 제2기는 《에티카》를 자세히 읽은 1784~85년, 제3기는 스피노자를 다시 읽은 1811~12년이다. 여기서는 제1기의 일이 서술되고 있는데 후년의 인식도 섞여 있다.

39) 《에티카》 제5부 명제 19. 괴테는 이것을 헤르더에게 보낸 서한에서도 인용하고 있다.

당신을 사랑했다 한들 당신에게는 아무런 관계가 없어'라고 하는 그 뒷날의 대담한 말은[40] 틀림없이 나의 진심에서 한 말이다.

그런데 여기서도 간과해서는 안 될 일은, 가장 긴밀한 결합은 원래 정반대의 것에서 생긴다는 것이다. 일체를 조화시키는 스피노자의 편안함은 일체를 움직이려는 나의 지향과 대조적이었다. 그의 수학적인 방법은 나의 시적인 사고방식, 표현 방법과 정반대였다. 그리고 도덕적인 문제에 어울리지 않는다고 여겨지는 규칙적인 취급 방법이야말로 나를 그의 열광적인 제자로 만들고 철저한 숭배자로 만든 것이다.

정신과 심정, 오성과 감성[41]이 필연적인 친화력으로 서로를 원하고 있었다. 그리고 그와 같은 친화력으로 정반대의 성질을 갖는 사물의 결합이 가능하게 된 것이다. 그러나 나의 마음속에서는 모든 것이 아직 초기의 작용·반작용 속에서 발효되고 들끓고 있었다. 프리츠 야코비는 어지러운 나의 마음을 털어놓은 최초의 사람이었다. 나와 마찬가지로 그의 본성은 좀더 깊은 곳에서 작용하고 있었으므로 나의 고백을 마음으로부터 받아들였고, 그도 가슴을 열고 나에게 응답하여 나를 그의 사고 속으로 끌어들이려고 하였다. 그도 또한 말로는 표현할 수 없는 정신적 욕구를 느끼고, 이 욕구를 다른 사람의 도움을 빌려서 치유하려 하지 않고, 스스로 이를 명백히 하려고 하였다. 그가 자기의 심경에 대해서 나에게 털어놓은 일을 나는 이해할 수 없었다. 내가 나 자신의 심경을 헤아릴 수 없었기 때문에 더욱 그러했다. 그러나 철학상의 사색에 있어서나 스피노자의 고찰에 있어서 나를 훨씬 능가하고 있던 그는 암중모색을 하고 있던 나를 인도, 계발하려고 하였다. 이토록 순수한 정신의 친화는 나에게는 새로운 경험이었기 때문에 좀더 흉금을 터놓고 대화를 해보고 싶다는 격렬한 소원이 생겼다. 일단 헤어져서 침실로 돌아온 뒤, 밤늦게 나는 다시 그를 찾아갔다. 달빛이 넓은 라인강에 아른거리고 있었다. 우리는 창가에 서서 앞으로 열리게 될 청년기에, 그치지 않고 풍부하게 샘솟는 사색의 확대를, 서로 자아를 잃고 털어놓은 것이다.

---

40) 《빌헬름 마이스터의 수업시대》의 제4권 제9장에서 떠돌이 여배우 피리네가 빌헬름에게 하는 대사.
41) 철학자 스피노자의 '정신'과 '오성'에 대한 시인 괴테의 '심정'과 '감성'.

그러나 지금의 나로서는 필설로 이루 다 말할 수 없는 그때의 사정을 설명할 수가 없을 것 같다. 그것보다도 더 확실한 것은 벤스베르크의 수렵관[42]에 갔을 때의 일이다. 이 수렵관은 라인강의 오른쪽 기슭에 있었고, 여기서의 전망은 매우 뛰어났다. 거기서 나를 신나게 만든 것은 베닉스[43]의 벽화였다. 사냥감이라고 여겨지는 모든 동물들이 마치 넓은 주랑의 받침대 위에 올려놓은 것처럼 질서 있게 나열되어 있고, 그 건너편에는 널따란 경치가 펼쳐져 있었다. 이들 생명이 없는 벽화 동물에게 생명을 불어넣는 일에, 비범한 이 사나이는 가지고 있는 모든 재능을 쏟아부었다. 그리하여 실로 여러 가지 동물의 가죽, 거센 털, 깃, 뿔, 발톱을 그리는 데에 있어 자연과 필적하고 그 효과는 자연을 능가하고 있었다. 우리는 이 예술 작품에 감탄하면서도, 이와 같은 벽화를 그토록 재주 있고 풍부하게 그려낼 수 있었던 솜씨를 생각해보지 않을 수 없었다. 어떻게 이와 같은 것이 인간의 손으로 만들어졌으며 어떤 도구를 사용해서 만들었는가, 도저히 이해할 수가 없었다. 붓으로만 그릴 수 있는 것이 아니었다. 이토록 다양하게 표현되기 위해서는 특수한 장치가 사용되었다고 가정하지 않을 수 없었다. 우리는 가까이서나 멀리서나 같은 감동을 느꼈다. 이와 같은 것을 만들어낸 원인도 그 효과도 실로 놀라울 만한 것이었다.

라인강을 내려가는 여행은 즐겁게 계속되었다. 강폭이 넓어짐에 따라 기분도 느긋해졌고, 멀리 바라보고 싶은 마음이 생겼다. 우리는 뒤셀도르프에 도착, 거기서 다시 펜페르포르트[44]로 향하였다. 여기는 매우 쾌적하고 밝은 체류지였다. 널찍하고 손질이 잘된 정원에 잇닿은 광대한 저택에는 사려가 깊고 예의가 바른 사람들이 모여 있었다. 가족[45]도 많고, 또 이곳의 여유 있고 쾌적한 분위기를 전적으로 마음에 들어하는 손님들의 모습을 항상 볼 수 있었다.

---

42) 마테오 디 아르베르티 백작이 팔츠의 선제후 요한 빌헬름의 위촉을 받아서 1706~10년에 라인강을 바라보는 고지대에 세운 것.

43) 얀(1640~1719). 팔츠의 선제후 요한 빌헬름 아래서 일을 보았다. 벤스베르크에 있었던 그의 벽화는 현재에도 보존되어 있다.

44) 여기에 야코비의 별장과 정원이 있었다. 당시는 뒤셀도르프의 교외였으나 현재는 시내가 되어 있다.

45) 프리츠 야코비, 게오르크 야코비 형제, 누이동생 레네와 로테, 프리츠 야코비 부인 베티와 그의 아이들.

뒤셀도르프의 화랑[46]에서 나의 네덜란드파에 대한 편애는 충분할 정도로 양식을 구할 수 있었다. 자연이 넘쳐흐를 듯이 힘차게 표현된 그림이 전관에, 마치 장소가 좁다는 듯이 진열되어 있었다. 나의 식견은 높아지는 않았지만 지식은 풍부해졌고, 애정도 한층 깊어졌다.

이들 일가의 주요한 특징은 아름다운 마음의 편안함, 느긋한 여유, 안정된 끈기로, 이것은 이내 손님인 내 눈앞에 선명하게 나타나기 시작하였다. 그리고 나는 어느 광범위한 활동권이 이곳을 기점으로 해서 다른 지방에도 미치고 있다는 것을 알 수가 있었다.

이웃의 여러 도시나 마을의 활기와 부유함이 내면의 만족을 높이는 데에 적지 않게 힘이 되었다. 우리는 엘버펠트[47]를 방문하여 정비가 잘된, 수많은 활발한 공장을 보고 기뻤다. 우리는 이 도시에서, 코브렌츠에서 우리를 맞아주었던 융[48]을 다시 만났다. 그는 신에 대한 신앙과 인간에 대한 성실성을 자기가 항상 따라야 할 중요한 신조로 삼고 있었다. 여기서 우리는 동아리들과 함께 있는 그를 보았다. 그리고 지상의 생업에 종사하면서 천상의 재보(財寶)를 잃지 않고 있는 이곳 시민들이 그에게 신뢰를 보내고 있는 것을 보고 기쁘게 생각하였다. 일에 부지런한 이 지방은 그것을 보는 사람의 눈에 편안함을 주었다. 여기서는 질서와 청결에서 유익한 것이 생겨나고 있었기 때문이었다. 이러한 관찰을 하면서 우리는 행복한 나날을 보냈다.

그 뒤 나는 다시 나의 친구 야코비에게로 돌아갔다. 그리고 마음 깊은 곳에서 서로 맺어지고 있다는 것을 느끼고 다시없는 기쁨에 젖었다. 우리 두 사람은 공통된 일을 하고 싶다는 매우 강력한 희망에 가슴 부풀어 있었다. 나는 그의 마음속에서 고동치고 있는 일체의 것을 그 어떤 형태로 표현해 보면 어떨까 하고 그에게 자주 권했다. 그것은 내가 수많은 미혹에서 나를 구해냈던 수단이었고, 이것이 그에게도 적용되리라고 기대한 때문이었다. 그는 주저하지 않고

---

46) 18세기의 유럽에서는 가장 중요한 수집품을 소유하고 있었다. 뒷날 이들은 뮌헨의 아르테 피나코지크로 이전되었다.

47) 초기의 독일 공업 도시의 하나. 경건주의가 강한 땅이었다.

48) 엘버펠트에서의 괴테와의 재회에 대해《하인리히 슈티링의 가정 생활》에서 생생하게 그리고 있다.

마음도 새롭게 이 수단을 실행으로 옮겼다. 그리하여 그는 얼마나 많은 좋은 것, 아름다운 것, 기쁜 것을 써냈던가! 이렇게 해서 우리는 영원이 맺어져 있다는 행복한 감정에 젖어서, 시간이 지남에 따라 너무나 명백해진 바와 같이 우리의 지향이 정반대의 방향을 취하게 되리라는 것을 조금도 예감하지 못하고 있었다.

그 뒤 돌아오는 길에 라인강을 거슬러 올라갔을 때 만난 일은 나의 기억에서 완전히 사라지고 없다. 그 이유의 하나는 두 번째 본 것은 머릿속에서 처음에 본 것과 서로 섞이는 것이 예사였고, 또 하나의 이유는 돌아오는 길에 나는 내성적이 되어 여러 가지 체험을 정리하고, 다른 사람에게서 받은 영향을 내 나름대로 잘 고찰해 보고 싶었기 때문이었다. 여기서 나는 잠시 나를 열광시켜 창작으로 몰아넣은 어떤 중요한 결과에 대해서 말해보고자 한다.

나는 자유분방한 지향을 가지고 아무런 목적도 계획도 없는 생활과 행동을 하고 있었지만, 라바타와 바제도가 세속적인 목적을 위해 정신적으로, 아니 종교적인 수단까지 사용하고 있다는 것이 언제까지나 나의 눈에 띄지 않을 수는 없었다. 하루하루 시간과 재능을 이렇다 할 목표도 없이 낭비하던 나는 두 인물이 각기 자기 나름대로 가르치고, 타이르고, 설득하기 위해 노력하면서도, 어떤 의도의 촉진을 매우 중요시하여 그 의도를 뒤에 숨기고 있다는 것을 이내 알아차리지 않을 수 없었다.

라바타는 온건하고 현명하게, 바제도는 격렬하고 뻔뻔스럽고 무뚝뚝한 대로 일에 착수하고 있었다. 더욱이 두 사람은 자기들이 좋아하는 일이나 계획에 대해서, 또 활동의 탁월성에 대해서 전적으로 믿고 있었으므로 사람들은 그들을 성실한 인간으로 보고 애정을 가지고 존경하지 않을 수 없었다. 특히 라바타에 관해서는 그가 분명히 보다 더 높은 목적을 가지고 있다는 것, 그리고 그가 비록 세상 물정에 밝은 행동을 취했다고 해도 목적은 수단을 신성화시킨다는 말이 그에게 해당된다는 것을 사람들은 인정하고 그를 칭찬하였다.

그런데 나는 두 사람을 관찰했을 뿐만 아니라 내가 생각하는 것을 그들에게 고백하고, 또 이에 대한 두 사람의 의견을 듣고 있는 동안 한 가지 생각이 떠올랐다. 당연한 일이지만, 뛰어난 사람은 자기 안에 있는 신적인 것을 밖으로 향하여 확대시키고 싶어한다는 생각을 강하게 가지게 된 것이다. 그러나 그러한 인간은 이윽고 조잡한 속세에 부딪치게 된다. 그리고 이 세계에 작용하기 위해서는 자기를 그것과 같은 줄에 놓지 않으면 안 된다. 그러나 그것으로 그는 그 숭고한 특질을 상당히 상실하게 되고 마침내는 완전히 잃고 만다. 신성한 것, 영원한 것이 지상의 여러 가지 물질적인 의도 속에 매몰되어 덧없는 운명에 끌려 들어가고 만다. 나는 이와 같은 관점에서 두 사람의 생애를 바라보았다. 그러자 그들이 존경할 만하면서도 딱한 사람들처럼 여겨졌다. 왜냐하면 나는 두 사람이 낮은 것을 위해 높은 것을 희생시켜야만 할 것이라고 예언할 수 있다고 생각했기 때문이다. 그런데 나는 이와 같은 관찰을 극단으로까지 가지고 가서 나의 좁은 경험을 넘어, 같은 사례가 역사상 없는가 하고 찾아보았다. 그 결과, 결코 사기꾼이라고는 여겨지지 않았던 마호메트의 생애[49]를 빌려 내가 현실적으로 그토록 생생하게 바라보았던, 덧없는 행복보다는 파멸에 이르는 그 과정을 희곡으로 표현해보고 싶다는 계획이 내 마음속에 싹텄다. 나는 얼마 전에 이 동방의 예언자의 생애를 매우 흥미 있게 읽고 연구도 하고 있었다. 따라서 이 생각이 머리에 떠올랐을 때, 상당한 준비가 되어 있었던 것이다. 전체는 내가 이미 다시 좋아하게 된 규칙 바른 형식에 가까이 가고 있었다. 때와 장소를 마음대로 다루어도 되는 연극이 획득한 자유를 나는 적당히 이용하고 있었다.

이 작품은 마호메트가 맑게 개인 밤 하늘 아래서 홀로 송가를 부르는 장면으로 시작된다. 우선 처음에 그는 무수한 별들을 모두 똑같이 신으로 보고 숭배한다. 거기에 친한 별 카트(우리의 주피터)가 올라오면 별들의 왕인 이 별에만 절대적인 숭배가 바쳐진다. 이윽고 달이 모습을 드러내면 이 숭배자의 눈과 마음은 달에 끌린다. 이어 비추기 시작한 태양빛으로 힘찬 기운을 받은 그는 새로운 숭배를 요구받는다. 이렇게 숭배의 대상이 차례로 바뀌어 간다는 것은 아름다운 일이기는 하지만 사람의 마음을 편하게는 만들지 않는다. 그리고 그 마음은 보다 더 높아지지 않으면 안 된다고 느낀다. 마음은 높아져서 신에게, 유일자에게, 영원한 자에게, 즉 모든 유한의 사물이 그 존재를 빚지고 있는 무

---

49) 현존하고 있는 이 단편은 아마도 1772년 가을에서 1773년 봄 사이에 완성되었을 것이다. 마호메트에 대해서는 18세기 전반까지는 여러 가지 해석이 이루어져서 베르의 역사 사전에서는 '위선자'라고 되어 있고, 이를 답습하고 있는 고트셰트는 '사기꾼'이라 하고 있다.

한의 신에게로 도달하게 된다. 이 송가를 나는 커다란 애정을 가지고 썼다. 이 것은 없어지고 말았지만,[50] 칸타타의 대사로 다시 고쳐써도 좋고, 또 표현이 다 채롭기 때문에 음악가들이 좋아할 것이다. 그러나 이를 위해서는 그 당시의 의 도가 그러했던 것처럼, 대상(隊商)의 우두머리를 그 가족과 저 부족 사람과 함 께 등장시키지 않으면 안 될 것이다. 이렇게 되면 각 성부(聲部)의 교체나 합창 의 박력이라는 점에서 문제는 없어질 것이다.

마호메트는 스스로 개종한 뒤에 이 감정과 지향을 가족들에게 알린다. 그의 아내와 사위 알리는 무조건 그의 신자가 된다. 제2막에서는 그 자신이, 아니 그 보다도 알리가 더 열렬히 이 신앙을 부족 안에 확산시키려고 한다. 여기에 사람 들의 성격의 차이에 따라 찬성과 반대가 생기게 된다. 다툼이 시작되고 항쟁은 심해져 마호메트는 도망가지 않을 수 없게 된다. 제3막에서는 그의 적대자를 굴복시켜 그의 종교를 공적인 것으로 만들어, 영묘[51]에서 수많은 우상을 제거 시킨다. 그러나 모든 것을 힘으로 밀어붙일 수는 없는 것으로, 책략에서 도피로 를 구하지 않으면 안 되게 된다. 세속적인 것은 확대되고 신적인 것은 후퇴하 여 흐려진다. 제4막에서 마호메트는 정복을 계속하고, 교양은 목적이라기보다 는 구실이 되어 생각할 수 있는 모든 수단을 사용하지 않을 수 없게 된다. 잔인 하기 짝이 없는 행동까지도 서슴지 않는다. 마호메트가 처형한 남자의 아내가 그를 독살한다. 제5막에서 그는 독을 먹었다는 것을 느낀다. 당황하지 않는 그 의 침착성, 자기 자신으로, 보다 더 높은 마음에의 회귀는 그를 경탄할 만한 사 람으로 만든다. 그는 자기의 교양을 순화시키고 그 국토를 튼튼한 것으로 만들 고 죽어간다.

내가 오랫동안 머릿속에서 생각하고 그린 작품의 개요는 이러한 것이었다. 보통 나는 작품에 착수하기 전에 우선 마음속에서 정리를 해보지 않을 수 없 게 된다. 천재가 평범한 사람을 제치고 성격과 정신으로 할 수 있는 모든 것을, 그리고 천재가 어떻게 승리를 거두고 또는 패배를 하게 되는가를 그려보려고 한 것이다. 사이에 들어갈 몇 편의 시는 미리 써 두었으나, 그 가운데 '마호메 트의 노래'라는 제목의 것만이 나의 시집에 지금도 남아 있다. 이 노래는 희곡

---

50) 이 초고는 슈타인 부인에게로 보내졌다가 괴테의 사후에 출판되었다.
51) 메카에 있는 건물로 아랍의 성역이다.

속에서, 알리가 성공의 절정에서 스승을 칭송하여 부르기로 되어 있었다. 그것은 독살로 인해 생긴 회심(回心) 직전의 일이다. 나는 지금도 하나하나의 장면에 대해서 그것이 의도하는 바를 기억하고 있는데, 이에 대해서 더 말하면 글이 너무 길어진다.

# 제15장
# 신교의 죄악론

　이러한 여러 가지 기분 전환은 대개의 경우 진지한 것이었다기보다는 종교적인 고찰을 하는 기회가 되었기 때문에 나는 그러한 기분 전환으로부터 다시 나의 고귀한 친구 폰 클레텐베르크 여사에게로 돌아갔다. 그녀와 마주 앉아 있으면 나의 격렬한, 사방팔방으로 돌진하려고 하는 편애와 정열은 적어도 순간적으로나마 진정시킬 수가 있었다. 그리고 이와 같은 여러 계획을 그녀에게 들려주는 것을 나는 누이동생에게 들려주는 것 다음으로 좋아했다. 그녀의 건강이 차차 악화되고 있다는 것을 느끼고 있었지만 나는 그것을 모른 체하고 있었다. 병세가 진행될수록 그녀는 더욱 쾌활해졌으므로 나로서는 그렇게 할 수밖에 없었다. 그녀는 항상 깔끔한 복장으로 창가의 안락의자에 앉아 있었고, 내가 소풍에 대해서 이야기를 하거나 그녀 앞에서 낭독을 하는 것을 즐거운 듯이 듣고 있었다. 이따끔 나는 내 눈으로 보고 온 지방의 일들을 한층 알기 쉽게 설명할 수 있도록 간단한 그림도 그려보였다.

　어느 날 저녁 무렵, 마침 내 마음속에 여러 가지 형상이 떠올랐을 때, 나에게는 그녀와 그녀의 주변에 있는 것들이 기울어 가는 석양의 빛을 받아서, 마치 섬광을 뿜어내는 것처럼 보였다. 그래서 나는 나의 서투른 그림 솜씨가 미치는 한, 그녀의 모습과 실내의 물건들을 한 폭의 그림으로 그리고 싶다는 충동을 억제할 수가 없었다. 이 그림은 케르스팅[1]과 같은 솜씨 있는 화가라면 매우 우아한 것이 되었을 것이다. 나는 이 그림 모습을 다른 나라에 있는 어떤 여자 친구에게 보내면서, 주석과 보충 설명으로 다음과 같은 시를 덧붙였다.

---

1) 게오르크 프리드리히(1785~1847). 드레스덴 출신의 화가. 괴테는 그의 《뜨개질하는 여자》와 《책을 읽는 우아한 남자》를 바이마르의 회화 수집을 위해 구입하였다.

이 마법의 거울 속에서
달콤하고 부드러운 꿈을 꾸어 보아요.
하느님의 날개의 보호를 받아
우리의 고뇌하는 여자 친구의 이 편안함이여.

보아요, 이 여자가 어떻게 해서
이 세상의 거친 파도와 싸우고 지내왔는가를.
당신의 그림을 이 친구와 비교해 보아요.
그리고 그대들을 위해 고난을 당하신 하느님의 모습을.

마음 가는 대로 내가 붓을 들고
이 그림을 그렸을 때,
하늘의 향기가 감도는 가운데
내가 느낀 것을 당신도 느껴봐요.

　이제까지 몇 차례 해 본 것처럼 나는 이 시구 속에서 나 자신을 외국인, 타향
인, 아니 이교도로까지 간주했는데, 클레텐베르크 여사는 이것을 조금도 개의
치 않았다. 오히려 그리스도교 용어를 사용했던 이전 것보다도 훨씬 마음에 든
다고 나에게 말해주었다. 이제까지 그 용어를 써서 한 번도 잘 되어간 적이 없
었던 것이다. 그런데 나는 그녀에게 전도(傳道) 보고서를 읽어주고, 그녀는 그
것을 듣는 것을 큰 즐거움으로 여기고 있었는데, 나는 전도자들에게 반대하여
이교도들을 변호하였고, 그들이 개종하기 전의 상태가 그 이후의 상태보다도
낮다고 단언하는 것이 언제나 관례처럼 되어 있었다. 그래도 그녀는 항상 친밀
하고 온화했으며, 나에 대해서나 나의 구원에 대해서 아무런 걱정도 하고 있는
것 같지 않았다.
　그러나 내가 차차 그 신조로부터 멀어져 간 것은 너무나도 진지하게, 정열적
인 애정으로 그것을 잡으려고 지나치게 애를 썼기 때문이다. 내가 동포 교단[2]

---

2) 15세기에 시작되어 1722년에 친첸도르프 백작의 옹호 아래서 새롭게 조직화되었다. 경건파의
　정신이 주입된 이 교단은 백작의 영지 헤른후트를 중심으로 독일의 여러 지역과 영국, 미국으

에 접근한 이래, 그리스도의 승리의 깃발 아래 모인 이 동아리에 대한 나의 애정은 끊임없이 강해졌다. 어느 기성 종교나 그것이 형성 과정에 있을 때 최대의 매력을 갖는 법이다. 때문에 모든 것이 생기를 잃지 않고 그대로 정신적으로 나타났던 사도 시대를 우리는 쾌적한 마음으로 회상하는 것이다. 이런 점에서 동포 교단은 마술적인 힘을 가지고 있어서 극히 초기의 종교 상태를 유지하고 있었을 뿐만 아니라, 영원화되어 가는 것처럼 보였다. 이 교단은 그 시발점이 매우 오래된 시대와 결부되어 있었고, 결코 완성된 적이 없었다. 다만 남의 눈에 띄지 않는 넝쿨이 되어 거친 외부세계를 감고, 그 속에서 계속 살아온 것이다. 그런데 어느 경건하고 뛰어난 인물[3]의 보호를 받아, 단 하나의 싹이 뿌리를 내려 눈에 띄지 않는, 표면적으로는 우연이라고 여겨지는 한 단서가 계기가 되어 다시 널리 세계로 퍼져가려 하고 있는 것이다. 이 경우 가장 중요한 것은 종교상의 제도와 시민의 생활 제도가 불가분하게 얽혀 하나가 되어 있기 때문에 전도자는 동시에 명령자이고, 사제는 동시에 재판관이었다는 점이다. 그런데 이보다도 더 중요한 일은 종교적인 일에 관해서는 절대적인 신뢰를 받는, 어쩌면 하느님 자체로 여겨지는 교단의 교주가 세속적인 일의 지도도 위임받아 전체적 통치나 개인적인 일에 관해 결정을 내릴 때, 그의 대답이 신탁으로 제시되어 이것이 신성한 것으로 여겨졌다는 사실이다. 적어도 이 교단이 외부적으로 보이고 있는 아름다운 고요는 사람의 마음을 강하게 끌어당기는 것이었지만, 다른 면으로 말하자면 전도라고 하는 사명 때문에 여기서는 인간 내부에 깃들어 있는 모든 실행력이 요구되었다.

나는 이젠부르크 백작의 대리인인 모리츠 참사관을 따라 마리엔보른의 종교 회의[4]에 간 일이 있다. 거기서 알게 된 사람들을 나는 매우 존경하고 있었는데, 그들이 나를 일원으로 받아들이느냐의 여부는 오직 그들에게 달려 있었다. 나는 이 교단의 역사와 교의, 그 유래와 발전을 연구해 본 결과, 이에 대해서 설명하거나 관심이 있는 사람들과 이야기를 나눌 수가 있게 되었다. 그러나 나는 신자들이나 클레텐베르크 여사가 나를 그리스도교도라고 생각하려

---

로 퍼져갔다. 내면적, 윤리적 예배로 일관된 이 헤른후트파는 18세기에 크게 주목을 받았다.

3) 앞의 주석에 나온 니콜라우스 루드비히 폰 친첸도르프 백작(1700~60)을 가리킨다.

4) 여기에 동포교단의 조직이 있었고, 1769년 9월 종교 회의가 개최되었다.

하지 않는다는 것을 알았다. 이것은 처음 한동안은 나의 마음을 불안하게 하였고, 그 뒤 이 교단에 대한 나의 애착의 마음을 어느 정도 식어가게 만들었다. 나와 그들을 갈라놓고 있는 원래의 근거는 실은 상당히 분명했지만, 나는 그것을 오랫동안 찾아낼 수가 없었다. 그러다가 이 근거는 연구의 성과에서라기보다는 우연히 내 앞에 나타나게 되었다. 나를 동포교단으로부터나 다른 훌륭한 그리스도교 신자들과 거리를 두게 한 것은 이미 교회가 수도 없이 분열했던 이유와 전적으로 같았던 것이었다. 일부 사람들은, 인간의 본성은 원죄에 의해 타락해 있으므로 제아무리 깊은 속을 들여다보아도 착한 면이라고는 찾아볼 수가 없으며, 따라서 인간은 자기의 힘을 일체 단념하고, 모든 것을 하느님의 은총에 맡기고 그 영향을 기다릴 수밖에 없다고 주장하고 있었다. 한편 다른 사람들은 인간이 조상 대대로 이어받은 결함을 확실히 인정하기는 하지만, 인간의 본성에 내재된 어떤 씨앗을 인정해주고 싶다는 것으로, 이 씨앗이 하느님의 은총으로 생명을 얻어 정신의 법열(法悅)이라고 하는 더없는 행복의 큰 나무로 성장할 수도 있다는 것이었다. 나는 입과 펜으로는 반대의 입장을 취하고 있었지만, 나도 모르는 사이에 후자와 같은 신념에 사로잡혀 있었다. 그러나 나는 그럭저럭 세월을 보내고 있었기 때문에, 내가 빠져 있는 본래의 모순과 당착을 나 자신에게 분명히 밝힌 적이 없었다.

그런데 어떤 기회에 나는 전혀 뜻하지 않게 이 꿈같은 심정에서 눈을 뜬 것이다. 즉, 나는 전혀 죄가 없다고 여기고 있던 이러한 생각을 어느 종교상의 대화에서 숨김없이 밝힌 것으로 인해 심한 설교를 벌로서 받아야 했던 것이다. 상대방은 나에게 이것이야말로 진짜 펠라기우스주의[5]이며, 이 해로운 교의가 다시 만연하려 하고 있는 것은 근대의 불행이라고 말했다. 이 말을 듣고 나는 깜짝 놀랐다. 나는 교회사를 다시 살펴서 펠라기우스 교의와 운명을 자세히 조사해 보았다. 그리하여 이 일치할 수 없는 두 가지 견해가 여러 세기 동안

---

5) 《시와 진실》에서 프로테스탄트의 원죄관에 대한 반대는 가장 중요한 사상의 하나이다. 펠라기우스는 360년경에 태어나 418년에 죽은 스코틀랜드의 수사이다. 그는 원죄를 부정하고, 인간은 태어나면서 힘으로 선을 행하여 완전성에 도달할 수가 있다고 가르쳤다. 그의 최대의 적대자는 아우구스티누스로 그는 펠라기우스의 설에 반대하기 위해 신의 은총과 예정설을 주장하였다.

에 걸쳐 좌로 우로 흔들려, 그 사람이 보다 더 활동적인가, 그렇지 않으면 수동적인가에 따라 둘 중의 어느 하나를 신봉하거나 고백했다는 것을 분명히 알 수가 있었던 것이다.

이제까지 수년 동안, 나는 끊임없이 나의 힘을 훈련하는 일에 노력해 왔고, 내 마음의 내부에서는 최선의 의지를 기울여 도덕적 수양을 지향하는 쉴 새 없는 활동이 계속되고 있었다. 외부 세계는 이와 같은 활동이 질서화되어 다른 사람들에게 쓸모있게 되기를 요구하고, 나는 이 커다란 요구를 나의 마음속에서 잘 되새겨보지 않으면 안 되었다. 모든 면에 걸쳐서 나는 자연에 의지하고 있었고, 자연은 훌륭한 모습 그대로 나의 눈앞에 나타나 있었다. 나는 그때까지 의무를 위해 의무를 다하려고 매우 애를 쓰는 많은 부지런한 사람들과 알고 지내고 있었다. 그러한 사람들을, 아니 나 자신을 버린다는 것은 나에게는 불가능한 일로 여겨졌다. 나를 교의로부터 갈라놓고 있는 고랑은 나에게는 명확했다. 이렇게 해서 나는 이 사람들과 헤어지지 않을 수가 없었다. 그러나 성서나 종교의 창설자, 초기의 신자에 대한 나의 애착의 마음은 나로부터 빼앗아 갈 수 없었기 때문에, 나는 나 자신만을 위한 그리스도교를 만들어보았다. 그리하여 열성적인 역사의 연구와 나의 생각에 마음을 기울여준 사람들의 자상한 의견을 토대로 이와 같은 그리스도교의 바탕을 만들어 이를 구축하려고 하였다.

그런데 내가 애정을 가지고 내 마음속에서 섭취한 일체의 것은 시적인 형식을 취했기 때문에, 나는 영원한 유대인의 이야기[6]를 서사시적으로 다루어보고 싶다는 색다른 착안에 사로잡힌 것이다. 이 이야기는 이미 전부터 민속본을 통해서 나에게 강한 인상을 남겼던 것으로, 이것을 단서로 해서 종교사와 교회사의 현저한 문제점을 내가 생각한 대로 묘사해 보려고 한 것이다. 내가 이 우화를 어떻게 만들어내고 그 속에 어떤 뜻을 담았는가를 앞으로 이야기해보려고 한다.

전설에 의하면 아하스벨스라고 불리는 한 구두장이가 예루살렘에 살고 있었다. 이 사나이의 대체적인 윤곽을 그리기 위해 나는 드레스덴의 구두장이

---

6) 여기서도 괴테는 실제로 쓰여 있는 것보다는 쓰이지 않은 것에 대하여 자세히 이야기한다. 이 단편은 1836년에 출판되었다.

의 특징을 이용하였다. 나는 그에게 같은 기술자 동료인 한스 작스의 정신과 유머를 가능한 한 부여했고, 그리스도에 대한 애착으로 그를 고귀한 인물로 그렸다. 그는 개방된 작업장에서 지나가는 사람들과 이야기하는 것을 좋아했고, 그들을 놀리거나 소크라테스식으로 격려하거나 했기 때문에 이웃이나 다른 마을 사람들도 기꺼이 그의 작업장에서 발길을 멈추었다. 바리새 사람이나 사도카이 사람[8]까지 그에게 말을 걸어왔다. 그리고 구세주까지도 제자들을 데리고 몇 차례 그에게 들렀던 모양이다. 이 구두장이의 마음은 세속적인 일에만 향하고 있었으나, 우리의 구세주에 대해서는 특별한 애정을 가지고 있었다. 그는 이 애정의 마음을 나타내기 위해 먼저, 자기로서는 그 마음을 이해할 수 없었던 이 고귀한 인물을 자기 자신의 사고방식과 행동 방식으로 개종시키려고 했다. 그래서 그는 그리스도에게, 명상을 그만두고 이러한 게으른 사람들과 온 나라를 헤매어 돌아다니지 말기를 바라며, 민중을 일에서 손을 떼게 해서 황야로 끌어내지 않기를 바란다고 진지한 표정으로 탄원하는 것이었다. 모인 민중들은 항상 흥분하기 쉬우며, 거기서 좋은 결과는 아무것도 나오지 않기 때문이라는 것이었다.

이에 대해 그리스도는 자신의 높은 견지와 목적을 비유적으로 가르치려고 시도하였으나, 이 털털한 사람에게는 아무 효과도 없는 것 같았다. 이윽고 그리스도가 더욱더 유명해지고 누구나 아는 사람이 되었을 때, 이 호의적인 구두장이는 더욱더 강도 높고 격렬하게 의견을 말하였다. 그는 이 결과로 머지않아 반드시 폭동이 일어날 것이고, 그리하여 그리스도 자신이, 아무리 보아도 그의 본뜻이 아니지만, 폭도의 두목이라고 자기 이름을 대지 않을 수 없게 될 것이라고 타일렀다. 그런데 일의 경과는 알고 있는 바와 같이 그리스도가 체포되어 재판을 받게 되는데, 이렇게 되고 보니 아하스벨스는 유다보다도 더 격렬한 흥분에 빠지고 만다. 유다는 표면상 주를 배반한 것이 되어 절망하면서, 작업장으로 들어와 한탄하면서 실패로 끝난 자기 행위를 이야기한다. 그가 하는 말에 의하면 그는 다른 현명한 제자들과 마찬가지로 그리스도가 자칭 통치자로서, 또 민중의 지도자로서 자기 이름을 대고 나오리라는 것을 굳게 확신하고

---

7) 제2부 제9장에 등장한 구두장이.

8) 부활이나 최후의 심판에 대해 바리새인과는 다른 견해를 가지고 있었던 유대인의 한 집단.

있었다. 그래서 그때까지 주저하고 있던 주를 움직여서 억지로라도 행동에 옮기게 하기 위해, 그때까지도 움직이려고 하지 않았던 승려계급까지 자극해서 실력 행사로 나오게 한 것이다. 제자 쪽에서도 무기의 준비가 안 되었던 것은 아니므로, 만약에 주가 스스로 투항해서 제자들을 슬픈 상태로 두지 않았더라면 아마도 만사가 잘 되어갔으리란 것이다. 이 이야기를 듣고도 마음이 편치 않은 아하스벨스가 이 가엾은 과거의 사도를 괴로운 심정으로 몰아넣었기 때문에, 유다는 서둘러 목을 매 자살하지 않을 수가 없었던 것이다.

예수가 구두장이의 작업장 앞을 지나서 형장으로 끌려갈 때, 바로 거기서 우리가 잘 알고 있는 그 장면이 나타난다. 수난자가 십자가의 무게에 눌려 쓰러져, 구레네의 시몬[9]이 대신 짊어지게 된 것이다. 여기에 아하스벨스가 모습을 나타낸다. 사물의 이치를 잘 알지 못하는 사람이 곧잘 저지르는 것처럼 누군가가 자기 죄로 불행에 빠져 있는 것을 보고도 아무런 동정도 느끼지 않을 뿐만 아니라, 난데없는 정의감에 사로잡혀 비난을 퍼부어 사태를 한층 악화시키는 것과 마찬가지로, 그도 뛰어나와서는 전에 했던 모든 경고를 되풀이하고, 그 고발을 격렬한 고발로 바꾸어간다. 그는 수난자를 사랑하고 있으므로 그렇게 하는 것이 당연하다고 여기는 것처럼 보인다. 수난자 그리스도는 대답을 하지 않는다. 그러나 그 순간 주를 사랑하는 베로니카가 구세주의 얼굴을 천으로 가리고 만다. 그리고 그녀가 그것을 벗겨 높이 쳐들었을 때, 아하스벨스는 거기서 주의 얼굴을 본다. 그러나 그것은 현재 수난을 당하는 사람의 얼굴이 아니라 장엄하게 변한 천상의 생명으로 빛나는 사람의 그것이었다. 이 현상에 어지러움을 느낀 그가 눈을 돌리자, "너는 나의 이런 모습을 다시 볼 때까지 지상을 헤맬 것이다"라는 소리를 듣는다. 깜짝 놀란 이 사나이는 잠시 뒤 간신히 정신을 차린다. 모든 사람들이 처형장으로 간 뒤라서 그는 모든 예루살렘 거리가 텅 비어 있다는 것을 안다. 불안과 동경의 마음이 그를 몰아세워 그는 방랑의 길로 나선다.

이 방랑에 대해, 또한 이 시의 마지막을 이루고 있지만 전체의 완결을 뜻하지는 않는 이 사건에 대해서는 아마도 달리 말할 기회가 있을 것이다. 처음 부

---

9) 〈마가복음〉 제15장 21절.

분과 도중의 몇 부분은 이미 써놓았다. 그러나 나는 정신을 집중시킬 수가 없었다. 내가 바라는 내용을 부여하기에 필요한 연구를 할 시간이 없었기 때문이었다. 게다가 내가 《젊은 베르테르의 슬픔》을 쓰고, 그 영향을 보았을 때, 아무래도 시작하지 않을 수 없었던 한 시기가 나의 마음속에서 큰 존재가 되어 있었던 만큼, 다 쓴 몇 장의 종이는 그대로 방치되었던 것이다.

우리 모두가 짊어져야 할 인간 공통의 운명은 정신력이 남보다 빨리, 그리고 넓게 발달한 사람들에게 가장 무겁게 얹힐 것이다. 우리는 양친이나 친척들의 보호를 받고 성장할지도 모른다. 우리는 형제자매나 친구들에게 의존할지도 모른다. 아는 사람에 의해 부양되거나 사랑하는 사람 덕택으로 행복해질지도 모른다. 그러나 최종적으로는 인간은 자기 자신으로 돌아가지 않을 수가 없는 것이다. 그리고 하느님마저도 인간의 외경이나 애정에 반드시 응답하리라고 말할 수는 없다. 적어도 긴급을 요하는 긴박한 순간에는 응답해 주지 않는 태도를 인간에게 취해온 것처럼 여겨진다.

나는 어렸을 때부터 사람의 도움이 가장 필요한 순간에 "의사여, 너 자신을 고쳐라"[10]라고 소리치는 것을 여러 번 경험했다. 그리고 나는 얼마나 자주 괴로운 심정으로 "나는 혼자 포도즙 틀을 밟았다"[11]라고 탄식해야 했던가! 이렇게 해서 나는 나의 독립 자존을 확증해 주는 것을 찾아서, 그 가장 안전한 기초로서 나의 창조적 재능을 발견하였다. 이 재능은 최근 수년 동안, 한 순간도 나를 떠난 일이 없었다. 내가 눈을 뜨고 있을 때 본 것이 밤에 정해진 형태의 꿈이 되어 나타나는 일이 자주 있었다. 그리고 눈을 떠보면 불가사의한 새로운 것의 전체가, 아니면 이미 존재하고 있는 것의 일부분이 내 앞에 나타나 있는 것이었다.

나는 쓸 것이 있으면 대개 아침 일찍 썼다. 그러나 밤에도, 아니 밤이 깊어서도 술과 사교가 생기를 돋워주면 나는 무엇이든지 바라는 것을 쓸 수 있었다. 요는 무엇인가 특징 있는 기회가 있기만 하면 되었고, 그렇게 되면 나는 언제든지 쓸 수가 있었던 것이다. 그런데 이 천부의 재능에 대해서 여러 가지로 생각해 보고, 그것이 전적으로 나 고유의 것이며 다른 것에 의해 조장되거나 방해

---

10) 〈누가복음〉 제4장 23절.
11) 《구약성서》 〈이사야서〉 제63장 3절.

되지 않는다는 것을 알았기 때문에, 나는 나의 온갖 존재를 이 위에 구축해 보리라고 생각한 것이다. 이와 같은 생각은 하나의 구도로 변화했다. 프로메테우스[12]가 신들로부터 떠나 자기 작업장에서 하나의 세계를 이룩하고, 거기에 사람이 살게 했다는 저 오래된 신화상의 모습이 나의 눈앞에 떠오른 것이다.

중요한 것이 창조되는 것은 고독한 경지에 처한 때라는 것을 나는 확실히 느끼고 있었다. 사람들로부터 그토록 칭찬을 받은 나의 작품은 고독이 낳은 것이었다. 그리고 세상과 보다 더 폭넓은 관계를 가지게 되면서부터는 창작하려는 힘도 기분도 결여되지 않았는데도 막상 쓰려고 하자 펜이 막히고 말았다. 왜냐하면, 애당초 나는 산문에 있어서나 운문에 있어서나 양식이라는 것을 가지고 있지 않았고, 언제나 새로운 일을 시작할 때는 대상마다 손으로 더듬으면서 나아가지 않으면 안 되었기 때문이었다. 이 경우 나는 남의 도움을 거절할 뿐만 아니라 완전히 차단해 버려야만 했는데, 프로메테우스식을 따라서 신들로부터도 이탈되고 말았다. 나의 성격이나 사고방식으로 보건대 항상 하나의 지향이 다른 지향을 삼켜버려 이를 거절하게 되기 때문에 나는 한층 자연스럽게 신들로부터 떨어질 수가 있었던 것이다.

프로메테우스의 우화는 나의 마음속에서 생생한 모습을 갖추게 되었다. 나는 옛날 장인(匠人)의 복장을 나의 키에 맞추어 재단하여, 그 이상 깊이 생각하지 않고 작품을 쓰기 시작했다. 여기에는 프로메테우스가 자기 손으로 인간을 창조하고, 미네르바의 호의로 인간에 생명을 불어넣어 제3의 왕조[13]를 구축함으로써 제우스나 새로운 신들과 항쟁으로 빠지는 갈등이 그려져 있다. 확실히 현재의 지배자인 신들은 거인과 인간 사이에 끼어든 존재라고 하는 부당한 관점으로 여겨지고 있으므로 불평을 하는 것도 당연하다. 이 진기한 구도의 일부로서 독자적인 형식으로 쓰인 그 시는 독일 문학사상 유명한 것이 되었다. 왜냐하면, 이 시가 인연이 되어, 사고와 감정의 중요한 점에 관해 레싱이 야코비와 반대되는 입장을 분명히 했기 때문이다. 이 시는 어떤 폭발의 도화선 역할을 하여 품위 있는 사람들의 극비에 속하는 여러 관계가 폭로되어, 사람들에

---

12) 이 단편이 출판된 것은 훨씬 나중인 1830년의 일이다.

13) 신, 거인에 이어지는 제3의 왕조.

게 소문의 씨앗이 제공되는 계기가 되었다.[14] 이와 같은 여러 관계는 매우 고도로 계몽된 사회에서 당사자인 그들에게는 의식되지 않은 채 잠자고 있었던 것이다. 이 폭발의 위력은 맹렬했고, 이 때문에 우리는 때마침 일어난 우연한 사건 때문에 가장 훌륭한 인물 중 한 사람인 멘델스존을 잃게 된 것이다.[15]

그런데 이 제재의 경우도 이제까지 그러했던 것처럼 철학적인, 아니 종교적인 고찰을 가할 수가 있는 것이지만, 이것은 역시 문학의 영역에 속한다. 거인족이란 다신교를 돋보이게 하기 위해 뒤에 대는 은박으로, 이것은 마치 악마가 일신교를 돋보이게 하는 은박인 것과 마찬가지이다. 그러나 이 악마도, 또 그 대립자인 유일신도 다같이 시적인 인물이라고는 할 수 없다. 밀턴의 악마[16]는 만만치 않은 것으로 그려져 있지만, 최고신의 장엄한 창조를 파괴하려고 시도함으로써 끊임없이 불리한 입장에 놓여 있다. 이에 대해서 프로메테우스는 보다 더 높은 존재에 반항하면서도 창조하고 형성할 수가 있다는 이점을 가지고 있다. 인간을 최고의 세계 지배자에 의해서 창조시키는 것보다도 중간적 인물에 의해서 창조하게 하는 것은 시에 어울리는 아름다운 생각이다. 하기야 중간 인물이라고 해도 가장 오래된 왕조의 마지막 후예로서 창조하기에 족한 품위와 중요성을 충분히 갖춘 존재인 것이다. 대체로 그리스 신화는 신과 인간에 대한 상징을 끝없이 풍요롭게 제공해주는 보고인 것이다.

그러나 거인적이고 반항적인, 하늘을 향해 돌진하려는 정신은 나의 시 짓기에 아무런 소재도 제공해주지 않았다. 오히려 나에게는 주권의 존재를 인정하면서도 이와 대등해지려는, 평화스럽고 조각적인, 인내성 있는 반항을 그리는 것이 내 성미에 어울렸다. 그러나 그 거인족 가운데서도 남달리 대담한 탄탈

---

14) 이 시는 괴테가 관여하지 않는 동안에 프리츠 야코비의 《스피노자론》 안에 수록, 출판되었다. 이것이 원인이 되어 레싱의 스피노자에 관한 견해가 나왔고, 또 간접적으로는 독일 안에서 주목을 받은 야코비와 멘델스존 사이의 논쟁을 일으켰다. 야코비의 《스피노자론》은 스피노자에 대한 관심을 높인 최초의 책이었다. 스피노자는 그때까지 거의 알려지지 않고, 단순한 무신론자로 알려져 있었다. 야코비는 레싱을 스피노자 주의(즉, 무신론)자로 규정하고, 그것은 레싱이 괴테의 《프로메테우스》를 읽은 때문이라고 말했다.

15) 멘델스존이 야코비의 스피노자론을 반박한 책은 멘델스존이 죽은 후 출판되었는데, 그 책을 낸 엔겔은 '라바타의 도전이 멘델스존의 생명을 위기에 빠뜨렸고, 야코비의 책이 그의 죽음의 직접적인 원인이 되었다'고 말하고 있다.

16) 밀턴의 《실낙원》에 대해서 괴테는 실러에게 보낸 편지(1799년 여름)에서 자세히 말하고 있다.

로스,[17] 익시온,[18] 시시포스[19] 등도 또한 나의 성자들이었다. 이들 거인들은 신들에게 받아들여지면서도 고분고분 복종하는 것을 달갑지 않게 여기고, 거만한 손님으로 행세하여 모처럼 대접하려는 옹호자의 노여움을 사서 비참한 추방의 신세를 면치 못하게 되는 것이다. 나는 그들을 동정하였다. 그들의 처지는 이미 고대인들에 의해서 매우 비극적인 것으로 인정되어 왔다. 나는 그들을 나의 작품인 《이피게니에》의 배경으로, 거대한 대항적 요소로서 그렸는데, 다행히도 이 희곡이 가져올 수 있었던 효과의 일부는 어쩌면 이들 거인들 덕택이었다.

그 당시의 나로서는 시 짓기와 그림이 항상 연관되어 있었다. 나는 친구들의 초상[20] 옆얼굴을 회색 종이 위에 흑백 초크로 그렸다. 내가 구술을 하거나 누군가에게 낭독을 하게 하면, 나는 필기하고 있는 사람이나 낭독하는 사람의 모습을 주위의 배경과 함께 스케치해 보았다. 그러한 그림은 실물과 거의 비슷했으므로 상당히 평이 좋았다. 아마추어 예술가는 완성된 것을 이렇게 거저 주어버리므로 그들은 항상 이런 득을 보게 된다. 이와 같은 사생이 마음대로 되지 않는다는 느낌이 들면 나는 다시 언어와 운율로 돌아갔는데, 이것이 나에게는 훨씬 적합했다. 그와 같은 때에 내가 얼마나 쾌활하고 즐겁게 일에 착수했는가는 많은 시가 이를 증명하고 있다. 이들 시는 예술적 자연과 자연적 예술을 열광적으로 전달하는 것으로, 그것이 성립되는 순간 나나 친구에게 새로운 용기를 북돋워 주었던 것이다.

그런데 이 시기의 어느 날, 햇볕을 차단한 내 방에 앉아 나는 일에 몰두하고 있었다. 방은 적어도 외관상으로는 화가의 작업장처럼 보였고, 벽에는 제작중인 작품이 압핀으로 꽂혀 있었기 때문에 일에 열중하는 것 같은 인상을 주고

---

17) 탄탈로스는 제우스와 함께 식탁에 앉아 있었는데, 신들의 비밀을 폭로하려고 했기 때문에 하계로 던져져 무서운 벌을 받았다.
18) 탄탈로스와 마찬가지로 신들의 식탁에 초대되었으나, 여신 유노를 탐냈기 때문에 같은 중벌에 처해졌다.
19) 시시포스는 하계의 신들을 설득해서 상계로 보내어졌으나, 약속보다 오래 머물렀기 때문에 영원히 돌을 굴리는 벌이 주어졌다. 이들 셋은 모두 인간 존재의 한계를 뚫고 구속이 없는 세계로 들어가 삶과 인식을 구하려고 한 것으로 괴테의 흥미를 끌었다.
20) 현존하는 것도 몇 점 있으나 누구의 것인지 분명한 것은 극히 적다.

있었다. 마침 여기에 용모가 단정하고 날씬한 한 남자가 들어왔다. 방이 침침했으므로 이 사람을 프리츠 야코비인 줄만 알았다가, 이윽고 아니라는 것을 알아차리고 이 사람과 첫 인사를 나누었다. 그의 거리낌이 없는, 품위가 있는 거동으로부터 분명히 어떤 종류의 군인 같은 태도를 볼 수 있었다. 그는 폰 크네벨[21]이라고 자기 소개를 하였다. 잠시 이야기를 듣고 있는 동안에 나는 그가 프로이센의 군무에 종사하고 있고, 상당히 오랫동안 베를린과 포츠담에 체류하여 그곳 문학가나 독일 문학 일반과 밀접하고 활발한 관계를 맺고 있다는 것을 알았다. 그는 특히 라믈러를 애독하고, 그의 시 낭독법을 모두 터득하고 있었다. 그는 또한 그 무렵의 독일에서는 아직 이름이 알려지지 않았던 괴츠[22]가 쓴 것이라면 무엇이든지 알고 있었다. 그가 수배를 한 덕택으로 이 시인의 《소녀의 섬》이 포츠담에서 출판되어 국왕에게까지 헌정되었다. 왕은 이것을 크게 칭찬했다고 한다.

우리가 이러한 독일 문학 일반에 대해서 이야기를 채 끝마치기도 전에 나는 그가 현재 바이마르에서 임용되어 있고, 더욱이 콘스탄틴 왕자의 측근 시종을 맡고 있다는 것을 알고 기뻤다. 그곳 사정에 대해서는 이미 여러 가지 바람직한 일들을 듣고 있었다. 왜냐하면 바이마르로부터 우리에게로 온 손님들은 아말리아 왕비[23]가 왕자들의 교육을 위해 매우 뛰어난 인물들을 초빙하고 있다는 것, 예나 대학도 저명한 교수들을 통해서 이 아름다운 목적에 공헌하고 있다는 것, 여러 예술이 이 대공비에 의해 보호되고 있을 뿐만 아니라, 그녀 자신이 열성을 가지고 여기에 손을 대고 있다는 것을 목격하고 왔기 때문이었다. 또 빌란트[24]가 특히 신세를 지고 있다는 것, 그리고 다른 지방의 많은 학자들의 저

---

21) 칼 루드비히(1744~1834). 1774년 6월, 작센 바이마르의 왕자 콘스탄틴(칼 아우구스트의 동생)의 교육관이 되었다. 두 왕자가 파리를 여행할 때, 게르츠 백작과 함께 수행하였다. 후년에 크네벨은 바이마르에서 괴테와 친교를 맺었다.

22) 요한 니콜라우스(1721~81). 원래 목사였으나 아나크레온풍의 시를 썼다. 그의 비가 《소녀의 섬》은 1773년 포츠담에서 크네벨에 의해 출판되었다.

23) 안나(1739~1807). 브라운슈바이크의 공주로 1759년 이후 작센 바이마르의 섭정이 되었고, 1775년에 그 지위를 아들 칼 아우구스트에게 이양하였다.

24) 1772년 이후 칼 아우구스트의 교육관으로서 바이마르에 살고 있었는데 오히려 문필 생활에 종사하고 있었다. 1773년 바이마르에서 그의 〈메르크르〉지가 나왔는데 이것은 독일 전체에서 활동적인 최초의 문학 잡지였다.

술을 모은 〈독일 메르크르〉지도 이것이 출판된 고장의 명성을 높이는 데에 적지 않게 기여했다는 것을 우리는 알고 있었다. 독일의 가장 훌륭한 극장[25] 중 하나가 그곳에 건설되어 이 극장에서 일하는 배우나 작가들에 의해 세상에 명성을 떨치고 있었다.

이들 아름다운 시설과 건물은 그해 5월에 성에서 일어난 무서운 화재 때문에 그 활동에 지장을 받아 오랜 정체의 위기에 처해 있는 것처럼 여겨졌다. 그러나 황태자에 대한 신망이 매우 컸으므로 이윽고 이런 피해로부터 벗어날 것이고, 뿐만 아니라 이러한 사정에도 불구하고 그 밖의 모든 바람이 충족되리라는 것을 누구나 확신하고 있었다. 내가 마치 옛 친구처럼 이들에 대한 일을 묻고, 또 바이마르의 사정을 좀더 자세히 알고 싶다는 희망을 말하자 이 손님은 매우 친밀한 태도로 대답했다.

"그건 매우 간단한 일입니다. 무엇보다 황태자가 동생인 콘스탄틴 왕자와 함께 지금 프랑크푸르트에 도착한 참이어서 두 분들께서도 당신과 만나서 이야기 나누기를 바라고 있으니까요."

나는 곧, 언제든 두 왕자를 찾아뵙겠다고 대답했고, 새 친구도 그분들의 체류가 그리 길지 않을 터이니 서둘러야 할 것이라고 말했다. 준비를 하기 위해 나는 그를 부모님께 데리고 갔다. 양친은 그의 방문과 용건에 크게 기뻐하여 그와 즐거운 대화를 나누었다. 그리고 나서 나는 그와 함께 젊은 왕자들이 있는 곳으로 급히 갔다. 그들은 가벼운 기분으로 친절하게 나를 맞아주었고, 또한 왕자의 선생님인 케르츠 백작[26]도 나를 만나는 것이 그리 싫지는 않은 모양이었다. 문학에 대한 화제가 나오지 않은 것은 아니었지만, 우연한 일이 계기가 되어 대화는 이내 뜻깊고 결실이 풍부한 것이 될 수가 있었다.

왜냐하면 뫼저의 《애국적 환상》이, 그것도 제1부가 막 완성된 상태로 페이지도 뜯지 않은 채 책상 위에 놓여 있었던 것이다. 나는 이 책을 잘 알고 있었으

---

25) 1771년 이래 바이마르에서는 당시 가장 유명한 배우 콘라드 에크호프가 있는 자이러 극단이 공연하고 있었다. 1774년에 성에 불이 나 거기에 있는 무대가 불타자 자이러 극단은 고타로 옮겼다.

26) 요한 외스타히우스(1737~1821). 1762~74년 사이에 왕자 칼 아우구스트의 교육관으로 있었는데 1778년에는 프로이센의 임지로 옮겼다.

나, 다른 사람들은 거의 몰랐으므로 내가 이것에 대해 자세히 설명하기가 편했다. 이렇게 해서 황태자라는 지위를 가지고 선정을 베풀고 싶어하는, 굳은 의지와 결의를 가지고 있는 젊은 군주와 이야기를 나눌 절호의 기회가 나에게 주어진 것이다.

뫼저가 서술한 것은 그 내용이나 정신으로 보아 모든 독일 사람들에게 매우 흥미가 있는 것임에 틀림없었다. 일반적으로 독일 제국에는 분열과 무정부 상태와 무질서라는 비난이 가해지고 있는데, 뫼저의 입장에서 보자면 작은 나라의 분립이야말로 서로 다른 여러 주의 위치나 상태에서 생기는 각기 다른 요구에 따른 문화의 개별적 보급을 위해 아주 바람직한 것이었다. 그래서 뫼저는 오스나브뤼크라는 도시와 수도원에서부터 이야기를 꺼내어 베스트팔렌 지구[27]를 언급하고, 다시 이 지구의 제국 전체에 대한 관계를 서술하고 있는데 상황을 판단하려면 과거와 현재를 결부시켜 현재를 과거에서 추론하고, 그것으로 현 상태의 변혁이 칭찬한 만한 것인가, 비난받아야 하는가를 실로 명쾌하게 분석하고 있다. 따라서 어떤 위정자가 되었든 간에 자기 영역에서 이와 동일한 방법을 취하기만 하면 되는 것으로 그렇게 하면 자기 통치구역의 상태도, 또 그 상태가 이웃 영방이나 제국 전체와 어떤 관계에 있는가도 매우 잘 알 수 있고, 현재와 미래를 판단할 수가 있는 것이다.

이 기회에 고지대 작센과 저지대 작센 연방의 차이에 관한 여러 가지 문제가 화제에 올라 자연의 산물이나 풍속, 법률, 습관이 오랜 옛날부터 다르다는 것, 그리고 통치 형태나 종교의 차이에 따라 각기 다른 변화를 이루어왔다는 것이 화제가 되었다. 우리는 양자의 차이를 좀더 엄밀하게 분석해 보았다. 그리하여 결국 좋은 본보기를 갖는다는 것이 얼마나 유리한가가 밝혀졌다. 단, 이와 같은 모범은 개개의 점을 보는 것이 아니라 이에 의해서 성립된 방법을 보아가면 실로 여러 가지 경우에 응용할 수가 있고, 이에 의해서 사물의 판단을 내리는 경우 매우 유용하게 사용할 수 있다.

이와 같은 대화는 식사 중에도 계속되었다. 그리고 이 대화에 의해 나는 과분할 정도로 좋은 선입관을 주게 되었다. 왜냐하면 내가 쓴 작품을 화제에 올

---

27) 막시밀리안 1세에 의해서 1500년에 실시된 지구제는 1806년까지 계속되었으나 베스트팔렌 지구는 처음부터 존재하였다.

리거나, 연극이나 소설에만 관심을 돌리지 않고 대화의 중심을 오히려 뫼저에 두고, 일상적인 실제 생활에서 출발하여 직접적인 이익을 가져오면 다시 실생활로 돌아가는 재능을 가진 뫼저 같은 저술가를 시인보다 좋게 생각한다는 인상을 주었기 때문이었을 것이다.

원래 시적인 작품은 단순한 도덕이나 관능을 초월해 있는 것으로 이것이 실익을 가져오려면 여기저기 빙빙 돌아야 하고, 그것도 말하자면 전적으로 우연하게 그렇게 되는데 지나지 않는 것이다. 이 대화는 마치 《천일 야화》의 동화 같은 진행을 하여 어떤 중요한 제재가 다른 제재에 끼어들기도 하고, 이것과 겹치기도 하였다. 많은 화제가 나오기는 했지만 자세한 검토까지는 이르지 않았다. 젊은 왕자들의 프랑크푸르트 체류는 매우 짧았으므로 나는 마인츠로 수행하여 거기서 며칠 보내기로 약속이 되었다. 나는 이것을 기꺼이 받아들여 양친에게 알리기 위해 이 즐거운 소식을 들고 집으로 급히 돌아갔다.

그런데 아버지는 이것을 기쁘게 생각하지 않았다. 아버지에게는 제국 직속 도시의 시민이라는 의식이 있어서, 항상 제후들과 거리를 두어 왔던 것이다. 가까운 군주나 제후의 대리인들과 접촉하는 경우가 있기는 했으나, 이러한 사람들과 개인적인 관계를 맺는 일은 절대로 없었다. 뿐만 아니라 궁정은 그가 즐겨 조롱하는 풍자 대상이었다. 이러한 아버지를 누군가가 반대했을 때에도 아버지는 기쁘게 받아들였다. 다만 그 반대하는 방법은 아버지의 생각에 의하면 재치 있는 것이어야 했다. 아버지의 입버릇인 '제우스와 벼락을 멀리해라'라는 의견을 우리는 인정하기는 했지만, 벼락의 경우는 어디로부터보다는 어디에 쪽이 더 문제라고 말했다. 아버지가 '높은 사람들과 함께 먹으면 귀한 버찌도 맛이 없다'라는 오래된 속담을 꺼내면, 나는 '먹보와 같이 있는 편이 더 맛이 없다'로 대답했다. 이것을 아버지는 부정하려 하지 않았으나, 곧 다른 속담을 꺼내서 나를 난처하게 만들려고 하였다. 원래 민중은 복종을 강요당하고 있으므로 최소한 입이라도 놀려야 한다. 그래서 속담이나 격언이 생겨났는데, 이에 대해 왕후나 귀족들은 실제의 행동으로 얼마든지 보상을 할 수 있다는 사정이 한편에 있었다. 게다가 16세기의 시가는 매우 힘차고 교훈적이었기 때문에 우리 독일어에는 아래에서 위로 작용하는 진지한 구절도 있는가 하면, 풍자적인 구절도 볼 수가 있다는 것이다. 그래서 우리 젊은이들은 자기가 왕후나 제후가 된 것처럼 생각하고, 또 왕후들 편에 들고 싶었기 때문에, 위에서 아래의 구절을 연습한 것이다. 이러한 말과 대꾸말 중에서 몇 가지 적어보기로 하자.

**갑**
궁정 근무는 지옥과 같다!

**을**
거기에도 좋은 친구는 있지!

**갑**
이대로의 내가 가장 좋아.
남의 신세는 지지 않겠어.

**을**
남이 돌보는 것이 왜 그렇게 싫은가?
돌봐 주겠다면 받는 게 좋아.

**갑**
궁정 근무의 괴로운 점은
긁고 싶은 곳을 긁을 수 없는 일이다!

**을**
민중을 상대로 연설하는 것은
가렵지도 않은데 긁는 것과 같다.

**갑**
신하의 신분을 골랐다면
인생의 절반은 이제 끝장이다.
무엇이 일어나든 잊지는 말아라,
나머지 반도 지옥행이라고.

**을**
군주의 비위를 맞추는 녀석은
오늘도 내일도 출세한다.
천민의 인기를 얻고자 하면
평생 동안 역경에서 헤어나지 못한다.

**갑**

성에서 너의 보리가 피었다 해도
열매가 맺으리라고 생각하지 마라.
거두어들이리라고 생각하는 것은
그야말로 엉뚱한 생각이다.

**을**

꽃이 피면 보리는 여문다.
그건 예부터의 관례다.
우박을 맞아 수확을 망친다면
내년에 다시 하면 된다.

**갑**

자기가 좋아하는 일을 하고 싶은 녀석은
집에서 나오지 말 일이다.
아내와 아들과 함께
엷은 포도즙이라도 마시면 좋다.
더욱이 조촐한 식사를 하면
이토록 느긋한 인생은 없다.

**을**

군주로부터 도망친다고?
도대체 어디로 도망친다는 거냐?
너무 답답하게 생각하지 마라!
어차피 아내의 엉덩이에 깔려 있지 않느냐.
그 아내는 바보 녀석이 하라는 대로 하고.
그러면 방 안에서도 너는 노예.

이와 같은 시구를 오래된 비망록에서 골라서 모아보니 그 밖에도 이러한 재미있는 대응구들이 나의 손에 들어왔다. 우리가 하는 방법은 우선 낡은 독일의 속담을 부연하고 나서 이 속담에 대해 자신의 경험상 이것은 진리라고 여겨지는 격언으로 대치하는 것이었다. 이와 같은 대응구에서 몇 가지를 발췌해 두면 뒷날 인형극의 맺음말[28]로 활용할 수가 있어 그 연극을 즐겁게 회상할 수 있는 단서가 될 것이다.

그러나 이와 같은 응답을 아무리 되풀이해 보아도 아버지의 기분은 전혀 달라지지 않았다. 대개의 경우, 아버지는 담화가 끝날 때까지 가장 유력한 논거를 감추어 두었다가 마지막이 되어 볼테르가 프리드리히 대왕 때문에 체험한 이상한 사건[29]을 자세히 말하는 것이 예사였다. 즉, 어떻게 해서 그 크나큰 은혜, 친밀함, 상호의 좋은 인상이 순식간에 사라졌는가, 그리고 우리 자신이 목격한 대로 저 비범한 시인이며 작가였던 볼테르가 프랑크푸르트 주재관 프라이타크[30]의 요청으로 시장 폰 피햐르트[31]의 명령에 의하여, 프랑크푸르트의 시민병에 체포되어 상당한 기간 동안 차일가(街)[32]의 '장미 여관'에 구금당하게 된 사정을 아버지는 이야기한 것이다. 이에 대해서 여러 가지 다른 주장을 끼워넣을 수 있을 것이다. 특히 볼테르 자신에게 과실이 없다고는 할 수 없기 때문이다. 그러나 아들인 나는 아버지에게 경의를 표하여 언제나 지고 말았다.

그런데 이번 일에 대해서도 이와 비슷한 일이 암시되었기 때문에 나는 어떻게 해야 좋을지 몰랐다. 아버지는 나에게 노골적으로 경고를 하고, 이 초대는 나를 덫으로 유인하여 총애하던 빌란트에게 장난[33]의 보복을 하려는 데에 지나지 않는다고 주장하였다. 우울증과 같은 망상에서 생겨난 편견이, 존경하는 아버지의 마음을 불안하게 하는 것이 너무나 분명했으므로, 사실은 아버지 주장과는 정반대라는 것을 나는 확신하고 있었지만, 아버지의 신념에 거스르는 행동은 하고 싶지 않았다. 하지만 나는 모처럼의 호의를 헛되이 하거나, 실례를

---

28) 이것은 '인형극의 맺는말'로서 나타나지 않았으나 '격언풍으로'라는 제목의 시집의 일부로서 1815년의 전집에 처음으로 발표되었다.

29) 이미 제9장에서도 언급된 바와 같이 1750년 이후 포츠담에 있었던 볼테르는 비열한 뇌물과 베를린 아카데미 총재 모페르튀이에 대한 비방서로 프리드리히 대왕의 기분을 상하게 하여 프로이센을 떠나지 않으면 안 되었다. 이때 볼테르는 남몰래 대왕의 시를 가지고 나왔기 때문에 그것을 반환할 때까지 프랑크푸르트에 구류되었다.

30) 프란츠 폰이 프랑크푸르트 주재관이었던 것은 1737~63년의 일이었다.

31) 요한 칼. 1753년에 시장이었다.

32) 프랑크푸르트 시내의 번화가.

33) 1774년 3월에 출판된 작품 《신들·영웅들·빌란트》를 말한다. 이 초대가 하나의 덫이었다는 해석은 괴테 아버지의 성격적 특징을 잘 나타낸다.

저지르지 않고서는 약속을 철회할 수 있는 구실을 찾을 수가 없었다. 이와 같은 때, 항상 믿고 의지하던 나의 친구 클레텐베르크 여사는 유감스럽게도 병석에 있었다. 나에게 있어 그녀와 나의 어머니는 둘도 없는 동반자였기 때문에, 나는 두 사람을 항상 조언과 실행이라고 부르고 있었다. 클레텐베르크 여사가 쾌활하고 복스럽기까지 한 시선을 지상의 어느 사물에 던지면, 그때까지 우리 속세인들을 혼란시키고 있던 것이 그녀 앞에서는 눈 녹듯이 풀려가는 것이었다. 그녀는 인생이라는 미로를 위에서 바라보고, 자신은 그 속에 사로잡혀 있지 않으므로 대개의 경우 올바른 길을 지시할 수가 있었다. 더욱이 일단 결심이 이루어지면 나머지는 어머니의 주도면밀함과 실행력에 맡겨두면 되었다. 클레텐베르크 여사에게는 직관이 도움이 된 것처럼, 어머니에게는 신앙이 도움이 되었다. 어머니는 그 어떤 경우에도 쾌활함을 잃지 않았으므로 계획이나 소원을 실현하는 수단이나 방법을 발견하지 못하는 일은 결코 일어나지 않았다. 이번의 경우, 어머니는 병석의 친구에게로 가서 그녀의 의견을 듣고 와 주었다. 그리고 이것이 나에게 매우 형편이 좋았으므로 이어 나는 아버지의 동의를 얻어달라고 어머니에게 간청하였다. 그 결과 아버지도 반신반의로 마지못해 양보를 한 것이다.

이렇게 해서 나는 몹시 추운 계절의, 정해진 날짜에 마인츠에 도착하였다. 그리고 젊은 공자(公子)들이나 수행원들로부터 초대에 어울리는 매우 친밀한 환영을 받았다. 우리는 프랑크푸르트에서 나눈 담화를 떠올리고, 끝을 맺지 못했던 화제에 대해 다시 이야기를 계속하였다. 최근의 독일 문학과 그 대담한 동향이 문제가 되었을 때, 평판이 좋았던 작품 《신들·영웅들·빌란트》가 화제에 오른 것은 당연한 흐름이었다. 이 경우, 나는 처음부터 사람들이 이 건을 쾌활하고 유쾌하게 바라보고 있다는 것을 알고 크게 기뻤다. 그토록 평판이 좋았던 이 희곡이 원래 어떻게 해서 완성되었는가를 이야기해 보면 어떻겠느냐는 권유를 받은 나는 무엇보다도 먼저 우리들 북부 라인 지방 태생들이 애증의 한계를 구별하지 못하고 있음을 고백하지 않을 수 없었다. 셰익스피어에 대한 존경의 마음은 우리 사이에서는 숭배의 지경에까지 이르고 있었다. 그런데 빌란트에게는 자기와 독자의 흥미를 깨고 정열을 냉각시키는 특기가 있어서 그의 셰익스피어 번역의 주석에 실로 엄청난 비난을 이 위대한 작가에게 퍼부었다.

더욱이 그의 방법은 우리를 격분시켜 우리의 입장에서 보자면 이 번역 사업의 공적을 과소평가하게 만들었다. 우리는 빌란트를 시인으로서 매우 높이 평가하고 있었고, 그는 번역자로서 우리에게 도움을 준 바가 컸지만, 이제 우리는 그를 비평가로서는 산만하고 단편적이고 불공정한 사람으로 보게 되었다. 게다가 그는 우리의 우상인 그리스인에 대해서도 적의를 나타내어 우리로 하여금 그에 대한 반발을 더욱 날카로워지게 한 것이다. 그리스 신들이나 영웅이 도덕적 특성으로서가 아니라 순수한 감성적 특성에 존재의 기초를 두고 있다는 것은 주지의 사실이고, 그렇기 때문에 예술가들에게 그토록 장엄한 모습을 제공하고 있는 것이다.

그런데 빌란트는 《알체스테》 속에서 영웅이나 반신(半神)을 근대풍으로 묘사해 놓았다. 그것뿐이었다면 이렇다 할 이론이 파고들 여지는 없었을 것이다. 시적 전통을 자기의 목적과 사고방식에 의해 개조하는 것은 각자의 자유이기 때문이다. 그러나 그가 위에서 말한 가극에 관해 〈메르크르〉지상에 게재한 서한에서는 이러한 취급 방법을 너무 한쪽으로 치우친 관점으로 강조하여, 그리스인의 작품의 기초가 되어 있는 소박하고 건전한 본성을 도저히 인식하려고 하지 않기 때문에, 저 뛰어난 고대인들과 그들이 지닌 보다 고도의 양식에 대해서 무책임한 죄를 범하고 있는 것처럼 보였다. 이러한 불만에 대해 우리가 작은 모임에서 정열적으로 이야기를 주고받는 순간, 나는 어느 일요일 오후, 모두를 회곡화해보고 싶다는 여느 때의 열광에 사로잡혔다. 그리하여 고급 브루군드 포도주를 곁에 놓고, 현재 있는 대로의 전편(全編)을 어느 한 모임에서 내려쓴 것이다. 그것은 곧 그 자리에 있었던 사람들 앞에서 낭독되어 큰 박수로 환영을 받았다. 나는 곧 이 초고를 슈트라스부르크의 렌츠에게로 보냈다. 그도 이것이 마음에 들었던지 곧 인쇄해야 한다고 주장하였다. 몇 차례의 편지 왕래가 있은 뒤, 나도 동의했기 때문에 그는 슈트라스부르크에서 급히 인쇄에 회부하였다. 훨씬 뒷날 비로소 알게 된 일인데 실은 이것은 렌츠가 나에게 상처를 입히고, 독자들에게 나의 평판을 나쁘게 만들려는 의도로 행한 일의 첫 단계였던 것이다. 그러나 그 무렵의 나는 그것을 전혀 알아차리지 못하고 있었다.

이렇게 해서 나는 새로운 옹호자들에게 조금도 과장하지 않고 이 작품의 악의 없는 의도를 내가 알고 있는 한 설명하였다. 그리고 여기에는 개인적인 인연이나 그 밖의 목적은 전혀 없다는 것을 완전히 납득시키기 위해 우리가 얼마나 즐겁게, 그리고 터놓고 서로 놀리기도 하고 조롱하기도 했는가 하는 것까지 전했다. 이 이야기를 듣고 사람들의 기분은 매우 유쾌해진 것 같았다. 그들은 동아리의 누군가가 작은 성공으로 의기양양해하는 것을 우리가 매우 우려하고 있다는 말을 듣고, 거의 놀랄 정도였다. 그들은 이러한 무리를 저 프리부스틸 단[34]이라고 하는 해적의 한 패거리에 비유했다. 이 해적들은 휴식하는 순간에도 자신들이 약해지는 것을 두려워하여, 적도 없고 강탈할 물건이 없을 때는 두목이 술을 차려놓은 식탁 밑에서 권총을 발사하여 평화로울 때도 상처와 고통이 근절되지 않도록 했다고 한다. 이 문제에 대해서 여러 차례 이런저런 이야기가 오간 뒤, 나는 마지막으로 빌란트에게 친밀감이 넘치는 편지[35]를 쓰면 어떻겠느냐는 권고를 받았다. 나는 매우 기뻐서 이 기회를 이용했다. 왜냐하면 그도 이미 〈메르크르〉지상에서 이 젊은이의 어리석은 행동에 대해서 매우 관대한 태도를 보이고 있었고, 문학상의 논쟁에서는 으레 그랬던 것처럼 이번 경우도 재치가 있는 방법으로 결말을 내고 싶다는 태도를 취하고 있었기 때문이다.[36]

며칠 안 되는 마인츠 체류는 매우 유쾌하게 지나갔다. 새로운 옹호자들이 누군가를 방문하거나 연회에 초청되어 숙소에 없을 때는 나는 수행원들이 있는 곳에 남아서 여러 사람의 초상화를 그리거나 스케이트를 타기도 했다. 스케이트를 타는 데는 얼음이 언 성채의 해자가 다시없는 기회를 제공해 주었다. 나는 이곳에서 겪은 여러 가지 신나는 경험으로 가슴이 벅차 집으로 돌아왔다. 돌아오자마자 곧 자상한 이야기를 해서 나의 마음을 가볍게 하려고 하였다. 그런데 내가 발견한 것은 어수선한 얼굴들뿐이었다. 이윽고 나는 우리의 친구 클레텐베르크 여사가 타계했음을 알게 되었다.[37] 이 소식을 듣고 나는 몹시

---

34) 17세기에 미국 수역에 출몰한 해적. 레이나르와 아르헨호르츠의 묘사로 유명해졌고 실러도 희곡 《프리부스틸》의 구상을 세우고 있다.

35) 이것은 현존하지 않는다.

36) 빌란트는 괴테의 《신들·영웅들·빌란트》를 평하여 '궤변을 늘어놓은 가장 훌륭한 본보기'라고 말했다.

37) 클레텐베르크 여사의 죽음은 1774년 12월 13일의 일로, 괴테는 이날부터 16일까지 마인츠에 머물렀다.

당황하였다. 지금처럼 내가 그녀를 필요로 한 적은 이제까지 없었기 때문이었다. 사람들은 나의 마음을 가라앉히려고, 그녀가 행복했던 일생에 어울리는 경건한 죽음을 맞이했다는 것, 그리고 그녀의 신심 깊은 맑은 마음은 임종 때까지 흐려지지 않았다는 것을 이야기해 주었다.

내가 있는 그대로 보고하기에는 또 한 가지 방해가 있었다. 즉 아버지가 이 작은 사건의 좋은 결과를 기뻐해 주기는커녕, 당신의 생각을 고집하여 이러한 모든 것은 상대방의 위선에 지나지 않으며, 아마도 앞으로 더 심한 일을 나에게 저지르려 하고 있는 거라고 주장하였다. 그래서 나는 이 이야기를 나이가 아래인 친구들에게 할 수밖에 없었다. 당연한 일이지만, 이러한 친구들에게는 제아무리 자세히 이야기를 해도 모자랐다. 그런데 여기서도 또 애정과 선의가 원인이 되어 나에게는 매우 불쾌한 일이 생긴 것이다. 왜냐하면 또다시 《프로메테우스와 그 비평가들》[38]이라는, 희곡 형식을 취한 소책자가 나타난 것이다. 거기서는 인물 이름 대신에 작은 목판화를 대화 사이에 끼워넣거나, 온갖 종류의 풍자 그림을 사용해서 나의 여러 작품이나 이와 관계가 있는 일에 대해 의견을 말하고 있는 비평가들을 나타내는, 남을 얕잡아 본 아이디어들이 실행되어 있었다. 머리가 없는 아르토나의 우편 마차 마부가 나팔을 불고 있거나, 곰이 으르렁대고 있는가 하면, 거위가 꽥꽥 울고 있었다. 〈메르크르〉에 관해서도 적는 것을 잊지 않고 있었다. 많은 야생 동물, 사육된 동물이 이 조각가를 작업장에서 혼란케 만들려고 했지만, 이 조각가는 조금도 그것에 현혹되지 않고 일을 열심히 계속하고, 더구나 이 경우 자기가 어떤 태도를 취하는가에 대해 잠자코 있지는 않았다.

이 의표를 찌른 못된 장난을 알고 나는 어이가 없었다. 이것은 문체나 리듬으로 보건대 우리 동아리의 한 사람에 의한 장난임에 틀림없었고, 그 소품을 내가 쓴 작품이라고 해도 할 수 없는 노릇이었다. 나로서 매우 불쾌했던 일은 나의 마인츠 체류와 그곳에서의 발언에 관련된 것으로, 애초 나 말고는 아무

---

38) 정식 제명은 《프로메테우스와 도이카리온과 그 비평가들》로 1775년 프랑크푸르트에서 출판되었다. 이 작품은 프로메테우스(괴테)가, 그를 천재라고 평가하는 앵무(라이프치히의 출판업자 바이간트)에게 저자의 이름은 내지 않는다는 조건(바이간트는 이 약속을 지키지 않았다)으로 도이카리온(《젊은 베르테르의 슬픔》)을 준다는 설정으로 시작된다.

도 알 리가 없는 두서너 가지 일을 '프로메테우스'가 흘리고 있다는 점[39]이었다. 이 사실은 이 소책자의 저자가 나와 매우 친한 동아리의 한 사람이고, 그 사건과 상황을 나로부터 자세히 들은 사람이라는 것에 의심할 여지가 없었다. 우리는 서로 얼굴을 마주보고, 누군가 다른 사람을 수상하다고 생각했다. 정체를 알 수 없는 저자는 교묘히 몸을 숨기고 있었다. 나는 그 저자를 매우 격렬한 어조로 나무랐다. 그토록 친절한 환대를 받고, 그토록 의의 있는 대화를 교환한 뒤, 또 빌란트에게 친밀한 편지를 보낸 뒤인지라 여기서 불신의 마음을 야기시켜 새로 불쾌한 생각을 하는 것이 나는 몹시 싫기 때문이었다.

그런데 저자의 정체를 곧 알 수 있었다. 언젠가 내가 방 안을 왔다 갔다 하면서 이 소책자를 큰 소리로 낭독하고 있을 때, 나는 착상이나 말투로 보아 분명 바그너의 소리를 들은 것이다.[40] 그리고 그가 틀림없이 이 소책자의 저자였다. 왜냐하면 이 발견을 어머니에게 알리기 위해 아래층으로 뛰어 내려가자 어머니는 이미 옛날에 그것을 알고 있었다고 털어놓았기 때문이다. 이 저자는 자기로서는 칭찬을 받았다고 생각한 선의의 계획이 심한 결과를 가져온 것이 걱정이 되어 어머니에게 모든 것을 털어놓고 선처를 부탁했고, 나는 이토록 신뢰를 짓밟은 녀석과는 절교한다고 심하게 위협을 했던 터라 이 사나이는 그렇게 되지 않도록 어머니에게 사태의 수습을 부탁했던 것이다. 이때, 그에게 다행이었던 것은 내가 스스로 정체를 알아낸 것에, 나는 무엇인가를 발견하였을 때 느끼는 즐거운 기분을 느끼고 있었으므로 나도 그와 화해를 하려고 했다는 점이다. 이렇게 해서 나의 육감이 날카롭다는 것을 증명할 기회를 나에게 준 그의 과실은 책망을 받지 않고 끝났다. 그런데 독자들은 바그너가 저자이고, 나는 거기에 아무런 손도 대지 않았다는 것을 쉽사리 믿어 주지 않았다.[41] 사람들은 그가 그렇게 많은 일을 해낼 만큼 재주가 있다고는 생각하지 않았다. 왜냐하면 그들은 바그너가 기지가 왕성한 사람들과 어울리면서 상당히 이전부터

---

39) 〈메르크르〉에 실린 '여, 시종 프로메테우스 군! 내가 아는 한, 자네의 최근의 M(마인츠) 여행 이래 우리는 친구가 아닌가!' 하는 말을 가리킨다.

40) 소리의 분석으로 작자를 결정하는 일의 한 예로, 몇 년 뒤 에두아르트 지펠스는 이에 성공하였다.

41) 괴테는 자기가 저자가 아니라는 해명문을 써서 〈프랑크푸르터 게레르텐 안차이겐〉에 실었으나, 많은 사람들은 이것을 믿지 않고 괴테가 쓰지 않은 이 작품을 괴테 것으로 여겼다.

서로 농담을 주고받고 토의를 했던 모든 일을 파악하고 기록하여, 더욱이 특별한 재능도 없으면서 잘 알려진 수법을 써서 교묘하게 그려낼 수 있었으리라고는 생각도 하지 않았기 때문이었다. 이렇게 해서 나는 나 자신의 어리석은 행동뿐 아니라, 친구들의 경솔한 행동 때문에 앞으로 두고두고 자주 보상을 하지 않으면 안 될 처지에 빠졌던 것이다.

여러 가지 사정이 겹쳐서 생각이 난 김에 몇몇 중요한 사람들에 관해 여기에 적어보기로 한다. 그들은 각기 다른 시기에 여행하면서 어떤 때는 우리 집에서 머물고, 어떤 때는 우리의 정이 담긴 식사에 초대되거나 했다. 그중에서도 우선 이름을 들 수 있는 사람은 클롭슈토크이다. 나는 그때까지 여러 차례 그와 서신 교환을 하고 있었는데, 언젠가 그는 칼스루에 가서 살도록 초빙을 받았으며, 따라서 몇 날 몇 시에 프리드베르크에 도착하니 거기로 마중나와 달라는 편지를 보내왔다. 나는 시간에 맞춰 거기에 갔다. 그러나 그는 여행 도중 때마침 다른 사람의 만류로 더 머물게 되었다. 그래서 나는 2, 3일 기다렸으나 그가 나타나지 않았기 때문에 집으로 돌아오고 말았다. 얼마 뒤 그가 와서 약속을 지키지 못한 것을 사과하고, 내가 마중나간 호의에 깊이 감사했다. 그는 키는 크지 않았으나 다부진 체구였다. 그의 태도는 진지하고 꼼꼼했으나 완고한 점은 없었고, 그의 이야기 솜씨는 분명하고 기분이 좋았다. 그와 마주앉아 있으면 외교관을 대하고 있는 인상을 받았다. 이런 사람은 자기 자신의 품위는 물론 자기가 책임을 지고 있는 상사의 위엄까지도 지키고, 자기의 이익은 물론 보다 더 중요한 군주의 이익, 아니 국가의 이익까지도 촉진하며, 더욱이 이러한 쉽지 않은 입장에 있으면서도 우선 사람들의 마음에 들어야 하는 곤란한 일의 처리를 과감하게 떠맡으려 하기 마련이다.

클롭슈토크의 경우도 이와 마찬가지여서 그는 가치있는 인물로서, 또 보다 더 높은 것, 즉 종교, 도덕, 자유의 대변자로 행동하고 있는 것처럼 보였다. 또 그는 실질주의자로서의 특성을 몸에 지니고 있었다. 즉, 사람들이 듣고 싶어하는 제목에 대해서는 여간해서는 입을 열지 않았다. 따라서 그가 시나 문학에 대해서 이야기하는 일은 좀처럼 없었다. 그러나 나와 친구들이 스케이트를 매우 좋아하는 것을 알고, 이 고귀한 기술에 대해서 우리를 상대로 장황하게 이야기를 하였다. 그는 스케이트에 대해 철저하게 숙고하고, 여기서 무엇을 하고 무엇을 피해야 할지 생각을 거듭한 것이다. 그러나 우리는 그의 친절한 가르침을 듣기 전에 우선 우리가 잘못 사용했던 용어 자체를 고치는 것부터 시작하지 않을 수 없었다. 우리는 올바른 북부 독일어로 Shlittschuh(스케이트)라는 말을 사용하고 있었는데, 그는 이것을 인정하려고 하지 않았다. 이 말은 작은 휘어진 나무를 타고 미끄럼을 타는 뜻인 Schlitten(썰매)라는 말에서 온 것은 결코 아니며, 마치 호메로스의 신들처럼 대지로 변한 바다 위를 날개 달린 구두로 활보해 가는 것이므로 Schreiten(활보)라는 말에서 유래되었다는 것이다.

이어 이야기는 스케이트 도구 자체로 옮아갔다. 그는 홈이 날카로운 높은 스케이트화에는 귀를 기울이지 않고, 폭이 넓고 낮고 평평한 프리스란드의 강철제를 추천하였다. 스피드를 올리기 위해서는 이것이 가장 좋다는 것이었다. 스케이트 연습에서 곧잘 하는 기교적인 활주는 그가 좋아하는 것은 아니었다. 나는 그가 말하는 대로 긴 구두끝이 달린 평평한 구두를 한 쌍 만들었다. 이것은 약간 불편했으나 그 뒤 오랫동안 계속 사용하고 있는 구두이다. 말의 곡예 승마나 조교에 대해서까지도 그는 설명할 수 있었고, 그것이 또한 그의 즐거움이었다. 자기 본연의 직무에 대해서는 언제나 일부러 말하기를 피하는 것처럼 여겨졌으나, 그 대신 좋아서 하고 있는, 전문 분야 이외의 여러 가지 기술에 대해서는 마음 놓고 이야기하였다. 이 비범한 인물의 이러한 특색이나 그 밖의 특색에 대해서 말하자면 끝이 없으나, 이에 대해서는 이미 나보다도 오랫동안 그의 주위에 있던 사람들이 충분한 보고[42]를 해주므로 여기서 되풀이할 필요는 없을 것이다. 그러나 단 한 가지 고찰만은 여기서 하지 않을 수 없다. 즉, 태어나면서 비범한 재능이 주어졌으면서도 답답하고, 적어도 그 재능에 어울리지 않는 활동 범위에 갇힌 사람은 대개의 경우, 이상한 버릇에 빠지게 되고, 이러한 인간은 귀한 재능을 직접 활용하지 못하기 때문에 이것을 터무니없는 색다른 방법으로 살리려고 한다는 것이다.

짐머만[43]도 역시 잠시 동안 우리 집 손님으로 있었다. 키가 크고 튼튼한 체격

---

42) 괴테가 《시와 진실》을 집필하고 있던 1813년에는, 클롭슈토크에 대해서 다른 어느 작가보다도 많은 자료가 쓰여지고 있었다. 그러나 대개는 단조로운 것들이었다.

43) 요한 게오르크(1728~95). 스위스의 블루그 출신으로 괴팅겐의 하라에게서 의학을 배우고, 1754년 고향에서 의사가 되었다. 《국민적 자부에 대해서》와 《의술 경험에 대해서》로 유명해졌

으로, 격정적이고 단순한 기질이었던 이 인물은 자신의 외모와 태도에 대해서는 완벽하게 자제하고 있었으므로, 사람들과의 교제에서는 솜씨가 좋은 의사로밖에 여겨지지 않았다. 그의 분방한 성격이 원 없이 발휘된 것은 오직 그의 저작과 극히 친한 사람들 사이에서뿐이었다. 그의 이야기는 다방면에 걸쳐 있었고 배울 점이 많았다. 만약에 그가 자기 개성이나 공적에 대해 매우 강한 의식을 느끼고 있었다는 것을 너그럽게 보아준다면 그와의 교제는 매우 바람직한 것이었다. 그런데 일반적으로 허영심이라고 하는 것에 나는 이제까지 감정이 상한 적은 한 번도 없었다. 오히려 반대로, 내 쪽에서도 감히 허영적으로 행동하는 것을 허용하고 있었다. 즉, 나 자신이 기쁘게 생각하는 뛰어난 면을 주저 없이 남 앞에 드러내 놓았기 때문에 그와의 경우도 서로 마음이 잘 맞아 서로를 인정하였다. 그리고 그가 완전히 흉금을 터놓고 무엇이든지 털어놓았기 때문에 나는 짧은 기간 동안에 매우 많은 것을 그에게서 배운 것이다.

그러나 만약에 이와 같은 인물을 감사의 마음으로, 호의적으로 또 근본적으로 평가한다면, 그가 허영적이었다는 것은 결코 허용될 수 없는 일이었다. 우리 독일 사람들은 허영적이라는 말을 너무나 남용하고 있다. 왜냐하면 이 말은 원래 공허라는 개념을 가지고 있는 것으로, 이 말로 정당하게 평가될 사람은 오직 자신의 무가치에 기쁨을 느끼고, 공허한 존재에 만족을 감출 수 없는 사람뿐이다. 짐머만의 경우는 이와는 정반대였다. 그는 위대한 공적을 이룩하면서도 내면적으로는 조금도 즐기는 바가 없었다. 그러나 자기의 천부의 재능을 은근히 즐기지 못하는 사람이나, 그 재능을 발휘함에 있어서도 보상을 순순히 받지 않고 남이 자기의 업적을 인정하여 정당하게 평가해 줄 때까지 기다리는 사람은 불행한 꼴을 당하게 된다. 왜냐하면 인간이란 좀처럼 갈채를 하지 않으려 하고, 될 수 있는 대로 칭찬을 줄이려 하며, 가능하면, 그 칭찬을 비난으로 바꾸어 버리려는 경우가 허다하기 때문이다. 이 점을 각오하지 않고 공공 장소에 나타나는 사람은 불만밖에 기대할 수가 없다. 왜냐하면 그런 사람은 자

---

으나 그의 이름을 높인 것은 《고독론(1773)》이다. 이 책은 루소, 오시안 벨타에 열중하던 시대 정신에는 정확히 일치했다. 짐머만은 1768년 하노버의 시의가 되었고, 헤르더, 보이에, 클라우제비츠, 헤르티 등과도 관계를 가졌다. 의사로서는 명성이 매우 높았으나 사생활에서는 우울증으로 망상에 사로잡혀 있었다.

기에게서 유래되는 것을 지나치게 평가하지는 않는다 해도 무조건으로 평가하고 있는 것으로, 우리가 세상으로부터 받는 평가는 어느 경우나 조건부이기 때문이다. 그리고 무엇인가 즐기기 위해서는 감수성이 필요한 것처럼 갈채하고 칭찬하는 데에도 이것이 필요한 것이다. 이런 생각을 짐머만에게 적용해 보면 여기서도 또한 다음과 같은 말을 인정하지 않을 수 없을 것이다. '원래 자기 안에 없는 것은 받지 못한다.'

만약에 이 변명을 인정할 수 없다고 한다면, 이 특이한 인물의 또 하나의 결점에 대해서는 더욱 변호의 여지가 없어지고 말 것이다. 워낙 이 결점 때문에, 다른 사람의 행복이 방해되었을 뿐만 아니라 파괴까지 된 것이다. 그것은 자기 아이들에 대한 처사였다.

그와 함께 여행을 한 딸[44]은 그가 근처를 구경하고 있을 때 우리집에 남아 있었다. 그녀는 16살쯤 되어 보였는데, 날씬하고 건전하게 자란 그 거동에는 아무런 꾸밈도 없었다. 그녀의 균형 잡힌 얼굴은 만약 거기에 사람을 잘 따르는 성품이 나타나 있었다면 더 나무랄 데가 없었을 것이다. 그녀는 항상 초상화처럼 조용했다. 그녀가 의견을 말하는 경우는 드물었고, 자기 아버지 앞에서는 한 마디도 한 적이 없었다. 그런데 그녀가 2, 3일 동안 나의 어머니와 지내면서, 인정 많고 애정 어린 모습을 보고 어머니 발 아래에 몸을 던지고는 눈물을 흘리며 자기를 이 집에 있게 해달라고 애원하는 것이었다. 그녀는 매우 격렬한 태도로 하녀나 노예로라도 평생을 이 집에서 있고 싶고, 아버지에게는 돌아가고 싶지 않으며, 아버지의 엄격함이나 자의적인 성격을 다른 사람은 도저히 알지 못한다고 털어놓은 것이다. 자기 오빠는 그로 인해 미쳐가고 있는데, 자기가 이런 고통을 오랫동안 견디어 온 것은 어느 가정이나 다 마찬가지이고 더 나은 집은 없을 거라고 생각했기 때문이라 했다. 그런데 이렇게 애정이 있고 쾌활하고 여유 있는 대접을 받은 지금, 자기의 처지는 진짜 지옥으로 변하고 말았다는 것이다. 나의 어머니는 몹시 감동하여 이 진정 어린 고백을 나에게 살며시 알려주었다. 뿐만 아니라, 만약에 내가 그녀와 결혼할 마음이 있으면 이 소녀를 집에 두어도 괜찮다는 암시까지 줄 정도였다. 나는 대답하였다.

---

44) 카타리나 짐머만(1756~81)을 말하는 것으로 그녀는 25세의 젊은 나이에 요절하였다.

"그녀가 고아라면 그 일에 대해 생각해봐도 좋겠죠. 하지만 저런 아버지가 장인이라면, 글쎄요."

어머니는 이 순진한 아가씨를 위해 여러 가지로 신경을 써주었으나, 이 때문에 사태는 더욱 나빠질 뿐이었다. 마지막에는 그녀를 어떤 여자 기숙사에 넣자는 대책이 강구되었다. 그러나 그녀는 오래 살지 못했다.

그토록 공적이 있는 인물의 이러한 비난할 만한 성격에 대해서, 만약에 그것이 남의 소문에 오를 정도로 잘 알려지지 않았다면, 나도 여기서 말하거나 하지 않았을 것이다. 그런데 그의 만년의, 자타를 괴롭힌 그 불행한 우울증에 대해서는 그가 죽은 뒤에도 사람들의 입에 오르내리고 있는 것이다. 자기 아들에 대한 그 가혹함도 실은 우울증 때문이었고, 그것은 국부적인 광기이자 지속적이고 도덕적인 살인으로, 자기 아들을 먼저 희생시키고 나서 마침내는 자기 자신에게 마의 손을 돌린 것이다. 그러나 그토록 힘이 센 것처럼 보였던 이 인물이 가장 젊은 시기에 병에 걸렸다는 것, 그리고 이제까지 수많은 환자의 병을 고쳐왔던 이 유능한 의사를 육체의 결함이 계속 괴롭혀 왔다는 것을 우리는 고려해 보고자 한다. 분명히 이 유능한 인물은 외견상으로는 인망, 영예, 지위, 재산을 얻었음에도 불구하고, 매우 비참한 생애를 보냈던 것이다. 현존하는 인쇄 문서로 이것을 더 자세하게 조사해 보려고 하는 사람은 아마도 그를 저주하지 않고 연민의 정을 느낄 것이다.

그런데 만약에 독자가 이 뜻깊은 인물로부터 내가 받은 영향에 대해 말할 것을 기대하고 있다면 나는 다시 그 시대의 일반적인 사항을 이야기하지 않을 수 없다. 우리가 살았던 그 당시를 '요구하는 시기'라고 부를 수 있을지 모른다. 왜냐하면 우리가 이제껏 그 어떤 사람도 이룩할 수 없었던 것을 자타에게 요구했기 때문이다. 즉, 사색과 감수성이 풍부한 사람들은 자연을 직접적, 독창적으로 파악하여 이에 입각해서 행동하는 것이 인간이 바랄 수 있는, 더욱이 손에 넣기 힘든 최선의 것이라는 것을 겨우 알기 시작했던 것이다. 그래서 또다시 경험이라는 말이 모든 사람의 표어가 되었고, 모두들 될 수 있는 대로 눈을 크게 떴다. 그러나 경험의 필요성을 끝까지 주장하는 근거와, 이를 구하는 기회를 가장 많이 가지고 있었던 것은 의사였다. 여기서 이들 의사들을 향해, 고대로부터 모든 바람직한 것의 범례라고 할 수 있는 하나의 성좌가 빛나고 있었다. 그것은 히포크라테스라는 이름으로 우리에게 전해온 문서로, 이것은 인간이 어떻게 세계를 관조할 것인가, 또 어떻게 그 결과를 자의를 섞지 않고 객관적으로 전달할 것인가에 대한 모범을 제시하고 있었다.

그러나 우리가 그리스 사람들처럼 볼 수가 없고, 그들처럼 시를 짓거나 조형하거나, 병을 고치는 일은 없을 것이라고 생각한 사람은 아무도 없었다. 비록 그리스인으로부터 배울 수가 있다는 것은 인정한다 해도, 이제까지 너무 많은 경험이, 그것도 반드시 순수하다고는 할 수 없는 경험이 이루어졌고, 더욱이 그 경험이 편견에 따라 이루어지는 경우까지도 매우 빈번했던 것이다. 이러한 것을 알고 판별하고 감정할 필요가 있었기 때문에 또다시 엄청난 요구가 이루어졌다. 그 뒤, 스스로 주위를 돌아보며 행동하고, 발견된 자연 그 자체를 마치 처음으로 이를 주목하고 취급하는 것처럼 인식하지 않으면 안 되었다. 이렇게 해서 비로소 순수하고 정당한 것이 생겨날 것이었다. 그러나 원래 학문은 박식과 현학 없이는 생각할 수가 없고, 실천은 경험과 속임수 없이는 생각하기 힘든 것이므로 올바른 용법과 그릇된 용법을 구별하여 외피(外皮)보다도 안의 핵을 우선하려는 맹렬한 항쟁이 일어났다. 이 경우도 막상 시행 단계에 이르자 천재에게 도움을 청하고, 그 마술적인 능력에 의해 이 항쟁을 조정받고, 여러 요구를 실현해내는 것이 결국은 일을 해결하는 가장 가까운 길임이 분명해졌다. 거기에 지성도 이 문제에 한몫 끼게 되었다. 모든 편견이 제거되고, 모든 미신이 파괴되기 때문에 일체가 명확하게 파악되어 논리적인 형식으로 표현될 필요가 있었다. 브루하베나 하러와 같은, 두서너 명의 비범한 사람이 사실 믿을 수 없는 일을 수행했기 때문에 사람들은 그들의 제자나 계승자에게 더 많은 것을 요구해도 당연하다고 생각하였다. 사람들은 새로운 길이 열렸다고 주장했는데, 그 어떤 지상의 사물에서도 실제로 새로운 분야가 개척된 것은 좀처럼 없는 것이다. 배가 오면 물이 갈라졌다가 배가 지나가면 다시 모인다. 이와 마찬가지로 탁월한 사람들이 오류를 밀어내어 길을 열어도 그 뒤에서 자연의 법칙에 따라 눈 깜짝할 사이에 다시 모여들어서 길을 막아버린다.

유능한 짐머만도 이 점에 대해서 단연코 이해하려고 하지 않았다. 원래 이 세상은 불합리투성이라는 것을 그는 전혀 인정하려 하지 않았다. 격노할 정도로 초조해서 그는 자기가 부정하다고 인정하고 생각한 것 모두를 공격하였다.

덤벼드는 상대방이 간호인이건, 파라첼즈건, 수상쩍은 예언자건, 화학자[45]건 상관하지 않았다. 그는 몇 번이고 덤볐다. 그리고 숨이 곧 끊어질 정도로 난동을 부려, 자기가 발로 머리를 짓밟았다고 생각한, 머리가 아홉 달린 뱀이 또다시 무수한 머리에서 생생하게 이를 드러내고 있는 것을 보고 그는 기절할 뻔한 것이다. 그의 저작, 특히 명저인 《경험에 대해서》를 읽은 사람은, 이 탁월한 인물과 나 사이에서 오간 대화를 보다 더 분명히 파악할 수가 있을 것이다. 그가 나보다 20세나 연장자였던 만큼, 나에게 끼친 영향은 더욱 클 수밖에 없었다. 유명한 의사인 그는 주로 상류 계급에서 진찰하는 일이 많았으나, 여기서는 연약한 심성과 지나친 향락에서 생기는 시대의 퇴폐상이 끊임없이 화제에 올랐다. 이렇게 해서 그의 의사로서의 이야기도, 철학자나 나의 문학상의 친구들 이야기도 나를 다시 자연으로 되돌려버린 것이다. 그의 격렬한 개혁열에 나는 아무래도 동조할 수가 없었다. 오히려 나는 그와 헤어진 뒤, 다시 본래의 영역으로 돌아와 자연이 나에게 준 천분을 적당한 노력으로 발휘하게 하고, 내가 승인할 수 없는 것은 쾌활하게 반항하면서 다소나마 나의 활동 여지를 만들려고 하였다. 이 활동이 얼마나 확대되고, 나를 어디로 데리고 가는가는 생각하지도 않았다.

마르슈린스에 커다란 기숙사를 지은 폰 자리스[46]도 또한 우리에게 들렀다. 진지하고 분별심이 있는 이 사람은 우리들 작은 동아리의 천재인 체하고 광란기가 있는 생활 태도에 마음속으로는 정이 떨어져 있었을 것이다. 이와 똑같은 것을 남프랑스로 가는 여행 도중에 우리를 방문했던 즈루처[47]도 느낀 것 같았다. 적어도 그의 여행기에서 나에 대해서 말한 구절은 이것을 암시하는 것

---

45) 오늘날의 화학자를 말하는 것이 아니라, 그 이전의 수세기 동안의 방법에 따라 화학적인 여러 현상을 범지학적인 사색에 의해 결부시키는 사상가를 말한다.

46) 칼 우리세스(1728~1800). 스위스의 유명한 귀족 출신으로 그라우빈덴의 프랑스 대리 공사였다. 시대의 교육적 이념에 열광해서 마르슈린스에 커다란 교육 시설을 세웠다. 괴테는 이에 끊임없이 주목하여 《편력시대》의 교육 주(州)의 이념을 여기서 얻었다.

47) 요한 게오르크(1720~79). 제9장에 언급되어 있는데, 그의 여행기의 한 구절이란 다음과 같은 내용의 것이다. '나는 프랑크푸르트에서 젊었을 때부터 유명한 괴테씨를 만났다. 이 젊은 학자는 정치나 문학을 생각할 때에도 참으로 독창적인, 구애되지 않는 자유를 가진 천재였다. 그에게는 불타는 듯한 상상력과 생생한 감수성이 있다.'

같다.

그러나 이렇게 즐겁기도 하고 또 유익하기도 한 방문객에 섞여, 거절하고 싶은 손님도 찾아왔다. 진짜 가난한 사람들이나 낯 두꺼운 사기꾼들이 아리송한 친척 관계나 운명 등을 구실삼아 사람 좋은 나에게로 찾아와서 자기들의 긴박한 요구를 꺼내는 것이었다. 그들은 나로부터 돈을 빌려가거나 내가 남에게서 돈을 빌리도록 몰아세웠다. 그 때문에 나는 유복하고 호의적인 친구들과 아주 서먹한 사이가 되었다. 나는 이러한 뻔뻔한 친구들이 까마귀의 밥이나 되기를 바라고 있었는데, 그것은 나의 아버지도 마찬가지였다. 마법사의 제자가 자기 집을 깨끗하게 청소해 주기를 바랐는데, 홍수가 문지방과 계단으로 막을 수 없이 밀어닥치는 것을 보고 깜짝 놀라는 것과 같은 처지에 있다는 것을 아버지는 느끼고 있었다. 선의가 너무 지나쳐, 모처럼 아버지가 나를 위해 생각해 준 적절한 생활 설계가 차츰 어긋나고 연기되어 기대한 것과는 다른 모양으로 변해버렸기 때문이었다.

레겐스부르크와 빈에 체류할 계획도 거의 단념하지 않으면 안 되었다. 너무 섭섭해서 그 도시가 어떻게 생긴 곳인지 알아나 두려고 이탈리아 여행 도중에 들르기로 하였다. 이에 대해 실제적인 인생 출발에서 그렇게 멀리 도는 것은 찬성할 수 없다는 친구들도 있었다. 그들 생각으로는 이토록 많은 조건이 갖추어진 이 기회를 이용하여 고향에서의 앞으로의 처세를 생각해 보아야 한다는 것이다. 처음에는 할아버지 때문에, 나중에는 숙부 때문에, 나에게 시 참사회원이 될 자격은 주어지지 않았지만,[48] 내가 요구할 수 있고 언젠가는 거기에 눌러앉아 장래를 기약할 수 있는 시민적 지위는 아직도 많이 남아 있었기 때문이었다. 대리업[49]에는 할 일이 많고, 주재관의 지위는 명예로운 것이었다. 나는 이러한 말을 듣고 일리 있다고 여기고, 내가 그런 일에 알맞을 거라고 생각하기까지 했다. 그러나 이 경우, 기분 전환을 하면서 일의 목적에 합당한 활동을 할 것을 요구하는 생활 방식이나 일을 하는 방식이, 나에게 적합한지의 여부는 깊

---

48) 괴테의 숙부 요한 요스트 텍스토르(1739~92)는 1771년 이후 배석 판사로서 시 참사회 구성원이었기 때문에 괴테는 참사회에 들어갈 수가 없었다. 이 숙부가 1792년에 죽었을 때, 괴테는 프랑크푸르트의 시 참사원이 될 의향이 있느냐는 질의를 받았다.

49) 대리업이란 제후들의 일을 대행하는 일로, 괴테의 양친의 친구인 슈나이더가 그런 일을 했다.

이 생각해 본 것은 아니었다. 이와 같은 제안이나 계획 외에 다시 어떤 연애 감정이 얽혔기 때문에, 이것이 규칙적인 가정 생활로 들어갈 것을 재촉하여 그 결심을 빨리하지 않으면 안 되리라는 생각이 들었다.

이미 말했던 그 젊은 남녀 동아리는 나의 누이동생이 시작한 것은 아니었지만 중심이 되어 있었는데, 그녀가 결혼하고 여행을 떠난 뒤에도 여전히 계속되고 있었다. 그들은 서로 친해져 있었고, 일주일에 한 번씩 화기애애하게 어울려 지내는 것을 무엇보다도 큰 재미로 여기고 있었기 때문이었다. 이미 제6장에서 낯익은 색다른 연설가[50]도 여러 운명을 겪은 뒤, 이전보다도 더 빈틈없고 편협해져서 우리에게 날아 들어와, 또다시 이 작은 국가의 입법자 역할을 하였다. 그는 이전 놀이의 속편으로 다음과 같은 일을 생각해내었다. 즉, 매주 한 번씩 제비를 뽑아서 이번에는 지난번과는 달리 연인으로서의 짝이 아니라 진짜 부부를 정하자고 했다. 연인에 대해서 어떻게 행동해야 하는지 우리는 충분히 알고 있었다. 그러나 남 앞에서 남편이 아내에게 어떻게 행동하는가는 우리는 모르고 있었는데, 앞으로 나이를 먹어감에 따라 우리가 맨 먼저 배워야 하는 일이라는 것이었다. 그는 일반적인 규칙을 몇 개 만들었다. 그것은 상대방이 자기 남편이나 아내인 것처럼 행동해서는 안 되고, 나란히 앉아도 안 되고, 너무 이야기를 주고받아도 안 되며, 하물며 애무를 해서도 안 되었다. 그리고 서로 혐오나 불쾌감을 자아내는 일은 일체 해서는 안 된다. 그와는 반대로 자기 아내에게 넌지시 감사의 마음을 일으키게 할 수 있으면 최대의 칭찬을 받을 만하다는 것이었다.

이어 짝을 결정하기 위해 제비가 만들어졌다. 제비뽑기의 결과, 우스꽝스러운 부부가 두서너 쌍 만들어져 모두의 웃음을 자아내거나 놀림을 받았다. 이렇게 해서 극히 평범한 결혼 생활의 희극이 들뜬 기분으로 시작되었고, 1주일이 지나면 또 새로운 희극이 되풀이되었다.

이때 어쩐지 이상했던 일은 제비를 뽑은 결과, 나는 처음부터 두 번 계속해서 같은 여성[51]을 뽑은 것이다. 그녀는 매우 마음씨가 착해서 누구나 아내로

---

50) 제6장에 등장한 연설가를 말한다.
51) 스잔나 막달레네 뮌히(1753년 1월 11일생)를 말한다. 그녀의 아버지는 상인으로 닭 시장의 '부엉이관'에 살고 있었다.

삼고 싶어하는 여성이었다. 그녀의 모습은 아름답게 조화를 이루고 있었고, 얼굴 생김새는 사랑스럽고, 거동은 침착했으며, 이것이 육체와 정신의 건전성을 증명하고 있었다. 그녀는 언제 어느 때나 평소와 다름이 없었다. 그녀의 가정에서의 일 솜씨는 칭찬의 대상이었다. 수다라고할 정도는 아니었지만, 그녀의 말에는 솔직한 생각과 자연 그대로의 교양을 엿볼 수 있었다. 이와 같은 여성을 경의를 가지고 대하는 것은 쉬운 일이었다. 이미 전부터 나는 극히 일반적인 감정으로 그런 접촉에는 익숙해져 있었는데, 이번의 경우는 이제까지 습관적으로 품고 있던 호의를 사교상의 의무로서 작용하게 하면 되었다. 그런데 제비 뽑기가 세 번이나 우리를 결합시켰을 때, 장난꾸러기 입법자는 장엄하게, 이것은 하늘의 뜻이며 너희는 이제 이혼을 해서는 안 된다고 선언한 것이다. 우리 두 사람은 이에 이의는 없었고, 서로 결혼 생활의 당연한 의무에 전적으로 복종하였기 때문에 진짜로 모범 부부로 여겨지게 되었다. 그런데 이 동아리의 규칙에 따르면 그날 밤 부부가 된 남녀는 얼마 동안은 '여보', '당신'이라는 호칭을 사용하지 않으면 안 되었으므로 우리는 3주일 동안 이 친밀한 호칭에 아주 익숙해져서, 평소에 만났을 때에도 그런 말이 예사로 입에서 나왔다. 습관이란 이상한 것이다. 우리 두 사람에게는 더욱더 이 관계만큼 자연스러운 것은 없는 것처럼 여겨지게 되었다. 그녀는 나에게 더욱 소중한 사람이 되었다. 그리고 나와 함께 있을 때의 그녀의 태도는 아름답고 안정된 신뢰를 나타내고 있었으므로, 우연히 거기에 목사가 있었더라면 주저 없이 그 자리에서 결혼식을 올렸을 것이다.

우리의 동아리 회합에서는 언제나 무엇인가 새로운 것이 낭독되어야 하는 규칙이 있었으므로, 어느 날 밤 나는 아주 새로운 것으로 보마르셰의 클라비고 반대의 회고록[52]을 원전 그대로 낭독하였다. 이것은 대호평이었다. 이 회고록이 도화선이 되어 여러 가지 의견이 나왔는데 이것저것 토의가 거듭된 결과, 나의 상대인 귀여운 여성이 말했다.

"만약에 내가 당신의 아내가 아니라 명령자였다면, 이 회고록을 연극으로 만들어달라고 부탁했을 텐데……. 연극으로 만들기에 딱 좋은 것 같아요."

---

52) 정확한 제명은 《카론 드 보마르셰에 의한 제4의 각서(1774, 파리)》로 그 속의 '나의 스페인 여행의 단편'을 말한다.

"여보, 그렇다면 명령자와 아내의 역할을 한 사람이 겸할 수 있다는 것을 증명하기 위해 약속하겠어. 다음 주 오늘, 이 책의 내용을 연극 각본으로 만들어서 지금 이 책을 낭독한 것처럼 낭독하기로 하지."

동아리는 이와 같은 대담한 약속을 듣고 깜짝 놀랐다. 나는 곧 이 약속을 수행할 작업에 착수하였다. 구상이 순간적으로 나의 뇌리에 떠올랐기 때문이었다. 아내 아닌 아내를 집으로 바래다주는 도중에 내가 구상을 하느라고 말이 없자 그녀는 어떻게 된 거냐고 물었다. 나는 대답하였다.

"그 연극에 대해서 생각하고 있는 거야. 당신을 기쁘게 해주기 위해서는 무엇이든지 하겠다는 것을 당신에게 보이기 위해서 말야."

그녀는 나의 손을 잡았다. 내가 그녀에게 열렬히 키스를 하자 그녀는 말했다.

"당신의 역할을 잊어서는 안 돼요. 애정을 담는다는 것은 부부에게 어울리지 않는다고 모두 말하고 있어요."

"제멋대로 하라지. 우리는 우리식으로 할 뿐이야."

물론 상당히 길을 돌기는 했지만, 내가 집에 도착하기 전에 이미 작품의 대략적인 줄거리는 짜여 있었다. 허풍을 떠는 것이 아니냐는 말을 듣기 싫어서 여기서 고백하는데, 나는 이 책을 한 번이 아니라 두 번 읽었을 때, 바로 이것은 연극으로 상연하기에 안성맞춤이라고 생각한 것이다. 그러나 이와 같은 자극이 없었다면 이 작품도 다른 작품과 마찬가지로 결국은 햇빛을 보지 못하고 끝났을 것이다. 내가 제재를 어떻게 마무리했는가는 다 알고 있는 바와 같다. 복수나 증오, 또는 시시한 생각에서 고귀한 인물에 대항하여 이를 파멸로 이끄는 악인들을 그리는 데에는 싫증이 났으므로, 나는 카를로스를 참된 우정을 갖는 순수한 세상의 상식인으로 그려 그를 정열이나 애정, 외면상의 곤란 등에 대항시킴으로써 비극의 동기 부여를 하려고 하였다. 우리의 조상 셰익스피어의 예를 따라서 나는 조금도 주저하지 않고 주요 장면이나 희극적인 표현을 직역하여, 마지막 마무리를 하기 위해 영국의 담시의 결구[53]를 인용하였다. 이렇게 해서 금요일이 오기 전에 작품을 완성했다. 이것을 낭독해서 호평을 받은 것은 독자도 인정해 줄 것이다. 나에게 집필을 명령한 아내는 이를 매우 기뻐했다. 그

---

53) 헤르더에 의해 번역된 바시의 '루시와 콜린'을 가리키는 것으로 여겨진다.

리고 우리의 관계는 마치 정신적인 아들이 생긴 것처럼, 이 작품을 통해 더욱 긴밀하게 맺어졌다.

그런데 메피스토펠레스 메르크는 여기서 처음으로 나에게 큰 타격을 주었다. 즉, 그는 내가 이 작품에 대해 알리자 이렇게 대답했다.

"이런 졸작은 앞으로 쓰면 안 돼. 이런 것은 누구나 쓸 수 있어."

그러나 그의 생각은 잘못되어 있었다. 왜냐하면 하나에서 열까지 일단 파악된 모든 개념을 뛰어넘을 필요는 없기 때문이다. 작품에 따라서는 극히 흔한 뜻을 벗어나지 않아도 그것으로 좋은 것이다. 그 무렵의 나는 약간의 고무를 받은 것만으로도 이런 종류의 작품을 손쉽게 쓸 수 있었지만, 만약에 이런 작품을 1다스 썼다고 한다면 그중에서 무대에 올릴 수 있는 것은 아마도 3, 4편에 지나지 않았을 것이다. 상연 목록의 가치를 존중할 수 있을 정도의 무대 감독이라면 그러한 작품이 어느 정도 이익이 있는가를 잘 알고 있을 것이다.

이러한 식으로, 또 그 밖에 센스가 있는 장난으로 우리의 이상한 결혼 놀이는, 세간의 평판이 된 것은 아니었지만 가정 안에서는 큰 화제가 되었는데, 우리 동아리인 어느 아름다운 아가씨의 어머니가 이 놀이에 대해서 듣고 별로 불쾌하게 생각하지 않았고, 나의 어머니도 이와 같은 우연한 결합을 싫다고는 생각하지 않았다. 어머니는 이미 전부터 내가 이토록 이상한 인연을 맺게 된 이 아가씨에게 호감을 가지고 있어서 이 여성이라면 좋은 며느리, 좋은 아내가 될 것이라고 생각하고 있었다. 한편, 전부터 내가 해왔던, 목적도 없는 이 어리석은 법석은 어머니의 마음에 들 리가 없었다. 확실히 어머니는 이 때문에 매우 난처한 일을 당하고 있었던 것이다. 밀어닥치는 방문객을 충분히 대접해야 했던 것은 어머니였다. 어머니가 문학을 좋아하는 손님들을 숙박시킨 대가로 받은 것이라고는 "잘 먹었습니다"라고 하는, 아들에 대한 경의뿐이었다. 뿐만 아니라, 이토록 많은 젊은이들이 지식이나 문학 때문만이 아니라, 즐겁게 살자면서 모여 있는 한 서로간에, 그리고 결국은 틀림없이 나에게 무거운 짐이 되리라는 것을 알고 있었다. 내가 경솔하고 남에게 주기를 좋아하고 남 돌보기를 잘하는 것을 어머니는 알고 있었던 것이다.

그래서 어머니는 훨씬 전부터 계획된 이탈리아 여행을 아버지가 다시 권했을 때, 이와 같은 일체의 관계를 한꺼번에 불식시키는 가장 확실한 수단이라고 생각하였다. 그러나 그녀는 넓은 세계로 나간 내가 다시 새로운 위험을 겪거나 하지 않도록, 이미 맺어지기 시작한 그 여성과의 사이를 미리 굳혀서 그것으로 내가 고국으로 돌아가고 싶다는 마음을 한층 강하게 먹고, 더 나아가서는 최종적으로 정착시키려고 생각한 것이다. 이것이 어머니의 계획이라고 내가 멋대로 생각하고 있는 데에 지나지 않은 것인지, 그렇지 않으면 틀림없이 경건한 여자 친구와 함께 세운 계획인지 그것은 따지지 않기로 하겠다. 요컨대 어머니의 행동은 깊이 생각한 결의 끝에 나온 것으로 여겨졌다. 우리집도 코르넬리아가 결혼한 뒤 너무 적적해졌다는 것을 나는 자주 듣지 않을 수 없었기 때문이었다. 나에게는 누이동생이, 어머니에게는 조력자가, 아버지에게는 제자가 없다고 사람들은 생각하고 싶어했다. 그러나 일은 그것으로 끝나지 않았다. 부모님께서 산책하다가 우연히 그 여성을 만나, 그녀를 마당으로 불러들여 상당히 오랫동안 이야기를 주고받는 일이 일어났다. 이것에 대해 저녁을 먹을 때 농담이 오갔다. 그리고 여성이 가져야 할 주요 성품으로서, 식자인 아버지가 요구하는 자질을 모두 그녀가 갖추어서 아버지가 매우 마음에 들어한다는 대화가 만족스럽게 이어졌다.

이에 이어 2층에서는 마치 손님을 맞이하려는 듯이 이것저것 준비가 이루어지고 있었다. 아마포(亞麻布)의 가구가 검토되고, 그때까지 버려져 있던 두서너 도구들까지도 화제에 올랐다. 그러한 어느 때, 어머니가 다락방에서 몇 개의 낡은 요람을 보고 있는데 내가 들어가서 놀라게 한 일이 있었다. 이들 요람 중에서 호두나무로 만들고 상아와 흑단(黑檀)을 박은, 그 옛날 어린아이인 나를 흔들어주던 특히 큰 요람이 눈에 띄었다. 내가 이러한 요람은 이제 유행에 뒤진 것이고, 요즈음은 어린이의 손발을 자유롭게 움직일 수 있게 하여 깨끗하고 작은 바구니 속에 넣어, 어깨에 끈을 달아 마치 장신구처럼 들고 다닌다고 말했을 때, 어머니는 그다지 만족한 것처럼 보이지 않았다.

여하간 가정 생활을 변화시켜 가는 이와 같은 조짐이 자주 나타났다. 그리고 내가 그러한 변화에 전혀 저항을 나타내지 않았기 때문에 평생 동안 계속될 결혼이라는 상태를 상정하여, 오랫동안 맛보지 못했던 평화가 우리 가정과 가족 위에 깃들었던 것이다.

# 제4부

## 신이 아니면 그 누구도 신을 거스를 수 없다

# 머리글

우리가 과감하게 시도했던, 여러 가지 형태로 진전되는 전기를 기록함에 있어, 일어났던 일들을 알기 쉽고 읽기 쉽게 하려면 시간적으로 연관이 있는 두서너 가지를 불가피하게 분리하고, 시간적인 관련을 알아야 비로소 이해할 수 있는 다른 것들과 묶어서 전체를 몇 개의 부분으로 나누어 총괄할 수밖에 없다. 이로써 독자들은 신중하게 전체를 개관하고 판단하여 거기에서 무엇인가를 내 것으로 만들 수가 있을 것이다.

이 권을 시작함에 있어 이상과 같은 생각을 밝혀 취급하는 방법에 대한 변명으로 삼음과 동시에, 나의 독자가 다음과 같은 고려를 해 주면 좋겠다는 뜻을 밝혀두는 바이다. 즉, 여기에 계속되는 이야기는 반드시 앞의 끝부분과 직접 연결되는 것은 아니지만, 주요 논지는 펜이 나아감에 따라 다시 남김없이 이를 들추어, 인물도 지향도 행동도 엄밀하게 순서를 따라 적어갈 계획이라는 점이다.

# 제16장
## 릴리와의 처음 만남

불행은 혼자 오지 않는다는 것은 사람들이 흔히 하는 말인데, 아마도 행복에 관해서도 이와 비슷한 말을 할 수 있을 것이다. 조화를 유지하며 우리 주위에 모이는 그 밖의 일에 대해서도 또한 그렇게 말할 수 있다.—운명이 그와 같은 것을 우리에게 부과하는 것인지, 그렇지 않으면 관련이 있는 것을 끌어당기는 힘이 인간에게 갖추어져 있는 것인지는 물을 필요가 없다.

적어도 이번에 나는 모든 것이 일치해서 외적, 또 내적인 평화를 낳아준다는 경험을 한 것이다. 외적인 평화는 사람들이 나를 위해 관심을 가지고 배려해 준 일의 결과를 조용히 기다림으로써 주어졌고, 내적인 평화는 내가 새로 공부를 시작함으로써 얻어진 것이다.

오랫동안 나는 스피노자에 대해 생각하지 않았으나, 우연히 어떤 반론을 입수함으로써 그에게 관심이 갔다. 아버지의 장서 중에서 한 권의 소책자[1]가 눈에 띄었는데, 저자는 이 독자적인 사상가를 신랄하게 매도하고, 또 더욱 효과적으로 일을 진행시키기 위해 표제의 반대쪽 페이지에 스피노자의 사진을 싣고, 그 아래에 Signum reprobationis in vultu gerens, 즉, 그는 얼굴에 영원한 벌과 착란의 상을 지니고 있다고 쓴 것이다. 이것은 초상화만 본다면 부정할 수가 없었다. 왜냐하면 그 동판화는 비참할 정도로 잘못된 것이었고, 또 완전한 희화(戲畵)였기 때문이다. 그것을 보고 나는 자기가 미워하는 사람을 왜곡하고, 이어 그것을 괴물이라고 공격하는 반대자들을 생각하지 않을 수가 없었다.

그러나 나는 이 소책자로부터 아무런 인상도 받지 않았다. 나는 항상 다른 사람 입으로부터 누가 어떻게 생각하고 있는지 의견을 듣는 것보다는 오히려

---

1) 요하네스 코렐루스 《스피노자의 생애(1733)》.

직접 그 사람으로부터 그가 어떻게 생각하고 있는가를 듣고 싶었기 때문에, 일반적으로 논쟁이라는 것을 좋아하지 않기 때문이다. 그러나 나는 호기심이 가는 대로, 베이르[2]의 사전에서 스피노자 항목을 읽어보았다. 이 사전은 쓸데없는 잔소리 때문에 터무니없고 유해한 책이지만, 박식과 날카로운 통찰로 귀중하고 유익한 책이기도 했다.

'스피노자' 항은 나에게 불쾌와 불신의 마음을 일으켰다. 맨 먼저 이 사람이 무신론자라는 말이 적혀 있었고, 이 사람의 의견이 매우 꺼림칙한 것으로 되어 있었다. 그런데 이어서 이 사람은 조용히 사색하고, 자기 연구에 전념하는 사람, 선량한 시민, 이야기를 좋아하는 사람, 온후한 사람이라는 것을 인정하고 있다. 그러나 이것으로는 '이러므로 그들의 열매로 그들을 알리라'[3]라고 하는 복음서의 말을 잊고 있는 것으로밖에 여겨지지 않았다.—왜냐하면 해로운 교의에서 사람에게나 신에게 호감을 주는 생활이 생길 리가 없기 때문이다.

나는 전에 저 주목할 만한 사람의 유고집 페이지를 들추었을 때, 무어라고 말할 수 없는 편안하고 투명한 생각에 젖었던 것을 아직도 기억하고 있다. 자상한 점까지는 회상할 수는 없지만, 그 인상은 아직도 선명하게 나의 마음속에 남아 있었다. 그래서 나는 다시 그와 같은 많은 가르침을 받은 작품으로 급히 되돌아가 보았다. 그리고 이번에도 전과 마찬가지로 마음이 훈훈해지는 미풍이 거기서 불어왔다. 나는 이 독서에 열중하고, 나 자신을 돌아보고 이제까지 세계를 이 정도로 명쾌하게 본 사람은 한 사람도 없었다는 생각이 들었다.

이 저자에 대해서는 근년에 이르기까지 실로 다양하게 논의되어 왔으므로, 나도 오해를 피하기 위해 크게 무서워하고 혐오까지 받은 그의 사고방식에 대해 여기서 의견을 조금 끼워넣고자 한다.

육체적, 사회적 생활, 풍속, 관습, 세상에 대한 지식, 철학, 종교, 더 나아가서는 여러 가지 우연한 일들, 이 모든 것들이 우리에게 단념하지 않으면 안 된다고 호소하고 있다. 우리 안에 있는 가장 고유한 것을 우리는 밖으로 내보여서는 안 되고, 우리의 본질을 보충하기 위해 우리가 외부로부터 필요로 하는 것

---

2) 피에르(1647~1706). 계몽주의의 지도적 철학자. 회의론자. 종교적 자유 사상가. 《역사적 비판적 사전(1695~97)》.
3) 〈마태복음〉 제7장 20절.

은 빼앗기고 만다. 이에 반해 우리와 인연이 없고 번거롭기까지 한 많은 일들이 우리에게 강요된다. 우리가 힘들여 얻은 것, 호의에 의해서 허용된 것도 빼앗긴다. 그리고 우리가 그에 대해서 분명히 의식하기 전에 우리의 인격을 처음에는 조금씩, 이윽고는 완전히 포기할 것을 강요당하고 있음을 우리는 알게 된다. 그러나 그렇다고 해서 이로 인하여 버릇없는 행동으로 나오는 사람은 멸시를 받는 것이 이 세상의 정해진 이치이다. 오히려 우리는 얼굴을 찡그림으로써 냉정한 방관자의 감정을 해치는 일이 없도록, 잔이 쓰면 쓸수록 더 달콤한 듯한 표정을 지어야만 한다.

이 곤란한 과제를 해결하기 위하여 자연은 인간에게 풍부한 힘, 활동력, 강인함을 주었다. 그중에서도 특히 인간에게 효과가 있는 것은 누구에게나 주어져 있고 결코 잃는 일이 없는 인간의 천박함이다. 이로써 인간은 다음 순간에 무엇인가 새로운 것을 착수할 수만 있으면 어느 순간에든 개별적인 것을 단념할 수가 있게 된다. 이렇게 해서 우리는 무의식중에 우리의 생활 전체를 항상 새롭게 설정하게 된다. 하나의 정열을 잃으면 다시 다른 정열을 품는다. 일, 기호, 취미, 도락, 우리는 모든 것을 시도해 본다. 그리하여 마침내는 "모든 것이 허무하다"라고 탄성을 지른다. 이 그릇된, 신을 무시하는 잠언을 듣고도 놀라는 사람은 한 사람도 없다. 오히려 무엇인가 현명하고 부정할 수 없는 말을 한 것 같은 심정이 든다. 다만 소수의 사람만이 이와 같이 견디기 어려운 감회를 예감하고, 하나씩 단념하는 것을 피하기 위해 일거에 모든 것을 단념하는 것이다.

이러한 사람들은 영원한 것, 필연적인 것, 법칙적인 것을 확신하고 있다. 그리고 무너지지 않는 관념, 즉 무상한 것을 보아도 폐기되지 않고 오히려 확증되는 관념을 구축하려고 애를 쓴다. 그러나 이와 같은 생각에는 분명히 초인간적인 면이 있으므로 이들은 자칫 비인간, 신과 세계를 업신여기는 사람들로 여겨지기 십상이다. 아니, 모두가 악마의 뿔과 손톱이 하는 짓이라는 말을 들을 염려도 없지 않은 것이다.

스피노자에 대한 나의 신뢰는 스피노자가 나의 마음에 불러일으킨 편안함에 바탕을 두고 있다. 내가 존경하는 신비사상가들이 스피노자주의 때문에 탄핵을 받았을 때에도 나의 신뢰는 굳어만 갔다. 라이프치히까지도 이 비난을 면하지 못했다는 말을 들었을 때, 또 블루하베가 같은 사상을 가지고 있다는 혐의를 받고 신학에서 의학으로 옮기지 않을 수 없었다는 것을 안 때에도 변함이 없었다.

그러나 내가 그의 저서에 나의 이름을 적고 싶을 정도로 생각하고 있다거나, 문자 그대로 그것을 신봉하고 있다고 생각하지는 말아주기 바란다. 왜냐하면 누구나 타인을 이해할 수 있는 것이 아니라는 것, 같은 말을 들어도 누구나 다른 사람과 같은 것을 생각하는 것이 아니라는 것, 하나의 대화, 하나의 독서도 사람이 다르면 각기 다른 생각을 하게 된다는 것을 나는 이미 너무나 명확하게 이해하고 있기 때문이다. 《젊은 베르테르의 슬픔》과 《파우스트》의 저자이며 그와 같은 오해를 뼈에 사무치도록 알고 있는 내가, 데카르트의 제자이며 수학과 유대 신학의 교양으로 사상의 정점에 도달하여, 오늘에 이르기까지 모든 사변적 노력의 목표로 여겨지고 있는 이 사람을 완전히 이해할 수 있다는 자만조차도 가지고 있지 않았다는 것을 독자는 믿어줄 것이다.

그런데 내가 스피노자로부터 무엇을 얻었는가는, 저 영원한 유대인이 스피노자를 방문하는 대목이(나는 이것을 '영원한 유대인'의 중요한 한 요소로 생각해 낸 것이다) 기록으로 남아 있다면 이것을 매우 명백하게 보여줄 것이다. 그러나 나는 이 착상이 매우 마음에 들어 조용히 구상하면서 즐기고만 있었으므로, 마침내 무엇인가 기록해 둘 단계에까지는 이르지 못했다. 결국 삽화풍의 장난으로 재미가 없는 것은 아니었던 이 착상은 차차 규모가 커지고, 맛이 없어지고 말았기 때문에 나도 귀찮다는 생각이 들어 마침내 단념하고 말았다. 그러나 내가 스피노자에게서 얻은 주요한 것은 잊을 수 없는 것으로서 훗날까지 남아 그 뒤의 나의 인생에 중대한 영향을 끼쳤으므로 그것을 여기에 간결하게 적어보기로 한다.

자연은 영원한, 필연적인, 신 자신까지도 변경할 수 없는 신적인 법칙에 따라 움직이고 있다. 이에 대해서는 모든 사람들이 의식하지 않고서도 완전히 일치하고 있다. 오성을, 이성을, 아니 때로는 자의(恣意)만을 암시하고 있는 것처럼 보이는 자연 현상이 얼마나 우리의 놀라움을, 아니 두려워하는 마음을 가져오게 하는가를 생각해보면 된다.

동물 중에 무엇인가 이성과 비슷한 것이 나타나면 우리는 놀라운 생각에서 좀처럼 회복되지 않는다. 왜냐하면 동물은 우리와 가까이 있지만, 그들은 무한한 심연으로 우리로부터 분리되어 필연성의 영역으로 쫓겨 있는 것처럼 보이기 때문이다. 따라서 우리는 동물들의 한없이 정교하지만 엄밀하게 극한된 기술을 어디까지나 기계적인 것이라고 설명하는 저 사상가들을 나쁘게 생각하지 않을 수가 없다.

식물로 눈을 돌릴 때, 우리의 주장은 한층 훌륭하게 증명된다. 사람의 손이 닿은 수면초(睡眠草)가 섬모가 난 잎을 한 쌍씩 접어 마침내 관절이라도 굽히는 것처럼 그 잎자루를 늘어뜨리는 것을 볼 때, 우리를 사로잡는 감정을 설명해 보기 바란다. 또 나비 모양의 꽃이 눈에 보이는 외적인 유인도 없는데 그 잎을 위아래로 올리거나 내리면서 스스로 장난을 치는 것처럼, 또는 우리의 생각을 비웃는 것처럼 보이는 것을 관찰할 때, 이 감정(나는 이것에 이름을 붙일 생각은 없다)은 한층 고양된다. 그 거대한 잎의 우산을 자기의 힘으로 교대로 높이 올리기도 하고 내리기도 하는 능력이 있는 것처럼 보이는 바나나 나무를 생각해 보기 바란다. 이것을 처음 본 사람은 놀라서 뒤로 물러날 것이다. 우리가 우월하다는 생각은 우리 안에 깊숙이 뿌리를 내리고 있으므로, 외부 세계가 이와 같은 우월성을 가지고 있다는 것을 우리는 결코 인정하려고 하지 않는다. 오히려 외부 세계의 우월성이 우리의 것과 비슷한 경우에도 가능하다면 트집을 잡고 싶어한다.

그런데 인간이 일반적으로 인정되어 있는 도덕률에 위배되는 비상식적인 행동을 하여, 자신의 이익이나 남의 이익도 되지 않는 알 수 없는 행동으로 나오는 것을 볼 때에도, 우리는 같은 놀라움을 느끼게 된다. 그때 느끼는 공포스런 생각에서 벗어나기 위해 우리는 그것을 곧 비난과 혐오로 바꾸어 현실적으로, 또는 관념적으로 그와 같은 사람으로부터 도망가려고 한다.

스피노자가 그토록 힘을 주어 말한 이 대립을, 나는 매우 묘한 일이지만 나 자신의 자세에 적용해 보았다. 그리고 나는 앞으로 말하는 것을 알기 쉽게 하는 데에 이용하기 위해 위와 같은 말을 한 것이다.

나는 내 안에 있는 시적 천분을 차차 자연적인 것으로 생각하게 되었다. 나는 외적인 자연을 나의 시적인 천분의 대상으로 바라볼 수 있도록 태어난 만큼 더욱 그러했다. 이와 같은 시적 천분의 발현은 물론 그 어떤 유인에 의해 환기되어 규정되는 일도 있었으나, 그것은 무의식중에 오히려 내 뜻에 반할 때 보다 더 기쁘게, 보다 더 풍부하게 나타났다.

들을 가도 숲을 가도
나의 노래는 온종일
솟아나듯이 입술에 머문다.

밤에 눈을 떴을 때에도 같은 일이 일어났다. 가끔 나는 어느 선인[4]의 예를 따라서 가죽 속옷을 만들게 하여, 느닷없이 가슴에 떠오른 것을 어둠 속에서도 더듬으며 적어두는 습관을 들이고 싶었다. 노래가 저절로 입으로 나와도, 뒤에 그것을 적어두려고 해도 잘 되지 않는 경우가 자주 있었다. 그 때문에 나는 책상으로 달려가서, 구겨진 종이를 펼 사이도 아까워서 꼼짝하지 않고, 그 시를 처음부터 끝까지 비스듬히 써내려간 적이 몇 번인가 있었다. 같은 이유로 나는 펜보다는 매끄럽게 글자를 쓸 수 있는 연필을 즐겨 사용하였다. 왜냐하면 펜은 긁히거나 걸려서, 몽유병자적인 시상으로부터 나를 깨어나게 하여 마음을 어지럽혀, 막 태어나려고 하는 작은 생물의 숨통을 끊는 일이 두서너 번 있었기 때문이다. 나는 이들 시에 대해 암탉 같은, 말하자면 내가 품어서 깐 병아리들이 귀여운 소리를 내면서 내 주위를 걸어다니고 있는 것을 보는 듯한 기분을 느끼고 있었기 때문에, 일종의 두려운 마음을 품고 있었다. 훨씬 전부터 나는 나의 시를 낭독으로만 남에게 전하고 싶은 기분을 가지고 있었는데 이 기분이 다시 새롭게 내 마음속에 생겼다. 시를 돈으로 바꾼다는 것은 나에게는 혐오스런 일로 여겨졌다.

여기서 나는, 나중에 일어난 일이지만 어떤 사건에 대해 이야기를 해 두고 싶다. 즉, 나의 작품에 대한 관심과 선호가 차차 높아져 작품집을 찾는 사람까지 나타났는데, 앞에서 말한 것과 같은 생각에서 나는 이에 착수하는 것을 삼가고 있었다. 그런데 힘부르크[5]가 내가 망설이고 있는 것을 이용하였다. 나는 뜻

---

4) 페트라르카하 프란체스코(1304~74)를 가리킨다.
5) 크리스티안 프리드리히(1733~1801). 당시의 가장 악질적인 해적 제본업자. 그는 1775~76년 무단으로 괴테의 3권의 저작집을 간행하였다.

하지 않게 인쇄된 나의 저작집 두서너 부를 받았다. 뻔뻔스럽게도 악평 높은 출판업자는 대중에게 소개한 공적을 나에게 자랑하며, 원하신다면 베를린 도자기 몇 점을 선물로 보내겠다고 말해 왔다. 이것을 읽고 나는 베를린의 유대인들이 결혼을 할 때, 왕립 공장의 판매량을 올려주기 위해 도자기를 몇 점 구입하지 않으면 안 된다는 것을 떠올렸다. 이로 인하여 생긴 몰염치한 해적 출판사에 대한 멸시로, 나는 이 강탈에서 느껴야 했던 격분을 견딜 수가 있었다. 답장은 쓰지 않았다. 그리고 그가 나의 소유물을 횡령하고 느긋한 기분으로 있을 때, 나는 다음과 같은 시를 만들어 몰래 그에게 보복했다.

> 달콤한 꿈처럼 흘러간 날의 그리운 추억,
> 누렇게 변한 꽃, 향기도 사라진 머리,
> 접은 베일, 색 바랜 리본
> 이것은 모두 사라진 내 사랑의 슬픈 유품들.
> 지금은 아궁이의 불에 처넣어야 할 것들,
> 조지아스[6]는 염치없게도 그것을 긁어모으네.
> 시인의 작품과 영예가,
> 유언으로 손에 들어온 것이라도 되는 듯이.
> 그리고 살아 있는 나는 그의 소행을
> 차라도 훌쩍훌쩍 마시며 기뻐하란다.
> 도자기나 단빵 같은 건 나에게는 소용없어.
> 힘부르크들은 나를 죽은 사람으로 알고 있는 거야.

그러나 이와 같이 구하지도 않았는데 나의 마음속에 크고 작은 작품을 태어나게 한 자연 그 자체가 때로는 오랫동안 활동을 그만두어, 얼마 동안은 아무리 노력을 해도 아무것도 만들 수가 없었다. 그리고 나는 이 때문에 자주 따분함을 느꼈다. 그래서 여느 때처럼 날카로운 대조를 이루며 다음과 같은 생각이 나에게 떠올랐다. 즉, 내가 가지고 있는 인간적, 이성적, 오성적인 것을 자타

---

6) 괴테는 아마도 조지우스와 그 형제를 생각한 것 같다. 호라티우스 시대의 로마의 가장 저명한 출판업자.

의 이익과 효용을 위해 유용하게 써야겠다는 생각, 그리고 이렇게 함으로써 쉬는 기간을 세속적인 일에 바쳐 내가 가진 능력을 남김없이 사용해야 하지 않겠는가 하는 생각이었다. 이러한 생각은 내 성격이나 나의 처지에도 잘 맞는 것으로 여겨졌기 때문에, 나는 이와 같이 행동하여 이제까지의 동요와 망설임에 결말을 지으려고 결심하였다.

실제적인 봉사에 대해서는 사람들로부터 현실적인 보수를 요구하고, 이에 반해 바람직한 자연의 선물은 사욕을 떠나 사람들에게 계속 줄 수 있다고 생각하자 나는 매우 기뻤다. 이와 같이 생각함으로써, 나는 그토록 요구되고 칭찬을 받은 재능도 독일에서는 법률 바깥에 놓여 있어 법률의 보호를 전혀 받지 못하고 있다는 것을 알아차리지 않을 수 없게 되었을 때 나의 내부에서 생겼을지도 모르는 쓸쓸한 기분으로부터 벗어날 수가 있었다. 베를린뿐 아니라, 일반적으로 무단 출판은 허용되어야 하고, 오히려 흥미있는 일로 여겨졌다. 덕목 때문에 칭찬을 받았던 바덴의 변경 장관[7]이나 많은 사람들의 기대를 배반하지 않았던 요제프 황제 같은 사람까지도, 변경 장관은 마크로트[8]를, 황제는 에드러 폰 투라트너[9]를 특별히 돌봐주었다. 그리하여 천재의 권리도 소유권도, 수공업자나 공장주의 손에 무조건 위임되어 있다고 공공연하게 표명된 것이다.

언젠가 바덴 출신의 어느 방문객에게 이에 대한 불만을 말했더니 그는 나에게 다음과 같은 이야기를 하였다. 변경 장관 부인[10]은 활동적인 사람으로 종이 공장도 가지고 있었는데, 제품의 질이 매우 나빠서 잘 팔리지가 않았다. 그래서 출판업자 마크로트가 이 종이에 독일의 시인이나 작가의 작품을 인쇄하면 다소나마 그 가치를 높일 수 있을 것이라는 제안을 하였다. 이 제안은 엄청난 환영을 받았다.

우리는 이 심술궂은 험담을 만들어낸 이야기라고 단정했지만, 이것을 듣고 크게 재미있어했다. 동시에 마크로트라는 이름은 야단칠 때 쓰는 하나의 용어

---

7) 칼 프리드리히(1728~1811).

8) 칼 프리드리히. 칼스루에의 출판업자. 그러나 그는 괴테의 작품을 출판하고 있지 않다. 괴테는 아마도 칼스루에의 출판업자 크리스챤 고트리프 슈미더와 혼동하고 있는 것 같다. 슈미더는 괴테의 저작집 4권을 출판하였다.

9) 1717~98. 빈의 제지 공장주. 출판업자.

10) 카롤리네 루이제는 문학 소식에도 능통했다. 또 경제에도 관심을 가진 활동적인 사람이었다.

가 되어, 질이 나쁜 일이 일어날 때마다 이 말이 되풀이해서 사용되었다. 이와 같이 해서 마음이 편해진 청년은 악랄한 패거리들이 그의 재능을 밑천 삼아 호주머니를 부풀리고 있는 동안에, 본인은 때로는 빚을 져야 했는데도, 이것저 것 즐거운 일을 착안해서 충분히 화풀이를 한 셈이었다.

행복한 소년이나 청년은 일종의 도취 상태에서 그들의 길을 따라 앞으로 나 아간다. 선량한 자, 순진한 자는 그때그때의 주위 상황을 의식하는 일은 거의 없고, 하물며 그것을 승인한다는 것은 생각하지 않으므로 그 도취 상태는 더 욱 사람의 눈을 끌게 된다. 그들은 세계를 자기가 형성하는 소재, 내 것으로 만 드는 저장물로 생각하고 있다. 모든 것이 자기에게 속하며, 모든 것을 자기 의 사로 관철할 수 있다고 생각한다. 때문에 그들은 자주 거칠고 멋대로 놀아나 는 거동에 빠진다. 그러나 뛰어난 소질을 가진 젊은이는 이 방향이 도덕적 열광 으로까지 높아지고, 이 열광은 때에 따라 외견상의 선을 향해 자발적으로 앞 으로 나아가지만, 가끔 남에게 현혹되고 조종되어 잘못된 길로 접어든다.

우리가 지금 화제로 삼고 있는 청년은 이와 같은 상태에 있었다. 그는 사람 들이 유별난 사람으로 여기고 있었는데, 그러나 바람직한 사람이라고 생각하 는 사람들도 적지 않았다. 첫 만남인데도 구애되지 않는 그의 사고방식이나 밝 고 솔직하게 이야기하는 태도로 보아 그가 주저하지 않고 행동하는 사람이라 는 것을 알 수 있었다. 이 주저하지 않고 행동하는 사람이라는 점에 관해 몇 가 지 이야기를 해두고자 한다.

집이 빽빽하게 들어선 유대인 거리에서 큰불이 난 적이 있었다. 나는 선의에 서, 또 구조 활동의 흥미에 끌려 외출할 때 항상 입던 정장으로 현장으로 달려 갔다. 사람들은 아라하일리겐 거리에서 밀려왔는데 나도 그중의 한 사람이었 다. 현장에서는 많은 사람들이 물을 나르느라고 바삐 움직이고 있었다. 물이 가득 든 통을 가지고 뛰어갔다가 빈 통을 가지고 돌아왔다. 나는 곧 2줄로 열 을 만들어 통을 주고받으면 구조 활동을 두 배로 빨리할 수가 있다고 생각하 였다. 나는 물이 든 통을 2개 가지고 멈춰 서서 다른 사람에게 내 옆에 서도록 부탁했다. 오는 사람으로부터는 통을 받고, 돌아오는 사람은 맞은편에 섰다. 이 조치는 사람들의 찬동을 얻었다. 내가 참가해서 행한 일에 사람들이 자진해서 가담하여, 이윽고 골목에는 입구에서 화재 현장까지 빈틈없이 2줄이 형성되었다. 그러나 이에 따라 일어나는 쾌활함이 어쩌면 명랑하다고 할 수 있는 기분을 자아냈고, 이윽고 장난기가 돋아 남의 불행을 기뻐하는 기분까지 나타났다. 불이 나서 밖으로 쫓겨난 안쓰러운 사람들은 짐을 등에 메고 할 수 없이 이 들뜬 사람들의 열 사이로 지나가야 했지만 거기를 무사히 빠져나갈 수가 없었다. 장난꾸러기 꼬마들은 그들에게 물을 뿌리고, 비참한 그들에게 모욕과 무례를 가했다. 내가 온건하게 듣기 좋은 말로 타일렀기 때문에, 어쩌면 내가 더러워지는 것도 아랑곳하지 않은 나의 깔끔한 정장에 대한 배려 때문인지 이윽고 그런 장난은 끝났다.

호기심 많은 사람들이 화재 현장에 와서, 자기들 동아리가 긴 명주 양말과 단화를 신고—그것이 당시의 일반적인 복장이었다—흠뻑 젖어서 일을 하고 있는 것을 보고 놀란 것 같았다. 두서너 사람은 작업에 끌어들일 수 있었으나, 다른 사람들은 웃으며 고개를 저었다. 우리는 오랫동안 버텼다. 돌아가는 사람도 있었으나 자진해서 돕는 사람도 있었다. 호기심 많은 친구들이 계속 왔다. 이렇게 해서 나의 순진한 모험은 많은 사람에게 알려졌다. 그리고 나의 색다른 과감한 행동은 당시 지역의 화제가 되지 않을 수 없었다.

일을 할 때의 소탈한 마음은, 일종의 선량하고 명랑한 변덕에 입각해서, 자칫 다른 사람으로부터는 허영심이라고 비난을 받기 쉬운 행복한 자부심에서 생기는 것인데, 이와 같은 소탈함이, 이와는 다른 기행(奇行)으로 또다시 세간의 이목을 모으게 되었다.

어느 몹시 추운 겨울, 마인강은 모두 얼음에 덮여 단단한 땅으로 변했다. 얼음 위는 볼일이 있는 사람, 즐겁게 노는 사람들의 빈번한 왕래로 왁자지껄했다. 끝없는 스케이트 활주로나 매끈한 얼음이 언 강 표면은 활기에 넘치는 사람들로 가득 차 있었다. 나도 아침 일찍 나갔는데 어머니가 사람 구경을 하기 위해 뒤늦게 올 무렵에는 얇은 옷 때문에 매우 추웠다. 어머니는 마차를 타고 빨간 비로드 모피 외투를 입고 있었는데, 그것은 술이 달린 금빛의 굵은 끈으로 가슴을 조이도록 되어 있어서 매우 화려하게 보였다. 나는 무심코 소리쳤다.

"어머니, 외투를 빌려주세요. 추워서 못 견디겠어요."

어머니는 조금도 주저하지 않고 벗어주었다. 나는 곧 그 외투를 입었다. 검은 표범털로 가장자리를 대고 금빛 장식을 한, 나의 무릎까지 닿는 새빨간 그 외투는 내가 쓰고 있던 갈색 털모자와 전혀 어울리지 않는다고는 말할 수 없었다. 이러한 모습으로 태연하게 나는 스케이트를 타고 다녔다. 사람이 많았기 때문에 이 묘한 복장도 사람의 눈을 그다지 끌지 않았다. 그중에는 나를 알아차린 사람도 있어서 그 뒤 진지하게, 또는 농담으로 이것이 나의 색다른 일면의 예로서 화제에 올랐다.

이와 같은 행복한, 아무런 거리낌이 없는 행동의 추억은 이 정도로 하고 이야기의 본 줄거리를 따라가보기로 한다.

어느 재기가 넘치는 프랑스인[11]이 이런 말을 했다.

"뛰어난 두뇌의 소유자가 무엇인가 걸출한 작품으로 세간의 주의를 모으면, 세상 사람들은 그가 앞으로 같은 것을 만들어내는 것을 방해하기 위해 가능한 모든 일을 한다."

전적으로 옳은 말이다. 무엇인가 뛰어난 것, 재기에 넘치는 것이 혼자 떨어져서 조용히 살고 있는 청년에게 생기면 칭찬은 얻을 수 있으나 독립은 상실되고 만다. 집중된 재능은 교란되고 분산된다. 사람들은 그의 인격으로부터 무엇인가를 쥐어뜯어 내 것으로 만들 수 있다고 생각하기 때문이다.

이런 뜻에서 나는 자주 초대를 받았는데, 때로는 초대라고 할 수 없는 것들도 있었다. 친구나 아는 사람의 소개로 여러 가정에서 나를 초청하려고 했는데, 억지로 하는 것 같은 경우도 자주 있었다.

마치 외국인처럼 여겨졌던 나는 여러 차례 무뚝뚝하게 거절했기 때문에 곰이라고 불리기도 했고, 또 볼테르의 휴론인[12]이나 칸버란드의 서인도인,[13] 또는 넉넉한 재능을 갖춘 자연인이란 말을 들으면서 사람들의 호기심을 북돋우고 있었다. 이 때문에 여러 집에서 나를 맞이하기 위해 이에 필요한 상의가 이루어질 정도였다.

어느 날 밤, 한 친구가 칼뱅파의 명망 있는 상인의 집[14]에서 개최되는 작은

---

11) 아마도 루소를 가리키는 모양이다.

12) 볼테르의 소설 《악의 없는 사람》의 주인공은 인디언의 한 종족 휴론 족에 의해 양육된 프랑스인.

13) 리차드 칸버란드의 희곡 《서인도인》의 주인공은 중부 아메리카에서 성인이 된 청년으로 유럽 문명에 호감을 가지고 있지 않다.

14) 셰네만 집안을 가리킨다. 그 집 외동딸 안네 엘리자베트, 통칭 릴리(1758~1817). 아버지는 상인

음악회를 들으러 와 달라고 몇 번이고 부탁했다. 시간이 이미 늦었으나 나는 무엇이든지 즉석에서 하는 것을 좋아했기 때문에 여느 때처럼 복장을 갖추고 그를 따라갔다. 우리는 아래층의 어느 방에 안내되었는데, 거기는 원래 가족들의 거실로 널따란 방이었다. 손님은 많았다. 방 한가운데 그랜드 피아노가 놓여 있었는데, 이윽고 이 집 외딸이 앉아서 매우 능숙하고 우아하게 연주하였다. 나는 그녀의 모습을 잘 볼 수 있도록 피아노 건너편에 서 있었다. 그녀의 거동은 어딘지 어린애다운 데가 있었으나, 연주에 따른 몸의 움직임은 자연스럽고 가벼웠다.

소나타가 끝나자 그녀는 피아노 옆의 나에게로 왔다. 이미 4중주가 시작되고 있었기 때문에 우리는 인사만 교환했을 뿐 그 이상의 이야기는 없었다. 곡이 끝나자 나는 그녀에게로 가서, 만나서 반갑고 당신의 재능을 알게 되어 매우 기쁘다는 뜻의 인사를 정중하게 하였다. 그녀는 애교있게 나의 인사에 대답하고 자기 자리로 갔다. 나는 내 자리에 앉았다. 그녀는 물끄러미 나를 바라보았다. 나는 그 자리의 주목의 대상이 되고 있다는 것을 알고 있었지만, 모두가 매우 기분 좋은 태도를 나에게 보였기 때문에 그것도 반갑게 받아들일 수 있었다. 그 사이에도 우리는 서로 시선을 교환하고 있었다. 그러는 동안에 나는 어딘지 모르게 부드러운 매력을 느끼게 되었다는 것을 부정할 생각은 없다. 그날 밤은 사람의 왕래가 많았고 연이어 연주가 있었기 때문에 그 이상 가까이 갈 수는 없었다. 그러나 헤어질 때 그녀의 어머니가 가까운 장래에 또 만날 수 있기를 바란다고 말하고, 딸도 다소 친밀감을 가지고 이에 동의하는 것처럼 보였을 때, 기쁜 마음을 가졌다는 것을 나는 솔직히 말하지 않을 수 없다. 나는 적당한 간격을 두고 몇 차례 그 집을 방문했는데, 방문할 때마다 밝고 재치 있는 대화가 오갔다. 그러나 나는 거기서 정열적인 관계가 생기리라고는 꿈에도 생각하지 못했다.

우리 집에서 자진해서 손님을 맞이하게 된 이래, 선량한 부모와 나는 이런저런 성가신 생각을 하는 일이 많았다. 항상 보다 더 뛰어난 것을 식별하고 인식

---

이자 은행가였던 요한 볼프강 슈네만(1717~63). 어머니는 스잔나 엘레자베트 슈네만, 옛 성은 도르빌(1722~82). 그녀는 남편이 죽은 뒤 한 출자자와 공동으로 은행 업무를 보았다. 릴리에게는 4명의 형제가 있었다.

하고 추진해서, 가능하다면 그것을 모범 삼아 그것과 같은 것을 만들어내려고 하는 것이 나의 성향이었는데, 나는 손님의 방해를 받아 조금도 진보를 이루지 못했다. 선량한 사람들이 신심이 깊거나, 활동적인 사람이 그다지 영리하지 않거나 하는 일이 어쩐지 어리석었다. 전자는 나에게 아무런 도움이 되지 않았고, 후자는 나를 어리둥절하게 하였다. 그중에서 진기한 한 가지 사례를 나는 꼼꼼하게 기록해 두었다.

뒷날 슈틸링이라는 이름으로 알려진 융이, 1775년 초 아랫쪽 라인 지방에서 안과 대수술을 하기 위해 초청되어 프랑크푸르트에 온다고 알려왔다. 나도 양친도 그의 내방을 기뻐하여 그에게 숙소를 제공하였다.

폰 레르스너[15] 씨는 연배의 명망이 있는 분으로, 공자들의 교육과 지도, 그리고 사려 깊은 행동으로 궁정에서나 여행지에서나 널리 존경을 받고 있었다. 그는 이미 오랫동안 완전한 장님이라는 불행을 견디고 있었는데, 광명을 얻고 싶다는 희망을 완전히 버리지 못하고 있었다. 그런데 융은 수년 전부터 뛰어난 용기와 경건한 대담성으로, 아랫쪽 라인 지방에서 많은 내장 수술을 성공시켜 커다란 명성을 얻고 있었다. 그의 성실한 마음, 믿을 수 있는 인품, 신을 공경하는 순수한 마음은 사람들의 신뢰를 모았고, 이 평판은 여러 가지 상업적 경로를 거쳐 상류 지방에까지 퍼져 있었다. 폰 레르스너 씨와 그의 가족은 어느 현명한 의사의 권고로 이 이름 높은 안과 의사를 초빙할 결심을 하였다. 수술에 실패한 어느 프랑크푸르트의 상인이 그만두게 하려고 열심히 설득했지만, 수많은 성공 예에 비해 단 한 번의 실패는 아무런 증명도 되지 않았다. 여하간 융은 왔다. 이번에는 이제까지 받아보지 못했던 막대한 보수에 이끌려 온 것이다. 그의 명성을 높이려고 자신에 차서 왔다. 그리고 우리는 이 유능하고 쾌활한 식탁 동아리를 위해 행운을 빌었다.

모든 준비가 다 된 뒤, 마침내 양눈의 내장에 메스가 가해졌다. 우리는 매우 긴장하고 있었다. 환자는 수술 직후, 붕대에 의해 다시 빛이 차단되기 전에 눈이 보였다고 한다. 그러나 융의 얼굴은 어두웠고, 무엇인가 마음에 걸리는 일이 있는 것처럼 여겨졌다. 자세히 물어본 결과, 그는 수술의 결과를 걱정하고 있다

---

15) 프리드리히 막시밀리안(1736~1804). 덴마크의 공사관 비서. 황태자 교육관. 프랑크푸르트 배심원. 시장.

고 털어놓았다. 나 자신도 슈트라스부르크에서 여러 번 본 일이 있는데, 일반적으로 이 수술만큼 간단한 것은 없다고 여겼고, 또 슈틸링도 여러 번 성공하고 있었던 것이다. 무감각의 각막이 고통이 따르지 않고 절개되면, 아주 가볍게 누름으로써 흐린 수정체가 저절로 튀어나와 환자는 바로 물건을 볼 수 있었다. 그리고 치료가 끝나 이 귀중한 기관을 마음대로 사용할 수 있게 될 때까지 눈에 붕대를 하고 있으면 되는 것이다. 얼마나 많은 가난한 사람들이 융에 의해 행복이 주어지고, 그들의 은인을 위해 신의 축복과 천상으로부터의 보수를 기도했는가. 그리고 이 보수가 지금 부유한 사람에 의해 지불되기로 되어 있는 것이다.

융은 이번에는 이제까지처럼 잘 되지 않았다고 털어놓았다. 수정체가 튀어나오지 않았기 때문에 절단해야 했으나, 그때 약간 무리를 하지 않을 수가 없었다는 것이다. 그런데 그는 또 한쪽의 눈을 수술한 것에 자책(自責)하고 있었다. 그러나 그는 두 눈을 동시에 수술하려고 굳게 마음먹었던 것이고, 그와 같은 우연한 일을 예상도 하지 않았기 때문에 그런 일이 생기자 바로 침착성을 잃어 차분하게 생각하지 못했다. 즉, 두 번째 눈의 수정체도 저절로 튀어나오지 않아 무리하게 절단해서 꺼내지 않으면 안 되었던 것이다.

그 사람과 같이 선량하고 친절하고 신을 공경하는 마음이 두터운 사람이 이와 같은 경우 얼마나 괴로웠을까 하는 것은 여기서 말로 다 설명할 수 없다. 이러한 성향에 관해서 일반적인 고찰을 말해두는 것이 이 경우 아마도 가장 온당한 일일 것이다.

자기의 도덕적 수양을 추구하여 노력한다는 것은 인간이 계획할 수 있는 일 중에서 가장 간단하고 가장 행하기 쉬운 일이다. 이 충동은 인간이 본래 가지고 있는 것이다. 그리고 인간은 시민 생활 속에서 상식과 사랑에 의해서 그렇게 하도록 인도된다―기보다는 오히려 강요되는 것이다.

슈틸링은 도덕적, 종교적인 사랑의 감정으로 살아가고 있었다. 그는 자기의 마음을 남에게 전달하고, 남으로부터도 호의를 가지고 보답받지 않고서는 살아갈 수가 없었다. 그는 서로의 애정을 구하고 있었다. 그를 아는 사람이 없는 곳에서는 그는 침묵을 지켰고, 그를 아는 사람으로부터 사랑을 받지 못하는 곳에서는 그는 슬퍼했다. 그래서 그는 좁고 평화스런 직업의 범위 안에서 다소나마 마음 편하게 자기 완성에 노력하는 호의적인 사람들과 함께 있을 때 가장 편하게 느끼고 있었다.

이러한 사람들에게는 허영심을 없애는 일이나, 외적인 영예를 구하는 노력을 단념하는 일이나, 대화에서 신중한 태도를 취하거나, 동료나 이웃에 대해서 똑같이 친절한 태도를 취하는 일 등은 손쉽게 할 수 있는 일들이다.

이 경우, 개성에 따라 차이는 있어도 막연한 어떤 정신 패턴이 바탕에 깔려 있다는 것은 자주 경험하는 일이다. 이와 같은 사람들은 무엇인가 우연한 일로 자극을 받아 그들의 경험적인 인생 항로에 중대한 가치를 두고, 신의 직접적인 작용을 확신하여 모든 것을 초자연적인 숙명이라고 생각하게 된다.

인간에게는 현재의 상태를 고집하면서도 굳이 지도해 주기를 바라는 경향이 있고, 또 행동에서 볼 수 있는 일종의 우유부단함이 있다. 그리고 이 우유부단은 가장 이성적인 계획이 실패하거나, 뜻하지 않은 사정이 자주 겹쳐서 우연히 성공하면 더욱 증대한다.

인간이 이렇게 살아간다면 신중하고 남자다운 태도도 손상되어 버리므로 인간이 어떻게 해서 이런 상태에 빠지는지도 마찬가지로 중대한 일이고, 생각해 볼 만한 일이다.

그런데 이와 같은 사고방식을 모두 가지고 있는 사람들이 가장 즐겨 화제로 삼는 것은 일반적으로 '각성'이나 '회심'이라고 불리는 것들이고, 나도 이들에 대해서 나름대로의 심리적 가치가 있다는 것을 부정하는 것은 아니다. 원래 그것은 학문적, 문학적인 면에서 우리가 묘상(妙想)이라고 부르는 것, 즉 항상 하나의 천재적인 작용이라 할 수 있는 그 어떤 위대한 격율(格律)의 인지를 말한다. 우리는 사색이나 학설이나 전승에 의해서가 아니라 직관에 의해 이 인지에 도달하게 된다. 여기서 말하는 인지란 신앙에 입각하여 바다 한가운데에서도 긍지와 평안을 상실하지 않는 도덕적인 힘의 인지이다.

이와 같은 묘상은 독특한 방법으로 무한을 암시하기 때문에 발견자에게 최대의 기쁨을 준다. 그것은 확신에 도달하기 위해 시간의 경과를 필요로 하지 않는다. 그것은 순식간에 완전한 모양으로 나타난다. 따라서 소박한 프랑스의 낡은 시구는 다음과 같이 노래하고 있다.

하나님은
순식간에
어려운 일을 해치우신다.

외적인 동기에 의해서 이와 같은 회심이 갑자기 일어나는 경우가 있다. 그러면 사람들은 거기에서 효능이나 기적을 보는 것처럼 느낀다.

신뢰와 사랑이 나와 슈틸링을 마음으로부터 맺어주고 있었다. 그리고 나는 그의 생애에 이롭고 행복한 영향을 주고 있었다. 천성적으로 그는 자신을 위해서 이루어진 모든 일을 감사에 찬 섬세한 마음에 새겨두는 사람이었다. 그러나 그와의 교제는 당시의 나의 인생 경로에 있어서 나에게 기쁜 것도 유익한 것도 아니었다. 하기야 나는 사람들이 나날의 수수께끼를 어떻게 해석하고 어떻게 생각하는가는 각자에게 맡겨두기는 했지만, 파란에 찬 인생 항로 속에서 당연히 일어날만한 이유가 있어서 일어나게 되는 모든 좋은 일을 하나님의 직접적인 작용으로 돌린다는 것은 나에게는 너무나 분에 넘치는 일로 여겨졌다. 또 우리의 경솔이나 자만에서, 또는 우리가 성급하거나 태만해서 생기는 견딜 수 없는 나쁜 결과를 마찬가지로 신의 교훈이라고 생각하는 것도 납득이 가지 않았다. 따라서 나는 선량한 친구의 이야기를 들어줄 뿐, 그를 기쁘게 하는 대답은 하나도 할 수가 없었다. 그러나 나는 다른 많은 사람에 대한 것과 마찬가지로 기꺼이 그가 하는 대로 내맡기고, 너무나 세속적인 생각을 가진 사람이 거침없이 그의 부드러운 심정에 상처를 입히거나 할 때에는 처음부터 끝까지 그를 변호하였다. 어느 장난기가 있는 사나이가 한 말을 들었을 때, 그것을 그의 귀에 들어가지 않게 조심하기도 했다. 언젠가 그 사나이는 진지하게 이렇게 외친 것이다.

"그래 맞아. 내가 융만큼 신과 사이가 좋다면 돈을 주십사 하고 신에게 빌거나 하지 않고, 돈만 쓰느라 뒷날까지 비참한 빚을 지게 되는 어리석은 짓을 하지 않도록 지혜와 분별을 달라고 부탁하겠어."

왜냐하면 그 당시에는 그와 같은 농담이나 욕을 그의 귀에 들어가게 할 때가 아니었기 때문이었다. 불안과 희망 속에 며칠이 지나갔다. 불안은 차차 커지고 희망은 시들어 마침내 사라지고 말았다. 정직하고 인내심이 많은 사람의 눈은 염증을 일으켰다. 수술이 실패했다는 것을 의심할 여지는 없어졌다.

이로써 우리의 친구가 처한 상태는 도저히 말로는 이루 다 할 수가 없었다. 그는 마음속으로부터의 절망을 견디지 않으면 안 되었다. 그는 모든 것을 잃었기 때문이었다. 우선 다시 빛을 보게 된 환자들로부터의 마음에서 우러난 감사를 잃었는데, 이것이야말로 의사가 기뻐할 수 있는 가장 훌륭한 대가였을 것이다. 다음에는 도움을 바라는 다른 많은 사람들의 신뢰와 금전상의 신용을 잃었다. 또한 수술이 실패했기 때문에 환자의 그 가족은 절망적 상태에 빠지고 말았다. 요컨대 우리는 욥의 비극을 처음부터 끝까지 상연한 셈으로, 거기에서 이 성실한 사나이는 욕을 퍼붓는 친구들 역할도 스스로 맡은 것이다. 그는 이번 사건을 이제까지의 과실에 대한 벌로 생각하려고 하였다. 우연히 그에게 주어진 눈의 치료법을 신의 명령을 받은 일이라고 믿었던 것이 신에 대한 모독으로 여겨졌다. 매우 중요한 이 전문 기술을 철저하게 연구함이 없이 그의 치료를 경솔하게 운에 맡기고 실시했다는 것에 그는 스스로를 책망하였다. 그를 달갑지 않게 생각하고 있던 사람들의 험담이 그의 마음을 스쳐갔다. 그 험담은 맞는 말이 아닐까 하는 의심도 들었다. 유감스럽게도 그는 이제까지의 생활에서, 경건한 마음을 가진 사람에게는 매우 위험한 경솔이나 자만, 허영심에서 자신이 아직 탈피하지 못했다고 여겼던 만큼, 그러한 험담은 한층 그를 괴롭혔던 것이다. 그럴 때 그는 자기 자신을 상실하여, 우리가 아무리 서로의 의견을 상통하게 하려 해도 결국 신의는 헤아리기 힘들다는 결론에 도달하는 것이 고작이었다.

만약에 내가 그가 놓인 정신 상태를 이제까지 해왔던 방법에 따라서 진지하고 호의적인 고찰의 대상으로 삼아 내 나름대로 해석하지 않았더라면, 나의 한결같이 전진을 추구하는 밝은 마음은 한층 큰 상처를 입었을 것이다. 다만 나에게 슬펐던 일은 선량한 어머니에 대한 보답이 너무나 미미했다는 사실이었다. 하기야 어머니 자신은 끊임없이 일을 하고 있었기 때문에 그다지 관심을 두지 않았을 것이다. 내가 가장 안쓰럽게 생각한 것은 아버지였다. 아버지는 나를 위해 이제까지 엄격하게 닫혔던 집을 망설이면서도 개방해 주었다. 그리고 아버지는 손님이나 그 고장 친구, 교대로 들어오는 여행자들이 모인 식탁에서, 활발하다기보다는 말도 되지 않는 대화에 기꺼이 귀를 기울였다. 나는 여러 가지 솜씨 있는 논쟁으로 아버지를 크게 기쁘게 하고, 기쁨에 넘치는 미소를 짓게 했다. 나에게는 무엇에든 항변하고 싶어하는 발칙한 버릇이 있었기 때문이었다. 그러나 내가 완고하게 나의 의견을 양보하지 않았던 것도 옳은 의견을 가진 사람을 어떻게 해서든 농담으로 얼버무리는 정도의 일이었다. 그러나 요 몇 주일 동안은 그와 같은 일은 전혀 생각할 수가 없었다. 가장 중요한 수술이 실패로 끝났기 때문에 불행에 빠진 친구에게는 이런 일은 아무런 소용도 없었고, 다른 수술의 성공으로 생긴 매우 행복하고 유쾌한 결과도 그의 슬픈 기분을 도저히 전환시킬 수가 없었기 때문이었다.

이젠부르크에서 온 늙고 눈이 먼 유대인 거지가 그 한 예인데, 그는 우리를 크게 웃게 해주었다. 그가 매우 비참한 상태로 프랑크푸르트로 왔을 때에는 비나 이슬을 가릴 곳도 없고, 먹을 것도 구할 수 없었고 돌봐줄 사람도 거의 없는 상태였다. 그러나 동방 민족의 강인한 체질이 크게 작용하여 아무런 고생도 하지 않고 눈이 치료되었을 때, 그는 뛸 듯이 기뻐했다. 수술은 아프지 않느냐고 물었을 때, 그는 거창하게 대답했다.

"나에게 100만 개의 눈알이 있다 해도 그때마다 반 코르슈티크[16]씩 주고 차례로 전부 수술해 받을 생각입니다."

도시를 떠날 때, 그는 파르갓세에서 거창한 제스처를 섞어가며 구약 성서 식으로 신에게 감사하고, 주와 주에게서 파견된 기적인을 칭송하였다. 그리고 그는 번화한 거리를 따라 천천히 다리 쪽을 향하여 걸어갔다. 쇼핑객도 상점 주인들도 뛰어나와 공중의 면전에서 정열적으로 표명되는 이 진기한 열광에 놀랐다. 누구나 흥미를 느꼈고 그를 동정하였다. 그리고 그는 조금도 구걸하거나 하지 않았는데도, 가는 길에 풍부한 음식의 동냥을 받았다.

그러나 이와 같은 즐거운 사건도 우리 동아리에서는 입 밖에 내는 것을 삼가지 않으면 안 되었다. 마인강 건너편 모래땅에 사는 사나이가 그의 비참한 생활에도 불구하고 매우 행복한 사람으로 여겨진 데에 반해, 마인강 이쪽의 이 유복하고 존경할 만한 사람이 그 무엇과도 바꿀 수 없는 기쁨을 잃었기 때문이다.

---

16) 화폐 단위.

그래서 이 관대한 사람이 기분 좋게 지불해 준 1000굴덴의 돈을 받는다는 것은, 분명히 약속된 돈이기는 했지만 융으로서는 거북했다. 이 돈은 고향으로 돌아갔을 때, 그의 더욱더 무거운 짐이 되어 있었던 빚의 일부를 갚기로 되어 있었다.

　　이렇게 해서 그는 절망적인 기분을 안고 우리와 헤어졌다. 돌아가는 길에 그는 자기를 맞이할 아내의 근심스러운 태도와, 이제까지 호의를 가져주었던 장인 장모의 돌변한 응대를 마음속에 그렸다. 장인 장모는 자신감이 넘치는 사나이의 많은 액수의 빚 보증인이 된 때문에, 딸의 반려자를 잘못 골랐다고 생각할지도 모르기 때문이었다. 그가 한창일 때에도 그를 좋지 않게 생각하고 있던 사람들의 비웃음이 이 집 저 집, 이 창문 저 창문에 당장 보이는 것 같았다. 또 그의 부재로 이미 부진 상태에 빠진 진료가 이번의 재난으로 근본적으로 흔들리리라는 것을 생각하면 견딜 수 없는 불안을 느끼지 않을 수 없었다.

　　이렇게 해서 우리는 그와 헤어졌다. 그러나 우리 쪽에서 말하자면 꼭 희망이 없는 것은 아니었다. 그의 유능한 자질은 초자연적인 조력에 대한 신념에 뒷받침되어 조용하고 겸손한 신뢰의 정을 친구들에게 불어넣지 않을 수 없었기 때문이었다.

# 제17장
# 릴리와의 약혼


릴리에 대한 나의 관계를 다시 언급함에 있어 어떤 때는 그녀의 어머니가 있는 곳에서, 어떤 때는 그녀와 단둘이서 더할 나위 없이 즐거운 시간을 보냈던 나날이 저절로 나의 머릿속에 떠오른다. 나의 저작을 통해 당시에 흔히 하던 표현에 따르자면, 나는 인정의 기미에 능통한 사람이라고 여겨지고 있었다. 이런 의미에서 우리의 대화는 양속(良俗)이라는 점에서 흥미 있는 것이었다.

누구나 속 이야기를 하려고 하는 사람들은 이제까지의 각자의 신상을 서로 이야기하지 않으면 안 된다. 어느 정도의 시간이 지나자 그녀는 조용한 틈을 타서 그녀의 어렸을 때의 이야기를 해 주었다. 그녀는 모든 사교상의 이점과 세속적인 즐거움을 누리면서 성장한 것이었다. 그녀는 형제에 대하여, 친척에 대하여, 그녀의 신변에 대하여 이야기해 주었다. 그러나 어머니에 대한 일만은 별로 자세히 이야기하지 않았다.

그녀의 자상한 결점에도 이야기가 미쳤다. 그녀는 남을 끌어당기는 일종의 천분 같은 것을 가지고 있다는 것, 동시에 이와 결합해서 그 무엇에도 집착하지 않는 성질을 가지고 있다는 것을 부정할 수 없었다. 그리하여 이것저것 이야기하는 동안에 그녀가 이 천분을 나에게도 작용시켜 보려고 했으나, 그 벌로 그녀 자신이 나에게로 이끌리게 된 아슬아슬한 지경에까지 이르렀다.

이 고백은 매우 순진한 어린이다운 성격에서 생긴 것인데, 이로써 그녀는 나의 마음을 자기 것으로 만든 것이다.

만나고 싶어하는 서로의 희망과 습관이 여기서 시작되었다. 그러나 나는 며칠이고, 몇 밤이고, 밤이 깊어질 때까지 소원이 풀리지 않은 채로 지내지 않으면 안 되었다. 사교 친구들에게 둘러싸인 그녀를 만나겠다는 결심을 차마 할 수가 없었기 때문이다.

그녀에 대한 나의 관계는 인간 대 인간의 것이었고, 아름답고, 사랑스럽고 교양이 있는 한 아가씨에 대한 것이었다. 그것은 내가 경험한 예전의 여러 관계와 비슷했으나, 그보다는 한층 높은 성격의 것이었다. 그러나 나는 그녀의 외면적인 일, 복잡하게 얽힌 사교적인 사정 등은 생각하지 않고 있었다. 억제할 수 없는 욕구가 강해졌다. 나는 그녀 없이는 있을 수 없었고, 그녀도 나 없이는 있을 수 없었다. 그러나 그녀는 그녀의 사교 동아리에 둘러싸여 그들의 영향을 받지 않을 수가 없었다. 그리고 그 때문에 두 사람 모두 불쾌한 생각을 갖게 되고 허전한 마음을 느끼는 일이 많았다.

불쾌한 결과로 끝난 어느 소풍 이야기이다. 나는 그녀의 형제와 함께 뒤를 쫓아가도록 되어 있었다. 그런데 나를 난처하게 해서 즐기려고 한 것인지 어떤지는 몰라도, 이 못난 형제는 막상 출발할 때가 되자 자기 일을 서두르지 않고 천천히 처리했기 때문에, 단단히 해 두었던 약속이 어긋나 버린 일이 있었다. 그 밖의 뜻하지 않은 만남이나 어긋남, 초조와 아쉬움 등과 같은, 소설 같은 데서 자세하게 이야기하면 독자들의 관심을 끌만한 모든 고통은 여기서는 모두 할애하지 않으면 안 된다. 그러나 이 이야기를 언급한 서술에 생생한 구체성을 부여하여 젊은 사람들의 관심을 끌 수 있도록 두서너 편의 시를 삽입해 두기로 한다. 이들 시는 이미 세상에 알려진 것이지만 아마도 여기서는 특히 인상 깊게 느껴질 것이다.

아, 나의 마음은 어떻게 되어 가는 것이랴.
너를 이토록 괴롭히는 것은 무엇인가.
너는 보지도 알지도 못하는 새로운 생명으로 변한다.
너에게는 이제 옛 모습은 없다.
한때 네가 사랑한 것
한때 네가 그리워하던 것.
너의 정진, 너의 편안함,
그 모든 것은 이제 가고 없으니.
어째서 이렇게 되었단 말인가.

아름답게 피는 꽃, 잊을 수 없는 그 모습,
진정과 자비로 가득찬 그 눈동자,
아, 그것이 한없는 힘을 나타내어
너를 타이르는 것일까?
내 몸에 채찍질하여
나는 그것을 벗어나려고 해도
허무하게도 다시 나의 길은
왔던 길로 되돌아가는구나.

이 끊을 수 없는 마법의 끈으로
얄밉도록 그리운 소녀는
나의 마음을 배반하여
나를 꽉 묶어버린다.
그 사람의 마법의 고리 안에서는
그 사람이 바라는 대로 살 수밖에 없다.
아, 얼마나 큰 변화인가.
사랑아, 내 사랑아, 나를 놓아다오.

어이해서 당신은 꼼짝 못하게 나를
저 호사스런 자리로 끌어내리려고 하는가.
착한 청년인 나는 외로운 밤에
그렇게도 행복하지 않았던가.

조용히 나의 방에 들어앉아
달빛 속에 누워
차가운 빛에 싸여
나는 졸았던 것이다.

그리고 나는 더럽혀지지 않은 기쁨의

황금 같은 때를 꿈꿨다
그때부터 나는 가슴속 깊이
그대를 생각하고 있었노라.

눈부신 빛 속에서 당신이
트럼프 책상에 끌어앉히는 것은
견딜 수 없는 사람들 건너편에 앉히는 것은
바로 나일까?

들에 피는 봄꽃도 지금은
당신만큼 나의 마음을 끌지 않는다.
아, 천사여, 당신은 사랑과 자비이니.
당신이 있는 곳, 거기에 자연이 있다.

독자께서 이들 노래를 주의 깊게 읽어본다면, 아니, 정성들여 읊어본다면, 틀림없이 가슴 벅차게 행복했던 그 시절의 입김이 읽는 사람의 얼굴을 스치고 지나갈 것이다.

그러나 나는 저 화려했던 상류 사회와 서둘러 헤어지려고는 하지 않는다. 우선 그에 앞서 나는 두서너 가지 설명을 추가하여, 특히 제2의 시의 말미에 대해 주석을 붙이지 않으면 안 된다.

항상 검소한, 좀처럼 바꿔 입지 않는 평상복으로 낯이 익은 사람이 우아한 유행복을 입고, 눈부시게 내 앞에 나타났다. 사람은 같은 사람이었다. 그녀의 우아함, 그녀의 상냥함은 여느 때와 다르지 않았다. 다만 그녀의 매력이 한층 돋보이게 나의 눈에 비쳤다는 것만은 말해두고자 한다. 아마도 그것은 지금 그녀가 많은 사람들 앞에 서서 여느 때보다 더 시원시원하게 대답을 하고, 응대하는 사람이 달라짐에 따라 그녀도 몇 가지 표정을 겉으로 나타내지 않으면 안 되었기 때문이었을 것이다. 여하간 이들 알 수 없는 사람들은 나에게 있어 분명히 불쾌하기는 했지만, 동시에 다른 한편으로는 이들 덕택으로 그녀의 사교적인 재능을 알고, 그녀가 보다 더 크고 보다 더 넓은 사교계에 어울리는 사람임을 배우게 된 기쁨을 맛보았다는 것도 부정할 수가 없다.

지금 옷치장으로 덮인 가슴도, 나에게 그 속마음을 이야기해 준, 내가 내 가슴처럼 꿰뚫어 볼 수 있는 그러한 가슴이었다. 그 입술도, 이미 나에게 그녀가 여러 세월을 지내온 환경을 말해준 것과 똑같은 입술이었다. 서로 나누는 눈길, 그에 따르는 미소 하나하나가 우리 사이의 남이 모르는 귀중한 이해를 말해주고 있었다. 나 자신이 이 많은 사람들 속에서 매우 인간적으로, 매우 자연적으로 맺어진 우리 두 사람의 순수한 묵계를 생각하고 놀랐다.

봄이 찾아옴과 동시에 한가로운 전원의 자유가 이 관계를 더욱 굳게 맺어주는 결과가 되었다. 마인강 변의 오펜바흐는 당시에 이미 도시로 발전될 것을 기대하게 하는 분명한 조짐을 나타내고 있었다. 아름다운, 당시로서는 장엄한 건물이 이미 몇 채 세워지고 있었다. 옹켈 베르나르트[1]는—그냥 가족들이 늘 불렀던 이름으로 부르기로 하겠는데—그중에서도 가장 큰 집에서 살고 있었고, 그 집에 이어 크고 넓은 공장 건물이 이어져 있었다. 그 맞은편에는 도르빌[2]이라는 사람이 살고 있었는데, 그 사람은 바람직한 성품을 가진, 큰아버지보다는 젊은 기운이 넘치는 사람이었다. 본채에 이어지는 정원과 대지는 마인강까지 이르고, 어디서나 자유롭게 황홀한 근교로 나갈 수가 있었기 때문에, 잠깐 들른 사람이나 잠시 체류하는 사람도 말할 수 없는 편안한 기분을 느낄 수가 있었다. 사랑을 시작한 남자에게 여기만큼 바람직한 곳을 찾을 수가 없었다.

나는 요한 안드레[3]의 집에 머물고 있었다. 이 사람은 뒷날 상당히 유명해진 사람인데, 여기서 이 인물의 이름이 나온 참에 양해를 얻어 약간 샛길로 들어가, 당시의 가극계에 대해서 약간 설명해 두기로 한다.

당시 프랑크푸르트에서 극장 감독을 하고 있던 사람은 마르샨[4]으로, 그는 자기의 특색을 살려 힘닿는 데까지 일을 하고 있었다. 그는 한창나이의 키가 크고 늘씬한 사람이었다. 그의 인품의 주요 특징은 느긋하고 부드럽다는 점이

---

1) 니콜라스(1709~80). 릴리의 큰아버지. 상인. 담배 공장주. 옹켈은 큰아버지란 뜻.
2) 장 게오르게. 릴리의 사촌. 상인.
3) 1741~99. 전 견사 공장주. 뒷날 음악으로 진출해 많은 오페라를 작곡하였다. 오펜바흐에서 음악 관계 출판을 하였다.
4) 테오바르트. 배우. 극장 감독. 작곡가.

었다. 따라서 그의 모습을 무대 위에서 보는 것은 매우 기분 좋은 일이었다. 그는 당시에 음악적인 작품을 상연하는 데에 필요한 정도의 성량을 가지고 있는 것 같았다. 따라서 그는 크고 작은 프랑스 가극을 이 나라에 이식하려고 노력하고 있었다.

그레토리[5]의 가극 《미녀와 야수》의 아버지 역은 특히 성공적이었다. 그 무대 뒤에서 보여준 환상적인 연기 같은 특수한 효과는 매우 표현력이 풍부했다.

이런 종류의 것으로는 성공한 이 가극은 고상한 양식에 가까워, 매우 섬세한 감정을 불러일으키는 데에 알맞았다. 이에 반하여 가극계를 지배하고 있던 것은 사실주의적인 마신으로 비근한 생활을 다룬 것이나, 기술자를 다룬 가극이 풍미하고 있었다. 《사냥꾼》[6]이나 《통쟁이》,[7] 그 밖에 이런 종류의 것이 주류를 이루고 있었다. 안드레는 《도공(陶工)》[8]을 자기 제재로 골랐다. 그는 직접 가사를 쓰고 자기 대본에 음악적 재능을 남김없이 쏟아넣었다.

나는 그가 있는 곳에서 숙소를 빌리고 있었다. 그래서 나는 항상 빈틈없이 해치우는 이 시인 겸 작곡가에 대해서 우선 필요한 것만을 적어보기로 한다.

그는 원래 활동적인 재능을 갖춘 사람으로 전에는 기술자, 공장주로서 오펜바흐에서 살고 있었다. 그는 지휘자나 단순한 음악 애호가로 단정하기 어려운 사람이었으나, 음악계에 튼튼한 발판을 이룩하기 위해 열심히 노력하였다. 음악 애호가로서의 그는 몇 가지 작곡을 싫증내지 않고 끊임없이 되풀이하여 지칠줄을 몰랐다.

당시 우리 동아리를 충실하게 하고 활기를 돋우기 위해 크게 공헌한 사람들 중에는 목사 에발트[9]의 이름을 들지 않을 수 없다. 그는 사교계에서는 재능이 풍부하고 명랑한 사람이었는데, 한편으로는 남몰래 싫증 내지 않고 자기의 의무와 신분에 필요한 공부에 열중한 결과, 뒷날 신학 분야에서 이름이 알려져 존경을 받게 되었다. 그는 당시의 우리 동아리에서 사물의 이해가 빠르고, 친절

---

5) 안드레 에르네스테 모데스테(1741~1813). 프랑스의 작곡가. 《미녀와 야수(1771)》.

6) 당시 이 제목의 오페라는 없다. 아마도 바이제(텍스트), 히러(음악)에 의한 '사냥'의 혼동일 것이다.

7) 니콜라 메다르토 오디노 작사 작곡. J.H. 파버에 의한 독일어 번역은 1773년.

8) 안드레의 작사 작곡. 초연은 1773년.

9) 요한 루트비히(1747~1822). 오펜바흐의 칼뱅파의 목사.

하고 모자란 데가 없는 사람으로 기억해야 할 것이다.

릴리의 피아노 연주는 우리의 선량한 안드레를 완전히 우리 동아리로 만들었다. 가르치거나 잘못을 고쳐주거나 스스로 연주해 보이거나 하며, 가족과 함께 보내는 외에는 밤이나 낮이나 대부분의 시간을 우리와의 사교적인 일정 속에서 보내고 있었다.

뷔르거의 《레노레》[10]는 당시 발표되자마자 독일인에 의해 열광적인 환영을 받았는데, 그 작곡자는 안드레였다. 그는 그것을 즐겨 반복해서 연주하였다.

사람들 앞에서 활기차게 낭독을 할 기회가 많았던 나도 즐겨 이 작품을 낭독하였다. 당시에는 같은 것을 되풀이해도 싫증낼 사람은 아무도 없었다. 그리고 우리 두 사람 중 어느 쪽 낭독을 듣고 싶은가의 선택을 좌중이 결정해야 할때, 내가 좋다는 결정이 자주 내려지곤 했다.

그러나 이러한 일은 모두 그것이 어떤 것이 되었던 간에, 연인들에게는 함께 있는 시간을 연장시키는 데에 효과가 있을 뿐이었다. 그들은 끝나는 시간을 몰랐다. 사람이 좋은 요한 안드레는 두 사람이 교대로 낸 유혹에 굴복, 한밤중이 지날 때까지 되풀이했고, 끊임없이 그의 음악을 연주해서 시간을 연장시키지 않으면 안 되었다. 두 사람의 연인은 이것으로 귀중한, 없어서는 안 되는 얕은 여울을 확보한 것이다.

아침 일찍 밖으로 나가면 하늘과 땅은 대기에 싸여 있었다. 그렇다고 해서 전원에 있는 것도 아니었다. 당시로서는 도시의 자랑도 될 수 있는 당당한 저택으로 평탄한 화단을 한눈으로 바라볼 수 있는 정원, 강 건너편까지 열린 전망, 일찍부터 바삐 오가는 뗏목이나 작은 배, 천천히 부드럽게 지나가는 생생한 세계, 이들은 사랑이 가득 찬 부드러운 감정과 조화되어 하나로 융합되었다. 조용하게 움직이는 적적한 물결 소리, 갈대의 속삭임까지도 더없이 상쾌하게, 강가에서 거니는 사람의 가슴에 확고한 편안한 매력을 미치지 않을 수 없었다. 가장 좋은 계절의 맑은 하늘이 모든 것을 덮고 있었다. 이러한 경치에 싸여 이른 아침에 친한 사람들이 다시 얼굴을 맞대는 것은 무엇과도 바꿀 수 없는 즐거움이었다.

---

10) 뷔르거의 《레노레》는 1773년 《괴츠》의 수개월 후에 발표되었다. 안드레 작곡의 《레노레》는 1775년.

그러나 근엄한 독자에게 이러한 생활 방식이 너무나 단정하지 못하고 경솔한 것처럼 여겨진다면, 서술 형편상 연속해서 일어난 것처럼 말하고 있는 이와 같은 일들 사이에 며칠이고 몇 주일이고 만나지 않았던 날들이 있었다는 것과, 그 밖의 용건이나 일이, 경우에 따라서는 견딜 수 없는 따분함까지도 본의 아니게 그 사이에 끼어 있었다는 것을 독자께서는 고려해 주기 바란다.

남자나 여자나 각기 의무를 다하기 위해 열심히 일하였다. 나도 현재와 미래를 생각해서 나에게 부과된 일을 다하는 데 게을리하지 않았다. 나에게는 재능과 정열이 저항할 수 없을 정도로 나를 몰아세우는 것을 수행할 만한 시간이 충분히 있었다. 아침의 이른 시간은 시 짓기에 할당하였으나, 낮에는 세속적인 일로 돌렸다. 그리고 나는 이 일을 전적으로 나의 독자적인 방식으로 처리하였다. 나의 아버지는 조예가 깊은, 아니 숙달된 법률가였으므로 당신의 재산 관리나 존경하는 친구들과의 교섭에서 생기는 일을 손수 처리하였다. 아버지는 제실 고문관의 자격을 가지고 있었기 때문에 실제의 업무에 종사하는 것은 허락되지 않았으나, 많은 친한 친구들을 위해 법률 고문으로서 도와주고, 작성된 서류는 정규 변호사의 서명을 받았다. 물론 서명에 대해서는 모두 나름대로의 사례가 지불되었다.

이러한 그의 활동은 내가 가담함으로써 한층 활기를 띠었다. 그리고 그는 나의 재능을 실무보다도 높이 평가하였는데, 때문에 나의 문학적인 공부나 창작에 충분한 시간을 가질 수 있도록 여러 가지로 배려하고 있다는 것을 나는 잘 알고 있었다. 비공식적인 법률가로서의 아버지는 조서를 철저하게, 또 열심히 연구했으나 구상을 짜고 서류를 작성하는 데에 많은 시간을 들이고 있었다. 내가 함께 일을 하게 되면서부터 아버지는 나에게 사건을 설명하고, 서류의 작성은 나의 손에 의해 매우 빠르고 편하게 이루어지게 되었다. 그 때문에 그는 아버지로서의 다시없는 기쁨을 느꼈고, 어떤 때는 만약에 내가 남이었다면 나를 질투했을 것이라고 서슴없이 말하곤 하였다.

이와 같은 업무를 더욱 편하게 하기 위해 서기[11]가 한 사람 참가했다. 이 사람의 성격과 인품은 재치 있게 묘사한다면 능히 한 권의 소설을 이루어 이를

---

11) 제13장에서 나온 바가 있다.

장식할 수 있을 정도였다. 학교 시절을 유익하게 보내고, 거기서 라틴어를 완전히 자기 것으로 하고 그 밖의 지식을 획득했는데, 너무나 방탕한 대학 생활을 보냈기 때문에 그 뒤의 인생에 파탄을 가져왔다. 얼마 동안 건강을 해치고 가난 속에서 살았으나, 글씨를 잘 썼고 계산이 빨라 그 뒤 형편이 조금은 나아지기도 했다. 변호사 두서너 명의 도움을 받아 그는 차차 법률 업무의 절차에 정통하게 되었고, 정직하고 꼼꼼했기 때문에 그를 고용한 사람들이 모두 그를 칭찬하고 아꼈다.

그는 법률 문제는 물론, 여러 가지 위탁 업무나 주문 또는 운송에까지 관계해서 차차 확대되어 가는 우리의 일을 가능한 한 도와주었다. 시 청사의 경우, 그는 앞뒤 모든 비밀 통로를 잘 알고 있었고, 그 나름대로의 방법으로 두 번이나 시장과의 면담이 허락되었다. 또 그는 많은 새로운 시 참사회원들을, 개중에는 배심원으로 등용된 사람도 있었는데, 그들이 처음 취임하여 아직 처신 방법도 확실히 모르는 때부터 알고 있어서 그들 사이에서 어느 정도의 신뢰를 얻고 있었다. 이 신뢰는 일종의 세력이라 해도 좋았다. 그는 이러한 모든 것을 자기 단골을 위해 이용하는 방법을 알고 있었다. 그의 건강 상태로 보아 활동을 삼갈 필요가 있었는데도 그는 그 어떤 위탁 사무나 주문을 항상 기분 좋게 맡아 그것을 세심하게 수행했다.

그를 가까이서 보고 있는 것은 즐거웠다. 그는 40대 후반이었고 홀쭉한 체격에 균형 잡힌 얼굴을 하고 있었다. 그의 태도에는 밀어붙이는 듯한 기색은 없었으나, 해야 할 일에 대한 확고한 신념이 나타나 있었다. 그는 쾌활하고 하는 일에 빈틈이 없었다. 위에서 말한 것을 다시 되풀이해도 좋을 것이라고 생각하지만, 나는 지금도 그를 그 어떤 소설 구도 속에 중심 축으로 다루지 않은 것을 후회하고 있다.

우리의 근엄한 독자께서도 이상의 이야기로 어느 정도 만족해 줄 것을 기대하고, 다시 저 빛나는 나날로 눈을 돌려도 좋을 것이다. 거기서는 우정과 사랑이 가장 아름다운 빛 속에서 빛나고 있었다.

생일을 진심으로, 명랑하게 정성껏 축하하는 것은 그와 같은 모임의 성격으로 보아 당연한 일이었다. 목사 에바르트의 생일을 위해서 다음과 같은 노래가 만들어졌다.

사랑과 술에 들떠
마음이 즐거울 때는
다 함께 모여서 이 노래를
마음을 합하여 부르자.
우리를 이 세상에 낳게 하고
하나님은 우리를 모이게 했네.
자, 불태우리 이 불꽃을
하나님이 지피신 이 불꽃을.

이 노래는 오늘날까지 남아서, 명랑한 동아리들은 향연의 자리에 앉을 때마다 늘 이 노래를 부르곤 했다. 나는 이 노래를 후배인 여러분에게도 권하고 싶다. 그리고 이 노래를 입에 올리고 노래하는 모든 사람들에게 당시 우리가 넓은 세상을 생각하지도 않고 좁은 모임에 있으면서 마음은 온 세상으로 확대되어 간 것처럼 느꼈던, 그와 같은 기쁨과 즐거움이 마음속으로부터 솟아나기를 바란다.

1775년 6월 23일은 릴리의 17회 생일이었는데, 특별한 배려 아래 축하를 받았을 것으로 독자는 생각할 것이다. 그녀는 낮에는 오펜바흐로 오기로 약속이 되어 있었다. 친구들은 모두 의견을 모아, 상투적인 미사여구는 일체 그만두고 그녀에게 어울리는 진심만을 모아 축하하기로 했고, 이에 걸맞은 환대와 단란한 준비를 했다는 것을 나는 미리 말해 두고자 한다.

이와 같은 즐거운 의무에 관여하면서 나는 해가 지는 것을 바라보고 있었다. 그것은 이튿날이 밝을 것이라는 것을 알려주었고, 우리의 축제에 즐겁고 밝은 빛을 더해주리라는 것을 약속하고 있었다. 그때, 릴리의 남동생 게오르게가 상당히 무례한 태도로 방으로 들어왔다. 스스로를 속일 줄을 모르는 이 소년은 내일 축제에 지장이 생겼다는 것을 거침없이 털어놓았다. 그는 자신도 이유는 잘 모르지만 누나는 내일 낮에 오펜바흐에 올 수 없고 그녀를 위해 열리는 축제에 도저히 참가할 수가 없게 되었으며, 밤이 되어야 오펜바흐에 도착할 수 있다고 말했다. 또한 이런 일이 나나 우리 친구들에게 틀림없이 불쾌한 일이 되리라는 것을 그녀도 알고 있으며, 이것을 알리는 것을 내가 맡아서 어떻게든 이 소식으로 인하여 친구들이 받는 충격을 줄여주고, 가능하면 그 보상을 해주기를 간절히 부탁하며 미리 마음속으로 깊이 감사를 드린다고 말했다는 것이다.

나는 순간 가만히 있었으나, 곧 마음을 고쳐먹고 마치 하늘에서 내려오는 계시처럼 어떻게 해야 좋은가를 깨달았다.

"누나에게 빨리 이렇게 전해 다오. 아무 걱정하지 말고 될 수 있는 대로 저녁 무렵에 도착해달라고. 전화위복이 되도록 할 테니까."

소년은 호기심에서 내가 어떻게 할 것인가에 대해 알고 싶어했다. 그는 우리들 연인들의 동생으로서 사용할 수 있는 모든 술책을 동원했지만 나는 단호히 가르쳐주지 않았다.

그가 가버리자 나는 묘한 자기만족에 젖으면서 방 안을 돌아다녔다. 그리고 이제야말로 내가 그녀의 종이라는 것을 보여줄 다시없는 기회라고 생각하여 즐겁고 맑은 마음이 되었다. 즉흥시에 어울리도록 몇 장의 종이를 아름다운 명주실로 철하고 급히 표제를 썼다.

"그 사람은 오지 않는다. 1775년 6월 23일, 마인강 변 오펜바흐에서 가장 자연스럽게 상연되어야 할, 신도 한탄할 애절하기 짝이 없는 가정극. 사건은 아침부터 저녁까지 이른다."

이 즉흥극은 초안도 사본도 남아있지 않아서 자주 사람들에게 물어보았으나, 이에 대해서는 전혀 알 수가 없었다. 따라서 나는 다시 한번 정리해야만 했는데 그것은 그리 어려운 일은 아니다.

무대는 오펜바흐의 도르빌 저택과 정원이다. 개막에 등장하는 사람은 하인들이다. 모두들 충실하게 자기 역할을 하여 축제 준비를 하고 있었다는 것을 알 수가 있다. 어린이들이 여기에 자연스럽게 가담한다. 이어 집 주인과 안주인이 나타나서 그들에게 어울리는 일을 하거나 지시를 한다. 모두가 부지런히 일을 하고 있는데 피로를 모르는 이웃집 작곡가 한스 안드레가 등장한다. 그는 피아노에 앉아서 모두를 불러모아 방금 완성된 축제 노래를 들려주고 평을 들으려고 한다. 온 집안 사람들이 모이지만 급히 해야 할 일로 다시 뿔뿔이 흩어진다. 남에게 불려가는 사람이 있는가 하면 도와달라는 부탁을 받는 사람도 있다. 그 사이에 정원사가 등장해서 마당과 분수 상태를 살핀다. 화환이나 말할 수 없이 좋은 글귀가 적힌 리본 등, 모든 것이 갖추어진다.

마침 모두가 훌륭하게 마련한 여러 가지 물건들 주위에 모여 있을 때 심부름꾼이 들어온다. 이 사나이도 즐겁게 여기저기 심부름을 다녀 무엇인가 특징이 있는 역할을 맡을 특권이 주어져 있었다. 그는 분에 넘칠 정도로 술값이 생겼기 때문에 여기서 무슨 준비가 이루어지고 있는지 대강 짐작이 가는 것 같았다. 그는 자기가 가지고 온 꾸러미를 핑계로 포도주와 작은 빵을 달라고 조른다. 그리고 재미있게 익살을 부리며 애가 타게 한 뒤, 드디어 가지고 온 급한 편지를 건넨다. 집주인의 팔이 늘어지고 편지는 바닥에 떨어진다. 그리고 주인은 외친다.

"식탁으로 데려가 다오. 장롱 있는 곳으로 데려가 다오. 한 번 쓸어내야겠다."

명랑하고 기지가 넘치는 사람들 모임의 특징이 되는 것은 무엇보다도 그 동아리의 독특한 언어나 몸짓이다. 일종의 은어와 같은 것이 생겨나서 사정을 잘 아는 사람에게는 매우 즐거운 것이지만, 사정을 모르는 사람은 언제까지고 무슨 뜻인지 모르다가 알게 되면 화가 나는 그러한 것들이다.

여기서 '한 번 쓸어낸다'는 말과 몸짓으로 표현되는 것은 릴리의 사랑스러운 동작에서 생긴 것으로, 무엇인가 불쾌한 말이 나왔을 때, 특히 식탁에 앉아 있거나 무엇인가 납작한 것이 옆에 있을 때 이 동작이 이루어졌다.

이것은 그녀가 언젠가 식탁에 앉았을 때, 그녀 옆에 앉았던 알지 못하는 남자가 무엇인가 듣기 거북한 일을 꺼냈을 때, 그녀가 저지른 귀여운 버릇없는 동작에서 유래된 것이다. 그녀는 부드러운 표정을 조금도 바꾸지 않고, 오른손으로 식탁보 위를 쓸었다. 이 조용한 손의 움직임이 닿는 모든 것을 바닥으로 쓸어내렸다. 나이프도 포크도 빵도 소금 그릇도, 옆 사람 것까지 모든 것을 쓸어버렸다. 누구나 깜짝 놀랐다. 하인들이 달려왔다. 그러나 그것이 무슨 뜻인지 아무도 몰랐다. 다만, 주의 깊은 사람들이 그녀가 이런 우아한 동작으로 버릇없는 말에 응답, 이를 묵살해 버린 것을 기쁘게 생각하였다.

이렇게 해서 불쾌한 일을 거부하기 위한 상징적인 표현이 만들어진 것이다. 이러한 불쾌한 일은 훌륭하고, 존경할 만하고 마음씨가 좋은, 그러나 반드시 충분한 교양을 갖추었다고는 할 수 없는 사람들의 모임에서 때때로 일어날 수 있는 일이다. 거부의 표시로 오른손으로 쓸어내는 동작은 우리 모두가 실천하였다. 그녀의 경우 실제로 물건을 쓸어 떨어뜨리는 동작은 그 뒤 소극적으로 품위 있는 동작으로만 이루어졌다.

이리하여 이 즉흥극의 작자가 우리의 천성의 하나가 되어 버린 습관, 즉 쓸어버리고 싶은 욕망을 집주인의 몸짓이 되게 한 것은 뜻있고, 충분히 효과적인 것이었다. 그가 모든 평평한 것으로부터 무엇이든지 쓸어내리려고 하기 때문에 모두가 이를 말리고 달려려 했고, 마침내 그도 지쳐서 의자에 앉고 만다. 모두가 외친다.

"무슨 일이 일어났습니까?"

"저분이 아픕니까? 누가 죽었습니까?"

도르빌이 외친다. "바닥에 떨어져 있는 저 편지를 읽어봐."

사람들은 편지를 주워서 읽고 외친다.

"그 사람이 오지 않는대!"

놀라움이 컸기 때문에 모두들 큰 불행을 예상하고 있었다. 그러나 그녀는 아픈 것이 아니었다.—그녀에게 무슨 일이 일어난 것은 아니었다.—가족 중 누구에게 불행이 일어난 것도 아니었다. 석양에 희망을 걸었다.

그사이에 줄곧 피아노를 연주하고 있던 안드레도 마침내 그쪽으로 달려가서 모두를 달래고, 자기도 안심하려고 노력한다. 목사 데바르트와 그의 부인도 그들 나름대로의 분위기를 풍기며 등장한다. 그들도 기분이 언짢아지지만 분별을 잃지 않고, 마지못해 그녀의 참석을 단념하고 점잖게 수습을 한다. 그러나 여전히 혼란이 계속되는데, 마지막으로 모범적이고 냉정한 옹켈 베르나르트가 맛있는 아침 식사와 즐거운 낮의 축제를 기대하고 들어온다. 사건을 올바른 관점에서 볼 수 있는 사람은 그 한 사람뿐으로, 이치가 닿는 이야기를 하여 모두를 달래어, 그리스 비극 속에서 신이 위대한 영웅들의 말썽을 몇 마디로 진정시키는 것처럼 혼란을 일거에 가라앉혀 버린다.

나는 이 모든 것을 밤의 일부를 이용해서 단숨에 써서 심부름꾼에게 주어, 이 급한 서신을 가지고 이튿날 아침 정각 10시에 오펜바흐에 도착할 수 있도록 일렀다.

이튿날 아침 눈을 떠보니 날씨는 매우 좋았다. 나는 정오 정각에 오펜바흐에 도착할 수 있도록 채비를 했다.

나는 매우 기묘한 법석 가운데서 마중을 받았다. 축제가 방해된 흔적은 하나도 볼 수 없었다. 그들은 내가 자신들을 꼭 닮게 그렸다고 해서 나를 비난하거나 나무라기도 하였다. 하인들은 주인과 함께 같은 무대에 등장할 수 있다는 것에 만족하고 있었다. 다만, 속임수가 통하지 않는 철저한 사실주의자인 어린이들만은 이런 말은 하지 않았다거나, 실제로 있었던 일은 여기에 적힌 것과는 모두 다르다고 고집을 부렸다. 나는 식후의 과자를 약간 주어 달랬기 때문에 그들은 여느 때처럼 나를 따랐다. 즐거운 점심으로, 또 의례적인 것은 모두 삼간 것으로, 우리는 화려한 면은 없었지만 그만큼 정성을 다하여 릴리를 마중할 준비를 했다. 그녀가 도착하였다. 그리고 밝은─이라기보다는 오히려 명랑한 얼굴로 마중을 받았기 때문에 그녀는 자기가 없어도 이렇게 명랑하게 있을 수 있는 것을 이상하게 여겼을 정도였다. 사람들이 그녀에게 자초지종을 이야기하고 나의 즉흥극을 읽어주었다. 그녀는 그녀만이 할 수 있는, 애교가 넘치는 부드러운 몸짓으로 나에게 고맙다고 했다.

그녀를 위해 개최되는 축제에 그녀가 올 수 없었던 것은 별로 우연한 일도 아니고, 우리와의 관계에 대해서 말이 많았기 때문이라는 것을 알아차리기 위해 특별한 통찰력이 필요하지도 않았다. 그러나 이것은 우리의 사고방식이나 태도에 아무런 영향도 주지 않았다.

이 계절에는 시에서 오는 여러 방문객이 끊이지 않았다. 나는 저녁 늦게만 회합에 참석 가능한 경우가 많았다. 그녀는 겉으로 보기에는 매우 즐거운 것처럼 보였다. 나는 대개 잠깐 동안만 있을 수 있었기 때문에, 크고 작은 일로 그녀를 위해 신경을 쓰거나 부탁한 일을 맡거나 해서 조금이라도 그녀에게 필요한 사람이 되고 싶었다. 이와 같은 봉사는 옛날의 기사 이야기나, 막연한 형태이기는 하지만 힘차게 전해지고 있는 대로, 아마도 인간이 경험할 수 있는 가장 큰 즐거움일 것이다. 내가 그녀의 지배를 받고 있다는 것은 감출 수가 없었다. 그리고 그녀는 거리낌 없이 이것을 자랑하고 있는 것 같았다. 여기서는 정복자도 피정복자도 모두 승리를 축하하고 같은 긍지를 함께 기쁨으로 삼는 것이다.

이렇게 해서 나는 모임에 몇 차례고 나갔는데, 대개 짧은 시간밖에 있을 수 없었기 때문에 오히려 그 효과는 컸다. 요한 안드레는 항상 여분의 음악을 가지고 있었고, 나도 다른 사람들처럼 새 작품을 가지고 갔다. 시와 음악과 꽃이 비처럼 쏟아졌다. 비할 바 없을 정도로 빛나는 시기였다. 일종의 환희와 같은 기분이 자리를 지배하고 있어서 분위기가 서먹서먹해지는 일은 없었다. 틀림없이 이것은 우리의 관계가 다른 사람에게도 전염된 결과였다. 애정과 정열이 고유하고 대담한 모습으로 나타나는 곳에서는 겁 많은 사람에게도 용기가 생기고, 그들도 자기들의 권리를 비밀로 해둘 이유가 없다고 생각하게 되기 때문이다. 따라서 이제까지 크고 작은 숨겨진 관계가 모두에게 인정되어 거리낌 없이 활보하게 되었다. 그러나 너무 공공연하게 알려지기를 꺼리는 사람들은 남의 눈에 띄지 않는 곳에서 둘이서만 숨어다녔다.

여러 가지 일 때문에 낮에는 그녀와 함께 지내지 못하는 날이 많았다. 그러나 날이 갠 날 밤은 밖에서 그녀와 여유 있게 이야기를 나눌 기회가 있었다. 사랑을 하는 사람들은 다음과 같은 일들을 쾌히 인정해줄 것이다.

그것은 '나, 잠이 들어도 나의 마음은 깨어 있도다'[12]라고 쓰여 있는 것 같은 상태였다. 밝을 때나 어두울 때나 구별이 없었다. 낮의 빛도 사랑의 빛을 덮을 수 없고, 밤도 정열의 빛으로 더할 나위 없이 밝은 낮이 되었다.

우리는 맑은 별빛 하늘 아래, 근처를 밤이 깊도록 걸어다녔다. 동아리 한 사람 한 사람을 집으로 보내고, 마지막으로 그녀에게 작별 인사를 한 뒤에도 나는 조금도 피곤하지 않았다. 나는 또 새로운 산책을 나가 프랑크푸르트를 향하여 거리를 걸었다. 생각에 잠기고 희망을 가슴속에 그렸다. 벤치에 앉아서, 맑은 밤의 고요에 싸여, 반짝이는 별 하늘 아래, 나와 그녀만을 생각하려고 하였다.

바로 옆에서 무엇인가 이상한 소리가 났다. 잎이 스치는 소리도 물이 흐르는 소리도 아니었다. 귀를 기울이고 있는 동안에 그것이 땅속에서 들려오는, 무엇인가 작은 동물이 내는 소리라는 것을 알았다. 그것은 고슴도치나 족제비 또는 이러한 밤중에 그런 행위를 하는 것의 소리였다.

나는 시내 쪽으로 다시 발걸음을 옮겨 이윽고 레다베르크에 도착했다. 거기에는 포도원으로 통하는 계단이 엷은 잿빛으로 빛나고 있었다. 나는 거기에 올

---

12) 《구약성서》〈아가〉 제5장의 2.

라가 앉아서 잠이 들었다.

내가 눈을 떴을 때는 이미 새벽이 밝아 있었다. 내 맞은편에 높은 벽이 있었다. 이것은 옛날 지척에 솟아 있는 산에 대한 방벽으로서 구축된 것이었다. 작센하우젠이 눈앞에 가로놓여 있고, 엷은 안개가 강의 흐름을 나타내고 있었다. 모든 것이 상쾌하고 기분이 좋았다.

거기서 나는 가만히 앉아 있었다. 이윽고 내 뒤에서 해가 뜨기 시작하여 건너편을 비추기 시작했다. 거기는 내가 다시 연인을 만나기로 한 장소였다. 나는 아직도 자고 있는 그녀를 둘러싼 파라다이스로 천천히 발길을 돌렸다.

나는 그녀에 대한 사랑을 위해 일을 확대하고 그것에 정진하려고 하였으나, 일의 영역이 차차 넓어졌기 때문에 오펜바흐 방문은 점점 뜸해졌고, 그에 따라 나는 어떤 괴로운 당혹감에 빠지지 않을 수 없었다. 그리하여 나는 우리가 장차의 일을 너무 생각하는 나머지 현재를 소홀히 하여 이를 잃는 경우가 있다는 것을 확실히 알게 되었다.

그런데 장래의 전망이 차차 개선됨에 따라 나는 그것을 현실보다도 더 중요하게 생각하였다. 그리고 두 사람의 이러한 공공연한 관계가 더 이상 오래 계속되면 무엇인가 불쾌한 일이 일어나리라는 것은 명백했으므로 서둘러 결말을 지을 필요가 있다고 생각했다. 그러나 이러한 경우 으레 그렇듯이 서로 그것을 명백히 입 밖에 내지는 않았다. 그러나 서로가 무조건 좋아하고 있다는 기분, 헤어지기 어렵다고 하는 굳은 신념, 서로 똑같이 품고 있는 신뢰의 마음, 이 모든 것이 나를 심각하게 생각하도록 만들었기 때문에 질질 꼬리를 끄는 것 같은 관계는 두 번 다시 맺지 않으려고 굳게 마음먹고 있으면서도, 좋은 결과를 가져오리라는 확신도 없는 상태에서 또다시 이런 관계에 말려든 나는, 실제로 바보가 된 것 같은 상태에 빠져 거기에서 탈출하기 위해 더욱더 그다지 중요하지도 않은 세속적인 일에 말려들었다. 그러나 이것도 또한 연인의 손에 이익과 만족을 주는 희망이 있기 때문이었다.

우리가 이와 같은 묘한 상태에 빠져 있었을 때—이와 같은 상태 때문에 괴로운 생각을 한 사람도 적지 않을 테지만—우리 집과 친하게 지내는 어떤 여인이 구원의 손길을 뻗어주었다. 이분은 우리 두 사람의 관계와 사정을 모두 잘 알고 있었다. 그녀는 데르프 양[13]이었는데 하이델베르크에서 언니와 함께 작은 상점을 경영하고 있었다. 그리고 여러 가지 일이 있을 때마다 프랑크푸르트의 큰 은행에 신세를 지고 있었다. 그녀는 릴리를 어린아이였을 때부터 귀여워하고 있었다. 독특하고, 진지하고 남자 같은 사람이었으나, 걸음걸이는 차분하고 빨랐다. 그녀는 특별히 세상에 순응해야 할 이유가 있어서, 그 때문에 적어도 어떤 의미에서는 세상을 잘 알고 있었다. 별로 책사라고 할 것까지는 없으나, 오랫동안 여러 가지 사정에 주의를 기울여 자기 의도를 남몰래 간직하고 있었다. 또 그녀는 눈치를 살피는 재능이 있어서 당사자의 심정이 의심과 결단 사이를 오가고 있다는 것을 알아차리고, 모든 것이 단호한 행동에 달려 있다고 할 때 그녀의 강한 성격이 힘을 발휘했기 때문에 자기 계획을 관철하는 데에 실패하는 일이 없었다. 원래 그녀에게는 이기적인 목적이 있는 것은 아니었다. 무엇인가를 하고 무엇인가를 성취했다는 것, 특히 결혼을 성사시켰다는 것, 그것이 곧 그녀에게는 보수였다. 그녀는 우리의 상태를 이미 꿰뚫어 보고, 여러 차례 이쪽에 올 때마다 살피고 있었기 때문에, 마침내 그녀는 이 애정에는 손을 빌려주지 않으면 안 되겠다고, 또 이 의도는 진지한 것이지만 그것을 실행에 옮길 만한 힘이 없으므로 이것을 도와서 이 소박한 로맨스를 될 수 있는 대로 빨리 끝내주어야겠다고 확신하게 되었다.

몇 년 전부터 그녀는 릴리 어머니의 신뢰를 얻고 있었다. 나의 집에도 나의 소개로 출입을 하게 되어 양친의 호감을 얻고 있었다. 그녀와 같은 무뚝뚝한 사람도 자유시[14]에서는 반감을 사지 않고, 분별력만 있으면 환영을 받았기 때문이었다. 그녀는 우리의 소원이나 희망을 잘 알고 있어서 그것을 실현시켜 주고 싶은 자기 기분을 하나의 위탁처럼 생각하고 있었다. 요컨대 그녀는 양친과 이야기해 주었던 것이다. 어떻게 말문을 꺼냈으며 그녀가 겪어야 했을 어려움을 어떻게 처리했는가는 알 수 없으나, 여하간 그녀는 어느 날 밤, 우리에게로 와서 양쪽 부모의 뜻을 전했다. 그리고 타고난 강한 명령조의 목소리로 외쳤다.

"자, 악수해요."

나는 릴리 건너편에 서서 손을 내밀었다. 그녀도 주저하는 것은 아니었지만,

---

13) 헤레나 드로테아, 1808년 사망. 80세 정도.
14) 구 독일 제국의 직속 도시.

천천히 자기 손을 나의 손에 포갰다. 숨을 깊게 쉰 뒤 우리는 서로 격렬하게 껴안았다.

기묘한 나의 인생 항로에서 신랑이란 어떤 기분인가 하는 감정을 맛보게 된 것은, 천상에서 우리를 바라보고 있는 분의 불가사의한 배려였다.

이 기분은 교양이 있는 남자에게 모든 추억 중에서 가장 기분 좋은 것이라 할 수 있을 것이다. 입으로 말하기가 곤란하고, 또 설명할 수 없는 이 감정을 다시 되풀이해 보는 것은 즐거운 일이다. 이제까지의 상태는 완전히 바뀌고 만다. 가장 험했던 대립은 해소되고, 가장 완고했던 알력은 조정된다. 주제넘는 자연, 끊임없이 경고하는 오성, 난폭한 위력을 휘두르는 욕정, 이성의 명령, 이제까지는 그치지 않는 분규 속에서 우리에게 거슬리던 모든 것이 이제는 친밀하게 하나로 융합되어 우리에게 다가온다. 그리고 이제까지 허용되지 않던 일이 많은 사람들에 의해서 축복되는 경건한 의식으로 요구되고, 엄격하게 금지되던 일이 소홀히 할 수 없는 의무로 높아지는 것이다.

그러나 그 순간부터 나의 생각에 어떤 변화가 일어났다는 것을 독자께서는 도덕적인 찬동과 함께 들어줄 것이다. 이제까지 그녀는 나에게 있어 아름답고 우아하고 매력적인 여인이었으나, 이제 그녀는 존경해야 할 중요한 사람으로 여겨졌다. 그녀는 2가지 인격을 가진 사람이 되었다. 그녀의 우아함과 사랑스러움은 나의 것이었다. 그것을 나는 지금까지와 마찬가지로 느끼고 있었다. 그러나 그녀의 성격의 가치, 그녀의 마음속에 있는 확신, 매사에 의지가 되었던 점은 여전히 그녀의 것이었다. 나는 그것을 알고 그것을 간파하고 있었다. 그리고 그것을 내가 평생 동안 이자를 받을 수 있는 자본으로 알고 기뻐하였다.

어떤 상태에서나 그 정점에 오래 머무를 수 없다는 것은 옛날부터 내려온 말인데, 근거도 있고 또 일리가 있는 말이다. 데르프 양의 노력으로 얻어진 양쪽 부모의 동의는 이제 절대적인 것으로 인정되었으나, 그것은 단지 암암리의 것이었지 그 이상 어떤 의식 같은 것이 거행된 것은 아니었다. 이와 같은 일도 의식의 하나로 생각할 수 있을 것이다. 그러나 생각만 하던 것이 현실성을 띠면 누구나 그것이 이미 완결된 것으로 여기지만, 여기에는 뜻하지 않은 위기도 생길 수가 있는 것이다. 외부 세계는 무자비한 것이다. 하지만 외부의 세계도 자기를 주장하지 않으면 안 되는 이상, 그것도 피할 수 없는 일일 것이다. 정열이 품는 확신은 크지만, 그 확신이 이를 가로막는 현실에 의해 너무나도 자주 붕괴되는 경우를 우리는 눈으로 보고 있다. 충분한 자산 없이 결혼 생활로 들어가는 젊은 부부, 특히 다소 나이가 든 사람의 경우는 결코 밀월 같은 것을 기대할 수는 없다. 세상은 양립할 수 없는 요구를 내걸고 직접 그들을 위협한다. 그리고 이 요구를 충족시키지 못할 때에는 젊은 부부는 바보로 여겨지는 것이다.

내가 목적을 달성하기 위해서 진지하게 강구해 온 수단이 불충분하다는 것을 전에는 알아차리지 못했다. 어느 정도까지는 그것으로 그럭저럭 해나갈 수 있었기 때문이다. 그러나 목적이 가까이 다가옴에 따라 이쪽이나 저쪽에서 볼 때 그 수단이 완전히 목적에 어울리는 것이 아니라는 생각이 들었다.

정열이 자칫 내리기 쉬운 결론이 이제 와서 완전히 모순투성이라는 것이 차차 밝혀졌다. 나의 집, 나의 가정 상태의 아주 특수한 상황을 다소 냉정하게 생각할 필요성이 있었던 것이다. 며느리를 맞이할 준비가 이미 갖추어졌다고 하는 의식은 물론 바닥에 깔려 있었다. 그러나 이때 생각하고 있었던 며느리는 도대체 어떤 종류의 여성을 말하는 것이었을까?

우리는 제3부의 끝부분에서 겸손하고, 사랑스럽고, 영리하고, 아름답고, 부지런하고, 항상 변함없이 애정에 차 있지만, 격정으로 치닫지 않는 한 여성을 알게 되었다. 그녀야말로 이미 벽이 다 쌓이고 모양을 나타내기 시작한 둥근 천장의 초석이 될 사람이었다. 그러나 이번의 경우, 냉정하게 구애됨이 없이 생각해 보니 새로 약혼을 한 사람에게 이와 같은 초석과 같은 역할을 바라려면 둥근 천장을 새로 구축하지 않으면 안 된다는 것을 부정할 길이 없었다.

그러나 이러한 일은 나에게는 생소한 일이었고, 그녀도 마찬가지였다. 내 가정 속의 나를 되돌아보고 그녀를 거기에 끌어들일 일을 생각해 보니, 그녀는 아무래도 나에게 어울리는 사람이 아니라는 생각이 드는 것이었다. 내가 그녀의 동아리에 얼굴을 내밀 때를 생각해 보아도, 나는 거기에 나타나는 멋쟁이들에게 지지 않기 위해 옷을 가끔, 아니 여러 차례 바꾸어 입지 않으면 안 되었다. 새로 지은 당당한 시민의 집이기는 했지만, 지금은 시대에 뒤떨어진 장식 때문에, 말하자면 설비가 새로 갖추어져야 하는 집 구조에서는 이와 같은 현대식 일들이 이루어질 리도 없었던 것이다.

그런 까닭으로 이와 같이 동의를 얻은 후에도 양쪽 부모 사이에 그 어떤 관계가 생기지도 또 그것이 시작되지도 않았다. 가족끼리의 교제도 이루어지지 않았다. 종교도 달랐고,[15] 관습도 달랐다. 사랑하는 사람이 이제까지의 생활을 계속하려고 해도, 상당히 넓은 집이기는 했지만 여기서는 그럴 기회도, 장소도 없었던 것이다.

이제까지 내가 이러한 일들에 대해 주의를 기울이지 않았던 것은, 무엇인가 유리한 지위에 오를 수 있을 것이라는 즐거운 전망이 외부로부터 열려와서 나를 안심시키고 고무시키고 있었기 때문이다. 활동적인 정신은 어디서나 기반을 얻고, 능력과 재능이 있으면 신뢰를 얻을 수 있다. 필요한 것은 방향만 바꾸는 일이라고 누구나 생각한다. 배짱이 좋은 청년은 운을 얻고, 천재는 무엇이든지 할 수 있다고 사람들은 생각한다. 그런데 아무리 천재라 해도 그가 할 수 있는 것은 일정한 일에 지나지 않는다.

독일의 정신적, 문학적 분야는 당시에는 전적으로 새로운 개척지라고 볼 수 있었다. 정치가 중에는 현명한 사람이 있어서 새로 개척될 이 대지를 위해 유능한 경작자와 총명한 관리인을 구하고 있었다. 명망도 있고 기초도 확립된 프리메이슨까지도 교묘한 방법으로 나의 가입을 재촉하고 있었다. 나는 릴리와의 관계 때문에 그 주요 회원들과 서로 아는 사이였다. 그러나 나는 나중에 생각해 보니 미쳤다고밖에 여겨지지 않는, 남에게 의지하지 않으려는 어쭙잖은 마음에서 그들과 친한 관계를 맺는 것을 거부하였다. 이와 같은 사람들과 친한 관계를 맺는 것이 그들이 가진 목적에 가까웠던 나의 목적을 위해 유익했으리라는 것을 미처 몰랐던 것이다.

매우 특수한 사항으로 되돌가기로 하자.

프랑크푸르트 같은 도시에는 주재관이나 대리업이라고 하는 직업이 있는데, 이것들은 활동 여하에 따라 무한히 확대할 수가 있다. 그러한 것의 하나가 나에게도 제공되었다. 그것은 언뜻 보기에 이익도 되고 명예도 되는 일처럼 보였다. 주위 사람들은 내가 거기에 적합하다고 생각하고 있었는데, 실제로 위에서 말한 세 사람이 같은 사무소에서 일을 한다는 조건이었다면 잘 되어갔을지도 모른다. 누구나 의문스러운 점은 묵살하고, 유리한 일만 서로 이야기한다. 마

---

15) 셰네만 집안은 캘뱅파(개혁파)였다.

음의 동요는 부지런히 일함으로써 억누른다. 그 결과, 정신 상황에 무엇인가 진실 아닌 것이 끼어들어 마음이 편할 날이 없게 된다.

평화 시대에는 대중에게 세계의 최신 사건을 즉시 알려주는 신문이나 잡지만큼 재미있는 읽을거리는 없을 것이다. 태평무사한 시민은 악의 없이 이로써 당파심을 양성하게 되는데, 좁은 세계에서 몸 둘 바를 모르고 있는 우리로서는 이런 일을 그만둘 수도 없고, 또 그만둘 일도 아니다. 그리고 또 마음이 편한 사람들은, 도박이라도 하듯이 멋대로 이해득실을 따져 쓸데없는 일로 이익을 보았다거나 손해를 보았다고 떠들어댄다. 그리고 연극 구경이라도 하듯이 남의 행·불행에 대해 매우 활발한, 그러나 단순한 공상 속의 관심을 보인다. 이러한 관심은 때때로 자의적인 것처럼 보이지만 도의적인 바탕에 입각하지 않는 것도 아니다. 왜냐하면 때때로 우리는 칭찬할 만한 의도에 대해서 그에 어울리는 갈채를 보내기도 하지만, 때로는 빛나는 성과에 눈이 팔려 그 의도가 본래 비난을 받아야 할 사람의 편을 들기도 하는 것이다. 이와 같은 모든 일에 대해 그 시대는 수많은 재료를 제공하고 있었던 것이다.

프리드리히 2세는 그의 권력을 발판으로 해서 여전히 유럽과 세계의 운명을 좌우하고 있는 것처럼 보였다. 왕위에 오를 가치가 있다고 스스로를 생각하고 있던 만만치 않은 여인 카타리나[16]는 재간이 풍부한 유능한 신하들에게 폭넓은 활동의 여지를 주고, 여왕의 권세를 더욱 확장했다. 그리고 이 권세가 터키인에게 미쳤을 때, 우리를 멸시하는 그들에게 마음껏 보복하는 데에 익숙해진 우리는 이들 이교도가 몇 천 명씩이나 전사해도 인간이 희생되었다고는 생각하지 않는 형편이었다. 체스메 항에서 일어난 터키 함대의 화재는 전 세계에 걸쳐 널리 축하연을 열게 하였다. 그리고 이 대사건의 참다운 모습을 후세에 전하기 위해, 또 화가들의 공부를 위해 리보르노 먼바다에서 전함 한 척을 폭파시켰을 때에는 모두들 자랑스러운 승리의 기쁨을 맛보았다. 그 뒤 얼마 안 되어 북방의 젊은 국왕[17]이 마찬가지로 자기 힘으로 주권을 잡았다. 그에게 억압을 받은 귀족들은 일반의 동정을 사지 못했다. 왜냐하면 전반적으로 귀족 계

---

16) 카타리나 2세(1729~96). 1762년, 러시아 황제. 1768~74년, 제1차 터키 전쟁. 1770년의 체스메 해전의 대승리는 그 정점이었다.
17) 구스타프 3세(1746~92). 1771년, 스웨덴 왕.

급은 그 성질상 남몰래 행동하여 남의 입에 오르내리는 일이 적을수록 안전하기 때문에 민중 사이에서 인기가 없었기 때문이다. 그런데 이에 반해 젊은 국왕은 귀족에 대항하기 위해서 하층 계급의 사람들을 앞세웠기 때문에 민중 사이에서 한층 인망을 얻고 있었다.

그러나 한 민족 전체가 자신들을 해방시키려는 기세를 보였을 때, 세간의 관심은 더욱 높아갔다. 이미 이전에 우리는, 소규모적인 동일한 극을 즐겨 구경했었다. 코르시카는 오랫동안 모든 사람의 눈이 쏠리는 중심점이었다. 파오리[18]가 그 애국적인 계획을 더 이상 추진할 수가 없게 되어 독일을 거쳐 영국으로 망명했을 때, 그는 모든 사람의 마음을 끌어당겼다. 그는 친밀감을 가질 수 있는 우아하고 날씬한 금발의 미남이었다. 나는 베트만[19]의 집에서 그를 만났다. 그는 거기서 잠시 체류하고 있었는데, 그를 보려고 밀어닥치는 호기심 많은 사람들을 명랑하고 스스럼없는 태도로 대했다. 그러나 이제 더 멀리 떨어진 대륙에서 같은 정경이 되풀이되고 있었다. 사람들은 미국 사람들을 위해 모든 행복을 빌었다. 프랭클린이나 워싱턴의 이름이 정치, 군사 영역에서 빛을 내기 시작하였다. 인류의 고난을 덜기 위해 여러 가지 일이 이루어졌다. 특히 프랑스의 선량한 새 왕[20]이 수많은 폐풍의 폐지와 가장 고귀한 목적의 수행에 전념하고, 조화롭고 효과적인 재정을 확립하고, 일체의 전횡적 권리를 포기하고, 질서와 정의에 의해서만 통치한다는 최선의 의도를 표명했을 때에는 온 세계에 더없이 밝은 희망이 퍼지고, 쉽게 믿는 젊은이들은 자신들과 같은 시대 사람 전체를 위하여 아름답게 빛나는 미래를 기대해도 좋다고 믿을 정도였다.

그러나 나는 이들 사건에 대해 일반 사회가 갖는 것과 같은 정도의 관심밖에 가지지 않았다. 나 자신이나 나의 사교 친구들도 신문이나 새로운 사건에는 관심을 두지 않았다. 우리에게는 인간을 아는 것이 문제였고, 인류 일반은 되는 대로 내버려두어도 좋은 것으로 생각했다.

내가 태어난 도시도 독일에 편입된 지 이미 100년 이상이 지나고 있었는데,

---

18) 파스퀘레(1726~1807). 코르시카를 제노바, 이어서 프랑스의 지배로부터 해방시키려고 싸웠다.

19) 요한 필립(1715~93). 프랑크푸르트의 상인. 제실 고문관.

20) 루이 16세(1754~93). 1770년 마리 앙투아네트와 결혼, 1774년 왕위에 올랐으나, 93년 단두대에서 처형되었다.

이 조국 독일의 안정된 상태는 수많은 전란이나 동란에도 불구하고 완전히 그 모습을 유지하고 있었다. 최상위 사람에서 최하위 사람에 이르기까지 매우 여러 계층이 있었으나, 그것이 모든 개인을 분리시키기보다는 오히려 결합시키고 있는 것처럼 보인 것은 우리에게 일종의 쾌감을 주었다. 여러 왕은 황제 밑에 있었으나, 그들이 갖는 선제권과, 그에 의해 획득되고 주장된 특권은 그들에게 황제에게 대항하기에 충분한 힘을 부여하고 있었다. 그러나 지금은 고위 귀족은 최상위의 왕위와 연결되어 있었기 때문에 자기가 갖는 현저한 특권을 황제와 동등한 것, 아니 어떤 의미에서는 그 이상의 것이라고 생각할 수가 있었다. 성직에 있는 선제후가 되면, 다른 모든 것의 상위에 서서 교권 제도의 후예로서 침범할 수 없는 존엄한 지위를 요구하고 있었다.

그런데 이와 같은 오래된 집안의 가족이 각종 공공 단체, 기사단, 목사단, 협회, 교단 등에서 누리고 있던 특권을 생각해 보면 이들 유서 있는 사람들의 대집단이 대단한 만족과 규칙 바른 사회적 활동으로 나날을 보내고, 별다른 고생도 없이 아이들을 위해 그들이 누린 것과 같은 쾌적한 생활을 준비하고, 이를 남겼다는 것은 쉽사리 상상할 수 있을 것이다. 또 이 계급에는 정신적 문화도 결여되어 있지 않았다. 왜냐하면 이미 1세기가 지나면서, 군사적, 정치적 교양이 현저하게 발달하여 상류 사회와 외교계 전반에 침투하고 있었는데, 그와 동시에 문학과 철학 분야에서도 많은 인재를 얻어 그들을 당시로서는 높은, 그러나 별로 유리하지도 않은 입장에 앉힐 수가 있었기 때문이다.

당시의 독일에서는 터무니없는 특권이 주어진 그 계층을 원망하거나, 그들에게 행복한 세속적 특권을 주는 것을 아까워하는 일은 아직 그 누구의 머리에도 거의 떠오르지 않았다. 중류 계급은 자유롭게 상업과 학문에 매진하고, 그에 의해서 또는 그것과 관련이 있는 기술에 의해서, 하나의 세력으로서 충분히 대항할 수 있을 정도가 되어 있었다. 자유시, 또는 반자유시는 사람들이 그 속에서 어느 정도 평온하고 쾌적한 생활을 누릴 수 있게 되자 이런 종류의 활동을 도왔다. 부를 키운 사람들, 정신적 활동, 특히 법률적, 행정적 분야에서 활동한 사람들은 도처에서 커다란 세력을 즐길 수가 있었다. 제국 최고 법원, 또는 그 밖의 곳에서도 귀족의 의자와 학자의 의자를 마주 놓았는데, 한쪽의 자유로운 개관은 다른 한쪽의 깊은 통찰과 사이좋게 서로 협력했다. 실생활에서는 경쟁의 흔적은 전혀 볼 수가 없었다. 귀족은 다른 사람의 손이 미치지 않는, 시대에 의해 신성화된 특권에 안주하였고, 시민은 자기 성 앞에 귀족 칭호를 붙여 그 칭호에 어울리는 외관을 자랑하는 일을 자기 품위에 어긋나는 일이라고 생각하였다. 상인이나 수공업자는 여러 선진 국민과 어느 정도 경쟁을 할 수 있기 위해서 할 일이 많았다. 만약 흔히 있는 동요를 고려에 넣지 않는다면 당시는 전체적으로 보아 순수한 노력의 시대였다고 말할 수 있을 것이다. 그와 같은 시대는 이전에는 볼 수 없었던 것이고, 그 뒤에도 외적인 또는 내적인 발전 때문에 오래 계속될 수 없었다.

그 무렵, 상류 사회에 대한 나의 태도는 매우 호의적인 것이었다. 《젊은 베르테르의 슬픔》에서는 두 계급이 접촉하는 데서 생기는 불쾌가 성급하게 표명되어 있기는 하지만, 이 책의 그 밖의 정열적인 면을 고려하고, 또 그것으로 직접적인 효과를 노린 것이 아니라는 것을 여러 사람이 느끼고 있었으므로 독자들은 이를 너그럽게 보아주었다.

그러나 《괴츠 폰 베를리힝겐》에 의해서 나는 상류 계급에 대해서 매우 좋은 위치에 놓이게 되었다. 종래의 문학의 관례는 손상되었지만, 학식이 풍부한 꼼꼼한 작풍을 동원하여 위로는 침범할 수 없는 황제를 받들고, 아래에는 여러 계층을 거느린 낡은 독일의 세상과, 법률이 없던 시대에 한 사람의 개인으로서 법률적이라고까지는 할 수 없어도, 공정하게 행동하려다가 오히려 비참한 처지로 빠지게 되는 한 사나이가 그려져 있다. 그러나 이 복잡한 작품은 가공적으로 생각해 낸 것이 아니라 어디까지나 밝고 생생하게, 곳에 따라서는 다소 현대풍으로 바뀌어 있지만, 항상 이 성실하고 유능한 사나이가 자기 자신을 다소 자기에게 유리하게, 그 자서전에서 그리고 있는 정신에 따라 서술되고 있는 것이다.

이 일가는 당시에 아직도 번영하고 있었다. 이 일가와 프랑켄 기사 계급과의 관계는 그 시대의 다른 많은 것과 마찬가지로 색이 바래고 실효성이 없는 것이 되었지만 아직도 완전히 남아 있었다.

그 때문에 갑자기 실개천 야쿠스트와 야쿠스트하우젠의 성채가 문학적 의의를 갖기 시작하였다. 하일브론의 시 청사와 마찬가지로 그곳을 방문하는 사람도 많아졌다.

내가 다시 그 시대의 역사를 다른 관점에서 그려보고 싶다는 생각을 가지고 있다는 것은 널리 세상에 알려져 있었기 때문에, 그 시대로부터 내려와 아직도 건재하고 있는 몇몇 가족은 그들의 조상도 마찬가지로 세상에 알려주면 좋겠다는 소망을 가지고 있었다.

　어느 국민의 역사를 재치가 넘치는 방법으로 다시 기억에 되살린다고 하는 것은 독특한 쾌감을 널리 불러일으키기 마련이다. 그들은 조상의 미덕을 기뻐하고, 그 결점은 이미 옛날에 극복된 것으로 믿고 미소로 이를 바라본다. 때문에 이와 같은 작품은 반드시 세상의 관심과 갈채를 받을 수 있다. 그리고 나는 이런 뜻에 있어서 수많은 성과를 즐겼던 것이다.

　그러나 나에게 접근한 수많은 사람이나 나와 접촉한 많은 젊은 사람들 중에 귀족이 한 사람도 없었다는 것은 주목할 만한 일일 것이다. 한편으로는 이미 30이 넘은 나이에 나를 만나려고 찾아온 몇몇 사람이 있었는데, 그들의 의지와 노력 속에는 조국적인, 또 일반 인류적인 뜻에서 진지하게 자기를 완성시키고자 하는 바람직한 희망이 넘쳐 있었다.

　당시에는 15세기와 16세기 사이의 시기에 눈을 돌리는 기운이 일어나 활발해지고 있었다. 빌리히 폰 후텐[21]의 저작이 나의 손에 들어왔다. 그 시대에 생긴 것과 같은 일이 우리의 시대에 다시 나타난다는 것이 매우 이상한 일로 여겨졌다.

　따라서 비리발트 피르크하이머[22]에게 보낸 빌리히 폰 후텐의 다음과 같은 편지를 여기에 싣는 것은 적절하다고 할 수 있을 것이다.


　'행운이 우리에게 준 것은 대개의 경우 다시 빼앗아간다. 그뿐만이 아니다. 외부로부터 와서 인간에게 부착되는 모든 것도 우연히 맡겨진 것이라고 우리는 생각한다. 그러나 그래도 나는 명예를 원한다. 그것이 어떤 것이 되었든 간에 남의 질투를 사는 일이 없이 그것을 얻고 싶다. 가능한 높은 지위에 있는 사람이 되고 싶어하는, 영예에 대한 격렬한 갈망에 나는 사로잡혀 있다. 경애하는 비리발트여! 나는 귀족 계급, 귀족 집안의 양친으로부터 태어났지만, 나 자

---

21) 1488~1523. 독일의 인문주의자.
22) 1470~1530. 뉘른베르크의 부자. 인문주의자.

신의 노력으로 귀족 틈에 끼지 않으면서 지금 내가 이미 귀족이라고 생각하는 것은 불행하다고 할 수 있을 것이다. 나는 대업(大業)을 꿈꾸고 있다. 보다 더 높은 일을 생각하고 있다. 보다 더 고귀한, 보다 더 빛나는 신분에 놓이고 싶다는 것은 아니다. 다른 곳에서 하나의 샘을 찾아 거기에서 특수한 귀족의 신분을 길어 올리고 싶은 것이다. 조상으로부터 이어받은 것에 만족하고 있는 꺼벙한 귀족의 한 사람이 되고 싶지 않은 것이다. 나는 이들 재보에, 자손에게 계승되는 그 무엇인가를 나의 힘으로 첨가하고 싶은 것이다.

그래서 나는 나의 연구도 노력도 그쪽으로 돌리고 있다. 그리고 현재 있는 것으로 만족하고 있는 사람들과는 정반대의 뜻을 가지고 노력하고 있는 것이다. 지금 내가 가지고 있는 것으로 만족할 수 없다는 것은 자네에게 이런 종류의 명예심을 털어놓은 것으로도 알 수 있을 것이다. 또 나는 최하층 계급에서 출세하여 나와 같은 경우를 극복한 사람들을 부러워하는 것도 아님을 털어놓는 바이다. 이 점에 있어서 나는 비천한 태생이면서도 자기의 노력으로 위로 올라간 사람을 항상 멸시하는 내 계급 사람들과 의견을 같이하는 것은 결코 아니다. 왜냐하면, 우리가 소홀히 한 명예의 자료를 스스로의 손으로 잡아 그것을 자기 것으로 만든 사람들은 우리보다 더 높은 지위에 있어야 할 완전한 권리가 있기 때문이다. 그들은 천을 짜는 직공이나 가죽 무두질을 하는 직공의 아들이었을지 모른다. 그러나 그들은 우리가 겪은 것보다도 많은 고생을 겪고 현재의 지위에 오를 수가 있었던 것이다.

학식으로 출세한 사람을 부러워하는 무학자는 바보라고 불리어야 할 뿐만 아니라 불쌍히 여겨야 할 사람, 아니 가장 불쌍히 여겨져야 할 사람일 것이다. 실로 오늘날의 귀족은 특히 이와 같은 영예를 시기하는 병폐에 빠져 있다. 우리가 업신여긴 것을 가지고 있는 사람을 부러워한다는 것은 도대체 어떻게 된 일일까? 왜 우리 자신이 법률을 열심히 공부하지 않았던가. 뛰어난 학문, 최상의 기술을 왜 배우지 않았던가. 그렇기 때문에 지금 구두장이가, 직물공이, 마차 목수가 우리를 따라잡은 것이다. 왜 우리는 우리가 맡은 자리를 떠났는가. 왜 우리는 더 자유로운 연구를 하인에게, 그리고—아, 얼마나 창피스러운 일인가—그 더러운 손에 맡겼는가. 우리가 업신여긴 귀족의 상속분을 모든 유능한 사람, 근면한 사람들이 손에 넣어 그것을 이용할 수 있었던 것은 매우 정당한 일이었다. 최하층에 있는 사람까지도 우리 이상으로 끌어올릴 수 있기에 족한 것을 얕잡아 본 우리는 얼마나 불쌍한 사람들인가. 부러워하는 일은 그만두자. 그리고 다른 사람들이 자기 것으로 만든 것을 획득하기 위해 우리도 노력하자.

명성에 대한 갈망은 모두 존경할 만한 것이고, 쓸모가 있는 것을 얻으려고 하는 투쟁은 모두 칭찬할 만한 것이다. 모든 신분마다 그에 어울리는 독자적인 명예가 있고, 독자적인 긍지가 있어야 할 것이다. 조상의 초상화를 경시할 생각은 없다. 훌륭하게 장식된 족보도 마찬가지이다. 그러나 그 가치가 얼마나 있건 간에 스스로의 노력으로 그것을 내 것으로 하는 것이 아니라면, 그것이 우리 자신의 것이라고는 말할 수 없다. 또 귀족이 자신에게 어울리는 풍습을 받아들이지 않으면 그것은 존속할 수가 없다. 자네가 초상화로 볼 수 있는 조상들 중에 가장 비만하고 풍채가 좋은 그 누군가가, 그가 살아 있을 때 성취한 것이 없다면 그는 허수아비에 지나지 않고 없는 존재와 같다.

나는 나의 명예심과 나의 심경에 대해서 이 정도의 것을 자세히, 또 솔직하게 자네에게 털어놓으려 생각하고 있었던 것이다.'

이렇게 유창하고 조리 있지는 않았다 해도, 이미 나는 고귀한 친구들이나 아는 사람들로부터 이와 같은 야무지고 힘찬 의견을 들어왔다. 그리고 그 성과는 충실한 활동 속에 나타나 있었다. 사람들은 모두 자신의 고귀함을 스스로 획득하지 않으면 안 된다는 것을 신조로 삼고 있었다. 그 아름다운 시대에 경쟁이라는 것이 있었다고 한다면 그것은 위에서 아래로 향해 이루어진 것이었다.

이에 반해 다른 계급의 사람들은 우리가 바라는 것을 따로 가지고 있었다. 즉, 자연으로부터 받은 우리의 재능을 우리의 시민적 환경과 양립할 수 있도록 자유롭고 정당하게 사용한다는 것이었다.

왜냐하면, 내가 태어난 도시는 이 시민적 환경이라는 점이 충분히 고려되어 있지는 않았지만, 하나의 완전히 독자적인 상황을 나타내고 있었기 때문이었다. 북쪽의 자유로운 제국 도시가 발달한 상업에 입각해 있고, 남쪽의 그것은 상업에 뒤져 있었기 때문에 미술과 공예에 입각해 있었다고 한다면, 프랑크푸르트 암마인에서는 상업, 자본재, 가옥이나 토지의 소유, 지식욕, 수집욕이 얽혀 있는 복잡한 양상을 띠고 있었다. 루터파의 신앙이 지배적이었다. 린부르크가의 이름을 따서 린부르크회라고 불린 오래된 공동 상속 재단, 처음에는 단순한 클럽이었고 하층 계급에 의해서 야기된 몇 번인가의 소요 때, 사려 깊은 태도를 지킨 프라우엔슈타인회, 법률가, 기타 유산자, 유식자 등 누구 하나 시 참사회로부터 배제되어 있지는 않았다. 시끄러운 시대에 질서를 지킨 수공업자들까지도, 지위는 올라가지 않는다 해도 시 참사회원이 될 수 있었다. 법률에 입각한 그 밖의 대항 기관, 공적인 조직, 그리고 이와 같은 법률에 관계있는 모든 것이 많은 사람들에게 활동의 여지를 주고 있었다. 한편, 상업과 수공업은 지리적 위치의 혜택을 받아 확대되어 그 어떤 뜻에 있어서도 발전을 방해받지 않았다.

상류 귀족은 남의 질투를 받음이 없이, 또 별로 주의를 끌지도 않고 독자적으로 활동하였다. 이의 뒤를 잇는 제2의 계급은 분명히 보다 더 많은 노력을 하지 않으면 안 되었으나, 오래되고 풍부한 가정적 기반에 서서 법률적, 정치적 학식으로 두각을 나타내려고 하였다.

이른바 개혁파의 신도는 다른 고장에서 종교적 망명자가 그러했던 것처럼 하나의 특별한 계급을 이루고 있었다. 그리고 그들은 일요일마다 보켄하임에서 거행되는 예배[23]에 아름다운 마차를 타고 갔는데, 그것 하나로도 날씨에 상관없이 걸어서 교회에 가야만 하는 부류의 시민에 대한 일종의 승리를 뜻하고 있었다.

가톨릭교도는 그다지 사람들의 주의를 끌지 못했다. 그러나 그들도 다른 두 종파가 독점하고 있는 이익은 알아차리고 있었다.

---

23) 개혁파 사람들은 1788년까지 프랑크푸르트 시내에서 예배를 보는 것이 허용되지 않았기 때문에 프랑크푸르트 서쪽에 있는 보켄하임 마을에 교회를 가지고 있었다.

# 제18장
# 코르넬리아의 이별 권유

문학적 문제로 되돌아감에 있어 당시의 독일의 시에 커다란 영향을 주었던 어떤 사정을 여기서 다루지 않으면 안 된다. 이 사정은 우리 나라의 문예의 흐름 전체 속에서 그 영향이 오늘날에도 미치고 있고 앞으로도 사라지지 않을 것이므로 특히 주목하지 않으면 안 되는 것이다.

독일 사람은 예부터 각운과 친했고, 이 각운은 매우 소박한 방법으로 다룰 수가 있어 거의 음절을 세기만 하면 된다는 이점을 가져왔다. 문화가 발전됨에 따라 많고 적고를 불문하고 본능적으로 음절의 뜻과 중요성에 주의를 기울인 자는 사람들의 칭찬을 받았다. 그래서 많은 시인들이 이 칭찬을 받을 수가 있었다. 각운은 시의 절의 끝을 나타내고, 행이 짧은 경우에는 세밀한 구절의 구분까지도 분명해진다. 그리고 타고나면서 날카로운 귀를 가진 사람은 여기에 변화를 주고, 우아함을 더하려고 노력하였던 것이다. 그러던 것이 음절의 가치는 아직 결정되지 않았고, 아니 결정하는 것까지도 곤란하다는 것을 깊이 생각하지도 않고 각운은 파기되었다. 이것을 맨 처음 시작한 것은 클롭슈토크였다. 그가 이를 위해 얼마나 고생을 하고, 또 그가 무엇을 이룩하였는가는 널리 알려진 바이지만, 누구나 그것에 불안을 느껴 구태여 그의 뒤를 따르려 하지 않았다. 사람들은 자연스런 경향에 촉진되어 산문시를 시도하였다. 게스너의 매우 바람직한 전원시는 무한한 가능성을 열었다. 클롭슈토크는 《헤르만의 싸움》의 대화와 《아담의 죽음》을 산문으로 썼다. 감정이 풍부하고 우아한 양식이 통속극과 드라마로 극장을 지배하고 있는 데 반하여, 시는 영국인의 영향으로 우리나라에 퍼진 오각(五脚)의 이안부스(단장격) 때문에 산문으로 끌어내려졌다. 그러나, 운율이나 각운에 대한 일반의 요구가 사라지는 일은 없었다. 라믈러는 부정확한 원리이기는 했지만 자기의 작품에 대해서 엄격한 태도를 취하고, 또 이 엄격함을 다른 사람의 작품에도 적용했다. 산문을 시로 바꾸고, 다른 사람의 작품에 손을 가하여 개량하였다. 그러나 그는 그것으로 감사를 받는 일은 거의 없었고, 문제는 한층 복잡해졌을 뿐이었다. 가장 좋은 성과를 올린 것은 어느 정도 음절의 가치를 고려하면서 전해온 각운을 써서, 또 자연의 취미에 이끌려 불명확하고 아직 결정되지 못한 법칙을 지킨 사람들, 예를 들면 빌란트 같은 사람들이었다. 빌란트의 시는 남의 모방을 허용하지 않는 것이었지만, 오랫동안 평범한 시인의 모범으로 쓸모가 있었다. 그러나 막상 작품을 만들 단계가 되면 모든 것이 불확실한 채로 있어서 누구나, 이와 같은 부류의 사람들까지도 한때 헤매지 않을 수가 없었다. 그래서 우리나라 시의 독자적이고 천재적인 시대가 이렇다 할 이름을 날릴 수 있는 작품을 거의 만들지 못하는 불행이 생긴 것이다. 이 점에 있어서도 그 시대는 유동적이고, 도전적이고, 활동적이고, 관조적이 아니어서 자신에게 만족하는 일이 없었다.

그러나 사람들은 시적인 것으로 설 수 있는 대지를 발견하려고, 또 그 속에서 여유 있게 호흡할 수 있는 원소를 발견하려고 수 세기를 거슬러 올라갔다. 거기에는 혼돈된 상태 속에 진지하고 뛰어난 것이 화려하게 나타나 있었다. 이렇게 해서 사람들은 그 시대의 문예와도 친밀해졌다. 그러나 중세의 연애 시인은 우리에게 너무 멀었고, 게다가 무엇보다 말을 배우지 않으면 안 되었다. 그것은 우리가 할 일이 아니었다. 우리는 사는 것을 바라고 있었지 배울 생각은 하지 않았다.

진정한 거장이었던 한스 작스가 우리에게 가장 가까웠다. 그는 참다운 재능인으로 그들과 같은 기사나 궁정인이 아니라 우리가 그것을 자랑스럽게 여기는 소박한 시민이었다. 교훈적인 형식주의는 우리의 마음에 들었다. 우리는 많은 기회에 그 가벼운 운율이나 손쉽게 사용된 각운을 이용했다. 이런 종류의 것은 오늘의 시에 대해서 매우 형편이 좋은 것으로 여겨졌고, 또 우리가 항상 필요로 한 것이었다.

그런데 오랜 세월에 걸친, 아니 평생에 걸친 주의와 노력을 필요로 하는 중요한 작품이 이와 같이 앞뒤를 가리지 않는 기반에 입각하여, 또 경솔한 동기에서 많든 적든 만들어졌다고 한다면, 그 밖의 일시적인 작품, 예를 들어 서간체

시나 우화, 모든 종류의 비방문 같은 것이 얼마나 사려없이 만들어졌는가는 상상하기 어렵지 않다. 우리는 그것들로 인해 오랫동안 안으로는 자기와 싸우고, 밖으로는 논쟁에 도전했던 것이다.

이미 인쇄에 회부된 것 외에는 그와 같은 것들은 극히 적은 수밖에 남아 있지 않다. 이것들은 지금도 어딘가에 놓여 있을 것이다. 짧은 주석을 달면 그것들이 쓰인 까닭이나 의도가 주의 깊은 독자들에게는 어느 정도 분명해지리라 생각한다.

날카로운 통찰력을 가진 사람이 장차 이 작품을 본다면 이들 작품의 바닥에는 다같이 성실한 노력이 있었음을 기꺼이 인정해 줄 것이다. 거기에는 솔직한 욕망이 우쭐함과, 자연이 인습과, 재능이 형식과, 천재가 자기 자신과, 힘이 유약함과, 미발달의 유능함이 기성의 평범과 싸우고 있는 것이다. 따라서 당시 작품의 존재 양식 전체를 선전 포고에 이어 격렬한 싸움을 예고하는 전초전으로 볼 수가 있다. 왜냐하면, 정확히 바라보면 이 50년에 걸친 싸움은 아직 끝난 것이 아니라 지금도 여전히, 다만 보다 더 높은 영역에서 계속되고 있기 때문이다.

나는 옛날 독일 인형극이나 가설 극장 연극의 예에 따라 우스운 어릿광대극을 생각해내어 표제는 '한스 부르스트의 결혼'이라고 붙이기로 하였다. 대강의 줄거리는 다음과 같다. 부모가 없는 부유한 농가의 아들 한스 부르스트가 성인이 되어, 울젤 브란디네라고 하는 부잣집 딸과 결혼하려고 한다. 그의 후견인 키리안 부프스트플렉이나 딸의 어머니 울젤 등은 이 결혼에 대만족이다. 그들의 다년간에 걸친 계획, 그들 최고의 소원은 여기서 이루어지게 된 것이다. 이제는 아무런 장애도 없었다. 연극의 줄거리 전체는 원래 서로를 자기 것으로 삼고 싶어하는 젊은 두 남녀의 소원이 결혼 준비나 이에 얽힌 여러 가지 잡다한 일에 의해 방해를 받는다는 것에만 바탕을 두고 있다. 맨 먼저 결혼 손님을 초대하고 다니는 역할의 남자가 정해진 대로 진부한 인사를 하고, 다음과 같은 시구로 말을 맺는다.

황금 이(蝨)라는 술집에서

결혼 축하연이 열린다.

장소가 통일되지 않았다는 비난을 피하기 위해 무대 배경에 그 술집의 간판을 걸어 그럴듯하게 보이게 했다. 그러나 그것은 축 위에서 회전하므로 어떤 방향으로라도 돌릴 수 있게 되어 있다. 그리고 그것이 회전함에 따라 무대의 앞 배경도 적당하게 바꾸지 않으면 안 되었다.

제1막에서는 도로에 면한 정면이 보이는데, 태양 현미경으로 확대된 황금색 이(蝨)의 간판이 보인다. 제2막에서는 마당으로 향한 쪽, 제3막에서는 덤불을 향한 쪽, 제4막에서는 근처에 있는 호수를 향한 쪽이 나와 있다. 이로써 앞으로는 무대 장치가 무대 전면, 즉 프롬프터가 있는 구멍 근처까지 물결치게 만드는 것도 그다지 곤란한 일이 아니라는 것이 예고되어 있는 셈이다.

그러나 이것만으로는 이 극의 본래의 재미는 아직 끝나지 않는다. 철저한 익살은 야단법석까지 높아지고, 극의 등장인물은 모두 독일 고유의 별명이나 악명으로만 이루어져 있어 그것을 들으면 바로 각자의 성격이 명백해질 뿐만 아니라 서로의 관계까지 알 수 있게 되어 있기 때문이다.

이 책은 상류의 사교계나 품위 있는 가족의 단란 석상에서 낭독될 것을 기대하고 있으므로 여느 연극의 벽보에서 흔히 볼 수 있는 것처럼 인물 이름을 순번으로 나열하고, 더 나아가서 그들의 특색을 잘 나타내고 있는 대목을 여기에 게시해 두면 그것으로 이 연극이 가지고 있는 내용의 성격이 간단하게 밝혀지겠지만, 결코 그렇게 할 수는 없는 것이다.

채택 여부의 판단은 우리 출판업자에 맡기기로 하고, 시험 삼아 원고 한 장을 여기에 삽입해 두기로 한다.

사촌인 슈프트(못된 녀석)는 가족과의 연줄로 보아 식에 초청될 자격이 있었고, 그 누구도 여기에 시비를 거는 사람은 없었다. 그는 실생활에서는 전혀 쓸모가 없는 사람이었으나 그가 엄연히 존재하고 있는 이상, 적당히 그를 거절할 수는 없었다. 게다가 이렇게 좋은 날에, 모두가 이따금 그로 말미암아 성가셨던 적이 있었다고 말할 수도 없는 노릇이었다.

슈르케(깡패)의 경우는 사정이 더 복잡했다. 자기에게도 이익이 되는 경우에는 그는 가족을 위해 쓸모가 있었다. 반대로 가족에게 손해를 끼친 일도 있었다. 그것은 아마도 그의 이익이 되었을 것이고, 또 그것이 자기에게 유리하다고 생각한 때문일 것이다. 다소라도 세상 물정을 아는 사람들은 그를 초청하는 것을 찬성하였다. 그를 부르고 싶지 않다고 생각하는 소수의 의견은 부결되었다.

그런데 또 한 사람, 무어라 규정지을 수 없는 제3의 인물이 있었다. 보통의 교제에서 그는 다른 사람들과 마찬가지로 제대로 된 인간으로 친절하고, 애교도 좋고, 여러모로 쓸모가 있었다. 그러나 그에게는 단 한 가지, 자기의 이름을 참고 듣지 못하는 결점이 있었다. 자기 이름을 들으면 갑자기 북방인이 버서커(곰 가죽을 입고 싸우는 광폭한 용사)의 노여움에 빠져 누구 할 것 없이 옆에 있는 사람을 죽인다고 위협, 이 발작으로 남에게 상처를 입히기도 하고, 자기도 부상을 당하기도 하였다. 이 극의 제2막도 그 사람 때문에 대혼란 속에서 끝난다.

이 경우, 도둑 마크로트를 응징하는 기회를 놓칠 리가 없다. 즉, 그는 해적판 행상 노릇을 하다가 결혼식 준비가 이루어지고 있는 것을 보고, 자신도 거기에 끼어들어 남의 것으로 텅빈 자신의 배를 채우고 싶다는 욕망을 억제하지 못한다. 그는 안내를 청한다. 키리안 부르스트플렉은 그가 하는 말을 음미해 보지만, 거절하지 않을 수가 없다. 왜냐하면, 초청된 사람은 모두 세상에 널리 알려진 저명인사뿐으로, 이런 점에서 볼 때 그는 자격이 없기 때문이다. 마크로트는 자신도 다른 사람처럼 유명인이라는 것을 증명하기 위해 온갖 시도를 다 한다. 그러나 엄격한 사회자인 키리안 부르스트플렉은 마음이 변할 기색도 없었는데, 제2막 끝에서 버서커의 노여움이 가라앉은, 자기 이름을 부르면 화를 내는 사나이가 매우 가까운 친척을 위해 크게 애를 썼기 때문에 마침내 그도 다른 초청객 속에 끼게 된다.

그 무렵, 슈토르베르크 백작 형제[1]가 내방을 알려왔다. 그들은 스위스 여행 도중이었는데 나에게 들렀다 갈 마음이 생긴 것이다. 내가 처음 재능을 나타낸 것이 《괴팅겐 문예 연감》이었던 관계로 나는 그들과, 또 인품과 재능이 널리 알려진 젊은 사람들과 매우 친한 사이가 되어 있었다. 당시에는 우정이나 사랑 같

---

1) 형 크리스챤(1748~1821). 동생 프리드리히 레오폴드(1750~1819). 다 같이 독일의 시인. 괴팅겐 삼림 동맹(문학 단체)에 속했다.

은 것에 대해서 상당히 묘한 생각이 있었다. 서로 흉금을 터놓고 재능이 풍부한, 그러나 아직은 미완성인 상태의 내면을 서로 보이는 것은 원래 발랄한 청년의 특징이다. 이러한 상호 관계는 그 밑바닥에 신뢰라는 것이 바탕을 이루고 있었지만, 이것을 사랑이나 참다운 애정이라고 여기고 있었다. 나도 다른 사람과 마찬가지로 이 점을 잘못 알고, 오랫동안 이러저러한 고민에 싸여 있었다. 당시 뷔르거로부터 받은 편지가 1통 남아 있는데, 그것을 보면 이 동아리에서는 도덕적, 미적인 일은 전혀 화제에 오르지 않았다는 것을 알 수가 있다. 모두가 일종의 흥분 상태에 있었고, 더욱이 기분에 따라 행동하거나 시를 써도 좋다고 생각하고 있었다.

형제는 도착했다. 하우크비츠 백작[2]도 함께였다. 나는 흉금을 터놓고 진심 어린 예의로 그들을 맞았다. 그들은 여관에 머물고 있었으나, 식사는 대개 우리 집에서 했다. 처음의 명랑한 회합은 매우 즐거운 것이었다. 그러나 이내 재미있는 의견이 나오기 시작하였다.

어머니와 나 사이에 특별한 관계가 생긴 것이다. 모두는 어머니의 야무지고 솔직한 태도 때문에 그녀에게서 롬바르디아나 비잔티움 공주의 여자 교관에 어울리는 중세 여성의 모습을 보았다. 그래서 그녀는 아야 부인[3]이라고 불렸는데 그녀도 이 농담이 싫지는 않은 것 같았다. 그리고 어머니는 이전에 괴츠 폰 베를리힝겐의 아내에게서 자기와 비슷한 모습을 본 것으로 생각하고 있었던 만큼, 한층 기쁨을 가지고 청년들의 공상 세계를 공유하였다.

그러나 이러한 상태가 오래 계속될 리가 없었다. 왜냐하면 아직 식사를 두서너 번 같이 했을 뿐이었는데, 포도주를 한두 병 비우면 어느새 시적인 폭군 증오가 나타나 그러한 잔인한 폭군의 피에 굶주리고 있다는 것이 겉으로 나타났기 때문이다. 아버지는 미소를 지으며 고개를 흔들었다. 어머니는 태어난 이래 이제까지 폭군 같은 것을 들어본 일이 거의 없었는데, 고트프리트의 《연대기》 속에서 그러한 비인도적인 인간이 동판화에 나온 것을 기억해냈다. 아버지의 눈앞에서 아들의 가슴에 화살을 맞히어 의기양양해하고 있는 칸뷔제스 왕

---

2) 크리스챤 아우구스트(1752~1831). 후에 프로이센의 장관.
3) 〈하이몬의 4명의 아이들〉(12세기의 프랑스의 영웅 서사시)의 어머니는 아야(교관, 가정교사의 뜻)라고 불리었다.

의 모습이 그녀의 기억 속에 남아 있었다. 이런 식으로 차차 격렬해지는 화제를 밝은 화제로 돌리려고 그녀는 매우 오래된 포도주가 담긴, 손질이 잘된 커다란 술통을 저장하고 있는 지하실로 내려갔다. 거기에는 어머니가 직접 손질해서 돌보고 있는 1706년, 19년, 26년, 48년의 고급 포도주가 있었고, 드물게, 그것도 무엇인가 중요한 축하가 있을 때에만 손을 댔다.

그녀는 컷글라스에 색이 선명한 포도주를 따르고 외쳤다.

"여기에 진짜 폭군의 피가 있어요. 자, 이걸 마시고 사람을 죽인다는 생각은 집 밖으로 쫓아내요."

나는 외쳤다.

"그렇다, 폭군의 피다. 이보다 더 난폭한 폭군은 없다. 그 심장의 피가 여러분 앞에 있다. 이것을 마시고 힘을 북돋워 주시오. 그러나 적당히 해 주시오. 이 훌륭한 맛과 술기운에 정복될 염려가 있으니까. 포도나무야말로 뿌리째 뽑힐 가장 악질적인 폭군이다. 따라서 우리는 트라키아의 성자 뤼푸르구스[4]를 우리의 수호신으로 골라 숭배하지 않으면 안 된다. 그는 경건한 일에 정진했는데 남을 속이는 마신 바커스에 현혹되어 타락한 것이므로 그 사람이야말로 수많은 순교자 중에서 맨 앞에 놓일 가치가 있다. 포도나무야말로 최악의 폭군이며 동시에 위선자, 아첨꾼, 압제자다. 그 피의 한 모금, 두 모금은 여러분의 입에 맞는다. 그러나 한 방울, 또 한 방울 끊임없이 뒤를 잇는다. 끊어지기를 두려워하는 엮은 진주처럼 그것은 계속되는 것이다."

여기서 내가 최대의 역사가가 한 것처럼 실제로 있었던 담화 대신에 가공의 연설을 삽입하고 있다는 의심을 받는다면, 그 자리에 속기사가 있어서 이 연설을 적어 우리에게 전달해 주었으면 좋았을걸, 하는 희망을 표명해도 좋을 것이다. 그렇게 되면, 취지는 같으면서도 연설의 흐름은 더 듣기 좋고 매력적이었다는 것을 이해하게 될 것이다. 요컨대 그 당시의 서술 전체에는 자기를 느끼고는 있었지만, 그 힘과 능력을 어디로 돌릴 것인가를 모르는 청년의 그칠 줄 모르는 언변과 충실이 결여되어 있었던 것이다.

프랑크푸르트 같은 도시에서는 사람들은 묘한 상태에 놓이게 된다. 끊임없

---

4) 그리스 신화. 트라키아의 에드노스인(人)의 왕. 바커스(디오니소스)에 적대하여 장님이 되었다.

이 오가는 외국인은 세계의 여러 지방을 생각나게 하고, 여행에의 동경을 자극한다. 이미 나는 전에도 여러 기회에 여정을 느낀 일이 있었다. 그리고 지금은 릴리에게서 떨어져 있을 수가 있는지 어떤지를 시험해볼 필요가 있던 때이기도 했고, 또 어쩐지 알 수 없는 괴로운 불안 때문에 일정한 일을 전혀 할 수 없었던 때이기도 했기 때문에, 슈토르베르크 형제가 함께 스위스에 가지 않겠느냐고 권고해 준 것은 참으로 고마운 일이었다. 스위스 여행을 매우 바람직한 것으로 생각하였고, 이는 다시없는 기회였으므로 내친김에 이탈리아까지 가보면 어떻겠느냐는 아버지의 격려에 힘을 얻어, 나는 곧 결심을 하고 서둘러 준비를 했다. 넌지시 알렸을 뿐, 새삼 작별 인사도 하지 않고 나는 릴리와 헤어졌다. 그녀는 내 안에 깊이 뿌리를 내리고 있었기 때문에 그녀로부터 떨어진다는 기분은 전혀 들지 않았던 것이다.

몇 시간 뒤, 나는 들뜬 친구들과 다름슈타트에 도착해 있었다. 이곳 궁정에서 우리는 예의 바르게 행동하지 않으면 안 되었다. 거기서는 하우크비츠 백작이 우리의 안내역을 맡아주었다. 그는 우리 중에서 가장 젊었다. 잘생기고 온화한 기품이 있는 사람으로, 부드럽고 친밀감이 가는 얼굴을 하고 있었다. 무엇인가에 관심을 갖는 경우에도 다른 사람과는 달리 한층 냉정했다. 그 때문에 다른 친구들로부터 놀림을 당하기도 하고 별명을 얻기도 하였다. 이것은 그들이 자연아로서 행동을 해도 좋다고 믿고 있었기 때문에 별수 없는 일이었는지도 모른다. 그러나 일단 예절이 문제가 되어 마지못해서라기보다는 새삼 백작으로서 행동할 필요가 생겼을 때에는 매사를 그의 지도 아래 무난히 처리할 수가 있었다. 이렇게 해서 우리는 최상이라고는 할 수 없지만, 무난한 평을 얻으며 그 자리를 벗어났다.

그 사이에 나는 나의 시간을 메르크와 함께 보냈다. 그는 나의 이번 여행을 메피스토펠레스처럼 차가운 눈으로 대하고, 그를 방문한 나의 일행을 가차 없이 명쾌하게 묘사해 보였다. 그는 나름대로 나를 간파하여 언제까지나 고쳐질 것 같지 않은 나의 소박한 호인성을 달갑지 않게 생각하고 있었다. 항상 남이 하자는 대로 하고, 자타와 함께 즐기는 나의 태도는 그로서는 참을 수 없는 일이었다. 그는 외쳤다.

"자네가 저런 친구들과 여행한다는 건 참으로 어리석은 일이야."

그러고 나서 그들을 정확하게 묘사해 보였는데 그것은 꼭 맞았다고는 할 수 없었다. 거기에는 호의라고 하는 것이 전혀 없기 때문이었다. 그 때문에 나는 나의 관점이 옳다고 믿을 수가 있었는데, 나의 관점이 옳다기보다는 그의 눈이 닿지 않는 면을 내가 존중하고 있었다는 데에 지나지 않았는지도 모른다.

"자네는 그들과 함께 오래 있지 않을 거야."

이것이 그의 이야기의 결론이었다. 그와 동시에 또 나는 주목할 만한 말을 하나 기억하고 있다. 그것은 그가 그 뒤에도 나에게 되풀이해서 말했고, 나 자신도 되풀이 기억하여 평생 동안 몇 차례고 뜻이 있다고 생각한 말이다. 그는 말했다.

"자네의 노력, 자네의 다른 데로 돌릴 수 없는 방향은 현실에 시적인 형태를 부여하는 일이야. 다른 사람들은 이른바 시적인 것, 공상적인 것을 현실화하려고 하지. 그런 짓을 해보았자 변변한 것이 될 리가 없어."

이 두 방향의 거대한 차이를 이해하고, 마음에 단단히 새겨 그것을 적용해 보면 수많은 다른 일에 대해서도 여러 가지 것이 분명해지는 것이다.

불행하게도 일행이 다름슈타트를 떠나기 전에 메르크의 의견을 명백히 뒷받침할 만한 기회가 생겼다.

사람은 자연 상태로 돌아가기 위해 노력해야 한다는 생각에서 생긴 당시의 우행 중의 하나로 노천 목욕이 있었다. 우리 친구들은 얼마 전 예법에 무난하게 통과한 뒤이기도 해서 여기서도 무례한 행동을 그만둘 수가 없었다. 나도 이때 처음으로 들은 이야기지만, 다름슈타트는 평탄한 모래땅에 있고 강의 흐름은 없으나 근처에 연못이 있다는 것이었다. 원래 정열적인 데다가 더욱 열이 나기 쉬운 상태에 있던 친구들은 이 양어 연못에서 더위를 식히기로 했다. 환한 대낮에 벌거벗은 청년을 본다는 것은 이 지방에서는 이상한 일이었던 것 같다. 여하간 소문이 자자하게 퍼졌다. 메르크는 그 결론을 강조했다. 그래서 내가 우리의 출발을 서두른 것을 부정하지는 않겠다.

우리는 모두 선량하고 고귀한 마음의 소유자들이었으나, 만하임으로 향하는 도중, 이미 사고방식이나 태도에 일종의 차이가 나타나기 시작하였다. 레오폴트 슈토르베르크는 어느 아름다운 영국 여인과의 진지한 연애 관계를 할 수 없이 끊어야 했던 일, 그 때문에 이렇게 먼 여행을 계획했다는 것을 열을 올려 이야기하였다. 그 이야기에 동정하여 우리도 그런 기분을 모르는 것이 아니라는 말을 털어놓자 그는 청년의 격정을 폭발시켜 그의 정열, 그의 슬픔, 또 그의 연인의 아름다움과 사랑스러움과 비교될 만한 사람은 이 세상에 없다고 말했다. 우리는 이러한 주장을 친한 친구에게 어울리는 적당한 화제로 얼버무리려 했으나 사태는 나빠질 뿐이었다. 마침내 하우크비츠 백작이나 나도 이 이야기를 이제 그만두고 싶다고 생각하지 않을 수 없었다.

만하임에 도착하자 우리는 훌륭한 여관의 아름다운 방에 여장을 풀었다. 포도주도 아낌없이 서비스된 최초의 점심 디저트 때, 레오폴트는 그의 연인의 건강을 위해 건배하자고 우리를 촉구하였고 그것은 상당히 성대하게 거행되었다. 잔을 비우자 레오폴트가 외쳤다.

"이렇게 신성해진 잔으로는 이제 한 방울도 더 마시는 것이 허락되지 않는다. 제2의 잔은 신성을 더럽히는 것이다. 따라서 이 잔은 부숴버려야 한다."

그는 바로 그 잔을 뒷벽으로 던졌다. 다른 사람들도 그를 따랐다. 그 순간 나는 메르크에게 뒷덜미를 잡힌 것 같은 기분이 들었다.

그러나 청년은 소년 시대의 연장이고 친한 친구들에 대해 유감을 살 필요도 없는 노릇이므로, 순진한 호의는 때로는 불쾌하게 느끼는 일이 있기는 할망정 상처를 입히는 경우는 없는 것이다.

신성하다고 언명된 잔 덕택에 매우 비싼 식대를 지불한 뒤, 우리는 의기양양하게 칼스루에[5]로 길을 재촉하여 느긋하고 한가한 마음으로 새로운 동아리에게로 갔다. 그 땅에서 우리는 클롭슈토크를 방문하였다. 그는 그를 깊이 존경하고 있는 제자들에게 옛 그대로의 도의적인 지배권을 매우 품위 있게 행사하고 있었다. 나는 자진해서 그에게 복종하고 있었기 때문에 다른 사람들과 그의 저택에 초청되었을 때, 신참자로서 우선은 무난하게 행동했다고 생각한다. 우리는 말하자면, 자연적이고 정중하게 행동할 것이 요구되었던 것이다. 통치자인

---

5) 칼스루에의 통치자는 변경 장관 칼 프리드리히 폰 바덴(1728~1811)이며, 그의 아내는 헤센 다름슈타트의 공주 카로리네 루이제(1723~83)였다. 당시 그녀에게는 그녀의 여조카인 루이제 폰 헤센 다름슈타트(1757~1830)가 체류하고 있었다. 이 루이제는 1774년부터 칼 아우구스트 폰 바이마르(1757~1828)의 약혼자였다. 두 사람은 1775년 10월 3일, 칼스루에에서 결혼하였다. 클롭슈토크는 당시 칼스루에에 없었다. 이 점은 괴테의 착각일 것이다. 괴테는 클롭슈토크를 프랑크푸르트에서 1774년 10월 초와, 1775년 3월 30일에 만났다.

변경 장관은 제후의 장로로서, 또 특히 그의 뛰어난 통치 방침 때문에 독일 제후들 사이에서 크게 존경을 받고 있었는데, 재정 문제를 즐겨 화제로 삼았다. 변경 장관 부인은 예술이나 여러 학문에 통달하여 조예가 깊었는데, 우아한 화제를 꺼내어 다소나마 우리의 대화에 참여하려고 하였다. 이에 대해 우리는 물론 감사하기는 했으나, 숙소로 돌아와서는 그녀의 보잘것없는 제지 공장이나 그녀가 복제본을 만드는 마크롯과 거래를 하고 있다는 것 등을 웃음거리로 삼지 않을 수가 없었다.

나에게 가장 뜻이 깊었던 것은 젊은 작센 바이마르 공과 그의 고귀한 약혼녀 헤센 다름슈타트의 공주가 공식적인 약혼을 하기 위해 여기서 만난 일이다. 이 때문에 의장 폰 모자[6]도 이 중요한 관계를 명백한 것으로 하고, 궁내 대신 게르츠 백작[7]과 최종적인 결정을 하기 위해 이미 도착해 있었다. 공과 공주와 나눈 대화는 매우 기분 좋은 것이었다. 그리고 두 사람은 작별을 위한 알현에서, 가까운 장래에 바이마르에서 나를 만날 수가 있으면 자신들에게는 다시없는 기쁨일 것이라고 되풀이해서 말했다.

클롭슈토크와의 몇 차례에 걸친 특별한 회담은 그가 나에게 보여준 친밀한 태도 때문에 흉금을 터놓는 회담이 되었다. 나는 그에게 최근에 쓴 《파우스트》의 몇 장면을 읽어주었다. 그는 그것을 호의를 가지고 받아들이는 것 같았다. 나중에 내가 들은 바에 의하면, 그는 평소의 그로서는 드문 일이지만, 다른 사람에게 단호한 의견과 함께 그것을 칭찬하면서 이 작품의 완성을 바라더라는 것이었다.

그 조잡한, 당시에 자칫 천재적인 행동이라고 일컬어진 행동은 칼스루에 같은, 말하자면 신성한 곳에서는 어느 정도 삼갔다. 나는 매부[8]가 군수로 있던 엔멘딩겐에 들르기 위해 친구들과 헤어지지 않으면 안 되었다. 나는 누이동생을 만나러 가는 이 여행을 하나의 참다운 시련이라고 생각하였다. 누이동생의 생활이 행복하지 않다는 것을 나는 알고 있었다. 그러나 그것은 그녀 탓도, 그녀의 남편 탓도 아니고 또 환경 탓이라고 할 수도 없었다. 그녀는 말할 수 없을

---

6) 프리드리히 칼 루드비히(1723~98). 1772년 이래 헤센 다름슈타트의 수상 및 의장.

7) 요한 오이스타치우스(1737~1821).

8) 요한 게오르크 슐로서.

정도로 독특한 존재였다. 나는 그녀에 대해 전할 수 있는 것을 여기서 정리해 보고자 한다.

누이동생은 몸매는 아름다웠으나 용모는 특별히 아름답다고는 할 수 없었다. 그녀의 얼굴에는 선량함, 이성, 배려 등은 명백히 나타나 있었지만, 균형이나 아름답다는 점에서는 약간 뒤지고 있었다.

게다가 앞으로 튀어나온 이마는 그녀의 도의적, 정신적인 특성을 가장 잘 증명하는 것이었지만, 머리카락을 잡아올려 야무지게 뒤로 묶는 유행 때문에 어쩐지 불쾌한 인상을 주고 있었다. 만약에 그녀가 요즈음 이루어지는 것처럼 얼굴 윗부분을 곱슬곱슬한 머리로 덮고, 관자놀이나 뺨도 그렇게 할 수가 있었다면, 거울에 비치는 자기의 모습을 좀더 기분 좋게 바라볼 수가 있었을 것이고, 자기에게 그랬던 것처럼 남들도 불쾌하게 생각하지 않을까 하는 걱정도 하지 않았을 것이다. 게다가 피부에 끊임없이 무엇인가가 생기는 불행이 있었다. 그것은 악마에 홀린 불운이라고나 할 수 있는 재앙으로, 이미 어렸을 때부터 축일이나 음악회, 무도회, 그 밖의 초대가 있을 때에는 으레껏 나타나는 것이었다.

그녀의 다른 뛰어난 자질이 더욱더 완성됨에 따라 이와 같은 사정을 그녀는 차차 극복해 나갔다.

확고하고 쉽사리 굽히지 않는 성격, 남을 배려하는 마음, 뛰어난 정신 수양, 훌륭한 학식과 재능을 가지고 있고, 몇몇 외국어에 통하고, 글씨도 잘 썼기 때문에 만약에 외모까지 아름다웠다면 그녀는 당시의 가장 뛰어난 여인의 한 사람으로 여겨졌을 것이다.

이 모든 것에 더하여 또 하나의 기묘한 일을 털어놓지 않으면 안 되겠다. 즉, 그녀의 인품에는 관능적인 곳이 전혀 없었다는 점이다. 그녀는 나와 함께 자랐다. 그리고 평생을 우리 남매의 조화 속에서 지내고 싶어했다. 내가 대학에서 돌아온 뒤, 우리는 또 떨어지지 않고 함께 살았다. 마음속으로부터 서로 신뢰하고, 사상, 감정, 공상, 모든 인상을 서로 나누었다. 내가 베츨러로 간 뒤, 그녀의 고독은 견딜 수 없었던 것 같다. 누이동생이 전부터 알고 있었고, 마음이 맞았던 나의 친구 슐로서가 나를 대신했다. 유감스럽게도 누이동생에 대한 그의 형제와 같은 친밀한 기분은 결정적인 것으로 변했다. 그는 엄격하고 양심적인 사람이었기 때문에 그에게 있어 그것은 아마도 최초의 정열이었던 것 같다. 이렇게 해서 세상에서 말하는 잘 어울리는 천생연분이 태어났다. 그녀는 그때까지 시시한 남녀, 또는 그녀가 싫어하는 사람들로부터의 그럴듯한 혼담을 몇 건, 단호히 거절해 왔으나 마침내 이 이야기를 받아들이도록 —라고 해도 좋을 것으로 생각하지만— 설득된 것이다.

　가끔 그녀의 운명을 생각해 볼 때, 나는 그녀를 가정주부로서가 아니라, 수도원 원장이나 그 어떤 고귀한 교단의 장이기를 바랐던 것을 솔직히 고백하지 않으면 안 되겠다. 그녀는 그러한 높은 지위에 필요한 것은 모두 갖추고 있었는데, 세상이 요구하는 것을 그녀는 가지고 있지 않았다. 그녀는 여성의 마음에 저항할 수 없는 강한 영향력을 미쳤다. 젊은 사람들을 따뜻한 마음으로 끌어당겨 정신적, 내면적 우월로 지배했다. 그녀는 나와 마찬가지로 좋은 것, 인간적인 것은 그것이 도리에 어긋나지만 않는다면 색다른 면이 있어도 그것들을 모조리 받아들였기 때문에, 무엇인가 뚜렷한 소질이 나타나 있는 특이한 것을 그녀에게 감추거나 그녀 앞에서 부끄러워할 필요는 조금도 없었다. 따라서 우리의 교우 관계는 이미 앞에서도 보아온 바와 같이, 때로는 대담한 것에 가까이 가는 일은 있어도 항상 다양하고, 자유롭고, 예의 바른 것이었다. 젊은 여인들과 단정하고 정중하게 교제하여, 이내 결정적인 속박을 받거나 누군가를 독점하려고 하는 일이 없었던 나의 습관은 그것이 모두 누이동생 덕택이라고 하지 않을 수가 없다. 그러나 여기에 기록되지는 않았지만, 넌지시 암시하고 있는 것을 이들 행간에서 읽어낼 수 있는 통찰력이 있는 독자는 당시 엔멘딘겐으로 발을 돌릴 때의 나의 진지한 기분을 이해하리라 믿는다.

　그러나 짧은 체류 뒤의 작별에 앞서 한층 무겁게 나의 마음에 얹힌 것은 누이동생이 매우 진지하게, 릴리와 헤어지도록 나에게 권고했다 —기보다는 명령한 일이었다. 그녀 자신도 너무 긴 약혼 기간 때문에 많은 괴로움을 겪은 것이다. 슐로서는 그의 성실한 성격 때문에 바덴 대공국에서의 임명이 확실해질 때까지는 그녀와 정식으로 약혼하지 않았다. 그러나 이 임명은 믿을 수 없을 정도로 오래 끌었다. 이에 대해 나의 추측을 말해도 좋다면, 성실한 슐로서는 직무에 대해서 유능하기는 했지만 그의 엄격한 정직성 때문에, 그의 사람됨이 군주의 입장에서는 직접 접촉하는 신하로서, 대신의 입장에서는 가까운 동료로서 바람직하지 않았던 것이다. 그가 기대하고, 또 절실히 바라던 칼스루에에서의 임명은 실현되지 않았다. 그러나 엔멘딩겐의 군수 자리가 공석이 되어 그가 바로 그곳으로 옮겨갔을 때, 비로소 지연된 사정이 명백해졌다. 지금 그에게 맡겨진 것은 당당하고 수입이 많은 지위였으나, 그는 충분히 그 임무를 맡을 수 있다는 것을 증명하였다. 혼자 일을 맡고, 신념에 따라 행동하고, 명예에 상관없이 일체를 처리한다는 것은 그의 기질과 방법에 매우 어울리는 것으로 여겨졌다.

이 임명에 이의를 제기할 수 없었다. 누이동생은 그를 따라가지 않으면 안 되었다. 물론 거기는 그녀가 바라던 수도가 아니라, 그녀에게는 적막한 황야로 여겨지는 곳이었다. 집은 넓어서 지위에 어울리는 당당한 것이었으나, 사교라는 것은 전혀 없었다. 전부터 그녀와 친교가 있었던 젊은 여인 두서너 명이 그녀의 뒤를 좇았다. 또 게오르크 집안[9]에는 딸들이 많이 있어서 그녀들이 교대로 방문했다. 그 때문에 그녀는 매우 부자유한 곳에 있으면서도, 적어도 예전부터 친했던 사람들과의 교제만은 즐길 수가 있었다.

이와 같은 사정과 이와 같은 경험에서 그녀는 릴리와 헤어지도록 진지하게 나에게 명령할 자격이 있다고 믿고 있었다. 그녀가 대단한 호의를 가지고 있는 릴리와 같은 여성을 화려하지는 않지만 와자지껄하고 활기가 있는 생활에서 떼어놓아, 확실히 훌륭하기는 하지만 많은 사람의 사교에는 어울리지 않는 가정으로 맞아들여, 친절하지만 말이 없고 교육하는 버릇이 있는 아버지와, 나면서부터 가정적이고 일이 끝난 뒤에는 혼자 조용히 속 편한 손작업을 하면서 젊은 사람들과 즐겁게 이야기하기를 좋아하는 어머니 사이에 끌어들이는 것은 무자비한 일로 그녀는 생각했다.

또 그녀는 릴리의 사정을 나에게 자세히 이야기해 주었다. 왜냐하면, 이미 나는 어떤 때는 편지로, 또 어떤 때는 정열적인 말로 모든 것을 그녀에게 알리고 있었기 때문이었다.

유감스럽게도 그녀가 말한 것은 신용을 잃은 친구인 험담가가 사소한 성격적 특징을 들어 남의 귀에 강조하려고 했던 일을 선의를 가지고 자세하게 해설한 것에 지나지 않았다.

나는 누이동생에게 설득을 당한 것을 고백하지 않을 수 없으나, 아무것도

---

9) 요한 게오르크, 1796년 사망. 프랑크푸르트의 상인.

약속할 수는 없었다. 나는 수수께끼 같은 기분을 안고 떠났다. 그러나 이 기분으로 말미암아 나의 정열은 더욱 뜨거워졌다. 그도 그럴 것이 어린 아모르는 희망이 이미 빠른 걸음으로 떠나려고 뛰기 시작했을 때에도 집요하게 그의 옷자락을 붙잡곤 하기 때문이다.

그곳과 취리히 사이에서 지금도 내가 분명히 기억하고 있는 유일한 것은 샤프하우젠 근처의 라인 폭포이다. 이 웅대한 폭포는 우리가 지금 들어가려고 하는 산악 지대가 마침내 시작하려 하고 있다는 첫 단계를 나타내고 있었다. 우리는 이 산악 지대가 차차 험해지는 가운데, 한 걸음 한 걸음, 한 단 한 단, 힘들여 정상을 향해 올라가기로 되어 있었던 것이다.

여관 '검옥(劍屋)' 입구에서 본 취리히 호의 전망은 지금도 눈에 선하다. 여관 입구라고 말한 것은, 우리가 거기에 들어가지 않고 바로 라바타에게로 갔기 때문이다. 그의 환영은 밝고 정성이 깃든 것으로, 비할 바 없이 즐거운 것이었다고 고백하지 않을 수 없다. 눈앞에 보는 그는 신뢰와 배려로 가득차 있었고, 남의 마음을 행복하게 하고, 어딘지 높은 곳으로 이끌어 가는 듯한 것이었다고 표현할 수밖에 없다. 그의 아내는 약간 색다른, 그러나 온건하고 부드러운 표정을 하고 있었다. 그를 둘러싼 모든 것도 그의 생각이나 사는 태도에 완전히 녹아 있었다.

우리가 우선, 그리고 거의 끊임없이 이야기한 것은 그의 《관상학》[10]에 대한 것이었다. 이 진기한 저작의 제1부는 나의 착각이 아니라면 인쇄가 완전히 끝나 있었거나, 적어도 완성에 가까웠다. 이 작품은 독창적이고 경험적인, 조직적이고 총괄적인 것이라 해도 좋을 것이다. 게다가 나는 이 작품과 매우 기묘한 관계가 있었다. 라바타는 세상의 모든 사람들을 공동자나 관계자로 만들려고 하였다. 이미 라인 여행 때, 많은 저명인의 초상화를 그리게 하고 그들을 이용함으로써 그들 자신이 등장하는 이 저작에 관심을 갖게 하려고 하였다. 그는 화가들에게도 같은 일을 시켜, 그의 목적을 위해 데생을 보내달라고 모든 화가들에게 호소하였다. 그것들은 도착하였으나 반드시 그 목적에 적합한 것이었다고는 할 수 없었다. 또 그는 누구를 불문하고 동판화로도 파게 했는데, 이것

---

10) 《인간 및 인간애 촉진을 위한 관상학적 단편(1775~78, 4권)》.

도 필요한 성격을 나타내고 있는 경우는 드물었다. 그로서도 엄청난 노력이 있었다. 돈과 모든 종류의 노력을 투입해 대저작을 준비했으므로 일체의 영예가 《관상학》에 걸려 있었다. 그 결과, 바야흐로 한 권의 책은 다 되어가고 있었다. 관상학은 학설에 의해 기초가 주어지고, 실례에 의해 증명되어 학문의 존엄에 접근하려 했으나, 어느 도판도 기대되는 것을 나타내고 있지는 않았다. 모든 도판이 비난을 받고, 추천되기는커녕 간신히 용인되었는데 개중에는 설명과 맞지 않아 삭제해야만 하는 것도 있었다. 전진하기 전에 항상 발판을 굳히려고 하는 나에게 있어 이것은 나의 일로 부과될 수 있는 가장 귀찮은 과제 중의 하나였다. 독자들도 부디 이해해 주었으면 하는 대목이다.

원고가 본문에 삽입된 도판과 함께 프랑크푸르트의 나에게 도착했다. 나에게는 마음에 들지 않는 것은 모두 삭제 또는 변경하고, 내가 좋아하는 것을 삽입할 권리가 주어졌는데, 물론 나는 이 권리를 최소한으로밖에 사용하지 않았다. 단 한 곳에서만 그는 부당한 비난자에 대한 격렬한 논란을 삽입하고 있었는데, 나는 이것을 삭제하고 밝은 자연시를 써넣었다. 이에 대하여 그는 나를 비난하였으나, 그 뒤 냉정을 찾았을 때는 동의하였다.

4권의 《관상학》을 펼쳐―그것을 후회하는 일은 없을 테지만―읽어보는 사람은 서로 만난 우리의 이야기가 얼마나 흥미 있는 일이었는가를 짐작할 수 있을 것이다. 그 속에 들어 있는 그림의 대부분이 이미 그려지고, 일부는 동판으로 조각되었으나 그것들을 앞에 놓고 비판했다. 그리고 우리는 쓸모가 없는 것들도 뜻이 있는 것으로, 쓸모가 있는 것들로 만들 좋은 방법은 없을까 머리를 짜냈다.

라바타의 저작을 다시 한번 읽어 보면 우스운 것 같기도 하고, 즐거운 것 같은 기분도 든다. 마치 한때 화를 냈고, 지금 와서 새삼스럽게 그것을 기쁘게 생각할 수도 없는, 전에 잘 알고 지냈던 사람들의 모습을 눈앞에 보는 것 같은 기분이었다.

그토록 많은 잘못된 그림을 어느 정도 통일되게 정리할 수 있었던 것은 소묘가(素描家)이자 동판화가인 리프스[11]의 뛰어나고 확실한 재능 덕택이었다. 실

---

11) 요한 하인리히(1758~1817). 화가. 동판화가. 후에 바이마르의 미술 학교에서도 일을 했다. 몇 개의 괴테 초상화가 있다.

제로 그는 현실을 산문적으로 자유자재로 표현하는 데 있어서 타고난 재능을 가지고 있었다. 더욱이 이 경우에는 그와 같은 재능이 절실히 요구되고 있었다. 그는 기묘한 요구를 하는 관상학자 아래서 일을 했다. 그래서 그는 주인의 요구에 따르기 위해서는 세심한 주의를 하지 않으면 안 되었다. 재능이 풍부한 이 농부의 아들은 매우 많은 특권이 주어진 도시 출신의, 신부직을 가진 주인에 대해 지고 있는 책무를 빠짐없이 알고 자기 일에 최선을 다했다.

나는 친구들과는 다른 집에 살고 있었기 때문에 특히 이렇다 할 사유가 있어서 사이가 갈라진 것은 아니었지만, 차차 그들과는 거리가 멀어졌다. 시내에서 다소의 교제는 하고 있었지만, 함께 교외로 멀리 나가는 일은 없었다. 그들은 젊은 백작다운 위엄을 가지고 라바타도 방문하였는데, 이 능숙한 관상학자가 그들을 보는 눈은 과연 일반 사람과는 달랐다. 이에 대해 그는 나에게 의견을 말했다. 그가 레오폴트 슈토르베르크에 대해서 이야기하면서 이렇게 외친 것을 지금도 기억하고 있다.

"자네들이 무어라고 말할지 모르나, 저 사람은 고귀하고 훌륭한 재능이 풍부한 청년이다. 사람들은 나에게 그를 영웅 헤라클레스로 그려 보였다. 그러나 나는 이제까지 그토록 연약한, 그토록 상냥한, 또 결정적인 순간에 그토록 남이 하자는 대로 하는 청년은 본 일이 없다. 나는 확실한 관상학적 식견을 갖기에는 아직 멀지만, 그러나 자네들이나 여러 사람을 보고 있으면 서글픈 생각이 든다."

라바타가 라인 하류 지방을 여행한 뒤로 그의 관상학 연구에 대한 흥미는 매우 높아져서, 많은 사람들이 그에게 답례 방문을 하려고 몰려왔다. 그 때문에 그는 사람들이 자기를 성직에 있는 재치 있는 인간의 제1인자로 여기고, 또 자기만이 방문객을 끌어들이고 있다는 것에 약간의 당혹감을 느끼고 있었다. 그래서 그는 모든 질투와 악의를 피하기 위해, 그를 방문하는 모든 사람들에게 이름이 알려진 다른 사람들도 친히 방문해서 경의를 나타내도록 부탁하고 또 촉구하였다.

이때, 나이 든 보드마가 특히 중요시되었다. 그래서 우리는 그를 방문하여 젊은이로서의 경의를 나타내기 위하여 가지 않으면 안 되었다. 그는 호수가 물을 모아 리마트강이 되는 근처의 오른쪽 물가에 있는, 상당히 크고 오래된 마을 건너편 언덕에서 살고 있었다. 우리는 이 마을을 통과하여, 마지막으로 약간 가팔라지기 시작한 오솔길을 지나 성벽 뒤의 언덕에 올랐다. 거기에는 성채와 낡은 벽 사이에 무어라 말할 수 없는 아름다운 교외가 반전원풍으로 형성되어, 어떤 곳에서는 처마를 나란히, 또 어떤 곳에서는 단독으로 집이 서 있었다. 여기에 평생의 주거로 정한 보드마의 집이 확 트인 밝은 전망 속에 서 있었다. 맑게 갠 아름다운 날이었는데, 우리는 집으로 들어가기 전에 그 전망을 넋을 잃고 바라보았다. 계단을 올라 방으로 인도되었는데, 중간 키에 기운이 왕성해 보이는 노인이 우리를 맞이하였다. 그는 찾아오는 청년에게 항상 말하는 인사로 우리를 맞았다. 그가 이토록 세상과 작별하지 못하고 있는 것은 우리를 쾌히 맞아들여 우리와 알고 지내고, 우리의 재능을 기뻐하고 우리의 앞으로의 행복을 빌기 위한 것이므로, 이것도 우리에 대한 배려의 하나임을 알아주기 바란다고 하는 것이었다.

이에 대해 우리는 그가 시인으로서, 장로의 한 사람으로서 이와 같이 잘 갖추어진 곳에 문자 그대로 목가적인 집을 평생 소유하고, 높고 맑은 공기 속에서 오랜 세월에 걸쳐 이와 같은 전망을 즐겨 끊임없이 눈을 기쁘게 한 그의 행복을 축하하였다.

우리가 창밖으로 전망을 즐기고 싶다고 부탁하자 그는 그것을 싫어하지 않은 것 같았다. 가장 좋은 계절의 밝은 태양 아래에서 보는 전망은 달리 비할 바가 없을 정도였다. 마을로부터 차차 낮아지는 근처의 경치, 리마트강 건너편의 작은 마을, 서쪽 지르펠트의 기름진 들판을 바라볼 수 있었다. 왼쪽 뒤로는 취리히호의 일부가 보였고, 잔물결을 일으키면서 반짝이고 있었다. 호숫가에는 산과 계곡, 언덕이 가까이 내려와 눈부시도록 아름다운 경치를 이루고 있었다. 멀리 높은 산의 능선이 보이고, 그것을 바라보고 있노라면 한없는 동경이 가슴을 채웠다. 우리는 손으로 가리키면서 그 봉우리의 이름을 대보기도 하였다.

오랜 세월 동안 늘 보아서 이제 새로운 것이라고는 없는 이 조망을 청년들이 황홀하게 바라보는 것을 보고 그는 탐탁해하는 것 같았다. 그는 가끔 비꼬는 어조로 한마디씩 했다. 우리는 가장 절친한 친구로서 작별을 고했다. 그러나 우리의 마음은 저 푸른 봉우리에 대한 동경으로 가득 차 있었다.

그런데 나는 존경하는 장로에게 작별 인사를 할 때 비로소 그의 풍채나 용모에 대해, 또 그의 동작이나 거동에 대해 아직 한 마디도 말하지 않았다는 것을 깨달았다.

일반적으로 나는 여행자들이 그가 찾은 명사에 대해 체포 영장의 재료를 제공하기라도 하는 것처럼 자세히 적는 것은 반드시 예의에 맞는 행동이라고는 생각하지 않는다. 방문자가 앞으로 다가가서, 호기심을 가지고, 더욱이 자기식으로 관찰한다는 것은 한 순간에 지나지 않는다는 것을 아무도 생각해 보려고 하지 않는다. 또 방문을 받은 사람은 어떤 때는 실제로, 어떤 때는 겉으로 보기에, 어떤 때는 거만하게, 어떤 때는 겸손하게, 어떤 때는 말이 없게, 어떤 때는 이야기를 좋아하는 것처럼, 어떤 때는 기분이 좋은 것처럼, 어떤 때는 언짢은 것처럼 보일지도 모른다. 그러나 이 특별한 경우에 내가 보드마의 존경할 만한 인품을 말로 표현한다면 우리가 받은 것과 같은 바람직한 인상을 주지 않을지도 모른다는 것을 말함으로써 나의 변명으로 삼고자 한다. 다행히도 그라프[12]의 그림을 바탕으로 바우제[13]가 판 동판화가 있다. 이것은 보드마를 완전히 우리가 본 대로 표현하고 있고, 또 관조와 고찰을 나타내는 그의 눈을 놓치지 않고 있다.

확실히 뜻하지 않은 일이라고는 할 수 없어도 매우 바람직한, 어떤 특별한 기쁨이 취리히에서 나를 기다리고 있었다. 거기서 나는 젊은 친구 바사반[14]을 만난 것이다. 내가 태어난 도시의 명망 있는 개혁파 집안 출신인 그는 뒷날 그가 선교사로서 포교하기로 되어 있던 종파의 발상지인 스위스에서 살고 있었다. 키는 그다지 크지 않지만 거동이 민첩한 사람으로 그의 얼굴과 인품 전체가 기분이 좋은, 결단성 있는 분위기를 풍기고 있었다. 그리고 검은 머리와 수염, 생생한 눈은 전체적으로 왕성한 관심과 적절한 활동을 나타내고 있었다.

우리가 서로 껴안고 인사를 교환하자마자 그는 몇몇 주(州)를 보러 가자고 제안하였다. 이미 그는 거기를 돌아다녀 크게 만족하고 있었기 때문에 이번에는 나에게 그곳을 보여 나를 기쁘게 하고 싶다는 것이었다.

---

12) 안톤(1736~1813). 초상화가.

13) 요한 프리드리히(1738~1814). 라이프치히의 동판화가.

14) 야콥 루드비히(1751~1827). 프랑크푸르트 출신. 개혁파의 이론을 공부하기 위해 당시 취리히에 있었다. 또 1774년 봄부터 1775년 10월까지 라바타의 조수로 일했다.

나는 라바타와 당면한 가장 중요한 문제에 대해 자세히 이야기를 교환하여, 두 사람에게 공통된 요건을 거의 남김없이 논의하였다. 그사이에 나의 명랑한 여행 친구들은 이미 여러 곳으로 그들 나름대로 그 지방을 탐방하고 있었다. 진심 어린 우정으로 나를 감싸고 있던 바사반은 그것으로 나와의 교제를 독점하는 권한을 얻었다고 생각하였고, 또 나로서도 오랫동안 바라고 있던 이 여행을 될 수 있는대로 조용히, 내 나름대로의 방법으로 끝내고 싶었던 만큼 그는 한층 손쉽게, 그들이 없는 틈을 타서 산악 지대로 나를 끌어들이는 데에 성공한 것이다. 어느 빛나는 아침, 우리는 배를 타고 장려한 호수로 배를 저었다.

　여기에 하나의 시를 삽입하겠는데, 이것이 그 즐거웠던 날들의 추억을 다소나마 전해주기를 나는 바라고 있다.

> 상쾌한 양분과 새로운 피를
> 나는 자유로운 세계에서 퍼 올린다.
> 나를 그 가슴에 안은 자연—
> 얼마나 부드럽고 좋은가.
> 물결은 노의 소리를 따라서
> 우리의 작은 배를 흔든다.
> 산들은 구름에 싸여
> 우리가 가는 길에 그 모습을 보인다.
>
> 아, 어찌하여 너는 눈을 내리까는가.
> 황금의 꿈이 다시 돌아오기라도 하는 건가.
> 사라져라, 꿈이여. 비록 네가 황금일지라도.
> 바로 여기에 사랑과 생명이 있는 것을.
>
> 수많은 별들이
> 물결에 반짝이고 떠돈다.
> 부드러운 안개의 바다가
> 솟아 있는 산들을 감싼다.

아침 바람은 상쾌하게
그늘을 이루는 후미를 돌고
익어가는 나무 열매는
호수에 그 그림자를 던진다.

우리는 리히타스뷔르에 상륙하였다. 거기에는 라바타가 소개한 호츠[15] 박사
가 살고 있었다. 그는 의사로서, 또 사물의 이해가 빠르고 친절한 사람으로서
그 마을과 그 지방 일대에서 존경과 명성을 얻고 있었다. 라바타의 《관상학》에
나오는 그에 관한 대목을 지적해 두는 것이 그와의 추억에 대해 가장 잘 경의
를 나타내리라고 생각한다.

최상의 대접을 받고, 우리 여행의 다음 숙소에 도착하여 매우 즐겁고 유익
한 교시를 얻은 뒤, 우리는 마을 뒤에 솟아 있는 산에 올랐다. 우리가 다시 신
데르레기의 골짜기로 내려오지 않으면 안 되었을 때, 우리는 다시 한번 뒤를 돌
아보고 취리히호의 훌륭한 조망을 가슴에 새겨두려고 하였다.

당시에 기록되어 지금도 남아 있는 다음 몇 줄은 그때의 나의 기분이 어떠했
던가를 말해준다.

사랑하는 릴리여, 내가 너를 사랑하고 있지 않았더라면
이 조망은 얼마나 큰 기쁨을 나에게 주었을 것인가.
그러나 릴리여, 내가 너를 사랑하지 않는다면
나의 행복 같은 건 도대체 무엇이랴?

이 짧은 감탄 구절은 나의 시집 안에서 보는 것보다는 여기서 보는 편이 한
층 인상 깊지 않을까 하는 생각이 든다.

거기에서 마리아 아인지데른으로 이어지는 울퉁불퉁한 길도 우리의 즐거운
기분을 상하게 하지는 않았다. 이미 아래의 호반에서 보았던 한 무리의 순례
자들이 기도문을 외우고 노래를 부르며 발걸음도 나란히 가까이 오더니 이윽

---

15) 또는 호체. 요한네스(1734~1801). 리히타스뷔르의 의사.

고 우리를 앞질렀다. 우리는 인사말을 나누며 그들을 앞서가게 하였다. 그들은 경건한 목적을 위해 함께 하자고 우리를 초청하면서 이 적막한 산중에 활기를 주고, 우아한 분위기를 자아냈다. 우리가 걸어가야 할 일곱 굽이의 길이 순례자의 열로 인하여 선명하게 보였고, 그들의 뒤를 따라가는 것이 한층 즐거웠다. 확실히 프로테스탄트에게는 로마 교회의 관습은 뜻이 깊고, 인상이 깊기 마련이다. 왜냐하면 프로테스탄트는 이 관습을 불러낸 최초의 것, 내면적인 것, 또 그에 의해 이 관습이 대대로 전해진 인간적인 것만을 인식하되, 그 인식의 순간에는 꼬투리나 겉껍질, 아니 나무 그 자체, 가지, 잎, 나무껍질, 그 뿌리까지도 개의치 않기 때문이다.

이윽고 황량한, 나무가 없는 골짜기에 웅장한 교회가 서 있는 것이 보였다. 또 정연한 개간지 중앙에는 많은 방문객들을 어느 정도 예의를 가지고 맞이할 수 있도록 상당히 큰 자리를 차지한 수도원이 보였다.

원래 성자의 은둔처였던 교회 안의 작은 회당은 대리석을 둘러 보기 좋은 예배소로 변해 있었다. 그것은 아직 내가 보지 못했던 색다른 것으로, 주위에 기둥을 세우고, 둥근 천장을 씌운 작은 그릇 같았다. 도의와 신을 경배하는 순간적인 빛이 영원히 불타고, 빛을 내는 불꽃을 켜서 그것을 구하기 위해, 많은 신자가 이 성스러운 불꽃으로 그들의 초를 밝히려고 수많은 고생도 아랑곳하지 않고 여기에 모인다는 것은 진지한 고찰을 불러일으키지 않을 수 없었다. 이러한 사실은 최초의 성자가 가장 깊은 감정과 분명한 확신을 가지고 품고 맛본 것과 같은 빛, 같은 따뜻함을 원하는 인류의 끝없는 욕망을 암시하고 있는 것이다. 우리는 보물 창고로 안내되었다. 창고 안에는 진귀한 물건들이 가득 들어 있었는데, 그중에서도 우리의 눈을 놀라게 한 것은 성자나 시조들의 등신대, 또는 터무니없이 큰 흉상들이었다.

그러나 이것과는 다른 주목을 끈 것은 다음에 열린 찬장의 광경이었다. 거기에 놓여 있는 것은 여기에 헌납된 고대의 귀중한 물건들이었다. 진기한 여러 가지 금세공 왕관 중 하나가 특히 나의 눈을 끌었다. 그것은 고대 여왕의 머리 위에서 볼 수 있는, 옛날풍의 예술 취미로 만들어진 위가 톱니처럼 파인 관이었다. 우아한 문양이 새겨진, 정성을 기울여 꼼꼼하게 완성된 것이었다. 거기에 상감된 색채 보석의 선택도 뛰어났고, 교묘한 대조를 이루며 배치되어 있었다.—

그 인상을 예술적으로 설명할 수는 없지만, 언뜻 보기에 완벽한 것이라고 말하고 싶은 솜씨였다.

이와 같이 예술을 이해함이 없이 다만 그 아름다움을 느끼는 데에 지나지 않은 경우에도, 정신과 정서는 실용으로 향하여 그 고가의 장식품을 내 것인 양 거기서 기쁨을 맛보고 싶어지는 것이다. 나는 그 관을 꺼내볼 수 있도록 허락해 달라고 하였다. 경건한 마음으로 그것을 손에 들고 높이 올렸을 때, 나는 그것을 릴리의 밝게 빛나는 곱슬머리 위에 씌우고, 그녀를 거울 앞으로 데려가서 나에 대한 그녀의 기쁨과 그녀가 펼쳐보이는 행복을 맛보고 싶다는 것 외에는 아무것도 생각하지 않았다. 후에 나는 이 광경을 솜씨가 좋은 화가가 그렸더라면 매우 뜻깊고 정서가 넘치는 그림이 되었을 거라고 자주 생각하곤 하였다. 이와 같이 해서 새 아내와 새로운 영토를 손에 넣는 젊은 국왕이 된다는 것은 보람이 있는 일일 것이다.

수도원의 소장품을 남김없이 보려고 우리는 미술품, 골동품, 박물 표본 등이 놓여 있는 방으로 안내되었다. 나는 그 당시 그러한 것들의 가치를 그다지 이해하지 못하고 있었다. 또 나는 분명히 크게 존중해야 할 학문이기는 하지만, 지적 관찰을 위해 아름다운 지구의 표면을 파내는 광물학에는 매력을 느끼지 못했고, 하물며 공상적인 지구 생성학의 미로에 말려들지 않고 있었다. 그러나 안내하는 신부의 재촉을 받아, 그의 말에 의하면 식자들에 의해 크게 존중되고 있다고 하는, 푸른 이판암(泥板岩) 안에 잘 보존되어 있는 작은 멧돼지 머리 화석에는 다소의 주의를 기울였다. 그 새까만 그 화석은 오래도록 나의 기억에 남았다. 그것은 라파스벨 근처에서 발견된 것으로, 그 지방은 태고 이래 늪지가 되어 있었기 때문에 그러한 미라가 후세를 위해 잘 매장되고 보존될 수가 있었던 것이다.

마리아의 승천을 그린, 액자 틀에 넣어 유리를 끼운 마르틴 셴[16]의 동판화에서는 이것과는 다른 흥미를 느꼈다. 완전한 사본이 하나 있으면 그와 같은 대가의 예술을 대략 이해할 수 있는 것은 물론이지만, 그러나 그렇게 되면 그 어떤 종류의 것이든 완벽한 것을 만났을 때 그러한 것처럼 그것으로 우리는 큰

---

16) 마르틴 숀가우어(1420경~80). 후년에 괴테는 노력 끝에 숀가우어의 동판화를 몇 점 입수했다.

감동을 받고, 그것과 동일한 것을 소유하여 반복해서 바라보고 싶은 욕망을, 그 사이에 얼마만큼의 시간이 지난다 해도 버릴 수가 없는 것이다. 뒷날 나는 이 동판화의 훌륭한 사본을 손에 넣을 때까지 노력을 늦추지 않았다는 것을 여기서 미리 말해도 아무런 지장은 없을 것이다.

1775년 6월 16일. 여기에 처음으로 날짜를 기입하는데, 이날 우리는 험한 길을 만났다. 황폐한 돌투성이의 산을 넘지 않으면 안 되었다. 황량하여 근처에 사람의 그림자라고는 하나도 볼 수 없었다. 저녁 7시 45분, 우리는 슈뷔처 호켄 건너편에 섰다. 2개의 산마루가 어깨를 나란히 하고 힘차게 하늘로 솟아 있었다. 우리는 처음으로 길가에서 눈을 보았다. 우리가 내려가야 할 협곡은 온통 오래된 소나무 숲으로 덮여 멀리 바라볼 수가 없었다. 약간의 휴식을 취한 뒤, 우리는 기운차게, 일부러 걸음을 빨리하여 벼랑에서 벼랑으로, 암반에서 암반으로 골짜기를 향해 오솔길을 뛰듯이 내려가 10시에 세바츠에 도착하였다. 우리는 지쳐 있으면서도 기운이 넘치고, 피곤하면서도 흥분하고 있었다. 급히 갈증을 해소하자 기운이 더욱 솟는 것 같았다. 거의 2년 전에 《젊은 베르테르의 슬픔》을 쓴 청년과 그 놀라울 만한 작품을 이미 초고로 읽고 열광한 나이 어린 친구, 이 두 사람이 지나간 정열을 생생하게 회상하고, 정열을 쏟아 덧없는 계획을 눈앞에 그리면서 솟아오르는 힘을 가슴에 느끼고, 공상의 왕국을 헤매고 있는 이 두 사람이 자기도 모르게 자연 상태로 돌아간 모습을 상상해 보기 바란다. 그러면 그때 우리가 처한 상태를 대략 짐작할 수가 있을 것이다. 나도 '웃음과 환성이 한밤중까지 계속되었다'라고 일기에 적어놓은 것이 없었다면 그것을 알 길이 없었을 것이다.

17일 아침. 창을 통해 슈뷔처 호켄을 보았다. 그 거대한, 불규칙한 자연의 피라미드를 핥듯이 구름이 연이어 올라갔다. 오후 1시, 슈뷔츠를 출발, 리기로 향한다. 2시, 빛나는 햇볕이 비치는 로바츠 호수 위로 나온다. 기쁜 나머지 아무것도 눈에 들어오지 않았다. 건강한 두 소녀가 배를 젓고 있었다. 모든 것이 순조로웠고, 우리는 다만 배가 앞으로 나아가는 대로 몸을 맡기고 있었다. 섬에 도착하였다. 소녀들의 이야기에 의하면 옛날 여기에는 폭군이 살고 있었다고 한다. 그러나 지금은 폐허 사이에 은둔자의 오두막집이 있었다.

리기에 상륙하였다. 7시 반. '눈 속의 성모' 옆에 섰다. 이어 예배당과 수도원

옆을 지나 '암소관'에 투숙하였다.

18일, 일요일. 이른 아침, '암소관'에서 예배당을 사생하였다. 12시, 이름이 '세 자매의 샘'이라고 하는 카르텐 버트로 향한다. 2시 15분, 산 정상에 도착, 구름 속에 섰다. 이번에는 시계가 가로막히고 내려오는 안개에 젖어 이중으로 불쾌했다. 그러나 안개가 가끔 좌우로 열려, 그것이 파도치는 액자 틀처럼 되어, 햇볕을 받아 맑고 장려한 세계가 변화하는 그림처럼 떠올라 보였을 때, 우리는 더 이상 이 불운한 처지를 원망하지 않았다. 그것은 이제까지 본 일이 없는, 또 두 번 다시 볼 수 없는 광경이었다. 우리는 상당히 불쾌한 이곳에 오랫동안 서서 쉴 새 없이 흘러가는 구름 사이로 햇볕을 받은 한 조각의 대지, 가늘고 긴 물가와 호수의 일부를 바라보았다.

저녁 8시에 우리는 숙소에 이르러 구운 생선과 계란, 충분한 포도주로 다시 기운을 회복하였다.

어둠이 밀려오고 밤이 깊어감에 따라, 여러 가지 소리가 서로 섞이며 울리는 음향이 예감을 가득 담고 우리의 귀에 들렸다. 예배당의 종소리, 샘의 소근거림, 불어오는 바람의 살랑거림, 멀리서 들려오는 뿔피리. 그것은 행복하고 마음이 풀어지는, 잠을 유발하는 한때였다.

19일 아침 6시 반. 우선 올라갔다가 내려와 바르트슈타트호로, 이어 비츠나우로 향한다. 거기에서 배를 타고 게르자우에 이르러 정오에 호반의 숙소로 들어간다. 2시 무렵, 그뤼트리 옆에 선다. 3인의 테르[17]가 맹세를 한 곳이다. 이어 숲속의 빈터에 이른다. 여기는 영웅[18]이 나온 곳이고, 그의 명예를 칭송하여 그의 존재와 행동의 전설이 그림이 되어 영원히 전달되고 있는 곳이다. 3시, 그가 배에 탔던 프뤼에렌으로, 4시, 그가 사과를 쏜 알도르프에 이른다.

험하게 물속으로 내리꽂히면서 우리에게 아무 말도 하려고 하지 않는 이들 암벽의 미로를 따라가면 우리는 저절로 이와 같은 시적인 이야기의 실에 얽히

---

17) 3인의 테르란 일반적으로 1653년 농민의 반란이 진압되었을 때, 대관 메르히오르 슈마하의 살해를 꾀한 한스 슈타데르만, 카스파르 운타네러, 우리 다힌덴을 말한다. 따라서 이 '3인의 테르'라고 한 것은 괴테의 착오인 듯하다. 1307년, 3개 주의 대표로서 그뤼토리에서 회합한 것은 발터 퓌르스트, 베르너 슈타우파하, 아노르트 안 데어 하르덴의 세 사람이다.
18) 빌헬름 텔을 말한다.

고 만다. 움직이지 않는 암벽은 극장의 무대 장치처럼 조용히 거기에 서 있다. 행·불행, 기쁨과 슬픔, 그것은 단지 오늘의 연극 프로그램에 적혀 있는 인물에 관한 것에 지나지 않는다.

그러나 이와 같은 고찰은 전적으로 청년들의 시야 바깥에 있었다. 방금 지나간 것도 그들은 마음속으로부터 쫓아냈다. 그리고 미래만이 그들이 앞으로 헤치고 들어가려 하는 산들처럼 불가사의하고 규명하기 어렵게 그들의 눈앞에 가로놓여 있었다.

20일, 암스테이크를 향해 출발하였다. 잘 구워진 생선이 거기서 우리를 기다리고 있었다. 깎아지른 바위틈에서 로이스강이 뿜어져 나오고, 상쾌한 눈 녹은 물이 맑은 자갈이 깔린 강 바닥을 씻어내고 있다. 이미 상당히 험해진 앞 산맥 곁에서 이 고마운 기회를 놓치지 않고 흘러내리는 물로 목을 축이지 않을 수 없었다.

3시에 그곳을 출발하였다. 짐을 실은 말의 행렬이 우리 앞을 지나고 있었다. 우리는 그것과 함께 폭이 넓은 눈덩어리 위를 넘었다. 나중에 그 아래가 텅 비어 있다는 것을 알았다. 여느 때라면 돌아가지 않으면 안 되는 이 협곡에 겨울의 눈이 쌓여, 지금은 곧장 뻗은 지름길이 되어 있었다. 아래를 흐르는 물이 차차 구멍을 내어 따뜻한 여름의 대기에 녹아, 공동은 더욱더 커져 있었다. 그 결과, 지금은 폭넓은 다리가 이쪽과 저쪽을 자연스럽게 연결하고 있는 것이다. 우리는 약간 상류에서 어느 정도 폭이 넓어진 계곡으로 내려가서 이 불가사의한 자연 현상을 바라보았다.

우리는 차차 높이 올라갔는데 여전히 골짜기에는 소나무 숲이 보이고, 그 사이로 가끔 로이스강이 깎아지른 벼랑 사이를 거품을 일으키면서 흘러가는 것이 보였다.

7시 반에 바젠에 도착하였다. 거기서 우리는 붉고 진한, 시큼한 롬바르디아의 포도주로 목을 적셨다. 우선 물을 타고, 이어 많은 설탕을 넣어 자연이 포도 안에 만들기를 거부한 성분을 보충하지 않으면 안 되었다. 숙소 주인이 아름다운 수정을 꺼내왔는데, 나는 그 당시 자연 연구에는 관심이 없었기 때문에, 아무리 값이 싸더라도 이러한 산의 산물로 짐을 무겁게 할 생각은 없었다.

21일 6시 반, 오르기 시작한다. 바위는 더욱 험하고 무서웠다. 악마의 다리가 보이는 악마의 바위에 이르는 길은 차차 험해졌다. 내 일행은 여기서 휴식을 하자고 말하고, 나에게 이 진기한 경관을 사생하라고 권했다. 윤곽은 잘 그릴 수 있었으나 그림에 입체감을 줄 수가 없었다. 이러한 풍경을 표현할 말도 나는 몰랐다. 우리는 참고 더 앞으로 나아갔다. 무섭고 황량한 기운이 더욱 깊어졌다. 대지는 산이 되고 분지는 협곡이 되었다. 나는 이 동굴을 꽤 불쾌한 기분으로 지나갔다. 이제까지 본 것은 숭고했지만, 이 어둠은 모든 것을 망가뜨려 버렸다.

그러나 장난기가 있는 안내인은 이 동굴을 빠져나갔을 때 내가 느낄 기쁨과 놀라움을 미리 예상하고 있었다. 조용히 거품이 이는 흐름이 여기서는 천천히, 분명 산으로 둘러싸여 있지만 상당히 넓은, 거기서 살고 싶어지는 평탄한 계곡을 굽이굽이 흐르고 있었다. 우리 건너편에 있는 깨끗한 울제른 마을과 교회 뒤의 고지대에 소나무 숲이 있었다. 그것은 산에서 쏟아지는 눈사태로부터 마을 사람들을 지키고 있었으므로, 성스러운 것으로 여겨지고 있었다. 푸른 골짜기 사이의 초원은 흐름을 따라 이어지는 키 작은 나무로 장식되어 있었다. 여기서 우리는 얼마 동안 보지 못했던 초목으로 눈을 즐겁게 했다. 마음이 느긋해지는 것 같았다. 평평한 오솔길을 걷노라면 힘이 다시 솟는 것을 느낄 수 있었다. 나의 친구들은 교묘하게 준비된 이 갑작스러운 여행을 무척 기뻐하고 있었다.

목장에는 유명한 울제른 치즈가 있었다. 신이 난 청년들은 좋은 포도주를 실컷 마시고 기분이 좋아져서, 그들의 계획에 환상적인 비약을 가했다.

22일 3시 반에 우리는 숙소를 떠나, 평탄한 울제른 계곡에서 돌멩이투성이인 리비넨 계곡으로 들어갔다. 거기에 들어서자 이내 초목의 모습은 전혀 보이지 않았다. 눈에 덮인 벌거벗은 또는 이끼가 낀 바위, 구름을 불렀다가 날려버리는 돌풍, 폭포의 울림, 황량한 기운 속에 울리는 짐 실은 말의 방울 소리, 오는 사람도 가는 사람도, 사람의 그림자라고는 하나도 볼 수가 없었다. 이런 곳에서는, 협곡 속에서 용이 사는 곳을 상상한다는 것은 그다지 어려운 일이 아니다. 그러나 우리는 가장 아름다운 것의 하나이자 그림 재료로 가장 잘 어울리는, 변화무쌍한 폭포의 광경으로 새로운 힘이 용솟음치는 것 같았다. 이 폭포는 마침 이 계절에 해빙으로 인하여 물이 불어나고, 구름 속에 모습을 보일락 말락 하면서 오랫동안 우리의 발걸음을 붙잡고 있었다.

마침내 우리는 작은 안개의 바다에 이르렀다. 그것은 몇 가닥의 대기의 띠와는 거의 구별할 수 없는 것이었기 때문에 나는 그것을 안개의 바다라고 부르고 싶은 것이다. 이윽고 안개 속에서 하나의 건물이 나타났다. 그것은 참배자가 묵는 숙소였다. 우리는 이제 곧 그 쾌적한 지붕 아래 휴식을 취할 수 있다는 생각에 큰 만족을 느꼈다.

# 제19장
# 라바터의 《관상학》


우리를 마중 나온 강아지의 가벼운 짖음에 이어 약간 나이가 든, 그러나 체격이 훌륭한 여인이 나와 문간에서 우리를 친히 맞아주었다. 그리고 신부는 밀라노로 나들이 갔는데 저녁때까지는 돌아올 것이라고 말했다. 그녀는 더 이상 이야기는 하지 않고, 이내 방과 식사를 준비해 주었다. 따뜻한 방이 우리를 맞아주었다. 빵과 치즈, 비교적 맛있는 포도주가 나왔고, 밤에는 융숭히 대접하겠노라고 약속하였다.

오늘 만난 여러 가지 진기한 일들이 화제에 올랐다. 친구는 모든 것이 잘 진행되어 시나 산문으로도 남길 수 없는 인상을 받은 하루를 지낼 수 있었다는 것을 크게 자랑으로 여겼다. 날이 어두워질 무렵, 훌륭한 풍채의 신부가 들어와서 기품이 넘치는 친밀한 태도로 우리에게 인사를 하고, 하녀에게 될 수 있는 대로 배려해서 불편한 점이 없도록 하라고 짤막하게 명령하였다. 그가 모든 사교에서 떠나, 이 산중의 매우 적적한 곳에서 평생을 보내게 된 데 대한 우리의 놀라움을 솔직하게 말하자 그는 사교가 전혀 없는 것은 결코 아니며, 보시는 바와 같이 우리가 방문하여 이렇게 자신을 기쁘게 해 주고 있지 않느냐고 말했다. 또 이탈리아와 독일 사이의 상품 교역은 매우 활발하고, 이 끊임없는 교류 때문에 자신과 일류 상점과의 사이에 교섭이 생기고 있으며, 그래서 그는 자주 밀라노에 내려가고, 그다지 자주는 아니지만 루체른에도 간다고 했다. 그리고 루체른에서는 우편 사무를 다루는 집들로부터 가끔 젊은 사람이 파견되어, 이 산 위의 분기점에서 이 업무에 관계가 있는 사정이나 사건을 전하도록 되어 있다고 말하는 것이었다.

이와 같은 여러 가지 이야기로 그날 밤은 지나갔다. 우리는 벽에 붙은 약간 짧은, 침대라기보다는 책장 같은 침상에서 조용한 밤을 보냈다.

이튿날 일찍 일어나자마자 나는 바로 푸른 하늘 아래로 나갔다. 푸른 하늘이라 해봤자 거기는 높은 산으로 둘러싸인 곳이었다. 나는 이탈리아 쪽으로 내려가는 오솔길 가에 앉아서 그릴 수 있을 것 같지도 않은, 도저히 그림이 될 것 같지도 않은 풍경을 아마추어식으로 사생을 하였다. 그것은 녹아내리는 눈 때문에 하얀 틈새와 검은 능선의 측면을 보이고 있는 가까운 산들의 꼭대기였다. 그러나 이 헛된 수고 때문에 그 풍경은 잊히지 않고 내 마음에 남았다.

나의 여행 친구는 밝은 표정으로 나에게 와서 말했다.

"신부님이 어제 해준 이야기를 어떻게 생각하나? 자네는 이 용의 등과 같은 산꼭대기에서 저 황홀한 지방으로 내려갈 생각은 없나? 이 골짜기를 내려간다는 것은 신나는 일임에는 틀림없고, 힘도 그다지 들지 않아. 그리고 베린초나 근처에서 전망이 넓어지면 얼마나 즐거울까? 커다란 호수에 떠 있는 섬들의 모습이 신부님의 이야기로 다시 내 마음에 떠올랐어. 카이슬러[1]의 여행기가 나온 뒤, 우리는 그것에 대해 여러 가지 것을 읽거나 보았기 때문에 나는 유혹에 이길 것 같지가 않아. 자네도 그렇게 생각하지 않나?

자네는 마침 좋은 곳에 앉아 있군. 나도 전에 여기에 선 일이 있는데 내려갈 용기가 나지 않았어. 자, 먼저 가게. 그리고 아이롤로에서 나를 기다려 주게. 나는 친절한 신부님께 작별 인사를 하고 일이 정리되면 인부를 데리고 나중에 갈 테니까."

"그렇게 급히 서두르는 것을 나는 좋아하지 않아."

그는 더욱더 재촉하였다.

"이것저것 생각할 필요는 없잖아. 밀라노로 갈 만한 돈은 충분히 가지고 있고, 신용 대부도 받을 수 있잖아. 그곳 시장에서 이쪽 거래하는 친구를 여러 사람 알고 있어."

"그럼 가보세. 가서 출발 준비를 해. 그러고 나서 결정하기로 하지."

나에게는 인간이란 이런 순간에는 아무런 확고한 것을 자기 내부에 느끼지 않고, 오히려 이전부터의 인상의 지배를 받아 좌우되는 것처럼 보인다. 롬바르디아나 이탈리아는 우리에게 전혀 미지의 세계로 우리 눈앞에 가로놓여 있었

---

1) 요한 게오르크(1693~1743). 기행문작가.

다. 독일은 이미 아는 것, 사랑스러운 것으로서 친밀하고 그리운 풍경으로 가득 차 있었다. 솔직히 말하자면 오랫동안 나를 둘러싸고 나라는 존재를 지탱해 온 것은 지금도 변함없이 나에게는 없어서는 안 될 요소이며, 나는 그 경계에서 벗어날 생각은 전혀 없었던 것이다. 가장 행복했던 무렵에 그녀로부터 받은 하트 모양 금메달은 그녀가 매어준 리본에 사랑의 온기를 간직하고 나의 목에 걸려 있었다. 나는 그것을 손에 들고 키스를 하였다. 그때 지은 시를 여기에 적어보려 한다.

> 지금도 이 목에 걸고 있는
> 사라진 사랑의 기념물.
> 너는 마음의 유대보다도 더 길게 두 사람을 묶어
> 짧았던 사랑의 날을 연장해 주는가.

> 릴리여, 너로부터 달아나도
> 너의 굴레를 몸에 지니고
> 낯선 타국을, 아득한 골짜기와 숲을
> 나는 헤맨다.
> 아, 릴리의 마음은 내가 생각하는 것만큼 빨리
> 나의 가슴으로부터 떨어져 주지 않는다.

> 실을 끊고,
> 숲으로 돌아가는 새처럼
> 지금도 매인 몸의 부끄러움을,
> 끊다 남은 실끝을, 뒤에 끌고 다닌다.
> 그것은 태어나면서부터 자유로운 새가 아닌 것이다.
> 그것은 이미 누군가의 손이 기른 새인 것이다.

바구니를 짊어진 인부를 데리고 서둘러 온 친구에게 억지로 골짜기로 끌려가지 않기 위해, 나는 급히 일어서서 내가 앉아 있던 험한 장소를 떠났다. 나도 경건한 신부에게 인사를 하고, 한 마디의 말도 하지 않고 왔던 길을 되돌아갔다. 친구는 약간 망설이면서 나의 뒤를 따랐다. 그리고 그는 나에게 호의를 품고 애착을 가지고 있었음에도 불구하고, 얼마 동안은 약간의 거리를 두고 나를 따라왔다. 그러나 폭포가 있는 곳에서 다시 함께 만나자 마음도 또한 맺어졌다. 그리고 일단 정해진 일을 결국은 역시 좋은 일, 유익한 일이라고 생각하지 않을 수 없었다.

내려가는 길에 대해서는 무거운 짐을 진 일행과 함께 수일 전에 무사히 통과했던 눈 다리가 모두 무너져 내렸다는 것 외에는 별로 할 말이 없다. 이 때문에 우리는 열린 후미처럼 된 곳을 돌아가지 않으면 안 되었는데, 자연의 구축물의 거대한 잔해를 보는 것은 매우 놀라운 광경이었다.

나의 친구는 되돌아가서 이탈리아로 가고 싶은 생각을 버리지 못하고 있었다. 미리부터 그는 이탈리아로 갈 것을 생각하고, 미워할 수 없는 꾀를 짜내어 결정적인 순간에 내 발걸음을 돌리게 할 작정인 것 같았다. 때문에 귀로는 그다지 유쾌하지 않았다. 그러나 나는 묵묵히 길을 걸으면서 시간에 지남에 따라 으레 작아지는 거대한 것, 적어도 파악하기 쉬운, 특징이 있는 개개의 인상을 기억에 담아두려고 끊임없이 노력하고 있었다.

새로운 또는 다시 새로워진 여러 가지 감회나 생각을 하면서, 우리는 피아바르트슈테트호를 바라보는 험한 산을 넘어 큐스나하트에 도착하여 거기에 상륙, 다시 계속 걸어서 길가에 서 있는 테르의 사당을 참배하고, 영웅적, 애국적 행위로서 전 세계의 칭찬을 받고 있는 그 암살에 대해 회상하였다. 이어 이미 리기에서 멀리 내려다보고 낯을 익힌 츠크호를 건넜다. 츠크에서 내가 기억하고 있는 것은 여관 방의 좌우로 여닫는 창에 끼워진, 그다지 크지는 않으나 이런 종류의 것으로는 뛰어난 몇 가지 유리 그림뿐이었다. 다시 여행을 계속하여, 알비스를 넘어 지르 계곡으로 내려갔다. 거기서 우리는 고독을 즐기고 있는 젊은 하노버 사람 폰 린다우[2]를 방문하여, 이전에 내가 취리히에서 예의에 벗어난 태도로 동행을 거절해서 느끼게 했던 그의 노여움을 풀었다. 원래 그것은 바사반의 질투심 많은 우정이, 바람직하기는 하지만 형편이 나빴던 동행을 거

---

2) 하인리히 유리우스. 남작. 실연으로 스위스에서 은둔 생활을 보냈다. 후에 헤센의 장교로 미국인과 싸워 맨해튼섬에서 전사(1776).

절한 원인이었던 것이다.

그러나 이들 훌륭한 산들로부터 다시 호수나, 마치 기분 좋은 듯이 자리를 잡고 있는 마을로 내려가기에 앞서 근처 풍경의 데생이나 스케치로 무엇인가를 얻으려고 하는 나의 시도에 대해서 한 마디 더 해두지 않으면 안 되겠다. 풍경을 그림으로 바라보는 젊었을 때부터의 습관으로, 나는 자연 속에서 그림이 될만한 풍경을 볼 때마다 그것을 종이 위에 고정시켜, 그와 같은 순간의 기억을 확실한 것으로 마음에 새겨두려고 시도하지 않을 수가 없었다. 이제까지는 한정된 재료에 의해서 다소의 연습을 했을 뿐이었으므로, 그와 같은 영역에서 나는 이내 나의 역부족을 느꼈다. 그러나 꼭 그려두고 싶다는 생각과 동시에 서두는 경우도 있었으므로, 할 수 없이 나는 기묘한 수단을 생각해냈다. 흥미 있는 대상을 파악하면 곧, 원 터치나 투 터치로 대충 그려놓고, 나의 가슴이 미치지 않는, 또 내가 다 그릴 수 없는 세부는 말로써 그 옆에 설명을 가함으로써 그러한 경관을 마음에 새겨두려고 하였다. 그래서 어떤 장면을 나중에 시나 이야기에 사용하려고 생각할 때에는 항상 그것을 바로 눈앞에 떠올려 마음먹은 대로 그것을 사용할 수가 있었다.

취리히로 돌아와 보니 슈트르베르크 형제는 이미 거기에 없었다. 묘한 이유로 해서 그들은 그곳에 오래 머무를 수가 없었던 것이다.

일반적으로 가정의 속박에서 벗어난 여행자는 완전히 자유로운 자연 속으로 발을 들여놓은 것처럼 생각하기 쉽다는 것은 인정해 주어야 한다. 당시에는 아직 경찰에 의한 여권 조사나 관세, 그 밖의 장애에 의해서 문제가 생기는 경우는 없었고, 밖에 나와 있다는 것은 집에 있는 것보다도 답답하고 불편하다는 것을 생각나게 하는 사례가 없었기 때문에 더욱더 그러한 잘못된 생각을 가지게 된 것이다.

먼저 자연스러운 자유의 실현을 추구한 당시의 분방한 경향을 생각해 본다면 그 청년들이 스위스야말로 그들의 젊고 발랄한 자연을 발휘하여 목가적으로 행동하기에 알맞은 땅이라고 생각한 것도 반드시 나무랄 수는 없을 것이다. 게스너의 우아한 시와, 여기에 첨가된 매우 바람직한 동판화가 분명히 그럴만한 이유를 제공하고 있기 때문이다.

실제로 그와 같은 시적 표현을 위해서는 열린 호수나 강에서 미역을 감는 것이 가장 적당할 것 같다. 확실히 여행 도중에는 이런 종류의 자연의 발로(發露)는 현대의 풍습에 그다지 어울리는 일이 아니라고 여겨졌기 때문에 다소 삼가고 있었던 것이다. 그러나 스위스로 들어가서, 물방울이 떨어져 흘러서 평지에 모여, 차차 넓어져서 호수가 되는 물의 흐름을 눈으로 보고 그 상쾌함을 피부로 느끼자 유혹을 이겨내지 못했다. 나 자신, 친구들과 함께 맑은 호수에서 미역을 감은 것을 부정할 생각은 없다. 그러나 나는 모든 사람의 눈으로부터 아주 멀리 있다고 생각했지만, 나체는 멀리서도 사람의 눈에 띄어 우리를 본 사람들의 노여움을 샀다.

시 속의 양치기처럼 반나체가 되거나, 이교의 신들처럼 전라가 되는 것이 기분을 상하게 하는 일이 되리라는 것을 전혀 생각지 못한 선량하고 순진한 청년들은, 친구들로부터 그와 같은 행위를 하지 말라는 주의를 받았다. 친구들은 그들이 원시적인 자연 속에서 살고 있는 것이 아니라 중세로부터 전해오는 낡은 제도나 풍습을 굳게 지키는 것이 좋은 일이고, 유익하다고 생각하고 있는 나라에서 살고 있다는 것을 설명하였다. 그들은 그것을 납득하는 데에 인색하지 않았다. 특히 그들이 제2의 자연으로서 존경해야 한다고 여기고 있던 중세가 화제가 되었기 때문이다. 그래서 그들은 사람의 눈에 띄기 쉬운 호수를 떠났는데, 산속을 산보하는 도중에 졸졸 흐르는 맑고 상쾌한 물을 보게 되자, 7월 중순인데도 그와 같은 상쾌한 즐거움에 저항하기가 어려웠다. 그들은 걸어가는 동안에 어둑어둑한 골짜기에 이르렀는데, 알비스의 배후에 있는 그 골짜기에는, 취리히에서 리마트강으로 흘러드는 지르강이 세차게 흐르고 있었다. 인가로부터 멀리 떨어져 있고, 또 사람이 다니는 길에서 멀리 떨어져 있었기 때문에 그들은 옷을 벗어던지고 거리낌 없이 물속에 뛰어들어도 괜찮으리라는 생각을 하였다. 물론 여기에는 시원한 물과 흥분된 마음에서 생기는 환성이 따르지 않을 수 없었다. 이로써 그들은 나무로 어둡게 가려진 바위 그늘을 목가적인 정경으로 바꾸려 하고 있었던 것이다.

그러나 전부터 그들에게 악의를 품고 있었던 자가 뒤를 따라왔는지, 아니면 정적 속에서 이루어진 그들의 시적인 법석이 반대자를 끌어들인 것인지는 몰라도, 요컨대 그들은 위쪽의 조용한 덤불로부터 연이어 돌팔매를 맞은 것이다. 그것도 적은 인원수에 의한 것인지, 많은 인원수에 의한 것인지, 또 우연히 일어난 일인지, 고의로 일어난 일인지 알 수 없었다. 따라서 그들은 상쾌한 물놀이를 포기하고 옷을 찾는 것이 가장 현명한 일이라고 생각하였다.

돌은 아무도 맞지 않았다. 단지 놀라고 불쾌한 정신적 피해를 입었을 뿐이었다. 그리고 그들은 명랑한 청년들이었으므로 그것도 이내 잊을 수가 있었다.

그러나 라바터에게는 매우 불쾌한 결과가 미쳤다. 그는 그 뻔뻔스런 청년들을 친절하게 자기 집으로 맞아들여 그들과 함께 마차를 타고 멀리 드라이브하였고, 그 밖에도 수수하고 자유로운, 오히려 이교도적인 성격으로 예의 바른 평온한 땅에서 그와 같은 어이없는 난리를 일으키는 그들을 상대로 이것저것 시중을 든 것이다.

그러나 종교가인 친구는 이와 같은 난리를 진정시키는 요령을 알고 있어서 이 사건도 잘 마무리할 수가 있었다. 그리고 이 유성(流星)과 같은 여행자들이 떠난 뒤, 우리가 귀로에 올랐을 때에는 모든 것이 평온해져 있었다.

최근에 새로 낸 나의 작품집 제16권에 첨가된 베르터의 여행기[3]의 단편 속에서 나는 이 칭찬받을 만한 스위스의 질서 및 법률적 제한과, 청년의 망상 속에서 요구되고 있는 이와 같은 자연적 생활과의 대조를 그려보려고 시도하였다. 그러나 시인이 솔직하게 말하는 것은 모두 결정적인 의견이나 교훈적 비난으로 받아들여지기 쉬운 것이므로 스위스 사람은 그것에 매우 불쾌한 감정을 품고 있었다. 그래서 나도 계획하고 있었던 속편을 중지했는데 만약에 이것이 계속 집필되었다면 베르터의 고민이 그려지는 시기에 이르기까지의 그의 발전 상태가 어느 정도 밝혀졌을 것이고, 또 그것은 세상 물정을 잘 아는 사람들에 의해서 틀림없이 환영받았을 것이다.

취리히로 돌아와서 나는 다시 라바터의 호의에 의지하여 그의 집에서 머물렀는데, 이에 따라 대부분의 시간은 오직 그를 위해 할애하게 되었다. 《관상학》은 잘된 것이나 잘못된 것을 포함한 모든 초상화와 함께 이 뛰어난 사나이에게 더욱더 무거운 짐이 되고 있었다. 우리는 모든 것을 각각의 사례에 입각해서 논의했는데, 그와 동시에 내가 프랑크푸르트로 돌아간 뒤에도 지금까지와 마찬가지로 협력하겠다고 약속하였다.

---

3) 정확한 표제는 《스위스로부터의 편지》. 그 서문에 '이들은 베르터의 서류 속에서 발견되었다고 한다'라고 적혀 있는 것을 보고 이렇게 말한 것 같다.

내가 이러한 약속을 하게 된 것은 청년다운 무조건의 신뢰 때문이기도 했으나, 그보다는 오히려, 그때그때의 사정으로 쉽사리 어느 쪽으로든지 움직이는 나의 기분 때문이었다. 이렇게 말하는 것도 인상을 분석하는 라바터의 방법이 애초부터 나의 기질에 맞지 않기 때문이었다. 나의 경우, 사람과 만나서 받는 첫 인상이 그 사람과 나와의 관계를 거의 결정짓는다. 하지만, 원래 나의 마음속에서 작용하는 일반적인 호의가 청년의 경솔함과 섞여서 항상 우위를 차지하였고, 나로 하여금 대상을 어느 정도 애매한 분위기 속에서 바라보게 한 점도 있었던 것이다.

라바터의 정신은 어디까지나 강력한 것이어서 그의 곁에 있으면 결정적인 영향을 받지 않을 수 없었다. 이 때문에 나도 눈, 코, 입을 하나하나 관찰하여 그 균형을 잡는 그의 방법을 승인하지 않을 수 없었다. 투시자이기도 한 그는 자기가 매우 명석하게 살핀 것에 대해서 완전한 설명을 해야 한다는 필요에 쫓겨 그렇게 하고 있었던 것이다. 그러나 나에게는, 눈앞에 있는 인간을 개별적 요소로 분석해서 그것에 따라 그 사람의 정신적 특성을 알아맞히려고 하는 것은 그 어떤 나쁜 수작이자 스파이 행위처럼 여겨졌다. 나에게는 자신의 심중을 밝히는 대화를 단서로 하는 편이 바람직했다. 따라서 나는 라바터 곁에 있으면 어쩐지 개운치 않은 기분을 느꼈다는 것을 부정하지는 않는다. 그는 관상학적인 방법에 의해 우리의 특질을 파악함과 동시에, 말의 주고받음에서 일종의 혜안으로 손쉽게 간파할 수 있었던 우리의 사상을 대화 속에서 자유롭게 지배하고 있었기 때문이다.

매우 명확한 종합력을 자신의 마음속에 느끼는 사람은 확실히 분석하는 권리를 가지고 있다. 그는 마음속으로 느껴 파악한 전체 모습을 밖으로 나타난 개별적인 것에 의해 확인하고, 그 정당성을 증명하려고 하기 때문이다. 이 점에 대해 라바터가 어떻게 행동했는가에 대해 예를 한 가지만 들어두기로 한다.

일요일마다 그는 설교를 한 뒤, 교회를 나서는 사람들 앞에 짧은 자루가 달린 비로드 봉지를 내밀고, 목사로서 축복을 주면서 헌금을 받을 의무가 있었다. 그래서 그는, 어느 일요일에는 사람을 보지 않고 손에만 주의해서 그 사람의 모습을 알아맞혀 보기로 마음먹었다. 그러나 손가락 모양뿐 아니라, 헌금을 할 때의 손가락의 표정까지도 그의 주의를 벗어날 수가 없었다. 그리고 그는 이에 대해서 나에게 여러 가지 것을 이야기해 주었다. 이와 같은 이야기는, 나도 또한 인간을 그리는 능력을 몸에 지니려는 자로서 배운 바가 많은 매우 유익한 것이었다.

그 뒤의 나의 인생의 여러 시기에, 내가 매우 친한 관계를 맺은 뛰어난 사람들 중의 한 사람인 이 사람에 대해서 생각해보지 않을 수 없었다. 따라서 다음에 드는 그에 대한 고찰은 여러 다른 시대에 쓰인 것이다. 우리가 노력하는 방향이 서로 다르기 때문에 우리는 차차 멀어지지 않을 수 없었다. 그러나 나는 그의 뛰어난 본질에 대한 관념을 손상시키지 않았다고 자부하는 바이다. 나는 자주 그의 모습을 그려보았다. 따라서 이들 고찰은 서로 아무런 관련도 없이 생긴 것이지만, 중복되는 곳은 있어도 아마도 모순되는 일은 없을 것으로 생각한다.

원래 라바터는 전적으로 현실적인 사고방식을 가진 사람으로, 도덕적인 형식에 속하는 것 외에 관념적인 것은 전혀 모르는 사람이었다. 이 관점을 굳게 지켜서 이 사람을 본다면 이 드물고 독특한 사람을 더욱 잘 이해하게 될 것이다.

그의 《영원에의 전망》[4]은 원래 현세의 존재의 계속에 지나지 않는 것으로, 그것은 우리가 이 세상에서 견디고 참지 않으면 안 되는 여러 가지 조건보다도 더 나은 조건에 놓인 피안(彼岸)인 것이다. 그의 관상학은, 밖으로 나타나 있는 감각적인 것은 어디까지나 그 사람이 갖는 정신적인 것과 일치하여 정신적인 것에 대한 증명을 주는 것이다. 아니, 오히려 정신적인 것 그 자체를 나타내고 있다는 확신에 바탕을 두고 있다.

그는 예술의 이상과는 쉽사리 친해질 수가 없었다. 그는 그의 혜안(慧眼)으로 그와 같은 것은 생명체로 조직화되기가 불가능하다는 극단적인 견해를 가지고 있었으며, 이 때문에 예술의 이상을 동화의 나라, 아니 요괴의 세계로 추방해 버린 것이다. 관념적인 것을 현실화시키려는 그의 끈질긴 경향 때문에 그는 몽상가라는 말도 들었다. 그러나 그는 자기만큼 현실적인 것을 추구하는 사람은 없다고 확신하고 있었다. 그래서 그는 자기의 사고방식이나 행동 방식의

---

4) 라바터의 저서(4권, 1768~78). 죽은 후의 생활을 다루고 있으며, 그 속에는 '천체의 완전성에 대해서', '천국의 말에 대해서'와 같은 장이 있다.

잘못된 점을 끝내 발견할 수가 없었다.

　남의 인정을 받으려고 그 사람만큼 정열적으로 노력한다는 것은 누구나 손쉽게 할 수 있는 일이 아니다. 따라서 그는 교사가 되기에 알맞은 사람이었다. 하기야 그의 노력은 분명 다른 사람의 생각이나 도덕의 개선을 지향하고 있었으나, 그가 진정으로 추구하는 것은 그것만이 아니었다.

　그리스도의 인격을 재현하는 것이 그의 최대의 관심사였다. 그래서 그리스도의 상을 연이어 그리게 해서 이를 복제하고 모사시키는, 거의 어리석다고 할 수 있는 노력이 생겨났다. 그러나 당연한 일이지만 그 어느 것에도 그는 만족하지 못했다.

　그의 저서는 오늘날에도 이해하기 어렵다. 그가 진정으로 하고자 한 말을 읽어내기란 아무에게나 쉬운 일이 아니기 때문이다. 그 사람만큼 시대 속에서 제재를 찾아 시대에 맞게 쓴 사람도 없다. 그의 저서는 마치 하나의 신문과 같아서 그 시대에서 일어난 일에 관한 매우 특수한 주석을 필요로 한다. 더욱이 그것은 특수한 당파에 속하는 사람이나 알 수 있는 말로 쓰여 있어서, 그의 저서를 올바르게 이해하기 위해서는 우선 그 말을 알아야 한다. 그렇지 않으면 총명한 독자들에게도 많은 일들이 터무니없고 무의미한 것으로 여겨진다. 사실 그 때문에 그는 살아 있을 때나 죽은 뒤에도 이런 점 때문에 많은 비난을 받아왔다.

　또, 그는 무엇이든지 희곡화하려는 우리의 경향에 화를 내고 있었다. 우리는 모든 일들을 희곡이라고 하는 형식으로 표현하려고 했지 다른 형식을 인정하지 않았기 때문이다. 여기에 화가 난 그는 《폰티우스 필라투스》[5]에서, 성서만큼 희곡적인 작품은 없으며, 특히 그리스도의 수난사는 실로 희곡 중의 희곡이라는 것을 흥분된 어조로 설명하려 하고 있다.

　위에서 말한 소책자의 이 장 안에서, 아니 이 저작 전체에서 라바터는 산타클라라의 신부 아브라함[6]과 매우 닮은 것 같다. 현재에 작용을 미치려고 하는 재기가 있는 사람은 모두 이와 같은 수법을 채용하지 않을 수 없기 때문이다.

---

5) 라바터의 저서(4권, 1782~85).
6) 한스 빌리히 메게르레(1644~1709). 남독일 가톨릭의, 당시에 가장 저명한 설교사. 기지가 풍부하고 사람의 의표를 찌르는 말투를 좋아했다. 많은 저서가 있다.

그들은 현재의 경향, 정열, 언어, 전문 용어를 찾아서 그것을 자기의 목적에 이용하고, 또 자기 쪽으로 끌어당기려는 대중에게 그것으로 접근하려고 하기 때문이다.

그런데 그는 성서나 많은 해석가들과 마찬가지로, 그리스도를 글자 그대로 파악하고 있었기 때문에 이 관념은 그 자신의 본질을 보충하는 역할을 다한 결과, 그는 오랫동안 신인(神人) 그리스도를 자기의 개인적 인격 안에 관념적으로 받아들여 마침내는 그것과 하나로 융합, 합체하였다. 아니 자기 자신이 그리스도 그 자체라고 망상할 수가 있었던 것이다.

성서를 문자대로 믿는 이 단호한 신앙에 의해서, 그는 또 당시와 마찬가지로 오늘날에 있어서도 틀림없이 기적을 행할 수가 있을 것이라는 확고한 확신을 품게 되었다. 그리고 그는 이미 예전에 중대하고 촉박한 사건과 마주쳤을 때, 중대한 위험이 따르는 재앙을 열성적인, 아니, 맹렬한 기도를 통해 순간적으로 몇 번인가 호전시킨 적이 있었기 때문에, 냉정한 이성적 반박 등으로는 조금도 그를 변하게 할 수가 없었다. 또 그리스도에 의해서 부흥하고, 행복한 영원에 바쳐진 인류의 위대한 가치를 굳게 믿고, 동시에 정신이나 심정의 다양한 요구나 지식에 대한 무한한 갈망을 잘 알고, 더 나아가서 별이 반짝이는 밤하늘이 감각적으로 우리를 유혹하는, 저 끝없이 자기를 확대하는 기쁨을 자기 자신도 느끼면서 그는 그《영원에의 전망》을 쓴 것이다. 그러나 이 책은 같은 시대의 대다수 사람들에게 매우 기묘한 것으로 받아들여졌다.

그러나 이와 같은 모든 노력, 소망, 기도도 자연에 의해 주어진 그의 관상학적 천재성에는 미치지 못했다. 왜냐하면 시금석이 그 표면이 검고 껄끔거리면서도 매끄러운 특성 때문에, 거기에 문질러 올바른 금의 순도를 표시하는 데에 가장 적당한 수단인 것처럼, 그도 또한 그가 품고 있었던 인간에 대한 순수한 관념으로, 또 처음에는 자연의 충동을 받아 단순히 표면적, 우연적으로 행사한 것에 지나지 않았으나 그 뒤 숙고를 거듭하여 의도적, 규칙적으로 행사함으로써 최고의 것으로 닦아낸 날카롭고 유연한 관찰의 재주로 개별적인 인간의 특수성을 인정하고, 간파하고, 구별하고, 더 나아가서는 그것을 입 밖으로 표명하는 데에 가장 적당했기 때문이다. 확고한 자연의 소질에 입각하고 있는 재능은 모두 마술적인 그 무엇인가를 가지고 있는 것처럼 보인다. 그것 자체도, 그 작용도, 우리의 관념으로써는 알 수가 없기 때문이다. 실제로 개개의 인간에 대한 그의 통찰은 우리의 모든 이해를 넘고 있었다. 인간에 대한 이런저런 의견을 그가 친히 표명하는 것을 듣고 있으면 우리는 놀라지 않을 수 없었다. 아니, 자연이 원하는 바에 따라 우리 개인이 지니고 있는 한계를 모조리 보고 있는 사람 곁에 있다는 것은 무서운 일이었다.

누구나 자기가 가지고 있는 것은 남에게 전달할 수가 있다고 생각하고 있지만, 라바터는 그 뛰어난 재능을 자기를 위해 썼을 뿐만 아니라, 이것이 타인에게서도 발견되어 환기되고, 나아가서는 대중에게도 전달될 수 있을 것이라고 생각했다. 이 기묘한 설 때문에 얼마나 악의에 찬 오해나 어리석은 농담이나 비열한 조소를 야기시켰는가는 아마 오늘날에도 몇몇 사람들의 기억에 남아 있을 것이다. 이런 일이 일어난 데에 대해서는, 뛰어난 이 사람 자신에게 책임이 있었던 것은 아니다. 분명히 그의 내적인 본질의 통일은 높은 도의성에 입각해 있던 것이지만, 그에게는 철학적인 사고법에 대한 소질도, 예술적 재능도 결여되어 있었기 때문에 여러 가지 노력을 거듭했음에도 불구하고 외적인 통일에 이를 수가 없었기 때문이다. 그는 사상가도 시인도 아니고, 엄밀한 의미에서는 설교자도 아니었다. 그는 무엇인가를 방법론적으로 파악하는 일은 전연 할 수가 없었다. 그는 개별적인 것을 개별적으로 파악하여, 또 그것을 관련을 지우지 않고 대담하게 나란히 놓았다. 그의 관상학의 대저서는 그 훌륭한 실례이며 증명이다. 그의 내부에서는 도의적, 감각적 인간의 관념은 아마도 하나의 전체적인 모습을 이루고 있었을 것이다. 그러나 그는 외부를 향해 그것을 표명할 수가 없었다. 인생에 있어서의 모든 것을 개별적으로 파악한 것과 마찬가지로 그것을 다시 개별적으로밖에 표현하지 못했던 것이다.

유감스럽지만 그 책이 분명히 밝히고 있는 바에 의하면, 그토록 날카롭게 앞을 내다보는 사람이 극히 사소한 경험에 구애되어 모색하기도 하고, 모든 현존하는 예술가나 삼류 화가에게 부탁하여 아무런 쓸모가 없는 그림이나 동판화를 위해 믿을 수 없을 정도의 돈을 지불한 끝에, 그 그림들이 정도의 차이는 있으나 실패작이었고 무의미한 것이었다고 말하고 있는 것이다. 물론 그는 그것으로 자신의, 또는 남의 판단을 날카롭게 만들고 있기는 하지만, 또한 그것은 숨이 막힐 정도로 많은 경험을 쌓아올리려는 그의 성향이 그를 몰아세우고 있다는 것을 증명하고 있는 것이다. 때문에 그는 내가 절실히 원했음에도 불구하고, 끝내 결론을 마무리할 수가 없었다. 뒷날 그가 친구에게 결론으로 털어 놓은 것은 나로서는 도저히 결론이라고 할 수 없는 것이었다. 왜냐하면 그것들은 어떤 종류의 선이나 윤곽, 아니 그가 일정한 도덕적, 또는 자주 부도덕한 특성과 결부시켜 생각한 사마귀나 주근깨를 긁어모은 것에 지나지 않았기 때문이다. 이들 속에는 놀라울 만한 견해가 없는 것도 아니었다. 그러나 그것은 질서가 없었고, 모든 것이 우연적으로 잡다하게 나열된 데에 지나지 않았다. 그 어디에도 체계적인 설명은 없을 뿐만 아니라 맥락도 없었다. 그의 다른 저작에서와 마찬가지로 저작상의 방법론도, 예술적 감각도 볼 수 없었다. 오히려 이들 저서는 그가 생각하고 있는 것, 바라고 있는 것을 정열적이고 격렬한 어조로 말하고 있을 뿐, 그 서술이 전체적으로 이루지 못한 것을 재기가 넘치는 세부 사항으로 보충한 데에 지나지 않았다.

다음에 드는 고찰은, 이것도 위에서 말한 사정과 관련되는 것이므로 여기에 삽입하는 것은 적절한 처사일 것이다.

누구나 다소나마 부정할 건더기가 있으면 어떻게 해서든 남의 장점을 인정하려 하지 않는 법이다. 가장 부정할 수 없는 것은 선천적으로 타고난 장점인데, 천재라고 하는 것은 당시의 용어법에 따르면 시인에게만 인정되어 있었다. 그런데 갑자기 다른 세계가 열린 것처럼 보였다. 사람들은 의사에게나, 장군에게나, 정치가에게나, 그리고 이윽고는 이론적, 실천적으로 두각을 나타내고자 하는 모든 사람에 대해서 천재라는 말을 사용할 것을 바랐다. 특히 이 바람을 말로 표현한 것은 짐머만[7]이었다. 라바터는 그의 《관상학》에서 모든 종류의 정신적 천분이 필연적으로 보다 더 광범위에 걸쳐 주어져 있다는 것을 지적하지 않을 수 없었다. 천재라는 말은 일반의 암호가 되었다. 그리고 사람들은 그 말이 너무나 빈번하게 입에 오르내리는 것을 들었기 때문에, 그 말이 뜻하는 것이

---

7) 요한 게오르크(1728~95). 이 천재에 대해서는 특히 《의술에 있어서의 체험에 대해서(2권, 1763~64)》. 그 제4장의 표제는 '천재에 대해서, 그리고 천재에 의한 제1의 저서 《체험론》에 대해서'라고 되어 있다.

일반에게도 존재한다고 생각하게 되었다. 그리고 누구나 다른 사람에게서 천재성을 요구할 자격이 주어져 있으므로 마침내는 자기 자신도 천재성을 가지고 있음에 틀림없다고 믿게 되었다. '천재란 그 행위에 의해 법칙과 규범을 부여하는 인간의 힘이다'라는 것을 표명할 수 있는 시대까지는 아직도 멀었다. 당시에는 천재란 현존하는 법규를 짓밟고, 누구나 인정하고 있는 규칙을 엎어버리고, 자기가 그 무엇에도 구속되지 않는 존재라는 것을 선언함으로써만이 표명할 수 있는 것으로 되어 있었다. 따라서 천재적이라고 하는 것은 손쉬운 일이었다. 그리고 말이나 행위에 있어서의 이와 같은 남용의 결과, 분별 있는 모든 사람들이 이러한 불법에 반대하지 않으면 안 된다고 생각한 것도 당연한 일이었다.

누군가가 그 이유도, 어디로 가는지도 모르고 걸어서 여행을 떠나면 그것은 천재 여행이라고 불렸다. 무엇인가 터무니없는 일을 목적도 이익도 없는데 시도하면 천재적 행위라고 했다. 젊고 발랄한, 가끔 참다운 천분을 갖춘 사람이 길을 벗어나 무궤도에 빠졌다. 그러면 연배의 분별력 있는, 그러나 아무런 재능도 가지고 있지 않은 사람들이 악의적인 기쁨에 들떠 이와 같은 여러 가지 실패를 공중의 면전에서 재미있다는 듯이 떠들어댔다.

나도 마찬가지로 나와 의견을 달리하는 사람들에게 방해받기보다는 오히려 의견을 같이하는 사람들의 협력이나 영향에 의해서 자기 발전이나 의견 표명이 방해되는 일이 많았다. 최고의 정신적 천분을 뜻하는 이 천재라는 말을 왜곡하는 것 같은 표현이나 형용사나 상투적인 말이, 뜻도 없이 입 흉내를 내는 대중 사이에 퍼졌기 때문에, 오늘날에도 아직 일상생활에서 가끔 교양 없는 사람들이 그것을 입에 담는 것을 들을 수 있을 정도이다. 이것은 마침내 사전에까지 실려, 이 천재라는 말은, 이것을 완전히 독일어로부터 추방할 필요가 있다고 결론을 내리는 사람까지 나타날 정도로 오해를 받은 것이다.

그러한 상황이었으므로 일반적으로 다른 국민보다도 비속한 것들이 널리 전파될 기회가 많은 독일 사람은, 보다 더 깊은 철학에 의해 다시 일어난 최고 최선의 것에 대한 감각이 다행히 되살아날 수가 없었다면 언어의 최고의 정화, 언뜻 보기에 외국어처럼 보이기는 하지만, 그러나 모든 국민들이 공유하는 이 말을 잃어버리는 처지에 놓였을 것이다.

앞에서 우리는 그 기억이 독일의 문학사 및 풍속사에서 결코 사라지지 않을 두 인물의 청년 시절에 대해서 이야기하였다. 그러나 우리는 그들과 동년배 친구들의 그릇된 시대 사상의 꾐을 받아 저지른 잘못에 의해 그들을 알고 있는 데에 지나지 않는다. 따라서 당시에 투철한 안목을 지녔던 라바터가 직접 그들을 접하고 행한 것처럼 우리가 여기서 그들의 자연의 모습, 그들의 참다운 본질을 알맞게 평가하고, 경의를 가지고 이야기해 두는 것은 지극히 당연한 일인 것이다. 저 난해하고 값비싼 관상학의 대저서를 가지고 있는 독자는 극히 소수일 것이므로, 그 두 사람에게 관계가 있는 주목할 만한 대목을 그 책의 제2부, 244페이지의 단장 제30에서 골라 여기에 삽입해도 무리가 없을 것이라 생각한다.

"여기에 초상화와 그림자 그림을 소유하고 있는 청년들은, 초상화를 그리기 위해 화가 앞에 앉는 것과 마찬가지로, 관상학적 기술을 위해 내 앞에 앉은 최초의 사람들이다.

나는 전부터 이 고귀한 사람들을 알고 있었다. 그리고 나는 자연 그대로, 또 모든 종래의 지식을 바탕으로, 그들의 성격을 관찰하여 기술하는 최초의 시도를 한 것이다."

여기에 두 사람의 기술을 게재한다.

### 동생에 대해서

25세의 꽃 같은 청년을 보라! 가볍게 떠돌고, 떠 있는, 탄력 있는 인간! 누워 있는 것도, 서 있는 것도, 기대고 있는 것도, 날고 있는 것도 아니다. 떠돌거나 떠 있는 것이다. 정지하고 있기에는 너무 활력이 있고, 요지부동 서 있기에는 너무 짜임새가 없다. 날기에는 너무 무겁고, 너무 부드럽다.

즉, 대지에 닿지 않은 떠도는 것이다! 그의 윤곽 전체에는 완전히 느슨해진 선은 없으나, 똑바른 선도 없고, 긴장한 선도 없고, 확고하게 굽은 선도 없고, 단단한 호선(弧線)도 없다.—이마에는 모가 난 주름도 없지만 바위와 같은 돌출도 없다. 가혹함도 없으나 몰취미도 없다. 화를 잘 내는 거친면도 없으나 위협적인 위력도 없고, 쇠와 같은 용기도 없다.—탄력적이고 감동하기 쉬우나 철과 같은 견고한, 탐구적인 통찰력도 없다. 차분한 숙고, 또는 현명한 사려가 없다. 한 손에 천칭 저울, 다른 한 손에 칼을 가진 강변자의 모습도 그 어디에도 없다. 더욱이 안식과 판단에 있어서 아무런 편협도 없다. 또 오성의 순수성, 또는 가장 깨끗한 진리의 감각! 항상 솔직한 감정가일 뿐 결코 깊은 사색가는 아니다. 결코 발명가도 아니다. 순간적으로 꿰뚫어 보고, 직관적으로 인식하고, 이내 사랑하고 순간적으로 파악한 진리의 검증적인 발전자는 결코 아니다.—영원히 떠도는 사람이며 예견자이다. 이상화하는 사람이며 미화하는 사람이다. 자기가 갖는 모든 이상의 형성자이다. 항상 자기가 원하는 것을 보는 반쯤 취한 시인이다.—우울하게 고민하는 사람이 아니다.—엄격하게 자기를 책망하는 사람이 아니다.—거룩하고 고귀하고 힘이 있는 사람이다! 적당한 '태양에의 갈망'을 품고, 대기권 속을 정처 없이 걷는다. 위로 향하여 나아가길 원하고, 또—대지에 가라앉는 것이 아니라, 대지에 엎드려서 '바위의 흐름'의 세찬 물결에 몸을 적시고, '울려 퍼지는 바위의 천둥 속을' 떠돈다.—그의 눈은 번쩍이는 독수리의 눈이 아니다! 그의 이마와 코에 사자 같은 용기는 없다. 그의 가슴에는—싸움을 앞두고 소리를 지르는 말의 강건함은 없다!—그러나 전체적으로 코끼리와 같은 풍만과 유연함이 있다.

층이 지지 않고 모가 나지 않은, 늘어진 코 쪽으로 보기 좋게 걷어올려진 튀어나온 윗입술은 입을 꼭 다물 때에는 풍부한 취미와 세심한 감각성을 나타내고 있다. 얼굴의 아랫부분은 풍부한 감성, 태만과 부주의를 나타내고 있다. 옆얼굴의 전체 윤곽은 솔직함과 성실성, 인간성, 그러나 그와 동시에 쉽사리 남의 오해를 받을 만한 성질과 자기 이외의 그 누구에게도 상처를 입히지 않으려는 선량한 성품을 나타내고 있다. 입 중앙의 선은 그것을 다물고 있을 때에는 솔직하고, 무계획하고, 연약하고, 선량한 사람의 그것이며, 그것이 움직이고 있을 때에는 상냥하고, 감정이 풍부하고, 매우 흥분하기 쉬운 선량하고 고귀한 사람의 그것이다. 눈꺼풀의 선에도, 빛나는 눈에도 호메로스는 깃들지 않았으나 매우 깊고 진지하고 민첩한 호메로스의 감수자, 이해자가 있다. 서사 시인이 아니라 송가 시인이다. 넘쳐흐르고, 모양을 바꾸고, 고귀화하고, 형상화하고, 떠돌고, 마술로 모든 것을 영웅의 모습으로 바꾸어, 모든 것을 신화하는 천재이다.—부드러운 곡선을 이루어 반쯤 보이는 눈꺼풀은, 계획에 따라 창조하고 서서히 일을 하는 예술가라기보다는 오히려 항상 감정이 풍부한 시인의 그것이다. 오히려 사랑을 하고 있는 그것이지 엄격한 사람의 그것이 아니다.—이 청년의 얼굴 전체는, 약간 늘어지고 느슨한 옆얼굴보다도 훨씬 매력이 있고 남의 마음을 끈다. 얼굴 정면은 매우 섬세한 움직임에도 느끼기 쉽고, 조심성이 있으며 창조적인, 타고난 내적 선량함을 증명하고, 부드럽게 떨리고, 부정을 미워하고, 자유를 갈망하는 활력을 증명하고 있다. 그 얼굴은 그것이 받는 많은 인상의 그 어떤 것도 감출 수가 없다.—그와 가까운 관계를 갖는 모든 대상이 뺨과 코를 붉게 물들인다. 명예라는 점에 관해서는 처녀와 같은 수치가, 민감하게 움직이는 피부에 전광처럼 빠르게 퍼진다.

얼굴빛, 그것은 일체를 창조하고 일체를 흡수하는 천재의 창백함이 아니다. 사람을 얕잡아보고 짓밟는 사람의 거칠게 타오르는 빛이 아니다. 능력 없는 자의 유백색 빛이 아니다. 가혹하고 고집이 센 자의 황색이 아니다. 끊임없이 근면한 노동자의 갈색이 아니다. 불그스름한 오랑캐꽃의 그것은 웅변적이고, 서로 부글부글 끓고, 교묘하게 섞여서 전체 성격의 강점과 약점을 나타내고 있다.— 얼굴 전체와 개개의 특수한 표정의 핵심은 자유이다. 쉽사리 사람을 제치기도 하지만 쉽게 밀리기도 하는, 탄력성이 풍부한 근면이다. 얼굴의 전면 전체와 머리의 위치로 보아, 관용과 솔직한 쾌활함이 번득인다.—오염되지 않은 감정, 세련된 취미, 정신의 순결함, 영혼의 선량함과 고귀함, 근면한 힘, 힘과 연약한 감정이 얼굴 전체에 넘치고 있다. 그 때문에 본래의 용기 있는 자의식이 고귀한 겸손 속으로 녹아들어, 타고난 긍지와 청년의 허영은 무리 없이, 꾸미지 않은 풍부한 표정 속에서 부드럽게 퍼지고 있다.—흰빛을 띤 머리카락, 키는 크지만 남에게 호감을 주지 않는 체격, 가벼운 거동, 비틀거리며 떠도는 듯한 걸음걸이, 편평한 가슴, 희고 주름이 없는 이마, 그 밖의 여러 가지 표출은 전체적으로 일종의 여성다움을 나타내고 있다. 이에 따라 내면적인 탄력은 부드러워지고, 고의적으로 남에게 모욕을 주거나 비열한 행위를 범하는 것을 영원히 불가능하게 만들고 있다. 그러나 동시에 그가 용기 있고 불타는 마음을 가진 시인으로서 자유와 해방에 대한 거짓 없는 갈망을 품으면서도, 혼자서 계획을 완수하는 단호한 지구력이 있는 행정가가 되는 일도 없고, 또는 피비린내 나는 싸움터에서 불후의 영예를 얻는 운명에 있지도 않다는 것 등을 그것은 맹백히 하고 있다. 이제 마지막에 이르러 나는 분명하게 드러난 장점에 대해 아직 한 마디도 하지 않았다는 것이 생각난다. 모든 허식을 벗어난 고귀한 소박함! 어린이다운 심정! 귀족이라는 외면적인 것을 전혀 느끼지 않음! 경고나 비난, 아니 비방이나 부정까지도 감수하고 견디는 소박함 등에 대해서이다.

그러나 이렇게도 많은 순수한 인간성을 갖춘 인간에 대해서 그의 내부에 인정되고 느낄 수 있는 일체의 것을 이야기하는 데에 그 누가 끝을 보기를 원할 것인가!

## 형에 대한 기술

내가 동생에 대해 말한 것들 중 얼마나 많은 부분을 형에 대해서도 말할 수가 있을 것인가! 내가 기록할 수 있는 가장 주요한 것은 다음과 같다. 이 사람의 모습과 성격은 전자(동생)의 그것보다는 야무지고, 느슨하지가 않다. 전자에 있어서는 모든 것이 보다 더 길고, 보다 더 편평하다. 후자의 경우는 모든 것이 보다 더 짧고, 폭이 넓고, 풍만하고, 둥근 맛이 있다. 전자는 모든 것이 느슨하지만, 후자의 경우는 팽팽한 느낌을 준다. 이마가 그렇고, 코가 그렇고, 가슴이 또한 그렇다. 산만하지 않고, 한 점에 집중하는 힘과 활력은 보다 더 긴장되고 활력을 띠고 있다! 그 밖의 점은 귀엽고 소박한 인물이다! 특별히 솔직하다고는 말할 수 없고 오히려 노회하다. 그러나 바탕에 있어서는, 아니, 그 행위에 있어서는 마찬가지로 성실하다. 부정과 악의에 대한 억누를 수 없는 혐오. 간계 또는 술책이라고 불리는 모든 것들에 대한 적의. 폭정, 압제를 용납하지 않는 태도. 모든 고귀한 것, 선한 것, 위대한 것에 대한 순수하고 솔직한 감정. 우정과 자유에 대한 욕망. 다감함과 영예를 구하는 고귀한 갈망. 모든 선량하고 현명하고 소박하며 힘에 넘치고, 알게 모르게 인정되거나 오해받는 사람들에 대한 심정의 보편성.—그리고—경솔하고 무분별한 행동. 이들은 반드시 같다고는 할 수 없다. 얼굴은 보다 더 팽팽하고 느슨하지 않으며 확고하다. 용무나 실무적인 협의에 대해서 보다 더 내면적인, 쉽게 전개되는 재주를 갖추고 있다. 일을 수행하는 용기도 더 많다. 눈에 띄게 뛰어난, 완만하게 둥근 안골에 특히 이것이 나타나 있다. 넘쳐흐르는, 풍부하고 순수한 시인적인 감정은 없다. 전자에 있었던 신속하고 민첩한 창조력은 없다. 그러나 보다 더 깊은 영역에서는 활기가 있고, 공정하고, 성실하다. 바람과 같은, 새벽 하늘에 떠가는 모습을 형상화하는 빛나는 천분은 없다.—보다 더 많은 내적인 힘을 갖추고는 있지만, 어쩌면 표현력이 부족하다! 보다 더 힘차고 보다 더 무섭다.—보다 더 화려하지도 않고 원숙미도 없다. 그의 화필에는 색채도 빈약하고, 끌어들이는 힘도 결여되어 있다.—보다 더 많은 기지와 날뛰는 변덕. 장난기 섞인 사튀로스. 이마, 코, 눈—모든 것이 몹시 아래로 처져 있다. 이들은 외부에서 긁어모은 것이 아니라 내부에서 넘쳐나는, 독자적인, 모든 것에 활기를 부여하는 기지를 실제로 증명하고 있다. 전체적으로 이 성격의 모든 것은 보다 더 돌진적이고, 날카롭고, 공격적이고 광포하다!—어디에도 단조로움이 없고 느슨한 데가 없다. 예외는 아래로 내리깐 눈이다. 거기에는 정욕이 이마에도 코에도—넘쳐 있다. 그것을 제외한다면 모든 것이 응축된 이 이마에까지도—그 눈빛에까지도—그 사람이 타고난 위대함, 강인성, 견실함, 소박함, 확고함이 나타나 있다!

나는 얼마 뒤, 내가 저 명랑한 친구들과 작별할 것이라고 다름슈타트에서 예언한 메르크의 승리를 인정하지 않을 수 없었다. 그 뒤 다시 프랑크푸르트로 돌아가서 모두로부터, 또 아버지로부터도 환영을 받았다. 아버지는 내가 아이로로로 내려가 밀라노에 도착한다는 것을 자신에게 알리지 않은 데에 대한 불만을, 노골적이지는 않게 넌지시 비쳤다. 특히 저 험한 바위나 안개 바다, 용이 사는 곳에 대해서는 아무런 관심도 나타내지 않았다. 노골적으로는 반대하지 않았으나, 한번은 그런 것에 도대체 무슨 가치가 있느냐는 기색을 보이면서 나폴리를 보지 못한 사람은 살아 있는 사람이라고 말할 수는 없다고 했다.

나는 릴리를 만나는 것을 피하지도 않았고, 또 피할 수도 없었다. 우리 두 사람은 위태롭고 미묘한 상태에 있었다. 그녀는 나와 헤어지지 않으면 안 되며, 더욱이 그것은 내가 여행과 예고 없는 부재로 충분히 나의 의중을 스스로 표명한 것이므로 실행하기가 쉬운 일이라고, 내가 없는 동안에 충분히 설득당했다는 말을 나는 들었다. 그러나 우리가 가는 곳은 시내에서나 교외에서나 같은 곳이었고, 우리가 만나는 사람들은 이제까지의 경과를 잘 알고 있는 사람들이었기 때문에, 묘하게 떨어져 있기는 했지만 아직은 서로 사랑하고 있는 두 사람이 서로 만나지 않을 수는 없었다. 그것은 어떤 뜻에 있어 행복하기도 하지만 불행하기도 한 죽은 자들이 서로 만나는 저승과 같은 저주받은 상태였다.

지나간 나날이 다시 되살아나는 것 같은 순간도 있었으나, 그것은 번갯불에 비친 환상처럼 이내 사라지고 없었다.

나에게 호의를 갖는 사람들이 나에게 말해 준 바에 의하면, 릴리가 우리의 결혼을 방해하는 요소에 대해 자상하게 듣고는, 나에 대한 애정 때문에 현재의 모든 것을 버리고 나와 함께 미국으로 갈 작정이라고 말했다는 것이다. 당시의 미국은 아마도 현재 이상으로 눈앞의 일을 고민하는 사람들의 이상향이었던 것이다.

그러나 나의 희망을 고무시키기 위해 한 이 말은 오히려 나의 희망을 짓눌렀다. 아버지의 아름다운 집은 그녀의 집에서 불과 2, 300걸음밖에 떨어지지 않았으나, 차라리 이 집 쪽이 바다 건너 불확실한 환경보다는 더 나은 것처럼 여겨졌다. 그러나 나는 그녀를 만날 때마다 모든 희망, 모든 소원이 다시 솟아나 새로운 동요가 시작되었다는 것을 부정할 생각은 없다.

물론, 누이동생의 명령은 단호히 우리의 결혼을 하지 말라는 것이었다. 그녀는 나에게 그녀가 가지고 있는 사려 깊은 모든 마음을 기울여 우리가 처한 상황을 분명히 해주었을 뿐만 아니라, 그녀의 안쓰러울 정도로 진심이 어린 편지는 더욱더 힘차게, 그리고 자상하게 같은 문제를 되풀이해서 말하고 있었다.

'여하간 두 사람이 그것을 피할 수 없다고 한다면 그것을 견뎌야 합니다. 그러나 그러한 일은 견뎌야 할 일이지만, 선택할 필요는 없습니다.'

이와 같은 비참한 상태 속에서 몇 달이 지나갔다. 주위의 모든 사람들이 이 결혼에 반대하는 마음을 가지고 있었다. 그녀 마음속에만 이 모든 것을 이겨내는 힘이 있다고 나는 믿고 또 알고 있었다.

서로 사랑하는 두 사람은 자기들이 놓인 처지를 알고서 단둘이 만나는 것을 피하고 있었다. 그러나 관례상, 사교에 참가하는 것까지 그만둘 수는 없었다. 그래서 나에게는 매우 엄격한 시련이 주어졌는데, 나의 기분을 좀더 자세히 말하면 고귀한 마음을 가진 분들은 나의 마음을 이해해 주리라고 믿는다. 새로 알게 되었을 때, 새로운 애정으로 서로 맺어졌을 때, 사랑하는 사람들은 지나간 일에는 베일을 덮어버리고 싶어하는 것은 일반적으로 인정되고 있는 바이다. 애정은 과거의 일에는 개의치 않는다. 애정은 번갯불처럼, 천재와 같이 나타나서 과거에 대해서도 미래에 대해서도 알려고 하지 않는다. 나의 경우도 릴리가 더 젊었을 때의 이야기를 해 주었기 때문에 오히려 그녀에 대해서 이전보다도 깊은 친밀감을 느꼈다. 그녀는 어렸을 때부터 많은 사람들, 특히 떠들썩한 그녀의 집을 방문하는 타향 사람들의 호의와 애착을 받았고 그녀도 그것을 기쁘게 생각했다고 한다. 그러나 그것은 그 이상의 결과나 결합을 가져오지는 않았다.

진정으로 서로 사랑하는 사람들은 그들이 이제까지 느낀 모든 것을 그들의 현재의 행복을 위한 준비물로, 또는 처음으로 생애의 건물이 그 위에 서게 될 기초로서만 바라본다. 지나간 애정은 밝아오는 새벽과 더불어 사라지는 망령처럼 여겨진다.

그런데 뜻하지 않은 일이 생겼다. 연말 대목장이 다가와서 한 떼의 저 망령들이 현실의 모습을 띠고 나타났다. 유력한 그녀의 집 거래처 사람들이 차례로 왔다. 그리고 누구나 이 사랑스러운 아가씨에 대한 그 어떤 관심을 완전히 버리려고 생각하지도 않을뿐더러, 또 버릴 수도 없다는 것이 이내 명백해졌다. 젊은 사람들은 적당히 체면을 차리면서도, 그녀와 이미 잘 알고 있는 사람처럼 스스럼없이 행동하였다. 중년 사람들은 그녀의 호의를 바라며, 좀 더 친밀한 관계를 맺고 싶어서 은근히 정중하고 공손한 태도를 보였다. 그들 중에는 유복하게 보이는 여유 있는 미남자들도 있었다.

게다가 노인들은 마치 큰아버지나 되는 것처럼 행세하여 도저히 참을 수가 없었다. 그들은 조금도 사양하는 기색 없이 보기가 거북하게 그녀를 껴안고 손을 잡거나 얼굴을 만졌다. 심지어 누군가는 키스까지 요구했는데, 릴리는 뺨에 살짝 입맞추는 것까지는 거절하지 않았다. 모든 사람들에게 품위 있게 만족을 주려는 그녀다운 행동이었다. 그러나 이야기가 진행됨에 따라 이것저것 마음에 걸리는 추억이 상기되었다. 물 위 또는 육상의 즐거웠던 나들이, 유쾌한 결과로 끝난 여러 가지 모험, 무도회, 석양의 산책, 우스개가 된 익살맞은 구혼자의 일 등이 화제에 올랐다. 그 모든 것이 오랫동안의 노력의 성과를 단시간 동안에 긁어모으는 데에 지나지 않는, 희망이 없는 연인의 가슴에 질투의 노여움을 북돋을 뿐이었다. 그러나 그와 같이 떠들썩한 사람들에게 둘러싸여 있으면서도 그녀는 친구를 잊지 않았다. 그녀의 눈이 나에게로 향할 때마다 순간적인 동작으로나마 그 자리의 두 사람의 처지에 가장 어울리는 더없는 상냥함을 나타내 보였다.

그러나 지금 생각해도 거의 견딜 수 없는 기분이 드는 이 괴로움으로부터 눈을 돌려, 그 무렵의 나의 마음에 아늑한 위안을 준 시를 살펴보기로 하자.

〈릴리의 정원〉은 이 시기에 속하는 것이지만, 이 시는 그 무렵의 상처받기 쉽고 느끼기 쉬운 심정은 표현되어 있지 않고, 천재적인 격렬한 심정으로 불쾌한 일을 과장하여, 우스울 정도로 노여운 형상에 의해서 체념을 절망으로 바꾸려고 애쓴 것이므로 여기에는 넣지 않겠다.

다음에 드는 시는 그 무렵의 불행을 오히려 우아하게 표현하고 있는 것이므로 이것을 들어보기로 한다.

시들어 가는가 달콤한 장미여,
나의 사랑의 모자람으로 말미암아.
피어다오, 희망을 잃은 자를 위하여.
슬픔으로 마음이 산산조각이 난 사람을 위하여.

아, 천사여, 당신을 사랑한
그날들의 일을 나는 슬프게 생각하노라.
맨 처음의 봉우리를 구하여 날이 새기 전에
나는 마당으로 내려갔다.

모든 꽃, 모든 열매를
그 무렵 나는 당신에게 바쳤다.
눈앞에 당신을 볼 때
희망이 가슴속에 용솟음쳤다.

시들어가는가 달콤한 장미여,
나의 사랑의 모자람으로 말미암아.
피어다오, 희망을 잃은 자를 위하여.

슬픔으로 마음이 산산조각이 난 사람을 위하여.

가극 《엘빈과 에르미레》[8]는 《웨이크필드의 시골 목사》에 삽입되어 있는, 사랑할 만한 서정적 이야기시에 의해 이루어진 것으로, 행복했던 무렵에는 우리를 크게 즐겁게 해준 것이지만, 그 무렵은 그런 일이 내게 닥치리라고는 꿈에도 생각하지 못하고 있었다.

이미 전에 나는 그 시대의 시적 작품을 몇 개 삽입해 두었다. 그리고 그 무렵의 작품이 남김없이 보존되어 있었으면 하고 바랐던 것이다. 행복한 연애 시대의 끊임없는 흥분이 다가오는 불안의 자극을 받아, 아무런 과장도 없이 항상 그때그때의 감정을 노래한 시의 모티프가 되어 있는 것이다. 사교적인 축제시에서 매우 작은 헌정시에 이르기까지 모두가 발랄하여 교양있는 사람들의 공감을 얻었다. 처음에는 즐거웠으나 이윽고 슬픔을 띤 것이 되고, 마침내는 모든 행복의 절정, 모든 애상의 심연이 모조리 시가 되었던 것이다.

처음으로 아버지의 마음에 들었던 아가씨를 며느리로 삼아 집으로 데려올 가망이 차차 희미해지자, 아버지에게 불쾌한 생각을 하게 했을지도 모르는 이러한 안팎의 모든 사건은 어머니가 매우 현명하게, 또 아무렇지도 않게 아버지의 귀에 들어가지 않도록 해주었다. 아버지가 어머니와 조용히 이야기할 때마다 항상 '아가씨'라고 불렀던 릴리는 도저히 아버지의 마음에 들 것 같지가 않았다.

그러나 아버지는 이 사건은 흘러가는 대로 내버려두고, 작은 법률 사무소 일을 매우 열심히 보고 있었다. 젊은 변호사[9]와 숙달된 서기도 아버지 명의로 차차 지반을 넓혀갔다. 그리고 눈앞에 없는 사람은 잊힌다는 것이 통례였으므로, 그들은 나에게는 내가 좋아하는 길을 가게 해놓고, 내가 성공할 것 같지 않은 분야에서 더욱더 지반을 굳히려고 노력하고 있었다.

다행히도 나의 방향은 아버지의 생각이나 희망과 일치하고 있었다. 그는 나의 시적 재능에 매우 큰 기대를 품고 있었고, 나의 초기 작품이 획득한 호평을 아버지도 매우 기쁘게 생각하고 있었다. 그리고 새로운 작품이나 장래의 계획

___

8) 1775년 1월에 집필되었다. 앞에 나온 시는 그 속에 삽입된 것.
9) 괴테 자신을 가리킨다.

에 대해서 나와 자주 이야기를 주고받았다. 이에 반해 앞서 말한 사교적인 희작(戱作)이나 정열적인 시에 대해서는 아버지가 알지 못하도록 하지 않으면 안 되었다.

나는 《괴츠 폰 베를리힝겐》 속에서 세계사의 한 중요한 시기의 상징을 내 나름대로 그려냈는데, 그 뒤에도 국가의 역사상 비슷한 전환기를 열심히 찾았다. 니더란트의 반란이 나의 주의를 끌었다. 《괴츠》에서는 유능한 한 사나이가 무정부 시대에는 선의를 가진 강력한 인간은 그 어떤 의미를 가질 수 있다는 망상을 품고 신세를 망치는 모습을 그렸다. 《에그몬트》에서 그려진 것은 튼튼한 기반 위에 선 국정(國情)도, 엄격하고 계산이 빠른 전제 정치에 대해서는 지탱할 수가 없다는 것이었다. 나는 무엇을 쓰는지, 무엇을 쓰려고 생각하고 있는가에 대해서 아버지와 매우 열심히 이야기를 주고받았다. 그 때문에 아버지는, 나의 머릿속에서 이미 완성된 이 작품이 종이에 기록되고, 인쇄되고, 세상의 호평을 얻는 것을 보고 싶다는 욕망을 억제할 수가 없을 정도였다.

전에 내가 아직 릴리와 결혼할 희망을 가지고 있었을 무렵에는 나의 모든 활동을 시민적인 일에 대한 이해와 실습 쪽으로 돌리고 있었는데, 나와 그녀 사이에 무서운 틈이 생긴 지금은 정혼(精魂)을 기울인 일로 그것을 메우지 않으면 안 되었다. 이를 위해 나는 본격적으로 에그몬트를 쓰기 시작하였다. 더구나 최초의 《괴츠 폰 베를리힝겐》처럼 순서를 따라 쓰는 것이 아니라, 앞으로 어떤 맥락이 될 것인가에는 신경을 쓰지 않고 처음 도입부를 썼는가 하면, 곧 주요 장면에 손을 대기도 하였다. 내가 일하는 방식은 마음 내키는 대로 하는 것이었지만, 이와 같이 손쉽게 이루어지는 것은 손쉽게 완성될 것이라고 믿는 아버지에 의해 밤낮으로 격려를 받았기 때문에 큰 진전을 보았다.

# 제20장
# 잃어버린 사랑—릴리

나는 '에그몬트'를 계속해서 써나갔다. 그것으로 나는 심하게 흔들리는 나의 마음에 어느 정도의 평온을 가져올 수가 있었지만, 또 어느 유능한 예술가와 알게 된 것도 수많은 괴로운 때를 잊게 해 주는 데에 도움이 되었다. 이제까지도 자주 그랬던 것처럼 나는 이 경우도 불안하기는 했지만, 실지 수련의 노력 덕택으로 그렇지 않으면 도저히 그런 것을 바랄 수 없는 그 무렵에 남모를 영혼의 평안을 얻을 수가 있었던 것이다.

프랑크푸르트에서 태어나 파리에서 공부를 한 클라우스[1]는 마침 그 무렵, 북독일에의 작은 여행에서 돌아와 나를 방문해 주었다. 그리고 나는 즉석에서 그와 친해지고 싶다는 충동과 욕구를 느꼈다. 그는 명랑한 달인으로, 바람직한 재능을 연마하기 위해서는 파리는 다시없는 곳이었다.

당시 파리는 독일 사람에게 있어서 쾌적한 체류지였다. 필립 하카드[2]는 파리에서 대단한 명성을 얻어 유복하게 생활하고 있었다. 풍경을 자연 그대로 그리고, 구아슈와 기름 물감을 써서 잘 완성된 충실한 독일적인 풍경은 프랑스 사람이 즐겨 썼던 실제적인 수법과는 대조적인 것으로 크게 환영을 받았다. 동판화가로서 높은 평가를 얻고 있던 비레[3]는 독일인의 공적을 부동의 것으로 만들었다. 이미 큰 영향력을 가지고 있던 그림[4]은 독일 사람을 위해 적지 않게 이익을 가져왔다. 자연을 직접 묘사하기 위해 유쾌한 도보 여행이 계획되고, 이렇

---

1) 게오르크 메르히오르(1733~1806). 화가. 동판화가. 1780년 이래 새로 설립된 바이마르 미술학교 교장. 자주 괴테의 여행에 동행하였다.
2) 야코브(1737~1807). 1811년 괴테는 그의 자서전을 간행하였다.
3) 요한 게오르크(1715~1808). 1736년부터 파리에서 살았다.
4) 프리드리히 메르히오르(1723~1807). 남작. 저작가. 외교관. 디드로의 친구.

게 해서 많은 작품이 완성되었고 또 그 준비가 이루어졌다.

부셰와 와트[5] 두 사람은 진정한, 타고난 예술가로, 그 작품은 정견 없이 시대 정신과 기호를 받아들인 점은 있지만 지금도 여전히 높은 평가를 받고 있다. 그들은 새로운 경향을 좋아하여, 농담 반 또는 시도에 지나지 않았지만 함께 작품을 그리기도 했다. 집에 틀어박혀 혼자 조용히 살고 있던 그로이체[6]는 가정 내의 시민적인 광경을 즐겨 그렸는데, 자신의 작품에 다시없는 기쁨을 느끼고, 성망 있는 경쾌한 필치를 즐기고 있었다.

이러한 모든 것을 클라우스는 교묘하게 그의 재능 속에 받아들일 수가 있었다. 그는 사교에 의해서 자신의 교양을 쌓았고, 단란한 가정을 매우 바람직하게 초상화풍으로 그려보였다. 이에 못지않게 그는 풍경화에서도 성공하였다. 아름다운 묘선, 화면 전체에 균등한 밝은 색채를 배치하는 화법, 기분 좋은 색채 효과는 보는 사람의 눈을 즐겁게 해 주었다. 소박하고 진실한 아름다움이 보는 사람의 마음에 무어라 말할 수 없는 만족을 주었는데, 예술 애호가에게 특히 만족을 준 것은 그가 자신이 사생한 모든 것을 곧 정리하여 화면에 배치해 보이는 기량이었다.

그 자신도 매우 바람직한 사교가였다. 항상 변함이 없는 쾌활함을 잃지 않았다. 공손했지만 비굴하지 않고, 삼가는 듯하였으나 거만하지 않았고, 어디에 있어도 낙천적이어서 호감을 샀다. 매우 활동적이면서도 느긋한 성격이었다. 이와 같은 재능과 성격으로 상류 사회에서도 환영을 받았는데, 특히 란강 변의 나사우에 있는 폰 슈타인 남작의 저택에서 후한 대접을 받았다. 재능이 풍부하고 매우 귀여운 딸[7]의 그림 연습을 봐주었고, 동시에 여러 가지 수단으로 사교의 자리를 떠들썩하게 만들었다.

뛰어난 젊은 여인이었던 남작의 딸이 베르탄 백작과 결혼한 뒤, 신혼 부부는 이 예술가를 튀링겐에 있는 그들의 광대한 영지로 데리고 갔다. 이 때문에 그는

---

5) 프랑수아 부셰(1703~70). 장 안트완 와트(1684~1721). 클라우스가 파리에 왔을 무렵에는 그들은 이미 생존하지 않았다. 따라서 그는 당시 평판이 높았던 그들의 그림으로 영향을 받았을 뿐이다.

6) 장 바프티스트(1725~1805).

7) 요한나 루이제(1752~1811). 폰 베르탄 백작(1739~1806)과 결혼. 이 두 사람은 바이마르의 사교계에서 중요한 역할을 하였다.

바이마르도 방문하게 되어 그곳에서도 인정을 받아 유명해졌다. 그리고 그 교양 높은 귀족 사회로부터 그곳에 머물도록 요청받았다.

그런데 그는 어디 있든 남을 돌보는 것을 좋아하는 사람이었는데 이번에 프랑크푸르트로 돌아왔을 때에도, 이제까지 수집에만 관심이 있었던 나의 예술적 애호벽을 실제 연습으로 돌리도록 촉구하였다. 아마추어 예술 애호가에게는 예술가와의 접촉이 불가결한데 그 까닭은 아마추어 예술 애호가는 예술가들 속에서 자기의 존재를 보충하고, 애호가의 소원이 예술가에 의해 충족되기 때문이다.

다소의 재능과 훈련 덕택으로 나는 그럭저럭 윤곽을 그릴 수가 있었다. 또 내가 자연 속에서 본 것에 그림으로서의 형태를 주는 것도 그다지 어렵지는 않았다. 그러나 나에게는 명암을 잘 구별해서 그 윤곽에 살을 붙이는 참다운 조형력과 숙달된 수완이 결여되어 있었다. 내가 모사한 것은 오히려 그 어떤 형태의 희미한 예감과 같은 것으로, 내가 그린 인물은 단테의 《정죄계》에 나오는 공중을 떠도는 환영,—자기 자신은 그림자를 가지고 있지 않으면서 실체를 갖춘 것의 그림자에 겁을 먹는 그 환영과 같았다.

나는 라바터의 인상학적 선동에 의해서—이렇게 말하는 것은, 그가 사람을 가리지 않고 인상을 관찰했을 뿐만 아니라, 얼굴 모양을 잘 그리든 못 그리든 실제로 모사를 해보라고 강요한 그 끈질긴 권고는 선동이라고 해도 괜찮을 것이라고 여기기 때문이지만—친구들의 초상화를 회색 종이에 초크를 써서 흑백으로 그리는 일에 어느 정도 수련을 쌓고 있었다. 닮은 것은 틀림없지만 그것을 희미한 배경으로부터 떠오르게 하기 위해서는 예술가인 나의 친구의 손을 빌리지 않으면 안 되었다.

선량한 클라우스가 여행에서 가지고 돌아온 두툼한 종이 뭉치를 넘겨보고 있었을 때, 풍경화와 초상화를 가리키면서 그가 가장 즐겨 화제로 삼은 것은 바이마르의 사교계와 그 환경이었다. 나도 기꺼이 그 화제에 귀를 기울였다. 왜냐하면 그곳 사람들이 나를 만나고 싶어하고 있다고 그가 특히 자상하게 되풀이해서 이야기해 주었고, 자기를 보고 싶어하는 사람들이 그려진 그림을 바라본다는 것은 젊은 사나이의 마음을 자극하지 않을 수 없었기 때문이었다. 그는 자기가 그린 사람들을 나에게 보이면서 매우 편안하게, 그들이 전하는 인사나 권유를 생생하게 재현해 보였다. 한 장의 잘된 유화는 악장(樂長) 볼프[8]가 피아노에 앉아 있고, 그의 아내가 뒤에서 노래를 부르려 하고 있는 것을 그린 것이었는데, 그는 이 바람직한 부부가 얼마나 나를 기꺼이 맞을 것인지를 힘을 주어 설명하였다. 그가 그린 것 중에는 뷔르게르 부근의 삼림 지대나 산악 지대를 주제로 한 것이 몇 장 있었다. 그곳에 있는 유능한 임업가[9]가 아마도 자기 자신을 위해서라기보다는 그의 귀여운 딸들을 위해 험한 자갈밭이나 빽빽한 숲 등을 개간하여, 다리나 난간, 완만하게 올라가는 오솔길을 설치하여 사람들이 모여서 산책을 할 수 있게 했다. 그림 중의 하나에는 흰옷을 입은 여인들이 동반자와 함께 편안하게 길을 걷는 모습을 볼 수 있었다. 청년 중 한 사람은 베르투프[10]를 나타내고 있는 것 같았다. 그리고 그가 자매를 마음에 두고 있다는 것은 부정할 수 없었다. 두 번째 청년은 클라우스인 듯 보였다. 나는 그가 누이동생 쪽에 싹트기 시작한 사랑의 마음을 품고 있는 것처럼 보인다고 말해 보았는데, 그는 그것에 기분 나빠하는 기색을 보이지 않았다.

빌란트의 제자인 베르투프는 그의 학식, 실무에서 두각을 나타내어 이미 공작 비서관으로 임명되어 장래가 크게 촉망되고 있었다. 빌란트가 성실하고 쾌활하고 친절하다는 것도 자세히 언급했다. 그의 문학적, 시적 계획에 대해서도 자세히 설명했다. 문학계, 정계, 사교계의 많은 이름들이 열거되었다. 같은 뜻으로 무제우스,[11] 키르무스,[12] 베렌디스,[13] 루데크스[14]의 이름이 거명되었다. 여인들 중에는 볼프 부인, 코체브 미망인[15] 및 그녀의 귀여운 딸과 쾌활한 소년, 그 밖의 많은 사람의 이름을 각자의 특징을 들고 찬사를 붙여 언급했다. 그 모든

---

8) 에른스트 빌(1735~92). 바이마르의 궁정 악단장. 그의 아내 카로리네(1742~1820)는 가수.

9) 트라우고트 프리데만 스레포이크트. 그의 딸 프리데리케 엘리자베트 카로리네(1750~1810)는 베르투프와 결혼하였고, 아우구스테는 클라우스와 결혼하였다.

10) 프리드리히 유스틴(1747~1822). 작가. 1775년, 바이마르 공작의 비서관. 후에 의복 관계의 사업을 하여 성공하였다.

11) 요한 칼 아우구스트(1735~87). 바이마르의 김나지움 교수. 작가.

12) 프란츠(1750~1826). 비서관. 1791년, 궁정극장 감독관의 한 사람이 되었다.

13) 히에로니무스 디트리히(1719~82). 바이마르의 재정국 참사관.

14) 요한 아우구스트(1742~1801). 바이마르의 비서관. 후에 궁정 고문관.

15) 안나 크리스티아네(1736~1828). 그의 딸 아마리에(1759~1844). 그의 아들 아우구스트(1761~1819)는 작가.

것이 참신하고 활발한 문학적, 예술적 움직임을 엿볼 수 있게 하였다.

이렇게 해서 젊은 공작이 귀국한 뒤 활동하게 될 기반이 차례로 그려져 있었다. 이와 같은 환경을 갖춘 것은 후견인인 안나 아마리아 공작 부인[16]이었다. 그러나 중요한 정무 수행에 관한 일은 이와 같은 잠정적 정부의 의무로서 장래의 군주의 확신과 실행력에 맡겨져 있었다. 궁전의 화재(火災)로 야기된 가공할 폐허는 이미 새로운 활동을 위한 계기로 여겨지고 있었다. 일시 좌절된 이르메나우 광산도 비용은 들지만 심층부의 갱도를 수리하기만 하면 재개는 가능하다고 보고 있었다. 예나 대학은 다소 시대정신에 뒤져 마침 그 무렵, 매우 유능한 교수 몇 사람을 잃을 위험에 처해 있었다. 그 밖에 많은 일이 고귀한 공공심을 환기시키고 있었다. 향상에 노력하는 독일에서는 여러 가지 분야에서 공헌할 수 있는 힘을 갖춘 인물이 널리 요구되고 있었다. 이처럼, 힘있고 활동적인 청년에게는 더할 나위 없이 바람직한 신선한 전망이 도처에 열려 있었다. 그리고 젊은 공주를 궁전다운 기품도 없고, 전혀 다른 목적을 위해 세워진 매우 검소한 저택에 맞이한다는 것은 애처로운 일 같기도 하였으나, 다른 한편으로는 경치가 좋은 땅을 얻어 설비도 갖추어진 에테르스부르크나 베르베데레의 별장이나 그 밖의 바람직한 별장은, 당시 불가결한 것으로 여겨졌던 자연 생활 속에서 눈앞의 경치를 즐기면서 생산적으로 즐겁게 활동할 수 있다는 희망도 주고 있었다.

독자는 이 자전적 서술이 진행됨에 따라 어린이가, 소년이, 청년이 여러 가지 길을 더듬어 초감각적인 것에 접근하려고 애쓴 흔적을 자세히 보았다. 그는 처음에는 마음이 끌린대로 자연 종교에 눈을 돌리고, 이어 사랑을 가지고 헤른포트파와 굳게 맺어지고, 더 나아가서는 자기를 깊게 파고듦으로써 자신의 힘을 시험하고, 그리고 마침내는 일반적인 신앙에 기꺼이 몸을 바친 것이다. 그는 이들 영역의 간극을 여기저기 헤매고 다니면서 구하고 묻는 동안에 그 어느 것에도 속하지 않는 것으로 여겨지는 많은 것들을 만났다. 그리고 그는 차차 무서운 것이나 알 수 없는 것에 대한 사고는 피하는 것이 좋다는 것을 깨달았다고 생각했다. 그는 자연 속에서 생명이 있는 것이나 생명이 없는 것에서도, 영

---

16) 1739~1807. 옛 브라운슈바이크 공주. 1759~75년, 섭정.

혼이 있는 것이나 없는 것에도, 모순 속에서만 나타나고 그렇기 때문에 그 어떤 개념에 의해서도, 하물며 그 어떤 말에 의해서도 파악할 수 없는 것을 발견할 수 있다고 생각하였다. 그것은 신적인 것은 아니었다. 그것은 비이성적인 것으로 여겨졌기 때문이었다. 그것은 인간적이지도 않았다. 그것은 오성을 가지고 있지 않았기 때문이었다. 그것은 악마 같지도 않았다. 그것은 선의를 가지고 있기 때문이었다. 그것은 천사 같지도 않았다. 그것은 때때로 악의의 기쁨을 알아차리게 했기 때문이다. 그것은 우연과 비슷했다. 그것은 아무런 연속을 나타내지고 있지 않았기 때문이었다. 그것은 섭리와 비슷했다. 그것은 인과 관계를 나타내고 있었기 때문이다. 우리를 국한시키고 있는 일체의 것을 그것은 관통할 수 있는 것처럼 여겨졌다. 그것은 우리의 존재를 구성하고 있는 모든 필연적인 요인을 마음대로 조종하는 것처럼 보였다. 그것은 시간을 수축시키고 공간을 확대하였다. 그것은 불가능한 것만을 기뻐하고, 가능한 것은 혐오의 마음을 가지고 자신으로부터 멀리하는 것처럼 보였다. 다른 모든 것 사이에 끼어들어 이들을 분리하고, 그것을 결합시키는 것처럼 보이는 이 존재를 나는 옛사람의 예를 따라서, 또 나의 그것과 비슷한 것을 인정한 사람들의 예를 따라서 마신적(魔神的)이라고 이름지었다. 나는 나의 종래의 방법에 따라서 형상의 배후로 도피함으로써 이 무서운 존재로부터 자신을 구출하려고 애썼다.

　내가 주의를 기울여 연구한 세계사상의 여러 가지 사건 중에는 뒷날, 통일된 니더란트를 그토록 유명하게 한 사건도 포함되어 있었다. 나는 열심히 자료를 조사하여 될 수 있는 대로 직접 사실을 확인하여 모든 것을 생생하게 눈앞에 떠올리게 하려고 하였다. 그 사건을 둘러싼 국면은 매우 희곡적이라고 여겨졌다. 그리고 그 주위에 알맞게 배치할 수 있는 주요 인물로서는 에그몬트 백작이 나의 주의를 끌었다. 그 사람의 인간적, 기사적인 위대함이 나의 마음에 가장 합당했기 때문이다. 그러나 그를 나의 희곡에서 사용하기 위해서는 그의 성격을 바꾸어서 연배의 남자보다는 청년으로, 가정의 아버지보다는 독신자로, 제아무리 자유로운 생각을 가지고 있어도 여러 가지 사정에 의해서 제약되어 있는 인물보다는 독립된 인물에 어울리는 특성을 갖게 하지 않을 수 없었다. 그래서 나는 머릿속에서 그를 젊게 만들어 모든 속박으로부터 해방시키고, 그에게 헤아릴 수 없는 삶에의 기쁨과, 자기에 대한 한없는 신뢰와, 모든 사람을 자기에게 끌어당기는 재능(견인력)을 부여했다. 이렇게 해서 그는 국민의 호의와, 왕비의 남모를 사모와, 순수한 처녀의 애절한 사랑과, 한 사람의 능력 있는 정치가의 동정을 얻을 수 있었다. 더 나아가서 최대의 적대자의 아들의 마음까지도 끌어당길 수가 있었던 것이다.

주인공의 특징을 이루고 있는, 그 사람에게 어울리는 용기가 그의 인품 전체를 받치고 있는 기초이자 샘솟는 기반이다. 그는 어떠한 위험도 모르고, 다가오는 가장 큰 위험에 대해서도 모른다. 우리를 둘러싸고 있는 적들은 경우에 따라서는 돌파할 수 있으나, 정치적 책략의 망을 돌파하기란 어렵다. 마신적인 것이 양쪽에 작용하고 있고, 그 갈등 속에서 사랑해야 할 자가 망하고, 미워할 자가 승리를 얻는다. 그러나 한편으로는 그 속에서 제3자가 나타나 모든 사람의 소원을 채워주리라는 기대도 거기에 있다. 아마도 이것이, 발표 뒤 바로가 아니라 뒷날 시운이 무르익었을 때부터였지만, 이 작품이 세상의 호평을 얻어 오늘날에도 그것이 계속되고 있는 원인일 것이다. 그래서 나는 그 정도로 빨리 다시 화제로 삼을 기회가 있으리라고는 여겨지지 않으므로, 훨씬 뒤에 내가 확신하게 된 것들을 나 자신을 앞질러 친애하는 독자 여러분을 위해 말해두려고 한다.

마신적인 것은 모든 유형·무형의 것의 속에 나타날 뿐만 아니라, 동물에게서도 매우 현저하게 나타나는 것이지만, 특히 인간과는 가장 놀라울만한 관련을 가지고 있으며, 도덕적 세계 질서에 대항하여 그것과 대립하는 것은 아니라 해도 그것을 세로로 관통하는 하나의 힘을 형성한다. 따라서 한편을 씨실, 다른 한편을 날실로 볼 수도 있는 것이다. 이로써 생기는 현상에 대해서는 무수한 명칭이 주어지고 있다. 왜냐하면 모든 철학, 모든 종교가 산문에 의해서, 또는 시에 의해서 이 수수께끼를 풀고 이 문제에 최종적인 결말을 내려고 시도했기 때문이다. 그러나 앞으로도 여전히 이 수수께끼는 철학이나 종교에 있어서 풀지 못한 문제로 남아 있을 것이다. 이 마신적인 것이 가장 무서운 위력을 발휘하는 것은 그것이 누군가 한 사람의 인간에게 압도적인 힘을 가지고 나타나는 경우이다. 평생 동안 나는 어떤 때는 나의 신변에서, 어떤 때는 먼 곳에서 몇 사람인가 이런 사람을 관찰할 수가 있었다. 이들은 반드시 지적 능력이나 재능에서 뛰어난 인물이라고는 할 수 없고, 또 따뜻한 마음으로 사람들이 좋아하는 일도 드물다. 그러나 그들로부터는 거대한 힘이 나오고, 그들은 믿을 수 없을 만큼의 힘을 모든 피조물 위에, 아니 만물의 근원 위에까지도 미치는 것이다. 이와 같은 영향력이 어느 정도 멀리까지 미치는가 하는 것은 그 누구도 말할 수가 없다. 모든 윤리적인 힘을 결집해도 그들에게 대항할 수는 없다. 이성적인 사람들이 그들을 속은 자, 또는 속인 자로서 사람들에게 의심을 품게 하려고 해도 소용없고 대중은 그들에게 끌린다. 같은 시대 사람 중에서 그들에게 필적하는 자가 나타나는 일은 드물거나 전혀 없다. 그들은 우주에까지도 싸움을 걸었으나 그들을 이길 수 있는 것은 이 우주 그 자체 외에는 없다. 그리고 아마도 이와 같은 일을 알았기 때문에 '신이 아니면 그 누구도 신에게 항거할 수 없다'[17]는 기묘한, 그러나 무서운 잠언이 생겼을 것이다.

이와 같은 높고 먼 고찰에서 눈을 돌려 다시 나의 작은 생활로 돌아가기로 하자. 그러나 이 나의 생활에도 적어도 마신적인 외관을 갖춘, 기묘한 사건이 다가오고 있었다. 나는 릴리를 잃은 것을 견딜 수 없어 고트하르트 산정에서 이탈리아에 등을 돌리고 집으로 돌아온 것이다. 서로 내 것으로 만들어 언제까지나 함께 살고 싶다는 희망에 뿌리를 둔 애정은 그리 쉽게 사라지는 것이 아니다. 오히려 마음에 품는 정당한 소원이나 거짓 없는 희망을 생각해 보면 그것은 더욱더 커질 뿐이다. 이런 경우, 청년보다는 소녀 쪽이 소극적인 것은 당연한 일이다. 아름다운 아가씨들은 판도라[18]의 후손임에 부끄럽지 않게, 남자를 매혹하여 끌어당기는 바람직한 재능이 주어져 있다. 하기야 그녀들이 남자들을 자신들의 주위에 모으는 것은 그 본성으로 보아 무의식적으로 그렇게 하는 것이지 애정에 의한 것도 아니고, 하물며 음탕한 마음에서 그렇게 하는 것도 아니다. 이때 그녀들은 저 마법사의 제자처럼 숭배자들이 너무 많은 것을 보고 겁을 먹는 위험에 빠지는 경우도 자주 있다. 그리고 마침내 여기서 한 사람이 선택되어 신부를 집으로 데리고 가게 되는 것이다.

그러나 이 경우, 선택에 방향을 부여하고 선택자의 마음을 움직이는 것은 참

---

17) Nemo cuntra deum nisideus ipse. 출전은 분명치 않다. 이 구를 제4부의 표어로 게시하고 있는 판이 많은데 남겨진 괴테의 원고에는 표어는 없고 제4부의 원고를 정리한 에커먼이 리머와 상담하여 제1, 제2, 제3부를 따라 이 문구를 제4부의 표어로 한 것이다.

18) 그리스 신화. 인간에게 주어진 최초의 여자.

으로 우연한 것이다. 나는 확신을 가지고 릴리를 단념하였지만, 사랑은 이 확신을 의심스러운 것으로 만들었다. 릴리도 마찬가지로 생각하고 나와 헤어졌고, 그리고 나는 기분 전환을 위해 여행을 떠났다. 그러나 이 여행은 정반대의 결과를 가져왔다. 여행을 하는 동안, 나는 그녀로부터 떨어져 있을 뿐, 그녀와 헤어졌다는 마음은 들지 않았다. 모든 추억, 모든 희망, 모든 소원에 나는 휘둘림을 당했다. 나는 돌아왔다. 그리고 이 재회는 자유롭고 즐겁게 서로 사랑하고 있는 사람에게는 천국이어야 했다. 그러나 이성의 명을 받아 서로 떨어져야 했던 두 사람에게 이 재회는 연옥의 불이었고 지옥의 앞마당이었다. 릴리를 둘러싼 환경으로 돌아왔을 때, 나는 우리의 관계를 방해해 온 그 모든 부조화를 갑절로 느꼈다. 내가 다시 그녀 앞에 섰을 때, 그녀가 나에게는 잃어버린 사람[19]이라는 생각이 견딜 수 없을 정도로 나의 가슴에 와닿았다. 그래서 나는 또다시 도망갈 결심을 하였다. 마침 칼스루에에서 프랑크푸르트로 오도록 되어 있는 바이마르의 젊은 공작 내외가 함께 바이마르로 가자고 거듭 권유했다. 이것은 나에게 매우 고마운 일이었다. 공작은 여느 때와 다름없이 따뜻하고 신뢰가 깃든 태도를 보였는데, 나도 이에 대해 진심으로 감사의 마음으로 응답했다. 처음 만났을 때부터 내가 공작에 대해 품었던 인상, 면식이 있는 데에 지나지 않는다 해도 이미 오랫동안 알고 있는 공작 부인에 대한 경의, 나에 대해서 항상 관대한 태도를 보여주었던 빌란트를 만나 직접 친밀한 마음을 나타내고, 반은 고의로, 반은 우연히 범한 나의 무례를 그 자리에서 보상하겠다는 바람, 이것만으로도 사랑에 실패한 청년을 자극하는, 아니 몰아세우는 데에 충분한 동기가 되었다. 게다가 나에게는 그 어떤 수단을 취하든 간에 릴리로부터 도망쳐야 하는 사정이 있었다. 그러기 위해서는 그것이, 아버지가 매일 되풀한 이야기에 의하면 예술과 자연이 더할 나위 없이 훌륭한 천국처럼 여겨진 남쪽이건, 뛰어난 사람들의 유력한 모임이 나를 초청하는 북쪽이든 전혀 상관이 없었다.

마침내 젊은 공작 내외는 귀국 도중 프랑크푸르트에 도착하였다.[20] 마이닝겐

19) 릴리와의 약혼이 깨진 것은 1775년 9월 20일.
20) 칼 아우구스트 폰 바이마르 공작과 루이제 폰 헤센 다름슈타트와의 결혼식은 1775년 10월 3일 칼스루에에서 거행되었다. 두 사람 모두 18세였다. 두 사람은 10월 12일, 13일 프랑크푸르트에 체류, 그 뒤 바이마르로 향하였다.

공작 일가[21]도 같은 무렵 프랑크푸르트에 머물고 있었다. 그리고 나는 이 공작 일가로부터, 공자들을 수행해 온 추밀 고문관 폰 뒤르크하임[22]으로부터도 매우 정중한 마중을 받았다. 그러나 이런 경우 청년에게는 흔히 뜻하지 않은 사건이 일어나기 쉬운 법이다. 나도 사소한 오해 때문에 믿을 수 없는, 그러나 상당히 유쾌한 곤혹에 빠진 것이다.

바이마르 공작 내외와 마이닝겐 공작 일가는 같은 숙소에 있었다. 나는 식사에 초대되었다. 나는 바이마르 공작 내외의 일만 생각하고 있었던 데다가, 마이닝겐 공작 집안에서도 나에게 다소의 주의를 기울여 줄 것이라고 생각할 정도로 자만하지는 않았기 때문에 좀더 자세히 사정을 물어볼 생각은 없었다. 나는 몸단장을 하고 '로마 황제관'으로 갔는데 바이마르 공작 내외의 방은 비어 있었다. 나는 두 사람이 마이닝겐 공작과 함께 있다는 말을 듣고 그쪽으로 가서, 거기서 기쁜 마중을 받았다. 나는 이것이 식사 전의 방문이라서 어쩌면 함께 식사를 할지도 모른다는 생각에, 조용히 앉아 음식이 나오기를 기다렸다. 그런데 갑자기 바이마르 공의 수행원이 자리에서 일어났기 때문에 나도 그들을 따라갔다. 그러나 그들은 방으로는 돌아오지 않고, 그대로 계단을 내려가서 마차에 오르고 말았다. 나는 혼자 길가에 남게 되었다. 거기서 나는 사정을 물어보거나 그 어떤 설명을 구하지도 않고 내 방식대로 곧장 집으로 돌아오고 말았다.

집에서는 양친이 디저트를 먹고 있는 중이었다. 어머니는 될 수 있는 대로 나를 잘 다독거려 주려고 했지만, 아버지는 의심스러운 듯이 고개를 저었다. 밤이 되어 어머니가 이야기해 준 바에 의하면 아버지는 내가 나간 뒤, 평소에 바보가 아닌 내가 저 친구들이 단지 나를 놀려 창피를 주려고 하고 있는 것을 깨닫지 못하는 것이 매우 이상하다고 말했다는 것이다. 그러나 나는 아버지의 말에 별로 신경 쓰지 않았다. 나는 이미 폰 뒤르크하임 씨를 만나고 있었고, 그는 온건한 어조로 듣기 좋은 농담 비슷한 비난을 섞으면서 나의 해명을 구했기 때문이다. 나는 겨우 꿈에서 깨어난 것 같았다. 그리고 바라거나 기대하지도 않았던

---

21) 과부가 된 공작 부인 샤를로테 아마리에(1730~82), 그 아들 칼 아우구스트(1754~82), 및 게오르크 프리드리히 칼(1761~1803).

22) 프랑스 크리스챤 에크브레히트. 마이닝겐의 추밀 고문관, 황자 교육관.

호의에 대해서 정중하게 고맙다는 인사를 하고 용서를 구했다.

그 뒤 나는 매우 친절한 제의를 충분한 이유로 받아들였고, 다음과 같은 일이 결정되었다. 즉, 슈트라스부르크에서 제작 중인 란다우 마차[23]의 완성을 기다리며 칼스루에에 남아 있는 어떤 귀족[24]이 이러이러한 날에 프랑크푸르트에 도착할 것이니, 나는 그 사람과 함께 곧 바이마르로 출발할 수 있도록 준비를 해 두기 바란다는 것이었다. 내가 공작 내외로부터 받은 쾌활하고 호의적인 작별 인사의 말이나 궁정신하들의 친밀한 태도는 이 여행을 더없이 즐거운 것으로 만들었고, 도로까지도 기분 좋게 매끈하게 이어져 있는 것 같았다. 그러나 이번에도 우연한 일로 이토록 간단한 일이 까다로워지고, 또 나의 급한 성질로 복잡해져서 하마터면 모든 것을 망칠 뻔했다.

나는 여기저기에 작별인사를 하고, 출발 날짜를 알리고 나서 급히 짐을 꾸렸고, 아직 출간하지 못한 원고도 잊지 않고 그 속에 넣었다. 그리하여 앞에서 말한 친구가 새로운 마차를 타고 도착하여 나를 새로운 지방, 새로운 환경으로 데리고 갈 때를 기다리고 있었다. 시간은 흘러갔고, 그날도 지나갔다.

나는 두 번이나 작별 인사를 하는 것을 좋아하지 않았고, 하물며 많은 방문객이 밀어닥치는 것을 원하지 않았기 때문에 그날 아침부터 부재중이라고 해 두었다. 이 때문에 나는 집에, 아니 내 방에 몰래 있어야 했고, 그 결과 매우 묘한 처지에 빠지고 말았다. 그러나 그와 같은 고독이나 칩거는 나에게는 항상 매우 고마운 일이었다. 이렇게 얻은 시간을 무엇인가에 이용할 필요가 있었기 때문에 나는 《에그몬트》를 쓰기 시작하여 거의 완성했다. 나는 그것을 아버지 앞에서 낭독했는데, 그는 이 작품에 특별한 애착을 느껴 그것이 완성되어 인쇄되기를 마음으로부터 바랐다. 이것으로 아들의 명성이 한층 높아질 것을 기대하고 있었기 때문이다. 하기야 그에게는 이와 같은 안심과 새로운 만족이 필요했던 것이다. 그 까닭은, 그 마차가 도착하지 않는 이유에 대해 그가 예사롭지 않은 분석을 하고 있었기 때문이었다.

그는 이번에도 일 전체를 꾸며낸 이야기로 단정했다. 그는 새로운 란다우 마

---

23) 지붕이 앞뒤로 열리도록 되어 있는 마차. 란다우에서 만들어졌기 때문에 이런 이름이 붙었다.
24) 요한 아우구스트 알렉산더 폰 카르프(1747~1814). 당시 바이마르의 재정국 참사관. 후에 재정국 장관.

차는 믿고 있지도 않았고, 남아 있다는 귀족 같은 건 있지도 않은 환상이라고 생각하고 있었다. 그는 그것을 넌지시 깨닫게 하려고 했을 뿐이지만, 그것이 오히려 여러 가지 억측을 자아내게 하여 어머니와 나를 더욱 괴롭혔다. 그는 모든 것을 나의 무례 때문에 생긴 질이 나쁜 궁정의 장난이라고 보고, 내가 기대하고 있는 영예 대신에 불명예스러운 일을 꾸며놓고 나를 괴롭히고 창피를 주려는 것으로 생각하고 있었다. 확실히 나는 처음에 굳게 믿어 의심치 않았고, 친구들이나 알지 못하는 사람, 그 밖의 사교적인 기분 전환으로도 방해됨이 없이 방에 틀어박혀 지낼 수 있는 시간을 얻게 된 것을 기뻐하고 있었다. 그리고 마음의 동요가 없는 것은 아니었으나, 부지런히 《에그몬트》를 계속 썼다. 이와 같은 마음의 상태는 그 작품에 효과가 있었다고 여겨졌다. 그렇게 많은 정열에 의해 움직이는 희곡은 정열을 모두 잃은 상태에서는 쓸 수 없었을 것이기 때문이다.

일주일이 지나고 또 며칠이 지났다. 그러자 이렇게 틀어박혀서 생활하는 것이 차차 고통스러워졌다. 몇 년 전부터 나는 마음을 터놓고 자주 왕래하는 친구들과 함께 집 밖에서 지내는 데에 익숙해져 있었고, 또 헤어지기로 마음의 결정이 되어 있었지만 그녀에게 접근할 기회가 있는 한, 아직은 강하게 당기는 연인 가까이에 있는 일 등, 이 모든 것이 나의 안정을 빼앗았고, 그 때문에 나의 비극을 계속 써내려가는 흥미도 흐려져 초조한 나머지 시적 창조력도 가물가물했다. 이미 몇 날 밤, 집에 머물러 있는 것이 견딜 수 없는 일이 되기도 하였다. 나는 외투로 몸을 감싸고 거리를 남몰래 걸었다. 친구나 아는 사람 집 옆을 지나 기회를 봐서 릴리의 창가에도 가까이 갔다. 집은 길모퉁이에 있었고, 그녀는 1층에 살고 있었다. 녹색 차양이 내려져 있었으나, 등불이 여느 때와 같은 장소에 놓여 있다는 것을 분명히 알 수 있었다. 이윽고 그녀가 피아노를 치면서 노래를 부르고 있는 것이 들렸다. 그것은 채 1년도 되기 전에 내가 그녀를 생각하고 지은 '아, 어쩌면 당신은 나를 이렇게 저항할 수 없게 끌어당기는가'라는 가사였다. 그녀는 그것을 여느 때보다도 더 정성껏 부르고 있었다. 말 한 마디 한 마디를 분명히 알아들을 수 있었다. 밖으로 휘어져 나온 창살이 허용하는 한 나는 귀를 가까이 댔다. 그녀가 다 불렀을 때, 창에 비치는 그림자로 그녀가 일어났다는 것을 알았다. 그녀는 방 안을 왔다 갔다 했다. 그러나 커튼에 가려 그녀의 사랑스러운 모습의 윤곽은 파악할 수 없었다. 이 땅을 떠나자, 내가 있으므로 해서 그녀에게 괴로운 생각을 하게 해서는 안 된다, 정말로 그녀를 단념하자 하는 굳은 결의로, 그리고 또, 내가 다시 모습을 나타내면 어떤 난리가 벌어질지 모른다는 생각에서 나는 가까스로 이렇게도 사랑하고 있는 사람의 곁을 떠날 결심을 할 수가 있었다.

며칠이 하는 일 없이 지나갔다. 칼스루에로부터는 마차가 늦어지는 데에 대한 원인을 알리는 편지조차도 오지 않았기 때문에 아버지의 억측은 점점 사실처럼 받아들여졌다. 창작도 막히고 말았다. 내가 불안한 나머지 마음 상해 하는 것을 보고, 아버지는 마침내 좋은 기회가 왔다고 생각하였다. 아버지는 이제 변경할 수는 없고 짐도 다 꾸려놓았으니, 이탈리아로 가는 돈과 신용장을 줄 테니까 곧 출발하라고 하였다. 매우 중대한 사항이었기 때문에 나도 손쉽게 마음을 정하지 못하고 있었으나, 마침내 마차도 소식도 없으면 출발하기로 동의하였다. 우선 하이델베르크로 향하여, 이번에는 스위스를 지나지 않고 그라우뷘덴을 지나 알프스를 넘어가기로 하였다.

그렇지 않아도 쉽사리 남에게 현혹되기 쉬운 계획성 없는 청년이 성급한 노인의 착각의 독촉을 받아 다시 잘못된 길로 접어들 때에는, 당연한 일이지만 이상한 일이 생기지 않고 지나가는 적이 없었다. 그러나 전투가 끝난 후 비로소 전술을 깨닫게 되는 것이 세상사인 것처럼, 그렇기 때문에 청년 시절도 인생 전체도 존재한다고 할 수 있다. 순수한 업무상의 일이라면 이와 같은 우연도 손쉽게 설명할 수 있을 테지만, 우리는 자칫 자진해서 오류와 손잡고 자연스럽고 진실한 것에 등을 돌리고 싶어한다. 우리가 카드를 나누기 전에 그것을 섞어서, 우연이 사실에 관여하는 권리를 손상시키는 일이 없도록 하는 것도 그와 마찬가지 사정에 의한 것이다. 그리고 다름 아닌 그런 일로부터 정신적인 것이 즐거움을 발휘하는 요인이 생기고, 마신적(魔神的)인 것은, 우리가 항상 그 접근을 예감하고 있으면 있을수록 더욱더 우리를 괴롭히는 것이다.

마지막 날도 지나서 나는 이튿날 출발하게 되었다. 그렇게 되고 보니 나는 최근 스위스에서 돌아와 있던 친구 바사반을 꼭 한 번 만나보고 싶은 생각에 사로잡혔다. 내가 완전히 비밀을 지켜서 우리의 진정한 신뢰에 상처를 입혔다면 그는 나에게 화를 낼 만한 당연한 이유가 있었기 때문이었다. 그래서 나는 그가 모르는 사람을 시켜, 그에게 밤에 어떤 장소로 나와달라고 부탁하였다. 나는 외투를 입고 그곳으로 갔다. 내가 먼저 도착하였으나 이윽고 그도 모습을 드러냈다. 그는 이미 내가 전달한 말에 놀랐으나 그가 그 자리에서 본 사람을 보고 더 놀랐다. 기쁨도 놀라움에 못지않았다. 상담하거나 충고할 때가 아니었다. 그는 다만 나의 이탈리아 여행의 행운을 빌어주었다. 이렇게 해서 우리는 헤어졌다. 그리고 이튿날 아침 일찍 나는 이미 베르크슈트라세를 달리고 있었다. 내가 하이델베르크로 향한 데에는 몇 가지 이유가 있었다. 하나는, 극히 당연한 이유로 예의 친구가 칼스루에에서 하이델베르크를 경유해서 온다는 말을 들었기 때문이다. 그래서 나는 하이델베르크에 도착하자 곧 역사에 가서, 이러이러한 모습을 한 귀족에게 전해달라고 간단한 편지를 한 통의 맡겼다. 두 번째 이유는 나의 애정에 관련된 것으로, 릴리에 대한 나의 이전의 사이에 관계가 있는 것이었다. 즉, 우리의 애정을 알고, 두 사람의 진정한 결합을 위해 양쪽 부모 사이에서 헌신적으로 중개 역할을 해준 데르프 양이 그 땅에서 살고 있었기 때문이었다. 내가 독일을 떠나기 전에 나의 경애하는, 인내심 많고 인정 많은 여성과 그 즐거웠던 시절의 이야기를 다시 한번 주고받을 수 있다면 더없는 행복이라고 생각했기 때문이다.

나는 환영을 받아 몇몇 가정에 소개되었다. 특히 즐거웠던 것은 산림 장관인 폰 브레데[25]의 집이었다. 양친은 예의 바르고 기분이 좋은 사람들이었고, 딸 중의 한 사람은 프리데리케와 비슷했다. 마침 포도를 따는 계절이었고 날씨는 매우 좋았기 때문에 아름다운 라인과 네카르의 골짜기에서 저 알자스의 기분이 그대로 나에게 전달되었다. 이 무렵의 나는 나나 타인에게도 기묘한 일을 경험해 왔었다. 그러나 모두가 아직 생성 도중에 있어서 삶의 성과를 나에게 가져다주지는 못했다. 또, 내가 인정한 무한한 것은 오히려 나를 혼란시킬 뿐이었다. 그러나 사람들과의 교제에 있어서 나는 전과 다른 데가 없었다. 아니 보다 더 서글서글하고 이야기를 좋아하게 되었다. 이곳의 밝은 하늘 아래, 즐거운 사람들 틈에서 나는 청년에게 항상 새롭고 매력 있는 옛 그대로의 놀이를 다시 할 수가 있었다. 내가 가슴에 품고 있는, 아직 사라지지 않은 사랑은 내가 바라

---

25) 페르디난트 요제프(1722~92). 하이델베르크에 사는 팔츠 선제후국의 지방재판소 서기. 참사관. 그의 딸은 마리 루이제 요제파(1754년 생)와 프란체스카 샤를로테 요제파(1756년 생).

거나 입 밖으로 낸 것도 아닌데 사람들의 관심을 불러일으켜, 이윽고 나는 이 곳 사람들 사이에서 원래부터 있었던 친구처럼 여겨지고, 나중에는 없어서는 안 될 사람이 되었다. 그리하여 나는 두서너 밤 동안 흥겹게 이야기를 나누면서 지내고 나자, 내가 여행을 계속할 계획을 가지고 있다는 것을 하마터면 잊을 뻔했다.

데르프 양은 결코 꾀를 부리거나 하는 사람은 아니었으나, 항상 무엇인가 일을 가지고 나에게도 일을 시키는 등 많은 목적을 수행하려고 하는 사람들 중의 한 사람이었다. 그녀는 나에게 극진한 친밀감을 가지고 있었고, 나는 그녀의 집에서 묵고 있었기 때문에 한층 손쉽게 나를 붙들어 오래 있게 할 수가 있었다. 그녀는 내가 체류하는 동안 재미있게 보낼 수 있도록 여러 가지 즐거움을 제공하여, 나의 출발을 방해하는 여러 가지 장애를 설정했던 것이다. 내가 화제를 릴리 쪽으로 돌리려고 해도, 그녀는 내가 기대하고 있었던 만큼의 호의도 관심도 나타내지 않았다. 오히려 그녀는 우리 두 사람이 그와 같은 사정 아래 헤어지려 하고 있는 것을 칭찬하면서 사람은 누구나 피할 수 없는 일에 순응하고, 불가능한 일은 마음에서 추방하고 새로운 인생의 관심사를 찾아야 한다고 주장하였다. 그녀는 계획을 좋아하는 사람이어서, 나의 장래의 근무처에 대해서도 하나의 복안을 가지고 있었다. 그제야 나는 그녀가 이번에 나를 하이델베르크로 초청해 준 것이 겉으로 보기와는 달리 무계획적인 것이 아니었다는 것을 새삼스럽게 깨달을 수가 있었다.

즉, 예술과 학문을 위해 크게 공헌해 온 선제후 칼 테오도르[26]는 여전히 만하임에 거처를 정하고 있었고, 궁정은 가톨릭이었으나 국내는 신교였는데 바로 이 이유 때문에 프로테스탄트의 당파는 유능하고 장차 유망한 인재를 얻어 자기 당파를 강화하지 않으면 안 될 충분한 이유가 있었던 것이다. 그래서 나는 꼭 이탈리아로 가서 거기서 예술 분야의 견해를 높이지 않으면 안 된다는 것이었다. 그 사이에 사람들은 나를 위해 힘을 다해줄 작정이었고, 또 내가 이탈리아로부터 돌아올 무렵에는 폰 브레데 양의 마음속에 싹트기 시작하고 있는 사랑이 진짜인가, 가짜인가, 또 명망 있는 집안과 혼담을 맺음으로써 나와 나의

---

26) 팔츠 선제후(1724~99).

행복의 기초를 새로운 땅에서 구축하는 것이 올바른 선택인가의 여부를 분명히 할 수 있으리라는 것이었다.

나는 이러한 모든 일을 거절하지는 않았지만, 나의 무계획적인 생활 방식은 계획을 좋아하는 나의 여자 친구와 반드시 일치하지는 않았다. 나는 현재 있는 사람들로부터 받고 있는 호의를 즐기고는 있었지만, 릴리의 모습이 자나깨나 눈앞에 맴돌아, 나를 기쁘게 하고 나의 마음을 전환케 해줄지도 모르는 다른 일들에 섞여 들어왔다. 그래서 나는 이번 여행이 진지한 것임을 마음에 상기하고 점잖게, 예의를 잃지 않도록 사람들에게 작별을 고하고 수일 동안 나의 여행을 계속하리라고 결심하였다.

밤늦게까지 데르프 양은 그녀의 계획과 사람들이 나를 위해 해줄 것이라고 생각하고 있는 것을 자상하게 이야기하였다. 나는 그러한 의향에 경의를 표시하고 감사하지 않을 수 없었다. 그러나 나는 어떤 종류의 사람들이 내가 궁정에서 얻을지도 모르는 은총으로 자기들의 세력을 강화하려는 생각을 품고 있다는 것을 모른 체할 수는 없었다. 우리는 1시경에 헤어졌다. 나는 잠이 푹 들었으나 얼마 되지 않아 집 앞에 멈춘 역마차 마부가 부는 뿔피리 소리에 눈을 떴다. 이윽고 데르프 양이 손에 등불과 편지를 들고 나타나 나의 침대로 가까이 왔다.

"자, 편지가 왔어요. 읽고서 무슨 내용인지 이야기해 줘요. 틀림없이 바이마르의 궁정에서 온 것일 거예요. 만약에 초대라면 거기에 따르지 말고 우리의 이야기를 생각해 줘요."

나는 등불을 건네받고 15분가량 혼자 있게 해달라고 부탁하였다. 그녀는 마지못해 나갔다. 나는 편지를 펴보지 않은 채 잠시 앞을 바라보고 있었다. 기마 속달우편은 프랑크푸르트에서 온 것이었다. 봉인이나 필적은 본 적이 있는 것이었다. 즉, 친구는 프랑크푸르트에 도착한 것이다. 나는 그를 초청하고 있었다. 불신과 불안 때문에 우리는 일을 서두른 것이다. 왜 나는 분명한 약속을 한 사람을 조용하고 시민적인 환경에서 기다리고 있지 않았던가. 그 사람의 여행은 여러 가지 우연으로 늦는 일도 있을 것이 아닌가.

나는 모든 것을 분명히 이해할 수 있을 것 같았다. 전에 받았던 친절, 은혜, 신뢰의 모든 것이 또다시 나의 눈앞에 뚜렷하게 되살아났다. 나는 나의 알 수 없는 변심을 깊이 뉘우쳤다. 나는 편지를 펼쳤다. 모든 진상이 자연스럽게 밝혀졌다. 약속 날짜에 늦은 나의 동반자는 슈트라스부르크로부터 오도록 되어 있는 마차를, 우리가 그를 애타게 기다린 것처럼 이제나저제나 하고 기다리고 있었던 것이다. 그리고 볼일이 있어서 만하임을 거쳐 프랑크푸르트로 가서, 거기에 내가 없는 것을 알고 놀랐다. 그는 곧 기마로 속달우편을 보냈다. 그는 편지에서, 오해가 풀린 이상 내가 곧 되돌아와 주길 바라며, 자신이 혼자 바이마르로 가서 수치를 당하는 일이 없게 해달라고 부탁하고 있었다.

나의 분별과 기분은 이내 그쪽으로 기울었지만, 나의 이 새로운 방향에 대해서도 거기에 거역할 만한 중대한 사유가 없는 것은 아니었다. 아버지는 나를 위해 훌륭한 여행 계획을 세워준 데다가 상당한 수의 책을 가지고 가게 했고, 그것으로 준비를 갖추어 내가 다급할 때 허둥대지 않도록 배려해 주었다. 이제까지 틈이 날 때마다 이탈리아에 대해서 생각해보는 것 외에는 아무런 즐거움은 없었고, 이번의 작은 여행 도중에도 마차 안에서 다른 일을 생각하지 않았다. 어렸을 때부터 모든 종류의 이야기나 모사에 의해 알아온 그와 같은 훌륭한 대상이 나의 마음 앞에 떼지어 모였다. 그리고 분명히 마음을 정하고 릴리로부터 멀어지려고 하고 있는 지금, 그것들에 접근하는 것만큼 바람직한 일은 없다고 나는 생각했다.

그 사이에 나는 옷을 입고 방 안을 왔다 갔다 했다. 여주인이 진지한 표정으로 들어왔다. 그녀가 말했다.

"어떻게 하실 작정이에요?"

"데르프 양, 나를 설득하려고 하지 말아요. 나는 돌아가기로 결정하였습니다. 그 이유는 충분히 생각해보았습니다. 그것을 되풀이해보았자 아무런 쓸모도 없을 것입니다. 결국은 결심을 하지 않으면 안 될 것이고, 마지막 결심은 그것과 관계가 있는 사람만이 할 수 있는 것입니다."

나는 흥분하고 있었다. 그녀도 마찬가지였다. 격렬한 말이 오갔으나, 나는 내가 고용한 청년[27]에게 역마차를 부탁하라고 명령함으로써 결말을 냈다. 나는 여주인에게 진정하라고 말하고 내가 어젯밤의 모임에서 농담으로 한 작별 인

---

27) 괴테는 하인으로서 필립 자이델(1755~1820)을 데리고 있었다. 그는 괴테의 이탈리아 여행 전까지 괴테의 비서로 있었다. 후에 바이마르의 회계국 위원이 되었다.

사를 진짜 인사로 생각해 달라고 부탁했으나, 그녀는 들으려고도 하지 않았다. 이번에는 잠깐 방문하여 안부를 물어볼 작정이었고, 나는 이탈리아 여행도 중지한 것이 아니며, 다시 이곳에 돌아오지 않을 이유가 없다는 것을 생각해 달라고 부탁하였으나, 그녀는 아무 말도 들으려 하지 않았다. 그녀의 태도는 이미 약간 흥분하고 있던 나를 더욱 초조하게 만들었다.

마차는 문간에 도착했고 짐도 실었다. 마부는 기다리다 지쳤는지 빨리 타라는 신호를 하였다. 나는 몸을 뿌리쳤다. 그녀는 여전히 나를 가지 못하게 하고, 당면 문제를 교묘하게 설명하였다. 마침내 나는 화가 나서 나도 모르게 에그몬트의 말을 외쳤다.

"이제 됐어. 그만둬. 눈에 보이지 않는 정령의 매를 맞은 것처럼, 세월의 말은 우리 운명의 가벼운 수레를 끌고 쏜살같이 달려간다. 우리는 용기를 내어 고삐를 꽉 잡고, 이 바위, 저쪽의 벼랑을 피하여 좌로, 우로 수레를 몰고 갈 수밖에 없다. 그것이 어디로 가는지 누가 알랴. 어디서 왔는지조차도 모르고 있는데……."[28]

---

28) 《에그몬트》 제2막 제2장.

# 괴테의 생애 《시와 진실》 해설

## 자서전이란 무엇인가

괴테는 자서전에 대해 회의적이었던 것 같다. 과연 스스로 펜을 들고 거짓 없이 자기 생애를 기술할 수 있는 것일까? 그 탓이었는지 괴테는 《시와 진실 *Dichtung und Wahrheit*》 제1부 첫머리에, '언제나 의심스러운 자서전 쓰는 일'을 어떻게 해서 결심하게 되었는지를 밝히고 있다. 그 까닭은 독자로부터 편지가 날아왔기 때문이라고 한다. 그러나 작품을 읽어 보아도 그것이 어떤 인연으로 생겨났는지 독자로서는 알아볼 방법이 없다. 그저 어떤 외적, 내적 변화가 있어서 생겨났는지를 써 주길 바랄 뿐이다.

그 편지 자체는 괴테가 썼다. 여태까지 때에 따라서 친구나 지인의 물음을 정리하여 편지 형식으로 인용했다. 그런대로 분명히 '시(詩)'를 빌리지 않고서는 '진실'을 이야기할 수 없다는 것을 첫머리에 밝혔다.

괴테가 자서전을 쓰려고 결심한 것은 1809년으로 자신의 인생을 역사화하기 위해 홀가분한 마음으로 집필을 시작한다.

그의 일기에는 '전기를 위한 안'이란 말이 씌어 있다. 이때 괴테 나이 쉰 살로 인생을 되돌아볼 시기이기도 했다. 일은 순조롭게 진행되어 2년 뒤인 1811년 유년기를 묘사한 제1부를 간행했다. 그 이듬해 1812년에 제2부, 1814년에 제3부를 펴내어 20대 중반의 《젊은 베르테르의 슬픔》 집필 전후까지 다루었는데, 여기서 자서전 집필이 갑자기 중단된다. 그리하여 바이마르 공작의 초대를 받아 북쪽 작은 나라로 부임하기까지를 다룬 제4부는 생전에 발표되지 않고 죽은 뒤인 1833년에 유작집으로 출판되었다.

'1749년 8월 28일 정오, 12시를 알리는 종소리와 함께 프랑크푸르트 암 마인에서 나는 이 세상에 태어났다.' '별자리의 혜택을 받았다. 태양은 처녀궁(處女宮) 자리에 위치하여 그날 정점에 이르렀다.' 태어난 시간부터 글이 시작되었다.

괴테(1749~1832) 콜베 작(1826).

글을 쓴 동기가 자연스럽게 드러난다. 행운의 별자리에서 태어났다는 점, 뒷날 자기를 도와주는 것들이 고루 갖추어져 있었다는 것 등이 유년기·소년기에 걸친 제1부와 제2부에서 세밀히 그려진다.

신성로마제국에 직속되어 '제국 도시'라 불린 프랑크푸르트의 자유스런 분위기, 자치를 뒷받침해 준 부와 전통, 그 속에서 펼쳐지는 부유한 시민들과 괴테 집안의 생활, 교육열이 강한 부모 아래서 소년 괴테는 라틴어·프랑스어·영어·이탈리아어를 비롯하여 미술·음악·문학·에티켓 등 모든 교양을 몸에 익힌다. 그 교육은 전문 교사나 화가, 음악가를 초빙해서 이루어졌다. 가정

교사가 괴테의 집을 번갈아가며 드나들었다. 책을 좋아했던 괴테는 용돈을 모아, 헌책방 문가에 쌓여 있는 '크로이차 책들'을 사 왔다. 질 나쁜 종이에 인쇄된 '아름다운 메르디네' '불가사의한 돈지갑' 속에 전설의 마술사 '파우스트 박사 이야기'가 섞여 있었다. 죽기 직전에 완성한 《파우스트》와의 첫 만남이었다.

1764년 4월, 프랑크푸르트에서 신성로마 황제 요제프 2세의 대관식이 치러졌다. 《시와 진실》 중에서 가장 상세히 묘사되고, 또한 꿈처럼 아름다운 장면이다. 그 화려한 의식에 첨가하듯이, 괴테는 첫사랑 그레트헨을 묘사하고 있다. 전기적(傳記的) 사실에서 보면 양자(兩者)는 일치하지 않으나, 회상 속에서는 열다섯 살 소년의 들뜬 마음과 세기의 제전이 끊으려야 끊을 수 없도록 맺어져 있다. '시(詩)' 없이 어떻게 '진실'을 말할 수 있겠는가.

계속해서 라이프치히, 다음은 슈트라스부르크로 유학을 갔으며, 이 근방에서 서술이 미묘하게 변화한다. 제1부 첫머리에 예측적으로 적혀 있는 '정치적 세계의 변화가 빠른 거대한 걸음걸이'가 청년의 일상생활에 막무가내로 밀어닥

친다. 시대와의 관련 속에 놓여질 때, 이제는 《시와 진실》이라는 로마네스크한 방법으로는 서술할 수 없다. 자서전의 미완성을 예고하듯이 제3부의 속표지에는 이런 구절이 적혀 있다.

'나무는 자라도 자라도 하늘까지 닿지 않도록 되어 있다.'

일관된 기술(記述) 뒤의 제4부는 글쓰기의 괴로움, 변명 등이 뒤섞이고 서술 대신 인용이 자리를 차지한다. 중도에서 끊어짐을 사과하고 계속해서 쓸 것을 약속하듯이 괴테는 자기 작품의 한 구절을 이용하여 다음과 같이 마무리했다.

'그것이 어디로 가는가를 누가 알겠는가? 어디서 온 것인지조차 거의 기억하지 못하니까.'

## 《시와 진실》의 성립

모두 4부 20장으로 이루어졌으며 그 성립 연대를 보면 다음과 같다.

1811년 10월 제1부(1~5장) 완성
1812년 11월 제2부(6~10장) 완성
1814년 5월 제3부(11~15장) 완성
1831년 10월 제4부(16~20장) 완성
1832년 괴테 죽음, 1833년 제4부는 비서 에커만에 의해 유작집으로 출판.

괴테는 예술가의 상상력, 학문적인 명확성, 실제적인 정확성 등 외에 뛰어난 기억력을 타고났다. 이것은 자서전 작업에서 최고의 가치를 지닌다. 기억은 생생한 것, 자주 일어나는 것, 나중에 여러 번 볼 수 있는 것을 간직하기 때문이다. 물론 어린 시절의 그가 관심을 가졌던 것은 노년이 된 지금 그가 알려고 하는 것과는 별개의 것이다.

'눈의 인간'인 이 예술가는 형태, 운동, 상황을 잘 기억했다. 그러나 자서전 작업을 시작하려고 했을 때, 사항의 시간적 순서는 분명치 않아 발판이 필요했다. 그래서 괴테는 2개의 셰마(Schema : 도식)를 만들었다. 하나는 1749년에서 1803년까지의 주요 체험과 그것을 할당할 주요 부분을 개관하는 것이고, 다른 또 하나의 보다 더 상세한 셰마는 노트에 기입되어 페이지마다 각 연도가 적혀 있다. 괴테의 아버지가 왕실 고문관에 임명된 1742년부터 이 셰마 자체가 만들어진 1809년까지의 연도이다. 이렇게 해서 자신의 생활과 시대적 배경의 개관이 성립되었다.

이제 서술을 위해서는 일단 이 시대적 순번을 버리고 내적 관련에 따라 순위를 조정할 필요가 있었다. 이 준비 기간이 1811년 1월까지 걸렸다.

괴테는 자서전 작업에 들어간 이후 이를 위해 여러 친구와 지인들을 동원했다. 베티네는 괴테를 위해 그의 어머니, 고문관 부인의 이야기를 재현했고, 클링거는 슈트름 운트 드랑 시대의 추억을 그에게 보냈다. 또 슐은 그를 위하여 그 무렵의 프랑크푸르트 시민들을 확인해 주었다.

괴테는 젊은 시절 일기나 편지를 모두 긁어모았다. 그러나 안타깝게도 그는 1797년에 많은 고서류, 특히 편지들을 불태워 버린 적이 있었다. 게다가 젊었을 때 썼던 작품과 씨름하지 않으면 안 되었다. 왜냐하면 자서전 안에서 이들 작품의 성립 과정을 적어야 했기 때문이다. 이때, 미완성 작품까지 다루도록 되어 있었다. 괴테가 자서전 작업을 하던 1816년에는 《파우스트》의 완성을 잠시 중단했다. 한창 진행 중이던 단편 작업도 더는 진전이 없었다. 그래서 그 사이의 맥락을 암시하기 위해 자서전 안에 모든 것이 어떻게 구상되고 있는가에 대한 짧은 보고를 넣으려고 생각했다. 그는 이 자서전을 완성하지 못한 것의 대용으로 삼을 생각이었다. 이를 위한 소재는 기억 외에 그의 원고 캐비닛에 있었던 수많은 초안이나 각서였다.

그는 또 청춘을 보낸 여러 도시, 즉 프랑크푸르트, 라이프치히, 슈트라스부르크 등을 다시 방문했을 뿐만 아니라, 그 무렵에 그가 함께 지낸 많은 사람들과도 만났다. 이것은 추억에 활기를 주게 되었는데, 다른 한편으로는 서술에 방해가 되었을지도 모른다. 괴테는 여러 사람에게 상처를 입히려 하지 않았고, 아직 살아 있는 모든 사람을 고려하는 일도 잊지 않았기 때문이다.

1809년 10월 1일의 일기 메모에 '어느 전기의 셰마'라고 적혀 있는데, 그 무렵 괴테는 그의 《색채론》의 '역사편' 마지막 장, 즉 18세기 부분(이것은 결국 그 자신의 연구 보고서이지만)을 구술하고 있었다. 그는 바이마르의 도서관으로부터 18세기에 관련된 여러 가지 책을 대출받았다. 그러나 일의 중심은 《색채론》의 끝

〈괴테 가족〉(1763) 소박한 옷을 입은 괴테 가족을 그린 작품으로, 배경에 있는 천사들은 괴테의 죽은 형제들을 상징한다. 제카츠 작. 프랑크푸르트.

부분과 그의 식물 연구였다.

이듬해 여름의 여행 뒤 처음으로 1810년 5월 18일에 리머와 자서전의 서술에 대한 기본 문제를 의논하고, 그 뒤 카를스파트에서 이 전기의 셰마 일부를 구술했다. 같은 해 10월 25일이 되어 베티네에게 소재를 구하여 많은 자료가 모였고, 1811년 1월 하순에 자서전을 시작하게 되었다.

이때 이후로 괴테는 날마다 구술을 계속하여 일은 빠르게 진행되었다. 2월 중순 이래 기술된 것을 그는 아내 불피우스와 그의 여자 친구들 앞에서 낭독했고, 4월 중순에는 아우구스트 공 부인에게도 들려주었다. 일기에는 작업의 중점이 적혀 있었다. 즉 3월에 화학과 연금술, 신비적 도그마, 융 스틸링, 레르제, 무용 교사, 대사원의 탑, 4월에 헤르더. 이와 더불어 도서관에서 많은 책을 대출했다. 에르덴스의 《시인 백과사전》, 골드 스미스의 《웨이크필드의 시골목사》, 프랑크푸르트와 관계되는 많은 책, 프레보의 《마농 레스코》, 리스본의 지진 기록, 클롭슈토크의 작품 및 연구서 등이다.

1811년 가을, 괴테는 18세기 문학에 대한 많은 책을 빌렸다. 이제까지 쓰인 부분은 메모아르풍이었으나, 바야흐로 문화사적, 정신사적 배경을 꺼내어 이에 따라서 작품에 독특한 성격을 부여했다. 동시에 예술적 견지에서 편성을 바꾸었다. 1811년 7월 17일에 괴테는 제1장을 프로만 인쇄소에, 9월 7일에는 벌써 제5장을 보냈다. 이렇게 해서 제1부는 1811년 10월 26일에 인쇄를 완전히 끝마쳤다.

괴테의 후속 작업은 급속히 진행되었다. 제1장에서 5장까지는 유년기 이야기가 서술되었고, 이어 라이프치히, 프랑크푸르트, 슈트라스부르크 시절의 기술과 함께 그즈음의 일반적·문학적 상황으로 시야가 넓혀졌다. 그 무렵의 많은 작품을 새로 읽는 작업이 옛 추억과 자연스럽게 이어졌다. 1811년부터 12년에 걸쳐, 바이마르에서 겨울을 보낸 반년과, 1812년 보헤미아의 온천지에서 여름을 보낸 반년은 오롯이 이 작업의 완성에 쓰였다. 일기에는 다시 작업의 각 장과 절이 기록되어 있었다. 바이마르로 돌아오자, 괴테는 리머와 원고를 통독했고, 1812년 11월에는 제2부가 완성되었다.

이 시점에서 바이마르 도착까지의 청춘 이야기를 4권으로 나누는 것이 가장 알맞다는 것을 그는 또렷하게 의식했다. 그러나 자기의 삶을 전체적으로 그린다는 계획을 결코 포기한 것은 아니었다. 제3부는 그의 작가로서의 초기 시절을 그릴 예정이었다. 그 때문에 이야기의 어조에 어떤 변화가 필요했다. 그가 그의 청년기를 서술한 쾌적한 이야기 양식이 조금씩 바뀌지 않을 수 없었는데, 마치 들려줄 사람을 다른 사람으로 바꾼 것 같았다.

괴테가 11장에 들어가고, 다음 장을 구상하는 시기에 나폴레옹은 불타는 모스크바를 떠났고, 살아남은 그의 군대는 러시아의 눈 내린 광야를 퇴각하고 있었다. 프로이센에서는 외국군의 지배에 반항하는 민중 운동이 시작되었다.

일기에 따르면, 괴테는 1813년 3월에 베츠럴, 클레텐베르크, 프로메테우스에 대한 대목을 썼다. 러시아군은 베를린, 브레슬라우에 진출했다. 프로이센 왕은 군대를 모집했고, 지원자는 뜻하지 않은 집단을 이루었다.

4월 4일의 괴테의 일기에는 '마신적인 것과 에그몬트의 구상'이라고 적혀 있다. 일은 끊임없이 진척되어, 괴테는 4월 끝무렵에 테플리츠를 여행하며 12장, 13장을 완성했다. 그즈음, 나폴레옹은 바우첸에서 승리를 얻어 휴전을 이용하여 군을 정비하고 있었다. 프로이센 장군 브뤼헬은 카츠바흐 강변에서, 뷔로는

**신성로마제국 황제 요제프 2세의 대관식 축제** 뢰머에서 화려하게 벌어진 축하연. 청년 괴테는 귀족 가문 자격으로 참여할 수 있었다.

데네비츠 부근에서 승리를 거두고, 나폴레옹은 라이프치히 근처에 군을 집결했다.

괴테는 10월 13일, 피난할 준비를 했다. 이제 일을 속행한다는 것은 불가능했다. 그러나 동맹군이 라이프치히 부근에서 승리를 거두어, 11월 18일에는 쌌던 짐을 풀었다. 11월 21일의 일기에는 다시 '전기의 건'이라고 적혔다. 제3부가 완성되어 1814년 5월에 출판되었다.

평화의 시기가 왔으나, 《시와 진실》 작업은 정체되었다. 이 작업은 시인에게 있어 회상이자 회고였으나, 갑자기 모든 것이 그의 마음속에서 현실이 되었다. 뜻하지 않게, 눈 깜짝할 사이에 기적적인 일, 디반의 서정시 《서동시집》이 완성된 것이다. 괴테의 회상 작용의 특성이라 할 수 있는 현상이다. 그가 과거로 눈을 돌렸을 때, 회상의 시선은 그의 삶의 다른 시기로 향했다. 내적인 친근성이 원인이 되어 그 장소, 그 시기에 전개한 자기의 어느 측면으로 회상이 치닫는 것이다.

괴테는 1813년부터 17년에 걸쳐 《이탈리아 기행》을 쓴다. 이 세월은 미술사와 형태학의 일로 완전히 채워진다. 또, 《편력시대》의 제1고가 완성되고, 1821년부터 22년에 걸쳐 《프랑스 출정》이 완성된다. 중단되었던 《파우스트》도 다시 쓰기 시작한다. 그러나 이 시기 동안에, 수많은 일이 있었음에도 괴테는 《시와 진실》을 결코 가벼이 여기지 않았다. 앞으로 그려야 할 부분은 릴리에 대한 이야기였다.

그는 《편력시대》의 마카리엔의 장이나 《파우스트》 제2부의 '어머니들의 장'과 마찬가지로 주저하는 태도로 접근했다. 그가 이들 부분을 쓸 시간은 극히 부족했다. 그러한 시간은 비밀 법칙에 따라, 어떤 청춘의 체험에 대응하는 것 같은 일들이 노년의 그에게 닥쳐왔다. 괴테는 이것을 '상호의 투영'이라고 이름 지었다. 그의 삶은, 말하자면 나선을 그리며 상승했다. 그는 같은 고리를 그리며 나아가지만, 그 고리는 각기 다른 평면에 그려지는 것이다.

1824년 울리케 폰 레베초와의 체험(일흔넷의 괴테가 마리엔바트에서 열일곱 살의 소녀 울리케를 사랑했다)이 여운을 남기고 있을 때, 그는 갑자기 릴리 이야기의 가장 중요한 대목을 쓰기 시작했다.

1830년 11월 9일이 되어 자서전의 일을 속행한다는 것이 알려진다. 그 사이에 《파우스트》의 일이 또 한 번 끼어들지만, 이것이 1831년 7월에 완성되었을 때, 《시와 진실》이 다시 착수되어 빠진 부분이 보충된다. 괴테는 10월에 이 일을 끝마친다. 이 제4부는 괴테가 죽은 뒤 1833년에 출판되었다.

괴테가 《시와 진실》을 계획했을 때, 그의 이제까지의 저작 중에서는 많은 사람들에게 읽힌 것과, 소수의 독자에게만 읽힌 것들이 있었다. 괴테는 한 인간으로서의 자기의 개성을 독자에게 전하고, 많은 작품의 통일을 제시함으로써 공통된 지식으로 맺어진 독자층을 형성할 생각을 가지고 있었다. 그런 뜻에서 이 자서전은 바라던 효과를 올렸다. 그의 친구들, 보아스레나 첼터의 보고가 이를 증명한다.

그 밖의 증거로서 1817년에 '브로크하우스 출판사'의 《회화—백과》가 대항 목 '괴테'를 실었을 때, 그 청춘 이야기는 《시와 진실》의 교묘한 요약이었다. 이 것이 인연이 되어 그 뒤의 삶의 서술과 시작에 있어 행운의 길이 발견되었다. 분명히 많은 비평가들은 이해를 하지 못했고, 외국에서도 이 작품은 거의 무시 되고 있었다. 그러나 뒤를 이은 시대에 독일에서는 그 효과가 커졌다. 전기, 자 서전, 소설은 모두가 그 시대에서의 개인의 역사적 회상과 생물학적인 발전의 형태를 이어받게 되었다. 19세기의 발전 소설은 《빌헬름 마이스터》 못지않게 이 《시와 진실》에 의해 촉진된 것이다.

## '시와 진실'이라는 제목

그가 처음 이 자서전을 계획했을 때, 자기 생애를 전체적으로 다루어 1809년 까지의 일을 서술하려고 생각했다. 모든 자서전의 문제—바라보는 사람이 다 름 아닌 바라보는 사람 자신이고, 작가는 서사 시인인 동시에 화면의 주요 인 물이다—로서 글쓴이는 이것을 언제 썼느냐를 세상 사람들은 묻는다. 시간의 차질이 커질수록 글쓴이와 대상 인물의 거리는 한결 가벼워진다. 이 점이 일기 와는 다른 점이다. 청춘 시대의 여러 발전 과정을 하나로 정리하여 전망한다는 것은 오직 노년이 되어서만 할 수 있는 일이다.

《시와 진실》은 노년의 작품이다. 분명히 《이탈리아 기행》도 《프랑스 출정》도 노년기에 쓴 것이지만, 이들 작품은 젊었을 때의 일기나 서간 등을 소재로 사 용하고 있으므로 어조는 청년의 것이다. 이와 달리, 《시와 진실》은 어느 문장을 보아도 노년에 쓴 것으로, 역사를 살아온 인간의 회고이자 역사의 해석이다.

18세기의 '메모아르 문학' 즉 '회고록 문학'과는 대조적으로 괴테는 '삶'을 '연 관'된 관련 속에서 그려나간다. 전체 속에서 개별적인 중요성이 유지되는 것이 다. 그의 자서전에서 읽을 수 있는 인생관, 따라서 노년에만 가능한 것으로 괴 테는 그것을 '시(Dichtung)'라고 부르고, 한편 연대적으로 그려지는 모든 개별적 사항을 그는 '진실(Wahrheit)'이라고 불렀다.

그래서 처음에는 이 책의 타이틀이 '진실과 시'였다. 다시 말해 개별적인 사실들과 그것들의 유기적인 연관성을 유지하는 것으로, 낡은 것과 새로운 것이 겹쳐서 소재와 체험의 에너지로서의 청춘, 종합적인 관점과 해석의 힘으로서의 노년이 하나가 되어 성숙을 자아내는 것이다. 이와 같이 훌륭하게 결부된 방법이 성공한 이유는, 많은 사람들에게는 노년에서 보면 청춘은 참으로 멀리 떨어져 있는 것이지만, 괴테의 경우, 그 청춘 시대를 훨씬 뛰어넘어 발전했음에도, 노년이 되어서도 여전히 그 청춘이 무엇이었던가를 이해하고 있었기 때문이다.

## 과거와 현재의 일체감

괴테는 청춘 시절을 한편으로는 지나간 한 시기로서 거리를 두고 보고 있지만, 다른 한편으로는 매우 가까운 것으로 느끼고 있다. 단 한 번 사는 인간은 체험으로써 몇 번이고 비슷한 일을 경험한다. 괴테는 청춘 시절에 세계와의 만남에서 생기는 내면적 가능성의 전 영역을 답사했는데, 지금 노년이 되어 이를 다시 다른 평면에서 되풀이한다. 그의 삶은 나선을 그리며 상승하는 것이다. 서술되는 청춘에는 나중에 일어난 모든 일이 이미 영상이나 상징으로서 존재하고 있었다. 청춘의 영상은 뒷날 전개하고 변화했으나, 유기적인 구조는 변하지 않았다.

따라서 《시와 진실》에서는 지나간 것과 현재 있는 것이 서로 투영된다. 괴테 자신이 이를 알고 있어서 '과거와 현재가 하나로 정리된 감각, 이것은 나의 여러 작품에 표현되었고, 시편 속에서는 한결 좋은 효과를 올리고 있다'(제14장)라고 말하고 있다. 노년의 괴테는 영원히 법칙에 따르는 것, 영원히 회귀하는 것의 무시간성의 감정에 곧잘 사로잡히곤 했다. 가까운 친구에게 이렇게 말하고 있다.

"고령이 되면 모든 것이 나에게는 더욱더 역사적인 것이 됩니다. 무엇인가가 지난날 어딘가 먼 나라에서 일어나든, 공간적으로 나와 가까운 곳에서 일어나든 그것은 모두 같은 일이므로 나 자신이 나에게 더욱 역사적으로 여겨지는 것입니다."

—홈볼트에게 보낸 편지

**괴테가 그린 제젠하임 목사관**
제젠하임 목사의 딸 프리데리케 브리온에게 바친 《제젠하임 시가집》으로, 그녀가 괴테의 연인임을 짐작하게 한다.

"나는 나이를 먹어 감에 따라 장미나 백합이 꽃을 피우는 법칙을 더욱더 믿게 됩니다."

—첼터에게 보낸 편지

《시와 진실》은 현재의 관심과 역사적인 소재와의 관련에서 생긴다. 이 내면의 긴장이 청춘의 화상에 노년의 지혜를 통해서 스케일의 크기를 부여하게 된다.

1811년 5월, 괴테는 보아슬레와 고딕 성당에 대해 이야기하고, 그 평면도와 설계도를 청년기 때보다도 더 철저하게 연구하여, 그 무렵에는 이 예술가에게 찬사를 보냈을 뿐이었으나 이제는 건축 작품의 해석을 하고 싶다고 말한다. 이러한 관심에서 괴테는 1812년에 슈트라스부르크 대사원에 대해 한 구절을 썼다(제9장).

1808년 무렵은 나폴레옹에 의해서 전 독일이 프랑스 지배 아래 들어감으로써 독일 민족의 봉기가 기대되었던 시기였다. 괴테는 1813년 4월 4일의 일기에서 '마신적인 것과 에그몬트의 구상'이라고 적고 있고, 제20장 끝에 에그몬트가 말한 몇 구절을 기록했다.

청춘의 위기에 대해서는, 아들이 자살을 한 첼터에게 보낸 편지에서 1812년

12월에 'taedium vitae(삶에 대한 혐오)'라고 적었다. 괴테는 아마도 자기가 《젊은 베르테르의 슬픔》을 쓴 무렵을 회상했을 것이다. 그리고 제13장의 개요를 만들었고, 이어 '삶에의 혐오'의 절(제13절)을 썼다.

릴리의 대목은 울리케와 사랑을 체험한 뒤인 1824년과, 손녀를 방문한 후인 1830년에 썼다.

종교적인 동기를 다루는 방법에서는 옛날과 지금의 관계를 특히 명백하게 볼 수 있다. 그리스인에 가까운 범신론적인 '세계에 대한 경건'의 시기가 지난 뒤, 노년이 되어 다시 청년 시절에 그가 매우 가까웠던 그리스도교에 접근한다. 그는 그 무렵 생각했던 많은 일들과 관련시켜서 지금 그것을 표현한다. 그것이 곧 제8장 끝의 천지개벽의 장대한 화면이다.

《시와 진실》에 적힌 종교적 동기의 대부분은 그것들이 청춘기보다 오히려 노년기에 중요했다는 데서 유래한다. 한 예를 들자면, 1811년 그는 보아슬레와의 대화 속에서 가톨릭교회를 한결 잘 이해하려고 노력하고 있다고 말했고, 7개의 성찬식 대목을 썼다. 괴테는 이것을 라이프치히 시대의 기술에 넣고 있으나, 이러한 종교상의 문제가 그를 사로잡고 있던 것만은 아니었다. 그는 이들 문제를 이 부분에서 하나의 상대적 관점으로서 서술할 필요가 있었기 때문이다.

괴테의 시작(詩作)에 대해서 말하자면, 그는 그 긴 발전 경과 속에서 시작을 한편으로는 자아의 해방으로 보았고, 다른 한편으로는 대중 독자에 대한 책임 있는 대답이라고 생각했다. 이 양자 사이에서 괴테는 균형을 유지하고, 조화를 꾀했기 때문에 지금 청춘 시대의 창조를 평가할 수 있는 시점이 주어진 것이다. 그 무렵 시작의 계획으로서 마음속에 떠오른 많은 것들이 미완으로 끝나 있었다. 그는 자서전에 서술함으로써 지금도 떠오르는 것을 구출해 내고, 동시에 이들로부터 자기 자신을 해방하려고 한다. 그래서 괴테는 미완의 작, 예를 들면, 《영원의 유대인》 등을 다른 작품보다도 자세히 논하기도 하고(제14장), 청춘기의 계획 내용을 이야기하는 것도 말하자면 노년기의 시작의 하나가 되는 것이다.

《시와 진실》의 행복한 시점은 늙어가는 괴테가 자기 청춘과 결부되는 시점일 것이다. 괴테는 청춘을 동경의 눈으로 되돌아보고 있지는 않다. 흘러간 것에 비애를 느끼지도 않는다. 작품을 통해서 괴테는 인간으로서 할 수 있는 한, 지

**바이마르 성관 정원** 클라우스 작. 괴테가 바이마르로 부임했을 때 26세였다(1775). 그때는 궁정 사람들도 젊었다. 카를 아우구스트 공과 루이제 공비는 18세였다. 괴테는 83세로 죽을 때까지 이곳에 머물렀다.

나가는 일에 불변의 형태를 부여하는 것이다.

### 자유와 필연-조화된 세계

괴테 말년의 저작인 《프랑스 출정》이나 《아나렌》(연감) 등에서 종교 사상에 대해서는 거의, 연애에 대해서는 전혀 언급을 하지 않고 있다. 《시와 진실》에서 괴테는 일체의 가능성을 답파하기 때문에 글을 쓰게 된 동기의 수나 그것들을 짜넣은 편물도 비할 바 없이 풍부하고 다채롭다. 그는 청춘을 그리면서 삶 전체에 대한 그 뜻을 알고 있었다. 따라서 이 청춘이라는 것을 괴테의 본령이 이에 따라서 분명해지도록 서술하고 있다.

작자는 일찍부터 중요 인사들과 교제했고, 노년의 삶과 예술에 초연한 판단을 내리고 있는 것처럼 보인다. 그가 놓인 위치는 문제가 되지 않는다. 모두가 강력한 삶의 의지에 의해 일관되고 있다. 그러나 대위법(對位法)처럼 위기를 맞아 죽음에의 의지도 때로는 나타난다(제7장의 엔헨, 제13장의 자살의 고찰 등).

'삶'은 자유와 필연, 고독과 공동체 사이에 펼쳐진다. '삶'은 세계와 자아의 상호 작용으로서 묘사되고 있다. 형태학자 괴테가 관찰한 것처럼 식물의 형태는 흙과 물과 빛의 조건에 따라서 지배된다. 이 책에서 괴테는 정신의 여러 힘과 인간적 만남의 영향에 주목한다. 이야기 전체가 소설의 긴장도를 띠고, 자아와 세계—스스로 내재하는 노력과 촉진하고 저해하는 조건—의 힘의 장을 형성한다. 하지만 일반적으로 자아의 기본적 방향은, 예를 들면 횔덜린의 삶과는 달라서 시대가 가리키는 방향과 조화가 유지된다. 그 때문에 주인공에게는 처음부터(Gotz이라고 해도 좋을) 세계에서의 지위가 준비되어 있다고 여겨진다. 《시와 진실》은 확실히 위험의 위협을 받지만, 언제나 승리로 끝나는, 성과로 가득찬 '삶'의 책이다.

### 자기를 비판하는 눈

노년의 처지에 서서 과거를 되돌아볼 때, 자신에 대한 비판이 가능해진다. 비판은 자기 본성의 많은 특징(제7장의 베리쉬와 교제, 제8장의 건강 악화로 피를 토한 뒤의 친구들과의 교제, 제11장 생활의 불규칙 등)이나 많은 일상생활(예를 들면 제8장의 스케치 등)로 향하고 있다. 작자는 주인공에게 태만이나 명예욕, 나쁜 의지 등의 위험은 있을 수 없고, 다만 연애의 위험만이 있음을 알고 있다. 작자가 명백하게 표현하는 일도 있고, 행간에 감추어두는 경우도 있다. 주인공이 책임이나 죄를 의식했을 때, 그가 시인으로 성숙해 간다는 것을 작자는 암시한다. 자기 비판 내지 자의식의 문제는 때때로 다음과 같은 일반적인 발언 형식을 취한다. '적지 않은 능력, 아니, 많은 능력을 타고난 사람들이 자기는 무엇이든지 할 수 있다고 과신하는 것은 잘못이다.'(제11장)

객관적으로 말하고 있기 때문에 어조는 온건하지만, 여기서 주인공의 고유한 체험이 일반적인 인간성의 문제가 되고, 일반적으로 성찰과 잠언은 독자 스스로 그들 자신에게 적용시킬 수 있게 된다. 괴테의 경우, 전기적 보고와 교훈적 고찰이 끊임없이 균형을 취하고 있다는 것도 주목할 만한 점이다. 분명히 독자는 하나의 고백을 듣게 되는데 이는 작자의 독자에 대한 고려로 작용하는 것이다. 독자가 발견하는 것은 벌거벗은 진실이 아니라 가공의 진실이다. 가장 깊은 곳에 있는 것에는 비밀의 베일이 씌워져 있다. 인간 수수께끼는 결코 다 드러낼 수가 없는 것이기 때문이다.

### 묘사의 서사시적 흐름

이 자서전의 묘사가 갖는 일관되게 조용하고 온건한 서사시적 흐름은 그 소재에서 나온 것이 아니다. 청년기는 위험에 차 있고 생기에 넘쳐 있는 법이다. 이 조용한 흐름은 노년의 눈으로 돌아본 삶의 묘사에서 볼 수 있다. 원한의 그림자는 그 어디에도 없다. 예를 들어 클롭슈토크, 괴테는 1776년 이래 그를 제대로 평가하지 않고, 오히려 멸시한 것이 사실인데, 얼마나 애정어리고 그 가치를 충분히 인정하는 것처럼 서술하고 있는가! 이 주인공 청년은 결국 제대로인 인물이 되어 갔다. 이 청년이 손을 댄 것은 모두가, 그것이 시 쓰기이건, 자연 탐구건, 종교적 사상이건, 또는 사회 교육, 법률 연구, 예술 애호의 취미건 모두 상당한 수준에 다다른다. 작자는 이들의 그 어느 영역에서나 고통을 감수하면서까지 회고할 필요는 하나도 없었다. 그의 회상은 이전의 모든 순간을 단 한 차례만 체험되는 삶의 충실함으로서 제시하고, 다음 단계로 향하는 발걸음으로서 그의 눈에 비치게 한 것이다. 그는 다수의 것일 수 있었으므로 다수의 것의 가치를 인정할 수가 있었다.

### 종교적 동기

괴테의 그 어떤 작품도 이 자서전만큼 충실하고 수많은 종교적 동기를 포함한 것은 없다. 주된 것들을 들어보면 다음과 같다.

리스본의 지진에 대한 하느님의 의지 (제1장)

소년기의 희생의 제단 (제1장)

최초의 성서 비판 (제4장)

성서의 족장제 (제4장)

자연 종교와 계시 종교 (제4장)

성서를 소재로 한 자신의 시짓기 (제4장)

설교의 필기 (제4장)

자연 종교적 심정 (제6장)

계몽주의적 종교 사상 (제7장)

성찬식 (제7장)

랑거의 종교적 영향 (제8장)

클레텐베르크 여사 (제8장)

전지학(全知學)의 연구 (제8장)

아르놀트의 영향 (제8장)

개벽론적 우주 신화 (제8장)

클롭슈토크의 '구세주' (제10장)

도르박의 무신론 (제11장)

2개의 성서 문제 (제12장)

목사의 편지 (제12장)

가톨릭교도와의 접촉 (제13장)

라바터 (제14장)

지식과 신앙 (제14장)

바제도 (제14장)

스피노자의 설 (제14장)

영겁, 무한한 것과 지상적인 것 (제14장)

동포 교단과의 관계 (제15장)

죄업론과의 대비 (제15장)

《영원의 유대인》 (제15장)

융 슈틸링의 경건 (제16장)

라바터의 '영원의 전망' (제19장)

마신적인 것 (제20장)

이상과 같이 종교적 동기는 작품 전체에 흩어져 있다. 기본적으로 암시되어 있는 것은 주로 다음과 같은 것이다.

'인간은 누구나 천부의 힘이나 감정의 힘, 자신을 둘러싼 전승이나 환경의 제약을 받고 있기 때문에 한정된 능력을 가지고 노력할 수밖에 없다. 신은 인간이 한정된 존재이기를 바랐다. 그러나 신은 인간을 어둠 속에 남겨둔 것은 아니다. 이와 같이 제약된 인간은 언제나 자기의 눈으로 인정하는 형태로만 진리를 보는 것이다.'

**괴테 기념상** 베를린 괴테기념관

이 자서전의 종교적 문제는 자신과 신과의 관계의 긴장보다는 오히려 전승되어 온 교회 종교와 개인으로서 체험된 자연에의 경건 사이의 긴장 관계에 있다. 괴테는 이 시대의 다른 사람들(예를 들면 횔덜린)과 마찬가지로 이 긴장을 견디지 않으면 안 되었다. 그 자신의 종교 체험이 어느 방향으로 움직였는가는 1장 끝에 제시된 대로지만, 동시에 그는 여기에서 다른 사람에게 이렇게 경고하고 있다.

'일반적으로 이와 같은 방법으로 신에게 접근하려고 하는 것이 얼마나 위험한 일인가.'(제1장) 여하간 종교상의 문제에 대해서는 많은 일들을 언급하지 않고 그대로 두고, 외경의 마음으로 침묵을 지키고 있다. 노년의 괴테는 젊었을 때의 신앙을 회고하여, 젊은 자기를 그리스도교로부터 격리하고 있는 것이 무엇인가를 알고 있었는데, 동시에 자기를 여기에 결부시키는 것도 느끼고 있었다. 상징적인 관점의 뒷받침을 받았고, 또 지(知)가 아니라 존재가 중요하다고 (제10장) 확신할 수가 있었기 때문이다.

괴테는 이 《시와 진실》 속에서 그 어떤 신앙상의 성과에 대해서도 말하지 않았다. 다만 신앙의 노력에 대해서만 말했을 뿐이다. 이 노력을 그는 가정과 도시, 교훈과 병, 사랑과 시짓기 사이에 낀 생의 기록의 한 단편으로서 그리고 있다. 그것은 종교적인 것을 일상성 안에 순응시키는 일이 아니다. 괴테는 종교적인 것을 억제했기 때문에 그러한 표현은 종교적 교훈으로서가 아니라 오직 자서전 형식에서만 가능했다고 말할 수 있다. 이 대작의 전체적인 구성으로 보아 아우구스티누스의 《고백록》처럼 신과 영혼의 책이 아니라 삶의 역사로서 읽어야 할 것이다.

## 《시와 진실》 주제와 구성

### 눈과 대상

《시와 진실》은 자기가 살아온 시대의 인간을 그리고 있다. 인간의 본성을 지배하는 법칙과 외부의 세계를 다스리는 법칙이 서로 자기를 주장하여, 거기에 하나의 힘의 장이 나타난다. 괴테는 말한다.

"모든 새로운 대상은 자세히 보면 우리 내부에 새로운 기관(器官)을 열어보이는 것이다."

이것은 자연 연구에 대해 한 말인데, 전기의 경우도 해당된다. 특히 청년기에는 인간의 내부에 많은 새로운 기관이 열리게 되므로, 외부 세계의 많은 대상이 더더욱 일회성의 특수한 것으로 묘사되지 않으면 안 된다. 그래서 제1장에서 이미 볼 수 있는 바와 같이 태어난 고장, 면학, 여러 가지 천재적인 행동 등이 충분히 채색된다. 이러한 과제 때문에 그는 이미 발표된 소설에 의해 닦여진 뛰어난 필치를 사용한다. 확실히 소재와의 관계는 질이 다른 것이었다. 소설과 달라서 작자가 자유롭게 다룰 여지가 없다.

그러나 이 자서전의 삶의 과정은 매우 운이 좋은 주제여서 예를 들면 《빌헬름 마이스터》보다도 성과가 높았다. 물론 여기에서 다루는 것은 생애 초기의 25년 동안이지만, 참으로 많은 세계가 그려져 있다. 프리드리히 대왕, 볼테르, 하만과 같은 배경을 이루는 것들뿐만 아니라, 직접적인 만남의 체험으로서 고트셰트, 겔러트, 클롭슈토크, 헤르더, 렌츠, 클링거, 슈톨베르크, 기타 같은 시대의 뛰어난 인물들의 모습이 떠오른다. 주인공은 종교적 고백 등을 위시하여 조형 예술, 동시대의 학문 등 그 어느 하나도 놓치지 않는다. 괴테가 말하고 있는 것처럼, '개인은 자기가 전체 안에 있다고 느끼는 용기를 가질 때만이 안심하고 행복해질 수 있기' 때문이다.(제9장)

주인공은 맑은 눈으로 보고, 무엇이든지 받아들인다. 도시 귀족·동업 조합·봉건 귀족 또는 학자·예술가·정치가 또는 프로테스탄트·가톨릭교도·유대인 등 청년을 둘러싼 세계가 생생하게 묘사된다.

## 소재군

근대의 여러 가지 관념이 소용돌이치는 세계에 차차 눈을 떠가는 주인공은 세계를 건너가는 도상에서만 자기를 인식하는 것이므로, 자서전에서 그만큼 많은 세계가 서술되지 않으면 안 된다. 여기에서 많은 소재가 생기게 되고, 그것들이 얽혀 하나의 예술적인 직물이 되어 삶 전체를 상징하는 것이 된다. 이들 소재군을 구성하는 것으로 먼저 도시와 그 상황—프랑크푸르트, 라이프치히, 슈트라스부르크, 스위스 등. 다음에 국가, 사회, 역사에의 전망—대관식, 7년전쟁, 메이저의 소론, 제국 최고재판, 독일의 사회 상태 일반 등. 다시 가족, 동년배의 친구, 연상의 지도적 친구(베리쉬, 잘츠만, 헤르더, 메르크, 클레텐베르크 등), 여기에 사랑하는 여인들과의 인간적인 교류 관계가 큰 위치를 차지한다.

이상의 주된 내용에 교양 세계의 주제가 섞인다. 우선 학교 교육, 신학, 법학, 자연과학, 문학 비평, 관상학 등을 포함하는 대학 교육, 이미 말한 바와 같이 종교적 동기는 고유의 대영역을 차지한다. 다음의 문학·독서의 영역에서 자신의 독서는 오래된 민중본에서 고트셰트를 거쳐 헤르더에 이르러, 여기에 프랑스 문학, 영국 문학의 여러 작품이 가해진다. 이와 함께 조형 예술도 광범위하게 걸쳐 있어 프랑크푸르트의 화가들, 드레스덴의 화랑, 슈트라스부르크 대사원, 만하임의 고대 미술관 등이 주요 소재가 된다.

그러나 중심이 되는 내용은 괴테 자신의 제작이며, 작품 성립의 유래이다. 최초의 유년기의 시작(詩作)부터 시작하여, 슈트라스부르크 시대의 프리데리케에게 바친 서정시까지는 간단히 스쳐 지나간 것에 지나지 않았으나, 라이프치히 시대의 극작 및 《괴츠》와 《젊은 베르테르의 슬픔》은 그것이 성립된 상황이 자세히 서술되어 있다. 그 자신의 그때그때의 생활 감정에 대응하는 시작(詩作)

의 의미가 중요한 것이다. 이와 함께 스케치와 채색의 시도도 소재가 되어 있는데, 다소의 비판이 내재되어 있다. 또 하나의 큰 소재군으로는 건강과 병이 있다. 청년이 경험하는 몇 차례의 병은 마음과 육체가 상관된 문제로 보고, 발전의 위기로 다루고 있으므로 병의 극복은 그때마다 새로운 단계에의 길을 열게 된다.

이상과 같은 커다란 소재는 몇 가닥의 실에 비유할 수도 있을 것이다. 몇몇 곳에서는 분명히 색을 띠고 나타나지만, 이윽고 없어져서 눈에는 보이지 않고, 장소에 따라서는 첨가된 천으로 짜여진다. 다른 소재, 이야기의 다른 실이 본래의 소재와 교차함으로써 서술의 직물이 완성되어 간다. 구성은 독자의 눈을 인도하는 안내이자 내용을 만들어 내는 작업이기도 하다.

### 초상과 아리스테이아

청년은 시대의 일반적 상황보다는 한 사람 한 사람의 인간에 대해 훨씬 많은 주의를 기울인다. 여기에 문학적 초상화가 여러 곳에 서술된다. 대부분의 모습은 두 번, 세 번 나타나지만, 어떤 곳에서 한 번은 정확하게 기술된다. 호메로스의 문헌학자는 이러한 문학적 초상(=성격 묘사) 때문에 '아리스테이아'(영웅들의 공로)라는 말을 사용하고 있다. 괴테도 자기가 삽입한 문학적 초상 때문에 이 말을 자기 것으로 삼았다. 코르넬리아(제6장), 베리쉬(제7장), 융 슈틸링(제9장), 헤르더(제10장), 렌츠(제11장), 바제도(제14장) 등의 아리스테이아를 발견할 수가 있다.

어느 인물이나 그의 모습과 내면의 성격적 특징이 묘사되어 있으며, 모든 장점에는 결점이 대응한다. 이리하여 각 초상은 빛과 그림자를 띠고, 그림자 부분은 전체적으로 엄숙한, 말하자면 슬픈 듯한 분위기를 주고 있으나, 서술의 완만한 흐름 속에서는 거의 알아차릴 수 없을 정도이다. 화가 프란스 할스나 렘브란트를 다루는 경우에는 가차 없는 성격 묘사도 그들의 화법을 칭찬하는 말 뒤에 사라져서 독자의 눈에는 띄지 않는다. 프리데리케와 릴리만은 그림자를 띠지 않고 있다. 만약에 그림자가 있다면 그것은 외부에서 온 것이다.

일반적으로 자서전 속에서 매우 그리기 어려운 것은 부모의 초상일 것이다. 괴테도 한 차례 '어머니의 아리스테이아'를 계획했다. 그러나 그것은 어머니에게 드나들던 베티네의 편지 속의 몇 군데를 긁어모은 간접적인 것에 지나지 않았다. 괴테는 《시와 진실》의 제3부 어디에도 이것을 채택하지 않았고, 에커만이 출간한 제4부에서는 그것은 이제 적절하지 않다고 여긴 것 같다. 그러나 아버지와 어머니는 이 작품의 여러 곳에 등장한다. 부모의 행동, 거동, 이를테면 프랑스의 군인 트랑 백작에게 취한 태도 등으로 그들의 성격이 충분히 드러난다. 부모는 늘 가까이 있었기 때문에 그들의 아리스테이아를 그리기보다는 언제나 그 자리에 있게 하는 것이 적절하다고 생각했으리라. 괴테는 자신을 길러 준 부모에게 되풀이해서 감사하

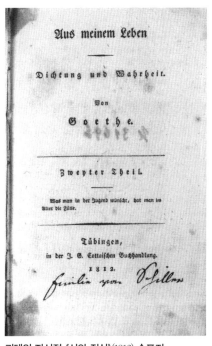

괴테의 자서전 《시와 진실》(1812) 속표지

고 있다. 부모뿐 아니라, 클롭슈토크와 같은 대시인들에게도 감사의 마음을 밝히고 있고, 라이프치히의 동년배 친구들에 대해서도 그는 늘 받는 쪽의 사람이었던 것처럼 말하고 있다.

### 소재의 배분과 구성

방대한 소재가 20장으로 배분되어 있다. 배분하는 방법은 연대순도 아니고, 소재군의 분류에 의한 것도 아니다. 연대순의 방법을 취하면 각 연도에 너무 많은 이야기가 등장하고, 장마다 되풀이되는 번잡스러움은 불을 보듯 뻔했다. 그렇다고 후자의 경우를 취하면 삶의 전체적인 짜임새가 무너지고 말 것이다. 그래서 인물이나 사건의 개별적인 화상 안에 다양성과 전체성이 남도록 하면서, 구성의 기본선이 이를 관통하도록 배분되어 있다. 각 장이 하나 또는 두서너 개의 주요 소재나 주요 인물을 포함한다. 이를테면, '제3장에서는 트랑, 제4장에서는 교육, 제5장에서는 그레트헨과 대관식, 제10장에서는 헤르더와 프리

데리케' 하는 식이다.

어떤 장의 주요 사상은 대개 다른 몇 가지 장에 제2 중심 생각으로서 다시 돌아온다. 각 장의 처음 부분은 몇 가지 중심 생각을 전개하기 위해 열려 있고, 새로운 영역이 개시되어 장의 끝에서는 하나로 종합되어 어느 때는 사념적, 때로는 교훈적이며, 체험이나 사건 등을 다는 형식으로 되어 있는 경우(제3장, 5장, 12장, 14장, 19장)와 하나의 세계관적인 또는 종교적인 관념으로 높아지는 경우(제1장, 8장, 20장)가 있다. 대부분의 장 내부에서는 소설풍인 줄거리의 전개와 논설에 가까운 일반적 고찰이 융화되어 있다.

이를테면 제11장에서는 이 책의 최대의 이야기인 프리데리케와의 체험과 프랑스 문학과 셰익스피어의 영향에 대한 몇 절이 동시에 나타난다. 슈트라스부르크가 무대가 되는 제9장에서 제11장까지는 두 개의 삶의 중심 내용, 프리데리케와 대사원 탑의 기술이 일관되게 진행되고, 제11장의 마지막에 그 둘이 다시 한번 나타나는데 거기에서는 다음 소재의 이행을 암시하는 끝맺음을 하고 있다. 마찬가지로 꼼꼼한 구성은 제10장 끝의 프랑스인 무용 교사인 두 자매의 이야기에 나타난다.

독립된 단편 소설과 같은 면이 있는데, 이것은 프리데리케 이야기의 도입부로서 등장하고 있다. 또, 제16장에서 제20장에는 릴리 이야기의 준비와 전개와 최고점이 배분되어 있는데 전체적으로 본다면 이 이야기도 전체의 일부에 지나지 않고, 이야기의 진행도 하강하기 시작하면서, 바이마르 소청의 주요 내용이 떠오른다.

이 중심 내용은 20장, 즉 전편이 이것과 함께 끝나게 되는데 특히 신중하게 준비되어 있다. 이미 제15장에서 갑자기 나타난 크네베르와의 대화 속에 바이마르의 정보가 알려지고, 이어 아우구스트 공과의 최초의 만남이 서술된다. 제18장이 두 번째 만남을 기록하고, 제20장 처음에 이르러 청년 괴테를 기다리는 세계가 독자에게 자세히 알려진다. 이때, 화가 멜히오르 클라우스가 바이마르의 스케치를 가지고 나타나 그곳의 상황을 생생하게 상상하게 하는 교묘한 수법이 사용되고 있다. 이 중심 내용과 내면적인 관련을 가지고 괴테의 이른바 '마신적인 것'의 한 절이 뒤로 이어진다. '도덕적 세계 질서와 대립까지는 하지 않더라도 이것과 교차하는' 보다 더 높은 섭리와도 같은 힘의 지배가 독자에게

**사육제를 맞이한 로마 민중광장 큰길** 1783년, 판화. 괴테는 1786년 10월 29일 황혼 무렵에 포르타 델 포폴로를 지나 로마로 들어갔다. 괴테는 도착하자마자 200년 전에 몽테뉴가 묵었다는 테베레강 가의 '곰 여관'에 머물렀다.

도 예감으로서 설명되고, 바이마르 소청 동기에 결정을 내리는 아우구스트 공과의 제3의 만남이 그 뒤를 잇는다.

이 작품은 전체적으로 조망할 때 비로소 그 완전한 뜻이 나타난다. 이는 본질적으로 '일대 서사시'라고 해도 좋다. 서사시는 거기에 그려지는 세계 속에서, 또 외부 세계에서 불굴의 의지로 맞서는 주인공 속에 그 통일을 찾아볼 수 있다. 이 서사시는 폭넓은 중심 내용을 갖지만, 그러나 결코 번잡한 인상을 주지는 않는다. 대규모적 구성이 세부의 선명한 각인과 결부되어 있기 때문에 독자는 되풀이해서 읽을 때마다 새로운 것을 발견할 것이다.

## 작품의 경향

작품 전체를 통해서 나타난 그의 전개방식은 서사시적이고 독자에게 정보를 전하고, 비록 병이나 양심의 가책을 이야기할 때에도 삶의 즐거움을 끌어내고 있다. 눈에 보이는 구체적인 이야기 사이에 가끔 짧은 성찰이 삽입되어 특별한 것, 체험되는 것을 보편적, 교육적인 것으로 승화하는 역할을 갖는다(이를테면

제2장의 폭력, 제4장의 자연의 섭리, 마술(馬術)의 연습, 제6장 연배인의 교육 등).

이 자서전을 쓰고 있을 무렵, 괴테는 라이프치히 대학의 고전 문헌학자인 에르네스티의 그리스·라틴 수사학 책을 즐겨 읽고 있었다(그 무렵 괴테는 근대 독일의 산문에 대해 고심하고 있었다). 위에 적은 괴테 문체의 습관—어떤 사건의 이야기를 일반적인 문장(명제)과 결부시켜 그 내용을 성찰하는 보편적, 일반적인 문장이 때로는 절 처음에, 대개는 절의 끝에 배치된다—은 이 라틴 수사학의 수사법과 관계가 있다고 여겨진다.

또, 개별적인 장면이나 사상(事象)을 짧은 문장이나 대화로 교묘하게 마무리 짓는 방식도 곳곳에서 볼 수 있는데, 특히 단편 소설풍의 절에서 곧잘 나타나는 직접 화법이 그 뚜렷한 예이다(예를 들면, 제3장의 트랑 백작과 통역, 제5장의 필라데스 소년, 제5장의 그레트헨, 제9장의 루친데 등).

자서전은 실제로 있었던 일을 적는 것이 일반적이다. 그러나 자서전에서는 장면 자체는 기억에 남지만, 독자가 문자 그대로의 대화를 기억하는 경우는 극히 드물 것이다. 작자가 삽입한 긴 대화 등에서 그것이 정확한 것인지 어떤지는 의심스럽다. 그런데 사실은 이들 대화야말로 이야기하는 사람의 본래의 성격과 상황의 성격을 만들어 내기 위해 구성한 것으로 이런 뜻에서 대화 또한 진실이 된다. 물론 제2장의 신 파리스 동화는 이런 형식으로 이야기된 것은 아니고 노년의 픽션이며, 유년기의 동기를 사용하고는 있지만 상징적인 이미지 속에 유년기의 발전 단계에 있는 정신을 표현해 보이고 있다.

작품 전체에서 예술가의 기술에 따른 '포름'이, 얼마만큼 큰 역할을 보이는가를 괴테는 잘 알고 있었다. 괴테가 시(Dichtung)와 진실(Wahrheit)이라고 할 때, 이 상과 같은 포름의 창조에 입각하고 있기 때문에 물론 시는 진실과 마주하는 것이 아니고, 진실의 특수한 형식이라는 것을 전제로 하고 있다. 경찰의 조서나 의사의 보고는 사실적 진실을 훨씬 많이 담고 있을지 모른다. 그러나 괴테가 근본적 진실이라고 이름짓고 있는 것은 바로 '시' 속에 살아 있다. 시는 단순한 보고일 뿐만 아니라 동시에 상징이 되어 있기 때문이다.

### 자서전에서의 '자아'와 '세계'와의 관계

괴테의 자서전적 작품은 전체로 보자면 일대 서사시의 규모를 갖는다. 자기의 생애를 이토록 자세하게 그린다는 것은 인간의 한계를 넘는 행위라고도 할 수 있다.

작자의 펜은 오직 주변세계를 지향한다. 세계와 자아의 관계에 균형을 부여해야 한다고 하는 모든 자서전이 갖는 어려움이 여기서는, 말하자면 놀면서 해결되고 있다. 작자는 자아를 언제나 세계와의 만남에서 그려내고 있다. 예를 들면 이탈리아에서는 자기가 무엇 때문에 태어났는가를 끙끙거리며 고민하지 않았고, 스케치를 시도하고 시짓기에 열중하고, 식물을 관찰하고, 그가 이룬 일을 다시 되돌아보았다.

노년이 되어 그는 이 원리를 분명히 의식하고 이들 사상 내용을 정확하게 되풀이해서 표현했다. 이 정확성은 괴테의 고유한 것으로 일컬어지고 있는 모든 직관이나, 이미지가 풍부한 공상과 함께 나란히 존재한다. 자연과학의 탐구에 대해서 괴테의 유명한 발언(앞서 인용한 부분의 전반)이 있다.

"나는 여기서 고백하는 바이지만, '너 자신을 인식하라'라고 하는 위대한 과제를 전부터 의심스럽게 생각했다. 그것은 도저히 이룰 수 없는 요구를 인간에게 강요하여 인간을 어리둥절하게 하고, 외부 세계에 작용하는 활동으로부터 길을 벗어나게 하고, 마음 내부의 그릇된 관상으로 이끌려고 하는, 비밀리에 도당을 짜는 성직자들의 간계처럼 여겨졌다. 인간은 세계를 아는 한에서 자기를 아는 것이며, 그 세계를 자기 안에서, 자기를 그 세계 속에서 인식하는 것이다. 모든 새로운 대상은 이것을 자세히 살펴보면 새로운 기관을 우리 안에 개시하는 것이다."

마찬가지로《잠언과 성찰》안에서 다음과 같은 '모나드(monad)'의 간섭이 문제가 되고 있다. 여기서 '모나드'를 이렇게 말하고 있다.

"우리가 신과 자연으로부터 받은 최고의 것은 생명이며, 휴식도 멈춤도 모르는 모나드의 자전 운동이다."

"……신과 자연과의 제2의 은혜는 체험이며 인지이며 활발하게 활동하는 모나드의 외계 환경에의 간섭으로, 이에 의해 모나드는 비로소 스스로 내적으로 제약받지 않은 것, 외적으로는 제약된 것이라는 것을 인지하는 것이다."

괴테의 모든 자서전적 작품은 이와 같은 모나드와 외부 세계와의 상호 작용을 그린다. 노년의 소설《편력시대》의 인물들도 인생에서 솜씨를 시험하고, 이에 의해 자기 자신을 알아간다. 괴테는 이 중요한 말 '너 자신을 알라'를 사람들은 결코 금욕적인 뜻으로 해석할 일도 아니고, 심리적인 고민을 거기서 만들어낼 일도 아니고, 활동하면서 스스로를 시험해 가야 한다고 되풀이해서 충고한다. 여기서 자서전의 작자에게는 자기의 주위 상황이 어떠했는가, 그 상황 속에서 그는 무엇을 했는가, 그 결과 무엇이 생겼는가 하는, 다시 말하면 삶의 기록을 적는다는 과제가 생기게 되는 것이지 내면의 삶의 분석이 의도되는 것은 아니다.

괴테의 자서전은 루소나 융 슈틸링의 그것과는 달리 영혼이나 마음의 미묘한 움직임 등의 묘사에는 최대한 필력을 아끼고 있다. 괴테가 《이탈리아 기행》에서 말하는 바와 같이 '한 사람의 삶이란 그 인간의 성격' 그 자체이므로 삶을 서술하는 일에 성공했을 경우에는 그 성격 또한 느껴지도록 묘사되어야 한다.

자서전이 그리는 대상이 이와 같이 '모나드'와 '외부 세계'의 상호 작용이라고 한다면 한편으로는 외부 세계의 무엇이 주인공에게 영향을 주는가, 다른 한편으로는 주인공은 외부 세계의 어떤 것에 대해서 기관을 가지고 있는가, 그는 무엇을 자기 쪽으로 끌어당기고 있는가, 그것을 가능한 것으로 하기 위해서 그는 어떤 상황에 있는가를 묻지 않으면 안 된다.

그 무렵에 괴테를 둘러싼 정신적 환경은 일대 변혁의 시기였다. 대략 1810년을 기준으로 하여 체제가 견고한 교회제로부터 칸트풍의 관념론적 신앙으로, '구체제(ancien regime)'에서 혁명 뒤의 세속화된 사회로, 고트셰트풍의 수사적 문학 양식에서 개인적 표현 문학으로의 이행기였다.

괴테는 그가 장악하는 범위가 유례없이 넓었고, 모든 것을 받아들여 그 자신이 이들 현상의 내부에서 하나의 강력한 존재가 되어 있었다. 때문에 커다란 문화적 추이와 위대한 개인이 상호 작용하는 큰 그림이 탄생한 것이다.

예를 들어 독자는 독일의 문학이 1768년에는 라이프치히로, 1771년에는 슈트라스부르크로, 1774년에는 프랑크푸르트로, 1775년 이후는 바이마르로 집중된 것 같은 생각이 들 정도이다. 개인의 상(像)이 시대의 상이 되므로 자서전 작가는 그때로서는 전혀 새로운 양식이지만, 그의 주변을 둘러싼 세계상의 전체를 그려 내려고 노력한다. 개인의 삶을 전체적으로 나타낼 수 있는 것은 오직 이와 같이 해서만 가능했기 때문이다.

근대의 자서전에서는 자아가 어느 정도 많은 세계를 내 것으로 하느냐에 중점이 놓여 있다. 실제로 그만한 세계가 서술에 들어오지 않으면 안 되는 것이다. 개인이 열려 있으면 있을수록 그 사람에게는 세계가 그만큼 많이 존재하는 것이다.

괴테의 경우 체험의 범위가 독특하고(깊이 체험했으나 괴테만큼 넓이를 갖지 않는 시인들, 예를 들면 횔덜린이나 클롭슈토크를 생각해 보면 잘 아는 일이지만) 도시나 인간이나 사건 등, 그것이 무엇이 되었던 간에, 이 삶의 기록에 나타나는 모든 것과 주인공은 연관성을 갖는다. 이탈리아 여행에서의 '예술의 보고'건, 프랑스 출정에서의 '전쟁'이건 모두 그렇다.

강렬한 체험 때문에 주인공은 그 사건에 파묻히는 것처럼 보이지만, 그는 결코 자아를 잃는 일이 없다. 단순히 외부에 머물고 있는 것이 아니라, 모두가 검토되어 작업의 손이 가해지는 것이다. 이것이 이와 같은 시점과 유연성을 가지고 있지 않았던 같은 시

**창문 너머로 로마의 코르소 거리를 내다보는 괴테**
티슈바인 작.

대의 알피에리나 샤토브리앙의 자서전과 크게 다른 점이다.

그러나 자서전의 주인공은, 단지 무제한으로 세계를 향해 열려 있는 것이 아니라 매우 견고하고 스스로 의욕 있는 개인이다. 참다운 자서전에는 개성의 강력한 핵이 필수적이며, 이 점에서 메모아르(회상록)와 사정이 크게 다르다. 괴테는 자아의 주장에 크고 건강한 기쁨을 느끼고 있었다. 그의 잠언을 되풀이해 보면,

'우리가 신과 자연으로부터 받은 최고의 것은 생명이며, 휴식도 멈춤도 모르는 모나드의 자전 운동이다. 이 생명을 품고 기르려고 하는 충동은 저마다가 태어나면서 갖는 뿌리 깊은 것이지만, 생명의 독자성은 우리에게나 남에게 언제나 비밀로 존재한다.'《잠언과 성찰》

괴테는 스스로 자기가 위대한 모나드라는 것을 인식했다. 모나드로서 그는 자기의 삶을 예술품으로 승화시키려고 했다. 자서전이 생겨난 것은 이런 까닭에서였다. 물론 그는 인간적인 일들 중에서 흘러가지 않는 것이 있으리라고는 믿지 않았다. 그러나 이 한 번밖에 없는 것을 될 수 있는 대로 흘러가지 않는 것으로 바꾸려고 했다. 그와 같은 소원은 바로 자서전에서 성공을 거두었다.

우리가 괴테만큼 그 사람의 삶에 대해서 알고 있는 사람은 없을 것이다. 우리가 이토록 분명히 형상적으로 눈앞에 떠올릴 수 있는 사람도 없다. 괴테의 자의식은 확실히 강하지만, 루소와는 달리 균형이 잡혀 있다. 그는 남에게 감사하고, 자기 자신에게 비판적 입장을 취하고, 때로는 비꼬듯이 자기 자신을 바라본다.

자서전에서의 판단의 정확성도 작가의 기량이라기보다는 오히려 개성 문제에 관련된다. 뜻이 깊은 많은 일들을 적절히 정돈하기 위해서는 작자 자신이 제대로 되어 있어야 하기 때문이다. 작자는 자기 생애를 그리는 데 있어 루소나 샤토브리앙과 달리 보편적·인간적인 것을 강조했으며, 자신의 예외적인 면을 주장하는 경우는 훨씬 적었다.

괴테는 자서전을 씀으로써 결국 자기 자신을 극복했다고 할 수 있다. 후년의 《아나렌》(연감)에서 유럽의 예술이나 학문상의 삶을 다룸에 있어 자아가 유럽의 예술·학문상의 삶에 있어서의 한 기능으로 그 속에 파묻혀 버린 것도 그 하나의 증거라 할 수 있다.

**카를스바트 광천**(온천)  괴테는 1806년부터 매년 카를스바트를 찾았는데, 그는 이곳에서 많은 사람을 만났다. 특히 괴테와 염문을 뿌린 마리안네는 이곳에서 만난 여성이다.

위에서 말한 모든 것, 특히 자기 주장의 의지와 체험의 확대를 결부함으로써 괴테는 다른 사람에게서는 쉽사리 찾아볼 수 없을 정도로 자신을 자서전 작가의 적임자로 만들고 싶었으며, 마지막으로 세계관적인 배경이 이에 첨부된다. 괴테가 예술은 물론 관리 체제, 종교, 에로스, 일상생활, 여행에 이르기까지 각 영역에 발언권을 인정하고 있는 것은 그가 서로 다른 이들 영역을 잘 알고 있었다는 이유만이 아니라 삶의 모든 영역에 그 의미의 실현, 신의의 발현을 보고 있는, 또는 그 가능성을 예감하고 있다는 데 있다. 따라서 변해 가는 것을 삶의 상징으로 보는 괴테의 세계관은 삶의 기술이라고 하는 이 자전 형식을 뒷받침하는 주요한 근거가 되고 있다. 인간은 자유와 필연 사이에 위치하고, '우리의 삶은, 우리를 포함하고 있는 전체와 마찬가지로 자유와 필연에 의해 불가해하게 합성되어 있다.'(제11장)

괴테는 형태학자로서 다음 두 가지 항목에 주목한다. 첫째, 식물이 구성되는 내적 성질의 법칙, 둘째, 식물이 변형을 받는 외부 환경의 법칙. 이와 마찬가지로, '시원(始源)의 언어·오르페우스의 가르침' 속에서 '다이몬'과 '티헤', '시와 진실'의 머리말에서는 개인과 시대 환경이라고 하는 말의 대비가 사용되고 있다. 다이몬, 즉 생성 발전하는 모나드는 자기의 충실을 원한다. 그것은 인간에게 있어 식물의 자기 발전 이상의 것이다. 왜냐하면 여기서는 자연의 영역에 도덕의 영역이 부가되기 때문이다. 그러나 괴테는 두 가지 영역을 '나누는 것'이 아니라, 양자 간의 '이행'을 강조한다. 괴테가 자연적인 소질, 의지, 양심을 어떻게 관련시키는가는 다음 문장에서 명백해진다.

'자연의 영역에서는 운동과 행위가, 자유의 영역에서는 소질과 의지가 지배한다. 운동은 영구히 존속하고, 조건만 갖추어지면 반드시 나타난다. 소질도 자연에 따라 발달하지만 먼저 의지에 의해 훈련되어 서서히 도야되지 않으면 안 된다. ……자발적인 의지가 완전한 것이 되고, 완전히 작용하기 위해서는 도덕의 영역에서는 오류가 없는 양심에 복종해야 한다. ……양심은 선조를 필요로 하지 않고, 그 자체가 모든 것이다. ……'《잠언과 성찰》

여기서는 엔테레히(생성 발전의 작용)의 이미지에 도야의 사상이 가해진다. 그것은 자연과 의무를 결부시킨다. 의무의 소재는 자서전적인 작품 안에서 처음에는 극히 조용히 울리지만 이윽고 차차 높아진다. 《시와 진실》에서 주인공 청년은 자기의 재능(의 실현)을 의무로 생각하게 되고, 《이탈리아 기행》의 괴테는 위대한 업적을 접하여, 나름대로 일을 다할 것을 의무로 알고, 활발하고 바쁜 나날을 보내는 것이다. 《프랑스 출정》에서는 괴테의 친구들은 그의 진지함으로써 고무되고, 농담으로 기분이 명랑해진다. 그리고 《아나렌》에서 괴테는 학문 예술의 보편적 문화라고 하는 큰 과제를 위해 사는 것이다.

이렇게 보면 발전의 이미지는 모두가 저절로 이루어지고 있다는 것을 뜻하는 것이 아니라, 적당할 때 적절한 일을 행하는 '사고와 행동'에 의해서 자기를 옳은 길로 인도한다는 스스로에의 요청을 포함하는 것이다. 발전은 한편으로는 뿌리가 땅으로부터(자아에게 다소의 것을 가지게 해 준 모든 힘에 감사하면서) 이탈하는 운동이고, 다른 한편으로는 하나의 목적을 지향하는 상승 운동이다. 영구 기어(톱니바퀴)의 이미지《이탈리아 기행》도 결국은 절대적인 것을 지향하여, 말하자면 몇 개의 나선을 그리면서 상승하는 도덕적·종교적 운동을 뜻하는 것일 것이다. 이렇게 해서 《편력시대》나 《파우스트》 2부에서 볼 수 있는 것 같은 고차적인 영역으로의 전진, 이행 운동의 형태를 취하는 종교적 예감이라는 것도 이상과 같은 활동과 고양에서 생기는 것이다.

그러나 여기서 자서전 작품은 그 한계에 부딪치게 된다. 괴테가 시적 작품의

**마리엔바트에 있는 브레디케의 저택** 괴테는 이곳에서 1821~23년까지 머물렀다. 브레디케의 딸 폰 레베초는 전부터 괴테와 아는 사이였고, 그녀의 딸 셋 중에 17세의 울리케가 마침 슈트라스부르크에서 돌아와 이곳에 있었다. 괴테는 《빌헬름 마이스터의 수업시대》를 그녀에게 선물하며 관심을 보였다.

인물들에 대해서 발상하고 이야기한 것을 자서전 작가로서는 억제했다. '시원의 언어·오르페우스의 가르침'이 '희망'이라는 말로 마지막 종교적 미래의 전망으로서 암시하는 것을 괴테는 외경의 마음으로 이를 사용하지 않고 치워 둔 것이다.

자전적 작품의 배후에 있는 괴테의 세계관이란 다음과 같이 요약될 것이다.

'변해 가는 것을 상징으로 볼 것. 세계의 유의미성의 신앙. 세계 안에서가 아니라 세계를 통해서 뜻에 이르는 길. 이것과 결부되는 것이 발전 이미지를 안으로 간직하는 괴테의 유기체 개념.'

마지막으로 다음 절에서 말하게 되겠지만, 자전적 작품을 성립하기 위해서는 또 하나, 제3의 사고가 첨가되지 않으면 안 된다. 즉 '역사적 사고'이다.

### 자서전과 역사적 사고

괴테가 그의 생애를 기록한 것은 자신이 심리적인 문제의 대상이 되었기 때문이 아니라 자기가 스스로에 대해서 역사적이 되었기 때문이다. 예를 들면, 첼터에게 보낸 편지에서 '우리는 아마도 다른 두서너 명의 사람들과 함께 돌아오지 않는 어느 시기의 후손일 것입니다'라고 했고, '잠언'에는 '직접 역사를 체험한 사람 외에는 그 누구도 역사에 대해서 판단을 내릴 수가 없다' 했다. 이 자서전의 머리말에서는 이렇게 강조하고 있다.

'사람은 누구나 태어나는 것이 10년 빠르냐 늦느냐에 따라, 자기 교양이나 밖으로 미치는 영향이 전혀 다른 것이 될지도 모른다.'

시대는 그 사람에게 운명적인 것이다. 이는 역사주의의 관점이라 해도 좋을 것이다.

괴테가 자기의 상을 시대상으로 만드는 방법은 그가 활동한 시기에는 완전히 새로운 것이었다. 여기에는 자기는 시대와 장소에 따라 규정되어 있다고 하는 일정한 관점이 전제가 된다. 이런 식으로 인간을 보기 시작한 것은 메이저나 헤르더 이후의 일이지만, 이러한 관점을 자서전의 장르에 이식한 것은 괴테가 처음이었다. 아우구스티누스의 고백록에서 하만에 이르기까지의 '신과 영혼'의 책은, 자서전이라고는 하지만 환경 전체를 그리는 것을 목적으로 한 일은 한 번도 없었다.

이와 같은 책들은 인간을 신의(神意)와 사종(四終 : 죽음, 심판, 천국, 지옥)과 관련시켜서 본다. 근대의 자서전은 심적·육체적인 개인을, 역사적으로 1회뿐인 환경에서 그린다. 18세기의 메모아르 문학도 아직 이런 시점을 가지고 있지 않다. 거기에는 개인 사상과 발전 사상, 성격과 운명의 관계가 결여되어 있다. 거기에 그려지는 것은 사건과 행동이다. 그런데 괴테의 자서전에서는 인간의 생성이 제시되고, 인간이 수행하는 업적은 이 생성 발전 속에서 생겨난다. 괴테의 《시와 진실》은 개인의 발전이라는 사상을, 일체를 형성하는 서술 원리로 삼은 최초의 자서전이라 할 수 있다.

괴테는 '다이몬'과 '티헤', '엔테레히'와 '환경'의 관련상을 모든 생물에 적용한다. 식물은 그 종자 속에 '엔테레히'를 내장하고, 그것이 어느 날 완성될 완벽한 모습을 간직하고, 이에 이르려고 한다. 그런데 여기서 '티헤'가 개입한다. 식물의 경우에는 특히 토양과 날씨이다. 종자는 모래나 돌 위에 떨어질지도 모르고, 또는 검은 옥토 위에 뿌려질지 모른다. 비나 건조가 크게 작용하는 경우도 있다. 이들 조건에 따라 생물이 무럭무럭 자라든가 또는 속에 간직한 이상상 뒤에 남아 있는 경우도 있다. 괴테는 풍요한 풍토에서 한 그루씩 각기 서서 가지를 곳곳으로 크게 뻗은 나무들을 좋아했다. 이러한 나무가 괴테에게는 하나의 상징 즉, 훌륭하게 엔테레히를 완성시키는 모습이었다.

그러나 이와 같은 발전은 매우 드물며, 생물이 가끔 축소, 위축, 병 등 여러 가지 제한을 받아 발전을 단념하지 않을 수 없다는 것은 생물의 본성에 속하는 일이다. 이러한 식물의 이미지에서 괴테는 동물로, 인간의 발전 이미지로 이행한다. 거기서도 또한 자기를 전개하려고 하는 내부 자연의 법칙과, 이를 제한하면서 영향을 주려고 하는 외부 환경 법칙의 대비가 생긴다. 인간의 발전을 식물 생장의 양식을 따라 보는 사

**울리케 폰 레베초** 17세의 젊고 싱싱한 매력에 사로잡힌 늙은 괴테는 이룰 수 없는 마지막 정열을 불태웠다.

상은 괴테만이 가진 특유한 것이다. 이를테면 제3부의 모토에 '나무는 생장하여 하늘까지 이르지 못하도록 정해져 있다'라고 되어 있다. 괴테 이전에 이와 같은 사상에 이른 사람은 없었던 것 같다. 여기서 자연은 역사로 이행한다. 식물이나 동물에게는 자연적 환경인 것이 인간에게는 역사적 상황이 된다.

개인은 일정한 장소에서 일정한 시간에 생을 받는다. 개인은 생과 오직 단 한 번 대면한다. 개인이 받는 생은 전쟁일 때일지도 모르고 평화로울 때일지도 모른다. 활발한 정신 활동에 넘치는 도시일지도, 적적한 시골일지도 모른다. 따라서 《시와 진실》의 머리말에서 한편으로는 '자기가 어떤 처지에 놓여 있어도 어느 정도 변하지 않고 있을 수 있을까?' 하는 뜻으로 '개인'이라는 말을 쓰고, 다른 한편으로는 '시대 전체의 움직임이 어느 정도 그 사람을 망가뜨렸는가 또는 어느 정도 유리하게 작용했는가'라는 뜻으로 '시대 환경'을 말하고 있다.

괴테는 개인적 생을 언제나 그의 시대의 사상·문학상의 운동과 관련시켜서 기술하고 있다. 풍경, 사회, 독서, 이 모든 것을 자기가 양분을 흡수할 수 있는 토양으로 보고 있는데, 이것들은 이윽고 그가 다른 사람에게 영향을 미칠 수가 있는 힘의 장이 되어 거기서 남에게 작용하면서 자기를 충실하게 해간다. 이 환경이라고 하는 힘의 장은 시대의 제약을 받고 있고, 그런 뜻에서 역사적이다. 괴테는 몸소 커다란 역사적 추이를 함께 체험하여 무엇보다도 그 자신의 영역인 문학의 세계가 어떻게 시대의 제약을 받고 있는가를 알았던 것이다.

　예술 작품이 제아무리 시대를 넘은 것이라 해도, 그것은 동시대에 태어난 역사적인 장을 가지고 있다. 예를 들면 《괴츠》는 '슈투름 운트 드랑' 시대의 작품이며, 그것이 후년이었다면 그는 이런 종류의 드라마는 결코 쓰지 않았을 것이다. 그 이전에 라이프치히 시대를 여는 시기가 있고, 그 뒤에는 고전주의의 전환기가 온다. 어느 시기나 내적 필연성이 있고 반대의 순서는 생각할 수가 없다. 개개인의 발전은 이러한 내적 진리를 가지며, 전체의 발전 또한 그렇다.

　확실히 예술은 직접적인 감각을 통해서 민감한 감정에 작용하는 것이지만, 괴테는 《이탈리아 기행》에서 '진지하게 일을 처리하고 있는 사람은 누구나 이 분야에서도 역사적으로 연구를 진행하는 것 외에는 어떤 판단도 가능하지 않다는 것을 깨닫게 될 것이다' '모든 미술품을 접했을 때 우선 요구되는 것은 그것이 완성된 연대를 물어보는 일이었다'는 것을 몸소 체험했다.

　이것은 그때로서는 결코 자명한 일이 아니었다. 수세기 이래, 미술 영역에서는 일반적 예술 법칙이 세워지고, 이에 의한 판단에서 출발하고 있었기 때문에 미적 판단에서 역사적인 것은 중요시되지 않았다. 그래서 예를 들면, 서사 시인으로서 호메로스, 베르길리우스, 아리오스토, 클롭슈토크가 같은 열에 세워졌듯이 시대와 문화의 차이는 문제가 되지 않았던 것이다. 어떠한 작품도 그 시대, 그 장소에서만 성립될 수 있고, 그와 관련지어야만 올바르게 이해할 수 있다고 하는 헤르더의 새로운 설은 처음부터 괴테의 사상과 매우 잘 맞았기 때문에 두 사람 사이에서 이제 이에 대한 대화는 필요하지 않았다.

　괴테는 예술가로서, 또 대상에 밀착된 예술 감상가로서의 본성으로 보아 역사주의가 언젠가는 체험에 대하여 위험(예를 들면, 신화화)하게 될지도 모른다는 것을 예상했다. 그에게 역사적인 관점은 언제나 인식을 돕는 불가결한 것이었다. 1795년의 논문 〈문학적 산큐로티스무스〉는 가치 평가와 역사적 견해를 결부시키는 과제에 대해 이야기한다. 이 시기 이래 괴테는 광범위하게 미술사적 분위기 속에서 살았다.

그는 하인리히 마이어를 자택으로 초청하여 점차 그를 그림(그는 본디 화가였다)에서 미술사 연구로 방향을 바꾸도록 유도했다. 수년간에 걸친 마이어와의 공동 논의 끝에 미술사적인 노작이 준비된 것이다. 괴테는 이에 대해 음악가 첼터에게 이렇게 썼다.

'가장 오랜 것부터 현대에 이르기까지의 그의 미술사는 이제 이미 전체적인 개요가 그려져 있으며, 개별적인 부분 또한 매우 훌륭하다네. 루벤스, 렘브란트와 같은 화가의 업적을 이제까지 그 누구도 이토록 진실되게 힘주어 말한 적이 없네. 자네도 아무쪼록 같은 뜻으로 음악 연구에 힘쓰면 어떤가. ……진실은 오직 그 역사를 통해서만 높여지고 확보되며 허위 또한 오직 그 역사를 통해서만 깎아내려지고 분산된다네.'(1815년 5월 17일)

1830년에 펠릭스 멘델스존의 작품연주를 연대순으로 감상할 기회가 있었을 때, 괴테는 첼터에게 이렇게 쓰고 있다.

'나는 음악을 만족과 관심을 가지고 숙고하며 듣는다네. 나는 역사적인 것을 좋아하네. 왜냐하면 어떤 현상이 성립된 유래에 깊이 유의하지 않으면 그 현상은 아무도 이해하지 못하기 때문이지.'

모든 역사적인 것 중에서 괴테를 무엇보다도 매료시킨 것은 도덕적 가치를 수반하는 삶의 구조로서의 문화와, 위대한 업적으로서의 예술로 이 둘 사이에 그의 눈으로 보자면 그때마다 다르지만 늘 같은 목표, 즉 최고의 인간성, 휴머니티가 실현되어 있다. 따라서 그는 어떤 때는 역사를 '인류의 찬가……푸가풍(으로 들렸다)《잠언과 성찰》'이라고 불렀다.

헤르더도 어떤 장소, 어떤 시대에도 이 휴머니티를 중요시하여 국가, 전쟁, 지배자에게는 그다지 눈을 돌린 일이 없었으나, 괴테도 또한 이리저리 흔들리는 권력 투쟁을 주축으로 하는 정치사에는 끌린 일이 없다. 예술사에는 위대한 것이 남아 있다. 괴테에게는 특히 라파엘·셰익스피어·모차르트가 정치사 중에서는 시저 살해·발트로메우스의 밤 등이 감명 깊은 것이었다.

이상과 같은 역사적 견지에서 괴테 자신의 역사적 서술이 탄생한다. 1803년에 그는 그의 '체르리니 번역'에 자상한 문화사적, 미술사적 주석을 붙여 출판했다. 1810년의 《색채론》의 '역사편'은 대규모적인 역사적 작품이지만, 거기에서는 시대와 개인의 특수성과 양자의 상호 영향이 세밀한 뉘앙스로 기술되어 이 문제에 대한 보편적인 고찰이 가끔 삽입되고 있다(특히 17세기 항). 1809년, 괴테는 독일 문학 그림멜스하우젠의 《짐플리치시무스》 등 기타 오랜 시대의 작품으로 자극받아 역사적 고찰이 촉진되었다. 아마도 이 무렵부터 《잠언과 성찰》에서 볼 수 있는 역사에 대한 많은 발언이 성립되었다고 여겨진다.

《시와 진실》이 완성되었을 때, 괴테는 첼터에게 보낸 편지(1811년 3월 18일)에서 '나는 모든 사물에 있어서 그 발생적 고찰을 사랑한다'고 쓰고, 야코비에게는 (1812년 5월 10일) '나의 사고 양식은 노령에서 역사적 전환의 경향을 띠고 있다'고 적고 있다. 마지막으로 1816년부터 1818년에 걸쳐서 다시 한번 역사적 전망에서 생긴 노작 《서동시집을 위한 주석과 논고》가 이어진다. 이것은 페르시아 문화사이자 문학사이다.

괴테는 역사를 기술한다는 것은 하나의 선택으로 인식하고 있었다. 생의 무한한 충실 속에서 불과 얼마 안 되는 사실만이 후세 사람들에게 상징이 되는 것이다. 역사적인 거리를 둠으로써 과거를 바라보는 눈이 한결 투명해진다. 역사는 인간의 마음에 투영된 영상이다. 괴테는 '엔트오프틱'(예를 들면 플라스크와 같은 투명한 용기 안에서 되풀이 투영하여 반영하기 때문에 일어나는 색의 고진(高進 : die Steigenrung) 현상을 말한다)로부터의 유추(類推), '삶'의 체험에 대해서 다음과 같이 말하고 있다.

'되풀이된 투영은 과거를 생생하게 유지할 뿐만 아니라, 보다 더 높은 삶으로 끌어올린다.'(《예술론》에서)

역사적인 것에 이보다 더 고도의 삶을 부여하기 위해서는 단순한 사실의 확인을 넘어 사실의 뜻이 발견되어야 한다. 거기에는 해석이 필요하다. 이것이 최고의 형태를 취했을 때 단순한 해석에 머물지 않게 되고, 이것이 바로 예술이 되는 것이다.

역사적 사고로서의 《시와 진실》은 당초부터 역사와의 만남을 강조하는데, 노년이라는 현시점에 비해 젊은 시기에는 존재하지 않았던 많은 일들이 지적되고 기입되어 있다. 모든 서술은 과거 상황의 특성, 일회성, 상이성으로 돌려지고 있다. 그러나 역사적 전망의 시점은 결코 독립해서 나오는 것이 아니다. 모든 삶은 역사를 위한 배경에 머물고 있다.

괴테는 만약에 그의 청년 시대에 클롭슈토크나 헤르더가 없었더라면 시인 으로서는 다른 사람이 되었으리라고 말하고 있고, 종교적 사상도 만약에 그가 일찍부터 정통파와 피에티스무스, 계몽주의적 성서 비판 등이 비등한 시기에 부딪치지 않았더라면 틀림없이 다른 형태를 취했을 것이라고 말하고 있다. 그 가 종교적인 사항에 있어서도 자기가 시대에 의해 제약받고 있다는 확신은 그 의 끈질긴 역사적 관점을 분명히 나타내고 있다. 여기에서 이러한 시대적 배경 전체를 그린다는 사명이 자라게 되는 것이다.

《시와 진실》은 꽤 많은 장과 절에서, 사회적·정치적 상황, 시대의 학문이나 교양 등을 그리고 있다. 예를 들어 제7장은 거의 그 세기의 문학사를 제공하고 있다. 이로써 시대가 지니는 각 상황의 일회성, 특수성이 명백해짐과 동시에 발 전의 내적인 일관성이 나타나 있다.

이와 같은 세계의 역사적 화상 안에 자아의 역사가 녹아들어 생성, 발전의 역사가 제시되는 것이다. 시대와 장소로서의 환경은 개인적이고 특수하며, 인간 도 그 개성의 면에서 또한 그렇다. 오직 하나뿐인 나와 한 번뿐인 시간이 생의 역사적 상호 활동의 결과로서 만들어 낸 이러한 사상성을 이 책만큼 처음부터 끝까지 한결같이 그려내고 있는 자서전은 달리 그 예를 볼 수가 없다.

### 괴테와 자서전의 계보

괴테의 자서전이 갖는 본질과 지위의 독특한 성격은 이것을 예부터 이제까 지의 유럽 자서전 역사와 관련시켜 볼 때 비로소 명확해질 것이다. 자서전은 서 유럽 문화가 낳은, 특히 근대가 만들어 낸 장르이다. 고대 문화는 플루타르크 의 《영웅전》이나 수에토니우스의 《로마 황제전》에서 볼 수 있듯이, 위대한 개 인의 생애를 그리는 전기를 낳았다. 고대 후기가 되면 철학적 고찰이 자신의 체 험에 결부된다. 예를 들어 황제 마르쿠스 아우렐리우스는 스토아학파의 도덕 설과 그 실현에 대해 자기 자신과 대화를 나눈다. 이와 같이 해서 자서전적인 것이 철학적 작품 속으로 들어온다.

자서전적 요소가 종교적 저작 속에서 차지하는 위치가 더욱 중요한 뜻을 갖게 된다. 아우구스티누스의 《고백록》은 헤아릴 수 없는 영향력을 갖는 작품이 되었다. 그것은 신과 영혼의 책이다. 회심, 생, 영혼, 우주에 대한 신과의 대화이다. 이 책에서는 이교도로부터 그리스도교로의 회심이라고 하는 커다란 체험이 이 대화의 배후에 있기 때문에 여기서 자서전적인 것이 그 요소로서 큰 위치를 차지하게 된다. 그리고 그리스도교적, 교훈적인 고찰이 이루어지는 경우에 자기 체험의 추억이 나타난다.

이 책은 자전적 요소를 갖춘 종교적 저작이라고 할 수 있는데, 영혼 속에서 일어나는 것은 종교적으로만 파악할 수 있는 것이지 역사적으로 이해할 수 있는 것이 아니다. 즉 아우구스티누스는 그의 삶을 괴테처럼 대상적으로 본 것이 아니라 궁극적으로는 종말론적으로 깊이 파고든 것으로, 구제의 역사의 세계적 시간은 유한하며, 그 속에서는 언제 어느 때나 신학적·도덕적 질서가 지배하고 있는 것이다.

독일 중세 신비주의에서의 신과 영혼의 책도 또한 유사한 구조를 가지고 있다. 거기에서는 분명히 개인으로서 자아의 영혼이 말을 하고 있지만, 이들 책은 자서전이 아니라 비전, 견해, 고찰, 교훈이며, 때로는 전기적인 모습을 띠는 데에 지나지 않는다.

여기서 주안점은 생으로부터의 이탈이지 생을 대상적으로 파악하는 일이 아니다. 이 독일 신비주의의 계보에서는 16세기의 에스파냐에서 아빌라의 테레사가 1562~65년에 고해 신부의 권고를 받아 자기의 회심과 신의 계시를 다룬 자서전을 썼다. 그것은 그녀의 세속적인 생활에서 회심에 이르는 도정의 보고로서 자기와 신과의 일체감이 자상하게 엮어졌다.

신과 영혼의 책은 또 17세기의 프랑스 신비가들(예를 들면 귀온 부인), 그리고 독일의 경건파(Pietisten) 사람들에 의해 쓰였다. 결정적인 체험은 내면의 전향이므로 이들 책은 근본적으로 항상 되풀이되어 아우구스티누스의 작품과 비슷하다. 그 세마는 세속 생활─회심─그리스도 안에서의 삶이다. 자아는 신의 심판에 어떻게 견디느냐는 물음에 부딪쳤을 때, 죄와 은총이 문제되는 것이므로 외부 환경을 대상화해서 서술한다는 것은 전체적으로 요구되어 있지는 않다. 대상화는 제1부(즉 세속 생활, 죄)에 가장 빨리 나타나 있는데, 그러나 이것은 가장 중요한 부분이라고는 말할 수 없다.

세속과 정신 생활은 때때로 완전히 분리되어 있다. 그러나 자기의 체험을 기록한다는 것은 경건파에서는 다른 사람들을 위해 전례를 주기 위해서도 크게 권장되었다. 이렇게 해서 자기 관찰은 섬세해진다. '거듭남을 받은 사람들'의 많은 생활의 기록이 대개는 여러 책에서 모아 기록하는 형태로 나타났다. 이러한 발전은 프랑케나 슈벤나에서 친첸도르프, 하라, 하만, 융 슈틸링에게까지 이르고 있다.

신비가들과는 전연 다른 별개의 자기 관찰 타입은 페트라르카의 《후세에의 서한》으로 시작되는 르네상스형 자서전이다. 이 '서한'은 자기의 출생, 교육, 생활 그리고 저작에 대한 간결하고 냉정한 보고서이다. 이런 종류의 자서전에서는 인간은 세속 생활을 전망하고, 그 생의 개인적 특징을 기록하도록 의도되어 있다. 예를 들면 괴테의 번역으로 알려져 있는 체르리니가 있다. 그는 예술가, 모험가, 방탕아, 정치가로서 힘차고 활발하게 살았고, 현실에 대해 날카로운 눈을 던졌고, 얼마쯤의 명예욕을 품으면서 자기 체험을 기록하고 있다.

보다 더 냉정하게 자기의 생을 그린 사람으로 의사 카르다노가 있다. 그는 자기의 삶을 한 사람의 환자의 삶으로 보고 있다. 몽테뉴는 '에세이'《수상록》 속에서 아우렐리우스와 마찬가지로 개인적인 많은 추억을 수놓고 있는데, 그도 또한 근대 세속 문화의 틀 속에 머물러 자기의 삶 그 자체에서 인식을 꺼내려 하고 있다.

이들 모든 작품에서 삶은 자아와 세계와의 만남으로 되어 있고, 운명의 여신은 자아에게 여러 사건을 강요하는데 인간은 행동하는 사람으로서는 될 수 있는 대로 교묘하게, 사고하는 사람으로서는 될 수 있는 대로 금욕적으로 이에 대처하고 극복하지 않으면 안 된다. 그러나 여기에는 엔테레히와 고양(高揚)이라는 괴테적인 사상이 결여되어 있다.

16세기 이래, '메모아르' 문학이 풍부하게 존재하고 있었다. 이런 종류의 장르는 동시대 사람의 손으로 된 현대사, 정치적 사건의 추억으로 거의 종교적 배경이 결여되어 있었다. 보고의 중심에 있는 것은 자아가 아니라 일반적인 사건이었고, 개성 문제는 여기에 나타나지 않고 서술 형식도 특히 예술성을 갖는 것이 아니었다. 이들 작품에 16세기의 많은 독일의 저작들이 속하고 있다(《고트프리트 폰 베를리힝겐》이나 《한스 폰 슈바이니헨》 등). 17, 18세기에는 프랑스에 중요한 메모아르 작품이 풍부하게 성립해, 그것이 독일에서 후계자(예를 들면, 바이로이트의 변경 장관 부인)를 찾게 되었다.

18세기 후반에 들어와서 루소가(독일에서는 모리츠) 자기의 심리적 내면을 진지하게 기록한 자서전을 썼을 때, 메모아르 문학은 일대 변혁의 전환점에 들어섰다. 바야흐로 심적 구조로서의 자아가 무대 중심에 등장하여 때로는 격렬하게 밀고 나가기 때문에 환경 세계는 단지 이 자아의 반영 속에 나타나는 데에 지나지 않을 정도였다. 여러 사건의 연쇄가 아니라 감각 인상의 연쇄(la chaine des sentiments)가 중심 역할을 했다. 자기의 영혼은 투시되어야 한다. 자서전의 작가는 가차없는 고백을 통해서 이 경지에 다다를 수 있다고 믿고 있다. 이렇게 해서 괴테의 예술적, 구성적으로 볼 수 있는 진실과는 다른, 저 루소의 벌거벗은 진실(venite)이 성립된다. 여기서 근대적 자아에의 전환이 완성된 것이다.

괴테는 자서전의 이러한 모든 타입에 통달하고 있었다. 그는 모든 유형 중에서 어떤 요소를 받아들여 여기에 자기 자신에 고유한 것을 첨가하고 있다. 그는 젊었을 때, 경건파 사람들과 만난 이래, 자기 성찰의 그리스도교적 고백의 글에 익숙해 있었다. 융 슈틸링의 자서전 일부를 출판한 것은 괴테였고, 그의 '아름다운 영혼의 고백'《편력시대》제6장)은 괴테가 이런 종류의 저작 정신과 언어에 얼마나 정통하고 있었는가를 보여 준다. 그가 이들 저작으로부터 물려받은 것은 모든 종교적인 영혼의 움직임에 대한 정확한 관찰이었다. 그를 거기서 격리하고 있던 것은 결정적인 지점을 결코 찾아볼 수 없는 저 '만년 나사'《제2차 로마 체류》1787년 10월)의 길이었다. 그의 경우에는 이들 책의 중심에 있는 신의 현시=회심(回心)을 상기시킬 만한 것이 모두 결여되어 있다.

즉 그의 발전의 사상은 전혀 다른 양식이다. 여기에는 세속적인 것과 종교적인 것과의 사이에 아무런 단층이 없는 것이다. 신과 영혼의 서에서는 신의 역사가 존재하지만, 괴테는 이 영역을 차단하고 있다. 그는 신을 부정하는 것은 아니지만, 그 모두를 개방하여 미결로 남겨 두고 있다. 그리스도교적 자기 성찰은 신, 교회, 피안 속에서 완결된다. 괴테의 자서전은 예를 들면 《아나렌》에 분명히 나타나는 보편적 문화 활동에서 볼 수 있는 것처럼 완전히 대상화된 기술이다. 신과 영혼의 서는 자전적 요소를 포함하고, 그의 자전은 종교적 요소를 포함한다고 할 수 있어서 그 관계가 거꾸로 되어 있어 구조가 근본적으로 다르다.

아우구스티누스의 경우, 늘 기도와 성찰에 있어서의 'Du(신)'에의 호소 형식이 취해진다. 괴테의 경우에는 모두가 구체적으로 거리를 두고 겪은 사건을 이야기해 가는 서사시의 양식을 띠고 있다. '지금 여기'의 개별 사건의 충실은 환경 세계의 과대평가가 아니라 이들을 명확하게 함으로써 적어도 이론적으로는 돌파할 수 있는 자기의 한계에 대한 앎이며, 놀라움이자 기쁨이다. 그의 기본적 명제, '인간은 세계를 아는 한에서만이 자기 자신을 안다'는 괴테의 자서전을 자아가 그 구제의 진리에 의해 측정되는 모든 종교적 자전으로부터 분리시키는 것이다. 모든 순간에 언제나 새로운 가치의 발견을 요구하는 성실한 노력

**슈멜러가 그린 괴테** 여기서는 올림푸스의 신 괴테가 아니라, 묵묵히 고독과 고난을 견디면서 새로운 세계가 출현하는 모습을 지켜보는 괴테가 표현되어 있다.

이 양자를 결부시킨다. 괴테의 자서전도 또한 종교적 배경을 가지고 있다는 것은 틀림없는 사실이다.

종교적 배경이라는 면에서 괴테의 자서전은 그 대상과 현세 사이에 유사성을 가지는 르네상스형과는 구별된다. 괴테는 페트라르카(1791년에 나온 요한 게오르크 뮐러의 번역을 괴테는 가지고 있었다), 체르리니를 손수 번역했고, 카르다노와 몽테뉴를 되풀이해서 읽었다. 그는 르네상스형 인물의 자기 주장을 사랑했으나, 세계를 운명에 농락당하는 우연한 존재로는 보지 않았다. 거기에는 성격과 운명의 통일과 화해가 결여된 것이다.

괴테가 알고 있던 메모아르 문학의 대부분은 주로 프랑스의 것으로, 밧송피에르, 추기경 레츠, 생시몽, 부르봉 콩티 공주 등의 작품이며, 여기에 독일 것(괴

츠, 슈바이니헨, 투렝크, 첼터 등)이 첨가된다. 이들은 괴테에게 있어 한 시대의 문화상을 보여 주는 것이었다. 그는 그 안에서 인간이 어떻게 살았는가를 보았으나, 어느 작품에서도 엔테레히, 즉 발전의 사상은 하나도 볼 수가 없었다. 루소나 모리츠의 경우에는 자아가 전면에 밀려나오는 것처럼 세계가 크게 전경을 형성했다.

괴테는 이들 메모아르 안에 심적 맥락의 거장적인 서술을 발견했으나, 사회교육, 개인적 예법의 차이, 주관주의에의 혐오 등으로 그 자신은 그들의 길에서 언제나 멀리 떨어져 있었다. 침묵을 지킨다고 하는 것은 때로는 억제가 아니라 오히려 문화인 것이다. 자아와 세계의 관계는 루소나 모리츠에서는 균형이 잡혀 있지 않다. 괴테는 이 균형이 존재할 때에만 기록해도 좋다고 믿었던 것이다.

이상과 같이 괴테의 자서전에는 두 개의 커다란 흐름이 합류하고 있다. 괴테는 메모아르 문학의 르네상스형 자서전에서 사물에 입각하는 대상성과 현실성을 계승하여, 여기에 결여되었던 종교적인 것을 종교적 자기 묘사의 전통으로 이어받았다. 여기에 헤르더 이래의 제3의 것, 즉 역사적 사고를 덧붙였다.

이러한 생각은 자서전 작가를 다음 문제로 이끌었다. 즉 무엇을 전승하고 무엇을 표현하고 어떠한 구조를 가지고 자기를 발전시켰는가 하는 점이었다. 자서전 작가는 이제 자아의 모든 상(相)과 그의 눈에 비친 세계의 모든 영역을 동시에 묘사하려고 노력한다. 자아와 세계와의 관계—괴테의 경우 늘 움직이고 있으나, 언제나 균형을 유지하고 있다—에 대해서 보면 괴테의 자서전은 동시대의 알피에리나 샤토브리앙의 자서전을 뛰어넘는다. 알피에리는 메모아르 양식에 따라 직접 체험을 고집하여 널리 세계를 지나가지만, 괴테와 같은 세계에 대한 열린 태도는 가지고 있지 않다. 다만 몇몇 안 되는 사람과 장소가 자기를 형성하는 힘으로서 작용한다. 자아는 이내 자기 자신에게로 되돌아간다. 샤토브리앙의 자전은 폭넓은 형식으로 청춘에서 노년에 이르는 전 생애를 이야기한다. 이야기는 미국과 팔레스티나에 이르고, 구체제, 혁명, 제제(帝制), 왕제 복고를 관통하고 귀족, 병사, 외교관, 작가의 세계를 드나들고 있다. 화제는 다시 인습적인 그리스도교로 시작하여 유물론으로 들어가서 마지막으로 심화된 그리스도교에서 끝난다.

괴테는 도저히 거기까지는 가 있지 않다. 그러나 드러나는 개성과 예술적인 서술의 힘이라는 점은 《시와 진실》에서 이를 훨씬 넘어선다. 여기서는 자서전 또한 그의 문학과 같은 법칙 아래 있다는 것을 알 수가 있다. 즉 자서전 안에서는 소재가 사람을 이끄는 게 아니라 개별적으로 그려진 것 속에 삶이 전체적으로 나타나 이루어진다는 것이 중요하다.

자서전을 쓰는 것은 작가에게 한정된 일은 아니다. 그러나 괴테에게 이 자서전 형식이 매우 잘 맞은 이유는 그가 자연 과학자, 바이마르의 관료, 예술 이론가, 무대 감독, 사교인으로서 체험한 온갖 삶을 자서전 안에 표현할 수 있었다는 점에 있다. 그뤼네발트, 셰익스피어, 바흐 등 많은 예술가는 그 작품의 배후에 완전히 들어앉아 있다. 오직 자신의 예술의 힘을 빌려 자아를 유지하는 예술가도 있다. 페트라르카, 뒤러, 렘브란트가 그렇다. 우리는 이들을 그들의 작품을 통해서 정확히 안다.

자화상은 르네상스 이래 자서전과 병행해서 발전해 왔다. 그 이전에는 인간을 표현할 때 유형이나 상징으로써 충분했다. 자화상이 그 성격과 운명의 통일을 그려낸 렘브란트에서 정점에 다다른 것처럼 자서전은 괴테가 가장 높은 위치를 차지하고 있다. 그의 소질이 괴테로 하여금 자서전을 쓰는 데에 알맞게 만들었다. 그 소질이란 삶에의 욕구, 폭넓은 세계 파악, 대상에 대한 기쁨, 역사적 시각, 자아와 세계와의 조화 그리고 서사시적 재능이다.

괴테의 만년의 자서전적 작품은 시문학이나 자연 과학과 나란히 그 창조에 있어 중요한 위치를 차지하는 독특한 장르이다. 세계 문학에서는 괴테와 나란히 할 만한 다른 위대한 서정시인들이 있는데 페트라르카와 횔덜린이 그러하다. 그리고 괴테의 극작과 나란히, 아니 부분적으로는 훨씬 위대한 극작가들이 있다. 소포클레스, 셰익스피어…… 또한 세르반테스나 톨스토이에 이르기까지 수많은 대소설들이 있다. 그러나 세계 문학 가운데 루소와 함께 괴테의 자서전 작품에 필적할 만한 위대한 작품은 찾아볼 수 없을 것이다.

# 괴테 연보

| | |
|---|---|
| 1749년 | 8월 28일 요한 볼프강 괴테는 마인강 변의 프랑크푸르트에서 법학박사이자 황실 고문관인 아버지 요한 카스파르 괴테와 텍스토르 가문 출신의 어머니 카타리네 엘리자베트의 장남으로 태어남. |
| 1750년(1세) | 12월 7일 여동생 코르넬리아 출생. |
| 1752~55년 | 유치원에 다님. |
| 1755년(6세) | 암 그로셀 히르쉬그라벤 거리에 있는 생가 개축. 아버지의 감독 아래 개인교습을 받기 시작함. 11월 1일, '리스본 지진'으로 괴테는 종교적 충격을 받음. |
| 1759년(10세) | 프랑크푸르트가 프랑스군에 점령됨―7년전쟁(1756~64). |
| 1764년(15세) | 요제프 2세가 신성로마제국의 황제로 프랑크푸르트에서 대관식을 올림. 괴테도 이 광경을 구경함. |
| 1765년(16세) | 10월부터 1768년까지 라이프치히 대학에서 법학 공부. |
| 1767년(18세) | 처녀 시집 《아네테 시집》, 희곡 《애인의 변덕》 완성. |
| 1768~70년 | 고향 프랑크푸르트에서 병으로 요양하면서 지냄. |
| 1770년(21세) | 3월부터 1771년 여름까지 슈트라스부르크에서 유학 체류. 이때 헤르더를 알게 되어 가깝게 지냄. 제젠하임 방문. 프리데리케 브리온(1752~1813)을 알게 됨. 법학사 학위 취득. |
| 1771년(22세) | 《제젠하임 시가집》 발표. 8월 6일 법학박사 학위 받음. 8월 중순 프랑크푸르트로 귀향. 8월 말 프랑크푸르트 배심재판소의 변호사로 승인받음. 《셰익스피어의 날에 부쳐》《철의 손 고트프리트 폰 베를리힝겐 역사극》 발표. |
| 1772년(23세) | 1~2월 메르크 및 다름슈타트 시의 감상주의파와 친교를 맺음. 5~9월 베츨러 소재 제국대법원에서 법관시보로 일함. 샤를로테 |

부프와 알게 됨. 《독일 건축에 대하여》 발표. 잡지 〈프랑크푸르트 학자보〉의 동인이 됨. 《방랑자의 폭풍의 노래》 발표.

1773년(24세)　《넝마촌락의 대목장 축제》《사티로스》《연극적 협주곡》《신들과 영웅과 빌란트》《에르빈과 엘미레》《목사의 편지》 발표.

1773~75년　《초고 파우스트》《프로메테우스》《마호메트》《에그몬트》 발표.

1774년(25세)　7~8월 라바터, 바제도와 함께 란지방 및 라인지방 여행. 뒤셀도르프에 있는 야코비 형제 방문. 12월 프랑크푸르트에서 작센 바이마르 아이제나흐의 황태자 아우구스트 공작과 처음 만남. 《젊은 베르테르의 슬픔》《클라비고》《클라우디네 폰 빌라 벨라》《영원한 유대인》 발표.

1775년(26세)　5월부터 7월까지 스위스 여행. 11월 카를 아우구스트 공(1757~1828)의 초빙을 받고 바이마르로 이주.

1776년(27세)　추밀원의 일원으로 임명. 괴테의 추천으로 헤르더가 종무총감에 임명됨. 샤를로테 폰 슈타인(1742~1827)을 알게 됨. 일메나우 채광에 착수.

1777년(28세)　6월 8일 여동생 코르넬리아 죽음. 9~10월 아이제나흐와 바르트부르크 성에 체류. 12월 말을 타고 하르츠 여행. 《릴라》《감상주의의 승리》 발표. 《빌헬름 마이스터의 연극적 사명》 첫 부분 완성. 《겨울 하르츠 기행》 발표.

1778년(29세)　5월 베를린 방문―바이에른 왕위계승전(1778~1779).

1779년(30세)　군사 및 도로공사 위원 취임. 산문극 《타우리스의 이피게니에》를 씀. 9월부터 1780년 1월까지 스위스 제2차 여행.

1780년(31세)　광물학 연구에 몰두하기 시작. 《토르크바토 타소》 집필 시작.

1781년(32세)　여름~이후 몇 년 티푸르트에서 바이마르 궁정 사교계에 참석. 11월(~1782년 1월) 바이마르 자유미술학교에서 해부학 강연. 《여자 어부》《엘페노르》 발표.

1782년(33세)　귀족 증서를 받음. 재무관리 책임 위임.

1783년(34세)　9~10월 두 번째 하르츠 여행. 괴팅겐과 카셀 여행. 《신적인 것》 발표.

1784년(35세)　해부학 연구. 간악골 발견.

1785년(36세)　군주동맹 토의. 식물학 연구 시작.

1786년(37세)　9월부터 1788년 6월까지 이탈리아 여행. 운문극 《타우리스의 이 피게니에》와 《에그몬트》를 완성.

1788년(39세)　정무에서 물러남. 크리스티아네 불피우스(1765~1816)를 알게 됨. 《로마의 비가》를 씀.

1789년(40세)　12월 아들 아우구스트가 태어남.

1790년(41세)　3~6월 베네치아 여행. 4월 두개골의 척추골 이론 발견. 7~10월 프로이센군의 야영지인 슐레지엔 지방을 돌아봄. 크라카우와 스 텐스토하우 여행. 《색채론》 연구 시작. 《식물의 변태》 《베네치아의 경구》 발표. 《단편 파우스트》 인쇄.

1791년(42세)　궁정극장 총감독 취임. 《대코프타》. 《광학논집》 2편.

1792년(43세)　8월부터 11월까지 프랑스 원정 수행─제1차 대프랑스연합전쟁 (1792~1795). 《신판저작집》 출판되기 시작(7권 1799년까지).

1793년(44세)　《여우 라이네케》. 《시민장군》. 5월부터 7월까지 마인츠 포위.

1794년(45세)　7월 말 예나에서 자연연구학회 회의가 끝난 뒤 실러와 식물 원형 에 대한 대담. 실러와 교우 시작. 7~8월 아우구스트 공작과 함께 괴를리츠와 드레스덴 여행. 《흥분한 사람들》 《독일 피난민들의 대 화》 발표. (이후 몇 년) 자주 예나에 체류하면서 예나 대학 교수들 과 교제. 자연과학 연구, 특히 변태론과 색채론에 몰두.

1795년(46세)　7~8월 카를스바트에 체류. 《동화》 발표. 《크세니엔》 집필 시작.

1796년(47세)　《크세니엔》 발표. 《빌헬름 마이스터의 수업시대》 끝냄. 《헤르만과 도로테아》 발표. 벤베누토 첼리니의 전기 번역.

1797년(48세)　8~11월 세 번째 스위스 여행. 8월 프랑크푸르트에 체류. 어머니를 마지막으로 봄. 12월 바이마르 도서관과 고전(古錢) 진열실 최고 감독. 《담시》 발표. 《파우스트》 다시 집필 시작.

1798년(49세)　3월 바이마르의 근교 오버로슬라에 토지를 갖게 됨. 10월 12일 실 러 작 《발렌슈타인의 야영》 공연으로 개축된 바이마르 궁전극장 개관. 예술잡지 〈프로필레엔〉 출간 시작(1800년까지 계속됨).

1799년(50세)  9월 바이마르 미술애호가들의 첫 번째 전시회. 12월 실러가 예나로부터 바이마르로 이주. 《아킬레스》 발표. 《서출의 딸》 집필 시작. 볼테르 작 《마호메트》 번역.

1800년(51세)  4~5월 아우구스트 공작과 라이프치히와 데사우 여행. 《파우스트》 제2부의 '헬레나 장면' 집필. 볼테르 작 《탕크레드》 번역. 《팔레오프론과 네오테르페》 발표.

1801년(52세)  안면단독에 걸림.

1802년(53세)  예나의 프롬만과 교제. 그 집에서 민나 헤르츠리프(1789~1865)를 만나게 됨.

1803년(54세)  《서출의 딸》 발표. 헤르더 죽음.

1804년(55세)  스탈 부인 내방. 《빙켈만과 그의 세기》 씀―나폴레옹 황제로 즉위.

1805년(56세)  신장기능 이상으로 중병을 앓음. 실러 죽음. 첼터(1758~1832)와 친교가 시작됨. 《실러의 종(鐘)에 대한 에필로그》 발표.

1806년(57세)  10월 14일 예나 결전. 바이마르가 프랑스군에 의해 점령됨. 크리스티아네 불피우스와 정식 결혼―라인동맹 체결. 《동물의 변태》 발표.

1807년(58세)  《파우스트》 제1부 완성. 《판도라》 집필 시작.

1808년(59세)  《파우스트》 제1부 출판. 12권으로 된 최초의 전집(1806~1808). 에르푸르트에서 나폴레옹과 처음 만남―제3차 대프랑스연합전쟁(1805~1807) 종결.

1809년(60세)  《친화력》 발표. 《자서전》 집필 시작―나폴레옹의 대오스트리아 원정. 티롤, 에스파냐, 칼라브리아에서의 봉기.

1810년(61세)  《색채론》 완성. 13권으로 된 《괴테 작품집》 발간.

1811년(62세)  《시와 진실》 제1부 발표. 1831년에 완성하여 죽은 뒤인 1833년 출판.

1812년(63세)  베토벤 및 오스트리아 여황제 마리아 루도비카를 만남―나폴레옹의 러시아 원정. 《시와 진실》 제2부 발표.

1813년(64세)  4월부터 8월까지 테플리츠 체류―나폴레옹 대 러시아·프러시아·

오스트리아 동맹군과의 전쟁. 10월 16일부터 18일에 걸쳐 라이프치히 결전. 1814년 4월 나폴레옹 퇴위. 엘바섬에 격리됨. 빈 회의 개최됨. 《시와 진실》 제3부 발표.

1814년(65세) 《에피메니데스 잠을 깸》. 마인강, 라인강 유역 여행. 마리안네 빌레머를 알게 됨.

1815년(66세) 다시 마인강, 라인강 유역 여행. 폰 슈타인 남작과 함께 쾰른 여행. 두 번째의 전집 간행 20권(1815~1819)—나폴레옹 100일 천하. 워털루전쟁. 나폴레옹 세인트 헬레나섬에 유배, 바이마르 대공국으로 됨.

1816년(67세) 크리스티아네 죽음. 잡지 〈예술과 고대〉 간행.

1817년(68세) 극장 총감독의 지위에서 물러남. 아들이 오틸리에와 결혼. 손자는 발터(1818~1885), 볼프강(1820~1883), 손녀 알마는 1845년 17세로 죽음. 잡지 〈자연과학, 특히 형태학〉 발간.

1819년(70세) 《서동시집》 완성. 베를린에서 《파우스트》의 여러 장면 처음으로 상연—카를스바트 결의.

1820년(71세) 4~5월 카를스바트 체류. 여름과 가을, 예나 체류. 《빌헬름 마이스터의 편력시대》 집필. 《온건한 크세니엔》 일부 발표.

1821년(72세) 《빌헬름 마이스터의 편력시대》 제1부 〈초판〉 출간. 7월부터 8월까지 보헤미아의 요양지에 체류. 이때 마리엔바트에서 울리케 폰 레베초를 알게 됨.

1823년(74세) 이해의 시작에 중병에 걸림. 요한 페터 에커만의 바이마르 내방. 《마리엔바트의 비가》.

1825년(76세) 《파우스트》 제2부의 집필 다시 시작.

1826년(77세) 《전집 결정판》 1831년까지 40권 그리고 1833년부터 42년까지 20권 증보. 그중의 제1권은 《파우스트》 제2부(1833). 《단편소설》 발표.

1827년(78세) 《중국과 독일 세시기(歲時記)》《온건한 크세니엔》 발표.

1828년(79세) 6월 14일 카를 아우구스트 대공 죽음. 7~9월 도른부르크에 은거.

1829년(80세) 1월 브라운슈바이크에서 《파우스트》 초연. 《빌헬름 마이스터의 편력시대》 완성. 《이탈리아 여행기, 제2차 로마 체류》 발표.

1830년(81세)  아들 아우구스트가 로마에서 죽음. 파리의 아카데미에서의 퀴비에와 조프루아 생 틸레르와의 논쟁에 깊은 관심을 보임―파리의 7월 혁명. 《시와 진실》 제4부 발표. 40권으로 된 《괴테 작품집, 최종 완성판》 출간(1827년에 시작).

1831년(82세)  유서 작성. 《파우스트》 제2부 완결. 일메나우에서 마지막 생일을 축하함.

1832년(83세)  3월 14일 마지막 외출. 3월 16일 발병.
3월 22일 별세―3월 26일, 카를 아우구스트 공가의 묘소에 묻힘. 권위 있는 괴테 전집(Weimarer Ausgabe)은, 바이마르의 대공비인 조피에 의해 1887년에 출판을 시작, 1919년에 완결된 것이다. 제1부 창작 63권, 제2부 자연과학 논문 14권, 제3부 일기 16권, 제4부 서간 50권 등 모두 143권으로 되어 있음.